금융법 강의 · **03**

금융기관

이상복 저

박영사

머리말

2015년 12월부터 금융위원회 증권선물위원회 비상임위원으로 활동하면서 금융법 전체를 공부할 필요를 느꼈다. 그래서 금융법 강의를 낼 계획을 세웠다. 이런저런 고민 끝에 몇 년의 준비기간을 거쳐 금융법 강의를 내게 되었다. 아직 저자가 많이 부족한 탓에 선배 학자들의 업적을 넘어서지는 못했다. 다만 금융법 전체를 대강이나마 이해해야 금융시장에서 일어나는 현상들을 파악할 수 있다는 일념에서 다소 장황하고 방대한 감이 있더라도 출간을 서두르게 되었다. 가능한 한 쉽게 설명하고자 노력했으며, 금융에 관심 있는 사람들에게 금융의 본질을 알리는 데 중점을 두었다.

사람들은 농산물시장이나 수산물시장에서 상인으로부터 상품을 산다. 그런데 누군가는 시장을 관리한다. 마찬가지로 사람들은 금융시장에서 금융기관으로부터 금융상품을 산다. 일반시장, 일반상인, 일반상품과 달리 금융시장, 금융기관, 금융상품으로 구성된 금융산업은 금융의 공공성으로 인해 기본적으로 규제산업이다. 그래서 정부가 규제하고 감독한다. 이를 금융행정이라 할 수 있다. 금융법 강의를 전체 4권으로 구성하였다. 1권은 금융행정, 2권은 금융상품, 3권은 금융기관, 4권은 금융시장이다. 금융법 강의에서는 은행법, 자본시장법, 보험업법 등 금융업권별로 개별법 대부분을 다루었고, 또 금융산업 전체를 아우르는 대부분의 금융관련법령을 필요한 범위에서 다루었다. 개별법이 따로 움직이는 것이 아니라 상호 연결되어 영향을 주고받으며 금융행정, 금융상품, 금융기관, 금융시장이 함께 작동하는 것으로 생각되기 때문이다.

그동안 축적된 법학자들의 글을 참조하고, 때로는 경제학자와 경영학자들의 글도 참조했다. 법학 관련 글만으로 금융을 이해하는 것이 쉽지 않았기 때문이다. 경제학과 경영학자들의 글을 완전히 소화하지 못해 부족한 부분이 있을 것이다. 현재로서는 저자의 능력이 미치지 못했던 탓으로 돌리고 차후 기회가 닿는 대로 보완해 나갈 것을 다짐한다.

3권 금융기관은 다음과 같이 구성되어 있다. 제1편에서는 금융기관의 기능과 특성을 다루고, 금융기관을 분류한 후 금융기관이 영위하는 금융업의 특성을 살펴보았다. 제2편에서는 금융기관을 은행법 등 개별법에 따라 기관별로 의의와 업무 중심으로 정리하였다. 제3편에서는 은행법 등 개별법에 따라 기관별로 진입규제, 자본건전성규제, 지배구조건전성규제, 영업행위규제를 상세하게 살펴보았다.

이 책을 출간하면서 감사드릴 분들이 많다. 바쁜 일정 중에도 초고를 읽고 조언과 논평을 해준 강인태 박사, 엄세용 박사, 나지수 변호사, 장기홍 변호사에게 감사드린다. 박영사의 심성보 편집위원이 정성을 들여 편집해주고 제작 일정을 잡아 적시에 출간이 되도록 해주어 감사드린다. 출판계의 어려움에도 출판을 맡아 준 박영사 안종만 회장님과 안상준 대표님께 감사의 말씀을 드린다. 그리고 법률가와 학자로서의 길을 가는 동안 격려해준 아내 이은아와 딸 이가형, 아들 이지형과 함께 출간의 기쁨을 나누고 싶다.

2020년 8월

이 상 복

차 례

제2장　일반은행(은행법상 은행)

제3장 특수은행

제4장　보험회사

제6장 서민금융기관

제7장　기타 금융기관

제 3 편　금융기관규제

제1장　서 론

제2장 진입규제

제3장 자본건전성규제

제4장　지배구조건전성규제

제5장 영업행위규제

제1편 /

총 설

서 론

제1절 금융기관의 의의 및 기능

Ⅰ. 금융기관의 의의

금융기관은 금융업을 영업으로 하는 주식회사이다. 여기서 영업으로 하는 것은 영리를 목적으로 금융행위를 반복하는 것이다. 이는 영리성, 계속성, 영업의사를 요소로 하여, 규칙적·조직적으로 영위하는 것이다. 당연상인인 상사회사의 설립에 관하여 상법은 원칙적으로 엄격 준칙주의이다. 금융업에 관하여는 영업면허제도를 채택하고 있다. 이렇게 볼 때 개별 법률에 의해 금융업 영위의 인가·허가를 취득하거나 등록한 주식회사를 통칭하여 금융기관이라고 할 수 있다. 주식회사로 운영되기는 하지만 이윤추구만을 목표로 하는 영리법인인 일반 주식회사와는 달리, 금융기관은 예금자의 재산을 보호하고 신용질서 유지와 자금중개기능의 효율성 유지를 통해 금융시장의 안정 및 국민경제의 발전에 이바지해야 하는 공공적 역할을 담당하는 위치에 있기 때문이다.[1]

금융기관은 영리기업으로서 상행위의 한 형태로서 금융업을 영위한다. 금융기관이 영리기업이라는 점에서 "금융회사"로 표현하기도 하지만 여기서는 금융기관의 자산-부채 구조의 특성상 높은 수준의 공공성이 요구되고 있고 국제적으로도 Financial Institution 용어가 보편화되어 있으므로 "금융기관"이라는 용어를 쓰기로 한다. 경우에 따라서는 "금융회사"라는 용어도

---

1) 정찬형·최동준·김용재(2009), 「로스쿨 금융법」, 박영사(2009. 9), 11쪽.

함께 사용한다.

Ⅱ. 금융기관의 기능

금융기관은 자금의 공급자와 수요자 사이의 금융거래를 성립시켜 주는 것을 목적으로 금융중개를 하거나 또는 단순히 자금의 공급자와 수요자를 연결하는 기능을 수행한다. 금융기관은 계약의 당사자로서 역할을 수행하기도 하지만 단순한 중개자로서 보조적 역할을 수행하기도 한다. 예를 들면 은행의 경우 계약의 당사자로서 예금자로부터 금전소비대차계약을 통해 자금을 수취하게 되어 예금자의 반환청구에 대한 책임을 부담하고, 대출계약을 통해 차주에게 자금을 융통하는 채권관계를 형성한다. 반면 증권회사와 같이 기업이 회사채를 발행하는 경우 필요한 서비스를 제공하는 경우에는 해당 금융거래의 직접 당사자가 아닌 단순한 중개자나 보조자에 지나지 않는 형태를 띠기도 한다.

이에 따라 간접금융거래를 중개하는 금융기관의 경우 위험을 분담하는 데 반해, 직접금융에 참여하는 금융기관은 해당 금융거래에 따른 위험을 부담하지 않기 때문에 개별 금융기관의 특성이 드러난다. 은행의 경우에는 자금중개기능을 본질적 요소로 하고, 증권회사의 경우 위험인수기능을 주된 요소로 하며, 보험회사의 경우에는 위험인수기능과 자금중개기능을 보유한다.

금융기관은 자금공급자와 자금수요자 간의 탐색비용을 줄여주고, 신용정보 획득의 용이성 및 정보 분석 능력을 통해 감시비용을 절감시키는 거래비용 절감기능과 거래기간을 일치시키는 만기변환기능, 여신위험분산 등을 통해 손실위험을 축소시키는 위험변환기능, 소액의 자금을 집적하여 거액의 자금으로 전환하는 금액변환기능, 다양한 지급결제수단을 지급하고 결제하는 지급결제기능을 수행한다. 금융기관은 이런 역할을 통해 자금의 공급자와 수요자 간의 상충된 이해관계를 조정함으로써 자금의 이전을 원활하게 하여 국민경제의 안정적인 성장과 발전을 지속시키는 데 기여한다.[2]

---

2) 노태석(2012), "금융기관의 부실에 대한 임원의 법적 책임에 관한 연구", 성균관대학교 대학원 박사학위논문(2012. 6), 10쪽.

제2절 금융기관의 특수성 및 구분

Ⅰ. 금융기관의 특수성

금융기관은 금융거래를 중개하는 기관으로 금융중개를 통해 금융시장의 위험을 감소시키고, 금융시장에 유동성을 공급하며, 자금의 수요자와 공급자 사이에 발생하는 이해관계를 조정함으로서 효율적인 자원배분이 가능하게 하는 공적인 기능을 수행하지만, 본질적으로 금융업을 영위하는 주식회사이다. 따라서 영리를 목적으로 금융거래를 업으로써 반복적·계속적으로 수행한다. 그러나 금융기관은 일반 주식회사와 달리 특별한 취급을 받는다. 상법상 주식회사의 설립과 달리 금융기관의 설립에 있어 금융위원회로부터 인·허가를 받거나 금융위원회에 등록을 하는 등 진입규제가 존재하고, 영업활동과 퇴출에 이르기까지 각종 규제를 받는다.[3]

일반 주식회사와 달리 금융기관에 대해 강한 규제가 이루어지는 이유는 금융기관의 고유한 특성에서 찾을 수 있다. ⅰ) 금융기관은 강한 공공적 성격을 갖고 있다. 금융기관은 불특정다수인으로부터 자금을 수취하여 이를 배분하는 자금중개기능을 통해 금융시장의 안정성을 도모하고, 금융이용자를 보호하며, 국민경제 발전에 이바지해야 하는 공공적 역할을 수행하기 때문에 일반 주식회사에 비하여 강한 규제가 요청된다. 특히 개별 금융기관의 문제가 금융기관 전체에 영향을 미쳐 금융질서의 안정성을 위협할 수 있으므로 금융기관에 대한 위험통제가 필요하고, 이에 따라 규제의 강도가 일반 주식회사에 비해 상대적으로 강하게 이루어지게 된다.

ⅱ) 금융기관은 일반 주식회사와 다른 자본구조는 갖고 있다. 자본구조의 면에서 금융기관은 적은 자기자본과 높은 부채의존도를 보인다. 이는 금융기관이 불특정다수인으로부터 수취하는 자금이 부채의 형태로 조달되고, 금융기관은 이를 바탕으로 높은 지렛대효과(leverage effect)을 거두고 있다. 금융기관이 높은 부채비율에도 불구하고 문제가 되지 않는 이유는 대부분의 자산이 유동성이 높은 자산, 예를 들어 대출자산이나 유가증권 등에 운용되기 때문에 현금흐름에 별다른 문제가 발생하지 않기 때문이다. 또한 예금보험제도를 통해서 일정 부분 보장을 받고 있기 때문에 안정적인 자산보호가 가능하다. 그런데 금융기관은 상대적으로 높은 부채비율을 갖고 있다는 점에서 채권자인 예금자 등의 금융이용자가 금융기관의 성과에 따른 자산가치의 변동 위험에 노출되어 있으며, 예금보험제도로 말미암아 금융기관 경영에 대한 예금자 등의 금융이용자의 감시 유인이 낮기 때문에 금융기관의 경영부실 및 이로 인한 금융위기 가능성이 상존한다. 또한 금융기관의 자산 대부분이 유동성 자산에 운용되고 있기 때문에 내부자

---

3) 노태석(2012), 11-13쪽.

에 의한 사적인 이해추구의 가능성이 높다. 유동성 자산은 그 성격상 쉽게 전용이 가능하다는 점에서 외부자에 의한 통제가 어려워 내부자에 의한 자금유용 사례가 빈번하게 발생한다. 이런 이유에서도 일반 주식회사와 달리 금융기관에 대한 엄격한 통제가 필요하다.

iii) 금융업은 위험성을 수반하는 산업으로 외부성이 높은 산업이다. 즉 금융업은 미래에 대한 정보와 예측을 바탕으로 위험에 대한 적절한 통제를 통해 수익추구를 꾀하는 업으로 업무영위에 있어 각종 위험에 노출되어 있으며, 특정 금융기관의 위험이 다른 금융기관에 위험이 전이될 수 있고, 신용불안으로 인한 예금인출사태(bank run)와 같은 문제로 인해 금융질서 전체에 악영향을 줄 수 있다.

이러한 금융기관의 특성으로 말미암아 금융기관은 일반 주식회사와 달리 특별한 취급을 받고 있으나, 금융기관도 금융시장에서 자유롭게 경쟁하면서 일반 주식회사와 마찬가지로 영리를 추구하고 성장해 나가는 기업성 또는 갖고 있기 때문에 금융기관에 대한 규제는 금융기관의 특수성을 인정하면서 기업성이 제대로 발휘될 수 있도록 해야 하는 문제도 내포하고 있다.

Ⅱ. 금융기관의 구분

금융기관은 금융시장에서 저축자와 차입자 사이에서 저축과 투자를 연결해 주는 기능 등을 수행하며 보통 은행, 비은행예금취급기관, 금융투자업자, 보험회사, 기타 금융기관 등으로 분류할 수 있다.[4]

이러한 분류체계를 중심으로 각 그룹에 포함되는 금융기관을 구체적으로 보면 우선 은행에는 일반은행과 특수은행이 있다. 일반은행은 시중은행, 지방은행 그리고 외국은행 국내지점으로 구성된다. 특수은행은 은행법이 아닌 특별법에 의해 설립되어 은행업무를 핵심 업무로 취급하고 있는 금융기관이다. 여기에는 한국산업은행, 한국수출입은행, 중소기업은행, 농협은행 및 수협은행 등이 포함된다.

비은행예금취급기관은 은행과 유사한 여수신업무를 주요 업무로 취급하고 있지만 보다 제한적인 목적으로 설립되어 자금조달 및 운용 등에서 은행과는 상이한 규제를 받는 금융기관이다. 즉 지급결제기능을 전혀 제공하지 못하거나 제한적으로만 제공할 수 있는 등 취급업무의 범위가 은행에 비해 좁으며 영업대상이 개별 금융기관의 특성에 맞추어 사전적으로 제한되기도 한다. 여기에 분류되는 금융기관으로는 상호저축은행, 신용협동조합·새마을금고·상호금융

---

4) 이러한 구분은 업종별 분류에 따른 것이라기보다는 금융기관의 제도적 실체에 중점을 둔 것이다. 즉 은행업, 금융투자업, 보험업 등 금융업무를 구분하고 각 업무별로 해당 업무를 영위하는 기관을 분류한 것이 아니라 각 금융기관의 근거 법률을 중심으로 주된 업무의 성격이 유사한 금융기관을 그룹별로 구분한 것이다(한국은행, 「한국의 금융제도」, 2018. 12, 51쪽 참조).

등 신용협동기구, 그리고 종합금융회사 등이 있다.

금융투자업자는 직접금융시장에서 유가증권의 거래와 관련된 업무를 주된 업무로 하는 금융기관을 모두 포괄하는 그룹이다. 여기에는 투자매매·중개업자(증권회사 및 선물회사), 집합투자업자, 투자일임·자문업자, 그리고 신탁업자가 있다.[5]

보험회사는 사망·질병·노후 또는 화재나 각종 사고를 대비하는 보험을 인수·운영하는 기관이다. 보험회사는 업무 특성과 기관 특성을 함께 고려하여 생명보험회사, 손해보험회사, 우체국보험, 공제기관[6] 등으로 구분된다. 손해보험회사에는 일반적인 손해보험회사 이외에 재보험회사와 보증보험회사가 있다.

기타 금융기관은 앞에서 열거한 그룹에 속하는 금융기관의 업무로 분류하기 어려운 금융업무들을 주된 업무로 취급하는 기관을 말한다. 여기에는 금융지주회사, 여신전문금융회사(신용카드회사, 리스회사, 할부금융회사, 신기술사업금융회사), 대부업자 등이 있다.

---

5) 은행의 경우 국공채 인수·매출 등 일부 증권업무를 수행할 수 있으나 동 업무를 은행의 주된 업무로 간주하기는 곤란하기 때문에 증권 관련 기관에 포함하지 않았다.

6) 공제기관의 경우 일반인을 대상으로 보험서비스를 판매하고 있는 수산업협동조합공제, 신용협동조합공제, 새마을금고공제 등이 포함된다.

금융업

제1절 금융업의 분류와 규율

금융업을 육성하기 위한 전업주의(또는 분업주의)에 따라, 우리나라 금융업은 은행업, 금융투자업, 보험업, 서민금융업으로 크게 구분된다. 은행업은 예금의 수입, 유가증권 기타 채무증서의 발행에 의하여 불특정다수인으로부터 채무를 부담함으로써 조달한 자금을 대출하는 것이다. 금융투자업은 금융투자상품을 생산하거나 금융투자상품을 투자자에게 취득시키는 행위로서 투자매매업, 투자중개업, 집합투자업, 투자자문업, 투자일임업, 신탁업 등의 하나에 해당하는 것이다. 보험업은 사람의 생사에 관하여 약정한 급여의 제공을 약속하거나 우연한 사고로 인하여 발생하는 손해의 보상을 약속하고 금전을 수수하는 것으로 생명보험업, 손해보험업 및 제3보험업으로 구분된다. 그리고 서민금융업이란 여신전문금융업, 상호저축은행업, 상호금융업, 대부업 등 서민금융분야를 취급하는 금융업이다. 한편 금융거래의 전자화로 전자화폐의 발행 및 관리, 전자자금이체, 직불전자지급수단의 발행 및 관리, 선불전자지급수단의 발행 및 관리, 전자지급결제대행, 결제대금예치, 전자고지결제 등의 업무를 수행하는 전자금융업이 있다.

금융업은 은행과 같이 자금의 공급·조달 자체를 제공하는 것을 영업으로 하는 경우도 있고 증권회사와 같이 자금의 공급·조달과 관련된 서비스를 제공하는 경우도 있다. 금융업은 연혁적인 이유로 은행, 증권, 보험의 3대 권역이 중심이 되어 왔고, 금융업의 규율도 권역별 기관별로 달리해 왔다. 현재도 은행업은 은행법, 증권회사 등에 의한 금융투자업에 대하여는 자본시장법, 보험업은 보험업법, 신용카드업을 비롯한 여신전문금융업은 여신전문금융업법으로 규율하고 있다. 금융업을 영위하는 회사 또는 회사의 집단을 지배하는 금융지주회사는 금융지주회사법으로 규율하고 있다. 금융회사가 새로운 금융상품과 서비스를 개발함으로써 권역별 구별의 의미가 약화되고 있고 기능별 규율의 필요성이 제기되고 있다. 자본시장법은 자본시장에서의 금융업이라고 할 수 있는 금융투자업에 관하여 기능별 규제를 하고 있다.

제2절 금융업의 특성

금융업은 다음과 같은 특성을 보이고 있다. ⅰ) 금융회사의 업무범위가 확대되었고 이로 인해 전통적인 권역별 구분의 경계가 불명료하게 되었다. 은행이 자본시장 업무에도 관여하고 [예: 집합투자(펀드) 상품의 판매], 증권회사가 예금과 유사한 기능을 하는 금융상품[예: 자산관리계좌(CMA: cash management account), 환매조건부채권매매]을 고객에게 제공하며, 보험회사가 집합투자(펀드)의 성격을 갖는 변액보험을 판매하고, 파생상품거래에는 은행과 증권회사 및 기타 다른 금융기관들도 참여하는 현상 등이 그것이다. 이와 같은 현상에 대응하여 법적인 측면에서는 권역별·기관별 규제가 아닌 기능별 규제가 도입되었다(예: 자본시장법의 제정).[1]

ⅱ) 개별 금융기관은 일정한 권역의 업무를 영위하지만 여러 금융기관들이 집단을 형성하여 집단 단위로는 은행, 증권, 보험, 신용카드 등 거의 전 분야에 걸친 금융업을 영위하는 금융그룹화가 이루어졌다. 법적인 측면에서는 금융지주회사법에 따른 금융그룹에 대한 규율이 정비되었다.

ⅲ) 복잡한 내용의 새로운 금융상품(특히 파생상품)의 개발과 판매가 확대되었다. 예금, 대출, 채권(債券), 주식 등의 전통적인 금융상품보다 훨씬 복잡한 내용의 파생상품, 그러한 파생상품이 반영된 증권, 그러한 파생상품이나 증권에 투자하는 집합투자(펀드)상품이 개발되어 다양한 방법으로 투자자에게 판매되고 있다. 복잡한 내용의 금융상품 판매시 드러나는 금융기관과 고객 간의 정보 불균형과 판단능력의 차이에 대해서는 금융규제법뿐 아니라 사법(私法)에서도 관심을 가질 필요가 있다.

ⅳ) 금융거래의 국제화를 들 수 있다. 자유무역의 확대와 정보통신의 발달로 국제적인 금융거래가 확대되었다. 금융거래의 국제화는 금융업의 국제화를 수반하게 되고, 국제적인 금융업을 영위하는 금융기관의 부실화는 그 금융기관의 설립지 또는 주된 영업지 이외의 다른 지역에까지 영향을 주게 된다. 2008년 글로벌 금융위기시 리먼 브라더스의 도산은 경제적으로

---

1) 박준·한민(2019), 「금융거래와 법」, 박영사(2019. 8), 51-52쪽.

전세계에 큰 영향을 주었고, 법적으로도 국제적 도산과 국제적 금융거래의 법적인 처리에 관한 여러 쟁점들을 제기하였다. 또한 금융거래의 국제화로 인하여 개별국가의 규제·감독으로는 한계가 있다는 인식 아래서 국제기구[(예: 금융안정위원회(FSB), 바젤은행감독위원회(BCBS), 국제증권감독기구(IOSCO)]의 역할이 증대되고 있다.

제
2
편 /

금융기관

금융투자업자 등

제1절 의의

Ⅰ. 금융투자업자의 개념

금융투자업자란 금융투자상품의 거래와 관련된 업무를 주된 업무로 하는 금융기관으로 금융투자업에 대하여 금융위원회의 인가를 받거나 금융위원회에 등록하여 이를 영위하는 자를 말한다(법8①). 즉 금융투자업자는 직접금융시장에서 증권의 거래와 관련된 업무를 주된 업무로 하는 금융기관을 모두 포괄하는 용어이다. 여기에는 투자매매·중개업자(증권회사 및 선물회사), 집합투자업자(자산운용회사), 투자자문·일임업자, 신탁업자가 있다.

금융투자업이란 이익을 얻을 목적으로 계속적이거나 반복적인 방법으로 행하는 행위로서 기능에 따라 투자매매업, 투자중개업, 집합투자업, 신탁업, 투자자문업, 투자일임업의 6가지로 구분한다(법6①). 증권업은 집합투자업을 제외한 나머지의 조합으로 이해할 수 있다. 6가지 금융투자업 중 투자자문업과 투자일임업은 등록제이며 나머지 4가지 업종은 인가제가 적용된다. 인가제와 등록제는 투자자가 노출되는 위험의 크기에 따라 기능적으로 구분한 것이다.

자본시장법이 기능별로 분류된 6개의 금융투자업을 한 회사 내에서 모두 수행할 수 있도록 겸영을 허용하면서, 우리나라의 증권사 또는 자산운용사 등도 주요 선진 투자은행(IB: Investment Bank)과 마찬가지로 기업금융업무, 직접투자업무, 증권서비스업무, 자산관리업무 등의 모든 금융투자업을 종합적으로 영위할 수 있도록 하여 투자은행이 영위할 수 있는 모든 업무를 하나의 회사에서 겸영할 수 있게 되었다.

Ⅱ. 기능별 규제

금융투자업자에 대한 분류와 관련하여 종래의 증권회사·선물회사·종합금융회사는 투자매매·중개업자로, 자산운용회사는 집합투자업자로, 투자자문회사 및 투자일임회사는 투자자문업자 및 투자일임업자로, 신탁회사는 신탁업자로 단순히 명칭만 변경된 것으로 오해될 수도 있다. 이는 자본시장법 시행 이후에도 대다수 금융투자업자는 증권회사, 선물회사, 자산운용회사 등 종래 명칭을 그대로 유지하고 있으며 영위하는 업무도 기존과 거의 유사하기 때문이다. 그러나 금융투자업자로의 명칭 변경은 실제로 종래와는 다른 큰 차이를 반영하고 있다. 왜냐하면 자본시장법은 금융투자업자의 진입규제와 관련하여 금융기능별로 진입요건을 정해 놓고, 그 요건의 부합 여부를 심사하는 add-on 방식을 취함에 따라 금융투자업자가 복수의 업무단위를 자유롭게 선택하여 영위할 수 있기 때문이다. 예를 들어 종래의 증권회사는 유가증권의 매매, 위탁매매, 인수·주선 등 현재 투자매매 및 투자중개 업무를 주로 영위하였으나 현재의 증권회사는 원칙적으로 인가취득에 따라 집합투자업 등 모든 금융투자관련 업무를 영위할 수 있다. 여타 선물회사, 자산운용회사 등도 동일하다.

금융기관이 금융투자업을 영위하기 위해서는 금융투자업의 종류, 금융투자상품의 범위, 투자자의 유형[1] 등 금융기능 조합으로부터 설정되는 한 단위의 금융기능을 "인가업무 단위"로 하여 인가업무 단위의 전부나 일부를 선택하여 금융위원회로부터 인가를 받아야 한다(법12①). 다만 자본시장법은 각 금융기능별로 투자자가 부담하는 위험의 크기에 따라 인가제와 등록제로 구분하고 있다. 이에 따라 고객과 직접 채무관계를 갖거나 고객의 자산을 수탁하는 투자매매·투자중개·집합투자·신탁업은 인가대상으로 하고, 투자자의 재산을 수탁하지 않는 투자일임·투자자문업은 등록만으로 영위할 수 있도록 하고 있다(법12①, 18①). 한편 자본시장법 시행령은 금융투자업의 위험과 투자자 보호 필요성 등에 따라 인가 및 등록 단위별 최저 자본요건을 다르게 설정하고, 취급하려는 인가업무가 늘어나면 그에 해당하는 자기자본 금액을 추가로 보유하도록 함으로써 금융투자업자의 대형화, 겸업화, 전문화 및 진입완화 규제를 유도하고 있

---

[1] "전문투자자"란 금융투자상품에 관한 전문성 구비 여부, 소유자산규모 등에 비추어 투자에 따른 위험감수 능력이 있는 투자자로서 다음의 어느 하나에 해당하는 자를 말한다. 1. 국가, 2. 한국은행, 3. 대통령령으로 정하는 금융기관, 4. 주권상장법인(다만, 금융투자업자와 장외파생상품 거래를 하는 경우에는 전문투자자와 같은 대우를 받겠다는 의사를 금융투자업자에게 서면으로 통지하는 경우에 한한다), 5. 그 밖에 대통령령으로 정하는 자(법9⑤ 본문)이고, "일반투자자"란 전문투자자가 아닌 투자자를 말한다(법9⑥).

다. 업종별로는 투자매매업은 투자중개업에 비해, 신탁업은 집합투자업에 비해, 인가대상 업무는 등록대상 업무에 비해 각각 높은 자기자본을 요구하고 있다. 금융상품별로는 장외파생상품, 증권, 장내파생상품 순으로, 투자자 유형별로는 일반투자자를 대상으로 하는 경우 높은 자기자본을 요구하고 있다.

Ⅲ. 적용배제

자본시장법은 제7조 제1항부터 제5항까지 개별 금융투자업과 관련하여 금융투자업으로 보지 않는 경우를 규정한다. 이에 관해서는 개별 금융투자업별로 후술한다. 그 외에 제7조 제6항에서 대통령령2)이 정하는 바에 따라 금융투자업으로 보지 않는 다음과 같은 경우를 규정한다. 즉 ⅰ) 거래소(법8의2②)가 증권시장 또는 파생상품시장을 개설·운영하는 경우(제1호), ⅱ) 투자매매업자를 상대방으로 하거나 투자중개업자를 통하여 금융투자상품을 매매하는 경우(제2호), ⅲ) 전문사모집합투자업자가 자신이 운용하는 전문투자형 사모집합투자기구의 집합투자증권을 판매하는 경우(제3호), ⅳ) 그 밖에 해당 행위의 성격 및 투자자 보호의 필요성 등을 고려하여 금융투자업의 적용에서 제외할 필요가 있는 것으로서 "대통령령으로 정하는 경우"(제4호)3)이다.

---

2) 자본시장법 제7조 제6항에 따라 다음의 어느 하나에 해당하는 경우에는 해당 호의 금융투자업으로 보지 아니한다(영7⑤).
  1. 법 제7조 제6항 제1호의 경우: 투자중개업
  2. 법 제7조 제6항 제2호의 경우: 투자매매업
  3. 법 제7조 제6항 제3호의 경우: 투자매매업 또는 투자중개업
  4. 법 제7조 제6항 제4호의 경우: 다음 각 목의 금융투자업
    가. 제4항 제1호부터 제3호까지 및 제5호의2: 투자매매업
    나. 제4항 제4호: 투자중개업
    다. 제4항 제5호, 제6호 및 제6호의2: 투자매매업 또는 투자중개업
    라. 제4항 제7호: 투자자문업 또는 투자일임업
    마. 제4항 제8호 및 제9호: 투자자문업
    바. 제4항 제10호: 투자자문업 또는 투자일임업
3) "대통령령으로 정하는 경우"란 다음의 경우를 말한다(영7④).
  1. 국가 또는 지방자치단체가 공익을 위하여 관련 법령에 따라 금융투자상품을 매매하는 경우
  2. 한국은행이 공개시장 조작(한국은행법 제68조)을 하는 경우
  3. 다음 각 목의 어느 하나에 해당하는 자 간 환매조건부매도 또는 환매조건부매수("환매조건부매매")를 하는 경우
    가. 제10조 제2항 각 호(전문투자자에 해당하는 금융기관)의 자
    나. 제10조 제3항(전문투자자에 해당하는 자) 제1호부터 제4호까지, 제4호의2 및 제9호부터 제13호까지의 자(이에 준하는 외국인을 포함)
    다. 그 밖에 금융위원회가 정하여 고시하는 자(금융투자업규정1-5조①).
  4. 한국금융투자협회(법283)가 증권시장에 상장되지 아니한 주권의 장외매매거래에 관한 업무(법286① (5)) 및 증권시장에 상장되지 않은 지분증권(주권을 제외한 지분증권)의 장외매매거래에 관한 업무(영

307②(5의2))를 하는 경우

5. 내국인이 국외에서 증권을 모집·사모·매출하는 경우로서 외국 투자매매업자(외국 법령에 따라 외국에서 투자매매업에 상당하는 영업을 하는 자)나 외국 투자중개업자(외국 법령에 따라 외국에서 투자중개업에 상당하는 영업을 하는 자)가 다음 각 목의 어느 하나에 해당하는 행위를 하는 경우

　가. 금융위원회가 정하여 고시하는 기준(금융투자업규정1-5조②)에 따라 그 내국인과 국내에서 인수계약(그 내국인을 위하여 해당 증권의 모집·사모·매출을 하거나 그 밖에 직접 또는 간접으로 증권의 모집·사모·매출을 분담하기로 하는 내용의 계약을 포함)을 체결하는 행위로서 금융위원회의 인정을 받은 경우

　나. 금융위원회가 정하여 고시하는 기준에 따라 그 내국인과 인수계약의 내용을 확정하기 위한 협의만을 국내에서 하는 행위로서 금융위원회에 관련 자료를 미리 제출한 경우

5의2. 외국 투자매매업자가 국외에서 제1항에 따른 파생결합증권을 다음 각 목의 기준을 모두 갖추어 발행하는 경우

　가. 외국 투자매매업자가 외국금융투자감독기관으로부터 해당 파생결합증권의 발행과 관련하여 경영건전성, 불공정거래 방지, 그 밖에 투자자 보호 등에 관한 감독을 받을 것

　나. 경영능력, 재무상태 및 사회적 신용에 관하여 금융위원회가 정하여 고시하는 기준(금융투자업규정 1-5조⑥)에 적합할 것

　다. 금융위원회가 법 또는 법에 상응하는 외국의 법령을 위반한 외국 투자매매업자의 행위에 대하여 법 또는 법에 상응하는 외국의 법령에서 정하는 방법에 따라 행하여진 조사 또는 검사자료를 상호주의의 원칙에 따라 가목의 외국금융투자감독기관으로부터 제공받을 수 있는 국가의 외국 투자매매업자일 것

　라. 해당 파생결합증권을 국내에서 매매하는 경우 투자매매업자가 그 파생결합증권을 인수하여 전문투자자(제103조 제1호에 따른 특정금전신탁을 운용하는 신탁업자는 제외)에게 이를 취득하도록 하거나 투자중개업자를 통하여 전문투자자에게 그 파생결합증권을 매도할 것. 이 경우 투자매매업자나 투자중개업자는 증권에 관한 투자매매업이나 투자중개업 인가를 받은 자로서 장외파생상품(해당 파생결합증권의 기초자산이나 그 가격·이자율·지표 등과 동일한 것을 기초자산이나 그 가격·이자율·지표 등으로 하는 장외파생상품)에 관한 금융투자업인가를 받은 자로 한정한다.

6. 외국 투자매매업자나 외국 투자중개업자가 국외에서 다음 각 목의 어느 하나에 해당하는 행위를 하는 경우

　가. 투자매매업자를 상대방으로 하여 금융투자상품을 매매하거나 투자중개업자를 통하여 금융투자 상품의 매매를 중개·주선 또는 대리하는 행위

　나. 국내 거주자(투자매매업자 및 투자중개업자는 제외)를 상대로 투자권유 또는 투자광고를 하지 아니하고 국내 거주자의 매매에 관한 청약을 받아 그 자를 상대방으로 하여 금융투자상품을 매매하거나 그 자의 매매주문을 받아 금융투자상품의 매매를 중개·주선 또는 대리하는 행위

6의2. 외국 투자신탁이나 외국 투자익명조합의 외국 집합투자업자 또는 외국 투자회사등(법279①)이 다음 각 목의 기준을 모두 갖추어 외국 집합투자증권(법 제279조 제1항에 따른 외국 집합투자증권)을 국내에서 판매하는 경우

　가. 해당 외국 집합투자증권에 그 집합투자기구 자산총액의 100%까지 투자하는 집합투자기구(투자신탁 또는 투자익명조합의 경우 그 집합투자재산을 보관·관리하는 신탁업자를 포함)에 대하여 판매할 것

　나. 해당 외국 집합투자증권을 발행한 외국 집합투자기구(법279①)는 제80조 제1항 제6호 가목에 따라 그 집합투자재산을 외화자산에 100분의 70 이상 운용하는 것으로서 법 제279조 제1항에 따라 등록한 외국 집합투자기구일 것

7. 외국 투자자문업자 또는 외국 투자일임업자가 국외에서 다음 각 목의 어느 하나에 해당하는 자를 상대로 투자권유 또는 투자광고를 하지 아니하고 그 자를 상대방으로 투자자문업이나 투자일임업을 하는 경우

　가. 국가

　나. 한국은행

제2절 투자매매 · 중개업자

Ⅰ. 투자매매업자

1. 의의

투자매매업자란 금융투자업자 중 누구의 명의로 하든지 자기의 계산으로 금융투자상품의 매도 · 매수, 증권의 발행 · 인수 또는 그 청약의 권유, 청약, 청약의 승낙을 영업으로 하는 금융투자업자를 말한다(법8②) 및 법6②). 투자매매업자의 증권의 발행은 일반적으로는 증권의 생산이 아닌 증권의 판매를 말한다. 다만 파생결합증권의 경우에는 증권의 생산도 포함한다.

고유재산운용업무는 "누구의 명의로 하든지 자기의 계산으로 금융투자상품을 매매하거나 소유하는 업무로서 투자매매업이나 기업금융업무(여68②)[4]가 아닌 업무"를 말한다(영50①(1)). 따라서 고유재산운용업무에 대하여는 자본시장법상 투자매매업에 관한 규제가 적용되지 않는다.

다. 제10조 제3항 제4호 · 제12호의 자
라. 그 밖에 금융위원회가 정하여 고시하는 자
8. 따로 대가 없이 다른 영업에 부수하여 금융투자상품등(법6⑦: 투자자문업의 대상인 금융투자자산)의 가치나 그 금융투자상품등에 대한 투자판단에 관한 자문에 응하는 경우
9. 집합투자기구평가회사(법258), 채권평가회사(법263), 공인회계사, 감정인, 신용평가를 전문으로 하는 자, 변호사, 변리사 또는 세무사, 그 밖에 이에 준하는 자로서 해당 법령에 따라 자문용역을 제공하고 있는 자(그 소속단체를 포함)가 해당 업무와 관련된 분석정보 등을 제공하는 경우
10. 다른 법령에 따라 건축물 및 주택의 임대관리 등 부동산의 관리대행, 부동산의 이용 · 개발 및 거래에 대한 상담, 그 밖에 부동산의 투자 · 운용에 관한 자문 등의 업무를 영위하는 경우
4) "기업금융업무"란 다음의 어느 하나에 해당하는 업무를 말한다(영68②).
　1. 인수업무
　2. 모집 · 사모 · 매출의 주선업무
　3. 기업의 인수 및 합병의 중개 · 주선 또는 대리업무
　4. 기업의 인수 · 합병에 관한 조언업무
　4의2. 설비투자, 사회간접자본 시설투자, 자원개발, 그 밖에 상당한 기간과 자금이 소요되는 프로젝트를 수주한 기업을 위하여 사업화 단계부터 특수목적기구(특정 프로젝트를 사업으로 운영하고 그 수익을 주주 등에게 배분하는 목적으로 설립된 회사, 그 밖의 기구)에 대하여 신용공여, 출자, 그 밖의 자금지원("프로젝트금융")을 하는 자금조달구조를 수립하는 등 해당 사업을 지원하는 프로젝트금융에 관한 자문업무
　4의3. 프로젝트금융을 제공하려는 금융기관 등을 모아 일시적인 단체를 구성하고 자금지원조건을 협의하는 등 해당 금융기관 등을 위한 프로젝트금융의 주선업무
　4의4. 제4호의2에 따른 자문업무 또는 제4호의3에 따른 주선업무에 수반하여 이루어지는 프로젝트금융
　5. 경영참여형 사모집합투자기구 집합투자재산의 운용업무

2. 금융투자상품의 매매

투자매매업과 투자중개업은 계산의 주체를 기준으로 구분되며 투자매매업은 일반적으로 자기매매 또는 딜러매매라 하고 투자중개업은 위탁매매 또는 브로커매매로 불린다. 자기매매 업무(dealing)는 투자매매업무로서 자기계산으로 인적·물적 시설을 갖추고 계속적·반복적으로 금융투자상품을 매매하는 업무를 말한다. 투자매매업자는 자기매매업무를 통해 증권시장 또는 장외거래에서 일시적인 수급불균형을 조정하는 한편 금융투자상품 가격의 연속성을 확보함으로써 시장조성자(market maker)로서의 역할을 수행한다.

투자매매업자를 상대방으로 하거나 투자중개업자를 통하여 금융투자상품을 매매하는 경우는 투자매매업에 포함되지 않는다(법7⑥(2)). 전문사모집합투자업자가 자신이 운용하는 전문 투자형 사모집합투자기구의 집합투자증권을 판매하는 경우도 금융투자업으로 보지 않는다(법7 ⑥(3)). 또한 국가 또는 지방자치단체가 공익을 위하여 관련 법령에 따라 금융투자상품을 매매하는 경우와 한국은행이 공개시장 조작을 하는 경우는 투자매매업으로 보지 않으며(영7④ (1)(2)), 환매조건부매매(RP매매) 중 일반투자자를 상대로 하는 경우에는 투자매매업으로 보고, 전문투자자 등 일정한 요건에 해당하는 전문가들 간의 환매조건부매매는 투자매매업으로 보지 않는다(영7④(3)).

3. 증권의 발행

일반기업이 자금조달 목적으로 주권, 사채 등의 증권을 발행하는 경우를 투자매매업이라고 보기 어려우므로 자본시장법은 자기가 증권을 발행하는 경우에는 투자매매업으로 보지 아니한다(법7① 본문). 다만, ⅰ) 투자신탁의 수익증권(제1호), ⅱ) 대통령령으로 정하는 파생결합 증권(제2호), ⅲ) 투자성 있는 예금계약, 그 밖에 이에 준하는 것으로서 대통령령으로 정하는 계약에 따른 증권(제3호), ⅳ) 투자성 있는 보험계약에 따른 증권(제4호)은 투자매매업으로 규율하고 있다(법7① 단서). 이것은 자기가 증권을 발행하더라도 계속적·반복적으로 영리를 목적으로 증권을 발행하는 경우에는 투자매매업으로 포함시킬 필요가 있기 때문이다. 목차를 바꾸어 살펴보기로 한다.

4. 투자매매업으로 보는 경우

(1) 투자신탁의 수익증권

투자신탁의 수익증권을 발행하는 행위는 자금을 조달하여 특정 자산에 투자하고 그 결과를 투자자에게 귀속시키는 것을 목적으로 집합투자증권을 매도하는 행위이므로 투자매매업에 해당한다.

(2) 파생결합증권

자본시장법 제7조 제1항 제2호에서 "대통령령으로 정하는 파생결합증권"이란 ⅰ) 기초자산이 통화 또는 외국통화로서 지급하거나 회수하는 금전등이 그 기초자산과 다른 통화 또는 외국통화로 표시될 것(제1호), ⅱ) 증권의 발행과 동시에 금융위원회가 정하여 고시하는 위험회피 목적의 거래5)가 이루어질 것(제2호), ⅲ) 사업에 필요한 자금을 조달하기 위하여 발행될 것(제3호), ⅳ) 해당 파생결합증권의 발행인이 전문투자자일 것(시행규칙 1조의2)(제4호)이라는 발행요건 등을 모두 충족하는 파생결합증권을 제외한 파생결합증권을 말한다(영7①). 이는 국내 기업 또는 금융기관이 낮은 비용으로 달러화를 조달하기 위해 "이종통화표시달러결제채권"6)을 발행하는 관행을 감안한 것으로 생각된다.

(3) 투자성 있는 예금·보험

자본시장법 제7조 제1항 제3호의 "투자성 있는 예금계약, 그 밖에 이에 준하는 것으로서 대통령령으로 정하는 계약에 따른 증권"은 투자매매업에 해당한다. 여기서 "대통령령으로 정하는 계약에 따른 증권"이란 다음의 어느 하나에 해당하는 것("금적립계좌등")을 말한다. 즉 ⅰ) 시행령 제4조 각 호7)의 어느 하나에 해당하는 자("은행등")가 투자자와 체결하는 계약에 따라 발행하는 금적립계좌 또는 은적립계좌[투자자가 은행등에 금전을 지급하면 기초자산인 금(金) 또는 은(銀)의 가격 등에 따라 현재 또는 장래에 회수하는 금전등이 결정되는 권리가 표시된 것으로서 금융위원회가 정하여 고시하는 기준8)에 따른 파생결합증권](제1호), ⅱ) 그 밖에 증권 및 장외파생상품에

---

5) 금융투자업규정 제1-4조의3(금융투자업의 적용배제) ① 영 제7조 제1항 제2호에서 "금융위원회가 정하여 고시하는 위험회피 목적의 거래"란 다음의 요건을 모두 충족하는 장외파생상품 거래를 말한다.
   1. 위험회피대상인 파생결합증권과 장외파생상품의 기초자산이 동일하고 손익의 변화방향이 반대일 것
   2. 위험회피대상인 파생결합증권의 액면금액과 장외파생상품의 명목원금이 동일할 것
   3. 위험회피대상인 파생결합증권과 장외파생상품의 계약기간(조기상환조건이 있는 경우 그 조기상환일을 포함한다)이 동일할 것
6) 이종통화표시달러결제채권은 외화표시채권의 하나로서, 표시통화는 이종통화(달러가 아닌 통화)이고 결제통화는 달러인 채권이다. 투자자의 입장에서 실질적인 자금의 투자는 달러로 이루어지고 만기 이후에 이자와 원금에 대한 수취도 달러로 결제되는 구조를 취한다.
7) 1. 다음 각 목의 어느 하나에 해당하는 자("은행")
      가. 은행법에 따라 인가를 받아 설립된 은행(같은 법 제59조에 따라 은행으로 보는 자를 포함)
      나. 수산업협동조합법에 따른 수협은행
      다. 농업협동조합법에 따른 농협은행
   2. 한국산업은행법에 따른 한국산업은행
   3. 중소기업은행법에 따른 중소기업은행
8) 금융투자업규정 제1-4조의3(금융투자업의 적용배제) ② 영 제7조 제2항 제1호에서 "금융위원회가 정하여 고시하는 기준"이란 다음의 요건을 모두 충족하는 것을 말한다.
   1. 투자자가 금전등을 지급한 날에 파생결합증권이 발행될 것
   2. 파생결합증권의 계약기간(계약기간을 따로 정하지 아니한 경우에는 무기한으로 본다) 동안 매 영업일

대한 투자매매업의 인가를 받은 자가 투자자와 체결하는 계약에 따라 발행하는 파생결합증권으로서 금융위원회가 투자에 따른 위험과 손익의 구조 등을 고려하여 고시하는 파생결합증권9)(제2호)을 말한다. 이는 전형적인 예금과 달리 투자성이 있는 금융투자상품의 매매에 해당하는 점을 감안한 것으로 생각된다.

5. 증권의 인수

인수란 제3자에게 증권을 취득시킬 목적으로 ⅰ) 그 증권의 전부 또는 일부를 취득하거나 취득하는 것을 내용으로 하는 계약을 체결하는 것(제1호), ⅱ) 그 증권의 전부 또는 일부에 대하여 이를 취득하는 자가 없는 때에 그 나머지를 취득하는 것을 내용으로 하는 계약을 체결하는 것(제2호) 중 어느 하나에 해당하는 행위를 하거나 그 행위를 전제로 발행인 또는 매출인을 위하여 증권의 모집·사모·매출을 하는 것을 말한다(법9⑪).

증권의 인수업무(underwriting)는 투자매매업무로서 투자매매업자가 신규 발행된 증권을 매출할 목적으로 취득하는 업무를 말하며 발행형태로는 모집·매출(공모), 사모의 세 가지가 있다. "모집"이란 대통령령으로 정하는 방법에 따라 산출한 50인 이상의 투자자에게 새로 발행되는 증권의 취득의 청약을 권유하는 것을 말하고(법9⑦), "매출"이란 대통령령으로 정하는 방법에 따라 산출한 50인 이상의 투자자에게 이미 발행된 증권의 매도의 청약을 하거나 매수의 청약을 권유하는 것(법9⑨)을 말한다. 한편 "사모"란 새로 발행되는 증권의 취득의 청약을 권유하는 것으로서 모집에 해당하지 아니하는 것을 말한다(법9⑧).

Ⅱ. 투자중개업자

1. 의의

투자중개업자란 금융투자업자 중 누구의 명의로 하든지 타인의 계산으로 금융투자상품의 매도·매수, 그 중개나 청약의 권유, 청약, 청약의 승낙 또는 증권의 발행·인수에 대한 청약의 권유, 청약, 청약의 승낙을 영업으로 하는 금융투자업자를 말한다(법8③ 및 법6③). 투자중개업

마다 청약 및 발행이 가능할 것
  3. 파생결합증권의 계약기간 동안 매 영업일마다 투자자가 그 파생결합증권을 매도하여 금전 또는 실물로 회수할 수 있을 것
  4. 발행인이 파생결합증권의 발행을 통하여 조달한 자금의 일부를 투자자에게 지급할 실물의 매입을 위하여 사용할 것
 9) 금융투자업규정 제1-4조의3(금융투자업의 적용배제) ③ 영 제7조 제2항 제2호에서 "금융위원회가 투자에 따른 위험과 손익의 구조 등을 고려하여 고시하는 파생결합증권"이란 금융투자업자가 발행한 파생결합증권(기초자산이 금 또는 은인 파생결합증권에 한한다)으로서 제2항 각 호의 요건을 모두 충족하는 파생결합증권을 말한다.

자는 타인의 계산에 의해 영업이 이루어진다는 점에서 투자매매업자와 구분된다. 투자중개업은 종전의 증권거래법에서 규정하고 있던 위탁매매, 매매의 중개 또는 대리, 국내외 증권시장에서의 매매거래에 관한 위탁의 중개·주선 또는 대리 및 모집·매출의 주선업무를 포함한다.

2. 위탁매매업무

위탁매매업무(brokerage)는 증권 및 파생상품 등 금융투자상품에 대한 투자중개업무로서 고객의 매매주문을 성사시키고 수수료를 받는 업무이다. 위탁매매업무는 위탁매매, 매매의 중개·대리 및 위탁의 중개·주선·대리 세 가지 형태로 이루어진다.

ⅰ) 위탁매매업무는 고객의 매매주문을 받아 투자중개업자의 명의와 고객의 계산으로 금융투자상품의 매매를 하는 업무이다. 매매거래에 따른 손익은 위탁자인 고객에게 귀속되며 투자중개업자는 고객으로부터 일정한 위탁수수료를 받는다. ⅱ) 매매의 중개·대리는 타인 간의 금융투자상품의 매매가 성립되도록 노력하거나 고객을 대리하여 매매를 하고 일정한 수수료를 받는 업무를 말한다. ⅲ) 위탁의 중개·주선·대리는 한국거래소의 회원이 아닌 투자중개업자가 수행하는 업무로서 비회원인 투자중개업자는 회원인 투자중개업자를 통해 고객의 위탁매매주문을 중개·주선·대리해주고 고객으로부터 받은 수수료를 회원인 투자중개업자와 배분한다.[10]

3. 펀드판매업무와 자산관리업무

펀드는 자본시장법상 집합투자기구를 지칭하며, 펀드판매업무는 증권회사가 투자중개업자로서 펀드에서 발행하는 수익증권 등을 투자자에게 판매하는 업무이다.[11] 자산관리업무는 투자자문 및 투자일임업자로서 투자자에게 랩어카운트(Wrap Account) 및 CMA 서비스 등을 제공하는 업무이다. 랩어카운트는 증권회사가 고객의 증권거래, 고객에 대한 자문 등의 서비스를 통합해 제공하고 그 대가로 고객예탁재산의 평가액에 비례하여 연간 단일보수율로 산정한 수수료를 징수하는 업무이다. 랩어카운트에는 자문형과 일임형 두 가지가 있는데 자문형은 예탁재산의 운용에 대하여 자산관리자가 투자자문서비스를 제공하고 최종결정은 고객이 내리는 반면, 일임형은 증권회사가 고객의 성향에 따라 주식이나 채권, 주식형 펀드 등 투자자의 자산포트폴리오 구성에서 운용까지 모든 자산운용 업무를 대신한다.

---

10) 한국은행(2018), 246-247쪽.
11) 2017년말 현재 투자중개업자별 펀드 판매비중을 보면 증권회사 50.6%, 은행 43.6%, 보험회사 2.9%, 기타 2.9%로 국내에서 판매되는 대부분의 펀드는 증권회사 및 은행을 통해 판매되고 있다. 한편 증권회사 및 은행 모두 MMF와 주식형펀드의 판매비중이 높다(한국은행(2018), 247쪽).

4. 자산관리계좌(CMA) 업무

CMA 업무는 고객과 사전약정에 따라 예치자금이 MMF, RP 등 특정 단기금융상품에 투자되도록 설계한 CMA 계좌[운용자산의 종류에 따라 RP형, MMF형, 종금형 및 예금형(일임형) 등으로 구분된다]를 고객예탁금 계좌와 연계해 수시입출, 급여이체, 신용카드 결제대금 납부 등의 부가서비스를 제공하는 업무이다.[12]

5. 투자중개업으로 보지 않는 경우

투자권유대행인이 투자권유를 대행하는 경우에는 투자중개업으로 보지 아니한다(법7②). 투자권유대행인은 별도로 규제(법51 및 법52)를 받기 때문에 투자중개업으로 보지 않는 것이다. 따라서 등록한 투자권유대행인은 투자중개업 인가를 받지 않고 투자권유대행을 할 수 있다. 거래소가 증권시장 또는 파생상품시장을 개설·운영하는 경우에는 투자중개업으로 보지 않는다(법7⑥(1)). 거래소 회원 간의 중개행위는 투자중개업의 규제에서 제외한 것이다. 한국금융투자협회(법283)가 증권시장에 상장되지 아니한 주권의 장외매매거래에 관한 업무(법286①(5)) 및 증권시장에 상장되지 않은 지분증권(주권을 제외한 지분증권)의 장외매매거래에 관한 업무(영307②(5의2))를 하는 경우도 투자중개업으로 보지 않는다(영7④(4)).

제3절 집합투자업자

Ⅰ. 서설

1. 의의

집합투자업자는 2인 이상의 투자자로부터 모은 금전 등을 투자자의 일상적인 운용지시없이 투자대상자산에 운용하고 그 결과를 투자자에게 배분 및 귀속시키는 집합투자를 영업으로 하는 금융투자업자를 말한다(법8④ 및 법6④⑤). 집합투자업자는 투자신탁, 투자회사 등의 방식으로 설정·설립되는 집합투자기구의 재산을 운용하는 것을 주된 업무로 한다. 집합투자업자는

---

12) CMA는 1984년 8월 「종합금융회사에 관한 법률」에 따라 종합금융회사 수신상품의 하나로 도입되었으며 증권회사들은 2003년 11월부터 약관에 의해 취급하기 시작하였다. 그리고 자본시장법 시행으로 2009년 7월부터 은행 요구불예금 수준의 지급결제서비스도 가능해졌다.

자본시장법에 따른 집합투자를 수행하는 금융기관으로서 자산운용회사에 해당된다.

"전문사모집합투자업자"란 집합투자업자 중 전문사모집합투자업을 영위하는 자를 말한다(법9㉓). "전문사모집합투자업"이란 집합투자업 중 전문투자형 사모집합투자기구를 통한 집합투자를 영업으로 하는 것을 말한다(법9㉘).

2. 특징

집합투자의 정의에 해당하는 행위를 영업으로 하는 것은 집합투자업이 되므로, 자본시장법에 따라 집합투자업 라이선스를 가진 자만이 할 수 있다. 금융위원회로부터 집합투자업 인가(공모 집합투자기구)를 받거나 전문사모집합투자업 등록을 하지 않고 집합투자업을 영위하는 것은 금지되며, 위반 시에는 형사제재를 받게 된다.

집합투자업자는 투자매매·중개업자와 마찬가지로 시장중개기관에 속한다. 집합투자가 비록 투자자로부터 자금 등을 모아 집합투자기구라는 도구를 통해서 재산을 운용하므로 금융중개기관의 외형을 갖추고 있다 하더라도, 결정적으로 자기계산으로 신용 대위를 하지 않기 때문에 금융중개기관이라고 볼 수 없다. 집합투자업자는 투자자로부터 받은 금전 등에 대해 위험부담을 지지 않으며, 손익에 관계 없이 운용에 대해 일정한 보수·수수료만을 취득할 뿐이다. 펀드가 투자한 주식·채권 등이 큰 손실을 본다 할지라도, 집합투자업자는 여전히 일정한 보수·수수료를 취득하며 그 손실에 대해서는 투자자 단독의 부담이 된다.

이렇게 집합투자는 투자자가 아닌 자의 명의[13]로 운용된다고 하더라도, 투자자의 계산으로 이뤄지기 때문에 금융기관인 집합투자업자는 시장중개기관에 속한다. 그래서 투자자 아닌 자의 지배하에서 운용되는 집합투자 특성은 투자자와 운용자 사이에 중요한 이해상충 문제를 발생시킬 수 있다. 운용자가 운용하지만, 그 손익은 고스란히 투자자의 몫이 되는 구조에서는 자칫하다가 운용자가 투자자의 의사에 반하여 큰 손실을 끼칠 우려가 있다.

Ⅱ. 업무

집합투자업자의 업무를 크게 집합투자기구의 기획, 집합투자재산의 운용의 두 가지로 나누어 보았다.

1. 집합투자기구의 기획업무

집합투자업자는 집합투자를 수행하기 위해 집합투자기구를 설정·설립한다. 투자신탁형태

---

13) 예컨대 투자신탁형은 집합투자업자가, 투자회사형은 투자회사의 명의로 운용된다.

에서 집합투자업자는 신탁업자(신탁회사)와의 신탁계약을 통해서 투자신탁을 설정하고, 회사형인 투자회사·투자유한회사·투자합자회사·투자유한책임회사에서 집합투자업자는 초기 설립 시 정관작성의 주체로 참여한다.[14] 조합형에서 집합투자업자는 조합계약(투자합자조합의 경우)이나 익명조합계약(투자익명조합의 경우)을 작성하는 주체로서 집합투자기구를 설립한다.

투자신탁형은 회사형·조합형 집합투자기구와는 달리 스스로 집합투자기구를 설정할 수 없다는 특징이 있다. 즉 투자신탁을 설정하기 위해서 집합투자업자는 반드시 신탁업자인 당사자를 끌어들여야 한다.

2. 집합투자재산의 운용업무

집합투자재산의 운용은 매우 광범위하게 해석하여 단순히 집합투자재산을 취득·처분하는 것뿐만 아니라, 집합투자재산과 관련된 집합투자증권의 발행·판매 및 환매, 집합투자기구의 합병 및 해지·해산과 같은 행위까지도 운용업무에 포함될 수 있다. 적어도 집합투자재산이 집합투자기구에 남아 있는 동안 이루어지는 모든 행위는 집합투자재산의 운용업무라고 보아야 투자자를 두텁게 보호할 수가 있다.

여기서는 협의의 운용업무로 한정하여 살펴본다. 운용이란 집합투자재산에 직접적인 영향을 미치는 행위로, 집합투자재산의 취득·처분 등의 행위를 말한다. 투자신탁과 투자익명조합을 제외하고는 모두 집합투자기구의 명의로 그 운용을 행하며(법80⑤), 투자신탁은 신탁회사의 명의로, 투자익명조합은 집합투자업자의 명의로 운용을 한다. 투자신탁에서 집합투자업자는 단지 명의자인 신탁업자로 하여금 그 운용의 지시를 내릴 뿐이다.

투자신탁과 관련하여 살펴보면, 집합투자업자는 신탁업자로 하여금 운용의 지시를 통해서 집합투자재산을 운용하는데, 이는 별도의 신탁관계를 통해서 집합투자 운용이 이루어진다고 볼 수 있다. 즉 집합투자업자는 위탁자로서 수탁자인 신탁업자로 하여금 위탁지시를 통해서 신탁업자의 명의로 투자신탁재산을 운용하는 것이다. 하지만 자본시장법에는 투자신탁이 신탁업자 명의로 운용되지 않는 예외조항도 존재한다. 수탁자가 아닌 집합투자업자(위탁자) 스스로의 명의로 운용할 수 있는 단서 규정(법80① 단서)을 두고 있고, 그에 해당하는 투자행위의 범위도 상당히 넓게 규정하고 있다. 집합투자업자의 자산운용에 관하여는 뒤에서 상세히 살펴보기로 한다.

---

14) 투자회사는 집합투자업자가 아닌 자들로 발기인조합이 구성되어 투자회사를 설립하는 것도 가능하다(자본시장법 제194조 제1항 참조).

제4절 투자자문 · 일임업자

Ⅰ. 투자자문업자

1. 의의

투자자문업자란 금융투자업자 중 금융투자상품, 그 밖에 대통령령으로 정하는 투자대상자산[15]("금융투자상품등")의 가치 또는 금융투자상품등에 대한 투자판단(종류, 종목, 취득 · 처분, 취득 · 처분의 방법 · 수량 · 가격 및 시기 등에 대한 판단)에 관한 자문에 응하는 것을 영업으로 하는 금융투자업자를 말한다(법8⑤ 및 법6⑦).

현재 자본시장에서는 투자매매업 · 중개업자(증권회사), 집합투자업자(자산운용사) 또는 전업 투자자문사 등이 투자자문업을 영위한다. 투자자문업은 투자매매 · 중개업 및 집합투자업과 직접적 연관이 있기 때문에 증권사 및 자산운용사는 투자자문업을 겸영하는 것이 일반적이다. 반면 전업 투자자문사는 투자자문업 또는 투자일임업만을 영위하는 회사이다.

2. 투자자문업으로 보지 않는 경우

불특정 다수인을 대상으로 발행 또는 송신되고, 불특정 다수인이 수시로 구입 또는 수신할 수 있는 간행물 · 출판물 · 통신물 또는 방송 등을 통하여 조언을 하는 경우에는 투자자문업으로 보지 아니한다(법7③). 투자자문업자 이외의 자가 이러한 조언을 일정한 대가를 받고 행하는 경우 신고만으로 영업을 할 수 있는 유사투자자문업으로 분류된다(영102). 유사투자자문업이란 불특정 다수인을 대상으로 발행 또는 송신되고, 불특정 다수인이 수시로 구입 또는 수신할 수 있는 간행물 · 출판물 · 통신물 또는 방송 등을 통하여 투자자문업자 외의 자가 일정한 대

---

15) "대통령령으로 정하는 투자대상자산"이란 다음의 자산을 말한다(영6의2).
  1. 부동산
  2. 지상권 · 지역권 · 전세권 · 임차권 · 분양권 등 부동산 관련 권리
  3. 제106조 제2항 각 호의 금융기관에의 예치금
  4. 다음 각 목의 어느 하나에 해당하는 출자지분 또는 권리("사업수익권")
    가. 상법에 따른 합자회사 · 유한책임회사 · 합자조합 · 익명조합의 출자지분
    나. 민법에 따른 조합의 출자지분
    다. 그 밖에 특정사업으로부터 발생하는 수익을 분배받을 수 있는 계약상의 출자지분 또는 권리
  5. 다음 각 목의 어느 하나에 해당하는 금지금[「조세특례제한법」 제106조의3 제1항 각 호 외의 부분에 따른 금지금(金地金)을 말한다]
    가. 거래소가 개설한 시장에서 거래되는 금지금
    나. 은행이 그 판매를 대행하거나 매매 · 대여하는 금지금
  6. 법 제336조 제1항 제1호 또는 법 제360조 제1항에 따라 발행된 어음(즉 단기금융업무)

가를 받고 행하는 투자조언을 말한다(영102①).

따로 대가 없이 다른 영업에 부수하여 금융투자상품등의 가치나 그 금융투자상품등에 대한 투자판단에 관한 자문에 응하는 경우에는 투자자문업으로 보지 않는다(영7④(8)).

집합투자기구평가회사, 채권평가회사, 공인회계사, 감정인, 신용평가를 전문으로 하는 자, 변호사, 변리사 또는 세무사, 그 밖에 이에 준하는 자로서 해당 법령에 따라 자문용역을 제공하고 있는 자(그 소속단체를 포함)가 해당 업무와 관련된 분석정보 등을 제공하는 경우에는 투자자문업으로 보지 않는다(영7④(9) 및 영7⑤(4)(마)).

Ⅲ. 투자일임업자

1. 의의

투자일임업자란 금융투자업자 중 투자자로부터 금융투자상품등에 대한 투자판단의 전부 또는 일부를 일임받아 투자자별로 구분하여 그 투자자의 재산상태나 투자목적 등을 고려하여 금융투자상품등을 취득·처분, 그 밖의 방법으로 운용하는 것을 영업으로 하는 금융투자업자를 말한다(법8⑥ 및 법6⑧).

투자일임업에는 매매 등 자산의 운용, 자산의 보관 및 관리(배당금과 이자의 수령 등), 자산 운용에 따른 각종 보고 등의 업무가 포함된다. 투자일임재산은 투자자문업의 경우와 같이 금융투자상품에 한정되나, 그 운용방법으로는 매매 외에 다양한 방법이 인정된다. 자본시장법은 자산운용방법을 특별히 제한하고 있지 않기 때문에 투자신탁 등 집합투자, 신탁업자에 대한 신탁, 금융기관에의 예치, 단기대출 등의 방법으로 운용하는 것이 가능하다.

투자일임행위가 투자일임업으로 인정되기 위해서는 그에 대한 "보수를 받고" 이를 "영업으로" 하여야 한다. 투자매매·중개업자(증권회사)가 투자자의 매매주문을 처리하는 과정에서 투자자로부터 투자판단의 전부 또는 일부를 일임받는 것은 단지 위탁매매의 실행에 부수하는 것으로서 별도의 보수가 지급되지 않기 때문에 투자일임업으로 보지 않는다.

투자일임업은 성질상 법인뿐만 아니라 개인도 영위할 수 있으나, 자본시장법은 투자자 보호를 위하여 영업의 건전성과 재무안정성 및 전문성을 확보하고자 투자일임업을 영위할 수 있는 자의 자격을 다른 금융투자업의 경우와 마찬가지로 상법상 주식회사로 제한하였다. 투자일임약정은 투자일임재산의 운용과 관련한 일체의 권한을 투자일임업자에게 위임하는 위임계약에 해당한다. 투자자는 투자일임재산의 취득·처분 등 운용에 직접 관여할 수 있고, 투자일임재산이 주식인 경우에는 의결권 등 공익권과 이익배당청구권 등 자익권 모두를 직접 행사할 수 있으며, 언제든지 투자일임약정을 해지할 수 있다.

투자일임업은 투자일임업자가 투자결정을 전담한다는 점에서 집합투자업과 유사하나, 집합투자업이 불특정 다수인이 참여하는 집합투자수단(투자신탁, 투자회사 등)을 제공하는 것과 달리, 투자일임업은 특정 투자자를 위한 개별적인 투자수단을 제공하는 점에서 차이가 있다.

2. 강화된 등록요건

투자자문은 증권 등 투자자문자산의 가치분석 등에 의하여 투자자에게 투자판단에 관한 조언을 하는 것이고, 투자일임은 그 투자판단을 기초로 고객을 위해 투자의 결정까지 하는 것이다. 양자는 모두 투자판단을 전제로 하는데, 투자자문은 투자결정에 관한 권한이 고객 자신에게 있는 반면, 투자일임업은 투자일임업자에게 이에 관한 재량권이 부여된다. 따라서 자본시장법은 투자일임업에 대해서 투자자문업의 등록요건에 더하여 자기자본, 투자운용 전문인력 등에 있어 한 단계 더 강화된 등록요건을 부과하고 있다. 이러한 특성상 투자일임업은 투자자문업을 전제로 하고, 당연히 투자자문업을 겸하게 된다.

3. 투자일임업으로 보지 않는 경우

투자중개업자가 투자자의 매매주문을 받아 이를 처리하는 과정에서 금융투자상품에 대한 투자판단의 전부 또는 일부를 일임받을 필요가 있는 경우로서 대통령령으로 정하는 경우[16]에는 투자일임업으로 보지 아니한다(법7④).

---

16) "대통령령으로 정하는 경우"란 투자중개업자가 따로 대가 없이 금융투자상품에 대한 투자판단(법 제6조 제7항에 따른 투자판단)의 전부나 일부를 일임받는 경우로서 다음의 어느 하나에 해당하는 경우를 말한다(영7③).
  1. 투자자가 금융투자상품의 매매거래일(하루에 한정)과 그 매매거래일의 총매매수량이나 총매매금액을 지정한 경우로서 투자자로부터 그 지정 범위에서 금융투자상품의 수량·가격 및 시기에 대한 투자판단을 일임받은 경우
  2. 투자자가 여행·질병 등으로 일시적으로 부재하는 중에 금융투자상품의 가격 폭락 등 불가피한 사유가 있는 경우로서 투자자로부터 약관 등에 따라 미리 금융투자상품의 매도 권한을 일임받은 경우
  3. 투자자가 금융투자상품의 매매, 그 밖의 거래에 따른 결제나 증거금의 추가 예탁 또는 법 제72조에 따른 신용공여와 관련한 담보비율 유지의무나 상환의무를 이행하지 아니한 경우로서 투자자로부터 약관 등에 따라 금융투자상품의 매도권한(파생상품인 경우에는 이미 매도한 파생상품의 매수권한을 포함)을 일임받은 경우
  4. 투자자가 투자중개업자가 개설한 계좌에 금전을 입금하거나 해당 계좌에서 금전을 출금하는 경우에는 따로 의사표시가 없어도 자동으로 단기금융집합투자기구의 집합투자증권 등을 매수 또는 매도하거나 증권을 환매를 조건으로 매수 또는 매도하기로 하는 약정을 미리 해당 투자중개업자와 체결한 경우로서 투자자로부터 그 약정에 따라 해당 집합투자증권 등을 매수 또는 매도하는 권한을 일임받거나 증권을 환매를 조건으로 매수 또는 매도하는 권한을 일임받은 경우
  5. 그 밖에 투자자 보호 및 건전한 금융거래질서를 해칠 염려가 없는 경우로서 금융위원회가 정하여 고시하는 경우

제5절 신탁업자

Ⅰ. 의의

1. 신탁업자의 의의

신탁업자란 금융투자업자 중 신탁업을 영위하는 금융투자업자를 말한다(법8⑦ 및 법6⑨). 신탁업자는 금전 또는 재산을 고객(위탁자)으로부터 수탁받아 수익자(고객 또는 제3자)의 이익을 위해 운영·관리·처분하는 기능을 담당한다.

신탁업자로는 은행, 금융투자업자(증권회사), 보험회사 등에 의한 신탁겸업사와 부동산신탁회사가 있다. 겸업사의 경우 부동산신탁업무의 범위[17] 등에서 다소 차이가 있는 점을 제외하고는 대부분 동일하다. 겸업사 신탁계정에서는 금전 및 재산을 신탁받아 이를 유가증권, 대출금 등으로 운용하여 그 수익을 분배하는 업무가 이루어진다.

2019년 12월말 기준 신탁겸업사는 국내은행 16개[18]와 외국은행 국내지점 3개,[19] 증권사 20개,[20] 보험회사 6개[21] 등이 있다. 한편 부동산신탁회사는 2009년(2개사 인가) 이후 추가 진입없이 11개사[22]가 영업 중이었는데, 2019년 3개사[23]를 신규인가하여 총 14개사가 영업 중이다.

2. 부동산신탁업자의 의의

부동산신탁업자는 부동산 소유자인 위탁자와 신탁계약을 체결하고 그 부동산을 관리·처분·개발함으로써 나오는 수익을 수익자에게 교부하고 그 대가로 수수료(신탁보수)를 취득한다. 부동산신탁과 유사 개념으로 부동산투자신탁이 있는바, 이는 금전을 신탁받아 부동산에 투자

---

17) 투자매매·중개업자(증권회사)의 경우 신탁업자로서의 대출업무가 제한된다. 부동산 신탁업무와 관련하여 은행의 경우 토지신탁 업무가, 투자매매·중개업자 및 보험회사는 담보 및 토지신탁 업무가 제한된다.

18) 신한, 우리, SC제일, KEB하나, 씨티, 국민, 대구, 부산, 광주, 경남, 산업, 기업, 농협, 수협, 전북 15개사(인가단위: 종합신탁업), 제주 1개사(인가단위: 금전신탁업).

19) 뉴욕멜론(인가단위: 종합신탁업), 도이치, 홍콩상하이 2개사(인가단위: 금전신탁업).

20) 신한, 교보, 대신, 미래에셋대우, 하나, 유안타, 삼성, 한국투자, KB, 키움, NH투자, 한화, 메리츠, 신영, 유진투자, HMC투자, 동부, SK, IBK 19개(인간단위: 종합신탁업), 하이(인가단위: 금전신탁업).

21) 미래에셋생명, 삼성생명, 한화생명, 흥국생명(인가단위: 종합신탁업), 교보생명, 삼성화재(인가단위: 금전신탁업).

22) 한국토지, KB부동산, 대한토지, 생보부동산, 한국자산, 하나자산, 코람코자산, 아시아, 국제자산, 무궁화, 코리아(인가단위: 부동산신탁업).

23) 대신자산신탁, 신영부동산신탁, 한국투자부동산신탁(인가단위: 부동산신탁업).

하는 기존의 불특정금전신탁 상품을 일컫는 것으로서 현물인 부동산 자체를 신탁받는 부동산
신탁과는 근본적으로 다르다.

부동산의 관리·처분·개발에 신탁제도를 도입한 이유는 신탁재산은 독립성이 보장되고
강제집행 등이 금지되어 수익자 및 신탁재산의 보호에 만전을 기할 수 있기 때문이다. 부동산
신탁제도는 부동산에 대한 전문성을 보유한 신탁회사가 부동산을 관리·개발함으로써 한정된
자원을 효율적으로 이용할 수 있을 뿐만 아니라 부동산 매매가 수반되지 않으므로 양도과정에
서의 양도세 및 등록세 등 제반 비용을 절감할 수 있다. 한편 부동산신탁회사는 인가조건으로
그 수탁가능 재산이 부동산 등으로 제한됨에 따라 현재 부동산을 수탁받아 그에 대한 관리·처
분·개발을 대행하는 업무를 수행하고 부수업무로서 주로 부동산컨설팅, 대리사무, 부동산매매
의 중개 등을 수행한다.[24]

II. 업무

신탁업무는 신탁관계인, 신탁재산 등의 개념과 수탁자의 권리의무 등 신탁에 관한 일반적
인 법률관계를 민사적 차원에서 규정하고 있는 신탁법과 신탁업자 업무의 내용, 감독 등을 규
정하고 있는 자본시장법에 의하여 운영된다. 신탁업자가 신탁계약에 따라 인수할 수 있는 재산
은 금전, 증권, 금전채권, 동산, 부동산, 지상권·전세권·부동산임차권·부동산소유권 이전등기
청구권 및 그 밖의 부동산 관련 권리, 지적재산권 등 무체재산권으로 제한되어 있다. 수탁업무
는 이러한 인수재산에 따라 크게 금전신탁과 재산신탁으로 구분된다. 이외에도 담보부사채신
탁법, 신탁법 등에 근거를 두고 담보부사채신탁, 공익신탁 등의 수탁업무를 영위하고 있다.

자본시장법은 신탁재산에 속하는 금전의 운용방법을 증권, 장내외 파생상품 등 금융투자
상품의 매수, 금융기관에의 예치, 금전채권의 매수, 대출, 어음의 매수, 실물자산의 매수, 무체
재산권의 매수, 부동산의 매수 또는 개발, 그 밖에 신탁재산의 안전성·수익성 등을 고려하여
대통령령으로 정하는 방법 등으로 제한하고 있다(법106). 또한 신탁운용자산의 처분은 이익상
충 방지를 위해 시장을 통하여 매매함을 원칙으로 하며 특정 신탁상품의 수익률을 제고할 목
적으로 운용자산을 편출하거나 편입할 수 없다.

---

24) 한국은행(2018), 268쪽.

제6절 종합금융투자사업자

Ⅰ. 서설

1. 입법배경

국내 증권산업은 대형 증권회사나 중소형 증권회사 모두 위탁매매·단순중개 위주의 동질적인 업무를 주로 수행하고 있어 증권회사의 역량이 글로벌 투자은행(IB)[25]에 비해 절대적으로 낮은 수준이다. 국내 증권회사는 기업공개(IPO), 회사채 인수 등의 전통적인 투자은행 업무에 이제 진입한 단계로 해외 유수의 투자은행이 자본시장에 제공하는 M&A, 프로젝트파이낸싱 등 모험자본의 기능은 부족한 것으로 평가받고 있다.[26] 그 결과 국내 증권회사들은 대형 증권회사와 중소형 증권회사 모두 위탁매매·IPO·회사채 인수 등의 동질적인 업무를 수행하면서 저가 출혈 경쟁을 벌이고 있는 상황으로 볼 수 있다. 반대로 M&A 자문, 구조화증권(주가연계증권 등) 발행 등 고부가가치 업무는 외국계 투자은행에 내주는 등 고착화된 국내 증권산업의 구조 변화가 필요하다는 지적이 제기되어 왔다.[27]

한편 2009년 2월 금융투자상품 포괄주의, 금융투자업 겸영주의 도입 등 증권회사 간 경쟁을 촉진시켜 자본시장의 구조적인 변화를 유도하기 위한 자본시장법이 제정·시행되었다. 하지만 2008년 미국에서 촉발된 서브프라임 모기지 사태가 유럽 재정위기 등 글로벌 금융위기로 확대되면서 법률 제정 당시 기대했던 선진 투자은행의 출현 등의 혁신적인 변화는 미흡한 상황이었다. 이에 따라 정부는 자본시장과 금융투자업의 재도약을 위한 시장 선도적인 한국형 투자은행의 출현을 유도하기 위해 종합금융투자사업자 제도를 도입하는 자본시장법 개정을 추진하였다.

2013년 5월 개정된 자본시장법은 해외 골드만삭스, 메릴린치 등과 같은 투자은행을 활성화하기 위하여 대형 증권회사를 종합금융투자사업자로 지정하여 신규업무를 허용하는 것을 주

---

25) 전통적인 투자은행의 개념은 증권의 발행시장에서 인수(underwriting) 등 투자의 형태로 기업에 자금을 중개·공급하는 업무를 의미하지만, 최근 투자은행의 영역은 기업의 설립·성장·변경·구조조정의 과정에서 M&A, 프로젝트파이낸싱 등 금융업무 일체를 주선·자문하는 업무로 확대되었다.

26) 국내 상위 5개 증권회사의 규모는 미국 골드만삭스 대비 총자산 1.6%, 자기자본 3.2%, 직원 수 5.9%에 불과하고, 일본 노무라 자기자본의 1/8, 중국 중신증권 자기자본의 1/4로 나타나는 등 매우 작은 수준이다 (자본시장연구원, 「국내 투자은행 활성화 방안」, 자본시장 제도개선 민관합동위원회 제4차 회의, 2011. 6. 1).

27) 조대형(2018), "종합금융투자사업자 제도의 입법영향에 대한 연구", 은행법연구 제11권 제1호(2018. 5), 123-125쪽.

요 내용으로 하고 있다. 종합금융투자사업자 제도는 투자은행 활성화를 통해 위탁매매·단순 중개 업무에만 치중되어 있는 국내 증권산업의 구조개편과 함께 자본시장의 실물경제 지원을 강화하는 데에 그 목적이 있다.

하지만 종합금융투자사업자 제도 도입 후 현재까지 국내 증권산업은 여전히 중개업 영역에서 크게 벗어나지 못하고 있고, 투자은행으로서의 기능과 경쟁력은 부족하다는 것이 일반적인 평가이다. 이에 정부는 2016년 8월 초대형 투자은행 육성을 위한 종합금융투자사업자 제도의 개선방안[28]을 발표하였으며, 2017년 5월 자본시장법 시행령 개정을 통해 자기자본 규모에 따라 신규업무를 추가 허용하는 등 증권회사의 대형화를 유도하는 정책을 강화하고 있다. 개정된 자본시장법 시행령은 자기자본 요건에 따라 초대형 종합금융투자사업자가 영위할 수 있는 단기금융업무(4조원), 종합투자계좌업무(8조원)를 추가 허용하는 것을 주요 내용을 하고 있다.

2. 종합금융투자사업자의 의의와 지정

종합금융투자사업자란 투자매매업자 또는 투자중개업자 중 금융위원회의 지정을 받은 자를 말한다(법8⑧). 자본시장법은 금융투자업을 크게 6가지로 분류하여 금융위원회의 인가를 받도록 하고 있는데(법12), 종합금융투자사업자는 인가 제도가 아닌 투자매매업자 또는 투자중개업자가 일정 요건을 구비한 경우 투자은행 업무를 영위할 수 있도록 금융위원회가 지정하는 방식이다(법77의2①). 투자매매업자 또는 투자중개업자가 종합금융투자사업자로 지정받고자 하는 경우 금융위원회에 신청하여야 한다(법77의2②).

투자매매업자 또는 투자중개업자가 금융위원회로부터 종합금융투자사업자로 지정받기 위해서는 다음의 요건을 모두 갖추어야 한다. ⅰ) 상법에 따른 주식회사이어야 한다. 지정요건의 하나로 주식회사의 형태를 요구함으로써 종합금융투자사업자의 자본력 축적을 유도하고 있다. ⅱ) 증권에 관한 인수업을 영위해야 한다. 투자은행의 핵심업무가 인수(underwriting) 업무라는 것을 감안하여 종합금융투자사업자 지정을 신청하는 투자매매업자 또는 투자중개업자가 인수업을 영위하고 있어야 하는 요건을 부과하고 있다. ⅲ) 3조원 이상으로서 대통령령으로 정하는 금액[29] 이상의 자기자본을 보유하여야 한다. 종합금융투자사업자의 자기자본 3조원 기준은 시

---

28) 금융위원회 보도자료, "초대형 투자은행 육성을 위한 종합금융투자사업자 제도 개선방안"(2016. 8. 2).
29) "대통령령으로 정하는 금액"이란 다음의 구분에 따른 금액을 말한다(영77의3①).
   1. 전담중개업무, 기업에 대한 신용공여업무 및 다자간매매체결업무(영77의6①(1))를 하려는 종합금융투자사업자: 3조원
   2. 제1호에 따른 업무 및 단기금융업무(법360)를 하려는 종합금융투자사업자: 4조원
   3. 제2호에 따른 업무 및 종합투자계좌[고객으로부터 예탁받은 자금을 통합하여 기업신용공여 등 금융위원회가 정하여 고시하는 기업금융 관련 자산("기업금융관련자산") 등에 운용하고, 그 결과 발생한 수익

장 선도적 대형 투자은행을 육성하려는 정책목적을 달성하기 위해 충분한 자기자본이 필요하다는 점이 고려되었다. ⅳ) 해당 투자매매업자 또는 투자중개업자의 신용공여업무 수행에 따른 위험관리 능력 등을 고려하여 대통령령으로 정하는 기준[30]을 충족해야 한다(법77의2①).

2020년 7월 기준 금융위원회로부터 종합금융투자사업자로 지정받은 증권회사는 미래에셋대우, NH투자증권, 한국투자증권, 삼성증권, KB증권, 신한금융투자, 메리츠종합금융증권, 하나금융투자 등 총 8개사이다.[31]

Ⅱ. 업무

1. 전담중개업무

(1) 전담중개업무의 의의와 범위

종합금융투자사업자가 프라임브로커(prime broker)로서 전문투자형 사모집합투자기구 등을 대상으로 증권대차, 신용공여, 펀드 재산 보관·관리 등의 종합금융서비스를 제공할 수 있도록 전담중개업무를 허용하고 있다(법77의3①).

전담중개업무란 전문투자형 사모집합투자기구, 그 밖에 대통령령으로 정하는 투자자[32] ("전문투자형 사모집합투자기구등")에 대하여 ⅰ) 증권의 대여 또는 그 중개·주선이나 대리업무, ⅱ) 금전의 융자, 그 밖의 신용공여, ⅲ) 전문투자형 사모집합투자기구등의 재산의 보관 및 관

을 고객에게 지급하는 것을 목적으로 종합금융투자사업자가 개설한 계좌]업무(영77의6①(3))를 하려는 종합금융투자사업자: 8조원

30) "대통령령으로 정하는 기준"이란 다음의 기준을 말한다(영77의3②).
　1. 종합금융투자사업자의 업무와 관련한 위험관리 및 내부통제 등을 위한 적절한 인력, 전산시스템 및 내부통제장치를 갖출 것
　2. 다음 각 목의 요건을 모두 갖출 것
　　가. 법 제44조(이해상충의 관리)에 따라 이해상충이 발생할 가능성을 파악·평가·관리할 수 있는 적절한 내부통제기준을 갖출 것
　　나. 정보교류행위(법45①②)가 발생하지 아니하도록 적절한 체계를 갖출 것

31) 2013년 10월 30일 금융위원회로부터 미래에셋대우(구 대우증권), NH투자증권(구 우리투자증권), 한국투자증권, 삼성증권, KB증권(구 현대증권)이 종합금융투자사업자로 지정받았으며, 2017년 3월 8일 신한금융투자, 2017년 11월 23일 메리츠종합금융증권, 2019년 7월 10일 하나금융투자가 종합금융투자사업자로 추가 지정받았다.

32) "대통령령으로 정하는 투자자"란 다음의 어느 하나에 해당하는 투자자를 말한다(영6의3①).
　1. 전문투자자인 금융기관(영10②)
　2. 법률에 따라 설립된 기금(제10호 및 제11호는 제외) 및 그 기금을 관리·운용하는 법인(영10③(12)), 법률에 따라 공제사업을 경영하는 법인(영10③(13)), 그리고 이에 준하는 외국인
　3. 경영참여형 사모집합투자기구(법9⑲(1))
　4. 법 제279조 제1항에 따른 외국 집합투자기구(법 제9조 제19항에 따른 사모집합투자기구에 상당하는 집합투자기구로 한정)

리, iv) 그 밖에 전문투자형 사모집합투자기구등의 효율적인 업무수행을 지원하기 위하여 필요한 업무로서 대통령령으로 정하는 업무33)를 효율적인 신용공여와 담보관리 등을 위하여 대통령령으로 정하는 방법34)에 따라 연계하여 제공하는 업무를 말한다(법6⑩).

(2) 전담중개업무계약

종합금융투자사업자는 전문투자형 사모집합투자기구등 중 투자대상, 차입 여부 등을 감안하여 대통령령으로 정하는 자35)에 대하여 전담중개업무를 제공하는 경우에는 미리 해당 전문투자형 사모집합투자기구등, 그 밖에 대통령령으로 정하는 자36)와 ⅰ) 전담중개업무와 관련된 종합금융투자사업자와 전문투자형 사모집합투자기구등의 역할 및 책임에 관한 사항(1호), ⅱ) 종합금융투자사업자가 전문투자형 사모집합투자기구등의 재산을 제3자에 대한 담보, 대여, 그 밖에 대통령령으로 정하는 방법37)으로 이용하는 경우 그 이용에 관한 사항(2호), ⅲ) 종합금융투자사업자가 제2호에 따라 이용한 전문투자형 사모집합투자기구등의 재산 현황 등에 관한 정보를 전문투자형 사모집합투자기구등에게 제공하는 절차 및 방법, ⅳ) 그 밖에 대통령령으로 정하는 사항38)을 포함하는 내용에 관한 계약을 체결하여야 한다(법77의3②).

---

33) "대통령령으로 정하는 업무"란 다음의 어느 하나에 해당하는 업무를 말한다(영6의3③).
  1. 전문투자형 사모집합투자기구등(법6⑩)의 투자자재산(전문투자형 사모집합투자기구등의 재산으로서 전담중개업무의 대상이 되는 투자자재산)의 매매에 관한 청약 또는 주문의 집행업무
  2. 전문투자형 사모집합투자기구등의 투자자재산의 매매 등의 거래에 따른 취득·처분 등의 업무
  3. 파생상품의 매매 또는 그 중개·주선·대리업무
  4. 환매조건부매매 또는 그 중개·주선·대리업무
  5. 집합투자증권의 판매업무
  6. 전문투자형 사모집합투자기구등의 투자자재산의 운용과 관련한 금융 및 재무 등에 대한 자문업무
  7. 다른 투자자의 투자를 유치하거나 촉진하기 위하여 전문투자형 사모집합투자기구에 출자(투자신탁의 경우에는 그 수익증권의 매수를 포함)를 하는 업무
34) "대통령령으로 정하는 방법"이란 증권의 대여 또는 그 중개·주선이나 대리업무, 금전의 융자, 그 밖의 신용공여, 전문투자형 사모집합투자기구등의 재산의 보관 및 관리(법 제6조 제10항 제1호부터 제3호까지의 업무) 및 이 조 제3항 각 호의 업무를 서로 연계하여 제공하는 것을 말한다. 이 경우 금전의 융자, 그 밖의 신용공여, 전문투자형 사모집합투자기구등의 재산의 보관 및 관리(법 제6조 제10항 제2호 및 제3호)의 업무가 포함되어야 한다(영6의3②).
35) "투자대상, 차입 여부 등을 감안하여 대통령령으로 정하는 자"란 전문투자형 사모집합투자기구등을 말한다(영77의4①).
36) "그 밖에 대통령령으로 정하는 자"란 종합금융투자사업자로부터 전문투자형 사모집합투자기구등의 재산의 보관 및 관리(법6⑩(3))업무를 위탁받은 자 및 전문투자형 사모집합투자기구등으로부터 투자 회사재산의 계산(법184⑥(2))업무를 위탁받은 일반사무관리회사를 말한다(영77의4②).
37) "대통령령으로 정하는 방법"이란 환매조건부매매, 그 밖에 전담중개업무의 효율적인 수행 등을 고려하여 총리령으로 정하는 방법을 말한다(영77의4③).
38) "대통령령으로 정하는 사항"이란 다음의 사항을 말한다(영77의4④).
  1. 전담중개업무의 범위와 기준 및 절차 등에 관한 사항
  2. 전담중개업무 제공에 따른 수수료 또는 그 밖의 비용 등에 관한 사항
  3. 계약 종료의 사유 및 절차, 계약당사자의 채무불이행에 따른 손해배상 등에 관한 사항

2. 신용공여업무

종합금융투자사업자는 전담중개업무 외에 투자은행 업무 활성화를 위해 기존에 금융투자업자에게 허용되지 않았던 기업에 대한 신용공여업무를 영위할 수 있다(법77의3③(1)). 따라서 종합금융투자사업자는 대출, 기업어음증권에 해당하지 않는 어음의 할인·매입 등의 방법으로 신용공여를 할 수 있다(영77의5①).[39] 종합금융투자사업자가 전담중개업무를 영위하는 경우에는 제72조[40]에도 불구하고 증권 외의 금전등에 대한 투자와 관련하여 전문투자형 사모집합투자기구등에 신용공여를 할 수 있다(법77의3④).

3. 기타 대통령령으로 정하는 업무

(1) 의의

종합금융투자사업자는 자본시장법 또는 다른 금융관련법령에도 불구하고 해당 종합금융투자사업자의 건전성, 해당 업무의 효율적 수행에 이바지할 가능성 등을 고려하여 종합금융투자사업자에만 허용하는 것이 적합한 업무로서 대통령령으로 정하는 업무를 영위할 수 있다(법77의3③(2)). 여기서 대통령령이 정하는 업무는 ⅰ) 상장주권 등의 장외매매업무 등(1호), ⅱ) 법 제360조에 따른 단기금융업무(2호), ⅲ) 종합투자계좌업무(제3호)를 말한다(영77의6①).

(2) 상장주권 등의 장외매매업무 등

종합금융투자사업자는 증권시장에 상장된 주권, 증권시장에 상장되지 아니한 주권, 그 밖에 금융위원회가 정하여 고시하는 금융투자상품에 관하여 동시에 다수의 자를 거래상대방 또는 각 당사자로 하는 장외매매 또는 그 중개·주선이나 대리업무로서 ⅰ) 해당 금융투자상품의 매매주문이 금융위원회가 정하여 고시하는 매매금액 또는 매매수량 기준을 초과하고(가목), ⅱ) 증권시장에 상장된 주권인 경우 그 주권이 상장된 거래소에서 형성된 매매가격에 근거하여 매매가격을 결정(나목)하는데 적합한 업무(영77의6①(1))를 영위할 수 있다.

(3) 단기금융업무

(가) 의의

단기금융업무란 1년 이내에 만기가 도래하는 어음의 발행·할인·매매·중개·인수 및 보증업무와 그 부대업무로서 어음을 담보로 한 대출업무를 말한다(법360①), 영348①②). 단기금융

---

39) 기업신용공여업무는 기업에 대한 대출과 어음할인을 의미하며, 전통적으로 은행, 저축은행, 보험사, 여신전문금융회사 등에서 이루어지던 업무이다.

40) 투자매매업자 또는 투자중개업자는 증권과 관련하여 금전의 융자 또는 증권의 대여의 방법으로 투자자에게 신용을 공여할 수 있다. 다만, 투자매매업자는 증권의 인수일부터 3개월 이내에 투자자에게 그 증권을 매수하게 하기 위하여 그 투자자에게 금전의 융자, 그 밖의 신용공여를 하여서는 아니 된다(법72).

회사란 단기금융업무를 영위하기 위하여 일정한 요건을 갖추어 금융위원회의 인가를 받은 자를 말한다(법360①②, 영348①부터 ④). 즉 종합금융투자사업자로서 지정된 후 일정한 요건을 갖추어 금융위원회의 인가를 받은 자가 단기금융회사이다.

(나) 신용공여

자본시장법 제361조는 "인가받은 단기금융업무의 범위에서" 종합금융회사 규정을 준용하고 있다(법361), 여기서 신용공여와 관련된 규정은 다음과 같다. 즉 자본시장법 제342조와 제343조인데, 제342조가 신용공여 정의 규정을 두면서 "이하 이 장에서 같다"라고 규정하고 있으므로 제343조도 해당된다.

따라서 단기금융회사는 같은 개인·법인 및 그와 신용위험을 공유하는 자("동일차주")에 대하여 그 단기금융회사의 자기자본(국제결제은행의 기준에 따른 기본자본과 보완자본의 합계액을 말한다)의 25%를 초과하는 신용공여를 할 수 없다(법342①). 여기서 신용공여란 대출, 어음의 할인, 지급보증, 자금 지원적 성격의 증권의 매입, 그 밖에 금융거래상의 신용위험을 수반하는 단기금융회사의 직접·간접적 거래를 말한다(법342①). 자기자본, 신용공여 및 동일차주와 제2항에 따른 관계인의 구체적 범위는 대통령령으로 정한다(법342⑦).

이에 따라 자본시장법 시행령 제336조는 신용공여는 대출, 어음의 할인, 지급보증, 자금지원적 성격의 증권의 매입, 어음의 매입, 지급보증에 따른 대지급금의 지급, 시설대여, 그 밖에 거래상대방의 지급불능시 이로 인하여 종합금융회사에 손실을 초래할 수 있는 거래로 하되, 그 구체적인 범위는 금융위원회가 정하여 고시한다고 규정한다. 이에 따라 금융투자업규정 제8-33조(신용공여의 범위)는 신용공여의 구체적인 범위를 정하고 있다(별표 23).

(4) 종합투자계좌업무

종합금융투자사업자는 종합투자계좌업무를 영위할 수 있다(영77의6①(3)).[41] 종합투자계좌란 고객으로부터 예탁받은 자금을 통합하여 기업신용공여 등 금융위원회가 정하여 고시하는 기업금융 관련 자산("기업금융관련자산")[42] 등에 운용하고, 그 결과 발생한 수익을 고객에게 지

---

41) 종합투자계좌업무는 고객으로부터 예탁받은 금전을 통합 운용하고 창출된 수익을 고객에게 지급하는 업무이다. 종합투자계좌업무는 자산운용방식(통합운용), 자산관리방식(신탁)), 고객모집방법(불특정다수 고객을 상대로 한 투자권유)에서 집합투자업 또는 과거 은행이 운용해온 불특정금전신탁 업무와 유사하다고 할 수 있다. 다만, 종합투자계좌의 경우 투자손실 발생 시 동 손실을 종합금융투자사업자가 적립한 손실충당금으로 우선 충당하도록 하고 있어, 완전 실적배당 방식인 펀드 등과 차이점을 지니고 있다.

42) 금융투자업규정 제4-102조의6(기업금융관련자산의 범위) 영 제77조의6 제1항 제3호에서 "금융위원회가 정하여 고시하는 기업금융 관련 자산"이란 다음의 어느 하나에 해당하는 것을 말한다.
  1. 법 제77조의3 제3항 제1호에 따른 기업에 대한 신용공여업무를 영위하면서 취득한 대출채권 또는 어음(기업어음증권에 해당하지 아니하는 어음을 말한다)
  2. 발행인 또는 인수인으로부터 직접 취득한 발행인이 기업인 증권
  3. 프로젝트파이낸싱을 위해 설립된 특수목적기구에 대한 출자지분 및 대출채권
  4. 다음 각 목의 어느 하나에 해당하는 기구에 대한 출자지분

급하는 것을 목적으로 종합금융투자사업자가 개설한 계좌를 말한다(영77의6①(3)).

제7절   겸영금융투자업자

겸영금융투자업자란 ⅰ) 은행법 제2조의 은행, ⅱ) 보험업법 제2조의 보험회사, ⅲ) 그 밖에 대통령령으로 정하는 금융기관[43] 등에 해당하는 자로서 금융투자업을 겸영하는 자를 말한다(법8⑨).

제8절   온라인소액투자중개업자

Ⅰ. 서설

1. 크라우드펀딩의 의의

크라우드펀딩이란 창의적 아이디어나 사업계획을 가진 신생·창업기업 등이 중개업자의 온라인 펀딩포털(인터넷 홈페이지)에서 집단지성을 활용하여 다수의 투자자로부터 자금을 조달하는 방식을 의미한다.[44] 크라우드펀딩(Crowdfunding)은 사업자나 프로젝트 실행 주체 등이 불특정 대중(crowd)으로부터 인터넷을 통한 자금의 공급을 받는 구조이며 기부, 지원, 상품·서비스의 구입, 투자자금조달(금융) 등 다양한 면을 가지고 있다. 이러한 크라우드펀딩은 오프라인

　　가. 기업인수목적회사
　　나. 경영참여형 사모집합투자기구
　　다. 전문투자형 사모집합투자기구(제4-6조 제4항 제2호 기준을 충족하는 것에 한한다)
　　라. 영 제6조 제1항 각 호에 따른 법률에 따라 설립된 투자기구
　　마. 그 밖에 금융감독원장이 정하는 투자기구
　5. 코넥스시장에 주권을 상장한 법인의 주권
　6. 신용평가업자로부터 투자부적격 등급, 투자적격 등급 중 최하위 등급 또는 차하위 등급을 받은 회사채(단기사채는 제외)
　7. 그 밖에 기업 자금 조달과의 관련성을 감안하여 금융감독원장이 정하는 자산
43) "대통령령으로 정하는 금융기관 등"이란 다음의 어느 하나에 해당하는 금융기관 등을 말한다(영7의2). 1. 한국산업은행, 2. 중소기업은행, 3. 한국수출입은행, 4. 증권금융회사, 5. 종합금융회사, 6. 자금중개회사, 7. 외국환거래법에 따른 외국환중개회사, 8. 한국주택금융공사, 9. 그 밖에 금융위원회가 정하여 고시하는 금융기관
44) 금융위원회·미래창조과학부·문화체육관광부·중소기업청·민관합동창조경제추진단·금융감독원, "크라우드펀딩 활성화 방안"(2016. 1. 19).

금융시장에서 정보통신기술의 발달과 SNS(Social Network Service) 활성화로 인하여 더욱 성장하고 있다. 크라우드펀딩은 크게 4가지 형태로 나눌 수 있다. 즉 크라우드펀딩 플랫폼은 투자방식 및 목적에 따라 지분투자, 대출, 후원(비금전적 보상), 그리고 기부 방식의 4가지 형태로 구분이 가능하다. 그중 금융형 크라우드펀딩인 증권형·대출형 크라우드펀딩은 자금수요자의 입장에서는 대안적 자금조달 수단으로서 활용할 수 있도록 하고, 자금공급자의 입장에서는 저금리에 따른 투자수익의 문제를 극복하기 위해 활용되고 있다.[45]

크라우드펀딩은 인터넷을 통하여 불특정 일반대중(Crowd)으로부터 소액의 자금을 십시일반으로 모집하는 행위로서 이른바 제도권 금융에 접근하기 어려운 창업 초기단계의 기업 또는 영세 중소기업, 예술가, 사회운동가 등이 자금을 모집할 때 사용한다. 소규모 후원이나 투자 등의 목적으로 인터넷과 같은 플랫폼을 통해 다수의 개인들이 참여하며 소셜 네트워크서비스를 활용한다는 의미에서 소셜펀딩(social funding)이라고도 한다. "크라우드펀딩"의 발상지는 미국으로 Crowd(대중)와 Funding(펀딩)을 합한 개념이다. 즉 다양한 사회적 문제를 해결하는 아이디어를 실현하기 위한 프로젝트를 기획한 기획자에 대하여 대중의 자금에 의한 출자활동을 총칭해서 크라우드펀딩이라고 부른다.

2. 크라우드펀딩의 연혁

크라우드펀딩의 시작은 1990년대에 미국의 인터넷 사이트 운영자가 무명작가의 활동자금을 인터넷을 통하여 모금 또는 기부의 형태로 모은 것에서부터 비롯된 것으로 알려졌다. 기존 금융서비스를 받지 못한 주체, 서비스의 대상이 되기 어려웠던 주체 등이 인터넷을 통해서 자금조달을 필요로 하는 프로젝트 등의 경우 불특정 다수에 대한 프레젠테이션을 하고 찬성자로부터 자금을 제공 받는 방식에서 시작되었다. 2007년 서브프라임 모기지 사태 및 2008년 리먼 브라더스의 파산으로 인한 금융위기 이후 「바젤 Ⅲ(은행자본 건전화 방안)」로 금융기관에 대한 건전성규제가 강화됨으로 인해 금융기관의 대출여력이 줄어들게 되었고, 신생·벤처기업 등에 대한 금융소외 현상이 심화되자 크라우드펀딩이 대안적 기업금융 방식으로서 급속히 발전하게 되었다.[46]

크라우드펀딩은 미국에서 기부형 및 구매형을 중심으로 확대되었다. 그 뒤 투자형 크라우드펀딩의 활용에 따른 신흥기업의 자금조달의 편리성을 향상하고, 일자리 창출에 연결한다는 정책목적을 위해 2012년에 JOBS법(Jumpstart Our Business Startups Act)이 제정되어 개인투자자가 주식형 크라우드펀딩 거래를 하기 위한 환경이 정비되었다.[47]

---

45) 손영화(2018), "증권형 크라우드펀딩 제도의 개선방안에 대한 연구", 증권법연구 제19권 제3호(2018. 12), 145–146쪽.
46) 손영화(2018), 146–147쪽.
47) JOBS법 중에서 가장 주목할 점은 신생기업이 소액투자가로부터 자금을 조달할 기회가 커진 것이다. 미국

우리나라에서도 2015년 7월 자본시장법 개정안이 국회를 통과함에 따라 온라인 플랫폼을 통해 다수의 투자자를 대상으로 공모증권을 발행하는 온라인소액투자중개업 제도가 신설되었다. 2016년 1월 25일부터 시행된 증권형 크라우드펀딩 제도를 통해 자금수요자(기업)의 크라우드펀딩을 통한 증권발행과 자금공급자(투자자)의 증권투자가 전면 허용되었다. 증권형 크라우드펀딩 제도는 혁신적인 신생기업 등이 아이디어를 널리 알려 전문투자자뿐만 아니라 일반투자자로부터도 자금을 조달할 수 있게 함으로써 계속기업으로 성장하고 일자리를 창출할 수 있도록 돕기 위한 목적으로 도입되었다.[48]

3. 증권형 크라우드펀딩의 의의

증권형 크라우드펀딩(Equity−based crowdfundig)은 기업이 투자자에게 증권을 발행하는 조건으로 온라인 플랫폼업체를 통해 자금을 조달하는 형태를 말한다. 증권형 크라우드펀딩의 경우에는 2015년 7월 6일 자본시장법에 도입되었다. 크라우드펀딩을 통해 모집할 수 있는 증권은 지분증권, 채무증권, 투자계약증권이다(법9⑰). 이러한 증권형 크라우드펀딩은 기업의 부채비율이 낮아져 자산건전성이 강화되고 초기기업이 겪는 자금 경색 기간의 생존율을 높임으로써 사업의 성공확률을 높이고, 우호적인 엔젤투자자를 많이 확보한다는 장점이 있다.

Ⅱ. 온라인소액투자중개업자

1. 의의

온라인소액투자중개업자란, 온라인상에서 누구의 명의로 하든지 타인의 계산으로 온라인소액증권발행인[49]이, "대통령령으로 정하는 방법"으로 발행하는 채무증권, 지분증권, 투자계약증권의 모집 또는 사모에 관한 중개("온라인소액투자중개")를 영업으로 하는 투자중개업자를 말한다(법9⑰). 여기서 "대통령령으로 정하는 방법"이란 온라인소액투자중개업자의 인터넷 홈페

법에서는 현재 사모에 투자할 수 있는 것은 적격투자자만으로 알려졌다. 미국의 적격투자자들은 주된 주거 이외에 적어도 100만 달러의 순자산을 갖고 있어야 한다(그러한 투자자는 신흥기업의 투자자의 1%에 해당한다). JOBS법에서는 누구라도 연간 1만 달러까지 혹은 연봉이 10만 달러 미만의 경우에는 순소득의 10%까지 주식을 공개하지 않는 기업에 대한 투자를 할 수 있다. 즉 모든 사람이 신흥기업의 자금조달에 어느 정도 참여할 수 있다는 것이다. 이에 의해서 중소기업의 투자와 고용이 증가할 가능성이 있는 점은 JOBS법의 주된 세일즈 포인트이다.

48) 2016년 1월 25일 온라인소액투자중개가 시행된 이후 약 10개월간 100개 기업(105건)이 총 163억원을 조달하여, 기업별 평균조달금액은 1.6억원에 달하였다. 펀딩 성공률은 43%로, 아이디어의 약 절반이 사업으로 현실화되었다. 크라우드펀딩으로 자금조달한 업종을 살펴보면 제조, IT·모바일, 문화콘텐츠, 농식품 분야 등 다양한 분야에서 이루어지고 있다(금융위원회, "크라우드펀딩 현황(100번째 성공 기업 탄생) 및 크라우드펀딩 발전방안(11. 7) 후속조치 진행상황", 보도자료(2016. 12. 12)).

49) 온라인소액투자중개를 통하여 증권을 발행하는 자를 말한다(법117의7③).

이지[이동통신단말장치에서 사용되는 애플리케이션(Application), 그 밖에 이와 비슷한 응용프로그램을 통하여 온라인소액투자중개업자가 가상의 공간에 개설하는 장소를 포함 = 크라우드펀딩 플랫폼]50)에 게재한 사항에 관하여 온라인소액증권발행인과 투자자 간, 투자자 상호 간에 해당 인터넷 홈페이지에서 의견의 교환이 이루어질 수 있도록 한 후에 채무증권, 지분증권 또는 투자계약증권을 발행하는 방법을 말한다(영14의4①).

즉 자본시장법 제117조의10 제2항에 의하여 온라인소액증권발행인은 투자자를 보호하기 위하여 증권의 발행조건과 재무상태, 사업계획서 및 그 밖에 대통령령이 정하는 사항을 크라우드펀딩 플랫폼에 게재할 의무가 있는바, 본 규정에 의하여 온라인소액증권발행인이 크라우드펀딩 플랫폼에 게재한 핵심정보에 관하여 의견교환이 이루어지도록 한 뒤에 발행되는 채무증권, 지분증권 또는 투자계약증권의 모집 또는 사모에 관한 중개를 영업으로 하는 투자중개업자가 온라인소액투자중개업자에 해당한다. 다시 말하면 온라인소액투자중개업자란, 크라우드펀딩 플랫폼에서 온라인소액증권발행인이 발행하는 증권의 모집 또는 사모에 관한 중개를 영업으로 하는 투자중개업자를 의미한다.51) 온라인소액투자중개업자는 자본시장법상 금융투자업자로서 온라인소액투자중개를 영업으로 하는 투자중개업자에 해당한다.

2. 등록

무자격 업체의 난립에 따른 투자자의 피해양상 등 시장질서 교란을 방지하기 위하여 온라인소액투자중개업자는 반드시 자본금, 인적·물적 요건 등 일정 요건을 갖추어 금융위원회에 등록하여야 한다(법117의4①). 온라인소액투자중개업자에 대하여는 일반적인 투자중개업자에 비해 영업범위가 협소하고 투자자의 재산을 직접 관리하지 않는 점 등을 고려하여 진입규제 등 규제수준을 대폭 완화하고 있다(법117의4②). 금융위원회는 온라인소액투자중개업자 등록 여부를 결정할 때 등록요건을 갖추지 못하거나, 등록신청서를 거짓으로 작성하거나, 등록신청서의 보완요구를 이행하지 아니하는 경우를 제외하고는 그 등록을 거부하여서는 안된다(법117의4⑥).

Ⅲ. 업무

온라인소액투자중개업자의 업무인 "모집 또는 사모에 관한 중개"란 새로 발행되는 증권에

---

50) "크라우드펀딩 플랫폼"은 법률용어는 아니지만 현실적으로 통용되고 있다. 이는 온라인소액투자중개업자가 크라우드펀딩을 중개하는 온라인상의 공간을 말한다. 크라우드펀딩 플랫폼은 이동통신단말장치에서 사용되는 애플리케이션, 그 밖에 이와 비슷한 응용프로그램을 통하여 온라인소액투자중개업자가 가상의 공간에 개설하는 장소를 포함한다(영14의4①).

51) 신현탁(2016), "자본시장법상 온라인소액투자중개업자의 법적 지위에 관한 해석론상 문제점", 증권법연구 제17권 제2호(2016. 8), 95−96쪽.

대하여 온라인소액증권발행인을 위하여 ⅰ) 투자자에게 그 증권의 취득에 관한 청약을 권유하는 행위(제1호), ⅱ) 직접 또는 간접으로 온라인소액증권발행인과 그 증권의 모집 또는 사모를 분담하는 행위(제2호), ⅲ) 투자자로부터 그 증권의 취득에 관한 청약을 받아 온라인소액증권발행인에게 전달하는 행위(제3호)를 말한다(영14의4②).

제9절　금융투자업관계기관

Ⅰ. 한국금융투자협회

1. 설립

회원 상호 간의 업무질서 유지 및 공정한 거래를 확립하고 투자자를 보호하며 금융투자업의 건전한 발전을 위하여 한국금융투자협회("협회)를 설립한다(법283①). 협회는 회원조직으로서의 법인으로 하며(법283②), 협회에 대하여는 자본시장법에서 특별한 규정이 있는 것을 제외하고는 민법 중 사단법인에 관한 규정을 준용한다(법283④). 협회의 회원이 될 수 있는 자는 금융투자업자, 그 밖에 금융투자업과 관련된 업무를 영위하는 자로서 대통령령으로 정하는 자52)로 한다(법285①). 협회가 아닌 자는 "금융투자협회", "증권협회", "선물협회", "자산운용협회" 또는 이와 유사한 명칭을 사용하여서는 아니 된다(법284).

2. 업무

협회는 정관이 정하는 바에 따라 다음의 업무를 행한다(법286①). 즉 ⅰ) 회원 간의 건전한 영업질서 유지 및 투자자 보호를 위한 자율규제업무(제1호), ⅱ) 회원의 영업행위와 관련된 분쟁의 자율조정(당사자의 신청이 있는 경우에 한한다)에 관한 업무(제2조: 분쟁의 자율조정), ⅲ) 투자권유자문인력(투자권유를 하거나 투자에 관한 자문 업무를 수행하는 자)(가목), 조사분석인력(조사분석자료를 작성하거나 이를 심사·승인하는 업무를 수행하는 자)(나목), 투자운용인력(집합투자재산·신탁재산 또는 투자일임재산을 운용하는 업무를 수행하는 자)(다목), 그 밖에 투자자 보호 또는 건전한 거래질서를 위하여 대통령령으로 정하는 주요직무 종사자53)(라목)의 등록 및 관리에 관한 업무

---

52) "대통령령으로 정하는 자"란 다음의 어느 하나에 해당하는 자를 말한다(영306①).
　　1. 일반사무관리회사, 2. 집합투자기구평가회사, 3. 채권평가회사, 3의2. 신용평가회사, 4. 그 밖에 협회 정관에서 회원으로 정하는 자
53) "대통령령으로 정하는 주요직무 종사자"란 다음의 어느 하나에 해당하는 자를 말한다(영307①).
　　1. 투자권유자문 관리인력(투자권유자문인력 관리업무를 수행하는 자)

(제3호), iv) 금융투자업자가 기초자산이 제4조 제10항 제4호 또는 제5호에 해당하는 장외파생상품(가목) 또는 일반투자자를 대상으로 하는 장외파생상품(나목)의 어느 하나에 해당하는 장외파생상품을 신규로 취급하는 경우 그 사전심의업무(제4호), v) 증권시장에 상장되지 아니한 주권의 장외매매거래에 관한 업무(제5호), vi) 금융투자업 관련제도의 조사·연구에 관한 업무(제6호), vii) 투자자 교육 및 이를 위한 재단의 설립·운영에 관한 업무(제7호), viii) 금융투자업 관련 연수업무(제8호), ix) 자본시장법 또는 다른 법령에 따라 위탁받은 업무(제9호), x) 제1호부터 제9호까지의 업무 외에 대통령령으로 정하는 업무[54](10호), xi) 제1호부터 제10호까지의 업무에 부수되는 업무(11호)이다.

협회는 업무를 행함에 있어 제1항 제1호(자율규제업무), 제2호(분쟁조정업무) 및 제4호(장외파생상품 사전심의업무)의 업무가 다른 업무와 독립적으로 운영되도록 하여야 하며, 이를 위하여 별도의 조직을 갖추어야 한다(법286②).

Ⅱ. 한국예탁결제원

1. 설립

증권등(증권, 그 밖에 대통령령으로 정하는 것[55])의 집중예탁과 계좌 간 대체, 매매거래에 따른 결제업무 및 유통의 원활을 위하여 한국예탁결제원("예탁결제원")을 설립한다(법294①). 예탁결제원은 법인으로 한다(법294②). 예탁결제원은 주된 사무소의 소재지에서 설립등기를 함으로써 성립한다(법294③). 예탁결제원이 아닌 자는 "한국예탁결제원" 또는 이와 유사한 명칭을 사

---

2. 제276조 제3항에 따른 집합투자재산 계산전문인력
3. 제280조 제2항에 따른 집합투자기구 평가전문인력
4. 제285조 제3항에 따른 집합투자재산 평가전문인력
5. 제324조의3 제4항 제1호에 따른 신용평가전문인력
6. 그 밖에 투자자를 보호하거나 건전한 거래질서를 위하여 등록 및 관리가 필요하다고 금융위원회가 정하여 고시하는 자(금융투자업규정8-1: 위험관리전문인력)
54) "대통령령으로 정하는 업무"란 다음의 업무를 말한다(영307②).
  1. 금융투자업자의 임직원 및 주요직무 종사자의 징계기록 유지와 관리에 관한 업무
  2. 금융투자업자의 법 제30조 제1항에 따른 영업용순자본("영업용순자본") 및 같은 항에 따른 총위험액의 비교공시에 관한 업무
  3. 채무증권의 매매거래(증권시장 밖에서의 매매거래만 해당)에 대한 정보 관리 및 공시에 관한 업무
  4. 금융투자업자 임직원의 직무 및 윤리 교육에 관한 업무
  5. 투자광고의 자율심의에 관한 업무
  5의2. 증권시장에 상장되지 않은 지분증권(주권을 제외한 지분증권)의 장외매매거래에 관한 업무
  6. 그 밖에 정관에서 정하는 업무
55) "대통령령으로 정하는 것"이란 다음의 어느 하나에 해당하는 것을 말한다(영310).
  1. 원화로 표시된 양도성 예금증서
  2. 그 밖에 금융위원회가 정하여 고시하는 것(금융투자업규정8-2).

용하여서는 아니 된다(법295).

2. 업무

(1) 고유업무와 예탁결제기관업무

예탁결제원은 정관으로 정하는 바에 따라 ⅰ) 증권등의 집중예탁업무, ⅱ) 증권등의 계좌 간 대체업무, ⅲ) 증권시장 밖에서의 증권등의 매매거래(다자간매매체결회사에서의 증권의 매매거래는 제외)에 따른 증권등의 인도와 대금의 지급에 관한 업무, ⅳ) 예탁결제원과 유사한 업무를 영위하는 외국 법인("외국예탁결제기관")과의 계좌설정을 통한 증권등의 예탁, 계좌 간 대체 및 매매거래에 따른 증권등의 인도와 대금의 지급에 관한 업무를 행한다(법296①).

(2) 부수업무

예탁결제원은 정관으로 정하는 바에 따라 부수업무로서 ⅰ) 증권등의 보호예수업무, ⅱ) 예탁증권등의 담보관리에 관한 업무, ⅲ) 집합투자업자·투자일임업자와 집합투자재산을 보관·관리하는 신탁업자 등 사이에서 이루어지는 집합투자재산의 취득·처분 등에 관한 지시 등을 처리하는 업무, ⅳ) 그 밖에 금융위원회로부터 승인을 받은 업무를 행한다(법296②).

(3) 겸영업무

예탁결제원은 정관으로 정하는 바에 따라 위의 업무 이외에 ⅰ) 금융위원회의 승인을 받은 업무(이 경우 자본시장법 또는 다른 법률에서 인가·허가·등록·신고 등이 필요한 경우에는 인가·허가 등을 받거나 등록·신고 등을 하여야 한다), ⅱ) 자본시장법 또는 다른 법령에서 예탁결제원의 업무로 규정한 업무를 영위할 수 있다(법296③).

(4) 예탁업무규정

예탁결제원은 증권등의 예탁과 예탁증권등의 관리를 위하여 예탁업무규정을 정하여야 한다(법302①). 예탁업무규정에는 ⅰ) 예탁대상증권등의 지정·취소 및 그 관리에 관한 사항, ⅱ) 예탁자의 계좌개설과 그 폐지에 관한 사항, ⅲ) 예탁자계좌부의 작성 및 비치에 관한 사항, ⅳ) 예탁대상증권등의 예탁·반환 및 계좌 간 대체에 관한 사항, ⅴ) 예탁증권등에 대한 담보권의 설정·소멸 및 신탁재산의 표시·말소에 관한 사항, ⅵ) 예탁증권등의 권리 행사에 관한 사항, ⅶ) 그 밖에 예탁증권등의 관리를 위하여 필요한 사항이 포함되어야 한다(법302②).

(5) 결제업무규정

예탁결제원 및 전자등록기관은 증권등의 매매거래에 따른 결제업무의 수행을 위하여 결제업무규정을 정하여야 한다. 이 경우 결제업무규정은 제323조의11의 청산업무규정, 제387조의 회원관리규정 및 제393조의 업무규정과 상충되어서는 아니 된다(법303①). 결제업무규정에는 ⅰ) 예탁결제원 및 전자등록기관 결제회원의 가입·탈퇴 및 권리·의무에 관한 사항, ⅱ) 결제계좌의 개설 및 관리에 관한 사항, iii) 결제시한에 관한 사항, iv) 증권등의 인도 및 대금지급에 관한 사항, ⅴ) 증권시장에서의 증권의 매매거래에 따른 결제이행·불이행 결과의 거래소에 대한 통지에 관한 사항(전자등록기관의 결제업무규정에 한정), ⅵ) 그 밖에 결제업무 수행을 위하여 필요한 사항이 포함되어야 한다(303조②).

Ⅲ. 금융투자상품거래청산회사

1. 의의

금융투자상품거래청산회사는 금융투자업관계기관 중 하나이다(법9⑰ 2의2호). 금융투자상품거래청산업이란 금융투자업자 및 대통령령으로 정하는 자[56]("청산대상업자")를 상대방으로 하여 청산대상업자가 대통령령으로 정하는 금융투자상품의 거래[57]("청산대상거래")를 함에 따라 발생하는 채무를 채무인수, 경개(更改), 그 밖의 방법으로 부담하는 것을 영업으로 하는 것을 말한다(법9㉕).

2013년 자본시장법 개정시 도입된 금융투자상품거래청산회사는 장외거래를 대상으로 하는 청산기관이다. 금융투자업자는 다른 금융투자업자 및 외국 금융투자업자("거래상대방")와 대통령령으로 정하는 장외파생상품의 매매 및 그 밖의 장외거래[58](그 거래에 따른 채무의 불이행이

---

[56] "대통령령으로 정하는 자"란 다음의 어느 하나에 해당하는 자를 말한다(영14의2①). 1. 국가, 2. 한국은행, 3. 은행, 한국산업은행, 중소기업은행, 한국수출입은행, 농업협동조합중앙회, 수산업협동조합중앙회, 보험회사(시행령 제10조 제2항 제1호부터 제7호) 및 증권금융회사(시행령 제10조 제2항 제9호) 중 어느 하나에 해당하는 자, 4. 예금보험공사 및 정리금융회사, 한국자산관리공사, 신용보증기금, 기술보증기금, 법률에 따라 설립된 기금(제10호 및 제11호는 제외) 및 그 기금을 관리·운용하는 법인, 외국 정부, 조약에 따라 설립된 국제기구, 외국 중앙은행(시행령 제10조 제3항 제1호·제2호, 제10호부터 제12호까지 및 제18호 가목부터 다목) 중 어느 하나에 해당하는 자, 5. 외국 금융투자업자, 6. 그 밖에 금융투자상품 거래에 따른 결제위험 및 시장상황 등을 고려하여 총리령으로 정하는 자

[57] "대통령령으로 정하는 금융투자상품의 거래"란 다음의 어느 하나에 해당하는 거래를 말한다(영14의2②).
 1. 장외파생상품의 거래
 2. 법 제166조에 따른 증권의 장외거래로서 다음의 어느 하나에 해당하는 거래
   가. 환매조건부매매
   나. 증권의 대차거래
   다. 채무증권의 거래(가목 및 나목에 따른 거래는 제외)
 3. 수탁자인 투자중개업자와 위탁자인 금융투자업자 또는 청산대상업자 간의 상장증권(채무증권은 제외)의 위탁매매거래

[58] "대통령령으로 정하는 장외파생상품의 매매 및 그 밖의 장외거래"란 원화로 표시된 원본액에 대하여 일정한 기간 동안 고정이자와 변동이자를 장래의 특정 시점마다 원화로 교환할 것을 약정하는 거래로서 기초자산, 거래의 만기 등에 관하여 금융위원회가 정하여 고시하는 요건을 충족하는 장외파생상품거래를 말한다. 다만, 법 또는 법에 상응하는 외국의 법령 등에 따라 금융투자상품거래청산회사(법 제323조의3에 따라 금융투자상품거래청산업의 인가를 받은 자)를 통한 청산이 불가능한 경우로서 금융위원회가 정하여 고시하는 거래는 제외한다(영186의3②).

국내 자본시장에 중대한 영향을 줄 우려가 있는 경우로 한정하며, 이하 "청산의무거래")를 하는 경우 금융투자상품거래청산회사, 그 밖에 이에 준하는 자로서 대통령령으로 정하는 자59)에게 청산 의무거래에 따른 자기와 거래상대방의 채무를 채무인수, 경개, 그 밖의 방법으로 부담하게 하 여야 한다(법166의3).

누구든지 자본시장법에 따른 금융투자상품거래청산업인가(변경인가를 포함)를 받지 아니하 고는 금융투자상품거래청산업을 영위하여서는 아니 된다(법323의2). 금융투자상품거래청산업을 영위하려는 자는 청산대상거래 및 청산대상업자를 구성요소로 하여 대통령령으로 정하는 업무 단위60)("청산업 인가업무 단위")의 전부나 일부를 선택하여 금융위원회로부터 하나의 금융투자 상품거래청산업인가를 받아야 한다(법323의3①). 금융투자상품거래청산업인가를 받으려는 자는 일정한 요건을 갖추어 인가를 받아야 한다(법323의3②).

2. 업무

(1) 청산업무

금융투자상품거래청산회사는 정관으로 정하는 바에 따라 ⅰ) 청산대상거래의 확인업무(제 1호), ⅱ) 청산대상거래에 따른 채무의 채무인수, 경개, 그 밖의 방법에 따른 채무부담업무(제2 호), ⅲ) 청산대상거래에서 발생하는 다수의 채권 및 채무에 대한 차감업무(제3호), ⅳ) 결제목 적물·결제금액의 확정 및 결제기관에 대한 결제지시업무(제4호), ⅴ) 결제불이행에 따른 처리 업무(제5호), ⅵ) 제1호부터 제5호까지의 규정에 따른 업무에 수반되는 부수업무로서 금융위원

---

59) "그 밖에 이에 준하는 자로서 대통령령으로 정하는 자"란 외국 법령에 따라 외국에서 금융투자상품 거래청 산업에 상당하는 업무를 하는 자("외국금융투자상품거래청산회사")로서 다음의 요건을 모두 충족하는 자 중에서 금융위원회가 승인하는 자를 말한다(영186의3③).
  1. 외국금융투자상품거래청산회사가 해당 금융투자상품거래청산업에 상당하는 업무를 하기 위하여 외국 금융투자감독기관의 허가·인가 또는 승인 등을 받을 것
  2. 외국금융투자상품거래청산회사가 외국금융투자감독기관으로부터 금융투자상품거래청산업에 상당하는 업무와 관련하여 적절한 감독을 받을 것
  3. 금융위원회가 법 또는 법에 상응하는 외국의 법령을 위반한 외국금융투자상품거래청산회사의 행위에 대하여 법 또는 법에 상응하는 외국의 법령에서 정하는 방법에 따라 행하여진 조사 또는 검사자료를 상호주의의 원칙에 따라 외국금융투자감독기관으로부터 제공받을 수 있는 국가의 외국금융투자상품거 래청산회사일 것
  4. 금융위원회가 외국금융투자상품거래청산회사가 소재한 국가의 외국금융투자감독기관과 상호 정보교환 및 청산대상거래 등 금융위원회가 정하여 고시하는 사항에 관한 협력약정 등을 체결하고 있을 것
60) "대통령령으로 정하는 업무 단위"란 청산대상업자를 대상으로 한 ⅰ) 장외파생상품의 거래, ⅱ) 법 제166 조에 따른 증권의 장외거래로서 다음 각 목의 어느 하나에 해당하는 거래, 즉 ㉠ 환매조건부매매(가목), ㉡ 증권의 대차거래(나목), ㉢ 채무증권의 거래(가목 및 나목에 따른 거래는 제외)(다목), ⅲ) 수탁자인 투 자중개업자와 위탁자인 금융투자업자 또는 제1항 각 호의 어느 하나에 해당하는 자("청산대상업자") 간의 상장증권(채무증권은 제외)의 위탁매매거래(제14조의2 제2항 각 호의 구분에 따른 업무 단위)를 말한다 (영318의2).

회로부터 승인을 받은 업무(제6호)를 행한다(법323의10①).

(2) 전업업무

금융투자상품거래청산회사는 위의 청산업무 외에 다른 업무를 할 수 없다. 다만, ⅰ) 자본시장법 또는 다른 법령에서 금융투자상품거래청산회사의 업무로 규정한 업무를 행하는 경우, ⅱ) 자본시장법 또는 다른 법률에서 정하는 바에 따라 거래소, 그 밖에 대통령령으로 정하는 금융투자업관계기관(예탁결제원 및 증권금융회사)이 금융투자상품거래청산업무를 하는 경우에는 그러하지 아니하다(법323의10②).

3. 청산업무규정

금융투자상품거래청산회사는 청산업무규정을 정하여야 하며, 이 경우 청산업무규정은 제303조의 결제업무규정, 제387조의 회원관리규정 및 제393조의 업무규정과 상충되어서는 아니된다(법323의11①). 금융투자상품거래청산회사는 정관 및 청산업무규정을 변경하려는 경우에는 금융위원회의 승인을 받아야 한다(법323의11②).

청산업무규정에는 ⅰ) 청산대상거래 및 그 거래대상이 되는 금융투자상품에 관한 사항(제1호), ⅱ) 청산대상업자의 요건에 관한 사항(제2호), ⅲ) 금융투자상품거래청산업으로서 행하는 채무의 채무인수, 경개, 그 밖의 방법에 의한 채무의 부담 및 그 이행에 관한 사항(제3호), ⅳ) 청산대상업자의 채무의 이행 확보에 관한 사항(제4호), ⅴ) 청산증거금 및 손해배상공동기금에 관한 사항(제5호), ⅵ) 청산대상업자가 아닌 자가 청산대상업자를 통하여 금융투자상품거래청산회사로 하여금 청산대상거래의 채무를 부담하게 하는 경우 그 금융투자상품거래청산의 중개·주선이나 대리에 관한 사항(제6호), ⅶ) 외국 금융투자상품거래청산회사(외국의 법령에 따라 외국에서 금융투자상품거래청산업무에 상당하는 업무를 수행하는 자)와의 협력에 관한 사항(제7호), ⅷ) 그 밖에 금융투자상품거래청산업무의 수행을 위하여 필요한 사항으로서 금융위원회가 정하여 고시하는 사항(제8호)을 포함하여야 한다(법323의11③).

Ⅳ. 증권금융회사

1. 의의

누구든지 자본시장법에 따른 인가를 받지 아니하고는 증권금융업무(제326조 제1항에 따른 업무)를 영위하여서는 아니 된다. 다만, 투자자 보호 및 건전한 거래질서를 해할 우려가 없는 경우로서 대통령령으로 정하는 경우[61]는 제외한다(법323의21). 증권금융업무를 영위하려는 자

---

61) "대통령령으로 정하는 경우"란 금융관련법령에 따라 법 제326조 제1항 제1호 또는 제3호에 해당하는 업무

는 일정한 요건을 갖추어 금융위원회의 인가를 받아야 한다(법324①②). 증권금융회사가 아닌 자는 "증권금융" 또는 이와 유사한 명칭을 사용하여서는 아니 된다(법325).

2. 업무

(1) 증권금융업무

증권금융업무는 ⅰ) 금융투자상품의 매도·매수, 증권의 발행·인수 또는 그 중개나 청약의 권유, 청약, 청약의 승낙과 관련하여 투자매매업자 또는 투자중개업자에 대하여 필요한 자금 또는 증권을 대여하는 업무(제1호), ⅱ) 거래소시장에서의 매매거래(다자간매매체결회사에서의 거래를 포함) 또는 청산대상거래에 필요한 자금 또는 증권을 청산기관인 거래소 또는 금융투자상품거래청산회사를 통하여 대여하는 업무(제2호), ⅲ) 증권을 담보로 하는 대출업무(제3호), ⅳ) 그 밖에 금융위원회의 승인을 받은 업무(제4호)이다(법326①).

(2) 겸영업무

증권금융회사는 증권금융업무 외에 ⅰ) 다음의 어느 하나에 해당하는 업무. 이 경우 자본시장법 또는 다른 법률에서 인가·허가·등록 등이 필요한 경우에는 이를 받아야 한다(제1호). ㉠ 투자매매업 및 투자중개업 중 대통령령으로 정하는 업무[62](가목), ㉡ 신탁업무(나목), ㉢ 집합투자재산의 보관·관리 업무(다목), ㉣ 증권대차업무(라목), ㉤ 그 밖에 금융위원회의 승인을 받은 업무(마목), ⅱ) 자본시장법 또는 다른 법령에서 증권금융회사의 업무로 규정한 업무(제2호), ⅲ) 그 밖에 금융위원회로부터 승인을 받은 업무(제3호)를 영위할 수 있다(법326②).

(3) 부수업무

증권금융회사는 증권금융업무, 제2항의 업무(겸영업무) 또는 자금예탁업무(법330)에 부수하는 업무로서 ⅰ) 보호예수업무(제1호), ⅱ) 그 밖에 금융위원회의 승인을 받은 업무(제2호)를 행한다(법326③).

Ⅴ. 신용평가회사

1. 의의

누구든지 자본시장법에 따른 신용평가업인가를 받지 아니하고는 신용평가업을 영위하여서는 아니 된다. 다만, 투자자 보호 및 건전한 거래질서를 해할 우려가 없는 경우로서 대통령

를 영위하는 경우를 말한다(영318의12).
62) "대통령령으로 정하는 업무"란 다음의 업무를 말한다(영320). 1. 환매조건부매매, 2. 환매조건부매매의 중개·주선 또는 대리업무, 3. 집합투자증권을 대상으로 하는 투자매매업·투자중개업

령으로 정하는 경우[63]는 제외한다(법335의2). 신용평가업을 영위하려는 자는 일정한 요건을 갖추어 금융위원회로부터 신용평가업인가를 받아야 한다(법335의3①②).[64] 신용평가회사가 아닌 자는 신용평가 또는 이와 유사한 명칭을 사용하여서는 아니 된다(법335의7).[65]

2. 업무

(1) 신용평가업

(가) 의의

신용평가업이란 금융투자상품, 기업·집합투자기구, 국가, 지방자치단체, 법률에 따라 직접 설립된 법인. 민법, 그 밖의 관련 법령에 따라 허가·인가·등록 등을 받아 설립된 비영리법인 에 대한 신용상태를 평가("신용평가")하여 그 결과에 대하여 기호, 숫자 등을 사용하여 표시한 등급("신용등급")을 부여하고 그 신용등급을 발행인, 인수인, 투자자, 그 밖의 이해관계자에게 제공하거나 열람하게 하는 행위를 영업으로 하는 것을 말한다(법9㉖, 영14의3).

(나) 신용평가등급

신용평가등급은 기업어음 등 1년 이내의 만기인 단기금융채무의 경우 A1에서 D까지 6개의 등급으로 이루어져 있다. A1에서 A3까지는 적기상환능력이 인정되는 투자등급으로, B에서 C까지는 환경변화에 따라 적기상환능력이 크게 영향을 받을 수 있는 투기등급으로 분류되며 D는 상환불능상태를 나타낸다. A2에서 B까지는 동일 등급 내에서의 우열을 나타내기 위하여 +, － 부호를 부가한다.[66]

만기 1년을 초과하는 장기금융채무의 신용등급은 원리금에 대한 적기상환능력의 우열에 따라 AAA부터 D까지 10개의 등급으로 구성되어 있다. 이 중 AAA에서 BBB까지는 원리금 상

---

63) "대통령령으로 정하는 경우"란 신용조회회사가 영위하는 기업에 대한 신용조회업무로서 다음의 요건을 모두 충족하는 경우를 말한다(영324의2).
   1. 기업에 대한 신용정보를 신용정보주체 또는 그 신용정보주체의 상거래의 상대방 등 이해관계를 가지는 자에게만 제공할 것
   2. 신용정보를 제공할 때 신용조회업무임을 알릴 것
   3. 신용조회회사의 신용정보를 만들어 내는 부서와 영업부서(법 제335조의8 제2항 제1호에 따른 영업조직에 준하는 부서)의 분리에 관하여 내부통제기준을 마련할 것
64) 2013년 5월 금융투자상품 등에 대하여 공정한 신용평가를 함으로써 신뢰성 있는 투자자 보호가 이루어지도록 하기 위하여 신용평가회사에 대한 업무 범위와 진입·행위 규제에 대한 사항을 기존 신용정보법에서 자본시장법으로 이관하였다.
65) 우리나라에서는 1985년 9월 기업어음에 대한 신용평가제도가 처음 도입되었고 1986년 3월에 무보증채권 평가제도가 도입되었다. 2019년 12월말 현재 신용평가업 인가를 받은 회사는 한국기업평가, 한국신용평가, NICE신용평가 및 서울신용평가 등 4개가 있다. 한국신용평가정보가 1998년 8월 Moody's와 합작하여 한국신용평가를 자회사로 설립하고 신용평가 업무를 이관하였다. 모회사인 한국신용평가정보는 2008년 8월 한국신용정보(현 NICE홀딩스)에 인수되었다.
66) 한국은행(2018), 169쪽.

환능력이 인정되는 투자등급으로, BB에서 C까지는 환경변화에 따라 크게 영향을 받는 투기등급으로 분류되며 D는 상환불능상태를 나타내며 AA에서 B까지는 동일 등급 내에서의 우열을 나타내기 위하여 +, − 부호를 부가한다. 자산유동화증권의 신용평가등급은 채권의 신용평가등급체계를 따르고 있다.

(2) 겸영업무

신용평가회사는 투자자 보호 및 건전한 거래질서를 해할 우려가 없는 업무로서 ⅰ) 채권평가회사(법 제263조: 집합투자재산에 속하는 채권 등 자산의 가격을 평가하고 이를 집합투자기구에게 제공하는 업무를 영위하려는 자)의 업무(제1호), ⅱ) 그 밖에 대통령령으로 정하는 업무(제2호)를 겸영할 수 있다(법335의10①). 신용평가회사는 겸영업무를 영위하려는 때에는 영위하려는 날의 7일 전까지 이를 금융위원회에 신고하여야 한다(법335의10③).

(3) 부수업무

신용평가회사는 ⅰ) 은행, 그 밖에 대통령령으로 정하는 금융기관[67]의 기업 등에 대한 신용공여의 원리금상환 가능성에 대한 평가 업무(제1호), ⅱ) 은행, 보험회사, 그 밖에 대통령령으로 정하는 금융기관의 지급능력, 재무건전성 등에 대한 평가 업무(제2호), ⅲ) 그 밖에 대통령령으로 정하는 업무(제3호)[68]를 포함하여 신용평가업에 부수하는 업무를 영위할 수 있다(법335의10②). 신용평가회사는 부수업무를 영위하려는 때에는 영위하려는 날의 7일 전까지 이를 금융위원회에 신고하여야 한다(법335의10③). 금융투자업자의 부수업무 영위에 관한 자본시장법 제41조 제2항부터 제4항까지의 규정[69]은 신용평가회사에 대하여 준용한다(법335의10④).

---

67) 자본시장법 제335조의10 제2항 제1호 및 제2호에서 "대통령령으로 정하는 금융기관"이란 각각 은행, 한국산업은행, 중소기업은행, 한국수출입은행, 농업협동조합중앙회, 수산업협동조합중앙회, 보험회사, 금융투자업자(겸영금융투자업자 제외), 증권금융회사, 종합금융회사, 자금중개회사, 금융지주회사, 여신전문금융회사, 상호저축은행 및 그 중앙회, 산림조합중앙회, 새마을금고연합회, 신용협동조합중앙회, 위의 기관에 준하는 외국 금융기관(제10조 제2항 각 호의 어느 하나에 해당하는 금융기관)을 말한다(영324의7①).
68) "대통령령으로 정하는 업무"란 다음의 어느 하나에 해당하는 업무를 말한다(영324의7②).
   1. 사업성 평가, 가치평가 및 기업진단 업무
   2. 신용평가모형과 위험관리모형의 개발 및 제공 업무
   3. 그 밖에 금융위원회가 정하여 고시하는 업무
69) ② 금융위원회는 제1항에 따른 부수업무 신고내용이 다음의 어느 하나에 해당하는 경우에는 그 부수업무의 영위를 제한하거나 시정할 것을 명할 수 있다.
   1. 금융투자업자의 경영건전성을 저해하는 경우
   2. 인가를 받거나 등록한 금융투자업의 영위에 따른 투자자 보호에 지장을 초래하는 경우
   3. 금융시장의 안정성을 저해하는 경우
   ③ 제한명령 또는 시정명령은 그 내용 및 사유가 구체적으로 기재된 문서로 하여야 한다.
   ④ 금융위원회는 신고받은 부수업무 및 제한명령 또는 시정명령을 한 부수업무를 대통령령으로 정하는 방법 및 절차에 따라 인터넷 홈페이지 등에 공고하여야 한다.

3. 신용평가회사의 행위규칙

(1) 신용평가방법에 따른 신용평가

신용평가회사는 금융위원회가 정하여 고시하는 바에 따라 신용등급의 부여·제공·열람에 제공하기 위한 방침 및 방법("신용평가방법")을 정하고, 그 신용평가방법 등에 따라 신용평가를 하여야 한다(법335의11①).[70] 신용평가회사는 신용평가를 요청한 자("요청인")에 대한 신용평가를 하는 경우에는 재무상태·사업실적 등 현재의 상황과 사업위험·경영위험 및 재무위험 등 미래의 전망을 종합적으로 고려하여야 한다(법335의11②).

(2) 신용평가서의 작성 및 제공

신용평가회사는 신용평가의 결과를 기술한 것으로서 ⅰ) 신용등급(제1호), ⅱ) 신용평가회사의 의견(제2호), ⅲ) 제7항 제1호에 따라 대통령령으로 정하는 자[71]가 아닌 자로서 해당 신용평가회사와 출자관계에 있는 자와 관련한 신용평가를 하는 경우에 그 출자관계에 관한 사항(제3호), ⅳ) 그 밖에 투자자 등의 합리적 의사결정에 필요한 정보로서 금융위원회가 정하여 고시하는 사항(제4호)을 포함한 서류("신용평가서")를 작성하여야 한다(법335의11③).

신용평가회사는 요청인에게 신용평가서를 제공하는 경우에는 신용평가실적서(신용평가회사가 부여한 신용등급별로 원리금 상환 이행률 등을 기재한 것), 그 밖에 해당 신용평가회사의 신용평가 능력의 파악에 필요한 것으로서 금융위원회가 정하여 고시하는 서류("신용평가실적서등")를 함께 제공하여야 한다(법335의11④).

(3) 기록보존의무

신용평가회사는 ⅰ) 요청인의 주소와 성명, ⅱ) 요청받은 업무 내용 및 요청받은 날짜, ⅲ)

---

70) 금융투자업규정 제8-19조의9(신용평가방법 등) ① 법 제335조의11 제1항에 따라 신용평가회사는 다음의 기준에 따라 신용평가방법을 정하여야 한다.
   1. 신용평가에 관한 과거의 통계자료 및 경험, 미래의 시장환경 변화 등을 고려하여 평가방법의 적정성에 대한 검증 방침을 수립할 것
   2. 신용등급을 적시에 조정하기 위하여 신용평가대상에 대한 정보의 수집 방침을 마련할 것
   3. 신용평가대상에 대하여 산업별·업종별 등으로 구분하여 다음 각 목의 사항을 포함한 평가방법(신용평가모형을 포함)을 마련할 것
      가. 평가에 적용되는 주요 가정 및 모형
      나. 평가에 사용되는 자료에 대한 적정성 평가 방법
      다. 평가방법이 변경된 경우 그 사유 및 평가에 미치는 영향
71) "대통령령으로 정하는 자"란 다음의 어느 하나에 해당하는 자를 말한다(영324의8①③).
   1. 해당 신용평가회사에 5% 이상 출자한 법인
   2. 해당 신용평가회사가 5% 이상 출자한 법인
   3. 해당 신용평가회사와 계열회사의 관계에 있는 법인
   4. 해당 신용평가회사와 제1호부터 제3호까지의 관계에 있는 법인이 40% 이상 출자한 법인
   5. 그 밖에 신용평가업무와 관련하여 이해상충의 소지가 있는 자로서 금융위원회가 정하여 고시하는 자

요청받은 업무의 처리 내용 또는 제공한 신용평가서 및 제공한 날짜, ⅳ) 그 밖에 투자자 보호 및 건전한 거래질서 유지를 위하여 기록 보존이 필요한 것으로서 대통령령으로 정하는 사항[72) 에 대한 기록을 3년간 보존하여야 한다(법335의11⑤).

(4) 비밀유지의무

신용평가회사의 임직원이나 임직원이었던 자는 직무상 알게 된 요청인의 비밀을 누설하거나 이용하여서는 아니 된다. 다만, ⅰ) 요청인이 제공·이용에 동의한 목적으로 이용하는 경우, ⅱ) 법원의 제출명령 또는 법관이 발부한 영장에 따라 제공되는 경우, ⅲ) 그 밖에 법률에 따라 제공되는 경우에는 그러하지 아니하다(법335의11⑥).

(5) 기타 의무

신용평가회사는 ⅰ) 신용평가회사와 일정한 비율 이상의 출자관계에 있는 등 특수한 관계에 있는 자로서 대통령령으로 정하는 자와 관련된 신용평가를 하는 행위, ⅱ) 신용평가 과정에서 신용평가회사 또는 그 계열회사의 상품이나 서비스를 구매하거나 이용하도록 강요하는 행위, ⅲ) 그 밖에 투자자 보호 또는 건전한 거래질서를 해할 우려가 있는 행위로서 대통령령으로 정하는 행위[73)를 하여서는 아니 된다(법335의11⑦).

---

72) "대통령령으로 정하는 사항"이란 다음을 말한다(법324의8②).
   1. 신용평가의 실시를 위한 계약서류 및 신용평가와 관련하여 수취한 수수료의 내역
   2. 신용등급을 변경한 경우 그 변경내역 및 사유
   3. 신용평가를 위하여 요청인 또는 그의 이해관계자에게 제공하거나 요청인 또는 이해관계자로부터 제출받은 자료

73) "대통령령으로 정하는 행위"란 다음의 어느 하나에 해당하는 행위를 말한다(영324의8④).
   1. 신용평가 과정에서 다른 신용평가회사와 면담, 협의 또는 자료의 제공 등의 방법을 통하여 신용평가대상의 신용등급에 영향을 미치는 정보를 교환하는 행위
   2. 신용평가와 관련하여 금융위원회가 정하여 고시하는 기준을 위반하여 신용평가의 요청인 및 그의 이해관계자에게 재산상의 이익을 제공하거나 이들로부터 재산상의 이익을 제공받는 행위
   3. 법 제335조의11 제7항 제1호 또는 제2호에 따른 금지 또는 제한을 회피할 목적으로 하는 행위로서 다음 각 목의 어느 하나에 해당하는 행위
      가. 신용평가회사와 제3항 각 호의 관계에 있는 자에 대하여 신용평가회사 간에 교차하여 신용평가를 하는 행위
      나. 신용평가회사의 계열회사의 상품이나 서비스의 구매와 관련하여 연계거래를 하는 행위
   4. 신용평가계약을 체결하기 전에 특정 신용등급이 부여될 가능성 또는 예상되는 신용등급(신용등급의 범위를 포함)에 대한 정보를 요청인 또는 그의 이해관계자에게 제공하는 행위
   5. 신용평가계약의 체결을 유인하기 위하여 신용등급을 이용하는 행위
   6. 그 밖에 투자자 보호나 신용평가의 독립성·공정성을 해칠 염려가 있는 행위로서 금융위원회가 정하여 고시하는 행위

Ⅵ. 종합금융회사

1. 의의

종합금융회사란 기업에 대한 종합적인 금융지원을 원활하게 하고 금융산업을 균형 있게 발전시키기 위하여 어음의 발행·할인·매매·중개·인수 및 보증을 하거나 설비 또는 운전자금의 투융자, 증권의 인수·매출 또는 모집·매출의 중개·주선·대리, 외자도입, 해외투자, 그 밖의 국제금융의 주선과 외자의 차입 및 전대, 채권의 발행, 기업의 경영 상담과 기업인수 또는 합병 등에 관한 용역, 지급보증 등을 하는 회사를 말한다(법336①). 즉 종전의 종합금융회사에 관한 법률74) 제3조에 따라 금융위원회의 인가를 받은 자를 말한다(법336①). 종합금융회사가 아닌 자는 "종합금융회사" 또는 이와 유사한 명칭을 사용하여서는 아니 된다(법338).

종합금융회사는 지급결제, 보험, 가계대출 등을 제외한 대부분의 기업금융업무를 영위할 수 있다. 민간부문의 원활한 외자 조달 등을 위해 1975년 12월 「종합금융회사에 관한 법률」 제정으로 도입되었으나 1997년 외환위기 이후 다수의 종합금융회사가 부실로 퇴출·합병75)되었다. 2010년 4월 메리츠종합금융이 메리츠증권과 합병하여 메리츠종합금융증권이 되면서 2019년말 현재 전업 종합금융회사는 우리종합금융 1개사만 남은 상태이다. 종합금융회사를 합병한 신한은행, 하나은행 및 메리츠종금증권의 경우 단기금융업무를 겸영하고 있다. 정부도 신규 인·허가를 주지 않음에 따라 2019년말 현재 종합금융업은 전업사 1개, 겸영은행 2개, 겸영증권사 1개사가 영업 중이다.76)

2. 업무

(1) 기본업무와 부수업무

종합금융회사(종전의 종합금융회사에 관한 법률 제3조에 따라 금융위원회의 인가를 받은 자)의 업무는 ⅰ) 1년 이내에 만기가 도래하는 어음의 발행·할인·매매·중개·인수 및 보증(단기금융: 제1호), ⅱ) 설비 또는 운전자금의 투융자(제2호), ⅲ) 증권의 인수·매출 또는 모집·매출의 중개·주선·대리(제3호), ⅳ) 외자도입, 해외투자, 그 밖의 국제금융의 주선과 외자의 차입 및

---

74) 종합금융회사에 관한 법률은 2009년 2월 4일 자본시장법 시행에 따라 폐지되었는데, 자본시장법은 종합금융업과 관련된 신규 인·허가 조항이 없으며 폐지·해산 등에 관련된 사항만 규정하고 있다.

75) 금융산업구조개선법에 의거 종합금융회사가 은행 또는 증권사에 합병되거나 증권사로 전환한 경우 신설 금융기관은 합병 또는 전환 후 10년간 종합금융업을 영위할 수 있다. 다만 2000년 금융산업구조개선법 개정 이전에 종합금융업을 겸업하고 있던 신한은행(합병 전 조흥은행), 외환은행 등은 동 법령의 적용을 받지 않는다.

76) 한국은행(2018), 221, 235쪽.

전대(제4호), ⅴ) 채권의 발행(제5호), ⅵ) 기업의 경영 상담과 기업인수 또는 합병 등에 관한 용역(제6호), ⅶ) 지급보증(제7호), ⅷ) 제1호부터 제7호까지의 업무에 부수되는 업무로서 대통령령으로 정하는 업무77)(제8호)이다. 여기서 제1호부터 제7호까지는 기본업무이고 제8호는 부수업무이다(법336①). 이 중 어음발행78) 및 어음관리계좌(CMA)79) 업무는 종합금융회사의 주요 자금조달 수단이다.

(2) 겸영업무

종합금융회사는 ⅰ) 여신전문금융업법에 따른 시설대여업무(제1호), ⅱ) 집합투자업(투자신탁의 설정·해지 및 투자신탁재산의 운용업무에 한한다)(제2호), ⅲ) 금전신탁 외의 신탁업(제3호), ⅳ) 증권을 대상으로 하는 투자매매업 및 투자중개업(제1항 제3호에 해당되는 부분을 제외)(제4호), ⅴ) 외국환거래법에 따른 외국환업무(제5호), ⅵ) 그 밖에 제1항 각 호의 업무 또는 제1호부터 제5호까지의 업무와 관련된 업무로서 대통령령으로 정하는 업무(제6호)80)를 자본시장법 또는 해당 법률이 정하는 바에 따라 인가·허가·등록 등을 받아 영위할 수 있다(법336②).

---

77) "대통령령으로 정하는 업무"란 다음과 같다(영325②).
    1. 어음관리계좌(고객으로부터 예탁받은 자금을 통합하여 어음 등에 투자하여 운용하고, 그 결과 발생한 수익을 고객에게 지급하는 것을 목적으로 종합금융회사가 개설하는 계좌) 업무
    2. 팩토링 업무(기업의 판매대금채권의 매수·회수 및 이와 관련된 업무)
    3. 파생상품시장에서 거래되는 장내파생상품 중 그 기초자산이 주가지수인 것을 대상으로 하는 투자매매업·투자중개업
    4. 양도성 예금증서의 매매 및 그 중개·주선 또는 대리
    5. 공개시장 조작의 대상이 되는 증권의 매매 및 그 중개·주선 또는 대리
    6. 해당 종합금융회사가 발행한 어음을 담보로 하는 대출이나 해당 종합금융회사의 어음관리계좌에 채권을 가지고 있는 개인에 대한 대출로서 그 채권을 담보로 하는 대출
    7. 선적전 무역어음 업무(선적전 무역어음의 할인·매매·중개·인수 및 보증과 선적전 무역어음을 결제하기 위한 수출환어음 등의 매입과 추심의뢰 업무)
    8. 업무용 부동산의 임대 업무
78) 발행어음은 은행이 취급하는 예금과 성격이 비슷하나 통장이나 증서 대신 융통어음인 약속어음을 발행하여 교부한다는 점에서 큰 차이가 있다.
79) 고객으로부터 예탁받은 자금을 통합하여 어음 등에 투자하여 운용하고 그 결과 발생한 수익을 고객에게 지급하는 것을 목적으로 종합금융회사가 개설하는 계좌를 말한다.
80) "대통령령으로 정하는 업무"란 다음의 업무를 말한다(영325③).
    1. 장내파생상품을 대상으로 하는 투자매매업 또는 투자중개업(그 기초자산이 주가지수인 것을 대상으로 하는 투자매매업 또는 투자중개업은 제외)
    2. 신용정보법에 따른 신용정보 업무
    3. 자산유동화법에 따른 유동화자산관리 업무
    4. 주택저당채권유동화회사법에 따른 채권유동화 업무
    5. 투자자문업
    6. 전자금융거래법에 따른 전자자금이체업무(결제중계시스템의 참가기관이 되거나 대표참가기관을 경유하는 방식의 전자자금이체업무는 제외)

3. 채권의 발행

종합금융회사는 자기자본의 10배의 범위에서 채권을 발행할 수 있다(법340①). 종합금융회사는 발행한 채권의 상환을 위하여 필요한 경우에는 일시적으로 그 한도를 초과하여 채권을 발행할 수 있다(법340②). 이 경우 종합금융회사는 발행 후 1개월 이내에 자기자본의 10배 한도에 적합하도록 하여야 한다(영332②). 종합금융회사가 채권을 발행하는 경우에는 응모총액이 채권청약서 또는 증권신고서에 기재된 채권의 총액에 미달하는 경우에도 그 채권을 발행한다는 뜻을 채권청약서 또는 증권신고서에 기재한 때에는 그 응모총액을 채권의 발행총액으로 한다(영332①).

4. 신용공여한도

종합금융회사는 같은 개인·법인 및 그와 신용위험을 공유하는 자("동일차주"[81])에 대하여 그 종합금융회사의 자기자본(국제결제은행의 기준에 따른 기본자본과 보완자본의 합계액)의 25%를 초과하는 신용공여(대출, 어음의 할인, 지급보증, 자금 지원적 성격의 증권의 매입, 그 밖에 금융거래상의 신용위험을 수반하는 종합금융회사의 직접·간접적 거래)를 할 수 없다(법342①).[82] 종합금융회사는 그 종합금융회사의 임원·자회사 및 그와 신용위험을 공유하는 자("관계인"[83])에 대하여 그 종합금융회사의 자기자본의 15%의 한도를 초과하는 신용공여를 할 수 없다(법342②, 영334①). 종합금융회사의 동일차주 각각에 대한 신용공여가 그 종합금융회사의 자기자본의 10%를 초과하는 신용공여의 총 합계액은 매 월말 기준으로 그 종합금융회사 자기자본의 5배를 초과할 수 없다(법342③). 종합금융회사는 같은 개인이나 법인 각각에 대하여 그 종합금융회사의 자기자본의 20%를 초과하여 신용공여를 할 수 없다(법342④).

---

[81] 동일차주의 구체적 범위는 같은 개인·법인과 다음의 관계에 있는 자로 한다(영337①).
 1. 공정거래법 시행령 제3조 각 호의 어느 하나에 해당하는 관계가 있는 자
 2. 개인이나 법인이 지급불능에 이를 경우에 특별한 사정이 없는 한 이로 인하여 지급불능에 이르게 될 것이 명백하다고 인정되는 다른 개인이나 법인
[82] 법 제342조 제1항에 따른 신용공여는 다음의 것으로 하되, 그 구체적인 범위는 금융위원회가 정하여 고시한다(영336). 1. 대출, 2. 어음의 할인, 3. 지급보증, 4. 자금지원적 성격의 증권의 매입, 5. 어음의 매입, 6. 지급보증에 따른 대지급금의 지급, 7. 시설대여, 8. 그 밖에 거래상대방의 지급불능시 이로 인하여 종합금융회사에 손실을 초래할 수 있는 거래, 9. 종합금융회사가 직접적으로 제1호부터 제7호까지의 규정에 해당하는 거래를 한 것은 아니나, 실질적으로 그에 해당하는 결과를 가져올 수 있는 거래
[83] 관계인의 구체적 범위는 다음의 자로 한다(영337②).
 1. 해당 종합금융회사의 임원
 2. 해당 종합금융회사의 자회사(그 종합금융회사가 의결권 있는 발행주식의 15% 이상을 소유한 회사)
 3. 해당 종합금융회사의 임원의 특수관계인
 4. 해당 종합금융회사의 자회사와 제1항 각 호의 어느 하나의 관계에 있는 자

Ⅶ. 자금중개회사

1. 의의

대통령령으로 정하는 금융기관[84] 등 간 자금거래의 중개업무를 영위하려는 자는 일정한 요건을 갖추어 금융위원회의 인가를 받아야 한다(법355①②). 즉 자금중개회사는 금융기관 간의 자금거래 중개를 전문으로 하는 회사이다. 자금중개회사를 설립하기 위해서는 금융위원회의 인가를 받아야 하며, 외국환중개업무를 하기 위해서는 기획재정부장관의 인가를 받아야 한다(외국환거래법9①). 외국환중개업무란 ⅰ) 외국통화의 매매·교환·대여의 중개(제1호), ⅱ) 외국통화를 기초자산으로 하는 파생상품거래의 중개(제2호), ⅲ) 그 밖에 제1호 및 제2호와 관련된 업무(제3호)를 말한다(외국환거래법9①).

현재 한국자금중개,[85] 서울외국환중개,[86] KIDB자금중개,[87] IPS외국환중개 등 4개 국내사와 ICAP외국환중개, Tullett Prebon외국환중개 등[88] 6개 외국사가 영업 중이다.[89][90]

---

84) 은행, 한국산업은행, 중소기업은행, 한국수출입은행, 농업협동조합중앙회, 수산업협동조합중앙회, 보험회사, 증권금융회사, 종합금융회사, 자금중개회사, 여신전문금융회사, 상호저축은행 및 그 중앙회, 새마을금고연합회, 신용협동조합중앙회, 한국자산관리공사를 말한다(영345①).

85) 한국자금중개는 1996년 7월 당시 콜거래 중개를 맡고 있던 서울 소재 8개 투자금융회사의 종합금융회사 전환 추진으로 콜시장을 비롯한 금융기관간 단기금융시장을 정비하면서 설립되었다. 한국자금 중개는 1996년 11월 콜거래 중개업무를 개시한 이래 양도성예금증서 매매중개업무(1996년 12월), 환매조건부채권 매매중개업무(1997년 5월), 어음 매매중개업무(1997년 6월) 및 외국환 매매중개업무(1999년 2월), 장외시장채권 매매중개업무(2000년 6월)를 차례로 취급하였다. 2007년에는 홍콩지점을 설립하여 홍콩, 싱가포르 등 아시아 주요 금융중심지의 단기금융시장에서 자금중개업무를 시작하였고, 2014년 12월에는 원-위안화 현물환 중개업무를 취급하며 종합중개회사로서의 역할을 하고 있다.

86) 서울외국환중개는 2000년 5월에 금융결제원의 외국환 중개업무를 승계하여 설립되어 원화콜 중개업무(2001년 2월), CD 중개업무(2001년 9월), CP 중개업무(2002년 1월), 통화스왑 중개업무(2004년 11월), RP 중개업무(2007년 12월), 채권 중개업무(2011년 6월)를 차례로 취급하였다. 또한 2013년 3월부터는 전자단기사채 중개업무, 2014년 12월에는 원-위안화 현물환 중개업무를 취급하며 종합중개회사로서의 역할을 수행하고 있다.

87) KIDB자금중개는 2006년 3월 KIDB채권중개가 전액 출자하여 설립하였으며 콜거래, 환매조건부채권 및 양도성예금증서 매매, 채권중개업무, 파생상품 중개업무 등 원화 및 외국환 중개업무를 영위하고 있다.

88) 2004년에는 KIDB채권중개가 영국계 외국환 중개회사인 ICAP(Inter-Capital plc.)와 합작하여 KIDB-ICAP외국환중개를 설립하였으나 2006년 11월 KIDB가 보유지분을 전액 매각함에 따라 ICAP외국환중개가 설립되었다. 그 외에 2005년에는 Tullett Prebon(영국계)이, 2007년에는 GFI(미국계), Nittan Capital(일본계), Tradition Korea(스위스계), BGC Capital Markets(영국계)가, 2012년에는 KIDB자금중개와 IPS외국환중개가 각각 인가를 받아 외국환 중개업무를 시작하였다.

89) 이 중 원화와 외국환 중개를 겸영하는 회사는 한국자금중개와 서울외국환중개, KIDB자금중개 3개사이다. 이 중 한국자금중개와 서울외국환중개 두 기관은 기획재정부로부터 환율고시기관으로 승인받아 외환의 매매기준율을 산출·고시하고 있다.

90) 한국은행(2018), 170-171쪽.

2. 업무

자금중개회사가 중개하는 금융기관간 자금거래의 종류는 90일 이내의 금융기관간 단기자금거래(콜거래), CD매매, RP매매, 어음매매, 외국환매매, 외화콜, 외환파생상품거래, 장외시장 채권매매 등도 중개대상으로 하고 있다. 자금중개회사는 자금중개를 할 경우에는 단순중개(자금중개회사가 일정한 수수료만 받고 자금대여자와 자금차입자 간의 거래를 연결해 주는 것)를 하여야 한다. 다만, 콜거래중개의 경우에는 원활한 거래를 위하여 금융위원회가 정하여 고시하는 최소한의 범위에서 매매중개(금융위원회가 정하여 고시하는 매매거래 형식의 중개)를 할 수 있다(영346③).

자금중개회사는 ⅰ) 은행, ⅱ) 한국산업은행, ⅲ) 중소기업은행, ⅳ) 한국수출입은행, ⅴ) 그 밖에 금융기관 등 간의 원활한 자금거래를 위하여 필요하다고 인정하여 금융위원회가 정하여 고시하는 자91)에 해당하지 아니하는 자에 대하여 콜거래(90일 이내의 금융기관 등 간의 단기자금거래)의 중개·주선 또는 대리를 해서는 아니 된다(영346②). 자금중개회사는 매월의 중개업무내역을 금융위원회가 정하여 고시하는 방법에 따라 금융위원회에 보고하여야 한다(영346④).

자금중개회사는 금융투자업을 영위하여서는 아니 된다(법357①). 다만 자금거래의 중개업무와 경제적 실질이 유사한 것으로서 대통령령으로 정하는 금융투자업92)은 영위할 수 있다(법357①).

---

91) 금융투자업규정 제8-81조(자금중개 참가기관 등) ① 영 제346조 제2항 제5호에서 "금융위원회가 정하여 고시하는 자"란 다음의 어느 하나에 해당하는 자를 말한다.
　　1.「국고채권의 발행 및 국고채전문딜러 운영에 관한 규정」에 따라 기획재정부 장관이 지정하는 국고채전문딜러로 지정된 자
　　2. 한국은행법 제28조 제6호(공개시장에서의 한국은행의 국채 또는 정부보증증권 등의 매매 및 대차(貸借)에 관한 기본적인 사항) 및 제7호(한국은행통화안정증권의 발행·매출·환매 및 상환 등에 관한 기본적인 사항), 제68조(공개시장 조작), 제69조((한국은행통화안정증권)의 업무를 수행하기 위하여 금융통화위원회가 선정하는 대상기관으로 선정된 자
　　3. 집합투자업 인가를 받은 자
　　4. 증권금융회사
92) "대통령령으로 정하는 금융투자업"이란 다음의 어느 하나에 해당하는 것을 말한다(영346①).
　　1. 외화로 표시된 양도성 예금증서의 중개·주선 또는 대리
　　2. 환매조건부매매의 중개·주선 또는 대리
　　3. 기업어음증권의 중개·주선 또는 대리
　　4. 외국통화·이자율을 기초자산으로 하는 장외파생상품의 중개·주선 또는 대리
　　5. 별표 1의 인가업무 단위 중 2i-11-2i의 투자중개업

3. 행위규제

자금중개회사에 대해서는 금융투자업자의 경영건전성기준(법31), 회계처리(법32), 업무보고서 작성 및 공시(법33)에 관한 규정, 종합금융회사의 업무폐지·해산·정관변경·업무방법의 변경에 관한 규정(법339조 제2항 제3호 제외), 금융위원회의 조치명령권에 관한 규정(법416)이 준용된다(법357②).

Ⅷ. 단기금융회사

단기금융회사란 종합금융투자사업자로서 지정된 후 일정한 요건을 갖추어 금융위원회의 인가를 받은 자로서 단기금융업무를 영위하는 자이다. 단기금융업무(발행어음업무)란 1년 이내에 만기가 도래하는 어음의 발행·할인·매매·중개·인수 및 보증업무와 그 부대업무로서 어음을 담보로 한 대출업무를 말한다(법360①). 단기금융업무를 영위하려는 자는 금융위원회의 인가를 받아야 한다(법360①).

단기금융업무의 인가를 받으려는 자는 ⅰ) 은행, 그 밖에 대통령령으로 정하는 금융기관93)일 것(제1호), ⅱ) 300억원 이상의 자기자본을 갖출 것(제2호), ⅲ) 사업계획이 타당하고 건전할 것(제3호), ⅳ) 투자자를 보호하고 영위하고자 하는 업을 수행하기에 충분한 인력 및 전산설비, 그 밖의 물적 시설을 갖출 것(제4호), ⅴ) 대주주(제12조 제2항 제6호 가목의 대주주)가 충분한 출자능력, 건전한 재무상태 및 사회적 신용(제5호)을 모두 갖추어 금융위원회의 인가를 받아야 한다(법360②).

Ⅸ. 명의개서대행회사

증권의 명의개서를 대행하는 업무를 영위하려는 자는 일정한 요건을 갖추어 금융위원회에 등록하여야 한다(법365①②). 명의개서대행회사는 증권의 배당·이자 및 상환금의 지급을 대행하는 업무와 증권의 발행을 대행하는 업무를 영위할 수 있다(법366).

---

93) "대통령령으로 정하는 금융기관"이란 다음의 금융기관을 말한다(영348③).
   1. 중소기업은행
   2. 금융산업구조개선법 제2조 제1호에 따른 금융기관 중 종합금융회사를 흡수합병하는 금융기관
   3. 금융산업구조개선법 제3조에 따라 종합금융회사가 다른 금융기관으로 전환하는 경우에는 그 금융기관
   4. 종합금융투자사업자

X. 금융투자 관계 단체

투자자 보호 및 건전한 거래질서를 위하여 투자자, 주권상장법인 또는 투자권유대행인, 주요직무 종사자로 구성되는 단체를 설립하고자 하는 자는 금융위원회의 허가를 받아야 한다 (법370①, 영353①).

일반은행(은행법상 은행)

제1절 서설

Ⅰ. 의의

우리나라 은행은 은행법에 의거 설립·영업하는 일반은행과 개별 특수은행법에 의거 설립·영업하는 특수은행으로 구분한다. 은행은 고유업무 이외에 이와 분리된 별도의 계정(은행 신탁계정)으로 자본시장법에 의한 신탁업을 겸영하고 있다.[1]

일반은행(commercial bank)은 예금·대출 및 지급결제 업무를 고유업무로 하고 있어 상업 은행으로도 불리며 시중은행(2개 인터넷전문은행[2] 포함), 지방은행 및 외국은행 국내지점 등으로 구분된다.[3] 시중은행(nationwide bank)은 전국을 영업구역으로 하는 은행이다. 지방은행(local bank)은 지역경제의 발전에 필요한 자금을 공급하는 것을 주목적으로 광역시나 각 도 등에 설립된 은행이다. 외국은행 국내지점이란 외국법령에 의해 설립되어 외국에서 은행업을 영위하

---

1) 한국은행(2018), 176쪽.
2) 인터넷전문은행은 주로 인터넷 및 모바일을 기반으로 무점포 비대면 거래를 통해 지급결제, 송금 및 대출 업무 등을 수행하는 은행을 의미한다. 인터넷전문은행은 디지털기술을 기반으로 한다는 점에서 핀테크의 범주에 속한다고 할 수 있다. 인터넷전문은행 도입 초기에는 완전 무점포형 은행이 주로 설립되었으나 최근에는 오프라인 지점을 활용하는 형태도 일부 있다. 인터넷전문은행은 기존 은행과는 달리 365일 24시간 운영이 가능하며 지점은 보조적인 역할만 수행한다. 다만 지점 유지비용이 별로 들지 않는 대신, IT 인프라 구축, 마케팅 등 초기비용이 크게 소요되는 특성이 있다.
3) 2019년말 현재 8개 시중은행, 6개 지방은행, 38개 외국은행 국내지점 등 총 52개 일반은행이 영업 중이다.

는 자의 대한민국 내 영업소를 말한다.

특수은행이란 일반은행이 재원·채산성 또는 전문성 등의 제약으로 인해 필요한 자금을 충분히 공급하지 못하는 특정 부문에 대해 자금을 원활히 공급함으로써 일반 상업금융의 취약점을 보완하고, 이를 통해 국민경제의 균형적인 발전을 도모하기 위해 개별법에 의해 설립된 금융기관이다. 특수은행에 관하여는 후술한다.

Ⅱ. 은행법상 은행과 은행업

은행법("법")상 은행이란 은행업을 규칙적·조직적으로 경영하는 한국은행 외의 모든 법인을 말한다(법2①(2)). 여기서 은행은 전국을 영업구역으로 하는 은행을 말한다(법2①(10)(가)). 한국은행과 은행이 아닌 자는 그 상호 중에 은행이라는 문자를 사용하거나 그 업무를 표시할 때 은행업 또는 은행업무라는 문자를 사용할 수 없으며, 은행·은행업 또는 은행업무와 같은 의미를 가지는 외국어 문자로서 대통령령으로 정하는 문자4)를 사용할 수 없다(법14).

은행업이란 예금을 받거나 유가증권 또는 그 밖의 채무증서를 발행하여 불특정 다수인으로부터 채무를 부담함으로써 조달한 자금을 대출하는 것을 업으로 하는 것이다(법2①(1)). 이러한 은행을 영국에서는 예금은행, 미국에서는 상업은행, 독일에서는 신용은행, 일본에서는 보통은행으로 불린다.

제2절 은행의 업무범위

Ⅰ. 의의

금융업법의 특징 중의 하나는 해당 금융기관의 업무 범위에 대하여 규정하고 있다는 점이다. 금융기관의 업무 범위는 중요한 금융업법의 영역이다. 은행법도 은행의 업무 범위를 고유업무, 겸영업무, 부수업무로 구분하여 정하고 있다. 고유업무는 업종별로 핵심기능에 해당하는 업무를 말한다. 겸영업무는 원칙적으로 다른 업종의 금융업무를 은행이 하는 것을 말한다. 부수업무는 개별 업종별로 고유업무에 부수하는 비금융업무를 말한다. 고유업무와 부수업무는 금융위원회의 별도 인가 없이 영위할 수 있으나, 일부 겸영업무의 경우 해당 법령에 따라 금융

---

4) "대통령령으로 정하는 문자"란 bank 또는 banking(그 한글표기문자를 포함)이나 그와 같은 의미를 가지는 다른 외국어문자(그 한글표기문자를 포함)를 말한다(영3의4).

위원회의 겸영인가를 필요로 한다.

Ⅱ. 고유업무

1. 범위

은행업무의 범위는 ⅰ) 예금·적금의 수입 또는 유가증권, 그 밖의 채무증서의 발행, ⅱ) 자금의 대출 또는 어음의 할인, ⅲ) 내국환·외국환 업무를 말한다(법27②). 고유업무는 예금·적금 수입, 유가증권 또는 채무증서 발행 등으로 조달한 자금을 대출하는 업무와 내·외국환업무로 구성된다. 은행은 상업금융업무와 장기금융업무를 모두 운영할 수 있다(법31). 상업금융업무란 대부분 요구불예금을 받아 조달한 자금을 1년 이내의 기한으로 대출하거나 금융위원회가 예금 총액을 고려하여 정하는 최고 대출한도를 초과하지 아니하는 범위에서 1년 이상 3년 이내의 기한으로 대출하는 업무를 말한다(법2①(3)). 장기금융업무란 자본금·적립금 및 그 밖의 잉여금, 1년 이상의 기한부 예금 또는 사채(社債)나 그 밖의 채권을 발행하여 조달한 자금을 1년을 초과하는 기한으로 대출하는 업무를 말한다(법2①(4)).

2. 자금조달

(1) 예금

은행법상 은행은 제한 없이 예금을 수입할 수 있다. 그러나 당좌예금에 대해서는 특칙이 있다. 당좌예금은 예금자 입장에서는 출납예금으로서의 기능 외에 어음·수표의 발행을 통한 신용수단이 된다. 은행 입장에서는 당좌대월 등을 통한 신용창조의 원천이 되면서 요구불예금으로서 항상 지급준비를 요하는 제약이 있다.[5] 이런 점을 고려하여 당좌예금은 단기성예금을 재원으로 단기운용을 하는 상업은행업무를 운영하는 은행만이 취급할 수 있다(법32). 예금에 대한 자세한 내용은 금융법 강의 제2권 금융상품 제3편 은행상품 중 예금상품을 참조하기 바란다.

(2) 금융채의 발행
(가) 의의

은행은 금융채를 발행할 수 있다(법33①). 금융채의 발행조건 및 발행방법 등에 관하여 필요한 사항은 대통령령으로 정한다(법33②). 일반금융기관의 예금수입은 단기융자를 위한 자금을 조달하는 수단으로 행하여지나, 금융채의 발행은 장기융자를 위한 자금을 조달하는 수단으로 이용되는 점에 차이가 있다. 금융채는 발행은행의 채무이다. 상환방법에는 상환기간이 미리

---

5) 정순섭(2017),「은행법」, 지원출판사(2017. 8), 175쪽.

정해져 있는 것, 매입매각에 의해 수시 상환되는 것 또는 추첨에 의해 기한 전에 상환되는 것 등 여러 가지가 있다. 일반적으로는 무기명채권으로 유통된다.

(나) 종류

은행이 발행할 수 있는 금융채는 ⅰ) 상법상 사채, ⅱ) 상각형 조건부자본증권, ⅲ) 은행주식 전환형 조건부자본증권, ⅳ) 은행지주회사주식 전환형 조건부자본증권(비상장은행만 발행할 수 있다), ⅴ) 기타 사채를 말한다(법33①(1)-(5)).

(다) 발행한도

은행은 자기자본의 5배의 범위에서 금융채를 발행할 수 있다(법33①본, 영19① 본문). 다만, 금융채를 새로 발행하지 아니하였음에도 불구하고 자기자본의 감소, 합병, 전환 등의 사유로 금융채의 발행금액이 자기자본의 5배를 초과하게 되는 경우에는 그 발행금액이 자기자본의 5배 이내가 될 때까지 새로 금융채를 발행할 수 없다(영19① 단서).

은행이 이미 발행한 금융채를 상환하기 위하여 새로 금융채를 발행하는 경우에는 상환할 금융채의 발행금액은 사채발행한도에 산입하지 아니한다. 이 경우 상환하기로 한 금융채는 새로 금융채를 발행한 후 1개월 이내에 상환하여야 한다(영19②).

(라) 발행절차 등

금융위원회는 은행이 이사회의 의결 또는 주주총회의 결의를 거치지 아니하고 금융채를 발행한 경우 그 은행에 대하여 6개월 이내의 기간을 정하여 금융채 발행의 금지를 명할 수 있다(법33③). 은행은 금융채를 매출기간을 미리 정하여 매출의 방법으로 발행할 수 있다(영19③). 조건부자본증권을 발행하는 경우 그 만기를 발행은행이 청산·파산하는 때로 할 수 있다(영19⑥).

3. 자금운용

대출은 일반은행의 주된 신용공여 수단으로서 취급방식에 따라 어음할인과 대출로 구분되며, 대출은 다시 어음대출, 증서대출 및 당좌대출로 나누어진다. 어음할인은 차주가 취득한 어음을 금융기관이 어음할인일로부터 만기일까지의 이자를 차감하고 매입함으로써 차주에게 자금을 공급하는 대출이다. 일반은행은 조달한 자금을 대출에 운용하는 외에 유가증권 투자를 통하여 보유자산의 다양화와 수익성 제고를 도모한다. 일반은행이 보유하고 있는 유가증권으로는 국고채, 통화안정증권, 금융채, 지방채, 주식, 사채 등이 있다.

은행법상 자금운용에는 대출이 포함되어야 한다. 대출이 아닌 유가증권 투자로도 운용할 수 있지만 대출업무를 전혀 하지 않는 경우를 은행이라고 보기 어렵다. 대출에 대한 자세한 내용은 금융법 강의 제2권 금융상품 제3편 은행상품 중 대출상품을 참조하기 바란다.

4. 환업무

내국환이란 국내 격지 간의 채권·채무 결제 또는 자금수수를 당사자 간의 직접적인 현금수수 없이 은행을 매개로 결제하는 금융거래를 말한다. 환업무는 예금이나 대출업무와 같이 자금의 조달과 운용에 따르는 이자의 획득을 목적으로 하는 것은 아니다. 그 대신 은행은 환업무를 통하여 수수료 수입을 얻을 뿐만 아니라 송금 또는 추심대전을 단기간 은행에 머물게 함으로써 운용자금의 확대 효과를 누릴 수 있다. 또한 환업무는 현금수수에 따른 위험배제, 시간과 경비의 절감 등을 통해 국민경제 내의 자금유통을 원활히 하는 데도 기여한다.

외국환업무는 국제간의 대차관계를 현금수송에 의하지 않고 외국환은행의 중개에 의하여 결제하는 업무이다. 외국환은 이와 같은 기능적인 의미 이외에 경우에 따라서는 외국화폐, 외화수표, 외화증권 등 구체적인 대외지급수단 그 자체를 말하기도 한다. 이러한 혼동을 줄이기 위해 외국환거래법에서는 외국환을 대외지급수단, 외화증권 및 외화채권으로 정의하고 있다(외국환거래법3(13)).

Ⅲ. 겸영업무

1. 의의

겸영업무는 은행업이 아닌 업무로서 은행이 직접 운영하는 업무를 말한다(법28①). 겸영업무는 은행법이 아닌 다른 법령의 규제를 받는 금융업무에 한정된다. 은행이 겸영업무를 직접 운영하려는 경우에는 금융위원회에 신고하여야 한다(법28②). 신고시점은 업무의 종류에 따라 ⅰ) 대통령령으로 정하는 금융관련법령에서 인가·허가 및 등록 등을 받아야 하는 업무 중 대통령령으로 정하는 금융업무는 금융관련법령에 따라 인가·허가 및 등록 등을 신청할 때, ⅱ) 대통령령으로 정하는 법령에서 정하는 금융관련 업무로서 해당 법령에서 은행이 운영할 수 있도록 한 업무와 ⅲ) 그 밖에 그 업무를 운영하여도 제27조의2 제4항 각 호의 어느 하나에 해당할 우려가 없는 업무로서 대통령령으로 정하는 금융업무는 그 업무를 운영하려는 날의 7일 전까지 신고하여야 한다.

금융위원회는 겸영업무의 신고내용이 은행의 경영건전성을 해치는 경우, 예금자 등 은행이용자의 보호에 지장을 가져오는 경우, 또는 금융시장 등의 안정성을 해치는 경우 중 어느 하나에 해당할 우려가 있는 경우에는 그 겸영업무의 운영을 제한하거나 시정할 것을 명할 수 있다(법28③).

2. 금융관련법령에서 인가 · 허가 및 등록 등을 받아야 하는 업무

자본시장법에 따른 업무는 다음과 같다(영18의2②). 파생상품의 매매·중개 업무, 파생결합 증권(금융위원회가 정하여 고시하는 파생결합증권6)으로 한정)의 매매업무, 국채증권, 지방채증권 및 특수채증권의 인수·매출 업무, 국채증권, 지방채증권, 특수채증권 및 사채권의 매매업무, 국채 증권, 지방채증권 및 특수채증권의 모집·매출 주선업무, 집합투자업, 투자자문업, 신탁업, 집 합투자증권에 대한 투자매매업, 집합투자증권에 대한 투자중개업, 일반사무관리회사의 업무, 명의개서대행회사의 업무, 환매조건부매매의 업무, 자산구성형 개인종합자산관리계약에 관한 투자일임업 등이 있다.

또한 보험업법 제91조에 따른 보험대리점의 업무(방카슈랑스), 퇴직급여법에 따른 퇴직연 금사업자의 업무, 여신전문금융업법에 따른 신용카드업, 담보부사채신탁법에 따른 담보부사채 에 관한 신탁업, 그 밖에 금융관련법령에 따라 인가·허가 및 등록 등을 받은 금융업무 등이다.

3. 기타 금융업무(비본질적 겸영업무)

자산유동화법에 따른 유동화전문회사의 유동화자산 관리의 수탁업무 및 채권추심 업무의 수탁업무, 주택저당채권유동화회사법에 따른 주택저당채권유동화회사의 유동화자산 관리의 수 탁업무 및 채권추심 업무의 수탁업무, 기업의 인수 및 합병의 중개·주선 또는 대리 업무, 기업 의 경영, 구조조정 및 금융 관련 상담·조력 업무, 증권의 투자 및 대차거래(貸借去來) 업무, 상 업어음 및 무역어음의 매출, 금융관련법령에 따라 금융업을 경영하는 자의 금융상품 및 무역보 험법에 따른 무역보험의 판매대행, 대출 및 대출채권매매의 중개·주선 또는 대리 업무, 국외지 점이 소재하는 국가의 관련 법령에 따라 영위할 수 있는 업무(해당 국외지점이 영위하는 경우로 한정), 그 밖에 해당 업무를 운영하여도 법 제27조의2 제4항 각 호의 어느 하나에 해당할 우려 가 없는 업무로서 금융위원회가 정하여 고시하는 업무7) 등이다(영18의2④).

---

6) "금융위원회가 정하여 고시하는 파생결합증권"은 금적립계좌 및 은적립계좌를 말한다(은행업감독규정25의 2①).
7) "금융위원회가 정하여 고시하는 업무"란 다음의 업무를 말한다(은행업감독규정25의2③).
   1. 신용정보서비스
   2. 상법 제480조의2에 따른 사채관리회사의 업무
   3. 중소기업협동조합법 제115조에 따른 소기업·소상공인공제(중소기업중앙회가 당해 공제의 약관에 대해 금융감독원과 사전협의한 경우에 한한다)의 판매대행
   4. 중소기업 인력지원 특별법 제35조의5 제1호에 따른 성과보상공제의 판매대행(중소기업진흥공단이 해 당 공제의 약관에 대해 금융감독원과 사전협의한 경우에 한한다)

4. 자본시장법상 은행에 대한 특칙

(1) 집합투자재산 운영위원회

은행으로서 집합투자업에 관한 금융투자업인가를 받은 자("집합투자업겸영은행")는 인가받은 범위에서 투자신탁의 설정·해지 및 투자신탁재산의 운용업무를 영위할 수 있다(자본시장법 250조①). 집합투자업겸영은행은 집합투자재산 운용업무와 관련한 의사결정을 위하여 은행법에 따른 업무·신탁업·일반사무관리회사의 업무를 수행하지 아니하는 임원 3인(사외이사 2인 포함)으로 구성된 집합투자재산 운용위원회를 설치하여야 한다(자본시장법250②).[8]

(2) 집합투자업겸영은행의 금지행위

집합투자업겸영은행은 투자신탁재산의 운용과 관련하여 ⅰ) 자기가 발행한 투자신탁의 수익증권을 자기의 고유재산으로 취득하는 행위(제1호), ⅱ) 자기가 운용하는 투자신탁의 투자신탁재산에 관한 정보를 다른 집합투자증권의 판매에 이용하는 행위(제2호), ⅲ) 자기가 운용하는 투자신탁의 수익증권을 다른 은행을 통하여 판매하는 행위(제3호), ⅳ) 단기금융집합투자기구를 설정하는 행위(제4호)를 할 수 없다(자본시장법250③).

집합투자재산의 보관·관리업무를 영위하는 은행은 그 집합투자기구의 집합투자재산에 관한 정보를 자기가 운용하는 투자신탁재산의 운용 또는 자기가 판매하는 집합투자증권의 판매를 위하여 이용할 수 없다(자본시장법250④). 일반사무관리회사의 업무를 영위하는 은행은 해당 집합투자기구의 집합투자재산에 관한 정보를 자기가 운용하는 투자신탁재산의 운용 또는 자기가 판매하는 집합투자증권의 판매를 위하여 이용할 수 없다(자본시장법250⑤). 투자매매업 또는 투자중개업 인가를 받아 집합투자증권의 판매를 영위하는 은행은 ⅰ) 자기가 판매하는 집합투자증권의 집합투자재산에 관한 정보를 자기가 운용하는 투자신탁재산의 운용 또는 자기가 운용하는 투자신탁의 수익증권의 판매를 위하여 이용하는 행위(제1호), ⅱ) 집합투자증권의 판매업무와 은행법에 따른 업무를 연계하여 정당한 사유 없이 고객을 차별하는 행위(제2호)를 하여

---

8) 집합투자재산운용위원회는 다음의 업무를 수행한다. 다만, 제1호부터 제3호까지의 사항 외의 집합투자재산운용위원회의 운영 등에 관하여는 금융위원회가 정하여 고시한다(자본시장법 시행령272①).
　1. 집합투자업에 관한 사업계획과 예산의 수립
　2. 투자신탁재산의 운용에 관한 전략의 수립
　3. 다음 각 목의 사항에 관한 심의
　　가. 환매연기의 결정
　　나. 수익자총회의 소집(법 제190조 제3항의 경우는 제외)과 연기
　　다. 수익증권매수청구권에 의한 수익증권 매수의 결정
　　라. 집합투자재산평가위원회 위원의 선임과 해임
　　마. 집합투자재산평가기준의 제정과 변경
　　바. 투자신탁의 합병

서는 아니 된다(자본시장법 250조⑥).

(3) 이해상충방지체계의 구축의무

집합투자업 겸영은 자본시장법에 따라 집합투자업, 신탁업(집합투자재산의 보관·관리업무를 포함) 또는 일반사무관리회사의 업무를 영위하는 경우에는 임원(사실상 임원과 동등한 지위에 있는 자로서 대통령령으로 정하는 자⁹⁾를 포함)을 두어야 하고, 임직원에게 은행법에 따른 업무, 집합투자업, 신탁업, 그리고 일반사무관리회사의 업무를 겸직하게 하여서는 아니 되며, 전산설비 또는 사무실 등의 공동사용 금지 및 다른 업무를 영위하는 임직원 간의 정보교류 제한 등 대통령령으로 정하는 이해상충방지체계를 갖추어야 한다(자본시장법250⑦).

Ⅳ. 부수업무

1. 의의

은행은 은행업무에 부수하는 업무("부수업무")를 운영할 수 있다(법27의2①). 은행이 부수업무를 운영하려는 경우에는 그 업무를 운영하려는 날의 7일 전까지 금융위원회에 신고하여야 한다. 다만, 부수업무 중 ⅰ) 채무의 보증 또는 어음의 인수(제1호), ⅱ) 상호부금(제2호), ⅲ) 팩토링(기업의 판매대금 채권의 매수·회수 및 이와 관련된 업무)(제3호), ⅳ) 보호예수(제4호), ⅴ) 수납 및 지급대행(제5호), ⅵ) 지방자치단체의 금고대행(제6호), ⅶ) 전자상거래와 관련한 지급대행(제7호), ⅷ) 은행업과 관련된 전산시스템 및 소프트웨어의 판매 및 대여(제8호), ⅸ) 금융 관련 연수, 도서 및 간행물 출판업무(제9호), ⅹ) 금융 관련 조사 및 연구업무(제10호), ⅺ) 그 밖에 은행업무에 부수하는 업무로서 "대통령령으로 정하는 업무"(제11호)는 신고를 하지 아니하고 운영할 수 있다(법27의2②).

위에서 "대통령령으로 정하는 업무"란 ⅰ) 부동산의 임대(다만, 업무용 부동산이 아닌 경우에는 법 제39조에 따라 처분하여야 하는 날까지의 임대로 한정)(제1호), ⅱ) 수입인지, 복권, 상품권 또는 입장권 등의 판매대행(제2호), ⅲ) 은행의 인터넷 홈페이지, 서적, 간행물 및 전산 설비 등 물적 설비를 활용한 광고 대행(제3호), ⅳ) 그 밖에 법 제27조의2 제4항 각 호의 어느 하나에 해당할 우려가 없는 업무로서 금융위원회가 정하여 고시하는 업무¹⁰⁾(제4호)를 말한다(영18①).

---

9) "대통령령으로 정하는 자"란 상법 제401조의2 제1항 각 호의 어느 하나에 해당하는 자를 말한다(자본시장법 시행령272②).

10) "금융위원회가 정하여 고시하는 업무"란 다음의 어느 하나에 해당하는 업무를 말한다(은행업감독규정25②)
   1. 지금형주화(금화·은화 및 금화·은화모양 메달)·금지금·은지금의 판매대행, 금지금 매매·대여, 금 관련 금융상품의 개발 및 판매
   2. 전자세금계산서 교부 대행 및 인증 등 관련 서비스
   3. 영 제18조 제3항에 따라 금융위원회가 공고한 부수업무

은행이 신고를 하는 경우에는 업무계획서, 손익예상서, 정관, 부수업무 운영을 결의한 이사회 의사록 사본, 그 밖에 부수업무 운영과 관련된 서류로서 금융위원회가 정하여 고시하는 서류를 첨부하여야 한다(법27의2③). 금융위원회는 신고내용이 은행의 경영건전성을 해치는 경우, 예금자 등 은행이용자의 보호에 지장을 가져오는 경우, 또는 금융시장 등의 안정성을 해치는 경우 중 어느 하나에 해당하는 경우에는 그 부수업무의 운영을 제한하거나 시정할 것을 명할 수 있다(법27의2④).

2. 지급보증

지급보증이란 은행이 타인의 채무를 보증하거나 인수하는 것을 말한다(법2①(6)). 은행의 지급보증은 피보증채무의 채권자에게 주채무자보다 높은 신용을 가진 은행이 채무를 부담하는 방법으로 주채무자에게 신용을 공여하는 것이다(법2①(7) 및 영1의3①(2)). 인수는 어음의 인수를 말한다. 신용장 개설이나 환어음 인수 또는 환어음이나 약속어음 보증 등도 지급보증에 속한다.

여신거래의 한 유형으로서 지급보증은 은행이 지급보증신청인인 거래처의 위탁에 따라 그 거래처가 제3자에 대하여 부담하는 채무를 보증해 주는 거래로서, 은행과 거래처 사이에 체결된 보증위탁계약에 기초하여 은행이 채권자와 사이에 보증계약을 체결함으로써 성립한다. 은행이 지급보증한 경우, 은행은 주채무자의 채무불이행시 보증채무를 이행해야 하고 주채무에 대해서는 구상채권을 보유하게 된다. 은행은 주채무자가 구상채무를 불이행하여 지급보증인으로서 대지급한 금액을 회수하지 못할 위험을 떠안게 된다.[11]

지급보증거래에서는 지급보증인인 은행, 주채무자인 고객(지급보증신청인)과 채권자의 3당사자가 관여하고 법률관계도 다음과 같이 ⅰ) 주채무자-채권자, ⅱ) 주채무자-은행, ⅲ) 채권자-은행의 삼면으로 발생한다. 주채무의 내용을 결정하는 ⅰ) 주채무자-채권자 사이의 법률관계는 은행의 관여 없이 형성될 것이므로 여기서 논하지 않는다. 지급보증거래를 통해 ⅱ) 주채무자-은행, ⅲ) 채권자-은행의 법률관계가 다음과 같이 형성된다.

ㄱ 은행과 고객은 고객(지급보증신청인)이 은행에게 보증채무를 부담할 것을 요청하는 보증위탁계약을 체결한다.

ㄴ 그 보증위탁계약에 기초하여 은행이 다시 채권자와 사이에 보증계약을 체결하여 보증채무가 성립한다. 지급보증계약은 통상 은행이 지급보증서를 채권자에게 직접 또는 고객을 통해 교부함으로써 체결되고, 은행의 보증 범위는 지급보증서에 표시된 보증의사의 해석을 통해 결정된다. 지급보증서를 발행하는 방식이 아닌 어음보증, 어음인수 등의 방식 또는 사

---

11) 박준·한민(2019), 175-176쪽.

채권에 원리금지급보증 문언을 기재하는 방식으로 지급보증할 수 있다.

ⓒ 주채무자가 주채무를 불이행하는 경우 은행은 보증계약에 따라 보증채무를 이행할 의무를 진다.

ⓓ 은행이 보증채무를 이행하면 주채무자에 대한 구상권(일정한 경우에는 보증채무를 이행하지 않더라도 사전구상권)을 가지게 된다.

3. 골드뱅킹

(1) 의의

은행은 부수업무로서 지금형주화(금화·은화 및 금화·은화모양 메달)·금지금·은지금의 판매대행, 금지금 매매·대여, 금 관련 금융상품의 개발 및 판매를 할 수 있다(은행업감독규정25②(1)). 은행법상 은행은 금속이나 원자재를 매매하거나 거래할 수 없다. 그 취지는 일반상품 위험이 은행시스템으로 전파되는 것을 방지하기 위한 것이다. 다만 금과 은에 대해서는 가치저장 및 지급결제수단으로서의 기능을 고려하여 은행의 거래를 허용하고 있다.

골드뱅킹(금적립계좌)이란 고객이 은행에 원화를 입금하면 국제금가격 및 원달러 환율을 적용하여 금으로 적립한 후 고객이 인출을 요청할 경우 고객의 선택에 따라 국제금가격 및 원달러 환율로 환산한 원화를 출금하거나 금실물을 인도받을 수 있는 상품이다. 고객의 입장에서 보면 골드뱅킹의 수익은 국제금가격의 변동, 환율의 변동, 은행의 수수료와 연동되어 있다. 은행은 고객이 입금한 금원 중 일부는 실물인출에 대비하여 금실물을 매수하여 보관하고 나머지는 주로 해외은행의 골드계좌(gold account)에 예치한다.

(2) 도입배경

재정경제부(현재의 기획재정부)는 2002년 7월 11일 밀수 금으로 음성화된 국내 금시장을 양성화하기 위하여 은행연합회에 골드뱅킹 업무 도입을 검토해 줄 것을 요청하였다. 이에 따라 은행연합회를 중심으로 4개 은행이 참여한 "골드뱅킹 업무 공동개발을 위한 실무 작업반"이 구성되었다. 은행연합회는 2002년 11월 18일 은행이 골드뱅킹을 취급할 수 있도록 관련 규정 등에 반영시켜 줄 것을 재정경제부에 건의하였다. 이에 재정경제부는 "은행업무 중 부수업무의 범위에 관한 지침"(재정경제부 고시)을 개정하여 골드뱅킹을 은행업에 따른 부수업무(현재는 겸영업무)로 도입하였다.[12]

은행법은 금지금의 판매대행과 매매는 은행의 부수업무(은행업감독규정25②(1))로, 금적립계좌(골드뱅킹)는 은행의 겸영업무(은행업감독규정25의2①)로 구분하여 규율하고, 실버뱅킹(은적립계좌)의 판매를 겸영업무의 하나로 추가(은행업감독규정25의2①)하였다. 골드뱅킹을 둘러싼 법

---

12) 이경미(2018) "금적립계좌(이른바, 골드뱅킹)와 자본시장법상 금융투자상품의 분류: 대법원 2016. 10. 27. 선고 2015두1212 판결의 사안을 중심으로", 이화로리뷰 제8권(2018. 12), 170쪽.

적 쟁점은 골드뱅킹뿐만 아니라 은, 구리, 니켈 등 다양한 실물상품들의 가격변동과 연계된 금융상품의 판매와 관련하여 나타날 수 있다.

(3) 자본시장법상 파생결합증권

자본시장법은 골드뱅킹을 은행등이 투자자와 체결하는 계약에 따라 발행하는 금적립계좌 또는 은적립계좌[투자자가 은행등에 금전을 지급하면 기초자산인 금(金) 또는 은(銀)의 가격 등에 따라 현재 또는 장래에 회수하는 금전등이 결정되는 권리가 표시된 것으로서 금융위원회가 정하여 고시하는 기준에 따른 파생결합증권]로 정의하고 있다(영7②(1)).

금융투자업규정에 의하면 골드뱅킹이 충족해야 하는 파생결합증권의 요건으로, ⅰ) 투자자가 금전등을 지급한 날에 파생결합증권이 발행될 것(제1호), ⅱ) 파생결합증권의 계약기간(계약기간을 따로 정하지 아니한 경우에는 무기한으로 본다) 동안 매 영업일마다 청약 및 발행이 가능할 것(제2호), ⅲ) 파생결합증권의 계약기간 동안 매 영업일마다 투자자가 그 파생결합증권을 매도하여 금전 또는 실물로 회수할 수 있을 것(제3호), ⅳ) 발행인이 파생결합증권의 발행을 통하여 조달한 자금의 일부를 투자자에게 지급할 실물의 매입을 위하여 사용할 것(제4호)을 정하고 있다(금융투자업규정1-4의3②).

자본시장법은 골드뱅킹을 파생결합증권으로 규제하면서, 매일매일 수시로 판매 및 해지될 수 있는 골드뱅킹의 특수성을 고려하여 파생결합증권의 발행 및 판매와 관련한 자본시장법상의 규제를 대폭 완화하였다.

제
3
장
/

특수은행

제1절 의의

특수은행은 1960년대 들어 국민경제의 취약부문과 전략적 육성이 필요한 부문에 대한 금융지원 강화를 위하여 설립되었으며 주택금융, 중소기업금융, 농·수·축산금융 등과 같이 일반은행만으로는 충분히 뒷받침하기 어려운 분야를 전문적으로 맡아 자금을 공급해 왔다. 한편 특수은행은 그동안 정부의 지원, 채권발행, 외국으로부터의 차입과 같은 방법으로 많은 자금을 조달해 왔으나 최근에는 금융자율화의 진전 및 특수은행에 대한 정부의 지원 축소 등으로 특수은행의 업무 성격이 일반은행과 큰 차이가 없게 되었다. 이에 따라 일부 특수은행은 이미 일반은행으로 전환되었다. 특수은행 중에서는 중소기업은행이 유일하게 한국거래소에 상장되어 있다.[1]

현재 영업 중인 특수은행은 한국산업은행, 한국수출입은행, 중소기업은행, 농협은행과 수산업협동조합중앙회의 신용사업 부문인 수협은행이다.[2] 이들 특수은행은 그 업무의 전문성과 특수성 때문에 개별법에 의해 설립되었으며 이 중 한국산업은행, 한국수출입은행, 중소기업은행은 정부계 은행이다.

---

1) 한국은행(2018), 179-180쪽.
2) 2012년 3월 농협협동조합중앙회의 금융사업과 경제사업 부문을 분리하여 농협금융지주회사와 농협경제지주회사가 설립되었다. 농협금융지주회사는 중앙회 신용사업 및 공제사업으로부터 분리 설립된 농협은행, 농협생명보험 및 농협손해보험 등 기존 금융회사를 자회사로 지배하면서 금융사업을 총괄하고, 농협경제주지회사는 농산물 유통판매사업과 농업인에 대한 경제활동 지원을 담당하게 되었다. 한편 수협은행은 2016년 12월 수산업협동조합중앙회의 신용사업부문으로부터 분리되었다.

한편 특수은행은 설립 근거법에 따라 일부 또는 모든 업무에서 한국은행법 및 은행법의 적용을 배제하고 있다. 그 주요 내용으로는 금융통화위원회가 정하는 대출의 최장 기한 및 담보의 종류에 대한 제한, 자회사 출자제한, 이익금 적립에 대한 규제 등을 들 수 있다.

제2절 특수은행의 종류

Ⅰ. 한국산업은행

1. 의의

한국산업은행은 한국산업은행법("법")에 의해 설립된 특수은행이다. 한국산업은행은 공법인으로 자본금은 30조원 이내에서 정관으로 정하되, 정부가 51% 이상을 출자하여야 하고(법5①), 자본금은 주식으로 분할한다(법5②). 한국산업은행의 설립목적은 "산업의 개발·육성, 사회기반시설의 확충, 지역개발, 금융시장 안정 및 그 밖에 지속가능한 성장 촉진 등에 필요한 자금을 공급·관리"하는 것이다(법1).

2. 업무

한국산업은행은 원칙적으로 은행법의 적용을 받지 않으며, 자금운용과 업무내용에 대해서는 금융위원회의 승인을 받도록 되어 있다. 한국산업은행은 설립목적을 달성하기 위하여 ⅰ) 산업의 개발·육성, ⅱ) 중소기업의 육성, ⅲ) 사회기반시설의 확충 및 지역개발, ⅳ) 에너지 및 자원의 개발, ⅴ) 기업·산업의 해외진출, ⅵ) 기업구조조정, ⅶ) 정부가 업무위탁이 필요하다고 인정하는 분야, ⅷ) 그 밖에 신성장동력산업 육성과 지속가능한 성장 촉진 등 금융산업 및 국민경제의 발전을 위하여 자금의 공급이 필요한 분야에 자금을 공급한다(법18①).

한국산업은행은 자금 공급을 위하여 ⅰ) 대출 또는 어음의 할인(제1호), ⅱ) 증권의 응모·인수 및 투자(다만, 주식의 인수는 한국산업은행의 납입자본금과 적립금 합계액의 2배를 초과할 수 없다((제2호). ⅲ) 채무의 보증 또는 인수(제3호), ⅳ) 제1호부터 제3호까지의 업무를 위하여 ㉠ 예금·적금의 수입, ㉡ 산업금융채권이나 그 밖의 증권 및 채무증서의 발행, ㉢ 정부, 한국은행, 그 밖의 금융기관 등으로부터의 차입. 다만, 한국산업은행이 정부로부터 차입하여 생긴 채무의 변제순위는 한국산업은행이 업무상 부담하는 다른 채무의 변제순위보다 후순위로 한다. ㉣ 외국자본의 차입의 방법으로 하는 자금 조달(제4호), ⅴ) 내국환·외국환 업무(제5호),

vi) 정부·공공단체 또는 금융기관이나 그 밖의 사업체로부터 위탁을 받아 수행하는 특정 사업에 대한 경제적·기술적 타당성의 검토 및 계획·조사·분석·평가·지도·자문 등 용역의 제공(제6호), vii) 금융안정기금·기간산업안정기금의 관리·운용 및 자금지원(제7호), viii) 제1호부터 제7호까지의 업무에 딸린 업무로서 금융위원회의 승인을 받은 업무(제8호), ix) 제1호부터 제8호까지의 업무 외에 설립목적을 달성하기 위하여 필요한 업무로서 금융위원회의 승인을 받은 업무(제9호)를 수행한다(법18②).

3. 산업금융채권발행

한국산업은행이 부담하는 외화표시 채무의 원리금 상환은 미리 국회의 동의를 받아 정부가 보증할 수 있다(법19). 한국산업은행은 정부의 특별기금으로 1년 이상을 기한으로 하는 장기자금의 융자를 취급한다(법20). 한국산업은행은 업무를 수행하는 데 필요한 자금을 산업금융채권을 발행하여 조달할 수 있는데, 산업금융채권의 발행은 한국산업은행만이 할 수 있다(법23).

한국산업은행은 산업금융채권의 차환(借換) 또는 보증하거나 인수한 채무의 이행을 위하여 필요하면 일시적으로 제23조 제3항의 제한을 받지 아니하고 산업금융채권을 발행할 수 있다(법24①). 산업금융채권은 할인이나 할증의 방법으로 발행할 수 있다(법25). 산업금융채권의 원리금 상환은 미리 국회의 동의를 받아 정부가 보증할 수 있다(법26). 산업금융채권의 소멸시효는 원금은 5년, 이자는 2년으로 완성된다(법27).

Ⅱ. 한국수출입은행

1. 의의

한국수출입은행("수출입은행")은 한국수출입은행법("법")에 의해 설립된 특수은행이다. 수출입은행은 공법인으로 자본금은 15조원으로 하고, 정부, 한국은행, 한국산업은행, 은행(일반은행), 수출업자의 단체와 국제금융기구가 출자하되, 정부출자는 연차적으로 나누어 현금으로 납입한다. 다만, 필요에 따라 그 일부를 현물로 납입할 수 있다(법4). 수출입은행의 설립목적은 "한국수출입은행을 설립하여 수출입, 해외투자 및 해외자원개발 등 대외 경제협력에 필요한 금융을 제공"하는 것이다(법1).

2. 업무

수출입은행은 설립목적을 달성하기 위하여 ⅰ) 수출 촉진 및 수출경쟁력 제고(제1호), ⅱ)

국민경제에 중요한 수입(제2호), iii) 중소기업기본법 제2조에 따른 중소기업 및 중견기업 성장 촉진 및 경쟁력 강화에 관한 특별법 제2조 제1호에 따른 중견기업의 수출입과 해외 진출(제3 호), iv) 해외투자, 해외사업 및 해외자원개발의 활성화(제4호), ⅴ) 정부가 업무위탁이 필요하다고 인정하는 업무(제5호) 분야에 자금을 공급한다(법18①).

수출입은행은 자금을 공급하기 위하여 ⅰ) 대출 또는 어음의 할인(제1호), ⅱ) 증권에 대한 투자 및 보증(제2호), iii) 채무의 보증(제3호), iv) 정부, 한국은행, 그 밖의 금융기관으로부터의 차입(제4호), ⅴ) 외국자본의 차입(제5호), vi) 수출입금융채권과 그 밖의 증권 및 채무증서의 발행(제6호), vii) 외국환 업무(제7호), viii) 정부가 위탁하는 업무(8호), ix) 그 밖에 제1항 각 호의 분야에 따른 자금을 공급하기 위하여 필요하다고 인정하여 기획재정부장관이 승인한 업무(제9호)를 수행한다(법18②).

3. 수출입금융채권발행

수출입은행이 차입하는 외국자본의 원리금 상환에 대하여 정부가 보증할 수 있다(법19의2 ①). 정부가 보증채무를 부담하는 경우에는 국가재정법 제92조에 따라 미리 국회의 동의를 받아야 한다(법19의2②). 수출입은행은 대통령령으로 정하는 바에 따라 수출입금융채권을 발행할 수 있다(법20①). 수출입금융채권은 그 원리금상환에 대하여 정부가 보증할 수 있다(법20②). 정부가 보증채무를 부담하는 경우에는 국가재정법 제92조에 따라 미리 국회의 동의를 받아야 한다(법20③)

Ⅲ. 중소기업은행

1. 의의

중소기업은행은 중소기업은행법("법")에 의해 설립된 특수은행이다. 중소기업은행은 공법인으로 자본금은 10조원으로 하며(법5①), 자본금은 주식으로 분할한다(법5②). 중소기업은행의 설립목적은 "중소기업자(中小企業者)에 대한 효율적인 신용제도를 확립함으로써 중소기업자의 자주적인 경제활동을 원활하게 하고 그 경제적 지위의 향상을 도모함"을 목적으로 한다(법1). 여기서 "중소기업자"란 중소기업기본법 제2조에 따른 중소기업자(중소기업자로 보는 경우를 포함)를 말하고, 중소기업협동조합법 제3조에 따른 중소기업협동조합과 중소기업자들의 이익증진을 위하여 조직된 단체는 중소기업자로 본다(법2②).

2. 업무

중소기업은행은 설립목적을 달성하기 위하여 ⅰ) 중소기업자에 대한 자금의 대출과 어음의 할인(1호), ⅱ) 예금·적금의 수입 및 유가증권이나 그 밖의 채무증서의 발행(제2호), ⅲ) 중소기업자의 주식의 응모·인수 및 사채(社債)의 응모·인수·보증(다만, 주식의 인수는 중소기업은행의 납입자본금을 초과하지 못하며 소유 주식 또는 사채는 수시로 매각할 수 있다)(제3호). ⅳ) 내·외국환과 보호예수(제4호), ⅴ) 지급승낙(제5호), ⅵ) 국고대리점(제6호), ⅶ) 정부·한국은행 및 그 밖의 금융기관으로부터의 자금 차입(제7호), ⅷ) 정부 및 공공단체의 위탁 업무(제8호), ⅸ) 제1호부터 제8호까지의 업무에 딸린 업무(제9호), ⅹ) 제1호부터 제9호까지의 업무 외에 설립목적을 달성하기 위하여 필요한 업무로서 금융위원회의 승인을 받은 업무(제10호)를 수행한다(법33).

중소기업은행은 중소기업에 대한 조사연구와 기업지도 업무를 수행한다(법33의3). 중소기업은행의 지급준비금은 금융통화위원회가 다른 금융기관과 구분하여 정하는 비율에 따른다(법33의4). 중소기업에 관한 재정자금은 중소기업은행만이 차입할 수 있다(법34). 중소기업은행은 그 공급하는 자금이 특정한 목적과 계획에 따라 사용되도록 관리하고 공급한 자금을 효율적으로 관리하기 위하여 직원을 파견하거나 그 밖에 필요한 조치를 할 수 있다(법36①).

3. 중소기업금융채권발행

중소기업은행은 중소기업금융채권을 발행할 수 있는데, 발행액은 중소기업은행의 자본금과 적립금을 합한 금액의 20배를 초과할 수 없다(법36의2). 중소기업은행은 중소기업금융채권을 차환(借換)하기 위하여 일시적으로 위의 20배를 초과하여 중소기업금융채권을 발행한 경우에는 발행 후 1개월 내에 그 발행액면금액에 해당하는 종전의 중소기업금융채권을 상환하여야 한다(법36의3). 중소기업금융채권은 할인의 방법으로써 발행할 수 있다(법36의4). 중소기업금융채권은 그 원리금상환에 대하여 정부가 보증할 수 있다(법36의5). 중소기업금융채권의 소멸시효는 원본은 5년으로 완성되고, 이자는 3년으로 완성된다(법36의6).

Ⅳ. 농협은행

1. 의의

농협은행은 농업인에 대한 금융지원 목적으로 농업협동조합법("법")에 의해 설립된 특수은행이다. 특별한 설립인가나 허가 없이 법 자체에 의해 설립된 특수은행이다(법161의11).

　　농업협동조합의 농정 활동 및 경제사업 충실화를 위해 농업협동조합중앙회("중앙회")의 신용사업 부문과 경제사업 부문을 분리하는 방안이 추진되어 2011년 3월 농업협동조합법 개정으로 2012년 3월 2일 농협금융지주회사와 농협경제지주회사가 신설되고 농협은행이 농협금융지주회사의 자회사로 농협생명보험, 농협손해보험과 함께 신설되었다. 농협금융지주회사가 농협은행에 대해 100% 지분을 보유하고 있다.

　　중앙회는 지역조합(지역농업협동조합과 지역축산업협동조합)과 품목조합(품목별·업종별 협동조합)을 회원으로 하여 설립된 조직이다(법2). 중앙회는 농업인과 조합에 필요한 금융을 제공함으로써 농업인과 조합의 자율적인 경제활동을 지원하고 그 경제적 지위의 향상을 촉진하기 위하여 신용사업을 분리하여 농협은행을 설립한다(법161의11①).

2. 업무

　　농협은행은 예금수입 업무와 대출업무를 영위하므로(법161의11②), 은행법상의 은행에 해당한다. 따라서 농협은행에 대해서는 농업협동조합법에 특별한 규정이 없으면 은행법을 적용한다(법161의11⑧). 농협은행은 ⅰ) 농어촌자금 등 농업인 및 조합에게 필요한 자금의 대출(제1호), ⅱ) 조합 및 중앙회의 사업자금의 대출(제2호), ⅲ) 국가나 공공단체의 업무의 대리(제3호), ⅳ) 국가, 공공단체, 중앙회 및 조합, 농협경제지주회사 및 그 자회사가 위탁하거나 보조하는 사업(제4호), ⅴ) 은행법 제27조에 따른 은행업무(예금 및 대출업무 등의 고유업무), 같은 법 제27조의2에 따른 부수업무 및 같은 법 제28조에 따른 겸영업무(제5호)를 수행한다(법161의11②). 은행법에 따른 업무를 수행하므로 일반은행과 업무에서 차이가 없다. 이는 수협은행도 동일하지만, 다른 특수은행과 다르다. 농협은행은 업무를 수행하기 위하여 필요한 경우에는 국가·공공단체 또는 금융기관으로부터 자금을 차입하거나 금융기관에 예치하는 등의 방법으로 자금을 운용할 수 있다(법161의11⑤).

　　농협은행은 조합, 중앙회 또는 농협경제지주회사 및 그 자회사의 사업 수행에 필요한 자금이 ⅰ) 농산물 및 축산물의 생산·유통·판매를 위하여 농업인이 필요로 하는 자금, ⅱ) 조합, 농협경제지주회사 및 그 자회사의 경제사업 활성화에 필요한 자금에 해당하는 경우에는 우선적으로 자금을 지원할 수 있으며, 농림축산식품부령으로 정하는 바에 따라 우대조치를 할 수 있다(법161의11③④).

　　농협은행에 대하여 금융위원회가 은행법에 따른 경영지도기준을 정할 때에는 국제결제은행이 권고하는 금융기관의 건전성 감독에 관한 원칙과 이 조 제2항 제1호 및 제3항의 사업수행에 따른 농협은행의 특수성을 고려하여야 한다(법161의11⑥). 농림축산식품부장관은 농업협동조합법에서 정하는 바에 따라 농협은행을 감독하고 대통령령으로 정하는 바에 따라 감독에 필요한 명령이나 조치를 할 수 있다(법161의11⑦). 다만 금융위원회는 제161조의11 제7항에도 불구하고 대통령령으로 정하는 바에 따라 조합의 신용사업과 농협은행에 대하여 그 경영의 건전성 확보를 위한 감독을 하고, 그 감독에 필요한 명령을 할 수 있다(법162④).

3. 농협금융채권발행

중앙회, 농협은행은 각각 농업금융채권을 발행할 수 있으며(법153①), 중앙회, 농협은행은 각각 자기자본의 5배를 초과하여 농업금융채권을 발행할 수 없다. 다만, 법률로 따로 정하는 경우에는 그러하지 아니하다(법153②). 농업금융채권의 차환을 위하여 발행하는 농업금융채권은 제2항에 따른 발행 한도에 산입하지 아니한다(법153③). 농업금융채권을 그 차환을 위하여 발행한 경우에는 발행 후 1개월 이내에 상환 시기가 도래하거나 이에 상당하는 사유가 있는 농업금융채권에 대하여 그 발행 액면금액에 해당하는 농업금융채권을 상환하여야 한다(법153④).

농업금융채권은 할인하여 발행할 수 있다(법153⑤). 중앙회, 농협은행이 농업금융채권을 발행하면 매회 그 금액·조건·발행 및 상환의 방법을 정하여 농림축산식품부장관에게 신고하여야 한다(법153⑥). 농업금융채권은 그 원리금 상환을 국가가 전액 보증할 수 있다(법156). 농업금융채권의 소멸시효는 원금은 5년, 이자는 2년으로 한다(법157).

Ⅴ. 수협은행

1. 의의

수협은행은 수산업협동조합법("법")에 의해 설립된 특수은행이다. 수산업협동조합은 중앙회 및 지구별, 업종별 수산업협동조합과 수산물 가공 수산업협동조합이 각각 독립된 법인체로서 회원 조합 및 조합원을 위한 교육·지원사업, 경제사업, 신용사업, 공제사업, 후생·복지사업, 운송사업 등을 영위하다가, 2016년 12월 신용사업부문을 분리하여 수협은행이 설립되었다.[3] 수산업협동조합중앙회가 수협은행에 대해 100% 지분을 보유하고 있다.

수산업협동조합중앙회는 회원의 공동이익의 증진과 건전한 발전을 도모함을 목적으로 한다(법116). 중앙회는 어업인과 조합에 필요한 금융을 제공함으로써 어업인과 조합의 자율적인 경제활동을 지원하고 그 경제적 지위의 향상을 촉진하기 위하여 신용사업을 분리하여 그 사업을 하는 법인으로서 수협은행을 설립한다(법141의4①). 수협은행은 은행법 제2조 제1항 제2호에 따른 은행으로 본다(법141의4②). 수협은행에 대해서는 수산업협동조합법에 특별한 규정이 없으

---

3) 2005년 7월 1일 시행된 수산업협동조합법에서는 중앙회의 신용사업 부문만 은행으로 간주되는 것으로 변경되었고, 2016년 수협은행이 설립되면서 동 간주 규정도 삭제되었다.

면 은행법을 적용한다(법141의4③).

2. 업무

수협은행은 설립목적을 달성하기 위하여 i) 수산자금 등 어업인 및 조합에서 필요한 자금의 대출(제1호), ii) 조합 및 중앙회의 사업자금의 대출(제2호), iii) 국가나 공공단체의 업무대리(제3호), iv) 국가, 공공단체, 중앙회 및 조합이 위탁하거나 보조하는 업무(제4호), v) 은행법 제27조에 따른 은행업무(고유업무), 같은 법 제27조의2에 따른 부수업무 및 같은 법 제28조에 따른 겸영업무(제5호), vi) 중앙회가 위탁하는 공제상품의 판매 및 그 부수업무(제6호), vii) 중앙회 및 조합 전산시스템의 위탁운영 및 관리(제7호) 업무를 수행한다(법141의9①). 수협은행은 은행법에 따른 은행업무, 겸영업무, 부수업무를 영위할 수 있으므로 자본시장법상의 신탁업무, 여신전문금융업법상의 신용카드업 등을 겸영업무로 영위할 수 있어 일반은행의 업무와 차이가 없다.

수협은행은 조합 및 중앙회의 사업 수행에 필요한 자금이 i) 수산물의 생산·유통·가공·판매를 위하여 어업인이 필요로 하는 자금, ii) 조합 및 중앙회의 경제사업 활성화에 필요한 자금에 해당하는 경우에는 우선적으로 자금을 공급할 수 있다(법141의9④). 수협은행은 중앙회의 신용사업특별회계 외의 부문 및 조합에 대하여 자금을 지원하는 경우 대통령령으로 정하는 사업을 제외하고는 다른 신용업무에 비하여 금리 등 거래 조건을 부당하게 우대해서는 아니 된다(법141의9⑤). 수협은행은 업무를 수행하기 위하여 필요한 경우에는 국가·공공단체 또는 금융기관으로부터 자금을 차입하거나 금융기관에 예치하는 등의 방법으로 자금을 운용할 수 있다(법141의9⑥). 수협은행이 수산업에 관한 자금을 국가로부터 차입하여 생긴 채무는 수협은행이 업무상 부담하는 다른 채무보다 변제 순위에서 후순위로 한다(법141의9⑦).

수협은행에 대하여 금융위원회가 은행법 제34조 제2항에 따른 경영지도기준을 정할 때에는 국제결제은행이 권고하는 금융기관의 건전성 감독에 관한 원칙과 제1항 제1호 및 제4항의 사업수행에 따른 수협은행의 특수성을 고려하여야 한다(법141의9⑧).

3. 수산금융채권발행

중앙회 또는 수협은행은 필요한 자금을 조달하기 위한 채권("수산금융채권")을 발행할 수 있다(법156①). 중앙회 및 수협은행은 자기자본(중앙회는 제164조에 따른 자기자본을 말하고, 수협은행은 은행법 제2조 제1항 제5호에 따른 자기자본)의 5배를 초과하여 수산금융채권을 발행할 수 없다. 다만, 중앙회가 제138조 제1항 제1호 또는 제2호에 따른 사업을 수행하기 위하여 필요한 경우에는 그러하지 아니하다(법156②). 그러나 중앙회 또는 수협은행은 수산금융채권의 차환을 위하여 그 발행 한도를 초과하여 수산금융채권을 발행할 수 있다. 이 경우 발행 후 1개월 이내에 상환 시기가 도래하거나 이에 상당하는 이유가 있는 수산금융채권에 대하여 그 발행 액면금액에 해당하는 수산금융채권을 상환하여야 한다(법156③).

중앙회 또는 수협은행은 수산금융채권을 할인하는 방법으로 발행할 수 있다(법156④). 중앙회 또는 수협은행은 수산금융채권을 발행할 때마다 그 금액, 조건, 발행 및 상환의 방법을 정하여야 한다(법156⑤). 수산금융채권은 그 원리금 상환을 국가가 전액 보증할 수 있다(법159). 수산금융채권의 소멸시효는 원금은 5년, 이자는 2년으로 한다(법160).

보험회사

제1절 보험업과 보험회사

Ⅰ. 보험업의 의의와 종류

보험업법("법")상 보험업이란 보험상품의 취급과 관련하여 발생하는 보험의 인수, 보험료 수수 및 보험금 지급 등을 영업으로 하는 것으로서 생명보험업·손해보험업 및 제3보험업을 말한다(법2(2)). 보험의 인수는 보험계약의 인수를 말한다. 보험계약을 인수하면 그 효과로서 보험료의 수수와 보험금 지급이 수반된다.

생명보험업이란 생명보험상품의 취급과 관련하여 발생하는 보험의 인수, 보험료 수수 및 보험금 지급 등을 영업으로 하는 것을 말하고(법2(3)), 손해보험업이란 손해보험상품의 취급과 관련하여 발생하는 보험의 인수, 보험료 수수 및 보험금 지급 등을 영업으로 하는 것을 말하며(법2(4)), 제3보험업이란 제3보험상품의 취급과 관련하여 발생하는 보험의 인수, 보험료 수수 및 보험금 지급 등을 영업으로 하는 것을 말한다(법2(5)).

Ⅱ. 보험회사

1. 보험회사의 의의

보험회사란 허가를 받아 보험업을 경영하는 자를 말한다(법2(6)). 보험업을 경영하려는 자는 "보험종목"별로 금융위원회의 허가를 받아야 한다(법4①). 생명보험업의 보험종목은 생명보험, 연금보험(퇴직연금 포함)을 말하고(제1호), 손해보험업의 보험종목은 화재보험, 해상보험(항공·운송보험 포함), 자동차보험, 보증보험, 재보험, 책임보험, 기술보험, 권리보험, 도난·유리·동물·원자력 보험, 비용보험, 날씨보험을 말하며(제2호), 제3보험업의 보험종목은 상해보험, 질병보험, 간병보험을 말한다(제3호).

2. 보험종목별 허가주의

보험종목별로 보험업의 허가를 받은 자는 해당 보험종목의 재보험에 대한 허가를 받은 것으로 본다(법4②). 제3보험업만을 경영하려는 자는 제3보험업의 허가를 받아야 한다. 그러나 생명보험업 또는 손해보험업의 보험종목 전부에 관한 허가를 받은 자에 대해서는 제3보험업 허가를 받은 것으로 의제한다. 즉 생명보험업이나 손해보험업에 해당하는 보험종목의 전부(보증보험 및 재보험은 제외)에 관하여 보험업의 허가를 받은 자는 제3보험업에 해당하는 보험종목에 대한 허가를 받은 것으로 본다(법4③). 손해보험업의 보험종목 전부에서 보증보험 및 재보험을 제외한 이유는, 이러한 보험종목이 제3보험업 허가의제의 필요성에 영향을 미치지 않기 때문이다. 생명보험은 정액보상, 손해보험은 손해보상, 그리고 제3보험은 정액보상과 손해보상이 모두 가능하다. 예컨대 생명보험업과 제3보험업은 정액보상 면에서, 그리고 손해보험업과 제3보험업은 손해보상 면에서 유사하다. 이렇게 제3보험업이 보상방식 면에서 생명보험과 손해보험의 특성을 모두 갖고 있다는 점에서 허가의제를 인정한 것이다.

보험종목 전부를 허가받은 보험업종 내에서 기존의 보험종목 이외에 보험종목이 신설되는 경우는 이에 대한 허가를 받은 것으로 의제한다. 즉 생명보험업 또는 손해보험업에 해당하는 보험종목의 전부(보증보험 및 재보험은 제외)에 관하여 보험업 허가를 받은 자는 경제질서의 건전성을 해친 사실이 없으면 해당 생명보험업 또는 손해보험업의 종목으로 신설되는 보험종목에 대한 허가를 받은 것으로 본다(법4④). 이는 어떤 보험업종의 보험종목 전부에 대해서 허가를 받은 경우라면 그 보험업종 내에서 일부 보험종목이 신설되어도 이에 대한 보험업 경영능력을 충분히 갖춘 것으로 보아서 신설되는 보험종목에 대한 허가를 의제한 것이다.[1]

제3보험업에 관하여 보험업의 허가를 받은 자는 질병을 원인으로 하는 사망을 제3보험의 특약 형식으로 담보하는 보험으로서 ⅰ) 보험만기는 80세 이하이고(제1호), ⅱ) 보험금액의 한도는 개인당 2억원 이내이며(제2호), ⅲ) 만기 시에 지급하는 환급금은 납입보험료 합계액의 범위 내(제3호)이어야 하는 요건을 충족하는 보험종목(영15②)을 취급할 수 있다(법4⑤).

---

1) 한기정(2019), 「보험업법」, 박영사(2019. 4), 64쪽.

3. 보험회사의 종류

보험회사의 종류로는 주식회사, 상호회사, 그리고 외국보험회사의 국내지점이 있다(법4⑥). 상호회사란 보험업을 경영할 목적으로 보험업법에 따라 설립된 회사로서 보험계약자를 사원으로 하는 회사를 말하고(법2(7)), 외국보험회사란 대한민국 이외의 국가의 법령에 따라 설립되어 대한민국 이외의 국가에서 보험업을 경영하는 자를 말한다(법2(8)).

보험회사는 그 상호 또는 명칭 중에 주로 경영하는 보험업의 종류를 표시하여야 한다(법8①). 보험업상 보험업의 종류는 생명보험업, 손해보험업, 제3보험업의 세 가지이다. 보험업종 표시의무의 취지는 보험회사가 주로 경영하는 보험업이 무엇인지를 상호 또는 명칭에 표시하게 함으로써 거래상대방이 이에 관하여 오인하지 않게 하자는 취지이다.

제2절　보험회사의 업무범위

Ⅰ. 보험업 겸영의 제한

1. 겸영금지의 원칙

보험회사는 생명보험업과 손해보험업을 겸영하지 못한다(법10). 여기서 금지되는 것은 하나의 보험회사가 두 가지 보험업을 모두 허가받아서 자신의 회사 내에서 같이 경영하는 것이다. 이를 사내겸영이라고 한다. 따라서 생명보험회사가 손해보험회사를 자회사로 두거나 손해보험회사가 생명보험회사를 자회사로 두거나(자회사 방식의 겸영), 금융지주회사가 생명보험회사와 손해보험회사를 자회사로 두는 것(지주회사 방식의 겸영)은 허용된다. 즉 사외겸영까지 금지하는 것은 아니다. 또한 보험회사가 생명보험업과 제3보험업, 또는 손해보험업과 제3보험업을 겸영하는 것은 허용된다.

생명보험업과 손해보험업 겸영금지의 취지는 리스크 전이 문제 때문이다. 양자를 비교해 보면, 대체적으로 생명보험은 보험기간이 장기이고 보험사고의 빈도는 높지만 보험금액이 적은 정액보험이고, 이와 달리 손해보험은 상대적으로 보험기간이 단기이고 보험사고의 빈도는 낮지만 보험금액이 큰 실손보험이다. 이와 같은 차이로 인해 생명보험업과 손해보험업의 재무건전성에 미치는 보험위험, 자산운용위험(금리위험, 신용위험, 시장위험 등) 등이 다르다. 따라서 이러한 위험의 전이로부터 보험회사의 재무건전성 및 보험계약자의 권익을 보호하기 위하여 생명보험업과 손해보험업의 겸영을 금지하는 것이다. 앞에서 본 자회사 방식의 겸영이나 지주회사 방식의 겸영에서도 이러한 위험전이 현상은 간접적으로 나타나지만 이를 이유로 겸영을 금지할 수준이라고 보기는 어렵다.[2]

2. 겸영금지의 예외

생명보험업과 손해보험업의 겸영은 원칙적으로 금지되지만 예외적으로 허용되는 경우가 있다(법10).

(1) 일정한 재보험

생명보험의 재보험 및 제3보험의 재보험은 겸영이 허용된다(법10(1)). 재보험은 손해보험업에 속하는 보험종목이어서 생명보험회사나 제3보험회사가 겸영할 수 없다. 그러나 자신이 경영하는 생명보험 또는 제3보험에 대한 재보험은 위험전이의 문제가 크지 않다고 보아 겸영을 허용하고 있다.

(2) 다른 법령상 겸영가능한 보험종목

다른 법령에 따라 겸영할 수 있는 보험종목으로서 연금저축과 퇴직연금은 겸영이 허용된다(법10(2)). 다만, 손해보험업의 보험종목(재보험과 보증보험은 제외) 일부만을 취급하는 보험회사와 제3보험업만을 경영하는 보험회사는 겸영할 수 없다(영15① 단서). 연금저축이나 퇴직연금에 대해서는 일반인의 접근성을 높이기 위해서 겸영을 허용한 것이다. 이러한 연금저축 또는 퇴직연금은 신탁 또는 펀드 등의 형태로 은행, 증권회사 등도 겸영이 가능하다.

연금저축은 생명보험업의 보험종목이지만, 예외규정에 의해 손해보험회사도 겸영이 가능하다. 즉 조세특례제한법 제86조의2에 따른 연금저축은 손해보험회사도 겸영할 수 있다(영15①(1)). 또한 퇴직연금(보험)은 생명보험업의 보험종목이지만, 예외규정에 의해 손해보험회사도 겸영이 가능하다. 즉 퇴직급여법 제29조 제2항에 따른 보험계약 및 법률 제7379호 퇴직급여법 부칙 제2조 제1항에 따른 퇴직보험계약도 손해보험회사가 겸영할 수 있다(영15①(2)).

(3) 제3보험의 부가보험

질병을 원인으로 하는 사망을 제3보험의 특약 형식으로 담보하는 보험으로서 ⅰ) 보험만기는 80세 이하이고(제1호), ⅱ) 보험금액의 한도는 개인당 2억원 이내이며(제2호), ⅲ) 만기 시에 지급하는 환급금은 납입보험료 합계액의 범위 내(제3호)일 것의 요건을 충족하는 보험은 겸영이 허용된다(법10(3) 및 영15②).

질병을 원인으로 사망("질병사망")하는 것을 보험종목에 부가하는 보험은 겸영이 가능하다. 제3보험상품의 일종인 질병보험으로는 질병사망을 보장할 수 없다. 사망보험은 생명보험업에

---

2) 한기정(2019), 121쪽.

속하므로 손해보험회사가 겸영할 수 없지만, 일정 요건을 갖춘 사망보험은 손해보험회사가 겸영할 수 있도록 허용한 것이다. 이 겸영허용은 손해보험회사의 겸영 요청에 의해 정책적으로 결정된 것이다.3)

Ⅱ. 보험회사의 겸영업무

1. 의의

보험회사는 주로 보험업을 경영하는 자이다. 보험회사가 보험업 이외에 다른 금융업무를 겸영하는 것이 보험회사의 겸영업무의 문제이다. 보험회사는 경영건전성을 해치거나 보험계약자 보호 및 건전한 거래질서를 해칠 우려가 없는 금융업무로서 일정한 업무를 할 수 있다. 이 경우 보험회사는 그 업무를 시작하려는 날의 7일 전까지 금융위원회에 신고하여야 한다(법11). 보험회사가 다른 금융업무를 겸영하는 경우에는 그 업무를 보험업과 구분하여 회계처리하여야 한다(법11의3). 보험업무와 여타 금융업무를 구분하여 회계처리하게 하는 이유는 이를 통해 보험업무의 경영성과를 정확하게 측정하려는 것이다. 이를 통해 보험업무에 대한 충실도가 감소하거나 보험업무와 여타 금융업무 사이에 위험이 전이되는 문제를 간접적으로 규율할 수 있다.

2. 금융관련법령에서 정하고 있는 금융업무

보험회사는 ⅰ) 자산유동화법에 따른 유동화자산의 관리업무(제1호), ⅱ) 주택저당채권유동화회사법에 따른 유동화자산의 관리업무(제2호), ⅲ) 한국주택금융공사법에 따른 채권유동화자산의 관리업무(제3), ⅳ) 전자금융거래법에 따른 전자자금이체업무(결제중계시스템의 참가기관으로서 하는 전자자금이체업무와 보험회사의 전자자금이체업무에 따른 자금정산 및 결제를 위하여 결제중계시스템에 참가하는 기관을 거치는 방식의 전자자금이체업무는 제외)(제4호) 중 어느 하나에 해당하는 업무로서 해당 법령에서 보험회사가 할 수 있도록 한 업무를 겸영할 수 있다(법11(1) 및 영16①). 이러한 업무는 별도의 인가 등을 포함한 절차 없이 겸영이 가능하다.

3. 해당 법령에 따라 인가·허가·등록 등이 필요한 금융업무

보험회사는 ⅰ) 집합투자업, ⅱ) 투자자문업, ⅲ) 투자일임업, ⅳ) 신탁업, ⅴ) 집합투자증권에 대한 투자매매업, ⅵ) 집합투자증권에 대한 투자중개업, ⅶ) 외국환업무(외국환거래법), 또는 ⅷ) 퇴직연금사업자의 업무를 겸영할 수 있다(법11(2), 영16②).

---

3) 한기정(2019), 124쪽.

4. 기타 업무

그 밖에 보험회사의 경영건전성을 해치거나 보험계약자 보호 및 건전한 거래질서를 해칠 우려가 없다고 인정되는 금융업무로서 다른 금융기관의 업무 중 금융위원회가 정하여 고시하는 바에 따라 그 업무의 수행방법 또는 업무 수행을 위한 절차상 본질적 요소가 아니면서 중대한 의사결정을 필요로 하지 아니한다고 판단하여 위탁한 업무를 겸영할 수 있다(법11(3), 영16③).

5. 자본시장법상 보험회사에 대한 특칙

(1) 투자신탁재산의 운용

보험회사로서 집합투자업에 관한 금융투자업인가를 받은 자("집합투자업겸영보험회사")는 인가받은 범위에서 투자신탁의 설정·해지 및 투자신탁재산의 운용업무를 영위할 수 있다. 이 경우 투자신탁의 설정·해지 및 투자신탁재산의 운용업무는 특별계정(특별계정 내에 각각의 신탁계약에 의하여 설정된 다수의 투자신탁이 있는 경우 각각의 투자신탁)에 한하며, 그 특별계정은 이 법에 따른 투자신탁으로 본다(자본시장법251①). 집합투자업겸영보험회사는 자본시장법 제83조 제4항4)에 불구하고 투자신탁재산에 속하는 자산을 보험업법에서 정하는 방법에 따라 그 보험에 가입한 자에게 대출하는 방법으로 운용할 수 있다(자본시장법251④).

(2) 집합투자업겸영보험회사의 금지행위

집합투자업겸영보험회사는 투자신탁재산의 운용과 관련하여 자기가 운용하는 투자신탁의 투자신탁재산에 관한 정보를 다른 집합투자증권의 판매에 이용하는 행위를 할 수 없다(자본시장법251조②). 집합투자재산의 보관·관리업무를 영위하는 보험회사는 그 집합투자기구의 집합투자재산에 관한 정보를 자기가 운용하는 투자신탁재산의 운용 또는 자기가 판매하는 집합투자증권의 판매를 위하여 이용할 수 없다(자본시장법251②). 일반사무관리회사의 업무를 영위하는 보험회사는 해당 집합투자기구의 집합투자재산에 관한 정보를 자기가 운용하는 투자신탁재산의 운용 또는 자기가 판매하는 집합투자증권의 판매를 위하여 이용할 수 없다(자본시장법251②). 투자매매업 또는 투자중개업 인가를 받아 집합투자증권의 판매를 영위하는 보험회사는 ⅰ) 자기가 판매하는 집합투자증권의 집합투자재산에 관한 정보를 자기가 운용하는 투자신탁재산의 운용 또는 자기가 운용하는 투자신탁의 수익증권의 판매를 위하여 이용하는 행위(1호), ⅱ) 집합투자증권의 판매업무와 보험업법에 따른 업무를 연계하여 정당한 사유 없이 고객을 차별하는 행위(2호)를 하여서는 아니 된다(자본시장법251②).

---

4) ④ 집합투자업자는 집합투자재산을 운용함에 있어서 집합투자재산 중 금전을 대여(대통령령으로 정하는 금융기관에 대한 30일 이내의 단기대출을 제외한다)하여서는 아니 된다.

(3) 이해상충방지체계의 구축의무

보험회사는 집합투자업, 신탁업(집합투자재산의 보관·관리업무를 포함) 또는 일반사무관리회사의 업무를 영위하는 경우에는 임원(대통령령으로 정하는 방법[5])으로 투자신탁재산을 운용하는 경우의 임원을 제외하며, 사실상 임원과 동등한 지위에 있는 자로서 대통령령으로 정하는 자[6]를 포함)을 두어야 하고, 임직원에게 보험업법에 따른 업무, 집합투자업, 신탁업, 그리고 일반사무관리회사의 업무를 겸직하게 하여서는 아니 되며, 전산설비 또는 사무실 등의 공동사용 금지 및 다른 업무를 영위하는 임직원 간의 정보교류 제한 등 대통령령으로 정하는 이해상충방지체계를 갖추어야 한다(자본시장법251③).

Ⅲ. 보험회사의 부수업무

보험회사는 보험업 이외에 이에 부수하는 업무를 수행할 수 있다. 보험회사는 보험업에 부수하는 업무를 하려면 그 업무를 하려는 날의 7일 전까지 금융위원회에 신고하여야 한다(법11의2①). 보험업법은 부수업무의 종류를 규정하고 있지 않다. 다만 금융위원회는 부수업무에 관한 신고내용이 ⅰ) 보험회사의 경영건전성을 해치는 경우(제1호), ⅱ) 보험계약자 보호에 지장을 가져오는 경우(제2호), ⅲ) 금융시장의 안정성을 해치는 경우(제3호)에 해당하면 그 부수업무를 하는 것을 제한하거나 시정할 것을 명할 수 있다(법11의2②).

금융위원회는 보험회사가 부수업무를 신고한 경우에는 그 신고일부터 7일 이내에 ⅰ) 보험회사의 명칭(제1호), ⅱ) 부수업무의 신고일(제2호), ⅲ) 부수업무의 개시 예정일(제3호), ⅳ) 부수업무의 내용(제4호), ⅴ) 그 밖에 보험계약자의 보호를 위하여 공시가 필요하다고 인정되는 사항으로서 금융위원회가 정하여 고시하는 사항[7](제5호)을 인터넷 홈페이지 등에 공고하여야 한다(영16의2①). 금융위원회는 부수업무를 하는 것을 제한하거나 시정할 것을 명한 경우에는 그 내용과 사유를 인터넷 홈페이지 등에 공고하여야 한다(영16의2②).

---

5) "대통령령으로 정하는 방법"이란 보험회사가 투자신탁재산을 다음의 어느 하나에 해당하는 방법으로 운용하는 것을 말한다(자본시장법 시행령273①).
　1. 운용과 운용지시업무 전체를 다른 집합투자업자에게 위탁하는 방법
　2. 투자신탁재산 전체를 투자일임으로 운용하는 방법
　3. 투자신탁재산 전체를 다른 집합투자증권에 운용하는 방법
6) "대통령령으로 정하는 자"란 상법 제401조의2 제1항 각 호의 어느 하나에 해당하는 자를 말한다(자본시장법 시행령273②).
7) "금융위원회가 정하여 고시하는 사항"이란 다음의 사항을 말한다(보험업감독규정2-11①).
　1. 보험회사의 소재지
　2. 부수업무의 영위장소

Ⅳ. 겸영업무 · 부수업무의 회계처리

보험회사가 겸영업무 중 자산유동화법에 따른 유동화자산의 관리업무, 주택저당채권유동
화회사법에 따른 유동화자산의 관리업무, 한국주택금융공사법에 따른 채권유동화자산의 관리
업무, 투자자문업, 투자일임업, 신탁업 및 및 부수업무(직전 사업연도 매출액이 해당 보험회사 수입
보험료의 1천분의 1 또는 10억원 중 많은 금액에 해당하는 금액을 초과하는 업무만 해당한다)를 하는
경우에는 해당 업무에 속하는 자산·부채 및 수익·비용을 보험업과 구분하여 회계처리하여야
한다(법11의3, 영17①).

제3절 모집과 모집종사자

Ⅰ. 모집종사자

대량적·반복적인 보험거래의 특성상 보험계약은 모집을 통해 체결되는 것이 보통이다.
또한 보험상품은 무형의 추상적인 상품으로서 미래에 불확실한 사고가 발생해야 그 효용이 드
러나므로 보험소비자 스스로보다는 모집종사자의 권유에 의해 구매하는 경우가 많기 때문에
보험계약은 전통적으로 모집을 통해 체결되는 경우가 많다.[8]

모집이란 보험계약의 체결을 중개하거나 대리하는 것을 말한다(법2(12)). 모집은 보험의
모집, 보험계약의 모집, 보험계약 체결의 모집이라고도 한다. 모집종사자는 보험의 모집을 할
수 있는 자를 말한다. 보험업법은 모집종사자의 종류를 일정하게 제한한다. 그 취지는 건전한
모집질서를 확보하고 보험계약자를 포함한 이해관계자를 보호하고자 하는 것이다. 모집을 할
수 있는 자는 보험설계사, 보험대리점, 보험중개사, 또는 보험회사의 임원(대표이사·사외이사·
감사 및 감사위원은 제외) 또는 직원에 해당하는 자이어야 한다(법83①).

Ⅱ. 보험설계사

1. 의의

보험설계사란 보험회사·보험대리점 또는 보험중개사에 소속되어 보험계약의 체결을 중개
하는 자로서 금융위원회에 등록된 자를 말한다(법2(9)). 보험설계사는 법인이 아닌 사단과 재단

---

8) 한기정(2019), 346쪽.

도 가능하다. 실무상으로는 개인이 아닌 보험설계사를 발견하기 어렵다. 보험설계사는 보험계약의 체결을 중개하는 자이다. 이는 보험설계사가 보험계약 체결을 중개하는 권한을 갖는다는 의미이다. 따라서 보험설계사는 원칙적으로 보험계약 체결을 대리하는 권한은 없다.

보험회사·보험대리점 및 보험중개사("보험회사등")는 소속 보험설계사가 되려는 자를 금융위원회에 등록하여야 한다(법84①). 보험설계사의 등록요건은 별표 3과 같다(영27②).

2. 보험설계사의 구분

보험설계사는 생명보험설계사, 손해보험설계사 및 제3보험설계사로 구분한다. 손해보험설계사에는 간단손해보험대리점 소속의 손해보험설계사("간단손해보험설계사")를 포함한다(영27①). 생명보험설계사, 손해보험설계사, 제3보험설계사는 영업범위에 따른 구분이다. 여기의 영업범위는 보험종목의 종류를 기준으로 정해진다.

보험설계사는 원칙적으로 존속의무를 진다. 즉 보험설계사는 자기가 소속된 보험회사, 보험대리점 또는 보험중개사 이외의 자를 위하여 모집을 하지 못한다(법85②). 보험설계사 전속주의가 원칙이지만 그 예외도 있다. 즉 1개의 보험회사에 소속된 보험설계사가 일정한 다른 보험회사를 위해서도 모집할 수 있다(법85③). 이를 교차모집이라고 한다. 보험설계사가 교차모집하려는 경우에는 교차모집을 하려는 보험회사의 명칭 등 금융위원회가 정하여 고시하는 사항을 적은 서류를 설립된 보험협회에 제출하여야 한다(영29①).

3. 보험설계사의 영업범위

(1) 보험종목

생명보험설계사는 생명보험, 연금보험, 퇴직보험 등을 포함한 생명보험업의 보험종목을 취급할 수 있다(영28①(1)). 손해보험설계사는 화재보험, 해상보험, 항공·운송보험, 자동차보험, 보증보험, 재보험 등을 포함한 손해보험업의 보험종목을 취급할 수 있다(영28①(2)). 간단손해보험설계사는 간단손해보험대리점 소속의 보험설계사이다(영27①).

간단손해보험대리점이란 재화의 판매, 용역의 제공 또는 사이버몰(전자상거래법 제2조 제4호9)에 따른 사이버몰)을 통한 재화·용역의 중개를 본업으로 하는 자가 판매·제공·중개하는 재화 또는 용역과 관련 있는 보험상품을 모집하는 손해보험대리점을 말한다(영30①). 예를 들어 여행자보험을 모집하는 항공사, 애견보험을 모집하는 애견샵, 골프보험을 모집하는 스포츠용품

---

9) 4. "통신판매중개"란 사이버몰(컴퓨터 등과 정보통신설비를 이용하여 재화등을 거래할 수 있도록 설정된 가상의 영업장)의 이용을 허락하거나 그 밖에 총리령으로 정하는 방법으로 거래 당사자 간의 통신판매를 알선하는 행위를 말한다.

판매업자는 간단손해보험대리점으로 등록할 수 있다.

간단손해보험설계사의 영업범위는 간단손해보험대리점이 영위하는 본업과의 관련성 등을 고려하여 금융위원회가 정하여 고시하는 종목[10]으로 한다(영28①(2)). 제3보험설계사는 상해보험, 질병보험, 간병보험 등을 포함한 제3보험업의 보험종목을 취급할 수 있다(영28①(3)).

(2) 집합투자증권의 투자권유대행

보험설계사는 관련 법령에 따라 보험의 모집 이외에도 다른 금융상품의 모집도 할 수 있다. 보험설계사는 다음의 요건을 갖추면 금융상품 중에서 집합투자증권의 투자권유를 대행할 수 있다. 즉 보험설계사가 집합투자증권의 투자권유대행인이 되기 위해서는 ⅰ) 보험설계사의 등록요건을 갖춘 개인으로서 보험모집에 종사하는 자이고, ⅱ) 금융투자협회가 정하여 금융위원회의 인정을 받은 교육을 이수해야 하며, ⅲ) 금융투자업자로부터 집합투자증권의 투자권유 위탁을 받아야 하며, ⅳ) 투자권유를 위탁한 금융투자업자가 위탁받은 자를 금융위원회에 투자권유대행인으로 등록해야 한다(자본시장법 시행령56).

Ⅲ. 보험대리점

1. 의의

보험대리점이란 보험회사를 위하여 보험계약의 체결을 대리하는 자(법인이 아닌 사단과 재단을 포함)로서 개인과 법인을 구분하여 일정한 절차에 따라 금융위원회에 등록된 자를 말한다(법2(10)). 보험회사와 보험대리점은 위임(민법680)의 관계에 있고 보험대리점은 보험회사의 수임인이다.

2. 보험대리점의 구분

보험대리점은 먼저 개인보험대리점 또는 법인보험대리점으로 구분하고, 각각 생명보험대리점, 손해보험대리점 또는 제3보험대리점으로 구분한다. 이에 따르면 보험대리점은 개인생명보험대리점, 개인손해보험대리점, 개인제3보험대리점, 법인생명보험대리점, 법인손해보험대리점, 법인제3보험대리점의 6개 유형으로 구분할 수 있다. 보험대리점은 법인이 아닌 개인인 보험대리점(개인보험대리점)과 법인인 보험대리점(법인보험대리점)으로 구분된다(영30①). 보험대리점은 생명보험대리점, 손해보험대리점, 제3보험대리점으로 구분된다(영31①). 이는 영업범위에 따른 구분이다.

---

10) 간단손해보험대리점등의 영업범위는 간단손해보험대리점등을 통해 판매·제공·중개되는 재화 또는 용역과 관련된 보험상품으로 한정하며 그 세부적인 보험종목은 감독원장이 정한다(보험업감독규정4-4의2).

3. 보험대리점의 영업범위

(1) 보험종목

생명보험대리점은 생명보험, 연금보험, 퇴직보험 등을 포함한 생명보험업의 보험종목을 취급할 수 있다(영31①(1)). 손해보험대리점은 화재보험, 해상보험, 항공·운송보험, 자동차보험, 보증보험, 재보험 등을 포함한 손해보험업의 보험종목을 취급할 수 있다(영31①(2)).

간단손해보험대리점이란 재화의 판매, 용역의 제공 또는 사이버몰(전자상거래법 제2조 제4호에 따른 사이버몰)을 통한 재화·용역의 중개를 본업으로 하는 자가 판매·제공·중개하는 재화 또는 용역과 관련 있는 보험상품을 모집하는 손해보험대리점을 말한다(영30①). 예를 들어 여행자보험을 모집하는 항공사, 애견보험을 모집하는 애견샵, 골프보험을 모집하는 스포츠용품 판매업자는 간단손해보험대리점으로 등록할 수 있다.

간단손해보험대리점의 영업범위는 간단손해보험대리점이 영위하는 본업과의 관련성 등을 고려하여 금융위원회가 정하여 고시하는 종목으로 한다(영28①(2)). 제3보험대리점은 상해보험, 질병보험, 간병보험 등을 포함한 제3보험업의 보험종목을 취급할 수 있다(영28①(3)).

(2) 집합투자증권의 투자권유대행

보험대리점은 관련 법령에 따라 보험의 모집 이외에도 다른 금융상품의 '모집'도 할 수 있다. 보험대리점은 다음의 요건을 갖추면 금융상품 중에서 집합투자증권의 투자권유를 대행할 수 있다. 즉 보험대리점이 집합투자증권의 투자권유대행인이 되기 위해서는 ⅰ) 보험대리점의 등록요건을 갖춘 개인으로서 보험모집에 종사하는 자이고, ⅱ) 금융투자협회가 정하여 금융위원회의 인정을 받은 교육을 이수해야 하며, ⅲ) 금융투자업자로부터 집합투자증권의 투자권유 위탁을 받아야 하며, ⅳ) 투자권유를 위탁한 금융투자업자가 위탁받은 자를 금융위원회에 투자권유대행인으로 등록해야 한다(자본시장법 시행령56).

Ⅳ. 보험중개사

1. 의의

보험중개사란 독립적으로 보험계약의 체결을 중개하는 자(법인이 아닌 사단과 재단을 포함)로서 개인과 법인을 구분하여 일정한 절차에 따라 금융위원회에 등록된 자를 말한다(법2(11)). 보험중개사는 특정한 보험회사로부터 독립하여 불특정 다수를 대상으로 중개행위를 한다는 점에서 특정한 보험회사를 위하여 계속하여 중개행위를 하는 보험설계사와 다르다.

2. 보험중개사의 구분

보험중개사는 법인이 아닌 개인인 보험중개사(개인보험중개사)와 법인인 보험중개사(법인보험중개사)로 구분된다(법89①). 보험중개사는 생명보험중개사, 손해보험중개사, 제3보험중개사로 구분한다(영35). 생명보험중개사, 손해보험중개사, 제3보험중개사는 영업범위에 따른 구분이다. 영업범위는 보험종목의 종류를 기준으로 정해진다.

3. 보험중개사의 영업범위

생명보험중개사는 생명보험, 연금보험, 퇴직보험 등을 포함한 생명보험업의 보험종목 및 재보험을 취급할 수 있다(영35(1)). 생명보험설계사와 생명보험대리점이 생명보험업의 보험종목만을 취급할 수 있는 반면, 생명보험중개사는 생명보험업의 보험종목뿐만 아니라 그 재보험도 취급할 수 있다는 점이 특색이다. 손해보험중개사는 화재보험, 해상보험, 항공·운송보험, 자동차보험, 보증보험, 재보험 등을 포함한 손해보험업의 보험종목 및 그 재보험을 취급할 수 있다(영35(2)). 제3보험중개사는 상해보험, 질병보험, 간병보험 등을 포함한 제3보험업의 보험종목 및 그 재보험을 취급할 수 있다(영35(3)). 제3보험설계사와 제3보험대리점이 제3보험업의 보험종목만을 취급할 수 있는 반면, 제3보험중개사는 제3보험업의 보험종목뿐만 아니라 그 재보험도 취급할 수 있다는 점이 특색이다.

보험중개사는 보험계약체결의 중개와 그에 부수하는 위험관리자문을 할 수 있다(보험업감독규정4-19①). 여기서 위험관리자문은 보험계약체결의 중개에 부수하여 고객의 위험을 확인·평가·분석하고, 보험계획 또는 설계에 대한 검토와 검증을 하며, 그에 대한 권고 또는 조언(보험금청구에 대한 조언을 포함)하는 것을 말한다(보험업감독규정4-19②).

V. 금융기관보험대리점등

1. 의의

은행·한국산업은행·중소기업은행·농협협동조합 및 농협은행, 투자매매업자 또는 투자중개업자, 신용카드업자(겸영여신업자는 제외), 상호저축은행 등은 개인 또는 법인으로 구분하여 일정한 절차에 따라 금융위원회에 보험대리점 또는 보험중개사로 등록할 수 있다(법91①). 일정한 금융기관이 보험대리점 또는 보험중개사로 등록하면 금융기관보험대리점 또는 금융기관보험중개사이며, 이를 통칭할 때 "금융기관보험대리점등"이라고 한다. 지금까지 금융기관보험대리점으로 등록된 경우는 다수 있으나, 금융기관보험중개사로 등록된 경우는 아직 없다.

2. 구분

금융기관보험대리점은 법인보험대리점이다. 그리고 금융기관보험대리점은 취급하고자 하는 보험종목의 종류에 따라 금융기관생명보험대리점, 금융기관손해보험대리점, 금융기관제3보험대리점으로 구분되고, 이들은 겸업하는 데 문제가 없으며 겸업하려는 경우 보험대리점 종류별 등록요건을 갖추어 등록해야 한다.

3. 영업범위

(1) 보험상품
(가) 모집할 수 있는 보험종목의 제한

일반적으로 생명보험대리점은 생명보험업의 보험종목, 손해보험대리점은 손해보험업의 보험종목, 제3보험대리점은 제3보험업의 보험종목을 모집할 수 있다. 그러나 금융기관보험대리점등의 경우는 모집할 수 있는 보험종목에 제한이 있다. 금융기관보험대리점등이 모집할 수 있는 보험상품의 범위는 [별표 5]와 같다(영40②). [별표 5]를 살펴보면 다음과 같다.

생명보험종목은 개인저축성보험(개인연금, 일반연금, 교육보험, 생사혼합보험, 그 밖의 개인저축성 보험), 신용생명보험에 한정된다. 여기서 개인연금은 개인연금저축보험, 일반연금은 연금보험을 말한다.

손해보험종목은 개인연금, 상해보험(단체상해보험은 제외), 장기저축성손해보험, 화재보험(주택), 종합보험, 신용손해보험에 한정된다. 이러한 상품 구분은 감독규정 [별표 6]과 같다. 여기서 개인연금은 개인연금저축보험을 말하고, 상해보험은 일반손해보험으로 분류되는 단기보장성 상해보험을 말한다.

제3보험종목의 모집은 다음의 보험상품으로 제한된다. 첫째, 금융기관인 생명보험대리점(제3보험대리점을 겸영) 또는 생명보험중개사(제3보험중개사를 겸영)가 모집할 수 있는 제3보험은 다음과 같다. ⅰ) 생명보험종목의 개인저축성보험에는 개인저축성 제3보험도 포함되어 있으므로, 생명보험대리점은 개인저축성 제3보험을 모집할 수 있다. ⅱ) 개인보장성 제3보험을 모집할 수 있는데, 다만 주계약으로 한정하고, 저축성보험 특별약관 및 질병사망 특별약관을 부가한 상품은 제외한다. 모집할 수 없는 제3보험은 개인보장성보험 중에서 특별약관의 형태를 띠거나 또는 저축성보험 특별약관 또는 질병사망 특별약관이 부가된 경우이다.

둘째, 금융기관인 손해보험대리점(제3보험대리점을 겸영) 또는 손해보험중개사(제3보험중개사를 겸영)가 모집할 수 있는 제3보험은 다음과 같다. ⅰ) 손해보험종목의 장기저축성보험에는 장기저축성 제3보험도 포함되어 있으므로, 손해보험대리점은 장기저축성 제3보험을 모집할 수 있다. ⅱ) 개인장기보장성 제3보험을 모집할 수 있는데, 다만 주계약으로 한정하고, 저축성보험 특별약관 및 질병사망 특별약관을 부가한 상품은 제외한다. 모집할 수 없는 제3보험은 개인보장성보험 중에서 특별약관의 형태를 띠거나 또는 저축성보험 특별약관 또는 질병사망 특별약관이 부가된 경우이다.

(나) 제한의 예외

신용카드업자가 모집할 수 있는 보험상품의 범위는 금융기관보험대리점등이 아닌 보험대리점이 모집할 수 있는 보험상품의 범위와 같다(영40②). 따라서 신용카드업자의 경우 모집할 수 있는 보험상품의 범위는 일반 보험대리점과 같다. 농업협동조합이 모집할 수 있는 보험상품의 범위는 농업협동조합법 부칙 제15조 제8항에 따라 허가받은 것으로 보는 보험상품으로서 구체적인 보험상품의 범위는 금융위원회가 정하여 고시한다(영40②).

(2) 기타 금융상품

보험대리점의 경우는 관련 법령에 따라 보험의 모집 이외에도 다른 금융상품의 "모집"도 할 수 있다. 그 주요 내용으로는 집합투자증권의 투자권유대행(자본시장법 시행령56)과 퇴직연금제도의 모집(퇴직급여법 시행령28)이 있다. 이는 모두 개인보험대리점의 경우에만 허용되므로 법인에 해당하는 금융기관보험대리점에는 적용이 없다고 보아야 한다. 금융기관보험대리점으로서 이러한 모집 업무를 할 수 없어도, 가령 은행은 겸영업무로서 집합투자증권에 대한 투자중개업, 퇴직연금사업자의 업무를 수행할 수 있다(은행법 시행령18의2②).

제4절 우체국보험

Ⅰ. 의의

우체국예금·보험에 관한 법률("우체국예금보험법", 이하 "법")에 근거하는 우체국보험이란 체신관서에서 피보험자의 생명·신체의 상해를 보험사고로 하여 취급하는 보험을 말한다(법2(4)). 우체국보험사업은 국가가 경영하며, 과학기술정보통신부장관이 관장한다(법3). 체신관서로 하여금 간편하고 신용 있는 보험사업을 운영하게 함으로써 금융의 대중화를 통하여 국민의 저축의욕을 북돋우고, 보험의 보편화를 통하여 재해의 위험에 공동으로 대처하게 함으로써 국민 경제생활의 안정과 공공복리의 증진에 이바지함을 목적으로 한다(법1)고 해도, 우체국보험의 실질을 공보험이라고 보기는 어렵다. 따라서 민영화의 대상으로 종종 거론되고 있다.

과학기술정보통신부장관은 우체국보험 사업에 대한 건전성을 유지하고 관리하기 위하여 필요한 경우에는 금융위원회에 검사를 요청할 수 있고, 우체국보험 사업의 건전한 육성과 계약자 보호를 위하여 금융위원회와 협의하여 건전성을 유지하고 관리하기 위하여 필요한 기준을 정하고 고시하여야 한다(법3의2).

Ⅱ. 업무 등

1. 개요

국가는 우체국보험계약에 따른 보험금 등의 지급을 책임진다(법4). 보험업무의 취급에 관한 우편물은 과학기술정보통신부령으로 정하는 바[11])에 따라 무료로 할 수 있다(법9).

계약보험금 한도액은 보험종류별(연금보험은 제외)로 피보험자 1인당 4천만원으로 하되, 보험종류별 계약보험금한도액은 우정사업본부장이 정한다. 다만, 보장성보험 중 우체국보험사업을 관장하는 기관의 장이 국가공무원법 제52조(능률 증진을 위한 실시사항)에 따라 그 소속 공무원의 후생·복지를 위하여 실시하는 단체보험상품의 경우에는 2억원으로 한다(시행규칙36①). 연금보험(소득세법 시행령 제40조의2 제2항 제1호에 따른 연금저축계좌에 해당하는 보험은 제외)의 최초 연금액은 피보험자 1인당 1년에 900만원 이하로 한다(시행규칙36②). 연금보험 중 소득세법 시행령 제40조의2 제2항 제1호에 따른 연금저축계좌에 해당하는 보험의 보험료 납입금액은 피보험자 1인당 연간 900만원 이하로 한다(시행규칙36③). 과학기술정보통신부장관은 계약보험금 한도액을 과학기술정보통신부령으로 정하려면 금융위원회와 협의하여야 한다(법10②).

우정사업본부장은 예정이율·예정사업비율 및 예정사망률 등을 기초로 하여 보험료를 산정하고, 그 내용을 고시하여야 한다(시행규칙37). 과학기술정보통신부장관은 회계연도마다 보험의 결산이 끝났을 때에는 재무제표 등 결산서류를 금융위원회에 제출하고 협의하여야 한다(법10⑤).

2. 보험의 종류

(1) 의의

우체국보험은 생명보험만을 취급한다(법2(4)). 보험의 종류, 계약보험금 한도액, 보험업무의 취급 등에 필요한 사항은 과학기술정보통신부령으로 정한다(법28). 이에 따라 우체국예금보험법 시행규칙은 보험의 종류를 ⅰ) 보장성보험: 생존 시 지급되는 보험금의 합계액이 이미 납

---

11) 우체국예금·보험에 관한 법률 시행규칙 제5조(우편물의 무료취급) 법 제9조에 따라 무료로 취급하는 우편물은 다음과 같다.
　　1. 예금·보험업무의 취급을 위하여 체신관서에서 발송하는 우편물
　　2. 예금·보험업무의 취급을 위하여 체신관서의 의뢰에 따라 체신관서로 발송되는 우편물

입한 보험료를 초과하지 아니하는 보험(제1호), ⅱ) 저축성보험: 생존 시 지급되는 보험금의 합계액이 이미 납입한 보험료를 초과하는 보험(제2호), ⅲ) 연금보험: 일정 연령 이후에 생존하는 경우 연금의 지급을 주된 보장으로 하는 보험(제3호)으로 구분된다(법28, 시행규칙35①). 그리고 보험의 종류에 따른 상품별 명칭, 특약, 보험기간, 보험료 납입기간, 가입 연령, 보장 내용 등은 우정사업본부장이 정하여 고시한다(시행규칙35②). 과학기술정보통신부장관은 보험의 종류를 수정하려면 보험업법 제5조 제3호에 따른 기초서류 등을 금융위원회에 제출하고 협의하여야 한다(법10④).

(2) 보험의 종류

우체국보험의 종류는 우정사업본부장이 정하여 고시(시행규칙35②)하는 "우체국보험의 종류, 약관, 보험료 및 환급금 등 고시" [별표 1]에서 규정한다. [별표 1]의 주요내용은 아래와 같아

(가) 보장성보험

보장성보험의 종류로는 우체국든든한종신보험, 우체국건강클리닉보험, 우체국100세건강보험, 우체국하나로OK보험, 우체국실속정기보험, 우리가족암보험, 우체국자녀지킴이보험, 어깨동무보험, 에버리치상해보험, 우체국예금제휴보험, 우체국단체보장보험, 우체국안전벨트보험, 우체국착한안전보험, 우체국실손의료비보험, 우체국생애맞춤보험, 우체국간병보험, 우체국여성암보험, 우체국남성건강보험, 우체국치아보험, 우체국요양보험, 우체국아이사랑보험, 우체국온라인어린이보험, win-win단체플랜보험 등이 있다.

(나) 저축성보험

저축성보험의 종류로는 청소년꿈보험, 우체국학자금보험, 에버리치복지보험, 그린보너스저축보험, 파워적립보험, 장기주택마련저축보험, 우체국자유저축보험, 우체국직장인저축보험, 우체국주가지수저축보험, 우체국채권연계저축보험, 우체국온라인저축보험 등이 있다.

(다) 연금보험

연금보험의 종류로는 우체국연금보험, 플러스연금보험, 우체국연금저축보험, 우체국개인연금보험(이전형), 어깨동무연금보험, 우체국온라인연금저축보험, 우체국바로받는연금보험, 우체국즉시연금보험 등이 있다.

3. 환급금의 대출

체신관서는 보험계약자가 청구할 때에는 보험계약이 해지된 경우 등에 환급할 수 있는 금액의 범위에서 과학기술정보통신부령으로 정하는 바에 따라 대출할 수 있다(법41). 이에 따라 대출을 할 수 있는 금액의 범위는 보험종류별로 우정사업본부장이 정한다(시행규칙58).

여신전문금융기관

제1절 서설

Ⅰ. 의의

여신전문금융업법("법")상 여신전문금융회사란 여신전문금융업인 신용카드업, 시설대여업, 할부금융업 또는 신기술사업금융업(법2(1))에 대하여 금융위원회의 허가를 받거나 금융위원회에 등록을 한 자로서 제46조 제1항 각 호에 따른 업무를 전업으로 하는 자를 말한다(법2(15)). 즉 여신전문금융회사는 수신기능 없이 여신업무만을 취급하는 금융기관이다. 여신전문금융회사는 주로 채권발행과 금융기관 차입금 등에 의해 자금을 조달하여 다른 금융기관이 거의 취급하지 않는 소비자금융, 리스, 벤처금융 등에 운용한다.

1. 금융위원회의 허가를 받은 자

신용카드업을 하려는 자는 금융위원회의 허가를 받아야 한다(법3①). 신용카드업의 허가를 받은 자는 신용카드업자이다. 신용카드업은 신용카드업자의 기본업무로서 후술한다.

2. 금융위원회에 등록을 한 자

시설대여업·할부금융업 또는 신기술사업금융업을 하고 있거나 하려는 자로서 여신전문금융업법을 적용받으려는 자는 업별(業別)로 금융위원회에 등록하여야 한다(법3②). 시설대여업을 등록한 자는 시설대여업자(리스회사). 할부금융업을 등록한 자는 할부금융업자, 신기술사업금융업을 등록한 자는 신기술사업금융업자이다. 시설대여업·할부금융업 또는 신기술사업금융업은 각 업자의 기본업무로서 후술한다.

3. 제46조 제1항의 업무를 전업으로 하는 자

여신전문금융회사가 할 수 있는 업무는 ⅰ) 허가를 받거나 등록을 한 여신전문금융업(시설대여업의 등록을 한 경우에는 연불판매업무를 포함)(제1호), ⅱ) 기업이 물품과 용역을 제공함으로써 취득한 매출채권(어음을 포함)의 양수·관리·회수업무(제2호), ⅲ) 대출(어음할인 포함)업무(제3호), ⅳ) 신용카드업자의 부대업무(신용카드업의 허가를 받은 경우만 해당)인 직불카드의 발행 및 대금의 결제와 선불카드의 발행·판매 및 대금의 결제(제4호), ⅴ) 그 밖에 제1호부터 제4호까지의 규정과 관련된 업무로서 대통령령으로 정하는 업무[1](제5호), ⅵ) 제1호부터 제4호까지의 업무와 관련된 신용조사 및 그에 따르는 업무(제6호), ⅶ) 그 업무를 함께 하여도 금융이용자 보호 및 건전한 거래질서를 해할 우려가 없는 업무로서 대통령령으로 정하는 금융업무[2](제6의2호), ⅷ) 여신전문금융업에 부수하는 업무로서 소유하고 있는 인력·자산 또는 설비를 활용하는 업무(제7호) 등으로 제한한다(법46①).

4. 겸영여신업자

겸영여신업자란 여신전문금융업에 대하여 제3조 제3항 단서에 따라 금융위원회의 허가를 받거나 금융위원회에 등록을 한 자로서 여신전문금융회사가 아닌 자를 말한다(법2(16)). 즉 겸영여신업자란 신용카드업·시설대여업·할부금융업·신기술사업금융업을 영위하되, 이들 업무를 전업으로 하지 않는 금융기관을 말한다.

---

1) "대통령령으로 정하는 업무"란 다음의 업무를 말한다(영16①).
　　1. 법 제46조 제1항 제1호부터 제4호까지의 업무와 관련하여 다른 금융회사(금융위원회법 제38조 각 호의 기관)가 보유한 채권 또는 이를 근거로 발행한 유가증권의 매입업무
　　2. 지급보증업무
　　3. 삭제 [2016. 9. 29]
　　4. 그 밖에 여신전문금융업 및 대출업무와 관련된 업무로서 총리령으로 정하는 업무
2) "대통령령으로 정하는 금융업무"란 다음의 업무를 말한다(영16②). 1. 집합투자업, 2. 투자자문업, 3. 신탁업, 4. 투자중개업, 5. 경영참여형 사모집합투자기구의 업무집행사원 업무, 6. 보험대리점 업무, 7. 외국환업무, 8. 유동화자산 관리업무, 9. 전자금융업, 10. 산업발전법 제20조에 따른 기업구조개선 경영참여형 사모집합투자기구의 업무집행사원 업무, 11. 대출의 중개 또는 주선

Ⅱ. 업무범위

1. 부수업무의 신고

여신전문금융회사가 여신전문금융업에 부수하는 업무로서 소유하고 있는 인력·자산 또는 설비를 활용하는 업무(법46①(7))를 하려는 경우에는 그 부수업무를 하려는 날의 7일 전까지 이를 금융위원회에 신고하여야 한다(법46의2① 본문). 금융위원회가 부수업무를 신고 받은 경우에는 신고일부터 7일 이내에 ⅰ) 해당 여신전문금융회사의 명칭, ⅱ) 신고일, ⅲ) 신고한 업무의 내용, ⅳ) 신고한 업무의 개시 예정일 또는 개시일 등을 인터넷 홈페이지에 공고하여야 한다(영17의2②). 다만, ⅰ) 금융이용자 보호 및 건전한 거래질서를 해할 우려가 없는 업무로서 금융위원회가 정하는 업무[3]를 하는 경우, ⅱ) 공고된 다른 여신전문금융회사와 같은 부수업무(제한명령 또는 시정명령을 받은 부수업무는 제외)를 하려는 경우에는 신고를 하지 아니하고 그 부수업무를 할 수 있다(법46의2① 단서).

금융위원회는 여신전문금융업에 부수하는 업무로서 소유하고 있는 인력·자산 또는 설비를 활용하는 업무(법46①(7))의 내용이 ⅰ) 여신전문금융회사의 경영건전성을 저해하는 경우(제1호), ⅱ) 금융이용자 보호에 지장을 초래하는 경우(제2호), ⅲ) 금융시장의 안정성을 저해하는 경우(제3호), ⅳ) 그 밖에 금융이용자 보호 및 건전한 거래질서 유지를 위하여 필요한 경우로서 대통령령으로 정하는 경우[4](제4호)에는 그 부수업무를 하는 것을 제한하거나 시정할 것을 명할 수 있다(법46의2②).

2. 자금조달방법

여신전문금융회사는 ⅰ) 다른 법률에 따라 설립되거나, 금융위원회의 인가 또는 허가를 받거나, 금융위원회에 등록한 금융기관으로부터의 차입(제1호), ⅱ) 사채나 어음의 발행(제2호), ⅲ) 보유하고 있는 유가증권의 매출(제3호), ⅳ) 보유하고 있는 대출채권의 양도(제4호), ⅴ) 그 밖에 대통령령으로 정하는 방법(제5호)[5]으로만 자금을 조달할 수 있다(법47①).

---

3) "금융위원회가 정하는 업무"란 <별표 1의3>에 해당하는 업무를 말한다(여신전문금융업감독규정7).
4) "대통령령으로 정하는 경우"란 다음의 어느 하나에 해당하는 경우를 말한다(영17의2①).
    1. 법 제46조 제1항 제7호에 따른 부수업무의 내용이 「대·중소기업 상생협력 촉진에 관한 법률」 제2조 제11호에 따른 중소기업 적합업종에 해당하는 경우
    2. 그 밖에 부수업무의 내용이 여신전문금융회사가 영위하는 것이 바람직하지 아니하다고 인정되는 업무로서 금융위원회가 정하여 고시하는 업무에 해당하는 경우
5) "대통령령으로 정하는 방법"이란 다음의 방법을 말한다(영18①).
    1. 외국환거래법 제8조에 따라 외국환업무취급기관으로 등록하여 행하는 차입 및 외화증권의 발행
    2. 법 제46조 제1항 제1호부터 제4호까지의 업무와 관련하여 보유한 채권의 양도
    3. 법 제46조 제1항 제1호부터 제4호까지의 업무와 관련하여 보유한 채권을 근거로 한 유가증권의 발행

여신전문금융회사는 ⅰ) 개인에 대한 발행 또는 매출(제1호), ⅱ) 공모, 창구매출, 그 밖의 이와 유사한 방법에 의한 불특정 다수의 법인에 대한 발행 또는 매출(제2호)의 방법으로 사채나 어음을 발행하거나 보유하고 있는 유가증권을 매출해서는 아니 된다(영19①). 이는 자금조달 방법 중 사채나 어음의 발행 및 보유하고 있는 유가증권의 매출은 그 방법에 따라 수신행위가 될 소지가 있으므로 방법을 제한한 것이다. 다만 ⅰ) 투자매매업의 인가를 받은 자의 인수에 의한 사채의 발행(제1호), ⅱ) 종합금융회사 또는 투자매매업자·투자중개업자의 인수, 할인 또는 중개를 통한 어음의 발행(제2호)의 경우에는 제한을 받지 않는다(영19②).

여신전문금융회사는 주로 차입금과 회사채 발행을 통해 자금을 조달하고 있다. 자금운용은 허가를 받거나 등록한 고유업무를 중심으로 이루어지고 있다.

제2절   신용카드업자(신용카드회사)

Ⅰ. 의의

1. 영업의 허가·등록

신용카드업을 하려는 자는 금융위원회의 허가를 받아야 하는데(법3① 본문), 신용카드업의 허가를 받은 자(법2(2의2)가 신용카드업자이다. 또한 유통산업발전법 제2조 제3호[6]에 따른 대규모점포를 운영하는 자 및 "계약에 따라 같은 업종의 여러 도매·소매점포에 대하여 계속적으로 경영을 지도하고 상품을 공급하는 것을 업(業)으로 하는 자"는 금융위원회에 등록하면 신용카드업을 할 수 있다(법3① 단서, 법3②, 영3②).

다른 법률에 따라 설립되거나 금융위원회의 인가 또는 허가를 받은 금융기관으로서 은행, 농협은행, 수협은행, 한국산업은행, 중소기업은행, 한국수출입은행, 종합금융회사, 금융투자업자(신기술사업금융업을 하려는 경우만 해당), 상호저축은행중앙회, 상호저축은행(할부금융업을 하려는 경우만 해당), 신용협동조합중앙회, 새마을금고연합회(법3③(1) 및 영3①)는 허가를 받아 신용

---

6) 3. "대규모점포"란 다음 각 목의 요건을 모두 갖춘 매장을 보유한 점포의 집단으로서 별표에 규정된 것을 말한다.
　가. 하나 또는 대통령령으로 정하는 둘 이상의 연접되어 있는 건물 안에 하나 또는 여러 개로 나누어 설치되는 매장일 것
　나. 상시 운영되는 매장일 것
　다. 매장면적의 합계가 3천제곱미터 이상일 것

카드업을 영위할 수 있다(법3③(1)). 다만 위의 금융기관이 "직불카드의 발행 및 대금의 결제"와 "선불카드의 발행·판매 및 대금의 결제"(법13①(2)(3)) 업무를 하는 경우에는 그 업무에 관하여만 신용카드업자로 본다(법2(2의2) 단서).

2. 신용카드업

신용카드업이란 ⅰ) 신용카드의 발행 및 관리(가목), ⅱ) 신용카드 이용과 관련된 대금의 결제(나목), ⅲ) 신용카드가맹점의 모집 및 관리(다목) 업무 중 나목의 업무를 포함한 둘 이상의 업무를 업으로 하는 것을 말한다(법2(2)).

"신용카드회원"이란 신용카드업자와의 계약에 따라 그로부터 신용카드를 발급받은 자를 말하고(법2(4)), "신용카드가맹점"이란 ⅰ) 신용카드업자와의 계약에 따라 신용카드회원·직불카드회원 또는 선불카드소지자("신용카드회원등")에게 신용카드·직불카드 또는 선불카드("신용카드등")를 사용한 거래에 의하여 물품의 판매 또는 용역의 제공 등을 하는 자, ⅱ) 신용카드업자와의 계약에 따라 신용카드회원등에게 물품의 판매 또는 용역의 제공 등을 하는 자를 위하여 신용카드등에 의한 거래를 대행하는 자("결제대행업체")를 말한다(법2(5)).

Ⅱ. 신용카드거래의 법률관계

신용카드거래의 시스템은 기본적으로 카드를 이용하는 신용카드회원, 신용카드업자 및 신용카드 가맹점에 의하여 전개된다. 이 점에서 이들 3자 간의 카드회원규약에 의한 회원계약, 가맹점규약에 의한 가맹점계약에 따른 매매계약이 체결되는 과정에 자동이체약관에 의한 거래은행이 개재하게 된다. 따라서 신용카드이용의 법률관계는 카드회사와 카드회원 간의 법률관계(회원계약), 카드회사와 카드가맹점 간의 법률관계(가맹점계약), 그리고 카드회원과 카드가맹점 간의 법률관계(매매계약)인 3면의 법률관계로 성립한다.

1. 회원계약(회원과 카드회사 간)

카드회원과 카드발행회사의 법률관계는 회원계약을 통해 형성되며, 신용카드의 유효기간 동안 회원계약이 존속하는 일종의 계속적 채권계약이라고 할 수 있다. 회원계약은 카드발행회사가 제시하는 회원계약에 카드회원이 카드신청을 하고 이를 승낙함으로써 성립되는 보통거래약관에 의한 계약이다. 여신금융협회가 제정한 현행 "신용카드 개인회원 표준약관"의 내용에는 신용카드의 관리와 이용, 유효기간과 재발급, 이용대금의 결제, 이용대금에 대한 이의신청과 책임, 분실·도난시의 책임, 항변권, 계약의 해지 등이 규정되어 있다. 이러한 점을 고려하면 양

당사자 간의 법률관계는 회원이 카드회사를 통해 가맹점에 이용대금을 지급하고 카드회사는 이에 따른 보수를 받는 일종의 도급계약이라고 볼 수도 있다.[7]

2. 가맹점계약(카드회사와 가맹점 간)

(1) 가맹점 표준약관

카드회사와 카드가맹점 간의 법률관계는 가맹점계약을 통해 형성되며 계속적인 채권계약 관계로 볼 수 있는데, 이러한 가맹점계약은 카드회사와 가맹점 간의 "신용카드가맹점 표준약관"에 의하여 규율된다.[8] 카드회사와 가맹점 간 계약은 상인 간 계약이라는 점에서 카드회사와 회원 간 계약 또는 가맹점과 회원 간 계약과 구별된다. 가맹점 표준약관에는 판매방법, 가맹점 준수사항, 할부거래에 따른 사항, 가맹점수수료율, 대금지급, 부정사용에 따른 책임, 정보유출금지 등이 규정되어 있다. 가맹점 표준약관은 카드회원을 수익자로 하는 일종의 제3자를 위한 계약으로 볼 수도 있고, 가맹점이 카드회사를 통해 이용대금을 지급받고 카드회사는 이에 따른 보수를 받는 일종의 도급계약이라 볼 수도 있다.[9]

(2) 신용카드가맹점 관리 및 운영 규약

동 규약은 여신전문금융업협회가 제정한 자율규약으로, 회원사인 신용카드회사 간 불법 혹은 가맹점 표준약관을 위반한 신용카드가맹점의 정보 교환 및 활용을 목적으로 제정되었다. 동 규약에서는 가맹점 표준약관을 위반한 가맹점에 대하여 가맹점계약 해지 등 불이익 결정 기준을 제시하여, 각 카드회사가 동일한 잣대로 가맹점에 대한 제재를 내릴 수 있게 하고 있다.[10]

(3) 가맹점계약의 해지

가맹점 표준약관에 따라, 가맹점이 약관을 위반하는 경우 등 정해진 사유가 발생한 경우 신용카드회사는 가맹점계약을 해지할 수 있다(표준약관17③). 가맹점계약은 신용카드회사와 가맹점 간 사적 계약이고 따라서 해지 사유를 정하는 것 역시 가맹점 표준약관에 따라야 할 것이

---

7) 석일홍(2018), "신용카드가맹점의 법적 쟁점에 관한 연구: 결제대행가맹점을 포함하여", 고려대학교 대학원 박사학위논문(2018. 6), 74쪽.
8) 현재 유통계 신용카드 발행업자를 제외한 범용 신용카드 사업자는 9개의 전업 신용카드사(BC카드, KB국민카드, 롯데카드, 삼성카드, 신한카드, 하나카드, 현대카드, 우리카드, 산은캐피탈 포함)와, 11개 겸영은행(농협, 제주, 수협, 전북, 광주, 기업, SC, 대구, 부산, 경남, 씨티)이 있다. 7개 전업 신용카드회사가 전국의 가맹점과 가맹점계약을 맺어 가맹점망을 갖고 있는 반면, 우리카드는 가맹점망을 갖고 있지 않다. 산은캐피탈의 경우 라이선스 조건으로 개인을 대상으로 카드발행은 허용되어 있지 않으므로 범용 가맹점망을 확보할 필요가 없다. 독자 가맹점망을 갖지 못한 전업 신용카드회사·겸영은행은 독자 가맹점을 보유하고 있는 신용카드회사(주로 BC카드)와 제휴하여 4당사자 체제로 신용카드를 발급하고 있다. BC카드의 경우, 발행업무도 일부 하고 있으나, 주된 업무는 매입업무이다.
9) 석일홍(2018), 74-75쪽.
10) 석일홍(2018), 76쪽.

나, 여신전문금융업법은 가맹점이 법상 의무를 위반한 경우 해당 조항에서 정하고 있는 각종 법적 책임(형벌, 과태료) 외에도 신용카드회사로 하여금 가맹점계약을 강제 해지하도록 정하고 있다. 이는 가맹점으로 하여금 이들 여신전문금융업법상 의무 준수의 실효성을 확보하기 위함이라고 볼 수 있다.[11]

3. 매매계약(카드회원과 가맹점 간)

카드거래에서의 구매자와 가맹점의 법률관계는 기본적으로 일반적인 매매계약 또는 용역제공계약이나, 동 계약에 신용카드 사용 계약이 혼재된 계약을 맺게 된다. 양 계약이 시차가 발생되는 경우도 있으나 통상의 카드거래 구매에서는 양 계약이 동시에 체결된다. 양 계약을 동시에 체결하는 통상의 경우 카드가맹점은 카드회원에 대하여 매출전표의 서명과 물품 및 용역의 제공 관계에서 동시이행의 항변권이 인정되나, 이용대금의 청구에서 카드발행회사에 대해서는 이러한 권리가 인정되지 아니하는 특수한 매매계약의 성질을 갖는다고 볼 수 있다. 카드회원이 현금 없이 물품 및 용역을 제공받을 수 있는 것은 카드가맹점이 가맹점계약에 따른 의무를 이행하기 때문이다. 회원과 가맹점 간의 관계에서는 특히 가맹점이 신용카드 사용을 거부할 수 있는지와 신용카드로 결제할 경우 가격을 달리 정할 수 있는지가 중요하다. 여신전문금융업법은 가맹점으로 하여금 신용카드결제 거부 금지의무와 가격 차별 금지의무를 두고 있다.[12]

Ⅲ. 업무

신용카드업자는 기본업무인 신용카드업과 함께 ⅰ) 신용카드회원에 대한 자금의 융통(제1호), ⅱ) 직불카드의 발행 및 대금의 결제(제2호), ⅲ) 선불카드의 발행·판매 및 대금의 결제(제3호)와 같은 부대업무를 할 수 있다(법13①). 다만 금융위원회 등록만으로 신용카드업의 등록을 한 겸영여신업자는 부대업무를 할 수 없다(영6의5①).

신용카드업자는 매 분기 말을 기준으로 신용카드회원에 대한 자금의 융통으로 인하여 발생한 채권(신용카드업자가 신용카드회원에 대한 채권 재조정을 위하여 채권의 만기, 금리 등 조건을 변경하여 그 신용카드회원에게 다시 자금을 융통하여 발생한 채권은 제외)의 분기 중 평균잔액이 ⅰ) 신용카드회원이 신용카드로 물품을 구입하거나 용역을 제공받는 등으로 인하여 발생한 채권(제2조의4 제1항 제1호에 따른 채권액은 제외)의 분기 중 평균잔액(제1호)과 ⅱ) 직불카드회원의 분

---

11) 석일홍(2018), 76쪽.
12) 석일홍(2018), 78쪽.

기 중 직불카드 이용대금(제2호)의 합계액을 초과하도록 해서는 아니 된다(영6의5②). 또한 신용카드업자는 법인 신용카드회원을 상대로 신용카드회원에 대한 자금의 융통과 관련된 자금융통거래를 할 수 없다. 다만, 법인 신용카드회원이 비밀번호 사용을 약정하여 해외에서 현금융통을 하는 경우는 그러하지 아니하다(영6의5③).

제3절　시설대여업자(리스회사)

Ⅰ. 의의

시설대여업자란 시설대여업에 대하여 금융위원회에 등록한 자로서(법2(10의2)) 시설대여 방식으로 기업 설비자금을 공급하는 금융기관이다. 시설대여업이란 "시설대여"를 업으로 하는 것을 말하는데(법2((9)), "시설대여"란 ⅰ) 시설, 설비, 기계 및 기구(제1호), ⅱ) 건설기계, 차량, 선박 및 항공기(제2호), ⅲ) 위 ⅰ) 및 ⅱ)의 물건에 직접 관련되는 부동산 및 재산권(제3호), ⅳ) 중소기업(중소기업기본법 제2조)에 시설대여하기 위한 부동산으로서 금융위원회가 정하여 고시하는 기준을 충족하는 부동산(제4호),[13] ⅴ) 그 밖에 국민의 금융편의 등을 위하여 총리령으로 정하는 물건(제5호)을 새로 취득하거나 대여받아 거래상대방에게 일정 기간 이상 사용하게 하고, 그 사용 기간 동안 일정한 대가를 정기적으로 나누어 지급받으며, 그 사용 기간이 끝난 후의 물건의 처분에 관하여는 당사자 간의 약정으로 정하는 방식의 금융을 말한다(법2(10), 영2①).

여신전문금융업법은 시설대여거래의 사법(私法)상 법리를 규율하기 위해 입법된 것이 아니라 시설대여업에 대한 금융감독이나 행정적 규제의 목적에서 입법된 것이므로 사법(私法)적

---

13) "금융위원회가 정하여 고시하는 기준을 충족하는 부동산"이란 시설대여업자가 다음의 기준을 충족하여 중소기업(시설대여업자의 대주주 및 특수관계인은 제외)에 업무용부동산으로 시설대여한 부동산을 말한다(여신전문금융업감독규정2의2).

   1. 중소기업은 업무용부동산 시설대여기간 중 업무용부동산 면적 전체를 사용해야 한다. 다만, 경영합리화 등 불가피한 사유에 따라 해당 업무용부동산 면적 전체를 사용하지 못하게 되는 경우에는 해당 업무용부동산 면적 전체의 50 이상을 사용하여야 한다.

   2. 중소기업이 토지를 사용함에 있어서 그 지상의 건축물과 함께 사용하여야 한다. 이 경우 토지의 내용연수는 토지상의 건축물의 내용연수를 준용한다.

   3. 시설대여업자가 중소기업에 대한 시설대여 목적으로 취득한 부동산은 그 시설대여업자의 대주주 및 특수관계인으로부터 취득한 것이 아니어야 한다.

   4. 시설대여업자가 시설대여 목적으로 부동산을 취득하는 시점의 직전 회계연도말 기준으로 시행령 제2조 제1항 제1호 내지 제3호 기재 물건(다만, 차량은 제외)에 대한 시설대여 잔액은 총 자산의 30% 이상이어야 한다.

문제에 대한 전반적인 해결수단이 되지는 못한다. 그러나 여신전문금융업법 이외에는 특별히 이를 규율하는 법이 없다. 따라서 실무상으로는 대부분 시설대여업자가 작성한 약관에 의하여 계약이 체결된다.

Ⅱ. 업무

리스회사는 시설대여와 연불판매업무를 취급하고 있다(법28). 시설대여란 특정물건을 새로 취득하거나 대여받아 거래상대방에게 일정기간(법인세법 시행령상 내용연수의 20%에 해당하는 기간) 이상 사용하게 하고, 그 사용 기간 동안 일정한 대가를 정기적으로 나누어 지급받으며, 그 사용 기간이 끝난 후의 물건의 처분에 관하여는 당사자 간의 약정으로 정하는 방식의 금융을 말한다(법2(10)). 연불판매란 특정물건을 새로 취득하여 거래상대방에게 넘겨주고, 그 물건의 대금·이자 등을 1년 이상 동안 정기적으로 나누어 지급받으며, 그 물건의 소유권 이전 시기와 그 밖의 조건에 관하여는 당사자 간의 약정으로 정하는 방식의 금융을 말한다(법2(11)). 이러한 연불판매는 금융리스와 후술하는 할부금융의 중간적 형태이다. 시설대여기간 종료 후 물건의 처분 및 연불판매시 물건의 소유권 이전에 관한 사항은 당사자 간의 약정에 따른다.

리스와 연불판매의 차이점은 다음과 같다. ⅰ) 리스의 대상 물건은 리스회사가 빌린 것이라도 가능하나 연불판매의 대상 물건은 반드시 리스회사가 취득한 것이어야 한다. ⅱ) 리스료는 일정 기간 동안 물건을 사용하는 데 따른 사용료이지만 연불판매에 따른 정기 지급금은 물건의 구입 대금과 이자의 분할 상환금이다. ⅲ) 리스의 경우에는 계약기간 종료 후 당사자간의 약정에 의해 물건을 리스회사에 반환할 수도 있고 또한 고객에게 소유권을 이전할 수도 있으나 연불판매의 경우에는 물건의 소유권이 반드시 고객에게 이전되어야 하고 다만 그 시기만을 당사자 간의 약정에 의해 정한다.14)

제4절 할부금융업자(할부금융회사)

Ⅰ. 의의

할부금융업자란 "할부금융업"에 대하여 금융위원회에 등록한 자(법2(13의2))로서 할부금융 이용자에게 재화와 용역의 구매자금을 공여하는 소비자금융15)을 취급하는 금융기관이다. 여기

---

14) 한국은행(2018), 300쪽.

서 "할부금융"이란 재화와 용역의 매매계약에 대하여 매도인 및 매수인과 각각 약정을 체결하여 매수인에게 융자한 재화와 용역의 구매자금을 매도인에게 지급하고 매수인으로부터 그 원리금을 나누어 상환받는 방식의 금융을 말한다(법2(13)). 또한 할부거래법는 할부금융을 "소비자가 신용제공자에게 재화등의 대금을 2개월 이상의 기간에 걸쳐 3회 이상 나누어 지급하고, 재화등의 대금을 완납하기 전에 사업자로부터 재화등의 공급을 받기로 하는 계약"(할부거래법 2(1)(나))으로 정의하면서 간접할부계약이라는 용어를 사용하고 있다.

할부금융의 거래당사자는 소비자, 공급자(판매자) 그리고 할부금융회사이다. 할부금융을 취급하는 할부금융업은 신용카드회사를 제외하고는 현재 금융위원회의 허가가 필요한 인·허가제가 아닌 등록제이다. 따라서 일정한 자본금요건만 갖추면 등록 후 바로 영업을 개시할 수 있다.

할부금융업의 대표적 회사인 캐피탈사는 수신기능이 없는 여신전문금융회사로서 산업용 기계나 건설장비 등을 취급하는 기업금융과 자동차 및 내구재 등을 취급하는 소매금융을 담당한다. 수신기능이 없기에 자금조달은 은행 대출이나 회사채 발행을 통해서 이루어지며, 은행권에 비해 높은 금리를 적용하고 있다.[16]

Ⅱ. 기능

할부거래는 공급자(판매자) 측면에서는 고가의 재화에 대한 소비자 접근성을 높여 재고부담을 덜 수 있고, 소비자 측면에서는 거래 당시 일시불로 지불할 능력이 없음에도 불구하고 대금의 분할상환으로 지불 부담을 덜 수 있다는 점에서 공급자, 소비자 모두에게 유리한 거래방식이다. 그러나 소비자 측면에서 할부거래는 소비자로 하여금 구매접근성을 높여 불필요한 소비를 충동적으로 일으키는 요인으로 작용하는 등 부정적인 기능을 하고 있다. 소비자 측면에서 할부거래 이용은 "빚"을 지는 것이며, 상환에 대한 부담을 지는 것이다. 또한 계약체결 시 이용하는 약관의 내용이 방대하고 복잡하여 소비자는 이에 대해 잘 모르거나, 대강의 내용을 알고 있다 하더라도 상세한 내용은 모른 채 계약을 체결하는 경우가 많다. 따라서 약관은 소비자 권리와는 상충되게 작용할 가능성이 높다. 공급자 측면에서 할부거래는 재화 제공에 따른 대금을 완전히 받지 않고 재화를 소비자에게 인도하는 것이므로, 채권확보에 대한 불확실성을 떠안는 것이다. 따라서 약관은 소비자의 채무불이행 등에 대한 과도한 부담을 줄 가능성이 높다.[17]

---

15) 물품 대금이 일시에 생산자 또는 제품 판매자에게 직접 지급되어 생산자도 실질적인 수혜자이므로 이들에 대한 유통금융의 일종이라고도 할 수 있다.

16) 박원주·정운영(2019), "소비자관점에서 본 할부금융의 문제점 및 개선방향", 소비자정책동향 제98호(2019. 6), 5-6쪽.

17) 박원주·정운영(2019), 1-2쪽.

Ⅲ. 업무

할부금융은 할부금융회사가 재화와 용역의 매도인 및 매수인과 각각 약정을 체결하여 재화와 용역의 구매자금을 매도인에게 지급하고 매수인으로부터 그 원리금을 분할상환받는 방식의 금융이다.[18] 따라서 할부금융회사는 할부금융의 대상이 되는 재화 및 용역의 구매액을 초과하여 할부금융 자금을 대출할 수 없다. 또한 할부금융 자금은 목적 이외의 전용을 방지하기 위해 매도인에게 직접 지급한다. 그 밖에 할부금융회사는 기업의 외상판매로 발생한 매출채권을 매입함으로써 기업에 자금을 빌려주고 동 채권의 관리·회수 등을 대행하는 팩토링업무와 가계의 학자금, 결혼자금, 전세자금 등을 신용이나 담보 조건으로 대여하는 가계대출업무를 영위한다.[19]

제5절 　신기술사업금융업자(신기술사업금융회사)

Ⅰ. 서설

1. 신기술사업금융업자의 의의

신기술사업금융업자란 "신기술사업금융업"에 대하여 금융위원회에 등록한 자(법2(14의3))로서 기술력과 장래성은 있으나 자본과 경영기반이 취약한 기업에 대해 자금지원, 경영·기술지도 등의 서비스를 제공하고 수익을 추구하는 회사이다.

2. 신기술사업자 및 신기술투자조합의 의의

(1) 신기술사업자의 의의

"신기술사업자"란 기술보증기금법 제2조 제1호[20]에 따른 신기술사업자와 기술 및 저작

---

18) 할부금융은 물건의 구매대금을 분할하여 상환한다는 점에서 리스 및 연불판매와 유사하다. 할부금융과 리스 및 연불판매의 주된 차이점은 형식상 리스는 이용자에게 물건의 소유권이 반드시 이전되지 않을 수도 있으나 할부금융과 연불판매는 소유권이 물건의 인도 시 또는 당사자 간의 약정에 의해 반드시 이전된다는 점에 있다. 또한 할부금융은 주로 내구소비재를 대상으로 하는 반면 리스는 시설장비를 대상으로 한다는 점에서 차이가 있을 수 있으나 주요 선진국의 경우 이러한 대상 물건의 차이는 명확하지 않은 편이다.
19) 한국은행(2018), 300-301쪽.
20) 1. "신기술사업자"란 기술을 개발하거나 이를 응용하여 사업화하는 중소기업(중소기업기본법 제2조에 따른 중소기업) 및 대통령령으로 정하는 기업과 산업기술연구조합 육성법에 따른 산업기술연구조합을 말한다.

권·지적재산권 등과 관련된 연구·개발·개량·제품화 또는 이를 응용하여 사업화하는 사업 ("신기술사업")을 영위하는 중소기업기본법 제2조(중소기업자의 범위)에 따른 중소기업, 중견기업 성장촉진 및 경쟁력 강화에 관한 특별법 제2조 제1호[21])에 따른 중견기업 및 외국환거래법 제3조 제15호[22])에 따른 비거주자를 말한다(법2(14의2) 본문).

다만, 다음의 어느 하나에 해당하는 업종을 영위하는 자는 신기술사업자에서 제외한다(법 2(14의2) 단서). ⅰ) 통계법 제22조 제1항에 따라 통계청장이 고시하는 한국표준산업분류에 따른 금융 및 보험업은 신기술사업자에서 제외한다(가목 본문). 다만, 동 분류에 따른 금융 및 보험관련 서비스업으로서 대통령령으로 정하는 업종[영2의2①: 기타 금융지원 서비스업(1호)와 보험 및 연금관련 서비스업(2호)]은 신기술사업자이다(가목 단서).

ⅱ) 통계법 제22조 제1항에 따라 통계청장이 고시하는 한국표준산업분류에 따른 부동산업 은 신기술사업에서 제외한다(나목 본문). 다만, 동 분류에 따른 부동산관련 서비스업으로서 대통령령으로 정하는 업종[영2의2②: 부동산 관리업(제1호)와 부동산 중개, 자문 및 감정평가업(제2호)] 은 신기술사업자이다(나목 단서).

ⅲ) 그 밖에 신기술사업과 관련이 적은 업종으로서 대통령령으로 정하는 업종은 신기술사 업자에서 제외한다(다목). 여기서 "대통령령으로 정하는 업종"이란 일반 유흥주점업(제1호), 무 도 유흥주점업(제2호), 경주장 및 동물 경기장 운영업(제3호), 기타 사행시설 관리 및 운영업(제4 호), 무도장 운영업(제5호)을 말한다. 이 경우 업종의 분류는 통계법 제22조 제1항에 따라 통계 청장이 고시하는 한국표준산업분류에 따른다(영2의2③).

(2) 신기술투자조합의 의의

"신기술사업투자조합"이란 신기술사업자에게 투자하기 위하여 설립된 조합으로서 ⅰ) 신 기술사업금융업자가 신기술사업금융업자 외의 자와 공동으로 출자하여 설립한 조합(제1호), ⅱ) 신기술사업금융업자가 조합자금을 관리·운용하는 조합(제2호)을 말한다(법2(14의5)).

---

21) 1. "중견기업"이란 다음 각 목의 요건을 모두 갖춘 기업을 말한다.
　　가. 중소기업기본법 제2조에 따른 중소기업이 아닐 것
　　나. 공공기관운영법 제4조에 따른 공공기관, 지방공기업법에 따른 지방공기업 등 대통령령으로 정하는 기 관이 아닐 것
　　다. 그 밖에 지분 소유나 출자관계 등이 대통령령으로 정하는 기준에 적합한 기업
22) 15. "비거주자"란 거주자 외의 개인 및 법인을 말한다. 다만, 비거주자의 대한민국에 있는 지점, 출장소, 그 밖의 사무소는 법률상 대리권의 유무에 상관없이 거주자로 본다.

Ⅱ. 업무

신기술사업금융업자는 ⅰ) 신기술사업자에 대한 투자(제1호), ⅱ) 신기술사업자에 대한 융자(제2호), ⅲ) 신기술사업자에 대한 경영 및 기술의 지도(제3호), ⅳ) 신기술사업투자조합의 설립(제4호), ⅴ) 신기술사업투자조합 자금의 관리·운용 업무(제5호)를 한다(법2(14) 및 41①). 신기술사업자에 대한 투자는 주식인수나 전환사채·신주인수권부사채 등 회사채 인수를 통해 이루어진다. 신기술사업자에 대한 융자는 일반융자 또는 조건부융자 방식으로 이루어진다. 조건부융자는 계획한 사업이 성공하는 경우에는 일정기간 사업성과에 따라 실시료를 받지만 실패하는 경우에는 대출원금의 일부만을 최소 상환금으로 회수하는 방식이다.

신기술사업금융회사는 다른 여신전문금융회사와 마찬가지로 금융기관 차입, 회사채 또는 어음 발행, 보유 유가증권 매출, 보유 대출채권 양도 등을 통해 자금을 조달한다. 이 밖에 공공자금관리기금, 신용보증기금 등 정부기금으로부터 신기술사업 투·융자에 필요한 자금을 차입할 수 있다.[23]

---

23) 한국은행(2018), 306쪽.

서민금융기관

제1절   서민금융과 서민금융기관

Ⅰ. 서민금융

1. 서민금융의 의의와 범주

(1) 서민금융의 법적 근거

서민금융에 관하여는 2016년 제정·시행된 「서민의 금융생활 지원에 관한 법률」("서민금융법")이 법적 근거에 해당한다. 서민금융법("법")에는 서민이나 서민금융에 관한 정의조항이 없다. 다만 이 법에는 "서민 금융생활지원사업"에 대한 정의조항이 있어서(법2(5)) 짐작할 수 있을 뿐이다.

서민금융법 제정 이유로는 서민금융 서비스의 수요자 편의성을 제고하고 서민에 대한 종합적인 금융지원 기능을 수행하기 위하여 서민금융진흥원을 설립하고, 개인채무자에 대한 사적 채무조정 기능을 수행하고 있는 민법상 사단법인인 신용회복위원회를 서민금융법에 따른 특수법인으로 전환하여 개인채무자에 대한 채무조정 지원 기능을 강화하는 등 수요자 중심의 종합적인 서민금융 지원체계를 구축하고자 함에 있다(법1).

(2) 서민금융의 의의

서민금융은 소득 또는 재산이 일정 수준 이하로 평균보다 적거나 신용등급이 낮아 정상적인 담보능력을 갖추지 못하여 금융소외가 발생하는 서민들과 중소기업 및 영세상인 등 저신용 계층을 위한 금융을 말한다. 서민금융을 광의로 생각해 보면 서민들에게 각종 금융수단을 제공 하고 이를 통해 자활이 가능하도록 함으로써 원리금 상환가능성을 높이고 미래에 더 이상 서 민금융 대상이 되지 않도록 하는 종합적인 금융서비스이다. 즉 서민의 자금 접근성과 가용성을 넓힌다는 의미를 넘어서 이들의 자활을 가능하게 해줌으로써 소득 창출을 통해 원리금 상환을 가능하게 하고 미래에는 서민의 범주에서 벗어나게 해주는 종합적인 금융서비스이다.

서민금융은 일반적인 가계금융과는 다르다. 즉 일반적으로 가계금융은 예금, 대출, 보험, 투자 등이 이루어지는 과정에서 자금의 흐름이 중심인 반면, 서민금융은 여기에 추가하여 자활 을 촉진하고 더 이상 서민금융의 대상이 되지 않도록 지원한다는 의미가 추가될 수 있다. 더욱 이 서민금융은 자영업자와 같이 생활의 터전에서 사업을 동시에 영위하는 경우가 많아서 생활 자금과 사업자금의 구분도 어려운 경우가 빈번하다. 이와 같이 서민금융은 단순히 서민에게 자 금을 중개해주는 기능에 한정되지 않고 자문 및 컨설팅 서비스 등을 통해 서민의 자활을 돕는 한편, 이 과정에서 정성적 정보를 가지고 신용리스크를 분석·평가할 수 있는 능력을 배양한다 는 복합적 성격도 지니고 있다.[1]

(3) 서민금융의 범주

서민금융의 범주는 서민의 범위를 어떻게 정하느냐에 따라 달라진다. 일반적으로 서민이 란 용어는 통상적으로 시민계층을 광범위하게 일컫는 용어로 사용되었다. 하지만 오늘날에는 경제적 의미로 부(富)에서 소외된 계층을 일컫는 용어로 사용되고 있어 구체적인 대상이 누구 인지 엄밀하게 정의되어 있지는 않다. 그러나 현실적으로 서민의 개념과 범위를 보다 구체화하 기 위해서는 사회·경제적 관점에서 기준이 되는 소득수준과 생활의 어려움 등의 기준들을 가 지고 세분화된다.[2]

현재 우리 정부의 서민정책 지원 대상자를 살펴보면, 소득이 최저생계비의 150% 이하인 자, 최저생계비에 의거하여 구분되는 기초생활수급자(부양받을 수 없고 소득이 최저생계비 이하인 자)와 차상위계층(소득이 최저생계비의 120% 이하인 자), 세대당 연소득 2천만원, 3천만원, 4천만 원 이하인 경우, 장기실업자 등이다.

그러나 경쟁과 규제의 적용을 받는 금융기관은 차주가 서민이냐의 여부보다 원리금 회수 와 직결된 담보 및 신용등급이 중요하기 때문에 서민에 대한 관심보다도 개인 신용등급을 중 시할 수밖에 없다. 이에 서민금융기관에서는 서민금융정책대상으로서의 서민은 은행의 신용대

---

1) 손상호(2016), 「서민금융의 시장기능 활성화 방안」, 한국금융연구원 KIF 정책보고서(2016. 8), 4쪽.
2) 대부분의 국가에서는 주거, 금융, 교육, 보건·의료, 문화 등의 정책 분야에서 소득수준, 경제활동상태, 생활의 어려움, 인구·사회적 특성 등을 정부기관의 목적에 맞게 반영하여 서민의 범주를 정하고 지원도 이루어지고 있다.

출에 대한 접근이 사실상 봉쇄된 경제주체를 지칭하기도 한다. 즉 정책적인 금융지원을 목적으로 신용등급이 낮아 금융거래가 상당 수준 제한되는 금융소외자로서 개인 신용등급에서 주의등급에 해당하는 신용등급 7등급에서 10등급의 저신용자들이 여기에 해당된다. 따라서 서민금융은 소득수준으로는 중위소득의 75% 미만 또는 신용등급을 기준으로 7-10등급에 해당하는 저신용·저소득 금융소비자에게 제공되는 금융으로 정의할 수 있을 것이다.[3]

2. 서민금융의 특징

서민금융은 기본적으로 담보력과 신용도가 떨어지는 저소득층에 대한 금융서비스로서 시장실패의 가능성이 매우 높고, 수요자 측면에서 상대적으로 소득이 낮거나 신용등급이 낮은 계층을 대상으로 함에 따라 일반적인 금융과는 차별화된 몇 가지 특징을 갖는다.[4]

ⅰ) 서민은 상대적 저소득, 저신용으로 인해 여신상환능력과 의도를 갖추었다고 해도 담보가 충분히 제공되지 않는 경우 제도권 금융기관으로부터의 신용대출 수혜가 상당 수준으로 제한되는 특징을 지닌다. ⅱ) 서민은 돌발적 자금수요로 인해 외부로부터의 자금조달이 절실하다. 소득 대부분을 생활자금으로 사용하여 저축이 불충분하며, 질병, 장례 등 돌발적 상황 또는 자립기반 구축을 위해 외부로부터의 자금조달이 절실한 것이다. ⅲ) 서민의 경우 대체로 소득수준이 낮거나 비정규직과 같은 고용상태로 인해 신용상태가 불안정하고 금융기관으로부터의 차입 시 담보로 제공할 수 있는 물적 자산이 취약하여 담보력이 미약한 편이다.

이러한 서민금융의 특징은 중소영세기업 금융의 특징과 유사하다. 자금용도 면에서 물품납부처로부터의 입금지연에 따른 돌발적 자금수요가 발생하며, 대출 건당 금액이 소액인 반면 대출건수가 많아 금융기관이 대기업에 적용되는 대출 프로세스를 그대로 적용할 경우 고비용을 초래한다. 기업주의 개인 자산과 기업자산의 구분이 불명확하며 장부 등 재무제표가 불완전하여 외부 신용평가기관으로부터의 신용정보가 미흡하다. 따라서 서민과 중소영세기업을 대상으로 한 금융은 정보 비대칭성과 신용리스크가 높기 때문에 여신심사 및 사후관리를 위해 많은 시간과 노력이 소요됨에 따라 취급비용과 관리비용이 높은 특징을 갖고 있다.

3. 서민금융의 분류

(1) 시장성 서민금융

우리나라 상업 금융기관들은 서민금융을 적극적으로 추진하고 있지 않은 것으로 평가된

---

3) 정영주(2018), "서민금융기관의 활성화 방안에 관한 연구: 광주전남지역을 중심으로", 목포대학교 대학원 석사학위논문(2018. 2), 6-8쪽.
4) 정영주(2018), 8-9쪽.

다. 따라서 정부는 정책적으로 서민금융기관을 통해 저신용자에 대한 신용공급을 추진해 왔다.

시장성 서민금융을 대표하는 서민금융기관에는 새마을금고, 신용협동조합, 상호금융(농협협동조합, 수산업협동조합), 저축은행, 할부금융업자, 대부업자 등을 들 수 있다. 또한 서민금융기관을 제도권, 비제도권, 영리, 비영리, 정책금융 등을 기준으로 분류할 수 있는데, 우리나라에서 서민금융기관이라고 표현할 때는 시장성 서민금융을 지칭하는 것이 일반적이다. 여기서는 서민금융기관을 상호저축은행, 상호금융기관(신용협동조합, 농협, 수협, 산림조합의 각 단위조합, 새마을금고), 우체국예금, 대부업자 등으로 정의하기로 한다.

시장성 서민금융의 한 축을 담당해온 서민금융기관들은 은행이 기업대출에 전념하던 개발경제 시대에 지역금융을 기반으로 하여 가계대출을 공급하는 역할을 하였다. 그러나 1997년 IMF 외환위기 이후 은행의 가계금융 취급범위가 확대되고 상당수의 고객이 은행 창구를 선호하게 되면서 지역금융에 기초한 서민금융기관의 가계대출 취급기반은 점차 취약해지기 시작했다. 더욱이 2000년대 초반 신용카드사태 발생과 2008년 금융위기 이후 상호저축은행, 상호금융기관 등 서민금융기관의 신용대출 부실화 과정이 확대되면서 금융당국의 금융규제가 강화됨에 따라 이들 서민금융기관을 통한 가계금융, 특히 서민금융 공급은 크게 위축되었다. 이에 따라 2000년대 후반기에 대부업체 등 사금융 확대가 사회문제로 대두되면서 정부는 이를 해소하고자 2008년 이후 미소금융, 햇살론, 새희망홀씨 등 정책성 서민금융을 본격적으로 도입하기 시작하였다.[5]

(2) 정책성 서민금융

정책성 서민금융은 급증하는 서민금융 수요를 시장기능을 통해 해소하지 못해 발생한 시장실패를 해소하기 위하여 정부가 제공한 서민금융을 말한다.

시장성 서민금융을 대표하는 새마을금고, 신협 등 서민금융기관들은 1997년 외환위기와 2008년 금융위기를 겪으면서 금융규제가 확대되자 신용대출 취급을 회피하고, 손쉬운 담보대출에만 집중하는 대출구조가 정착되면서 서민계층에 대한 신용공급을 위축시켰다. 이러다 보니 고신용자는 낮은 금리로 신용대출을 받을 수 있지만, 저신용자로 가면 금리가 급작스럽게 크게 높아져 상당히 높은 금리를 지불해야 신용대출을 받을 수 있는 금리 단층 현상이 발생하였다. 이에 서민계층은 아예 제도권 금융기관에서 대출을 받지 못함에 따라 대부업 등과 같은 사금융을 이용하는 현상이 점차 확대되는 모습이 나타났다. 이에 서민금융기관의 신용공급 기능 약화가 시장실패의 원인[6]이라고 판단한 정부에서는 이에 대응하여 2009년부터 본격적으로

---

5) 정영주(2018), 9-10쪽.

6) 서민금융시장에서 사회적으로 바람직한 수준의 신용이 거래되지 않으면 시장실패가 발생한다. 이를 세 가지 유형으로 구분할 수 있다. 첫째, 차입자의 상환능력에 대한 정보 비대칭성으로 인해 사회적으로 적절한 수준보다 작은 규모의 자금이 공급될 가능성, 둘째, 신용평가모형의 품질이 만족스럽지 못한 경우 신용이

정책성 서민금융상품을 출시하게 되었다.

정책성 서민금융은 크게 정부부처 및 공공기관이 제공하는 정책성 서민금융제도와 민간자금을 재원으로 2009년 이후 설립된 미소금융, 햇살론, 새희망홀씨 등 정책성 서민금융으로 구분한다. 정책성 서민금융이 처음 도입된 초기에는 상호중복되는 부분도 있었으나, 운영과정에서 특정 기능이나 부문에 특화하면서 상호보완성이 점차 확대되는 모습으로 변화하고 있다.[7)]

Ⅱ. 서민금융기관

1. 의의와 설립배경

서민금융기관은 일정한 행정구역 내에 영업기반을 두고 영세상공인, 자영업자, 지역주민 등 서민계층을 대상으로 금융중개를 비롯한 각종 금융서비스를 제공하는 지역밀착형 소규모 금융기관을 말한다. 여기에는 상호저축은행과 조합원의 저축편의 제공과 여수신을 통한 상호 간의 공동이익 추구를 목적으로 설립된 새마을금고, 신용협동조합, 상호금융 등이 포함된다. 이러한 맥락에서 은행법상 일반은행이 신용도가 높은 기업과 가계금융에 중점을 둔다면, 서민 금융기관은 비은행금융기관으로 일정한 행정구역 내에 영업기반을 두고 영세자영업자 및 소상공인, 지역 내 서민가계 및 금융취약계층을 대상으로 금융중개 및 서비스를 제공하는 지역밀착형 소규모 금융기관이라고 할 수 있다.

한편 우리나라 금융시장은 1970년대 초까지는 제도권 금융기관인 은행을 중심으로 제한된 자금을 경제개발계획에 따라 전략산업에 배분하였고, 금융제도 또한 그 체계가 확립되지 않았다. 따라서 대부분의 국민들은 경제활동에 필요한 자금을 고금리 사채에 의존하여 조달할 수밖에 없었으며, 이러한 요인이 작용하여 필연적으로 금융질서의 문란을 초래하였다. 이에 정부는 1972년 8.3조치로 일컬어지는 "사금융양성화 3법"으로 사금융을 제도권 금융으로 흡수하기 위해 긴급경제조치를 단행하고 서민·중소기업 및 지역주민의 금융편의를 도모하기 위하여 상호신용금고법과 신용협동조합법 등을 제정함으로써 서민금융기관의 법적 기반을 갖추게 되었다.[8)]

2. 특징

서민금융기관은 다음과 같은 특징을 갖는다. ⅰ) 대부분의 서민금융기관은 개별 기관의 부실화가 전체 금융시스템의 건전성에 큰 영향을 미치지 않을 정도의 소형금융기관이다. ⅱ) 취급

과소하게 공급될 가능성, 셋째, 서민금융시장의 경쟁 결핍으로 인한 신용의 과소공급 가능성 등이 있다.
7) 정영주(2018), 11-12쪽.
8) 정영주(2018), 14쪽.

하는 여신에 고금리를 부과하더라도 평판리스크에 큰 영향이 없거나 또는 평판리스크가 증가하더라도 이것이 영업에 미치는 악영향이 비교적 덜한 상호기관으로 운영하거나, 영업의 대상지역을 비교적 좁은 지리적 구역으로 제한한다. iii) 저신용등급 여신의 특성상 신용등급만으로 판별하기 어려운 여신대상자의 상환능력을 파악할 수 있어야 한다. 따라서 대형금융기관에 비해 훨씬 강도 높은 고객밀착형 영업이 가능하도록 여신대상자나 영업대상 지역을 제한하는 요인으로 작용한다. iv) 대형금융기관에 비해 자금조달의 경쟁력이 낮기 때문에 이를 보완하기 위해 자금조달의 대상을 잠재적인 여신고객으로 한정하거나, 고금리를 통한 자금조달에 의존하게 된다. 이러한 특성을 가진 서민금융기관은 일반적으로 "서민금융을 주된 업무로 하는 금융기관" 정도의 의미로 이해된다.[9]

3. 종류

서민금융기관은 서민금융시장에 자금공급자로 참여하는 주체이며 상호저축은행과 신용협동조합, 새마을금고, 농업협동조합, 수산업협동조합, 산림조합 등 소위 상호금융기관으로 불리는 협동조합형 금융기관이 여기에 속한다. 저신용 계층을 대상으로 무담보 자금을 대여하는 신용카드회사나 할부금융회사 등의 여신전문금융회사나 대부업자까지를 서민금융기관에 포함하기도 한다.

제2절 상호저축은행

Ⅰ. 서설

1. 설립배경 및 연혁

상호저축은행은(또는 저축은행) 1972년 8 ·3 긴급 경제조치에 따른 이른바 사금융양성화 3법(단기금융업법, 상호신용금고법, 신용협동조합법)의 하나로 상호신용금고법이 제정되면서 등장하였다. 당시 은행을 비롯한 제도권 금융기관은 제한된 금융자금을 경제성장을 위한 육성부문에 공급하는 데 치중하였다. 이에 따라 서민이나 소규모 기업은 대부분 사설 무진회사(無盡會社)나 서민금고 등을 통하여 자금을 융통하였다. 이들 사금융기관은 경영 규모의 영세성 및 부실 경영 등으로 도산이 속출함으로써 거래자에게 막대한 피해를 주고 금융질서를 문란하게 하는 사

---

9) 정영주(2018), 15-16쪽.

례가 빈발하는 등 많은 폐해를 낳았다. 이러한 상황 아래서 정부는 이들 사금융기관을 양성화하여 그 업무를 합리적으로 규제함으로써 거래자를 보호하는 한편 담보력과 신용도가 취약한 소규모기업과 서민을 위한 전문적 서민금융기관으로 육성하기 위하여 상호저축은행 제도를 도입하였다.10)

한편 상호저축은행은 그동안 지역경제와 서민금융을 위해 많은 역할을 수행해 왔지만, 1997년 IMF 외환위기 이후 구조조정으로 크게 위축되었다. 그러나 2003년부터 저금리 기조가 정착됨에 따라 은행 대비 수신금리의 경쟁력이 상승하면서 수신이 증가하였고, 이를 기반으로 한 거대 여신의 확대로 인하여 2010년까지는 자산이 급증하면서 호황을 누려왔다. 그러나 일부 저축은행은 서민금융기관으로서 본연의 역할에 충실하지 않고 외형확대와 함께 부동산 과열에 편승하여 리스크가 높은 부동산PF 대출에 집중하였다. 그 결과 2008년 금융위기 이후 부동산시장이 침체되면서 부동산PF 대출의 부실로 이어졌으며, 이로 인해 저축은행은 급속도로 부실해졌다.11) 여기에 대주주와 경영진의 도덕적 해이가 더해지면서 2011년 부산저축은행을 비롯한 15개 저축은행이 영업정지처분을 받게 되었다.12)

설립 초기인 1972년말 350개에 달하였던 상호저축은행 수는 부실 저축은행의 정비 및 통·폐합 유도, 신규 설립 억제 등으로 계속 감소하여 1980년말에는 192개로 줄어들었다. 그 후 1982년 7월에서 1983년 11월까지 총 58개의 상호저축은행이 신설되기도 하였으나 1997년 외환위기 이후 다수 상호저축은행이 퇴출 또는 합병되면서 1997년말 231개에 달하던 상호저축은행 수가 2017년말에는 79개로 크게 감소하여 현재까지 유지하고 있다.13)

2. 기능과 특성

상호저축은행은 2001년 3월 상호신용금고법이 개정되면서 종전의 상호신용금고의 명칭이 변경되어 생겨난 금융기관으로, 명칭이 변경되었지만 동일한 종류의 금융기관이다. 상호신용금고("저축은행")는 1972년 정부의 8.3조치에 따라 사금융양성화를 위해 제정된 상호신용금고법에 의해 설립된 금융기관으로서 "서민의 금융편의 도모"14)를 그 목적으로 한다.

서민금융기관으로서의 본래 취지에 따라 영업지역이나 업무의 범위에 제한이 따르기는 하

---

10) 한국은행(2018), 222쪽.
11) 정영주(2018), 23-24쪽.
12) 그 결과 저축은행의 경영상태는 더욱 악화되어 구조조정으로 이어졌으며, 2011년 상반기 8개, 하반기 7개, 2012년 4개의 부실 저축은행들이 영업정지를 받았다.
13) 한국은행(2018), 223쪽.
14) 상호신용금고법이 제정되었을 당시에는 "서민의 금융편의 도모"를 그 목적으로 규정(법1)하였으나, "서민과 소규모기업의 금융편의"(1995년 1월 개정) 도모로 개정하였다가, 2001년 3월 개정 시에는 "서민과 중소기업의 금융편의" 도모를 목적으로 변경하여 현재까지 유지되고 있다.

지만, 금융이용자 쪽에서 본다면 은행과 그 기능에 큰 차이가 없다. 금융기관의 업종을 크게
은행, 금융투자, 보험으로 구분할 때 저축은행을 이러한 금융업종과 구분하여 독립된 영역으로
취급15)하기는 하지만, 예금과 대출이 그 핵심업무라는 점을 고려한다면 사실상 은행과 같은
업무를 하고 있다. 그러나 소규모 서민금융기관이란 점 때문에 저축은행의 경우 시장진입이나,
건전성규제 등에서 은행보다 매우 완화된 기준을 적용하고 있다.16) 특히 은행은 사금고화를
방지하기 위해 산업자본에 의한 은행의 소유를 엄격히 제한하고 있는데 반해 유사한 기능을
영위하는 저축은행에 대해서는 소유제한이 거의 없다.17)

　　저축은행은 또한 지역밀착형 서민금융기관이라는 점에서 영업구역의 제한을 받는다. 상호
저축은행법은 전국을 6개의 영업구역으로 구분하고 저축은행은 이 영업구역 내에서 영업함을
원칙으로 하고 있다.18) 저축은행에 대한 영업구역 제한은 지역에 특화된 서민금융기관으로서
기능하도록 하기 위한 조치이며 이 점에서 전국을 영업구역으로 하는 은행과 차이가 있다.19)

　　상호저축은행은 최초 도입 당시에는 그 업무가 매우 제한적이어서 은행에서 취급하는 예
금과 대출 등은 취급할 수가 없었으나, 점진적인 업무범위의 확대로 이제는 사실상 은행이 취
급하는 업무와 거의 차이가 없다. 즉 1972년 상호신용금고법 제11조에서는 상호신용금고의
업무범위를 상호신용계업무, 신용부금업무, 할부상환방법에 의한 소액신용대출, 계원 또는 부
금자에 대한 어음의 할인만으로 규정하고 있었다. 그러나 현행 상호저축은행법에서는 예금
및 적금의 수입, 자금의 대출, 어음의 할인과 같이 은행의 핵심 여·수신업무를 포함하고 있으
며, 내·외국환, 보호예수, 수납 및 지급대행, 기업합병 및 매수의 중개·주선 또는 대리 업무
등의 업무도 할 수 있도록 규정하고 있다(법11①).

---

15) 금융감독당국은 비은행(중소서민금융)이란 업종으로 구분하고 있다.
16) 금융기관에 대한 규제는 시장에의 진입과 퇴출, 소유, 자기자본비율, 영업행위 등 여러 측면에서 살펴볼 수
　　있는데, 저축은행은 이러한 규제에서 은행과 많은 차이가 있다.
17) 최영주(2012), 저축은행 부실화에 있어 대주주의 영향과 법적 규제, 법학연구 제53권 제3호(2012. 8),
　　194-195쪽.
18) 2010년 상호저축은행법 개정 이전에는 서울특별시, 광역시, 각 도 단위로 영업구역을 설정하였으나(영6
　　③), 2010년 법 개정으로 영업구역을 6개 구역으로 재편하였다(법4). 또한 하나의 지역 내에 본점만 설치
　　하는 것이 원칙이다. 그러나 영업구역 내에서는 금융위원회의 인가를 받아 지점·출장소 등을 설치할 수
　　있으며(법7①), 대통령령이 정하는 경우에는 금융위원회의 인가를 받아 영업구역 외에 지점 등을 설치할
　　수 있도록 허용하고 있다(법7②).
19) 은행의 경우에도 지방은행은 저축은행과 유사한 영업구역 제한을 해 왔으나, 단계적으로 완화하여 1998년
　　에는 영업구역의 제한을 폐지하였고, 현행 은행법은 지방은행을 "전국을 영업구역으로 하지 아니하는 은
　　행"이라고만 규정(은행법2①(10)(가))하고 있다.

Ⅱ. 인가와 영업구역 제한

1. 의의

상호저축은행법("법")이 설립 근거법인 상호저축은행은 일정 행정구역 내에 소재하는 서민과 중소기업에게 금융편의를 제공하도록 설립된 지역 서민금융기관이다. 상호저축은행 업무를 영위하려면 일정한 요건을 갖추어 금융위원회로부터 상호저축은행의 인가를 받아야 한다(법6, 법6의2). 은행법 제6조는 상호저축은행을 은행으로 보지 아니한다고 규정하여 은행법 적용을 배제한다.

상호저축은행은 그 명칭 중에 "상호저축은행" 또는 "저축은행"이라는 명칭을 사용하여야 한다(법9①). 상호저축은행이 아닌 자는 상호저축은행, 저축은행, 상호신용금고, 무진회사(無盡會社), 서민금고 또는 이와 비슷한 명칭을 사용하지 못한다(법9②).

2. 영업구역의 제한

상호저축은행의 영업구역은 주된 영업소("본점") 소재지를 기준으로 ⅰ) 서울특별시(제1호), ⅱ) 인천광역시·경기도를 포함하는 구역(제2호), ⅲ) 부산광역시·울산광역시·경상남도를 포함하는 구역(제3호), ⅳ) 대구광역시·경상북도·강원도를 포함하는 구역(제4호), ⅴ) 광주광역시·전라남도·전라북도·제주특별자치도를 포함하는 구역(제5호), ⅵ) 대전광역시·세종특별자치시·충청남도·충청북도를 포함하는 구역(제6호)의 어느 하나에 해당하는 구역으로 한다(법4①). 즉 상호저축은행은 주된 영업소인 본점이 소재한 지역으로 영업구역이 제한된다. 다만 합병상호저축은행 및 계약이전을 받는 상호저축은행은 합병에 의하여 소멸되는 상호저축은행 또는 계약이전을 하는 상호저축은행의 영업구역을 해당 상호저축은행의 영업구역으로 포함시킬 수 있다(법4②).

Ⅲ. 업무 등

1. 업무

상호저축은행은 다음과 같은 업무를 영위할 수 있다(법11①). ① 신용계 업무(제1호)[20], ② 신용부금 업무(제2호)[21], ③ 예금 및 적금의 수입 업무(제3호), ④ 자금의 대출 업무(제4호), ⑤

---

20) "신용계업무(信用契業務)"란 일정한 계좌 수와 기간 및 금액을 정하고 정기적으로 계금(契金)을 납입하게 하여 계좌마다 추첨·입찰 등의 방법으로 계원(契員)에게 금전을 지급할 것을 약정하여 행하는 계금의 수입과 급부금의 지급 업무를 말한다(법2(2)).

어음의 할인 업무(제5호), ⑥ 내·외국환 업무(제6호), ⑦ 보호예수 업무(제7호), ⑧ 수납 및 지급대행 업무(제8호), ⑨ 기업 합병 및 매수의 중개·주선 또는 대리 업무(제9호), ⑩ 국가·공공단체 및 금융기관의 대리 업무(제10호), ⑪ 상호저축은행중앙회를 대리하거나 그로부터 위탁받은 업무(제11호), ⑫ 전자금융거래법에서 정하는 직불전자지급수단의 발행·관리 및 대금의 결제(상호저축은행중앙회의 업무를 공동으로 하는 경우만 해당)(제12호), ⑬ 전자금융거래법에서 정하는 선불전자지급수단의 발행·관리·판매 및 대금의 결제(상호저축은행중앙회의 업무를 공동으로 하는 경우만 해당)(제13호), ⑭ 자본시장법에 따라 금융위원회의 인가를 받은 투자중개업, 투자매매업 및 신탁업(제14호), ⑮ 여신전문금융업법에 따른 할부금융업(거래자 보호 등을 위하여 재무건전성 등 대통령령으로 정하는 요건[22]을 충족하는 상호저축은행만 해당)(제15호), ⑯ 위의 업무에 부대되는 업무 또는 상호저축은행의 설립목적 달성에 필요한 업무로서 금융위원회의 승인을 받은 업무(제16호)[23]이다.

2. 예금 등 신용공여의 범위

"예금등"이란 계금, 부금, 예금, 적금, 그 밖에 대통령령으로 정하는 것을 말한다(법2(5)). 여기서 "대통령령으로 정하는 것"이란 상호저축은행의 설립목적 달성에 필요한 업무로서 금융위원회의 승인을 받은 업무(법11①(16))로서 상호저축은행이 어음을 발행함에 따라 부담하는 채무를 말한다(영3의2①).

"신용공여"란 급부, 대출, 지급보증, 자금지원적 성격의 유가증권의 매입, 그 밖에 금융거래상의 신용위험이 따르는 상호저축은행의 직접적·간접적 거래로서 "대통령령으로 정하는 것"을 말한다. 이 경우 누구의 명의로 하든지 본인의 계산으로 하는 신용공여는 그 본인의 신용공여로 본다(법2(6)).

여기서 "대통령령으로 정하는 것"이란 다음의 경우이다(영3의2② 본문). ⅰ) 회사채(공모의 방법으로 발행하는 것은 제외)의 매입(제1호), ⅱ) 기업어음(기업이 자금조달을 목적으로 발행하는 어음)의 매입(제2호), ⅲ) 제11조의2 제1호에 따른 보증(제3호), ⅳ) 콜론[call loan, 30일 이내의 금융기관(금융위원회법 제38조에 따라 금융감독원의 검사를 받는 기관) 간 단기자금 거래에 의한 자금공여를

---

21) "신용부금업무"란 일정한 기간을 정하고 부금(賦金)을 납입하게 하여 그 기간 중에 또는 만료 시에 부금자에게 일정한 금전을 지급할 것을 약정하여 행하는 부금의 수입과 급부금의 지급 업무를 말한다(법2(3)).
22) "재무건전성 등 대통령령으로 정하는 요건"이란 다음의 요건을 말한다(영7의5).
   1. 제11조의7 제1항 제1호에 따른 위험 가중 자산에 대한 자기자본비율이 최근 2개 회계연도 연속하여 10% 이상일 것
   2. 최근 2년간 법 제24조 제1항 제1호에 따른 경고 이상의 조치를 받은 사실이 없을 것
23) 금융위원회가 법 제11조 제1항 제16호에 따라 부대업무를 승인할 때에는 합병상호저축은행, 계약이전을 받은 상호저축은행 또는 경영실적이 우수하고 재무상태가 우량한 상호저축은행에 대하여 우선적으로 승인할 수 있다(영8).

말하며, 상호저축은행중앙회를 통하여 하는 콜론 거래 중 상대방을 지정하지 아니하는 콜론 거래는 제외](제4호), ⅴ) 할부금융(제5호)에 해당하는 것을 말한다. 다만, 예금자보호법 제2조 제2호[24])에 따른 예금등에 해당하는 것은 제외한다(영3의2② 단서).

3. 개인과 중소기업에 대한 최저 신용공여 비율

상호저축은행은 업무를 할 때 상호저축은행법과 상호저축은행법에 따른 명령에 따라 서민과 중소기업에 대한 금융 편의를 도모하여야 하고(법11③), 신용공여 총액에 대한 영업구역 내의 개인과 중소기업에 대한 신용공여 합계액의 최소 유지 비율, 그 밖에 상호저축은행이 지켜야 할 구체적인 사항은 대통령령으로 정한다(법11②).

이에 따라 시행령 제8조의2는 업무수행 시 준수사항을 다음과 같이 정하고 있다. 상호저축은행은 다음 사항을 지켜야 한다(영8의2)

1. 영업구역 내의 금융위원회가 정하여 고시하는 개인과 중소기업에 대한 신용공여[25])의 합계

---

24) 2. "예금등"이란 다음 각 목의 어느 하나에 해당하는 것을 말한다. 다만, 대통령령으로 그 범위를 제한할 수 있다.
　가. 제1호 가목부터 바목까지의 부보금융회사("은행")가 예금·적금·부금(賦金) 등을 통하여 불특정다수인에 대하여 채무를 부담함으로써 조달한 금전과 원본이 보전되는 금전신탁 등을 통하여 조달한 금전
　나. 제1호 사목 및 아목의 부보금융회사("투자매매업자·투자중개업자")가 고객으로부터 증권의 매매, 그 밖의 거래와 관련하여 예탁받은 금전(제1호 아목에 따른 증권금융회사의 경우에는 예탁받은 금전을 포함)과 원본이 보전되는 금전신탁 등을 통하여 조달한 금전
　다. 제1호 자목의 부보금융회사("보험회사")가 보험계약에 따라 받은 수입보험료, 변액보험계약에서 보험회사가 보험금 등을 최저보증하기 위하여 받은 금전 및 원본이 보전되는 금전신탁 등을 통하여 조달한 금전
　라. 제1호 차목의 부보금융회사("종합금융회사") 및 금융산업구조개선법에 따라 종합금융회사와 합병한 은행 또는 투자매매업자·투자중개업자가 자본시장법 제336조 제1항에 따라 어음을 발행하여 조달한 금전과 불특정다수인을 대상으로 자금을 모아 이를 유가증권에 투자하여 그 수익금을 지급하는 금융상품으로 조달한 금전
　마. 제1호 카목의 부보금융회사("상호저축은행")가 계금(契金)·부금·예금 및 적금 등으로 조달한 금전. 다만, 상호저축은행중앙회의 경우에는 자기앞수표를 발행하여 조달한 금전만 해당한다.
25) "금융위원회가 정하여 고시하는 개인과 중소기업에 대한 신용공여"란 다음 각 호의 어느 하나에 해당하는 신용공여를 말한다(상호저축은행업감독규정22의2①).
　1. 다음 각 목의 어느 하나에 해당하는 개인에 대한 신용공여
　　가. 신용공여 당시 신용공여 받는 자의 주민등록지가 영업구역내인 자
　　나. 신용공여 당시 신용공여 받는 자의 실제 근무지가 영업구역내인 자
　2. 다음 각 목의 어느 하나에 해당하는 중소기업에 대한 신용공여
　　가. 신용공여 당시 신용공여 받는 자의 본점·주사무소·지점의 등기부상 소재지가 영업구역내인 자
　　나. 신용공여 당시 신용공여 받는 자의 부가가치세법상 사업장 소재지가 영업구역내인 자
　　다. 감독원장이 신용공여 받는 자의 사업·생산과 직접 관련이 있다고 인정하는 부동산 담보물의 소재지가 영업구역내에 있는 자. 다만, 부동산 프로젝트파이낸싱, 부동산임대업을 영위하기 위한 대출은 제외한다.
　3. 그 밖에 신용공여 당시 신용공여 받는 자의 경제활동이 영업구역내에서 이루어지는 경우로서 감독원장

액을 다음 각 목의 구분에 따라 유지할 것. 다만, 금융위원회가 정하여 고시하는 신용공여26)는 유지비율 산정 시 신용공여에서 제외한다.

가. 영업구역이 법 제4조 제1항 제1호·제2호의 구역인 상호저축은행: 신용공여 총액의 50% 이상

나. 영업구역이 법 제4조 제1항 제1호·제2호의 구역 외의 구역인 상호저축은행: 신용공여 총액의 40% 이상

다. 다음의 어느 하나에 해당하는 상호저축은행: 신용공여 총액의 30% 이상

    1) 최대주주변경상호저축은행

    2) 신규로 설립된 상호저축은행으로서 계약이전에 따라 최대주주변경상호저축은행의 본점 및 지점등만을 승계한 상호저축은행

    3) 1) 또는 2)에 따른 상호저축은행으로서 계약이전·합병 등에 따라 다른 1) 또는 2)에 따른 상호저축은행의 본점 및 지점등만을 승계한 상호저축은행

라. 가목부터 다목까지 어느 하나에 해당하지 아니하는 상호저축은행: 신용공여 총액의 30% 이상 50% 이하의 범위에서 금융위원회가 정하는 기준27) 이상

이 영업구역내 신용공여로 인정하는 신용공여

다음 각 호의 어느 하나에 해당하는 신용공여로서, 전항에 따른 개인과 중소기업에 대한 신용공여는 그 신용공여의 150%에 해당하는 금액을 영업구역내의 신용공여로 본다(상호저축은행업감독규정22의2②).

1. 금융위로부터 보험업법 제4조 제1항 제2호 라목의 보증보험 경영을 허가 받은 자가 발급한 개인에 대한 재무 신용 보증증권부 대출

2. 분기 단위로 다음 각 목의 요건을 모두 충족하는 개인에 대한 신용대출상품의 해당분기 대출. 다만, 종료되지 않은 분기 중에 취급한 대출의 경우 해당 분기 종료까지는 다음 각 목의 요건을 충족하지 않은 것으로 본다.

    가. 신용등급(신용조회업을 허가받은 자로부터 제공받은 신용등급)이 4등급 이하인 차주에 대한 대출 취급액 또는 대출취급건수가 해당 상품 전체 취급액 또는 취급건수의 70% 이상인 경우

    나. 가중평균금리가 100분의 16 이하인 경우

    다. 최고금리가 100분의 19.5 미만인 경우

    라. 분기 시작 3영업일 전 중앙회의 인터넷 홈페이지에 가목 내지 다목의 요건을 모두 충족시키는 방향으로 운용되는 상품임을 공시한 경우

26) "금융위원회가 정하여 고시하는 신용공여"란 금융기관에 대한 신용공여를 말한다(상호저축은행업감독규정22의2③).

27) "금융위원회가 정하는 기준"이란 다음 각 호의 어느 하나를 말한다. 다만, 금융위는 금산법 및 예금보험공사가 자금을 지원하는 상호저축은행에 대하여 예금보험기금의 손실 절감 등의 사유가 있다고 인정되어 예금보험공사 사장이 요청하는 경우 또는 상호저축은행의 계약이전·합병과 관련하여 해당 상호저축은행의 영업구역 현황·분포 및 영업구역 외의 지점등의 현황·분포 등을 고려하여 타당하다고 인정되는 경우 그 기준을 따로 정할 수 있다(상호저축은행업감독규정22의2④).

1. 계약이전·합병 등에 따라 시행령 제8조의2 제1호 나목 및 다목에 해당하는 상호저축은행의 본점 및 지점등만을 승계하는 경우에는 40%

2. 제1호에 해당하지 아니하는 상호저축은행의 경우에는 50%

Ⅳ. 상호저축은행중앙회

상호저축은행을 건전하게 발전시키고 상호저축은행 간의 업무협조와 신용질서의 확립 및 거래자의 보호를 위하여 상호저축은행중앙회("중앙회")를 설립한다(법25①). 중앙회는 상호저축은행을 회원으로 하는 법인(법25②)으로 상호저축은행으로부터의 예탁금 및 지급준비예탁금의 수입 및 운용, 상호저축은행에 대한 대출, 상호저축은행이 보유하거나 매출하는 어음의 매입, 상호저축은행에 대한 지급보증, 내국환업무 및 국가·공공단체 또는 금융기관의 대리업무, 자본시장법에 따른 국채증권·지방채증권의 모집·인수 및 매출, 상호저축은행의 공동이익을 위한 자회사의 설립·운영 또는 다른 법인에의 출자, 전자금융거래법에서 정하는 직불전자지급수단의 발행·관리 및 대금의 결제, 전자금융거래법에서 정하는 선불전자지급수단의 발행·관리·판매 및 대금의 결제, 국가기관, 지방자치단체, 그 밖의 공공단체가 위탁하는 업무, 이에 부수되는 업무, 그 밖에 대통령령으로 정하는 업무[28]를 한다(법25의2①).

중앙회는 업무를 하려면 대통령령으로 정하는 바에 따라 업무방법서[29]를 작성하여 금융위원회의 승인을 받아야 한다. 이를 변경하려는 경우에도 또한 같다(법25의2②).

---

[28] "대통령령으로 정하는 업무"란 다음의 업무를 말한다(영22①).
  1. 상호저축은행의 건전한 영업질서 유지를 위한 다음 각 목의 자율규제 업무
    가. 상호저축은행의 회계, 업무방법 등에 관한 표준화 및 지도
    나. 상호저축은행 경영분석 및 그에 따른 지도
    다. 법 제18조의6에 따른 광고의 자율심의
    라. 그 밖에 거래자의 권익보호를 위하여 필요한 업무
  2. 상호저축은행의 임직원에 대한 교육
  3. 상호저축은행의 공동이익을 위한 사업
  4. 그 밖에 상호저축은행을 위하여 필요한 사업
[29] 업무방법서에는 다음의 사항을 적어야 한다(영22②).
  1. 예탁금과 지급준비예탁금의 수입 및 운용에 관한 사항
  2. 대출 또는 어음의 매입에 관한 사항
  3. 지급보증에 관한 사항
  4. 제1항 제1호에 따른 업무수행에 필요한 인력과 조직에 관한 사항
  5. 그 밖에 업무에 관한 중요한 사항

제3절　상호금융기관

Ⅰ. 서설

1. 상호금융의 의의

상호금융이란 동일 생활권 등 공동유대를 가진 사람들이 자발적으로 조합을 구성하여 조합원으로부터 여유자금을 예치 받고 이를 필요로 하는 조합원에게 대출함으로써 조합원 상호 간에 자금과부족을 스스로 해결하는 금융이다. 따라서 상호금융기관은 일정 공동유대 범위 내에서 상호부조의 성격을 갖는 조합형 금융기관이다. 상호금융기관은 은행이 담당하기 곤란한 지역 및 틈새시장의 특화된 금융 수요를 배경으로 태동하여 제도권 금융기관으로 정착하였으며, 현재 신용협동조합법에 의한 신용협동조합("신협"), 농업협동조합법에 의한 지역농업협동조합과 지역축산업협동조합, 수산업협동조합법에 의한 지구별 수산업협동조합, 산림조합법에 의한 지역산림조합, 새마을금고법에 의한 새마을금고("금고")가 있다. 기관이 영세하고 서민을 상대로 한 금융이라는 점을 감안하여 각국 정부는 상호금융기관에 대하여 일정 부분 제도적 지원정책을 실시하고 있다.[30]

2. 상호금융의 특성

상호금융은 다음과 같은 특성을 갖는다. ⅰ) 상호금융은 조합원 중 자금이 여유 있는 조합원이 조합에 예금을 하고, 자금을 필요로 하는 사람이 조합에서 차입하는 조합원 간의 호혜금융일 뿐만 아니라 조합을 통해 금융 중개활동이 이루어진다는 점에서 조합금융의 특징을 지닌다. ⅱ) 상호금융은 민간인인 조합원에 의해서 운영되므로 민간금융이며, 조합원의 자금과부족을 조합원 스스로 해결하므로 자주금융이라 할 수 있다. ⅲ) 상호금융은 협동조합에 의해 운영되고, 조합원의 경제력에 의한 차별 없이 누구나 이용할 수 있으므로 민주적인 성격을 띠고 있다. ⅳ) 상호금융은 예금을 수입하고 대출하는 등 업무 성격적 측면에서 은행금융과 유사하나, 은행은 불특정다수인을 영업대상으로 하는 데 비해 상호금융은 조합원을 대상으로 하므로 비조합원의 이용을 제한할 수 있다는 특징이 있다.

---

30) 이용찬(2009. 9), "상호금융기관별 설립근거법상 건전성 규제제도 개선방안에 관한 연구", 금융법연구 제6권 제1호(2009. 9), 101쪽.

Ⅱ. 신용협동조합

1. 서설

(1) 연혁

신용협동조합("신협")은 동일 공동유대에 속한 사람들이 모여 자금 조성 및 대출을 통해 경제적 어려움을 해결하기 위한 목적으로 자발적으로 설립된 조직이다. 신협운동은 1849년 독일에서 슐체데리치와 라이파이젠을 중심으로 시작하여 1866년 이탈리아, 1909년 미국 등 전 세계로 확산되었으며, 미국에 본부를 둔 세계신협협의회(WOCCU: World Council Credit of Unions)에 총 97개국의 회원이 참여하여 전지구적인 네트워크를 형성하고 있는 세계 최대의 민간협동조합으로 발전하고 있다.

우리나라의 경우 전후 경제적 여건이 매우 어려웠던 시기에 어려운 이웃에게 자금을 융통해주기 위한 목적으로 메리 가브리엘라 수녀가 1960년 5월 부산 메리놀병원에서 성가신용협동조합을 설립한 것이 시초이다. 이후 전국적으로 신협 설립이 가속화되면서 중앙기구의 필요성이 대두됨에 따라 1964년 4월 한국신용협동조합연합회가 설립되고, 1972년 8월 신용협동조합법이 제정되면서 대표 서민금융기관으로서 본격적으로 기능하기 시작했다. 그러나 1997년 IMF 외환위기 시절 대규모 부실 발생으로 해산·파산 등의 구조조정을 실시한 결과 조합이 상당수 감소했으며,[31] 총자산 규모도 역성장을 하는 경우가 발생하기도 했다. 대규모 구조조정 진행 후 현재는 안정기에 접어들었다.[32]

(2) 의의

신용협동조합("조합")은 지역·직장·단체 등 상호유대를 가진 개인이나 단체 간의 협동조직을 기반으로 하여 자금의 조성과 이용을 도모하는 비영리 금융기관을 말한다. 신용협동조합은 비영리법인으로서(법2(1)) 조합을 설립하려면 일정한 요건을 갖추어 금융위원회의 인가를 받아야 한다(법7, 법8). 신용협동조합의 업무를 지도·감독하며 그 공동이익의 증진과 건전한 발전을 도모하기 위하여 조합을 구성원으로 하는 신용협동조합중앙회("중앙회")를 두는데(법61), 중앙회는 조합의 공동이익을 도모하기 위하여 신용협동조합법에 따라 설립된 비영리법인이다(법2(2)).

---

31) 신용협동조합법 제정 이전인 1971년말 582개이었던 조합 수는 1997년말 1,666개로 증가하였다. 그러나 외환위기 이후 부실채권 증가로 부실 조합 중 상당수가 퇴출 또는 합병되어 2017년말 현재 898개로 감소하였다.

32) 은봉희(2015), "서민금융기관으로서 신용협동조합의 문제점과 발전방안", 전남대학교 행정대학교 석사학위논문(2015. 8), 14-15쪽.

(3) 신용협동조합의 분류 및 조합원의 자격

(가) 공동유대에 따른 분류

조합의 공동유대는 행정구역·경제권·생활권 또는 직장·단체 등을 중심으로 하여 정관에서 정한다(법9①). 공동유대의 범위와 종류에는 지역 신용협동조합, 직장 신용협동조합, 단체 신용협동조합이 있다. ⅰ) 지역 신용협동조합의 공동유대 구역은 "같은 시·군 또는 구에 속하는 읍·면·동"이다. 다만 생활권 또는 경제권이 밀접하고 행정구역이 인접하고 있어 공동유대의 범위 안에 있다고 인정되는 경우로서 공동유대의 범위별로 재무건전성 등의 요건을 충족하여 금융위원회가 승인한 경우33)에는 같은 시·군 또는 구에 속하지 아니하는 읍·면·동을 포함할 수 있다(영12①(1)). ⅱ) 직장 신용협동조합은 같은 직장을 공동유대로 하여 설립된다. 이 경우 당해 직장의 지점·자회사·계열회사 및 산하기관을 포함할 수 있다(영12①(2)). ⅲ) 단체 신용협동조합은 교회·사찰 등의 종교단체, 시장상인단체, 구성원 간에 상호 밀접한 협력관계가 있는 사단법인, 그리고 국가로부터 공인된 자격 또는 면허 등을 취득한 자로 구성된 같은 직종단체로서 법령에 의하여 인가를 받은 단체(영12①(3))를 공동유대의 범위로 하여 설립된다.

(나) 조합원의 자격

조합원은 조합의 공동유대에 소속된 자로서 제1회 출자금을 납입한 자로 하는데(법11①), 지역 신용협동조합의 경우에는 정관이 정하는 공동유대안에 주소나 거소가 있는 자(단체 및 법인을 포함) 및 공동유대안에서 생업에 종사하는 자이고(영13①(1)), 직장 신용협동조합 및 단체 신용협동조합의 경우에는 정관이 정하는 직장·단체 등에 소속된 자(단체 및 법인을 포함)이다(영13①(2)).

다만 예외적으로 위의 조합원 자격요건에 해당하지 않더라도 조합은 조합의 설립목적 및 효율적인 운영을 저해하지 아니하는 범위에서 해당 공동유대에 소속되지 아니한 자 중 대통령령으로 정하는 자34)를 조합원에 포함시킬 수 있다(법11②). 1조합의 조합원의 수는 100인 이상

---

33) 여신전문금융업감독규정 제4조의3(공동유대 변경의 승인범위 등) ① 시행령 제12조 제1항 제1호 단서에 따른 승인의 범위는 다음 각 호와 같다. 이 경우 조합이 공동유대에 포함하고자 하는 전체 읍·면·동의 외부 경계는 현재의 공동유대에 접하여야 한다.
   1. 주사무소가 소재하는 읍·면·동에 인접하는 3개 이내의 동 또는 2개 이내의 읍·면. 다만, 공동유대로 포함하고자 하는 읍·면·동에 타 조합의 공동유대가 아닌 읍·면·동이 포함되어 있는 경우에는 5개 이내의 동 또는 3개 이내의 읍·면으로 한다.
   2. 주사무소가 소재하는 시·군 또는 구에 인접하는 하나의 시·군 또는 구에 속하는 모든 읍·면·동
34) "대통령령이 정하는 자"라 함은 다음의 어느 하나에 해당하는 자를 말한다(영13②).
   1. 조합원의 가족(배우자 및 세대를 같이하는 직계존·비속)
   1의2. 법 제55조에 따른 조합의 합병 또는 분할, 법 제86조의4에 따른 계약이전, 조합의 공동유대의 범위 조정 또는 종류전환으로 인하여 조합의 공동유대에 해당하지 아니하게 된 자
   2. 단체 사무소의 직원 및 그 가족
   3. 조합의 직원 및 그 가족

이어야 한다(법11③).

2. 업무

조합은 그 목적을 달성하기 위하여 신용사업, 복지사업, 조합원을 위한 공제사업, 조합원의 경제적·사회적 지위 향상을 위한 교육, 중앙회가 위탁하는 사업, 국가 또는 공공단체가 위탁하거나 다른 법령에서 조합의 사업으로 정하는 사업 등을 한다(법39①).

이 중 금융업과 관련이 있는 신용사업의 범위는 ⅰ) 조합원으로부터의 예탁금·적금의 수납(가목), ⅱ) 조합원에 대한 대출(나목), ⅲ) 내국환(다목), ⅳ) 국가·공공단체·중앙회 및 금융기관의 업무 대리(라목), ⅴ) 조합원을 위한 유가증권·귀금속 및 중요 물품의 보관 등 보호예수 업무(마곡), ⅵ) 어음할인(바목), ⅶ) 전자금융거래법에서 정하는 직불전자지급수단의 발행·관리 및 대금의 결제(신협중앙회의 업무를 공동으로 수행하는 경우로 한정)(사목), ⅷ) 전자금융거래법에서 정하는 선불전자지급수단의 발행·관리·판매 및 대금의 결제(신협중앙회의 업무를 공동으로 수행하는 경우로 한정)(아목) 업무이다(법39①(1)). 다만 비조합원도 신용협동조합을 이용할 수 있으나 비조합원에 대한 대출 및 어음할인은 당해 사업연도 대출 및 어음할인 신규 취급분의 1/3을 초과하지 않아야 한다(법40①, 영16의2).

3. 신용협동조합중앙회와 예금자보호기금

(1) 신용협동조합중앙회

중앙회는 그 목적을 달성하기 위하여 조합의 사업에 관한 지도·조정·조사연구 및 홍보, 조합원 및 조합의 임직원을 위한 교육사업, 조합에 대한 검사·감독, 조합의 사업에 대한 지원, 신용사업, 조합 및 조합원을 위한 공제사업, 국가 또는 공공단체가 위탁하거나 보조하는 사업을 한다(법78①). 이 중 신용사업은 ⅰ) 조합으로부터 예치된 여유자금 및 상환준비금 등의 운용(가목), ⅱ) 조합에 대한 자금의 대출(나목), ⅲ) 조합 및 조합원을 위한 내국환 및 외국환 업무(다목), ⅳ) 국가·공공단체 또는 금융기관의 업무 대리(라목), ⅴ) 조합에 대한 지급보증 및 어음할인(마목), ⅵ) 자본시장법에 따른 국채증권 및 지방채증권의 인수·매출(바목), ⅶ) 전자금융거래법에서 정하는 직불전자지급수단의 발행·관리 및 대금의 결제(사목), ⅷ) 전자금융거래법에서 정하는 선불전자지급수단의 발행·관리·판매 및 대금의 결제(아목) 업무이다(법78①(5)).

---

4. 조합이 소속한 당해 직장(당해 직장안의 단체를 포함)
5. 같은 직종단체를 공동유대로 하는 조합의 경우에는 조합원이 그 직종과 관련하여 운영하는 사업체의 종업원

(2) 예금자보호기금

2004년부터 신용협동조합이 예금보험공사의 부보금융기관에서 제외됨에 따라 조합원에 대한 예탁금 등의 환급 보장을 위해 중앙회는 신용협동조합 예금자보호기금을 설치·운영하고 있다. 중앙회는 조합의 조합원(대출과 어음할인을 받은 비조합원 포함, 이하 "조합원등")이 납입한 예탁금 및 적금과 중앙회의 자기앞수표를 결제하기 위한 별단예금 등 대통령령으로 정하는 금액35)("예탁금등")의 환급을 보장하고 조합의 건전한 육성을 도모하기 위하여 중앙회에 신용협동조합 예금자보호기금을 설치·운영한다(법80의2①). 예금자보호기금의 재원은 ⅰ) 조합이 납입하는 출연금(제1호), ⅱ) 중앙회의 다른 회계로부터의 출연금, 전입금 및 차입금(제2호), ⅲ) 정부, 한국은행법에 따른 한국은행, 금융기관으로부터의 차입금(제3호), ⅳ) 기금의 운용으로 발생하는 수익금(제4호), ⅴ) 그 밖의 수입금(제5호)으로 조성한다(법80의3①).

중앙회는 조합 또는 중앙회의 다른 회계에서 예탁금등을 조합원등에게 지급할 수 없는 경우에는 그 조합원등의 청구에 의하여 중앙회가 조합 또는 중앙회 타 회계에 갈음하여 변제하는 동일인에 대한 보장한도는 5천만원으로 한다(법80의2④, 영19의8③).

Ⅲ. 지역농업협동조합과 지역축산업협동조합

1. 의의

농업협동조합법("법")의 적용대상인 상호금융기관은 지역농업협동조합과 지역축산업협동조합이다. 신용협동조합법도 이러한 조합의 신용사업에 대해서는 신용협동조합으로 본다. 농업협동조합법에 따라 설립된 지역농업협동조합과 지역축산업협동조합(신용사업을 하는 품목조합36)을 포함)이 신용사업 및 국가 또는 공공단체가 위탁하거나 다른 법령에서 조합의 사업으로 정하는 사업을 하는 경우에는 신용협동조합법에 따른 신용협동조합으로 본다(신용협동조합법95① (1)).

---

35) "대통령령으로 정하는 금액"이란 다음의 금액을 말한다(영19의8①).
   1. 조합원등(법 제80조의2 제1항의 규정에 의한 조합원등)이 조합에 납입한 예탁금 및 적금의 원금·이자. 이 경우 이자는 원금에 은행의 1년 만기 정기예금의 평균금리를 고려하여 법 제80조의2 제3항의 규정에 의한 기금관리위원회가 정하는 이율을 곱한 금액에 한한다.
   2. 조합원등이 공제계약에 따라 중앙회 및 조합에 대하여 가지는 공제금, 그 밖에 약정된 금전채권
   3. 중앙회의 자기앞수표를 결제하기 위한 별단예금
36) "품목조합"이란 농업협동조합법에 따라 설립된 품목별·업종별 협동조합을 말한다(법2(3)).

2. 지역농업협동조합

(1) 의의

지역농업협동조합("지역농협")의 구역은 지방자치법 제2조 제1항 제2호에 따른 하나의 시·군·구에서 정관으로 정한다. 다만 생활권·경제권 등을 고려하여 하나의 시·군·구를 구역으로 하는 것이 부적당한 경우로서 농림축산식품부장관의 인가를 받은 경우에는 둘 이상의 시·군·구에서 정관으로 정할 수 있다(법14①). 지역농협은 정관으로 정하는 기준과 절차에 따라 지사무소를 둘 수 있다(법14②). 조합원은 지역농협의 구역에 주소, 거소나 사업장이 있는 농업인이어야 하며, 둘 이상의 지역농협에 가입할 수 없다(법19①). 지역농협을 설립하려면 그 구역에서 20인 이상의 조합원 자격을 가진 자가 발기인이 되어 정관을 작성하고 창립총회의 의결을 거친 후 농림축산식품부장관의 인가를 받아야 한다(법15①).

(2) 업무

지역농협은 그 목적을 달성하기 위하여 교육·지원 사업, 경제사업, 신용사업, 복지후생사업, 국가, 공공단체, 중앙회, 농협경제지주회사 및 그 자회사, 농협은행 또는 다른 조합이 위탁하는 사업 등의 전부 또는 일부를 수행한다(법57①). 이 중 신용사업은 ⅰ) 조합원의 예금과 적금의 수입(가목), ⅱ) 조합원에게 필요한 자금의 대출(나목), ⅲ) 내국환(다목), ⅳ) 어음할인(라목), ⅴ) 국가·공공단체 및 금융기관의 업무 대리(마목), ⅵ) 조합원을 위한 유가증권·귀금속·중요물품의 보관 등 보호예수 업무(바목), ⅶ) 공과금, 관리비 등의 수납 및 지급대행(사목), ⅷ) 수입인지, 복권, 상품권의 판매대행(아목) 업무이다(법57①(3)).

3. 지역축산업협동조합

(1) 의의

지역축산업협동조합("지역축협")의 구역은 행정구역이나 경제권 등을 중심으로 하여 정관으로 정한다. 다만, 같은 구역에서는 둘 이상의 지역축협을 설립할 수 없다(법104). 조합원은 지역축협의 구역에 주소나 거소 또는 사업장이 있는 자로서 축산업을 경영하는 농업인이어야 하며, 조합원은 둘 이상의 지역축협에 가입할 수 없다(법105①). 지역축협을 설립하려면 농림축산식품부장관의 인가를 받아야 한다(법107, 법15).

(2) 업무

지역축협은 그 목적을 달성하기 위하여 교육·지원 사업, 경제사업, 신용사업, 조합원을 위한 의료지원 사업 및 복지시설의 운영, 국가, 공공단체, 중앙회, 농협경제지주회사 및 그 자회사, 농협은행 또는 다른 조합이 위탁하는 사업 등의 전부 또는 일부를 수행한다(법106). 이

중 신용사업은 ⅰ) 조합원의 예금과 적금의 수입(가목), ⅱ) 조합원에게 필요한 자금의 대출(나목), ⅲ) 내국환(다목), ⅳ) 어음할인(라목), ⅴ) 국가·공공단체 및 금융기관의 업무의 대리(마목), ⅵ) 조합원을 위한 유가증권·귀금속·중요물품의 보관 등 보호예수 업무(바목), ⅶ) 공과금, 관리비 등의 수납 및 지급대행(사목), ⅷ) 수입인지, 복권, 상품권의 판매대행(아목) 업무이다(법106(3)).

Ⅳ. 지구별 수산업협동조합

1. 의의

수산업협동조합법("법")에 의해 설립되는 지구별 수산업협동조합("지구별수협")도 상호금융기관이다. 신용협동조합법도 지구별 수산업협동조합의 신용사업에 대해서 신용협동조합으로 본다. 수산업협동조합법에 따라 설립된 지구별 수산업협동조합(법률 제4820호 수산업협동조합법 중개정법률 부칙 제5조에 따라 신용사업을 하는 조합을 포함)이 신용사업 및 국가 또는 공공단체가 위탁하거나 다른 법령에서 조합의 사업으로 정하는 사업을 하는 경우에는 신용협동조합법에 따른 신용협동조합으로 본다(신용협동조합법95①(2)). 지구별수협을 설립하려면 해당 구역의 조합원 자격을 가진 자 20인 이상이 발기인이 되어 정관을 작성하고 창립총회의 의결을 거친 후 해양수산부장관의 인가를 받아야 한다(법16①).

2. 영업구역 및 조합원 자격

지구별 수산업협동조합("지구별수협")의 구역은 시·군의 행정구역에 따른다. 다만, 해양수산부장관의 인가를 받은 경우에는 그러하지 아니하다(법14①). 지구별수협은 정관으로 정하는 바에 따라 지사무소를 둘 수 있다(법14②).

조합원은 지구별수협의 구역에 주소·거소 또는 사업장이 있는 어업인이어야 한다. 다만, 사업장 외의 지역에 주소 또는 거소만이 있는 어업인이 그 외의 사업장 소재지를 구역으로 하는 지구별수협의 조합원이 되는 경우에는 주소 또는 거소를 구역으로 하는 지구별수협의 조합원이 될 수 없다(법20①). 「농어업경영체 육성 및 지원에 관한 법률」 제16조와 제19조에 따른 영어조합법인과 어업회사법인으로서 그 주된 사무소를 지구별수협의 구역에 두고 어업을 경영하는 법인은 지구별수협의 조합원이 될 수 있다(법20②).

3. 업무

지구별수협은 그 목적을 달성하기 위하여 교육·지원 사업, 신용사업, 공제사업, 후생복지사업, 운송사업, 어업통신사업, 국가, 공공단체, 중앙회, 수협은행 또는 다른 조합이 위탁하거나 보조하는 사업, 다른 경제단체·사회단체 및 문화단체와의 교류·협력, 다른 조합·중앙회 또는 다른 법률에 따른 협동조합과의 공동사업 및 업무의 대리, 다른 법령에서 지구별수협의 사업으로 정하는 사업, 위의 사업에 관련된 대외무역, 차관사업 등의 전부 또는 일부를 수행한다(법60 ①). 이 중 신용사업은 ⅰ) 조합원의 예금 및 적금의 수납업무(가목), ⅱ) 조합원에게 필요한 자금의 대출(나목), ⅲ) 내국환(다목), ⅳ) 어음할인(라목), ⅴ) 국가, 공공단체 및 금융기관 업무의 대리(마목), ⅵ) 조합원의 유가증권·귀금속·중요물품의 보관 등 보호예수 업무(바목)이다(법60 ①(3)).

Ⅴ. 지역산림조합

1. 의의

산림조합법("법")에 의해 설립된 지역산림조합도 상호금융기관이다. 신용협동조합법도 지역산림조합의 신용사업에 대하여 신용협동조합으로 본다. 산림조합법에 따라 설립된 산림조합이 신용사업 및 국가 또는 공공단체가 위탁하거나 다른 법령에서 조합의 사업으로 정하는 사업을 하는 경우에는 신용협동조합법에 따른 신용협동조합으로 본다(신용협동조합법95①(3)). 조합을 설립하려면 해당 구역의 30인 이상의 조합원 자격을 가진 자가 발기인이 되어 정관을 작성하고 창립총회의 의결을 받은 후 산림청장의 인가를 받아야 한다(법14①).

2. 영업구역 및 조합원 자격

지역산림조합("지역조합")의 구역은 특별자치시·특별자치도·시·군·구(구는 자치구를 말하며, 이하 "시·군·구"라 한다)의 구역으로 한다. 다만, 시·군·구의 구역으로 조직하는 것이 부적당한 경우에는 산림청장의 승인을 받아 따로 구역을 정할 수 있다(법13①). 같은 구역에서는 지역조합을 둘 이상 설립할 수 없다(법13③). 조합은 그 구역에 주된 사무소를 두며, 정관으로 정하는 기준과 절차에 따라 지사무소를 둘 수 있다(법13④).

지역조합은 ⅰ) 해당 구역에 주소 또는 산림이 있는 산림소유자(1호), ⅱ) 해당 구역에 주소 또는 사업장이 있는 임업인(2호)에 해당하는 자를 조합원으로 한다. 다만 조합원은 둘 이상의 지역조합의 조합원이 될 수 없다(법18①).

3. 업무

지역조합은 그 목적을 달성하기 위하여 교육·지원 사업, 경제사업, 산림경영사업, 조합원을 위한 신용사업, 임업자금 등의 관리·운용과 자체자금 조성 및 운용, 공제사업, 복지후생사업 등의 전부 또는 일부를 한다(법46①). 이 중 조합원을 위한 신용사업은 ⅰ) 조합원의 예금과 적금의 수납(가목), ⅱ) 조합원에게 필요한 자금의 대출(나목), ⅲ) 내국환(다목), ⅳ) 조합원의 유가증권, 귀금속, 중요 물품의 보관 등 보호예수업무(라목), ⅴ) 국가, 지방자치단체 등의 공공단체와 금융회사 등의 업무대행(마목) 업무이다(법46①(4)).

Ⅵ. 새마을금고

1. 서설

(1) 연혁

새마을금고는 재건국민운동중앙회 주도로 1963년 경남지역에서 설립된 신용조합[37]에서 발전한 것이다. 1972년 신용협동조합법이 제정되면서 규제를 받게 되었으며 명칭은 "마을금고"로 일원화되었다. 그 후 1982년 12월 새마을금고법이 제정되면서 명칭이 "새마을금고"로 바뀌고 독자적인 발전 기반을 마련하게 되었다.[38] 새마을금고는 1997년 IMF 외환위기와 2008년 글로벌 금융위기 등 크고 작은 금융위기를 거치면서 경영개선을 통한 경쟁력 강화를 위하여 새마을금고중앙회가 수익성이 악화된 새마을금고에 대해 적극적인 합병을 추진하는 강력한 구조조정을 통해 꾸준히 성장하여 왔다

(2) 의의

새마을금고법("법")에 의해 설립된 새마을금고("금고")도 상호금융기관이다. 새마을금고는 일정한 요건을 갖추어 행정안전부장관의 인가를 받아 그 주된 사무소의 소재지에서 설립등기를 함으로써 성립한다(법7, 법7의2). 새마을금고중앙회("중앙회")는 모든 금고의 공동이익 증진과 지속적인 발전을 도모하기 위하여 설립된 비영리법인(법2③)으로 금고의 업무를 지도·감독하며 그 공동 이익의 증진과 건전한 발전을 도모하기 위하여 금고를 구성원으로 하고(법54①), 중앙회는 1개를 두며 서울특별시에 주된 사무소를 두고 정관으로 정하는 바에 따라 분사무소를 둘 수 있다(법54②).

---

37) 새마을금고의 기원은 1963년 경남 산청군 생초면 하둔리, 창녕군 성산면 월곡리, 의령군 의령면 정암리, 의령면 외시리, 남해군 마산리에서 설립된 5개의 협동조합이다. 초기의 새마을금고 운동은 재건국민운동 경상남도지회 요원들이 메리놀수녀회 산하 교도봉사회의 제3차 협동조합 지도자 강습회를 수료하고 각자의 마을로 돌아가 캐나다 안티고니시(Antigonish) 운동을 바탕으로 계·두례·향약 등 우리나라 전통의 협동정신을 계승하여 전개하였다(황성상(2015), "새마을금고의 서민금융 활성화 방안 연구", 고려대학교 정책대학원 석사학위논문(2015, 12), 3쪽).

38) 한국은행(2018), 229쪽.

(3) 공동유대의 범위

"지역금고"란 새마을금고 중 동일한 행정구역, 경제권 또는 생활권을 업무구역으로 하는 금고를 말한다(법2②). 새마을금고의 업무범위는 정관에서 정해진다(법9①). 공동유대의 범위를 자치법규인 정관에서 정할 수 있다는 점에서 같은 상호금융기관인 신용협동조합이 법령에서 시·군·구에 한정되어 있는 점에 비해 훨씬 자율성이 강하다. 새마을금고의 회원은 그 금고의 정관으로 정하는 업무구역에 주소나 거소가 있는 자 또는 생업에 종사하는 자로서 출자 1좌 이상을 현금으로 납입한 자로 한다(법9①). 금고는 정당한 사유 없이 회원이 될 수 있는 자격을 가진 자의 가입을 거절할 수 없으며, 가입에 관하여 필요한 사항은 정관으로 정한다(법9③). 출자 1좌의 금액은 정관으로 정하며, 한 회원이 가질 수 있는 출자좌수의 최고한도는 총출자좌수의 15%를 초과할 수 없다(법9④). 회원은 출자좌수에 관계없이 평등한 의결권과 선거권을 가진다(법9⑤).

2. 업무

금고는 설립목적을 달성하기 위하여 신용사업, 문화 복지 후생사업, 회원에 대한 교육사업, 지역사회 개발사업, 회원을 위한 공제사업, 중앙회가 위탁하는 사업, 국가나 공공단체가 위탁하거나 다른 법령으로 금고의 사업으로 정하는 사업, 그 밖에 목적 달성에 필요한 사업으로서 주무부장관의 승인을 받은 사업의 전부 또는 일부를 행한다(법28①). 이 중 신용사업은 ⅰ) 회원으로부터 예탁금과 적금 수납(가목), ⅱ) 회원을 대상으로 한 자금의 대출(나목), ⅲ) 내국환과 외국환거래법에 따른 환전 업무(다목), ⅳ) 국가, 공공단체 및 금융기관의 업무 대리(라목), ⅴ) 회원을 위한 보호예수(마목) 업무이다(법28①(1)). 금고는 회원의 이용에 지장이 없는 범위에서 비회원에게 사업을 이용하게 할 수 있다(법30).

3. 새마을금고중앙회와 예금자보호준비금

(1) 새마을금고중앙회

새마을금고중앙회는 그 목적을 달성하기 위하여 금고의 사업 및 경영의 지도, 교육·훈련·계몽 및 조사연구와 보급·홍보, 금고의 감독과 검사, 금고 사업에 대한 지원, 신용사업, 금고 및 금고의 회원을 위한 공제사업, 국가나 공공단체가 위탁하거나 보조하는 사업 등의 전부 또는 일부를 행한다(법67①). 이 중 신용사업은 ⅰ) 금고로부터의 예탁금, 적금, 그 밖의 여유자금의 수납(가목), ⅱ) 금고 및 금고의 회원을 위한 자금의 대출(나목), ⅲ) 금고 및 금고의 회원을 위한 내국환 및 외국환거래법에 따른 외국환업무(다목), ⅳ) 금고 및 금고의 회원을 위한 보호예수(라목), ⅴ) 국가·공공단체 또는 금융기관의 업무의 대리(마목), ⅵ) 지급보증과 어음할인(바목), vii) 자본시장법에 따른 국채증권 및 지방채증권의 인수·매출(사목), viii) 여신전 문금융업법에 따라 허가받은 신용카드업(아목) 업무이다(법67①(5)).

(2) 예금자보호준비금

중앙회는 금고의 회원(새마을금고의 사용하는 비회원을 포함)이 납입한 예탁금, 적금, 그 밖의 수입금과 중앙회의 공제금, 자기앞수표를 결제하기 위한 별단예탁금에 대한 환급을 보장하며 그 회원의 재산을 보호하고 금고의 건전한 육성을 도모하기 위하여 중앙회에 예금자보호준비 금을 설치·운영한다(법71①). 예금자보호준비금은 ⅰ) 금고 및 중앙회가 납입하는 출연금(제1 호), ⅱ) 타회계에서 넘어온 전입금 및 차입금(제2호), ⅲ) 준비금의 운용에 의하여 생기는 수익 금(제3호), ⅳ) 국가로부터의 차입금(제4호), ⅴ) 그 밖의 수입금(5호)으로 조성한다(법72②).

제4절 우체국예금

Ⅰ. 의의

우체국예금·보험에 관한 법률("우체국예금보험법")에 근거하는 우체국예금이란 우체국예금 보험법("법")에 따라 체신관서에서 취급하는 예금을 말한다(법2(1)). 우체국예금사업은 국가가 경영하며, 과학기술정보통신부장관이 관장한다(법3). 우체국예금은 민간금융이 취약한 농어촌 지역까지 저축수단을 제공하기 위해 전국에 고루 분포되어 있는 체신관서를 금융창구로 활용 하는 국영금융으로, 농어촌 및 도시 지역 가계에 소액 가계저축수단을 제공하는 등 서민금융 역할을 수행하고 있으나 서민전문금융기관으로 분류하지는 않는다.

과학기술정보통신부장관은 우체국예금 사업에 대한 건전성을 유지하고 관리하기 위하여 필요한 경우에는 금융위원회에 검사를 요청할 수 있고, 우체국예금 사업의 건전한 육성과 계약 자 보호를 위하여 금융위원회와 협의하여 건전성을 유지하고 관리하기 위하여 필요한 기준을 정하고 고시하여야 한다(법3의2).

Ⅱ. 업무 등

1. 개요

국가는 우체국예금(이자를 포함) 등의 지급을 책임진다(법4). 우체국은 대출업무를 영위할 수 없다. 예금업무의 취급에 관한 우편물은 과학기술정보통신부령으로 정하는 바에 따라 무료로 할 수 있다(법9).

　예금은 요구불예금과 저축성예금으로 구분한다(법11①). 예금의 종류와 종류별 내용 및 가입대상 등에 관하여 필요한 사항은 과학기술정보통신부장관이 정하여 고시한다(법11②). 과학기술정보통신부장관은 예금의 종류와 종류별 내용 및 가입대상 등에 관한 고시에 관한을 우정사업본부장에게 위임한다(영11①(5). 이에 따라 우정사업본부가 고시한 "우체국예금에 관한 사항"에서 정하고 있는 예금 종류는 아래서 별도로 살펴보기로 한다.

2. 예금의 종류

(1) 입출금이 자유로운 예금

　입출금이 자유로운 예금의 종류는 보통예금, 저축예금, 듬뿍우대저축예금, e-Postbank예금, 기업든든MMDA통장, 우체국 행복지킴이통장, 우체국 국민연금 안심통장, 우체국 선거비관리통장, 우체국 하도급지킴이통장, 우체국 다드림통장, 우체국 공무원연금 평생안심통장, 우체국 호국보훈지킴이통장, 우체국 생활든든 통장, 우체국 페이든든＋ 통장, 우체국 정부보관금통장, 우체국 청년미래든든 통장, 우체국 희망지킴이통장, 우체국 100일＋주머니통장 등이 있다(우체국예금에 관한 사항 제2조 가목).

(2) 거치식 예금

　거치식 예금의 종류로는 정기예금, 챔피언정기예금, 실버우대정기예금, 이웃사랑정기예금, e-Postbank정기예금, 2040＋α 정기예금, 우체국 퇴직연금 정기예금, 우체국 ISA 정기예금, 우체국 소상공인 정기예금, 우체국 파트너든든 정기예금 등이 있다(우체국예금에 관한 사항 제2조 나목).

(3) 적립식 예금

　적립식 예금의 종류로는 정기적금, 2040＋α 자유적금, 우체국 Smart 퍼즐적금, 우체국 새출발 자유적금, 우체국 다드림 적금, 우체국 e-포인트 적금, 우체국 아이LOVE 적금, 우체국 마미든든 적금, 우체국 장병내일준비 적금, 우체국 가치모아 적금 등이 있다(우체국예금에 관한 사항 제2조 다목).

(4) 기타

　정부의 관서운영경비를 지급하는 관서운영경비 출납공무원이 교부받은 자금을 예치·사용하기 위해 개설하는 일종의 보통예금인 국고예금과 우체국예금보험법 제19조 제1항의 규정에 의한 예금인 환매조건부채권이 있다(우체국예금에 관한 사항 제2조 라목).

제5절 대부업자

Ⅰ. 개관

대부란 일반적으로 동산과 부동산 또는 개인의 신용을 담보로 일정기간 동안 돈을 빌려주고 이 기간 동안에 정해진 이자를 받는 거래행위를 가리킨다. 따라서 대부업이란 이런 거래행위를 영업으로 하는 금융업의 일종인데, 주로 소액자금을 신용도가 낮은 이용자에게 대부하거나 이러한 금전의 대부를 중개하는 것을 말한다.

대부업시장은 우리나라 고유의 시장이 아니라 1997년 외환위기 이후 일본 대금업이 진출하여 새롭게 형성된 시장이다. 우리나라에 본격적으로 대부업이 금융업으로 자리매김한 것은 1997년 외환위기를 거치고 나서부터이다. 1960년대 이후 경제성장과 더불어 기업의 자금 수요가 크게 증가하면서 제도권 금융기관에서 조달되지 못한 자금의 공급원으로 사채시장이 형성되었다. 사채업자의 대부분은 수요자가 많은 기업금융이 중심이었고, 소액대출은 일부 중소업체만 취급하는 제한적인 시장이었다. 이러한 소액대출시장은 외환위기 이후 급성장하게 되는데 그 원인을 제공한 것이 이자제한법의 폐지였다. 정부는 외환위기로 인해 가계의 경제 여건이 크게 악화된 데다 IMF의 권고로 인해 고금리로 인한 서민피해를 방지하고자 1962년 제정되어 유지되어 왔던 당시 이자제한법을 폐지하였다. 이자제한법이 폐지되면서 사금융시장에는 연 1,000%를 초과하는 초고금리의 상품까지 등장하게 되었고, 외환위기라는 당시의 경제상황과 맞물려 초고금리에도 불구하고 오히려 이용자가 증가하는 현상까지 발생하였다. 이처럼 과다한 이자징수로 인한 사금융이용자들의 피해가 심각해지자, 2002년 8월 "대부업 등의 등록 및 금융이용자 보호에 관한 법률"(대부업법)을 제정하였다. 당시 대부업법은 불법 사채업자를 양성화하고 불법추심행위를 억제하는 데는 긍정적인 효과를 거두었으나, 적용된 금리수준이 너무 높아 대부업 이용자의 금리부담이 크다는 것이 문제점으로 지적되었다. 이에 정부는 2007년 이자제한법을 부활시키면서 금리상한 범위를 40% 이내로 규제하였다.[39]

대부업법은 대부업·대부중개업의 등록 및 감독에 필요한 사항을 정하고 대부업자와 여신금융기관의 불법적 채권추심행위 및 이자율 등을 규제함으로써 대부업의 건전한 발전을 도모하는 한편, 금융이용자를 보호하고 국민의 경제생활 안정에 이바지함을 목적으로 한다(법1).

---

39) 한재준·이민환(2013), "한일 대부업시장의 형성과정과 향후 정책적 과제", 경영사연구(경영사학) 제28집 제1호(2013. 3), 38-39쪽.

Ⅱ. 대부업자 및 대부중개업자(대부업자등)

1. 대부업자

대부업자란 대부업을 영위하려고 하는 자로서 특별시장·광역시장·특별자치시장·도지사 또는 특별자치도지사("시·도지사") 또는 금융위원회에 등록한 자를 말한다(법3①②). 대부업이란 "금전의 대부(어음할인·양도담보, 그 밖에 이와 비슷한 방법을 통한 금전의 교부를 포함)를 업(業)으로 하거나" "ⅰ) 대부업의 등록을 한 대부업자(가목), 또는 ⅱ) 여신금융기관(나목)으로부터 대부계약에 따른 채권을 양도받아 이를 추심("대부채권매입추심")하는 것을 업으로 하는 것"을 말한다(법2(1) 본문). 위에서 "여신금융기관"이란 대통령령으로 정하는 법령[40]에 따라 인가 또는 허가 등을 받아 대부업을 하는 금융기관을 말한다(법2(4).

다만 대부의 성격 등을 고려하여 다음의 경우는 제외한다(법2(1) 단서). ⅰ) 사업자가 그 종업원에게 대부하는 경우(제1호), ⅱ) 노동조합 및 노동관계조정법에 따라 설립된 노동조합이 그 구성원에게 대부하는 경우(제2호), ⅲ) 국가 또는 지방자치단체가 대부하는 경우(제3호), ⅳ) 민법이나 그 밖의 법률에 따라 설립된 비영리법인이 정관에서 정한 목적의 범위에서 대부하는 경우(제4호)의 경우는 대부업법 적용이 배제된다(영2).

2. 대부중개업자

대부중개업자는 대부중개업을 영위하려는 자로서 특별시장·광역시장·특별자치시장·도지사 또는 특별자치도지사("시·도지사") 또는 금융위원회에 등록한 자를 말한다(법3①②). 대부중개업이란 대부중개를 업으로 하는 것을 말한다(법2(2)).

3. 상호

대부업자(대부중개업을 겸영하는 대부업자를 포함)는 그 상호 중에 "대부"라는 문자를 사용하여야 한다(법5의2①). 대부중개업만을 하는 대부중개업자는 그 상호 중에 "대부중개"라는 문자를 사용하여야 한다(법5의2②). 대부업등 외의 다른 영업을 겸영하는 대부업자등으로서 총영업수익 중 대부업등에서 생기는 영업수익의 비율 등을 고려하여 대통령령으로 정하는 기준[41]에

---

[40] "대통령령으로 정하는 법령"이란 다음의 법률을 말한다(영2의2). 1. 은행법, 2. 중소기업은행법, 3. 한국산업은행법, 4. 한국수출입은행법, 5. 한국은행법, 6. 자본시장법, 7. 상호저축은행법, 8. 농업협동조합법, 9. 수산업협동조합법, 10. 신용협동조합법, 11. 산림조합법, 12. 새마을금고법, 13. 보험업법, 14. 여신전문금융업법, 15. 자산유동화법, 16. 우체국예금보험법, 17. 중소기업창업 지원법, 18. 그 밖에 금융위원회가 정하여 고시하는 법률

해당하는 자는 그 상호 중에 "대부" 및 "대부중개"라는 문자를 사용하지 아니할 수 있다(법5의2 ③). 대부업법에 따른 대부업자등이 아닌 자는 그 상호 중에 대부, 대부중개 또는 이와 유사한 상호를 사용하지 못한다(법5의2④). 대부업자등은 타인에게 자기의 명의로 대부업등을 하게 하거나 그 등록증을 대여하여서는 아니 된다(법5의2⑤).

4. 업무총괄사용인

대부업자등은 영업소마다 업무총괄사용인을 두어야 한다. 다만, 등록신청인이 개인인 경우로서 단일 영업소를 두고 있는 경우에는 업무총괄 사용인을 두지 아니할 수 있다(법5의3①). 대부업자의 업무총괄 사용인의 업무범위(영3의3(1))는 ⅰ) 대부계약의 체결 및 이행에 관한 업무(가목), ⅱ) 채권추심에 관한 업무(나목), ⅲ) 민원의 상담·처리에 관한 업무(다목), ⅳ) 광고 등을 통한 거래상대방 모집에 관한 업무(라목), ⅴ) 그 밖에 거래상대방의 편의를 위하여 대부업자를 갈음하여 행하는 영업에 관한 업무(마목)이고, 대부중개업자의 업무총괄 사용인의 업무범위(영3의3(2))는 ⅰ) 대부계약의 중개에 관한 업무(가목), ⅱ) 대부업자와의 중개계약 체결 및 이행에 관한 업무(나목), ⅲ) 민원의 상담·처리에 관한 업무(다목), ⅳ) 광고 등을 통한 거래상대방 모집에 관한 업무(라목), ⅴ) 그 밖에 거래상대방의 편의를 위하여 대부중개업자를 갈음하여 행하는 영업에 관한 업무(마목)이다.

Ⅲ. 대부업법과 대출(=여신상품 설계)

1. 대부업자의 이자율 제한

대부업자가 개인이나 소기업(중소기업기본법 제2조 제2항)에 해당하는 법인에 대부를 하는 경우 그 이자율은 연 27.9% 이하의 범위에서 연 24%를 초과할 수 없다(법8①). 미등록대부업자가 대부를 하는 경우의 이자율은 연 25%를 초과할 수 없다(법11①, 이자제한법2①). 대부업자가 대부업법에서 제한하는 이자율을 위반하여 대부계약을 체결한 경우 초과하는 부분에 대한 이자계약은 무효로 한다(법8④). 이와 관련하여 대부업자를 제외한 여신금융기관도 대부업자와 동일하게 연 24%를 초과할 수 없다(법15①, 영9①). 여기서 "여신금융기관"이란 대통령령으로 정하는 법령42)에 따라 인가 또는 허가 등을 받아 대부업을 하는 금융기관을 말한다(법2(4)).

---

41) "대통령령으로 정하는 기준"이란 총영업수익 중 대부업등에서 생기는 영업수익의 비율이 50% 미만인 경우를 말한다(영3의2①).

42) "대통령령으로 정하는 법령"이란 다음의 법률을 말한다(영2의2). 1. 은행법, 2. 중소기업은행법, 3. 한국산업은행법, 4. 한국수출입은행법, 5. 한국은행법, 6. 자본시장법, 7. 상호저축은행법, 8. 농업협동조합법, 9. 수산업협동조합법, 10. 신용협동조합법, 11. 산림조합법, 12. 새마을금고법, 13. 보험업법, 14. 여신전문금

이자율을 산정할 때 사례금, 할인금, 수수료, 공제금, 연체이자, 체당금(替當金) 등 그 명칭이 무엇이든 대부와 관련하여 대부업자가 받는 것은 모두 이자로 본다. 다만, 해당 거래의 체결과 변제에 관한 부대비용으로서 담보권 설정비용 및 신용조회비용(신용정보법 제4조 제1항 제1호의 업무를 허가받은 자에게 거래상대방의 신용을 조회하는 경우만 해당)의 경우는 이자로 보지 않는다(법8②, 영5④). 이자율의 산정과 관련한 내용은 대부업자뿐만 아니라 여신금융기관에도 준용한다(법15②).

2. 과잉대부의 금지

대부업법은 대부의 한도와 관련하여 대부를 받으려는 금융소비자의 소득 등에 따라 개별적으로 설계하도록 규정하고 있다(법7). 이는 금융소비자가 필요 없거나 상환능력이 부족함에도 불구하고 대부업자가 필요 또는 상환능력을 초과하는 대부를 하여 금융소비자의 금융건전성을 악화되는 것을 방지하지 위함이다. 따라서 대부업자는 대부계약을 체결하려는 경우에는 미리 거래상대방으로부터 그 소득·재산 및 부채상황에 관한 것으로서 대통령령으로 정하는 증명서류43)를 제출받아 그 거래상대방의 소득·재산 및 부채상황을 파악하여야 한다. 다만, 대부금액이 대통령령으로 정하는 금액44) 이하인 경우에는 그러하지 아니하다(법7①). 대부업자는 거래상대방의 소득·재산·부채상황·신용 및 변제계획 등을 고려하여 객관적인 변제능력을 초

용업법, 15. 자산유동화법, 16. 우체국예금보험법, 17. 중소기업창업 지원법, 18. 그 밖에 금융위원회가 정하여 고시하는 법률
43) "대통령령으로 정하는 증명서류"란 다음의 구분에 따른 서류를 말한다(영4의3①).
  1. 거래상대방이 개인인 경우
    가. 소득세법 제143조에 따른 근로소득 원천징수영수증, 같은 법 제144조에 따른 사업소득 원천징수영수증, 소득금액증명원, 급여통장 사본, 연금증서 중 어느 하나의 소득증명서류
    나. 법 제6조 제6항 전단에 따른 증명서로서 부채 잔액 증명서[신용정보법 제4조 제1항 제1호에 따른 신용조회업을 하는 회사 또는 같은 법 제25조에 따른 종합신용정보집중기관을 통한 신용정보조회 결과를 제출하지 아니하는 경우만 해당]
    다. 부동산 등기권리증, 부동산 임대차계약서 등 재산상 권리관계를 증명할 수 있는 서류(담보대출인 경우만 해당)
    라. 신용정보조회 결과(법 제3조 제2항에 따라 등록한 대부업자가 대부계약을 체결하려는 경우만 해당)
    마. 그 밖에 소득, 재산 및 부채상황을 파악할 수 있는 서류
  2. 거래상대방이 법인인 경우
    가. 감사보고서(외부감사법 제4조에 따른 외부감사의 대상인 법인만 해당)
    나. 부가가치세법 시행령 제11조 제5항에 따른 사업자등록증, 지방세 세목별 과세증명서 및 지방 납세증명서
    다. 제1호 나목, 다목 및 마목의 서류
44) "대통령령으로 정하는 금액"이란 다음의 금액을 말한다. 이 경우 금액은 해당 대부업자가 대부계약을 체결하려는 거래상대방에게 이미 대부한 금액의 잔액과 새로 대부계약을 체결하려는 금액을 합하여 산정한다(영4의3②).
  1. 거래상대방이 29세 이하이거나 70세 이상인 경우: 100만원
  2. 제1호 외의 거래상대방인 경우: 300만원

과하는 대부계약을 체결하여서는 아니 된다(법7②).

3. 대부조건의 게시와 광고

대부업자는 등록증, 대부이자율, 이자계산방법, 변제방법, 연체이자율, 대부업 등록번호, 대부계약과 관련한 부대비용의 내용을 일반인이 알 수 있도록 영업소마다 게시하여야 한다(법9①, 영6①). 대부업자가 대부조건 등에 관하여 표시 또는 광고를 하는 경우에는 ⅰ) 명칭 또는 대표자 성명(제1호), ⅱ) 대부업 등록번호(제2호), ⅲ) 대부이자율(연 이자율로 환산한 것을 포함) 및 연체이자율(제3호), ⅳ) 이자 외에 추가비용이 있는 경우 그 내용(제4호), ⅴ) 채무의 조기상환수수료율 등 조기상환조건(제5호), ⅵ) 과도한 채무의 위험성 및 대부계약과 관련된 신용등급의 하락 가능성을 알리는 경고문구 및 그 밖에 대부업자의 거래상대방을 보호하기 위하여 필요한 사항(제6호)으로서 대통령령으로 정하는 사항[45]을 포함하여야 한다(법9②).

제6절   온라인투자연계금융업자

Ⅰ. 서설

1. 온라인투자연계금융업법의 제정배경

2019년 10월 31일 대표적인 핀테크의 하나인 대출형 크라우드펀딩[46]의 규제를 담은 「온

---

45) "대통령령으로 정하는 사항"이란 다음의 사항을 말한다(영6②)
    1. 영업소의 주소와 법 제3조 제3항 제6호에 따라 등록된 표시 또는 광고(표시광고법에 따른 표시 또는 광고)에 사용되는 전화번호[2 이상의 특별시·광역시·특별자치시·도 또는 특별자치도("시·도")에 영업소를 설치한 대부업자인 경우에는 본점의 주소와 광고에 사용되는 전화번호]
    2. 현재 등록되어 있는 시·도 또는 금융위원회("시·도등")의 명칭과 등록정보를 확인할 수 있는 시·도등의 전화번호
    3. 과도한 채무의 위험성 및 대부계약과 관련된 신용등급의 하락 가능성을 알리는 별표 1 제2호 가목에 따른 경고문구
46) 금융위원회의 보도자료와 언론 및 실무에서는 대출형 크라우드펀딩이라는 용어보다는 P2P금융 또는 P2P 대출이라는 용어를 선호한다. 나아가 P2P대출 플랫폼을 운영하는 업자들은 자신들은 크라우드펀딩업자가 아니라고까지 주장한다. 이러한 주장은 다음의 두 가지 의미를 갖는 것으로 보인다. 하나는 규제영역에서 크라우드펀딩이라고 하면 이미 자본시장법을 통해 법제화가 완료된 증권형 크라우드펀딩을 의미하는 것으로 생각할 수 있기 때문에 증권형 크라우드펀딩과의 차별을 피하여 증권형 크라우드펀딩과 같은 수준의 규제를 받지 않고 싶다는 내심의 의사표시라는 의미를 담고 있다고 할 수 있다. 다른 하나는 P2P대출, P2P 금융 또는 마켓플레이스 렌딩(marketplace lending: 대출시장)이라는 표현을 사용함으로써 기존의 크라우드펀딩이 가지는 한계에서 벗어나 — 크라우드펀딩이기 때문에 가해질 수 있는 규제를 탈피하여 — 완전히

라인투자연계금융업 및 이용자 보호에 관한 법률」("온라인투자연계금융업법". "P2P대출법")이 국회 본회의 심의에서 가결되고 11월 26일에 공포되었다. P2P대출법은 핀테크산업을 대표하는 법으로서 P2P업계나 핀테크업계를 넘어 재계에서도 규제완화 및 산업활성화법으로서의 상징성을 가지고 있는 것으로 보고 있다. 또한 입법적 관점에서도 P2P대출법은 전 세계 최초로 단독의 특별법에 의해 P2P대출 행위 및 업 전반을 규율하는 법이라는 점에서도 일정한 의의를 가진다.

증권형 크라우드펀딩은 자금을 필요로 하는 발행인(자금수요자)이 온라인 플랫폼을 통해 다수의 투자자로(자금제공자)부터 증권을 매개로 자금을 조달하는 금융행위를 의미한다. P2P대출은 증권형 크라우드펀딩과 유사하게 다수의 자금제공자(투자자)로부터 자금을 모집하여 자금을 필요로 하는 수요자(차입자)에게 대출(금전소비대차)의 형태로 금융을 제공하는 것을 의미한다. 이같이 P2P대출과 증권형 크라우드펀딩은 그 기본적 구조에서는 양자가 유사하다. 그러나 양자의 법적 구조에는 상당한 차이가 있다. 증권형 크라우드펀딩은 크라우드펀딩이라는 형식만 가지지 그 본질은 온라인상에서 공모(모집)로 증권을 발행하여 자금을 조달하는 행위이기 때문에 그 자체로 자본시장법상 공모규제와 진입규제의 적용대상이다. 이에 증권형 크라우드펀딩은 자본시장법을 개정하여 2016년 1월 26일부터 자본시장법에서 제도화되었다. 그러나 P2P대출은 다른 나라와 유사하게 직접적인 근거법령이 없는 상황에서 기존의 대부업법 등을 이용하는 독특한 형태의 법적 구조로 운영되고 있다. 그리고 2017년 2월 27일부터 금융위원회가 행정지도의 성격을 가진 P2P대출 가이드라인을 제정하여 P2P대출시장을 규율하고 있다. 그러나 명확한 관련 법령이 존재하지 않음에 따라 투자자와 차입자에 대한 적절한 보호가 미흡한 상황에서 P2P대출과 관련한 돌려막기, 허위대출, 부실대출, 업체부도, 횡령, 중개업체의 난립 등의 각종 문제와 이러한 문제를 적절히 대응하지 못함에 따른 관련 민원[47]이 급증하는 등의 문제점이 노정되어 있었다.[48] P2P대출법은 바로 이러한 법적 공백 내지 흠결로 인해 발생할 수밖에 없었던 투자자 및 차입자 등 이용자 보호의 문제를 해결하고, 대출플랫폼을 운영하는 중개업자(온라인투자연계금융업자)들이 명확하고 예측가능한 법적 환경에서 관련 서비스를 제공할 수 있도록 함으로써 관련 시장의 성장과 금융혁신을 도모하기 위한 목적에서 제정되었다.[49]

새로운 모델을 적용하여 규제를 설계해 달라는 의미도 담고 있는 것으로 보인다(천창민(2020), "P2P대출법의 주요 내용과 법적 쟁점에 관한 연구" 상사법연구 제39권 제1호(2020. 5), 55쪽).

47) 2015년부터 2018년 8월까지 국민신문고 등에 접수된 P2P대출 관련 민원은 3,155건이었으며, 이 가운데 94.8%(2,990건)가 투자·대출 피해 관련 내용이며, 2017년 114건에서 2018년은 1-8월에만 2,959건이 접수되었다고 한다(국민권익위원회, 금융소외계층 보호를 위한 P2P 대출 관련 민원 분석, 2018. 10. 참조).

48) 금융위원회, 「온라인투자연계금융업 및 이용자 보호에 관한 법률」 제정안 국회 본회의 의결, 금융위원회 보도참고자료, 2019. 10. 31.

49) 천창민(2020), 57쪽.

2. 용어의 정의

온라인투자연계금융업법("법") 제2조는 다음과 같은 정의 규정을 두고 있다. ⅰ) "온라인투자연계금융"이란 온라인플랫폼을 통하여 특정 차입자에게 자금을 제공할 목적으로 투자("연계투자")한 투자자의 자금을 투자자가 지정한 해당 차입자에게 대출(어음할인·양도담보, 그 밖에 이와 비슷한 방법을 통한 자금의 제공을 포함한다. 이하 "연계대출"이라 한다)하고 그 연계대출에 따른 원리금수취권을 투자자에게 제공하는 것을 말한다(제1호). ⅱ) "온라인투자연계금융업"이란 온라인투자연계금융을 업으로 하는 것을 말한다(제2호). ⅲ) "온라인투자연계금융업자"란 온라인투자연계금융업의 등록을 한 자를 말한다(제3호). ⅳ) "원리금수취권"이란 온라인투자연계금융업자가 회수하는 연계대출 상환금을 해당 연계대출에 제공된 연계투자 금액에 비례하여 지급받기로 약정함으로써 투자자가 취득하는 권리를 말한다(제4호). ⅴ) "투자자"란 온라인투자연계금융업자를 통하여 연계투자를 하는 자(원리금수취권을 양수하는 자를 포함)를 말한다(제5호). ⅵ) "차입자"란 온라인투자연계금융업자를 통하여 연계대출을 받는 자를 말한다(제6호). ⅶ) "이용자"란 투자자와 차입자를 말한다(제7호). ⅷ) "온라인플랫폼"이란 온라인투자연계금융업자가 연계대출계약 및 연계투자계약의 체결, 연계대출채권 및 원리금수취권의 관리, 각종 정보공시 등 등록한 온라인투자연계금융업의 제반 업무에 이용하는 인터넷 홈페이지, 모바일 응용프로그램 및 이에 준하는 전자적 시스템을 말한다(제8호).

3. 법적 구조: 간접형 P2P대출

증권발행을 통한 자금조달이 핵심인 증권형 크라우드펀딩에서는 발행인과 투자자 간의 직접적인 법률관계가 형성되므로 무엇보다 투자자 보호가 중요하다. 따라서 증권형 크라우드펀딩 제도의 설계에서 가장 중요한 쟁점은 투자자 보호법익과 자금조달 활성화를 위한 산업정책적 법익의 조화이며, 자본시장법을 통해 구현된 증권형 크라우드펀딩 제도는 이러한 관점을 기초로 설계되어 있다. 이에 반해 대출형 크라우드펀딩, 즉 P2P대출에서는 투자자 보호뿐만 아니라 차입자의 보호, 채권추심, 담보관리, 투자자예치금 및 상환된 원리금의 관리 등 차입자와 대여자 양 측면을 고려할 필요가 있다. 즉 증권형 크라우드펀딩에서는 별도의 발행인 보호라는 문제가 없으나, P2P대출에서는 개인이나 소상공인 등이 차입자로 등장하고, 추심의 문제가 결부되어 있어 이들의 보호 문제가 중요한 쟁점이다. 또한 개인신용정보나 개인정보의 보호도 필요하다. 아울러 P2P대출에서는 증권형과 달리 투자자의 예치금이나 상환금이 P2P대출중개업자 명의의 은행계좌에서 장기간 관리되고 있어 이에 관한 고려도 필요하다. 그리고 증권발행의 중개에 그치는 증권형 크라우드펀딩과 달리 P2P대출에서는 중개업자가 차입자의 신용 정도를 설정하고 이에 따라 대출상품 자체를 설계(제조)하는 수준의 업무를 제공하므로 제도 설계 시 증권형 크라우드펀딩과는 다른 다양한 고려가 필요하다.[50)]

대부자회사 등을 통해 대출을 실행하는 우리나라 P2P대출시장의 현 구조는 기존의 금융규제로 인해 형성된 기형적 모습이라 할 수 있다. 이론적으로는 영국[51)]과 같이 P2P(Peer to Peer)의 말뜻에 맞게 자금의 차입자와 대여자가 직접 금전소비대차계약을 체결하는 것이 가장 이상적이나, 직접대출형으로 제도를 설계할 경우 나타날 수 있는 차입자 보호의 약화 문제, 즉 대여자인 투자자가 차입자의 정보를 알게 되어 개인정보 등이 다수의 투자자에게 노출될 수 있고 복수의 투자자로부터 추심을 받게 되어 차입자의 사생활 보호에 매우 취약할 수 있다는 문제가 있다. 또한 국내 대다수 P2P대출이 담보형으로 이루어지고 있는데, 부동산담보의 경우 저당권설정에 모든 투자자가 등기부에 기록되어야 할 뿐만 아니라 원리금수취권의 양도가 있게 되는 경우 담보권자가 바뀌게 되는 것이므로 계속 변경등기를 해야 하는 실무적 문제도 있다.

이러한 점을 감안하여 P2P대출법은 직접대출형이 아닌 중개기관인 온라인투자연계금융업자가 직접 대출을 실행하는 간접대출형으로 P2P대출의 법적 구조를 설계하고 있다. P2P대출시장의 대여자(투자자) 측면은 투자시장에 해당하고, 차입자 측면은 대출시장이라는 혼성적 특성을 가지는데 이를 가장 잘 반영할 수 있는 것이 바로 간접대출형이기 때문이다.

4. 다른 법률과의 관계

온라인투자연계금융업법에 따라 등록한 온라인투자연계금융업자가 온라인투자연계금융업을 하는 경우에는 은행법 및 한국은행법을 적용하지 아니한다(법3①). 온라인투자연계금융업자가 온라인투자연계금융업을 하면서 차입자의 신용상태를 평가하여 그 결과를 투자자에게 제공하는 업무를 하는 경우에는 신용정보법 제4조(신용정보업 등의 허가)를 적용하지 아니한다(법3②). 온라인투자연계금융업법에 따른 투자자가 연계투자를 하는 경우에는 대부업법 제3조(등록 등)를 적용하지 아니한다(법3③). 온라인투자연계금융업법에 따른 원리금수취권은 자본시장법 제3조 제1항에 따른 금융투자상품으로 보지 아니한다(법3④).

---

50) 천창민(2020), 70-72쪽.
51) 영국의 P2P대출은 기본적으로 중개기관이 차입자와 대여자(투자자)의 소비대차 계약의 체결을 중개하는 기능에 그치며, 계약의 주체는 차입자와 대여자이다.

Ⅱ. 업무 등

1. 업무

온라인투자연계금융업자가 할 수 있는 업무는 ⅰ) 등록을 한 온라인투자연계금융업(제1호), ⅱ) 제12조 제4항 각 호 외의 부분 단서에 따라 자기의 계산으로 하는 연계투자 업무(제2호), ⅲ) 원리금수취권 양도·양수의 중개업무(제3호), ⅳ) 투자자에 대한 정보제공을 목적으로 차입자의 신용상태를 평가하여 그 결과를 투자자에게 제공하는 업무(제4호), ⅴ) 연계대출채권의 관리 및 추심업무(제5호), ⅵ) 그 밖에 제1호부터 제5호까지의 규정과 관련된 업무로서 대통령령으로 정하는 업무(제6호), ⅶ) 그 업무를 함께 하여도 이용자 보호 및 건전한 거래질서를 해할 우려가 없는 업무로서 대통령령으로 정하는 금융업무(제7호), ⅷ) 온라인투자연계금융업에 부수하는 업무로서 소유하고 있는 인력·자산 또는 설비를 활용하는 업무(제8호)로 제한한다(법13).

2. 겸영업무·부수업무의 신고

온라인투자연계금융업자가 제13조 제7호에 따른 겸영업무를 하려는 경우에는 그 업무를 영위하고자 하는 날의 7일 전까지 이를 금융위원회에 신고하여야 한다(법14①). 온라인투자연계금융업자가 제13조 제8호에 따른 부수업무를 하려는 경우에는 그 업무를 영위하고자 하는 날의 7일 전까지 이를 금융위원회에 신고하여야 한다(법14② 본문). 다만, 다음 각 호의 어느 하나에 해당하는 경우에는 신고를 하지 아니하고 그 부수업무를 할 수 있다(법14② 단서).

1. 이용자 보호 및 건전한 거래질서를 해할 우려가 없는 업무로서 금융위원회가 정하여 고시하는 업무를 하는 경우
2. 제5항에 따라 공고된 다른 온라인투자연계금융업자와 같은 부수업무(제3항에 따라 제한명령 또는 시정명령을 받은 부수업무는 제외)를 하려는 경우

금융위원회는 부수업무 신고내용이 다음 각 호의 어느 하나에 해당하는 경우에는 그 부수업무의 영위를 제한하거나 시정할 것을 명할 수 있다(법14③).

1. 온라인투자연계금융업자의 경영건전성을 저해하는 경우
2. 온라인투자연계금융업의 영위에 따른 이용자 보호에 지장을 초래하는 경우
3. 금융시장의 안정성을 저해하는 경우
4. 그 밖에 이용자 보호 및 건전한 거래질서 유지를 위하여 필요한 경우로서 대통령령으로 정

하는 경우

제3항에 따른 제한명령 또는 시정명령은 그 내용 및 사유가 구체적으로 기재된 문서로 하여야 한다(법14④). 금융위원회는 신고받은 부수업무 및 제한명령 또는 시정명령을 한 부수업무를 대통령령으로 정하는 방법 및 절차에 따라 인터넷 홈페이지 등에 공고하여야 한다(법14⑤).

제
7
장

기타 금융기관

제1절 신용정보회사 등

Ⅰ. 신용정보회사

1. 의의

신용정보법("법")상 신용정보회사란 신용정보업에 대하여 금융위원회의 허가를 받은 자로서 ⅰ) 개인신용평가회사: 개인신용평가업 허가를 받은 자(가목), ⅱ) 개인사업자신용평가회사: 개인사업자신용평가업 허가를 받은 자(나목), ⅲ) 기업신용조회회사: 기업신용조회업 허가를 받은 자(다목), ⅳ) 신용조사회사: 신용조사업 허가를 받은 자(라목), 즉 4개 회사를 말한다(법2(5)).

2. 신용정보업

"신용정보업"이란 ⅰ) 개인신용평가업(가목), ⅱ) 개인사업자신용평가업(나목), ⅲ) 기업신용조회업(다목), ⅳ) 신용조사업(라목) 중 어느 하나에 해당하는 업(業)을 말한다(법2(4)).

(1) 개인신용평가업

개인신용평가업이란 개인의 신용을 판단하는 데 필요한 정보를 수집하고 개인의 신용상태를 평가("개인신용평가")하여 그 결과(개인신용평점을 포함)를 제3자에게 제공하는 행위를 영업으로 하는 것을 말한다(법2(8)).

(2) 개인사업자신용평가업

개인사업자신용평가업이란 개인사업자의 신용을 판단하는 데 필요한 정보를 수집하고 개인사업자의 신용상태를 평가하여 그 결과를 제3자에게 제공하는 행위를 영업으로 하는 것을 말한다. 다만, 신용평가업은 제외한다(법2(8의2)).

(3) 기업신용조회업

"기업신용조회업"이란 다음에 따른 업무를 영업으로 하는 것을 말한다. 다만, 신용평가업은 제외한다(법2(8의3)).

가. 기업정보조회업무: 기업 및 법인인 신용정보주체의 거래내용, 신용거래능력 등을 나타내기 위하여 대통령령으로 정하는 정보를 제외한 신용정보를 수집하고, 대통령령으로 정하는 방법으로 통합·분석 또는 가공하여 제공하는 행위

나. 기업신용등급제공업무: 기업 및 법인인 신용정보주체의 신용상태를 평가하여 기업신용등급을 생성하고, 해당 신용정보주체 및 그 신용정보주체의 거래상대방 등 이해관계를 가지는 자에게 제공하는 행위

다. 기술신용평가업무: 기업 및 법인인 신용정보주체의 신용상태 및 기술에 관한 가치를 평가하여 기술신용정보를 생성한 다음해당 신용정보주체 및 그 신용정보주체의 거래상대방등 이해관계를 가지는 자에게 제공하는 행위

(4) 신용조사업

신용조사업이란 제3자의 의뢰를 받아 신용정보를 조사하고, 그 신용정보를 그 의뢰인에게 제공하는 행위를 영업으로 하는 것을 말한다(법2(9)).

3. 겸영업무

신용정보회사는 총리령으로 정하는 바에 따라 금융위원회에 미리 신고하고 신용정보주체 보호 및 건전한 신용질서를 저해할 우려가 없는 업무("겸영업무")를 겸영할 수 있다. 이 경우 이 법 및 다른 법률에 따라 행정관청의 인가·허가·등록 및 승인 등의 조치가 필요한 겸영업무는 해당 개별 법률에 따라 인가·허가·등록 및 승인 등을 미리 받아야 할 수 있다(법11①).

(1) 개인신용평가회사

개인신용평가회사의 겸영업무는 ⅰ) 개인신용평가업 외의 신용정보업(제1호), ⅱ) 채권추심업(제2호), ⅲ) 정보통신망법 제23조의3에 따른 본인확인기관의 업무(제3호), ⅳ) 그 밖에 신용정보주체 보호 및 건전한 신용질서를 저해할 우려가 없는 업무로서 대통령령으로 정하는 업무(제4호)이다(법11②).

(2) 개인사업자신용평가회사

개인사업자신용평가회사의 겸영업무는 ⅰ) 개인사업자신용평가업 외의 신용정보업(제1호), ⅱ) 채권추심업(제2호), ⅲ) 정보통신망법 제23조의3에 따른 본인확인기관의 업무(제3호), ⅳ) 그 밖에 신용정보주체 보호 및 건전한 신용질서를 저해할 우려가 없는 업무로서 대통령령으로 정하는 업무(제4호)이다(법11③).

(3) 기업신용조회회사

기업신용조회회사의 겸영업무는 ⅰ) 기업신용조회업 외의 신용정보업(제1호), ⅱ) 채권추심업(제2호), ⅲ) 그 밖에 신용정보주체 보호 및 건전한 신용질서를 저해할 우려가 없는 업무로서 대통령령으로 정하는 업무(제3호)이다(법11④).

(4) 신용조사회사

신용조사회사의 겸영업무는 ⅰ) 신용조사업 외의 신용정보업(제1호), ⅱ) 자산유동화법 제10조에 따른 유동화자산 관리 업무(제2호), ⅲ) 그 밖에 신용정보주체 보호 및 거래질서를 저해할 우려가 없는 업무로서 대통령령으로 정하는 업무(제3호)이다(법11⑤).

4. 부수업무

(1) 개요

신용정보회사는 해당 허가를 받은 영업에 부수하는 업무("부수업무")를 할 수 있다. 이 경우 신용정보회사는 그 부수업무를 하려는 날의 7일 전까지 이를 금융위원회에 신고하여야 한다(법11의2①). 금융위원회는 부수업무에 관한 신고내용이 ⅰ) 신용정보회사의 경영건전성을 해치는 경우(제1호), ⅱ) 신용정보주체의 보호 및 건전한 신용질서 유지를 위하여 필요한 경우로서 대통령령으로 정하는 경우(제2호) 그 부수업무를 하는 것을 제한하거나 시정할 것을 명할 수 있다(법11의2⑧). 제한명령 또는 시정명령은 그 내용 및 사유가 구체적으로 적힌 문서로 하여야 한다(법11의2⑨).

(2) 개인신용평가회사

개인신용평가회사의 부수업무는 ⅰ) 새로이 만들어 낸 개인신용평점, 그 밖의 개인신용평가 결과를 신용정보주체 본인에게 제공하는 업무(제1호), ⅱ) 개인신용정보나 이를 가공한 정보를 본인이나 제3자에게 제공하는 업무(제2호), ⅲ) 가명정보나 익명처리한 정보를 이용하거나 제공하는 업무(제3호), ⅳ) 개인신용정보, 그 밖의 정보를 기초로 하는 데이터 분석 및 컨설팅 업무(제4호), ⅴ) 개인신용정보 관련 전산처리시스템, 솔루션 및 소프트웨어(개인신용평가 및 위험관리 모형을 포함) 개발 및 판매업무(제5호), ⅵ) 그 밖에 신용정보주체 보호 및 건전한 신용질서를 저해할 우려가 없는 업무로서 대통령령으로 정하는 업무(제6호)이다(법11의2②).

(3) 개인사업자신용평가회사

개인사업자신용평가회사의 부수업무는 ⅰ) 새로이 만들어 낸 개인사업자의 신용상태에 대한 평가의 결과를 해당 개인사업자에게 제공하는 업무(제1호), ⅱ) 개인사업자에 관한 신용정보나 이를 가공한 정보를 해당 개인사업자나 제3자에게 제공하는 업무(제2호), ⅲ) 가명정보나 익명처리한 정보를 이용하거나 제공하는 업무(제3호), ⅳ) 개인사업자에 관한 신용정보, 그 밖의 정보를 기초로 하는 데이터 분석 및 컨설팅 업무(제4호), ⅴ) 개인사업자신용정보 관련 전산처리시스템, 솔루션 및 소프트웨어(개인사업자의 신용상태에 대한 평가 및 위험관리 모형을 포함) 개발 및 판매 업무(제5호)이다(법11의2③).

(4) 기업신용조회회사

기업신용조회회사의 부수업무는 ⅰ) 기업 및 법인에 관한 신용정보나 이를 가공한 정보를 본인이나 제3자에게 제공하는 업무(제1호), ⅱ) 가명정보나 익명처리한 정보를 이용하거나 제공하는 업무(제2호), ⅲ) 기업 및 법인에 관한 신용정보, 그 밖의 정보를 기초로 하는 데이터 분석 및 컨설팅 업무(제3호), ⅳ) 기업 및 법인에 관한 신용정보 관련 전산처리시스템, 솔루션 및 소프트웨어(기업신용등급산출 및 위험관리 모형을 포함) 개발 및 판매 업무(제4호), ⅴ) 그 밖에 신용정보주체 보호 및 건전한 신용질서를 저해할 우려가 없는 업무로서 대통령령으로 정하는 업무(제5호)이다. 다만, 제1호의 부수업무는 기업신용등급제공업무 또는 기술신용평가업무를 하는 기업신용조회회사로 한정한다(법11의2④).

(5) 신용조사회사

기업신용조회회사의 부수업무는 ⅰ) 기업 및 법인에 관한 신용정보나 이를 가공한 정보를 본인이나 제3자에게 제공하는 업무(제1호), ⅱ) 가명정보나 익명처리한 정보를 이용하거나 제공하는 업무(제2호), ⅲ) 기업 및 법인에 관한 신용정보, 그 밖의 정보를 기초로 하는 데이터 분석 및 컨설팅 업무(제3호), ⅳ) 기업 및 법인에 관한 신용정보 관련 전산처리시스템, 솔루션 및 소프트웨어(기업신용등급산출 및 위험관리 모형을 포함) 개발 및 판매 업무(제4호), ⅴ) 그 밖에 신용정보주체 보호 및 건전한 신용질서를 저해할 우려가 없는 업무로서 대통령령으로 정하는 업무(제5호)이다. 다만, 제1호의 부수업무는 기업신용등급제공업무 또는 기술신용평가업무를 하는 기업신용조회회사로 한정한다(법11의2④).

Ⅱ. 본인신용정보관리회사

1. 의의

본인신용정보관리회사란 본인신용정보관리업에 대하여 금융위원회로부터 허가를 받은 자를 말한다(법2(9의3)).

2. 본인신용정보관리업

본인신용정보관리업이란 개인인 신용정보주체의 신용관리를 지원하기 위하여 다음의 전부 또는 일부의 신용정보를 대통령령으로 정하는 방식으로 통합하여 그 신용정보주체에게 제공하는 행위를 영업으로 하는 것을 말한다(법2(9의2)).

가. 제1호의3 가목1)·2) 및 나목의 신용정보로서 대통령령으로 정하는 정보
나. 제1호의3 다목의 신용정보로서 대통령령으로 정하는 정보
다. 제1호의3 라목의 신용정보로서 대통령령으로 정하는 정보
라. 제1호의3 마목의 신용정보로서 대통령령으로 정하는 정보
마. 그 밖에 신용정보주체 본인의 신용관리를 위하여 필요한 정보로서 대통령령으로 정하는 정보

3. 겸영업무

본인신용정보관리회사는 총리령으로 정하는 바에 따라 금융위원회에 미리 신고하고 신용정보주체 보호 및 건전한 신용질서를 저해할 우려가 없는 업무("겸영업무")를 겸영할 수 있다. 이 경우 신용정보법 및 다른 법률에 따라 행정관청의 인가·허가·등록 및 승인 등의 조치가 필요한 겸영업무는 해당 개별 법률에 따라 인가·허가·등록 및 승인 등을 미리 받아야 할 수 있다(법11①).

본인신용정보관리회사의 겸영업무는 ⅰ) 자본시장법에 따른 투자자문업 또는 투자일임업(신용정보주체의 보호 및 건전한 신용질서를 저해할 우려가 없는 경우로서 대통령령으로 정하는 경우로 한정)(제1호), ⅱ) 그 밖에 신용정보주체 보호 및 건전한 거래질서를 저해할 우려가 없는 업무로서 대통령령으로 정하는 업무(제2호)이다(법11⑥).

4. 부수업무

(1) 개요

본인신용정보관리회사는 해당 허가를 받은 영업에 부수하는 업무("부수업무")를 할 수 있다. 이 경우 본인신용정보관리회사는 그 부수업무를 하려는 날의 7일 전까지 이를 금융위원회에 신고하여야 한다(법11의2①). 금융위원회는 부수업무에 관한 신고내용이 ⅰ) 본인신용정보관리회사의 경영건전성을 해치는 경우(제1호), ⅱ) 신용정보주체의 보호 및 건전한 신용질서 유지를 위하여 필요한 경우로서 대통령령으로 정하는 경우(제2호) 그 부수업무를 하는 것을 제한하

거나 시정할 것을 명할 수 있다(법11의2⑧). 제한명령 또는 시정명령은 그 내용 및 사유가 구체적으로 적힌 문서로 하여야 한다(법11의2⑨).

(2) 내용

본인신용정보관리회사의 부수업무는 ⅰ) 해당 신용정보주체에게 제공된 본인의 개인신용정보를 기초로 그 본인에게 하는 데이터분석 및 컨설팅 업무(제1호), ⅱ) 신용정보주체 본인에게 자신의 개인신용정보를 관리·사용할 수 있는 계좌를 제공하는 업무(제2호), ⅲ) 제39조의3 제1항 각 호의 권리를 대리 행사하는 업무(제3호), ⅳ) 그 밖에 신용정보주체 보호 및 건전한 신용질서를 저해할 우려가 없는 업무로서 대통령령으로 정하는 업무(제4호)이다(법11의2⑥).

Ⅲ. 채권추심회사

1. 의의

채권추심회사란 채권추심업에 대하여 금융위원회로부터 허가를 받은 자를 말한다(법2(10의2)). 채권추심의 대상이 되는 "채권"이란 상법에 따른 상행위로 생긴 금전채권, 판결 등에 따라 권원(權原)이 인정된 민사채권으로서 대통령령으로 정하는 채권, 특별법에 따라 설립된 조합·공제조합·금고 및 그 중앙회·연합회 등의 조합원·회원 등에 대한 대출·보증, 그 밖의 여신 및 보험 업무에 따른 금전채권 및 다른 법률에서 채권추심회사에 대한 채권추심의 위탁을 허용한 채권을 말한다(법2(11)).

2. 채권추심업

채권추심업이란 채권자의 위임을 받아 변제하기로 약정한 날까지 채무를 변제하지 아니한 자에 대한 재산조사, 변제의 촉구 또는 채무자로부터의 변제금 수령을 통하여 채권자를 대신하여 추심채권을 행사하는 행위를 영업으로 하는 것을 말한다(법2(10)).

3. 겸영업무

채권추심회사는 총리령으로 정하는 바에 따라 금융위원회에 미리 신고하고 신용정보주체 보호 및 건전한 신용질서를 저해할 우려가 없는 업무("겸영업무")를 겸영할 수 있다. 이 경우 이 법 및 다른 법률에 따라 행정관청의 인가·허가·등록 및 승인 등의 조치가 필요한 겸영업무는 해당 개별 법률에 따라 인가·허가·등록 및 승인 등을 미리 받아야 할 수 있다(법11①).

채권추심회사의 겸영업무는 ⅰ) 신용정보업(제1호), ⅱ) 자산유동화법 제10조에 따른 유동화자산 관리 업무(제2호), ⅲ) 그 밖에 신용정보주체 보호 및 거래질서를 저해할 우려가 없는 업무로서 대통령령으로 정하는 업무(제3호)이다(법11⑦).

4. 부수업무

(1) 개요

채권추심회사는 해당 허가를 받은 영업에 부수하는 업무("부수업무")를 할 수 있다. 이 경우 채권추심회사는 그 부수업무를 하려는 날의 7일 전까지 이를 금융위원회에 신고하여야 한다(법11의2①). 금융위원회는 부수업무에 관한 신고내용이 ⅰ) 채권추심회사의 경영건전성을 해치는 경우(제1호), ⅱ) 신용정보주체의 보호 및 건전한 신용질서 유지를 위하여 필요한 경우로서 대통령령으로 정하는 경우(제2호) 그 부수업무를 하는 것을 제한하거나 시정할 것을 명할 수 있다(법11의2⑧). 제한명령 또는 시정명령은 그 내용 및 사유가 구체적으로 적힌 문서로 하여야 한다(법11의2⑨).

(2) 내용

채권추심회사의 부수업무는 ⅰ) 채권자 등에 대한 채권관리시스템의 구축 및 제공 업무(제1호), ⅱ) 대통령령으로 정하는 자로부터 위탁받아 채권추심법 제5조에 따른 채무확인서를 교부하는 업무(제2호), ⅲ) 그 밖에 신용정보주체 보호 및 건전한 신용질서를 저해할 우려가 없는 업무로서 대통령령으로 정하는 업무(제3호)이다(법11의2⑦).

제2절 금융지주회사

Ⅰ. 서설

1. 의의

일반적으로 지주회사는 다른 회사의 주식을 보유함으로써 그 회사에 대한 실질적인 지배권을 획득하는 것을 목적으로 하는 회사를 말하며, 이러한 지주회사 중에서 금융업 또는 보험업을 영위하는 자회사의 주식을 소유하는 회사를 금융지주회사라고 한다.

각국은 금융업별로 지주회사를 규율하거나(예: 일본의 은행법, 보험업법 등), 금융복합체의 일종으로서 금융지주회사를 규율하는 등(EU의 금융복합체감독지침) 우리나라의 금융지주회사법과 같이 금융지주회사에 대하여 독자적으로 규율하고 있는 입법례는 거의 없다. 따라서 금융지주회사의 일반적인 개념에 대해서는 우리나라의 금융지주회사법을 살펴볼 필요가 있다.

금융지주회사라 함은 주식(지분을 포함)의 소유를 통하여 금융업을 영위하는 회사("금융기관") 또는 금융업의 영위와 밀접한 관련이 있는 회사를 대통령령이 정하는 기준에 의하여 지배("지배")하는 것을 주된 사업으로 하는 회사로서 i) 1 이상의 금융기관을 지배하고(가목), ii) 자산총액이 대통령령으로 정하는 기준 이상이며(나목), iii) 금융위원회의 인가를 받은 회사(다목)를 말한다(법2①(1)). 우리나라에서는 금융회사의 대형화·겸업화 추세를 반영하여 2000년 10월 금융지주회사법이 제정되었으며 이에 따라 2001년 4월 우리금융지주회사가 최초로 설립되었다. 2019년말 현재 인가된 금융지주회사는 은행지주회사 8개, 비은행지주회사 1개로 총 9개이다.

2. 주식과 지분

주식(지분 포함)의 소유를 통하여 금융기관 및 금융기관과 밀접한 관련이 있는 사업을 영위하는 회사의 사업내용을 지배하는 것을 주된 목적으로 하는 회사이다. 따라서 주식의 소유에 의하지 않고 다른 회사의 임원을 임면하거나 주요 경영사항에 대하여 지배적 영향력을 행사하는 등의 방법으로 사업내용을 지배하는 경우에는 금융지주회사에 해당하지 않는다.

3. 금융업의 범위

금융지주회사는 "금융업을 영위하는 회사 또는 금융업과 밀접한 관련이 있는 회사"를 지배하는 회사이다. "금융업을 영위하는 회사"에서 "금융업"이란 통계법 제22조 제1항의 규정에 의하여 통계청장이 고시하는 한국표준산업분류에 의한 금융 및 보험업을 말한다(영2①). "금융업의 영위와 밀접한 관련이 있는 회사"란 i) 금융업을 영위하는 회사("금융기관")에 대한 전산·정보처리 등의 용역의 제공(제1호), ii) 금융기관이 보유한 부동산 기타 자산의 관리(제2호), iii) 금융업과 관련된 조사·연구(제3호), iv) 자본시장법에 따라 설립된 경영참여형 사모집합투자기구의 재산 운용 등 그 업무집행사원이 행하는 업무(제4호), v) 그 밖에 금융기관의 고유업무와 직접적인 관련이 있거나 금융기관의 효율적인 업무수행을 위하여 필요한 사업으로서 금융위원회가 정하여 고시하는 사업(제5호)[1]의 어느 하나에 해당하는 사업을 하는 것을 목

---

1) "금융위원회가 정하여 고시하는 사업"이란 다음의 어느 하나에 해당 하는 업종 또는 업무(통계법 제22조 제1항에 따라 통계청장이 고시하는 한국표준산업분류에 의한 금융 및 보험업에 해당하는 경우는 제외하나, 다른 법령 등에서 금융업의 영위와 밀접한 관련이 있는 업무로 규정하는 경우는 제외하지 않을 수 있다)를 말한다(금융지주회사 감독규정 제1조의2).
   1. 은행업감독규정 제49조에 따른 업종
   2. 보험업법 제115조 제1항 각 호 및 같은 법 시행령 제59조 제1항에 따른 업무
   3. 전자금융거래법 제28조 제2항 각 호의 업무 및 전자금융감독규정 제3조 각 호에 따른 사업자의 업무 (해당 업무를 주된 사업으로 영위하는 경우에 한한다)
   4. 그 밖에 제1호부터 제3호까지에 준하는 것으로 금융위가 인정하는 업무

적으로 하는 회사를 말한다(영2②).

4. 지배의 기준

금융지주회사는 다른 회사를 "지배"하는 회사이다. 대통령령이 정하는 기준에 의하여 지배("지배")는 금융지주회사가 단독으로 또는 특수관계자[2]와 합하여 계열회사[3]의 최다출자자(계열회사가 경영참여형 사모집합투자기구인 경우에는 그 경영참여형 사모집합투자기구의 업무집행사원)가 되는 것을 말한다. 다만, 회사가 소유하는 주식이 각각의 특수관계자가 소유하는 주식보다 적은 경우를 제외한다(법2①(1), 영2③).

5. 주된 사업의 의미

금융지주회사는 다른 회사를 지배하는 것을 "주된 사업"으로 하는 회사이다. 주된 사업의 기준은 회사가 소유하고 있는 자회사(외국법인은 제외)의 주식(지분을 포함)가액의 합계액이 해당 회사의 자산총액의 50% 이상인 것으로 한다. 이 경우 자회사의 주식가액 및 해당 회사의 자산총액은 다음의 어느 하나에 해당하는 날("기준일") 현재의 대차대조표에 표시된 금액을 기준으로 한다(영2④).

1. 해당 사업연도에 새로 설립되었거나 합병 또는 분할·분할합병·물적분할을 한 회사의 경우에는 각각 설립등기일·합병등기일 또는 분할등기일
2. 제1호 외의 회사의 경우에는 직전 사업연도 결산일. 다만, 해당 사업연도 결산일 이전에 자회사 주식가액의 합계액이 해당 회사의 자산총액의 50% 이상인 경우에 해당되어 법 제3조에 따라 인가를 받으려는 경우에는 해당 사유가 발생한 날로 한다.

6. 자산총액의 기준

"자산총액이 대통령령으로 정하는 기준일 것"이란 기준일 현재의 대차대조표에 표시된 자산총액이 5천억원 이상일 것을 말한다(영2⑤).

Ⅱ. 유형

지주회사는 지주회사가 자회사 지배 이외에 독자적인 사업을 영위할 수 있는지의 여부에 따라 순수지주회사와 사업지주회사로 구분할 수 있다. 순수지주회사는 오직 주식의 보유를

---

2) 공정거래법 시행령 제11조 제1호 및 제2호에 규정된 자를 말한다.
3) 공정거래법 제2조 제3호의 규정에 따른 계열회사를 말한다.

통해 다른 회사를 지배하는 것을 그 업무로 하는 지주회사이고, 사업지주회사는 자체적으로 상품·용역을 거래하는 일반 사업도 영위하면서 다른 회사의 지배사업도 수행하는 지주회사를 말한다. 우리나라는 금융지주회사가 자회사 지배와 경영관리에 관한 업무만 수행하는 순수지주회사만 인정하고 있다(법15, 영11).

금융지주회사법에 의하면 금융지주회사의 자회사는 모든 금융업무에 종사하는 기업으로 구성된다(법2①(1)). 이러한 금융지주회사는 은행을 자회사로 갖는 은행지주회사와 은행을 자회사로 갖지 않고 보험회사를 자회사로 갖는 보험지주회사 그리고 은행과 보험회사를 자회사로 갖지 않고 금융투자회사를 자회사로 거느리는 금융투자지주회사로 구분된다.

은행지주회사라 함은 ⅰ) 은행법에 따른 인가를 받아 설립된 은행(가목), ⅱ) 은행업을 영위하는 금융기관으로서 대통령령이 정하는 금융기관(다목), ⅲ) 가목 및 다목의 금융기관을 지배하는 금융지주회사(라목)의 어느 하나에 해당하는 회사를 포함하여 1 이상의 금융기관을 지배하는 금융지주회사를 말한다(법2①(5)). 은행지주회사는 자은행의 경영을 관리하는 회사로 광의의 금융지주회사에 포함되는 개념이다.

보험지주회사란 보험업법 제2조 제5호의 보험회사를 포함하여 1 이상의 금융기관을 지배하는 비은행지주회사를 말한다(법2①(6의3)). 금융투자지주회사란 자본시장법 제8조 제1항의 금융투자업자인 1 이상의 금융기관을 지배하면서 ⅰ) 보험회사(가목), ⅱ) 상호저축은행(나목), ⅲ) 자본시장법 제3조 제1항의 투자성이 없는 계약을 체결하면서, 이익을 얻거나 손실을 회피할 목적으로 금전, 그 밖의 재산적 가치가 있는 것을 지급하기로 약정함으로써 불특정다수로부터 자금을 취득하여 그 자금을 운용하는 것을 업으로 하는 자로서 대통령령으로 정하는 금융기관(다목), ⅳ) 가목부터 다목까지의 금융기관을 지배하는 금융지주회사(라목)의 어느 하나에 해당하는 금융기관을 지배하지 아니하는 비은행지주회사를 말한다(법2①(6의4)).

Ⅲ. 업무 등

1. 업무

금융지주회사는 자회사의 경영관리업무와 그에 부수하는 업무로서 "대통령령이 정하는 업무"를 제외하고는 영리를 목적으로 하는 다른 업무를 영위할 수 없다(법15). 여기서 "대통령령이 정하는 업무"란 다음의 업무를 말한다(영11①).

1. 경영관리에 관한 업무
   가. 자회사등에 대한 사업목표의 부여 및 사업계획의 승인

　　　나. 자회사등의 경영성과의 평가 및 보상의 결정

　　　다. 자회사등에 대한 경영지배구조의 결정

　　　라. 자회사등의 업무와 재산상태에 대한 검사

　　　마. 자회사등에 대한 내부통제 및 위험관리 업무

　　　바. 가목부터 마목까지의 업무에 부수하는 업무

　2. 경영관리에 부수하는 업무

　　　가. 자회사등에 대한 자금지원(금전·증권 등 경제적 가치가 있는 재산의 대여, 채무이행의
　　　　　보증, 그 밖에 거래상의 신용위험을 수반하는 직접적·간접적 거래를 포함)

　　　나. 자회사에 대한 출자 또는 자회사등에 대한 자금지원을 위한 자금조달

　　　다. 자회사등의 금융상품의 개발·판매를 위한 지원, 그 밖에 자회사등의 업무에 필요한 자
　　　　　원의 제공

　　　라. 전산, 법무, 회계 등 자회사등의 업무를 지원하기 위하여 자회사등으로부터 위탁받은
　　　　　업무

　　　마. 그 밖에 법령에 의하여 인가·허가 또는 승인 등을 요하지 아니하는 업무

위 제1항 제2호 다목 및 라목의 업무에 대한 세부 내용은 [별표 3]과 같다(영11②).

2. 금융채 발행

은행지주회사는 다음의 사채("금융채")를 매출기간을 미리 정하여 매출의 방법으로 발행할
수 있다(법15의2①, 영11의2①).

　1. 상법에 따른 사채

　2. 자본시장법 제165조의11 제1항에 따른 사채 중 해당 사채의 발행 당시 객관적이고 합리적
　　　인 기준에 따라 미리 정하는 사유("예정사유")가 발생하는 경우 그 사채의 상환과 이자지급
　　　의무가 감면된다는 조건이 붙은 사채("상각형 조건부자본증권")

　3. 자본시장법 제165조의11 제1항에 따른 사채 중 해당 사채의 발행 당시 예정사유가 발생하
　　　는 경우 은행지주회사의 주식으로 전환된다는 조건이 붙은 사채("전환형 조건부자본증권")

　4. 그 밖에 제1호부터 제3호까지의 사채에 준하는 사채로서 대통령령으로 정하는 사채[4]

3. 조건부자본증권 발행

상각형 조건부자본증권의 발행 등에 관하여는 자본시장법 제165조의11 제2항 및 제314조

---

　4) "대통령령으로 정하는 사채"란 은행지주회사가 국제결제은행의 기준에 따라 발행하는 채무증권 또는 금융
　　업을 경영하는 자가 금융관련법령 및 이에 상당하는 외국의 금융관련법령에 따라 발행하는 채무증권으로
　　서 금융위원회가 정하여 고시한 사채를 말한다(영11의2③).

제8항을 준용한다(법15의3①). 전환형 조건부자본증권의 발행 등에 관하여는 자본시장법 제165
조의6 제1항·제2항·제4항, 제165조의9, 제165조의11 제2항 및 제314조 제8항을 준용한다(법
15의3②). 조건부자본증권의 만기는 해당 발행은행지주회사가 청산·파산하는 때로 할 수 있다
(영11의2④).

Ⅳ. 규제

금융지주회사는 금융업과 관련이 없는 회사지배를 주된 사업으로 하는 일반지주회사와 달
리 공정거래법 외에 금융지주회사법의 적용도 받는다.

1. 지주회사에 대한 일반적 규제

일반적인 지주회사에 대한 규제로는 ⅰ) 순환출자 및 상호출자 등의 금지를 들 수 있다.
즉 지주회사의 과도한 계열 확장을 통한 경제력 집중을 억제하기 위하여 동일계열 자회사간
또는 자회사와 지주회사간 순환출자 및 상호출자를 제한하고 있다(공정거래법 제9조 및 제9조의2,
금융지주회사법 제48조 제1항 제2호 및 제5항).

ⅱ) 지주회사가 자회사를 지배하기 위해서는 자회사의 지분을 일정 비율 이상 확보하도록
하여 지주회사에 대해 자회사 지분보유의무를 부과하고 있다(공정거래법 제8조의2 제2항 제2호,
금융지주회사법 제43조의2 제1항).

ⅲ) 지주회사의 부채비율을 제한하지 않을 경우 부채를 활용한 무분별한 자회사 지배 및
계열 기업의 확장이 초래되어 경제력 집중이 심화되고 지주회사의 부실이 초래될 우려가 있으
므로, 이를 방지하기 위하여 지주회사의 부채비율을 제한하고 있다(공정거래법 제8조의2 제2항
제1호, 금융지주회사법 제35조).

ⅳ) 지주회사가 지배력 확장의 수단으로 활용되는 것을 막기 위하여 지주회사로 하여금
계열회사가 아닌 국내회사의 주식을 해당 회사 발행주식 총수의 5%를 초과하여 소유하는 행위
또는 자회사 외의 국내 계열회사의 주식을 소유하는 것 또한 금지하여 비계열회사에 대한 주
식 보유를 제한하고 있다(공정거래법 제8조의2 제2항 제3호, 금융지주회사법 제44조).

2. 금융지주회사에 대한 특수한 규제

공정거래법에서 규정하고 있는 지주회사들에 대한 규제는 금융지주회사에 대해서도 거의
동일하게 적용되지만, 그 밖에 금융지주회사법에서 별도로 규정하고 있는 규제들을 살펴보면
다음과 같다.

ⅰ) 설립에 대한 인가 및 자회사 편입에 대한 승인이다. 일반적인 지주회사의 경우에는 설립 이후에 공정거래위원회에 신고하도록 되어 있다(공정거래법 제8조). 즉 원칙적으로 지주회사의 설립은 사후신고로 충분하다고 할 것이지만 금융지주회사의 경우에는 설립에 대한 인가를 받도록 함으로써 보다 엄격한 진입규제를 하고 있다(금융지주회사법 제3조). 또한 금융지주회사가 자회사를 편입하는 경우에도 사전승인을 받도록 요구하고 있으며, 이 경우에도 사업계획의 건전성, 재무상태와 경영관리상태의 건전성 등과 같이 설립인가의 경우와 동등한 정도의 승인요건을 요구하고 있다(금융지주회사법 제16조 및 제17조).

ⅱ) 금융지주회사법은 동일계열 금융회사 사이의 위험의 전이를 방지하기 위하여 신용공여 등을 제한하고 불량자산[5] 거래를 금지하여 소속 금융회사 사이의 거래를 규제하고 있다(금융지주회사법 제48조).

ⅲ) 손자회사 등의 지배에 대한 규제이다. 금융지주회사법상 금융지주회사는 자회사만을 소유할 수 있으며, 손자회사의 지배는 원칙적으로 금지하고 있다(같은 법 제19조). 자회사의 범위는 금융업을 영위하는 회사와 금융업을 영위하는 회사에 대한 전산처리 업무 등의 용역의 제공, 금융기관이 보유한 부동산 기타 자산의 관리, 그 밖에 금융기관의 고유업무와 관련이 있는 경우 등으로 제한된다(금융지주회사법 제2조 제1항 제1호 및 같은 법 시행령 제2조 제2항).

---

5) 불량자산은 경영내용·재무상태 및 미래의 현금흐름 등을 감안할 때 채무상환에 어려움이 있거나 있을 것으로 판단되는 채무자등에 대한 자산으로서 금융위원회가 정하는 자산을 말한다(법48③, 영27⑦).

금융기관규제

제
1
장
/

서　론

제1절　금융법상 규제유형과 포섭범위

　　금융법에는 금융산업에 진입하여 금융업을 영위함에 있어 금융회사로서 필수적으로 갖추어야 할 물적·인적 요건들을 정해 놓은 것들이 있으며, 다른 한편에서는 금융회사가 영업인·허가를 받거나 등록을 한 이후에 고객을 상대로 영업을 함에 있어서 금융회사 또는 그 임직원이 준수하여야 하는 여러 가지 규정들이 있다. 전자에 해당하는 것이 주로 금융회사의 건전성과 관련한 규제로서 제도권 금융회사로 진입하고, 그 영업을 유지하기 위한 요건들을 정해 놓고 있는 것을 말한다. 물론 이러한 건전성규제도 각 업권별 특성에 따라 개별 금융법률에서 정하고 있는 내용에는 차이가 있다. 후자에 해당하는 것이 각 금융업권별 금융회사 또는 그 임직원이 영업행위를 함에 있어서 준수하여야 하는 영업행위규제이다. 이러한 영업행위규제도 개별 금융법률에서 정하고 있는 것이 유사한 것도 있지만 각 영업행위의 성질에 따라 각기 다른 형태로 구현되어 있다.

　　이처럼 금융법은 금융회사의 건전성규제와 영업행위규제를 주요 축으로 하여 금융감독당국은 해당 금융회사가 갖추어야 하는 물적·인적 요건 등과 건전성을 해칠 수 있는 행위들에 대하여는 위반상태를 해소하도록 명령하고, 그 임직원이 영업행위규제 사항을 위반한 경우에는 그러한 위반행위에 대하여 제재를 가하기도 한다.

　　한편 금융회사의 건전성규제와 영업행위규제 외에도 자본시장참가자에 대한 규제도 금융법상 중요한 과제로 들 수 있다. 자본시장참가자에 대한 규제는 주로 자본시장법에서 정하고 있는데, 동법에는 자본시장참가자 외에도 자본시장에 참가하는 금융회사들에 관한 건전성 및 영업행위규제도 동시에 규정되어 있다. 특히 자본시장참가자에 대한 규제대상에는 금융회사 및 그 임직원 외에 일반인 또는 일반법인도 포함된다는 점에서 위에서 언급한 금융기관의 건전성규제나 영업행위규제와는 규제의 성질을 달리한다고 할 수 있다.

금융회사의 건전성규제란 개별 기관으로서 진입 및 유지요건 충족, 업무범위의 일탈금지, 경영진의 적격성과 대주주로부터의 부당한 영향력을 배제할 수 있는 지배구조, 재무구조의 건전성유지 등 금융회사가 갖추어야 하는 다양한 측면의 건전성을 확보하게 함으로써 궁극적으로는 시스템위험을 방지하는 것을 목적으로 하는 모든 규제수단을 말한다.

종전의 건전성규제는 주로 개별 금융회사를 대상으로 자기자본비율규제를 대상으로 하는 미시건전성규제가 중심이었다. 즉 2008년 글로벌 금융위기 이전까지는 금융회사의 건전성은 개별 금융기관 특히 은행의 건전성을 목적으로 진입규제, 지배구조규제, 업무범위규제, 재무건전성규제, 그 밖의 경영건전성규제를 주요내용으로 하는 미시건전성규제가 대부분이었다. 하지만 2008년 글로벌 금융위기를 겪으면서 개별 금융회사의 건전성 확보만으로는 극복할 수 없는 거시적 차원의 문제점들이 해결과제로 등장하였다. 과거의 미시건전성 규제수단은 시스템위험에 대한 완전한 예방수단이 되지 못한다는 것을 깨닫게 되었고 점차 거시건전성규제에 대한 이해가 함께 이루어져야 한다는 반성이 있게 된 것이다. 이에 금융관련 국제기구는 물론 세계 각국들도 거시건전성감독을 위한 법제도 개선에 적극 나서게 되었고 개별 금융회사의 건전성만 따지는 것이 아니라 금융시스템 안정이라고 하는 거시적 목표 달성을 위하여 건전성규제의 대상도 보다 확대되어야 한다는 인식이 정립되게 되었다. 또한 한 국가의 금융위기가 세계적인 금융위기로 번지지 않게 하기 위해서는 국제공조가 매우 중요한 만큼 건전성규제에 대한 국제적인 동향을 살펴보는 것도 매우 중요해졌다.

한편 금융회사 영업행위 규제·감독은 금융상품의 판매와 관련하여 금융회사의 설명의무나 적합성원칙 준수 여부를 확실하게 하여 금융소비자의 피해를 방지하거나 사후 구제하고자 하는 것을 말한다. 영업행위규제의 구체적인 내용은 각 금융권역별로 강조점에 조금씩 차이가 있기는 하지만 공통되는 주요내용으로는 금융거래 관련 정보의 공시, 금융회사와 그 구성원의 자격과 진실성(integrity), 금융거래의 공정성 확보를 위하여 직접적으로는 신의성실의무, 적합성의 원칙, 설명의무를 부과하거나 불공정한 영업행위를 직접 규제하여 건전한 금융거래 관행을 확립하는 것으로 되어 있다.

2008년 글로벌 금융위기 이후에 금융소비자보호 강화가 제일 큰 이슈로 대두되면서 금융소비자보호에 초점을 맞추는 금융회사의 영업행위규제가 특히 강조되고 있는데, 금융소비자보호를 강화해야 하는 이유는 금융산업은 다른 산업보다도 금융회사와 금융소비자 간에 정보의 비대칭성이 심해 금융상품의 불완전판매 가능성이 높고 금융상품거래가 대부분 약관거래에 의한 것이어서 그 피해규모도 매우 크기 때문이다.

금융회사와 금융소비자 간의 금융거래계약은 사적인 계약으로서 당사자자치의 원칙이 적용되는 것이 원칙이지만, 이는 당사자 간 대등한 교섭력과 자유로운 경쟁을 전제로 할 때이지 이러한 조건이 갖추어지지 않은 경우에도 계약자유의 원칙에 맡겨버린다면 약자에게 불리한 불공정한 계약을 초래할 가능성이 높다. 대부분의 금융거래계약은 금융회사가 정보를 독점하고 공급자의 위치에 있기 때문에 정보의 불균형이 있지만 금융소비자는 제한된 범위 내에서만 알 수 있기 때문에 대등한 지위에서 금융거래를 하고 있는 것은 아니다. 이러한 불균형을 해소하기 위해서는 금융회사의 영업행위를 감독기관이 규제할 필요가 있다. 다만 영업행위규제는 금융회사의 자유로운 영업활동을 제한하는 것이기 때문에 그 규제가 과도할 경우에는 금융회사의 정상적인 영업의 효율성을 저해할 수도 있으므로 반드시 법률에 그 근거가 있어야 할 것이며(법률유보주의), 내용적으로도 상호 대립될 수도 있는 다른 측면의 금융소비자의 보호에도 소홀히 할 수 없다는 점을 유의하여야 한다.[1]

제2절 금융법상 규제체계 개관

Ⅰ. 금융법상 규제의 상호관계

이론적으로는 금융기관의 건전성규제와 영업행위규제가 명확하게 구분되는 것처럼 보이지만, 실제에 있어서는 상호간에 구분이 애매한 경우도 있고, 어느 한쪽이 다른 한쪽에 영향을 미치는 경우가 발생하기도 한다. 예를 들어 2013년에 발생한 동양그룹사태에 있어서 동양그룹 계열사의 회사채와 기업어음 등 증권을 동양종금증권이 인수하여 판매하였는데, 그룹의 자금위기가 발생하여 계열사가 발행한 증권에 대한 디폴트가 발생하게 되었고, 판매과정에서 일반투자자들에 대한 불완전판매행위가 대량으로 발생하였음이 적발되었다. 이로 인해 동양종금증권에 유동성위기가 발생하였다. 이 경우에 불완전판매행위라고 하는 금융기관의 영업행위규제 위반으로 인하여 대량의 환매 요구 사태와 집단적인 손해배상청구소송이 제기됨으로써 당해 금융기관의 자기자본비율이 급격히 하락하여 건전성규제 요건을 충족하지 못하는 일이 벌어진

---

1) 이효근(2019) "금융법상 규제 및 제재의 개선에 관한 연구: 실효적 제재수단의 모색을 중심으로", 아주대학교 대학원 박사학위논문(2019. 2), 8-11쪽.

것인데, 이처럼 영업행위규제 위반이 건전성을 해치는 결과를 초래할 수도 있는 것이다. 따라서 건전성 유지에 위협이 되는 영업행위는 어떤 것이 있는지, 이에 대한 최고경영진의 관리와 감독이 제대로 이루어지고 있는지가 매우 중요하다. 앞으로도 계속 금융소비자의 권익을 보호하는 것이 금융감독당국의 정책관심사인 만큼 금융기관의 영업행위규제 위반이 금융기관의 건전성에 미치는 영향은 지속적으로 모니터링 되어야 하는 부분이다.[2]

건전성규제와 영업행위규제가 복합적으로 일어난 또 하나의 대표적인 사례가 2011년 저축은행사태라고 볼 수 있다. 저축은행 창구에서 당해 저축은행이 발행한 후순위채권을 마치 특판예금인 것처럼 판매함으로써 많은 금융소비자들에게 피해를 발생시킨 것으로, 투자성 금융상품의 판매와 관련한 영업행위규제를 위반한 것이다. 이로 인해 저축은행의 신뢰도가 하락하면서 시스템위험으로까지 전이될 우려가 있었던 것으로 미시적인 영업행위규제 위반이 미시적인 당해 저축은행의 건전성은 물론 거시적인 금융시장의 건전성까지도 위협한 사례라고 볼 수 있다.

이처럼 금융기관의 영업행위규제와 건전성규제는 일정 부분 상호연관성을 갖고 있기 때문에 실제로 금융기관을 감독함에 있어서는 이들을 유기적으로 파악하고 있어야 하며, 다양한 유형의 영업행위규제 위반이 해당 금융기관의 건전성에 미치는 영향을 어떻게 분석하고 반영할 것인지를 끊임없이 고민해야 할 것이다.

한편 금융법에서 금융기관의 업무와 관련하여 규제하고 있는 것들 중에는 건전성규제와 영업행위규제의 어느 한 영역에 넣기 어려운 부분도 있다. 예컨대 자금세탁방지법상 금융기관의 의무사항들이 그것이다. 이러한 규제는 금융기관의 건전성도 일반 금융소비자보호를 위한 것도 아닌 공익적 목적을 위해 금융기관들에 부과된 의무들인 것이다. 이러한 의미에서 금융법에서의 규제유형에는 사법적인 영역을 위주로 구성된 것들이 있는가 하면, 공법적인 영역에 해당하는 것들이 있음이 명백해진다. 이 점에서 최근 들어 금융법을 당사자자치를 기반으로 하는 상사법학 위주에서 규제법리를 기반으로 하는 공법의 영역으로 확장하여 금융공법이론을 발전시켜야 한다는 주장이 설득력을 얻고 있다.[3]

---

2) 이효근(2019), 12~13쪽.
3) 실제로 당사자자치를 기본으로 하는 금융거래계약에 있어서도 금융소비자와의 관계에서 문제되는 것은 약관의 공정성과 해당 금융상품 판매 시에 있을 수 있는 금융회사의 여러 가지 준수의무(예컨대 불완전판매가 되지 않도록 상품별 특성에 맞는 설명의무를 다한다거나 방카슈랑스에서의 겸업금지 등이 이에 해당될 수 있다)와 자산운용의 건전성 등이 금융법률의 주된 규제내용으로 되어 있다.

Ⅱ. 건전성규제의 실효성확보 수단인 경영실태평가제도

은행, 금융투자회사, 보험회사, 여신전문금융회사, 상호저축은행, 상호금융기관에 대한 경영실태평가와 적기시정조치는 건전성규제의 실효성 확보수단으로 기능을 수행한다. 아래 건전성규제 부분에서 후술한다.

Ⅲ. 영업행위규제의 실효성확보 수단인 금융감독기관의 검사

1. 검사의 법적 근거

금융기관 감독 및 검사·제재에 관한 사항은 금융위원회의 소관 사무이다(금융위원회법 17(2)). 금융위원회나 증권선물위원회의 지도·감독을 받아 금융기관에 대한 검사·감독 업무 등을 수행하기 위하여 금융감독원을 설립한다(금융위원회법24①). 금융감독원은 금융위원회법 또는 다른 법령에 따라 검사대상기관의 업무 및 재산상황에 대한 검사와 검사 결과와 관련하여 금융위원회법과 또는 다른 법령에 따른 제재 업무를 수행한다(금융위원회법37). 금융감독원장은 검사를 한 경우에는 그 결과를 금융위원회에 보고하여야 한다(금융위원회법59).

2. 검사의 종류

금융감독기관 검사의 종류는 검사의 대상, 검사의 범위, 검사의 방법에 따라 분류할 수 있다.

ⅰ) 검사의 대상이 금융회사의 건전성에 관한 것이냐 영업행위에 관한 것이냐에 따라 건전성검사와 영업행위검사로 구분할 수 있다. 건전성검사는 금융회사가 제출한 업무보고서에 근거한 상시감시를 병행하여 자산건전성분류 및 대손충당금 적립의 적정성 여부, 자기자본규제 충족 여부, 자산 보유·운용에 대한 제한 준수 여부, 금융회사 공시기준 준수 여부 등을 점검하고, 금융회사의 경영상태를 체계적이고 객관적으로 평가함으로써 금융회사의 경영부실 위험을 적시에 파악하여 조치할 수 있는 절대평가 방식의 경영실태평가를 실시한다. 즉 건전성관련 감독 및 검사부서에서는 건전경영총괄, 경영실태평가, 상시감시, 리스크관리가 주된 업무로 되어 있으며 건전성규제를 위반한 경우에는 적기시정조치 등이 발동된다. 반면 영업행위검사는 금융회사 및 그 임직원이 각종 영업을 영위하면서 준수하여야 하는 법규를 위반하였는지 여부를 검사하는 것으로 이에 관한 위반사항에 대하여는 당해 임직원 및 기관에 대하여 징계 위주의 제재가 가해진다.

ⅱ) 검사의 범위를 기준으로 검사의 종류를 분류하자면, 종합검사와 부문검사로 나눌 수

있다. 종합검사란 금융기관의 업무전반 및 재산상황에 대하여 종합적으로 실시하는 검사를 말한다(금융기관 검사 및 제재에 관한 규정3(3)). 종합검사는 금융회사의 업무 중 일부만을 검사하는 것이 아니라 모든 업무와 재산 전반에 대하여 검사를 하는 것이다. 종합검사는 저인망식 검사라는 비판이 제기되어 한동안 금융감독원이 폐기하였다가 가계부채가 심각해지고 금융소비자보호 이슈가 금융감독의 핵심과제로 대두되면서 2018년말부터는 이를 부활시켰다. 부문검사란 금융사고예방, 금융질서확립, 기타 금융감독정책상의 필요에 의하여 금융기관의 특정 부문에 대하여 실시하는 검사를 말한다(금융기관 검사 및 제재에 관한 규정3(4)). 부문검사는 특정한 부문에 대하여만 검사를 집중하는 것으로 주로 금융사고가 났거나 특정 부문에 대하여 업계 전반적으로 검사할 필요가 있을 때 실시하게 된다.

iii) 검사의 방법을 기준으로 현장검사(임점검사: on-site examination)와 서면검사(off-site examination)로 구분할 수 있다. 현장검사란 검사원(감독원장의 명령과 지시에 의하여 검사업무를 수행하는 자)이 금융기관을 방문하여 실시하는 검사를 말한다(금융기관 검사 및 제재에 관한 규정 3(5)). 서면검사란 검사원이 금융기관으로부터 자료를 제출받아 검토하는 방법으로 실시하는 검사를 말한다(금융기관 검사 및 제재에 관한 규정3(6)).

제
2
장
/

진입규제

제1절 규제의 필요성

　　진입규제는 부적격자의 시장진입을 원천적으로 차단하고 과당 경쟁에 따른 폐해를 최소화하는 기능을 한다. 진입규제는 금융제도의 안정을 위해 정부가 취하는 규제라는 점에서 생산기술이나 상품의 특성으로 인해 잠재적인 진입자의 신규진입이 제약되는 일반산업의 진입장벽과는 다르다. 일반산업의 경우 진입 또는 퇴출 장벽이 없어야만 경쟁 증대에 의한 시장의 효율성이 달성될 수 있다. 그러나 금융산업의 경우 공공성과 외부성이 큰 산업이기 때문에 금융제도의 안정과 시장실패를 막기 위해 진입 및 퇴출에 관해 정부가 개입하지 않을 수 없다. 진입규제의 전형적인 수단은 금융기관의 신설 또는 지점의 설치에 대해 금융당국의 인허가를 받도록 함으로써 금융기관의 수를 제한하는 것이다. 또한 금융기관의 퇴출 또한 예금자와 투자자의 보호 및 퇴출에 따른 파급효과를 최소화하기 위해 당국이 퇴출 방법, 부실기관의 처리 등을 결정한다.

　　금융업은 아무나 하도록 하는 것이 아니라 여러 자격을 갖추어야 할 수 있게 한다. 즉 정부로부터 인허가를 받아야 하는 산업이다. 그러다 보니 인허가를 받은 자체가 가치(chartered value)를 가진다. 진입장벽에 따른 프리미엄을 갖는다. 진입장벽이 있으므로 경제적 지대(economic rent)가 있다. 말하자면 땅 짚고 헤엄치는 격으로 영업을 하는 측면이 있다. 따라서 정부는 이 경제적 지대가 지나치지 않은지, 영업을 건전하게 잘하고 있는지, 도덕적 해이나 역선택은 일어나고 있지 않은지 등을 감시(monitoring)하게 된다.

금융회사를 설립하기 위해서는 법규에서 달리 정하고 있는 경우를 제외[신협 이외의 상호금융조합인 농협, 수협, 산림조합은 개별 법률에 의해 인가를 받아야 하고, 새마을금고는 행정안전부장관의 인가를 받아야 한다(새마을금고법7①)]하고는 금융위원회로부터 인가 또는 허가를 받거나 금융위원회에 등록하여야 한다. 이처럼 금융업을 영위하려는 자에 대하여 인허가 제도를 운영하는 이유는 법인 성격의 적합성, 사업계획의 타당성, 자본금 및 주주구성과 설립·인수 자금의 적정성, 발기인·대주주·경영진의 경영능력과 성실성 및 공익성 등을 확인함으로써 금융업을 수행하기에 부적절한 자가 금융업에 진출하는 것을 사전적으로 차단하기 위해서이다.[1]

제2절   은행업자규제

은행업에 대한 인가제는 건전성규제·감독의 핵심이자 시작이라 할 수 있다. 인가제는 은행업을 영위하고자 하는 자를 심사함으로써 부적격자가 은행시스템으로 진입하는 것을 사전에 차단하는 것이다. 인가기준에 위반하는 행위가 발생한 경우에는 인가를 취소하도록 하여 은행이 계속하여 건전한 영업을 하도록 한다. 그러나 인가제는 부실은행의 진입을 막는 긍정적인 효과가 있는 반면에 은행업에 대한 진입장벽으로 존재하므로 인가제의 운영으로 인해 은행업에 대한 독과점의 폐해가 발생할 수 있다. 따라서 인가제는 금융시스템의 안전성과 건전성을 손상하지 않는 범위에서 적절한 수준의 규제가 필요하다.[2]

은행법("법")에 따른 인가제는 설립인가를 기준으로 할 것이나 은행의 분할·합병의 경우, 해산 또는 은행업의 폐지의 경우와 영업의 전부 또는 중요한 일부의 양도·양수의 경우에도 은행업을 영위하는 자에 대한 중요한 변화가 있는 것이므로 역시 인가를 받도록 하고 있다(법 55①). 인가제는 건전성규제와 관련하여 매우 강력한 규제방식이기는 하지만 은행이 인가기준을 계속 준수하고 있는지를 파악하기 위한 사후감독이 필수적이다.

Ⅰ. 인가요건

은행업을 경영하려는 자는 금융위원회의 인가를 받아야 한다(법8①). 은행업 인가를 받으려는 자는 다음의 요건을 모두 갖추어야 한다(법8②(1)-(7)).

---

1) 이효근(2019), 63쪽.
2) 심영(2005), "은행의 건전성규제 제도", 중앙법학 제7권 제2호(2005. 7), 193-194쪽.

1. 자본금

최저자본금이 1천억원 이상이어야 한다. 다만, 지방은행의 자본금은 250억원 이상으로 할 수 있다(법8②(1)). 여기서 자본금은 납입자본금을 말한다. 은행의 자기자본은 국제결제은행 (BIS)의 기준에 따른 기본자본과 보완자본의 합계액을 말한다(법2①(5)).[3] 은행은 인가를 받아 은행업을 경영할 때 최저자본금을 유지하여야 한다(법9).

2. 자금조달방안

은행업 경영에 드는 자금 조달방안이 적정하여야 한다(법8②(2)).

3. 주주구성계획

주주구성계획이 은행법상 동일인 주식보유한도 등 주주규제(법15, 15의3, 16의2)에 적합해야 한다(법8②(3)).

4. 대주주

대주주가 충분한 출자능력, 건전한 재무상태 및 사회적 신용을 갖추어야 한다(법8②(4)). 은행법상 대주주는 형식적 기준과 실질적 기준에 따라 2가지로 정의된다. 형식적 기준에 따른 대주주는 은행의 주주 1인을 포함한 동일인이 은행의 의결권 있는 발행주식 총수의 10%(지방은행의 경우에는 15%)를 초과하여 주식을 보유하는 경우의 그 주주 1인을 말한다(법2①(10)(가)). 실질적 기준에 따른 대주주는 은행의 주주 1인을 포함한 동일인이 은행(지방은행은 제외)의 의결권 있는 발행주식 총수[비금융주력자가 의결권을 행사하지 아니하는 조건으로 재무건전성 등 대통령령으로 정하는 요건을 충족하여 금융위원회의 승인을 받은 경우에는 그 주식도 제외(법16의2②)한다]의 4%를 초과하여 주식을 보유하는 경우로서 그 동일인이 최대주주이거나 대통령령으로 정하

---

3) 자기자본에 포함되는 기본자본과 보완자본은 다음의 기준에 따라 금융위원회가 정하여 고시하는 것으로 한다(영1의2).
 1. 기본자본은 다음 각 목의 합계액으로 할 것
  가. 보통주 발행으로 인한 자본금·자본잉여금, 이익잉여금 등 은행의 손실을 가장 먼저 보전할 수 있는 것
  나. 영구적 성격을 지닌 자본증권의 발행으로 인한 자본금·자본잉여금 등으로서 은행의 손실을 가목의 기본자본 다음의 순위로 보전할 수 있는 것
 2. 보완자본은 제1호에 준하는 성격의 것으로서 제1호에 포함되지 않는 후순위채권 등 은행의 청산시 은행의 손실을 보전할 수 있는 것으로 할 것
 3. 해당 은행이 보유하고 있는 자기주식 등 실질적으로 자본충실에 기여하지 아니하는 것은 기본자본 및 보완자본에 포함시키지 아니할 것

는 바에 따라 임원을 임면하는 등의 방법으로 그 은행의 주요 경영사항에 대하여 사실상 영향력을 행사하고 있는 자인 경우의 그 주주 1인을 말한다(법2①(1)(나)). 여기서 은행의 주요 경영사항에 대하여 사실상 영향력을 행사하는 자는 단독으로 또는 다른 주주와의 합의·계약 등으로 은행장 또는 이사의 과반수를 선임한 주주 또는 경영전략, 조직변경 등 주요 의사결정이나 업무집행에 지배적인 영향력을 행사한다고 인정되는 자로서 금융위원회가 지정한 자를 말한다(영1의6①).

5. 사업계획의 타당성과 건전성

사업계획이 타당하고 건전하여야 한다(법8②(5)). 여기서 사업계획은 다음의 요건을 모두 갖추어야 한다(영1의7①).

1. 추정재무제표와 수익 전망이 타당하고 실현 가능성이 있을 것
2. 경영지도기준을 충족할 수 있을 것
3. 위험관리와 금융사고 예방 등을 위한 적절한 내부통제장치가 마련되어 있을 것
4. 은행이용자 보호를 위한 적절한 업무방법을 갖출 것

6. 발기인 및 임원

발기인(개인인 경우만 해당) 및 임원이 금융회사지배구조법 제5조[4]에 적합하여야 한다(법8

---

4) 금융회사지배구조법 제5조(임원의 자격요건) ① 다음 각 호의 어느 하나에 해당하는 사람은 금융회사의 임원이 되지 못한다.
 1. 미성년자·피성년후견인 또는 피한정후견인
 2. 파산선고를 받고 복권되지 아니한 사람
 3. 금고 이상의 실형을 선고받고 그 집행이 끝나거나(집행이 끝난 것으로 보는 경우 포함) 집행이 면제된 날부터 5년이 지나지 아니한 사람
 4. 금고 이상의 형의 집행유예를 선고받고 그 유예기간 중에 있는 사람
 5. 이 법 또는 금융관계법령에 따라 벌금 이상의 형을 선고받고 그 집행이 끝나거나(집행이 끝난 것으로 보는 경우 포함) 집행이 면제된 날부터 5년이 지나지 아니한 사람
 6. 다음 각 목의 어느 하나에 해당하는 조치를 받은 금융회사의 임직원 또는 임직원이었던 사람(그 조치를 받게 된 원인에 대하여 직접 또는 이에 상응하는 책임이 있는 사람으로서 대통령령으로 정하는 사람으로 한정)으로서 해당 조치가 있었던 날부터 5년이 지나지 아니한 사람
  가. 금융관계법령에 따른 영업의 허가·인가·등록 등의 취소
  나. 금융산업구조개선법 제10조 제1항에 따른 적기시정조치
  다. 금융산업구조개선법 제14조 제2항에 따른 행정처분
 7. 이 법 또는 금융관계법령에 따라 임직원 제재조치(퇴임 또는 퇴직한 임직원의 경우 해당 조치에 상응하는 통보 포함)를 받은 사람으로서 조치의 종류별로 5년을 초과하지 아니하는 범위에서 대통령령으로 정하는 기간이 지나지 아니한 사람
 8. 해당 금융회사의 공익성 및 건전경영과 신용질서를 해칠 우려가 있는 경우로서 대통령령으로 정하는

②(6)).

7. 인적 · 물적 설비

은행업을 경영하기에 충분한 인력, 영업시설, 전산체계 및 그 밖의 물적 설비를 갖추어야 한다(법8②(8)). 인적 · 물적 설비는 다음의 요건을 충족하여야 한다(영1의7②).

1. 은행업에 관한 전문성과 건전성을 갖춘 인력과 은행업을 경영하기 위한 전산요원 등 필요한 인력을 적절하게 갖출 것
2. 다음 각 목의 물적 설비를 갖출 것
   가. 은행업을 경영하기 위하여 필요한 전산설비와 통신수단
   나. 전산설비 등의 물적 설비를 안전하게 보호할 수 있는 보안설비
   다. 정전, 화재 등의 사고가 발생할 경우 업무의 연속성을 유지하기 위하여 필요한 보완설비

Ⅱ. 인가절차

1. 예비인가와 본인가

인가를 받으려는 자는 신청서를 금융위원회에 제출하여야 한다(법11①). 신청서의 내용과 종류는 대통령령으로 정한다(법11②). 본인가를 받으려는 자는 미리 금융위원회에 예비인가를 신청할 수 있다(법11의2①). 금융위원회는 예비인가 여부를 결정할 때 예비인가를 받으려는 자가 본인가 요건을 모두 충족할 수 있는지를 확인하여야 한다(법11의2②). 예비인가제도는 인적 · 물적 시설을 갖추기에 앞서 예비인가를 받게 함으로써 인가가능성이 없는 자의 불필요한 투자를 방지하려는 것이다. 금융위원회는 예비인가에 조건을 붙일 수 있다(법11의2③). 금융위원회는 예비인가를 받은 자가 본인가를 신청하는 경우에는 예비인가 조건을 이행하였는지와 본인가 요건을 모두 충족하는지를 확인한 후 본인가 여부를 결정하여야 한다(법11의2④).

금융위원회는 인가(법8)를 하거나 인가를 취소(법53②)한 경우에는 지체 없이 그 내용을 관보에 공고하고 인터넷 홈페이지 등을 이용하여 일반인에게 알려야 한다(법12).

2. 조건부 인가

금융위원회는 인가를 하는 경우에 금융시장의 안정, 은행의 건전성 확보 및 예금자 보호

사람
② 금융회사의 임원으로 선임된 사람이 제1항 제1호부터 제8호까지의 어느 하나에 해당하게 된 경우에는 그 직(職)을 잃는다. 다만, 제1항 제7호에 해당하는 사람으로서 대통령령으로 정하는 경우에는 그 직을 잃지 아니한다.

를 위하여 필요한 조건을 붙일 수 있다(법8④). 조건이 붙은 은행업 인가를 받은 자는 사정의 변경, 그 밖에 정당한 사유가 있는 경우에는 금융위원회에 그 조건의 취소 또는 변경을 신청할 수 있다. 이 경우 금융위원회는 2개월 이내에 조건의 취소 또는 변경 여부를 결정하고, 그 결과 를 지체 없이 신청인에게 문서로 알려야 한다(법8⑤). 금융위원회는 은행업을 인가할 때에 조건 을 붙인 경우에는 그 이행 여부를 확인하여야 한다(영1의7④).

Ⅲ. 인가취소 등

1. 취소사유

금융위원회는 은행이 다음의 어느 하나에 해당하면 그 은행에 대하여 6개월 이내의 기간 을 정하여 영업의 전부정지를 명하거나 은행업의 인가를 취소할 수 있다(법53②).

1. 거짓이나 그 밖의 부정한 방법으로 은행업의 인가를 받은 경우
2. 인가 내용 또는 인가 조건을 위반한 경우
3. 영업정지 기간에 그 영업을 한 경우
4. 시정명령을 이행하지 아니한 경우
5. 제1호부터 제4호까지의 경우 외의 경우로서 은행법 또는 은행법에 따른 명령이나 처분을 위반하여 예금자 또는 투자자의 이익을 크게 해칠 우려가 있는 경우
6. 금융회사지배구조법 별표 각 호의 어느 하나에 해당하는 경우(영업의 전부정지를 명하는 경우로 한정)
7. 금융소비자보호법 제51조 제1항 제4호 또는 제5호에 해당하는 경우
8. 금융소비자보호법 제51조 제2항 각 호 외의 부분 본문 중 대통령령으로 정하는 경우(영업 의 전부정지를 명하는 경우로 한정)

2. 금융위원회의 조치

금융위원회는 은행이 은행법 또는 은행법에 따른 규정·명령 또는 지시를 위반하여 은행 의 건전한 경영을 해칠 우려가 있다고 인정되거나 금융회사지배구조법 별표 각 호의 어느 하 나에 해당하는 경우(제2호에 해당하는 조치로 한정), 금융소비자보호법 제51조 제1항 제4호, 제5 호 또는 같은 조 제2항 각 호 외의 부분 본문 중 대통령령으로 정하는 경우에 해당하는 경우 (제2호에 해당하는 조치로 한정한다)에는 금융감독원장의 건의에 따라 ⅰ) 해당 위반행위에 대한 시정명령(제1호), 또는 ⅱ) 6개월 이내의 영업의 일부정지(제2호)의 조치를 하거나 금융감독원 장으로 하여금 해당 위반행위의 중지 및 경고 등 적절한 조치를 하게 할 수 있다(법53①).

3. 인가취소와 해산

은행은 은행업의 인가가 취소된 경우에는 해산한다(법56②). 법원은 은행이 해산한 경우에는 이해관계인이나 금융위원회의 청구 또는 법원의 직권으로 청산인을 선임하거나 해임할 수 있다(법56②).

Ⅳ. 형사제재

인가를 받지 아니하고 은행업을 경영하는 자는 5년 이하의 징역 또는 2억원 이하의 벌금에 처한다(법66②).

제3절 금융투자업자규제

Ⅰ. 인가·등록요건

1. 무인가·미등록 영업금지

자본시장법("법")에 따르면 누구든지 금융투자업인가(변경인가를 포함)를 받지 아니하고는 금융투자업(투자자문업, 투자일임업 및 전문사모집합투자업은 제외)을 영위할 수 없고(법11), 금융투자업등록(변경등록 포함)을 하지 아니하고는 투자자문업 또는 투자일임업을 영위할 수 없다(법17). 또한 전문사모집합투자업 등록을 하지 아니하고는 전문사모집합투자업을 영위할 수 없다(법249).

2. 인가·등록업무 단위

(1) 의의
(가) 인가업무 단위

금융투자업을 영위하려는 자는 다음의 사항을 구성요소로 하여 대통령령으로 정하는 업무단위("인가업무 단위")5)의 전부나 일부를 선택하여 금융위원회로부터 하나의 금융투자업인가를 받아야 한다(법12①).

---

5) "대통령령으로 정하는 업무 단위"란 [별표 1]과 같다(영15①).

1. 금융투자업의 종류(투자매매업, 투자중개업, 집합투자업 및 신탁업을 말하되, 투자매매업 중 인수업을 포함)
2. 금융투자상품(집합투자업의 경우에는 집합투자기구의 종류를 말하며, 신탁업의 경우에는 제103조 제1항 각 호의 신탁재산)의 범위(증권, 장내파생상품 및 장외파생상품을 말하되, 증권 중 국채증권, 사채권, 그 밖에 대통령령으로 정하는 것[6]을 포함하고 파생상품 중 주권을 기초자산으로 하는 파생상품·그 밖에 대통령령으로 정하는 것[7]을 포함)
3. 투자자의 유형(전문투자자 및 일반투자자)

금융투자업자는 인가받은 인가업무 단위 외에 다른 인가업무 단위를 추가하여 금융투자업을 영위하려는 경우에는 금융위원회의 변경인가를 받아야 한다(법16①).

(나) 등록업무 단위

투자자문업 또는 투자일임업을 영위하려는 자는 다음의 사항을 구성요소로 하여 대통령령으로 정하는 업무 단위("등록업무 단위")[8]의 전부나 일부를 선택하여 금융위원회에 하나의 금융투자업등록을 하여야 한다(법18①).

1. 투자자문업 또는 투자일임업
2. 금융투자상품등의 범위(증권, 장내파생상품, 장외파생상품 및 그 밖에 대통령령으로 정하는 투자대상자산[9])

---

6) "대통령령으로 정하는 것"이란 다음의 것을 말한다(영15②). 1. 채무증권, 2. 지방채증권, 3. 특수채증권, 4. 지분증권(집합투자증권은 제외), 5. 상장주권, 6. 집합투자증권, 7. 국채증권, 지방채증권, 특수채증권, 그 밖에 금융위원회가 정하여 고시하는 증권(법181①(1))
   영 제181조 제1항 제1호에서 "금융위원회가 정하여 고시하는 증권"이란 다음의 어느 하나에 해당하는 증권을 말한다(금융투자업규정5-18①).
   1. 보증사채권
   2. 다음 각 목의 어느 하나에 해당하는 증권으로서 모집 또는 매출된 채권
      가. 무보증사채권
      나. 공공기관운영법에 따른 공공기관이 발행한 채권
      다. 지방공기업법에 따른 지방공사가 발행한 채권
      라. 자산유동화법 제32조에 따라 신탁업자가 자산유동화계획에 의해 발행하는 수익증권
      마. 주택저당채권유동화회사법 제2조 제1항 제4호에 따른 주택저당증권
      바. 한국주택금융공사법 제2조 제5호에 따른 주택저당증권 및 같은 조 제7호에 따른 학자금대출증권
   3. 외국정부가 발행한 국채증권
7) "대통령령으로 정하는 것"이란 다음의 것을 말한다(영15③).
   1. 주권 외의 것을 기초자산으로 하는 파생상품
   2. 통화·이자율을 기초자산으로 하는 파생상품
8) "대통령령으로 정하는 업무 단위"란 별표 3과 같다(영20①).
9) "대통령령으로 정하는 투자대상자산"이란 다음의 자산을 말한다(영20②, 영6의2).
   1. 부동산
   2. 지상권·지역권·전세권·임차권·분양권 등 부동산 관련 권리
   3. 제106조 제2항 각 호의 금융기관에의 예치금

3. 투자자의 유형

금융투자업자는 등록한 등록업무 단위 외에 다른 등록업무 단위를 추가하여 금융투자업을 영위하려는 경우에는 금융위원회에 변경등록하여야 한다(법21①).

전문사모집합투자업의 경우 사모집합투자기구 특례를 두어 별도의 등록요건을 정하고 있다(법249의3), 그리고 경영참여형 사모집합투자기구의 업무집행사원의 경우에도 특례를 두어 등록요건을 정하고 있다(법249의15).

(2) 업무단위의 세분화

(가) 금융투자업의 종류

금융투자업의 종류에는 금융투자업의 6가지 업무인 투자매매업, 투자중개업, 집합투자업, 투자자문업, 투자일임업, 신탁업으로 구분하고, 투자매매업의 경우 다시 ⅰ) 인수업을 포함한 투자매매업 전부를 영위하는 경우, ⅱ) 인수업무만 영위하는 경우, ⅲ) 인수업무를 제외한 투자매매업을 영위하는 경우 등으로 구분한다. 투자중개업은 증권투자중개업, 장내파생상품투자중개업, 장외파생상품투자중개업 등으로 구분한다.

(나) 금융투자상품의 범위

1) 인가업무 단위

가) 증권

증권은 1단계로 채무증권, 집합투자증권을 제외한 지분증권, 집합투자증권[10]으로 구분하고, 2단계로 채무증권은 국공채와 사채로 구분하고, 3단계로 RP업무대상증권은 별도로 규정한다. 즉 채무증권을 대상으로 하는 투자매매업 외에 채무증권 중 국공채증권만을 대상으로 하는 투자매매업도 독립한 인가업무 단위가 된다.

나) 장내파생상품과 장외파생상품

파생상품은 장내파생상품, 주권을 기초자산으로 하는 장외파생상품, 주권 이외의 것을 기초자산으로 하는 장외파생상품으로 구분하고, 주권의 기초자산의 경우 그 하위에 통화와 이자

---

4. 다음 각 목의 어느 하나에 해당하는 출자지분 또는 권리("사업수익권")
   가. 상법에 따른 합자회사·유한책임회사·합자조합·익명조합의 출자지분
   나. 민법에 따른 조합의 출자지분
   다. 그 밖에 특정사업으로부터 발생하는 수익을 분배받을 수 있는 계약상의 출자지분 또는 권리
5. 다음 각 목의 어느 하나에 해당하는 금지금[조세특례제한법 제106조의3 제1항 각 호 외의 부분에 따른 금지금(金地金)을 말한다]
   가. 한국거래소가 승인을 받아 그 매매를 위하여 개설한 시장에서 거래되는 금지금
   나. 은행이 은행법 시행령 제18조 제1항 제4호에 따라 그 판매를 대행하거나 매매·대여하는 금지금
10) 은행, 보험회사, 종금사 등의 집합투자증권 판매업은 집합투자증권의 투자매매·투자중개업 인가를 받아야 한다. 또한 단기금융집합투자기구(MMF)의 환매업무는 투자매매업 인가가 필요하다.

율을 별도의 기초자산으로 세분화한다.

다) 집합투자업의 경우

집합투자업의 경우에는 집합투자기구의 종류에 따라 세분화하는데, 구체적으로 혼합자산 집합투자기구(혼합펀드)를 종합단위로 설정하고 그 하위에 증권펀드, 부동산펀드, 특별자산펀드 등 집합투자기구를 세분단위로 분류한다.

라) 신탁업의 경우

신탁업의 경우에는 자본시장법 제103조 제1항 각 호의 모든 신탁재산(금전, 증권, 금전채권, 동산·부동산·지상권 등 부동산 관련 권리, 무체재산권)을 취급하는 것을 종합단위로 설정하고, 그 하위에 금전만의 신탁이 가능한 금전신탁(법103①(1))과 금전 외의 재산을 신탁재산으로 하는 재산신탁(법103①(2)-(7))으로 구분하고, 재산신탁의 세부단위로 동산, 부동산, 지상권, 전세권, 부동산임차권, 부동산소유권 이전등기청구권, 그 밖의 부동산 관련 권리를 신탁재산으로 하는 것을 별도로 구분한다(법103①(4)-(6)).

2) 등록업무 단위

투자자문업과 투자일임업의 경우, 금융투자업의 종류가 투자자문업인지 투자일임업인지 여부와, 투자자의 유형이 일반투자자를 포함하는지 여부만을 구분하고, 금융투자상품의 범위는 증권, 장내파생상품 및 장외파생상품(즉 모든 금융투자상품)으로 동일하고, 금융투자상품의 종류 별로 다시 세분화하지 않는다(법18①(2)). 따라서 등록업무 단위는 인가업무 단위에 비하면 간 단하다.

(다) 투자자의 유형

투자자의 유형을 일반투자자와 전문투자자로 구분하여, 일반투자자와 전문투자자 모두를 대상으로 영위하는 경우와 전문투자자만을 대상으로 영위하는 경우로 업무단위를 구분한다.

3. 인가요건

금융투자업인가를 받으려는 자는 다음의 요건을 모두 갖추어야 한다(법12②).

(1) 법적 형태

금융투자업 인가를 받으려면 ⅰ) 국내금융투자업자의 경우에는 상법에 따른 주식회사이거 나 일정 범위의 금융기관(한국산업은행, 중소기업은행, 한국수출입은행, 농업협동조합중앙회 및 농협 은행, 수산업협동조합중앙회 및 수협은행, 외국은행의 국내지점, 외국보험회사의 국내지점, 그 밖에 금융 위원회가 정하여 고시하는 금융기관[11])에 해당하여야 하고, ⅱ) 외국 금융투자업자(외국 법령에 따

---

11) "금융위원회가 정하여 고시하는 금융기관"이란 다음의 어느 하나에 해당하는 금융기관(집합투자증권의 투 자매매업 또는 투자중개업을 영위하는 경우에 한한다)을 말한다(금융투자업규정2-1①).

라 외국에서 금융투자업에 상당하는 영업을 영위하는 자)12)로서 외국에서 영위하고 있는 영업에 상당하는 금융투자업 수행에 필요한 지점, 그 밖의 영업소를 설치한 자에 해당하여야 한다(법12②(1), 영16①).

(2) 자기자본

금융투자업 인가를 받으려는 자는 인가업무 단위별로 5억원 이상으로서 "대통령령으로 정하는 금액"(시행령 별표 1은 인가범위 단위 및 최저자기자본을 정하고 있다) 이상의 자기자본을 갖추어야 한다(법12②(2), 영16③). 금융투자업자는 업무단위별로 영위하려는 금융투자업마다 규정된 최저자기자본의 합산액을 갖추어야 한다.

(3) 사업계획의 타당성과 건전성

금융투자업 인가를 받으려는 자는 사업계획이 타당하고 건전하여야 한다(법12②(3)). 사업계획은 ⅰ) 수지전망이 타당하고 실현가능성이 있어야 하고 ⅱ) 위험관리와 금융사고 예방 등을 위한 적절한 내부통제장치가 마련되어 있어야 하고, ⅲ) 투자자 보호에 적절한 업무방법을 갖추어야 하며(집합투자증권에 대한 투자매매업·투자중개업 인가의 경우에는 해당 신청인의 자기자본 적정성 등을 고려하여 집합투자증권의 매매·중개와 관련된 손해의 배상을 보장하기 위한 보험에의 가입을 포함), ⅳ) 법령을 위반하지 아니하고 건전한 금융거래질서를 해칠 염려가 없어야 한다(영16④).

(4) 인적·물적 설비

금융투자업 인가를 받으려는 자는 투자자의 보호가 가능하고 그 영위하고자 하는 금융투자업을 수행하기에 충분한 인력과 전산설비, 그 밖의 물적 설비를 갖추어야 한다(법12②(4)). 금융투자업을 수행하기에 충분한 인력은 ⅰ) 경영하려는 금융투자업에 관한 전문성과 건전성을 갖춘 주요직무 종사자(법 제286조 제1항 제3호13)에 따른 주요직무 종사자)와 업무를 수행하기 위한 전산요원 등 필요한 인력을 적절하게 갖추어야 하고, ⅱ) 경영하려는 금융투자업을 수행하기에 필요한 전산설비와 통신수단, 사무실 등 충분한 업무공간과 사무장비, 전산설비 등의

---

1. 신용협동조합법 제2조 제1호의 신용협동조합
2. 농업협동조합법 제2조 제1호의 조합 중 신용사업을 영위하는 조합
3. 수산업협동조합법 제2조 제4호의 조합 중 신용사업을 영위하는 조합
4. 새마을금고법에 따른 새마을금고
5. 우체국예금보험법에 따른 체신관서
12) 외국 금융투자업자는 다음의 요건에 적합하여야 한다(영16②).
    1. 별표 2 제4호 나목부터 마목까지의 요건을 갖출 것
    2. 외국 금융투자업자에 대한 본국의 감독기관의 감독내용이 국제적으로 인정되는 감독기준에 맞을 것
13) 3. 다음 각 목의 주요직무 종사자의 등록 및 관리에 관한 업무
    가. 투자권유자문인력(투자권유를 하거나 투자에 관한 자문 업무를 수행하는 자를 말한다)
    나. 조사분석인력(조사분석자료를 작성하거나 이를 심사·승인하는 업무를 수행하는 자를 말한다)
    다. 투자운용인력(집합투자재산·신탁재산 또는 투자일임재산을 운용하는 업무를 수행하는 자를 말한다)
    라. 그 밖에 투자자 보호 또는 건전한 거래질서를 위하여 대통령령으로 정하는 주요직무 종사자

물적 설비를 안전하게 보호할 수 있는 보안설비, 그리고 정전·화재 등의 사고가 발생할 경우에 업무의 연속성을 유지하기 위하여 필요한 보완설비를 갖추어야 한다(영16⑤).

(5) 임원의 자격요건

금융투자업 인가를 받으려는 자는 임원이 금융회사지배구조법 제5조에 적합하여야 한다 (법12②(5)).

(6) 대주주·외국금융투자업자 요건

금융투자업 인가를 받으려는 자는 대주주나 외국 금융투자업자가 다음의 구분에 따른 요건을 갖추어야 한다(법12②(6)).

(가) 상법상 주식회사 또는 대통령령으로 정하는 금융기관

대주주가 충분한 출자능력, 건전한 재무상태 및 사회적 신용을 갖추어야 한다. 대주주에는 최대주주의 특수관계인 주주를 포함하며, 최대주주가 법인인 경우 그 법인의 중요한 경영사항에 대하여 사실상 영향력을 행사하고 있는 자로서 "대통령령으로 정하는 자"를 포함한다(법12②(6)(가)). 여기서 "대통령령으로 정하는 자"란 ⅰ) 최대주주인 법인의 최대주주(최대주주인 법인을 사실상 지배하는 자가 그 법인의 최대주주와 명백히 다른 경우에는 그 사실상 지배하는 자를 포함), ⅱ) 최대주주인 법인의 대표자 중 어느 하나에 해당하는 자를 말한다. 다만, 법인의 성격 등을 고려하여 금융위원회가 정하여 고시하는 경우[14]에는 위 ⅰ)에 해당하는 자는 제외한다(영16⑦).

(나) 외국 금융투자업자

외국 금융투자업자는 충분한 출자능력, 건전한 재무상태 및 사회적 신용을 갖추어야 한다 (법12②(6)(나). 외국 금융투자업자는 국내업자와 달리 대주주 요건을 별도로 요구하지 않는다.

(7) 건전한 재무상태 및 사회적 신용 요건

금융투자업 인가를 받으려는 자는 "대통령령으로 정하는 건전한 재무상태와 사회적 신용"을 갖추어야 한다(법12②(6의2)). 여기서 "대통령령으로 정하는 건전한 재무상태와 사회적 신용"이란 다음의 구분에 따른 사항을 말한다(영16⑧).

1. 건전한 재무상태: 법 제31조에 따른 경영건전성기준(겸영금융투자업자인 경우에는 해당 법령에서 정하는 경영건전성기준)을 충족할 수 있는 상태
2. 사회적 신용: 다음의 모든 요건에 적합한 것. 다만, 그 위반 등의 정도가 경미하다고 인정되는 경우는 제외한다.
   가. 최근 3년간 금융회사지배구조법 시행령 제5조에 따른 법령("금융관련법령"),[15] 공정거

---

[14] "금융위원회가 정하여 고시하는 경우"란 최대주주인 법인이 금융위원회법 제38조에 따른 검사대상기관 ("금융회사")으로서 설립근거법에 따른 소유한도 유무, 주식소유의 분산정도 등을 고려하여 금융회사의 최대주주가 그 금융회사를 사실상 지배하고 있지 아니하다고 금융위원회가 인정하는 경우를 말한다(금융투자업규정2-1②).

래법 및 조세범 처벌법을 위반하여 벌금형 이상에 상당하는 형사처벌을 받은 사실이 없을 것. 다만, 법 제448조, 그 밖에 해당 법률의 양벌규정에 따라 처벌을 받은 경우는 제외한다.

나. 최근 3년간 채무불이행 등으로 건전한 신용질서를 해친 사실이 없을 것

다. 최근 5년간 금융산업구조개선법에 따라 부실금융기관으로 지정되었거나 금융관련법령에 따라 영업의 허가·인가·등록 등이 취소된 자가 아닐 것

라. 금융관련법령이나 외국 금융관련법령(금융관련법령에 상당하는 외국 금융관련법령)에 따라 금융위원회, 외국 금융감독기관 등으로부터 지점, 그 밖의 영업소의 폐쇄 또는 그 업무의 전부나 일부의 정지 이상의 조치(이에 상당하는 행정처분을 포함)를 받은 후 다음 구분에 따른 기간이 지났을 것

　　1) 업무의 전부정지: 업무정지가 끝난 날부터 3년

　　2) 업무의 일부정지: 업무정지가 끝난 날부터 2년

　　3) 지점, 그 밖의 영업소의 폐쇄 또는 그 업무의 전부나 일부의 정지: 해당 조치를 받은 날부터 1년

(8) 이해상충방지체계의 구축

금융투자업 인가를 받으려는 자는 금융투자업자와 투자자 간, 특정 투자자와 다른 투자자 간의 이해상충을 방지하기 위한 체계("이해상충방지체계")를 갖추어야 한다(법12②(7)). 이해상충방지체계는 다음에 적합하여야 한다(영16⑨).

1. 법 제44조에 따라 이해상충이 발생할 가능성을 파악·평가·관리할 수 있는 적절한 내부통제기준(금융회사지배구조법 제24조 제1항에 따른 내부통제기준)을 갖출 것
2. 법 제45조 제1항 각 호 및 제2항 각 호의 행위(일정 범위의 정보교류 행위)가 발생하지 아니하도록 적절한 체계를 갖출 것

4. 등록요건

투자자문·일임업을 영위하려는 금융투자업자 또는 전문사모집합투자업을 영위하려는 전

---

15) 금융관련법령이란 금융회사지배구조법, 금융회사지배구조법 시행령, 공인회계사법, 퇴직급여법, 금융산업구조개선법, 금융실명법, 금융위원회법, 금융지주회사법, 금융혁신지원 특별법, 한 국자산관리공사법, 기술보증기금법, 농림수산식품투자조합 결성 및 운용에 관한 법률, 농업협동조합법, 담보부사채신탁법, 대부업법, 문화산업진흥 기본법, 벤처기업육성에 관한 특별조치법, 보험업법, 감정평가법, 부동산투자회사법, 민간투자법, 산업발전법, 상호저축은행법, 새마을금고법, 선박투자회사법, 소재부품장비산업법, 수산업협동조합법, 신용보증기금법, 신용정보법, 신용협동조합법, 여신전문금융업법, 예금자보호법, 외국인투자 촉진법, 외국환거래법, 유사수신행위법, 은행법, 자본시장법, 자산유동화법, 전자금융거래법, 전자증권법, 외부감사법, 주택법, 중소기업은행법, 중소기업창업 지원법, 채권추심법. 특정금융정보법, 한국산업은행법, 한국수출입은행법, 한국은행법, 한국주택금융공사법, 한국투자공사법, 해외자원개발 사업법을 말한다(영5).

문사모집합투자업자가 되려면 다음의 등록요건을 모두 갖추어야 한다(법18②, 법249의3②).

(1) 법적 형태

투자자문·일임업 등록을 하려는 자는 다음의 어느 하나에 해당하는 자이어야 한다(법18② (1) 본문). 다만, 외국 투자자문업자(외국 법령에 따라 외국에서 투자자문업에 상당하는 영업을 영위하는 자) 또는 외국 투자일임업자(외국 법령에 따라 외국에서 투자일임업에 상당하는 영업을 영위하는 자)가 외국에서 국내 거주자를 상대로 직접 영업을 하거나 통신수단을 이용하여 투자자문업 또는 투자일임업을 영위하는 경우에는 적용하지 아니한다(법18②(1) 단서).

가. 상법에 따른 주식회사이거나 대통령령으로 정하는 금융기관(영21①: 한국산업은행, 중소기업은행, 한국수출입은행, 농협은행 등)

나. 외국 투자자문업자로서 투자자문업의 수행에 필요한 지점, 그 밖의 영업소를 설치한 자

다. 외국 투자일임업자로서 투자일임업의 수행에 필요한 지점, 그 밖의 영업소를 설치한 자

전문사모집합투자업 등록을 하려는 자는 다음의 어느 하나에 해당하는 자이어야 한다(법 249의3②(1)).

가. 상법에 따른 주식회사이거나 대통령령으로 정하는 금융회사(영271의2①: 한국산업은행, 중소기업은행, 한국수출입은행, 농협은행 등)

나. 외국 집합투자업자(외국 법령에 따라 외국에서 집합투자업에 상당하는 영업을 영위하는 자)로서 외국에서 영위하고 있는 영업에 상당하는 집합투자업 수행에 필요한 지점, 그 밖의 영업소를 설치한 자

(2) 자기자본

투자자문·일임업 등록을 하려는 자는 등록업무 단위별로 1억원 이상으로서 대통령령으로 정하는 금액 이상의 자기자본을 갖추어야 한다(법18②(2)). 여기서 "대통령령으로 정하는 금액"이란 별표 3과 같다(영21②).

전문사모집합투자업 등록을 하려는 자는 10억원 이상의 자기자본을 갖추어야 한다(법249 의3②(2), 영271의2③).

(3) 인적 요건

투자자문업을 영위하려면 상근 임직원 1인(다만, 금융산업구조개선법 제4조에 따른 인가를 받아 합병으로 신설되거나 존속하는 종합금융회사인 경우에는 상근 임직원 4인) 이상의 투자권유자문인력을 갖추어야 하고(영21③), 투자일임업을 영위하려면 상근 임직원 2인 이상의 투자운용인력을 갖추어야 한다(법18②(3), 영21④). 투자권유자문인력은 투자권유를 하거나 투자에 관한 자문

업무를 수행하는 자를 말하고, 투자운용인력은 집합투자재산·신탁재산 또는 투자일임재산을 운용하는 업무를 수행하는 자를 말한다(법286①(3)). 이 경우 외국 투자자문업자 또는 외국 투자일임업자가 해당 국가에서 투자권유자문인력 또는 투자운용인력에 상당하는 자를 상기 수 이상 확보하고 있는 때에는 해당 요건을 갖춘 것으로 본다(법18②(3)).

전문사모집합투자업을 영위하려는 자는 투자자의 보호가 가능하고 그 영위하려는 전문사모집합투자업을 수행하기에 충분한 인력과 전산설비, 그 밖의 물적 설비를 갖추어야 한다(법249의3②(3)).[16]

(4) 임원의 자격요건

투자자문·일임업 등록을 하려는 자는 임원이 금융회사지배구조법 제5조에 적합하여야 한다(법18②(4)). 전문사모집합투자업을 영위하려는 자도 임원이 금융회사지배구조법 제5조에 적합하여야 한다(법249의3②(4)).

(5) 대주주의 사회적 신용요건

대주주의 사회적 신용요건은 인가요건의 경우보다 크게 완화되어 있다. 투자자문·일임업 등록을 하려는 자는 대주주나 외국 투자자문업자 또는 외국 투자일임업자가 다음 각 목의 구분에 따른 요건을 갖추어야 한다(법18②(5)).

　가. 제1호 가목의 경우 대주주(제12조 제2항 제6호 가목의 대주주)가 대통령령으로 정하는 사
　　회적 신용[17]을 갖출 것
　나. 제1호 각 목 외의 부분 단서 및 같은 호 나목·다목의 경우 외국 투자자문업자 또는 외국
　　투자일임업자가 대통령령으로 정하는 사회적 신용[18]을 갖출 것

---

16) 인력과 전산설비, 그 밖의 물적 설비는 다음의 요건에 적합하여야 한다(영271의2④).
　1. 상근 임직원인 투자운용인력을 3명 이상 갖출 것
　2. 다음 각 목의 전산설비 등의 물적 설비를 모두 갖출 것
　　가. 전문사모집합투자업을 수행하기에 필요한 전산설비와 통신수단
　　나. 사무실 등 충분한 업무공간과 사무장비
　　다. 전산설비 등의 물적 설비를 안전하게 보호할 수 있는 보안설비
　　라. 정전·화재 등의 사고가 발생할 경우에 업무의 연속성을 유지하기 위하여 필요한 보완설비
17) "대통령령으로 정하는 사회적 신용"이란 다음의 요건을 말한다(영21⑤).
　1. 대주주가 별표 2 제1호부터 제3호까지 또는 제5호(라목은 제외)에 해당하는 자인 경우에는 같은 표 제1
　　호 마목의 요건을 갖출 것. 다만, 법 제12조에 따른 금융투자업인가를 받은 자가 금융투자업등록을 하
　　려는 경우에 관하여는 금융위원회가 그 요건을 달리 정하여 고시할 수 있다.
　2. 대주주가 별표 2 제4호 또는 제5호 라목에 해당하는 자인 경우에는 같은 표 제4호 가목·라목 및 마목
　　의 요건을 갖출 것. 이 경우에 같은 표 같은 호 가목 중 "인가"는 "등록"으로, "인가 받으려는"은 "등록
　　하려는"으로 본다.
18) "대통령령으로 정하는 사회적 신용"이란 별표 2 제4호 가목·라목 및 마목의 요건을 말한다. 이 경우 같은
　　표 같은 호 가목 중 "인가"는 "등록"으로, "인가 받으려는"은 "등록하려는"으로 하며, 같은 호 라목 중 "3
　　년"은 "2년"으로 본다(영21⑥).

전문사모집합투자업을 영위하려는 자는 대주주나 외국 집합투자업자가 다음의 구분에 따른 요건을 갖추어야 한다(법249의3②(5)).[19]

가. 제1호 가목의 경우 대주주(제12조 제2항 제6호 가목의 대주주)가 충분한 출자능력, 건전한 재무상태 및 사회적 신용을 갖출 것

나. 제1호 나목의 경우 외국 집합투자업자가 충분한 출자능력, 건전한 재무상태 및 사회적 신용을 갖출 것

(6) 건전한 재무상태 및 신용요건

투자자문·일임업 등록을 하려는 자는 대통령령으로 정하는 건전한 재무상태와 사회적 신용을 갖추어야 한다(법18②(5의2)). "대통령령으로 정하는 건전한 재무상태와 사회적 신용"이란 시행령 제16조 제8항에 따른 사항을 말한다(영21⑦).

전문사모집합투자업을 영위하려는 자는 경영건전성기준 등 대통령령으로 정하는 건전한 재무상태[20]와 법령 위반사실이 없는 등 대통령령으로 정하는 건전한 사회적 신용[21]을 갖출 것(법249의3②(6)).

(7) 이해상충방지체계의 구축

금융투자업자와 투자자 간, 특정 투자자와 다른 투자자 간의 이해상충을 방지하기 위한 체계로서 대통령령으로 정하는 요건을 갖추어야 한다(법18②(6)).

전문사모집합투자업자와 투자자 간, 특정 투자자와 다른 투자자 간의 이해상충을 방지하기 위한 체계를 갖추어야 한다(법249의3②(7)).

---

19) 대주주(법 제12조 제2항 제6호 가목에 따른 대주주)는 다음의 요건에 적합하여야 한다(영271의2⑤).
   1. 대주주가 별표 2 제1호부터 제3호까지 또는 제5호(라목은 제외)에 해당하는 자인 경우에는 같은 표 제1호 라목 및 마목의 요건을 갖출 것
   2. 대주주가 별표 2 제4호 또는 제5호 라목에 해당하는 자인 경우에는 같은 표 제4호 가목·라목 및 마목의 요건을 갖출 것. 이 경우 같은 호 가목 중 "인가신청일"은 "등록신청일"로, "인가 받으려는"은 "등록하려는"으로 본다.
20) "경영건전성기준 등 대통령령으로 정하는 건전한 재무상태"란 제16조 제8항 제1호에 따른 사항을 말한다(영271의2⑦).
21) "법령 위반사실이 없는 등 대통령령으로 정하는 건전한 사회적 신용"이란 제16조 제8항 제2호에 따른 사항을 말한다(영271의2⑧).

Ⅱ. 인가·등록절차

1. 인가절차

(1) 인가의 신청 및 심사
(가) 인가신청서 제출

금융투자업인가를 받으려는 자는 인가신청서를 금융위원회에 제출하여야 한다(법13①). 인가신청서의 기재사항은 다음과 같다. ⅰ) 상호(제1호), ⅱ) 본점과 지점, 그 밖의 영업소의 소재지(제2호), ⅲ) 임원에 관한 사항(제3호), ⅳ) 경영하려는 인가업무 단위에 관한 사항(제4호), ⅴ) 자기자본 등 재무에 관한 사항(제5호), ⅵ) 사업계획에 관한 사항(제6호), ⅶ) 인력과 전산설비 등의 물적 설비에 관한 사항(제7호), ⅷ) 대주주나 외국 금융투자업자에 관한 사항(제8호), ⅸ) 이해상충방지체계에 관한 사항(제9호), ⅹ) 그 밖에 인가요건의 심사에 필요한 사항으로서 금융위원회가 정하여 고시하는 사항(제10호)을 기재하여야 한다(영17①).

인가신청서의 첨부서류는 다음과 같다. ⅰ) 정관(이에 준하는 것을 포함)(제1호), ⅱ) 발기인총회, 창립주주총회 또는 이사회의 의사록 등 설립이나 인가신청의 의사결정을 증명하는 서류(제2호), ⅲ) 본점과 지점, 그 밖의 영업소의 위치와 명칭을 기재한 서류(제3호), ⅳ) 임원의 이력서와 경력증명서(제4호), ⅴ) 인가업무 단위의 종류와 업무방법을 기재한 서류(제5호), ⅵ) 최근 3개 사업연도의 재무제표와 그 부속명세서(설립 중인 법인은 제외하며, 설립일부터 3개 사업연도가 지나지 아니한 법인의 경우에는 설립일부터 최근 사업연도까지의 재무제표와 그 부속명세서)(제6호), ⅶ) 업무개시 후 3개 사업연도의 사업계획서(추정재무제표를 포함) 및 예상수지계산서(제7호), ⅷ) 인력, 물적 설비 등의 현황을 확인할 수 있는 서류(제8호), ⅸ) 인가신청일(인가업무 단위를 추가하기 위한 인가신청 또는 겸영금융투자업자의 인가신청인 경우에는 최근 사업연도말) 현재 발행주식총수의 1% 이상을 소유한 주주의 성명 또는 명칭과 그 소유주식수를 기재한 서류(제9호), ⅹ) 대주주나 외국 금융투자업자가 법 제12조 제2항 제6호 각 목의 요건을 갖추었음을 확인할 수 있는 서류(제10호), ⅺ) 이해상충방지체계를 갖추었는지를 확인할 수 있는 서류(제11호), ⅻ) 그 밖에 인가요건의 심사에 필요한 서류로서 금융위원회가 정하여 고시하는 서류(제12호)이다(영17②).

(나) 인가신청서 심사

금융위원회는 인가신청서를 접수한 경우에는 그 내용을 심사하여 3개월(예비인가를 받은 경우에는 1개월) 이내에 금융투자업인가 여부를 결정하고, 그 결과와 이유를 지체 없이 신청인에게 문서로 통지하여야 한다. 이 경우 인가신청서에 흠결이 있는 때에는 보완을 요구할 수 있다

(법13②). 심사기간을 산정함에 있어서 인가신청서 흠결의 보완기간 등 총리령으로 정하는 기간[22]은 심사기간에 산입하지 아니 한다(법13③). 금융위원회는 금융투자업인가를 하는 경우에는 경영의 건전성 확보 및 투자자 보호에 필요한 조건을 붙일 수 있고(법13④), 이 경우에는 그 이행 여부를 확인하여야 한다(영17⑪). 조건이 붙은 금융투자업인가를 받은 자는 사정의 변경, 그 밖에 정당한 사유가 있는 경우에는 금융위원회에 조건의 취소 또는 변경을 신청할 수 있다. 이 경우 금융위원회는 2개월 이내에 조건의 취소 또는 변경 여부를 결정하고, 그 결과를 지체 없이 신청인에게 문서로 통지하여야 한다(법13⑤). 인가신청서 또는 조건의 취소·변경 신청서의 기재사항·첨부서류 등 인가신청 또는 조건의 취소·변경의 신청에 관한 사항과 심사의 방법·절차, 그 밖에 필요한 사항은 대통령령으로 정한다(법13⑦).

(2) 인가의 공고

금융위원회는 금융투자업인가를 하거나 그 인가의 조건을 취소 또는 변경한 경우에는 ⅰ) 금융투자업인가의 내용, ⅱ) 금융투자업인가의 조건(조건을 붙인 경우에 한한다), ⅲ) 금융투자업인가의 조건을 취소하거나 변경한 경우 그 내용(조건을 취소하거나 변경한 경우에 한한다)을 관보 및 인터넷 홈페이지 등에 공고하여야 한다(법13⑥).

(3) 예비인가와 본인가

(가) 예비인가

금융투자업인가("본인가")를 받으려는 자는 미리 금융위원회에 예비인가를 신청할 수 있다(법14①). 예비인가가 임의사항으로 규정되어 있으므로 예비인가를 신청하지 않고 곧바로 본인가를 신청하는 것도 가능하다. 인가요건은 인가신청시부터 갖출 것을 요구하고 있기 때문에 기대와 달리 인가를 받지 못할 경우 신청인에게 초래될 물적·금전적 손실을 방지하기 위한 것이다. 예비인가는 신규인가뿐 아니라 업무추가를 위한 변경인가의 경우에도 적용된다.

금융위원회는 예비인가를 신청받은 경우에는 2개월 이내에 인가요건을 갖출 수 있는지 여부를 심사하여 예비인가 여부를 결정하고, 그 결과와 이유를 지체 없이 신청인에게 문서로 통지하여야 한다. 이 경우 예비인가신청에 관하여 흠결이 있는 때에는 보완을 요구할 수 있다(법

---

22) "총리령으로 정하는 기간"이란 다음의 어느 하나에 해당하는 기간을 말한다(시행규칙2).
 1. 법 제12조 제2항 각 호의 요건을 충족하는지를 확인하기 위하여 다른 기관 등으로부터 필요한 자료를 제공받는 데에 걸리는 기간
 2. 법 제13조 제2항 후단에 따라 인가신청서 흠결의 보완을 요구한 경우에는 그 보완기간
 3. 금융투자업인가를 받으려는 자, 금융투자업인가를 받으려는 자의 대주주(법 제12조 제2항 제6호 가목에 따른 대주주) 또는 법 제12조 제2항 제1호 나목에 따른 외국 금융투자업자를 상대로 형사소송 절차가 진행되고 있거나 금융위원회, 공정거래위원회, 국세청, 검찰청 또는 금융감독원 등(외국 금융투자업자인 경우에는 이들에 준하는 본국의 감독기관 등을 포함)에 의한 조사·검사 등의 절차가 진행되고 있고, 그 소송이나 조사·검사 등의 내용이 인가심사에 중대한 영향을 미칠 수 있다고 인정되는 경우에는 그 소송이나 조사·검사 등의 절차가 끝날 때까지의 기간

14②). 심사기간을 산정함에 있어서 예비인가신청과 관련된 흠결의 보완기간 등 총리령으로 정하는 기간23)은 심사기간에 산입하지 아니한다(법14③). 금융위원회는 예비인가를 하는 경우에는 경영의 건전성 확보 및 투자자 보호에 필요한 조건을 붙일 수 있다(법14④).

(나) 본인가

예비인가를 받은 자는 예비인가를 받은 날부터 6개월 이내에 예비인가의 내용 및 조건을 이행한 후 본인가를 신청하여야 한다. 다만, 금융위원회가 예비인가 당시 본인가 신청기한을 따로 정하였거나, 예비인가 후 예비인가를 받은 자의 신청을 받아 본인가 신청기한을 연장한 경우에는 그 기한 이내에 본인가를 신청할 수 있다(영18④). 금융위원회는 예비인가를 받은 자가 본인가를 신청하는 경우에는 예비인가의 조건을 이행하였는지 여부와 본인가 요건을 갖추었는지 여부를 확인한 후 본인가 여부를 결정하여야 한다(법14⑤).

(4) 인가요건의 유지 · 완화

금융투자업자는 금융투자업인가를 받아 그 영업을 영위함에 있어서 인가요건을 유지하여야 한다(법15). 다만, "대주주가 충분한 출자능력, 건전한 재무상태 및 사회적 신용을 갖출 것"(법12②(6)(가))이라는 요건, "대통령령으로 정하는 건전한 재무상태와 사회적 신용을 갖출 것"(법12②(6)의2)이라는 요건은 유지요건에서 제외하며, "인가업무 단위별로 5억원 이상으로서 대통령령으로 정하는 금액 이상의 자기자본을 갖출 것"(법12②(2))이라는 요건, "외국금융투자업자가 충분한 출자능력, 건전한 재무상태 및 사회적 신용을 갖출 것"(법12②(6)(나))이라는 요건의 경우에는 완화된 요건을 유지하여야 한다(영19①).

이와 같이 대주주 요건이나 자기자본 요건을 완화한 이유는 금융투자업을 영위하는 과정에서 일시적으로 요건을 유지하지 못하는 경우가 발생할 수 있다는 점을 고려한 것이다.

(5) 업무의 추가 및 변경인가

금융투자업자는 인가받은 인가업무 단위 외에 다른 인가업무 단위를 추가하여 금융투자업을 영위하려는 경우에는 금융위원회의 변경인가를 받아야 한다. 이 경우 예비인가와 본인가에 관한 제14조(예비인가)를 적용한다(법16①). 변경인가를 함에 있어서 대주주 · 외국금융투자업자의 인가요건(법12②(6))에 관하여는 완화된 요건(영19의2)을 적용한다(법16②).

---

23) "총리령으로 정하는 기간"이란 다음의 어느 하나에 해당하는 기간을 말한다(시행규칙3).
   1. 법 제12조 제2항 각 호의 요건을 충족하는지를 확인하기 위하여 다른 기관 등으로부터 필요한 자료를 제공받는 데에 걸리는 기간
   2. 법 제14조 제2항 후단에 따른 예비인가신청서 흠결의 보완을 요구한 경우에는 그 보완기간
   3. 예비인가를 받으려는 자, 예비인가를 받으려는 자의 대주주 또는 외국 금융투자업자를 상대로 형사소송 절차가 진행되고 있거나 금융위원회, 공정거래위원회, 국세청, 검찰청 또는 금융감독원 등(외국 금융투자업자인 경우에는 이들에 준하는 본국의 감독기관 등을 포함)에 의한 조사 · 검사 등의 절차가 진행되고 있고, 그 소송이나 조사 · 검사 등의 내용이 예비인가심사에 중대한 영향을 미칠 수 있다고 인정되는 경우에는 그 소송이나 조사 · 검사 등의 절차가 끝날 때까지의 기간

(6) 영업개시의무

금융투자업인가를 받은 자는 그 인가를 받은 날부터 6개월 이내에 영업을 시작하여야 한다. 다만, 금융위원회가 그 기한을 따로 정하거나 금융투자업인가를 받은 자의 신청을 받아 그 기간을 연장한 경우에는 그 기한 이내에 그 인가받은 영업을 시작할 수 있다(영17⑩). 인가를 받은 날로부터 6개월 이내에 정당한 사유 없이 영업을 시작하지 아니하거나 영업을 시작한 후 정당한 사유 없이 인가받은 업무를 6개월 이상 계속해서 하지 아니한 경우에는 인가를 취소할 수 있다(법420①(8), 영373④(1)).

2. 등록절차

(1) 등록의 신청과 검토

투자자문·일임업 등록을 하려는 자는 등록신청서를 금융위원회에 제출하여야 한다(법19①). 금융위원회는 등록신청서를 접수한 경우에는 그 내용을 검토하여 2개월 이내에 금융투자업 등록 여부를 결정하고, 그 결과와 이유를 지체 없이 신청인에게 문서로 통지하여야 한다. 이 경우 등록신청서에 흠결이 있는 때에는 보완을 요구할 수 있다(법19②). 검토기간을 산정함에 있어서 등록신청서 흠결의 보완기간 등 총리령으로 정하는 기간[24]은 검토기간에 산입하지 아니한다(법19③). 등록절차에는 인가시 예비인가와 같은 사전절차는 존재하지 않는다. 등록요건은 인가요건에 비해 완화되어 있고, 사업계획의 타당성요건이 없으므로 예비등록제의 필요성이 없기 때문이다.

금융위원회는 투자자문·일임업 등록 여부를 결정함에 있어서 ⅰ) 금융투자업 등록요건을 갖추지 아니한 경우, ⅱ) 등록신청서를 거짓으로 작성한 경우, ⅲ) 보완요구를 이행하지 아니한 경우가 아닌 한 등록을 거부하여서는 아니 된다(법19④). 이는 등록신청에 대한 검토가 사실상 인가신청에 대한 심사 수준으로 이루어지는 것을 방지하기 위한 것이다.

전문사모집합투자업 등록을 하려는 자는 등록신청서를 금융위원회에 제출하여야 한다(법249의3③). 금융위원회는 등록신청서를 접수한 경우에는 그 내용을 검토하여 2개월 이내에 전

---

24) "총리령으로 정하는 기간"이란 다음의 어느 하나에 해당하는 기간을 말한다(시행규칙4).
  1. 법 제18조 제2항 각 호의 요건을 충족하는지를 확인하기 위하여 다른 기관 등으로부터 필요한 자료를 제공받는 데에 걸리는 기간
  2. 법 제19조 제2항 후단에 따른 등록신청서 흠결의 보완을 요구한 경우에는 그 보완기간
  3. 금융투자업등록을 하려는 자, 금융투자업등록을 하려는 자의 대주주, 법 제18조 제2항 제1호 각 목 외의 부분 단서에 따른 외국 투자자문업자 또는 같은 호 각 목 외의 부분 단서에 따른 외국투자일임업자를 상대로 형사소송 절차가 진행되고 있거나 금융위원회, 공정거래위원회, 국세청, 검찰청 또는 금융감독원 등(외국 투자자문업자 또는 외국 투자일임업자인 경우에는 이들에 준하는 본국의 감독기관 등을 포함)에 의한 조사·검사 등의 절차가 진행되고 있고, 그 소송이나 조사·검사 등의 내용이 등록검토에 중대한 영향을 미칠 수 있다고 인정되는 경우에는 그 소송이나 조사·검사 등의 절차가 끝날 때까지의 기간

문사모집합투자업 등록 여부를 결정하고, 그 결과와 이유를 지체 없이 신청인에게 문서로 통지하여야 한다. 이 경우 등록신청서에 흠결이 있는 때에는 보완을 요구할 수 있다(법249의3④). 검토기간을 산정할 때 등록신청서 흠결의 보완기간 등 총리령으로 정하는 기간25)은 검토기간에 산입하지 아니한다(법249의3⑤). 금융위원회는 전문사모집합투자업 등록 여부를 결정할 때 다음의 어느 하나에 해당하는 사유가 없으면 등록을 거부해서는 아니 된다(법249의3⑥).

1. 제2항의 전문사모집합투자업 등록요건을 갖추지 아니한 경우
2. 제3항의 등록신청서를 거짓으로 작성한 경우
3. 제4항 후단의 보완요구를 이행하지 아니한 경우

(2) 등록의 공고

금융위원회는 금융투자업 등록을 결정한 경우 투자자문업자 등록부 또는 투자일임업자 등록부에 필요한 사항을 기재하여야 하며, 등록결정한 내용을 관보 및 인터넷 홈페이지 등에 공고하여야 한다(법19⑤).

금융위원회는 전문사모집합투자업 등록을 결정한 경우 전문사모집합투자업자 등록부에 필요한 사항을 적어야 하며, 등록결정한 내용을 관보 및 인터넷 홈페이지 등에 공고하여야 한다(법249의3⑦).

(3) 등록요건의 유지 · 완화

투자자문업자 또는 투자일임업자는 금융투자업등록 이후 그 영업을 영위함에 있어서 등록요건을 유지하여야 한다. 다만 건전한 신용상태와 사회적 신용요건(법18②(5의2))은 유지요건에서 제외하며, 자기자본 요건과 대주주 요건에 한하여 완화된 요건(영23)이 적용된다(법20).

전문사모집합투자업자는 등록 이후 그 영업을 영위하는 경우 제2항 각 호의 등록요건(같은 항 제6호는 제외하며, 같은 항 제2호 및 제5호의 경우에는 대통령령으로 정하는 완화된 요건)을 유지하여야 한다(법249의3⑧).

---

25) "등록신청서 흠결의 보완기간 등 총리령으로 정하는 기간"이란 다음의 어느 하나에 해당하는 기간을 말한다(시행규칙24의2).
  1. 법 제249조의3 제2항 각 호의 요건을 충족하는지를 확인하기 위하여 다른 기관 등으로부터 필요한 자료를 제공받는 데에 걸리는 기간
  2. 법 제249조의3 제4항 후단에 따른 등록신청서 흠결의 보완을 요구한 경우에는 그 보완기간
  3. 전문사모집합투자업 등록을 하려는 자, 전문사모집합투자업 등록을 하려는 자의 대주주 또는 법 제249조의3 제2항 제1호 나목에 따른 외국 집합투자업자를 상대로 형사소송 절차가 진행되고 있거나 금융위원회, 공정거래위원회, 국세청, 검찰청 또는 금융감독원 등(외국 집합투자업자인 경우에는 이들에 준하는 본국의 감독기관 등을 포함)에 의한 조사 · 검사 등의 절차가 진행되고 있고, 그 소송이나 조사 · 검사 등의 내용이 등록검토에 중대한 영향을 미칠 수 있다고 인정되는 경우에는 그 소송이나 조사 · 검사 등의 절차가 끝날 때까지의 기간

(4) 업무의 추가 및 변경등록

금융투자업자는 등록한 등록업무 단위 외에 다른 등록업무 단위를 추가하여 금융투자업을 영위하려는 경우에는 금융위원회에 변경 등록하여야 한다(법21①). 변경등록을 함에 있어서 대주주·외국금융투자업자 요건(법18②(5))에 관하여는 완화된 요건(영23의2, 영23(2))을 적용한다(법21②).

(5) 영업개시의무

금융투자업 등록을 한 자는 등록을 한 날로부터 6개월 이내에 정당한 사유 없이 영업을 시작하지 아니하거나 영업을 시작한 후 정당한 사유 없이 등록한 업무를 6개월 이상 계속해서 하지 아니한 경우에는 등록을 취소할 수 있다(법420①(8), 영373④(1)). 등록의 경우 인가와 달리 영업개시의무에 관한 규정은 없으나 실제로는 등록의 경우에도 영업개시의무가 적용된다.

Ⅲ. 인가·등록취소 등

1. 취소사유

금융위원회는 금융투자업자가 다음의 어느 하나에 해당하는 경우에는 제12조에 따른 금융투자업인가 또는 제18조·제117조의4 및 제249조의3에 따른 금융투자업등록을 취소할 수 있다(법420①).

1. 거짓, 그 밖의 부정한 방법으로 금융투자업의 인가를 받거나 등록한 경우
2. 인가조건을 위반한 경우
3. 제15조에 따른 인가요건 또는 제20조·제117조의4 제8항 및 제249조의3 제8항에 따른 등록요건의 유지의무를 위반한 경우
4. 업무의 정지기간 중에 업무를 한 경우
5. 금융위원회의 시정명령 또는 중지명령을 이행하지 아니한 경우
6. 별표 1 각 호의 어느 하나에 해당하는 경우로서 대통령령으로 정하는 경우
7. 대통령령으로 정하는 금융관련 법령 등을 위반한 경우로서 대통령령으로 정하는 경우
8. 금융소비자보호법 제51조 제1항 제4호 또는 제5호에 해당하는 경우
9. 그 밖에 투자자의 이익을 현저히 해할 우려가 있거나 해당 금융투자업을 영위하기 곤란하다고 인정되는 경우로서 대통령령으로 정하는 경우

2. 금융위원회의 조치

금융위원회는 금융투자업자가 제1항 각 호(제6호를 제외)의 어느 하나에 해당하거나 별표

1 각 호의 어느 하나에 해당하는 경우 또는 금융회사지배구조법 별표 각 호의 어느 하나에 해당하는 경우(제1호에 해당하는 조치로 한정), 금융소비자보호법 제51조 제2항 각 호 외의 부분 본문 중 대통령령으로 정하는 경우에 해당하는 경우(제1호에 해당하는 조치로 한정)에는 다음의 어느 하나에 해당하는 조치를 할 수 있다(법420③).

1. 6개월 이내의 업무의 전부 또는 일부의 정지
2. 신탁계약, 그 밖의 계약의 인계명령
3. 위법행위의 시정명령 또는 중지명령
4. 위법행위로 인한 조치를 받았다는 사실의 공표명령 또는 게시명령
5. 기관경고
6. 기관주의
7. 그 밖에 위법행위를 시정하거나 방지하기 위하여 필요한 조치로서 대통령령으로 정하는 조치

3. 인가 · 등록취소와 해산

금융투자업자(겸영금융투자업자 제외)는 그 업무에 관련된 금융투자업인가와 금융투자업등록이 모두 취소된 경우에는 이로 인하여 해산한다(법420②). 금융위원회는 외국 금융투자업자가 국내지점, 그 밖의 영업소가 영위하는 금융투자업에 상당하는 영업의 폐지 또는 인가 · 등록의 취소 등의 사유에 해당하는 경우에는 그 외국 금융투자업자의 지점, 그 밖의 영업소에 대하여 금융투자업인가 또는 금융투자업등록을 취소할 수 있다(법421①). 외국 금융투자업자의 지점, 그 밖의 영업소는 그 업무에 관련된 금융투자업인가와 금융투자업등록이 모두 취소된 경우에는 지체 없이 청산하여야 한다(법421③).

Ⅳ. 형사제재

금융투자업인가(변경인가를 포함)를 받지 아니하고 금융투자업(투자자문업, 투자일임업 및 전문사모집합투자업은 제외)을 영위한 자, 또는 거짓, 그 밖의 부정한 방법으로 금융투자업인가(변경인가를 포함)를 받은 자는 5년 이하의 징역 또는 2억원 이하의 벌금에 처한다(법444(1)(2)). 금융투자업등록(변경등록을 포함)을 하지 아니하고 투자자문업 또는 투자일임업을 영위한 자, 또는 거짓, 그 밖의 부정한 방법으로 금융투자업등록(변경등록을 포함)을 한 자는 3년 이하의 징역 또는 1억원 이하의 벌금에 처한다(법445(1)(2)). 또한 전문사모집합투자업 등록을 하지 아니하고 전문사모집합투자업을 영위한 자, 또는 거짓, 그 밖의 부정한 방법으로 전문사모집합투자업

등록을 한 자는 3년 이하의 징역 또는 1억원 이하의 벌금에 처한다(법445(25의2)(25의3)).

제4절 보험업자규제

Ⅰ. 허가요건

1. 보험종목별 허가주의

보험업을 경영하려는 자는 다음의 보험종목별로 금융위원회의 허가를 받아야 한다(보험업법4①).

(1) 생명보험업

생명보험업의 보험종목은 생명보험과 연금보험(퇴직보험 포함)이다(법4①(1)(가)(나)). 생명보험은 사람의 생존 또는 사망에 관하여 약정한 금전 및 그 밖의 급여를 지급할 것을 약속하고 대가를 수수하는 보험(계약)이다. 다만 연금보험(계약) 및 퇴직보험(계약)을 제외한다. 연금보험(퇴직보험 포함)은 사람의 생존 또는 퇴직에 관하여 약정한 금전 및 그 밖의 급여를 연금 또는 일시금(퇴직보험계약인 경우만 해당)으로 지급할 것을 약속하고 대가를 수수하는 보험(계약)을 말한다(보험업감독규정1-2의2 별표 1).

(2) 손해보험업

손해보험업의 보험종목은 화재보험, 해상보험(항공·운송보험을 포함), 자동차보험, 보증보험, 재보험, 책임보험, 기술보험, 권리보험, 도난·유리·동물·원자력 보험, 비용보험, 날씨보험 등을 말한다(법4①(2), 영8①, 보험업감독규정1-2의2 별표 1).

(3) 제3보험업

제3보험업의 보험종목은 상해보험, 질병보험, 간병보험을 말한다(법4①(3)). 상해보험은 사람의 신체에 입은 상해에 대하여 치료에 소요되는 비용 및 상해의 결과에 따른 사망 등의 위험에 관하여 금전 및 그 밖의 급여를 지급할 것을 약속하고 대가를 수수하는 보험(계약)이고, 질병보험은 사람의 질병 또는 질병으로 인한 입원·수술 등의 위험(질병으로 인한 사망 제외)에 관하여 금전 및 그 밖의 급여를 지급할 것을 약속하고 대가를 수수하는 보험(계약)이며, 간병보험은 치매 또는 일상생활장해 등 타인의 간병을 필요로 하는 상태 및 이로 인한 치료 등의 위험에 관하여 금전 및 그 밖의 급여를 지급할 것을 약속하고 대가를 수수하는 보험(계약)을 말한다(보험업감독규정1-2의2 별표 1).

(4) 허가의제

보험종목별로 보험업의 허가를 받은 자는 해당 보험종목의 재보험에 대한 허가를 받은 것으로 본다(법4②). 제3보험업만을 경영하려는 자는 제3보험업의 허가를 받아야 한다. 하지만 생명보험업이나 손해보험업에 해당하는 보험종목의 전부(보증보험 및 재보험은 제외)에 관하여 보험업의 허가를 받은 자는 제3보험업에 해당하는 보험종목에 대한 허가를 받은 것으로 본다(법4③).

보험종목 전부를 허가받은 보험업종 내에서 기존의 보험종목 이외에 보험종목이 신설되는 경우에는 이에 대한 허가를 받은 것으로 의제한다. 즉 생명보험업 또는 손해보험업에 해당하는 보험종목의 전부(보증보험 및 재보험 제외)에 관하여 보험업 허가를 받은 자는 경제질서의 건전성을 해친 사실이 없으면 해당 생명보험업 또는 손해보험업의 종목으로 신설되는 보험종목에 대한 허가를 받은 것으로 본다(법4④).

제3보험업에 관하여 보험업의 허가를 받은 자는 "대통령령으로 정하는 기준에 따라 제3보험의 보험종목에 부가되는 보험"(법10(3))[26]에 따른 보험종목을 취급할 수 있다(법4⑤).

2. 허가요건

보험업의 허가를 받으려는 자(외국보험회사 및 보험종목을 추가하려는 보험회사는 제외)는 다음의 요건을 갖추어야 한다(법6①).

(1) 법적 형태

보험업의 허가를 받을 수 있는 자는 주식회사, 상호회사 및 외국보험회사로 제한하며, 보험업 허가를 받은 외국보험회사의 국내지점("외국보험회사국내지점")은 보험업법상 보험회사로 본다(법4⑥).

보험회사인 주식회사는 상법상 주식회사를 말한다. 보험회사인 상호회사는 보험업법상 상호회사를 말한다. 상호회사란 보험업을 경영할 목적으로 보험업법에 따라 설립된 회사로서 보험계약자를 사원으로 하는 회사를 말한다(법2(7)). 외국보험회사란 대한민국 이외의 국가의 법령에 따라 설립되어 대한민국 이외의 국가에서 보험업을 경영하는 자를 말한다(법2(8)).

(2) 자본금 또는 기금

(가) 원칙

보험업의 허가를 받으려는 자는 일정 범위의 자본금 또는 기금을 보유하여야 한다(법6①

---

26) "대통령령으로 정하는 기준에 따라 제3보험의 보험종목에 부가되는 보험"이란 질병을 원인으로 하는 사망을 제3보험의 특약 형식으로 담보하는 보험으로서 다음의 요건을 충족하는 보험을 말한다(영15②).
  1. 보험만기는 80세 이하일 것
  2. 보험금액의 한도는 개인당 2억원 이내일 것
  3. 만기 시에 지급하는 환급금은 납입보험료 합계액의 범위 내일 것

(1)). 즉 보험회사는 300억원 이상의 자본금 또는 기금을 납입함으로써 보험업을 시작할 수 있다(법9①본문). 다만, 보험회사가 보험종목의 일부만을 취급하려는 경우에는 50억원 이상의 범위에서 자본금 또는 기금의 액수를 다르게 정할 수 있다(법9① 단서). 보험종목의 일부만을 취급하려는 보험회사가 납입하여야 하는 보험종목별 자본금 또는 기금의 액수는 다음의 구분에 따른다(영12①). 생명보험 200억원, 연금보험(퇴직보험 포함) 200억원, 화재보험 100억원, 해상보험(항공·운송보험 포함) 150억원, 자동차보험 200억원, 보증보험 300억원, 재보험 300억원, 책임보험 100억원, 기술보험 50억원, 권리보험 50억원, 상해보험 100억원, 질병보험 100억원, 간병보험 100억원, 그리고 위에서 열거한 보험 이외의 보험종목은 50억원이다.

(나) 일부 보험종목만 취급하는 보험회사

재보험 300억원의 자본금 또는 기금 액수는 재보험을 전업으로 하려는 보험회사에 한정하여 적용한다. 다만, 취급하고 있는 보험종목에 대한 재보험을 하려는 경우에는 그러하지 아니하다(영12②). 보험회사가 위에서 열거한 보험종목 중 둘 이상의 보험종목을 취급하려는 경우에는 위에서 열거한 보험종목에 따른 금액의 합계액을 자본금 또는 기금으로 한다(영12③ 본문). 다만, 그 합계액이 300억원 이상인 경우에는 300억원으로 한다(영12③ 단서).

(다) 통신판매전문보험회사의 특칙

보험업의 허가를 받으려는 자는 일정 범위의 자본금 또는 기금을 보유하여야 함(법6①(1))에도 불구하고 전화·우편·컴퓨터통신 등 통신수단을 이용하여 총보험계약건수 및 수입보험료의 90% 이상을 전화·우편·컴퓨터통신 등 통신수단을 이용하여 모집하는 보험회사("통신판매전문보험회사")는 위에서 열거한 보험종목에 따른 자본금 또는 기금의 3분의 2에 상당하는 금액 이상을 자본금 또는 기금으로 납입함으로써 보험업을 시작할 수 있다(법9②, 영13①). 통신판매전문보험회사가 이러한 모집비율을 위반한 경우에는 그 비율을 충족할 때까지 통신수단 외의 방법으로 모집할 수 없다(영13②). 모집비율의 산정기준 등 통신수단을 이용한 모집에 필요한 사항은 금융위원회가 정하여 고시한다(영13③).[27]

---

27) 보험업감독규정 제2-10조(통신판매전문보험회사의 운영에 관한 사항) ① 영 제13조 제1항의 규정에 의한 통신판매전문 보험회사의 통신수단을 이용한 모집비율은 보험업법 제118조의 규정에 의해 감독원장에게 제출하는 직전 사업년도 사업보고서상의 보험계약건수 및 수입보험료를 기준으로 산정한다. 다만, 통신판매전문 보험회사로 보험업의 허가를 받고자 하는 자의 경우에는 별지 제3호의 신청서에 첨부되는 사업계획서상의 보험계약건수 및 수입보험료를 기준으로 산정한다.
   ② 제1항에 의해 모집비율 산정시 수입보험료는 생명보험, 장기손해보험 상품의 경우 모집된 보험계약의 월납기준 초회보험료를 합산하여 산출하고, 그 밖의 손해보험 상품은 원수보험료를 합산하여 산출한다.
   ③ 통신판매전문 보험회사는 안정적인 통신시스템 운영을 위해 별표 2에서 정한 보험사업의 영위를 위한 전산설비의 세부요건 외에 다음의 시스템을 갖추어야 한다.
   1. 전화판매를 위한 녹취시스템
   2. 재난대비 백업시스템
   3. 이중화시스템(데이타베이스서버, 웹서버, 내부네트워크, 인터넷회선 등)

(3) 인적 · 물적 설비

(가) 전문인력과 물적 시설

보험업의 허가를 받으려는 자는 보험계약자를 보호할 수 있고 그 경영하려는 보험업을 수행하기 위하여 필요한 전문인력과 전산설비 등 물적 시설을 충분히 갖추어야 한다(법6①(2)). i) 임원이 금융회사지배구조법 제5조 제1항에 따른 임원의 결격사유에 해당되지 아니하여야하며, 허가를 받으려는 보험업에 관한 전문성과 건전성을 갖춘 보험 전문인력과 보험회사의 업무 수행을 위한 전산요원 등 필요한 인력을 갖추어야 하고(제1호), ii) 허가를 받으려는 보험업을 경영하는 데에 필요한 전산설비를 구축하고 사무실 등 공간을 충분히 확보(제2호)하여야 한다(영10①).28)

(나) 외부위탁

보험업의 허가를 받으려는 자가 i) 손해사정업무(제1호), ii) 보험계약 심사를 위한 조사업무(제2호), iii) 보험금 지급심사를 위한 보험사고 조사업무(제3호), iv) 전산설비의 개발·운영 및 유지·보수에 관한 업무(제4호), 또는 v) 정보처리 업무(제5호)를 외부에 위탁하는 경우에는 그 업무와 관련된 전문인력과 물적 시설을 갖춘 것으로 본다(법6①(2), 영10②).

(4) 사업계획의 타당성 및 건전성

보험업의 허가를 받으려는 자는 사업계획이 타당하고 건전하여야 한다(법6①(3)). 사업계획은 i) 사업계획이 지속적인 영업을 수행하기에 적합하고 추정재무제표 및 수익 전망이 사업계획에 비추어 타당성이 있어야 하고(제1호), ii) 사업계획을 추진하는 데 드는 자본 등 자금의 조달방법이 적절하여야 하며(제2호), iii) 사업방법서가 보험계약자를 보호하기에 적절한 내용이어야(제3호) 한다(영10③).29)

(5) 대주주

보험업의 허가를 받으려는 자는 대주주(최대주주의 특수관계인인 주주 포함)가 금융회사지배구조법 제5조 제1항 각 호의 어느 하나에 해당하지 아니하고, 충분한 출자능력과 건전한 재무상태를 갖추고 있으며, 건전한 경제질서를 해친 사실이 없어야 한다(법6①(4)). 대주주 요건은 보험업의 건전한 경영과 보험계약자를 포함한 이해관계인의 권익을 보호하기 위해서이다.

---

4. 고객의 신상정보에 관련된 내용 (주민등록번호, 신용카드번호, 예금자계좌번호 등)을 암호화할 수 있는 보안관리 시스템

④ 통신판매전문 보험회사는 제3항에서 정한 통신시스템을 운영하는 전담부서 및 전문인력을 운영하여야 한다.

28) 영 제10조 제1항의 규정에 의한 인력·물적 시설의 세부요건에 관한 구체적인 기준은 별표 2와 같다(보험업감독규정2-6①).

29) 영 제10조 제3항의 규정에 의한 사업계획의 세부요건에 관한 구체적인 기준은 별표 3과 같다(보험업감독규정2-6②).

대주주의 유형 및 유형별 구체적 요건은 보험업법 시행령 [별표 1]에 규정되어 있다(영10 ④). 이에 따르면 대주주의 유형은 5가지이다. 즉 대주주가 금융기관인 경우, 내국법인인 경우, 내국인으로 개인인 경우, 외국법인 경우, 경영참여형 사모집합투자기구 또는 투자목적회사인 경우로 구분된다. 그리고 유형별로 임원결격사유, 재무적 요건, 사회경제적 신용요건 등의 전부 또는 일부를 구체적 요건으로 요구하고 있다.

(6) 외국보험회사

국내지점을 설치하여 보험업의 허가를 받으려는 외국보험회사는 ⅰ) 30억원 이상의 영업기금(법9③, 영14)을 보유하여야 하고(제1호), ⅱ) 국내에서 경영하려는 보험업과 같은 보험업을 외국 법령에 따라 경영하고 있어야 하며(제2호), ⅲ) 자산상황·재무건전성 및 영업건전성이 국내에서 보험업을 경영하기에 충분하고, 국제적으로 인정받고 있어야 하고(제3호), ⅳ) 보험계약자를 보호할 수 있고 그 경영하려는 보험업을 수행하기 위하여 필요한 전문인력과 전산설비 등 물적 시설을 충분히 갖추고 있을 것(이 경우 업무의 일부를 외부에 위탁하는 경우에는 그 위탁한 업무와 관련된 전문 인력과 물적 시설을 갖춘 것으로 본다) 및 사업계획의 타당성과 건전성을 갖추어야(제4호) 한다(법6②).

Ⅱ. 허가절차

1. 허가의 신청 및 심사

(1) 허가신청서 제출

(가) 기재사항

보험업의 허가를 받으려는 자는 허가신청서를 금융위원회에 제출하여야 한다(법5 본문). 허가신청서에는 ⅰ) 상호(제1호), ⅱ) 주된 사무소의 소재지(제2호), ⅲ) 대표자 및 임원의 성명·주민등록번호 및 주소(제3호), ⅳ) 자본금 또는 기금에 관한 사항(제4호), ⅴ) 시설, 설비 및 인력에 관한 사항(제5호), ⅵ) 허가를 받으려는 보험종목(제6호)을 적어야 한다(영9①).

(나) 첨부서류

허가신청서에 다음의 서류를 첨부하여 금융위원회에 제출하여야 한다(법5 본문). ⅰ) 정관(제1호), ⅱ) 업무 시작 후 3년간의 사업계획서(추정재무제표 포함)(제2호), ⅲ) 경영하려는 보험업의 보험종목별 사업방법서, 보험약관, 보험료 및 책임준비금의 산출방법서("기초서류") 중 보험종목별 사업방법서(영9②)(제3호), ⅳ) 그 밖의 "대통령령으로 정하는 서류"(제4호) 등이다. 다만, 보험회사가 취급하는 보험종목을 추가하려는 경우에는 ⅰ)의 정관은 제출하지 아니할 수 있다(법5 단서).

여기서 "대통령령으로 정하는 서류"란 다음의 구분에 따른 서류를 말한다(영9③). 이 경우 금융위원회는 전자정부법 제36조(행정정보의 효율적 관리 및 이용) 제1항 또는 제2항에 따른 행정정보의 공동이용을 통하여 회사의 법인 등기사항증명서(외국보험회사를 제외한 주식회사 또는 상호회사의 경우만 해당)를 확인하여야 한다(영9③). 주식회사 또는 상호회사와 외국보험회사 국내지점을 구분하여 설명한다.

1) 주식회사 또는 상호회사

외국보험회사를 제외한 주식회사 또는 상호회사의 경우에는 다음의 서류를 제출하여야 한다(영9③(1) 본문). ⅰ) 발기인회의의 의사록(가목), ⅱ) 임원 및 발기인의 이력서 및 경력증명서(나목), ⅲ) 합작계약서(외국기업과 합작하여 보험업을 하려는 경우만 해당)(다목), ⅳ) 자본금 또는 기금의 납입을 증명하는 서류(라목), ⅴ) 재무제표와 그 부속서류(마목), ⅵ) 주주(상호회사의 경우에는 사원)의 성명 또는 명칭과 소유주식 수(상호회사의 경우에는 출자지분)를 적은 서류(바목), ⅶ) 그 밖에 보험업법 또는 보험업법 시행령에 따른 허가요건의 심사에 필요한 서류로서 총리령으로 정하는 서류[30](사목)이다. 다만, 취급하는 보험종목을 추가하려는 경우에는 위 ⅰ)부터 ⅲ)까지의 서류를 제출하지 아니할 수 있다(영9③(1) 단서).

2) 외국보험회사 국내지점

외국보험회사의 경우에는 다음의 서류를 제출하여야 한다(영9③(2) 본문). ⅰ) 외국보험회사의 본점이 적법한 보험업을 경영하고 있음을 증명하는 해당 외국보험회사가 속한 국가의 권한 있는 기관의 증명서(가목), ⅱ) 대한민국에서 외국보험회사를 대표하는 자("대표자")의 대표권을 증명하는 서류(나목), ⅲ) 외국보험회사 본점의 최근 3년간의 대차대조표와 손익계산서(다목), ⅳ) 영업기금의 납입을 증명하는 서류(라목), ⅴ) 대표자의 이력서 및 경력증명서(마목), ⅵ) 재무제표와 그 부속서류(바목), ⅶ) 그 밖에 보험업법 또는 보험업법 시행령에 따른 허가요건의 심사에 필요한 서류로서 총리령으로 정하는 서류[31](사목)이다. 다만, 취급하는 보험종목을 추

---

30) "총리령으로 정하는 서류"란 다음의 서류를 말한다(시행규칙7①).
  1. 자본금 또는 기금의 조달 출처를 확인할 수 있는 서류
  2. 영 제10조 제1항 및 제3항에 따른 요건을 충족하는지를 확인할 수 있는 서류
  3. 예비허가를 받은 경우에는 예비허가 사항의 이행 사실을 확인할 수 있는 서류
  4. 시행령 별표 1에서 정한 요건을 충족하는지를 확인할 수 있는 서류
31) "총리령으로 정하는 서류"란 다음의 서류를 말한다(시행규칙7②).
  1. 영업기금의 조달 출처를 확인할 수 있는 서류
  2. 제1항 제2호 및 제3호의 서류
  3. 설치하려는 국내지점의 법인 등기사항증명서
  4. 외국보험회사의 본점이 국제적으로 인정받은 신용평가기관으로부터 받은 신용평가등급이 투자적격 이상임을 확인할 수 있는 서류
  5. 외국보험회사의 본점이 그 외국보험회사가 속한 국가의 감독기관이 정한 재무건전성에 관한 기준을 충족하고 있음을 확인할 수 있는 서류

가하려는 경우에는 위 ii), iv) 및 v)의 서류를 제출하지 아니할 수 있다(영9③(2) 단서).

(2) 허가신청서 심사

금융위원회는 허가신청을 제출받았을 때에는 2개월(예비허가를 받은 경우에는 1개월) 이내에 이를 심사하여 신청인에게 허가 여부를 통지하여야 한다(영9④ 본문). 다만, 신청서류의 보완 또는 실지조사에 걸린 기간은 통지기간에 산입하지 아니한다(영9④ 단서).

2. 예비허가와 본허가

보험업의 허가("본허가")를 신청하려는 자는 미리 금융위원회에 예비허가를 신청할 수 있다(법7①). 예비허가 신청을 받은 금융위원회는 2개월 이내에 심사하여 예비허가 여부를 통지하여야 한다(법7② 본문). 다만, 총리령으로 정하는 바에 따라 그 기간을 연장할 수 있다(법7② 단서).32) 금융위원회는 예비허가에 조건을 붙일 수 있다(법7③). 금융위원회는 예비허가를 받은 자가 예비허가의 조건을 이행한 후 본허가를 신청하면 허가하여야 한다(법7④). 예비허가의 기준과 그 밖에 예비허가에 관하여 필요한 사항은 총리령으로 정한다(법7⑤).

예비허가를 받은 자는 예비허가를 받은 날부터 6개월 이내에 예비허가의 내용 및 조건을 이행한 후 본허가를 신청하여야 한다. 다만, 금융위원회의 예비허가 당시 본허가 신청기한을 따로 정하였거나 예비허가 후 본허가 신청기한의 연장에 대하여 금융위원회의 승인을 받은 경우에는 그 기간을 달리 정할 수 있다(보험업법 시행규칙9⑥).

3. 허가요건의 유지

보험회사는 전문인력 요건과 물적 시설을 보험업의 허가를 받은 이후에도 계속하여 유지하여야 한다(법6④ 본문). 보험회사가 보험업 허가를 받은 이후 전산설비의 성능 향상이나 보안체계의 강화 등을 위하여 그 일부를 변경하는 경우에는 물적 시설을 유지한 것으로 본다(영10⑦).

다만, 보험회사의 경영건전성을 확보하고 보험가입자 등의 이익을 보호하기 위하여 "대통

---

6. 외국보험회사의 본점이 최근 3년간 그 외국보험회사가 속한 국가의 감독기관으로부터 보험업의 경영과 관련하여 법인경고 이상에 해당하는 행정처분을 받거나 벌금형 이상에 해당하는 형사처벌을 받은 사실이 없음을 확인할 수 있는 서류

32) 금융위원회는 다음의 어느 하나에 해당하는 사유가 있는 경우에는 한 차례만 3개월의 범위에서 통지기간을 연장할 수 있다(시행규칙9⑤).
1. 예비허가의 신청서 및 첨부서류에 적힌 사항 중 내용이 불명확하여 사실 확인 및 자료의 보완이 필요한 경우
2. 이해관계인 등의 이해 조정을 위하여 제3항 및 제4항에 따른 공청회 개최 또는 신청인의 소명이 필요한 경우
3. 그 밖에 금융시장 안정 및 보험계약자 보호를 위하여 금융위원회가 필요하다고 인정하는 경우

령령으로 정하는 경우"로서 금융위원회의 승인을 받은 경우에는 그러하지 아니하다(법6④ 단서). 여기서 "대통령령으로 정하는 경우"란 보험계약자의 이익 보호에 지장을 주지 아니하고 해당 보험회사의 경영효율성 향상 등을 위하여 불가피한 경우로서 다음의 요건을 모두 충족하는 경우를 말한다(영10⑧).

1. 개인정보 보호에 차질이 없을 것
2. 보험서비스 제공의 지연 등으로 인한 민원 발생의 우려가 없을 것
3. 보험계약과 관련한 신뢰성 있는 보험통계를 제때에 산출할 수 있을 것
4. 해당 보험회사에 대한 감독·검사 업무의 수행에 지장을 주지 아니할 것

4. 종목의 추가허가

(1) 원칙

보험종목을 추가하여 허가를 받으려는 보험회사는 이에 대한 허가를 받아야 한다(법6③). 보험종목의 추가 시에 허가가 필요한 이유는 추가하려는 보험종목에 대한 보험업 경영능력을 충분히 갖추었는지를 확인하고 판단해야 하기 때문이다. 다만, 보험종목 전부를 허가받은 보험업종 내에서 기존의 보험종목 이외에 보험종목이 신설되는 경우는 이에 대한 허가를 받은 것으로 의제되므로(법4④), 이러한 경우는 추가허가를 받을 필요가 없다.

보험종목 추가허가 시의 요건은 보험업 신규허가 시의 요건과 차이가 있다. ⅰ) 추가허가 시에 자본금 또는 기금, 인적·물적 설비, 사업계획, 대주주 요건을 요구한다. 이는 신규허가 시와 동일하다. 다만 추가허가 시에는 대주주 요건을 완화하는 점에 차이가 있다. ⅱ) 추가허가 시에 보험회사가 건전한 재무상태와 사회경제적 신용을 갖출 것을 요구한다. 이는 신규허가 시에는 요구하지 않는 요건이다. 추가허가 시에는 보험회사로서 보험업 경영을 이미 시작한 상태이므로 이제는 보험회사의 건전한 재무상태와 사회경제적 신용을 확인할 수 있다는 점을 고려한 것이다.[33]

(2) 자본금 또는 기금, 인적·물적 설비, 사업계획 요건

보험종목을 추가하여 허가를 받으려는 보험회사는 ⅰ) 자본금 또는 기금을 보유할 것, ⅱ) 보험계약자를 보호할 수 있고 그 경영하려는 보험업을 수행하기 위하여 필요한 전문 인력과 전산설비 등 물적 시설을 충분히 갖추고 있을 것(업무의 일부를 외부에 위탁하는 경우에는 그 위탁한 업무와 관련된 전문 인력과 물적 시설을 갖춘 것으로 본다), ⅲ) 사업계획이 타당하고 건전할 것의 3가지 요건을 추가허가 시에도 그대로 갖추어야 한다(법6③(1)).

---

33) 한기정(2019), 96쪽.

(3) 대주주 요건

보험종목을 추가하여 허가를 받으려는 보험회사는 "대통령령으로 정하는 완화된 요건"을 적용한다(법6③(1). 여기서 "대통령령으로 정하는 완화된 요건"이란 다음의 구분에 따른 요건을 말한다(영10⑤).

1. 대주주가 별표 1 제1호부터 제3호까지의 어느 하나에 해당하는 자인 경우: 같은 표 제1호 라목 및 마목 1)·3)에 한정하여 그 요건을 충족할 것. 이 경우 별표 1 제1호 마목 1) 중 "최근 5년간"은 "최대주주가 최근 5년간"으로, "벌금형"은 "5억원의 벌금형"으로 본다.

2. 대주주가 별표 1 제4호 또는 제5호 라목에 해당하는 자인 경우: 같은 표 제1호 마목 1)·3) 및 제4호 라목에 한정하여 그 요건을 충족할 것. 이 경우 별표 1 제1호 마목 1) 중 "최근 5년간"은 "최대주주가 최근 5년간"으로, "벌금형"은 "5억원의 벌금형"으로 보고, 같은 표 제4호 라목 중 "최근 3년간"은 "최대주주가 최근 3년간"으로, "해당 외국법인이 속한 국가의 감독기관으로부터 법인경고 이상에 상당하는 행정처분을 받거나 벌금형 이상에 상당하는 형사처벌을 받은 사실"은 "해당 외국법인이 속한 국가의 사법기관으로부터 5억원의 벌금형 이상에 상당하는 형사처벌을 받은 사실"로 본다.

3. 대주주가 별표 1 제5호(라목은 제외)에 해당하는 자인 경우: 같은 표 제1호 마목 1)·3)에 한정하여 그 요건을 충족할 것. 이 경우 별표 1 제1호 마목 1) 중 "최근 5년간"은 "최대주주가 최근 5년간"으로, "벌금형"은 "5억원의 벌금형"으로 본다.

(4) 재무건전성 및 사회적 신용요건

보험종목을 추가하여 허가를 받으려는 보험회사는 "대통령령으로 정하는 건전한 재무상태와 사회적 신용"을 갖추어야 한다(법6③(2)). 여기서 "대통령령으로 정하는 건전한 재무상태와 사회적 신용"이란 다음호의 구분에 따른 사항을 말한다(영10⑥).

1. 건전한 재무상태: 보험회사의 보험금 지급능력과 경영건전성을 확보하기 위한 것으로서 금융위원회가 정하여 고시하는 재무건전성 기준[34]을 충족할 수 있는 상태

2. 사회적 신용: 다음 각 목의 요건을 모두 충족할 것. 다만, 그 위반 등의 정도가 경미하다고 인정되는 경우는 제외한다.
   가. 최근 3년간 금융회사지배구조법 시행령 제5조에 따른 법령("금융관련법령"), 공정거래법 및 조세범 처벌법을 위반하여 벌금형 이상에 상당하는 형사처벌을 받은 사실이 없을 것
   나. 최근 3년간 채무불이행 등으로 건전한 신용질서를 해친 사실이 없을 것

---

34) "금융위원회가 정하여 고시하는 재무건전성 기준"이란 최근 분기말 현재 지급여력비율 150% 이상을 말한다(보험업감독규정2-6의3①).

다. 금융산업구조개선법에 따라 부실금융기관으로 지정되거나 금융관련법령에 따라 허가·인가 또는 등록이 취소된 자가 아닐 것. 다만, 법원의 판결에 따라 부실책임이 없다고 인정된 자 또는 부실에 따른 경제적 책임을 부담하는 등 금융위원회가 정하여 고시하는 기준[35])에 해당하는 자는 제외한다.

라. 금융회사지배구조법 제2조 제7호에 따른 금융관계법령에 따라 금융위원회, 외국 금융감독기관 등으로부터 지점이나 그 밖의 영업소의 폐쇄 또는 그 업무의 전부나 일부의 정지 이상의 조치를 받은 후 다음 구분에 따른 기간이 지났을 것

1) 업무의 전부정지: 업무정지가 끝난 날부터 3년

2) 업무의 일부정지: 업무정지가 끝난 날부터 2년

3) 지점이나 그 밖의 영업소의 폐쇄 또는 그 업무의 전부나 일부의 정지: 해당 조치를 받은 날부터 1년

Ⅲ. 허가취소 등

1. 취소사유

(1) 일반적인 경우

금융위원회는 보험회사가 ⅰ) 거짓이나 그 밖의 부정한 방법으로 보험업의 허가를 받은 경우(제1호), ⅱ) 허가의 내용 또는 조건을 위반한 경우(제2호), ⅲ) 영업의 정지기간 중에 영업을 한 경우(제3호), ⅳ) 해당 위반행위에 대한 시정명령을 이행하지 아니한 경우(제4호), ⅴ) 금융회사지배구조법 별표 각 호의 어느 하나에 해당하는 경우(영업의 전부정지를 명하는 경우로 한정)(제5호)에는 6개월 이내의 기간을 정하여 영업 전부의 정지를 명하거나 청문을 거쳐 보험업의 허가를 취소할 수 있다(법134②).

(2) 외국보험회사 국내지점의 특칙

금융위원회는 외국보험회사의 본점이 ⅰ) 합병, 영업양도 등으로 소멸한 경우(제1호), ⅱ) 위법행위, 불건전한 영업행위 등의 사유로 외국감독기관으로부터 보험업법 제134조 제2항에 따른 처분에 상당하는 조치를 받은 경우(제2호), ⅲ) 휴업하거나 영업을 중지한 경우(제3호)에 해당하게 되면 그 외국보험회사 국내지점에 대하여 청문을 거쳐 보험업의 허가를 취소할 수 있다(법74①).

금융위원회는 외국보험회사 국내지점이 보험업법 또는 보험업법에 따른 명령이나 처분을 위반하거나 외국보험회사의 본점이 그 본국의 법령을 위반하는 등의 사유로 해당 외국보험회

---

35) "금융위원회가 정하는 기준에 해당하는 자"란 「부실금융기관대주주의경제적책임부담기준」에 따라 경제적 책임부담의무를 이행하였거나 면제받은 자를 말한다(보험업감독규정2-6의3②).

사 국내지점의 보험업 수행이 어렵다고 인정되면 공익 또는 보험계약자 보호를 위하여 영업정지 또는 그 밖에 필요한 조치를 하거나 청문을 거쳐 보험업의 허가를 취소할 수 있다(법74②).

2. 금융위원회의 조치

금융위원회는 보험회사(그 소속 임직원 포함)가 보험업법 또는 보험업법에 따른 규정·명령 또는 지시를 위반하여 보험회사의 건전한 경영을 해칠 우려가 있다고 인정되는 경우 또는 금융회사지배구조법 [별표] 각 호의 어느 하나에 해당하는 경우(6개월 이내의 영업의 일부정지 조치로 한정)에는 금융감독원장의 건의에 따라 ⅰ) 보험회사에 대한 주의·경고 또는 그 임직원에 대한 주의·경고·문책의 요구(제1호), ⅱ) 해당 위반행위에 대한 시정명령(제2호), ⅲ) 임원(금융회사지배구조법 제2조 제5호에 따른 업무집행책임자는 제외)의 해임권고·직무정지(제3호), ⅳ) 6개월 이내의 영업의 일부정지(제4호) 조치를 하거나 금융감독원장으로 하여금 위 ⅰ)의 조치를 하게 할 수 있다(법134①).

3. 허가취소와 해산

보험회사는 보험업의 허가취소 사유로 해산한다(법137①(6)). 보험회사가 허가취소 사유로 해산하면 금융위원회는 7일 이내에 그 보험회사의 본점과 지점 또는 각 사무소 소재지의 등기소에 그 등기를 촉탁하여야 한다(법137②). 등기소는 등기의 촉탁을 받으면 7일 이내에 그 등기를 하여야 한다(법137③). 보험회사가 보험업의 허가취소로 해산한 경우에는 금융위원회가 청산인을 선임한다(법156①).

Ⅳ. 형사제재

보험종목별로 금융위원회의 허가를 받지 아니하고 보험업을 경영한 자는 5년 이하의 징역 또는 5천만원 이하의 벌금에 처한다(법200(1)).

제5절 여신전문금융업자규제

I. 영업의 허가·등록

1. 허가

여신전문금융업법("법")에 따르면 신용카드업을 하려는 자는 금융위원회의 허가를 받아야 한다(법3① 본문). 다만, 경영하고 있는 사업의 성격상 신용카드업을 겸하여 경영하는 것이 바람직하다고 인정되는 자로서 ⅰ) 유통산업발전법 제2조 제3호[36)]에 따른 대규모점포를 운영하는 자, 또는 ⅱ) 계약에 따라 같은 업종의 여러 도매·소매점포에 대하여 계속적으로 경영을 지도하고 상품을 공급하는 것을 업으로 하는 자(겸영여신업자)(법3(2), 영3②)는 금융위원회에 등록하면 신용카드업을 할 수 있다(법3① 단서).

2. 등록

시설대여업·할부금융업 또는 신기술사업금융업을 하고 있거나 하려는 자로서 여신전문금융업법을 적용받으려는 자는 업별로 금융위원회에 등록하여야 한다(법3②).

3. 허가를 받거나 등록을 할 수 있는 자

(1) 여신전문금융회사

신용카드업의 허가를 받거나 시설대여업·할부금융업 또는 신기술사업금융업의 등록을 할 수 있는 자는 여신전문금융회사이거나 여신전문금융회사가 되려는 자로 제한한다(법3③ 본문).

(2) 겸영여신업자

다만, 겸영여신업자에 해당하는 자는 제외된다(법3③ 단서). 겸영여신업자란 여신전문금융업에 대하여 ⅰ) 다른 법률에 따라 설립되거나 금융위원회의 인가 또는 허가를 받은 금융기관으로서 은행, 농협은행, 수협은행, 한국산업은행, 중소기업은행, 한국수출입은행, 종합금융회사, 금융투자업자(신기술사업금융업을 하려는 경우만 해당), 상호저축은행중앙회, 상호저축은행(할부금

---

36) 3. "대규모점포"란 다음 각 목의 요건을 모두 갖춘 매장을 보유한 점포의 집단으로서 별표에 규정된 것을 말한다.
　　가. 하나 또는 대통령령으로 정하는 둘 이상의 연접되어 있는 건물 안에 하나 또는 여러 개로 나누어 설치되는 매장일 것
　　나. 상시 운영되는 매장일 것
　　다. 매장면적의 합계가 3천제곱미터 이상일 것

융업을 하려는 경우만 해당), 신용협동조합중앙회, 새마을금고연합회(영3①), ⅱ) 경영하고 있는 사업의 성격상 신용카드업을 겸하여 경영하는 것이 바람직하다고 인정되는 자로서 유통산업발전법 제2조 제3호에 따른 대규모점포를 운영하는 자 또는 계약에 따라 같은 업종의 여러 도매·소매점포에 대하여 계속적으로 경영을 지도하고 상품을 공급하는 것을 업으로 하는 자(영3②)로서 여신전문금융회사가 아닌 자를 말한다(법2(16)).

Ⅱ. 허가·등록요건

1. 허가·등록을 받을 수 없는 자

다음에 해당하는 자는 신용카드업 허가를 받거나 시설대여업·할부금융업 또는 신기술사업금융업의 등록을 할 수 없다(법6①).

(1) 등록이 말소되거나 허가·등록이 취소된 날부터 3년이 지나지 아니한 법인 등

신청에 의한 등록의 말소 또는 허가·등록의 취소된 날부터 3년이 지나지 아니한 법인 및 그 말소 또는 취소 당시 그 법인의 대주주(최대주주의 특수관계인인 주주 포함)이었던 자로서 말소되거나 취소된 날부터 3년이 지나지 아니한 자(법6①(1), 영4①)는 허가를 받거나 등록을 할 수 없다.

(2) 회생절차 중에 있는 회사 등

채무자회생법에 따른 회생절차 중에 있는 회사 및 그 회사의 출자자 중 대주주(최대주주의 특수관계인인 주주 포함)(법6①(2), 영4②)는 허가를 받거나 등록을 할 수 없다.

(3) 채무를 변제하지 아니한 자 등

금융거래 등 상거래에서 약정한 날까지 채무를 변제하지 아니한 자로서 신용정보법 시행령 제2조 제3항 제1호, 제3호, 제4호 및 제5조 제1항 제1호부터 제18호까지의 기관에 대손상각채권을 발생시켜 신용정보법 제25조 제2항 제1호에 따른 종합신용정보집중기관에 이에 대한 신용정보가 집중관리·활용되는 자로서 그 집중관리·활용되는 날부터 3년이 지나지 아니한 자(법6①(3), 영5)는 허가를 받거나 등록을 할 수 없다.

(4) 금융관계법령 위반자

허가신청일 및 등록신청일을 기준으로 최근 3년 동안 금융회사지배구조법 시행령 제5조에 따른 법령("금융관계법령")을 위반하여 벌금형 이상의 처벌을 받은 사실이 있는 자(법6①(4), 영6)는 허가를 받거나 등록을 할 수 없다.

(5) 재무건전성기준에 미치지 못하는 자(허가의 경우만 해당)

다음의 구분에 따른 재무건전성기준에 미치지 못하는 자(법6①(5))는 허가를 받거나 등록을 할 수 없다. 신용카드업의 허가에 필요한 재무건전성기준은 다음의 구분에 따른다(영6의2①).

1. 금융감독원으로부터 검사를 받는 기관인 경우: 해당 기관의 설립·운영 등에 관한 법령에서 정하는 경영건전성에 관한 기준 등을 고려하여 금융위원회가 정하는 재무건전성기준에 적합할 것
2. 허가신청자가 제1호 외의 자인 경우: 해당 기업[대주주가 공정거래법 제2조 제2호에 따른 기업집단(같은 법 시행령 제17조 제1항 제1호 및 제2호에 해당하는 기업집단은 제외)에 속하는 기업인 경우에는 금융업이나 보험업을 경영하는 회사를 제외한 기업집단을 포함]의 자기자본에 대한 부채총액의 비율이 200%의 범위에서 금융위원회가 정하는 비율 이하일 것

(6) 일정한 법인

위 (1)부터 (5)까지의 어느 하나에 해당하는 자가 대주주(최대주주의 특수관계인인 주주 포함)인 법인(법6①(6), 영6의2②)은 허가를 받거나 등록을 할 수 없다.

(7) 이해상충방지체계를 갖추지 아니한 자

신기술사업금융업자와 투자자 간, 특정 투자자와 다른 투자자 간의 이해관계의 충돌을 방지하기 위한 체계를 갖추지 아니한 자(제44조의2에 따른 공모신기술투자조합을 결성하려는 신기술사업금융업자만 해당)(법6①(7))는 허가를 받거나 등록을 할 수 없다.

2. 허가요건

신용카드업의 허가를 받으려는 자는 다음의 요건을 모두 갖추어야 한다(법6②).

(1) 자본금

여신전문금융업의 허가를 받거나 등록을 하여 여신전문금융회사가 될 수 있는 자는 주식회사로서 자본금이 다음의 구분에 따른 금액 이상인 자로 제한한다(법5①). ⅰ) 신용카드업을 하려는 경우로서 시설대여업·할부금융업 또는 신기술사업금융업을 함께 하지 아니하거나 그 중 하나의 업을 함께 하려는 경우 200억원(제1호), ⅱ) 신용카드업을 하려는 경우로서 시설대여업·할부금융업 또는 신기술사업금융업 중 둘 이상의 업을 함께 하려는 경우 400억원(제2호), ⅲ) 시설대여업·할부금융업 또는 신기술사업금융업 중 어느 하나 또는 둘 이상의 업을 하려는 경우로서 신용카드업을 하지 아니하는 경우 200억원(제3호), ⅳ) 신기술사업금융업을 하려는 경우로서 신기술사업금융전문회사가 되려는 경우 100억원(제4호) 이상의 자본금을 보유하여야 한다(법6②(1)).

경영하고 있는 사업의 성격상 신용카드업을 겸하여 경영하는 것이 바람직하다고 인정되는 자로서 유통산업발전법 제2조 제3호에 따른 대규모점포를 운영하는 자 또는 계약에 따라 같은

업종의 여러 도매·소매점포에 대하여 계속적으로 경영을 지도하고 상품을 공급하는 것을 업으로 하는 자(영3②)로서 여신전문금융회사가 아닌 자(법3③(2))인 겸영여신업자로서 신용카드업의 등록을 할 수 있는 자는 주식회사로서 자본금과 자기자본이 20억원 이상인 자로 제한한다(법5②).

(2) 인적·물적 설비

신용카드업의 허가를 받으려는 자는 거래자를 보호하고 취급하려는 업무를 하기에 충분한 전문인력과 전산설비 등 물적 시설을 갖추어야 한다(법6②(2)). 신용카드업 수행을 위한 인력은 신용카드업에 관한 전문성을 갖춘 전문인력과 전산요원 등 필요한 인력을 갖추어야 하고, 물적 설비는 신용카드업을 하는 데에 필요한 전산설비를 구축하고 점포 등을 확보하여야 한다(영6의3①).

(3) 사업계획의 타당성과 건전성

신용카드업의 허가를 받으려는 자는 사업계획이 타당하고 건전하여야 한다(법6②(3)). 사업계획은 i) 신용카드업을 원활하게 하는 데에 필요한 신용카드회원 및 신용카드가맹점 확보계획이 타당하고 실현 가능성이 있어야 하고(제1호), ii) 신용카드 이용과 관련된 대금을 신속하게 결제할 수 있는 자금의 조달계획이 타당하고 실현 가능성이 있어야 하고(제2호), iii) 수입·지출 전망이 타당하고 실현 가능성이 있어야 하고(제3호), iv) 건전한 금융질서를 해칠 우려가 없어야(제4호) 한다(영6의3②).

(4) 대주주

신용카드업의 허가를 받으려는 자는 대주주가 충분한 출자능력, 건전한 재무상태 및 사회적 신용을 갖추어야 한다(법6②(4)). 대주주에는 최대주주의 특수관계인인 주주를 포함하며, 최대주주가 법인인 경우에는 그 법인의 주요 경영사항에 대하여 사실상의 영향력을 행사하고 있는 주주로서 i) 최대주주인 법인의 최대주주(최대주주인 법인의 주요 경영사항을 사실상 지배하는 자가 그 법인의 최대주주와 명백히 다른 경우에는 그 사실상 지배하는 자를 포함), ii) 최대주주인 법인의 대표자를 포함한다(법6②(4), 영6의3③).

또한 대주주는 [별표 1]에 따른 요건에 적합하여야 한다(영6의3④). [별표 1]은 i) 대주주가 금융기관인 경우, ii) 대주주가 금융기관이 아닌 내국법인인 경우, iii) 대주주가 내국인으로서 개인이 경우, iv) 대주주가 외국법인인 경우, v) 대주주가 경영참여형 사모집합투자기구 또는 투자목적회사인 경우로 구분하여 대주주 요건을 달리 정하고 있다(별표1).

Ⅲ. 허가·등록절차

1. 허가절차

(1) 허가의 신청 및 심사

(가) 허가신청서 제출

신용카드업 허가를 받으려는 자는 ⅰ) 상호 및 주된 사무소의 소재지(제1호), ⅱ) 자본금 및 출자자(시행규칙2조: 여신전문금융회사 또는 여신전문금융회사가 되려는 법인의 의결권 있는 발행주식 총수의 1% 이하의 주식을 소유하는 자인 소액출자자는 제외)의 성명 또는 명칭과 그 지분율(제2호), ⅲ) 임원의 성명(제3호), ⅳ) 경영하려는 여신전문금융업(제4호), ⅴ) 여신전문금융회사가 되려는 자는 그 취지(제5호), ⅵ) 겸영여신업자가 되려는 자는 경영하고 있는 사업의 내용(제6호)을 적은 허가신청서에 일정한 서류를 첨부하여 금융위원회에 제출하여야 한다(법4).

신용카드업의 허가를 받으려는 자는 신청서(전자문서로 된 신청서를 포함)에 ⅰ) 정관(제1호), ⅱ) 자본금 납입을 증명하는 서류(제2호), ⅲ) 업무개시 후 3년간의 사업계획서(추정재무제표 및 예상수지계산서를 포함)(제3호), ⅳ) 재무제표와 그 부속서류(제4호), ⅴ) 대주주가 법인인 경우에는 그 법인의 재무제표 및 그 부속서류(제5호), ⅵ) 허가신청자가 여신전문금융회사 또는 겸영여신업자인 경우에는 여신실적 및 거래자 수 등 영업현황을 나타내는 서류(제6호), ⅶ) 임원의 이력서 및 경력증명서(제7호)를 첨부하여 금융위원회에 제출하여야 한다. 이 경우 담당 직원은 전자정부법 제36조 제1항 또는 제2항에 따른 행정정보의 공동이용을 통하여 법인등기부등본을 확인하여야 한다(영3의2①).

(나) 허가신청서 심사

금융위원회는 허가신청서를 제출받은 날부터 3개월 안에 허가 여부를 결정하여 신청인에게 통보하여야 한다(법7①). 금융위원회는 허가에 조건을 붙일 수 있다(법3④). 금융위원회는 제출받은 서류에 잘못되거나 부족한 부분이 있으면 서류를 제출받은 날부터 10일 안에 보완을 요청할 수 있다. 이 경우 보완에 걸린 기간은 위 3개월의 기간에 넣어 계산하지 아니한다(법7③).

(2) 허가의 공고

금융위원회는 허가를 한 경우 지체 없이 그 내용을 관보에 공고하고 인터넷 홈페이지 등을 이용하여 일반인에게 알려야 한다(법11).

(3) 예비허가와 본허가

본허가를 받으려는 자는 미리 금융위원회에 예비허가를 신청할 수 있다(법8①). 금융위원회는 예비허가 여부를 결정할 때 예비허가를 받으려는 자가 본허가 요건을 모두 충족할 수 있는지를 확인하여야 한다(법8②). 금융위원회는 예비허가에 조건을 붙일 수 있다(법8③). 금융위원회는 예비허가를 받은 자가 본허가를 신청하는 경우에는 예비허가 조건을 이행하였는지와 본허가 요건을 모두 충족하는지를 확인한 후 본허가 여부를 결정하여야 한다(법8④).

(4) 허가요건의 유지

허가를 받아 신용카드업을 하고 있는 자는 인적·물적 설비 요건을 신용카드업의 허가를 받은 이후에도 계속 유지하여야 한다(법6의2 본문). 다만, 해당 회사의 경영건전성 확보, 거래자 등의 이익 보호를 위하여 ⅰ) 개인정보의 보호에 차질이 없을 것(제1호), ⅱ) 신용카드 서비스 제공의 지연 등으로 신용카드회원, 신용카드가맹점의 이익을 저해할 우려가 없을 것(제2호), ⅲ) 금융회사지배구조법 제24조 제1항에 따른 내부통제기준 준수에 차질이 없는 경우(제3호)로서 금융위원회의 승인을 받는 경우에는 인적·물적 설비 요건을 유지하지 아니할 수 있다(법6의2 단서, 영6의3⑥). 금융위원회는 승인을 함에 있어 승인신청일로부터 60일 내에 위 ⅰ) ⅱ) ⅲ)의 요건을 충족하는지 여부를 확인한 후 승인 여부를 결정하고 그 결과를 승인 신청인에게 통지하여야 한다. 다만, 통지기간 산정시 승인신청 내용에 보완이 필요하여 소요된 기간은 산입하지 아니한다(여신전문금융업감독규정4의2).

2. 등록절차

(1) 등록의 신청 및 검토

(가) 등록신청서 제출

시설대여업·할부금융업 또는 신기술사업금융업을 하고 있거나 하려는 자로서 여신전문금융업법을 적용받으려는 자는 업별로 금융위원회에 등록하여야 하는데, 등록을 하려는 자는 ⅰ) 상호 및 주된 사무소의 소재지(제1호), ⅱ) 자본금 및 출자자(시행규칙2조: 여신전문금융회사 또는 여신전문금융회사가 되려는 법인의 의결권 있는 발행주식 총수의 1% 이하의 주식을 소유하는 자인 소액출자자는 제외)의 성명 또는 명칭과 그 지분율(제2호), ⅲ) 임원의 성명(제3호), ⅳ) 경영하려는 여신전문금융업(제4호), ⅴ) 여신전문금융회사가 되려는 자는 그 취지(제5호), ⅵ) 겸영여신업자가 되려는 자는 경영하고 있는 사업의 내용(제6호)을 적은 등록신청서에 일정한 서류를 첨부하여 금융위원회에 제출하여야 한다(법4).

시설대여업, 할부금융업 또는 신기술사업금융업의 등록을 하려는 자는 등록신청서에 ⅰ) 정관, ⅱ) 자본금 납입을 증명하는 서류, ⅲ) 재무제표와 그 부속서류, ⅳ) 허가신청자가 여신전문금융회사 또는 겸영여신업자인 경우에는 여신실적 및 거래자 수 등 영업현황을 나타내는 서류, ⅴ) 임원의 이력서 및 경력증명서를 첨부하여 금융위원회에 제출하여야 한다. 이 경우

담당 직원은 전자정부법 제36조 제1항 또는 제2항에 따른 행정정보의 공동이용을 통하여 법인
등기부 등본을 확인하여야 한다(영3의2②).

(나) 등록신청서의 검토

금융위원회는 등록신청서를 제출한 자가 자본금요건(제5조)와 등록요건(제6조)에 맞는 경
우에는 지체 없이 등록을 하고 그 사실을 신청인에게 통보하여야 한다(법7②). 금융위원회는 제
출받은 서류에 잘못되거나 부족한 부분이 있으면 서류를 제출받은 날부터 10일 안에 보완을
요청할 수 있다(법7③).

(2) 등록의 공고

금융위원회는 등록을 한 경우 지체 없이 그 내용을 관보에 공고하고 인터넷 홈페이지 등
을 이용하여 일반인에게 알려야 한다(법11).

Ⅳ. 허가·등록취소 등

1. 허가·등록 취소사유

금융위원회는 신용카드업자가 ⅰ) 거짓이나 그 밖의 부정한 방법으로 제3조 제1항에 따른
"허가"(신용카드업자)를 받거나 "등록"(겸영여신업자)을 한 경우(제1호), ⅱ) 제6조 제1항 제2호부
터 제4호까지의 어느 하나에 해당하는 자인 경우(여신전문금융회사인 경우만 해당)(제2호), ⅲ) 제
57조 제1항에 따른 업무의 정지명령을 위반한 경우(제3호), ⅳ) 허가요건 유지의무를 위반한 경
우(제3의2호), ⅴ) 정당한 사유 없이 1년 이상 계속하여 영업을 하지 아니한 경우(제4호), ⅵ) 법
인의 합병·파산·폐업 등으로 사실상 영업을 끝낸 경우(제5호)에는 그 허가 또는 등록을 취소
할 수 있다(법57②).

신용카드업자는 허가 또는 등록이 취소된 경우에도 그 처분 전에 행하여진 신용카드에 의
한 거래대금의 결제를 위한 업무를 계속 할 수 있다(법60). 금융위원회는 허가 또는 등록을 취
소하려면 청문을 하여야 한다(법61). 금융위원회는 허가 또는 등록을 취소한 경우 지체 없이 그
내용을 관보에 공고하고 인터넷 홈페이지 등을 이용하여 일반인에게 알려야 한다(법11(3)).

2. 등록취소

금융위원회는 시설대여업자, 할부금융업자 또는 신기술사업금융업자가 ⅰ) 거짓이나 그
밖의 부정한 방법으로 시설대여업·할부금융업 또는 신기술사업금융업(법3②) 등록을 한 경우
(제1호), ⅱ) 제6조 제1항 제2호부터 제4호까지의 어느 하나에 해당하는 자인 경우(여신전문금융
회사인 경우만 해당)(제2호), ⅲ) 제53조 제4항 또는 제53조의3 제2항에 따른 금융위원회의 명령

이나 조치를 위반한 경우(제3호), iv) 등록을 한 날부터 1년 이내에 등록한 업에 관하여 영업을 시작하지 아니하거나 영업을 시작한 후 정당한 사유 없이 1년 이상 계속하여 영업을 하지 아니한 경우(제4호), v) 법인의 합병·파산·폐업 등으로 사실상 영업을 끝낸 경우(제5호)에는 그 등록을 취소할 수 있다(법57③).

금융위원회는 등록을 취소하려면 청문을 하여야 한다(법61). 금융위원회는 등록을 취소한 경우 지체 없이 그 내용을 관보에 공고하고 인터넷 홈페이지 등을 이용하여 일반인에게 알려야 한다(법11(3)).

Ⅴ. 형사제재

법 제3조 제1항에 따른 허가를 받지 아니하거나 등록을 하지 아니하고 신용카드업을 한 자, 또는 거짓이나 그 밖의 부정한 방법으로 제3조 제1항에 따른 허가를 받거나 등록을 한 자는 7년 이하의 징역 또는 5천만원 이하의 벌금에 처한다(법70①(7)(8)). 거짓이나 그 밖의 부정한 방법으로 제3조 제2항에 따른 등록을 한 자는 3년 이하의 징역 또는 2천만원 이하의 벌금에 처한다(법70③(1)).

제6절　상호저축은행업자규제

Ⅰ. 인가요건

상호저축은행법("법")에 따라 상호저축은행의 업무를 영리를 목적으로 조직적·계속적으로 하려는 자는 다른 법률에 특별한 규정이 없으면 금융위원회로부터 상호저축은행의 인가를 받아야 한다(상호저축은행법6①).

1. 자본금

(1) 최저자본금 요건

상호저축은행업 인가를 받으려는 자는 일정한 금액의 납입 자본금을 갖추어야 한다(법6의2①(1) 및 5③). 이에 따라 상호저축은행의 자본금은 ⅰ) 본점이 특별시에 있는 경우 120억원(제1호), ⅱ) 본점이 광역시에 있는 경우 80억원(제2호), ⅲ) 본점이 특별자치시·도 또는 특별자치도에 있는 경우 40억원(제3호) 이상이어야 한다(법5①).

(2) 본점 · 지점등 이전 시의 자본금요건

상호저축은행은 본점이나 지점등[본점을 제외한 지점·출장소(사무의 일부만을 하는 지사·관리사무소, 그 밖에 이와 비슷한 장소를 포함)]을 동일한 영업구역 내에서 ⅰ) 특별시, ⅱ) 광역시, 또는 ⅲ) 특별자치시·도 또는 특별자치도의 어느 하나에 해당하는 지역으로부터 다른 ⅰ) 특별시, ⅱ) 광역시, 또는 ⅲ) 특별자치시·도 또는 특별자치도의 지역으로 이전하는 경우에는 이전한 해당 지역에 적용되는 납입 자본금, 그 상호저축은행의 자기자본 등을 고려하여 ⅰ) 주된 영업소("본점")를 이전하는 경우에는, 본점이 특별시에 있는 경우 120억원, 본점이 광역시에 있는 경우 80억원, 본점이 특별자치시·도 또는 특별자치도에 있는 경우 40억원의 요건을 충족하여야 하고(영5(1)), ⅱ) 지점등을 이전하는 경우에는 자본금 증액 요건을 충족하여야 한다(법5②③, 영5(2), 법7①③).

(3) 지점등을 이전하는 경우의 자본금 증액 요건

위의 ⅱ)에서 설명한 지점등을 이전하는 경우의 자본금 증액 요건을 구체적으로 살펴보면 다음과 같다. 다음 ⅰ)의 금액과 ⅱ)의 금액 중 적은 금액 이상의 자본금을 증액하여야 한다. 이 경우 자본금은 납입된 자본금으로 한다(법5②, 법7③, 영6의3⑦).

ⅰ) 설치하려는 지점등의 소재지를 기준으로 본점이 특별시에 있는 경우에 120억원, 본점이 광역시에 있는 경우에 80억원, 본점이 특별자치시·도 또는 특별자치도에 있는 경우에 40억원의 구분에 따른 금액에 지점의 경우에는 위 120억원, 80억원, 40억원의 각 금액에 50%를 곱한 금액, 출장소 및 여신전문출장소의 경우에는 위 120억원, 80억원, 40억원의 각 금액.

다만, 시행령 제6조의3 제2항 각 호의 어느 하나에 해당하는 상호저축은행 또는 설치하려는 지점등의 개수, 영업구역의 범위 등을 고려하여 금융위원회가 정하여 고시하는 요건[37])을 충족하는 상호저축은행의 경우에는 산정한 금액의 50%에 해당하는 금액으로 한다(영6의3⑦(1)).

---

37) "금융위원회가 정하여 고시하는 요건"이란 제1호 또는 제2호의 어느 하나에 해당하는 요건을 말한다(상호저축은행업감독규정18조의3).
  1. 다음 각 목의 요건을 모두 충족할 것
    가. 영업구역이 다음의 어느 하나에 해당할 것
      1) 법 제4조 제1항 제2호에 해당하는 구역으로서 해당 지역의 서민과 중소기업의 금융편의제를 위해 금융감독원장이 인정하는 경우
      2) 법 제4조 제1항 제3호부터 제6호까지의 어느 하나에 해당하는 구역일 것
    나. 최근 2년간 영 제8조의2 제1호의 요건을 준수하였을 것
    다. 설치하려는 지점등의 개수가 다음의 구분에 따른 개수 이하일 것
      1) 광역시: 2개
      2) 도 또는 특별자치도: 4개
  2. 다음 각 목의 요건을 모두 충족할 것
    가. 최근 분기 말 현재의 자산 총액이 1조원 미만일 것
    나. 법 제4조에 따른 영업구역이 1개일 것
    다. 최근 분기 말 현재 영 제8조의2 제1호 각 목에서 정한 유지비율에서 10%를 더한 비율 이상을 유지할 것

ⅱ) 본점 소재지를 기준으로 다음의 ㉠과 ㉡을 합한 금액에서 대차대조표상자기자본을 뺀 금액(영6의3⑦(2)). ㉠ 본점이 특별시에 있는 경우 120억원, 본점이 광역시에 있는 경우 80억원, 본점이 특별자치시·도 또는 특별자치도에 있는 경우 40억원의 금액과 ㉡ 모든 지점등[(위 ⅰ)에 따라 설치하려는 지점등을 포함)]의 소재지를 기준으로 본점이 특별시에 있는 경우에 120억원, 본점이 광역시에 있는 경우에 80억원, 본점이 특별자치시·도 또는 특별자치도에 있는 경우에 40억원의 구분에 따른 금액에 지점의 경우에는 위 120억원, 80억원, 40억원의 각 금액에 50%를 곱한 금액, 출장소 및 여신전문출장소의 경우에는 위 120억원, 80억원, 40억원의 각 금액을 합한 금액.

다만, 시행령 제6조의3 제2항 각 호의 어느 하나에 해당하는 상호저축은행 또는 설치하려는 지점등의 개수, 영업구역의 범위 등을 고려하여 금융위원회가 정하여 고시하는 요건을 충족하는 상호저축은행의 경우에는 산정한 금액의 50%에 해당하는 금액으로 한다(영6의3⑦(2)).

2. 인적·물적 시설

상호저축은행업 인가를 받으려는 자는 거래자를 보호하고 경영하려는 업무를 하기에 충분한 전문인력과 전산설비 등 물적 시설을 갖추어야 한다(법6의2①(2), 영6의2①). 즉 ⅰ) 발기인(발기인이 개인인 경우만 해당) 및 임원이 금융회사지배구조법 제5조 제1항 각 호의 어느 하나에 해당하지 아니하고, 수행하려는 업무에 5년 이상 종사한 경력이 있는 사람 등 금융위원회가 정하는 전문성을 갖춘 전문인력[38]을 임직원으로 확보하여야 하고(제1호), ⅱ) 업무수행에 필요한 전산설비를 갖추고, 사무실 등의 공간을 충분히 확보(제2호)하여야 한다.

3. 사업계획의 타당성과 건전성

상호저축은행업 인가를 받으려는 자는 사업계획이 타당하고 건전하여야 한다(법6의2①(3)). 사업계획은 ⅰ) 수지 전망이 타당하고 실현가능성이 있어야 하고(제1호), ⅱ) 국제결제은행의 기준에 따른 위험 가중 자산에 대한 자기자본비율이 5% 이상으로서 금융위원회가 정하는 비율을 유지(제2호)할 수 있어야 한다(영6의2②).

---

38) "금융위원회가 정하는 전문성을 갖춘 전문인력"이라 함은 다음에 해당하는 자를 말한다(상호저축은행업감독규정14).
   1. 영위하고자 하는 업무에 5년이상 근무한 경력이 있는 자
   2. 영위하고자 하는 업무수행에 필요한 전문교육과정이나 연수과정을 이수하여 상당한 전문지식을 구비한 자
   3. 기타 경력이나 능력이 상기 인력에 준한다고 볼 수 있는 상당한 근거가 있는 자

4. 대주주

상호저축은행업 인가를 받으려는 자는 대주주가 충분한 출자능력, 건전한 재무상태 및 사회적 신용을 갖추어야 한다(법6의2①(4)). 대주주에는 최대주주의 특수관계인인 주주를 포함하며, 최대주주가 법인인 경우에는 그 법인의 중요한 경영사항에 대하여 사실상 영향력을 행사하고 있는 주주로서 ⅰ) 최대주주인 법인의 최대주주(최대주주인 법인을 사실상 지배하는 자가 그 법인의 최대주주와 다른 경우에는 그 사실상 지배하는 자를 포함)(제1호), ⅱ) 최대주주인 법인의 대표자(제2호)를 포함한다(영6의2④).

대주주는 [별표 1]의 요건을 갖추어야 한다(영6의2⑤). [별표 1]은 ⅰ) 대주주가 금융기관인 경우, ⅱ) 대주주가 금융기관이 아닌 내국법인인 경우, ⅲ) 대주주가 내국인으로서 개인이경우, ⅳ) 대주주가 외국법인인 경우, ⅴ) 대주주가 경영참여형 사모집합투자기구 또는 투자목적회사인 경우로 구분하여 대주주 요건을 달리 정하고 있다([별표1]).

Ⅱ. 인가절차

1. 인가의 신청 및 심사

(1) 인가신청서 제출

상호저축은행의 본인가를 받으려는 자는 ⅰ) 상호(제1호), ⅱ) 본점의 소재지(제2호), ⅲ) 대표자 및 임원의 성명·주민등록번호 및 주소(제3호), ⅳ) 자본금에 관한 사항(제4호), ⅴ) 영업구역(법4①)(제5호), ⅵ) 시설·설비 및 인력에 관한 사항(제6호), ⅶ) 인가받으려는 업무(제7호)를 적은 인가신청서를 금융위원회에 제출하여야 한다(법6②, 영6①).

인가신청서에는 ⅰ) 정관(제1호), ⅱ) 업무방법서(제2호), ⅲ) 업무개시 후 3년간의 사업계획서(추정 재무제표 및 예상 수지계산서를 포함)(제3호), ⅳ) 본점·지점등의 위치와 명칭을 적은 서류(제4호), ⅴ) 임원의 이력서 및 경력증명서(제5호), ⅵ) 발기인회의 의사록(제6호), ⅶ) 발기인의 이력서 및 경력증명서(제7호), ⅷ) 합작계약서(외국인과 합작하는 경우만 해당)(제8호), ⅸ) 자본금(법5①)의 납입 및 납입금의 출처를 증명할 수 있는 서류(제9호), ⅹ) 인가신청일 현재 발행주식 총수의 2% 이상을 소유한 주주의 성명 또는 명칭과 그 소유 주식 수를 적은 서류(제10호), ⅹⅰ) 그 밖에 법 또는 이 영에 따른 인가요건을 심사하기 위하여 필요하다고 인정되는 서류로서 금융위원회가 정하는 서류(제11호)를 첨부하여야 한다(영6②).

(2) 인가신청서 심사

금융위원회는 신청인의 인가신청서를 받은 경우 3개월(예비인가를 거친 경우에는 1개월) 이내에 인가 여부를 결정하고, 그 결과와 이유를 지체 없이 신청인에게 문서로 통지하여야 한다 (상호저축은행업감독규정12①). 심사기간을 산정할 때에는 ⅰ) 요건을 충족하는지 확인하기 위하여 다른 기관으로부터 필요한 자료를 제공받는 데에 걸리는 기간(제1호), ⅱ) 인가신청서 흠결의 보완을 요구한 경우에는 그 보완자료가 제출되는 날까지의 기간(제2호), ⅲ) 인가신청을 받으려는 자 또는 인가신청을 받으려는 자의 대주주를 상대로 형사소송 절차가 진행되고 있거나 금융위원회, 공정거래위원회, 국세청, 검찰청, 또는 금융감독원 등에 의한 조사·검사 등의 절차가 진행되고 있고, 그 소송이나 조사·검사 등의 내용이 인가심사에 중대한 영향을 미칠 수 있다고 금융위가 인정하는 경우에는 그 소송이나 조사·검사 등의 절차가 끝날 때까지의 기간(제3호)은 심사기간에 산입하지 아니한다(상호저축은행업감독규정12③).

금융감독원장은 예비인가 또는 인가 심사시 보완서류 또는 추가자료가 필요한 경우 신청인에게 기한을 정하여 그 제출을 요청할 수 있다(상호저축은행업감독규정13①). 금융감독원장은 예비인가 또는 인가시 부과한 조건이 있는 경우 그 이행상황을 확인하여야 한다(상호저축은행업감독규정13②).

2. 인가의 공고

금융위원회는 인가를 한 경우에는 지체 없이 그 내용을 관보에 공고하고 인터넷 홈페이지 등을 이용하여 일반인에게 알려야 한다(법6의3).

3. 예비인가와 본인가

본인가를 신청하려는 자는 금융위원회에 예비인가를 신청할 수 있다. 이 경우 금융위원회는 2개월 이내에 심사하여 예비인가 여부를 알려야 한다. 다만, 금융위원회가 정하는 바에 따라 그 기간을 연장할 수 있다(법6③). 금융위원회는 본인가 또는 예비인가를 하려는 경우에는 상호저축은행의 건전한 운영과 거래자 보호 등을 위하여 필요한 조건을 붙일 수 있다(법6④). 조건이 붙은 상호저축은행 본인가 또는 예비인가를 받은 자는 사정의 변경, 그 밖에 정당한 사유가 있는 경우에는 금융위원회에 조건의 취소 또는 변경을 신청할 수 있다. 이 경우 금융위원회는 2개월 이내에 조건의 취소 또는 변경 여부를 결정하고, 그 결과를 지체 없이 신청인에게 문서로 알려야 한다(법6⑦). 금융위원회는 예비인가를 받은 자가 본인가를 신청하는 경우에는 예비인가의 조건을 이행하였는지를 확인한 후 본인가를 하여야 한다(법6⑤).

Ⅲ. 인가 · 신고사항

1. 인가사항

상호저축은행이 ⅰ) 해산·합병(제1호), ⅱ) 영업 전부(이에 준하는 경우 포함)의 폐업·양도 또는 양수(제2호), ⅲ) 자본금의 감소(제3호)를 하려면 금융위원회의 인가를 받아야 한다(법10 ①). 이 인가에 조건을 붙일 수 있다(법10②).

2. 신고사항

상호저축은행은 ⅰ) 정관을 변경(금융위원회가 정하는 경미한 사항을 변경하는 경우[39]는 제외)하는 경우(제1호), ⅱ) 업무의 종류 및 방법을 변경(금융위원회가 정하는 경미한 사항을 변경하는 경우는 제외)하는 경우(제2호), ⅲ) 영업 일부를 양도하거나 양수하는 경우(제3호), ⅸ) 본점 또는 지점등을 동일한 영업구역 내에서 이전하는 경우(제4호)로서 ㉠ 특별시, 광역시, 특별자치시·도 또는 특별자치도의 어느 하나에 해당하는 지역에서 다른 특별시, 광역시, 특별자치시·도 또는 특별자치도의 지역으로 이전하는 경우(가목), ㉡ 광역시에서 다른 광역시로 이전하는 경우(나목), ㉢ 특별자치도에서 도로 이전하거나 도에서 특별자치도로 이전하는 경우(다목), ㉣ 도에서 다른 도로 이전하는 경우(라목), ㉤ 특별자치시에서 도 또는 특별자치도로 이전하거나 도 또는 특별자치도에서 특별자치시로 이전하는 경우(마목), ⅴ) 그 밖에 거래자를 보호하기 위하여 필요한 경우로서 자기주식을 취득하거나 처분하는 경우(제5호)에는 미리 금융위원회에 신고하여야 한다(법10의2①, 영7②). 금융위원회는 신고받은 내용이 관계 법령에 위반되거나 상호저축은행 거래자의 권익을 침해하는 것이라고 인정되면 해당 상호저축은행에 시정을 명하거나 보완을 권고할 수 있다(법10의2②).

3. 보고사항

상호저축은행은 ⅰ) 상호저축은행의 의결권 있는 발행주식 총수의 2% 이상을 소유한 주주가 변경된 경우(다만, 법 제10조의2 제3항 제2호 및 제10조의6 제1항에 따라 승인받은 경우는 제외), ⅱ) 최대주주가 변경된 경우, ⅲ) 대주주 또는 그의 특수관계인의 소유주식이 의결권 있는 발행주식 총수의 1% 이상 변동된 경우, ⅳ) 본점을 이전하거나 지점등을 이전 또는 폐쇄하는 경

---

[39] "금융위원회가 정하는 경미한 사항을 변경하는 경우"라 함은 상호저축은행이 상호저축은행중앙회회장이 표준정관 및 표준업무방법서로 정하는 바에 따라 각각 이를 변경하는 경우와 상호저축은행이 법 제11조 제1항 제16호에 따라 금융위원회의 승인을 받아 업무의 종류 및 방법을 변경하는 경우를 말한다(상호저축은행업감독규정19).

우(미리 신고하여야 하는 경우는 제외), ⅴ) 본점 및 지점등의 업무를 정지하거나 재개하는 경우, ⅵ) 1일당 예금등의 해지·인출 등에 따른 지급액에서 예금등의 수입액을 차감한 금액이 금융위원회가 정하는 기준 이상인 경우(다만, 예금등의 해지·인출 등의 사유가 금융위원회가 정하여 고시하는 사유에 해당하는 경우는 지급액에서 제외), ⅶ) 금융사고로 인하여 상호저축은행에 손실이 발생한 경우로서 금융위원회가 정하여 고시하는 경우에는 금융위원회가 정하는 바에 따라 금융위원회에 보고하여야 한다(법10의2③, 영7④).

Ⅳ. 인가취소 등

1. 취소사유

금융위원회는 상호저축은행이 ⅰ) 거짓이나 그 밖의 부정한 방법으로 영업의 인가를 받은 경우(제1호), ⅱ) 결손으로 자기자본의 전액이 잠식된 경우(제2호), ⅲ) 인가를 받지 아니하고 해산·합병, 영업 전부(이에 준하는 경우를 포함)의 폐업·양도 또는 양수, 자본금의 감소(법10①)의 행위를 하는 경우(제3호), ⅳ) 해당 위반행위의 시정명령을 이행하지 아니한 경우(제4호), ⅴ) 영업의 정지기간 중에 그 영업을 한 경우(제5호), ⅵ) 금융회사지배구조법 [별표] 각 호의 어느 하나에 해당하는 경우(영업의 전부정지를 명하는 경우로 한정)(제6호), ⅶ) ㉠ 본점 및 지점등의 이전 또는 폐쇄, ㉡ 상호저축은행법 또는 금융관련법령에 따른 영업의 전부 또는 일부의 정지, 그리고 ㉢ 천재지변·전시·사변, 그 밖에 이에 준하는 사태의 발생에 해당하지 아니하는 사유로 영업의 전부 또는 일부를 정지하는 행위(제7호), ⅷ) 그 밖에 법령 또는 정관을 위반하거나 재산상태 또는 경영이 건전하지 못하여 공익을 크게 해칠 우려가 있는 경우(제8호)에 해당하면 6개월 이내의 기간을 정하여 영업의 전부정지를 명하거나 영업의 인가를 취소할 수 있다(법24②).

금융위원회는 영업인가를 취소하려면 청문을 하여야 한다(법38). 금융위원회는 인가를 취소한 경우에는 지체 없이 그 내용을 관보에 공고하고 인터넷 홈페이지 등을 이용하여 일반인에게 알려야 한다(법6의3).

2. 금융위원회의 조치

금융위원회는 상호저축은행 또는 그 임직원이 [별표 1] 각 호의 어느 하나에 해당하거나 금융회사지배구조법 별표 각 호의 어느 하나에 해당하는 경우(6개월 이내의 영업의 일부정지 조치에 한정)에 해당하면 ⅰ) 상호저축은행에 대한 주의·경고 또는 그 임직원에 대한 주의·경고·문책의 요구(제1호), ⅱ) 해당 위반행위의 시정명령(제2호), ⅲ) 임원(금융회사지배구조법 제2조 제5호에 따른 업무집행책임자는 제외)의 해임 권고 또는 직무정지(제3호), ⅳ) 직원(금융회사지배구조법 제2조 제5호에 따른 업무집행책임자를 포함)의 면직 요구(제4호), ⅴ) 6개월 이내의 영업의 일부정지(제5호)에 해당하는 조치를 할 수 있다(법24①).

3. 인가취소와 해산

상호저축은행은 영업인가의 취소 사유가 있으면 해산한다(법21(1)). 상호저축은행이 영업인가의 취소 사유로 해산하면 금융위원회는 청산인을 선임한다(법23의11①(2)).

Ⅴ. 형사제재

상호저축은행업의 인가를 받지 아니하고 업무를 한 자는 5년 이하의 징역 또는 5천만원 이하의 벌금에 처한다(법39③).

제7절 상호금융기관규제

Ⅰ. 신용협동조합

신용협동조합법("법")에 의한 신용협동조합("조합")을 설립하려면 조합의 공동유대에 소속된 30인 이상의 발기인이 정관을 작성하여 창립총회의 결의를 받아 신용협동조합중앙회("중앙회")의 회장("중앙회장")을 거쳐 금융위원회의 인가를 받아야 한다(법7①).

1. 인가요건

조합 설립의 인가를 받으려는 자는 다음의 요건을 갖추어야 한다(법8①).

(1) 출자금

출자금 합계액의 최저한도는 다음과 같다(법8①(1), 법14④). ⅰ) 지역조합(동일한 행정구역·경제권 또는 생활권을 공동유대로 하는 조합)의 경우에는 주된 사무소의 소재지에 따라 특별시·광역시: 3억원(가목), 특별자치시·시(제주특별자치도 설치 및 국제자유도시 조성을 위한 특별법 제15조 제2항에 따른 행정시를 포함): 2억원(나목), 군(광역시·특별자치시 또는 시에 속하는 읍·면을 포함): 5천만원(다목)(제1호), ⅱ) 직장조합의 경우에는 4천만원(제2호), ⅲ) 단체조합의 경우에는 주된 사무소의 소재지에 따라 특별시·광역시: 1억원(가목), 특별자치시·시: 8천만원(나목), 군: 5천만원(다목(제3호))의 요건을 갖추어야 한다.

(2) 인적 · 물적 설비

조합원의 보호가 가능하고 조합의 사업을 수행하기에 충분한 전문인력과 전산설비 등 물적 시설을 갖추어야 한다(법8①(2)). 인력은 ⅰ) 발기인(발기인이 개인인 경우에 한한다) 및 임원이 임원의 결격사유(법28)에 해당되지 아니하고(가목), ⅱ) 임직원은 중앙회장이 실시하는 조합설립에 필요한 교육과정을 이수하고(나목), ⅲ) 금융위원회가 사업수행의 전문성을 고려하여 정하는 요건을 갖춘 인력을 확보(다목)[40]하여야 한다(영11①(1)). 물적 시설은 ⅰ) 바닥면적이 30제곱미터 이상인 사무실을 갖추어야 하고(가목), ⅱ) 중앙회와 호환이 가능한 전산조직을 갖추어야(나목) 한다(영11①(2)).

(3) 사업계획의 타당성과 건전성

사업계획이 타당하고 건전하여야 한다(법8①(3)). ⅰ) 사업계획이 지속적으로 사업을 시행하기에 적합하고 사업개시후 3년간의 추정재무제표 및 수익전망이 타당성이 있어야 하며(가목), ⅱ) 사업계획의 추진에 소요되는 자본 등 자금의 조달방법이 적정(나목)하여야 한다(영11①(3)).

(4) 발기인

발기인이 충분한 출자능력, 건전한 재무상태 및 사회적 신용을 갖추어야 한다(법8①(4)).

2. 인가절차

(1) 인가신청서 제출

조합의 설립인가 신청을 하고자 하는 자는 금융위원회가 정하는 설립인가신청서에 ⅰ) 정관(제1호), ⅱ) 창립총회 의사록(제2호), ⅲ) 사업계획서(제3호), ⅳ) 발기인 대표 및 임원의 이력서(제4호), ⅴ) 법 제7조 제2항의 규정에 의한 설립동의서를 제출한 자의 명부(제5호), ⅵ) 사무소 소재지의 약도(제6호), ⅶ) 발기인회 의사록(제7호), ⅷ) 기타 조합설립에 관련된 사항을 기재한 서류(제8호)를 첨부하여 중앙회장을 거쳐 금융위원회에 제출하여야 한다(영10①).

조합의 설립이 분할로 인한 것인 때에는 창립총회 의사록은 분할을 결의한 총회의 의사록으로 갈음할 수 있다. 이 경우 분할을 결의한 총회의 의사록에는 설립되는 조합이 승계하는 권리 · 의무에 관한 결의사항을 기재하여야 한다(영10②). 중앙회장은 설립인가신청서를 접수한 때에는 의견을 붙여 30일 이내에 금융위원회에 제출하여야 한다(영10③).

---

40) 시행령 제11조 제1항 제1호 다목에 따라 조합설립의 인가를 받고자 하는 자는 영위하고자 하는 업무 수행에 필요한 전문교육과정이나 연수과정을 이수하여 상당한 전문지식을 구비한 자를 임직원으로 확보하여야 한다(상호금융업감독규정4의2).

(2) 인가신청서 심사

금융위원회는 조합 설립에 관한 신청을 받으면 중앙회장으로부터 인가신청서류를 제출받은 경우에는 그 내용을 심사하여 접수한 날부터 60일 이내에 조합의 설립인가 여부를 결정하고, 그 결과와 이유를 지체 없이 신청인에게 알려야 한다(법8②, 영10④). 이 경우 인가하지 아니할 때에는 그 이유를 분명히 밝혀야 한다(법8②).

심사기간을 산정할 때 i) 인가요건을 충족하는지를 확인하기 위하여 다른 기관 등으로부터 필요한 자료를 제공받는 데에 걸리는 기간(제1호), ii) 설립인가신청서 또는 첨부서류의 흠결에 대하여 보완을 요구한 경우에는 그 보완기간(제2호), iii) 조합의 설립인가를 받으려는 자의 발기인 및 임원(창립총회에서 선출된 임원)을 상대로 형사소송 절차가 진행되고 있거나 금융위원회, 공정거래위원회, 국세청, 검찰청 또는 금융감독원 등에 의한 조사·검사 등의 절차가 진행되고 있고, 그 소송이나 조사·검사 등의 내용이 인가심사에 중대한 영향을 미칠 수 있다고 인정되는 경우에는 그 소송이나 조사·검사 등의 절차가 끝날 때까지의 기간(제3호)은 심사기간에 산입하지 아니한다(영10⑤).

금융위원회가 60일 이내에 인가 여부 또는 민원 처리 관련 법령에 따른 처리기간의 연장을 신청인에게 알리지 아니하면 그 기간(민원 처리 관련 법령에 따라 처리기간이 연장 또는 재연장된 경우에는 해당 처리기간을 말한다)이 끝난 날의 다음 날에 인가를 한 것으로 본다(법8③).

(3) 인가의 공고

금융위원회는 인가를 하였을 때에는 지체 없이 그 내용을 관보에 공고하고 컴퓨터 통신 등을 이용하여 일반인에게 알려야 한다(법8의2).

3. 인가취소 등

(1) 취소사유

금융위원회는 조합이 i) 거짓이나 그 밖의 부정한 방법으로 설립인가를 받은 경우(제1호), ii) 인가내용 또는 인가조건을 위반한 경우(제2호), iii) 업무의 정지기간에 그 업무를 한 경우(제3호), iv) 해당 위반행위의 시정명령을 이행하지 아니한 경우(제4호), v) 조합원이 1년 이상 계속하여 100인 미만인 경우(제5호), vi) 조합의 출자금 합계액이 1년 이상 계속하여 제14조 제4항 각 호의 구분에 따른 금액에 미달한 경우(제6호), vii) 정당한 사유 없이 1년 이상 계속하여 사업을 하지 아니한 경우(제7호), viii) 설립인가를 받은 날부터 6개월 이내에 등기를 하지 아니한 경우(제8호)에는 6개월 이내의 기간을 정하여 업무의 전부정지를 명하거나 조합의 설립인가를 취소할 수 있다(법85②).

금융감독원장 및 중앙회장은 조합에 대한 지도·검사·감독과정에서 설립인가 취소사유가 있음을 알게 된 때에는 즉시 금융위원회에 관련자료를 첨부하여 보고하여야 한다(영21).

금융위원회가 업무의 전부정지를 명하거나 설립인가를 취소하려면 중앙회장의 의견을 들어야 한다(법85③). 금융위원회는 인가를 취소하였을 때에는 지체 없이 그 내용을 관보에 공고하고 컴퓨터 통신 등을 이용하여 일반인에게 알려야 한다(법8의2).

(2) 금융위원회의 조치

금융위원회는 조합 또는 중앙회가 신용협동조합법 또는 신용협동조합법에 따른 명령을 위반하여 건전한 운영을 해칠 우려가 있다고 인정하는 경우에는 ⅰ) 조합 또는 중앙회에 대한 주의·경고(제1호), ⅱ) 해당 위반행위의 시정명령(제2호), ⅲ) 6개월 이내의 업무의 일부정지(제3호) 조치를 할 수 있다(법85①).

(3) 인가취소와 해산

조합은 설립인가의 취소 사유가 있을 때에는 해산한다(법54①(4)). 조합은 해산하였을 때에는 14일 이내에 해산등기를 하여야 한다(법54③).

4. 형사제재

조합 또는 중앙회의 임직원 또는 청산인이 법 제7조를 위반하여 설립인가를 받은 경우에는 3년 이하의 징역 또는 3천만원 이하의 벌금에 처한다(법99①(2)).

Ⅱ. 지역농협협동조합과 지역축산업협동조합

농업협동조합법("법")에 따라 설립된 지역농업협동조합과 지역축산업협동조합(신용사업을 하는 품목조합을 포함)이 신용사업 및 국가 또는 공공단체가 위탁하거나 다른 법령에서 조합의 사업으로 정하는 사업을 하는 경우에는 신용협동조합법에 따른 신용협동조합으로 본다(신용협동조합법95①(1)).

1. 인가요건

지역농협(지역축협 및 품목조합 포함)을 설립하려면 그 구역에서 20인 이상의 조합원 자격을 가진 자가 발기인이 되어 정관을 작성하고 창립총회의 의결을 거친 후 농림축산식품부장관의 인가를 받아야 한다(법15①). 창립총회의 의사는 개의 전까지 발기인에게 설립동의서를 제출한 자 과반수의 찬성으로 의결한다(법15②).

조합(지역조합과 품목조합)의 설립인가에 필요한 조합원 수, 출자금 등 인가에 필요한 기준은 다음과 같다(영2). ⅰ) 지역조합(지역농업협동조합과 지역축산업협동조합)의 경우 조합원 수는 조합원 자격이 있는 설립동의자(분할 또는 합병에 따른 설립의 경우에는 조합원)의 수가 1천명 이상이어야 한다. 다만, 해당 조합의 구역으로 하는 지역이 특별시 또는 광역시(군은 제외)이거나 도서개발촉진법에 따른 도서지역 중 농가호수가 700호 미만인 지역으로서 농림축산식품부장관이 지정·고시하는 지역인 경우에는 300명 이상으로 하여야 한다. 출자금은 조합원 자격이 있는 설립동의자의 출자금납입확약총액(분할 또는 합병에 따른 설립의 경우에는 출자금총액)이 5억원 이상이어야 한다(영2(1)). ⅱ) 품목조합(품목별·업종별 협동조합)의 경우 조합원 수는 조합원 자격이 있는 설립동의자의 수가 200명 이상이어야 하고, 출자금은 조합원 자격이 있는 설립동의자의 출자금납입확약총액이 3억원 이상이어야 한다(영2(2)).

2. 인가절차

(1) 인가신청서 제출

조합의 설립인가를 받으려는 자는 설립인가신청서에 ⅰ) 정관(제1호), ⅱ) 창립총회의사록(제2호), ⅲ) 사업계획서(제3호), ⅳ) 임원명부(제4호), ⅴ) 조합원의 자격과 조합의 설립인가기준에 적합함을 증명할 수 있는 서류(제5호), ⅵ) 분할 또는 합병을 의결한 총회의사록 또는 조합원투표록(분할 또는 합병에 따른 설립의 경우만 해당하며, 신설되는 조합이 승계하여야 할 권리·의무의 범위가 의결사항으로 적혀 있어야 한다)(제6호)을 첨부하여 농림축산식품부장관에게 제출하여야 한다(영3). 발기인 중 설립인가의 신청을 할 때 이를 거부하는 자가 있으면 나머지 발기인이 신청서에 그 사유서를 첨부하여 신청할 수 있다(법15③).

(2) 인가신청서 심사

농림축산식품부장관은 설립인가 신청을 받으면 ⅰ) 설립인가 구비서류가 미비된 경우(제1호), ⅱ) 설립의 절차, 정관 및 사업계획서의 내용이 법령을 위반한 경우(제2호), ⅲ) 그 밖에 설립인가 기준에 미치지 못하는 경우(제3호) 외에는 인가하여야 한다(법15④). 농림축산식품부장관은 인가의 신청을 받은 날부터 60일 이내에 인가 여부를 신청인에게 통지하여야 한다(법15⑤). 농림축산식품부장관이 정한 60일의 기간 내에 인가 여부 또는 민원 처리 관련 법령에 따른 처리기간의 연장을 신청인에게 통지하지 아니하면 그 기간(민원 처리 관련 법령에 따라 처리기간이 연장 또는 재연장된 경우에는 해당 처리기간)이 끝난 날의 다음 날에 인가를 한 것으로 본다(법15⑥).

3. 인가취소 등

(1) 인가취소

농림축산식품부장관은 조합등이 ⅰ) 설립인가일부터 90일을 지나도 설립등기를 하지 아니한 경우(제1호), ⅱ) 정당한 사유 없이 1년 이상 사업을 실시하지 아니한 경우(제2호), ⅲ) 2회 이상 위법행위에 대한 행정처분(법164①)을 받고도 시정하지 아니한 경우(제3호), ⅳ) 업무정지 기간에 해당 업무를 계속한 경우(제4호), ⅴ) 조합등의 설립인가기준에 미치지 못하는 경우(제5호), ⅵ) 조합등에 대한 감사나 경영평가의 결과 경영이 부실하여 자본을 잠식한 조합등으로서 제142조 제2항, 제146조 또는 제166조의 조치에 따르지 아니하여 조합원(조합공동사업법인 및 연합회의 경우에는 회원) 및 제3자에게 중대한 손실을 끼칠 우려가 있는 경우(제6호), ⅶ) 거짓이나 그 밖의 부정한 방법으로 조합등의 설립인가를 받은 경우(제7호)에 해당하게 되면 회장 및 사업전담대표이사등의 의견을 들어 설립인가를 취소하거나 합병을 명할 수 있다. 다만, 위 ⅳ)와 ⅶ)에 해당하면 설립인가를 취소하여야 한다(법167①).

농림축산식품부장관은 설립인가를 취소하려면 청문을 하여야 한다(법169). 농림축산식품부장관은 제1항에 따라 조합등의 설립인가를 취소하면 즉시 그 사실을 공고하여야 한다(법167②).

(2) 농림축산식품부장관의 조치

농림축산식품부장관은 조합등이나 중앙회의 업무와 회계가 법령, 법령에 따른 행정처분 또는 정관에 위반된다고 인정하면 그 조합등이나 중앙회에 대하여 기간을 정하여 그 시정을 명하고 관련 임직원에게 ⅰ) 임원에 대하여는 개선, 직무의 정지 또는 변상(제1호), ⅱ) 직원에 대하여는 징계면직, 정직, 감봉 또는 변상(제2호), ⅲ) 임직원에 대한 주의·경고(제3호) 등의 조치를 하게 할 수 있다(법164①).

농림축산식품부장관은 조합등이나 중앙회가 시정명령 또는 임직원에 대한 조치를 이행하지 아니하면 6개월 이내의 기간을 정하여 그 업무의 전부 또는 일부를 정지시킬 수 있다(법164②). 개선이나 징계면직의 조치를 요구받은 해당 임직원은 그 날부터 그 조치가 확정되는 날까지 직무가 정지된다(법164③).

4. 형사제재

인가를 받아야 할 사항에 관하여 인가를 받지 아니한 경우 3년 이하의 징역 또는 3천만원 이하의 벌금에 처한다(법171(1)).

Ⅲ. 지구별 수산업협동조합

수산업협동조합법("법")에 따라 설립된 지구별 수산업협동조합(법률 제4820호 수산업협동조합법중개정법률 부칙 제5조에 따라 신용사업을 하는 조합을 포함)이 신용사업 및 국가 또는 공공단체가 위탁하거나 다른 법령에서 조합의 사업으로 정하는 사업을 하는 경우에는 신용협동조합법에 따른 신용협동조합으로 본다(신용협동조합법95①(2)).

1. 인가요건

지구별수협을 설립하려면 해당 구역(시·군의 행정구역에 따른다)의 조합원 자격을 가진 자 20인 이상이 발기인이 되어 정관을 작성하고 창립총회의 의결을 거친 후 해양수산부장관의 인가를 받아야 한다(법16①). 창립총회의 의사는 개의 전까지 발기인에게 설립동의서를 제출한 자과반수의 찬성으로 의결한다(법16②).

지구별수협의 인가기준은 다음과 같다. ⅰ) 조합원 수는 조합원 자격이 있는 설립동의자(합병 또는 분할에 따른 설립의 경우에는 조합원)의 수가 구역에 거주하는 조합원 자격자의 과반수로서 최소한 200명 이상이어야 하고, ⅱ) 출자금은 조합원 자격이 있는 설립동의자의 출자금납입확약총액(합병 또는 분할에 따른 설립의 경우에는 출자금총액)이 3억원 이상이어야 한다. 다만, 분할에 따라 설립하는 경우 분할 대상 조합이 분할로 인하여 조합운영이 매우 곤란하다고 인정될 때에는 설립인가를 하지 아니할 수 있다(법16①, 영12).

2. 인가절차

(1) 인가신청서 제출

발기인이 조합의 설립인가를 받으려고 할 때에는 설립인가신청서에 ⅰ) 정관(제1호), ⅱ) 처음 연도 및 다음 연도의 사업계획서와 수지예산서(제2호), ⅲ) 창립총회의 의사록(제3호), ⅳ) 임원 명부(제4호), ⅴ) 해당 조합이 설립인가 기준에 적합함을 증명하는 서류(제5호), ⅵ) 합병 또는 분할을 의결한 총회 의사록 또는 조합원 투표록(수산물가공수협의 경우는 제외하며, 의사록 및 투표록에는 신설되는 조합이 승계하여야 할 권리·의무의 범위가 적혀 있어야 한다)(제6호), ⅶ) 조합구역의 어업자 또는 수산물가공업자의 명단과 조합 가입에 동의한 사람의 동의서 및 그 실태조사서(성명, 주소·거소 또는 사업장 소재지, 어업 또는 수산물가공업의 종류, 어업의 기간 또는 가공기간, 어획고 또는 제품 생산량, 보유 선박 수·톤수 또는 시설 규모 및 종사자 수를 적어야 한다)(제7호)를 첨부하여 해양수산부장관에게 제출하여야 한다(영13).

(2) 인가신청서 심사

해양수산부장관은 지구별수협의 설립인가 신청을 받으면 ⅰ) 설립인가 구비서류를 갖추지 못한 경우(제1호), ⅱ) 설립의 절차, 정관 및 사업계획서의 내용이 법령을 위반한 경우(제2호), ⅲ) 그 밖에 설립인가기준에 미달된 경우(3호)를 제외하고는 인가하여야 한다(법16③). 해양수산부장관은 지구별수협의 설립인가 신청을 받은 날부터 60일 이내에 인가 여부를 신청인에게 통지하여야 한다(법16④). 해양수산부장관이 60일의 기간 내에 인가 여부 또는 민원 처리 관련 법령에 따른 처리기간의 연장 여부를 신청인에게 통지하지 아니하면 그 기간(민원 처리 관련 법령에 따라 처리기간이 연장 또는 재연장된 경우에는 해당 처리기간)이 끝난 날의 다음날에 제1항에 따른 인가를 한 것으로 본다(법16⑤).

3. 인가취소 등

(1) 취소사유

해양수산부장관은 조합등이 ⅰ) 설립인가일부터 90일이 지나도 설립등기를 하지 아니한 경우(제1호), ⅱ) 정당한 사유 없이 1년 이상 사업을 하지 아니한 경우(제2호), ⅲ) 2회 이상 법령 위반에 대한 조치(법170)를 받고도 시정하지 아니한 경우(제3호), ⅳ) 조합등의 설립인가기준에 미달하게 된 경우(제4호), ⅴ) 조합등에 대한 감사 또는 경영평가의 결과 경영이 부실하여 자본을 잠식한 조합등으로 제142조 제2항, 제146조 제3항 각 호 또는 제172조에 따른 조치에 따르지 아니하여 조합원 또는 제3자에게 중대한 손실을 끼칠 우려가 있는 경우(제5호)에는 중앙회 회장의 의견을 들어 설립인가를 취소하거나 합병을 명할 수 있다(법173①).

해양수산부장관은 설립인가의 취소를 하려면 청문을 하여야 한다(법175(2)). 해양수산부장관은 조합등의 설립인가를 취소하였을 때에는 즉시 그 사실을 공고하여야 한다(법173②).

(2) 해양수산부장관의 조치

해양수산부장관은 조합등과 중앙회의 업무 또는 회계가 법령, 법령에 따른 처분 또는 정관에 위반된다고 인정할 때에는 그 조합등 또는 중앙회에 대하여 기간을 정하여 시정을 명하고 해당 임직원에 대하여 ⅰ) 임원에 대하여는 개선, 직무정지, 견책 또는 경고(제1호), ⅱ) 직원에 대하여는 징계면직, 정직, 감봉 또는 견책(제2호)의 조치를 하게 할 수 있다(법170②).

조합등 또는 중앙회가 임직원의 개선, 징계면직의 조치를 요구받은 경우 해당 임직원은 그 날부터 그 조치가 확정되는 날까지 직무가 정지된다(법170③). 해양수산부장관은 조합등 또는 중앙회가 시정명령 또는 임직원에 대한 조치를 이행하지 아니하면 6개월 이내의 기간을 정하여 해당 업무의 전부 또는 일부를 정지시킬 수 있다(법170④).

4. 형사제재

설립인가를 받지 아니한 경우에는 3년 이하의 징역 또는 3천만원 이하의 벌금에 처한다(법177(1)).

Ⅳ. 지역산림조합

산림조합법("법")에 따라 설립된 산림조합("조합")이 신용사업 및 국가 또는 공공단체가 위탁하거나 다른 법령에서 조합의 사업으로 정하는 사업을 하는 경우에는 신용협동조합법에 따른 신용협동조합으로 본다(신용협동조합법95①(3)).

1. 인가요건

조합을 설립하려면 해당 구역의 30인 이상의 조합원 자격을 가진 자가 발기인이 되어 정관을 작성하고 창립총회의 의결을 받은 후 산림청장의 인가를 받아야 한다(법14①). 창립총회의 의사는 개의 전까지 발기인에게 설립동의서를 제출한 자 과반수의 찬성으로 의결한다(법14②).

이 경우 지역조합의 ⅰ) 조합원수는 조합원의 자격이 있는 설립동의자(분할 또는 합병에 의한 설립의 경우에는 조합원의 수가 1천 인 이상이어야 한다. 다만, 해당 조합의 구역으로 하는 지역이 특별시 또는 광역시(군은 제외)이거나 도서개발촉진법에 따른 도서지역인 경우에는 300인 이상으로 한다. ⅱ) 출자금은 조합원의 자격이 있는 설립동의자의 출자금납입확약총액(분할 또는 합병에 의한 설립의 경우에는 출자금총액)이 1억원 이상이어야 한다. 다만, 해당 조합의 구역으로 하는 지역이 도서개발촉진법에 따른 도서지역인 경우에는 1천만원 이상으로 한다(법14①, 영4).

2. 인가절차

(1) 인가신청서 제출

조합의 설립인가를 받고자 하는 자는 설립인가신청서에 ⅰ) 정관(제1호), ⅱ) 창립총회의사록(제2호), ⅲ) 사업계획서(제3호), ⅳ) 임원명부(제4호), ⅴ) 조합원자격과 설립인가기준에 적합함을 증명할 수 있는 서류(제5호), ⅵ) 분할 또는 합병을 의결한 총회의사록 또는 조합원투표록(분할 또는 합병에 의한 설립의 경우에 한하며, 신설되는 조합이 승계하여야 할 권리·의무의 범위가 의결사항으로 기재되어 있어야 한다)(제6호)를 첨부하여 산림청장에게 신청하여야 한다(영6). 발기인 중 설립인가의 신청을 거부하는 자가 있을 때에는 나머지 발기인이 신청서에 그 사유서를 첨부하여 신청할 수 있다(법14③).

(2) 인가신청서 심사

산림청장은 조합의 설립인가 신청을 받았을 때에는 ⅰ) 설립인가기준에 미치지 못하였을 때(제1호), ⅱ) 설립절차, 정관 및 사업계획서의 내용이 법령을 위반하였을 때(제2호), ⅲ) 설립인가에 필요한 구비서류를 갖추지 못하였을 때(제3호)를 제외하고는 인가하여야 한다(법14④). 산림청장은 조합 설립인가의 신청을 받은 날부터 60일 이내에 인가 여부를 신청인에게 통지하여야 한다(법14⑤). 산림청장이 60일 이내에 인가 여부 또는 민원 처리 관련 법령에 따른 처리 기간의 연장을 신청인에게 통지하지 아니하면 그 기간(민원 처리 관련 법령에 따라 처리기간이 연장 또는 재연장된 경우에는 해당 처리기간)이 끝난 날의 다음 날에 인가를 한 것으로 본다(법14⑥).

3. 인가취소 등

(1) 취소사유

산림청장은 조합등이 ⅰ) 설립인가일부터 90일이 지나도 설립등기를 하지 아니한 때(제1호), ⅱ) 정당한 사유 없이 1년 이상 사업을 실시하지 아니한 때(제2호), ⅲ) 두 차례 이상 위법 행위에 대한 행정처분(법125)을 받고도 시정하지 아니하였을 때(제3호), ⅳ) 조합등의 설립인가 기준에 미치지 못하게 되었을 때(제4호), ⅴ) 조합등에 대한 감사 또는 경영평가 결과 경영이 부실하여 자본을 잠식한 조합등으로서 제117조 제2항, 제121조 또는 제126조의 조치에 따르지 아니하여 조합원(제86조의3에 따른 조합공동사업법인의 경우에는 회원) 및 제3자에게 중대한 손실을 끼칠 우려가 있을 때(제5호)에 해당하게 되었을 때에는 회장의 의견을 들어 그 설립인가를 취소하거나 합병을 명할 수 있다(법127①).

산림청장은 설립인가를 취소하려면 청문을 하여야 한다(법128). 산림청장은 조합등의 설립 인가를 취소하였을 때에는 즉시 그 사실을 공고하여야 한다(법127②).

(2) 산림청장의 조치

산림청장은 조합등 또는 중앙회의 업무와 회계가 법령, 법령에 따른 행정처분 또는 정관을 위반한다고 인정할 때에는 그 조합 또는 중앙회에 대하여 기간을 정하여 시정을 명하고 관련 임직원에 대하여 ⅰ) 임원에 대하여는 개선 또는 직무의 정지(제1호), ⅱ) 직원에 대하여는 징계면직, 정직 또는 감봉(제2호) 조치를 할 것을 요구할 수 있다(법125①). 산림청장은 조합등 또는 중앙회가 시정명령 또는 임직원에 대한 조치 요구를 이행하지 아니하였을 때에는 6개월 이내의 기간을 정하여 그 업무의 전부 또는 일부를 정지시킬 수 있다(법125②). 업무정지의 세부기준 및 그 밖에 필요한 사항은 농림축산식품부령으로 정한다(법125③).

4. 형사제재

지역산림조합 설립인가를 받지 아니한 경우에는 3년 이하의 징역 또는 3천만원 이하의 벌금에 처한다(법131(1)).

V. 새마을금고

새마을금고법("법")에 의한 새마을금고("금고")는 50명 이상의 발기인이 중앙회장("회장")이 정하는 정관례에 따라 정관을 작성하여 창립총회의 의결을 거친 뒤에 회장을 거쳐 행정안전부장관의 인가를 받아 그 주된 사무소의 소재지에서 설립등기를 함으로써 성립한다(법7①).

1. 인가요건

새마을금고 설립의 인가를 받으려는 자는 다음과 같은 요건을 모두 갖추어야 한다(법7의2①).

(1) 출자금

일정한 금액 이상의 출자금을 보유하여야 한다(법7의2①(1). 출자금은 회원의 자격이 있는 설립동의자(100명 이상)가 납입한 출자금의 총액(합병에 따른 설립의 경우에는 출자금 총액)으로 하되, 다음의 구분에 따른 기준에 맞아야 한다(영4①). ⅰ) 지역금고(동일한 행정구역, 경제권 또는 생활권을 업무구역으로 하는 금고)의 경우(제1호). ㉠ 주된 사무소가 특별시 또는 광역시에 소재하는 경우: 5억원 이상(가목), ㉡ 주된 사무소가 시(지방자치단체가 아닌 시를 포함)에 소재하는 경우: 3억원 이상(나목), ㉢ 주된 사무소가 읍·면(광역시 또는 시에 설치된 읍·면을 포함)에 소재하는 경우: 1억원 이상(다목)의 출자금을 보유하여야 하고, ⅱ) 지역금고 외의 금고의 경우: 1억원 이상(제2호)의 출자금을 보유하여야 한다.

(2) 인적·물적 시설

회원의 보호가 가능하고 금고의 사업을 수행하기에 충분한 전문인력과 전산설비 등 물적 시설을 갖추고 있을 것(법7의2①(2)). 전문인력은 ⅰ) 임원이 법 제21조에 따른 결격 사유에 해당하지 아니하여야 하고(제1호), ⅱ) 새마을중앙회("중앙회")가 실시하는 금고 설립에 필요한 교육과정 또는 이와 동등하다고 인정되는 교육과정을 이수한 사람을 임직원으로 확보(제2호)하여야 한다(영4②). 물적 시설은 ⅰ) 업무 수행에 필요한 공간을 확보하여야 하고(제1호), ⅱ) 업무 수행에 필요한 전산설비(중앙회 전산설비와 호환이 가능하여야 한다)를 갖추어야(제2호) 한다(영4③).

(3) 사업계획의 타당성과 건전성

사업계획이 타당하고 건전하여야 한다(법7의2①(3)). ⅰ) 사업계획이 지속적으로 사업을 시행하기에 적합하고 사업개시 후 3년간의 추정재무제표와 수익 전망이 타당하여야 하고(제1호), ⅱ) 사업계획의 추진에 필요한 자금의 조달방법이 적정하여야 하며(제2호), ⅲ) 지역경제 활성화 및 지역사회 공헌 등 지역공동체 발전에 이바지(제3호)할 수 있어야 한다(영4④).

(4) 발기인

발기인이 충분한 출자능력, 건전한 재무상태 및 사회적 신용을 갖추어야 한다(법7의2①(4)). 발기인(개인인 경우로 한정)은 법 제21조에 따른 임원의 결격사유에 해당하지 아니하여야 한다(영4⑤).

2. 인가절차

새마을금고 설립인가의 세부 요건은 행정안전부장관이 정하여 고시한다(영4⑥). 인가절차(인가신청서 제출 등)에 대해서는 행정안전부의 「새마을금고 설립인가 처리기준」이 규정하고 있다.

3. 인가취소 등

(1) 취소사유

행정안전부장관은 새마을금고가 i) 설립인가를 받은 날부터 90일이 지나도록 설립등기를 하지 아니한 경우(제1호), ii) 거짓이나 그 밖의 부정한 방법으로 설립인가를 받은 경우(제2호), iii) 설립인가의 요건을 갖추지 못하게 된 경우(제3호), iv) 회원이 1년 이상 계속하여 100명 미만인 경우(제4호), v) 정당한 사유 없이 1년 이상 계속하여 사업을 시행하지 아니한 경우(제5호), vi) 임직원에 대한 제재처분(제74조의2) 및 제74조의3 제1항에 따른 조치(제79조 제7항에 따라 준용되는 경우를 포함) 등을 이행하지 아니한 경우(제6호), vii) 제79조 제6항에 따른 합병권고를 받은 날부터 6개월 내에 총회의 의결을 거치지 아니한 경우(제7호)에는 새마을금고의 설립인가를 취소할 수 있다. 다만, 위 ii)의 경우에는 취소하여야 한다(법74의3②).

설립인가를 취소하려면 중앙회장의 의견을 들어야 한다(법74의3③). 회장은 금고가 위의 인가취소 사유에 해당하는 경우에는 행정안전부장관에게 해당 금고의 설립인가 취소를 요청하여야 한다(법74의3④). 행정안전부장관은 금고의 설립인가를 취소한 경우에는 즉시 그 사실을 공고하여야 한다(법74의3⑤).

설립인가를 취소하려면 대통령령(시행령 제57조)으로 정하는 바에 따라 미리 그 처분의 상대방 또는 그 대리인에게 의견을 진술할 기회를 주어야 한다. 다만, 그 처분의 상대방 또는 그 대리인이 정당한 사유 없이 이에 응하지 아니하거나 주소불명 등으로 의견 진술의 기회를 줄 수 없는 경우에는 그러하지 아니하다(법83).

(2) 행정안전부장관의 조치

행정안전부장관은 새마을금고 또는 중앙회가 이 법 또는 이 법에 따른 명령을 위반하여 건전한 운영을 해칠 수 있다고 인정하는 경우에는 금고 또는 중앙회에 대하여 i) 경고 또는 주의(제1호), ⅱ) 위반행위에 대한 시정명령(제2호), ⅲ) 6개월 이내의 업무의 전부 또는 일부 정지(제3호)의 조치를 할 수 있다(법74의3①).

(3) 인가취소와 해산

새마을금고는 설립인가의 취소사유가 있을 때에는 해산한다(법36(4)).

4. 형사제재

감독기관의 인가나 승인을 받아야 하는 사항에 관하여 인가나 승인을 받지 아니하거나 인가가 취소된 후에도 업무를 계속하여 수행한 경우에는 3년 이하의 징역이나 3천만원 이하의 벌금에 처한다(법85②(1)).

제8절 대부업자·대부중개업자규제

Ⅰ. 등록요건

1. 시·도지사에 등록

(1) 의의

대부업법("법")에 따라 대부업 또는 대부중개업("대부업등")을 하려는 자(여신금융기관은 제외)는 영업소별로 해당 영업소를 관할하는 특별시장·광역시장·특별자치시장·도지사 또는 특별자치도지사("시·도지사")에게 등록하여야 한다(법3① 본문). 다만 여신금융기관과 위탁계약 등을 맺고 대부중개업을 하는 자(그 대부중개업을 하는 자가 법인인 경우 그 법인과 직접 위탁계약 등을 맺고 대부를 받으려는 자를 모집하는 개인을 포함하며, 이하 "대출모집인"이라 한다)는 해당 위탁계약 범위에서는 그러하지 아니하다(법3① 단서). 등록의 유효기간은 등록일부터 3년으로 한다(법3⑥).

(2) 등록요건

대부업 또는 대부중개업("대부업등")을 등록하려는 자는 다음의 요건을 갖추어야 한다(법3의5①).

1. 1천만원 이상으로서 대통령령으로 정하는 금액[41] 이상의 자기자본(법인이 아닌 경우에는

---

41) "대통령령으로 정하는 금액"이란 다음의 구분에 따른 금액을 말한다(영2의9①).

순자산액)을 갖출 것. 다만, 대부중개업만을 하려는 자는 그러하지 아니하다.

2. 대부업등의 교육을 이수할 것. 다만 등록 후 교육을 받는 경우에는 등록 후 교육을 이수할 것

3. 대부업등을 위하여 대통령령으로 정하는 고정사업장[42]을 갖출 것

4. 대표자, 임원, 업무총괄 사용인이 제4조 제1항에 적합할 것

5. 등록신청인이 법인인 경우에는 다음 각 목의 요건을 충족할 것

　　가. 최근 5년간 제4조 제1항 제6호 각 목의 규정을 위반하여 벌금형 이상을 선고받은 사실이 없을 것

　　나. 파산선고를 받고 복권되지 아니한 사실이 없을 것

　　다. 최근 1년간 제5조 제2항에 따라 폐업한 사실이 없을 것(둘 이상의 영업소를 설치한 경우에는 영업소 전부를 폐업한 경우)

　　라. 최근 5년간 제13조 제2항에 따라 등록취소 처분을 받은 사실이나 제5조 제2항에 따라 폐업하지 아니하였다면 등록취소 처분을 받았을 상당한 사유가 없을 것

2. 금융위원회에 등록

(1) 의의

다음의 어느 하나에 해당하는 자는 금융위원회에 등록하여야 한다. 다만, 대출모집인은 해당 위탁계약 범위에서는 그러하지 아니하다(법3②). 등록의 유효기간은 등록일부터 3년으로 한다(법3⑥).

1. 둘 이상의 특별시·광역시·특별자치시·도·특별자치도("시·도")에서 영업소를 설치하려는 자

2. 대부채권매입추심을 업으로 하려는 자

3. 공정거래법 제14조에 따라 지정된 상호출자제한기업집단에 속하는 자

4. 최대주주가 여신금융기관인 자

5. 법인으로서 자산규모 100억원을 초과하는 범위에서 대통령령으로 정하는 기준[43]에 해당하는 자

6. 그 밖에 제1호부터 제5호까지의 규정에 준하는 등 대통령령으로 정하는 자[44]

---

　　1. 등록신청인이 법인인 경우: 5천만원
　　2. 등록신청인이 법인이 아닌 경우: 1천만원
[42] "대통령령으로 정하는 고정사업장"이란 건축물대장에 기재된 건물(건축법 제2조 제2항 제1호에 따른 단독주택, 같은 항 제2호에 따른 공동주택 및 같은 항 제15호에 따른 숙박시설은 제외)에 대하여 소유, 임차 또는 사용대차 등의 방법으로 6개월 이상의 사용권을 확보한 장소를 말한다(영2의10).
[43] "대통령령으로 정하는 기준"이란 다음의 기준을 모두 충족하는 것을 말한다(영2의6③).
　　1. 직전 사업연도말을 기준으로 자산규모가 100억원을 초과할 것
　　2. 제1호에 따른 자산 중 대부계약에 따른 채권("대부채권") 잔액이 50억원 이상일 것
[44] "대통령령으로 정하는 자"란 다음에 해당하는 자의 정보를 온라인에서 게재하는 자와 연계하여 대부업을

금융위원회에 등록한 대부업자는 총자산이 자기자본의 10배의 범위에서 대통령령으로 정하는 배수45)("총자산한도")에 해당하는 금액을 초과해서는 아니 된다(법7의3①). 총자산한도는 상법 제30조 제2항에 따른 대차대조표상 자산을 기준으로 산정한다. 다만 법 제3조 제2항 제6호 및 시행령 제2조의4에 따라 금융위원회에 등록한 대부업자가 보유 대부채권의 전부에 대하여 원금과 이자의 수취만을 목적으로 하는 권리를 자금제공자에게 이전한 경우 해당 대부채권은 총자산한도 산정 시 총자산에 포함하지 아니한다(영4의4②).

(2) 등록요건

대부업 또는 대부중개업("대부업등")을 등록하려는 자는 다음의 요건을 갖추어야 한다(법3의5②).

1. 신청인이 법인일 것
2. 1천만원 이상으로서 대통령령으로 정하는 금액46) 이상의 자기자본을 갖출 것. 다만, 대부중개업만을 하려는 자는 그러하지 아니하다.
3. 법 제3조의5 제1항 제2호, 제3호, 제5호의 요건을 갖출 것
4. 임원, 업무총괄 사용인이 제4조 제2항에 적합할 것
5. 전기통신사업법에 따른 전기통신사업자, 사행산업통합감독위원회법에 따른 사행산업 등 이해상충 가능성이 있거나 대부업 이용자의 권익 및 신용질서를 저해할 우려가 있는 업종으로서 대통령령으로 정하는 업47)을 하지 아니할 것
6. 대주주(최대주주가 법인인 경우에는 그 법인의 주요경영사항에 대하여 사실상 영향력을 행

하려는 자를 말한다(영2의4).
  1. 대부채권으로부터 발생하는 원금과 이자의 수취만을 목적으로 하는 권리를 취득하려는 자("자금제공자")
  2. 대부를 받으려는 자
45) "대통령령으로 정하는 배수"란 10배를 말한다(영4의4①).
46) "대통령령으로 정하는 금액"이란 다음의 구분에 따른 금액을 말한다(영2의9②).
  1. 등록신청인이 법 제3조 제2항 제2호에 따라 등록하려는 경우: 5억원
  2. 그 밖의 경우: 3억원
47) "대통령령으로 정하는 업"이란 다음의 어느 하나에 해당하는 업을 말한다(영2의11①).
  1. 전기통신사업법에 따른 전기통신사업 중 다음 각 목의 어느 하나에 해당하는 업
    가. 전기통신사업법 제5조 제2항에 따른 기간통신사업
    나. 삭제 [2019. 6. 25. 제29886호(전기통신사업법 시행령)]
    다. 전기통신사업법 제5조 제3항에 따른 부가통신사업 중 이해상충 가능성이 있거나 대부업 이용자의 권익 및 신용질서를 저해할 우려가 있는 업종으로서 금융위원회가 구체적으로 정하여 고시하는 업
  2. 사행산업통합감독위원회법에 따른 사행산업
  3. 식품위생법 시행령에 따른 단란주점영업 및 유흥주점영업
  4. 방문판매법에 따른 다단계판매업
  5. 그 밖에 이해상충 가능성이 있거나 대부업 이용자의 권익 및 신용질서를 현저히 저해할 우려가 있는 업종으로서 금융위원회가 정하여 고시하는 업

사하고 있는 주주로서 대통령령으로 정하는 자48)를 포함)가 대통령령으로 정하는 사회적
신용49)을 갖출 것

7. 그 밖에 대통령령으로 정하는 사회적 신용을 갖출 것

II. 등록절차

1. 등록신청서 제출

시·도지사에 등록 또는 금융위원회에 등록을 하려는 자는 ⅰ) 명칭 또는 성명과 주소(제1
호), ⅱ) 등록신청인이 법인인 경우에는 주주 또는 출자자(발행주식총수 또는 출자총액의 1% 이하
의 주식 또는 출자지분을 소유하는 자는 제외)의 명칭 또는 성명, 주소와 그 지분율 및 임원의 성명
과 주소(제2호), ⅲ) 등록신청인이 영업소의 업무를 총괄하는 사용인("업무총괄사용인")을 두는
경우에는 업무총괄 사용인의 성명과 주소(제3호), ⅳ) 영업소의 명칭 및 소재지(제4호), ⅴ) 경
영하려는 대부업등의 구체적 내용 및 방법(제5호), ⅵ) 제9조 제2항 또는 제3항에 따른 표시 또
는 광고에 사용되는 전화번호(홈페이지가 있으면 그 주소를 포함)(제6호), ⅶ) 자기자본(법인이 아닌
경우에는 순자산액)(제7호), ⅷ) 제11조의4 제2항에 따른 보증금, 보험 또는 공제(제8호) 사항을
적은 신청서와 대통령령으로 정하는 서류50)를 첨부하여 시·도지사 또는 금융위원회("시·도지

---

48) "대통령령으로 정하는 자"란 다음의 어느 하나에 해당하는 자를 말한다. 다만, 제1호의 경우 법인의 성격
　 등을 고려하여 금융위원회가 정하여 고시하는 자는 제외한다(영2의11②).
　 1. 최대주주인 법인의 최대주주(최대주주인 법인을 사실상 지배하는 자가 그 법인의 최대주주와 다른 경
　　 우에는 그 사실상 지배하는 자를 포함)
　 2. 최대주주인 법인의 대표자
49) "대통령령으로 정하는 사회적 신용을 갖출 것"이란 각각 다음의 요건을 모두 갖춘 경우를 말한다. 다만, 다
　 음 각 호의 위반 정도 등이 경미하다고 인정되는 경우는 사회적 신용을 갖춘 것으로 본다(영2의11③).
　 1. 최근 5년간 법, 이 영, 금융관련법령(제2조의12에 따른 금융관련법령), 공정거래법 또는 조세범 처벌법
　　 을 위반하여 벌금형 이상에 상당하는 형사처벌을 받은 사실이 없을 것
　 2. 최근 5년간 신용정보법 제25조에 따른 종합신용정보집중기관에 금융질서 문란정보 거래처 또는 약정한
　　 기일 내에 채무를 변제하지 아니한 자로 등록된 사실이 없을 것
　 3. 금융산업구조개선법에 따라 부실금융기관으로 지정되었거나 법, 이 영 또는 금융관련법령에 따라 영업
　　 의 허가·인가·등록 등이 취소된 금융기관의 대주주 또는 그의 특수관계인(부실금융기관으로 지정되
　　 거나 영업의 허가 등이 취소될 당시 공정거래법 시행령」 제3조의2 제1항 제2호 가목에 따른 독립경영
　　 자에 해당하거나 같은 목에 따라 공정거래위원회로부터 동일인관련자의 범위에서 분리되었다고 인정
　　 을 받은 자는 제외)이 아닐 것. 다만, 대주주 또는 그의 특수관계인으로서 법원의 판결에 따라 부실책
　　 임이 없다고 인정된 자 또는 부실에 따른 경제적 책임을 부담하는 등 금융위원회가 정하여 고시하는
　　 기준에 해당하는 자는 제외한다.
　 4. 그 밖에 금융위원회가 정하여 고시하는 건전한 금융거래질서를 해친 사실이 없을 것
50) "대통령령으로 정하는 서류"란 다음의 서류를 말한다(영2의6④).
　 1. 법 제3조의5 제1항 제1호 또는 같은 조 제2항 제2호에 따른 자기자본(법인이 아닌 경우에는 순자산액)
　　 을 갖추었음을 증명하는 서류
　 2. 법 제11조의4 제2항에 따라 보증금을 예탁하거나 보험 또는 공제에 가입하였음을 증명하는 서류

사등")에 제출하여야 한다(법3③).

2. 등록증 교부

등록신청을 받은 시·도지사등은 신청인이 등록요건을 갖춘 경우에는 다음의 사항을 확인한 후 등록부에 법 제3조 제3항 각 호에 규정된 사항과 등록일자·등록번호를 적고 지체 없이 신청인에게 등록증을 교부하여야 한다(법3④). 교부받은 등록증을 분실한 경우에는 시·도지사등에게 분실신고를 하고 등록증을 다시 교부받아야 한다(법3⑦).

1. 신청서에 적힌 사항이 사실과 부합하는지 여부. 이 경우 신청서에 적힌 사항이 사실과 다르면 30일 이내의 기한을 정하여 등록증 교부 전에 신청인에게 신청서의 수정·보완을 요청할 수 있으며, 그 수정·보완 기간은 처리기간에 산입하지 아니한다.
2. 사용하려는 상호가 해당 시·도 또는 금융위원회에 이미 등록된 상호인지 여부. 이 경우 이미 등록된 상호이면 다른 상호를 사용할 것을 요청할 수 있다.

3. 등록부 열람 제공

시·도지사등은 등록부를 일반인이 열람할 수 있도록 하여야 한다. 다만 등록부 중 개인에 관한 사항으로서 공개될 경우 개인의 사생활을 침해할 우려가 있는 것으로 대통령령으로 정하는 사항[51]은 제외한다(법3⑤).

4. 등록갱신

대부업자등이 등록유효기간 이후에도 계속하여 대부업등을 하려는 경우에는 시·도지사등에게 유효기간 만료일 3개월 전부터 1개월 전까지 등록갱신을 신청하여야 한다(법3의2①). 등록갱신신청을 받은 시·도지사등은 신청인이 등록요건을 갖춘 경우에는 제3조 제4항 제1호의 사항을 확인한 후 등록부에 제3조 제3항 각 호에 규정된 사항과 등록갱신일자·등록번호를 적고 지체 없이 신청인에게 등록증을 교부하여야 한다(법3의2②). 등록갱신과 관련하여 시·도지사등은 유효기간 만료일 3개월 전까지 해당 대부업자등에게 갱신절차와 기간 내에 갱신을 신청하지 아니하면 유효기간이 만료된다는 사실을 알려야 한다(법3의2③).

---

3. 그 밖에 법 또는 이 영에 따른 등록요건을 심사하기 위하여 필요한 서류로서 금융위원회가 정하여 고시하는 서류
51) "대통령령으로 정하는 사항"이란 다음의 사항을 말한다(영2의6⑦).
  1. 법 제3조 제3항 제1호에 따른 등록신청인의 주소
  2. 법 제3조 제3항 제2호에 따른 주주 또는 출자자 및 임원의 주소
  3. 법 제3조 제3항 제3호에 따른 사용인의 주소

교부받은 등록증을 분실한 경우에는 시 · 도지사등에게 분실신고를 하고 등록증을 다시 교부받아야 한다(법3⑦).

5. 대부업등의 교육

대부업등의 등록을 하려는 자, 대부업등의 등록갱신을 신청하려는 자 및 대표자 또는 업무총괄사용인에 대한 변경등록을 하려는 자는 미리 대부업등의 준수사항 등에 관한 교육을 받아야 한다. 다만, 대통령령으로 정하는 부득이한 사유52)로 미리 교육을 받을 수 없는 경우에는 대부업등의 등록, 등록갱신 또는 변경등록 후 1개월 이내에 교육을 받을 수 있다(법3의4①).53)

Ⅲ. 등록취소

시 · 도지사등은 대부업자등이 다음의 어느 하나에 해당하면 그 대부업자등의 등록을 취소할 수 있다. 다만, 제1호에 해당하면 등록을 취소하여야 한다(법13②).

1. 속임수나 그 밖의 부정한 방법으로 제3조 또는 제3조의2에 따른 등록 또는 등록갱신을 한

---

52) "대통령령으로 정하는 부득이한 사유"란 다음의 어느 하나의 사유를 말한다(영2의8①).
  1. 천재지변
  2. 본인의 질병 · 사고, 업무상 국외 출장 등 부득이한 사유
  3. 교육기관의 인적 · 물적 사정 등으로 교육을 받기 어려운 경우
53) 시행령 제2조의8(대부업등의 교육) ③ 법 제3조의4 제1항에 따른 대부업등의 준수사항 등에 관한 교육은 시 · 도지사등이 다음의 구분에 따른 대부업자등의 임직원을 대상으로 실시한다.
  1. 법 제3조 제1항에 따라 대부업등의 등록을 하거나 해당 등록을 법 제3조의2 제1항에 따라 갱신하려는 경우: 다음 각 목의 구분에 따른 사람
    가. 법인인 대부업자등의 지점: 해당 지점의 업무를 총괄하는 사용인("업무총괄 사용인")
    나. 가목 외의 자: 대표자와 업무총괄 사용인
  2. 법 제3조 제2항에 따라 대부업등의 등록을 하거나 해당 등록을 법 제3조의2 제1항에 따라 갱신하려는 경우: 다음 각 목의 구분에 따른 사람
    가. 법인인 대부업자등의 지점: 해당 지점의 업무총괄 사용인
    나. 가목 외의 자: 다음의 사람
      1) 대표자와 업무총괄 사용인
      2) 임직원 총원(대표자 및 업무총괄 사용인을 포함)의 10% 이상에 해당하는 수의 임직원
  ④ 제3항에 따른 교육의 내용은 다음과 같다.
  1. 법 제8조에 따른 대부업자의 이자율 제한 및 이자율 계산 방법
  2. 법 제12조 제9항에 따른 보고서 작성 방법
  3. 채권추심법에 따른 불법적 채권추심행위의 금지
  4. 대부업자등의 광고에 관한 방법
  5. 그 밖에 대부업자등이 대부업등을 경영하는 데 필요하다고 판단되는 사항
  ⑤ 시 · 도지사등은 제3항에 따른 교육을 받은 사람에게 금융위원회가 정하여 고시하는 교육이수증을 교부하여야 한다.

경우

2. 제3조의5 제1항 제3호의 요건을 충족하지 아니한 경우

2의2. 시·도지사에 등록한 대부업자등이 제3조의5 제1항 제5호 가목 또는 나목의 요건을 충족하지 아니한 경우

2의3. 금융위원회에 등록한 대부업자등이 제3조의5 제1항 제5호 가목, 나목 또는 같은 조 제2항 제5호 또는 제6호의 요건을 충족하지 아니한 경우

2의4. 시·도지사에 등록한 대부업자등의 대표자가 제4조 제1항 각 호에 해당하는 경우

3. 6개월 이상 계속하여 영업실적이 없는 경우

4. 영업정지 명령을 위반한 경우

5. 영업정지 명령을 받고도 그 영업정지 기간 이내에 영업정지 처분 사유를 시정하지 아니하여 동일한 사유로 영업정지 처분을 대통령령으로 정하는 횟수[54] 이상 받은 경우

6. 대부업자등의 소재를 확인할 수 없는 경우로서 시·도지사등이 대통령령으로 정하는 바[55]에 따라 소재 확인을 위한 공고를 하고 그 공고일부터 30일이 지날 때까지 그 대부업자 등으로부터 통지가 없는 경우

7. 대부업자등이 제1항 제1호[56]에 해당하는 경우로서 대부업자등의 거래상대방의 이익을 크게 해칠 우려가 있는 경우

8. 해당 대부업자등의 영업소 중 같은 시·도지사에게 등록한 다른 영업소가 등록취소 처분을 받은 경우

Ⅳ. 형사제재

법 제3조 또는 제3조의2를 위반하여 등록 또는 등록갱신을 하지 아니하고 대부업등을 한 자(1호) 또는 속임수나 그 밖의 부정한 방법으로 제3조 또는 제3조의2에 따른 등록 또는 등록갱신을 한 자(2호)는 5년 이하의 징역 또는 5천만원 이하의 벌금에 처한다(법19①(1)(2)). 징역형과 벌금형은 병과(倂科)할 수 있다(법19③).

---

54) "대통령령으로 정하는 횟수"란 별표 2에서 정한 횟수를 말한다(영7의4②).
55) 법 제13조 제2항 제6호에 따라 시·도지사등은 해당 대부업자등이 소재지를 통지하지 아니하는 경우 등록이 취소될 수 있다는 내용의 소재 확인을 위한 공고를 작성하여 관보, 시·도의 공보 또는 일간신문에 실어야 한다(영8).
56) 시·도지사등은 대부업자등이 다음의 어느 하나에 해당하면 그 대부업자등에게 대통령령으로 정하는 기준에 따라 1년 이내의 기간을 정하여 그 영업의 전부 또는 일부의 정지를 명할 수 있다(영13①).
　1. 별표 1 각 호의 어느 하나에 해당하는 경우, 채권추심법 제5조 제1항, 제7조부터 제9조까지, 제10조 제1항 및 제11조부터 제13조까지를 위반한 경우

제9절 온라인투자연계금융업자규제

Ⅰ. 등록요건

누구든지 온라인투자연계금융업법("법")에 따른 온라인투자연계금융업 등록을 하지 아니하고는 온라인투자연계금융업을 영위하여서는 아니 된다(법4). 온라인투자연계금융업자가 아닌 자는 그 상호 중에 온라인투자연계금융업, 온라인대출금융업, 온라인투자연계대출업, 온라인연계대출업 또는 이와 유사한 명칭(대통령령으로 정하는 외국어문자를 포함)을 사용하여서는 아니 된다(법8).

온라인투자연계금융업을 하려는 자는 다음 각 호의 요건을 갖추어 금융위원회에 등록하여야 한다(법5①).

1. 신청인이 상법에 따른 주식회사일 것
2. 5억원 이상으로서 연계대출 규모 등을 고려하여 대통령령으로 정하는 금액 이상의 자기자본을 갖출 것
3. 이용자의 보호가 가능하고 온라인투자연계금융업을 수행하기에 충분한 인력과 전산설비, 그 밖의 물적 설비를 갖출 것
4. 운영하고자 하는 온라인투자연계금융업의 사업계획이 타당하고 건전할 것
5. 임원이 제6조 제1항에 적합할 것(법6①: 금융회사지배구조법 제5조 제1항 각 호의 어느 하나에 해당하는 사람은 온라인투자연계금융업자의 임원이 되지 못한다)
6. 특정 이용자와 다른 이용자 간, 온라인투자연계금융업자와 이용자 간의 이해상충을 방지하기 위한 체계(제18조의 이해상충방지체계)를 포함하여 적절한 내부통제장치가 마련되어 있을 것
7. 대주주(최대주주의 특수관계인인 주주를 포함하며, 최대주주가 법인인 경우에는 그 법인의 주요 경영상황에 대하여 사실상 영향력을 행사하고 있는 주주로서 대통령령으로 정하는 자를 포함)가 대통령령으로 정하는 충분한 출자능력, 건전한 재무상태 및 사회적 신용을 갖출 것
8. 그 밖에 재무건전성 등 대통령령으로 정하는 건전한 재무상태와 법령 위반사실이 없는 등 대통령령으로 정하는 건전한 사회적 신용을 갖출 것

P2P대출중개업자의 등록과 관련한 실무적인 문제로서, 현재 P2P대출업을 영위하고 있는 중개업자는 법 시행일로부터 1년 이내에 온라인투자연계금융업법(P2P대출법)에 따라 등록하여야 하며, 이에 따라 등록을 마치는 날까지는 P2P대출법의 적용을 받지 않는다(법 부칙4①②). 따

라서 법 시행일로부터 1년이 지난 날부터 등록하지 않고 종래의 방식에 따라 P2P대출업을 영위하는 자는 무등록 P2P대출업자가 된다. 또한 P2P대출법의 공포 당시 P2P대출업을 영위하던 중개업자는 법의 공포일로부터 7개월이 경과한 날부터 금융위원회에 등록을 신청할 수 있도록 특례를 둠으로써(법 부칙5), 법 시행일 이전에 업자를 심사하여 등록을 완료하도록 하여 시행일에 맞추어 기존의 P2P대출중개업자가 곧바로 P2P대출법에 따라 영업을 시행할 수 있도록 하고 있다.

Ⅱ. 등록절차

등록을 하려는 자는 등록신청서를 금융위원회에 제출하여야 한다(법5②). 금융위원회는 등록신청서를 접수한 경우에는 그 내용을 검토하여 2개월 이내에 등록 여부를 결정하고, 그 결과와 이유를 지체 없이 신청인에게 문서로 통지하여야 한다(법5③ 전단). 이 경우 등록신청서에 흠결이 있는 때에는 보완을 요구할 수 있다(법5③ 후단). 검토기간을 산정할 때 등록신청서 흠결의 보완기간 등 대통령령으로 정하는 기간은 검토기간에 산입하지 아니한다(법5④).

금융위원회는 등록 여부를 결정할 때 ⅰ) 등록요건을 갖추지 아니한 경우(제1호), ⅱ) 등록신청서를 거짓으로 작성한 경우(제2호), ⅲ) 보완 요구를 이행하지 아니한 경우(제3호) 중 어느 하나에 해당하는 사유가 없으면 등록을 거부하여서는 아니 된다(법5⑤). 금융위원회는 등록을 결정한 경우에는 온라인투자연계금융업자등록부에 필요한 사항을 기재하여야 하며, 등록결정한 내용을 관보 및 인터넷 홈페이지 등에 공고하여야 한다(법5⑥).

Ⅲ. 등록취소

금융위원회는 온라인투자연계금융업자가 다음 각 호의 어느 하나에 해당하면 그 온라인투자연계금융업자의 등록을 취소할 수 있다(법49② 본문). 다만, 제1호에 해당하면 등록을 취소하여야 한다(법49② 단서).

1. 거짓 또는 그 밖의 부정한 방법으로 등록을 한 경우
2. 등록요건을 충족하지 아니한 경우
3. 등록요건의 유지의무를 위반한 경우
4. 온라인투자연계금융업자의 임원이 법 제6조 제1항에 따른 결격사유에 해당하는 경우
5. 6개월 이상 계속하여 영업실적이 없거나 법인의 합병·파산·폐업 등으로 사실상 영업을 끝낸 경우

6. 영업정지 명령을 위반한 경우

7. 영업정지 명령을 받고도 그 영업정지 기간 이내에 영업정지 처분 사유를 시정하지 아니하여
   동일한 사유로 제1항에 따른 영업정지 처분을 대통령령으로 정하는 횟수 이상 받은 경우

금융위원회는 등록취소를 하기 전에 해당 온라인투자연계금융업자에게 청문을 하여야 한
다(법49③).

Ⅳ. 형사제재

법 제4조를 위반하여 등록을 하지 아니하고 온라인투자연계금융업을 영위하는 자는 3년
이하의 징역 또는 1억원 이하의 벌금에 처한다(법55①(1)). 유사 상호 금지규정(법8)을 위반하여
유사한 상호를 사용한 자는 1년 이하의 징역 또는 3천만원 이하의 벌금에 처한다(법55②(1)).

제10절   신용정보회사규제

Ⅰ. 신용정보업 등의 허가

1. 허가

누구든지 신용정보법("법")에 따른 신용정보업, 본인신용정보관리업, 채권추심업 허가를
받지 아니하고는 신용정보업, 본인신용정보관리업 또는 채권추심업을 하여서는 아니 된다(법4
①). 신용정보업, 본인신용정보관리업 및 채권추심업을 하려는 자는 금융위원회로부터 허가를
받아야 한다(법4②).

신용정보법에 따라 허가받은 신용정보회사, 본인신용정보관리회사, 채권추심회사 또는 신
용정보집중기관이 아닌 자는 상호 또는 명칭 중에 신용정보·신용조사·개인신용평가·신용관
리·마이데이터(MyData)·채권추심 또는 이와 비슷한 문자를 사용하지 못한다. 다만, 신용정보
회사, 본인신용정보관리회사, 채권추심회사 또는 신용정보집중기관과 유사한 업무를 수행할 수
있도록 다른 법령에서 허용한 경우 등 대통령령으로 정하는 경우는 제외한다(법12).

2. 신용정보업 등의 허가를 받을 수 있는 자

(1) 신용조회업, 개인신용평가업 및 채권추심업 허가를 받을 수 있는 자

신용조회업, 개인신용평가업 및 채권추심업 허가를 받을 수 있는 자는 ⅰ) 대통령령으로 정하는 금융기관 등이 50% 이상을 출자한 법인(제1호), ⅱ) 신용보증기금(제2호), ⅲ) 기술보증기금(제3호), ⅳ) 지역신용보증재단법에 따라 설립된 신용보증재단(제4호), ⅴ) 한국무역보험공사(제5호), ⅵ) 신용정보업이나 채권추심업의 전부 또는 일부를 허가받은 자가 50% 이상을 출자한 법인(다만, 출자자가 출자를 받은 법인과 같은 종류의 업을 하는 경우는 제외)(제6호)으로 제한한다(법5① 본문). 다만, 대통령령으로 정하는 금융거래에 관한 개인신용정보 및 종합신용정보집중기관이 집중관리·활용하는 개인신용정보를 제외한 정보만 처리하는 개인신용평가업("전문개인신용평가업")에 대해서는 그러하지 아니하다(법5① 단서).

(2) 개인사업자신용평가업 허가를 받을 수 있는 자

개인사업자신용평가업 허가를 받을 수 있는 자는 ⅰ) 개인신용평가회사(전문개인신용평가회사를 제외)(제1호), ⅱ) 기업신용등급제공업무를 하는 기업신용조회회사(제2호), ⅲ) 신용카드업자(제3호), ⅳ) 제1항 제1호에 따른 자(제4호), ⅴ) 제1항 제6호에 따른 자(제5호)로 한다(법5②).

(3) 기업신용조회업 허가를 받을 수 있는 자

기업신용조회업 허가를 받을 수 있는 자는 ⅰ) 제1항 제1호에 따른 자(제1호), ⅱ) 제1항 제2호부터 제6호까지의 규정에 따른 자(제2호), ⅲ) 주식회사(제3호), ⅳ) 기술신용평가업무의 특성, 법인의 설립 목적 등을 고려하여 대통령령으로 정하는 법인(제4호) 중 어느 하나에 해당하는 자로 한다(법5③ 본문). 다만, 기업신용등급제공업무 또는 기술신용평가업무를 하려는 자는 제1호·제2호 및 제4호의 자로 한정한다(법5③ 단서). 그러나 다음의 어느 하나에 해당하는 자는 제2조 제8호의3 나목 및 다목에 따른 업무의 허가를 받을 수 없다(법5④).

1. 공정거래법 제14조 제1항에 따른 공시대상기업집단 및 상호출자제한기업집단에 속하는 회사가 10%를 초과하여 출자한 법인
2. 신용평가회사 또는 외국에서 신용평가회사와 유사한 업을 경영하는 회사가 10%를 초과하여 출자한 법인
3. 제1호 또는 제2호의 회사가 최대주주인 법인

Ⅱ. 허가요건

신용정보업, 본인신용정보관리업 또는 채권추심업의 허가를 받으려는 자는 다음의 요건을 갖추어야 한다(법6①). 허가의 세부요건에 관하여 필요한 사항은 대통령령으로 정한다(법6③).

1. 인적·물적 설비

신용정보업, 본인신용정보관리업 또는 채권추심업을 하기에 충분한 인력(본인신용정보관리업은 제외)과 전산설비 등 물적 시설을 갖추어야 한다(법6①(1)).

1의2. 개인사업자신용평가업을 하려는 경우: 50억원 이상
1의3. 기업신용조회업을 하려는 경우에는 제2조 제8호의3 각 목에 따른 업무 단위별로 다음 각 목의 구분에 따른 금액 이상
　　가. 기업정보조회업무: 5억원
　　나. 기업신용등급제공업무: 20억원
　　다. 기술신용평가업무: 20억원
1의4. 본인신용정보관리업을 하려는 경우: 5억원 이상

2. 사업계획의 타당성과 건전성

사업계획이 타당하고 건전해야 한다(법6①(2)).

3. 대주주

대주주가 충분한 출자능력, 건전한 재무상태 및 사회적 신용을 갖추어야 한다(법6①(3)).

4. 임원

임원이 제22조 제1항·제2항, 제22조의8 또는 제27조 제1항에 적합하여야 한다(법6①(3의2)).

5. 전문성

신용정보업, 본인신용정보관리업 또는 채권추심업을 하기에 충분한 전문성을 갖추어야 한다(법6①(4)).

6. 자본금 또는 기본재산

신용정보업, 본인신용정보관리업 또는 채권추심업의 허가를 받으려는 자는 다음의 구분에 따른 자본금 또는 기본재산을 갖추어야 한다(법6②).

1. 개인신용평가업을 하려는 경우: 50억원 이상. 다만, 전문개인신용평가업만 하려는 경우에는 다음 각 목의 구분에 따른 금액 이상으로 한다.
   가. 다음 각각의 신용정보제공·이용자가 수집하거나 신용정보주체에 대한 상품 또는 서비스 제공의 대가로 생성한 거래내역에 관한 개인신용정보를 처리하는 개인신용평가업을 하려는 경우: 20억원
      1) 전기통신사업법에 따른 전기통신사업자
      2) 한국전력공사법에 따른 한국전력공사
      3) 한국수자원공사법에 따른 한국수자원공사
      4) 1)부터 3)까지와 유사한 신용정보제공·이용자로서 대통령령으로 정하는 자
   나. 가목에 따른 각 개인신용정보 외의 정보를 처리하는 개인신용평가업을 하려는 경우: 5억원
2. 신용조사업 및 채권추심업을 각각 또는 함께 하려는 경우에는 50억원 이내에서 대통령령으로 정하는 금액 이상

Ⅲ. 허가절차

1. 허가의 신청과 심사

허가를 받으려는 자는 대통령령으로 정하는 바에 따라 금융위원회에 신청서를 제출하여야 한다(법4③). 허가와 관련된 허가신청서의 작성 방법 등 허가신청에 관한 사항, 허가심사의 절차 및 기준에 관한 사항, 그 밖에 필요한 사항은 총리령으로 정한다(법4⑤).

2. 조건부 인가

금융위원회는 허가에 조건을 붙일 수 있다(법4④).

3. 허가의 공고

금융위원회는 다음의 어느 하나에 해당하는 경우 지체 없이 그 내용을 관보에 공고하고 인터넷 홈페이지 등을 이용하여 일반인에게 알려야 한다(법7).

1. 제4조 제2항에 따라 신용정보업, 본인신용정보관리업 및 채권추심업 허가를 한 경우
2. 제10조 제1항에 따라 양도·양수 등을 인가한 경우
3. 제10조 제4항에 따른 폐업신고를 수리한 경우
4. 제11조의2 제1항에 따른 부수업무의 신고를 수리한 경우
5. 제11조의2 제8항에 따라 부수업무에 대하여 제한명령 또는 시정명령을 한 경우
6. 제14조 제1항에 따라 신용정보업, 본인신용정보관리업 및 채권추심업 허가 또는 양도·양수 등의 인가를 취소한 경우
7. 제26조의4 제1항에 따라 데이터전문기관을 지정한 경우

4. 허가요건의 유지

신용정보회사, 본인신용정보관리회사 및 채권추심회사는 해당 영업을 하는 동안에는 제1항 제1호에 따른 요건을 계속 유지하여야 한다(법6④).

Ⅳ. 신고 및 보고사항

신용정보회사, 본인신용정보관리회사 및 채권추심회사가 허가받은 사항 중 대통령령으로 정하는 사항을 변경하려면 미리 금융위원회에 신고하여야 한다(법8① 본문). 다만, 대통령령으로 정하는 경미한 사항을 변경하려면 그 사유가 발생한 날부터 7일 이내에 그 사실을 금융위원회에 보고하여야 한다(법8① 단서). 금융위원회는 신고를 받은 경우 그 내용을 검토하여 이 법에 적합하면 신고를 수리하여야 한다(법8②).

Ⅴ. 허가취소

1. 취소사유와 시정명령

금융위원회는 신용정보회사, 본인신용정보관리회사 및 채권추심회사가 다음의 어느 하나에 해당하는 경우에는 허가를 취소할 수 있다(법14① 본문). 다만, 신용정보회사, 본인신용정보관리회사 및 채권추심회사가 다음의 어느 하나에 해당하더라도 대통령령으로 정하는 사유에 해당하면 6개월 이내의 기간을 정하여 허가를 취소하기 전에 시정명령을 할 수 있다(법14① 단서).

1. 거짓이나 그 밖의 부정한 방법으로 제4조 제2항에 따른 허가를 받은 경우
2. 제5조 제1항 제1호·제2항 제4호·제3항 제1호에 따른 금융기관 등의 출자요건을 위반한 경우. 다만, 신용정보회사 및 채권추심회사의 주식이 증권시장에 상장되어 있는 경우로서

제5조 제1항 제1호에 따른 금융기관 등이 33% 이상을 출자한 경우에는 제외한다.

3. 삭제 [2013. 5. 28]

4. 신용정보회사, 본인신용정보관리회사 및 채권추심회사[허가를 받은 날부터 3개 사업연도(개인신용평가업, 개인사업자신용평가업 및 기업신용조회업이 포함된 경우에는 5개 사업연도)가 지나지 아니한 경우는 제외]의 자기자본(최근 사업연도 말 현재 대차대조표상 자산총액에서 부채총액을 뺀 금액)이 제6조 제2항에 따른 자본금 또는 기본재산의 요건에 미치지 못한 경우

5. 업무정지명령을 위반하거나 업무정지에 해당하는 행위를 한 자가 그 사유발생일 전 3년 이내에 업무정지처분을 받은 사실이 있는 경우

6. 제22조의7 제1항 제1호를 위반하여 의뢰인에게 허위 사실을 알린 경우

6의2. 제22조의7 제1항 제2호를 위반하여 신용정보에 관한 조사 의뢰를 강요한 경우

6의3. 제22조의7 제1항 제3호를 위반하여 신용정보 조사 대상자에게 조사자료의 제공과 답변을 강요한 경우

6의4. 제22조의7 제1항 제4호를 위반하여 금융거래 등 상거래관계 외의 사생활 등을 조사한 경우

7. 삭제 [2013. 5. 28]

8. 채권추심법 제9조 각 호의 어느 하나를 위반하여 채권추심행위를 한 경우(채권추심업만 해당)

9. 허가 또는 인가의 내용이나 조건을 위반한 경우

10. 정당한 사유 없이 1년 이상 계속하여 허가받은 영업을 하지 아니한 경우

11. 제41조 제1항을 위반하여 채권추심행위를 한 경우(채권추심업만 해당)

2. 청문

금융위원회는 신용정보업, 본인신용정보관리업 및 채권추심업의 허가의 취소에 해당하는 처분을 하려면 청문을 하여야 한다(법48(1)).

Ⅵ. 형사제재

다음의 어느 하나에 해당하는 자는 5년 이하의 징역 또는 5천만원 이하의 벌금에 처한다(법50②).

1. 제4조 제1항을 위반하여 신용정보업, 본인신용정보관리업 또는 채권추심업 허가를 받지 아니하고 신용정보업, 본인신용정보관리업 또는 채권추심업을 한 자

2. 거짓이나 그 밖의 부정한 방법으로 제4조 제2항에 따른 허가를 받은 자

제
3
장

자본건전성규제

제1절 금융기관에 대한 자기자본규제

Ⅰ. 자기자본규제의 의의

대부분의 국가는 국민경제에 중대한 영향을 미치는 금융기관의 건전경영 확보를 위해 다양한 재무건전성 제도를 운영하고 있다. 재무건전성 제도는 각국의 상황에 따라 그 체계를 조금씩 달리 하나 대부분 자본적정성, 자산건전성, 유동성 등에 대한 규제를 포함한다. 우리나라 금융기관의 재무건전성 제도도 자본적정성규제, 자산건전성규제, 유동성 규제, 외환건전성규제 등의 여러 가지가 있으나 이 중 금융기관의 손실흡수능력 제고를 목적으로 하는 자기자본규제가 핵심을 이룬다. 이러한 금융기관에 대한 자기자본규제[1]는 금융기관으로 하여금 보유자산의 부실화 등 미래의 위험에 대비하여 충분한 손실흡수능력을 확보할 수 있도록 자기자본을 적립하도록 하는 제도라고 정의할 수 있다. 현재 금융기관에 대한 자기자본규제를 보면 은행은 위험가중자산에 대한 자기자본비율을, 금융투자업자는 영업용순자본비율을, 보험회사는 RBC방식 지급여력비율을 채택하고 있다.

---

1) 은행법 및 자본시장법은 은행, 금융투자업자에 대해 각각 "위험가중자산에 대한 자기자본비율"(은행법34, 동법 시행령20), "영업용순자본비율"(자본시장법31 등)로 규정하고, 보험업법은 보험회사의 자본적정성에 관한 재무건전성 기준을 "지급여력비율"로 규정(보험업법 제123조, 동 시행령 제65조)하고 있다. 여기서는 이를 통칭하는 용어로 "자기자본규제"라 하고, 개별적으로는 일반적 명칭으로서 은행은 BIS비율, 금융투자업자는 영업용순자본비율, 보험은 지급여력비율이라 한다.

Ⅱ. 자기자본규제의 목적

　금융기관에 대한 자기자본규제의 목적은 금융기관의 파산을 예방하여 예금자, 투자자, 보험계약자 등의 권익을 보호하고, 나아가 금융기관의 연쇄적 파산을 예방하여 금융시스템 전체의 안정성을 도모하는 데 있다. 은행의 경우에는 전체 금융시스템 및 지급결제시스템에서 차지하는 높은 비중으로 인해 시스템위험을 유발할 가능성이 높다는 점에서 개별 금융기관의 파산 가능성 억제를 위한 자기자본규제의 중요성이 강조되고 있다.

　금융기관에 있어 자기자본은 영업을 위한 기본적 자금을 공급하는 기능과 함께 예상하지 못한 손실에 대한 최종 안전판이라는 중요한 기능을 수행한다. 손실위험에 대한 안전판으로서의 기능을 수행하는 것으로서 대손충당금(준비금 등)과 자기자본을 들 수 있는데, 양자는 대응되는 위험의 종류가 각기 다르다. 일반적으로 대출 유가증권 등 수익성 있는 자산은 기본적으로 일정 정도의 손실위험을 내포하고 있는데, 이러한 예상손실에 대해 적립하는 예비자금이 "준비금 또는 대손충당금"이며, 급격한 경제위기 등 예상치 못한 손실에 대한 최종적인 예비자금의 기능을 하는 것이 자기자본이다. 즉 자기자본규제는 장래 파산위기 등 금융기관에 예상하지 못한 손실이 발생하더라도 이를 충당할 수 있는 자기자본을 보유하도록 함으로써 해당 금융기관의 손실흡수능력을 높여 주는 기능을 한다. 오늘날 금융기관에 대한 자기자본규제 기준은 손실흡수를 통해 개별 금융기관의 지급능력(solvency)을 보장하고 나아가 금융시스템 및 실물경제의 안정성을 확보하기 위한 가장 중요한 규제수단으로 인식되고 있다.

제2절 은행의 자본건전성규제

Ⅰ. 재무건전성규제

1. 의의

　은행은 주된 업무인 대출업무와 관련한 신용위험, 시장위험 및 운영위험 등 영업을 영위하면서 직면하게 되는 다양한 위험에 처할 수 있는데, 은행법은 은행의 재무건전성과 관련하여 자기자본비율, 자산건전성분류, 여신한도, 출자제한의 형태로 규제하고 있다. 이러한 규제는 사전적으로는 해당 은행이 이러한 위험에 대한 사전적 통제기준을 설정하도록 하는 한편, 금융감독기관은 은행에 대한 상시감시를 통해 재무건전성 위험으로 인한 금융소비자들의 피해와 나아가 금융시스템 위기를 사전에 방지하는 데 그 목적이 있다.

2. 자기자본비율규제

(1) 자기자본규제의 연혁

은행의 BIS 자기자본규제는 상업은행의 신용위험에 대한 효율적 관리와 국제업무를 영위하는 은행 간 형평성 확보를 위해 1988년부터 바젤은행감독위원회(BCBS)가 제정하여 시행해온 제도로서, 은행의 자본적정성 확보를 위하여 위험가중자산의 8% 이상을 자기자본으로 보유하도록 의무화[2]하고 있다. BIS 자기자본비율 또는 "Cooke Ratio"라고 불리는 동 비율은 그동안 전 세계 100여 개 국가에서 도입 시행되고 있어 현재 은행의 자본적정성을 판단하는 대표적인 지표로 자리매김하고 있다.

글로벌 금융환경의 변화에 따라 BIS 자기자본규제 기준도 변화해오고 있으며, 1988년 최초로 확정된 BIS 협약인 바젤 I 에서 시작해 2004년의 바젤 II 를 거쳐 2008년 글로벌 금융위기 이후 자본의 질과 양을 강화하고 완충자본 등을 도입하여 은행 부문의 복원력을 강화하고자 하는 바젤 III 에 이르게 되었다. 이러한 BIS 기준은 이제 은행감독 분야에서 국제적으로 통용되는 기준으로 자리매김하고 있는데, 2008년 글로벌 금융위기 이후 세계 경제의 새로운 최고 논의기구가 된 G20의 승인을 받는 과정이 더해져 BIS 기준의 국내 법규에 대한 구속력이 더욱 강화되었다. 우리나라의 은행법 제34조 제3항은 "금융위원회가 경영지도기준을 정할 때에는 국제결제은행(BIS)이 권고하는 은행의 건전성감독에 관한 원칙을 충분히 반영하여야 한다"고 하여 BIS 기준이 사실상 국내 법규성이 있음을 인정하고 있다. 우리나라는 1992년 7월 바젤 I 을, 2008년초 바젤 II 를 도입하였고, 2013년 12월 1일부터는 단계적으로 바젤 III 를 도입하고 있다.[3]

(2) 자기자본의 의의

(가) 의의

은행법은 은행에게 적정한 수준의 자기자본을 보유할 것을 강제하고 있다. 이는 은행 자신의 재산인 자기자본으로 손실흡수능력을 갖추도록 하기 위한 것이다. 따라서 여기서는 은행이 보유하고 있는 자산에 대하여 자본측정을 어떻게 할 것이며 자본기준을 어떻게 정의하느냐가 매우 중요하다. 은행법상 자기자본이란 국제결제은행(BIS)의 기준에 따른 기본자본과 보완자본의 합계액을 말한다(법2①(5)). 기본자본과 보완자본은 다음의 기준에 따라 금융위원회가

2) 현재 바젤 III 도입에 따른 2013. 12. 1 개정으로 "위험가중자산에 대한 자기자본비율" 대신 보통주자본비율, 기본자본비율 및 총자본비율이 일정 수준 이상이 되어야 한다(은행업감독규정26①(1)).
3) 정은길(2014), "글로벌 금융위기 이후 우리나라 보험회사의 자기자본규제에 관한 법적 연구", 연세대학교 대학원 박사학위논문(2014. 2), 91-92쪽.

정하여 고시하는 것으로 한다(법2②, 영1의2). 자기자본은 은행의 개별재무제표를 기준으로 보통주자본, 기타기본자본 및 보완자본에서에서 공제항목을 차감하여 산출한다(은행업감독규정2①).

(나) 기본자본

기본자본은 보통주자본과 기타기본자본의 합계액으로 한다(법2②, 영1의2(1)(가)(나), 은행업감독규정 <별표 1>). 보통주자본은 보통주 발행으로 인한 자본금(이와 유사한 출자금을 포함) 및 자본잉여금, 기타 자본잉여금(보통주 외 기타자본증권의 발행에 따른 자본잉여금은 제외), 이익잉여금, 기타포괄손익누계액을 말한다. 그리고 기타기본자본은 영구적 성격을 지닌 자본증권의 발행으로 인한 자본금·자본잉여금 등으로서 은행의 손실을 기본자본 다음의 순위로 보전할 수 있는 것 및 감독원장이 정하는 기준(은행업감독규정26②)을 충족하는 신종자본증권 등 자본증권을 말한다.

(다) 보완자본

보완자본은 기본자본에 준하는 성격의 것으로서 기본자본에 포함되지 않는 후순위채권 등 은행의 청산 시 은행의 손실을 보전할 수 있는 것, 자산건전성 분류결과 "정상" 및 "요주의"로 분류된 자산에 대하여 적립된 대손충당금등, 감독원장이 정하는 기준(은행업감독규정26②)을 충족하는 후순위채권 등 자본증권을 말한다(법2②, 영1조의2(2), 은행업감독규정 <별표 1>).

(라) 공제항목

해당 은행이 보유하고 있는 자기주식 등 실질적으로 자본충실에 기여하지 아니하는 것은 기본자본 및 보완자본에 포함시킬 수 없다(법2②, 영1의2(3), 은행업감독규정 <별표 1>). 영업권 상당액, 기타 무형자산, 이연법인세자산, 확정급여형 연금자산, 유동화거래 매각이익은 보통주 자본에서 공제한다. 주식할인발행차금, 자기주식 및 자기발행 자본증권 보유금액, 자기자본비율 제고를 목적으로 타 금융기관과 상호보유한 자본증권은 해당 자본에서 공제한다. 그 밖의 은행의 손실에 충당할 수 없는 자산 또는 자본항목으로서 감독원장이 정하는 사항도 공제한다.

(3) 자기자본비율

자기자본비율은 위험가중자산에 대한 자기자본의 비율로서 연결기준으로 하되 연결재무상태표의 작성방식, 자본비율의 계산방법 등은 국제결제은행이 제시한 기준을 참작하여 정한다(은행업감독규정26②). 은행은 자본비율에 관하여 총자본비율(위험가중자산 대비 전체 자기자본의 비율) 8%, 기본자본비율(위험가중자산 대비 기본자본의 비율) 6%, 보통주자본비율(위험가중자산 대비 보통주자본의 비율) 4.5% 이상을 유지해야 한다(법34②, 영20, 은행업감독규정26①(1)).

여기에 자본보전완충자본 및 경기대응완충자본을 추가적으로 부과할 수 있다. 자본보전완충자본은 은행의 손실흡수능력을 높이기 위하여 추가적으로 유지해야 하는 자본을 말한다(은행업감독규정26④).⁴⁾ 경기대응완충자본은 신용공급에 따른 경기변동이 금융시스템 및 실물경제에 미치는 효과를 고려하여 은행에 적립을 요구하는 추가적인 자본을 말한다(은행업감독규정26의3①).⁵⁾

(4) 유동성커버리지비율

은행은 향후 30일간 순현금유출액에 대한 고유동성자산의 비율("유동성커버리지비율") 100% 이상(외국은행지점의 경우에는 60% 이상)을 유지해야 한다. 다만, 금융위가 급격한 경제 여건의 변화 또는 국민생활 안정 목적 등 불가피한 사유가 있다고 인정하여 6개월 이내의 기간을 정하는 경우 100% 미만에서 금융위가 정하는 비율 이상을 유지해야 한다(법34②, 영20, 은행업감독규정26①(2)).

(5) 원화예대율

원화예수금⁶⁾과 발행만기 5년 이상의 이중상환청구권부채권 잔액⁷⁾과 원화시장성 양도성예금증서 잔액⁸⁾의 합계액에 대한 원화대출금 비율("원화예대율")을 100% 이하로 유지해야 한다. 이 경우 원화대출금을 산정할 때 기업자금대출(개인기업에 대한 대출은 제외)은 15%를 차감

---

4) 은행의 손실흡수능력을 높이기 위하여 추가적으로 유지해야 하는 자본("자본보전완충자본")을 포함한 자본비율로서 <별표 2-10>에서 정하는 자본비율에 은행의 자본비율이 미달되는 경우 법 제34조 제4항에 따른 조치로서 <별표 2-11>에 따른 비율로 이익의 배당(기본자본 중 임의적으로 이자를 지급하지 않을 수 있는 자본증권의 당해 이자지급을 포함), 자사주매입 및 성과연동형 상여금(주식보상을 포함) 지급이 제한된다(은행업감독규정26④).
5) 은행업감독규정 제26조의3(경기대응완충자본) ① 금융위원회는 신용공급에 따른 경기변동이 금융시스템 및 실물경제에 미치는 효과를 고려하여 은행에 추가적인 자본("경기대응완충자본")의 적립을 요구할 수 있다.
   ② 금융위원회는 국내총생산 대비 신용의 증가 정도 등의 지표를 참고하여 위험가중자산의 100분의 0부터 2.5까지의 범위에서 경기대응완충자본 수준, 부과 대상, 적립시점 등을 매분기 결정할 수 있다. 다만, 금융위원회가 경기대응완충자본 수준을 결정일 현재보다 높이는 경우에는 추가자본적립 시점을 결정일부터 최대 12개월 이내로 정할 수 있고, 낮추는 경우에는 자본적립 수준의 하향조정 시점을 결정일로 한다.
   ③ 제2항의 경기대응완충자본 수준 결정을 위한 참고지표의 산출기준은 감독원장이 정한다.
   ④ 은행은 제2항에 따른 경기대응완충자본을 유지하여야 한다. 다만, 은행이 해외에 소재한 차주에 대하여 신용공여가 있는 경우에는 해당 국가의 금융당국이 결정한 경기대응완충자본 수준을 감안하여 해당 은행의 경기대응완충자본을 산출하고 유지하여야 한다.
   ⑤ 제4항에서 정하는 경기대응완충자본을 포함하여 <별표 2-10>에서 정하는 자본비율에 은행의 자본비율이 미달하는 경우 제26조 제4항을 준용한다.
   ⑥ 제4항의 경기대응완충자본 산출 방식 및 제5항의 이익 배당 등의 제한 등 필요한 사항은 감독원장이 정한다.
6) 양도성예금증서를 제외하고, 외국은행지점의 경우 은행업감독규정 제11조 제4항에 따른 을기금 중 제4항 제2호에 따른 본지점 장기차입금을 포함한다.
7) 채권 발행을 통해 조달한 자금이 원화로 운용되는 경우에 한정하며, 그 자금이 원화예수금의 100분의 1을 초과하는 경우 원화예수금의 100분의 1로 한다.
8) 원화시장성 양도성예금증서를 통해 조달한 자금이 원화예수금의 100분의 1을 초과하는 경우 원화예수금의 100분의 1로 한다.

하고, 가계자금대출은 15%를 가산하여 산출한다. 다음의 대출은 원화예대율규제에서 제외한다
(법34②, 영20, 은행업감독규정26①(3)).

> 가. 중소기업기본법에 따른 중소기업 또는 중견기업 성장촉진 및 경쟁력 강화에 관한 특별법
> 에 따른 중견기업에 대해 한국산업은행으로부터 차입한 자금을 이용한 대출
> 나. 「농림축산정책자금 대출업무 규정」 또는 「수산정책자금 대출업무규정」에 따라 정부로부터
> 차입한 자금을 이용한 대출
> 다. 전국은행연합회의 「새희망홀씨 운영규약」에 따른 대출
> 라. 한국주택금융공사의 「보금자리론 업무처리기준」에 따라 취급된 서민형 안심전환대출

(6) 실효성 확보수단

금융위원회는 은행이 경영지도기준을 충족시키지 못하는 등 경영의 건전성을 크게 해칠
우려가 있거나 경영의 건전성을 유지하기 위하여 불가피하다고 인정될 때에는 자본금의 증액,
이익배당의 제한, 유동성이 높은 자산의 확보, 일정한 규모의 조건부자본증권(제33조 제1항 제2
호부터 제4호까지의 사채)의 발행·보유 등 경영개선조치를 요구할 수 있다(법34④). 금융위원회
는 경영개선조치로서 은행이 경영지도기준을 준수하지 못할 우려가 있거나 경영상 취약한 부
분이 있다고 판단되는 경우에는 해당 은행에 대하여 이의 개선을 위한 계획 또는 약정서를 제
출하도록 요구하거나 해당 은행과 경영개선을 위한 협약을 체결할 수 있다(영20②).

3. 시스템적 중요 은행 선정

금융위원회는 매년 은행의 규모, 다른 금융회사와의 연계성 등 국내 금융시스템에 미치는
영향력("시스템적 중요도")을 고려하여 시스템적 중요 은행을 선정하여야 한다. 이 경우 금융위
원회는 금융지주회사감독규정 제25조의2에 따라 선정한 시스템적 중요 은행지주회사의 소속
자회사인 은행을 시스템적 중요 은행으로 선정할 수 있다(은행업감독규정26의2①). 시스템적 중
요도는 규모, 상호연계성, 대체가능성, 복잡성, 국내 특수요인을 평가지표로 산정한다(은행업감
독규정26의2②).9)

금융위원회는 선정한 시스템적 중요 은행에 추가적인 자본("시스템적 중요 은행 추가자본")

---

9) 은행업감독규정 제26조의2 제1항에 따라 금융위원회는 매년 은행의 규모, 다른 금융업자와의 상호연계성,
  대체가능성, 복잡성, 국내 특수요인 등을 평가지표로 산정하여 국내 금융시스템에 미치는 영향력 등을 고
  려하여 "시스템적으로 중요한 은행(D-SIB)"을 선정하고 있다. 금융위원회는 2016년과 2017년에 신한금융
  지주, 하나금융지주, KB금융지주, 농협금융지주를 시스템적으로 중요한 은행지주회사로 선정하였고, 우리
  은행, 신한은행, 제주은행, KEB하나은행, 국민은행, 농협은행을 시스템적으로 중요한 은행으로 선정하였
  다. 그리고 2018년도 시스템적으로 중요한 은행·은행지주회사(D-SIB)로는 신한금융지주, KEB하나금융지
  주, KB금융지주, 농협금융지주 및 우리은행 등을 선정하였다.

의 적립을 요구할 수 있으며, 시스템적 중요 은행 추가자본은 다음에서 정하는 자본비율 중 가장 큰 값으로 한다(은행업감독규정26의2④).

1. <별표 2-12>에서 정하는 기준에 따른 자본비율
2. 모회사인 은행지주회사에 금융지주회사감독규정 제25조의2에 따라 부과된 시스템적 중요은행지주회사 추가자본에 해당하는 자본비율
3. 바젤은행감독위원회에서 정하는 글로벌 시스템적 중요 은행(G-SIB; Global Systemically Important Banks)에 해당하는 경우 바젤은행감독위원회가 요구하는 자본비율

시스템적 중요 은행 추가자본을 포함한 자본비율로서 <별표 2-10>에서 정하는 자본비율에 은행의 자본비율이 미달되는 경우 은행업감독규정 제26조 제4항을 준용한다(은행업감독규정26의2⑥).

4. 자산건전성 분류기준

은행은 정기적으로 차주의 채무상환능력과 금융거래내용 등을 감안하여 보유자산 등의 건전성을 정상, 요주의, 고정, 회수의문, 추정손실의 5단계로 분류하고, 적정한 수준의 대손충당금등(지급보증충당금, 미사용약정충당금 및 대손준비금을 포함한다. 이하 "대손충당금등"이라 한다)을 적립·유지하여야 한다(은행업감독규정27①). 은행은 위의 자산건전성 분류 및 대손충당금등 적립을 위하여 <별표 3> 및 제29조에서 정하는 기준을 반영하여 차주의 채무상환능력 평가기준을 포함한 자산건전성 분류기준 및 대손충당금등 적립기준을 설정하여야 한다(은행업감독규정27②). 은행은 자산건전성 분류 및 대손충당금등 적립의 적정성·객관성 확보를 위하여 독립된 여신감리(Credit Review)기능을 유지하는 등 필요한 내부통제체제를 구축·운영하여야 한다(은행업감독규정27③). 은행은 회수의문 또는 추정손실로 분류된 자산("부실자산")을 조기에 상각하여 자산의 건전성을 확보하여야 한다(은행업감독규정27④).

5. 이익준비금의 적립

은행법은 은행이 불측의 손실에 대비하는 등 건전경영을 위하여 순이익금의 일정 비율을 적립하도록 하고 있다. 즉 은행은 적립금이 자본금의 총액이 될 때까지 결산 순이익금을 배당할 때마다 그 순이익금의 10% 이상을 적립하여야 한다(법40). 이는 상법상 주식회사의 경우 이익배당액의 10% 이상을 자본금의 50%가 될 때까지 이익준비금으로 적립하도록 하고 있는 것(상법458)보다 강한 규제를 하고 있는 것으로 은행배당을 간접적으로 제한하는 효과가 있다.

6. 여신한도규제

(1) 의의

은행법은 여신한도와 관련하여 동일인, 동일차주, 거액의 3가지 형태로 규제하고 있다. 동일인한도는 동일한 개인이나 법인 각각에 대한 한도를, 동일차주한도는 동일인 및 그와 신용위험을 공유하는 자로 구성된 집단에 대한 한도를, 거액한도는 동일인 또는 동일차주 각각에 대한 여신액이 자기자본의 10%를 초과하는 거액여신인 경우에 적용되는 한도를 말한다.

은행법이 이처럼 여신한도를 규제하는 이유에 대하여 기본적으로는 신용위험 관리를 통한 건전성 확보를 위한 것이라고 보지만, 반드시 대출채권의 회수가능성에 대한 우려만을 반영한 것이라고 보기는 어렵고, 자금중개기능의 공정한 수행을 통한 균등한 여신기회 보장도 중요한 규제목적에 해당된다고 봄이 타당하며, 부차적으로 은행의 출자제한과 마찬가지로 은행의 산업자본 지배방지에도 기여한다고 볼 수 있다.[10]

(2) 신용공여의 범위

신용공여는 ⅰ) 대출(제1호), ⅱ) 지급보증(제2호), ⅲ) 지급보증에 따른 대지급금의 지급(제3호), ⅳ) 어음 및 채권의 매입(제4호), ⅴ) 그 밖에 거래 상대방의 지급불능 시 이로 인하여 은행에 손실을 끼칠 수 있는 거래(제5호), ⅵ) 은행이 직접적으로 위 ⅰ)부터 ⅴ)까지에 해당하는 거래를 한 것은 아니나 실질적으로 그에 해당하는 결과를 가져올 수 있는 거래(제6호)로서 금융위원회가 정하여 고시하는 것으로 한다(법2①(7), 영1의3①). 이에 따라 금융위원회는 신용공여의 범위를 <별표 2>와 같이 고시하고 있다(은행업감독규정3). 결론적으로 신용공여는 은행이 "채무자의 지급능력 부족으로 변제기에 채무를 불이행하여 채권자가 채권을 회수하지 못할 위험"을 떠안는 행위를 말한다.

그러나 금융위원회는 ⅰ) 은행에 손실을 끼칠 가능성이 매우 적은 것으로 판단되는 거래, ⅱ) 금융시장에 미치는 영향 등 해당 거래의 상황에 비추어 신용공여의 범위에 포함시키지 아니하는 것이 타당하다고 판단되는 거래 중 어느 하나에 해당하는 거래에 대해서는 신용공여의 범위에 포함시키지 아니할 수 있다(영1의3②).

(3) 유형

(가) 동일인한도규제

동일인이란 본인 및 그와 대통령령으로 정하는 특수관계에 있는 자("특수관계인")[11]를 말

---

10) 정순섭(2017), 403-404쪽.
11) "대통령령으로 정하는 특수관계에 있는 자"란 본인과 다음의 어느 하나에 해당하는 관계에 있는 자("특수관계인")를 말한다(영1의4①).
　　1. 배우자, 6촌 이내의 혈족 및 4촌 이내의 인척. 다만, 공정거래법 시행령 제3조의2 제1항 제2호 가목에

한다(법2①(8), 영1의4). 은행은 동일한 개인이나 법인 각각에 대하여 그 은행의 자기자본의 20%를 초과하는 신용공여를 할 수 없다(법35③ 본문).

(나) 동일차주한도규제

은행은 동일차주 즉 "동일한 개인·법인 및 그 개인·법인과 대통령령으로 정하는 신용위험을 공유하는 자"에 대하여 그 은행의 자기자본의 25%를 초과하는 신용공여를 할 수 없다(법35① 본문). 여기서 "대통령령으로 정하는 신용위험을 공유하는 자"란 공정거래법 제2조 제2호에 따른 기업집단에 속하는 회사를 말한다(영20의4).

(다) 거액여신규제

동일인 또는 동일차주 각각에 대한 은행의 신용공여가 그 은행의 자기자본의 10%를 초과하는 거액 신용공여인 경우 그 총합계액은 그 은행의 자기자본의 5배를 초과할 수 없다(법35④).

(4) 적용제외(신용공여한도의 초과사유)

ⅰ) 국민경제를 위하여 또는 은행의 채권 확보의 실효성을 높이기 위하여 필요한 경우(제1호), ⅱ) 은행이 추가로 신용공여를 하지 아니하였음에도 불구하고 자기자본의 변동, 동일차주 구성의 변동 등으로 인하여 본문에 따른 한도를 초과하게 되는 경우(제2호)에는 동일차주에 대한 한도규제, 동일인에 대한 한도규제, 거액여신규제가 적용되지 않는다(법35① 단서, 법35③ 단서, 법35④ 단서).

따른 독립경영자 및 같은 목에 따라 공정거래위원회가 동일인관련자의 범위로부터 분리를 인정하는 사람은 제외한다.

2. 본인 및 제1호 또는 제4호의 사람이 임원의 과반수를 차지하거나 이들이 제3호 또는 제5호의 자와 합하여 50% 이상을 출연하였거나 이들 중의 1명이 설립자로 되어 있는 비영리법인·조합 또는 단체

3. 본인 및 제1호·제2호·제4호의 자가 의결권 있는 발행주식 총수(지분을 포함)의 30% 이상을 소유하고 있거나 이들이 최다수 주식소유자로서 경영에 참여하고 있는 회사

4. 본인, 제2호 또는 제3호의 자에게 고용된 사람(사용자가 법인·조합 또는 단체인 경우에는 임원을 말하고, 개인인 경우에는 상업사용인, 고용계약에 따라 고용된 사람 또는 그 개인의 금전이나 재산으로 생계를 유지하는 사람)

5. 본인 및 제1호부터 제4호까지의 자가 의결권 있는 발행주식 총수의 30% 이상을 소유하고 있거나 이들이 최다수 주식소유자로서 경영에 참여하고 있는 회사

6. 본인이 공정거래법 제2조 제2호에 따른 기업집단을 지배하는 자("계열주")인 경우에 그가 지배하는 기업집단에 속하는 회사(계열주 단독으로 또는 공정거래법 시행령 제3조 제1호 각 목의 어느 하나 및 같은 조 제2호 각 목의 어느 하나에 해당하는 관계에 있는 자와 합하여 같은 조 제1호 및 제2호의 요건에 해당하는 외국법인을 포함) 및 그 회사의 임원

7. 본인이 계열주와 제1호 또는 제2호에 따른 관계에 있는 자이거나 계열주가 지배하는 기업집단에 속하는 회사의 임원인 경우에 그 계열주가 지배하는 기업집단에 속하는 회사 및 그 회사의 임원

8. 본인이 기업집단에 속하는 회사인 경우에 그 회사와 같은 기업집단에 속하는 회사 및 그 회사의 임원

9. 본인 또는 제1호부터 제8호까지의 자와 합의 또는 계약 등으로 은행의 발행주식에 대한 의결권(의결권의 행사를 지시할 수 있는 권한을 포함)을 공동으로 행사하는 자

(가) 은행의 채권 확보의 실효성을 높이기 위하여 필요한 경우

국민경제를 위하여 또는 은행의 채권 확보의 실효성을 높이기 위하여 필요한 사유(법35 ①(1))로 은행의 신용공여가 자기자본의 25%를 초과할 수 있는 경우는 다음과 같다(영20조의 5①).

1. 채무자회생법에 따른 회생절차가 진행 중이거나 기업구조조정 등을 위하여 은행 공동으로 경영정상화를 추진 중인 회사에 대하여 추가로 신용공여를 하는 경우
2. 위 제1호에 해당하는 회사를 인수한 자에 대하여 인수계약에서 정하는 바에 따라 추가로 신용공여를 하는 경우
3. 사회기반시설사업의 추진 등 산업발전 또는 국민생활 안정을 위하여 불가피하다고 금융위 원회가 인정하는 경우[12]

(나) 자기자본의 변동 등으로 한도를 초과하게 되는 경우

은행이 추가로 신용공여를 하지 아니하였음에도 불구하고 자기자본의 변동, 동일차주 구 성의 변동 등으로 인하여 본문에 따른 한도를 초과하게 되는 사유(법35①(2))로 은행의 신용공 여가 자기자본의 25%를 초과할 수 있는 경우는 다음과 같다(영20의5②).

1. 환율변동에 따라 원화환산액이 증가한 경우
2. 해당 은행의 자기자본이 감소한 경우
3. 동일차주의 구성에 변동이 있는 경우
4. 신용공여를 받은 기업 간의 합병 또는 영업의 양도·양수가 있는 경우
5. 그 밖에 급격한 경제 여건의 변화 등 불가피한 사유로 은행의 귀책사유 없이 신용공여한도 를 초과하였다고 금융위원회가 인정하는 경우[13]

(5) 한도초과

은행이 추가로 신용공여를 하지 않았지만 자기자본의 변동, 동일차주 구성의 변동 등으로 인하여 한도를 초과하게 되는 경우(법35①(2))에는 그 한도가 초과하게 된 날부터 1년 이내에

---

12) 영 제20조의5 제1항 제3호에 따라 신용공여한도 초과를 인정받고자 하는 은행은 감독원장을 경유하여 금 융위에 그 인정을 신청하여야 한다. 다만, 당좌대출 등 이미 약정한 한도범위 이내에서 신용공여를 하는 경우에는 금융위의 인정을 받은 것으로 본다(은행업감독규정73①).
13) "금융위원회가 인정하는 경우"라 함은 다음의 어느 하나에 해당되는 경우를 말한다(은행업감독규정73②).
  1. 금융산업구조개선법 제2조 제1호에서 정한 금융기관과의 합병 또는 영업의 양도·양수
  2. 금융산업구조개선법 제2조 제1호에서 정하는 금융기관의 종류 전환
  3. 지급보증대지급금의 발생
  4. 금리상승에 따른 사채지급보증액의 증가
  5. 은행 대차대조표 계정과목의 변경
  6. 제3조에 의한 신용공여의 범위의 변경

동일차주·동일인 및 거액 여신한도(법35①③④ 본문)에 맞도록 하여야 한다(법35② 본문). 다만, 대통령령으로 정하는 부득이한 사유에 해당하는 경우에는 금융위원회가 그 기간을 정하여 연장할 수 있다(법35② 단서). 여기서 "대통령령으로 정하는 부득이한 사유에 해당하는 경우"란 다음의 어느 하나에 해당하는 경우를 말한다(영20의6).

1. 이미 제공한 신용공여의 기한이 도래하지 아니하여 기간 내에 회수가 곤란한 경우
2. 시행령 제20조의5 제2항 제1호 또는 제2호에 따른 사유가 장기간 지속되고 해당 신용공여를 회수할 경우 신용공여를 받은 자의 경영안정을 크게 해칠 우려가 있는 경우
3. 그 밖에 제1호 및 제2호에 준하는 경우로서 한도 초과 상태가 일정 기간 계속되어도 해당 은행의 자산건전성을 크게 해치지 아니한다고 금융위원회가 인정하는 경우[14]

(6) 위반시 제재

법 제35조 제1항·제3항 또는 제4항을 위반하여 신용공여를 한 자는 3년 이하의 징역 또는 1억원 이하의 벌금에 처한다(법67(2)). 금융위원회는 은행이 법 제35조 제1항·제3항·제4항 따른 신용공여한도를 초과한 경우 초과한 신용공여액의 30% 이하의 범위에서 과징금을 부과할 수 있다(법65의3(1)).

7. 다른 회사 등에 대한 출자제한 등

(1) 다른 회사 등에 대한 출자제한

(가) 원칙적 제한

은행은 다른 회사등의 의결권 있는 지분증권의 15%를 초과하는 지분증권을 소유할 수 없다(법37①). 이는 은행이 산업자본을 지배함으로써 발생할 수 있는 문제를 방지하기 위한 규정이다. 이와 유사한 규제로는 금융산업구조개선법상으로 금융기관 등이 다른 회사 주식 20% 이상 취득 시에는 금융위원회의 승인사항으로 규정하고 있는 것이 있다(금융산업구조개선법24). 은행법상 출자제한규제는 은산분리의 취지를 반영한 것임에 비하여 금융산업구조개선법상의 규제는 금융기관을 이용한 기업결합의 제한을 목적으로 하는 점에서 차이가 있다.

(나) 예외적 허용(자회사등의 출자승인)

1) 의의

은행법은 은행의 출자제한을 기본적으로는 금지하지만, 일정한 경우에는 그 출자총액에 제한을 두는 방식으로 이를 허용한다. 즉 은행은 금융위원회가 정하는 업종에 속하는 회사 등

---

14) "금융위원회가 인정하는 경우"라 함은 차주에 대하여 채권회수를 위한 법적절차가 진행중인 경우를 말하고, 신용공여한도 초과기간을 연장하고자 하는 경우 그 연장기간은 1년 이내로 한다(은행업감독규정75①②).

에 출자하는 경우 또는 기업구조조정 촉진을 위하여 필요한 것으로 금융위원회의 승인을 받은 경우에는 의결권 있는 지분증권의 15%를 초과하는 지분증권을 소유할 수 있으나 출자총액의 제한을 받는다(법37②). 여기서 "은행이 의결권 있는 지분증권의 15%를 초과하는 지분증권을 소유하는 회사 등"을 "자회사등"이라 한다(법37② 단서).[15] 은행의 자회사등에 대한 출자에 관하여 구체적인 사항은 대통령령으로 정한다(법37④).

　　2) 금융위원회가 정하는 업종 또는 기업구조조정 촉진과 금융위원회 승인

　　금융위원회가 정하는 업종[16]은 금융업 및 금융업과 관련된 업종으로서 은행업감독규정에

---

15) 은행이 다음의 어느 하나에 해당하는 회사등의 업무집행사원 또는 무한책임사원이거나 유한책임사원으로서 회사등(무한책임사원 및 투자대상이 동일한 회사등은 하나의 회사등으로 본다) 출자총액의 30%를 초과하여 지분을 보유하는 경우 해당 회사등을 법 제37조 제2항에서 정하는 자회사등으로 본다(은행업감독규정49의2).
　1. 자본시장법에 따른 경영참여형 사모집합투자기구
　2. 중소기업창업 지원법에 따른 중소기업창업투자조합(자본시장법 제249조의11 제4항의 내용을 규약에 반영하고 준수하는 경우로 한정)
　3. 여신전문금융업법에 따른 신기술사업투자조합(자본시장법 제249조의11 제4항의 내용을 규약에 반영하고 준수하는 경우로 한정)
　4. 벤처기업육성에 관한 특별조치법에 따른 한국벤처투자조합(자본시장법 제249조의11 제4항의 내용을 규약에 반영하고 준수하는 경우로 한정)
16) "금융위원회가 정하는 업종"이라 함은 다음의 어느 하나에 해당하는 업종을 말한다(은행업감독규정49).
　1. 은행법에 따른 은행업
　2. 자본시장법에 따른 다음 각 목의 어느 하나에 해당하는 업종
　　가. 금융투자업
　　나. 종합금융회사의 업무
　　다. 집합투자기구업무
　　라. 일반사무관리회사업무
　　마. 경영참여형 사모집합투자기구의 지분소유를 목적으로 하는 회사의 업무
　2의2. 사모의 방법으로 금전등을 모아 운용·배분하는 것으로서 자본시장법 제6조 제5항 제1호에 해당하는 업무
　3. 보험업법에 의한 보험업
　4. 상호저축은행법에 의한 상호저축은행업무
　5. 여신전문금융업법에 의한 여신전문금융업
　6. 신용정보법에 의한 신용정보업
　7. 은행업무의 수행과 직접 관련된 금융연구업 및 다음 각 목의 어느 하나(해당 업무 수행과 관련된 매출액 또는 운영비용이 각각 총매출액 또는 총운영비용의 70% 이상인 경우)에 해당하는 금융전산업
　　가. 은행업무 관련 자료를 처리·전송하는 프로그램을 제공하고 이를 관리하는 업무
　　나. 은행업무 관련 전산시스템을 판매 또는 임대하는 업무
　　다. 은행업무 관련 자료를 중계·처리하는 부가통신 업무
　　라. 인터넷을 통해 지급결제서비스를 제공하는 업무
　8. 팩토링업
　9. 자산유동화법에 의한 유동화전문회사업무 및 자산관리업무
　10. 주택저당채권유동화회사법에 의한 주택저당채권유동화회사업무
　11. 민간투자법 제8조의2에 따라 주무관청에 의하여 지정을 받은 민간투자대상 사업(법인세법 제51조의2 제1항 제9호에 해당하는 회사를 통하여 영위하는 경우에 한한다)

서 규정한다(법37②, 은행업감독규정49). 이 경우에는 금융위원회의 승인이 필요없다. 기업구조조정 촉진을 위하여 필요한 경우에는 금융위원회의 승인을 받아야 한다.

3) 출자총액제한

은행의 자회사등에 대한 출자총액은 ⅰ) 은행 자기자본의 20%에 해당하는 금액(법37②(1), 영21①), 또는 ⅱ) 은행과 그 은행의 자회사등의 경영상태 등을 고려하여 금융위원회가 정하여 고시하는 요건17)을 충족하는 경우에는 은행 자기자본의 30%에 해당하는 금액(법37②(2), 영21④)을 초과할 수 없다(법37② 단서).

금융위원회는 다른 회사의 지분증권을 취득할 수 있는 은행의 요건으로 ⅰ) 은행의 경영상태(제1호), ⅱ) 은행이 이미 출자한 자회사등(법37② 단서)의 경영상태(제2호), ⅲ) 자회사등에 대한 출자의 총한도(제3호)에 관한 요건을 정할 수 있다(영21②). 여기서 출자총액을 산정할 때에는 원본보전의 약정이 있는 신탁계정에서의 출자액은 포함하되, 법령에 따라 출자하는 금액과 구조조정 등에 드는 금액으로서 금융위원회가 인정하는 금액은 제외한다(영21③).

(2) 자회사등과의 거래제한

은행의 자회사등에 대한 출자가 승인된 경우에도 은행은 그 은행의 자회사등과 거래할 때 다음의 네 가지 이해상충 가능성이 있는 행위(제1호−제4호)를 할 수 없다(법37③).

ⅰ) 그 은행의 자회사등에 대한 신용공여로서 대통령령으로 정하는 기준을 초과하는 신용공여를 할 수 없다(제1호). 여기서 "대통령령으로 정하는 기준"이란 자회사등 각각에 대해서는 해당 은행 자기자본의 10%를, 자회사등 전체에 대해서는 해당 은행 자기자본의 20%를 말한다(영21⑤). 그러나 은행이 추가로 신용공여를 하지 아니하였음에도 불구하고 다음의 어느 하나에 해당하는 사유로 시행령 제21조 제5항에서 정한 기준을 초과하게 된 경우에는 이를 적합하게 하기 위한 계획을 그 사유가 발생한 날부터 1개월 이내에 금융위원회에 제출하여야 한다(영21⑦).

1. 환율변동에 따른 원화환산액의 증가

---

12. 은행의 자기자본 조달업무(해당 은행의 자기자본 조달만을 목적으로 설립되고, 의결권 있는 발행주식 또는 지분총수를 소유한 경우에 한한다)
13. 제1호부터 제12호에 준하는 것으로서 국외현지법인이 해당 국가에서 영위하는 업종
13의2. 국외현지법인이 해당 국가에서 영위하는 은행지주회사 업무 또는 이에 준하는 업무
14. 그 밖에 제1호부터 제12호에 준하는 것으로 금융위가 인정하는 업무
17) "금융위원회가 정하여 고시하는 요건"이라 함은 다음을 말한다(은행업감독규정50①).
   1. 해당 은행의 제33조에 따른 최근 경영실태평가 결과가 1등급 또는 2등급이고, 전년말 현재 제26조 제1항 제1호 및 제2호의 경영지도비율을 유지하고 있을 것
   2. 해당 은행이 이미 출자한 자회사등(제51조의 규정에 의해 승인을 받은 자회사등은 제외)의 최근 경영실태평가 결과가 1등급부터 3등급까지일 것

2. 해당 은행의 자기자본 감소

3. 자회사등 간의 합병 또는 영업의 양도·양수

4. 그 밖에 금융위원회가 정하여 고시하는 사유[18]

다만 그 은행의 자회사등이 합병되는 등 대통령령으로 정하는 경우는 제외한다(법37③(1)). 여기서 "그 은행의 자회사등이 합병되는 등 대통령령으로 정하는 경우"란 다음의 어느 하나에 해당하는 경우를 말한다(영21⑥).

1. 은행 이사회에서 합병하기로 결의한 자회사등에 대하여 신용공여를 하는 것이 불가피한 경우

2. 은행 공동으로 경영 정상화를 추진 중인 자회사등에 대하여 신용공여를 하기로 합의한 경우

ii) 그 은행의 자회사등의 지분증권을 담보로 하는 신용공여와 그 은행의 자회사등의 지분증권을 사게 하기 위한 신용공여를 할 수 없다(제2호).

iii) 그 은행의 자회사등의 임직원에 대한 대출을 할 수 없다. 다만 금융위원회가 정하는 소액대출[19]은 제외한다(제3호).

iv) 그 밖에 그 은행의 건전한 경영을 해치거나 예금자 등 은행이용자의 이익을 해칠 우려가 있는 행위로서 대통령령으로 정하는 행위를 할 수 없다(제4호). 여기서 "대통령령으로 정하는 행위"란 다음의 어느 하나에 해당하는 행위를 말한다(영21⑧).

1. 정당한 사유 없이 자회사등이 부담하여야 할 경비를 부담하는 행위

2. 업무상 알게 된 은행이용자에 대한 정보를 은행이용자의 동의 없이 자회사등에 제공하거나 자회사등으로부터 제공받는 행위. 다만, 법령에 따라 제공하거나 제공받는 경우는 제외한다.

3. 그 밖에 정당한 사유 없이 자회사등을 우대하는 행위로서 금융위원회가 정하여 고시하는 행위[20]

---

18) "그 밖에 금융위원회가 정하는 고시하는 사유"는 다음의 어느 하나에 해당하는 사유를 말한다(은행업감독규정52②).
　　1. 지급보증대지급금 발생
　　2. 금리상승에 따른 사채지급보증액 증가
　　3. 은행 대차대조표 계정과목의 변경
　　4. 제3조에 의한 신용공여의 범위 변경
　　5. 제51조 제1항에 따라 비금융회사의 의결권있는 발행 지분증권의 15%를 초과하는 지분증권을 소유하게 되는 경우
　　6. 영 제21조 제6항에 해당하지 아니하게 되는 경우

19) "금융위원회가 정하는 소액대출"이라 함은 일반자금대출 20백만원(급부 포함) 이내, 주택자금대출(일반자금대출 포함) 50백만원 이내를 말한다. 다만, 대출조건은 일반고객과 동일하여야 한다(은행업감독규정53①).

20) "금융위원회가 정하여 고시하는 사유"는 다음의 어느 하나에 해당하는 사유를 말한다(은행업감독규정52③).

(3) 모은행과 자은행

(가) 의의

모은행과 자은행규제(법37⑥⑦⑧)에서 "모은행" 및 "자은행"이란 은행이 다른 은행의 의결권 있는 발행주식 총수의 15%를 초과하여 주식을 소유하는 경우의 그 은행과 그 다른 은행을 말한다(법37⑤ 전단). 이 경우 모은행과 자은행이 합하여 자은행이 아닌 다른 은행의 의결권 있는 발행주식 총수의 15%를 초과하여 주식을 소유하는 경우 그 다른 은행은 그 모은행의 자은행으로 본다(법37⑤ 후단).

(나) 자은행의 금지행위

모은행과 자은행의 이해상충 가능성을 고려하여 자은행의 다음과 같은 행위는 금지된다(법37⑥).

i) 모은행 및 그 모은행의 다른 자은행("모은행등")이 발행한 주식을 소유하는 행위는 금지된다. 다만 대통령령으로 정하는 경우는 제외한다(제1호). 여기서 "대통령령으로 정하는 경우"란 다음의 어느 하나에 해당하는 경우를 말한다(영21⑨).

1. 자은행이 모은행(법 제37조 제5항에 따른 모은행)의 새로운 다른 자은행이 발행한 주식을 이미 소유하고 있는 경우
2. 모은행의 새로운 자은행이 그 모은행 또는 그 자은행이 발행한 주식을 이미 소유하고 있는 경우
3. 상법 제342조의2 제1항에 따라 모은행등(법 제37조 제6항 제1호에 따른 모은행등)이 발행한 주식을 소유하는 경우

자은행이 위의 어느 하나의 사유로 모은행등이 발행한 주식을 소유한 경우에는 그 날부터 2년 이내에 해당 주식을 처분하여야 한다. 다만, 금융위원회는 자은행이 소유한 주식의 규모, 증권시장의 상황 등에 비추어 부득이하다고 인정되는 경우에는 그 기간을 연장할 수 있다(영21⑩).

ii) 다른 은행의 의결권 있는 발행주식의 15%를 초과하여 주식을 소유하는 행위는 금지된다(제2호).

iii) 대통령령으로 정하는 기준을 초과하여 모은행등에 신용공여를 하는 행위는 금지된다(제3호). 여기서 "대통령령으로 정하는 기준"이란 다음의 기준을 말한다(영21⑪ 본문).

---

1. 정당한 사유없이 자회사등을 우대하는 행위
2. 자회사등의 경영의 독립성 및 건전성을 침해하는 행위
3. 자회사등 또는 고객에게 이익상충의 우려가 있는 거래를 하도록 영향력을 행사하는 행위

1. 모은행에 대한 신용공여의 금지
2. 다른 자은행에 대한 신용공여는 해당 자은행 자기자본의 10% 이내
3. 다른 자은행에 대한 신용공여의 합계액은 해당 자은행 자기자본의 20% 이내

다만, 다음의 경우(영21⑫ 각호)에는 그 사유가 발생한 날부터 2년 이내에 위 대통령령이 정하는 기준에 적합하도록 하되, 자은행의 신용공여 규모 등에 비추어 부득이하다고 인정되는 경우21) 금융위원회는 그 기간을 연장할 수 있다(영21⑪ 단서).

위 시행령 제21조 11항에서 "제12항 각 호에 해당하는 경우"란 다음의 어느 하나에 해당하는 경우를 말한다(영21⑫).

1. 모자관계를 형성하기 이전에 이미 모은행에 신용공여를 한 경우
2. 모은행의 새로운 자은행에 대한 신용공여의 규모가 이미 제11항 제2호 및 제3호에 따른 한도를 초과한 경우
3. 환율변동에 따른 원화환산액의 증가, 해당 은행의 자기자본 감소, 기업 간 합병 또는 영업의 양수, 그 밖에 금융위원회가 인정하는 불가피한 사유(영20의7④ 1호·2호·4호 및 5호)로 제11항에 따른 기준을 위반하게 된 경우

iv) 그 밖에 그 자은행의 건전한 경영을 해치거나 예금자 등 은행이용자의 이익을 해칠 우려가 있는 행위로서 대통령령으로 정하는 행위는 금지된다(제4호). 여기서 "대통령령으로 정하는 행위"란 다음의 행위를 말한다(영21⑬).

1. 모은행등이 발행한 주식을 담보로 하거나 이를 매입시키기 위한 신용공여
2. 모은행등의 임원 또는 직원에 대한 대출(금융위원회가 정하는 소액대출은 제외)

(다) 모자은행간 신용공여

자은행과 모은행등 상호 간에 신용공여를 하는 경우에는 신용공여액의 150%의 범위에서 유가증권, 부동산 등 담보의 종류에 따라 금융위원회가 정하여 고시하는 비율22) 이상의 담보

---

21) "자은행의 신용공여규모 등에 비추어 부득이하다고 인정되는 경우"라 함은 다음의 어느 하나를 말한다(은행업감독규정52의3③).
 1. 이미 제공한 신용공여의 기한이 도래하지 아니하여 기간내에 회수가 곤란한 경우
 2. 영 제20조의5 제4항 제1호 또는 제2호의 사유가 장기간 지속되고 당해 신용공여를 회수할 경우 신용공여를 받은 모은 행등의 경영안정이 크게 저해될 우려가 있는 경우
 3. 기타 제1호 및 제2호에 준하는 경우로서 한도초과 상태가 일정기간 지속되어도 당해 자은행의 자산건전성이 크게 저해되지 아니한다고 감독원장이 인정하는 경우
22) "담보의 종류에 따라 금융위원회가 정하여 고시하는 비율"이라 함은 다음의 어느 하나를 말한다(은행업감독규정52의4①).
 1. 예·적금, 정부 및 한국은행에 대한 채권, 정부 및 한국은행이 보증한 채권, 정부 및 한국은행이 발행

를 확보하여야 한다(법37⑦ 본문, 영21⑭).

다만, 그 자은행과 모은행등의 구조조정에 필요한 신용공여 등 대통령령으로 정하는 요건에 해당하는 경우에는 그러하지 아니하다(법37⑦ 단서). 여기서 "그 자은행과 모은행등의 구조조정에 필요한 신용공여 등 대통령령으로 정하는 요건에 해당하는 경우"란 다음의 어느 하나에 해당하는 경우를 말한다(영21⑮).

1. 해당 자은행과 모은행등의 구조조정에 필요한 신용공여에 해당하는 경우
2. 해당 자은행이 모은행의 자은행이 되기 전에 한 신용공여에 해당하는 경우. 다만, 해당자은행이 모은행의 자은행이 된 날부터 2년 이내에 제13항에 적합하게 하는 경우로 한정한다.
3. 자본시장법에 따른 자금중개회사를 통한 통상적 수준 이내에서의 단기자금거래에 해당하는 경우
4. 추심 중에 있는 자산을 근거로 제공한 일시적 신용공여에 해당하는 경우
5. 당일 자금 상환을 조건으로 제공한 통상적 수준 이내에서의 당좌대출에 해당하는 경우

(라) 모자은행간 불량자산 거래의 금지

자은행과 모은행등 상호 간에는 대통령령으로 정하는 불량자산을 거래하여서는 아니 된다(법37⑧ 본문). 여기서 "대통령령으로 정하는 불량자산"이란 경영내용, 재무상태 및 미래의 현금흐름 등을 고려할 때 상환에 어려움이 있거나 있을 것으로 판단되는 채무자 등에 대한 채권 등으로서 금융위원회가 정하여 고시하는 자산23)을 말한다(영21⑯). 다만, 그 자은행과 모은행등의 구조조정에 필요한 거래 등 금융위원회가 정하는 요건에 해당하는 경우에는 그러하지 아니하다(법37⑧ 단서).

(4) 위반시 제재

법 제37조 제1항·제3항 또는 제6항부터 제8항까지의 규정 중 어느 하나를 위반한 자는 3년 이하의 징역 또는 1억원 이하의 벌금에 처한다(법67(3)). 법 제37조 제1항·제2항 또는 제6항 제2호에 따른 지분증권의 소유한도를 초과한 경우에는 초과 소유한 지분증권의 장부가액 합계액의 30% 이하(제4호), 제37조 제3항 제2호를 위반하여 신용공여를 한 경우에는 해당 신용공여액의 5% 이하(제5호), 제37조 제6항 제1호를 위반하여 주식을 소유한 경우에는 소유한 주

또는 보증한 증권에 의해 담보된 채권: 100%
2. 지방자치법에 의한 지방자치단체, 지방공기업법에 의한 지방공기업(다만, 결손이 발생하는 경우 정부 또는 지방자치단체로부터 제도적으로 결손보전이 이루어질 수 있는 기관에 한한다), 공공기관의 운영에 관한 법률에 따른 공공기관에 대한 채권, 공공기관이 보증한 채권, 공공기관 등이 발행 또는 보증한 증권에 의해 담보된 채권: 110%
3. 제1호 및 제2호 이외의 자산: 130%
23) "금융위원회가정하여 고시하는 자산"이라 함은 은행업감독규정 제27조에 따라 "요주의" 이하로 분류된 자산을 말한다(은행업감독규정52의5①).

식의 장부가액 합계액의 5% 이하(제6호), 제37조 제7항 본문을 위반하여 적정한 담보를 확보하지 아니하고 신용공여를 한 경우에는 해당 신용공여액의 30% 이하(제7호), 제37조 제8항 본문을 위반하여 불량자산을 거래한 경우에는 해당 불량자산의 장부가액의 30% 이하(제8호)의 범위에서 과징금을 부과할 수 있다(법65의3)).

8. 위험투자 등의 금지

(1) 증권투자한도

다음의 증권에 대한 투자의 총 합계액이 은행의 자기자본의 100%에 해당하는 금액을 초과하는 투자는 금지된다(법38(1) 전단, 영21의2①). 이 경우 금융위원회는 필요한 경우 투자한도의 범위에서 다음의 증권에 대한 투자한도를 따로 정할 수 있다(법38(1) 후단).[24]

> 가. 채무증권으로서 상환기간이 3년을 초과하는 것. 다만, 국채 및 한국은행 통화안정증권, 정부가 원리금의 지급을 보증한 채권(債券)(금융산업구조개선법11⑥(2))은 제외한다.
>
> 나. 지분증권. 다만, 일정한 금융기관이 금융위원회가 정하는 바에 따라 기존의 대출금 등을 출자로 전환함으로써 소유하게 된 주식(금융산업구조개선법11⑥(1))은 제외한다.
>
> 다. 파생결합증권 중 상환기간이 3년을 초과하는 것(영21의2②)
>
> 라. 수익증권, 투자계약증권 및 증권예탁증권으로서 상환기간이 3년을 초과하는 것(영21의2③)

(2) 비업무용 부동산의 소유

(가) 의의

대통령령으로 정하는 업무용 부동산이 아닌 부동산의 소유는 금지된다(법38(2)). 여기서 "대통령령으로 정하는 업무용 부동산"이란 ⅰ) 영업소, 사무소 등 영업시설(제1호), ⅱ) 연수시설(제2호), ⅲ) 복리후생시설(제3호), ⅳ) 제1호부터 제3호까지의 시설 용도로 사용할 토지·건물 및 그 부대시설(제4호)에 해당하는 부동산을 말한다(영21의2④). 다만 저당권 등 담보권의 실행으로 취득한 부동산은 제외한다(법38(2)).

(나) 처분의무

은행은 그 소유물이나 그 밖의 자산 중 은행법에 따라 그 취득 또는 보유가 금지되거나

---

24) 금융산업구조개선법 제11조 제6항 제1호에 따라 은행이 다음의 어느 하나에 해당하는 기업에 대한 대출금 등을 출자로 전환함으로써 주식을 소유하게 된 경우에는 법 제38조 제1호에 의한 증권의 취득으로 보지 아니한다(은행업감독규정59)
1. 회생절차 개시 결정을 받은 기업
2. 기업개선작업 대상기업
3. 기타 은행 공동으로 정상화를 추진 중인 기업

저당권 등 담보권의 실행으로 취득한 자산이 있는 경우에는 금융위원회가 정하는 바에 따라 처분하여야 한다(법39).25)

(3) 업무용 부동산의 소유

자기자본의 60%를 초과하는 업무용 부동산의 소유는 금지된다(법38(3), 영21의2⑤). 은행이 업무용 부동산을 새로 취득하지 아니하였음에도 불구하고 손실발생 등으로 부득이 하게 자기 자본이 감소하여 한도를 초과하게 된 경우에는 초과하게 된 날부터 1년 이내에 그 한도에 적합 하게 하여야 한다(영21의2⑥ 본문). 다만, 금융위원회는 은행이 초과 보유한 업무용 부동산의 규 모, 부동산시장의 상황 등에 비추어 부득이하다고 인정되는 경우에는 해당 은행의 신청에 따라 그 기간을 연장할 수 있다(영21의2⑥ 단서).

(4) 은행주식담보대출

직접·간접을 불문하고 해당 은행의 주식을 담보로 하는 대출은 금지된다(법38(4)). 이와 관련하여 은행이 은행계정이 아닌 신탁계정에서 신탁업자로서 하는 신탁대출에 대하여도 동일 한 규제가 적용되는지가 문제될 수 있다. 은행의 신탁계정에서 일어나는 신탁대출에는 은행법 이 적용되지 않고 신탁업자규제인 자본시장법상 규제가 적용된다. 현행 자본시장법은 신탁업 자의 자기주식 담보취득을 금지하고 있지 않기 때문에 신탁대출을 위한 자기주식 담보취득은 허용된다고 보아야 한다.26)

(5) 은행주식 매입자금 대출

직접·간접을 불문하고 해당 은행의 주식을 사게 하기 위한 대출은 금지된다(법38(5)). 이 와 관련하여 은행 등이 모회사인 은행지주회사 주식을 매입하는데 대출을 하는 것은 허용되는 지가 논의될 수 있다. 사실상 은행은 은행지주회사의 100% 자회사인 경우가 대부분이고 일반 투자자는 대형 자회사인 은행의 주식이 비상장이고 은행지주를 통한 투자를 할 수밖에 없기 때문에 은행지주의 주식에 대한 매입을 위한 대출에 대하여도 일정한 규제가 필요해 보인다. 실제로 최근 BNK금융지주의 경우 자회사인 부산은행이 모회사이자 상장사인 금융지주회사의 유상증자 발행가를 높이기 위해 금융지주회사의 주식매입을 위한 대출을 행함으로써 시세조종 행위가 일어났던 점을 고려해 볼 때, 당해 은행 주식의 매입자금 대출행위규제는 당해 은행의 주식을 100% 소유하고 있는 은행지주회사의 주식 매입자금 대출행위로까지 확대될 필요가 있 다.27)

---

25) 은행은 소유물 또는 기타 자산 중 은행법에 의하여 보유가 금지되거나 저당권 등 담보권의 실행으로 인하 여 취득한 자산("비업무용자산")을 은행법의 규정에 부합되지 아니하는 날로부터 3년 이내에 처분하여야 한다. 다만, 공매유찰 및 공매보류의 사유로 비업무용자산 처분연기보고를 하였을 경우에는 연기보고일 이 후 1년 이내에 처분하여야 한다(은행업감독규정58①).

26) 정순섭(2017), 219쪽.

(6) 임직원대출

해당 은행의 임직원에 대한 대출은 금지된다. 다만 금융위원회가 정하는 소액대출[28]은 제외한다(법38(6)).

Ⅱ. 경영건전성기준

1. 경영건전성의 내용

은행은 은행업을 경영할 때 자기자본을 충실하게 하고 적정한 유동성을 유지하는 등 경영의 건전성을 확보하여야 한다(법34①). 은행은 경영의 건전성을 유지하기 위하여 ⅰ) 자본의 적정성에 관한 사항(제1호), ⅱ) 자산의 건전성에 관한 사항(제2호), ⅲ) 유동성에 관한 사항(제3호), ⅳ) 그 밖에 경영의 건전성 확보를 위하여 필요한 사항(제4호)에 관하여 대통령령으로 정하는 바에 따라 금융위원회가 정하는 경영지도기준을 지켜야 한다(법34②). 경영지도기준에는 다음의 사항이 포함되어야 한다(법34②, 영20①).

1. 국제결제은행의 기준에 따른 위험가중자산에 대한 자기자본비율 등 은행의 신용위험에 대응하는 자기자본의 보유기준에 관한 사항
2. 대출채권 등 은행이 보유하는 자산의 건전성 분류기준에 관한 사항
3. 신용공여를 통합하여 관리할 필요가 있다고 인정하여 금융위원회가 정하여 고시하는 자에 대한 신용공여 관리기준에 관한 사항
4. 유동성부채에 대한 유동성자산의 보유기준에 관한 사항
5. 그 밖에 은행 경영의 건전성 확보를 위하여 금융위원회가 정하여 고시하는 사항

2. 경영실태평가

은행에 대한 경영실태평가제도는 우리나라가 BIS와 OECD에 가입하면서 1996년 10월에 도입되었다. 평가대상 은행은 일반은행(시중은행, 지방은행), 특수은행(한국산업은행, 중소기업은행, 수출입은행, 농협은행, 수협은행), 국내은행의 해외점포(현지법인, 국외지점) 및 외국은행 국내지점이고, 해당 은행의 특성을 감안하여 평가대상 기관별로 평가부문을 달리하여 적용하고 있다. 한편 2017년에 영업을 개시한 인터넷전문은행(카카오뱅크, 케이뱅크)과 같이 영업개시 후 만 3년이 경과하지 않은 은행 본점, 외은지점, 국내은행 국외지점, 국외현지법인 등은 평가대상에서

---

27) 이효근(2019), 82쪽.
28) "금융위원회가 정하는 소액대출"이라 함은 다음에서 정하는 대출을 말한다(은행업감독규정56①).
   1. 일반자금대출: 20백만원(급부 포함) 이내, 2. 주택자금대출(일반자금대출 포함): 50백만원 이내, 3. 사고금정리대출(일반자금 및 주택자금대출 포함): 60백만원 이내

제외할 수 있도록 하고 있다.

감독원장은 은행의 경영실태를 분석하여 경영의 건전성 여부를 감독하여야 하고(은행업감독규정33①), 감독원장은 은행에 대한 검사 등을 통하여 경영실태를 평가하고 그 결과를 감독 및 검사업무에 반영할 수 있다(은행업감독규정33②). 경영실태평가는 은행 본점, 외국은행 지점, 은행 국외지점 및 국외현지법인을 대상으로 하며 1등급(우수), 2등급(양호), 3등급(보통), 4등급(취약), 5등급(위험)의 5단계 등급으로 구분한다. 다만, 영업개시후 만 3년이 경과하지 아니한 은행 본점, 외국은행 지점, 은행 국외지점, 국외현지법인 및 정리절차 진행 등으로 평가의 실익이 적다고 감독원장이 인정하는 경우는 평가대상에서 제외할 수 있다(은행업감독규정33⑤).

경영실태평가는 검사기준일 현재 평가대상기관의 경영실태를 ⅰ) 은행 본점, 은행 국외현지법인에 대한 경우: 해당 은행 또는 은행 국외현지법인 전체의 자본적정성, 자산건전성, 경영관리의 적정성, 수익성, 유동성, 리스크 관리, ⅱ) 외국은행지점, 은행 국외지점에 대한 경우: 해당 지점의 리스크관리, 경영관리 및 내부통제, 법규준수, 자산건전성에 따라 부문별로 구분 평가하고 부문별 평가결과를 감안하여 종합평가한다(은행업감독규정33③). 부문별 평가항목과 부문별 평가비중은 <별표 5>와 같다(은행업감독규정33④).

3. 적기시정조치

은행업감독규정은 금융위원회가 은행에 대하여 할 수 있는 적기시정조치의 유형으로 경영개선권고, 경영개선요구, 경영개선명령을 규정하고 있다(은행업감독규정34, 35, 36).

(1) 경영개선권고

금융위원회는 은행이 ⅰ) 총자본비율이 8% 미만 또는 기본자본비율이 6% 미만 또는 보통주자본비율이 4.5% 미만인 경우(제1호), ⅱ) 경영실태평가 결과 종합평가등급이 1등급 내지 3등급으로서 자산건전성 또는 자본적정성 부문의 평가등급을 4등급 또는 5등급으로 판정받은 경우(제2호), ⅲ) 거액의 금융사고 또는 부실채권의 발생으로 위의 ⅰ) 또는 ⅱ)의 기준에 해당될 것이 명백하다고 판단되는 경우(제3호)에는 해당 은행에 대하여 필요한 조치[29]를 이행하도록 권고하여야 한다(은행업감독규정34①).

---

29) 필요한 조치라 함은 다음의 일부 또는 전부에 해당하는 조치를 말한다(은행업감독규정34②). 1. 인력 및 조직운영의 개선, 2. 경비절감, 3. 영업소 관리의 효율화, 4. 고정자산투자, 신규업무영역에의 진출 및 신규 출자의 제한, 5. 부실자산의 처분, 6. 자본금의 증액 또는 감액, 7. 이익배당의 제한, 8. 특별대손충당금등의 설정
금융위원회는 경영개선권고를 하는 경우 해당 은행 또는 관련임원에 대하여 주의 또는 경고조치를 취할 수 있다(은행업감독규정34③).

(2) 경영개선요구

금융위원회는 은행이 ⅰ) 총자본비율 6% 미만 또는 기본자본비율 4.5% 미만 또는 보통주자본비율 3.5% 미만인 경우(제1호), ⅱ) 경영실태평가 결과 종합평가등급을 4등급 또는 5등급으로 판정받은 경우(제2호), ⅲ) 거액의 금융사고 또는 부실채권의 발생으로 위의 ⅰ) 또는 ⅱ)의 기준에 해당될 것이 명백하다고 판단되는 경우(제3호), 또는 ⅳ) 경영개선권고를 받은 은행이 경영개선계획을 성실히 이행하지 아니하는 경우(제4호)에는 해당 은행에 대하여 필요한 조치30)를 이행하도록 요구하여야 한다(은행업감독규정35①).

(3) 경영개선명령

금융위원회는 은행이 ⅰ) 금융산업구조개선법 제2조 제2호에 따른 부실금융기관인 경우(제1호), ⅱ) 총자본비율 2% 미만 또는 기본자본비율 1.5% 미만 또는 보통주자본비율 1.2% 미만인 경우(제2호), 또는 ⅲ) 경영개선요구를 받은 은행이 경영개선계획의 주요사항을 이행하지 않아 이행촉구를 받았음에도 이를 이행하지 아니하거나 이행이 곤란하여 정상적인 경영이 어려울 것으로 인정되는 경우(제3호)에는 해당 은행에 대해 기간을 정하여 필요한 조치31)를 이행하도록 명령하고, 감독원장은 동 조치내용이 반영된 계획을 2개월의 범위내에서 금융위가 정하는 기한 내에 제출받아 그 이행여부를 점검하여야 한다(은행업감독규정36①).

Ⅲ. 경영정보의 공시 등

1. 경영공시

은행은 예금자와 투자자를 보호하기 위하여 필요한 사항으로서 대통령령으로 정하는 사항

---

30) 필요한 조치라 함은 다음의 일부 또는 전부에 해당하는 조치를 말한다(은행업감독규정35②). 1. 영업소의 폐쇄·통합 또는 신설제한, 2. 조직의 축소, 3. 위험자산보유 제한 및 자산의 처분, 4. 예금금리수준의 제한, 5. 자회사 정리, 6. 임원진 교체 요구, 7. 영업의 일부정지, 8. 합병, 금융지주회사법에 의한 금융지주회사의 자회사로의 편입(단독으로 또는 다른 금융기관과 공동으로 금융지주회사를 설립하여 그 자회사로 편입하는 경우를 포함), 제3자 인수, 영업의 전부 또는 일부 양도계획의 수립, 9. 은행업감독규정 제34조 제2항에서 정하는 사항

31) 필요한 조치라 함은 다음의 일부 또는 전부에 해당하는 조치를 말한다. 다만, 영업의 전부정지, 영업의 전부양도, 계약의 전부이전 또는 주식의 전부소각의 조치는 제1항 제1호의 부실금융기관이거나 제1항 제2호의 기준에 미달하고 건전한 신용질서나 예금자의 권익을 해할 우려가 현저하다고 인정되는 경우에 한한다(은행업감독규정36②). 1. 주식의 전부 또는 일부 소각, 2. 임원의 직무집행정지 및 관리인의 선임, 3. 합병 또는 금융지주회사의 자회사로의 편입(단독으로 또는 다른 금융기관과 공동으로 금융지주회사를 설립하여 그 자회사로 편입하는 경우를 포함), 4. 영업의 전부 또는 일부의 양도, 5. 제3자에 의한 해당 은행의 인수, 6. 6월 이내의 영업의 정지, 7. 계약의 전부 또는 일부의 이전, 8. 은행업감독규정 제35조 제2항에서 정하는 사항 금융위는 경영개선권고 또는 경영개선요구를 받은 은행으로서 외부로부터 자금지원 없이는 정상적인 경영이 어렵다고 판단되어 정부 또는 예금보험공사가 출자하기로 한 은행에 대하여 자본증가 또는 자본감소를 명령할 수 있다(은행업감독규정36③).

을 금융위원회가 정하는 바에 따라 공시하여야 한다(법43의3). 여기서 "대통령령으로 정하는 사항"이란 다음의 공시사항을 말한다(영24①). 이를 위반하여 공시를 하거나 사실과 다른 내용을 공시한 은행에게는 1억원 이하의 과태료를 부과한다(법69①(7의4)).

1. 재무 및 손익에 관한 사항
2. 자금의 조달 및 운용에 관한 사항
3. 은행법 제53조(은행에 대한 제재)에 따른 제재 조치나 금융산업구조개선법 제10조(적기시정조치) 및 제14조(행정처분)에 따른 조치 또는 처분을 받은 경우에는 그 내용

금융위원회는 위의 공시사항에 관한 세부기준을 정할 수 있다(영24②).[32]

---

[32] 은행업감독규정 제41조(경영공시)① 은행은 법 제43조의3에 따라 결산일로부터 3개월 이내에 다음의 사항을 공시하여야 한다. 다만, 분기별 가결산 결과에 대한 공시자료는 가결산일로부터 2개월 이내에 공시하여야 한다.
1. 조직 및 인력에 관한 사항
2. 재무 및 손익에 관한 사항
3. 자금조달·운용에 관한 사항
4. 건전성·수익성·생산성 등을 나타내는 경영지표에 관한 사항
5. 경영방침, 리스크관리 등 은행경영에 중요한 영향을 미치는 사항
② 제1항에서 정하는 사항에 대한 구체적인 공시항목 및 방법은 감독원장이 정한다
③ 은행은 다음의 어느 하나에 해당되어 경영의 건전성을 크게 해치거나 해칠 우려가 있는 경우 관련내용을 공시하여야 한다. 다만, 해당 은행 또는 해당 은행이 속하는 은행지주회사가 주권상장법인으로서 주요사항보고서를 제출하거나 한국거래소가 정한 공시규정에 따라 공시하는 경우에는 이를 생략할 수 있다.
1. 부실여신이 발생한 경우
2. 제34조부터 제38조까지의 규정에 따라 경영개선권고 등의 조치를 받은 경우
3. 제26조 제1항 제2호에 따른 유동성커버리지비율 및 같은 조 같은 항 제3호에 따른 원화예대율을 위반한 경우
4. 재무구조에 중대한 변동을 초래하는 사항이 발생한 때
5. 은행 경영환경에 중대한 변동을 초래하는 사항이 발생한 때
6. 재산 등에 대규모 변동을 초래하는 사항이 발생한 때
7. 채권채무관계에 중대한 변동을 초래하는 사항이 발생한 때
8. 투자 및 출자관계에 중대한 변동을 초래하는 사항이 발생한 때
9. 손익구조에 중대한 변동을 초래하는 사항이 발생한 때
10. 기타 은행 경영에 중대한 영향을 미칠 수 있는 사항이 발생한 때
11. 사외이사후보추천위원회에 사외이사후보(사외이사로 선임된 경우에 한한다)를 추천한 주주 및 임원에 대한 신용공여 또는 주요 거래가 발생한 때
④ 제3항에서 정하는 공시와 관련된 공시대상, 내용, 방법 및 시기 등은 감독원장이 정한다.
⑤ 감독원장은 은행이 제1항부터 제3항까지에서 정하는 사항을 허위로 공시하거나 중요한 사항을 누락하는 등 불성실하게 공시한 경우에는 해당 은행에 대해 정정공시 또는 재공시를 요구할 수 있다.
⑥ 은행은 다음의 사항을 정기주주총회에 보고하여야 한다.
1. 해당 회계연도중 무수익여신 증감현황
2. 해당 회계연도중 거액 무수익여신 증가업체 현황(시중은행 20억원, 지방은행 10억원 이상)
3. 대출 및 지급보증 지원금액이 100억원 이상인 업체로서 해당 회계연도중 신규발생한 채권재조정업체 현황 및 동 업체에 대한 채권재조정 내역
4. 해당 회계연도중 지출한 기부금내역

2. 업무보고서 등의 제출

은행은 매월의 업무 내용을 기술한 업무보고서를 다음 달 말일까지 금융감독원장이 정하는 서식에 따라 금융감독원장에게 제출하여야 한다(법43의2①). 업무보고서에는 대표자와 담당 책임자 또는 그 대리인이 서명·날인하여야 한다(법43의2②). 은행은 금융감독원장이 감독 및 검사 업무를 수행하기 위하여 요구하는 자료를 제공하여야 한다(법43의2③). 법 제43조의2를 위반하여 보고서를 제출하거나 보고서에 사실과 다른 내용을 적은 은행에게는 1억원 이하의 과태료를 부과한다(법69①(7의3)).

3. 재무제표의 공고 등

(1) 재무제표의 공고

은행은 그 결산일 후 3개월 이내에 금융위원회가 정하는 서식에 따라 결산일 현재의 대차대조표, 그 결산기의 손익계산서 및 금융위원회가 정하는 연결재무제표를 공고하여야 한다(법41① 본문). 다만, 부득이한 사유로 3개월 이내에 공고할 수 없는 서류에 대하여는 금융위원회의 승인을 받아 그 공고를 연기할 수 있다(법41① 단서). 대차대조표, 손익계산서 및 연결재무제표에는 대표자 및 담당 책임자가 서명·날인하여야 한다(법41②). 은행의 결산일은 12월 31일로 한다(법41③ 본문). 다만, 금융위원회는 결산일의 변경을 지시할 수 있으며, 은행은 금융위원회의 승인을 받아 결산일을 변경할 수 있다(법41③ 단서). 재무재표의 공고를 거짓으로 한 은행에게는 1억원 이하의 과태료를 부과한다(법69①(7의2)).

(2) 대차대조표 등의 제출

은행은 매월 말일을 기준으로 한 대차대조표를 다음 달 말일까지 한국은행이 정하는 서식에 따라 작성하여 한국은행에 제출하여야 하며, 한국은행은 이를 한국은행 통계월보에 게재하여야 한다(법42①). 대차대조표에는 담당 책임자 또는 그 대리인이 서명·날인하여야 한다(법42②). 은행은 법률에서 정하는 바에 따라 대차대조표 외에 한국은행의 업무수행에 필요한 정기적 통계자료 또는 정보를 한국은행에 제공하여야 한다(법42③).

(3) 자료 공개의 거부

은행은 상법상 회계장부와 서류의 열람 또는 등사의 청구가 있는 경우에도 은행이용자의 권익을 심하게 해칠 염려가 있을 때에는 그 청구를 거부할 수 있다(법43).

---

5. 자회사등의 영업성과와 재무상태에 대한 경영평가 결과

Ⅳ. 대주주와의 거래규제

1. 대주주 및 특수관계인에 대한 신용공여 등

(1) 의의

대주주 및 특수관계인에 대한 신용공여규제는 양적 규제, 출자지원용 신용공여규제, 불리한 조건의 신용공여등규제의 3가지로 구성된다. 규제대상인 특수관계인은 국외현지법인을 제외한 특수관계인을 한정된다. 국외현지법인은 대한민국 외에 소재하는 자회사등을 말한다(법13①, 법37②). 은행법상 특수관계인은 시행령에서 정하고 있다(법2①(8)), 영1의4).

(2) 양적규제

(가) 개별 대주주에 대한 규제

은행이 그 은행의 대주주 및 특수관계인에게 할 수 있는 신용공여는 "그 은행 자기자본의 25%의 범위에서 대통령령으로 정하는 비율(현재 25%, 영20의7①)에 해당하는 금액"과 "그 대주주의 그 은행에 대한 출자비율에 해당하는 금액" 중 적은 금액을 초과할 수 없다(법35의2①). 여기서 대주주의 "해당 은행에 대한 출자비율에 해당하는 금액"은 대주주가 보유하는 해당 은행의 의결권 있는 주식 수를 해당 은행의 의결권 있는 발행주식 총수로 나눈 비율에 해당 은행의 자기자본을 곱한 금액으로 한다(영20의7②).

(나) 전체 대주주에 대한 규제

은행이 그 은행의 전체 대주주에게 할 수 있는 신용공여는 그 은행 자기자본의 25%의 범위에서 대통령령으로 정하는 비율(현재 25%, 영20의7③)에 해당하는 금액을 초과할 수 없다(법35의2②).

(다) 다른 은행과 교차 여신의 금지

은행은 위 (가) 및 (나)에 따른 신용공여한도를 회피하기 위한 목적으로 다른 은행과 교차하여 신용공여를 하여서는 아니 된다(법35의2③).

(라) 이사회 결의와 공시

은행은 그 은행의 대주주에 대하여 "대통령령으로 정하는 금액" 이상의 신용공여나 "대통령령으로 정하는 거래"를 하려는 경우에는 미리 이사회의 의결을 거쳐야 한다(법35의2④ 전단). 여기서 "대통령령으로 정하는 금액"이란 단일거래금액이 자기자본의 1만분의 10에 해당하는 금액 또는 50억원 중 적은 금액을 말한다(영20의7⑤ 전단). 이 경우 단일거래금액의 구체적인 산정기준은 금융위원회가 정하여 고시[33]한다(영20의7⑤ 후단). "대통령령으로 정하는 거래"란

---

33) 단일거래금액은 동일한 개인 또는 법인 각각에 대한 개별 신용공여약정(기존의 신용공여약정을 갱신·대

자본시장법상 모집 또는 매출의 방법으로 발행되는 사채권을 취득하는 거래를 말한다(영20의7
⑥). 이 경우 이사회는 재적이사 전원의 찬성으로 의결한다(법35의2④ 후단).

(마) 보고와 공시

은행은 그 은행의 대주주에 대하여 "대통령령으로 정하는 금액" 이상의 신용공여를 한 경
우에는 지체 없이 그 사실을 금융위원회에 보고하고 인터넷 홈페이지 등을 이용하여 공시하여
야 한다(법35의2⑤). 여기서 "대통령령으로 정하는 금액"이란 단일거래금액이 자기자본의 1만분
의 10에 해당하는 금액 또는 50억원 중 적은 금액을 말한다(영20의7⑤ 전단). 이 경우 단일거래
금액의 구체적인 산정기준은 금융위원회가 정하여 고시[34]한다(영20의7⑤ 후단).

은행은 그 은행의 대주주에 대한 신용공여에 관한 사항을 매 분기 말 현재 대주주에 대한
신용공여 규모, 분기 중 신용공여의 증감액, 신용공여의 거래조건, 그 밖에 금융위원회가 정하
여 고시하는 사항[35]을 매 분기가 지난 후 1개월 이내에 인터넷 홈페이지 등을 이용하여 공시
하여야 한다(법35의2⑥, 영20의7⑦).

(바) 비자발적 위반과 변경계획의 승인

은행이 추가로 신용공여를 하지 아니하였음에도 불구하고 다음의 어느 하나에 해당하는
사유로 i) 개별 대주주에 대한 규제, ii) 전체 대주주에 대한 규제, iii) 다른 은행과 교차 여
신규제에서 정한 한도를 초과하게 된 경우에는 그 사유가 발생한 날부터 3개월 이내에 이를 적
합하게 하기 위한 계획을 금융위원회에 제출하여 승인을 받아야 한다(영20의7④).

1. 환율변동에 따른 원화환산액의 증가
2. 해당 은행의 자기자본 감소
3. 동일인 구성의 변동
4. 기업 간 합병 또는 영업의 양수
5. 그 밖에 금융위원회가 인정하는 불가피한 사유[36]

환·연장하는 경우를 포함)상의 약정금액(영 제20조의7 제6항에서 정하는 사채권 취득의 경우에는 단일한
매매계약에 의한 취득금액)을 기준으로 산정한다. 다만, 동일한 법인 또는 개인에 대하여 같은 날에 다수
의 약정이 체결되는 경우에는 개별 약정금액의 합계액을 기준으로 산정한다(은행업감독규정16의4③).

34) 은행업감독규정 제16조의4(대주주에 대한 신용공여 등) ③ 영 제20조의7 제5항의 단일거래금액은 동일한
개인 또는 법인 각각에 대한 개별 신용공여약정(기존의 신용공여약정을 갱신·대환·연장하는 경우를 포
함)상의 약정금액(영 제20조의7 제6항에서 정하는 사채권 취득의 경우에는 단일한 매매계약에 의한 취득
금액)을 기준으로 산정한다. 다만, 동일한 법인 또는 개인에 대하여 같은 날에 다수의 약정이 체결되는 경
우에는 개별 약정금액의 합계액을 기준으로 산정한다.

35) "금융위원회가 정하여 고시하는 사항"이라 함은 신용공여 형태별로 자금용도, 신용공여기간·적용금리 등
거래조건, 담보의 종류 및 평가액, 주요 특별약정내용을 말하며, 대주주 전체에 대한 신용공여현황을 동일
한 개인 또는 법인 각각에 대한 신용공여현황을 포함하여 공시하여야 한다(은행업감독규정16의4⑤).

36) "그 밖에 금융위원회가 인정하는 불가피한 사유"는 다음의 어느 하나에 해당하는 경우를 말한다(은행업감
독규정16의4①).

(3) 출자지원용 신용공여규제

은행은 그 은행의 대주주의 다른 회사에 대한 출자를 지원하기 위한 신용공여를 하여서는 아니 된다(법35의2⑦).

(4) 불리한 조건의 신용공여등규제

은행은 그 은행의 대주주에게 자산을 무상으로 양도하거나 통상의 거래조건에 비추어 그 은행에게 현저하게 불리한 조건으로 매매 또는 교환하거나 신용공여를 하여서는 아니 된다(법 35의2⑧). 여기의 대주주에는 그 특수관계인 중 ⅰ) 상속세 및 증여세법 제16조 제1항에 따른 공익법인등에 해당할 것(제1호), ⅱ) 양도 또는 매매 등이 금융위원회가 정하여 고시하는 기준을 준수할 것(제2호)을 모두 충족하는 비영리법인·조합 또는 단체("공익법인등")는 포함되지 아니한다(영20의7⑧).

(5) 위반시 제재

법 제35조의2 제1항부터 제3항까지 및 제7항·제8항을 위반하여 대주주에게 신용공여·무상양도를 한 자와 그로부터 신용공여·무상양도를 받은 대주주 또는 자산을 매매·교환한 당사자는 10년 이하의 징역 또는 5억원 이하의 벌금에 처한다(법66①(2)).

금융위원회는 은행이 법 제35조의2 제1항 또는 제2항에 따른 신용공여한도를 초과한 경우에는 초과한 신용공여액 이하(제2호), 제35조의2 제7항 또는 제8항을 위반하여 신용공여하거나 자산을 무상양도·매매·교환한 경우: 해당 신용공여액 또는 해당 자산의 장부가액 이하(15호)의 범위에서 과징금을 부과할 수 있다(법65의3).

법 제35조의2 제4항을 위반하여 이사회의 의결을 거치지 아니한 은행(제6호), 제35조의2 제5항·제6항을 위반하여 금융위원회에 대한 보고 또는 공시를 하지 아니한 은행(제7호)에게는 1억원 이하의 과태료를 부과한다(법69①(6)(7)).

2. 대주주가 발행한 지분증권의 취득한도 등

(1) 취득한도 등

(가) 취득한도

은행은 자기자본의 1%의 범위에서 대통령령으로 정하는 비율(현재 1%, 영20의8①)에 해당

---

1. 지급보증대지급금의 발생
2. 금리상승에 따른 사채지급보증액의 증가
3. 은행 대차대조표 계정과목의 변경
4. 은행업감독규정 제3조에 의한 신용공여의 범위의 변경
5. 대주주의 신규 출현
6. 대주주의 주식보유비율 감소

하는 금액을 초과하여 그 은행의 대주주(제37조 제2항에 따른 자회사등을 제외한 특수관계인을 포함)가 발행한 지분증권을 취득하여서는 아니 된다(법35의3① 본문). 금융위원회는 취득한도 내에서 지분증권의 종류별로 취득한도를 따로 정할 수 있다(법35의3②).[37]

(나) 신탁업무와 대주주 지분취득

은행이 신탁업무를 운영함으로써 취득하는 것도 은행이 자기계산으로 취득하는 것과 동일한 취득한도의 적용을 받는다(법35의3① 본문). 그러나 은행이 위탁자(위탁자가 지정하는 자를 포함)가 신탁재산인 금전의 운용방법을 지정하는 신탁에 의하여 지분증권을 취득하는 것은 지분증권의 취득으로 보지 아니한다(영20의8②).

(다) 취득한도의 예외

은행지주회사(금융지주회사법2①(5))의 자회사등(금융지주회사법4①(2))인 은행이 그 은행지주회사의 다른 자회사등이 업무집행사원인 경영참여형 사모집합투자기구에 출자하는 경우에는 대주주 지분증권의 취득한도를 적용하지 않는다(법35의3① 단서).

(2) 새로이 대주주가 된 자의 지분증권 취득한도

은행의 대주주가 아닌 자가 새로 대주주가 됨에 따라 은행이 대주주 지분증권 취득한도를 초과하게 되는 경우 그 은행은 1년 이내에 그 한도를 초과한 지분증권을 처분하여야 한다(법35의3③, 영20의8③ 본문). 다만, 금융위원회는 은행이 초과 보유한 지분증권의 규모, 증권시장의 상황 등에 비추어 부득이하다고 인정되는 경우에는 그 기간을 정하여 연장할 수 있다(영20의8③ 단서).

(3) 일정 가격 이상의 대주주 지분취득과 이사회 의결

은행이 그 은행의 대주주가 발행한 지분증권을 "대통령령으로 정하는 금액" 이상으로 취득하려는 경우에는 미리 이사회의 의결을 거쳐야 한다(법35의3④ 전단). 여기서 "대통령령으로 정하는 금액"이란 단일거래금액이 자기자본의 1만분의 10에 해당하는 금액 또는 50억원 중 적은 금액을 말한다(영20의8④). 단일거래금액에서 자본시장법에 따른 증권시장 또는 이와 유사한 시장으로서 외국에 있는 시장에서 취득하는 금액은 제외한다(영20의8④). 이 경우 이사회는 재적이사 전원의 찬성으로 의결한다(법35의3④ 후단).

(4) 일정 가격 이상의 대주주 지분취득의 보고

은행이 그 은행의 대주주가 발행한 지분증권을 "대통령령으로 정하는 금액" 이상으로 취득한 경우에는 지체 없이 그 사실을 금융위원회에 보고하고 인터넷 홈페이지 등을 이용하여

---

37) 은행업감독규정 제16조의5(대주주가 발행한 지분증권의 취득한도 등) ① 은행은 대주주가 발행한 지분증권 중 유가증권시장(자본시장법에 따른 증권시장 또는 이와 유사한 시장으로 외국에 있는 시장)에서 거래되지 아니하는 지분증권을 은행 자기자본의 1천분의 5를 초과하여 취득할 수 없다.

공시하여야 한다(법35의3⑤). 여기서 여기서 "대통령으로 정하는 금액"이란 단일거래금액이 자기자본의 1만분의 10에 해당하는 금액 또는 50억원 중 적은 금액을 말한다(영20의8④).

(5) 대주주 지분취득사실의 공시

은행은 매 분기 말 현재 대주주가 발행한 지분증권을 취득한 규모, 분기 중 보유한 지분증권의 증감액, 보유한 지분증권의 취득가격, 그 밖에 금융위원회가 정하여 고시하는 사항[38]을 매 분기가 지난 후 1개월 이내에 인터넷 홈페이지 등을 이용하여 공시하여야 한다(법35의3⑥, 영20의8⑤).

(6) 은행의 의결권행사 제한과 예외

은행은 그 은행의 대주주가 발행한 지분증권의 의결권을 행사할 때 그 대주주 주주총회에 참석한 주주의 지분증권수에서 그 은행이 소유한 지분증권수를 뺀 지분증권수의 의결 내용에 영향을 미치지 아니하도록 의결권을 행사하여야 한다(법35의3⑦ 본문). 다만, 대주주의 합병, 영업의 양도·양수, 임원의 선임, 그 밖에 이에 준하는 사항으로서 그 은행에 손실을 입히게 될 것이 명백하게 예상되는 경우에는 그러하지 아니하다(법35의3⑦ 단서).

(7) 위반시 제재

법 제35조의3 제1항을 위반하여 대주주가 발행한 지분증권을 취득한 자는 10년 이하의 징역 또는 5억원 이하의 벌금에 처한다(법66①(3)). 금융위원회는 은행이 법 제35조의3 제1항에 따른 지분증권의 취득한도를 초과한 경우에는 초과 취득한 지분증권의 장부가액 합계액 이하의 범위에서 과징금을 부과할 수 있다(법65의3(3)).

3. 대주주의 부당한 영향력 행사의 금지

(1) 의의

은행의 대주주는 그 은행의 이익에 반하여 대주주 개인의 이익을 취할 목적으로 일정한 행위를 하여서는 아니 된다(법35의4).

(2) 금지행위

(가) 미공개정보 등의 요구

은행의 대주주는 부당한 영향력을 행사하기 위하여 그 은행에 대하여 외부에 공개되지 아니한 자료 또는 정보의 제공을 요구하는 행위를 할 수 없다(법35의4(1) 본문). 다만, 금융회사지배구조법 제33조 제6항[39] 및 상법 제466조[40])에 따른 권리의 행사에 해당하는 경우를 제외한

---

38) "금융위원회가 정하여 고시하는 사항"이라 함은 다음의 사항을 말하며, 대주주가 발행한 지분증권취득현황을 발행회사별로 구분하여 공시하여야 한다(은행업감독규정16의5⑤). 1. 취득목적, 2. 분기말 현재 보유 지분증권의 지분율, 3. 분기말 현재 보유 지분증권의 시가, 4. 당해분기중 보유 지분증권을 처분한 경우 처분가격 및 동 처분에 따른 손익현황

다(법35의4(1) 단서).

(나) 인사 또는 경영개입

은행의 대주주는 경제적 이익 등 반대급부의 제공을 조건으로 다른 주주와 담합하여 그 은행의 인사 또는 경영에 부당한 영향력을 행사하는 행위를 하여서는 아니 된다(법35의4(2)).

(다) 경쟁사업자의 사업방해

은행의 대주주는 경쟁사업자의 사업활동을 방해할 목적으로 신용공여를 조기 회수하도록 요구하는 등 은행의 경영에 영향력을 행사하는 행위를 하여서는 아니 된다(법35의4(3)).

(라) 신용공여 등

은행의 대주주는 법정비율(법35의2①·②)을 초과하여 은행으로부터 신용공여를 받는 행위(법35의4(3의2)), 은행으로 하여금 교차신용공여(법35의2③) 금지를 위반하게 하여 다른 은행으로부터 신용공여를 받는 행위(법35의4(3의3)), 은행으로 하여금 다른 회사 출자지원을 위한 신용공여(법35의2⑦)을 위반하게 하여 신용공여를 받는 행위(법35의4(3의4)), 은행으로 하여금 대주주에 대한 자산의 무상양도 등(법35의2⑧) 금지를 위반하게 하여 대주주에게 자산의 무상양도·매매·교환 및 신용공여를 하게 하는 행위(법35의4(3의5))를 하여서는 아니 된다(법35의4).

(마) 대주주의 주식소유

은행의 대주주는 법정비율(법35의3①)을 초과하여 은행으로 하여금 대주주의 주식을 소유하게 하는 행위를 하여서는 아니 된다(법35의4(3의6)).

(바) 기타 금지행위

그 밖에 위의 금지행위에 준하는 행위로서 "대통령령으로 정하는 행위"를 하여서는 아니 된다(법35의4(4)). 여기서 "대통령령으로 정하는 행위"란 다음의 어느 하나에 해당하는 행위를 말한다(영20의9).

1. 경쟁사업자에 대한 신용공여 시 정당한 이유 없이 금리, 담보 등 계약조건을 불리하게 하도록 요구하는 행위
2. 은행으로 하여금 공익법인등(영20의7⑧)에게 자산을 무상으로 양도하게 하거나 통상의 거래조건에 비추어 그 은행에게 현저하게 불리한 조건으로 매매·교환 또는 신용공여를 하게 하는 행위

---

39) ⑥ 6개월 전부터 계속하여 금융회사의 발행주식 총수의 10만분의 50 이상(대통령령으로 정하는 금융회사의 경우에는 10만분의 25 이상)에 해당하는 주식을 대통령령으로 정하는 바에 따라 보유한 자는 상법 제466조에 따른 주주의 권리를 행사할 수 있다.

40) 상법 제466조(주주의 회계장부열람권) ① 발행주식의 총수의 100분의 3 이상에 해당하는 주식을 가진 주주는 이유를 붙인 서면으로 회계의 장부와 서류의 열람 또는 등사를 청구할 수 있다.
② 회사는 제1항의 주주의 청구가 부당함을 증명하지 아니하면 이를 거부하지 못한다.

(3) 위반시 제재

법 제35조의4를 위반한 자는 10년 이하의 징역 또는 5억원 이하의 벌금에 처한다(법66①
(4)). 금융위원회는 대주주가 제35조의4를 위반함으로써 은행이 제35조의2 제1항 또는 제2항에
따른 신용공여한도를 초과하여 해당 대주주에게 신용공여한 경우에는 초과한 신용공여액 이하
(제16호), 대주주가 제35조의4를 위반함으로써 은행이 제35조의2 제7항 또는 제8항을 위반하여
해당 대주주에게 신용공여하거나 자산을 무상양도·매매·교환한 경우에는 해당 신용공여액 또
는 해당 자산의 장부가액 이하(제17호), 대주주가 제35조의4를 위반함으로써 은행이 제35조의3
제1항에 따른 주식취득한도를 초과하여 해당 대주주의 주식을 취득한 경우에는 초과취득한 주
식의 장부가액 합계액 이하(제18호)의 범위에서 과징금을 부과할 수 있다(법65의3).

4. 대주주에 대한 자료제출요구 등

(1) 은행 또는 대주주의 위반행위와 자료제출요구

금융위원회는 은행 또는 그 대주주가 대주주에 대한 신용공여, 대주주가 발행한 지분증권
의 취득, 대주주의 부당한 영향력 행사 금지(법35의2, 법35의3, 법35의4) 규정을 위반한 혐의가
있다고 인정할 때에는 은행 또는 그 대주주에 대하여 필요한 자료의 제출을 요구할 수 있다(법
35의5①).

(2) 대주주의 부채가 자산을 초과하는 경우 등과 자료제출요구 등

(가) 의의

금융위원회는 은행 대주주(회사만 해당)의 부채가 자산을 초과하는 등 재무구조의 부실화
로 인하여 은행의 경영건전성을 현저히 해칠 우려가 있는 경우로서 "대통령령으로 정하는 경
우"에는 그 은행 또는 그 대주주에 대하여 필요한 자료의 제출을 요구할 수 있으며 그 은행에
대하여 그 대주주에 대한 신용공여의 제한을 명하는 등 "대통령령으로 정하는 조치"를 할 수
있다(법35의5②).

(나) 행위유형과 자료제출요구

위에서 "대통령령으로 정하는 경우"란 대주주가 다음의 어느 하나의 사유에 해당하여 해
당 은행과 불법거래할 가능성이 크다고 인정되는 경우를 말한다(영20의10①).

1. 부채가 자산을 초과하는 경우
2. 대주주에 대한 신용공여가 가장 많은 은행(해당 대주주가 대주주인 은행은 제외)이 금융위
   원회가 정하여 고시하는 자산건전성 분류기준에 따라 그 대주주의 신용위험을 평가한 결과
   금융위원회가 정하여 고시하는 기준 이하로 분류된 경우[41]

---

41) "금융위원회가 정하여 고시하는 자산건전성분류기준에 따라 그 대주주의 신용위험을 평가한 결과 금융위

3. 자본시장법에 따라 신용평가업인가를 받은 신용평가회사 둘 이상이 투자부적격 등급으로
   평가한 경우

(다) 신용공여 제한명령 등

위에서 "대주주에 대한 신용공여의 제한을 명하는 등 대통령령으로 정하는 조치"란 ⅰ)
대주주에 대한 신규 신용공여의 금지(제1호), ⅱ) 자본시장법에 따른 모집 또는 매출의 방법으
로 발행되는 사채권을 취득하는 거래(영20의7⑥)의 제한(제2호), ⅲ) 대주주가 발행한 주식의 신
규 취득 금지(제3호) 등의 조치 말한다(영20의10②).

제3절 금융투자회사의 자본건전성규제

Ⅰ. 재무건전성과 경영건전성

1. 재무건전성 유지

(1) 재무건전성규제의 특징

건전성규제는 원래 개별 금융기관이 건전한 경영상태를 유지하도록 하여 금융기관의 부실
을 방지하고 금융기관의 파산 등으로 인하여 고객에게 피해가 가는 것을 방지하기 위한 미시
적 목표가 최초의 출발점이었다. 그러나 금융기관이 점차 대형화되고 고객 간 및 금융기관 간
거래관계가 복잡다기화되고 상호 연결되면서 금융시스템 자체가 불안해지는 결과가 초래되자
이제는 금융시스템의 안정성을 유지하여 고객, 채권자, 투자자를 보호하는 이른바 거시적 목표
를 병행하는 것에 이르게 되었다.

시스템위험이 가장 많은 은행과는 달리 금융투자회사의 경우는 그 고객이 통상 자신의 책
임하에 투자를 하고 투자자산도 고객에게 직접 귀속되기 때문에 금융투자회사의 파산 등 사유
가 시스템 위기로까지 번질 가능성이 크지 않다. 또한 금융투자회사가 영위하는 업무의 종류가
매우 다양하기 때문에 일률적인 건전성기준을 적용하기도 어렵다. 그러나 자본시장에서도 시
스템적인 거래가 많이 도입되고, 금융투자회사 중에서는 대형 IB업무를 하면서 사실상 수신업
무를 할 수 있게 되었으며, 자본거래의 자유화 및 국제화로 인해 하나의 금융투자회사에서 벌
어지는 일들이 자본시장의 투자자 심리에 미치는 영향이 커졌기 때문에 점차 건전성규제 강화

원회가 정하여 고시하는 기준 이하로 분류된 경우"라 함은 은행업감독규정 제27조에 의한 자산건전성분류
결과 "고정" 이하로 분류된 경우를 말한다(은행업감독규정16의6①).

의 필요성이 대두되고 있다.

이에 자본시장법은 금융투자업자에게 영업용순자본을 총위험액 이상으로 유지하도록 하고(법30①), 금융위원회가 경영건전성기준을 정하고 또 경영실태 및 위험에 대한 평가를 하여 위반사항에 대하여는 자본금 증액이나 이익배당 제한과 같은 적절한 조치를 취할 수 있도록 하였으며, 대주주와의 거래를 제한하는 등 이해상충의 우려가 있는 행위를 엄격하게 규제하고 있다(법34). 다만 금융투자업이 그 특성상 업무의 스펙트럼이 매우 넓은 관계로 각 업무별로 건전성규제의 수준을 달리하고 있다. 예를 들어 고객과 직접적인 채권채무관계가 형성될 수 있는 투자매매업에 대하여는 강화된 건전성규제를 적용하고 있으며, 고객의 자산을 수탁하는 투자중개업, 집합투자업, 신탁업 등에 대하여는 완화된 건전성규제를 적용하고, 고객의 자산을 수탁하지 않는 투자일임업과 투자자문업에 대하여는 물적 · 인적 설비에 대한 매우 기초적인 건전성규제만 적용하고 있다.[42]

(2) 영업용순자본비율

(가) 순자본비율(영업용순자본비율)규제 연혁

금융투자업자의 재무건전성규제의 핵심인 영업용순자본비율(NCR: Net Capital Ratio)[43]규제는 1997년 4월부터 증권회사에 대하여 처음 도입되었다. 그러나 2009년 자본시장법이 시행되면서 금융투자업에 대한 add-on 방식의 인가 · 등록제 도입에 따른 진입요건 완화와 자율화 · 겸업화 등으로 금융투자업의 경쟁이 심화되고 자본시장법에서 포괄주의 도입에 따른 신종 금융투자상품의 개발과 파생금융상품거래의 증가로 새로운 위험요인이 급격하게 증가하면서 금융투자업자의 파산위험이 높아지고 있다. 그런 의미에서 영업용순자본비율규제의 의미가 재조명되고 있으나 기존의 NCR제도는 변화하고 있는 시장환경을 충분히 반영하지 못하고 있다는 평가가 있어 왔다.[44] 즉 위탁매매 중심의 국내 영업 규율에 치중하다보니 최근 들어 급증하는 PI투자, 인수금융 등의 IB업무와 해외진출 등의 영업을 과도하게 제약하는 요소가 되기도 했다. 또한 파생결합증권의 발행이 기하급수적으로 증가함으로써 증권사의 신용위험이 중요해지고 있음에도 정확한 손실흡수능력을 제대로 나타내 주지 못하고 있었다.[45]

---

42) 이효근(2019), 90-91쪽.

43) "영업용순자본비율"이란 총위험액에 대한 영업용순자본의 비율을 백분율(%)로 표시한 수치로서 금융산업 구조개선법 제10조 제1항에 따른 자기자본비율을 말한다(금융투자업규정3-6(5)).

44) 국제증권감독기구(IOSCO)는 "증권규제의 목적과 원칙(2003. 5)"을 통하여 다음과 같은 점을 천명하고 있다. ⅰ) 자본적정성기준(자기자본규제)은 시장상황이 금융투자업자에게 크게 불리한 방향으로 움직여도 금융투자업자가 그 손실을 감내할 수 있도록 설계되어야 한다. ⅱ) 금융투자업자가 영업을 정리하는 경우에도 자사 또는 타사의 고객에게 손실을 입히지 않고 금융시장의 질서도 침해하지 않으면서 단기간에 정리할 수 있도록 설계되어야 하고 감독당국이 개입할 수 있는 시간을 가질 수 있도록 설계되어야 한다. ⅲ) 자본적정성기준의 충족여부를 검토할 때에는 그 금융투자업자가 수행하는 영업의 속성과 규모를 기준으로 직면하고 있는 위험을 판단하여야 한다.

이에 2014년 4월에 새로운 재무건전성지표인 순자본[46]비율을 도입하였는데, 그 주요 내용은 ⅰ) 손실흡수능력을 정확히 산출할 수 있게 되었고, ⅱ) 자회사 위험의 정확한 산출이 가능하게 되었으며, ⅲ) 금융투자업자에게 적용되는 건전성지표를 다원화하였다는 점이다. 아래서 살펴본다.

ⅰ) 기존의 NCR 산출체계에서는 총위험액이 분모에 반영되어 증권회사에 필요 이상의 유휴자본을 강요하는 측면이 있었으나, 새로 도입된 순자본비율제도에서는 분모를 필요유지자기자본[47]으로 고정시키고 분자에 잉여자본(영업용순자본 − 총위험액)을 반영함으로써 증권사의 손실흡수능력을 정확하게 산출해 낼 수 있게 되었다.

ⅱ) 기존의 NCR체계에서는 자회사의 위험수준에 관계없이 자회사 출자금을 영업용순자본에서 전액 차감함으로써 자회사의 자산·부채 위험을 정확하게 반영하지 못하고, 해외진출 또는 M&A과정에서 인수한 자회사 출자지분을 전액 차감함에 따라 증권회사의 해외진출 및 M&A를 제약하는 문제점이 있었다. 새로 도입된 순자본비율제도에서는 개별재무제표 기준이 아닌 연결재무제표 기준으로 잉여자본을 산출하여, 자회사의 자산·부채에 대한 위험 값을 각각 산출함으로써 자회사 위험을 정확하게 산출할 수 있도록 하였다.

ⅲ) 순자본비율제도를 도입[48]하면서 "동일행위 동일규제" 개념을 세분화하여 금융투자업자에게 적용되는 건전성지표를 다원화하였는데, 투자매매·중개업을 영위하는 1종 금융투자업자들에 대하여는 순자본비율제도를 적용하고, 신탁업자와 같은 3종 금융투자업자들은 영업용순자본비율제도를 계속 적용받게 하였으며, 집합투자업자인 2종 금융투자업자에 대하여는 2015년 4월부터 집합투자업의 고유한 특성을 반영하여 순자본비율(영업용순자본비율)제도의 적용을 배제하였다.

(나) 영업용순자본비율

1) 영업용순자본과 총위험액

금융투자업자는 영업용순자본을 총위험액 이상으로 유지하여야 한다(법30①). 이는 금융투자회사의 재무건전성규제는 자기자본규제 방식으로 하고 있음을 의미한다.

여기서 영업용순자본은 ⅰ) 자본금·준비금, 그 밖에 총리령으로 정하는 금액의 합계액(가산항목)[49]에서 ⅱ) 고정자산, 그 밖에 단기간 내에 유동화가 어려운 자산으로서 총리령으로 정

---

45) 이효근(2019), 91-93쪽.
46) "순자본"이란 영업용순자본에서 총위험액을 차감한 금액을 말한다(금융투자업규정3-6(1)).
47) "필요유지자기자본"이란 영 제19조 제1항 제1호 및 영 제23조 제1호, 영 제118조의6 제1호 및 영 제271조의3 제1호에 따라 인가업무 또는 등록업무 단위별로 요구되는 자기자본을 합계한 금액을 말한다(금융투자업규정3-6(2)).
48) 순자본비율제도는 조기적용을 선택한 회사들은 2015년 1월부터, 선택하지 아니한 회사는 2016년 1월부터 적용하고 있다

하는 자산의 합계액(차감항목)[50]을 뺀 금액을 말한다(법30①). 이는 금융투자업자의 유동성부족이나 경영악화로 인한 파산위험에 대처할 수 있는 자산을 제대로 확보하고 있으라는 의미이다. 총위험액이란 자산 및 부채에 내재하거나 업무에 수반되는 위험을 금액으로 환산하여 합계한 금액을 말한다. 총위험액은 시장위험액,[51] 신용위험액,[52] 운영위험액[53]을 모두 합산한 것을 말한다.

영업용순자본과 총위험액의 산정에 관한 구체적인 기준 및 방법은 금융위원회가 정하여 고시한다(법30②). 금융투자업규정 제3-11조는 제1항에서 "영업용순자본은 다음 산식에 따라 산정한 금액으로 한다. 영업용순자본 = 기준일 현재 재무상태표의 자산총액에서 부채총액을 차감한 잔액("순재산액") - 차감항목[54]의 합계금액 + 가산항목[55]의 합계금액"으로 규정하고, 제

---

49) 가산항목은 대차대조표에서 부채로 계상되었으나 실질적인 채무이행의무가 없거나 실질적으로 자본의 보완적 기능을 하는 항목들이 포함된다. 이에는 ⅰ) 유동자산에 설정한 대손충당금(제1호), ⅱ) 후순위 차입금(제2호), ⅲ) 금융리스 부채(제3호), ⅳ) 자산평가이익(제4호), ⅴ) 제1호부터 제4호까지에서 규정한 사항 외에 자본적 성격을 가지는 부채 등 영업용순자본에 포함시킬 필요가 있다고 금융위원회가 정하여 고시하는 사항(제5호)이 있다(시행규칙5①).

50) 차감항목은 대차대조표상 자산 중 즉시 현금화하기 곤란한 자산들이 포함된다. 이에는 ⅰ) 선급금(제1호), ⅱ) 선급비용(제2호), ⅲ) 선급법인세(제3호), ⅳ) 자산평가손실(제4호), ⅴ) 제1호부터 제4호까지에서 규정한 사항 외에 단기간 내에 유동화가 곤란한 자산 등 영업용순자본에서 제외할 필요가 있다고 금융위원회가 정하여 고시하는 사항(제5호)이 있다(시행규칙5②).

51) "시장위험액"이란 시장성 있는 증권 등에서 주가, 이자, 환율 등 시장가격의 변동으로 인하여 금융투자업자가 입을 수 있는 잠재적인 손실액을 말한다(금융투자업규정3-6(6)).

52) "신용위험액"이란 거래상대방의 계약불이행 등으로 인하여 발생할 수 있는 잠재적인 손실액을 말한다(금융투자업규정3-6(7)).

53) "운영위험액"이란 부적절하거나 잘못된 내부의 절차, 인력 및 시스템의 관리부실 또는 외부의 사건 등으로 인하여 발생할 수 있는 잠재적인 손실액을 말한다(금융투자업규정3-6(8)).

54) 금융투자업규정 제3-14조(차감항목) ① 제3-11조 제1항에 따른 차감항목은 다음의 어느 하나에 해당하는 자산등의 금액으로 한다.
　1. 유형자산(투자부동산을 포함). 다만, 유형자산 중 부동산은 다음 각 목의 금액 중 금융투자업자가 선택한 금액을 제외한다.
　　가. 만기 1년 이상의 차입계약(담보로 제공된 부동산에 대해서만 담보권의 행사가 인정되고 금융투자업자의 다른 재산에 대하여는 어떠한 상환청구권이 인정되지 아니하는 것에 한한다)을 체결한 경우 그 부채 상당액과 부동산의 장부가액(제14호에 따라 차감된 경우 이를 제외) 중 적은 금액
　　나. 장부가액(제14호에 따라 차감된 경우 이를 제외)의 40%를 초과하지 않는 범위 내에서 정부가 고시하는 공시지가 또는 이에 준하는 방법으로 평가한 당해 부동산 감정시세의 70%에 상당하는 금액
　2. 선급금, 선급법인세, 이연법인세자산 및 선급비용. 다만, 선급금 중 이자부 증권을 매입하면서 지급한 선급경과이자는 제외한다.
　3. 삭제
　4. 대출채권(콜론, 환매조건부매수, 대출금, 매입대출채권, 사모사채, 제4-21조 제1호 다목에 따른 신용공여 및 이에 준하는 거래) 중 담보가액(담보물의 종류, 담보가액 등의 구체적인 방법 등은 금융감독원장이 정한다)을 초과하는 금액. 다만, 다음 각 목에 해당하는 것은 제외한다.
　　가. 잔존만기 3개월 이내 대출채권. 다만, 만기 자동연장조건 또는 만기시 재취득조건 등의 특약으로 인해 실질적으로 잔존만기가 3개월을 초과하는 것은 제외한다.
　　나. 채권보유 이후 1개월 이내에 처분 또는 상환이 예정된 대출채권(다만, 재취득조건 등 특약이 있는

    것은 제외) 및 제9호에 해당하는 대출채권
  다. 전환사채, 비분리형신주인수권부사채, 교환사채 등 주식관련 사모사채
  라. 제4-21조 제1호가목 및 나목에 따른 신용공여
  마. 임직원 대여금
  바. 제3-24조의2 제1항에 따라 금융감독원장으로부터 리스크 관리 기준의 승인을 받은 금융투자업자
    가 영 제68조 제2항 제1호 내지 제4호 업무를 영위하는 과정에서 수반된 대출금
  사. 종합금융투자사업자가 법 제77조의3 제3항 제1호에 따라 수행한 기업에 대한 신용공여
  아. 종합금융투자사업자가 영 제68조 제2항 제1호 내지 제4호 업무를 영위하는 과정에서 수반된 대출금
  자. 다음의 요건을 모두 충족하는 사모사채
    (1) 증권의 발행 및 공시 등에 관한 규정 제2-2조 제2항 제4호에 따라 적격기관투자자 사이에서만
      양수·양도될 것
    (2) 신용평가사로부터 증권에 대한 신용평가를 받을 것
    (3) 증권에 관한 정보를 협회가 정하는 방법에 따라 공개하고, 다수의 적격기관투자자에게 청약의
      기회를 부여할 것
  차. 「중소기업 특화 금융투자회사의 운영에 관한 지침」에 따라 지정된 금융투자업자가 다음의 요건을
    모두 충족하면서 취급한 대출금
    (1) 영 제68조 제2항 제1호부터 제4호까지의 업무를 영위하는 과정에서 취급한 중소기업기본법 제
      2조에 따른 중소기업 및 벤처기업 육성에 관한 특별조치법 제2조에 따른 벤처기업에 대한 대
      출금으로서 자기자본의 50% 이내인 대출금
    (2) 신용위험 유발거래 전후 신용위험을 적절히 평가·관리할 수 있는 내부통제체계 및 사후관리체
      계를 구축·운영할 것
    (3) 내부통제체계 및 사후관리체계를 효율적으로 구축·운영할 수 있도록 내부통제기준을 마련하
      고 당해 업무를 수행할 수 있는 조직을 운영할 것
    (4) 제3-24조의2 제2항에 따른 리스크관리 기준을 마련하고 준수할 것. 다만, 제3-24조의2 제2
      항 제1호에 따른 신용공여 총 합계액을 산정함에 있어 (1)에 따른 신용공여액은 제외한다.
4의2. 다음 각 목의 어느 하나에 해당하는 행위를 통하여 제4호의 대출채권의 취득과 동일한 효과를 초래
  하는 경우 그 해당 금액
  가. 법 제110조에 따른 수익증권의 취득
  나. 사모집합투자기구의 증권의 취득
  다. 자산유동화 회사 등 다른 법인이 발행한 증권의 취득
  라. 신탁, 사모집합투자기구 또는 특수목적회사와의 스왑거래
  마. 대출채권을 기초자산으로 하는 장외파생상품계약의 체결
5. 특수관계인 채권등. 다만 이연법인세부채상당액과 투자매매업자 또는 투자중개업자(집합투자증권에 대
  한 투자매매업 또는 투자중개업만을 영위하는 자는 제외)인 자회사에 대한 출자지분(법 제12조에 따른
  인가를 받은 투자매매업자 또는 투자중개업자가 다른 국내 투자매매업자 또는 투자중개업자를 인수한
  경우로서 금융위원회가 인정한 경우에 한한다)은 제외한다.
6. 자회사의 결손액(최근 결산기말 또는 반기말 현재 재무상태표상 부채총계가 자산총계를 초과하는 경우
  그 초과액) 중 금융투자업자 소유지분 해당액. 다만, 이 금액이 당해 자회사에 대한 금융투자업자의 채
  무보증액보다 작은 경우에는 채무보증액으로 한다.
7. 지급의무가 발생하였으나 아직 대지급이 일어나지 아니한 채무보증금액(관련 대손충당금 등을 제외)
8. 경영참여형 사모집합투자기구의 무한책임사원인 경우 그 경영참여형 사모집합투자기구의 결손액(부채
  가 자산을 초과하는 경우 그 초과액)
9. 신탁계정대여금 금액(대손준비금 차감)에 다음의 어느 하나에 해당하는 비율을 곱한 금액(부동산신탁
  업자에 한함)
  가. "정상" 분류 신탁계정대여금: 10%
  나. "요주의" 분류 신탁계정대여금: 15%
  다. "고정" 분류 신탁계정대여금: 25%

라. "회수의문" 분류 신탁계정대여금: 50%

마. "추정손실" 분류 신탁계정대여금: 100%

10. 상환우선주 자본금 및 자본잉여금. 다만, 다음 각 목의 요건을 모두 충족하는 것은 제외하되, 그 규모는 제3-12조 제2호 및 제5호에 따른 가산액 및 제10의2호에 따라 차감에서 제외되는 금액과 합하여 순재산액의 50% 이내로 한다.

　가. 상환으로 인하여 금융투자업자가 별표 10의2 제3호 가목 또는 별표 10의4 제3호 가목에 해당할 경우에는 계약상의 상환시기가 도래하는 경우에도 상환하지 아니한다는 약정이 있을 것

　나. 상환을 보증하는 담보의 제공, 상계 및 만기 전 상환을 금지하는 약정이 있고, 그 밖에 상환우선주의 본질을 해할 우려가 있는 약정이 없을 것

　다. 발행일부터 상환일까지의 기간이 5년 이상이고 5년 이내에 중도 상환되지 아니할 것. 이 경우 잔존기간(발행자가 중도상환권을 보유하고 있는 경우 잔존기간은 차기 중도상환권 행사가능일까지로 한다)이 5년 미만이 되는 경우 상환우선주의 자본금 및 자본잉여금에 다음에 해당하는 비율을 곱한 금액은 차감금액에서 제외하며, 잔존기간이 1년 미만이 되는 경우 전액을 차감한다.

　　(1) 잔존기간 4년 이상 5년 미만: 80%

　　(2) 잔존기간 3년 이상 4년 미만: 60%

　　(3) 잔존기간 2년 이상 3년 미만: 40%

　　(4) 잔존기간 1년 이상 2년 미만: 20%

10의2. 자본증권 발행자금. 다만, 제3-13조의2 제1항에 따른 요건을 충족하는 것은 제외한다.

11. 임차보증금 및 전세권 금액. 다만, 다음 각 목의 어느 하나에 해당하는 것은 제외한다.

　가. 임차 또는 전세계약에 따라 임차 또는 전세계약을 3개월 이내에 해지할 수 있는 경우 그 임차보증금 및 전세권 금액

　나. 임차 또는 전세계약에 따라 임차 또는 전세보증금 예치계약을 3개월 이내에 소정의 월세계약으로 전환할 수 있는 경우 그 임차보증금 및 전세권 금액

12. 제3-8조에 따라 적립한 대손준비금 잔액

13. 신용위험 변동으로 인한 금융부채의 누적미실현평가손익

14. 이익잉여금 중 한국채택국제회계기준 전환일에 발생한 유형자산 재평가이익. 다만, 이사회 또는 주주총회 결의, 정관의 변경 등에 의해 배당이 제한된 금액은 차감하지 않는다.

15. 무형자산(시장성이 인정되는 무형자산은 제외)

16. 지급예정 현금배당액

17. 금융투자협회 가입비

② 제1항에도 불구하고 급격한 경제여건의 변화 등 불가피한 사유가 있다고 금융위원회가 인정하는 경우에는 제1항 각 호의 일부 또는 전부를 차감항목에서 제외할 수 있다.

55) 금융투자업규정 제3-12조(가산항목) 제3-11조 제1항에 따른 가산항목은 다음의 어느 하나에 해당하는 자산등의 금액으로 한다.

1. 제3-7조에 따른 자산건전성 분류 대상에 적립된 대손충당금 등으로서 "정상" 및 "요주의"로 분류된 자산에 설정된 대손충당금 등

2. 후순위 차입금(채권의 발행을 통한 차입을 포함하며, 제3-13조에 따른 요건을 충족하는 경우에 한한다)

3. 금융리스부채(계약해지금은 제외하며, 리스조건에 리스자산에 의한 현물상환이 가능하다고 명시하고 현금상환을 해야 한다는 별도 약정이 없는 경우에 한한다)

4. 자산평가이익(재무제표의 당기순이익 또는 순재산액 산정시 반영된 이익은 제외)

5. 부채로 분류되는 상환우선주 발행잔액. 다만, 다음 각 목의 요건을 모두 충족하는 경우에 한하며, 가산액은 제2호에 따른 가산액 및 제3-14조 제10호 및 제3-14조 제1항 제10의2호에 따라 차감에서 제외되는 금액과 합하여 순재산액의 50% 이내로 한다.

　가. 상환으로 인하여 별표 10의2 제3호 가목 또는 별표 10의4 제3호 가목에 해당할 경우에는 계약상의 상환시기가 도래하는 경우에도 상환하지 아니한다는 약정이 있을 것

　나. 상환을 보증하는 담보의 제공, 상계 및 만기 전 상환을 금지하는 약정이 있고, 그 밖에 후순위 변제

2항에서 총위험액은 "시장위험액,[56] 신용위험액,[57] 운영위험액"을 합산한 금액으로 한다고 규

의 본질을 해할 우려가 있는 약정이 없을 것
다. 발행일부터 상환일까지의 기간이 5년 이상이고 5년 이내에 중도 상환되지 아니할 것. 이 경우 잔존기간(발행자가 중도상환권을 보유하고 있는 경우 잔존기간은 차기 중도상환권 행사가능일까지로 한다)이 5년 미만이 되는 경우 상환우선주 발행잔액에 다음에 해당하는 비율을 곱한 금액을 가산하며, 잔존기간이 1년 미만이 되는 경우에는 가산하지 아니한다.
    (1) 잔존기간 4년 이상 5년 미만: 80%
    (2) 잔존기간 3년 이상 4년 미만: 60%
    (3) 잔존기간 2년 이상 3년 미만: 40%
    (4) 잔존기간 1년 이상 2년 미만: 20%

[56] 금융투자업규정 제3-15조(시장위험액) 제3-11조 제2항 제1호에 따른 시장위험액은 다음의 금액을 합산한 금액으로 한다.
  1. 주식위험액(금융투자업규정 제3-16조에 따라 산정한다고 규정한다)
  2. 금리위험액(금융투자업규정 제3-17조에 따라 산정한다고 규정한다)
  3. 외환위험액(금융투자업규정 제3-18에 따라 산정한다고 규정한다)
  4. 집합투자증권등 위험액(금윤투자업규정 제3-19조에 따라 산정한다고 규정한다)
  5. 일반상품위험액(금융투자업규정 제3-20조에 따라 산정한다고 규정한다)
  6. 옵션위험액(금융투자업규정 제3-21조에 따라 산정한다고 규정한다)
[57] 금융투자업규정 제3-22조(신용위험액 산정) ① 제3-11조 제2항 제2호에 따른 신용위험액은 다음의 어느 하나에 해당하는 포지션을 대상으로 하여 산정한다.
  1. 예금, 예치금 및 콜론. 다만, 신탁업자에게 신탁하는 투자자예탁금 별도예치금에 대하여는 신용위험액을 산정하지 아니하고 집합투자증권등 위험액을 산정한다.
  2. 증권의 대여 및 차입
  3. 환매조건부매도 및 환매조건부매수
  4. 대고객 신용공여
  5. 채무보증(제3-14조 제7호에 해당하는 채무보증은 제외하며, 관련 대손충당금 등을 차감한다)
  6. 대여금, 미수금, 미수수익, 그 밖의 금전채권
  7. 잔여계약기간이 3개월 이내인 임차보증금 및 전세권
  8. 선물, 선도, 스왑 등 파생상품
  9. 사모사채. 다만 다음 각 목에 해당하는 경우는 제외한다.
    가. 제3-14조 제1항 제4호 및 제3-14조 제1항 제4호의2에 따라 차감항목에 해당하는 경우
    나. 제3-14조 제1항 제4호 자목 및 제3-17조 제1항 제1호에 따라 금리위험액 산정대상에 해당하는 경우
    다. 전환사채, 비분리형신주인수권부사채, 교환사채 등 주식관련 사모사채인 경우
  10. 대출채권(제3-14조 제1항 제4호 및 제3-14조 제1항 제4호의2에 따라 차감항목에 해당하는 경우는 제외)
  11. 한도대출약정
  12. 시공사 또는 위탁자가 책임준공의무를 불이행하는 경우 부동산신탁업자가 그에 갈음하여 책임준공의무를 부담하게 되는 형태의 관리형토지신탁 계약("책임준공확약형 관리형토지신탁 계약")
  13. 그 밖에 영업용순자본 산정시 차감항목 이외의 자산중에서 위험액 산정대상이 아닌 자산
  ② 신용위험액은 산정대상에 따라 별도로 환산하는 신용환산액에 거래상대방별 위험값을 적용하여 산정한다. 다만, 제1항 제12호에 따른 책임준공확약형 관리형토지신탁 포지션에 대하여 신용위험액을 산정하는 방식은 금융감독원장이 정하는 바에 따른다.
  ③ 제2항에 따른 신용환산액이 음수(-)인 경우에는 신용위험액을 산정하지 아니한다.
  ④ 제1항 제8호에 따른 파생상품 포지션에 대하여는 시장위험액과 신용위험액을 동시에 산정한다.
  ⑤ 동일인(중앙정부, 지방자치단체, 중앙은행, 특별법에 의해 설립된 법인으로서 정부에 의해 결손보전이 이루어지는 공공법인 및 국제기구를 제외) 또는 동일기업집단(공정거래법 제2조 제2호에서 정하는 기업집

정한다.

2) 적용제외 금융투자업자

금융투자업자에게 이러한 재무건전성기준을 유지하도록 하는 것은 시스템위험을 방지하고 부실경영으로 인해 금융투자업자의 고객 등에 대한 피해를 최소화하기 위한 것이므로 그러한 위험이 없는 금융투자업자에 대하여서까지 영업용순자본 유지의무를 부과할 필요는 없다. 따라서 겸영금융투자업에 대하여는 각 겸영금융투자업자의 건전성규제 제도 및 기준은 당해 금융업자의 영업전반에 따른 경영의 건전성을 규제하는 것이므로 자본시장법상의 재무건전성 기준 적용에서 제외된다(법30①). 또한 ⅰ) 투자자문업자 또는 투자일임업자(다른 금융투자업을 경영하지 아니하는 경우만 해당)(제1호), ⅱ) 집합투자업자(집합투자증권 외의 금융투자상품에 대한 투자매매업 또는 투자중개업을 경영하는 자는 제외)(제2호)에 대하여는 영업용순자본 유지의무가 없다(영34①)

3) 보고 및 공시

금융투자업자는 매 분기의 말일을 기준으로 영업용순자본에서 총위험액을 뺀 금액을 기재한 서면(분기별 업무보고서)을 해당 분기의 말일부터 45일 이내에 금융위원회에 보고하여야 하며, 보고기간 종료일부터 3개월간 본점과 지점, 그 밖의 영업소에 비치하고, 인터넷 홈페이지 등을 이용하여 공시하여야 한다(법30③).

(다) 순자본비율

순자본비율이란 필요유지자기자본에 대한 순자본의 비율을 백분율(%)로 표시한 수치로서 금융산업구조개선법 제10조 제1항에 따른 자기자본비율을 말한다(금융투자업규정3-6(3)).[58]

단)을 대상으로 한 금리위험액 산정대상 및 신용위험액 산정대상 포지션의 합계액이 영업용순자본의 20%를 초과하는 경우에는 신용집중위험액으로 산정하여 제2항에 따른 신용위험액에 가산하여야 한다.

⑥ 제2항에 따른 신용환산액과 거래상대방별 위험값, 제5항에 따른 신용집중위험액의 산정방법 및 적격금융기관의 범위 등은 금융감독원장이 정한다.

[58] 금융투자업규정 제3-10조(순자본비율 등 산정의 기본원칙) ① 순자본비율 산정의 기초가 되는 금융투자업자의 자산, 부채, 자본은 법 제32조의 회계처리기준에 따라 작성된 연결재무제표에 계상된 장부가액(평가성 충당금을 차감한 것)을 기준으로 한다. 다만, 연결대상 회사의 구체적인 범위는 금융감독원장이 정하며, 연결대상 회사가 없는 금융투자업자는 개별 재무제표를 기준으로 한다.

② 영업용순자본비율 산정의 기초가 되는 금융투자업자의 자산, 부채, 자본은 업무보고서의 개별재무제표에 계상된 장부가액(평가성 충당금을 차감한 것)을 기준으로 한다.

③ 시장위험과 신용위험을 동시에 내포하는 자산에 대하여는 시장위험액과 신용위험액을 모두 산정해야 한다.

④ 영업용순자본 산정시 차감항목에 대하여는 원칙적으로 위험액을 산정하지 않는다.

⑤ 영업용순자본의 차감항목과 위험액 산정대상 자산 사이에 위험회피효과가 있는 경우에는 위험액산정대상 자산의 위험액을 감액할 수 있다.

⑥ 부외자산과 부외부채에 대해서도 위험액을 산정하는 것을 원칙으로 한다.

⑦ 순자본비율은 가결산일 및 결산일 현재를 기준으로 산정하고 법 제33조 제1항에 따른 업무보고서에 포함한다.

2. 경영건전성기준

(1) 경영건전성의 내용

금융투자업자(겸영금융투자업자 제외)는 경영의 건전성을 유지하기 위하여 다음 사항에 관하여 금융위원회가 정하여 고시하는 경영건전성기준을 준수하여야 하며, 이를 위한 적절한 체계를 구축·시행하여야 한다(법31①).

1. 자기자본비율, 그 밖의 자본의 적정성에 관한 사항
2. 자산의 건전성에 관한 사항
3. 유동성에 관한 사항
4. 그 밖에 경영의 건전성 확보를 위하여 필요한 사항으로서, 위험관리에 관한 사항, 외환건전성에 관한 사항, 그 밖에 경영의 건전성 확보를 위하여 필요한 사항으로서 금융위원회가 정하여 고시하는 사항(영35①).

금융위원회는 경영건전성기준을 정함에 있어서 금융투자업자가 영위하는 금융투자업의 종류 등을 고려하여 금융투자업별로 그 내용을 달리 정할 수 있다(법31②).

(2) 경영실태평가

(가) 자본시장법

금융위원회는 금융투자업자의 경영건전성 확보를 위한 경영실태 및 위험에 대한 평가를 할 수 있다(법31③ 본문). 다만, 자산규모 등을 고려하여 대통령령으로 정하는 금융투자업자에 대하여는 평가를 실시하여야 한다(법31③ 단서). 자본시장법 제31조 제3항 본문은 임의평가를 규정하고, 단서는 의무평가를 규정하고 있다. 여기서 "대통령령으로 정하는 금융투자업자"란 다음에 해당하는 자를 말한다(영35②).

1. 경영실태에 대한 평가의 경우에는 다음의 어느 하나에 해당하지 아니하는 금융투자업자
   가. 다자간매매체결회사
   나. 채권중개전문회사(다른 금융투자업을 경영하지 아니하는 경우만 해당)
   다. 투자자문업자 또는 투자일임업자(다른 금융투자업을 경영하지 아니하는 경우만 해당)
   라. 외국 금융투자업자의 지점, 그 밖의 영업소
   마. 집합투자업자(집합투자증권 외의 금융투자상품에 대한 투자매매업 또는 투자중개업을 경영하는 자는 제외)
2. 위험에 대한 평가의 경우에는 다음과 기준을 모두 충족하는 금융투자업자
   가. 최근 사업연도말일을 기준으로 자산총액(대차대조표상의 자산총액에서 투자자예탁금을 뺀 금액)이 1천억원 이상일 것

나. 장외파생상품에 대한 투자매매업 또는 증권에 대한 투자매매업(인수업을 경영하는 자
　　만 해당)을 경영할 것

(나) 금융투자업규정

금융투자업자에 대한 경영실태평가는 2009년 자본시장법 시행으로 모든 금융투자업자(전업 투자자문·일임업자는 제외)에 공통적으로 적용될 수 있는 경영실태평가제도로 개편하였다. 동 개편의 가장 큰 특징은 규제차익 방지를 위하여 평가지표를 통합하되 영업별 특성을 반영하기 위해 평가부문을 공통평가부문과 업종평가부문으로 구분하고 있다.

금융감독원장은 금융투자업자의 경영 및 재무건전성을 판단하기 위하여 금융투자업자의 재산과 업무상태 및 위험을 종합적·체계적으로 분석 평가("경영실태평가")하여 감독하여야 한다(금융투자업규정3-25①). 경영실태평가는 검사 등을 통하여 실시하며 평가대상 금융투자업자가 영위하는 금융투자업의 종류에 따라 별표 10에서 규정하는 부문별로 구분 평가하고 부문별 평가결과를 감안하여 종합평가한다(금융투자업규정3-25②). 경영실태평가 부문별 평가항목(별표10)을 살펴보면 다음과 같다. 공통부문은 자본적정성, 수익성, 경영관리 등 3개 평가부문으로 구성되어 있으며, 업종부문[투자매매·중개업, (부동산)신탁업]은 유동성, 자산건전성 등 2개 평가부문으로 구성되어 있다.

경영실태평가를 위한 구체적인 사항은 금융감독원장이 정하며, 이 경우 연결재무제표를 작성하는 금융투자업자에 대하여는 연결대상이 되는 회사의 경영실태를 감안할 수 있다(금융투자업규정3-25⑥). 검사 이외의 기간에는 부문별 평가항목 중 계량평가가 가능한 항목에 대해서만 분기별로 평가한다(금융투자업규정3-25③).

경영실태평가는 금융투자업자 본점, 해외 현지법인 및 해외지점(단, 신설된 후 5년 이 경과하지 아니한 해외 현지법인 및 해외지점은 제외)을 대상으로 하며 1등급(우수), 2등급(양호), 3등급(보통), 4등급(취약), 5등급(위험)의 5단계 등급으로 구분한다(금융투자업규정3-25④). 금융감독원장은 금융투자업자에 대한 경영실태평가 결과를 감독 및 검사업무에 반영할 수 있다(금융투자업규정3-25⑤).

(3) 적기시정조치
(가) 의의

금융위원회는 금융투자업자가 경영건전성기준을 충족하지 못하거나 재무건전성 유지의무를 위반한 경우에는 금융투자업자에 대하여 자본금의 증액, 이익배당의 제한 등 경영건전성 확보를 위한 필요한 조치를 명할 수 있다(법31④). 금융투자업규정 제3-6조는 금융투자업자를 다음과 같이 구분한다. "1종 금융투자업자"란 금융투자업자중 투자매매업자 또는 투자중개업자

를 말한다. 다만, 집합투자업을 영위하면서 투자매매업 또는 투자중개업 중 집합투자증권에 대한 영업만을 인가받은 투자매매업자 또는 투자중개업자는 제외한다(금융투자업규정3-6(21)). "2종 금융투자업자"란 금융투자업자 중 금융위원회의 인가를 받은 집합투자업자(집합투자증권을 제외한 다른 금융투자상품에 대한 투자매매업과 투자중개업을 영위하는 자는 제외)를 말한다(금융투자업규정3-6(22)). "3종 금융투자업자"란 법 제8조에 따른 금융투자업자 중 신탁업자(1종 금융투자업자를 제외한다)를 말한다(금융투자어규정3-6(23)).

위와 같이 구분하고 금융투자업자의 종류에 따라 적기시정조치의 기준을 달리 정하고 있다. 1종 금융투자업자는 순자본비율. 2종 금융투자업자는 자기자본, 3종 금융투자업자는 영업용순자본비율을 기준으로 한다. 제3-26조는 경영개선권고를, 제3-27조는 경영개선요구를, 제3-28조는 경영개선명령을, 제3-29조는 조치의 근거와 이유 제시를, 제3-30조는 적기시정조치의 유예를, 제3-31조는 경영개선계획의 제출 및 평가를 각각 규정하고 있다.

(나) 경영개선권고

금융위원회는 금융투자업자가 다음의 구분에 따른 기준에 해당하는 경우 당해 금융투자업자에 대하여 필요한 조치를 이행하도록 권고하여야 한다(금융투자업규정3-26①(1)(2)(3)).

1종 금융투자업자는 ⅰ) 순자본비율이 100% 미만인 경우, ⅱ) 경영실태평가 결과 종합평가등급이 3등급(보통) 이상으로서 자본적정성 부문의 평가등급을 4등급(취약) 이하로 판정받은 경우, ⅲ) 거액의 금융사고 또는 부실채권의 발생으로 위 ⅰ) 또는 ⅱ)의 기준에 해당될 것이 명백하다고 판단되는 경우, ⅳ) 직전 2 회계연도간 연속하여 당기순손실이 발생하고, 레버리지비율이 900%를 초과하는 경우[다만, 직전 2회계연도간 발생한 당기순손실의 합계액이 직전 3회계연도말 자기자본(구체적인 산정방식은 금융감독원장이 정한다)의 5% 미만인 경우는 제외], 또는 ⅴ) 레버리지비율이 1,100%를 초과하는 경우 경영개선권고를 받는다.

2종 금융투자업자는 ⅰ) 자기자본이 최소영업자본액에 미달하는 경우, 또는 ⅱ) 거액의 금융사고 또는 부실채권의 발생으로 위 ⅰ)의 기준에 해당될 것이 명백하다고 판단되는 경우 경영개선권고를 받는다.

3종 금융투자업자는 ⅰ) 영업용순자본비율이 150% 미만인 경우, ⅱ) 경영실태평가 결과 종합평가등급이 3등급(보통) 이상으로서 자본적정성 부문의 평가등급을 4등급(취약) 이하로 판정받은 경우, 또는 ⅲ) 거액의 금융사고 또는 부실채권의 발생으로 위 ⅰ) 또는 ⅱ)의 기준에 해당될 것이 명백하다고 판단되는 경우 경영개선권고를 받는다.

(다) 경영개선요구

금융위원회는 금융투자업자가 다음의 구분에 따른 기준에 해당하는 경우 당해 금융투자업자에 대하여 필요한 조치를 이행하도록 요구하여야 한다(금융투자업규정3-27①(1)(2)(3)).

1종 금융투자업자는 ⅰ) 순자본비율이 50% 미만인 경우, ⅱ) 경영실태평가 결과 종합평가
등급을 4등급(취약) 이하로 판정받은 경우, ⅲ) 거액의 금융사고 또는 부실채권의 발생으로 위
ⅰ) 또는 ⅱ)의 기준에 해당될 것이 명백하다고 판단되는 경우, ⅳ) 직전 2회계연도간 연속하
여 당기순손실이 발생하고, 레버리지비율이 1,100%를 초과하는 경우[다만, 직전 2회계연도간 발
생한 당기순손실의 합계액이 직전 3회계연도말 자기자본(구체적인 산정방식은 금융감독원장이 정한다)의
5% 미만인 경우는 제외], 또는 ⅴ) 레버리지비율이 1,300%를 초과하는 경우에 경영개선요구를
받는다.

2종 금융투자업자는 ⅰ) 자기자본이 필요유지자기자본 이상이면서 필요유지자기자본, 고
객자산운용 필요자본의 50%, 그리고 고유자산운용 필요자본의 50%를 합산한 금액에 미달하는
경우, 또는 ⅱ) 거액의 금융사고 또는 부실채권의 발생으로 위 ⅰ)의 기준에 해당될 것이 명백
하다고 판단되는 경우에는 경영개선요구를 받는다.

3종 금융투자업자는 ⅰ) 영업용순자본비율이 120% 미만인 경우, ⅱ) 경영실태평가 결과
종합평가등급을 4등급(취약) 이하로 판정받은 경우, 또는 ⅲ) 거액의 금융사고 또는 부실채권의
발생으로 위 ⅰ) 또는 ⅱ)의 기준에 해당될 것이 명백하다고 판단되는 경우에는 경영개선요구
를 받는다.

(라) 경영개선명령

금융위원회는 금융투자업자가 다음의 구분에 따른 기준에 해당하는 경우 당해 금융투자업
자에 대하여 필요한 조치를 이행하도록 명령하여야 한다(금융투자업규정3-28①(1)(2)(3)).

1종 금융투자업자는 ⅰ) 순자본비율이 0% 미만인 경우, 또는 ⅱ) 금융산업구조개선법 제2
조 제2호에서 정하는 부실금융기관에 해당하는 경우에는 경영개선명령을 받는다. 2종 금융투
자업자는 ⅰ) 자기자본이 필요유지자기자본에 미달하는 경우, 또는 ⅱ) 금융산업구조개선법
제2조 제2호에서 정하는 부실금융기관에 해당하는 경우에는 경영개선명령을 받는다. 3종 금
융투자업자는 ⅰ) 영업용순자본비율이 100% 미만인 경우, 또는 ⅱ) 금융산업구조개선법 제2
조 제2호에서 정하는 부실금융기관에 해당하는 경우에는 경영개선명령을 받는다.

3. 회계처리

금융투자업자는 다음에 따라 회계처리를 하여야 한다(법32①).

1. 회계연도를 금융투자업별로 총리령으로 정하는 기간[59]으로 할 것

---

59) "총리령으로 정하는 기간"이란 다음의 구분에 따른 기간을 말한다(시행규칙6①).
    1. 투자매매업, 투자중개업, 집합투자업, 투자자문업 및 투자일임업 : 매년 4월 1일부터 다음 해 3월 31일
      까지의 기간. 다만, 해당 금융투자업자가 외부감사법 제5조 제1항 제1호에 따른 회계처리기준을 도입

2. 금융투자업자의 고유재산과 신탁재산, 그 밖에 총리령으로 정하는 투자자재산[60]을 명확히 구분하여 회계처리할 것

3. 증권선물위원회의 심의를 거쳐 금융위원회가 정하여 고시하는 금융투자업자 회계처리준칙 및 외부감사법 제5조에 따른 회계처리기준을 따를 것

금융투자업자의 고유재산의 회계처리에 관한 사항으로서 제1항에서 정하지 아니한 회계처리, 계정과목의 종류와 배열순서, 그 밖에 필요한 사항은 금융위원회가 정하여 고시한다(법32②).

4. 경영공시

(1) 업무보고서 작성 및 보고

금융투자업자는 매 사업연도 개시일부터 3개월간·6개월간·9개월간 및 12개월간의 업무보고서를 작성하여 그 기간 경과 후 45일 이내로서 45일 이내에 금융위원회에 제출하여야 한다(법33①, 영36①). 금융투자업자는 업무보고서를 금융위원회에 제출한 날부터 그 업무보고서 중 중요사항을 발췌한 공시서류를 1년간 본점과 지점, 그 밖의 영업소에 이를 비치하고, 인터넷 홈페이지 등을 이용하여 공시하여야 한다(법33②). 금융투자업자는 업무보고서 외에 매월의 업무 내용을 적은 보고서를 다음 달 말일까지 금융위원회에 제출하여야 한다(법33④).

분기별 업무보고서 및 월별 업무보고서의 기재사항은 다음과 같다(영36③).

1. 금융투자업자의 개요
2. 금융투자업자가 경영하고 있는 업무의 내용에 관한 사항
3. 재무에 관한 현황
4. 영업에 관한 사항
5. 최대주주(그의 특수관계인을 포함)와 주요주주에 관한 사항
6. 특수관계인과의 거래에 관한 사항
7. 지점, 그 밖의 영업소와 인력의 관리에 관한 사항
8. 투자자재산의 현황과 그 보호에 관한 사항

한 경우 등 금융위원회가 정하여 고시하는 경우에는 회계기간을 1월 1일부터 12월 31일까지로 할 수 있다.

2. 신탁업, 종합금융회사 및 자금중개회사 : 정관에서 정하는 기간

[60] "총리령으로 정하는 투자자재산"이란 다음의 투자자재산을 말한다(시행규칙6②).

1. 투자자가 예탁한 재산
2. 집합투자재산
3. 제1호 및 제2호에서 규정한 사항 외에 고유재산, 신탁재산 및 제1호·제2호의 재산과 명확히 구분하여 회계처리할 필요가 있는 것으로서 금융위원회가 정하여 고시하는 투자자재산

9. 장외파생상품 매매, 그 밖의 거래의 업무내용, 거래현황과 평가손익현황(장외파생상품의 위험을 회피하기 위한 관련 거래의 평가손익을 포함) 등에 관한 사항

10. 금융투자업자나 그 임직원이 최근 5년간 금융위원회, 금융감독원장 등으로부터 조치를 받은 경우 그 내용

11. 그 밖에 금융투자업자의 영업이나 경영에 관련된 사항으로서 금융위원회가 정하여 고시하는 사항61)

(2) 경영상황 보고
(가) 보고사항과 보고방법

금융투자업자는 거액의 금융사고 또는 부실채권의 발생 등 금융투자업자의 경영상황에 중대한 영향을 미칠 사항으로서 금융투자업의 종류별로 대통령령으로 정하는 사항이 발생한 경우에는 금융위원회에 보고하고, 인터넷 홈페이지 등을 이용하여 공시하여야 한다(법33③). 여기서 "대통령령으로 정하는 사항이 발생한 경우"란 다음과 같다(영36②).

1. 투자매매업이나 투자중개업인 경우

가. 거액의 금융사고 또는 부실채권 등이 발생한 경우

---

61) "금융위원회가 정하여 고시하는 사항"이란 다음의 사항을 말한다(금융투자업규정3-66①).
1. 감사인의 반기별 감사의견 또는 검토의견. 다만, 영 제35조 제2항 제2호에 해당하는 금융투자업자의 경우에는 분기별 감사의견 또는 검토의견을 말한다.
2. 이사회 등 회사의 기관 및 계열회사에 관한 사항
3. 다음 각 목의 구분에 따른 사항
  가. 1종 금융투자업자: 순자본비율
  나. 2종 금융투자업자: 자기자본 및 최소영업자본액
  다. 3종 금융투자업자: 영업용순자본비율
4. 계열회사가 발행한 증권을 취급하는 경우 그 내역에 관한 사항
5. 위험관리정책에 관한 사항
6. 법규준수를 위한 내부통제정책에 관한 사항
7. 투자매매업자 또는 투자중개업자가 자산유동화법 제2조 제4호에서 정하는 유동화증권(자산유동화법에서 정하는 유동화전문회사 또는 신탁업자가 아닌 회사, 그 밖의 특수목적기구가 자산유동화에 준하는 업무를 하여 발행하는 증권이나 같은 법률에서 정하는 방법 이외의 것에 따라 유동화자산을 기초로 발행하는 증권을 포함하며, 이하 이 호에서 "유동화증권등"이라 한다)을 매매 또는 중개하는 경우에는 유동화증권등 매매 또는 중개의 업무내용, 거래현황 등에 관한 사항
7의2. 제2-24조 제1항 제4호와 관련된 다음 각 목의 사항
  가. 제2-24조 제1항 제4호 가목의 구분 관리에 따른 파생결합증권의 발행을 통해 조달한 자금별 운용내역
  나. 제2-24조 제1항 제4호 다목에 따라 정한 투자대상 자산이 갖추어야 할 요건의 내용과 준수 여부
7의3. 금융투자업자가 제공하거나 제공받은 재산상 이익 현황
8. 종합금융투자사업자 중 단기금융업무 또는 종합투자계좌업무를 하는 자는 다음 각 목에 해당하는 사항
  가. 단기금융업무를 하는 자: 단기금융업무를 통해 조달한 자금의 운용에 관한 사항
  나. 종합투자계좌업무를 하는 자: 종합투자계좌 수탁금의 운용에 관한 사항
9. 그 밖에 금융투자업자의 경영 및 영업에 관한 중요사항

나. 금융산업구조개선법 제10조에 따른 적기시정조치를 받은 경우

다. 법 제161조 제1항 각 호의 어느 하나에 해당하는 경우(법 제159조 제1항에 따른 사업
보고서 제출대상법인이 아닌 금융투자업자만 해당)

라. 투자매매업이나 투자중개업의 경영과 관련하여 해당 법인이나 그 임직원이 형사처벌
을 받은 경우

마. 증권시장(다자간매매체결회사에서의 거래를 포함), 파생상품시장 등의 결제를 하지 아
니한 경우

바. 그 밖에 금융위원회가 정하여 고시하는 경우[62]

2. 집합투자업인 경우

가. 제1호 가목부터 다목까지의 어느 하나에 해당하는 경우. 다만, 투자자 보호와 건전한
거래질서를 해할 우려가 크지 아니한 사항으로서 금융위원회가 정하여 고시하는 사
항[63]은 제외한다.

나. 집합투자업의 경영과 관련하여 해당 법인이나 그 임직원이 형사처벌을 받은 경우

---

62) 영 제36조 제2항 제1호 바목, 같은 항 제2호 다목, 같은 항 제3호 다목 및 같은 항 제4호 라목에서 "금융위
원회가 정하여 고시하는 경우"란 다음의 어느 하나에 해당하는 경우를 말한다(금융투자업규정3-70①).
1. 공정거래법 제2조 제2호에서 정하는 동일 기업집단별(동일 기업집단이 아닌 경우 개별기업별)로 금융
투자업자의 직전 분기말 현재 재무상태표의 자산총액에서 부채총액을 차감한 잔액("직전 분기말 자기
자본")의 10%에 상당하는 금액을 초과하는 부실채권(회수불확실 및 회수불능채권)이 발생한 경우. 다
만 그 금액이 40억원 이하인 경우에는 그러하지 아니하다.
2. 「금융기관 검사 및 제재에 관한 규정」에서 정하는 금융사고등으로 금융투자업자의 직전 분기말 자기자
본의 2%에 상당하는 금액을 초과하는 손실이 발생하였거나 손실이 예상되는 경우. 다만, 그 금액이 10
억원 이하인 경우에는 그러하지 아니하다.
3. 민사소송의 패소 등의 사유로 금융투자업자의 직전 분기말 자기자본의 1%에 상당하는 금액을 초과하
는 손실이 발생한 경우. 다만, 그 금액이 10억원 이하인 경우에는 그러하지 아니하다.
4. 제3-26조부터 제3-28조까지 및 제3-35조, 법 제420조 제1항 각 호 외의 부분 및 제3항 제1호·제2호
또는 금융산업구조개선법 제14조 제2항 각 호 외의 부분 본문에 따른 조치를 받은 경우
5. 원화유동성비율을 위반한 경우
6. 회계기간 변경을 결정한 경우
7. 상장법인이 아닌 금융투자업자에 다음의 어느 하나에 해당되는 사항이 발생하는 경우
   가. 재무구조에 중대한 변경을 초래하는 사항
   나. 금융투자업자 경영환경에 중대한 변경을 초래하는 사항
   다. 재산 등에 대규모변동을 초래하는 사항
   라. 채권채무관계에 중대한 변동을 초래하는 사항
   마. 투자 및 출자관계에 관한 사항
   바. 손익구조변경에 관한 사항
   사. 그 밖에 금융투자업자 경영에 중대한 영향을 미칠 수 있는 사항
63) "금융위원회가 정하여 고시하는 사항"은 다음의 어느 하나에 해당하는 사항을 말한다(금융투자업규정3-70
②).
1. 법 제161조 제1항 제5호의 결정이 있는 경우
2. 법 제161조 제1항 제8호의 결의를 한 경우
3. 영 제171조 제2항 제5호의 결의를 한 경우
4. 영 제171조 제3항 제3호부터 제6호까지의 사실이 발생한 경우

다. 그 밖에 금융위원회가 정하여 고시하는 경우

3. 투자자문업이나 투자일임업인 경우

　가. 제1호 가목부터 다목까지의 어느 하나에 해당하는 경우

　나. 투자자문업이나 투자일임업의 경영과 관련하여 해당 법인 또는 그 임직원이 형사처벌을 받은 경우

　다. 그 밖에 금융위원회가 정하여 고시하는 경우

4. 신탁업인 경우

　가. 제1호 가목부터 다목까지의 어느 하나에 해당하는 경우

　나. 신탁업의 경영과 관련하여 해당 법인이나 그 임직원이 형사처벌을 받은 경우

　다. 시공사 또는 위탁자가 발행하는 어음이나 수표가 부도로 되거나 은행과의 거래가 정지되거나 금지된 경우

　라. 그 밖에 금융위원회가 정하여 고시하는 경우

(나) 정정공시와 재공시

금융위원회는 금융투자업자가 공시하는 사항 중 중요사항(법47③)에 관하여 거짓의 사실을 공시하거나 중요사항을 빠뜨리는 등 불성실하게 공시하는 경우에는 금융투자업자에 대하여 정정공시나 재공시 등을 요구할 수 있다(영36⑥).

Ⅱ. 대주주와의 거래규제

1. 대주주와의 거래제한

(1) 거래금지 당사자

(가) 거래금지 의무자

모든 금융투자업자는 자본시장법 제34조의 거래제한을 받는다. 다만 겸영금융투자업자는 개별 법률에 따라 대주주와의 거래제한을 받기 때문에 제외한다(법34①).

(나) 거래금지 상대방

금융투자업자가 일정한 거래를 할 수 없는 상대방은 금융투자업자의 대주주(법34①(1))와 계열회사(법34①(2))이다. 자본시장법상 대주주란 금융회사지배구조법 제2조 제6호에 따른 주주를 말한다. 이 경우 금융회사는 법인으로 본다(법9①). 따라서 자본시장법상 대주주는 최대주주와 주요주주를 말한다.

1) 최대주주

금융회사지배구조법상 최대주주는 금융회사의 의결권 있는 발행주식(출자지분을 포함) 총

수를 기준으로 본인 및 그와 대통령령으로 정하는 특수한 관계가 있는 자("특수관계인")[64]가 누구의 명의로 하든지 자기의 계산으로 소유하는 주식(그 주식과 관련된 증권예탁증권을 포함)을 합하여 그 수가 가장 많은 경우의 그 본인을 말한다(금융회사지배구조법2(6)(가)).

　　최대주주가 법인인 경우 그 법인의 중요한 경영사항에 대하여 사실상 영향력을 행사하고 있는 자로서 대통령령으로 정하는 자[65]를 포함한다(금융회사지배구조법31①).

---

64) "대통령령으로 정하는 특수한 관계가 있는 자"란 본인과 다음의 어느 하나에 해당하는 관계가 있는 자("특수관계인")를 말한다(금융회사지배구조법 시행령3①).
　1. 본인이 개인인 경우: 다음의 어느 하나에 해당하는 자. 다만, 공정거래법 시행령 제3조의2 제1항 제2호 가목에 따른 독립경영자 및 같은 목에 따라 공정거래위원회가 동일인관련자의 범위로부터 분리를 인정하는 자는 제외한다.
　　가. 배우자(사실상의 혼인관계에 있는 사람을 포함)
　　나. 6촌 이내의 혈족
　　다. 4촌 이내의 인척
　　라. 양자의 생가(生家)의 직계존속
　　마. 양자 및 그 배우자와 양가(養家)의 직계비속
　　바. 혼인 외의 출생자의 생모
　　사. 본인의 금전이나 그 밖의 재산으로 생계를 유지하는 사람 및 생계를 함께 하는 사람
　　아. 본인이 혼자서 또는 그와 가목부터 사목까지의 관계에 있는 자와 합하여 법인이나 단체에 30% 이상을 출자하거나, 그 밖에 임원(업무집행책임자는 제외)의 임면 등 법인이나 단체의 중요한 경영사항에 대하여 사실상의 영향력을 행사하고 있는 경우에는 해당 법인 또는 단체와 그 임원(본인이 혼자서 또는 그와 가목부터 사목까지의 관계에 있는 자와 합하여 임원의 임면 등의 방법으로 그 법인 또는 단체의 중요한 경영사항에 대하여 사실상의 영향력을 행사하고 있지 아니함이 본인의 확인서 등을 통하여 확인되는 경우에 그 임원은 제외)
　　자. 본인이 혼자서 또는 그와 가목부터 아목까지의 관계에 있는 자와 합하여 법인이나 단체에 30% 이상을 출자하거나, 그 밖에 임원의 임면 등 법인이나 단체의 중요한 경영사항에 대하여 사실상의 영향력을 행사하고 있는 경우에는 해당 법인 또는 단체와 그 임원(본인이 혼자서 또는 그와 가목부터 아목까지의 관계에 있는 자와 합하여 임원의 임면 등의 방법으로 그 법인 또는 단체의 중요한 경영사항에 대하여 사실상의 영향력을 행사하고 있지 아니함이 본인의 확인서 등을 통하여 확인되는 경우에 그 임원은 제외)
　2. 본인이 법인이나 단체인 경우: 다음 각 목의 어느 하나에 해당하는 자
　　가. 임원
　　나. 공정거래법에 따른 계열회사 및 그 임원
　　다. 혼자서 또는 제1호 각 목의 관계에 있는 자와 합하여 본인에게 30% 이상을 출자하거나, 그 밖에 임원의 임면 등 본인의 중요한 경영사항에 대하여 사실상의 영향력을 행사하고 있는 개인(그와 제1호 각 목의 관계에 있는 자를 포함) 또는 법인(계열회사는 제외), 단체와 그 임원
　　라. 본인이 혼자서 또는 본인과 가목부터 다목까지의 관계에 있는 자와 합하여 다른 법인이나 단체에 30% 이상을 출자하거나, 그 밖에 임원의 임면 등 다른 법인이나 단체의 중요한 경영사항에 대하여 사실상의 영향력을 행사하고 있는 경우에는 해당 법인, 단체와 그 임원(본인이 임원의 임면 등의 방법으로 그 법인 또는 단체의 중요한 경영사항에 대하여 사실상의 영향력을 행사하고 있지 아니함이 본인의 확인서 등을 통하여 확인되는 경우에 그 임원은 제외)
65) "대통령령으로 정하는 자"란 다음의 자를 말한다(금융회사지배구조법 시행령26①).
　1. 최대주주인 법인의 최대주주(최대주주인 법인의 주요 경영사항을 사실상 지배하는 자가 그 법인의 최대주주와 명백히 다른 경우에는 그 사실상 지배하는 자를 포함)
　2. 최대주주인 법인의 대표자

2) 주요주주

금융회사지배구조법상 주요주주는 ⅰ) 누구의 명의로 하든지 자기의 계산으로 금융회사의 의결권 있는 발행주식 총수의 10% 이상의 주식(그 주식과 관련된 증권예탁증권을 포함)을 소유한 자(제1호), ⅱ) 임원(업무집행책임자는 제외)의 임면 등의 방법으로 금융회사의 중요한 경영사항에 대하여 사실상의 영향력을 행사하는 주주로서 대통령령으로 정하는 자(제2호)[66]를 말한다(금융회사지배구조법2(6)(나)).

3) 계열회사

계열회사란 공정거래법에 따른 계열회사를 말한다. 계열회사가 금융투자업자의 대주주에 해당하는 경우에는 대주주로서 규제대상이므로 계열회사에 포함되지 않는다.

(2) 증권 등의 소유 금지

(가) 금지행위

금융투자업자(겸영금융투자업자는 제외)는 다음의 어느 하나에 해당하는 행위를 하여서는 아니 된다(법34① 본문).

1. 그 금융투자업자의 대주주가 발행한 증권을 소유하는 행위
2. 그 금융투자업자의 특수관계인(금융투자업자의 대주주를 제외) 중 대통령령으로 정하는 자가 발행한 주식, 채권 및 약속어음(기업이 사업에 필요한 자금을 조달하기 위하여 발행한 것에 한한다)을 소유하는 행위. 다만, 대통령령으로 정하는 비율의 범위에서 소유하는 경우를 제외한다.
3. 그 밖에 금융투자업자의 건전한 자산운용을 해할 우려가 있는 행위로서 대통령령으로 정하는 행위

---

66) "대통령령으로 정하는 자"란 다음의 어느 하나에 해당하는 자를 말한다(금융회사지배구조법 시행령4).
　1. 혼자서 또는 다른 주주와의 합의·계약 등에 따라 대표이사 또는 이사의 과반수를 선임한 주주
　2. 다음 각 목의 구분에 따른 주주
　　가. 금융회사가 자본시장법 제8조 제1항에 따른 금융투자업자(겸영금융투자업자는 제외)인 경우: 다음의 구분에 따른 주주
　　　1) 금융투자업자가 자본시장법에 따른 투자자문업, 투자일임업, 집합투자업, 집합투자증권에 한정된 투자매매업·투자중개업 또는 온라인소액투자중개업 외의 다른 금융투자업을 겸영하지 아니하는 경우: 임원(상법 제401조의2 제1항 각 호의 자를 포함)인 주주로서 의결권 있는 발행주식 총수의 5% 이상을 소유하는 사람
　　　2) 금융투자업자가 자본시장법에 따른 투자자문업, 투자일임업, 집합투자업, 집합투자증권에 한정된 투자매매업·투자중개업 또는 온라인소액투자중개업 외의 다른 금융투자업을 영위하는 경우: 임원인 주주로서 의결권 있는 발행주식 총수의 1% 이상을 소유하는 사람
　　나. 금융회사가 금융투자업자가 아닌 경우: 금융회사(금융지주회사인 경우 그 금융지주회사의 금융지주회사법 제2조 제1항 제2호 및 제3호에 따른 자회사 및 손자회사를 포함)의 경영전략·조직변경 등 주요 의사결정이나 업무집행에 지배적인 영향력을 행사한다고 인정되는 자로서 금융위원회가 정하여 고시하는 주주

(나) 대주주 발행의 증권 소유 금지

금융투자업자는 그 금융투자업자의 대주주가 발행한 증권을 소유하는 행위를 하지 못한다 (법34①(1)).

(다) 계열회사가 발행한 주식·채권·약속어음의 소유 금지

금융투자업자는 그 금융투자업자의 특수관계인(금융투자업자의 대주주를 제외) 중 계열회사가 발행한 주식, 채권 및 약속어음(기업이 사업에 필요한 자금을 조달하기 위하여 발행한 것에 한한다)을 소유하는 행위를 하지 못한다. 다만, 금융위원회가 정하여 고시하는 자기자본[67]의 8%(영 37③) 범위에서 소유하는 경우를 제외한다(법34①(2)).

(라) 건전한 자산운용을 해할 우려가 있는 행위 금지

금융투자업자는 그 밖에 금융투자업자의 건전한 자산운용을 해할 우려가 있는 행위로서 대통령령으로 정하는 행위를 하여서는 아니 된다(법34①(3)). 여기서 "대통령령으로 정하는 행위"란 다음의 어느 하나에 해당하는 행위를 말한다(영37④).

1. 대주주나 특수관계인과 거래를 할 때 그 외의 자를 상대방으로 하여 거래하는 경우와 비교하여 해당 금융투자업자에게 불리한 조건으로 거래를 하는 행위
2. 법 제34조 제1항 제1호·제2호 또는 시행령 제37조 제4항 제1호에 따른 제한을 회피할 목적으로 하는 행위로서 다음 각 목의 어느 하나에 해당하는 행위
   가. 제3자와의 계약이나 담합 등에 의하여 서로 교차하는 방법으로 하는 거래행위
   나. 장외파생상품거래, 신탁계약, 연계거래 등을 이용하는 행위

(3) 신용공여의 금지

(가) 원칙

금융투자업자는 대주주에 대하여 신용공여를 하여서는 아니 되며, 대주주는 그 금융투자업자로부터 신용공여를 받아서는 아니 된다. 이 때 대주주는 그의 특수관계인을 포함한다(법34② 본문).

(나) 신용공여의 범위

신용공여란 금전·증권 등 경제적 가치가 있는 재산의 대여, 채무이행의 보증, 자금 지원적 성격의 증권의 매입, 그 밖에 거래상의 신용위험을 수반하는 직접적·간접적 거래로서 대통령령으로 정하는 거래를 말한다(법34②). 여기서 "대통령령으로 정하는 거래"란 다음의 어느 하

---

67) "금융위원회가 정하여 고시하는 자기자본"이란 다음 산식에 따라 산정된 금액을 말하며, (가)결산이 확정되기 전까지는 다음 산식 중 "최근(가)결산기말"은 "직전(가)결산기말"로 본다(금융투자업규정3-71⑤).
자기자본 = 최근(가)결산기말의 자산총액 − 최근(가)결산기말의 부채총액 ± 최근(가)결산기말 경과 후 자본금 및 자본잉여금의 증감액·중간배당액

나에 해당하는 거래를 말한다(영38①).

1. 대주주(그의 특수관계인을 포함)를 위하여 담보를 제공하는 거래
2. 대주주를 위하여 어음을 배서(담보적 효력이 없는 배서는 제외)하는 거래
3. 대주주를 위하여 출자의 이행을 약정하는 거래
4. 대주주에 대한 금전·증권 등 경제적 가치가 있는 재산의 대여, 채무이행의 보증, 자금 지원적 성격의 증권의 매입, 제1호부터 제3호까지의 어느 하나에 해당하는 거래의 제한을 회피할 목적으로 하는 거래로서 다음 각 목의 어느 하나에 해당하는 거래
   가. 제3자와의 계약 또는 담합 등에 의하여 서로 교차하는 방법으로 하는 거래
   나. 장외파생상품거래, 신탁계약, 연계거래 등을 이용하는 거래
5. 그 밖에 채무인수 등 신용위험을 수반하는 거래로서 금융위원회가 정하여 고시하는 거래[68]

(4) 예외적 허용
(가) 예외적으로 허용되는 경우
1) 증권 등 소유

담보권의 실행 등 권리행사에 필요한 경우, 안정조작 또는 시장조성을 하는 경우, 그 밖에 금융투자업자의 건전성을 해치지 아니하는 범위에서 금융투자업의 효율적 수행을 위하여 "대통령령으로 정하는 경우"에는 예외적으로 증권 등의 소유등의 행위를 할 수 있다. 이 경우 금융위원회는 각 호별로 그 소유기한 등을 정하여 고시[69]할 수 있다(법34① 단서).

여기서 "대통령령으로 정하는 경우"란 다음의 어느 하나에 해당하는 경우를 말한다(영37①).

1. 대주주 발행 증권 소유 관련(법34①(1))
   가. 대주주가 변경됨에 따라 이미 소유하고 있는 증권이 대주주가 발행한 증권으로 되는

---

68) "금융위원회가 정하여 고시하는 거래"란 다음의 행위를 말한다(금융투자업규정3-72①).
   1. 채무의 인수
   2. 자산유동화회사 등 다른 법인의 신용을 보강하는 거래
   3. 그 밖에 대주주의 지급불능시 이로 인하여 금융투자업자에 손실을 초래할 수 있는 거래
69) 법 제34조 제1항 각 호 외의 부분 단서에 따라 금융투자업자는 대주주가 발행한 증권 또는 계열회사가 발행한 주식, 채권 및 약속어음을 다음 각 호의 기한까지 소유할 수 있다. 다만, 법 제34조 제1항 각 호 외의 부분 단서에 따라 안정조작이나 시장조성을 하는 경우에는 안정조작 및 시장조성이 완료된 날로부터 3개월까지 소유할 수 있다(금융투자업규정3-71②).
   1. 제1항 제1호, 영 제37조 제1항 제1호 가목·나목 및 제2호 가목·나목(제1호 나목에 한한다)·마목의 경우: 취득일 또는 사유발생일부터 3개월
   2. 제1항 제2호의 경우: 금융위원회가 정하는 기간
   3. 법 제34조 제1항 각 호 외의 부분 단서에 따라 담보권의 실행 등 권리행사를 위한 경우: 취득일부터 3개월

경우

나. 인수와 관련하여 해당 증권을 취득하는 경우

다. 관련 법령에 따라 사채보증 업무를 할 수 있는 금융기관 등이 원리금의 지급을 보증하는 사채권을 취득하는 경우

라. 특수채증권을 취득하는 경우

마. 그 밖에 금융투자업자의 경영건전성을 해치지 아니하는 경우로서 금융위원회가 정하여 고시하는 경우[70]

2. 계열회사 발행 주식·채권·약속어음 소유 관련(법34①(2))

가. 특수관계인이 변경됨에 따라 이미 소유하고 있는 주식, 채권 및 법 제34조 제1항 제2호에 따른 약속어음이 특수관계인이 발행한 주식, 채권 및 약속어음으로 되는 경우

나. 위의 제1호 나목부터 마목까지의 어느 하나에 해당하는 경우

다. 경영권 참여를 목적으로 지분을 취득하는 경우 등 금융위원회가 정하여 고시하는 출자[71]로 주식을 취득하는 경우

라. 차익거래나 투자위험을 회피하기 위한 거래로서 금융위원회가 정하여 고시하는 거래[72]를 목적으로 주식, 채권 및 약속어음을 소유하는 경우

마. 자기자본의 변동이나 특수관계인이 발행한 주식, 채권 및 약속어음의 가격변동으로 인하여 자기자본의 8%를 초과하는 경우

바. 해외 집합투자기구를 설립하기 위하여 자기자본의 100%의 범위에서 금융위원회의 확인을 받아 주식을 취득하는 경우

사. 그 밖에 금융투자업자의 경영건전성을 해치지 아니하는 경우로서 금융위원회가 정하여 고시하는 경우

---

70) "금융위원회가 정하여 고시하는 경우"란 다음의 어느 하나에 해당하는 경우를 말한다(금융투자업규정3-71 ①).
   1. 제5편 제10장에 따라 단주를 취득하는 경우
   2. 그 밖에 금융위원회가 인정하는 불가피한 경우
71) "금융위원회가 정하여 고시하는 출자"란 제3-6조 제20호를 말한다(금융투자업규정3-71③). 여기서 금융투자업규정 제3-6조 제20호의 "출자"란 금융투자업자가 경영지배나 참여를 목적으로 행하는 법인지분의 취득을 말한다. 이 경우 모집 또는 매출되지 않은 주식의 취득, 자회사 주식의 취득 그리고 당해 주식의 취득으로 인하여 금융투자업자와 그 특수관계인이 합하여 당해 회사의 최대주주가 되는 경우에 그 주식의 취득은 출자로 본다.
72) "금융위원회가 정하여 고시하는 거래"란 다음의 거래를 말한다(금융투자업규정3-71④).
   1. 차익거래는 주가지수선물 포지션과 당해 지수에 상응하는 주식바스켓 또는 상장지수집합투자기구를 이용한 의도적인 차익거래 또는 상장지수집합투자기구와 주식바스켓을 이용한 의도적인 차익거래를 말한다.
   2. 투자위험을 회피하기 위한 거래는 다른 포지션과 분리되어 별도 관리되고 투자위험을 회피하기 위한 목적으로 계획되고 매매거래됨이 입증된 거래를 말한다.

2) 신용공여

금융투자업자는 금융투자업자의 건전성을 해할 우려가 없는 신용공여로서 대통령령으로 정하는 신용공여의 경우에는 이를 할 수 있다(법34② 단서). 여기서 "대통령령으로 정하는 신용공여"란 다음의 어느 하나에 해당하는 것을 말한다(영38②).

1. 임원에 대하여 연간 급여액(근속기간 중에 그 금융투자업자로부터 지급된 소득세 과세대상이 되는 급여액)과 1억원 중 적은 금액의 범위에서 하는 신용공여
2. 금융위원회가 정하여 고시하는 해외 현지법인[73)]에 대한 신용공여
3. 다음 각 목의 어느 하나의 경우가 법 제34조 제2항 본문에 따른 신용공여에 해당하는 경우 그 신용공여
   가. 담보권의 실행 등 권리행사를 위하여 필요한 경우로서 법 제34조 제1항 각 호의 행위를 하는 경우
   나. 자본시장법상 안정조작(법176③(1))이나 시장조성(법176③(2))을 하는 경우로서 법 제34조 제1항 각 호의 행위를 하는 경우
   다. 자본시장법 시행령 제37조 제1항 각 호의 경우
   라. 자기자본의 8% 범위(영37③)에서 주식, 채권 및 약속어음(법 제34조 제1항 제2호에 따른 약속어음)을 소유하는 경우. 다만, 금융투자업자의 대주주가 발행한 증권을 소유하는 경우는 제외한다.

(나) 관련 절차

1) 이사회 결의

금융투자업자는 제1항 제2호 단서 또는 제2항 단서에 해당하는 행위를 하고자 하는 경우에는 미리 이사회 결의를 거쳐야 한다. 이 경우 이사회 결의는 재적이사 전원의 찬성으로 한다(법34③). 다만 금융위원회가 정하여 고시하는 단일거래 금액[74)]이 자기자본의 1만분의 10에 해당하는 금액과 10억원 중 적은 금액의 범위에서 소유하거나 신용공여하려는 행위를 제외한다

---

73) "금융위원회가 정하여 고시하는 해외 현지법인"이란 제3-65조 제4호에 따른 해외 현지법인을 말한다(금융투자업규정3-72②). 여기서 금융투자업규정 제3-65조 제4호의 "해외 현지법인"이란 다음 각 목의 어느 하나에 해당하는 방법으로 외국에서 금융투자업을 영위하는 법인을 말한다.
  가. 외국에서 법인의 발행주식총수 또는 출자총액의 50% 이상을 소유 또는 출자하거나 사실상 경영권을 지배하는 방법
  나. 가목에 따른 법인으로 하여금 외국에서 금융투자업을 영위하는 다른 법인의 발행주식총수 또는 출자총액의 50% 이상을 소유 또는 출자하게 하거나 사실상 경영권을 지배하게 하는 방법
74) "금융위원회가 정하여 고시하는 단일거래 금액"이란 동일한 개인 또는 법인 각각에 대한 개별 신용공여약정에 따른 약정금액(주식, 채권 및 법 제34조 제1항 제2호에 따른 약속어음 취득의 경우에는 단일한 매매계약에 따른 취득금액)을 기준으로 산정한 금액을 말한다. 다만, 동일한 법인 또는 개인에 대하여 같은 날에 다수의 약정이 체결되는 경우에는 개별 약정금액의 합계액을 기준으로 산정한 금액을 말한다(금융투자업규정3-73).

(영39① 본문). 다만, 해당 금융투자업자의 일상적인 거래분야의 거래로서 약관에 따른 거래 금액은 단일거래 금액에서 제외한다(영39① 단서).

2) 거래사실의 보고 및 공시

금융투자업자는 위와 같은 기준(자기자본의 8% 이내)에 따라 허용되는 증권 소유 및 신용공여를 한 경우에는 그 사실을 금융위원회에 지체 없이 보고하고, 인터넷 홈페이지 등을 이용하여 공시하여야 한다(법34④). 금융투자업자는 보고사항 중 "대통령령으로 정하는 사항"을 종합하여 분기별로 금융위원회에 보고하고, 인터넷 홈페이지 등을 이용하여 공시하여야 한다(법34⑤). 여기서 "대통령령으로 정하는 사항"이란 다음과 같다(영39②).

1. 법 제34조 제1항 제2호 단서에 따라 주식, 채권 및 약속어음을 소유하는 경우
    가. 분기 말 현재 주식, 채권 및 약속어음의 소유 규모
    나. 분기 중 주식, 채권 및 약속어음의 증감 내역
    다. 취득가격이나 처분가격
    라. 그 밖에 금융위원회가 정하여 고시하는 사항[75]
2. 법 제34조 제2항 단서에 따라 신용공여를 하는 경우
    가. 분기 말 현재 신용공여의 규모
    나. 분기 중 신용공여의 증감 금액
    다. 신용공여의 거래조건
라. 그 밖에 금융위원회가 정하여 고시하는 사항[76]

(5) 위반에 대한 조치 및 제재
(가) 자료제출명령 및 제한조치

금융위원회는 금융투자업자 또는 그의 대주주가 제1항부터 제5항까지의 규정을 위반한 혐의가 있다고 인정될 경우에는 금융투자업자 또는 그의 대주주에게 필요한 자료의 제출을 명할 수 있다(법34⑥).

금융위원회는 금융투자업자의 대주주(회사에 한한다)의 부채가 자산을 초과하는 등 재무구조의 부실로 인하여 금융투자업자의 경영건전성을 현저히 해칠 우려가 있는 경우로서 "대통령

---

75) "금융위원회가 정하여 고시하는 사항"이란 다음의 사항을 말하며, 법 제34조 제5항에 따라 주식, 채권 및 약속어음 취득현황을 발행회사별로 구분하여 공시하여야 한다(금융투자업규정3-74①). 1. 취득목적, 2. 분기말 현재 보유지분율, 3. 분기말 현재 시가, 4. 당해 분기 중 처분한 경우 처분가격 및 동 처분에 따른 손익현황
76) "금융위원회가 정하여 고시하는 사항"이란 신용공여 형태별로 다음의 사항을 말하며, 대주주 전체에 대한 신용공여현황을 동일한 개인 또는 법인 각각에 대한 신용공여현황을 포함하여 공시하여야 한다(금융투자업규정3-74②). 1. 자금용도, 2. 신용공여기간·적용금리 등 거래조건, 3. 담보의 종류 및 평가액, 4. 주요 특별약정내용

령으로 정하는 경우"에는 금융투자업자에 대하여 대주주가 발행한 증권의 신규취득 및 신용공여를 제한할 수 있다(법34⑦).

여기서 "대통령령으로 정하는 경우"란 ⅰ) 대주주(회사만 해당하며, 회사인 특수관계인을 포함)의 부채가 자산을 초과하는 경우(제1호), 또는 ⅱ) 대주주가 둘 이상의 신용평가회사에 의하여 투자부적격 등급으로 평가받은 경우(제2호) 중 어느 하나에 해당하는 경우를 말한다(영40).

(나) 위반시 제재

법 제34조 제1항을 위반하여 같은 항 제1호 또는 제2호에 해당하는 행위를 한 자(제3호), 법 제34조 제2항을 위반하여 신용공여를 한 금융투자업자와 그로부터 신용공여를 받은 자(제4호)는 5년 이하의 징역 또는 2억원 이하의 벌금에 처한다(법444(3)(4)).

금융위원회는 금융투자업자가 법 제34조 제1항 제1호를 위반한 경우에는 취득금액(제1호), 법 제34조 제1항 제2호를 위반한 경우에는 허용비율을 초과하는 취득금액(제2호), 법 제34조 제2항을 위반한 경우에는 신용공여액(제3호)을 초과하지 아니하는 범위에서 과징금을 부과할 수 있다(법428①(1)(2)(3)).

법 제34조 제3항을 위반하여 이사회 결의를 거치지 아니한 자(제16호), 법 제34조 제4항 또는 제5항을 위반하여 보고 또는 공시를 하지 아니하거나 거짓으로 보고 또는 공시한 자(제17호), 제34조 제6항에 따른 자료의 제출명령을 위반한 자(제18호)에 대하여는 1억원 이하의 과태료를 부과한다(법449①(16)(17)(18)).

2. 대주주의 부당한 영향력 행사 금지

(1) 금지행위

금융투자업자의 대주주(그의 특수관계인을 포함)는 금융투자업자의 이익에 반하여 대주주 자신의 이익을 얻을 목적으로 다음의 어느 하나에 해당하는 행위를 하여서는 아니 된다(법35).

1. 부당한 영향력을 행사하기 위하여 금융투자업자에 대하여 외부에 공개되지 아니한 자료 또는 정보의 제공을 요구하는 행위(다만, 금융회사지배구조법 또는 상법에 따른 주주의 회계장부열람권의 행사에 해당하는 경우를 제외한다.
2. 경제적 이익 등 반대급부의 제공을 조건으로 다른 주주와 담합하여 금융투자업자의 인사 또는 경영에 부당한 영향력을 행사하는 행위
3. 그 밖에 제1호 및 제2호에 준하는 행위로서 "대통령령으로 정하는 행위"

위 제3호에서 "대통령령으로 정하는 행위"란 다음의 어느 하나에 해당하는 행위를 말한다(영41).

1. 금융투자업자로 하여금 위법행위를 하도록 요구하는 행위
2. 금리, 수수료, 담보 등에 있어서 통상적인 거래조건과 다른 조건으로 대주주 자신이나 제3 자와의 거래를 요구하는 행위
3. 법 제71조 제2호에 따른 조사분석자료의 작성과정에서 영향력을 행사하는 행위

법 제35조(제350조에서 준용하는 경우를 포함)를 위반하여 대주주(그의 특수관계인을 포함) 자신의 이익을 얻을 목적으로 같은 조 각 호의 어느 하나에 해당하는 행위를 한 자는 5년 이하의 징역 또는 2억원 이하의 벌금에 처한다(법444(5)).

(2) 자료제출명령

금융위원회는 금융투자업자의 대주주가 제35조를 위반한 혐의가 있다고 인정될 경우에는 금융투자업자 또는 그의 대주주에게 필요한 자료의 제출을 명할 수 있다(법36). 법 제36조(제350조에서 준용하는 경우를 포함)에 따른 자료의 제출명령을 위반한 자(제18호)에 대하여는 1억원 이하의 과태료를 부과한다(법449①(18)).

제4절 보험회사의 재무건전성규제

I. 재무건전성 기준

1. 의의

보험업법("법")의 규율을 받는 보험회사는 보험금 지급능력과 경영건전성을 확보하기 위하여 다음의 사항에 관하여 대통령령으로 정하는 재무건전성 기준을 지켜야 한다(법123①).

1. 자본의 적정성에 관한 사항
2. 자산의 건전성에 관한 사항
3. 그 밖에 경영건전성 확보에 필요한 사항

2. 자기자본규제(자본적정성)

(1) 개요
(가) 지급여력 등의 개념

보험회사는 보험계약자로부터 받은 보험료를 적립하여 운용하고 보험사고 발생시 약속한

금액을 지급하여야 한다. 보험회사의 지급여력이란 보험계약자에 대한 보험금 지급의무 이행을 위해 필요한 책임준비금과는 별도로 추가로 보유하도록 한 순자산(자기자본)을 말한다. 책임준비금이란 보험계약자로부터 매년 납입받은 보험료 중에서 사업비 등 비용을 제외하고 보험계약자에게 장래에 지급할 보험금, 환급금, 계약자 배당금 등의 지급을 위하여 적립하는 부채인데(법120 참조), 이를 초과하여 적립하는 것이 지급여력금액이다. 결론적으로 보험회사의 지급여력금액이란 자기자본[77]과 같이 향후 예상할 수 없는 리스크의 발생에 대비하여 보험회사의 보험계약자 보호를 위한 일종의 충격흡수장치(buffer) 또는 잉여금(surplus)이라고 할 수 있다.

(나) 지급여력제도의 일반적 분류

일반적으로 보험회사의 지급여력비율 산출을 위한 지급여력기준금액을 어떤 방식으로 산출하느냐를 기준으로 ⅰ) 고정비율방식, ⅱ) RBC(risk−based capital)방식, ⅲ) 시나리오방식(scenario approach), ⅳ) 확률론적 방식(probabilistic approach)으로 나눌 수 있다.

ⅰ) 고정비율방식은 대차대조표상의 일부 부채항목 등(책임준비금, 보험료 등)의 대리변수에 일정비율을 곱하여 지급여력기준금액을 산출한다. ⅱ) RBC방식은 보험회사의 위험을 세분화하여 개별위험의 노출 규모에 해당 위험계수를 곱하여 기준금액을 산출하는 방식으로서, 보험회사 대차대조표의 자산 및 부채 항목을 폭 넓게 반영할 뿐만 아니라 위험을 세분화하여 적용함으로써 고정비율방식보다 정교한 지급여력기준금액 산출이 가능하다. ⅲ) 시나리오방식은 특정 변수가 보험회사의 위험에 미치는 영향을 분석하기 위한 목적으로 일정 상황을 가정하여 계산된 결과치를 반영하여 지급여력기준금액을 산출하는 방식으로서, 미래의 보험사고율, 보험료, 대형 보험사고, 금리, 자산수익률 등을 변수로 하여 시나리오를 구성한다. ⅳ) 확률론적 방식은 모든 가능성을 최대한 고려하기 위한 목적으로 특정 변수에 대하여 확률론적 통계기법을 활용하는 방식으로서, 지급여력 악화 가능성과 리스크간 상관관계를 고려하여 지급여력기준금액을 산출한다.[78]

시나리오방식과 확률론적 방식의 지급여력제도는 고정비율방식 및 RBC방식의 지급여력제도에 비해 정교하게 리스크를 반영할 수 있지만, 산출방법이 복잡하고 필요한 정보의 양이 과다하여 표준화하기가 어려운 단점이 있다. 이에 반해 RBC방식 지급여력제도는 고정비율방식 지급여력제도보다는 보험회사에 내재된 리스크를 적절히 산출할 수 있으면서도 위험계수의 산출이 간편하다는 장점이 있는데, 현재 우리나라 보험회사에 대해 적용되는 방식은 RBC방식의 지급여력제도이다.

---

77) 자기자본(순자산)은 리스크가 손실로 현실화될 경우 이를 흡수하는 버퍼(buffer) 역할을 함으로써 거래상 대방의 청구권에 대한 지급능력을 나타낸다는 점에서 금융기관의 영업기반으로서 중요한 의미를 갖는다.
78) 정은길(2014), 48-49쪽.

(다) 자기자본규제의 변천

우리나라 보험회사에 대한 자기자본규제인 지급여력제도의 모태가 되는 최초의 제도는 1991년 3월 도입된 담보력 확보기준이다. 동 기준은 보험회사의 총자산이 해약식 책임준비금보다 일정액(1991회계년도: 30억원, 1992회계년도: 50억원, 1993회계년도: 100억원) 이상 초과하는 담보력을 확보하도록 규정하였다. 다만 담보력을 확보하지 못하더라도 계약자배당 제한이라는 소극적 제재조치만이 부과되었을 뿐이다.

1994년 6월 도입된 지급능력 규정은 매 사업년도말 100억원 이상의 지급능력금액을 확보하도록 규정하고 부족시에는 자본금 증액을 권고 또는 명령하도록 하면서 미이행시에는 배당제한, 기관경고, 영업정지라는 3단계에 걸친 제재조치를 취하도록 하였다. 그러나 동 지급능력 규정은 회사 규모에 관계없이 담보력을 일률적으로 적용하였다는 문제가 지적되었다.

1998년 외환위기 이후 보험회사에 대한 감독수준을 국제기준에 부합하도록 개선할 필요가 있다는 반성과 IMF의 권고 등에 따라, 보험회사의 재무건전성을 제고하고 지급여력제도의 국제적 정합성을 확보하기 위하여 1999년 5월부터 대부분의 선진국에서 운영하고 있던 EU식 지급여력제도를 도입하여 운영하였다.

그 후 2000년을 전후하여 금융시장의 변동성이 증대하고 보험회사 간 경쟁이 심화됨에 따라 리스크 중심의 예방적·선제적 자기자본규제 기준의 도입이 시급한 과제로 대두되었다. 왜냐하면 파생금융상품, 자산유동화증권 등 새로운 금융기법이 출현함에 따라 보험회사에 노출되는 리스크가 점점 증가하고 있는 상황에서 고정비율방식의 단순한 EU식 지급여력제도는 감독기관 및 보험회사가 운영하기에 편리한 장점은 있었으나, 보험회사가 직면하는 다양한 리스크를 종합적이고 정교하게 평가하여 필요한 자기자본을 산출하지 못한다는 한계가 지적되었기 때문이다.[79]

이미 이러한 변화를 반영하여 미국(1993), 일본(1996) 등은 소위 RBC방식의 위험 중심 지급여력제도를 도입·운영 중이었고, EU에서도 리스크 인식방식 및 규제기준을 획기적으로 개선한 새로운 지급여력제도인 Solvency Ⅱ를 2014년 도입되었다. 이에 우리나라도 미국, 일본 등의 사례를 참고하여 리스크 중심의 RBC방식 지급여력제도를 글로벌 금융위기 직후인 2009년 4월 이후 2년간의 시범운영을 거쳐 2011년 4월부터 시행하고 있다. 또한 2021년부터는 보험부채를 시가평가하는 "보험계약에 관한 새로운 국제회계기준(IFRS17)"이 시행될 예정인데, 이에 대응하여 우리나라도 현행 RBC제도를 대체하는 신지급여력제도(K-ICS)를 시행할 예정이다.

---

79) 정은길(2014), 52-53쪽.

(2) 지급여력제도의 구조 및 특징

(가) 구조

보험회사에 적용되는 자기자본규제 기준인 RBC방식의 지급여력비율은 "가용자본(available capital)"인 지급여력금액을 "요구자본(required capital)"인 지급여력기준금액으로 나눈 비율로서, 보험회사의 재무건전성 중 자본적정성을 평가한다. 가용자본은 자본금, 잉여금 등으로 구성되며, 요구자본은 해당 보험회사에 내재된 보험·금리·신용·시장·운영위험액을 산출하여 이를 적정한 상관계수를 통해 합산한 총 리스크량을 의미한다. RBC방식 지급여력비율의 분자에 해당하는 지급여력금액과 분모에 해당하는 지급여력기준금액은 후술한다.

(나) 특징

우리나라 보험회사의 RBC방식 지급여력제도는 제도 도입 시 원칙적으로 95%의 신뢰수준으로 산출된 위험계수를 적용하여 리스크량을 산출하고 이를 통해 지급여력기준금액을 산출하도록 설계되었다.[80) 리스크량은 보험회사가 직면하게 될 각종 리스크의 해당 익스포져에 일정 위험계수를 적용하여 산출하는데, 여기서 95%의 신뢰수준이라 함은 해당 리스크량을 산출함에 있어 보험금 지급액 등 과거 경험치의 분포곡선을 이용하여 95%의 통계적 신뢰도를 기준으로 산출한다는 의미이다. 이에 따라 신뢰수준은 해당 지급여력비율의 안정성을 나타내는 지표로서 활용되기도 하는데, 통계적으로 95% 신뢰수준에서 산출된 리스크량은 20년에 1회 미만으로 발생 가능한 손실을 의미하고 99.5%에서 산출된 리스크량은 200년에 1회 미만으로 발생 가능한 손실을 의미한다.[81)

현행 RBC방식 지급여력비율의 지급여력기준금액은 보험회사 공통의 표준모형에 따라 산출되고 내부모형을 인정하지 않고 있다. 그러나 국제적으로는 IAIS 및 바젤기준 등에서 단순한 형태의 표준모형을 금융기관에 공통적으로 적용하되 금융기관이 내부모형을 선택할 수 있도록 이원화할 것을 권고하고 있다.

(3) 지급여력비율

지급여력비율이란 지급여력금액을 지급여력기준금액으로 나눈 비율을 말한다(영65①(3)). 지급여력비율은 보험회사의 재무건전성을 나타내는 자기자본규제 기준이다. 보험업법은 보험회사가 지급여력비율을 100% 이상으로 유지하도록 규정(영65②(1))하고 있다. 여기서 지급여력

---

80) 보험업법 등 관련 규정에는 우리나라 보험회사의 지급여력비율 산출시 적용되는 위험계수의 신뢰수준을 명시하고 있지 않으나, 금융감독원이 발간한 실무해설서에 따르면 위험계수가 95%의 신뢰수준에서 산출되었음이 나타나 있다. 다만 현재는 보험리스크 중 일부(생명보험회사의 보험리스크 및 손해보험회사의 장기손해보험의 보험리스크) 및 시장리스크의 경우에는 99%의 신뢰수준으로 산출된 위험계수를 적용한다(금융감독원(2017), 「보험회사 위험기준 자기자본(RBC)제도 해설서」, 금융감독원(2017. 1), 6쪽).

81) 정은길(2014), 54-55쪽.

비율 100%의 의미는 보험회사가 자기자본인 지급여력금액을 요구자본인 지급여력기준금액 이상으로 보유하도록 하는 것을 의미하는데, 이를 충족하지 못할 경우 바로 보험회사가 지불불능 상태에 빠지는 것은 아니지만 각종 리스크에 종합적으로 대비하여 보험계약자를 보호하기 위해서는 보험회사가 자본확충 등 조치를 취해야 하는 상태라고 볼 수 있다.

(4) 지급여력금액

(가) 의의

지급여력금액이란 자본금, 계약자배당을 위한 준비금, 대손충당금, 후순위차입금, 그 밖에 이에 준하는 것으로서 금융위원회가 정하여 고시하는 금액을 합산한 금액에서 미상각신계약비, 영업권, 그 밖에 이에 준하는 것으로서 금융위원회가 정하여 고시하는 금액을 뺀 금액을 말한다(법65①(1)). 즉 보험회사가 실제로 추가 보유한 여분의 금액이다. 지급여력금액은 보험회사의 순자산을 말한다.

(나) 구조

현행 RBC방식 지급여력비율 산출시 지급여력금액은 가용자본을 말하는 것으로서 기본자본(자본금, 자본잉여금, 이익잉여금 등)에 보완자본(대손충당금 및 대손준비금 등)을 합한 후, 자산성이 없는 차감항목(미상각신계약비, 영업권 등)을 공제하여 산출한다[보험업감독규정7-1(지급여력금액)]. 기본자본은 자본의 품질이 우수한 가용자본으로 재무제표상의 자본항목과 신종자본증권 발행금액의 일부 금액 등으로 구성된다. 반면 보완자본은 자본의 품질이 다소 낮은 가용자본으로서 대손충당금 및 대손준비금, 후순위채 발행금액 등으로 구성된다. 이때 보완자본은 보험회사 가용자본의 품질을 제고하기 위해 기본자본에서 차감항목을 차감한 금액을 한도로 인정된다.

이에 비해 바젤Ⅲ의 단계적 도입으로 은행의 경우 종전 기본자본과 보완자본으로만 분류하던 것을 보통주자본, 기타기본자본 및 보완자본으로 세분하고 각각의 인정요건 및 규제수준을 대폭 강화하는 한편 보통주자본 등의 자본종류별 비율을 적기시정조치 발동기준에도 반영하였다. 또한 EU의 Solvency Ⅱ도 가용자본을 기본자본 및 보완자본으로 나누고 품질 및 손실흡수능력에 따라 다시 3계층(Tier)으로 구분하는 한편 규제자본을 목표요구자본(solvency capital requirement, SCR)과 최소요구자본(minimum capital requirement: MCR)으로 이원화하면서 동 규제자본의 계층별 인정 한도도 세부적으로 규정하고 있다.[82]

(다) 산정기준

지급여력금액은 제1호(기본자본), 제2호(보완자본) 및 제4호(출자회사 관련 항목)를 합산하고 제3호(차감항목)를 차감하여 산출한다(보험업감독규정7-1 본문). 다만 제2호는 제1호에서 제3호

---

82) 정은길(2014), 58-59쪽.

를 차감한 금액을 한도로 한다(보험업감독규정7-1 단서).

1. 기본자본
   가. 자본금(누적적우선주 및 신종자본증권 발행금액은 제외)
   나. 자본잉여금(누적적우선주 및 신종자본증권 발행금액은 제외)
   다. 이익잉여금(대손준비금과 한국채택국제회계기준 전환일에 이익잉여금으로 계상한 유형자산 및 투자부동산의 재평가차익 중 임의적립금으로 적립되지 않은 금액, 그 밖에 감독원장이 정하는 금액은 제외)
   라. 기타포괄손익누계액
   마. 자본금에 준하는 경제적 기능(후순위성,[83] 영구성[84] 등)을 가진 것으로서 감독원장이 정하는 기준을 충족하는 신종자본증권 등 자본증권 발행금액 중 자기자본의 25% 이내에 해당하는 금액
   바. 보험료적립금으로 계상된 금액 중 순보험료식보험료적립금에서 해약공제액(제7-66조, 제7-69조 및 제7-70조의 규정에 의하여 해약환급금 계산시 공제하는 금액)을 차감한 금액을 초과하여 적립한 금액. 다만, 제6-11조의2 및 제6-18조의3에 의해 추가로 적립된 금액 중 감독원장이 정하는 금액은 제외한다.
   사. 가목부터 바목까지의 항목 및 금액 이외에 손실보전에 사용될 수 있다고 감독원장이 인정하는 항목 및 금액

2. 보완자본
   가. 대손충당금 및 대손준비금(제7-3조의 규정에 의한 자산건전성 분류 결과 "정상" 및 "요주의"로 분류된 자산에 대하여 제7-4조의 규정에 의하여 적립된 금액에 한하여 산입한다)
   나. 제1호 마목에 따른 자본증권 발행금액 중 자기자본의 25%를 초과하는 금액 및 제7-9조 제1항 제5호의 규정에 의한 후순위채무액 등 감독원장이 정하는 기준을 충족하는 자본증권의 합산액
   다. 계약자이익배당준비금
   라. 계약자배당안정화준비금
   마. 배당보험손실보전준비금
   바. 비상위험준비금 관련 이연법인세부채(보험회사가 계상한 장부상 이연법인세부채 금액에 한하여 산입한다)
   사. 제1호 각 목보다 자본성이 낮은 것으로 인정되는 항목 중 가목부터 바목까지의 항목 및 금액 이외에 손실보전에 사용될 수 있다고 감독원장이 인정하는 항목 및 금액

---

83) 후순위성(subordination)은 보험계약자에 대한 채무를 포함한 다른 부채 지급이 종료될 때까지 지급거절이 가능한 것(보험계약자와 일반 채권자보다 후순위)을 말한다.
84) 영구성(permanence: sufficient long period or duration)은 만기가 없거나 만기가 있는 경우 충분한 기간(5년 이상) 동안 손실을 흡수하는 데 활용가능한 것을 말한다.

3. 차감항목

   미상각신계약비, 영업권, 이연법인세자산, 주식할인발행차금, 자기주식 등 보험회사의 예상하지 못한 위험으로 인한 손실보전에 사용될 수 없다고 감독원장이 인정하는 자산 또는 자본 항목 및 금액

4. 출자회사 관련 항목

   보험회사가 출자한 회사의 경우 해당 금융관련법령의 자본적정성 기준 등에 따라 자기자본금액으로 인정되는 금액 중 보험회사의 지분율 상당 금액에서 출자액(장부가액)을 차감한 금액 등으로서 감독원장이 정하는 세부기준에 따라 산정한 금액

(5) 지급여력기준금액

(가) 의의

지급여력기준금액이란 보험업을 경영함에 따라 발생하게 되는 위험을 금융위원회가 정하여 고시하는 방법에 의하여 금액으로 환산한 것을 말한다(영65①(2)).

지급여력기준금액은 제1호에서 정한 위험액에 대해 제2호의 방법으로 산출한다(보험업감독규정7-2①).

1. 위험액 산출대상: 보험위험액, 금리위험액, 신용위험액, 시장위험액, 운영위험액
2. 지급여력기준금액은 위험액을 기초로 아래 수식을 적용하여 산출한다. 다만, 각 위험액간 상관관계를 나타내는 상관계수는 감독원장이 정한다.

$$\text{지급여력기준금액} = \sqrt{\sum_i \sum_j (\text{위험액}_i \times \text{위험액}_j) \times \text{상관계수}_{ij}} + \text{운영위험액}$$

(단, i, j는 보험, 금리, 신용, 시장)

(나) 구조

보험회사에 노출된 리스크는 매우 다양한데, 현행 지급여력제도는 보험회사에 내재된 리스크를 보험위험, 금리위험, 신용위험, 시장위험, 운영위험 등 5가지 종류[85]로 분류하고, 동 리스크에 대한 위험액을 측정하여 요구자본인 지급여력기준금액을 산출한다(보험업감독규정7-2).

---

[85] 보험리스크는 예상하지 못한 손해율 증가 등으로 손실이 발생할 리스크로 정의되며 손해율, 지급준비금 적립수준이 결정요인이다. 금리리스크는 금리 변동에 따른 순자산가치의 하락 등으로 재무상태에 부정적인 영향을 미칠 리스크로 정의되고 자산 및 부채의 금리민감도, 금리연동형상품의 비중이 결정요인이다. 신용리스크는 채무자의 부도, 거래상대방의 채무불이행 등으로 인하여 손실이 발생할 리스크로 정의되며 신용등급, 부도율이 결정요인이다. 시장리스크는 주가, 이자율, 환율 등 시장가격의 변동에 따른 자산가치 변화로 손실이 발생할 리스크로 정의되고 분산투자의 적정성 등이 결정요인이다. 운영리스크는 부적절한 내부절차·인력·시스템, 외부사건 등으로 인하여 손실이 발생할 리스크로 정의되고 내부통제의 적정성, 사고방지대책의 적정성이 결정요인이라고 할 수 있다(정은길(2014), 63쪽).

(다) 산정기준

1) 보험위험액

보험위험액은 아래 1호에 의한 보험가격위험액과 2호에 의한 준비금위험액에 대해 산출한다(보험업감독규정7-2② 본문). 다만, 기업성보험 등 사고심도가 높은 일반손해보험계약의 경우에는 별도의 위험액을 산출하여 보험위험액에 추가로 반영할 수 있다(보험업감독규정7-2② 단서).[86]

1. 보험가격위험액은 보험회사의 모든 보험계약에 대하여 보험료(또는 위험보험료) 및 보험가입금액에 위험계수 등을 곱하여 산출한다
2. 준비금위험액은 보험업감독규정 제1-2조 제11호의 규정에 의한 일반손해보험계약에 대하여 지급준비금에 위험계수 등을 곱하여 산출한다.

2) 금리위험액

금리위험액은 아래 1호에 의한 금리부자산 금리민감액에서 제2호에 의한 보험부채 금리민감액을 차감한 금액의 절댓값에 금리변동계수를 곱하여 산출한 금액(최저금리위험액을 최저한도로 한다)에 금리역마진위험액을 가산하여 산출한다(보험업감독규정7-2③ 본문). 다만, 생명보험회사 일반계정과 보험업감독규정 제5-6조 제1항 제1호 및 제4호 내지 제6호의 특별계정[87]을 대상으로 산출한다(보험업감독규정7-2③ 단서).

1. 금리부자산 금리민감액은 금리부자산의 금리위험 노출금액과 금리민감도를 곱하여 산출한다.
2. 보험부채 금리민감액은 보험부채의 금리위험 노출금액과 금리민감도를 곱하여 산출한다.

3) 신용위험액

신용위험액은 단기매매증권을 제외한 자산, 장외 파생금융거래의 신용위험 노출금액 및

---

86) 현행 제도상 보험위험은 사고발생 여부를 기준으로 보험가격위험과 준비금위험으로 구분된다. 보험가격위험은 향후 손해율의 예상치 못한 급증에 따라 발생할 수 있는 손실 가능성을 말하고, 준비금 위험은 과거 경험통계를 이용하여 합리적인 예측을 바탕으로 지급준비금을 충실하게 적립하였음에도 불구하고 실손보장의 원칙 및 사고발생부터 보험금 지급까지의 기간이 장기인 보험사고의 특성으로 인한 물가인상, 의료수가 상승 등의 영향에 따라 실제 지급할 보험금이 기(旣) 적립한 지급준비금을 초과하게 될 가능성을 말한다.

87) 보험회사는 법 제108조 제1항 및 영 제52조의 규정에 따라 다음에 해당하는 보험계약을 특별계정으로 설정·운용하여야 한다(보험업감독규정5-6①).
　1. 조세특례제한법 제86조의2의 규정에 의한 연금저축생명보험계약, 연금저축손해보험계약
　4. 조세특례제한법 제86조의 규정에 의한 세제지원개인연금손해보험계약
　5. 손해보험회사가 판매하는 장기손해보험계약
　6. 자산연계형보험계약(보험업감독규정 제6-12조 제3항에 의한 공시이율을 적용하는 보험계약은 제외)

대차대조표 난외에 계상된 항목 중에 감독원장이 정하는 방식으로 계산한 금액에 위험계수를 곱하여 산출하되, 일반계정과 보험업감독규정 제5-6조 제1항 제1호, 제2호 및 제4호 내지 제6호의 특별계정[88]을 대상으로 산출한다(보험업감독규정7-2④).

4) 시장위험액

시장위험액은 아래 1호에 의한 일반시장위험액과 2호에 의한 변액보험 보증위험액을 합산한 금액으로 한다(보험업감독규정7-2⑤).

1. 일반시장위험액은 단기매매증권, 외국통화표시 자산, 외국통화표시 부채 및 파생금융거래의 시장위험 노출금액에 위험계수를 곱하여 산출하되, 일반계정 및 감독규정 제5-6조 제1항 제1호, 제2호 및 제4호 내지 제6호에 해당하는 특별계정을 대상으로 산출한다.
2. 변액보험 보증위험액은 법 제108조 제1항 제3호에 규정된 변액보험계약을 대상으로 장래지출예상액에서 장래수입예상액을 차감한 금액에서 보증준비금을 차감하여 산출한다.

5) 운영위험액

운영위험액은 운영위험 노출금액과 위험계수를 곱하여 산출한다(보험업감독규정7-2⑥).

(6) 연결재무제표 기반의 지급여력비율 산출

지급여력금액 및 지급여력기준금액은 한국채택국제회계기준에 의한 연결재무제표를 기준으로 산출함을 원칙으로 하며 세부사항은 감독원장이 정한 바에 따른다(보험업감독규정7-2의2).

3. 자산건전성

(1) 의의

보험회사는 대출채권 등 보유자산의 건전성을 정기적으로 분류하고 대손충당금을 적립하여야 한다(영65②(2)).

(2) 자산건전성 분류

보험회사는 정기적으로 차주의 채무상환능력과 금융거래내용 등을 감안하여 보유자산 등의 건전성을 "정상", "요주의", "고정", "회수의문", "추정손실"의 5단계로 분류하여야 한다(보험업감독규정7-3①).

[88) 보험업감독규정 제5-6조(특별계정의 설정·운용) ① 보험회사는 법 제108조 제1항 및 영 제52조의 규정에 따라 다음에 해당하는 보험계약을 특별계정으로 설정·운용하여야 한다.
1. 조세특례제한법 제86조의2의 규정에 의한 연금저축생명보험계약, 연금저축손해보험계약
2. 퇴직급여법 제16조 제2항의 규정에 따른 보험계약(퇴직연금실적배당보험계약 제외) 및 동법 부칙 제2조 제1항의 규정에 따른 퇴직보험계약
4. 조세특례제한법 제86조의 규정에 의한 세제지원개인연금손해보험계약
5. 손해보험회사가 판매하는 장기손해보험계약
6. 자산연계형보험계약(보험업감독규정 제6-12조 제3항에 의한 공시이율을 적용하는 보험계약은 제외)

위에서 "보유자산 등이라 함은 ⅰ) 대출채권(명칭 등 형식에 불구하고 경제적 실질이 이자수취 등을 목적으로 담보를 제공받거나 신용으로 일정기간 동안 또는 동기간 종료시 원리금의 반환을 약정하고 자금을 대여하여 발생한 채권)(제1호), ⅱ) 유가증권(제2호), ⅲ) 보험미수금(제3호), ⅳ) 미수금·미수수익·가지급금 및 받을어음·부도어음(제4호), ⅴ) 그 밖에 보험회사가 건전성 분류가 필요하다고 인정하는 자산(제5호)을 말하며, 특별계정의 해당 자산을 포함한다(보험업감독규정7-3②).

(3) 대손충당금 적립

(가) 의의

보험회사는 자산건전성 분류에 따라 적정한 수준의 대손충당금 및 대손준비금("대손충당금 등")을 적립하여야 한다(보험업감독규정7-3①). 보험회사는 "회수의문" 및 "추정손실"로 분류된 자산을 조기에 상각하여 자산의 건전성을 확보하여야 한다(보험업감독규정7-3⑤).

(나) 적립기준

보험회사는 결산시(분기별 임시결산을 포함) 보유자산 등에 대한 대손충당금 적립액이 건전성분류별 산출금액에 미달하는 경우 그 차액을 대손준비금으로 적립(분기별 임시결산시로서 대손준비금 적립이 확정되지 않은 경우에는 적립예정금액을 산정하는 것)하되, 이익잉여금에서 보험업법 및 다른 법률에 따라 적립한 적립금을 차감한 금액을 한도로 한다. 다만, 미처리결손금이 있는 경우에는 미처리결손금이 처리된 때부터 대손준비금을 적립하며, 기존에 적립한 대손준비금이 결산일 현재 적립하여야 하는 대손준비금을 초과하는 경우에는 그 초과하는 금액을 환입할 수 있다(보험업감독규정7-4①).

(4) 내부통제체제 구축·운용 등

보험회사는 자산건전성 분류 및 대손충당금 등 적립의 적정성·객관성 확보를 위하여 독립된 대출감사기능을 유지하는 등 필요한 내부통제체제를 구축·운용하여야 한다(보험업감독규정7-3③). 보험회사는 자산건전성 분류 및 대손충당금 등 적립을 위하여 별표 13 및 대손충당금 적립기준을 반영하여 차주의 채무상환능력 평가기준을 포함한 자산건전성 분류 및 대손충당금 등 적립을 위한 세부기준을 정하여야 한다(보험업감독규정7-3④).

4. 기타 경영건전성

(1) 의의

보험회사는 보험회사의 위험, 유동성 및 재보험의 관리에 관하여 금융위원회가 정하여 고시하는 기준을 충족하여야 한다(영65②(3)).

(2) 위험관리

(가) 위험관리체제 등

보험회사는 보험영업, 자산의 운용 또는 그 밖에 업무 영위과정에서 발생하는 제반 위험을 적시에 인식·측정·감시·통제하는 등 위험을 적절히 관리하고 내부 자본적정성을 평가·관리할 수 있는 체제("자체 위험 및 지급여력 평가 체제")를 갖추어야 하며, 세부사항은 감독원장이 정한다(보험업감독규정7-5①).

보험회사는 각종 거래에서 발생하는 보험위험, 금리위험, 시장위험, 신용위험 및 운영위험 등 주요 위험을 종류별로 측정하고 관리하고(보험업감독규정7-5②), 위험 측정결과를 내부적으로 관리할 지급여력기준액 산출 등 경영목표 수립에 적절히 반영하여야 하며(보험업감독규정7-5③), 위험을 효율적으로 관리하기 위하여 보장위험담보별, 거래별, 부서별 또는 담당자별 위험부담한도 및 거래한도 등을 적절히 설정·운용하여야 한다(보험업감독규정7-5④).

감독원장은 보험회사의 재무건전성 확보 및 지도 등을 위하여 필요한 경우 위험액 산출에 관한 세부자료를 보험회사에 요구할 수 있다(보험업감독규정7-5⑤). 보험회사는 주요 위험의 변동상황을 자회사와 연결하여 종합적으로 인식하고 감시하여야 한다(보험업감독규정7-5⑥).

(나) 주택관련 담보대출에 대한 위험관리

보험회사는 주택관련 담보대출 취급시 재무건전성이 유지되도록 <별표 21>에서 정하는 담보인정비율, 총부채상환비율, 기타 주택담보대출 등의 취급 및 만기연장에 대한 제한 등을 준수하여야 한다(보험업감독규정7-5의2①). 담보인정비율 및 총부채상환비율의 산정방법 및 적용대상의 세부판단기준, 주택담보대출 등의 취급 및 만기연장 제한 등과 관련한 세부적인 사항은 감독원장이 정하는 바에 따른다(보험업감독규정7-5의2③). 감독원장은 보험회사의 재무건전성 등을 감안하여 긴급하다고 인정하는 경우 <별표 21>에서 정한 담보인정비율 및 총부채상환비율을 10퍼센트 포인트 범위 이내에서 가감조정할 수 있다. 이 경우 감독원장은 그 내용을 지체 없이 금융위에 보고하여야 한다(보험업감독규정7-5의2②).

(다) 위험관리조직

보험회사(외국보험회사의 국내지점을 제외)의 이사회는 위험관리에 관한 다음의 사항을 심의·의결한다. 다만 효율적인 위험관리를 위하여 필요하다고 인정되는 경우 이사회 내에 위험관리를 위한 위원회("위험관리위원회")를 설치하고 그 업무를 수행하게 할 수 있다(보험업감독규정7-6①).

1. 경영전략에 부합하는 위험관리기본방침의 수립
2. 보험회사가 부담가능한 위험(공시이율 등) 수준의 결정
3. 적정투자한도 또는 손실허용한도의 승인

4. 위험관리세부기준의 제정 및 개정
5. 감독원장이 정하는 방법에 따른 위기상황분석 결과(이 경우 해외의 영업현황을 고려하여야 한다)
6. 위기상황분석 결과와 관련된 자본관리계획
7. 제7-12조의2 제1항부터 제4항까지의 내용 등 재보험 관리에 필요한 기준의 수립 및 변경

보험회사(자산규모 등을 감안하여 감독원장이 정하는 보험회사에 한한다)는 경영상 발생할 수 있는 위험을 실무적으로 종합관리하고, 위험관리업무와 관련하여 이사회 또는 위험관리위원회를 보좌할 수 있는 위험관리책임자와 전담조직을 두어야 한다(보험업감독규정7-6②). 위험관리 전담조직은 영업부서 및 자산운용부서와는 독립적으로 운영되어야 하며 다음의 업무를 수행한다(보험업감독규정7-6③).

1. 위험한도의 운용상황 점검 및 분석
2. 위험관리정보시스템의 운영
3. 이사회 또는 위험관리위원회에 대한 위험관리정보의 적시 제공

(라) 파생금융거래에 관한 기록 유지 등

보험회사는 선물, 선도, 옵션, 스왑 등 파생금융거래 및 그 밖에 재무제표에 표시되지 아니하는 거래에 관한 기록(당해 거래를 위한 계약서와 부속서류를 포함)을 발생시점 기준으로 작성, 유지하여야 한다(보험업감독규정7-8①). 보험회사는 파생금융거래에 필요한 자격과 능력을 갖춘 직원을 관련 부서에 배치하여 거래가격 및 거래절차의 적정성을 검토하여야 하며, 거래실행부서와 사후관리부서를 독립적으로 운영하여야 한다(보험업감독규정7-8③).

보험회사의 이사회 또는 위험관리위원회는 매년 회사의 자산부채관리방침, 위험감내능력 등을 종합적으로 고려하여 파생금융거래전략을 승인하여야 한다. 파생금융거래전략에는 파생금융거래의 목적, 위험의 종류, 위험측정·관리 방법, 거래한도, 거래 실행부서 및 사후관리부서의 역할과 책임 등이 포함되어야 한다(보험업감독규정7-8②). 보험회사는 파생금융거래전략의 준수여부를 정기적으로 감사하고 이사회 또는 위험관리위원회에 보고하도록 하여야 한다(보험업감독규정7-8④).

(3) 유동성관리

(가) 자금차입의 원칙적 금지

보험업법 제114조는 채권 발행을 포함한 자금차입에 관한 사항을 대통령령에 위임하고, 이에 따른 보험업법 시행령 제58조 제2항은 예외적인 경우에만 자금차입을 허용한다. 따라서 보험회사의 자금차입은 원칙적으로 금지된다.

(나) 자금차입의 예외적 허용

1) 허용되는 유형

보험회사는 유동성관리를 위하여 행하는 자금차입에 일정한 규제를 받는다. 즉 보험회사는 보험업법 제123조에 따른 재무건전성 기준을 충족시키기 위한 경우 또는 적정한 유동성을 유지하기 위한 경우에만 ⅰ) 은행으로부터의 당좌차월(제1호), ⅱ) 사채 또는 어음의 발행(제2호), ⅲ) 환매조건부채권의 매도(제3호)[89], ⅳ) 후순위차입(제4호), ⅴ) 신종자본증권(만기의 영구성, 배당지급의 임의성, 채무변제의 후순위성 등의 특성을 갖는 자본증권)의 발행(제4의2호), ⅵ) 그 밖에 보험회사의 경영건전성을 해칠 우려가 없는 자금 차입 방법으로서 금융위원회가 정하여 고시하는 방법(제5호)[90]으로 자금을 차입할 수 있다(영58②).

2) 후순위채무의 특칙

후순위채무는 다음의 요건을 충족하여야 한다(보험업감독규정7-10①).

1. 차입기간 또는 만기가 5년 이상일 것
2. 기한이 도래하기 이전에는 상환할 수 없을 것
3. 무담보 및 후순위특약(파산 등의 사태가 발생할 경우 선순위채권자가 전액을 지급받은 후에야 후순위채권자의 지급청구권 효력이 발생함을 정한 특약)조건일 것
4. 파산 등의 사태가 발생할 경우 선순위채권자가 전액을 지급받을 때까지 후순위채권자의 상계권이 허용되지 않는 조건일 것

후순위채무를 통한 자금조달을 하고자 하는 보험회사는 후순위채무에 관한 ⅰ) 자금조달금액, ⅱ) 자금공여자, ⅲ) 자금조달금리, ⅳ) 그 밖에 감독원장이 정한 신고서 및 신고내용과 관련 요건이 충족됨을 증명하는 자료가 포함된 서류를 첨부하여 감독원장에게 미리 신고하여야 한다(보험업감독규정7-10③).

보험회사는 후순위자금 공여자에 대한 대출 등을 통하여 후순위채무와 관련하여 직·간접적으로 지원할 수 없다(보험업감독규정7-10④).

---

89) 보험업감독규정 제7-9조의2(유동성 유지 목적의 환매조건부채권 매도) ① 보험회사가 별표 9 제4호마목 (1)의 위험관리를 위한 파생상품거래의 일일정산에 따라 발생한 손실금액을 납입하기 위하여 제7-9조 제2호의 환매조건부채권을 매도하는 경우는 적정한 유동성을 유지하기 위한 목적으로 인정된다.
② 제1항에 따른 환매조건부채권의 매도액은 영 제58조 제3항의 총 발행한도에 산입한다.

90) 영 제58조 제2항 및 제4항의 규정에 의하여 보험회사는 재무건전성 기준을 충족시키기 위한 경우 또는 적정한 유동성을 유지하기 위한 경우 다음에 해당하는 방법에 한하여 차입할 수 있다(보험업감독규정7-9).
1. 은행으로부터의 당좌차월, 2. 환매조건부채권의 매도, 3. 삭제, 4. 정부로부터의 국채인수 지원자금 차입, 5. 후순위차입 또한 후순위채권 발행("후순위채무"), 6. 본점으로부터의 차입(외국보험회사의 국내지점에 한한다), 7. 채권의 발행, 8. 기업어음의 발행, 9. 만기의 영구성, 배당지급의 임의성, 기한부후순위채무보다 후순위인 특성을 갖는 자본증권("신종자본증권")

후순위채무는 기한이 도래하기 이전에는 상환할 수 없지만(보험업감독규정7-10①(2)), 다음의 요건을 모두 충족하거나 후순위채무를 상환한 후의 지급여력비율이 150% 이상인 경우에 보험회사는 감독원장의 승인을 받아 당해 후순위채무를 기한이 도래하기 전에 상환할 수 있다(보험업감독규정7-10⑤).

1. 지급여력비율이 100% 이상일 것
2. 상환전까지 당해 후순위채무에 비해 유상증자 등 자본적 성격이 강한 자본조달로 상환될 후순위채무와의 대체가 명확히 입증되고 그 금액이 당해 후순위채무의 상환예정액 이상일 것. 기한이 도래하기 전에 상환하고자 하는 후순위채무의 잔존만기보다 원만기가 길고 금리 등 자금조달 조건 등이 유리한 후순위채무는 자본적 성격이 강한 자본조달수단으로 본다.
3. 후순위채무 계약서상 감독원장의 사전승인시 기한이 도래하기 전에 채무자의 임의상환이 가능하다는 조항이 명시되어 있거나 당사자간에 합의가 있을 것
4. 금융시장의 여건변화에 따라 당해 후순위채무의 금리조건이 현저히 불리하다고 인정될 것

3) 채권 및 기업어음 발행의 특칙

채권발행은 자산·부채의 만기불일치 등에 의한 손실을 회피하거나 재무건전성기준을 충족하기 위해 필요한 경우에 한한다(보험업감독규정 7-11①). 기업어음 발행은 금융기관(금융산업구조개선법 제2조 제1항의 규정에 의한 금융기관)의 인수, 할인 및 중개를 통하지 않고는 이를 발행할 수 없다(보험업감독규정7-11②).

4) 신종자본증권의 특칙

보험회사가 신종자본증권을 중도상환하려는 경우에는 감독원장의 승인을 받아야 한다(보험업감독규정7-11의2①). 신종자본증권의 세부요건, 조기상환 요건, 신고절차 등 그 밖에 필요한 사항은 감독원장이 정한다(보험업감독규정7-11의2②). 보험회사가 보험업법 시행령 제65조 제2항 제3호 및 보험업감독규정 제7-5조에 따른 위험관리를 위하여 신종자본증권의 방법으로 자금을 차입하는 경우에는 제7-9조의 재무건전성 기준을 충족시키기 위한 경우에 해당하는 것으로 본다(보험업감독규정 7-11의2③).

(4) 재보험관리

보험회사는 재보험계약과 관련한 재무건전성을 관리하기 위해 재보험 위험관리전략을 수립하여 운영하여야 한다. 이 경우, 위험관리전략을 수립함에 있어 보험회사의 자본관리계획, 위험관리 기본방침, 사업규모, 위험의 특성, 위험의 감내능력 등을 고려하여야 한다(보험업감독규정7-12의2①). 보험회사는 재보험 위험관리전략을 이행하기 위해서 필요한 내부통제체계를 구축·운영하여야 한다(보험업감독규정7-12의2③).

Ⅱ. 경영실태평가와 적기시정조치

1. 경영실태평가

금융위원회는 보험회사의 재무건전성 확보를 위한 경영실태 및 위험에 대한 평가를 실시하여야 한다(법123②, 영66). 경영실태 및 위험에 대한 평가는 금융감독원장에게 위탁되어 있다(영[별표 8]57). 감독원장은 보험회사의 경영실태 및 위험을 평가("경영실태평가")하여 경영의 건전성 여부를 감독하여야 한다(보험업감독규정7-14①). 감독원장은 보험회사에 대한 경영실태평가결과를 감독 및 검사업무에 반영할 수 있다(보험업감독규정7-14②).

경영실태평가는 검사 등을 통하여 실시하며 평가대상 보험회사의 경영실태 및 위험을 경영관리리스크·보험리스크·금리리스크·투자리스크·유동성리스크·자본적정성·수익성 부문으로 구분하여 평가한 후 각 부문별 평가결과를 감안하여 종합평가한다(보험업감독규정7-14③). 부문별 계량평가항목과 비계량평가항목은 별표 13-2와 같다(보험업감독규정7-14④). 검사 외의 기간 중에는 부문별 평가항목 중 계량평가가 가능한 항목에 대해서만 분기별(해외현지법인 및 해외지점은 반기별)로 경영실태평가를 실시함을 원칙으로 하되 감독원장이 필요하다고 인정하는 경우에는 수시로 실시할 수 있다(보험업감독규정7-14⑤).

경영실태평가는 모든 보험회사와 보험회사의 해외현지법인 및 해외지점을 대상으로 하며 1등급(우수), 2등급(양호), 3등급(보통), 4등급(취약), 5등급(위험)의 5단계 등급으로 구분한다. 다만, 영업개시후 만 2년이 경과하지 아니한 보험회사, 영업개시후 만 5년이 경과하지 아니한 해외현지법인과 해외지점 및 소규모 또는 정리절차 진행 등으로 평가의 실익이 적다고 감독원장이 인정하는 경우는 평가대상에서 제외할 수 있다(보험업감독규정7-14⑥).

2. 적기시정조치

금융위원회는 경영실태평가 결과에 따라 경영개선권고, 경영개선요구, 경영개선명령 등의 적기시정조치를 하게 된다.

(1) 경영개선권고

금융위원회는 보험회사가 ⅰ) 지급여력비율(자본적정성 부문)이 50% 이상 100% 미만인 경우(제1호), ⅱ) 경영실태평가결과 종합평가등급이 3등급(보통) 이상으로서 자본적정성 부문의 평가등급이 4등급(취약) 이하로 평가받은 경우(제2호), ⅲ) 경영실태평가결과 종합평가등급이 3등급(보통) 이상으로서 보험리스크, 금리리스크 및 투자리스크 부문의 평가등급 중 2개 이상의 등급이 4등급(취약) 이하로 평가받은 경우(제3호), ⅳ) 거액 금융사고 또는 부실채권 발생으로 위 ⅰ) 내지 ⅲ)의 기준에 해당될 것이 명백하다고 판단되는 경우(제4호)에는 당해 보험회사에 대하여 필요한 조치[91]를 이행하도록 권고("경영개선권고")하여야 한다(보험업감독규정7-17①).

(2) 경영개선요구

금융위원회는 보험회사가 ⅰ) 지급여력비율이 0% 이상 50% 미만인 경우(제1호), ⅱ) 경영실태평가결과 종합평가등급을 4등급(취약) 이하로 평가받은 경우(제2호), ⅲ) 거액 금융사고 또는 부실채권 발생으로 위 ⅰ) 내지 ⅲ)의 기준에 해당될 것이 명백하다고 판단되는 경우(제3호)에는 당해 보험회사에 대하여 필요한 조치[92]를 이행하도록 요구("경영개선요구")하여야 한다(보험업감독규정7-18①).

(3) 경영개선명령

금융위원회는 보험회사가 ⅰ) 금융산업의 구조개선에 관한 법률 제2조 제2호에서 정하는 부실금융기관에 해당하는 경우, 또는 ⅱ) 지급여력비율이 0% 미만인 경우에는 당해 보험회사에 대하여 필요한 조치[93]를 이행하도록 명령("경영개선명령")하여야 한다(보험업감독규정7-19①).

---

91) "필요한 조치"라 함은 다음의 일부 또는 전부에 해당하는 조치를 말한다. 다만, 제9호 및 제10호의 규정은 손해보험회사에 한하여 적용한다(보험업감독규정7-17②). 1. 자본금의 증액 또는 감액, 2. 사업비의 감축, 3. 점포관리의 효율화, 4. 고정자산에 대한 투자제한, 5. 부실자산의 처분, 6. 인력 및 조직운영의 개선, 7. 주주배당 또는 계약자배당의 제한, 8. 신규업무 진출 및 신규출자의 제한, 9. 자기주식의 취득금지, 10. 요율의 조정

92) "필요한 조치"라 함은 다음의 일부 또는 전부에 해당하는 조치를 말한다. 다만, 제8호의 규정은 손해보험회사에 한하여 적용한다(보험업감독규정7-18②). 1. 점포의 폐쇄·통합 또는 신설제한, 2. 임원진 교체 요구, 3. 보험업의 일부정지, 4. 인력 및 조직의 축소, 5. 합병, 금융지주회사법에 의한 금융지주회사의 자회사로의 편입(단독으로 또는 다른 금융기관과 공동으로 금융지주회사를 설립하여 그 자회사로 편입하는 경우를 포함), 제3자 인수, 영업의 전부 또는 일부의 양도 등에 관한 계획 수립, 6. 위험자산의 보유제한 및 자산의 처분, 7. 자회사의 정리, 8. 재보험처리, 9. 제7-17조 제2항 각호의 조치사항 중 전부 또는 일부

93) "필요한 조치"라 함은 다음의 일부 또는 전부에 해당하는 조치를 말한다. 다만, 주식의 전부소각, 보험업의 전부정지, 영업의 전부양도, 계약의 전부이전의 조치는 제1항 제1호의 부실금융기관이거나 제1항 제2호의 기준에 미달하고 건전한 보험거래질서나 보험가입자의 권익을 해할 우려가 현저하다고 인정되는 경우에 한한다(보험업감독규정7-19②). 1. 주식의 일부 또는 전부 소각, 2. 임원의 직무집행 정지 및 관리인의 선임, 3. 6월 이내의 보험업 전부 정지, 4. 계약의 전부 또는 일부의 이전, 5. 합병 또는 금융지주회사의 자회사로의 편입(단독으로 또는 다른 금융기관과 공동으로 금융지주회사를 설립하여 그 자회사로 편입하는 경우를 포함), 6. 제3자에 의한 당해 보험업의 인수, 7. 영업의 전부 또는 일부의 양도, 8. 제7-18조 제2항 각호의 조치사항 중 전부 또는 일부

제5절 여신전문금융회사의 재무건전성규제

I. 경영지도의 기준

1. 의의

여신전문금융업법("법")에 따라 금융위원회는 여신전문금융회사의 건전한 경영을 지도하고 금융사고를 예방하기 위하여 대통령령으로 정하는 바에 따라 다음의 어느 하나에 해당하는 경영지도의 기준을 정할 수 있다(법53의3①).

1. 자본의 적정성에 관한 사항
2. 자산의 건전성에 관한 사항
3. 유동성에 관한 사항
4. 그 밖에 경영의 건전성 확보를 위하여 필요한 사항

경영지도의 기준에는 다음의 사항이 포함되어야 한다(영19의20).

1. 자기자본의 보유기준에 관한 사항
2. 대출채권 등 여신전문금융회사가 보유하는 자산의 건전성 분류기준 및 운용기준에 관한 사항
3. 충당금 및 적립금의 적립기준에 관한 사항
4. 금융회사지배구조법 제27조 제1항에 따른 위험관리기준 및 회계처리기준에 관한 사항

2. 경영지도비율의 유지

여신전문금융회사는 다음에서 정하는 경영지도비율을 유지하여야 한다(법53의3, 영19의20, 여신전문금융업감독규정8①).

1. 조정총자산에 대한 조정자기자본 비율: 7%(신용카드업자는 8%) 이상
2. 원화유동성부채에 대한 원화유동성자산 비율: 100% 이상
3. 1개월 이상 연체채권비율: 10% 미만(신용카드업자에 한한다)

경영지도비율을 산정함에 있어 조정총자산, 조정자기자본, 원화유동성부채, 원화유동성자산 및 1개월 이상 연체 채권의 구체적인 범위는 감독원장이 정한다. 다만, 여신전문금융업감독규정 제8조 제1항 제1호의 조정총자산 및 조정자기자본은 여신전문금융회사의 대차대조표를 기준으로 하되 국제결제은행이 제시한 기준을 참작하고 여신전문금융회사의 업무의 특성을 반

영하여 다음 각 호의 방법으로 정한다(여신전문금융업감독규정8②).

1. 조정총자산은 총자산에서 현금, 담보약정이 없는 단기성예금, 만기 3개월 이내의 국공채 및 공제항목을 차감한 금액으로 한다.
2. 조정자기자본은 기본자본 및 보완자본(기본자본 범위 내에 한한다)을 더한 금액에서 공제항목을 차감한 금액으로 한다.
3. 제1호 및 제2호의 총자산, 공제항목, 기본자본 및 보완자본의 범위는 감독원장이 정하는 바에 따른다.

감독원장은 여신전문금융업감독규정 제16조의 규정에 의한 경영실태분석 및 평가결과 경영지도비율이 악화될 우려가 있거나 경영상 취약부문이 있다고 판단되는 여신전문금융회사에 대하여 이의 개선을 위한 계획 또는 약정서를 제출토록 하거나 당해 금융기관과 경영개선협약을 체결할 수 있다. 다만, 경영개선권고, 경영개선요구 또는 경영개선명령을 받고 있는 여신전문금융회사의 경우에는 그러하지 아니하다(여신전문금융업감독규정8③).

3. 자산건전성

(1) 자산건전성 분류

여신전문금융회사는 허가 받거나 등록받은 업별로 다음의 보유자산과 대출금, 할인어음, 팩토링, 유가증권, 미수금, 가지급금, 확정지급보증에 대하여 정기적으로 건전성을 분류하여야 한다(여신전문금융업감독규정9①).

1. 신용카드업: 카드자산, 신용카드약정
2. 시설대여업: 리스자산
3. 할부금융업: 할부금융
4. 신기술사업금융업: 투자주식(사채포함), 리스자산

자산에 대한 건전성은 "정상", "요주의", "고정", "회수의문", "추정손실"의 5단계로 구분하되, 유가증권의 경우에는 "고정" 분류를, 가지급금(여신성 가지급금을 제외)의 경우에는 "요주의" 및 "고정" 분류를 제외하며, 신용카드업자의 대환대출채권에 대하여는 대환취급 이전 및 이후의 기간을 합산하여 분류한다(여신전문금융업감독규정9②).

여신전문금융회사는 위 제9조 제1항에서 정하는 자산(계정과목과 관계없이 자산의 실질내용에 의한다)에 대하여 건전성을 거래처 단위의 총채권등을 기준으로 분류하여야 한다. 다만, 다음의 자산은 거래처 단위의 총채권등과 구분하여 별도로 분류할 수 있다(여신전문금융업감독규정9③).

1. 정상 자금결제가 확실시 되는 팩토링 및 상업어음할인
2. 기업인수합병시의 인수채권등
3. 산업합리화 관련채권등(산업정책심의회의 합리화기준에서 정하는 바에 따라 합리화지정기업에 지원한 채권등을 말하며, 인수기업의 인수채권등을 포함)
4. <별표 1>의 자산건전성 분류기준 예시에 따라 거래처 단위의 총채권등과 구분하여 분류할 수 있도록 별도로 명시된 채권등

위 자산 중 유가증권 및 가지급금(여신성 가지급금 제외)은 취급건별 금액을 기준으로 분류한다(여신전문금융업감독규정9④). 여신전문금융회사는 보유자산에 대하여 <별표 1>의 자산건전성 분류기준에 따라 매분기마다 건전성을 분류하여야 한다. 다만, 유가증권에 대한 평가는 원칙적으로 매월 1회 정기적으로 실시하되 평가일의 종가를 적용한다(여신전문금융업감독규정9⑤).

(2) 대손충당금 적립

여신전문금융회사는 결산시(매분기 가결산을 포함) 결산일 현재 채권 및 리스자산(미수금중 관련분 포함, 운용리스자산 제외), 카드자산, 신용카드 미사용약정, 여신성가지급금, 미수이자에 대하여 충당금을 적립하여야 한다(여신전문금융업감독규정11①).[94]

---

94) 여신전문금융업감독규정 제11조(대손충당금 등 적립기준) ② 제15조 제1항에 따라 외부감사법에 따른 국제회계기준위원회의 국제회계기준을 채택하여 정한 회계처리기준("한국채택국제회계기준")을 적용하는 여신전문금융회사는 동 회계기준에 따라 충당금을 적립하고, 동 충당금 적립액이 다음에서 정하는 금액의 합계금액에 미달하는 경우 그 미달하는 금액 이상을 대손준비금으로 적립하여야 한다.
  1. 결산일 현재 채권(신용카드업자의 가계신용대출을 제외) 및 리스자산(미수금 중 관련분 포함, 운용리스자산 제외), 여신성가지급금, 미수이자에 대하여 건전성 분류 결과에 따라 다음 각 목에서 정하는 금액(다만, 연간 적용금리 또는 연환산 적용금리가 20% 이상인 대손충당금 설정 대상 자산에 대하여는 다음 각 목에서 정하는 금액에 30%을 가산한 금액으로서 대손충당금 설정 대상 자산의 금액을 초과하지 아니하는 금액)
    가. "정상"분류 자산의 0.5% 이상. 다만 할부금융업자의 개인에 대한 할부금융자산 및 가계대출에 대해서는 1% 이상
    나. "요주의"분류 자산의 1% 이상. 다만, 개인에 대한 할부금융자산 및 가계대출에 대해서는 10% 이상
    다. "고정"분류 자산의 20% 이상
    라. "회수의문"분류 자산의 75% 이상
    마. "추정손실"분류 자산의 100%
  2. 제1호의 규정에 불구하고 부동산프로젝트 파이낸싱 대출채권에 대하여는 다음에서 정하는 금액
    가. "정상"분류 자산 중 원만기가 경과되지 아니한 경우로서 신용평가등급 BBB- 또는 A3- 이상 기업이 지급보증한 자산은 해당 자산의 0.5% 이상
    나. "정상"분류 자산 중 원만기가 경과되지 아니한 경우로서 신용평가등급 BBB- 또는 A3- 이상 기업이 지급보증한 자산 이외의 자산은 해당 자산의 2% 이상
    다. "정상"분류 자산 중 원만기가 경과된 자산은 해당 자산의 3% 이상
    라. "요주의"분류 자산 중 아파트 관련 자산은 해당 자산의 7% 이상
    마. "요주의"분류 자산 중 아파트 관련자산 이외 자산은 해당 자산의 10% 이상
    바. "고정"분류 자산의 30% 이상

4. 기타 경영건전성

(1) 주택관련 담보대출에 대한 위험관리

여신전문금융회사는 주택관련 담보대출 및 주택할부금융("주택담보대출등") 취급시 경영의 건전성이 유지되도록 <별표 3>에서 정하는 담보인정비율, 총부채상환비율, 기타 주택담보대출 등의 취급 및 만기연장에 대한 제한 등을 준수하여야 한다(여신전문금융업감독규정11의2①). 감독원장은 여신전문금융회사의 경영건전성 등을 감안하여 긴급하다고 인정하는 경우 <별표 3>에서 정한 담보인정비율 및 총부채상환비율을 10퍼센트포인트 범위 이내에서 가감조정할 수 있다. 이 경우 감독원장은 그 내용을 지체 없이 금융위에 보고하여야 한다(여신전문금융업감독규정11의2②).

(2) 부동산프로젝트파이낸싱 대출채권의 위험관리

여신전문금융회사는 부동산프로젝트파이낸싱 대출 취급시 취급잔액이 여신성 자산의 30%

    사. "회수의문"분류 자산의 75% 이상
    아. "추정손실"분류 자산의 100%
3. 결산일 현재 신용판매자산, 그 밖의 카드자산(감독규정 제2조 제1항 제3호 라목의 카드자산) 및 해당 미수이자에 대하여 건전성 분류결과에 따라 다음에서 정하는 금액
    가. "정상"분류 자산의 1.1% 이상
    나. "요주의"분류 자산의 40% 이상
    다. "고정"분류 자산의 60% 이상
    라. "회수의문"분류 자산의 75% 이상
    마. "추정손실"분류 자산의 100%
4. 결산일 현재 카드대출자산, 신용카드업자의 가계신용대출, 일부결제금액이월약정자산(리볼빙자산) 및 해당 미수이자에 대한 건전성 분류결과에 따라 다음에서 정하는 금액(다만, 2개 이상의 신용카드업자에 장기카드대출(신용카드업자의 가계신용대출을 포함) 잔액을 보유한 자에 대한 장기카드대출자산 및 해당 미수이자에 대하여는 다음에서 정하는 금액에 30%를 가산한 금액으로서 대손충당금 설정 대상 자산의 금액을 초과하지 아니하는 금액)
    가. "정상"분류 자산의 2.5% 이상
    나. "요주의"분류 자산의 50% 이상
    다. "고정"분류 자산의 65% 이상
    라. "회수의문"분류 자산의 75% 이상
    마. "추정손실"분류 자산의 100%
5. 결산일 현재 신용카드 미사용약정에 대하여 제3호 및 제4호 각 목에서 정하는 적립률에 50%를 곱하여 산정한 금액
③ 한국채택국제회계기준을 적용하는 여신전문금융회사는 기존에 적립한 대손준비금이 결산일 현재 적립하여야 하는 대손준비금을 초과하는 경우에는 그 초과하는 금액만큼 기존에 적립된 대손준비금을 환입할 수 있으며 미처리결손금이 있는 경우에는 미처리결손금이 처리된 때부터 대손준비금을 적립하여야 한다.
④ 한국채택국제회계기준을 적용하는 여신전문금융회사는 매 결산시 대손준비금 적립액(상반기 가결산시로서 대손준비금 적립이 확정되지 않은 경우에는 적립예정금액)을 재무제표에 공시하여야 한다.
⑤ 감독규정 제15조 제2항에 따라 외부감사법에 따른 회계처리기준("일반기업회계기준")을 적용하는 여신전문금융회사는 자산건전성 분류결과에 따라 제2항의 각 호에서 정하는 금액을 대손충당금으로 적립하여야 한다.

를 초과할 수 없다(여신전문금융업감독규정11의3①). 여신성 자산이란 감독규정 제2조 제1항 제1
호부터 제3호까지의 규정에 따른 채권, 리스자산 및 카드자산과 제2조 제1항 제5호에 따른 여
신성가지급금을 말한다(여신전문금융업감독규정11의3②).

(3) 위험관리체제

여신전문금융회사는 각종 업무를 영위함에 따라 발생하는 위험을 사전에 예방하고 효율적
으로 관리하기 위하여 이를 인식·측정·감시·통제할 수 있는 종합적인 관리체제를 구축·운영
하여야 한다(여신전문금융업감독규정12①). 여신전문금융회사는 위험을 효율적으로 관리하기 위
하여 부서별 또는 사업부문별 위험 부담한도 및 거래한도 등을 적절히 설정·운영하여야 한다
(여신전문금융업감독규정12②).

Ⅱ. 경영실태평가와 적기시정조치

1. 경영실태평가

금융감독원장은 여신전문금융회사의 경영실태를 분석하여 경영의 건전성 여부를 감독하
여야 한다(여신전문금융업감독규정16①). 경영실태평가는 여신전문금융회사에 대한 검사시에 검
사기준일 현재의 경영상태를 기준으로 실시한다(여신전문금융업감독규정16③). 경영실태평가는
여신전문금융회사의 본점을 대상으로 자본적정성, 자산건전성, 경영관리능력, 수익성, 유동성
의 5개 부문에 대하여 부문별평가와 부문별평가결과를 감안한 종합평가를 1등급(우수), 2등급
(양호), 3등급(보통), 4등급(취약), 5등급(위험) 등 5단계 등급으로 구분하여 실시하며 부문별 평
가항목은 <별표 2>와 같다(감독규정16⑤). 경영실태평가 부문별 평가항목은 계량지표 14개,
비계량평가항목 25개로 구성되어 있다(별표 2). 검사 이외의 기간에는 부문별 평가항목 중 계
량평가가 가능한 항목에 대해서만 평가하며 분기별로 실시함을 원칙으로 하되 감독원장이 필
요하다고 인정하는 경우에는 수시로 실시할 수 있다(여신전문금융업감독규정16④). 금융감독원장
은 여신전문금융회사에 대한 검사등을 통하여 경영실태를 평가하고 그 결과를 감독 및 검사업
무에 반영할 수 있다(여신전문금융업감독규정16②). 경영실태분석·경영실태평가에 관한 구체적
인 사항은 감독원장이 정하며 이 경우 지배·종속관계에 있는 여신전문금융회사의 종속회사 중
금융·보험업을 영위하는 회사의 경영실태를 감안할 수 있다(여신전문금융업감독규정16⑥).

2. 적기시정조치

(1) 경영개선권고

금융위원회는 여신전문금융회사가 ⅰ) 조정자기자본비율이 7%(신용카드업자는 8%) 미만인

경우(제1호), ⅱ) 경영실태평가 결과 종합평가등급이 4등급으로서 자산건전성 또는 자본적정성 부문의 평가등급을 3등급(보통) 이상으로 판정받은 경우(다만, 신용카드업자는 경영실태평가 결과 종합평가등급이 1등급 내지 3등급으로서 자산건전성 또는 자본적정성 부문의 평가등급을 4등급 또는 5등급으로 판정받은 경우)(제2호), 또는 ⅲ) 거액의 금융사고 또는 부실채권의 발생으로 위 ⅰ) 또는 ⅱ)의 기준에 해당될 것이 명백하다고 판단되는 경우(제3호)에는 당해 여신전문금융회사에 대하여 필요한 조치95)를 이행하도록 권고하여야 한다(여신전문금융업감독규정17①).

(2) 경영개선요구

금융위원회는 여신전문금융회사가 ⅰ) 조정자기자본비율이 4%(신용카드업자는 6%) 미만인 경우(제1호), ⅱ) 경영실태평가 결과 종합평가등급이 4등급으로서 자산건전성 및 자본적정성 부문의 평가등급을 4등급(취약) 이하로 판정받은 경우(다만, 신용카드업자는 경영실태평가 결과 종합평가등급이 4등급 또는 5등급으로 판정받은 경우)(제2호), ⅲ) 거액의 금융사고 또는 부실채권의 발생으로 위 ⅰ) 또는 ⅱ)의 기준에 해당될 것이 명백하다고 판단되는 경우(제3호), ⅳ) 경영개선권고를 받은 금융기관이 경영개선계획을 성실히 이행하지 아니하는 경우(제4호)에는 당해 여신전문금융회사에 대하여 필요한 조치96)를 이행하도록 요구하여야 한다(여신전문금융업감독규정18①).

(3) 경영개선명령

금융위원회는 여신전문금융회사가 ⅰ) 조정자기자본비율이 1%(신용카드업자는 2%) 미만인 경우(제1호), ⅱ) 경영실태평가 결과 종합평가등급이 5등급으로 판정받은 경우(신용카드업자는 제외)(제2호), ⅲ) 경영개선요구를 받은 여신전문금융회사가 경영개선계획의 주요사항을 이행하지 않아 이행촉구를 받았음에도 이를 이행하지 아니하거나 이행이 곤란하여 정상적인 경영이 어려울 것으로 인정되는 경우(제3호)에는 당해 여신전문금융회사에 대해 기간을 정하여 필요한 조치를 이행하도록 명령하고, 감독원장은 동 조치내용이 반영된 계획을 2월의 범위 내에서 금융위가 정하는 기한 내에 제출받아 그 이행여부를 점검하여야 한다(여신전문금융업감독규정19①).

---

95) 필요한 조치라 함은 다음의 일부 또는 전부에 해당하는 조치를 말한다(여신전문금융업감독규정17②). 1. 인력 및 조직운영의 개선, 2. 경비절감, 3. 영업소 관리의 효율화, 4. 유형자산·투자자산·무형자산투자, 신규업무영역에의 진출 및 신규출자의 제한, 5. 부실자산의 처분, 6. 자본금의 증액 또는 감액, 7. 이익배당의 제한, 8. 특별대손충당금의 설정
　　금융위는 경영개선권고를 하는 경우 당해 여신전문금융회사 또는 관련임원에 대하여 주의 또는 경고조치를 취할 수 있다(여신전문금융업감독규정17③).
96) 필요한 조치라 함은 다음의 일부 또는 전부에 해당하는 조치를 말한다(여신전문금융업감독규정18②). 1. 조직의 축소, 2. 신규영업의 제한, 3. 자회사의 정리, 4. 위험자산보유 제한 및 자산의 처분, 5. 차입의 제한, 6. 임원진의 교체, 7. 감독규정 제17조 제2항에서 정하는 사항

제6절 상호저축은행의 재무건전성규제

Ⅰ. 경영건전성 기준

1. 의의

상호저축은행법("법")에 따라 금융위원회는 상호저축은행의 건전한 경영을 유도하고 금융 사고를 예방하기 위하여 대통령령으로 정하는 바에 따라 다음에 해당하는 경영건전성의 기준 을 정할 수 있다(법22의2①).

1. 재무건전성 기준
2. 자산건전성 분류 기준
3. 회계 및 결산 기준
4. 위험관리 기준
5. 유동성 기준

2. 재무건전성 기준

(1) 의의

금융위원회는 상호저축은행의 건전한 경영을 유도하고 금융사고를 예방하기 위하여 재무 건전성 기준을 정할 수 있다(법22의2①(1)). 재무건전성 기준에는 다음의 사항이 포함되어야 한 다(영11의7①).

1. 국제결제은행의 기준에 따른 위험 가중 자산에 대한 자기자본비율
2. 적립필요금액에 대한 대손충당금 비율
3. 퇴직금 추계액에 대한 퇴직급여충당금 비율
4. 예금등[97]에 대한 대출금 비율

(2) 재무건전성 비율

재무건전성 기준이란 다음에서 정하는 기준을 말하며, 상호저축은행은 동 기준을 유지하 여야 한다. 다만, 제4호의 기준은 직전 분기말 대출금 잔액이 1천억원 미만인 상호저축은행에 대해서는 적용하지 아니한다(상호저축은행업감독규정44①).

---

97) "예금등"이란 계금, 부금, 예금, 적금, 그 밖에 대통령령으로 정하는 것을 말한다(법2(5)).

1. 위험가중자산에 대한 자기자본비율: 7%(자산총액이 1조원 이상인 상호저축은행은 8%)
2. 대손충당금비율: 100% 이상
3. 퇴직급여충당금비율: 100% 이상
4. 예금등에 대한 대출금 비율("예대율"): 100% 이하

상호저축은행업감독규정에 따른 건전성비율의 산정기준은 감독원장이 정하며, 감독원장은 위의 비율 이외에 상호저축은행의 경영건전성 확보를 위하여 필요하다고 인정되는 비율을 정할 수 있다(상호저축은행업감독규정44②). 상호저축은행은 매회계연도말에는 결산을, 매분기말에는 가결산을 실시하고, 결산일 및 가결산일 기준으로 건전성비율을 산정하여 결산일 및 가결산일로부터 30일 이내에 감독원장에게 보고하여야 한다(상호저축은행업감독규정44③). 상호저축은행이 위험가중자산에 대한 자기자본비율을 산정하여 보고하는 경우 분기별로 재무제표에 대한 외부감사인의 검토보고서를 가결산일로부터 2개월 이내에 추가로 제출하여야 한다(상호저축은행업감독규정44④).

3. 자산건전성 분류기준

(1) 의의

금융위원회는 상호저축은행의 건전한 경영을 유도하고 금융사고를 예방하기 위하여 자산건전성 분류 기준을 정할 수 있다(법22의2①(2)). 자산건전성 분류 기준에는 ⅰ) 분류 대상 자산의 범위(제1호), ⅱ) 자산에 대한 건전성 분류 단계 및 그 기준(제2호)이 포함되어야 한다(영11의7②).

(2) 자산건전성 분류

상호저축은행은 다음의 보유자산에 대하여 정기적으로 건전성을 분류하여야 하며, 적정한 수준의 대손충당금(지급보증충당금을 포함)을 적립·유지하여야 한다(상호저축은행업감독규정36①).

1. 명칭 등 형식에 불구하고 경제적 실질이 이자수취 등을 목적으로 원리금의 반환을 약정하고 자금을 대여하여 발생한 채권 및 대지급금 등의 구상채권("대출채권")
2. 유가증권
3. 가지급금 및 미수금
4. 확정지급보증
5. 미수이자

위의 자산에 대한 건전성 분류는 매분기말(유가증권의 경우에는 매월말일) 기준으로 <별표 7> 및 <별표 7-1>에서 정하는 바에 따라 "정상", "요주의", "고정", "회수의문", "추정손실"

의 5단계로 구분한다. 다만 유가증권의 경우에는 "고정" 분류를, 가지급금(여신성 가지급금을 제외)의 경우에는 "요주의" 및 "고정" 분류를 제외한다(상호저축은행업감독규정36②).[98]

---

98) 상호저축은행업감독규정 제36조(자산건전성의 분류 등) ③ 감독원장은 대출채권과 관련하여 차주의 재무상태, 수익성 및 거래조건 등을 고려할 때 제2항에 따른 건전성 분류를 적용하는 것이 타당하지 아니하다고 인정되는 경우 해당 대출채권의 건전성 분류 및 그 시기를 다르게 할 수 있다.
④ 상호저축은행은 제1항의 분류대상자산 중 대출채권에 대하여는 차주 단위의 총채권을 기준으로 분류하며, 그 외의 분류대상자산에 대하여는 취급건별 기준으로 분류한다. 다만, 다음의 어느 하나에 해당하는 대출채권에 대하여는 차주 단위의 총채권과 구분하여 별도로 분류할 수 있다.
1. 어음만기일에 정상 결제가 확실시되는 상업어음 할인
2. 유가증권 담보 대출채권
3. 금융기관(신용보증기금, 기술신용보증기금, 보증보험회사, 건설공제조합, 주택사업공제조합, 지역신용보증재단 등을 포함) 보증부 대출채권
4. 대출채권과 관련된 계·부금, 적금, 예금 등의 담보물 금액에 해당하는 대출채권
5. 기업구조조정 촉진법에 따라 채권금융기관 공동관리가 진행중인 기업에 대한 기준금리(한국은행이 발표하는 최직근 상호저축은행 1년 만기 정기예금 가중평균 금리) 이상의 이자를 수취하는 대출채권
6. 채무자회생법에 따라 회생절차를 진행중인 기업에 지원한 공익채권 및 회생계획안에 따라 기준금리(한국은행이 발표하는 최직근 상호저축은행 1년 만기 정기예금 가중평균 금리) 이상의 이자를 수취하는 회생채권
7. 법원경매에 따라 경락결정된 담보물과 관련된 대출채권 중 배당가능금액에 해당하는 대출채권
⑤ 제4항에도 불구하고 부동산 프로젝트 파이낸싱 대출채권에 대해서는 차주 단위의 총여신액과 구분하여 사업장 단위로 분류할 수 있다.
⑥ 법 제2조 제8호 마목의 규정에 의한 "부실신용공여"란 제2항에 따라 회수의문 및 추정손실로 분류된 것을 말하며 이 경우 산정일 현재 관련 대손충당금 잔액을 차감한다.
⑦ 상호저축은행은 제2항에 따라 "회수의문" 또는 "추정손실"로 분류된 자산("부실자산")을 조기에 상각하여야 하며 고정이하 분류자산에 대하여는 감독원장이 정하는 고정이하분류자산명세표를 작성하고 조기정상화 방안을 강구하여야 한다.
⑧ 감독원장은 상호저축은행이 보유하고 있는 부실자산에 대한 상각실적이 미흡하거나 기타 필요하다고 인정하는 경우 당해 상호저축은행에 대하여 특정 부실자산의 상각을 요구하거나 승인할 수 있다.
⑨ 상호저축은행은 고정이하 분류 대출채권에 대하여 자산건전성 분류시마다 <별표 8>에 따라 담보물의 회수예상가액을 산정하여야 한다. 다만, 예·적금, 부금, 유가증권 및 지급보증 이외의 담보(경매진행중인 담보는 제외)로서 자산건전성 분류 기준일 현재 해당 담보에 대한 최종감정일이 2년 이내인 경우 해당 담보평가액을 회수예상가액으로 볼 수 있다.
⑩ 제9항 본문의 규정에도 불구하고 대출채권이 다음의 어느 하나에 해당하는 경우에는 대출채권의 담보에 대한 최종 담보평가액을 회수예상가액으로 볼 수 있다.
1. 고정이하 분류사유 발생일이 3개월 이내인 경우
2. 3개월 이내에 대출채권의 담보물 처분과 관련한 법적 절차가 착수될 예정인 경우
3. 총 대출채권액에 대한 담보비율이 150 이상인 경우
4. 대출채권의 유효담보가액 합계액이 3억원 미만인 경우
5. 기업구조조정 촉진법에 따른 채권금융기관 공동관리, 채무자회생법에 따른 회생절차 등이 진행 중인 기업에 대한 대출채권의 경우
⑪ <별표 7>의 규정에도 불구하고 신용회복위원회 등을 통해 채권재조정된 가계여신에 대해서는 변제계획에 의거하여 정상적으로 변제가 이루어진 기간 및 금액 등을 기준으로 금융위원회가 인정하는 방식에 따라 건전성을 분류할 수 있다.
⑫ 감독원장은 상호저축은행의 자산건전성 분류 및 대손충당금 적립의 적정성을 점검하고 부적정하다고 판단되는 경우에는 시정을 요구할 수 있다.

4. 회계 및 결산 기준

금융위원회는 상호저축은행의 건전한 경영을 유도하고 금융사고를 예방하기 위하여 회계 및 결산 기준을 정할 수 있다(법22의2①(3)). 회계 및 결산 기준에는 다음의 사항이 포함되어야 한다(영11의7③).

1. 회계처리 기준
2. 결산처리 기준
3. 대손충당금 적립[99] 및 상각 기준

---

99) 상호저축은행업감독규정 제38조(대손충당금 등 적립기준) ① 법 제22조의2 제1항 제3호 및 제11조의6 제3항 제3호에 따른 상호저축은행의 대손충당금 적립 기준은 다음과 같다.
  1. 상호저축은행은 결산일(가결산일을 포함) 현재 대손충당금설정대상자산에 대하여 건전성분류 결과에 따라 다음에서 정하는 금액에 해당하는 대손충당금을 적립하여야 한다. 다만, 연간 적용금리(또는 연환산 적용금리)가 20% 이상인 이자채권부 대손충당금 설정자산에 대하여는 다음에서 정하는 금액에 50%를 가산하여 대손충당금을 적립하여야 한다.
    가. "정상"분류 자산의 1% 이상
    나. "요주의"분류 자산의 10% 이상
    다. "고정"분류 자산의 20% 이상
    라. "회수의문"분류 자산의 55% 이상
    마. "추정손실"분류 자산의 100%
  1의2. 제1호의 규정에도 불구하고 상호저축은행이 이자채권부 대손충당금 설정자산에 대하여 적립하여야 하는 대손충당금은 해당 자산의 금액을 초과할 수 없다.
  2. 제1호의 규정에도 불구하고 상호저축은행은 기업에 대한 채권에 대하여는 건전성분류결과에 따라 다음에서 정하는 금액에 해당하는 대손충당금을 적립하여야 한다. 다만, 기업에 대한 채권 중에서 연간 적용금리(또는 연환산 적용금리)가 20% 이상인 채권(가목에서 라목까지의 채권에 한한다)에 대하여는 다음에서 정하는 금액에 50%를 가산하여 대손충당금을 적립하여야 한다.
    가. "정상"분류 자산의 0.85% 이상
    나. "요주의"분류 자산의 7% 이상
    다. "고정"분류 자산의 20% 이상
    라. "회수의문"분류 자산의 50% 이상
    마. "추정손실"분류 자산의 100%
  3. 제1호 및 제2호의 규정에 불구하고 부동산프로젝트파이낸싱대출채권에 대하여는 다음에서 정하는 금액을 대손충당금으로 적립하여야 한다.
    가. "정상"분류 자산의 2%(최초취급 후 1년 이상 경과시에는 3%) 이상. 다만 최초 취급 후 1년이 경과하지 않은 경우로서 신용평가등급이 BBB- 또는 A3- 이상 기업이 지급보증한 경우에는 0.5% 이상으로 할 수 있다.
    나. "요주의"분류 자산의 7% 이상(관련자산 아파트) 또는 10% 이상(관련자산 아파트 이외)
    다. "고정"분류 자산의 30% 이상
    라. "회수의문"분류 자산의 75% 이상
    마. "추정손실"분류 자산의 100%
  4. 제1호 및 2호의 규정에 불구하고 차주가 정부 또는 지방자치단체인 자산에 대하여는 대손충당금을 적립하지 아니할 수 있다.
  5. 상호저축은행의 자산유동화계획에 의한 자산양도미수금 및 후순위채권에 대하여는 기초자산의 양도가

5. 위험관리기준

금융위원회는 상호저축은행의 건전한 경영을 유도하고 금융 사고를 예방하기 위하여 위험관리기준을 정할 수 있다(법22의2①(4)). 위험관리기준에는 다음의 사항이 포함되어야 한다(영11의7④).[100)]

1. 여신심사 및 여신사후관리 등을 수행하기 위한 기준[101)]
2. 금융사고 관리 및 예방대책, 과거 발생한 금융사고에 대한 재발방지대책[102)]

액에 대한 평가 및 선순위·후순위 발행비율 등을 감안하고 기초자산에 대한 건전성분류 및 대손충당금 적립수준과 비교하여 그에 상응하는 적정한 수준을 적립하여야 한다.
6. 상호저축은행은 결산일 현재 확정지급보증에 대하여 건전성 분류결과에 따라 다음에서 정하는 금액에 해당하는 지급보증충당금을 적립하여야 한다.
    가. "고정"분류 자산의 20% 이상
    나. "회수의문"분류 자산의 75% 이상
    다. "추정손실"분류 자산의 100%
7. 상호저축은행이 부동산 프로젝트파이낸싱 대출을 정리하기 위하여 동 대출채권을 사후정산 또는 환매조건으로 한국자산관리공사에 매각하게 되는 경우 사후정산 또는 환매를 하는 때에 발생할 수 있는 손실가능성에 대비하여 동 손실가능예상액을 매각일 다음 분기말부터 사후정산 또는 환매일이 속하는 분기의 직전 분기말까지의 기간 동안 안분한 금액 이상을 충당금으로 적립하여야 한다.
8. 감독규정 제29조 제1항 제10호에 따른 수익증권 또는 출자증권 등을 취득하게 된 경우 유가증권의 만기일에 발생할 수 있는 손실가능성에 대비하여 동 손실가능예상액을 대출채권 매각일 또는 출자전환일 다음 월말부터 유가증권 만기일이 속하는 월의 직전 월말까지의 기간 동안 안분한 금액 이상을 충당금으로 적립하여야 한다.

100) 상호저축은행업감독규정 제39조의2(주택관련 담보대출에 대한 리스크관리) ① 상호저축은행은 주택관련 담보대출 취급시 법 제22조의2 및 동법 시행령 제11조의6의 규정에 따라 경영의 건전성이 유지되도록 <별표 5>에서 정하는 담보인정비율, 총부채상환비율, 기타 주택담보대출 등의 취급 및 만기연장에 대한 제한 등을 준수하여야 한다.
    ② 감독원장은 상호저축은행의 경영건전성 등을 감안하여 긴급하다고 인정하는 경우 <별표 5>에서 정한 담보인정비율 및 총부채상환비율을 10퍼센트포인트 범위 이내에서 가감조정할 수 있다. 이 경우 감독원장은 그 내용을 지체 없이 금융위에 보고하여야 한다.
101) 상호저축은행업감독규정 제40조의2(여신업무 기준) ① 상호저축은행은 법 제22조의2 제1항 및 시행령 제11조의6 제4항 제1호에 따라 상당한 주의를 기울여 다음에서 정하는 여신심사 및 사후관리 등 여신업무를 처리하여야 한다.
    1. 차주의 신용위험 및 상환능력 등에 대한 분석을 통한 신용리스크의 평가
    2. 차주의 차입목적, 차입금규모, 상환기간 등에 대한 심사 및 분석
    3. 차주의 차입목적 이외의 차입금 사용 방지 대책 마련
    4. 여신실행 이후 차주의 신용상태 및 채무상환능력 변화에 대한 사후 점검 및 그 결과에 따른 적절한 조치
    5. 산업별, 고객그룹별 여신운용의 다양화를 통한 여신편중 현상의 방지
    ② 감독원장은 상호저축은행의 여신운용의 건전성을 제고할 수 있도록 여신심사 및 사후관리 업무에 관한 구체적인 기준을 정할 수 있다.
    ③ 상호저축은행은 여신을 운용함에 있어서 지역간 불합리한 차별이 발생하지 않도록 노력하여야 한다.
    ④ 금융위는 필요한 경우 제3항과 관련된 내용을 평가("지역재투자 평가")하고 그 결과를 인터넷 홈페이지 등을 이용하여 공시할 수 있으며, 지역재투자 평가를 위하여 평가위원회를 구성·운영할 수 있다.
102) 상호저축은행업감독규정 제40조의3(금융사고 예방대책) 상호저축은행은 법 제22조의2 제1항 및 시행령

6. 유동성 기준

금융위원회는 상호저축은행의 건전한 경영을 유도하고 금융 사고를 예방하기 위하여 유동성 기준을 정할 수 있다(법22의2①(5)). 유동성 기준에는 다음의 사항이 포함되어야 한다(영11의7⑤).[103]

1. 유동성 부채 및 유동성 자산의 범위
2. 유동성 부채에 대한 유동성 자산의 보유비율

Ⅱ. 경영실태평가와 적기시정조치

1. 경영실태평가

금융감독원장은 상호저축은행의 경영실태를 분석하여 경영의 건전성 여부를 감독하여야

제11조의6 제4항 제2호에 따라 다음에서 정하는 금융사고 관리 및 예방, 이용자 정보보호 등에 관한 대책 등을 마련하고 이를 준수하여야 한다.
1. 다음 각 목의 금융사고 관리에 관한 사항
　가. 상호저축은행 임직원의 사기·횡령·배임·절도·금품수수 등 범죄혐의가 있는 행위에 대한 방지 대책
　나. 과거에 발생한 금융사고 또는 이와 유사한 금융사고에 대한 재발 방지 대책
　다. 그 밖에 위법 또는 부당한 업무처리로 상호저축은행 이용자의 보호에 지장을 가져오는 행위를 방지하기 위한 대책
2. 금융사고 예방대책 이행상황에 대한 점검·평가 등 본·지점의 업무운영에 관한 자체적인 검사 계획 및 검사 실시 기준
3. 저축은행 이용자의 정보보호를 위하여 저축은행상품의 홍보판매 등의 과정에서 소속 임직원이 준수하여야 하는 저축은행 이용자의 정보이용 기준 및 절차
4. 전산사무, 현금수송사무 등 금융사고 가능성이 높은 사무에 관하여 필요한 검사기법 개발·운영 대책 및 이와 관련된 금융사고 예방대책
103) 상호저축은행업감독규정 제40조의4(유동성비율) ① 시행령 제11조의6 제5항에 따른 유동성부채는 잔존만기 3개월 이내의 것으로서 다음의 어느 하나와 같다. 다만, 제1호는 만기 없는 것을 포함한다.
1. 예수금
2. 차입금
3. 사채
② 시행령 제11조의6 제5항에 따른 유동성자산은 잔존만기 3개월 이내의 것으로서 다음의 어느 하나와 같다. 다만, 제1호, 제3호 중 상장 유가증권(자본시장법에 따른 증권시장에 상장된 유가증권) 및 제4호는 만기에 관계없이 모두 포함한다.
1. 현금
2. 예치금
3. 유가증권(자산의 건전성 분류 결과 '정상' 및 '요주의'로 분류된 것에 한한다)
4. 지급준비예치금
5. 대출채권(자산의 건전성 분류 결과 '정상' 및 '요주의'로 분류된 것에 한한다)
③ 상호저축은행은 시행령 제11조의6 제5항 제2호에 따른 보유비율("유동성비율")을 100% 이상으로 유지하여야 한다.

한다(상호저축은행업감독규정45①). 감독원장은 상호저축은행에 대한 검사 등을 통하여 경영실태를 평가하고 그 결과를 감독 및 검사업무에 반영할 수 있다(감독규정45②). 경영실태평가는 상호저축은행의 본점을 대상으로 자본 적정성, 자산건전성, 경영관리능력, 수익성, 유동성 등 5개 부문에 대하여 부문별평가와 부문별평가 결과를 감안한 종합평가를 1등급(우수), 2등급(양호), 3등급(보통), 4등급(취약), 5등급(위험) 등 5단계 등급으로 구분하여 실시한다. 이 경우 경영실태평가 기준일은 검사기준일로 한다(감독규정45⑤). 경영실태평가의 부문별 평가항목은 계량지표 12개, 비계량평가항목 24개로 구성되어 있다(상호저축은행업감독규정45⑥<별표3>).

경영실태평가는 상호저축은행의 본점에 대한 종합검사시에 실시한다. 다만 종합검사 이외의 기간에는 분기별(감독원장이 필요하다고 인정하는 경우에는 수시)로 부문별 평가항목 중 계량지표에 의해 평가가 가능한 항목에 대한 평가를 실시할 수 있다(상호저축은행업감독규정45③). 감독원장은 경영실태분석·평가 결과 경영건전성이 악화될 우려가 있거나 경영상 취약부문이 있다고 판단되는 상호저축은행에 대하여 이의 조속한 개선을 위한 지도 및 점검을 강화하여야 하며, 필요한 경우 개선계획 또는 약정서를 제출토록 하거나 당해 상호저축은행과 경영개선협약을 체결할 수 있다(상호저축은행업감독규정45④). 경영실태분석·경영실태평가에 관한 구체적인 사항은 감독원장이 정하며, 이 경우 위험가중자산에 대한 자기자본비율 산정시 연결대상이 되는 회사의 경영실태를 감안할 수 있다(상호저축은행업감독규정45⑦).

2. 적기시정조치

(1) 경영개선권고

금융위원회는 상호저축은행이 ⅰ) 위험가중자산에 대한 자기자본비율이 7%(자산총액이 1조원 이상인 상호저축은행은 8%) 미만인 경우(제1호), ⅱ) 경영실태평가 결과 종합평가등급이 3등급 이상으로서 자산건전성 또는 자본적정성 부문의 평가 등급을 4등급(취약) 이하로 판정받은 경우(제2호), ⅲ) 거액의 금융사고 또는 부실채권의 발생으로 위 ⅰ) 또는 ⅱ)의 기준에 해당될 것이 명백하다고 판단되는 경우(제3호)에는 당해 상호저축은행에 대하여 필요한 조치를 이행하도록 권고하여야 한다(상호저축은행업감독규정46①).

(2) 경영개선요구

금융위원회는 상호저축은행이 ⅰ) 위험가중자산에 대한 자기자본비율이 5% 미만인 경우(제1호), ⅱ) 경영실태평가 결과 종합평가등급을 4등급(취약) 이하로 판정받은 경우(제2호), ⅲ) 거액의 금융사고 또는 부실채권의 발생으로 위 ⅰ) 또는 ⅱ)의 기준에 해당될 것이 명백하다고 판단되는 경우(제3호), ⅳ) 경영개선권고를 받고 이를 성실히 이행하지 아니하는 경우(제4호)에는 당해 상호저축은행에 대하여 필요한 조치를 이행하도록 요구하여야 한다(상호저축은행업감독규정47①).

(3) 경영개선명령

금융위원회는 상호저축은행이 ⅰ) 위험가중자산에 대한 자기자본비율이 2% 미만인 경우 (제1호), ⅱ) 금융산업구조개선법 제2조 제2호에서 정하는 부실금융기관에 해당하는 경우(제2 호), ⅲ) 경영개선요구 또는 이행촉구 등의 조치를 받고 이의 주요사항을 이행하지 아니하거나 이행이 곤란하여 정상적인 경영이 어려울 것으로 인정되는 경우(제3호), ⅳ) 경영개선권고 조치 를 받고 이의 주요사항을 이행하지 아니하거나 이행이 곤란하여 경영개선권고 조치 당시보다 경영상태가 크게 악화되어 정상적인 경영이 어려울 것으로 인정되는 경우(제4호)에는 당해 상 호저축은행에 대해 필요한 조치를 이행하도록 명령하여야 한다(상호저축은행업감독규정48①).

제7절 상호금융기관의 재무건전성규제

Ⅰ. 의의

상호금융기관은 신용협동조합법에 의해 설립된 비영리법인인 신용협동조합, 농업협동조 합[농업협동조합법에 의하여 설립된 지역농업협동조합과 지역축산업협동조합(신용사업을 실시하는 품목 조합을 포함)], 수산업협동조합[수산업협동조합법에 의하여 설립된 지구별수산업협동조합(법률 제4820 호 수산업협동조합법중 개정법률 부칙 제5조의 규정에 의하여 신용사업을 실시하는 조합을 포함)], 그리 고 산림조합법에 의해 설립된 산림조합을 말한다(상호금융업감독규정 2조 및 3조 참조). 이들 기 관들 중에서 새마을금고를 제외한 기관들은 모두 금융감독기관의 건전성감독을 있으며, 새마 을금고만 행정안전부의 건전성감독을 받고 있다. 여기서는 신용협동조합을 중심으로 살펴보기 로 한다.

Ⅱ. 경영건전성 기준

1. 의의

신용협동조합법("법")상 신용협동조합("조합") 및 신용협동조합중앙회("중앙회")는 경영의 건전성을 유지하고 금융사고를 예방하기 위하여 다음의 사항에 관하여 대통령령으로 정하는 바에 따라 금융위원회가 정하는 경영건전성 기준을 준수하여야 한다(법83의3①).

1. 재무구조의 건전성에 관한 사항
2. 자산의 건전성에 관한 사항
3. 회계 및 결산에 관한 사항
4. 위험관리에 관한 사항
5. 그 밖에 경영의 건전성을 확보하기 위하여 필요한 사항

2. 재무구조 건전성

(1) 의의

조합 및 중앙회는 경영의 건전성을 유지하고 금융사고를 예방하기 위하여 금융위원회가 정하는 재무구조의 건전성에 관한 사항인 ⅰ) 자산등에 대한 자기자본비율(제1호), ⅱ) 적립필요금액에 대한 대손충당금비율(제2호), ⅲ) 퇴직금추계액에 대한 퇴직급여충당금비율(제3호)을 준수하여야 한다(영20의2(1)).

(2) 재무건전성 비율

상호금융업감독규정에 따라 조합은 다음에서 정하는 건전성 비율을 유지하여야 한다. 다만, 제4호의 건전성 비율은 직전 분기 중 분기말월 기준 대출금 200억원 미만인 조합의 경우에는 적용하지 아니한다(상호금융업감독규정12①).[104]

1. 총자산 대비 순자본비율: 2% 이상
2. 대손충당금비율: 100% 이상
3. 퇴직급여충당금비율: 100% 이상
4. 예탁금, 적금 및 출자금에 대한 대출금 비율("예대율")
   가. 직전 반기말 주택담보대출의 분할상환비율이 20% 미만의 경우: 80% 이하
   나. 직전 반기말 주택담보대출의 분할상환비율이 20% 이상 30% 미만인 경우: 90% 이하
   다. 직전 반기말 주택담보대출의 분할상환비율이 30% 이상인 경우: 100% 이하

대손충당금비율의 산정기준은 <별표 1-3>과 같다. 다만, 다음 각호의 1에 해당하는 가계대출("고위험대출")로서 자산 건전성 분류가 '정상', '요주의', '고정' 또는 '회수의문'인 대출에 대하여는 <별표 1-3>의 기준에 의한 대손충당금 요 적립잔액에 30%을 가산하여 대손충당금을 적립하여야 한다(상호금융업감독규정12②).

---

104) 상호금융업감독규정 제20조의2(경영지도비율) ① 신협중앙회는 법 제83조의3 및 시행령 제20조의2의 규정에 따라 위험가중자산에 대한 자기자본 비율을 5% 이상 유지하여야 한다.
② 제1항에서 정하는 비율을 산정함에 있어 위험가중자산, 자기자본의 구체적인 범위 등은 감독원장이 정한다.

1. 동일채무자에 대한 대출상환 방식이 다음 각 목에 해당하는 경우로서 대출금 총액이 2억원 이상인 경우
    가. 대출만기에 원금을 일시상환하는 방식의 대출
    나. 거치기간 경과 후에 원금을 분할 상환하는 방식의 대출(거치기간이 종료되고 원금 분할 상환이 시작된 경우 제외)
2. 5개 이상의 금융기관(신용정보법 시행령 제5조 제1항 본문에서 정한 금융기관)에 개인대출 잔액을 보유한 자에 대한 대출

그러나 조합이 직전 사업연도말 기준으로 다음의 요건을 모두 충족하는 경우에는 <별표 1-3>의 기준에 의한 대손충당금 요 적립잔액에 20%를 가산하여 대손충당금을 적립할 수 있다. 다만, 재무상태개선권고(상호금융업감독규정12의2①) 또는 재무상태개선요구(상호금융업감독규정12의3①)의 어느 하나에 해당하는 조합("재무상태개선조치 조합")은 그러하지 아니하며, 당해 사업연도 중 재무상태개선조치 조합에 해당하게 되는 경우에는 그 해당 분기말부터 위 감독규정 제12조 제2항 단서를 적용한다(상호금융업감독규정12③).

1. 총자산대비 순자본비율: 5% 이상(신용협동조합은 3% 이상)
2. 예대율: 60% 이상
3. 총대출대비 조합원에 대한 대출비율이 80% 이상(농업협동조합, 수산업협동조합 및 산림조합은 50% 이상)이거나, 총대출대비 신용대출(햇살론 포함)비율이 10% 이상(수산업협동조합은 7% 이상)

주택담보대출 중 원금을 분할상환하는 방식의 대출로서 자산 건전성 분류가 '정상'인 대출에 대하여는 <별표 1-3>의 기준에 의한 대손충당금 요 적립잔액에서 50%를 감액하여 대손충당금을 적립한다(상호금융업감독규정12④). 조합에 적용하여야 하는 예대율이 하락하게 되는 경우에는 그 해당 반기말까지 예대율 기준에 적합하도록 하여야 한다(상호금융업감독규정12⑤).

3. 자산건전성

(1) 의의

조합 및 중앙회는 경영의 건전성을 유지하고 금융사고를 예방하기 위하여 금융위원회가 정하는 자산의 건전성에 관한 사항인 ⅰ) 자산건전성분류대상 자산의 범위(제1호), ⅱ) 자산에 대한 건전성분류 단계 및 그 기준(제2호)을 준수하여야 한다(영20의2(2)).

(2) 자산건전성 분류기준

조합은 다음 보유자산의 건전성을 <별표 1-1>에 따라 매분기 말(유가증권에 대한 평가는

매월 1회 정기적으로 실시하고 평가일의 종가를 적용한다)을 기준으로 분류하여야 한다. 다만 감독원장 및 중앙회장이 따로 요청하는 경우에는 이를 따른다(상호금융업감독규정11①).[105]

1. 다음 각목의 대출 및 어음할인("대출금")과 당해 대출금을 회수하기 위하여 지급된 가지급금("여신성가지급금")
   가. 상호금융대출
   나. 정책자금대출
   다. 공제대출
2. 유가증권
3. 가지급금
4. 신용카드 채권
5. 미수금
6. 환매조건부채권매수

자산에 대한 건전성은 "정상", "요주의", "고정", "회수의문", "추정손실"의 5단계로 구분하되, 유가증권의 경우에는 "고정"분류를, 가지급금(여신성 가지급금을 제외)의 경우에는 "요주의" 및 "고정"분류를 제외한다(상호금융업감독규정11②).[106]

4. 회계 및 결산

조합 및 중앙회는 경영의 건전성을 유지하고 금융사고를 예방하기 위하여 금융위원회가 정하는 회계 및 결산에 관한 사항인 ⅰ) 재무 및 손익상황의 표시기준(제1호), ⅱ) 충당금·적립금의 적립기준(제2호), ⅲ) 채권의 대손상각처리기준(제3호)을 준수하여야 한다(영20의2(3)).[107]

---

[105] 상호금융업감독규정 제18조의2(중앙회의 자산건전성 분류) 제11조의 규정(자산건전성 분류기준)은 중앙회에 대하여 이를 준용한다. 다만, 분기별로 실시하는 계량지표에 의한 경영실태평가 결과 4등급 이하인 조합에 대해 취급한 대출자산(신용예탁금 등을 담보로 취급된 경우에는 이를 제외)의 건전성분류와 관련하여 이를 "정상"으로 분류하여서는 아니 된다.

[106] 상호금융업감독규정 제11조의2(회수예상가액 산정) 조합은 제11조의 분류기준에 의한 "고정" 이하 분류여신을 보유한 채무자의 대출금에 대하여는 자산건전성 분류시마다 <별표 1-2>의 담보종류별 회수예상가액 산정기준에 따라 담보물의 회수예상가액을 산정하여야 한다. 다만, 다음 각호의 어느 하나에 해당하는 경우에는 최종담보평가액(유효담보가액 또는 종전 건전성 분류시 산정한 회수예상가액 등을 말한다)을 회수예상가액으로 볼 수 있다.
1. "고정" 이하 분류사유 발생일이 3개월 이내인 경우
2. 3개월 이내에 법적절차 착수예정인 경우
3. 예탁금, 적금, 유가증권 및 지급보증서 이외의 담보(경매가 진행중인 담보는 제외)로서 담보의 최종감정일 또는 최종 회수예상가액 산정일이 2년 이내인 경우
4. 총대출금액에 대한 담보비율이 150퍼센트 이상인 경우
5. 채무자회생법에 따른 회생절차 또는 기업개선작업 등을 신청하였거나 당해 절차가 진행중인 경우

[107] 상호금융업감독규정 제15조의3(채권의 대손상각) ① 조합이 보유한 부실채권을 대손상각처리하고자 할

5. 위험관리

조합 및 중앙회는 경영의 건전성을 유지하고 금융사고를 예방하기 위하여 금융위원회가 정하는 위험관리에 관한 사항인 ⅰ) 위험관리의 기본방침(제1호), ⅱ) 위험관리를 위한 경영진의 역할(제2호), ⅲ) 위험관리에 필요한 내부관리체제(3호)를 준수하여야 한다(영20의2(4)).[108]

6. 기타 경영건전성

조합 및 중앙회는 경영의 건전성을 유지하고 금융사고를 예방하기 위하여 금융위원회가 정하는 그 밖에 경영의 건전성 확보를 위하여 필요한 사항인 예탁금, 적금 및 출자금 등에 대한 대출금 보유기준을 준수하여야 한다(영20의2(5)).

Ⅲ. 조합에 대한 경영실태평가와 적기시정조치

1. 경영실태평가

금융감독원장 및 중앙회의 중앙회장은 조합의 경영실태를 분석하여 경영의 건전성 여부를 감독하여야 한다(상호금융업감독규정8①). 경영실태평가는 평가대상 조합의 경영실태를 자본적 정성, 자산건전성, 경영관리능력, 수익성, 유동성 등 5개 부문에 대하여 부문별평가와 부문별평가 결과를 감안한 종합평가를 1등급(우수), 2등급(양호), 3등급(보통), 4등급(취약), 5등급(위험) 등 5단계 등급으로 구분하여 실시한다. 이 경우 경영실태평가 기준일은 검사기준일로 한다(상호금융업감독규정8④). 경영실태평가의 부문별 평가항목은 계량지표 11개, 비계량평가항목 21개로 구성되어 있다(상호금융업감독규정 별표 1).

경우에는 매분기말 2월전까지 중앙회장에게 대손인정을 신청하여야 한다.
② 중앙회장은 제1항의 신청에 의한 대손인정결과를 매사업년도 경과 후 다음달 20일까지 감독원장에게 보고하여야 한다.
③ 조합은 제1항의 신청에 의하여 상각처리한 채권의 잔액을 재무상태표 주석사항에 대손상각채권으로 표시하여야 한다.
④ 조합에 대한 대손인정에 필요한 세부사항 및 중앙회에 대한 대손상각 절차 등은 감독원장이 정한다.
108) 상호금융업감독규정 제16조의4(주택관련 담보대출에 대한 리스크관리) ① 조합은 주택관련 담보대출 취급시 경영의 건전성이 유지되도록 <별표 2>에서 정하는 담보인정비율, 총부채상환비율, 기타 주택담보대출 등의 취급 및 만기연장에 대한 제한 등을 준수하여야 한다.
② 감독원장은 조합의 경영건전성 등을 감안하여 긴급하다고 인정하는 경우 <별표 2>에서 정한 담보인정비율 및 총부채상환비율을 10퍼센트포인트 범위 이내에서 가감조정할 수 있다. 이 경우 감독원장은 그 내용을 지체 없이 금융위에 보고하여야 한다.
③ 담보인정비율 및 총부채상환비율의 산정방법 및 적용대상의 세부판단기준, 주택담보대출 등의 취급 및 만기연장 제한 등과 관련한 세부적인 사항은 감독원장이 정하는 바에 따른다.

경영실태평가는 조합에 대한 종합검사시에 실시한다. 다만, 종합검사 이외의 기간에는 분기별(감독원장이 필요하다고 인정하는 경우에는 수시)로 부문별 평가항목 중 계량지표에 의해 평가가 가능한 항목에 대한 평가를 실시할 수 있다(상호금융업감독규정8③). 감독원장 및 중앙회장은 조합에 대한 검사 등을 통하여 경영실태를 평가하고 그 결과를 감독 및 검사업무에 반영할 수 있다(상호금융업감독규정8②). 경영실태평가를 위한 구체적인 사항은 감독원장이 정하는 바에 의한다(상호금융업감독규정8⑤).

2. 적기시정조치

(1) 재무상태개선권고

중앙회장은 조합이 ⅰ) 총자산 대비 순자본비율이 2% 미만인 경우(제1호), ⅱ) 경영실태평가결과 종합평가등급이 3등급 이상으로서 자본적정성 또는 자산건전성 부문의 평가등급을 4등급 이하로 판정받은 경우(제2호), ⅲ) 거액의 금융사고 또는 부실채권의 발생으로 위 ⅰ) 또는 ⅱ)의 기준에 해당될 것이 명백하다고 판단되는 경우(제3호)에는 당해 조합에 대하여 필요한 조치를 이행하도록 권고하여야 한다(상호금융업감독규정12의2①).

(2) 재무상태개선요구

중앙회장은 조합이 ⅰ) 총자산 대비 순자본비율이 마이너스 3% 미만인 경우(제1호), ⅱ) 경영실태평가결과 종합평가등급을 4등급 이하로 판정받은 경우(제2호), ⅲ) 거액의 금융사고 또는 부실채권의 발생으로 위 ⅰ) 또는 ⅱ)의 기준에 해당될 것이 명백하다고 판단되는 경우(제3호), ⅳ) 재무상태개선 권고를 받은 조합이 재무상태개선계획을 성실하게 이행하지 아니하는 경우(제4호)에는 당해 조합에 대하여 필요한 조치를 이행하도록 요구하여야 한다(상호금융업감독규정12의3①).

Ⅳ. 중앙회에 대한 경영실태평가와 적기시정조치

1. 경영실태평가

금융감독원장은 신협중앙회의 경영실태를 분석하여 경영의 건전성 여부를 감독하여야 한다(상호금융업감독규정20의3①). 경영실태평가는 신협중앙회에 대한 종합검사시에 실시한다. 다만, 종합검사 이외의 기간에는 분기별(감독원장이 필요하다고 인정하는 경우에는 수시)로 부문별 평가항목 중 계량지표에 의해 평가가 가능한 항목에 대한 평가를 실시할 수 있다(감독규정20의3③). 경영실태평가는 <별표1>의 자본적정성, 자산건전성, 경영관리능력, 수익성, 유동성 등 5개 부문에 대하여 부문별평가와 부문별평가결과를 감안한 종합평가를 1등급(우수), 2등급(양호),

3등급(보통), 4등급(취약), 5등급(위험) 등 5단계 등급으로 구분하여 실시한다. 이 경우 경영실태평가 기준일은 검사기준일로 한다(상호금융업감독규정20의3④). 경영실태평가의 부문별 평가항목은 계량지표 11개, 비계량평가항목 21개로 구성되어 있다(상호금융업감독규정 별표 1). 감독원장은 신협중앙회에 대한 검사등을 통하여 경영실태를 평가하고 그 결과를 감독 및 검사업무에 반영할 수 있다(상호금융업감독규정20의3②).

2. 적기시정조치

(1) 경영개선권고

금융위원회는 신협중앙회가 ⅰ) 위험가중자산에 대한 자기자본비율이 5% 미만인 경우(제1호), ⅱ) 경영실태평가 결과 종합평가등급이 3등급 이상으로서 자산건전성 또는 자본적정성 부문의 평가등급을 4등급(취약) 이하로 판정받은 경우(제2호), ⅲ) 거액의 금융사고 또는 부실채권의 발생으로 위 ⅰ) 또는 ⅱ)의 기준에 해당될 것이 명백하다고 판단되는 경우(제3호)에는 신협중앙회에 대하여 필요한 조치를 이행하도록 권고하여야 한다(상호금융업감독규정20의4①).

(2) 경영개선요구

금융위원회는 신협중앙회가 ⅰ) 위험가중자산에 대한 자기자본비율이 3% 미만인 경우(제1호), ⅱ) 경영실태평가 결과 종합평가등급이 4등급 이하로 판정받은 경우(제2호), ⅲ) 거액의 금융사고 또는 부실채권의 발생으로 위 ⅰ) 또는 ⅱ)의 기준에 해당될 것이 명백하다고 판단되는 경우(제3호), ⅳ) 경영개선권고를 받은 신협중앙회가 경영개선계획을 성실히 이행하지 아니하는 경우(제4호)에는 신협중앙회에 대하여 필요한 조치를 이행하도록 요구하여야 한다(상호금융업감독규정20의5①).

(3) 경영개선명령

금융위원회는 신협중앙회가 ⅰ) 위험가중자산에 대한 자기자본비율이 0% 미만인 경우(제1호), ⅱ) 경영개선요구를 받은 신협중앙회가 경영개선계획의 주요사항을 이행하지 않아 이행촉구를 받았음에도 이를 이행하지 아니하거나 이행이 곤란하여 정상적인 경영이 어려울 것으로 인정되는 경우(제2호)에는 신협중앙회에 대해 기간을 정하여 필요한 조치를 이행하도록 명령하여야 한다(상호금융업감독규정20의6①).

지배구조건전성규제

제1절 서설

　금융기관은 업종별로 진입규제와 건전성규제, 영업행위규제 등이 다르게 마련되어 있는데, 영위하는 업무에 따라 예금자, 보험계약자 등 특별한 보호를 필요로 하는 금융소비자의 존부나 범위, 금융시스템에 대한 영향 등이 다르기 때문에 영위하는 업무에 맞추어 적정한 요건을 요구하고 있다. 업종별로 다르지만 대부분 자본금요건, 업무수행에 필요한 인적·물적 시설의 구비, 사업계획의 타당성 등과 함께 주주 또는 출자자의 출자능력, 재무건전성 및 사회적 신용 등을 심사요건으로 하고 있다. 특히 대주주 또는 주요 출자자에 대한 심사는 ⅰ) 금융기관의 설립 및 인가단계에서의 자격심사, ⅱ) 기존 금융기관의 경영권 변동에 따른 변경승인 심사, ⅲ) 금융기관 존속기간 중 자격유지의무 및 주기적 심사의 3단계로 나눌 수 있다.

　설립 및 인가단계에서의 대주주 요건은 업권별로 요구하는 내용이 다르기 때문에 개별 업권을 규율하는 법에서 업권별로 정하고 있다. 진입규제에서 인가를 요구하지 않고 등록제로 운용하는 업권(금융투자업과 여신전문금융업 중 일부)에서는 대체로 이에 맞추어 대주주 변경도 승인대상이 아닌 신고대상으로 규정한다.

　은행, 은행지주회사 및 상호저축은행은 해당 법에서 인가단계, 변경승인단계 및 주기적 적격성에 대하여 규정하고 있으며, 금융회사지배구조법의 적용대상이 되는 것은 금융투자업자, 보험회사, 신용카드회사와 비은행금융지주 등 제2금융권이다. 특히 이들 제2금융권에 대하여는 금융회사지배구조법에 따라 주기적 적격성심사가 새로 도입되었다. 자본시장법에 의한 금융투자업자와 여신전문금융업법에 의한 신용카드회사의 경우 인가요건을 유지할 의무를 법에서 규정하고 있었으나 실제로 구체적인 심사규정이 없었으므로 금융회사지배구조법에 따라 신설된 것으로 보아야 할 것이다.[1]

제2절　대주주 변경승인제도

Ⅰ. 의의

금융기관의 대주주는 해당 금융기관의 건전성과 영업행위규제를 비롯한 조직문화 전반에 걸쳐 영향을 미칠 수 있다. 따라서 금융감독당국은 대주주가 금융회사를 건전하게 영위할 만한 자격이 있는지 여부를 정기적으로 또는 수시로 점검하고 있다. 이와 관련하여 개별 금융업법은 최초 인허가·등록 시에 대주주의 적격요건을 심사하고, 대주주 변경 시에는 금융회사지배구조법("법")에서 금융위원회가 이를 승인하거나 금융위원회에 사후 보고를 하도록 하고 있다.

제2금융권에 속하는 금융회사[2]가 발행한 주식을 취득·양수하여 새로이 대주주가 되려는 자는 금융회사지배구조법 제31조에 따라 사전에 변경승인을 받아야 한다. 변경승인의 요건은 금융회사지배구조법 시행령 제26조 제3항 별표 1에서 상세하게 규정하고 있는데, 대주주가 금융기관인지 개인인지 외국인인지 집합기구인지 등에 따라 재무건전성 등 여러 요건을 다르게 요구한다. 대주주의 분류에도 불구하고 일반적으로 적용되는 내용으로 대주주의 법령위반이 없는 등 사회적 신용요건이 있다.

변경승인제도에 위반하면 금융위원회의 처분명령의 대상이 될 수 있으며, 의결권행사가 제한된다. 다만 불가피한 사유로 변경대상 대주주가 된 경우에는 사후승인을 신청할 수 있다.

Ⅱ. 내용

1. 승인대상

금융회사[3]가 발행한 주식을 취득·양수(실질적으로 해당 주식을 지배하는 것을 말하며, 이하

---

1) 김연미(2016), "금융회사 지배구조법에 따른 대주주 건전성 및 소수주주권", 금융법연구 제13권 제3호 (2016. 12), 40-41쪽.
2) 금융투자업자, 보험회사, 신용카드회사와 비은행금융지주회사가 이에 속하며, 은행, 은행지주회사 및 상호저축은행은 은행법 등 해당 법령에서 규율한다. 등록대상 금융기관은 적용범위에 들어가지 않는다.
3) 은행법에 따른 인가를 받아 설립된 은행, 금융지주회사법에 따른 은행지주회사, 상호저축은행법에 따른 인

"취득등"이라 한다)하여 대주주4)(최대주주의 경우 최대주주의 특수관계인인 주주를 포함하며, 최대주주가 법인인 경우 그 법인의 중요한 경영사항에 대하여 사실상 영향력을 행사하고 있는 자로서 대통령령으로 정하는 자5)를 포함)가 되고자 하는 자는 건전한 경영을 위하여 공정거래법, 조세범 처벌법 및 금융관련법령(영26②)을 위반하지 아니하는 등 대통령령으로 정하는 요건6)을 갖추어 미리 금융위원회의 승인을 받아야 한다(법31①). 다만, 대통령령으로 정하는 자7)는 그러하지 아니하다(법31①).

2. 승인요건

승인요건은 다음과 같다(영26③ 별표1 요건).

가. 해당 금융기관에 적용되는 재무건전성에 관한 기준으로서 금융위원회가 정하는 기준을 충족할 것

가를 받아 설립된 상호저축은행, 자본시장법에 따른 투자자문업자 및 투자일임업자, 여신전문금융업법에 따른 시설대여업자, 할부금융업자, 신기술사업금융업자는 제외한다(법31①).
4) "대주주"란 다음 각 목의 어느 하나에 해당하는 주주를 말한다(법2(6)).
　가. 금융회사의 의결권 있는 발행주식(출자지분을 포함) 총수를 기준으로 본인 및 그와 대통령령으로 정하는 특수한 관계가 있는 자("특수관계인")가 누구의 명의로 하든지 자기의 계산으로 소유하는 주식(그 주식과 관련된 증권예탁증권을 포함)을 합하여 그 수가 가장 많은 경우의 그 본인(이하 "최대주주"라 한다)
　나. 다음 각 1) 및 2)의 어느 하나에 해당하는 자(이하 "주요주주"라 한다)
　　1) 누구의 명의로 하든지 자기의 계산으로 금융회사의 의결권 있는 발행주식 총수의 100분의 10 이상의 주식(그 주식과 관련된 증권예탁증권을 포함)을 소유한 자
　　2) 임원(업무집행책임자는 제외)의 임면 등의 방법으로 금융회사의 중요한 경영사항에 대하여 사실상의 영향력을 행사하는 주주로서 대통령령으로 정하는 자
5) "대통령령으로 정하는 자"란 다음의 자를 말한다(영26①).
　1. 최대주주인 법인의 최대주주(최대주주인 법인의 주요 경영사항을 사실상 지배하는 자가 그 법인의 최대주주와 명백히 다른 경우에는 그 사실상 지배하는 자를 포함)
　2. 최대주주인 법인의 대표자
6) "대통령령으로 정하는 요건"이란 별표 1의 요건을 말한다(영26③).
7) "대통령령으로 정하는 자"란 다음의 어느 하나에 해당하는 자를 말한다(영26④).
　1. 국가
　2. 예금보험공사
　3. 한국산업은행(금융산업구조개선법에 따라 설치된 금융안정기금의 부담으로 주식을 취득하는 경우만 해당)
　4. 자본시장법에 따른 전문사모집합투자업자 및 온라인소액투자중개업자의 대주주가 되려는 자. 다만, 자본시장법 시행령 별표 1에 따른 금융투자업 인가를 받은 자의 대주주가 되려는 자는 제외한다.
　5. 최대주주 또는 그의 특수관계인인 주주로서 금융회사의 의결권 있는 발행주식 총수 또는 지분의 100분의 1 미만을 소유하는 자. 다만, 제4조 각 호의 어느 하나에 해당하는 자는 제외한다.
　6. 한국자산관리공사
　7. 국민연금공단
　8. 회사의 합병·분할에 대하여 금융관련법령에 따라 금융위원회의 승인을 받은 금융회사의 신주를 배정받아 대주주가 된 자

나. 해당 금융기관이 상호출자제한기업집단등이거나 주채무계열에 속하는 회사인 경우에는 해당 상호출자제한기업집단등 또는 주채무계열의 부채비율이 300% 이하로서 금융위원회가 정하는 기준을 충족할 것

다. 다음의 요건을 충족할 것. 다만, 그 위반 등의 정도가 경미하다고 금융위원회가 인정하거나, 그 사실이 건전한 업무수행을 어렵게 한다고 볼 수 없는 경우에는 그렇지 않다.

1) 최근 5년간 금융관련법령, 공정거래법 또는 조세범 처벌법을 위반하여 벌금형 이상에 상당하는 처벌받은 사실이 없을 것

2) 최근 5년간 채무불이행 등으로 건전한 신용질서를 저해한 사실이 없을 것

3) 금융산업구조개선법에 따라 부실금융기관으로 지정되거나 금융관련법령에 따라 허가·인가 또는 등록이 취소된 금융기관의 대주주 또는 그의 특수관계인이 아닐 것. 다만, 법원의 판결에 의하여 부실책임이 없다고 인정된 자 또는 부실에 따른 경제적 책임을 부담한 경우 등 금융위원회가 정하는 기준에 해당하는 자는 제외한다.

4) 그 밖에 1)부터 3)까지의 규정에 준하는 것으로서 금융위원회가 정하여 고시하는 건전한 금융거래질서를 저해한 사실이 없을 것

한편 대주주가 법인인 경우 형식적으로는 사회적 신용에 관한 결격사유에 해당하나 현재의 법인에 대하여 그 결격사유에 대한 귀책사유가 있다고 보기 어려운 경우에는 특례를 인정하여 결격사유에 해당하지 않는 것으로 본다.[8]

3. 승인신청

승인을 받으려는 자는 ⅰ) 신청인에 관한 사항(제1호), ⅱ) 대주주가 되려고 금융회사의 주식을 취득하려는 경우 그 금융회사가 발행한 주식의 소유현황(제2호), ⅲ) 대주주가 되려는 자가 주식취득대상 금융회사가 발행하였거나 발행할 주식을 취득하려는 경우 그 취득계획(제3호), ⅳ) 그 밖에 승인요건 심사에 필요한 사항으로서 금융위원회가 정하여 고시하는 사항(제4

---

8) 금융회사 지배구조 감독규정 별표 4 [대주주 변경승인의 요건] 제8호
(1) 대주주가 합병회사로서 합병전 피합병회사의 사유로 인하여 제1호 다목 및 제3호 마목에서 정하는 사실에 해당하는 경우(그 사실에 직접 또는 간접으로 관련되는 피합병회사의 임원, 최대주주 및 주요주주가 합병회사의 경영권에 관여하지 아니하거나 사실상 영향력을 행사할 수 없는 경우에 한한다)
(2) 대주주가 경영권이 변경된 회사로서 경영권 변경 전의 사유로 인하여 제1호 다목 및 제3호 마목에서 정하는 사실에 해당할 경우(그 사실에 직접 또는 간접으로 관련되는 경영권변경 전의 임직원, 최대주주 및 주요주주가 그 사실이 종료될 때까지 경영에 관여하거나 사실상 영향력을 행사하는 경우는 제외한다. 이와 관련하여 금융회사는 그 사실에 직접 또는 간접으로 관련되는 경영권변경 전의 임직원, 최대주주 및 주요주주를 그 사실이 종료될 때까지 경영에 관여하는 직위에 임명할 수 없다.)
(3) 그 밖에 (1) 및 (2)와 유사한 경우로서 지분변동 등으로 실질적으로 대주주의 동일성이 유지되고 있다고 인정하기 어려운 경우에 지배주주가 지분변동 등의 전의 사유로 인하여 제1호 다목 및 제3호 마목에서 정하는 사실에 해당하는 경우

호)이 기재된 대주주 변경승인신청서를 금융위원회에 제출하여야 한다(영26⑥).

4. 승인심사기간

(1) 원칙

금융위원회는 변경승인신청서를 제출받은 경우에는 그 내용을 심사하여 60일 이내에 승인 여부를 결정하고, 그 결과와 이유를 지체 없이 신청인에게 문서로 통지하여야 한다(영26⑨ 전단). 이 경우 변경승인신청서에 흠결이 있는 경우에는 보완을 요구할 수 있다(영26⑨ 후단).

(2) 예외

심사기간을 계산할 때 변경승인신청서의 흠결 보완기간 등 금융위원회가 정하여 고시하는 기간은 심사기간에 넣지 아니한다(영26⑩).

여기서 "금융위원회가 정하여 고시하는 기간"이란 다음의 어느 하나에 해당하는 기간을 말한다(금융회사 지배구조 감독규정16③). 실무에서는 심사대상자가 아래 제3호의 사유에 해당하여 심사가 중단되는 경우가 종종 있다.

1. 법 제31조 제1항의 요건을 충족하는지를 확인하기 위하여 다른 기관 등으로부터 필요한 자료를 제공받는 데에 걸리는 기간
2. 영 제26조 제9항 후단에 따라 변경승인신청서 흠결의 보완을 요구한 경우에는 그 보완기간
3. 금융회사의 대주주가 되려는 자를 상대로 형사소송 절차가 진행되고 있거나 금융위, 공정거래위원회, 국세청, 검찰청 또는 감독원 등(외국 금융회사인 경우에는 이들에 준하는 본국의 감독기관 등을 포함)에 의한 조사·검사 등의 절차가 진행되고 있고, 그 소송이나 조사·검사 등의 내용이 심사에 중대한 영향을 미칠 수 있다고 인정되는 경우에는 그 소송이나 조사·검사 등의 절차가 끝날 때까지의 기간
4. 천재·지변 그 밖의 사유로 불승인사유를 통지할 수 없는 기간

5. 위반시 제재

대주주 변경승인을 받지 아니한 자는 승인 없이 취득하거나 취득 후 승인을 신청하지 아니한 주식에 대하여 의결권을 행사할 수 없다(법31④). 승인을 받지 아니하고 취득등을 한 주식에 대하여 6개월 이내의 기간을 정하여 처분을 명할 수 있다(법31③).

6. 사후승인

금융회사지배구조법에서는 불가피한 사유에 의한 대주주 변경의 경우 사후승인을 얻도록 규정하고 있다. 이는 저축은행에 대하여 규정하던 내용을 모든 금융기관에 확대한 것이다. 즉

현실적으로 사전승인을 받기 어려운 점을 감안하여 사후승인을 받도록 한 것으로 ⅰ) 기존 주
주의 사망에 따른 상속 등으로 인해 주식을 취득 등 하는 경우에는 사망한 날부터 3개월, ⅱ)
담보권의 실행, 대물변제의 수령 등으로 취득하는 경우에는 취득 등을 한 날부터 1개월, ⅲ) 다
른 주주의 감자 또는 주식처분 등의 원인에 의하여 대주주가 되는 경우에는 대주주가 된 날부
터 1개월 이내에 금융위원회에 승인을 신청하여야 한다(법31②, 영26⑤).

　　이러한 승인을 받지 아니하고 취득 등을 한 주식과 일정한 요건하에 사후승인 신청을 하
지 아니한 주식에 대하여는 의결권을 행사할 수 없으며(법31④), 금융위원회가 6개월 이내의 기
간을 정하여 처분명령을 내릴 수 있다(법31③).

7. 보고대상

　　한편 금융기관의 진입규제가 인가제가 아닌 등록제인 경우에는 대주주 변경의 경우에도
승인대상이 아니고 사후적 보고의무만을 부담한다. 즉 투자자문업자 및 투자일임업자, 시설대
여업자, 할부금융업자, 신기술사업금융업자는 대주주가 변경된 경우에는 이를 2주 이내에 금융
위원회에 보고하여야 한다(법31⑤).

제3절　대주주 적격성 심사제도

Ⅰ. 의의

　　대주주의 적격성 심사제도는 은행에 대하여 규정되어 있던 제도로, 2011년 저축은행사태
이후 저축은행에도 도입되었으며, 동양그룹사태 이후 제2금융권 전반에 확대해야 한다는 논의
가 촉발되어 현재 금융회사지배구조법에 도입되었다. 도입 과정에서 적용대상이 되는 제2금융
권 중 특히 보험업계에서 반발이 심하였다.[9]

　　대주주 적격성 심사제도의 적용대상은 대주주 변경승인 대상과 동일한 제2금융권 금융기
관이다. 금융위원회가 해당 금융기관에 대하여 주기적으로 최대주주 중 최다출자자 1인의 자
격요건 유지 여부를 심사하여, 자격 미달의 경우 금융위원회는 적격성 유지요건을 충족하기 위
한 조치를 취할 것을 명할 수 있고, 2년 이내의 기간으로 심사대상이 보유한 주식의 일정 부분
에 대하여 의결권행사를 제한할 수 있다.

　　은행, 은행지주회사, 상호저축은행은 금융회사지배구조법이 아닌 은행법 등에서 대주주

---

9) 김연미(2016), 47쪽.

적격성 심사를 받고 있다. 또한 자본시장법에 따른 투자자문업자 및 투자일임업자, 여신전문금융업법에 따른 시설대여업자, 할부금융업자, 신기술사업금융업자는 제외되는데, 이들은 진입규제에서 인가제가 아닌 등록제를 취하고 있기 때문에 더 엄격한 주기적 심사의 대상이 되지 않는다.

Ⅱ. 내용

1. 승인대상

최대주주(특수관계인을 포함하며, 법인인 경우 그 최대주주 및 대표자를 포함)와 주요주주에 대하여 모두 요건 충족을 요구하는 대주주 변경승인과 달리, 대주주의 주기적 적격성은 최대주주의 최다출자자 개인에 한정하여 적용된다.

금융위원회는 금융회사(제31조 제1항의 적용대상인 금융회사에 한정)의 최대주주 중 최다출자자 1인(최다출자자 1인이 법인인 경우 그 법인의 최대주주 중 최다출자자 1인을 말하며, 그 최다출자자 1인도 법인인 경우에는 최다출자자 1인이 개인이 될 때까지 같은 방법으로 선정한다. 다만, 법인 간 순환출자 구조인 경우에는 최대주주 중 대통령령으로 정하는 최다출자자[10] 1인으로 한다. 이하 "적격성 심사대상"이라 한다)에 대하여 대통령령으로 정하는 기간[11]마다 변경승인요건 중 공정거래법, 조세범 처벌법 및 금융관련법령을 위반하지 아니하는 등 대통령령으로 정하는 요건("적격성 유지요건")에 부합하는지 여부를 심사하여야 한다(법32①). 금융회사는 해당 금융회사의 적격성 심사대상이 적격성 유지요건을 충족하지 못하는 사유가 발생한 사실을 알게 된 경우에는 그 사실을 알게 된 날부터 7영업일 이내에 ⅰ) 적격성 심사대상이 충족하지 못하는 적격성 유지요건의 내용 및 충족하지 못하게 된 사유(제1호), ⅱ) 향후 적격성 유지요건 충족 가능 여부(제2호), ⅲ) 적격성 심사대상과 해당 금융회사의 거래 관계(제3호) 등을 금융위원회에 보고하여야 한다(법32②, 영27⑤).

2. 적격성 유지요건

"대통령령으로 정하는 요건"(적격성 유지요건)이란 다음의 요건을 말한다(영27④).

---

10) "대통령령으로 정하는 최다출자자"란 순환출자 구조의 법인이 속한 기업집단(공정거래법 제2조 제2호에 따른 기업집단)의 동일인(같은 호에 따른 동일인) 또는 그 밖에 이에 준하는 자로서 금융위원회가 정하는 자를 말한다. 다만, 동일인이 법인인 경우에는 그 법인의 최대주주 중 최다출자자 1인을 말하며, 그 최다출자자 1인도 법인인 경우에는 최다출자자 1인이 개인이 될 때까지 같은 방법으로 선정한다(영27①).
11) "대통령령으로 정하는 기간"이란 2년을 말한다. 다만, 법 제32조 제2항에 따라 해당 금융회사가 금융위원회에 보고하는 경우 또는 법 제32조 제1항에 따른 적격성 심사대상과 금융회사의 불법거래 징후가 있는 등 특별히 필요하다고 인정하는 경우에는 2년 이내의 기간으로 할 수 있다(영27②).

1. 법 제5조 제1항 제1호·제2호·제5호·제6호·제7호에 해당하지 아니할 것[12]

2. 다음 각 목의 요건을 모두 충족할 것. 다만, 그 위반 등의 정도가 경미하다고 인정되거나 해당 금융회사의 건전한 업무 수행을 어렵게 한다고 볼 수 없는 경우는 제외한다.

   가. 최근 5년간 금융관계법령, 공정거래법 또는 조세범 처벌법을 위반하여 벌금형 이상에 상당하는 형사처벌을 받은 사실이 없을 것

   나. 금융산업구조개선법에 따라 부실금융기관으로 지정되었거나 금융관계법령에 따라 영업의 허가·인가·등록 등이 취소된 금융기관의 대주주 또는 그 특수관계인이 아닐 것. 다만, 법원의 판결에 따라 부실책임이 없다고 인정된 자 또는 부실에 따른 경제적 책임을 부담하는 등 금융위원회가 정하여 고시하는 기준에 해당하는 자는 제외한다.

   다. 최근 5년간 부도발생 및 그 밖에 이에 준하는 사유로 은행거래정지처분을 받은 사실이 없을 것

   라. 최근 3년간 신용정보법에 따른 종합신용정보집중기관에 금융질서 문란정보 거래처 또는 약정한 기일 내에 채무를 변제하지 아니한 자로 등록된 사실이 없을 것

   마. 최근 5년간 채무자회생법에 따른 회생절차 또는 파산절차를 진행 중인 기업의 최대주주 또는 주요주주로서 해당 기업을 회생절차 또는 파산절차에 이르게 한 책임이 인정되지 아니하고 이에 직접 또는 간접으로 관련된 사실이 없을 것

3. 요건 미충족시의 조치

위반분 전체에 대한 의결권 제한과 처분명령을 규정하고 있는 대주주 변경승인의 경우와 달리, 주기적 적격성 심사에서는 금융위원회에 6개월 이내의 기간을 정하여 해당 금융회사의 경영건전성을 확보하기 위한 ⅰ) 적격성 유지요건을 충족하기 위한 조치(제1호), ⅱ) 해당 적격성 심사대상과의 거래의 제한 등 이해상충 방지를 위한 조치(제2호), ⅲ) 그 밖에 금융회사의 경영건전성을 위하여 필요하다고 인정되는 조치로서 대통령령으로 정하는 조치(제3호)[13]를 이

---

12) 다음의 어느 하나에 해당하는 사람은 금융회사의 임원이 되지 못한다(법5①).
   1. 미성년자·피성년후견인 또는 피한정후견인
   2. 파산선고를 받고 복권되지 아니한 사람
   5. 이 법 또는 금융관계법령에 따라 벌금 이상의 형을 선고받고 그 집행이 끝나거나(집행이 끝난 것으로 보는 경우를 포함) 집행이 면제된 날부터 5년이 지나지 아니한 사람
   6. 다음 각 목의 어느 하나에 해당하는 조치를 받은 금융회사의 임직원 또는 임직원이었던 사람(그 조치를 받게 된 원인에 대하여 직접 또는 이에 상응하는 책임이 있는 사람으로서 대통령령으로 정하는 사람으로 한정)으로서 해당 조치가 있었던 날부터 5년이 지나지 아니한 사람
      가. 금융관계법령에 따른 영업의 허가·인가·등록 등의 취소
      나. 금융산업구조개선법 제10조 제1항에 따른 적기시정조치
      다. 금융산업구조개선법 제14조 제2항에 따른 행정처분
   7. 이 법 또는 금융관계법령에 따라 임직원 제재조치(퇴임 또는 퇴직한 임직원의 경우 해당 조치에 상응하는 통보를 포함)를 받은 사람으로서 조치의 종류별로 5년을 초과하지 아니하는 범위에서 대통령령으로 정하는 기간이 지나지 아니한 사람

행할 것을 명하는 권한만이 부여되어 있다(법32④). 여기서 "대통령령으로 정하는 조치"란 다음의 조치를 말한다(영27⑥).

1. 적격성 심사대상의 적격성 유지조건을 충족하지 못하는 사유 및 법 제32조 제4항 제1호 및 제2호의 조치와 관련한 사항을 해당 금융회사의 주주 및 금융소비자들이 알 수 있도록 인터넷 홈페이지 등에 공시
2. 그 밖에 금융회사의 경영건전성을 위하여 필요하다고 인정되는 조치로서 금융위원회가 정하여 고시하는 조치[14]

금융위원회는 심사 결과 적격성 심사대상이 ⅰ) 제1항에 규정된 법령의 위반으로 금고 1년 이상의 실형을 선고받고 그 형이 확정된 경우(제1호), ⅱ) 그 밖에 건전한 금융질서 유지를 위하여 대통령령으로 정하는 경우(제2호)[15]로서 법령위반 정도를 감안할 때 건전한 금융질서와 금융회사의 건전성이 유지되기 어렵다고 인정되는 경우 5년 이내의 기간으로서 대통령령으로 정하는 기간[16] 내에 해당 적격성 심사대상이 보유한 금융회사의 의결권 있는 발행주식(최다출자자 1인이 법인인 경우 그 법인이 보유한 해당 금융회사의 의결권 있는 발행주식을 말한다) 총수의 10% 이상에 대하여는 의결권을 행사할 수 없도록 명할 수 있다(법32⑤).

의결권 행사금지는 5년 이내의 기간으로 명할 수 있으며, 대상은 해당 적격성 심사대상이 보유한 금융회사의 의결권 있는 발행주식 총수의 10% 이상이다. 예컨대 적격성 심사대상이 해당 금융회사의 주식을 15% 소유하고 있다면 10% 이상이 되는 부분인 5% 부분에 대하여 의결권 행사금지를 명할 수 있다.[17]

---

13) "대통령령으로 정하는 조치"란 다음의 조치를 말한다(영27⑥).
 1. 적격성 심사대상의 적격성 유지조건을 충족하지 못하는 사유 및 법 제32조 제4항 제1호 및 제2호의 조치와 관련한 사항을 해당 금융회사의 주주 및 금융소비자들이 알 수 있도록 인터넷 홈페이지 등에 공시
 2. 그 밖에 금융회사의 경영건전성을 위하여 필요하다고 인정되는 조치로서 금융위원회가 정하여 고시하는 조치
14) "금융위원회가 정하여 고시하는 조치"란 다음의 어느 하나를 말한다(금융회사 지배구조 감독규정17①).
 1. 금융회사의 경영건전성을 위한 계획의 제출 요구
 2. 제1호에 따른 계획의 수정 요구
 3. 제1호 또는 제2호에 따른 계획의 이행 촉구
15) "대통령령으로 정하는 경우"란 다음의 어느 하나에 해당하는 경우를 말한다. 다만, 제2호 및 제3호는 그 사실이 발생한 날부터 1개월 이내에 그 사실이 해소된 경우는 제외한다(영27⑧).
 1. 제4항 제2호 나목의 요건을 충족하지 못하는 경우
 2. 최근 5년간 부도발생 및 그 밖에 이에 준하는 사유로 인하여 은행거래정지처분을 받은 경우
 3. 최근 3년간 신용정보법에 따른 종합신용정보집중기관에 금융질서 문란정보 거래처 또는 약정한 기일 내에 채무를 변제하지 아니한 자로 등록된 경우
16) "대통령령으로 정하는 기간"이란 5년을 말한다. 다만, 금융위원회는 적격성 심사대상의 법령 위반 정도를 고려하여 그 기간을 줄일 수 있다(영27⑦).

제4절 지배구조규제

I. 경영진구성 관련 규제

금융회사지배구조법("법")상 금융회사의 임원의 범위는 이사, 감사, 집행임원(상법상 집행임원을 둔 경우로 한정) 및 업무집행책임자로 한정하고(법2(2)), 금융회사는 임원의 자격요건을 충족하는지를 확인하여 선임하여야 하며(법7①), 임원의 선임 및 해임 내용을 인터넷 홈페이지에 공시하고 금융위원회에 보고하여야 한다(법7②③). 특히 사외이사의 경우는 임원요건을 충족하여야 함은 물론 해당 금융회사 또는 그 계열사와 일정한 관계에 있는 자뿐만 아니라 최대주주 및 주요주주 등과 일정한 관계에 있는 자에 대하여는 사외이사 선임을 배제함으로써 사외이사들이 대주주 및 경영진으로부터 독립성을 확보할 수 있도록 하고 있다(법6). 또한 사외이사, 대표이사, 대표집행임원, 감사위원은 임원후보추천위원회의 추천에 의해 주주총회에서 선임하여야 한다(법17).

금융회사의 상근임원은 다른 영리법인에 상근으로 종사하는 것이 원칙적으로 금지된다(법10①). 다만 금융지주회사는 금융자회사를 지배하는 것이 고유업무이므로 금융지주회사의 임직원이 자회사 등의 임직원을 겸직하는 것은 허용되며, 금융지주회사 자회사의 임직원이 동일 금융지주회사 산하 다른 자회사의 임직원을 겸직하는 것도 허용된다(법10②④).

대규모 금융회사(은행, 금융지주회사, 자산규모가 5조원 이상인 금융투자업자·보험회사·여신전문금융회사, 자산규모가 7천억원 이상인 저축은행이 이에 해당)의 경우에는 이사회에 사외이사를 3명 이상 두어야 하며(법12①), 사외이사의 수가 이사 총수의 과반수가 되어야 한다(법 12②). 또한 이러한 대규모 금융회사는 지배구조 내부규범을 마련하여 이사회의 구성과 운영, 이사회 내 위원회의 설치, 임원의 전문성요건, 임원 성과평가 및 최고경영자의 자격 등 경영승계에 관한 사항 등에 관하여 지켜야 할 구체적인 원칙과 절차를 마련하여야 한다(법14①). 또한 이사회 내 위원회로 임원후보추천위원회, 감사위원회, 위험관리위원회, 보수위원회를 설치하여야 하며(법16①), 위원회 위원의 과반수는 사외이사로 구성하고(법16③), 위원회의 대표는 사외이사로 한다(법16④).

---

17) 김태진(2016), "금융회사의 지배구조에 관한 법률에서의 주주통제", 서울대학교 금융법센터 BFL 제79호 (2016. 9), 66쪽.

Ⅱ. 내부통제 및 위험관리

지배구조규제에 있어 중요한 부분은 내부통제와 위험관리에 관한 사항이다. 사외이사나 이사회내 위원회 등 이사회 관련 제도가 대규모 금융회사에게만 국한되는 규제인 반면에 내부통제기준과 위험관리기준에 관한 사항과 이와 관련된 업무를 하는 준법감시인제도와 위험관리책임자제도는 규모, 업종 및 상장 여부 등에 관계없이 모든 금융회사에 적용되는 점이 다르다. 아래서는 내부통제기준과 준법감시인제도, 위험관리기준과 위험관리책임자제도를 살펴보기로 한다.

1. 내부통제

(1) 내부통제기준

금융회사는 법령을 준수하고, 경영을 건전하게 하며, 주주 및 이해관계자 등을 보호하기 위하여 금융회사의 임직원이 직무를 수행할 때 준수하여야 할 기준 및 절차인 내부통제기준을 마련하여야 한다(법24①).

내부통제기준에는 금융회사의 내부통제가 실효성있게 이루어질 수 있도록 ⅰ) 업무의 분장 및 조직구조(제1호), ⅱ) 임직원이 업무를 수행할 때 준수하여야 하는 절차(제2호), ⅲ) 내부통제와 관련하여 이사회, 임원 및 준법감시인이 수행하여야 하는 역할(제3호), ⅳ) 내부통제와 관련하여 이를 수행하는 전문성을 갖춘 인력과 지원조직(제4호), ⅴ) 경영의사결정에 필요한 정보가 효율적으로 전달될 수 있는 체제의 구축(제5호), ⅵ) 임직원의 내부통제기준 준수 여부를 확인하는 절차·방법과 내부통제기준을 위반한 임직원의 처리(제6호), ⅶ) 임직원의 금융관계법령 위반행위 등을 방지하기 위한 절차나 기준(임직원의 금융투자상품 거래내용의 보고 등 불공정행위를 방지하기 위한 절차나 기준을 포함)(제7호), ⅷ) 내부통제기준의 제정 또는 변경 절차(제8호), ⅸ) 준법감시인의 임면절차(제9호), ⅹ) 이해상충을 관리하는 방법 및 절차 등(금융회사가 금융지주회사인 경우는 예외로 한다)(제10호), ⅺ) 상품 또는 서비스에 대한 광고의 제작 및 내용과 관련한 준수사항(제11호), ⅻ) 법 제11조 제1항에 따른 임직원 겸직이 제11조 제4항 제4호 각 목의 요건을 충족하는지에 대한 평가·관리(제12호), ⅹⅲ) 그 밖에 내부통제기준에서 정하여야 할 세부적인 사항으로서 금융위원회가 정하여 고시하는 사항(제13호)이 포함되어야 한다(영19①).[18]

---

18) 금융회사 지배구조 감독규정 제11조(내부통제기준 등) ① 금융회사는 내부통제기준을 설정·운용함에 있어 별표 2에서 정하는 기준을 준수하여야 한다.
② 금융회사는 다음 각 호의 사항 및 별표 3의 기준에 따른 사항을 내부통제기준에 포함하여야 한다.
1. 내부고발자 제도의 운영에 관한 다음 각 목의 사항

금융지주회사가 금융회사인 자회사등의 내부통제기준을 마련하는 경우 그 자회사등은 내부통제기준을 마련하지 아니할 수 있다(법24②). 금융회사(소규모 금융회사는 제외)는 내부통제기준의 운영과 관련하여 최고경영자를 위원장으로 하는 내부통제위원회를 두어야 한다(영19②).[19)] 금융회사는 금융위원회가 정하여 고시하는 바에 따라 내부통제를 전담하는 조직을 마련하여야 한다(영19③).[20)]

(2) 준법감시인

(가) 의의

준법감시인은 금융회사(자산규모 등을 고려하여 대통령령으로 정하는 투자자문업자 및 투자일임

　　가. 내부고발자에 대한 비밀보장
　　나. 내부고발자에 대한 불이익 금지 등 보호조치
　　다. 회사에 중대한 영향을 미칠 수 있는 위법·부당한 행위를 인지하고도 회사에 제보하지 않는 사람에 대한 불이익 부과
　2. 위법·부당한 행위를 사전에 방지하기 위하여 명령휴가제도 도입 및 그 적용대상, 실시주기, 명령휴가 기간, 적용 예외 등 명령휴가제도 시행에 필요한 사항
　3. 사고발생 우려가 높은 단일거래에 대해 복수의 인력 또는 부서가 참여하도록 하는 직무분리 기준에 대한 사항
　4. 새로운 금융상품 개발 및 금융상품 판매 과정에서 금융소비자보호 및 시장질서 유지 등을 위하여 준수하여야 할 업무절차에 대한 사항
　5. 영업점 자체점검의 방법·확인사항·실시 주기 등에 대한 사항
　6. 특정금융정보법 제2조 제4호에 따른 자금세탁행위 및 같은 조 제5호에 따른 공중협박자금조달행위("자금세탁행위등")를 방지하기 위한 다음 각 목의 사항(법 제2조제1호 나목의 금융투자업자 중 투자자문업자는 제외)
　　가. 특정금융정보법 제2조 제2호에 따른 금융거래에 내재된 자금세탁행위 등의 위험을 식별, 분석, 평가하여 위험도에 따라 관리 수준을 차등화하는 자금세탁 위험평가체계의 구축 및 운영
　　나. 자금세탁행위등의 방지 업무를 수행하는 부서로부터 독립된 부서 또는 외부전문가가 그 업무수행의 적절성, 효과성을 검토·평가하고 이에 따른 문제점을 개선하기 위한 독립적 감사체계의 마련 및 운영
　　다. 소속 임직원이 자금세탁행위등에 가담하거나 이용되지 않도록 하기 위한 임직원의 신원 사항 확인 및 교육·연수
19) 내부통제위원회는 다음의 사항을 준수하여야 한다(금융회사 지배구조 감독규정11⑦).
　1. 매반기별 1회 이상 회의를 개최할 것
　2. 대표이사를 위원장으로 하고 준법감시인, 위험관리책임자 및 그 밖에 내부통제 관련 업무 담당 임원을 위원으로 할 것
　3. 다음 각 목의 역할을 수행할 것
　　가. 내부통제 점검결과의 공유 및 임직원 평가 반영 등 개선방안 검토
　　나. 금융사고 등 내부통제 취약부분에 대한 점검 및 대응방안 마련
　　다. 내부통제 관련 주요 사항 협의
　　라. 임직원의 윤리의식·준법의식 제고 노력
　4. 회의결과를 의사록으로 작성하여 보관할 것
20) 내부통제업무가 효율적으로 수행될 수 있도록 충분한 경험과 능력을 갖춘 적절한 수의 인력으로 지원조직을 구성·유지하여 준법감시인의 직무수행을 지원하여야 한다. 다만, 자산총액이 1천억원 미만인 금융회사의 경우에는 준법감시인 본인만으로 내부통제 조직을 운영할 수 있다(금융회사 지배구조 감독규정11③).

업자[21]는 제외)에서 내부통제기준의 준수 여부를 점검하고 내부통제기준을 위반하는 경우 이를 조사하는 등 내부통제 관련 업무를 총괄하는 사람을 말하는데(법25①), 준법감시인은 필요하다고 판단하는 경우 조사결과를 감사위원회 또는 감사에게 보고할 수 있다(법25①). 금융회사는 준법감시인에 대하여 회사의 재무적 경영성과와 연동하지 아니하는 별도의 보수지급 및 평가기준을 마련하여 운영하여야 한다(법25⑥).

(나) 선임과 해임

금융회사는 준법감시인을 1명 이상 두어야 하며(법25①), 사내이사 또는 업무집행책임자 중에서 준법감시인을 선임하여야 한다. 다만, 자산규모, 영위하는 금융업무 등을 고려하여 대통령령으로 정하는 금융회사[22] 또는 외국금융회사의 국내지점은 사내이사 또는 업무집행책임자가 아닌 직원 중에서 준법감시인을 선임할 수 있다(법25②). 준법감시인을 직원 중에서 선임하는 경우 「기간제 및 단시간근로자 보호 등에 관한 법률」에 따른 기간제근로자 또는 단시간근로자를 준법감시인으로 선임하여서는 아니 된다(법25⑤). 금융회사(외국금융회사의 국내지점은 제외)가 준법감시인을 임면하려는 경우에는 이사회의 의결을 거쳐야 하며, 해임할 경우에는 이사 총수의 3분의 2 이상의 찬성으로 의결한다(법25③). 준법감시인의 임기는 2년 이상으로 한다(법25④).

(다) 자격요건

준법감시인은 다음의 요건을 모두 충족한 사람이어야 한다(법26①). 즉 ⅰ) 최근 5년간 금융회사지배구조법 또는 금융관계법령을 위반하여 금융위원회 또는 금융감독원의 원장, 그 밖에 대통령령으로 정하는 기관[23]으로부터 문책경고 또는 감봉요구 이상에 해당하는 조치를 받은 사실이 없을 것(제1호), ⅱ) 다음 각 목의 어느 하나에 해당하는 사람. 다만, 다음 각 목(라목 후단의 경우는 제외)의 어느 하나에 해당하는 사람으로서 라목 전단에서 규정한 기관에서 퇴임

---

21) "대통령령으로 정하는 투자자문업자 및 투자일임업자"란 자본시장법에 따른 투자자문업이나 투자일임업 외의 다른 금융투자업을 겸영하지 아니하는 자로서 최근 사업연도 말 현재 운용하는 투자일임재산의 합계액이 5천억원 미만인 자를 말한다(영20①).
22) "대통령령으로 정하는 금융회사"란 다음의 어느 하나에 해당하는 자를 말한다. 다만, 해당 금융회사가 주권상장법인으로서 최근 사업연도 말 현재 자산총액이 2조원 이상인 자는 제외한다(영20②).
   1. 최근 사업연도 말 현재 자산총액이 7천억원 미만인 상호저축은행
   2. 최근 사업연도 말 현재 자산총액이 5조원 미만인 금융투자업자. 다만, 최근 사업연도 말 현재 운용하는 집합투자재산, 투자일임재산 및 신탁재산의 전체 합계액이 20조원 이상인 금융투자업자는 제외한다.
   3. 최근 사업연도 말 현재 자산총액이 5조원 미만인 보험회사
   4. 최근 사업연도 말 현재 자산총액이 5조원 미만인 여신전문금융회사
   5. 그 밖에 자산규모, 영위하는 금융업무 등을 고려하여 금융위원회가 정하여 고시하는 자
23) "대통령령으로 정하는 기관"이란 다음의 기관을 말한다(영21①).
   1. 해당 임직원이 소속되어 있거나 소속되었던 기관
   2. 금융위원회와 금융감독원장이 아닌 자로서 금융관계법령에서 조치 권한을 가진 자

하거나 퇴직한 후 5년이 지나지 아니한 사람은 제외한다(제2호). ㉠ 금융위원회의 설치 등에 관한 법률 제38조에 따른 검사 대상 기관(이에 상당하는 외국금융회사를 포함)에서 10년 이상 근무한 사람(가목), ㉡ 금융 관련 분야의 석사학위 이상의 학위소지자로서 연구기관 또는 대학에서 연구원 또는 조교수 이상의 직에 5년 이상 종사한 사람(나목), ㉢ 변호사 또는 공인회계사의 자격을 가진 사람으로서 그 자격과 관련된 업무에 5년 이상 종사한 사람(다목), ㉣ 기획재정부, 금융위원회, 증권선물위원회, 감사원, 금융감독원, 한국은행, 예금보험공사, 그 밖에 금융위원회가 정하여 고시하는 금융 관련 기관에서 7년 이상 근무한 사람. 이 경우 예금보험공사의 직원으로서 부실금융회사 또는 부실우려금융회사와 정리금융회사의 업무 수행을 위하여 필요한 경우에는 7년 이상 근무 중인 사람을 포함한다(라목), ㉤ 그 밖에 가목부터 라목까지의 규정에 준하는 자격이 있다고 인정되는 사람으로서 대통령령으로 정하는 사람[24](마목)이어야 한다.

2. 위험관리

(1) 위험관리기준

금융회사는 자산의 운용이나 업무의 수행, 그 밖의 각종 거래에서 발생하는 위험을 제때에 인식·평가·감시·통제하는 등 위험관리를 위한 기준 및 절차("위험관리기준")를 마련하여야 한다(법27①). 위험관리기준에는 ⅰ) 위험관리의 기본방침(제1호), ⅱ) 금융회사의 자산운용 등과 관련하여 발생할 수 있는 위험의 종류, 인식, 측정 및 관리(제2호), ⅲ) 금융회사가 부담 가능한 위험 수준의 설정(제3호), ⅳ) 적정투자한도 또는 손실허용한도의 승인(제4호), ⅴ) 위험관리를 전담하는 조직의 구조 및 업무 분장(제5호), ⅵ) 임직원이 업무를 수행할 때 준수하여야 하는 위험관리 절차(제6호), ⅶ) 임직원의 위험관리기준 준수 여부를 확인하는 절차·방법과 위험관리기준을 위반한 임직원의 처리(제7호), ⅷ) 위험관리기준의 제정이나 변경(제8호), ⅸ) 위험관리책임자의 임면(제9호), ⅹ) 그 밖에 위험관리기준에서 정하여 할 세부적인 사항으로서 금

---

24) "대통령령으로 정하는 사람"이란 다음 각 호의 사람을 말한다(영21②).
    1. 보험계리사 자격을 취득한 후 그 자격과 관련된 업무에 5년 이상 종사한 사람(보험회사에 두는 준법감시인만 해당)
    2. 다음 각 목의 기관에서 7년 이상 종사한 사람
        가. 전국은행연합회
        나. 한국금융투자협회
        다. 보험협회 중 생명보험회사로 구성된 협회
        라. 보험협회 중 손해보험회사로 구성된 협회
        마. 상호저축은행중앙회
        바. 여신전문금융업협회
        사. 그 밖에 가목부터 바목까지의 기관에 준하는 기관으로서 금융위원회가 정하여 고시하는 기관[= 한국거래소, 한국예탁결제원, 한국투자공사(준법감시인을 선임하려는 금융회사가 금융투자업자인 경우에 한한다): 금융회사 지배구조 감독규정 제12조].

융위원회가 정하여 고시하는 사항(제10호)[25]이 포함되어야 한다(영22①). 그러나 금융지주회사가 금융회사인 자회사등의 위험관리기준을 마련하는 경우 그 자회사등은 위험관리기준을 마련하지 아니할 수 있다(법27②).

(2) 위험관리책임자

금융회사(자산규모 및 영위하는 업무 등을 고려하여 대통령령으로 정하는 투자자문업자 및 투자일임업자[26]는 제외)는 자산의 운용이나 업무의 수행, 그 밖의 각종 거래에서 발생하는 위험을 점검하고 관리하는 위험관리책임자를 1명 이상 두어야 한다(법28①). 위험관리책임자의 임면, 임기 등에 관하여는 준법감시인의 임면에 관한 제25조 제2항부터 제6항까지를 준용한다. 이 경우 "준법감시인"은 "위험관리책임자"로 본다(법28②).

위험관리책임자는 위험관리에 대한 전문적인 지식과 실무경험을 갖춘 사람으로서 ⅰ) 최

---

25) 금융회사 지배구조 감독규정 제13조(위험관리기준 등) ① 영 제22조 제1항 제10호에서 "금융위원회가 정하여 고시하는 사항"이란 다음 각 호를 말한다.
   1. 금융사고 등 우발상황에 대한 위험관리 비상계획
   2. 영 제22조 제2항에 따른 위험관리전담조직의 구성 및 운영
   3. 부서별 또는 사업부문별 위험부담한도 및 거래한도 등의 설정·운영
   4. 개별 자산 또는 거래가 금융회사에 미치는 영향(잠재적인 영향을 포함)의 평가
   5. 위험한도의 운영상황 점검 및 분석
   6. 위험관리정보시스템의 운영
   7. 장부외 거래기록의 작성·유지
   8. 내부적으로 관리할 지급여력수준(해당 금융회사가 보험회사인 경우에 한하여 적용)
   ② 금융회사가 금융투자업자인 경우에는 위험관리기준에서 다음 각 호의 사항을 포함하여야 한다.
   1. 금융투자업자가 내부적으로 관리하여야 할 다음 각 목의 구분에 따른 항목
      가. 1종 금융투자업자: 순자본비율 및 자산부채비율의 수준(일정한 변동범위를 포함)
      나. 2종 금융투자업자: 자기자본 및 최소영업자본액의 수준(일정한 변동범위를 포함)
      다. 3종 금융투자업자: 영업용순자본비율 및 자산부채비율의 수준(일정한 변동범위를 포함)
   2. 운용자산의 내용과 위험의 정도
   3. 자산의 운용방법
   4. 고위험 자산의 기준과 운용한도
   5. 자산의 운용에 따른 영향
   6. 콜차입 등 단기차입금 한도
   7. 내부적인 보고 및 승인체계
   8. 고유재산과 투자자재산 등 자산 및 집합투자재산을 운용하면서 발생하는 위험을 효율적으로 관리하기 위한 다음 각 목의 사항
      가. 자산 및 집합투자재산의 운용시 발생할 수 있는 위험의 종류, 인식, 측정 및 관리체계에 관한 내용
      나. 금융투자업자 또는 집합투자기구가 수용할 수 있는 위험수준의 설정에 관한 내용
      다. 금융투자업규정 제4-14조에 따른 장부외거래기록의 작성·유지에 관한 사항
      라. 개별 자산 또는 거래가 금융투자업자 또는 집합투자기구에 미치는 영향(잠재적인 영향을 포함)의 평가에 관한 내용
      마. 그 밖의 건전한 자산운용을 위해 필요한 사항
26) "대통령령으로 정하는 투자자문업자 및 투자일임업자"란 자본시장법에 따른 투자자문업이나 투자일임업 외의 다른 금융투자업을 겸영하지 아니하는 자로서 최근 사업연도 말 현재 운용하는 투자일임재산의 합계액이 5천억원 미만인 자를 말한다(영23①, 영20①).

근 5년간 금융회사지배구조법 또는 금융관계법령을 위반하여 금융위원회 또는 금융감독원장, 그 밖에 대통령령으로 정하는 기관으로부터 문책경고 또는 감봉요구 이상에 해당하는 조치를 받은 사실이 없을 것(제1호), ⅱ) 다음 각 목의 어느 하나에 해당하는 사람일 것. 다만, 다음 각 목의 어느 하나에 해당하는 사람으로서 다목에서 규정한 기관에서 퇴임하거나 퇴직한 후 5년이 지나지 아니한 사람은 제외한다(제2호). ㉠ 금융위원회의 설치 등에 관한 법률 제38조에 따른 검사 대상 기관(이에 상당하는 외국금융회사를 포함)에서 10년 이상 근무한 사람(가목), ㉡ 금융 관련 분야의 석사학위 이상의 학위소지자로서 연구기관 또는 대학에서 위험관리와 관련하여 연구원 또는 조교수 이상의 직에 5년 이상 종사한 사람(나목), ㉢ 금융감독원, 한국은행, 예금보험공사, 그 밖에 금융위원회가 정하는 금융 관련 기관에서 위험관리 관련 업무에 7년 이상 종사한 사람(다목), ㉣ 그 밖에 가목부터 다목까지의 규정에 준하는 자격이 있다고 인정되는 사람으로서 대통령령으로 정하는 사람(라목)의 요건을 모두 충족한 사람이어야 한다(법28③).

위험관리책임자가 된 사람이 제3항 제1호의 요건을 충족하지 못하게 된 경우에는 그 직을 잃는다(법28④).

3. 선관주의의무와 겸직금지

준법감시인 및 위험관리책임자는 선량한 관리자의 주의로 그 직무를 수행하여야 하며, ⅰ) 자산운용에 관한 업무(제1호), ⅱ) 해당 금융회사의 본질적 업무(해당 금융회사가 인가를 받거나 등록을 한 업무와 직접적으로 관련된 필수업무로서 대통령령으로 정하는 업무27)) 및 그 부수업무(제2호), ⅲ) 해당 금융회사의 겸영업무(제3호), ⅳ) 금융지주회사의 경우에는 자회사등의 업무(금융지주회사의 위험관리책임자가 그 소속 자회사등의 위험관리업무를 담당하는 경우는 제외)(제4호), ⅴ) 그 밖에 이해가 상충할 우려가 있거나 내부통제 및 위험관리업무에 전념하기 어려운 경우

---

27) "대통령령으로 정하는 업무"란 다음의 어느 하나에 해당하는 업무를 말한다(영24①).
  1. 은행법 제27조에 따른 은행업무
  2. 자본시장법에 따라 해당 금융투자업자가 영위하고 있는 업무로서 같은 법 시행령 제47조 제1항에 따른 금융투자업의 종류별로 정한 업무
  3. 보험업법에 따라 해당 보험회사가 취급하는 보험에 관한 업무로서 다음 각 목에서 정하는 업무
    가. 보험상품 개발에 관한 업무
    나. 보험계리에 관한 업무(위험관리책임자가 해당 업무를 수행하는 사람인 경우는 예외)
    다. 모집 및 보험계약 체결에 관한 업무
    라. 보험계약 인수에 관한 업무
    마. 보험계약 관리에 관한 업무
    바. 보험금 지급에 관한 업무
    사. 재보험에 관한 업무
    아. 그 밖에 보험에 관한 업무로서 금융위원회가 정하여 고시하는 업무
  4. 상호저축은행법 제11조에 따른 상호저축은행의 업무
  5. 여신전문금융업법 제46조 제1항에 따른 여신전문금융회사의 업무

로서 대통령령으로 정하는 업무(제5호)[28]를 수행하는 직무를 담당해서는 아니 된다(법29).

4. 금융회사의 의무

금융회사는 준법감시인 및 위험관리책임자가 그 직무를 독립적으로 수행할 수 있도록 하여야 하고(법30①), 준법감시인 및 위험관리책임자를 임면하였을 때에는 대통령령으로 정하는 바에 따라 그 사실을 금융위원회에 임면일부터 7영업일 이내에 보고하여야 한다(법30② 및 영25①).[29] 금융회사 및 그 임직원은 준법감시인 및 위험관리책임자가 그 직무를 수행할 때 필요한 자료나 정보의 제출을 요구하는 경우 이에 성실히 응하여야 한다(법30③). 금융회사는 준법감시인 및 위험관리책임자였던 사람에 대하여 그 직무수행과 관련된 사유로 부당한 인사상의 불이익을 주어서는 아니 된다(법30④).

---

28) "대통령령으로 정하는 업무"란 다음의 구분에 따른 업무를 말한다. 다만, 제20조 제2항에 따른 금융회사 및 외국금융회사의 자산총액 7천억원 미만인 국내지점(자본시장법 제3조 제2항 제2호에 따른 파생상품을 대상으로 하는 투자매매업을 겸영하지 아니하는 경우에 한정)의 경우에는 다음 각 호의 구분에 따른 업무를 겸직할 수 있다(영24②).
  1. 위험관리책임자: 법 제25조 제1항에 따른 준법감시인의 내부통제 관련 업무
  2. 준법감시인: 법 제28조 제1항에 따른 위험관리책임자의 위험 점검·관리 업무
29) 금융회사는 영 제25조 제1항에 따라 준법감시인 및 위험관리책임자를 임면하였을 때에는 다음의 사항을 감독원장에게 보고하여야 한다(금융회사 지배구조 감독규정14①).
  1. 선임한 경우: 성명 및 인적사항, 법에서 정한 자격요건에 적합하다는 사실, 임기 및 업무범위에 대한 사항
  2. 해임한 경우: 성명, 해임 사유, 향후 선임일정 및 절차

제
5
장

영업행위규제

제1절 규제의 목적

　일반적으로 금융회사 영업행위규제를 시계열적으로 분류해 보면 금융거래계약 체결 이전의 영업행위규제와 계약체결 시와 관련된 영업행위 규제, 그리고 계약체결 이후 계약이행 단계에서의 영업행위규제로 나눌 수 있다. 금융거래계약 체결 이전의 주요 영업행위규제로는 대표적으로 광고규제나 약관심사규제 등을 들 수가 있고, 계약체결 단계에서의 주요 영업행위규제로는 금융상품권유 시 고객에 대한 상품 설명의무, 고객파악의무(know your customer rule), 신의성실의무, 적합성원칙 준수의무 등을 들 수가 있다. 계약이행 단계에서는 약관 등에 따른 금전지급 준수의무 등을 들 수 있다. 그리고 자금세탁과 관련한 여러 가지 금융기관의 준수의무 등은 계약자와의 관계에서라기보다는 자금세탁방지의 목적을 실현하기 위한 행정법적인 영업규제 사항의 하나라고 볼 수 있다.[1]

　영업행위규제는 금융권역에 공통적인 부분도 있으나 금융권역의 특수성에 따른 별도의 규제가 많은 만큼 개별 금융법별로 살펴본다.

---

1) 이효근(2019), 105쪽.

제2절   은행업

Ⅰ. 불공정영업행위의 금지

1. 의의

은행법("법")에 따라 은행은 공정한 금융거래 질서를 해칠 우려가 있는 불공정거래행위, 즉 ⅰ) 여신거래와 관련하여 차주의 의사에 반하여 예금 가입 등을 강요하는 행위(제1호), ⅱ) 여신거래와 관련하여 차주 등에게 부당하게 담보를 요구하거나 보증을 요구하는 행위(제2호), ⅲ) 은행업무, 부수업무 또는 겸영업무와 관련하여 은행이용자에게 부당하게 편익을 요구하거나 제공받는 행위(제3호), ⅳ) 그 밖에 은행이 우월적 지위를 이용하여 은행이용자의 권익을 부당하게 침해하는 행위(제4호)를 하여서는 아니 된다(법52의2①). 따라서 은행은 은행상품 판매와 관련하여 공정한 금융거래질서를 해칠 우려가 있는 불공정영업행위를 할 수 없다. 불공정영업행위는 은행의 우월적 지위를 대상으로 한다는 점에서 은행이용자의 우월적 지위를 대상으로 하는 불건전 영업행위와 구별된다.

불공정영업행위의 구체적 내용은 은행법 시행령에서 규정하고 있는데(영24의5①), 아래에서 구체적으로 살펴본다.

2. 유형

(1) 구속성 거래
(가) 취지

구속성거래란 은행이 여신거래를 통한 우월적 지위를 이용하여 은행이용자에게 예금 등 거래를 강요하는 거래행태를 말하며(법52의2①(1)), 일명 "꺾기"라고도 한다. 구속성예금에 대하여는 과거 규제 금리하에서는 실질대출가격결정과 대출채권의 담보기능 등 긍정적 기능도 있는 것으로 보았으나 현재는 은행이용자의 의사에 반하는 전형적인 불공정행위로서 엄격히 규제하고 있다. 구속성거래로서 규제하는 유형은 "차주의 의사에 반하여"라는 주관적 요건을 구성요건으로 필요로 하는 경우와 이를 필요로 하지 않고 일정한 객관적 요건만 있으면 구성요건을 충족하는 것으로 간주하는 경우로 나누어진다.

(나) 내용

은행법 시행령은 주관적 요건을 필요로 하는 구속성 거래를 ⅰ) 여신거래[2]와 관련하여 차

---

2) 은행업감독규정 제88조(구속행위 금지) ① 영 제24조의5 제1항 각 호에 따른 "여신거래"는 다음의 어느 하

주(借主)의 의사에 반하여 예금, 적금 등 은행상품의 가입 또는 매입을 강요하는 행위(제1호), ii) 여신거래와 관련하여 차주의 의사에 반하여 예금, 적금 등 은행상품의 해약 또는 인출을 제한하는 행위(제2호)³⁾, iii) 여신거래와 관련하여 중소기업(중소기업기본법 제2조에 따른 중소기업 중 금융위원회가 정하여 고시하는 중소기업⁴⁾)의 대표자·임원 등 금융위원회가 정하여 고시하는 차주의 관계인⁵⁾의 의사에 반하여 은행상품의 가입 또는 매입을 강요하는 행위(제5호)로 세분화하고 있다(영24의5①).

은행법 시행령은 주관적 요건을 필요로 하지 않고 객관적 요건만으로도 구속성 거래를 다음과 같이 세분하고 하고 있다(영24의5①). 즉 ⅰ) 여신거래와 관련하여 차주인 중소기업, 그 밖에 금융위원회가 정하여 고시하는 차주 및 차주의 관계인⁶⁾에게 여신실행일 전후 1개월 이내에 은행상품을 판매하는 행위로서 해당 차주 및 차주의 관계인을 보호하기 위한 목적으로 은행상품의 특성·판매금액 등을 고려하여 금융위원회가 정하여 고시하는 요건에 해당하는 행위⁷⁾(제6

나를 말한다. 1. 원화대출, 2. 원화 지급보증 중 융자담보용 지급보증, 사채발행 지급보증, 상업어음 보증, 무역어음 인수, 3. 특정기업에 대한 여신에 갈음하는 유가증권 매입 중 사모사채 인수, 보증어음 매입, 4. 외화대출

3) 은행업감독규정 제88조(구속행위 금지) ② 영 제24조의5 제1항 제2호에 따른 차주의 의사에 반하여 은행상품의 해약 또는 인출을 제한하는 행위는 차주의 동의 없이 담보권을 설정하거나 정당한 사유 없이 주의 또는 사고계좌로 전산 등록을 하는 방법으로 은행상품의 해약 또는 인출을 제한하는 행위를 말한다.

4) 은행업감독규정 제88조(구속행위 금지) ③ 영 제24조의5 제1항 제5호에서 "금융위원회가 정하여 고시하는 중소기업"이란 중소기업기본법 제2조 제1항에 따른 중소기업 중 통계법에 따른 한국표준산업분류상 금융업, 보험 및 연금업, 금융 및 보험 관련 서비스업을 영위하는 중소기업과 주채무계열에 소속된 중소기업은 제외한 중소기업을 말한다.

5) 은행업감독규정 제88조(구속행위 금지) ④ 영 제24조의5 제1항 제5호에서 "금융위원회가 정하여 고시하는 차주의 관계인"이란 제3항에 따른 중소기업의 대표자·임원·직원 및 그 가족(민법 제779조 제1항 제1호 중 배우자 및 직계혈족을 말하며, 이하 이 조에서 같다)을 말한다.

6) 은행업감독규정 제88조(구속행위 금지) ⑤ 영 제24조의5 제1항 제6호에서 "차주인 중소기업, 그 밖에 금융위원회가 정하여 고시하는 차주 및 차주의 관계인"이란 차주인 중소기업, 차주인 신용등급이 낮은 개인(은행의 신용평가 결과 신용평가회사의 신용등급 기준 7등급 이하의 신용등급에 해당하는 자)과 차주의 관계인 중 중소기업의 대표자를 말한다.

7) 은행업감독규정 제88조(구속행위 금지) ⑥ 영 제24조의5 제1항 제6호에서 "금융위원회가 정하여 고시하는 요건에 해당하는 행위"란 다음 각 호의 행위를 말한다. 다만, 해당 차주에 대한 보호에 문제가 발생할 우려가 적다고 판단되어 감독원장이 정하는 기준에 해당하는 행위라는 사실이 객관적으로 인정되는 경우는 제외한다.

   1. 여신실행일 전후 1월 이내에 다음 각 목의 어느 하나를 감독원장이 정하는 방법으로 산출된 월수입금액이 여신금액의 100분의 1을 초과하여 판매하는 행위
      가. 법 제27조 제2항 제1호에 따른 예금·적금
      나. 법 제27조의2 제2항 제2호에 따른 상호부금
      다. 금융투자업규정 제4-82조 제1항 각 호에 어느 하나에 해당하는 금전신탁
      라. 퇴직급여법 시행령 제25조 제1항 각 호의 운용방법으로만 운용하는 금전신탁
      마. 원리금 상환이 보장되는 운용방법으로만 운용하는 조세특례제한법 제91조의18에 따른 개인종합자산관리계좌
      바. 중소기업협동조합법 제115조에 따른 소기업·소상공인공제

호), ⅱ) 여신거래와 관련하여 차주가 제공한 정보를 합리적인 이유 없이 대출금리 산정에 반영하지 않는 행위. 다만, 차주가 제공한 정보가 대출금리 산정에 영향을 미치지 않는 경우는 제외한다(제7호), ⅲ) 여신거래와 관련하여 차주의 신용위험 및 상환능력을 합리적 이유 없이 대출금리 산정에 반영하지 않는 행위. 다만, 차주의 신용위험 및 상환능력이 대출금리 산정에 영향을 미치지 않는 경우는 제외한다(제8호).

(2) 여신거래와 관련하여 차주 등에게 부당하게 담보나 보증을 요구하는 행위

은행법 시행령은 은행이 ⅰ) 여신거래와 관련하여 차주 또는 제3자로부터 담보 또는 보증을 취득할 때 정당한 사유 없이 포괄근담보(包括根擔保: 현재 발생하였거나 장래에 발생할 다수의 채무 또는 불확정 채무를 일정한 한도에서 담보하기 위한 물건 또는 권리를 제공하는 것을 말한다) 또는 포괄근보증(包括根保證: 현재 발생하였거나 장래에 발생할 다수의 채무 또는 불확정 채무를 일정한 한도에서 보증하는 것을 말한다)을 요구하는 행위(제3호)[8), ⅱ) 여신거래와 관련하여 제3자인 담보제공자에게 연대보증을 요구하는 행위(제4호)[9)를 금지하고 있다.

(3) 은행업무, 부수업무 또는 겸영업무와 관련하여 부당한 편익요구나 제공받는 행위

은행 또는 그 임직원은 그 업무와 관련하여 부당한 편익을 요구하거나 제공받지 못하는

   사. 상법 제65조에 따른 유가증권(양도성예금증서, 금융채, 환매조건부채권, 선불카드, 선불전자지급수단, 상품권 등을 포함하며, 「전통시장 및 상점가 육성을 위한 특별법」 제2조 제12호에 따른 온누리 상품권 및 지방자치단체가 발행한 상품권을 제외)
   아. 성과보상공제
 2. 여신실행일 전후 1월 이내에 다음 각 목의 어느 하나를 판매하는 행위
   가. 제1호 다목 또는 라목에 해당하지 아니하는 금전신탁
   나. 제1호 마목에 해당하지 아니하는 개인종합자산관리계좌
   다. 제1호 바목 또는 아목에 해당하지 아니하는 공제
   라. 보험업법 제2조 제1호에 따른 보험상품
   마. 자본시장법 제9조 제21항에 따른 집합투자증권
 8) 은행업감독규정 제88조의2(부당한 담보 및 보증요구 금지 등) ① 영 제24조의5 제1항 제3호에 따른 정당한 사유없이 포괄근담보 또는 포괄근보증을 요구하는 행위는 다음의 어느 하나에 해당하는 행위를 말한다.
   1. 차주 또는 제3자로부터 담보를 취득할 경우 포괄근담보를 요구하는 행위. 다만, 다음 각 목의 요건을 모두 갖춘 경우에 한하여 포괄근담보로 운용할 수 있다.
     가. 차주가 해당 은행과 장기적으로 지속적인 거래관계가 있는 기업(개인기업을 포함)일 것
     나. 은행이 포괄근담보의 설정효과에 대해 담보제공자에게 충분히 설명하고 담보제공자가 포괄근담보의 설정에 동의할 것
     다. 은행이 포괄근담보가 담보제공자에게 객관적으로 편리하다는 사실을 구체적으로 입증할 수 있는 자료를 작성하여 보관할 것
   2. 차주 또는 제3자로부터 담보를 취득하면서 담보되는 채무의 종류와 범위를 포괄적으로 정하여 사실상 포괄근담보를 요구하는 행위
   3. 차주 또는 제3자로부터 보증을 취득할 경우 포괄근보증을 요구하는 행위. 다만, 기업의 실질적 소유주(과점주주를 포함)라고 판단되는 경우에 한하여 포괄근보증으로 운용할 수 있다.
 9) 은행업감독규정 제88조의2(부당한 담보 및 보증요구 금지 등) ② 영 제24조의5 제1항 제4호와 관련하여 제3자가 해당 은행에 예치되어 있는 예금·적금 또는 금전신탁수익권을 담보로 제공하고, 연대보증의 책임을 담보제공 범위내로 제한하는 경우에는 불공정영업행위로 보지 아니한다.

데, 제공자는 은행이용자든 이해관계자든 상관없이 규제가 적용된다(법52의2①(3)).

(4) 기타 은행이 우월적 지위를 이용하여 은행이용자의 권익을 부당하게 침해하는 행위

은행법 제52조의2 제1항 제4호는 위에서 열거한 것 외에도 발생할 수 있는 은행의 불공정행위를 금지하기 위한 포괄적 조항으로서 주로 여신거래와 관련하여 은행이용자의 권익이 부당하게 제한받는 경우가 이에 해당될 것이다(법52의2①(4)). 은행법 시행령은 그 밖에 제1호부터 제8호까지의 규정에 준하는 행위로서 은행이용자의 권익을 보호하기 위하여 금융위원회가 정하여 고시하는 행위[10](영24의5①(9))로 규정하고 있다.[11][12]

3. 위반시 행정제재

금융위원회는 은행에 대하여 해당 불공정영업행위의 중지 등 시정조치를 명할 수 있다(법52의2④). 불공정영업행위를 한 은행에 대하여는 1억원 이하의 과태료를 부과한다(법69①(9)).[13]

---

10) 은행업감독규정 제88조(구속행위 금지) ⑦ 영 제24조의5 제1항 제9호에서 "금융위원회가 정하여 고시하는 행위"란 다음의 어느 하나에 해당하는 행위를 말한다.
   1. 여신거래와 관련하여 제3자 명의를 이용하거나 여신거래영업소 이외의 다른 영업소 또는 다른 금융회사를 이용하여 이루어지는 거래를 통해 실질적으로 차주의 자금사용을 제한하는 행위
   2. 은행이 상법 제344조의3 제1항에 따른 의결권이 없는 종류주식이나 의결권이 제한되는 종류주식으로서 같은 법 제345조 제1항에 따른 회사의 이익으로써 소각할 수 있는 종류주식이거나 같은 법 제345조 제3항에 따른 주주가 회사에 대하여 상환을 청구할 수 있는 종류주식("상환우선주")을 같은 법 제418조 제2항의 방법에 따라 배정받은 거래와 관련하여 다음 각 목의 어느 하나에 해당하는 자의 의사에 반하여 은행취급상품의 가입 또는 매입을 강요하는 행위
      가. 상환우선주를 발행한 회사("발행회사")
      나. 발행회사가 중소기업인 경우 발행회사의 대표자·임원·직원 및 그 가족
11) 은행업감독규정 제88조(구속행위 금지) ⑧ 영 제24조의5 제1항 제1호·제2호·제5호·제6호·제9호의 규정과 관련하여 은행은 차주의 여신규모 및 신용도 등을 감안하여 구속행위에 해당되는지 여부를 정기적으로 점검하는 등 구속행위를 방지할 수 있는 내부통제절차를 마련·운영하여야 한다.
12) 제88조의2(부당한 담보 및 보증요구 금지 등) ③ 영 제24조의5 제4항에 따라 다음의 어느 하나에 해당하는 행위는 영 제24조의5 제1항에 따른 불공정영업행위로 본다.
   1. 통상적인 대출담보비율을 초과하여 담보와 계열회사의 채무보증을 이중으로 요구하거나 계열회사의 중복채무보증을 요구하는 행위
   2. 여신취급과 관련하여 백지수표를 받거나 담보용 백지어음의 보충권을 남용하는 행위
   3. 여신거래처 고용임원에 대하여 연대입보를 요구하는 행위
   4. 신용보증기금의 신용보증서 등 공신력 있는 금융기관의 지급보증서를 담보로 하는 여신에 대하여 연대보증인의 보증을 요구하는 행위. 다만, 부득이하여 보증하는 경우에도 연대보증인의 보증채무는 동 지급보증서에 의하여 담보되지 아니하는 부분에 한한다는 것을 명확하게 하여야 한다.
   5. 은행 또는 그 임직원이 업무와 관련하여 직접 또는 간접적으로 은행이용자 또는 이해관계자로부터 금전, 물품, 편익 등을 부당하게 요구하거나 제공받는 행위로서 다음 각 목의 어느 하나에 해당하는 것을 말한다.
      가. 은행이 제공받은 금전 등의 이익이 사회적 상규에 반하거나 공정한 업무수행을 저해하는 경우
      나. 거래상대방과 비정상적인 금융상품 거래계약체결 등을 통해 이루어지는 경우
   6. 제1호부터 제5호까지에서 규정한 사항 외에 건전한 금융질서 및 은행이용자의 권익보호 등을 위해 필요한 사항은 감독원장이 정할 수 있다.

Ⅱ. 불건전 영업행위의 금지

1. 의의

은행법상 불건전 영업행위는 은행의 우월적 지위를 규제하는 불공정영업행위와는 달리 은행이용자의 우월적 지위에 은행이 정상적이지 못한 일정한 편익제공 등을 하는 행위를 말한다. 이러한 행위들은 거래의 형평성과 은행의 건전성을 해칠 수 있는 행위들이기 때문에 법으로 금지하고 있으며, 그 구체적인 유형 또는 기준은 시행령에서 정하고 있다. 그러나 행위의 성격상 규제대상 행위의 유형을 사전에 구체적으로 열거하는 것은 불가능하므로 은행법령에서 적시하고 있는 금지행위들은 예시적으로 열거한 것으로 볼 수 있다.[14]

2. 유형

(1) 실제 자금 수취없는 입금거래 등에 의한 부당편익제공행위

은행이 실제로는 자금을 수취하지 아니하였음에도 입금처리를 하는 등 은행이용자에게 부당하게 편익을 제공하는 행위는 불건전 영업행위로 금지된다(법34의2①(1)). 이러한 행위는 은행의 건전한 경영을 저해하는 행위로도 볼 수 있으며, 특정 상품에 대한 과당 경쟁 과정에서도 발생하기도 한다. 그 구체적인 유형으로 은행이용자에게 부당하게 편익을 제공하기 위하여 자기앞수표·양도성예금증서 등을 선(先)발행하는 등 실제 자금을 수취하지 아니하였음에도 입금처리하는 행위를 들 수 있다(영20의2(1)).

(2) 은행상품의 비정상적 취급에 의한 부당거래 지원

은행상품을 비정상적으로 취급하여 은행이용자의 조세포탈·회계분식·부당내부거래 등 부당한 거래를 지원하는 행위는 금지된다(법34의2①(2)). 그 구체적인 유형으로 은행이용자의 조세포탈·회계분식·부당내부거래 등 부당한 거래를 지원하기 위하여 은행이용자가 대출을 받아 그 재원을 예금하고 예금담보대출을 받게 하는 행위 또는 타인이 은행이용자 명의로 양도성예금증서 또는 자본시장법에 따른 채무증권을 발행·매매하도록 하는 행위를 들 수 있다(영20의2(2)).

(3) 은행업무 등과 관련하여 정상적 수준을 초과한 재산상 이익의 제공

은행이 은행이용자에게 은행업무 등과 관련하여 정상적 수준을 초과하여 재산상 이익을

---

13) 제88조(구속행위 금지) ⑨ 감독원장은 은행 또는 그 임직원이 영 제24조의5 제1항 제1호·제2호·제5호·제6호·제9호의 규정을 위반하여 과태료의 부과를 금융위에 건의하는 경우에는 「금융기관검사및제재에관한규정」 제20조 제2항 및 <별표 3>에도 불구하고 <별표 8>을 따라야 한다.
14) 이효근(2019), 111쪽.

제공하는 행위는 불건전 영업행위로서 금지된다(법34의2①(3)). 여기서 은행업무의 범위에는 은행업무(고유업무), 부수업무 또는 겸영업무가 모두 포함되며 겸영업무의 경우에는 다른 금융업법에서 규율하고 있는 위반행위에 대하여도 경합될 수 있다.

위반을 판단하는데 있어서 정상적 수준을 어떻게 판단할 것인지가 문제되는데, 은행법 시행령은 정상적인 수준을 금융위원회가 정하여 고시하도록 하고 있으며(영20의2①(3)), 이를 절차적 요건과 실질적 요건으로 나누어 판단하고 있다.

은행업감독규정은 절차적 요건으로 5가지를 들고 있다. 즉 ⅰ) 은행이 은행이용자에게 금전·물품·편익 등 재산상 이익(경제적 가치가 3만원 이하인 물품·식사 또는 20만원 이하의 경조비·조화·화환을 제외)을 제공하는 경우 미리 준법감시인에게 보고하고 그 제공한 날부터 5년간 제공목적, 제공내용, 제공일자 및 제공받는 자 등에 대한 기록을 유지할 것. 다만, 준법감시인에게 미리 보고하기 곤란한 경우에는 사후에 보고할 수 있다(제1호). ⅱ) 은행이 은행이용자에게 재산상 이익을 제공하기 전에 이사회 의결(외국은행지점의 경우 국내 대표자의 승인)을 거칠 것. 다만, 이사회(외국은행지점의 경우 국내 대표자)가 정한 기준에 해당하는 경우에는 이사회 의결을 재산상 이익을 제공한 후 이사회에 보고하는 것으로 갈음할 수 있다(제2호). ⅲ) 재산상 이익의 제공에 대한 적정성 점검 및 평가절차 등을 포함한 내부통제기준을 운영할 것(제3호), ⅳ) 재산상 이익의 제공에 대한 현황, 적정성 점검 및 평가결과 등을 매년 이사회에 보고할 것(제4호), ⅴ) 최근 5개 사업연도 중 특정 은행이용자에게 제공된 재산상 이익이 10억원을 초과한 경우(종전 공시된 재산상 이익에서 추가 10억원이 제공된 경우를 포함) 감독원장이 정하는 절차 및 방법 등에 따라 그 내용을 인터넷 홈페이지 등을 이용하여 공시할 것(제5호)의 요건을 모두 충족하는 경우로서 제공규모 및 횟수 등을 감안하여 일반인이 통상적으로 이해하는 수준에 반하지 아니하는 수준을 말한다(은행업감독규정29의3①).

재산상 이익 제공의 실질적 요건은 제공 규모와 횟수 등을 감안하여 일반인이 통상적으로 이해하는 수준에 반하지 않는 수준이거나 사회상규에 맞는 수준이 그 기준이 될 수 있다. 은행이 공익법인 등에 기부를 하는 경우가 있는데, 실질적으로 기부대상이 대주주의 특수관계인에 포함되지 않는다면 이러한 기부행위가 정상적인 수준을 초과한 재산상 이익제공행위라고 볼 수는 없을 것이다.[15]

(4) 기타 은행업무 등과 관련하여 취득한 정보 등을 활용하여 은행의 건전운영 또는 신용질서를 해치는 행위

그 밖에 은행업무, 부수업무 또는 겸영업무와 관련하여 취득한 정보 등을 활용하여 은행의 건전한 운영 또는 신용질서를 해치는 행위는 금지된다(법34의2①(4)). 구체적으로는 은행과

---

15) 이효근(2019), 113쪽.

은행이용자 간, 특정 은행이용자와 다른 은행이용자 간에 이해상충이 발생할 수 있는 거래에 활용하기 위하여 은행업무 등과 관련하여 취득한 정보 등을 이용하는 행위는 은행의 불건전 영업행위로서 금지된다(영20의2(4)). 예를 들어 은행이 차주의 여신관리 목적상 취득한 도산 가능성을 포함한 신용위험에 관한 정보를 자기나 다른 거래처의 신용파생상품거래에 이용하게 할 목적으로 제공하는 경우가 이에 해당될 수 있다.

(5) 기타 불건전 영업행위

그 밖에 은행업무등과 관련하여 은행의 건전한 운영 또는 신용질서를 해치는 행위로서 금융위원회가 정하여 고시하는 행위는 금지된다(영20의2(5)). 여기서 금융위원회가 정하는 고시하는 행위는 ⅰ) 본인확인을 하지 않고 예금을 지급하는 행위. 다만, 통장과 인감이 있는 경우나 국민기초생활 보장법 제45조 및 노인복지법 제48조 등 관련법령에 따라 시장·군수·구청장, 복지실시기관 및 노인복지시설의 장에 대해 사망자의 유류예금을 지급하는 경우는 제외한다(제1호), ⅱ) 거래처의 통장 또는 인감 등을 보관하는 행위(제2호), ⅲ) 창구를 거치지 아니하고 예금을 입출금하는 행위(제3호), ⅳ) 예금잔액증명서에 허위사실을 기재하거나 중요사항을 누락하여 발급하는 등의 방법으로 은행이용자의 자금력 위장에 직·간접적으로 관여하는 행위(제4호)를 말한다(은행업감독규정29의3② 본문). 다만, 제1호부터 제3호까지의 어느 하나에 해당하는 행위는 감사통할책임자의 확인 및 영업점장의 승인을 받은 경우에는 이를 제외하고, 은행은 그 처리사항에 관한 기록 및 보관 등 관리를 철저히 하여야 한다(은행업감독규정29의3② 단서).

3. 위반시 행정제재

불건전 영업행위를 한 은행에 대하여는 1억원 이하의 과태료를 부과한다(법69①(5의2)).

Ⅲ. 정보제공의무

1. 의의

은행은 예금자 등 은행이용자를 보호하고 금융분쟁의 발생을 방지하기 위하여 은행이용자에게 금융거래상 중요정보를 제공하는 등 적절한 조치를 마련하여야 한다(법52의2②). 은행은 이를 위해 금리 등의 공시의무와 금융거래단계별 정보나 자료를 제공하고 그 내용을 설명하여야 한다(법52의2③ 및 영24의5②). 금융위원회는 은행이용자의 보호 등이 필요하다고 인정하는 경우 제2항에 따른 조치에 대하여 시정 또는 보완을 명할 수 있다(법52의5⑤).

2. 금리 등의 공시의무

은행은 예금자 등 은행이용자를 보호하고 금융분쟁의 발생을 방지하기 위하여 금리, 계약 해지 및 예금자 보호에 관한 사항 등 은행이용자가 유의하여야 할 사항을 공시하여야 한다(영 24의5②(1)).[16]

은행은 은행상품에 관한 계약을 체결하거나 계약의 체결을 권유하는 경우에는 공시사항이 기재된 자료를 은행이용자에게 제공하고 그 내용을 설명하여야 한다. 다만, 겸영업무에 대하여 는 해당 법령에서 정하는 사항을 따른다(은행업감독규정89③). 은행은 설명내용에 대해 은행이용 자가 이해하였음을 은행이용자의 서명, 기명날인, 녹취, 그 밖에 감독원장이 정하는 방법 중 하 나 이상의 방법으로 확인을 받아 이를 유지·관리하여야 한다(은행업감독규정89④).

3. 금융거래단계별 설명의무

은행은 금융거래 단계별로 ⅰ) 계약체결을 권유하는 경우: 계약조건, 거래비용 등 계약의 주요 내용(가목), ⅱ) 은행이용자가 청약하는 경우: 약관(나목), ⅲ) 계약을 체결하는 경우: 계약 서류(다목)을 제공하고 그 내용을 설명하여야 한다. 다만, 이미 체결된 계약과 같은 내용으로 계약을 갱신하는 경우 등 금융위원회가 정하여 고시하는 경우[17]에는 정보나 자료의 제공 및 설명을 생략할 수 있다(영24의5②(2)).

은행은 상품의 중요내용을 설명함에 있어서 은행이용자의 합리적인 판단 또는 해당 상품 의 가치에 중대한 영향을 미칠 수 있는 사항("중요사항")을 거짓 또는 왜곡(불확실한 사항에 대하

---

16) 은행업감독규정 제89조(금융거래조건의 공시 및 설명 등) ① 영 제24조의5 제2항 제1호에 따라 은행은 다 음의 사항을 인터넷홈페이지 등에 공시 또는 비교 공시하여야 한다. 다만, 법 제28조 제1항에 따른 겸영업 무에 대하여는 해당 법령에서 정하는 사항을 따른다. 1. 이자(대출가산금리를 포함)에 관한 사항, 2. 부대 비용에 관한 사항, 3. 계약해지에 관한 사항, 4. 거래제한에 관한 사항, 5. 예금자보호에 관한 사항, 6. 은 행이용자가 유의하여야 할 사항(지연배상금률·지연배상금액 등 지연배상금에 관한 사항을 포함), 7. 기타 계약의 주요내용
② 은행은 제1항에 따른 금융거래상의 계약조건 등을 공시함에 있어서 다음의 어느 하나에 해당하는 행위 를 하여서는 아니 된다.
1. 은행상품 거래와 관련하여 확정되지 않은 사항을 확정적으로 표시하는 행위
2. 구체적인 근거와 내용을 제시하지 아니하면서 다른 금융상품보다 비교우위가 있음을 나타내는 행위
3. 기타 오해 또는 분쟁의 소지가 있는 표현을 사용하는 행위
17) 은행업감독규정 제89조(금융거래조건의 공시 및 설명 등) ⑥ 영 제24조의5 제2항 제2호 각 목 외의 부분 단서에서 "금융위원회가 정하여 고시하는 경우"는 다음의 어느 하나를 말한다.
1. 기본 계약을 체결하고 그 계약내용에 따라 계속적·반복적으로 거래를 하는 경우
2. 이미 체결된 계약과 동일한 내용으로 갱신하는 경우
3. 은행이용자가 은행상품 관련 정보 등을 제공받거나 설명받기를 거부하는 의사를 서면, 전신·모사전송, 전자우편 및 이와 비슷한 전자통신, 그 밖에 감독원장이 정하는 방법으로 표시하는 경우
4. 그 밖에 감독원장이 정하는 경우

여 단정적 판단을 제공하거나 확실하다고 오인하게 할 소지가 있는 내용을 알리는 행위)하여 설명하거나 중요사항을 누락하여서는 아니 된다(은행업감독규정89⑤). 그리고 은행상품의 종류별로 공시할 내용이 정해져 있다. 저축상품의 경우에는 은행업감독규정 시행세칙 제70조, 대출상품의 경우에는 동 시행세칙 제70조의2, 복합금융상품의 경우에는 동시행세칙 제70조의3, 기타 상품 또는 서비스에 대해서는 동 시행세칙 제70조의4에 상세히 규정되어 있다.

은행이용자는 약관 및 계약서류에 대한 열람을 신청할 수 있다. 이 경우 은행은 정당한 사유가 없으면 이에 따라야 한다(법52의2③).

4. 위반시 행정제재

은행법상 정보제공의무를 위반한 은행에 대하여는 1억원 이하의 과태료를 부과한다(법69①(9)).

Ⅳ. 이해상충관리

1. 의의

금융업자는 업권을 불문하고 고객과의 관계 또는 고객간의 관계에서 이해상충 가능성이 상존하고 있다. 은행법은 이해상충의 정도에 따라 ⅰ) 이해상충의 관리, ⅱ) 이해상충의 통지 및 감축 후 거래, ⅲ) 거래단념의 3단계로 구분하여 이를 은행이 관리하도록 하고 있다.

2. 이해상충의 관리

은행의 이해상충관리체계는 정보교류 차단장치, 내부통제기준설정, 장부 및 기록의 별도 유지관리로 구성된다.

ⅰ) 은행은 은행법에 따른 업무를 운영할 때 은행과 은행이용자 간, 특정 이용자와 다른 이용자 간의 이해상충을 방지하기 위하여 대통령령으로 정하는 업무[18] 간에는 이해상충이 발

---

18) 은행법 시행령 제18조의3(이해상충의 관리) ① 은행은 법 제28조의2 제1항에 따라 다음의 구분에 따른 해당 호에서의 업무 간에는 이해상충이 발생할 가능성에 대하여 인식·평가하고 정보교류를 차단하는 등 공정하게 관리하여야 한다.
  1. 다음 각 목의 업무 간의 경우
    가. 은행의 업무[나목부터 라목까지의 업무, 제2호 다목에 따른 업무 및 제4호 나목에 따른 투자자문업·투자매매업등(같은 호 각 목 외의 부분에 해당하는 경우로 한정)을 제외한 은행업무, 부수업무 및 겸영업무를 말한다]
    나. 집합투자업
    다. 신탁업
    라. 일반사무관리회사의 업무

생할 가능성에 대하여 인식·평가하고 정보교류를 차단하는 등 공정하게 관리하여야 한다(법28 의2①).

ii) 은행은 이해상충을 관리하는 방법 및 절차 등을 대통령령으로 정하는 바19)에 따라 금 융회사지배구조법상 내부통제기준(동법24)에 반영하여야 한다(법28의2②). 금융위원회는 은행이 용자 보호 등을 위하여 필요하다고 인정되는 경우에는 이해상충에 관한 내부통제기준의 변경 을 권고할 수 있다(법28의2⑤).

iii) 은행은 집합투자업, 신탁업, 집합투자증권에 대한 투자매매업, 집합투자증권에 대한 투자중개업, 신용카드업은 은행업무와 구별하고 별도의 장부와 기록을 보유하여야 한다(법28의 2⑥ 및 영18의3③). 이 경우 신탁업 업무를 수행하는 은행은 해당 업무에 속하는 자금, 유가증권 또는 소유물을 구별하여 별도의 장부와 기록을 보유하여야 한다(영18의3④).

---

3. 이해상충의 정도와 은행의 의무

은행은 이해상충을 공정하게 관리하는 것이 어렵다고 인정되는 경우에는 그 사실을 미리 해당 이용자 등에게 충분히 알려야 하며, 그 이해상충이 발생할 가능성을 내부통제기준이 정하는 방법 및 절차에 따라 은행이용자 보호 등에 문제가 없는 수준으로 낮춘 후 거래를 하여야 한다(법28의2③). 그러나 이해상충이 발생할 가능성을 낮추는 것이 어렵다고 판단되는 경우에는 거래를 하여서는 아니 된다(법28의2④).

V. 약관규제

1. 의의

은행거래는 정형성과 집단성을 본질로 하고 있다. 예금이나 대출과 같은 전형적인 은행거래는 약관에 기초하여 거래가 이루어지고 있다. 은행거래약관도 다른 일반거래약관과 마찬가지로 본질적으로 계약의 초안 내지는 예문에 불과하므로 그것이 계약당사자 간에 구속력을 가지려면 계약내용에 대한 합의가 필요하다. 약관을 계약내용에 포함시킨 계약서가 작성·체결된 경우에는 은행이용자가 그 약관의 내용을 알지 못하는 경우에도 그 약관의 구속력을 배제할 수 없다. 이처럼 약관은 은행이용자에게 매우 중요한 부분이기 때문에 약관에 대한 규제가 필요하다.[20]

은행법상 약관규제는 개별약관과 표준약관으로 구분되는데, 개별약관은 금융당국-공정거래위원회 간 협조체계를 통하여 규제하고 있고, 표준약관은 사업자단체가 심사청구하는 공정거래위원회 약관을 사용하고 있다.

2. 개별약관

은행은 은행법에 따른 업무를 취급할 때 은행이용자의 권익을 보호하여야 하며, 금융거래와 관련된 약관을 제정하거나 변경하는 경우에는 약관의 제정 또는 변경 후 10일 이내에 금융위원회에 보고하여야 한다. 다만, 이용자의 권리나 의무에 중대한 영향을 미칠 우려가 있는 경우로서 대통령령으로 정하는 경우[21]에는 약관의 제정 또는 변경 전에 미리 금융위원회에 신고

---

20) 이효근(2019), 115쪽.
21) "대통령령으로 정하는 경우"란 다음의 어느 하나에 해당하는 경우를 말한다(영24의4①).
    1. 금융거래와 관련된 약관의 제정으로서 기존 금융서비스의 제공 내용·방식·형태 등과 차별성이 있는 내용을 포함하는 경우
    2. 은행이용자의 권리를 축소하거나 의무를 확대하기 위한 약관의 변경으로서 다음 각 목의 어느 하나에

하여야 한다(법52①). 보고 또는 신고의 절차 및 방법 등은 금융위원회가 정하여 고시한다(법52⑤).

금융위원회는 건전한 금융거래질서를 유지하기 위하여 필요한 경우에는 은행에 대하여 보고 또는 신고받은 약관의 변경을 권고할 수 있다(법52④). 은행은 약관을 제정하거나 변경한 경우에는 인터넷 홈페이지 등을 이용하여 공시하여야 한다(법52②).

약관을 보고 또는 신고받은 금융위원회는 그 약관을 공정거래위원회에 통보하여야 한다. 이 경우 공정거래위원회는 통보받은 약관이 약관규제법 제6조부터 제14조까지의 규정에 해당하는 사실이 있다고 인정될 때에는 금융위원회에 그 사실을 통보하고 그 시정에 필요한 조치를 취하도록 요청할 수 있으며, 금융위원회는 특별한 사유가 없는 한 이에 응하여야 한다(법52③).

3. 표준약관

금융약관 중 표준약관에 대하여는 은행법이 별도로 규정을 두고 있지 않으며 전국은행연합회가 공정거래위원회에 심사청구하여 작성한 공정거래위원회의 표준약관을 사용하고 있다. 표준약관으로는 예금거래기본약관, 은행여신거래기본약관(가계용), 은행여신거래기본약관(기업용), 입출금이 자유로운 예금약관, 거치식 예금약관, 적립식 예금약관 등이 있다.

Ⅵ. 광고규제

1. 내용

은행은 예금, 대출 등 은행이 취급하는 상품("은행상품")에 관하여 광고를 하는 경우 경우 그 은행의 명칭, 은행상품의 내용, 거래조건 등이 포함되도록 하여야 한다(법52의3①).[22] 은행

해당하는 경우
　가. 변경 전 약관을 적용받는 기존 이용자에게 변경된 약관을 적용하는 경우
　나. 기존 금융서비스의 제공 내용·방식·형태 등과 차별성이 있는 내용을 포함하는 경우
　3. 그 밖에 은행이용자 보호 등을 위하여 금융위원회가 정하여 고시하는 경우
[22] 은행업감독규정 제90조(광고사항 등) ① 영 제24조의6 제3항에 따라 은행은 은행상품을 광고하는 경우 다음의 구분에 따른 광고사항을 포함하여야 한다.
　1. 법 제27조 제2항 제1호의 업무와 관련된 은행상품의 경우(＝예금·적금의 수입 또는 유가증권, 그 밖의 채무증서의 발행): 이자율, 가입조건, 그 밖에 은행이용자의 권리의무에 중대한 영향을 미치는 사항
　2. 법 제27조 제2항 제2호의 업무와 관련된 은행상품의 경우(＝자금의 대출 또는 어음의 할인): 이자율, 부대비용, 그 밖에 은행이용자의 권리의무에 중대한 영향을 미치는 사항
　3. 제1호 및 제2호 이외의 업무와 관련된 은행상품의 경우: 부대비용, 수익률 등 손익결정방법, 상품에 내재된 위험, 가입조건, 그 밖에 은행이용자의 권리의무에 중대한 영향을 미치는 사항
　4. 제1호부터 제3호에서 정한 사항 외에 은행이용자 보호를 위하여 필요한 경우로서 감독원장이 정하는

은 은행상품과 관련하여 은행이용자의 합리적 의사결정을 위하여 이자율의 범위 및 산정방법, 이자의 지급 및 부과 시기, 부수적 혜택 및 비용을 명확히 표시하여 은행이용자가 오해하지 아니하도록 하여야 한다(법52의3②).[23)]

　은행은 은행상품을 광고하는 경우에는 ⅰ) 이자율의 범위 및 산정방법, 이자의 지급 및 부과 시기, 부수적 혜택 및 비용과 관련하여 확정되지 아니한 사항을 확정적으로 표시하는 행위를 하지 말아야 하고(제1호), ⅱ) 이자율의 범위 및 산정방법, 이자의 지급 및 부과 시기, 부수적 혜택 및 비용과 관련하여 구체적인 근거와 내용을 제시하지 아니하면서 다른 금융상품보다 비교우위에 있음을 나타내는 행위를 하지 아니하여야 하고(제2호), ⅲ) 광고의 제작 및 내용에 관하여 지켜야 할 사항을 내부통제기준에 반영하여야 하며(제3호), ⅳ) 금융회사지배구조법상 준법감시인(동법25①)의 사전 확인을 받아야(4호) 한다(영24의6①).

2. 방법과 절차

　은행이 은행상품에 관한 광고를 할 때 표시광고법에 따른 표시·광고 사항(동법4①)이 있는 경우에는 같은 법에서 정하는 바에 따른다(법52의3③). 그 밖의 광고의 방법 및 절차, 광고내용 등 관련 기록 보존기간 등에 관하여 필요한 사항은 금융위원회가 정하여 고시한다(영24의6③). 은행은 은행상품의 광고내용 등 관련 기록을 해당 은행상품의 존속기간 이상의 기간 동안 보존하여야 한다(영24의6②).

　　사항
　② 제1항에도 불구하고 신문, 잡지 등 인쇄물에 의한 광고와 텔레비전, 라디오 등 방송에 의한 광고의 경우 등 광고게재면적 또는 광고시간의 제약으로 제1호부터 제4호까지에서 정한 광고사항을 전부 표시할 수 없을 경우 일부를 생략할 수 있다. 다만, 이 경우에도 생략된 내용에 관하여는 제89조 제3항에 따라 은행이용자에게 제공하는 자료를 반드시 참조하도록 안내하는 뜻을 표시하여야 한다.
23) 은행업감독규정 제90조(광고사항 등) ③ 영 제24조의6 제3항에 따라 은행은 은행상품을 광고하는 경우 다음의 어느 하나에 해당하는 오해 또는 분쟁을 야기할 우려가 있는 문구를 사용하여서는 아니된다.
　1. 구체적인 근거없이 최고, 최상, 최저, 우리나라 처음, 당행만이 등 최상 또는 유일성을 나타내는 표현
　2. 보장, 즉시, 확정 등 오해 또는 분쟁의 소지가 있는 표현
　3. 거래상대방 등에 따라 거래조건이 달리 적용될 수 있음에도 확정적인 것으로 표시하거나 누구에게나 적용되는 것으로 오해를 유발하는 표현
　4. 통화, 주식, 채권 등 기초자산의 가격이나 특정 지수의 변동에 의해 이자율 또는 수익률이 달라질 수 있음에도 이자율 또는 수익률을 확정적으로 나타내는 표현
　5. 은행이용자에게 불리한 내용을 누락 또는 편익보다 작게 표시하거나 편익만을 강조함으로써 분쟁을 야기할 우려가 있는 표현
　6. 기타 해당 상품의 내용상 은행이용자의 권리의무에 중대한 영향을 미치는 사항을 왜곡, 과장, 누락 또는 모호하게 나타내는 표현

Ⅶ. 고객응대직원에 대한 보호조치의무

은행은 은행법에 따른 업무를 운영할 때 고객을 직접 응대하는 직원을 고객의 폭언이나 성희롱, 폭행 등으로부터 보호하기 위하여 ⅰ) 직원이 요청하는 경우 해당 고객으로부터의 분리 및 업무담당자 교체(제1호), ⅱ) 직원에 대한 치료 및 상담 지원(제2호), ⅲ) 고객을 직접 응대하는 직원을 위한 상시적 고충처리 기구 마련. 다만, 「근로자참여 및 협력증진에 관한 법률」 제26조에 따라 고충처리위원을 두는 경우에는 고객을 직접 응대하는 직원을 위한 고충처리위원의 선임 또는 위촉(제3호), ⅳ) 그 밖에 직원의 보호를 위하여 필요한 법적 조치 등 대통령령으로 정하는 조치(제4호)[24]를 하여야 한다(법52의4①).

직원은 은행에 대하여 위의 조치를 요구할 수 있다(법52의4②). 은행은 직원의 요구를 이유로 직원에게 불이익을 주어서는 아니 된다(법52의4③).

제3절 금융투자업

Ⅰ. 공통영업행위규제

1. 신의성실의무과 투자자이익 우선의무

자본시장법("법")상 금융투자업자는 신의성실의 원칙에 따라 공정하게 금융투자업을 영위하여야 한다(법37①). 여기서 신의성실의 원칙은 모든 금융투자업자는 업무를 수행하는 과정에서 투자자의 신뢰와 기대를 배반하여서는 안 된다는 것을 의미하며 투자자와의 분쟁이 발생하는 경우 신의성실의 원칙 준수 여부가 판단기준이 될 수 있다. 금융투자업자는 금융투자업을

---

24) "법적 조치 등 대통령령으로 정하는 조치"란 다음의 조치를 말한다(영24의7).
  1. 고객의 폭언이나 성희롱, 폭행 등("폭언등")이 관계 법률의 형사처벌규정에 위반된다고 판단되고 그 행위로 피해를 입은 직원이 요청하는 경우: 관할 수사기관 등에 고발
  2. 고객의 폭언등이 관계 법률의 형사처벌규정에 위반되지는 아니하나 그 행위로 피해를 입은 직원의 피해정도 및 그 직원과 다른 직원에 대한 장래 피해발생 가능성 등을 고려하여 필요하다고 판단되는 경우: 관할 수사기관 등에 필요한 조치 요구
  3. 직원이 직접 폭언등의 행위를 한 고객에 대한 관할 수사기관 등에 고소, 고발, 손해배상 청구 등의 조치를 하는 데 필요한 행정적, 절차적 지원
  4. 고객의 폭언등을 예방하거나 이에 대응하기 위한 직원의 행동요령 등에 대한 교육 실시
  5. 그 밖에 고객의 폭언등으로부터 직원을 보호하기 위하여 필요한 사항으로서 금융위원회가 정하여 고시하는 조치

영위함에 있어서 정당한 사유 없이 투자자의 이익을 해하면서 자기가 이익을 얻거나 제3자가 이익을 얻도록 하여서는 아니 된다(법37②).

2. 겸영업무와 부수업무

(1) 겸영업무

금융투자업자(겸영금융투자업자, 그 밖에 대통령령으로 정하는 금융투자업자[25])를 제외)는 투자자 보호 및 건전한 거래질서를 해할 우려가 없는 금융업무로서 ⅰ) 자본시장법 또는 금융관련법령에서 인가·허가·등록 등을 요하는 금융업무 중 보험업법 제91조에 따른 보험대리점의 업무 또는 보험중개사의 업무, 그 밖에 대통령령으로 정하는 금융업무(제1호),[26] ⅱ) 자본시장법 또는 금융관련법령에서 정하고 있는 금융업무로서 해당 법령에서 금융투자업자가 영위할 수 있도록 한 업무(제2호), ⅲ) 국가 또는 공공단체 업무의 대리(제3호), ⅳ) 투자자를 위하여 그 투자자가 예탁한 투자자예탁금(법74①)으로 수행하는 자금이체업무(제4호), ⅴ) 그 밖에 그 금융업무를 영위하여도 투자자 보호 및 건전한 거래질서를 해할 우려가 없는 업무로서 대통령령으로 정하는 금융업무(제5호)[27]를 영위할 수 있다(법40 전단). 이 경우 금융투자업자는 제2호부터 제5

---

25) "대통령령으로 정하는 금융투자업자"란 다음의 어느 하나에 해당하는 금융투자업자를 말한다(영43①).
   1. 법 제40조 제3호 및 제4호를 적용할 때 투자매매업 또는 투자중개업을 경영하지 아니하는 금융투자업자
   2. 법 제40조 제5호를 적용할 때 다음 각 목의 어느 하나에 해당하는 금융투자업만을 경영하는 금융투자업자
      가. 투자자문업
      나. 투자일임업
      다. 투자자문업 및 투자일임업
   3. 그 밖에 금융위원회가 정하여 고시하는 금융투자업자
26) "대통령령으로 정하는 금융업무"란 다음의 어느 하나에 해당하는 금융업무를 말한다(영43③).
   1. 일반사무관리회사(법254⑧)의 업무
   2. 외국환거래법에 따른 외국환업무 및 외국환중개업무
   3. 삭제 [2009.7.1]
   4. 퇴직급여법에 따른 퇴직연금사업자의 업무
   5. 담보부사채신탁법에 따른 담보부사채에 관한 신탁업무
   6. 부동산투자회사법에 따른 자산관리회사의 업무
   7. 산업발전법(법률 제9584호 산업발전법 전부개정법률로 개정되기 전의 것) 제14조에 따라 등록된 기업구조조정전문회사의 업무
   8. 중소기업창업 지원법에 따른 중소기업창업투자회사의 업무
   9. 여신전문금융업법에 따른 신기술사업금융업
   10. 그 밖에 투자자 보호 및 건전한 거래질서를 해칠 염려가 없는 금융업무로서 금융위원회가 정하여 고시하는 금융업무
   제10호에서 "금융위원회가 정하여 고시하는 금융업무"란 전자금융거래법에 따른 전자금융업무를 말한다(금융투자업규정4-1①).
27) "대통령령으로 정하는 금융업무"란 다음의 업무를 말한다. 다만, 제4호의 업무는 증권에 대한 투자매매업을 경영하는 경우만 해당하고, 제5호의 업무는 해당 증권에 대한 투자매매업 또는 투자중개업을 경영하는 경우만 해당하며, 제6호의 업무는 증권 및 장외파생상품에 대한 투자매매업을 경영하는 경우만 해당하고,

호까지의 업무를 영위하고자 하는 때에는 그 업무를 영위하고자 하는 날의 7일 전까지 이를 금
융위원회에 신고하여야 한다(법40 후단). 법 제40조 후단을 위반하여 신고를 하지 아니한 자에
대하여는 1억원 이하의 과태료를 부과한다(법449①(19)).

(2) 부수업무

자본시장법은 금융투자업자가 영위할 수 있는 부수업무를 Negative 방식으로 전환하여 원
칙적으로 모든 부수업무의 취급을 허용하되 예외적인 경우에만 제한하고 있다. 다만 금융투자
업자는 금융투자업에 부수하는 업무를 영위하고자 하는 경우에는 그 업무를 영위하고자 하는
날의 7일 전까지 이를 금융위원회에 신고하여야 한다(법41①). 법 제41조 제1항을 위반하여 신
고를 하지 아니한 자에 대하여는 1억원 이하의 과태료를 부과한다(법449①(19)).

금융위원회는 부수업무 신고내용이 ⅰ) 금융투자업자의 경영건전성을 저해하는 경우(제1
호), ⅱ) 인가를 받거나 등록한 금융투자업의 영위에 따른 투자자 보호에 지장을 초래하는 경우
(제2호), ⅲ) 금융시장의 안정성을 저해하는 경우(제3호)의 어느 하나에 해당하는 경우에는 그
부수업무의 영위를 제한하거나 시정할 것을 명할 수 있다(법41②). 금융위원회는 제한명령이나
시정명령을 한 경우에는 그 내용과 사유를 인터넷 홈페이지 등에 공고하여야 하며(영44②), 제
한명령 또는 시정명령은 그 내용 및 사유가 구체적으로 기재된 문서로 하여야 한다(법41③). 금
융위원회는 신고받은 부수업무 및 제한명령 또는 시정명령을 한 부수업무를 그 신고일부터 7
일 이내에 ⅰ) 금융투자업자의 명칭(제1호), ⅱ) 부수업무의 신고일자(제2호), ⅲ) 부수업무의
개시 예정일자(제3호), ⅳ) 부수업무의 내용(제4호), ⅴ) 그 밖에 금융위원회가 정하여 고시하는
사항(제5호)[28]을 인터넷 홈페이지 등에 공고하여야 한다(법41④, 영44①).

제7호 및 제8호의 업무는 채무증권에 대한 투자매매업 또는 투자중개업을 경영하는 경우만 해당한다(영43
⑤).
1. 자산유동화법에 따른 자산관리자의 업무와 유동화전문회사업무의 수탁업무
2. 투자자계좌에 속한 증권·금전 등에 대한 제3자 담보권의 관리업무
3. 상법 제484조 제1항에 따른 사채모집의 수탁업무
4. 법 제71조 제3호에 따른 기업금융업무, 그 밖에 금융위원회가 정하여 고시하는 업무와 관련한 대출업
   무[= 프로젝트파이낸싱 대출업무(금융투자업규정4-1②)]
5. 증권의 대차거래와 그 중개·주선 또는 대리업무
6. 지급보증업무
7. 원화로 표시된 양도성 예금증서의 매매와 그 중개·주선 또는 대리업무
8. 대출채권, 그 밖의 채권의 매매와 그 중개·주선 또는 대리업무
9. 대출의 중개·주선 또는 대리업무
10. 그 밖에 투자자 보호 및 건전한 거래질서를 해칠 염려가 없는 금융업무로서 금융위원회가 정하여 고
    시하는 금융업무
제10호에서 "금융위원회가 정하여 고시하는 금융업무"란 다음의 업무를 말한다(금융투자업규정4-1③).
1. 금지금 및 은지금의 매매 및 중개업무
2. 퇴직연금사업자로서 퇴직급여법 제7조의 퇴직연금 수급권을 담보로 한 대출업무
28) "금융위원회가 정하여 고시하는 사항"이란 다음의 사항을 말한다(금융투자업규정4-2). 1. 금융투자업자의

3. 금융투자업자의 업무위탁

(1) 업무위탁의 허용범위

(가) 범위

금융투자업자는 ⅰ) 고유업무(＝금융투자업), ⅱ) 겸영업무(법 제40조 각 호), ⅲ) 부수업무(법41①)와 관련하여 그 금융투자업자가 영위하는 업무의 일부를 제3자에게 위탁할 수 있다(법 42①).

(나) 본질적 업무와 수탁자의 자격

본질적 업무란 해당 금융투자업자가 인가를 받거나 등록을 한 업무와 직접적으로 관련된 필수업무로서 대통령령으로 정하는 업무29)를 말한다(법42④). 위탁받는 업무가 본질적인 경우

소재지, 2. 부수업무의 영위장소, 3. 부수업무의 영위방법
29) "대통령령으로 정하는 업무"란 금융투자업의 종류별로 다음에서 정한 업무를 말한다. 다만, 제3호 나목 및 제5호 나목의 업무 중 부동산의 개발, 임대, 관리 및 개량 업무와 그에 부수하는 업무, 제6호 나목 및 다목의 업무 중 채권추심업무 및 그 밖에 투자자 보호 및 건전한 거래질서를 해칠 우려가 없는 경우로서 금융위원회가 정하여 고시하는 업무는 제외한다(영47①).
1. 투자매매업인 경우
　가. 투자매매업 관련 계약의 체결과 해지업무
　나. 금융투자상품의 매매를 위한 호가 제시업무
　다. 매매에 관한 청약의 접수, 전달, 집행 및 확인업무
　라. 증권의 인수업무
　마. 인수대상 증권의 가치분석업무
　바. 인수증권의 가격결정, 청약사무수행 및 배정업무
2. 투자중개업인 경우에는 다음 각 목의 업무. 다만, 온라인소액투자중개업인 경우에는 온라인소액 투자중개업 관련 계약의 체결·해지 업무, 법 제117조의11에 따른 게재 내용의 사실확인 업무 및 청약의 접수·전달·집행·확인 업무에 한정한다.
　가. 투자중개업 관련 계약의 체결 및 해지업무
　나. 일일정산업무
　다. 증거금 관리와 거래종결업무
　라. 매매주문의 접수, 전달, 집행 및 확인업무
3. 집합투자업인 경우
　가. 투자신탁의 설정을 위한 신탁계약의 체결·해지업무와 투자유한회사, 투자합자회사, 투자유한책임회사, 투자합자조합 또는 투자익명조합의 설립업무
　나. 집합투자재산의 운용·운용지시업무[집합투자재산에 속하는 지분증권(지분증권과 관련된 증권예탁증권을 포함)의 의결권행사를 포함]
　다. 집합투자재산의 평가업무
4. 투자자문업인 경우
　가. 투자자문계약의 체결과 해지업무
　나. 투자자문의 요청에 응하여 투자판단을 제공하는 업무
5. 투자일임업인 경우
　가. 투자일임계약의 체결과 해지업무
　나. 투자일임재산의 운용업무
6. 신탁업인 경우

그 본질적 업무를 위탁받는 자는 그 업무수행에 필요한 인가를 받거나 등록을 한 자이어야 한다. 이 경우 그 업무를 위탁받는 자가 외국 금융투자업자로서 대통령령으로 정하는 요건[30])을 갖춘 경우에는 인가를 받거나 등록을 한 것으로 본다(법42④).

(다) 재위탁 허용업무

업무를 위탁받은 자는 위탁받은 업무를 제3자에게 재위탁하여서는 아니 된다(법42⑤ 본문). 다만, 투자자 보호를 해하지 아니하는 범위에서 금융투자업의 원활한 수행을 위하여 필요한 경우로서 대통령령으로 정하는 경우[31])에는 위탁한 자의 동의를 받아 제3자에게 재위탁할 수 있

가. 신탁계약(투자신탁의 설정을 위한 신탁계약을 포함)과 집합투자재산(투자신탁재산은 제외)의 보관·관리계약의 체결과 해지업무
나. 신탁재산(투자신탁재산은 제외)의 보관·관리업무
다. 집합투자재산의 보관·관리업무(운용과 운용지시의 이행 업무를 포함)
라. 신탁재산의 운용업무[신탁재산에 속하는 지분증권(지분증권과 관련된 증권예탁증권을 포함)의 의결권행사를 포함]
영 제47조 제1항 각 호 외의 부분 단서에서 "금융위원회가 정하여 고시하는 업무"란 집합투자재산의 운용·운용지시 업무와 투자일임재산의 운용업무로서 다음 각 호의 요건을 모두 갖추어 전자적 투자조언장치를 활용하는 업무를 말한다(금융투자업규정4-4의2).
1. 위탁자인 금융투자업자가 전자적 투자조언장치에 대한 배타적 접근권한 및 통제권을 보유하면서 직접 전자적 투자조언장치를 이용할 것
2. 위탁자인 금융투자업자가 운용·운용지시 업무의 주체로서 투자자 등에 대하여 운용·운용지시와 관련하여 직접적인 책임을 부담한다는 사항을 집합투자규약 또는 투자일임계약에 명시할 것
3. 위탁자인 금융투자업자가 전자적 투자조언장치에 대해 충분히 이해하고, 전자적 투자조언장치 점검, 유지·보수, 변경 등의 주체로서 역할을 할 것
30) "대통령령으로 정하는 요건"이란 외국 금융투자업자가 소재한 국가에서 외국 금융감독기관의 허가·인가·등록 등을 받아 위탁받으려는 금융투자업 또는 법 제40조 제1호에 따른 금융업무에 상당하는 영업을 하는 것을 말한다(영47②).
31) "대통령령으로 정하는 경우"란 다음에서 정한 업무를 위탁하는 경우를 말한다(영48).
1. 위탁받은 업무의 일부로서 다음 각 목의 어느 하나에 해당하는 업무
가. 전산관리·운영 업무
나. 고지서 등 발송 업무
다. 보관업무(신탁업에 해당하는 보관 업무는 제외)
라. 조사분석 업무
마. 법률검토 업무
바. 회계관리 업무
사. 문서 등의 접수 업무
아. 채권추심 업무
자. 그 밖에 금융위원회가 정하여 고시하는 단순 업무
2. 외화자산인 집합투자재산의 운용·운용지시업무[집합투자재산에 속하는 지분증권(지분증권과 관련된 증권예탁증권을 포함)의 의결권 행사를 포함] 및 집합투자재산의 평가업무(외화자산의 평가업무로서의 사결정권한까지 위탁하지 아니하는 것만 해당)
3. 외화자산인 투자일임재산의 운용업무
4. 제47조 제1항 제6호 나목 및 다목의 업무 중 전자등록주식등, 법 제308조 제2항에 따른 예탁대상증권 등 및 외화자산의 보관·관리업무(집합투자재산의 운용 및 운용지시의 이행업무를 포함)와 같은 호 라목의 업무 중 외화자산인 신탁재산의 운용업무[신탁재산에 속하는 지분증권(지분증권과 관련된 증권예

다(법42⑤).

(2) 업무위탁 관계자 간의 법률관계

(가) 위탁계약의 체결

금융투자업자는 제3자에게 업무를 위탁하는 경우에는 ⅰ) 위탁하는 업무의 범위(제1호), ⅱ) 수탁자의 행위제한에 관한 사항(제2호), ⅲ) 위탁하는 업무의 처리에 대한 기록유지에 관한 사항(제3호), ⅳ) 그 밖에 투자자 보호 또는 건전한 거래질서를 위하여 필요한 사항으로서 대통령령으로 정하는 사항(제4호)[32]을 포함하는 위탁계약을 체결하여야 한다(법42②).

(나) 정보제공

업무를 위탁한 자는 다음의 기준, 즉 ⅰ) 제공하는 정보는 위탁한 업무와 관련한 정보이어야 하고(제1호), ⅱ) 정보제공과 관련된 기록을 유지하여야 하며(제2호), ⅲ) 제공하는 정보에 대한 수탁자의 정보이용에 관하여 관리·감독이 가능(제3호)하여야 한다(영49①)는 기준에 따라 위탁한 업무의 범위에서 위탁받은 자에게 투자자의 금융투자상품의 매매, 그 밖의 거래에 관한 정보 및 투자자가 맡긴 금전, 그 밖의 재산에 관한 정보를 제공할 수 있다(법42⑥).

(다) 업무위탁 운영기준

금융투자업자는 업무위탁을 하고자 하는 경우 투자자정보 보호 및 위험관리·평가 등에 관한 업무위탁 운영기준을 정하여야 한다(법42⑦). 업무위탁 운영기준에는 ⅰ) 업무위탁에 따른 위험관리·평가에 관한 사항(제1호), ⅱ) 업무위탁의 결정·해지절차에 관한 사항(제2호), ⅲ) 수탁자에 대한 관리·감독에 관한 사항(제3호), ⅳ) 투자자정보 보호에 관한 사항(제4호), ⅴ) 수탁

탁증권을 포함)의 의결권 행사를 포함]

32) "대통령령으로 정하는 사항"이란 다음의 어느 하나에 해당하는 사항을 말한다(영46②).
    1. 업무위탁계약의 해지에 관한 사항
    2. 위탁보수 등에 관한 사항
    3. 그 밖에 업무위탁에 따른 이해상충방지체계 등 금융위원회가 정하여 고시하는 사항
    제3호에서 "금융위원회가 정하여 고시하는 사항"이란 다음의 사항을 말한다(금융투자업규정4-4②).
    1. 업무위탁에 따른 이해상충방지체계에 관한 사항
    2. 수탁자의 정보이용 제한에 관한 사항
    3. 수탁자에 대한 관리·감독에 관한 사항
    4. 위탁업무에서 발생하는 자료에 대한 위탁 금융투자업자의 소유권과 당해 금융투자업자의 물적 설비 및 지적재산권 등의 이용 조건
    5. 투자자정보 보호에 관한 사항
    6. 업무의 연속성을 확보하기 위한 백업시스템 확보 등 비상계획에 관한 사항
    7. 면책조항, 보험가입 및 분쟁해결(중재 및 조정 등) 방법에 관한 사항
    8. 수탁자의 책임한계에 관한 사항
    9. 검사당국의 검사 수용의무에 관한 사항
    10. 업무 재위탁의 제한에 관한 사항
    11. 준거법 및 관할법원에 관한 사항(외국인 또는 외국법인등에게 위탁하는 경우에 한한다)
    12. 그 밖에 업무위탁에 따른 위험관리 등을 위하여 필요한 사항

자의 부도 등 우발상황에 대한 대책에 관한 사항(제5호), vi) 위탁업무와 관련하여 자료를 요구할 수 있는 수단 확보에 관한 사항(제6호), vii) 그 밖에 금융위원회가 정하여 고시하는 사항(제8호)을 포함하여야 한다(영49②).

(라) 투자자에 대한 통보

금융투자업자는 업무위탁을 한 내용을 계약서류(금융소비자보호법23①) 및 투자설명서(집합투자업자의 경우 간이투자설명서를 포함)에 기재하여야 하며, 투자자와 계약을 체결한 후에 업무위탁을 하거나 그 내용을 변경한 경우에는 이를 투자자에게 통보하여야 한다(법42⑧).

(3) 위탁금지업무(핵심업무)

금융투자업자는 투자자 보호 또는 건전한 거래질서를 해할 우려가 있는 것으로서 대통령령으로 정하는 업무(＝핵심업무)[33]를 제3자에게 위탁하여서는 아니 된다(법42① 단서). 위탁이

---

33) "대통령령으로 정하는 업무"란 다음의 업무를 말한다. 다만, 투자자 보호 및 건전한 거래질서를 해칠 우려가 없는 경우로서 금융위원회가 정하여 고시하는 업무는 제외한다(영45).
  1. 다음 각 목의 업무(해당 업무에 관한 의사결정권한까지 위탁하는 경우만 해당)
    가. 금융회사지배구조법에 따른 준법감시인의 업무 중 금융위원회가 정하여 고시하는 업무를 제외한 업무
    나. 내부감사업무
    다. 위험관리업무
    라. 신용위험의 분석·평가업무
  2. 금융투자업의 종류에 따른 다음 업무
    가. 투자매매업인 경우에는 제47조 제1항 제1호 가목(단순한 계좌개설 업무 및 실명확인 업무는 제외)·나목 및 라목의 업무
    나. 투자중개업인 경우에는 제47조 제1항 제2호 가목(단순한 계좌개설 업무 및 실명확인 업무는 제외) 및 다목의 업무. 다만, 온라인소액투자중개업인 경우에는 온라인소액투자중개업 관련 계약의 체결·해지 업무(실명확인 업무는 제외)에 한정한다.
    다. 집합투자업인 경우에는 제47조 제1항 제3호 각 목의 업무(해당 업무에 관한 의사결정권한까지 위탁하는 경우만 해당). 다만, 다음의 어느 하나에 해당하는 업무는 제외한다.
      1) 집합투자재산 중 외화자산의 운용·운용지시업무[집합투자재산에 속하는 지분증권(지분증권과 관련된 증권예탁증권을 포함)의 의결권 행사를 포함한다]
      2) 원화자산(외화자산이 아닌 자산을 말한다)인 집합투자재산 총액의 50% 범위에서의 운용·운용지시업무
      3) 집합투자재산의 운용·운용지시업무와 관련한 조사분석업무
      4) 집합투자재산에 속한 증권, 장내파생상품, 외국환거래법에 따른 대외지급수단의 단순매매주문업무
      5) 집합투자재산의 평가업무(해당 업무에 대한 의사결정 권한까지 위탁하지 아니하는 경우로 한정)
      6) 부동산인 집합투자재산의 개발, 임대, 운영, 관리 및 개량 업무와 그에 부수하는 업무
    라. 투자자문업인 경우에는 제47조 제1항 제4호 가목 및 나목의 업무. 다만, 투자자문계약자산 중 외화자산에 대한 투자판단을 제공하는 업무 및 원화자산인 투자자문계약자산 총액의 50% 범위에서의 투자판단을 제공하는 업무는 제외한다.
    마. 투자일임업인 경우에는 제47조 제1항 제5호 가목 및 나목의 업무. 다만, 다음의 어느 하나에 해당하는 업무는 제외한다.
      1) 투자일임재산 중 외화자산의 운용업무
      2) 원화자산인 투자일임재산 총액의 50% 범위에서의 운용업무

금지되는 업무는 본질적 업무와 구별하여 업무위탁 자체가 금지되는 업무를 핵심업무라고 한다. 시행령 제45조 제1호는 내부통제영역에 속하는 업무에 관한 의사결정권한까지 위탁하는 것을 금지하고, 제2호는 각 금융투자업의 종류에 따라 금지되는 업무를 규정하고 있다.

(4) 업무위탁에 대한 감독

(가) 업무위탁의 보고

금융투자업자는 업무를 위탁받은 자가 그 위탁받은 업무를 실제로 수행하려는 날의 7일 전까지 ⅰ) 업무위탁계약서 사본(제1호), ⅱ) 업무위탁 운영기준(제2호), ⅲ) 업무위탁계약이 법 제42조 제3항 각 호의 어느 하나에 해당하지 아니하고 업무위탁 운영기준에 위배되지 아니한다는 준법감시인(준법감시인이 없는 경우에는 감사 등 이에 준하는 자)의 검토의견 및 관련 자료(제3호), ⅳ) 법 제42조 제4항 후단에 따라 외국 금융투자업자에게 본질적 업무를 위탁하는 경우에는 그 외국 금융투자업자가 제47조 제2항에 따른 요건을 갖춘 자임을 증명하는 서류(제4호), ⅴ) 그 밖에 투자자 보호나 건전한 거래질서를 위하여 필요한 서류로서 금융위원회가 정하여 고시하는 서류(제5호)[34]를 첨부하여 금융위원회에 보고하여야 한다(영46① 본문). 다만, 이미 보고한 내용을 일부 변경하는 경우로서 변경되는 내용이 경미한 경우 등 금융위원회가 정하여 고시하는 경우[35]에는 금융위원회가 보고시기 및 첨부서류 등을 다르게 정하여 고시할 수 있다

---

3) 투자일임재산의 운용업무와 관련한 조사분석업무
4) 투자일임재산에 속한 증권, 장내파생상품, 외국환거래법에 따른 대외지급수단의 단순매매주문업무
5) 부동산인 투자일임재산의 개발, 임대, 운영, 관리 및 개량 업무와 그에 부수하는 업무
바. 신탁업인 경우에는 제47조 제1항 제6호 가목부터 라목까지의 업무. 다만, 다음의 어느 하나에 해당하는 업무는 제외한다.
   1) 전자등록주식등(전자증권법 제2조 제4호에 따른 전자등록주식등을 말한다), 법 제308조 제2항에 따른 예탁대상증권등 또는 외화자산인 집합투자재산·신탁재산의 보관·관리업무(외화자산인 집합투자재산의 운용 및 운용지시의 이행업무를 포함)
   2) 신탁재산 중 외화자산의 운용업무[신탁재산에 속하는 지분증권(지분증권과 관련된 증권예탁증권을 포함)의 의결권 행사를 포함]
   3) 원화자산인 신탁재산 총액의 20% 범위에서의 운용업무(금융투자업자에게 위탁하는 경우만 해당)
   4) 신탁재산의 운용업무와 관련한 조사분석업무
   5) 신탁재산에 속한 증권, 장내파생상품, 외국환거래법에 따른 대외지급수단의 단순매매 주문업무
   6) 전담중개업무로 제공하는 전문투자형 사모집합투자기구등의 투자자재산의 보관·관리업무
34) "금융위원회가 정하여 고시하는 서류"란 다음의 사항이 기재된 서류를 말한다(금융투자업규정4-4①). 1. 업무위탁의 필요성 및 기대효과, 2. 업무위탁에 따른 업무처리절차의 주요 변경내용
35) "금융위원회가 정하여 고시하는 경우"란 다음의 어느 하나에 해당하는 경우를 말한다(금융투자업규정4-4③).
   1. 해당 금융투자업자가 이미 보고한 위탁내용과 동일한 내용이거나 수수료 변경, 계약기간의 변경(갱신하는 경우를 포함) 등 경미한 일부사항을 변경하는 경우
   2. 주된 업종이 동일한 다른 금융투자업자가 이미 보고한 위탁내용과 동일한 내용이거나 수수료 변경, 계약기간의 변경 등 경미한 일부사항을 변경하는 경우

(영46① 단서).

(나) 시정명령

금융위원회는 위탁계약의 내용이 ⅰ) 금융투자업자의 경영건전성을 저해하는 경우(제1호), ⅱ) 투자자 보호에 지장을 초래하는 경우(제2호), ⅲ) 금융시장의 안정성을 저해하는 경우(제3호), ⅳ) 금융거래질서를 문란하게 하는 경우(제4호)에는 해당 업무의 위탁을 제한하거나 시정할 것을 명할 수 있다(법42③).

(다) 검사와 처분

업무를 위탁받은 자는 그 위탁받은 업무와 관련하여 그 업무와 재산상황에 관하여 금융감독원의 원장의 검사를 받아야 한다. 이 경우 제419조 제5항부터 제7항까지 및 제9항[36]을 준용한다(법43①). 금융위원회는 업무를 위탁받은 자가 검사를 거부·방해 또는 기피한 경우 등에 해당하는 경우에는 위탁계약의 어느 한쪽 또는 양쪽 당사자에게 위탁계약의 취소 또는 변경을 명할 수 있다(법43②). 금융위원회는 위탁계약의 취소 또는 변경 조치를 한 경우에는 그 내용을 기록하고, 이를 유지·관리하여야 한다(법43③).

(5) 준용규정

민법 제756조(사용자의 배상책임)는 업무를 위탁받은 자가 그 위탁받은 업무를 영위하는 과정에서 투자자에게 손해를 끼친 경우에 준용한다(법42⑨). 제54조((직무관련 정보의 이용 금지), 제55조(손실보전 등의 금지) 및 금융실명법 제4조(금융거래의 비밀보장)는 업무를 위탁받은 자가 그 위탁받은 업무를 영위하는 경우에 준용한다(법42⑩). 법 제42조 제10항에서 준용하는 금융실명법 제4조 제1항 또는 제3항부터 제5항까지의 규정을 위반하여 거래정보등을 제3자에게 제공하거나 누설한 자와 이를 요구한 자는 5년 이하의 징역 또는 2억원 이하의 벌금에 처한다(법444(6)).

---

3. 해당 금융투자업자 또는 주된 업종이 동일한 다른 금융투자업자가 이미 보고한 위탁내용에 대해 관련되는 경미한 일부업무를 추가 또는 삭제하는 경우로서 위탁업무 범위의 동일성이 유지되는 경우
4. 그 밖에 위탁내용이 해당 금융투자업자 또는 주된 업종이 동일한 다른 금융투자업자가 보고한 내용과 동일하거나 이에 준하는 것으로써 법 제42조 제3항 각호에 해당하지 아니함이 명백한 경우
5. 계열회사인 집합투자업자(자기가 운용하는 집합투자기구의 집합투자증권에 대한 투자매매업·투자중개업 이외의 투자매매업·투자중개업 또는 신탁업을 경영하지 아니하는 집합투자업자) 간 업무를 위탁하는 경우
36) ⑤ 금융감독원장은 제1항의 검사를 함에 있어서 필요하다고 인정되는 경우에는 금융투자업자에게 업무 또는 재산에 관한 보고, 자료의 제출, 증인의 출석, 증언 및 의견의 진술을 요구할 수 있다.
⑥ 제1항에 따라 검사를 하는 자는 그 권한을 표시하는 증표를 지니고 이를 관계자에게 내보여야 한다.
⑦ 금융감독원장이 제1항에 따른 검사를 한 경우에는 그 보고서를 금융위원회에 제출하여야 한다. 이 경우 이 법 또는 이 법에 따른 명령이나 처분을 위반한 사실이 있는 때에는 그 처리에 관한 의견서를 첨부하여야 한다.
⑨ 금융위원회는 검사의 방법·절차, 검사결과에 대한 조치기준, 그 밖의 검사업무와 관련하여 필요한 사항을 정하여 고시할 수 있다.

4. 이해상충방지

(1) 이해상충규제의 기본원칙

자본시장법은 다음과 같이 3단계로 이해상충방지의무를 부과하고 있다.

ⅰ) 내부통제를 통한 이해상충방지의무이다. 금융투자업자는 이해상충 발생 가능성을 상시적으로 파악·평가하고 내부통제기준이 정하는 방법과 절차에 따라 적절하게 관리할 의무가 있다. 이해상충이 발생할 가능성이 있다고 인정하는 경우에는 그 사실을 미리 해당 투자자에게 알려야 하고, 그 이해상충이 발생할 가능성을 내부통제기준이 정하는 방법 및 절차에 따라 투자자 보호에 문제가 없는 수준으로 낮춘 후 매매, 그 밖의 거래를 하여야 하며, 이해상충 가능성을 낮추는 것이 곤란하다고 판단되는 경우에는 그러한 거래를 해서는 안된다(법44조).

ⅱ) 이해상충 발생의 가능성이 높은 개별행위를 법령에서 직접 금지시키고 있다. 이해상충은 금융투자업의 종류에 따라 다르게 나타날 수 있는 만큼 6가지 금융투자업별(투자매매업, 투자중개업, 집합투자업, 투자자문업, 투자일임업, 신탁업)로 금지되는 이해상충행위를 불건전 영업행위로서 각각 규정하고 있다.

ⅲ) 이해상충이 발생할 가능성이 큰 부서간 정보교류를 금지시키는 Chinese-Wall 설치를 의무화하고 있다(법45). 이러한 정보교류 차단장치는 공통적으로 정보교류 차단장치의 설치 대상, 교류금지 정보의 범위, 금지대상 정보교류 행위를 각각 규정하고 있다.

자본시장법은 개별 금융투자업자별로 이해상충행위를 금지하는 규정을 두고, 일반적인 의무로서 이해상충관리의무와 정보교류차단의무를 규정하고 있다.

(2) 내부통제

(가) 이해상충 파악·평가·관리 의무

금융투자업자는 금융투자업의 영위와 관련하여 금융투자업자와 투자자 간, 특정 투자자와 다른 투자자 간의 이해상충을 방지하기 위하여 이해상충이 발생할 가능성을 파악·평가하고, 금융회사지배구조법에 내부통제기준이 정하는 방법 및 절차에 따라 이를 적절히 관리하여야 한다(법44①).

(나) 이해상충 공시·감축 의무

금융투자업자는 이해상충이 발생할 가능성을 파악·평가한 결과 이해상충이 발생할 가능성이 있다고 인정되는 경우에는 그 사실을 미리 해당 투자자에게 알려야 하며, 그 이해상충이 발생할 가능성을 내부통제기준이 정하는 방법 및 절차에 따라 투자자 보호에 문제가 없는 수준으로 낮춘 후 매매, 그 밖의 거래를 하여야 한다(법44②). 금융투자업자는 그 이해상충이 발생할 가능성을 낮추는 것이 곤란하다고 판단되는 경우에는 매매, 그 밖의 거래를 하여서는 아니 된다(법44③).

(3) 정보교류의 차단

금융투자업자는 금융투자업, 제40조 제1항 각 호의 업무, 부수업무 및 제77조의3에서 종합금융투자사업자에 허용된 업무("금융투자업등")를 영위하는 경우 내부통제기준이 정하는 방법 및 절차에 따라 제174조 제1항 각 호 외의 부분에 따른 미공개중요정보 등 대통령령으로 정하는 정보의 교류를 적절히 차단하여야 한다(법45①). 금융투자업자는 금융투자업등을 영위하는 경우 계열회사를 포함한 제3자에게 정보를 제공할 때에는 내부통제기준이 정하는 방법 및 절차에 따라 제174조 제1항 각 호 외의 부분에 따른 미공개중요정보 등 대통령령으로 정하는 정보의 교류를 적절히 차단하여야 한다(법45②).

내부통제기준은 다음의 사항을 반드시 포함하여야 한다(법45③).

1. 정보교류 차단을 위해 필요한 기준 및 절차
2. 정보교류 차단의 대상이 되는 정보의 예외적 교류를 위한 요건 및 절차
3. 그 밖에 정보교류 차단의 대상이 되는 정보를 활용한 이해상충 발생을 방지하기 위하여 대통령령으로 정하는 사항

금융투자업자는 정보교류 차단을 위하여 다음의 사항을 준수하여야 한다(법45④).

1. 정보교류 차단을 위한 내부통제기준의 적정성에 대한 정기적 점검
2. 정보교류 차단과 관련되는 법령 및 내부통제기준에 대한 임직원 교육

(4) 이해상충방지의무 위반에 대한 책임

금융투자업자는 법령에 위반하는 행위를 하거나 그 업무를 소홀히 하여 투자자에게 손해를 발생시킨 경우에는 그 손해를 배상할 책임이 있다(법64① 본문). 다만, 배상의 책임을 질 금융투자업자가 투자매매업 또는 투자중개업과 집합투자업을 함께 영위함에 따라 발생하는 이해상충방지의무를 위반한 경우에는 그 금융투자업자가 상당한 주의를 하였음을 증명하거나 투자자가 금융투자상품의 매매, 그 밖의 거래를 할 때에 그 사실을 안 경우에는 배상의 책임을 지지 아니한다(법64① 단서).

5. 투자권유규제

(1) 투자권유의 의의

(가) 투자권유규제체계

자본시장법은 투자자 보호 강화 목적으로 투자권유규제의 제도적 기반으로서 투자권유의

개념을 정의한 다음(법9④), 일반투자자와 전문투자자를 구분하고, 이러한 구분을 기초로 투자
자정보 확인(법46①②) 및 적합성원칙과 적정성원칙 그리고 설명의무와 그 위반에 대한 손해배
상책임 등을 명문화하였다. 이와 함께 부당권유금지 및 투자권유 시 금융투자업자의 임직원이
준수해야 할 구체적인 기준 및 절차(투자권유준칙)를 정하고 있다. 다만, 파생상품 등에 대해서
는 일반투자자의 투자목적·재산상황 및 투자경험 등을 고려하여 투자자등급별로 차등화된 투
자권유준칙을 마련하도록 하였으며(법50①), 이러한 투자권유준칙과 관련해서는 한국금융투자
협회가 제정할 수 있도록 하였다(법50③).

(나) 투자권유의 의의

투자권유란 특정 투자자를 상대로 금융투자상품의 매매 또는 투자자문계약·투자일임계
약·신탁계약(관리형신탁계약 및 투자성 없는 신탁계약을 제외)의 체결을 권유하는 것을 말한다(법
9④). 즉 투자자가 금융상품의 취득·처분 등에 관해 투자자가 판단을 하는 데 있어, 영향을
미치는 정보를 제공하거나 또는 이에 관한 조언을 하는 행위로서 청약의 유인에 해당한다. 투
자권유는 각종 투자자 보호 장치가 작동하는 출발점이다. 후술하는 적합성원칙과 설명의무
등과 같은 투자자 보호 장치는 모두 투자권유 시에 적용된다. 자본시장법은 투자자 유형을 일
반투자자와 전문투자자로 구분하여 투자권유 시 적용되는 보호장치를 달리한다.

(2) 적합성의 원칙

(가) 의의

금융투자업자는 일반투자자에게 투자권유를 하는 경우에는 일반투자자의 투자목적·재산
상황 및 투자경험 등에 비추어 그 일반투자자에게 적합하지 아니하다고 인정되는 투자권유를
하여서는 아니 된다(법46③). 즉 적합성의 원칙이란 금융투자회사가 일반투자자에게 금융투자
상품을 투자권유할 때에는 투자자의 위험감수도, 투자목적, 재무상태 등을 고려하여 특정한 투
자상품이 해당 투자자에게 적합한 것인지를 판단하고, 해당 상품이 적합하지 않다고 생각하는
경우에는 투자권유를 해서는 안 된다는 원칙이다. 이 원칙은 적합한 투자권유를 하여야 하는
적극적인 의무가 아니라 부적합한 투자권유를 하지 않도록 하는 소극적인 의무이다.

(나) 적합성원칙의 요소

1) 의의

적합성원칙은 금융투자업자가 금융투자상품을 투자권유함에 있어 ⅰ) 투자자가 전문투자
자인지 일반투자자인지 구분하는 투자자 분류 확인의무(법46①), ⅱ) 투자가 일반투자자라면,
면담·질문 등을 통하여 그의 투자목적·재산상황 및 투자경험 등의 정보를 파악하여야 하는
고객파악의무("know your customer rule")(법46②), ⅲ) 파악한 투자자정보에 관하여 일반투자자
로부터 서명, 기명날인, 그 밖의 녹취 등의 방법으로 확인을 받아 이를 유지·관리하고 확인받

은 내용을 지체 없이 투자자에게 제공하여야 하는 의무(법46②), ⅳ) 투자권유 시에 일반투자자로부터 파악한 정보를 비추어 부적합 투자권유를 금지하는 의무(법46③)로 단계적으로 구성되어 있다. 자본시장법에 따른 부적합 투자권유를 하지 않기 위해서 금융투자상품 판매자가 권유대상이 되는 상품을 잘 파악해야 한다는 상품파악의무("know your securities/product rule")가 법상 명시적으로 규정되어 있지는 않지만, 법 해석상 적합성원칙 준수를 위한 전제적 의무로서 당연히 포함된다.

  2) 투자자 분류 확인의무(투자자유형구분)

  금융투자업자는 투자권유를 함에 있어 투자자가 일반투자자인지 전문투자자인지 여부를 확인하여야 한다(법46①). 이를 위하여 자본시장법은 전문투자자를 위험감수능력이 있는 투자자로 정의하면서 유형별로 열거하여 규정(법9⑤)하고 있는 반면, 일반투자자는 전문투자자가 아닌 투자자라고 정의하고 있다(법9⑥).

  "전문투자자"란 금융투자상품에 관한 전문성 구비 여부, 소유자산규모 등에 비추어 투자에 따른 위험감수능력이 있는 투자자로서 ⅰ) 국가(제1호), ⅱ) 한국은행(제2호), ⅲ) 대통령령으로 정하는 금융기관(제3호)[37], ⅳ) 주권상장법인(다만, 금융투자업자와 장외파생상품 거래를 하는 경우에는 전문투자자와 같은 대우를 받겠다는 의사를 금융투자업자에게 서면으로 통지하는 경우에 한한다)(제4호), ⅴ) 그 밖에 대통령령으로 정하는 자(제5호)[38]를 말한다(법9⑤ 본문).

---

[37] "대통령령으로 정하는 금융기관"이란 다음 각 호의 금융기관을 말한다(영10②). 1. 은행, 2. 한국산업은행, 3. 중소기업은행, 4. 한국수출입은행, 5. 농업협동조합중앙회, 6. 수산업협동조합중앙회, 7. 보험회사, 8. 금융투자업자(겸영금융투자업자 제외), 9. 증권금융회사, 10. 종합금융회사, 11. 자금중개회사, 12. 금융지주회사, 13. 여신전문금융회사, 14. 상호저축은행 및 그 중앙회, 15. 산림조합중앙회, 16. 새마을금고연합회, 17. 신용협동조합중앙회, 18. 제1호부터 제17호까지의 기관에 준하는 외국 금융기관

[38] "대통령령으로 정하는 자"란 다음 각 호의 자를 말한다. 다만, 제12호부터 제17호까지의 어느 하나에 해당하는 자가 금융투자업자와 장외파생상품 거래를 하는 경우에는 전문투자자와 같은 대우를 받겠다는 의사를 금융투자업자에게 서면으로 통지하는 경우만 해당한다(영10③). 1. 예금보험공사 및 정리금융회사, 2. 한국자산관리공사, 3. 한국주택금융공사, 4. 한국투자공사, 5. 협회, 6. 한국예탁결제원, 6의2. 전자증권법에 따른 전자등록기관(증권예탁원을 의미), 7. 거래소, 8. 금융감독원, 9. 집합투자기구, 10. 신용보증기금, 11. 기술보증기금, 12. 법률에 따라 설립된 기금(제10호 및 제11호는 제외) 및 그 기금을 관리·운용하는 법인, 13. 법률에 따라 공제사업을 경영하는 법인, 14. 지방자치단체, 15. 해외 증권시장에 상장된 주권을 발행한 국내법인
16. 다음 각 목의 요건을 모두 충족하는 법인 또는 단체(외국 법인 또는 외국 단체는 제외)
  가. 금융위원회에 나목의 요건을 충족하고 있음을 증명할 수 있는 관련 자료를 제출할 것
  나. 관련 자료를 제출한 날 전날의 금융투자상품 잔고가 100억원(외부감사법에 따라 외부감사를 받는 주식회사는 50억원) 이상일 것
  다. 관련 자료를 제출한 날부터 2년이 지나지 아니할 것
17. 다음 각 목의 요건을 모두 충족하는 개인. 다만, 외국인인 개인, 조세특례제한법 제91조의18 제1항에 따른 개인종합자산관리계좌에 가입한 거주자인 개인(같은 조 제3항 제2호에 따라 신탁업자와 특정금전신탁계약을 체결하는 경우 및 이 영 제98조 제1항 제4호의2 및 같은 조 제2항에 따라 투자일임업자와 투자일임계약을 체결하는 경우로 한정) 및 전문투자자와 같은 대우를 받지 않겠다는 의사를 금융투자업자에게 표시한 개인은 제외.

"일반투자자"란 전문투자자가 아닌 투자자를 말한다(법9⑥). 다만, 전문투자자 중 대통령령으로 정하는 자39)가 일반투자자와 같은 대우를 받겠다는 의사를 금융투자업자에게 서면으로 통지하는 경우 금융투자업자는 정당한 사유가 있는 경우를 제외하고는 이에 동의하여야 하며, 금융투자업자가 동의한 경우에는 해당 투자자는 일반투자자로 본다(법9⑤ 단서).

3) 투자자 정보 파악의무

금융투자업자는 일반투자자에게 투자권유를 하기 전에 면담·질문 등을 통하여 일반투자자의 투자목적·재산상황 및 투자경험 등의 정보를 파악하여야 한다(법46②). 이는 "know your customer rule"이라고 하는 투자자 파악의무 또는 고객파악의무이다.

4) 투자자의 확인

금융투자업자는 파악한 투자자 정보에 관하여 일반투자자로부터 서명(전자서명법 제2조 제2호40)에 따른 전자서명을 포함), 기명날인, 녹취, 그 밖에 대통령령으로 정하는 방법(영52: 전자우편, 그 밖에 이와 비슷한 전자통신, 우편, 전화자동응답시스템)으로 확인을 받아 이를 유지·관리하여야 하며, 확인받은 내용을 투자자에게 지체 없이 제공하여야 한다(법46②).

5) 부적합 투자권유 금지

금융투자업자는 일반투자자에게 투자권유를 하는 경우에는 일반투자자의 투자목적·재산상황 및 투자경험 등에 비추어 그 일반투자자에게 적합하지 아니하다고 인정되는 투자권유를 하여서는 아니 된다(법46③). 이는 좁은 의미의 적합성원칙이다.

가. 금융위원회가 정하여 고시하는 금융투자업자에게 나목부터 라목까지의 요건을 모두 충족하고 있음을 증명할 수 있는 관련 자료를 제출할 것
나. 관련 자료를 제출한 날의 전날을 기준으로 최근 5년 중 1년 이상의 기간 동안 금융위원회가 정하여 고시하는 금융투자상품을 월말 평균잔고 기준으로 5천만원 이상 보유한 경험이 있을 것
다. 금융위원회가 정하여 고시하는 소득액·자산 기준이나 금융 관련 전문성 요건을 충족할 것
18. 다음 각 목의 어느 하나에 해당하는 외국인
가. 외국 정부
나. 조약에 따라 설립된 국제기구
다. 외국 중앙은행
라. 제1호부터 제17호까지의 자에 준하는 외국인. 다만, 조세특례제한법 제91조의18 제1항에 따른 개인종합자산관리계좌에 가입한 거주자인 외국인(같은 조 제3항 제2호에 따라 신탁업자와 특정금전신탁계약을 체결하는 경우 및 이 영 제98조 제1항 제4호의2 및 같은 조 제2항에 따라 투자일임업자와 투자일임계약을 체결하는 경우로 한정)은 제외한다.
39) "대통령령으로 정하는 자""란 다음 각 호의 어느 하나에 해당하지 아니하는 전문투자자를 말한다(영10①). 1. 국가, 2. 한국은행, 3. 제2항 제1호부터 제17호까지의 어느 하나에 해당하는 자, 4. 제3항 제1호부터 제11호까지의 어느 하나에 해당하는 자, 5. 제3항 제18호 가목부터 다목까지의 어느 하나에 해당하는 자, 6. 제3호 및 제4호에 준하는 외국인
40) 2. "전자서명"이라 함은 서명자를 확인하고 서명자가 해당 전자문서에 서명을 하였음을 나타내는데 이용하기 위하여 해당 전자문서에 첨부되거나 논리적으로 결합된 전자적 형태의 정보를 말한다.

(3) 적정성의 원칙

적합성의 원칙이 금융투자업자가 일반투자자에게 "투자권유를 하는 경우"에 적용되는 원칙인 데 반하여, 적정성의 원칙은 금융투자업자가 일반투자자에게 "투자권유를 하지 않고" 파생상품 등을 판매하는 경우에 적용되는 점에서 차이가 있다. 적정성원칙은 키코(KIKO)상품의 불완전판매가 사회적 이슈가 되어 2009년 2월 3일 자본시장법 개정 시 도입되었다.[41]

금융투자업자는 일반투자자에게 투자권유를 하지 아니하고 파생상품, 그 밖에 "대통령령으로 정하는 금융투자상품"("파생상품등")을 판매하려는 경우에는 면담·질문 등을 통하여 그 일반투자자의 투자목적·재산상황 및 투자경험 등의 정보를 파악하여야 한다(법46의2①). 여기서 "대통령령으로 정하는 금융투자상품"이란 다음과 같다(영52의2①).

1. 파생결합증권(금적립계좌등은 제외)
2. 법 제93조 제1항에 따른 집합투자기구의 집합투자증권. 다만, 금융위원회가 정하여 고시하는 집합투자기구의 집합투자증권[42]은 제외한다.
3. 집합투자재산의 50%를 초과하여 파생결합증권에 운용하는 집합투자기구의 집합투자증권
4. 법 제165조의11 제1항에 따라 해당 사채의 발행 당시 객관적이고 합리적인 기준에 따라 미리 정하는 사유가 발생하는 경우 주식으로 전환되거나 그 사채의 상환과 이자지급 의무가 감면된다는 조건이 붙은 사채("조건부자본증권")
5. 파생상품이나 제1호부터 제4호까지의 금융투자상품에 운용하는 금전신탁계약에 의한 수익권이 표시된 수익증권(이와 유사한 것으로서 신탁의 수익권이 표시된 것을 포함)

금융투자업자는 일반투자자의 투자목적·재산상황 및 투자경험 등에 비추어 해당 파생상품등이 그 일반투자자에게 적정하지 아니하다고 판단되는 경우에는 대통령령으로 정하는 바[43]

---

41) 적합성원칙의 경우 적용대상이 모든 금융투자상품에 적용되나 적정성원칙은 고위험투자상품에 적용되며, 적합성원칙에 따라 투자권유를 하지 않은 경우라도 투자자가 스스로 매매를 원할 경우에는 판매가 가능하지만, 적정성원칙을 준수하지 않은 경우에는 투자자가 스스로 매매를 원한다고 해서 판매할 수 없으며, 투자자에게 투자 위험성을 고지하고 확인을 받은 경우에만 판매를 할 수 있다.

42) "금융위원회가 정하여 고시하는 집합투자기구의 집합투자증권"이란 집합투자재산을 운용함에 있어 장외파생상품이나 파생결합증권에 투자하지 아니하는 집합투자기구의 집합투자증권으로서 당해 집합투자규약 및 투자설명서에서 정한 운용방침이나 투자전략이 기초자산의 가격 또는 기초자산의 종류에 따라 다수 종목의 가격수준을 종합적으로 표시하는 지수의 변화에 연동하여 운용하는 것을 목표로 하는 집합투자기구(당해 집합투자기구가 연동하고자 하는 기초자산의 가격 또는 지수가 시행령 제246조 각 호의 요건을 모두 갖추고, 집합투자기구의 집합투자증권의 1좌당 또는 1주당 순자산가치의 변동율과 집합투자기구가 목표로 하는 지수의 변동율의 차이가 10% 이내로 한정되는 집합투자기구에 한한다)의 집합투자증권을 말한다. 다만, 상장지수집합투자기구가 목표로 하는 지수의 변화에 1배를 초과한 배율로 연동하거나 음의 배율로 연동하여 운용하는 것을 목표로 하는 상장지수집합투자기구의 집합투자증권은 제외한다(금융투자업규정4-7의2).

43) 금융투자업자는 일반투자자에게 다음의 사실을 알려야 한다(영52의2②).
　1. 해당 파생상품등(법 제46조의2 제1항에 따른 파생상품등)의 내용

에 따라 그 사실을 알리고, 일반투자자로부터 서명, 기명날인, 녹취, 그 밖에 대통령령으로 정
하는 방법(영52의2③: 전자우편, 그 밖에 이와 비슷한 전자통신, 우편, 전화자동응답시스템)으로 확인
을 받아야 한다(법46의2②).

(4) 설명의무

(가) 의의

자본시장법은 금융투자업자가 일반투자자에게 투자권유를 하는 경우 금융투자상품의 내
용, 투자위험 등을 설명하고, 일반투자자가 이를 이해하였음을 서명, 기명날인, 녹취 등 중 하
나 이상의 방법으로 확인하도록 규정하고 있다(법47①②).

(나) 설명사항

금융투자업자는 일반투자자를 상대로 투자권유를 하는 경우에는 금융투자상품의 내용, 투
자에 따르는 위험, 그 밖에 대통령령으로 정하는 사항을 일반투자자가 이해할 수 있도록 설명하
여야 한다(법47①). 이에 따라 설명사항은 금융투자상품의 내용, 투자에 따르는 위험, 그리고 대
통령령으로 정하는 사항이다. 여기서 "대통령령으로 정하는 사항"이란 ⅰ) 금융투자상품의 투자
성에 관한 구조와 성격(제1호), ⅱ) 수수료에 관한 사항(제2호), ⅲ) 조기상환조건이 있는 경우
그에 관한 사항(제3호), ⅳ) 계약의 해제·해지에 관한 사항(제4호), ⅴ) 투자자문업자가 투자권
유를 하는 경우에는 다음 각 목의 사항(제5호), 즉 ㉠ 투자자문업자가 시행령 제60조 제3항 제4
호 각 목의 요건("독립"이라는 문자 표시 요건)을 충족한 자에 해당하는지 여부(가목), ㉡ 투자자문
을 제공하는 법 제6조 제7항에 따른 금융투자상품등의 종류와 범위(나목), ㉢ 투자자문 제공 절
차와 투자자문수수료 등 관련 비용의 규모 및 산정방식(다목), ㉣ 그 밖에 투자자와 이해상충이
발생할 수 있는 사항으로서 금융위원회가 정하여 고시하는 사항(라목)[44]을 말한다(영53①).

(다) 설명확인

금융투자업자는 설명한 내용을 일반투자자가 이해하였음을 서명, 기명날인, 녹취, 그 밖의
대통령령으로 정하는 방법(영53②: 전자우편, 그 밖에 이와 비슷한 전자통신, 우편, 전화자동응답시스

---

2. 해당 파생상품등에 대한 투자에 따르는 위험
3. 해당 파생상품등이 일반투자자의 투자목적·재산상황 및 투자경험 등에 비추어 그 일반투자자에게 적
   정하지 아니하다는 사실
44) "금융위원회가 정하여 고시하는 사항"이란 다음의 사항을 말한다(금융투자업규정4-7의3).
   1. 법 제6조 제7항에 따른 금융투자상품등을 예치받거나 운용·판매(중개를 포함)하는 자("금융투자상품판
      매회사등")의 수수료 수입 또는 투자자의 매매거래 규모 등에 연동하여 다른 금융투자상품판매회사등
      (임직원을 포함)으로부터 직접 또는 간접의 대가를 지급받는 경우 그 사실과 대가의 산정방식 및 규모
   2. 금융투자상품판매회사등(임직원을 포함)으로부터 재산상 이익을 제공 받는 경우 그 재산상 이익의 종
      류 및 정도. 다만, 불특정 다수에게 제공되는 등 이해상충 가능성이 낮은 것으로서 협회가 정하는 경미
      한 재산상 이익은 제외한다.
   3. 영 제60조 제3항 제4호 각 목의 요건에 해당하는지 여부 및 해당하는 경우 그 내용
   4. 특정한 금융투자상품판매회사등과 협력하여 투자자문을 제공하는 경우 그 내용

템) 중 하나 이상의 방법으로 확인을 받아야 한다(법47②).

자본시장법 제47조 제2항(제52조 제6항에서 준용하는 경우를 포함)을 위반하여 확인을 받지 아니한 자에 대하여는 1억원 이하의 과태료를 부과한다(법449①(21)).

(라) 부실설명금지

금융투자업자는 설명을 함에 있어서 투자자의 합리적인 투자판단 또는 해당 금융투자상품의 가치에 중대한 영향을 미칠 수 있는 사항("중요사항")을 거짓 또는 왜곡하여 설명하거나 중요사항을 누락하여서는 아니 된다. 여기서 왜곡이란 불확실한 사항에 대하여 단정적 판단을 제공하거나 확실하다고 오인하게 할 소지가 있는 내용을 알리는 행위를 말한다(법47③).

(마) 손해배상책임

금융투자업자는 설명의무에 관한 제47조 제1항 또는 제3항을 위반한 경우 이로 인하여 발생한 일반투자자의 손해를 배상할 책임이 있다(법48①). 이는 투자자에게 거래행위에 필연적으로 수반되는 위험성에 관한 올바른 인식형성을 방해하거나 투자자의 투자상황에 비추어 과대한 위험성을 수반하는 거래를 적극적으로 권유한 행위로서 투자자 보호의무를 위반한 불법행위를 구성하기 때문이다. 이러한 설명의무는 투자자의 손해발생 시 사실상 입증책임을 금융투자업자에게 이전시키는 효과가 있다. 집합투자상품의 경우와 같이 관련된 금융회사가 복수인 경우에는 자산운용회사와 같은 집합투자업자와 이를 판매한 판매은행이 공동불법행위책임을 질 수도 있다. 금융투자상품의 취득으로 인해 일반투자자가 지급하였거나 지급하여야 할 금전등의 총액에서 그 금융투자상품의 처분, 그 밖의 방법으로 그 일반투자자가 회수하였거나 회수할 수 있는 금전등의 총액을 뺀 금액은 제1항에 따른 손해액으로 추정한다(법48②).

(5) 부당권유금지

(가) 부당권유의 유형

금융투자업자는 투자권유를 함에 있어서 다음의 어느 하나에 해당하는 행위를 하여서는 아니 된다(법49). ⅰ) 거짓의 내용을 알리는 행위(제1호)는 금지된다. ⅱ) 불확실한 사항에 대하여 단정적 판단을 제공하거나 확실하다고 오인하게 할 소지가 있는 내용을 알리는 행위(제2호)는 금지된다.

ⅲ) 투자자로부터 투자권유의 요청을 받지 아니하고 방문·전화 등 실시간 대화의 방법을 이용하는 행위(불초청권유)는 금지된다(제3호 본문). 이러한 행위는 투자자의 사생활과 평온한 삶을 침해할 가능성이 크기 때문이다. 다만, 투자자 보호 및 건전한 거래질서를 해할 우려가 없는 행위로서 대통령령으로 정하는 행위(영54①: 증권과 장내파생상품에 대하여 투자권유를 하는 행위)를 제외한다(제3호 단서).

ⅳ) 투자권유를 받은 투자자가 이를 거부하는 취지의 의사를 표시하였음에도 불구하고 투

자권유를 계속하는 행위(제4호 본문)는 금지된다. 이는 투자자의 명시적인 의사에 반하여 투자
권유를 계속하는 행위를 금지함으로써 투자자의 인격을 존중하고 건전한 상거래 질서를 확보
하기 위한 것이다. 다만, 투자자 보호 및 건전한 거래질서를 해할 우려가 없는 행위로서 ㉠
투자권유를 받은 투자자가 이를 거부하는 취지의 의사를 표시한 후 금융위원회가 정하여 고
시하는 기간인 1개월(금융투자업규정4-8①)이 지난 후에 다시 투자권유를 하는 행위(영54②(2))
는 제외되고, ㉡ 다른 종류의 금융투자상품에 대하여 투자권유를 하는 행위는 제외된다. 이
경우 다른 종류의 구체적인 내용은 금융위원회가 정하여 고시[45]한다(영54②(3))는 제외된다
(제4호 단서).

   v) 그 밖에 투자자 보호 또는 건전한 거래질서를 해할 우려가 있는 행위로서 대통령령
으로 정하는 행위(5호)는 금지된다. 여기서 "대통령령으로 정하는 행위"란 투자자(전문투자자와
신용공여를 받아 투자를 한 경험이 있는 일반투자자는 제외)로부터 금전의 대여나 그 중개·주선 또
는 대리를 요청받지 아니하고 이를 조건으로 투자권유를 하는 행위를 말한다(영55).

(나) 부당권유금지에 대한 제재

   금융투자업자는 법령·약관·집합투자규약·투자설명서에 위반하는 행위를 하거나 그 업
무를 소홀히 하여 투자자에게 손해를 발생시킨 경우에는 그 손해를 배상할 책임이 있다(법64
①). 자본시장법 제49조 제1호 또는 제2호에 해당하는 행위를 한 자는 3년 이하의 징역 또는 1
억원 이하의 벌금에 처한다(법445(6). 제49조 제3호부터 제5호까지의 어느 하나에 해당하는 행
위를 한 자는 1억원 이하의 과태료를 부과한다(법449(22)).

(6) 투자권유준칙

   금융투자업자는 투자권유를 함에 있어서 금융투자업자의 임직원이 준수하여야 할 구체적
인 기준 및 절차("투자권유준칙")를 정하여야 한다(법50① 본문). 다만, 파생상품등에 대하여는 일
반투자자의 투자목적·재산상황 및 투자경험 등을 고려하여 투자자 등급별로 차등화된 투자권
유준칙을 마련하여야 한다(법50① 단서). 금융투자업자는 투자권유준칙을 정한 경우 이를 인터
넷 홈페이지 등을 이용하여 공시하여야 한다. 투자권유준칙을 변경한 경우에도 또한 같다(법50
②). 협회는 투자권유준칙과 관련하여 금융투자업자가 공통으로 사용할 수 있는 표준투자권유

---

45) 다음 각 호 각 목의 어느 하나에 해당하는 금융투자상품의 매매 또는 계약의 체결에 대한 투자권유는 각
   호 각 목별로 각각 같은 종류의 투자권유로 본다. 이 경우 금융감독원장은 금융투자상품의 특성 등을 고려
   하여 각 호 각 목별 투자권유를 서로 다른 종류의 투자권유로 분류할 수 있다(금융투자업규정4-8②).
   1. 금융투자상품 가. 채무증권, 나. 지분증권, 다. 수익증권, 라. 투자계약증권, 마. 파생결합증권, 바. 증권
      예탁증권, 사. 장내파생상품, 아. 장외파생상품
   2. 투자자문계약 또는 투자일임계약 가. 증권에 대한 투자자문계약 또는 투자일임계약, 나. 장내파생상품
      에 대한 투자자문계약 또는 투자일임계약, 다. 장외파생상품에 대한 투자자문계약 또는 투자일임계약
   3. 신탁계약 가. 법 제103조 제1항 제1호의 신탁재산에 대한 신탁계약, 나. 법 제103조 제1항 제2호부터
      제7호까지의 신탁재산에 대한 신탁계약

준칙을 제정할 수 있다(법50③).

법 제50조 제1항에 따른 투자권유준칙을 정하지 아니한 자는 1억원 이하의 과태료를 부과한다(법449①(23)).

(7) 투자권유대행인

(가) 투자권유대행인의 의의와 자격

투자권유대행인(개인에 한한다)이란 금융투자업자의 위탁을 받아 금융투자상품에 대한 투자권유(파생상품등에 대한 투자권유를 제외)를 대행하는 자이다(법51①).[46] 금융투자업자는 투자권유대행인 외의 자에게 투자권유를 대행하게 하여서는 아니 된다(법52①).

금융투자업자는 ⅰ) 금융위원회에 투자권유대행인으로 이미 등록된 자가 아닐 것(제1호), ⅱ) 금융투자상품에 관한 전문지식이 있는 자로서 대통령령으로 정하는 자격[47]을 갖출 것(제2호), ⅲ) 등록이 취소된 경우 그 등록이 취소된 날부터 3년이 경과하였을 것(제3호)의 요건을 모두 갖춘 자(개인에 한한다)에게 투자권유(파생상품등에 대한 투자권유를 제외)를 위탁할 수 있다(법51① 전단). 이 경우 금융투자업자의 업무위탁에 관한 제42조를 적용하지 않는다(법51① 후단).

(나) 투자권유대행인의 등록

1) 등록의무

금융투자업자로부터 투자권유를 위탁받은 자는 등록 전에는 투자권유를 하여서는 아니 된다(법51②). 법 제51조 제2항을 위반하여 등록 전에 투자권유를 한 자는 3년 이하의 징역 또는 1억원 이하의 벌금에 처한다(법445(7)).

투자권유대행인으로 등록된 자는 등록 이후 그 영업을 영위함에 있어서 금융투자상품에 관한 전문지식이 있는 자로서 제51조 제1항 제2호의 요건을 유지하여야 한다(법51⑨).

2) 등록절차

금융투자업자는 투자권유를 위탁한 경우에는 위탁받은 자를 금융위원회에 등록하여야 한

---

46) 자본시장법은 과거 간접투자자산운용업법에 있던 간접투자증권(펀드) 취득권유인제도를 확대하여 금융투자업자로 하여금 그에 소속된 임직원이 아닌 자 중 금융투자상품에 대한 전문지식이 있는 자로서 일정한 요건을 갖춘 자에게 투자권유를 위탁할 수 있도록 하되, 투자자 보호를 위해 투자권유대행인(Introducing Broker)에 대하여도 금융투자업자에게 적용되는 투자권유 관련 규제를 준용하고 있다(법52⑥).
47) "대통령령으로 정하는 자격"이란 다음의 요건을 모두 충족하는 것을 말한다(영56).
  1. 다음 각 목의 어느 하나에 해당하는 자일 것
    가. 법 제286조 제1항 제3호 가목에 따라 협회에서 시행하는 투자권유자문인력의 능력을 검증할 수 있는 시험에 합격한 자
    나. 법 제286조 제1항 제3호 다목에 따라 협회에서 시행하는 투자운용인력의 능력을 검증할 수 있는 시험에 합격한 자
    다. 보험업법 시행령 별표 3에 따른 보험설계사·보험대리점 또는 보험중개사의 등록요건을 갖춘 개인으로서 보험모집에 종사하고 있는 자(집합투자증권의 투자권유를 대행하는 경우만 해당)
  2. 협회가 정하여 금융위원회의 인정을 받은 교육을 마칠 것

다(법51③ 전단). 이 경우 금융위원회는 그 등록업무를 대통령령으로 정하는 바에 따라 협회에 위탁할 수 있다(법51③ 후단).[48] 금융투자업자는 투자권유를 위탁받은 자를 등록하고자 하는 경우에는 금융위원회(협회에 위탁한 경우에는 협회)에 등록신청서를 제출하여야 한다(법52④).

금융위원회는 등록신청서를 접수한 경우에는 그 내용을 검토하여 2주 이내에 등록 여부를 결정하고, 그 결과와 이유를 지체 없이 신청인에게 문서로 통지하여야 한다. 이 경우 등록신청서에 흠결이 있는 때에는 보완을 요구할 수 있다(법51⑤). 검토기간을 산정함에 있어서 등록신청서 흠결의 보완기간 등 총리령으로 정하는 기간[49]은 검토기간에 산입하지 아니한다(법52⑥). 금융위원회는 등록 여부를 결정함에 있어서 ⅰ) 등록요건을 갖추지 아니한 경우(제1호), ⅱ) 등록신청서를 거짓으로 작성한 경우(제2호), ⅲ) 보완요구를 이행하지 아니한 경우(제3호) 중 어느 하나에 해당하는 사유가 없는 한 등록을 거부하여서는 아니 된다(법51⑦).

금융위원회는 투자권유대행인의 등록을 결정한 경우 투자권유대행인등록부에 필요한 사항을 기재하여야 하며, 등록 결정한 내용을 인터넷 홈페이지 등에 공고하여야 한다(법51⑧).

(다) 투자권유대행인의 금지행위

투자권유대행인은 ⅰ) 위탁한 금융투자업자를 대리하여 계약을 체결하는 행위(제1호),[50] ⅱ) 투자자로부터 금전·증권, 그 밖의 재산을 수취하는 행위(제2호),[51] ⅲ) 금융투자업자로부터 위탁받은 투자권유대행업무를 제3자에게 재위탁하는 행위(제3호),[52] ⅳ) 그 밖에 투자자 보호 또는 건전한 거래질서를 해할 우려가 있는 행위로서 대통령령으로 정하는 행위(제4호)의 어느 하나에 해당하는 행위를 하여서는 아니 된다(법52②).

위 제4호의 "대통령령으로 정하는 행위"란 ⅰ) 투자자를 대리하여 계약을 체결하는 행위(제1호), ⅱ) 투자자로부터 금융투자상품에 대한 매매권한을 위탁받는 행위(제2호), ⅲ) 제3자로 하여금 투자자에게 금전을 대여하도록 중개·주선 또는 대리하는 행위(제3호), ⅳ) 투자일임재

---

48) 금융위원회는 등록업무를 협회에 위탁하는 경우에는 협회와 미리 다음 각 호의 내용이 포함된 위탁계약을 체결하여야 한다(영57).
   1. 협회는 위탁받은 등록업무를 수행하는 경우에 법 제51조 제5항부터 제8항까지 및 이 영 제58조 제3항 및 제4항을 준수하여야 한다는 내용. 이 경우 "금융위원회"는 "협회"로 본다.
   2. 협회는 매 분기별로 금융위원회에 등록현황을 보고하여야 한다는 내용
49) "총리령으로 정하는 기간"이란 다음의 어느 하나에 해당하는 기간을 말한다(시행규칙7).
   1. 법 제51조 제1항 각 호의 요건을 충족하는지를 확인하기 위하여 다른 기관 등으로부터 필요한 자료를 제공받는 데에 걸리는 기간
   2. 법 제51조 제5항 후단에 따른 등록신청서 흠결의 보완을 요구한 경우에는 그 보완기간
50) 투자권유대행인은 단순한 중개업무만을 수행하여야 할 뿐이므로 위탁한 금융투자업자를 대리하여 계약을 체결하는 행위는 할 수 없다.
51) 이러한 행위를 금지하는 것은 투자권유대행인이 투자를 권유하는 경우 그의 명의나 자기계산으로 상품판매를 할 수 없다는 의미이다.
52) 투자권유대행계약은 금융투자업자와 투자권유대행인 사이의 신임관계를 기초로 하므로 금융투자업자로부터 위탁받은 투자권유대행업무를 제3자에게 재위탁하는 행위를 할 수 없다.

산이나 신탁재산을 각각의 투자자별 또는 신탁재산별로 운용하지 아니하고 집합하여 운용하는 것처럼 그 투자일임계약이나 신탁계약의 체결에 대한 투자권유를 하거나 투자광고를 하는 행위(제4호), ⅴ) 둘 이상의 금융투자업자와 투자권유 위탁계약을 체결하는 행위(제5호), ⅵ) 보험설계사가 소속 보험회사가 아닌 보험회사와 투자권유 위탁계약을 체결하는 행위(제6호), ⅶ) 그 밖에 투자자의 보호나 건전한 거래질서를 해칠 염려가 있는 행위로서 금융위원회가 정하여 고시하는 행위(제7호)[53]의 어느 하나에 해당하는 행위를 말한다(영59①).

(라) 투자권유대행인의 투자권유방법

투자권유대행인은 투자권유를 대행함에 있어서 투자자에게 ⅰ) 투자권유를 위탁한 금융투자업자의 명칭(제1호), ⅱ) 투자권유를 위탁한 금융투자업자를 대리하여 계약을 체결할 권한이 없다는 사실(제2호), ⅲ) 투자권유대행인은 투자자로부터 금전·증권, 그 밖의 재산을 수취하지 못하며, 금융투자업자가 이를 직접 수취한다는 사실(제3호), ⅳ) 그 밖에 투자자 보호 또는 건전한 거래질서를 위하여 필요한 사항으로서 대통령령으로 정하는 사항(제4호)을 미리 알려야 하며, 자신이 투자권유대행인이라는 사실을 나타내는 표지를 게시하거나 증표를 투자자에게 내보여야 한다(법52③).

제4호에서 "대통령령으로 정하는 사항"이란 ⅰ) 투자자를 대리하여 계약을 체결할 수 없다는 사실(제1호), ⅱ) 투자자로부터 금융투자상품에 대한 매매권한을 위탁받을 수 없다는 사실(제2호), ⅲ) 그 밖에 투자자의 보호나 건전한 거래질서를 위하여 필요한 사항으로서 금융위원회가 정하여 고시하는 사항(제3호)[54]의 어느 하나에 해당하는 사항을 말한다(영59②).

---

[53] "금융위원회가 정하여 고시하는 행위"란 다음 각 호의 어느 하나에 해당하는 행위를 말한다(금융투자업규정4-10①).
1. 금융투자상품의 매매, 그 밖의 거래와 관련하여 투자자에게 제4-18조 제2항에서 정하는 한도를 초과하여 직접 또는 간접적인 재산상의 이익을 제공하면서 권유하는 행위
2. 금융투자상품의 가치에 중대한 영향을 미치는 사항을 사전에 알고 있으면서 이를 투자자에게 알리지 아니하고 당해 금융투자상품의 매수 또는 매도를 권유하는 행위
3. 위탁계약을 체결한 금융투자업자가 이미 발행한 주식의 매수 또는 매도를 권유하는 행위
4. 투자목적, 재산상황 및 투자경험 등을 감안하지 아니하고 투자자에게 지나치게 빈번하게 투자권유를 하는 행위
5. 자기 또는 제3자가 소유한 금융투자상품의 가격상승을 목적으로 투자자에게 당해 금융투자상품의 취득을 권유하는 행위
6. 투자자가 법 제174조·제176조 및 제178조에 위반되는 매매, 그 밖의 거래를 하고자 함을 알고 그 매매, 그 밖의 거래를 권유하는 행위
7. 금융투자상품의 매매, 그 밖의 거래와 관련하여 투자자의 위법한 거래를 은폐하여 주기 위하여 부정한 방법을 사용하도록 권유하는 행위
[54] "금융위원회가 정하여 고시하는 사항"이란 다음의 사항을 말한다(금융투자업규정4-10②).
1. 금융투자상품의 매매, 그 밖에 거래에 관한 정보는 금융투자업자가 관리하고 있다는 사실
2. 법 제52조 제2항 각 호의 행위가 금지되어 있다는 사실

(마) 투자권유대행기준과 준용규정

금융투자업자는 투자권유대행인이 투자권유를 대행함에 있어서 법령을 준수하고 건전한 거래질서를 해하는 일이 없도록 성실히 관리하여야 하며, 이를 위한 투자권유대행기준을 정하여야 한다(법52④). 투자권유준칙 또는 투자권유대행기준을 정하지 아니한 자는 1억원 이하의 과태료를 부과한다(법449①(23)).

민법 제756조는 투자권유대행인이 투자권유를 대행함에 있어서 투자자에게 손해를 끼친 경우에 준용한다(법52⑤). 제46조부터 제49조까지(적합성원칙, 적정성원칙, 설명의무, 손해배상책임, 부당권유의 금지), 제54조(직무관련 정보의 이용금지), 제55조(손실보전 등의 금지) 및 금융실명법 제4조는 투자권유대행인이 투자권유를 대행하는 경우에 준용한다(법52⑥).

법 제52조 제6항 준용하는 금융실명법 제4조 제1항 또는 제3항부터 제5항까지의 규정을 위반하여 거래정보등을 제3자에게 제공하거나 누설한 자와 이를 요구한 자는 5년 이하의 징역 또는 2억원 이하의 벌금에 처한다(법444(6)).

(바) 검사 및 조치

투자권유대행인은 투자권유의 대행과 관련하여 그 업무와 재산상황에 관하여 금융감독원장의 검사를 받아야 한다. 이 경우 제419조 제5항부터 제7항까지 및 제9항(금융감독원장의 금융투자업자에 대한 검사)을 준용한다(법53①). 금융위원회는 투자권유대행인이 ⅰ) 등록요건 유지의무를 위반한 경우(제1호), ⅱ) 제52조 제2항·제3항 또는 제6항(제46조, 제47조, 제49조, 제54조, 제55조 및 금융실명법 제4조 제1항, 같은 조 제3항부터 제5항까지의 규정을 준용하는 경우에 한한다)을 위반한 경우(제2호), ⅲ) 검사를 거부·방해 또는 기피한 경우(제3호), ⅳ) 제419조 제5항에 따른 보고 등의 요구에 불응한 경우(제4호) 중 어느 하나에 해당하는 경우에는 금융투자업자의 투자권유대행인 등록을 취소하거나 그 투자권유대행인에 대하여 6개월 이내의 투자권유대행업무 정지를 할 수 있다(법53②).

금융위원회는 투자권유대행인 등록을 취소하거나 투자권유대행업무를 정지한 경우에는 그 내용을 기록하고, 이를 유지·관리하여야 한다(법53③). 금융위원회는 투자권유대행인 등록을 취소하거나 투자권유대행업무를 정지한 경우에는 그 사실을 인터넷 홈페이지 등에 공고하여야 한다(법53④). 금융투자업자 또는 투자권유대행인(투자권유대행인이었던 자를 포함)은 금융위원회에 자기에 대한 제2항에 따른 조치 여부 및 그 내용을 조회할 수 있다(법53⑤). 금융위원회는 조회요청을 받은 경우에는 정당한 사유가 없는 한 조치 여부 및 그 내용을 그 조회 요청자에게 통보하여야 한다(법53⑥). 제423조(제2호를 제외)는 제2항에 따른 투자권유대행인 등록의 취소에 관하여 준용하고, 제425조는 제2항에 따른 투자권유대행인 등록의 취소 및 투자권유대행업무의 정지에 관하여 준용한다(법53⑦).

6. 직무관련 정보의 이용 금지 등

(1) 직무관련 정보의 이용 금지

금융투자업자는 직무상 알게 된 정보로서 외부에 공개되지 아니한 정보를 정당한 사유 없이 자기 또는 제3자의 이익을 위하여 이용하여서는 아니 된다(법54①).[55] 금융투자업자 및 그 임직원은 제45조 제1항 또는 제2항에 따라 정보교류 차단의 대상이 되는 정보를 정당한 사유 없이 본인이 이용하거나 제3자에게 이용하게 하여서는 아니 된다(법54②).

이를 위반하여 직무상 알게 된 정보로서 외부에 공개되지 아니한 정보를 자기 또는 제3자의 이익을 위하여 이용한 자는 3년 이하의 징역 또는 1억원 이하의 벌금에 처한다(법445(9)).

(2) 손실보전 등의 금지

금융투자업자는 금융투자상품의 매매, 그 밖의 거래와 관련하여 제103조 제3항에 따라 손실의 보전 또는 이익의 보장을 하는 경우, 그 밖에 건전한 거래질서를 해할 우려가 없는 경우로서 정당한 사유가 있는 경우를 제외하고는 ⅰ) 투자자가 입을 손실의 전부 또는 일부를 보전하여 줄 것을 사전에 약속하는 행위(제1호), ⅱ) 투자자가 입은 손실의 전부 또는 일부를 사후에 보전하여 주는 행위(제2호), ⅲ) 투자자에게 일정한 이익을 보장할 것을 사전에 약속하는 행위(제3호), ⅳ) 투자자에게 일정한 이익을 사후에 제공하는 행위(제4호)를 하여서는 아니 된다. 금융투자업자의 임직원이 자기의 계산으로 하는 경우에도 또한 같다(법55).

이 규정은 자본시장의 건전한 거래질서를 확보하기 위해 제정된 강행법규로서 이를 위반하는 약정은 무효이다. 법 제55조(제42조 제10항 또는 제52조 제6항에서 준용하는 경우를 포함)를 위반하여 같은 조 각 호의 어느 하나에 해당하는 행위를 한 자는 3년 이하의 징역 또는 1억원 이하의 벌금에 처한다(법445(10).

(3) 약관규제

(가) 약관 제정·변경의 보고와 신고

금융투자업자는 금융투자업의 영위와 관련하여 약관을 제정 또는 변경하는 경우에는 약관의 제정 또는 변경 후 7일 이내에 금융위원회 및 협회에 보고하여야 한다(법56① 본문). 다만, 투자자의 권리나 의무에 중대한 영향을 미칠 우려가 있는 경우로서 "대통령령으로 정하는 경우"에는 약관의 제정 또는 변경 전에 미리 금융위원회에 신고하여야 한다(법56① 단서). 금융위원회는 신고를 받은 경우 그 내용을 검토하여 이 법에 적합하면 신고를 수리하여야 한다(법56⑤).

---

55) 자본시장법 제174조의 미공개중요정보 이용행위 금지와는 업무관련성이 요구되지 않는 점과 상장법인·상장예정법인이 발행한 특정증권등에 한정되지 않는 점에서 구별된다.

위의 자본시장법 제56조 제1항 단서에서 "대통령령으로 정하는 경우"란 ⅰ) 약관의 제정으로서 기존 금융서비스의 제공 내용·방식·형태 등과 차별성이 있는 내용을 포함하는 경우(제1호), ⅱ) 투자자의 권리를 축소하거나 의무를 확대하기 위한 약관의 변경으로서 다음 각 목의 어느 하나에 해당하는 경우(제2호), ㉠ 변경 전 약관을 적용받는 기존 투자자에게 변경된 약관을 적용하는 경우(가목), ㉡ 기존 금융서비스의 제공 내용·방식·형태 등과 차별성이 있는 내용을 포함하는 경우(나목), ⅲ) 그 밖에 투자자 보호 등을 위하여 금융위원회가 정하여 고시하는 경우(제3호)의 어느 하나에 해당하는 경우를 말한다(영59의2①).

시행령 제59조의2 제1항에도 불구하고 ⅰ) 보고 또는 신고된 약관과 동일하거나 유사한 내용으로 약관을 제정하거나 변경하는 경우(제1호), ⅱ) 표준약관의 제정 또는 변경에 따라 약관을 제정하거나 변경하는 경우(제2호), ⅲ) 변경명령에 따라 약관을 제정하거나 변경하는 경우(제3호), ⅳ) 법령의 제정 또는 개정에 따라 약관을 제정하거나 변경하는 경우(제4호), ⅴ) 그 밖에 투자자의 권리나 의무에 중대한 영향을 미칠 우려가 없다고 인정하는 경우로서 금융위원회가 정하여 고시하는 경우(제5호)는 사전신고하는 경우에 해당하지 않는다(영59의2②).

금융투자업자는 약관을 제정 또는 변경한 경우에는 인터넷 홈페이지 등을 이용하여 공시하여야 한다(법56②).

(나) 표준약관의 제정과 변경

협회는 건전한 거래질서를 확립하고 불공정한 내용의 약관이 통용되는 것을 방지하기 위하여 금융투자업 영위와 관련하여 표준이 되는 약관("표준약관")을 제정할 수 있다(법56③). 협회는 표준약관을 제정 또는 변경하고자 하는 경우에는 미리 금융위원회에 신고하여야 한다(법56④ 본문). 금융위원회는 신고를 받은 경우 그 내용을 검토하여 자본시장법에 적합하면 신고를 수리하여야 한다(법56⑤).

다만, 전문투자자만을 대상으로 하는 표준약관을 제정 또는 변경하는 경우에는 그 표준약관을 제정 또는 변경한 후 7일 이내에 금융위원회에 보고하여야 한다(법56④ 단서).

(다) 공정거래위원회에의 통보

약관을 신고 또는 보고받거나 표준약관을 신고 또는 보고받은 금융위원회는 그 약관 또는 표준약관을 공정거래위원회에 통보하여야 한다. 이 경우 공정거래위원회는 통보받은 약관 또는 표준약관이 약관규제법 제6조부터 제14조까지의 규정에 위반된 사실이 있다고 인정될 때에는 금융위원회에 그 사실을 통보하고 그 시정에 필요한 조치를 취하도록 요청할 수 있으며, 금융위원회는 특별한 사유가 없는 한 이에 응하여야 한다(법56⑥).

(라) 약관변경명령

금융위원회는 약관 또는 표준약관이 자본시장법 또는 금융과 관련되는 법령에 위반되거나 그 밖에 투자자의 이익을 침해할 우려가 있다고 인정되는 경우에는 금융투자업자 또는 협회에 그 내용을 구체적으로 기재한 서면에 의하여 약관 또는 표준약관을 변경할 것을 명할 수 있다 (법56⑦).

(마) 위반시 제재

법 제56조 제1항 단서에 따른 신고를 하지 아니하고 약관을 제정 또는 변경한 자 또는 거짓, 그 밖의 부정한 방법으로 제56조 제1항 단서에 따른 신고를 한 자에 대하여는 1억원 이하의 과태료를 부과한다(법449①(24)(25)).

(4) 투자광고규제

(가) 투자광고의 의의

투자광고란 금융투자업자의 영위업무 또는 금융투자상품에 관한 광고를 말한다(법57①). 금융투자상품은 원본손실의 가능성이 있기 때문에 투자에 따른 위험 등을 광고에 의무적으로 포함하도록 함으로써 투자자가 이를 미리 알고 투자할 수 있도록 하는 등 합리적인 의사결정을 하게 할 필요성이 있어 자본시장법에서 투자광고에 대한 규제원칙을 명문화한 것이다.

일반적으로 투자권유는 특정 투자자를 대상으로 하는 것인데 반해 투자광고는 불특정다수인을 대상으로 하는 점에서 구별된다. 또한 투자권유는 금융투자상품의 매매계약의 체결을 목적으로 하는 반면, 투자광고는 특정 계약의 체결이 아닌 일반적인 정보제공을 목적으로 한다는 점에서 다르다. 투자광고에 관한 구체적인 규제는 금융투자협회의 「금융투자회사의 영업 및 업무에 관한 규정」에 나와 있다. 또한 투자광고도 표시광고법의 적용대상이다.

(나) 투자광고의 주체

금융투자업자가 아닌 자는 원칙적으로 투자광고를 하여서는 아니 된다(법57① 본문). 다만, 예외적으로 협회와 금융투자업자를 자회사 또는 손자회사로 하는 금융지주회사는 투자광고를 할 수 있으며, 증권의 발행인 또는 매출인은 그 증권에 대하여 투자광고를 할 수 있다(법57① 단서).

(다) 투자광고의 내용

1) 투자광고 포함사항

금융투자업자(협회와 금융투자업자를 자회사 또는 손자회사로 하는 금융지주회사, 증권의 발행인 또는 매출인 포함)는 투자광고(집합투자증권에 대한 투자광고를 제외)하는 경우에는 그 금융투자업자의 명칭, 금융투자상품의 내용, 투자에 따른 위험, 그 밖에 "대통령령으로 정하는 사항"이 포함되도록 하여야 한다(법57②). 여기서 "대통령령으로 정하는 사항"이란 다음의 사항을 말한다

(영60①).

1. 금융투자업자(협회와 금융투자업자를 자회사 또는 손자회사로 하는 금융지주회사, 증권의 발행인 또는 매출인 포함)는 금융투자상품에 대하여 충분히 설명할 의무가 있다는 내용
2. 금융투자업자로부터 설명을 듣고서 투자할 것을 권고하는 내용
3. 수수료에 관한 사항
4. 투자광고를 하는 자, 투자광고의 내용, 투자광고의 매체·크기·시간 등을 고려하여 금융위원회가 정하여 고시하는 사항[56]

2) 표시금지사항

금융투자업자는 투자광고를 함에 있어서 "연금이나 퇴직금의 지급을 목적으로 하는 신탁으로서 금융위원회가 정하여 고시하는 경우"(법103③, 영104①)를 제외하고는 손실보전 또는 이익보장으로 오인하게 하는 표시를 하여서는 아니 된다(법57④). 투자권유를 하는 경우에 손실보전이나 이익보장은 자본시장법이 금지하고 있지만 투자광고의 경우에도 이러한 내용이 포함되지 않도록 명시한 것이다.

(라) 집합투자증권에 대한 투자광고

1) 포함하여야 하는 사항

금융투자업자는 집합투자증권에 대하여 투자광고를 하는 경우 다음의 사항이 포함되도록 하여야 한다(법57③).

1. 집합투자증권을 취득하기 전에 투자설명서 또는 간이투자설명서를 읽어 볼 것을 권고하는 내용
2. 집합투자기구는 운용결과에 따라 투자원금의 손실이 발생할 수 있으며, 그 손실은 투자자에게 귀속된다는 사실
3. 집합투자기구의 운용실적을 포함하여 투자광고를 하는 경우에는 그 운용실적이 미래의 수익률을 보장하는 것은 아니라는 내용

---

56) "금융위원회가 정하여 고시하는 사항"이란 다음의 사항을 말한다(금융투자업규정4-11①).
  1. 타 기관 등으로부터 수상, 선정, 인증, 특허 등("수상등")을 받은 내용을 표기하는 경우 당해 기관의 명칭, 수상등의 시기 및 내용
  2. 과거의 재무상태 또는 영업실적을 표기하는 경우 투자광고 시점(또는 기간) 및 미래에는 이와 다를 수 있다는 내용
  3. 최소비용을 표기하는 경우 그 최대비용과 최대수익을 표기하는 경우 그 최소수익
  4. 관련법령·약관 등의 시행일 또는 관계기관의 인·허가 전에 실시하는 광고의 경우 투자자가 당해 거래 또는 계약 등의 시기 및 조건 등을 이해하는 데에 필요한 내용
  5. 통계수치나 도표 등을 인용하는 경우 해당 자료의 출처
  6. 그 밖에 투자자 보호를 위하여 필요한 사항으로서 협회가 정하는 사항

2) 포함할 수 있는 사항

금융투자업자는 집합투자증권에 대하여 투자광고를 하는 경우 집합투자기구의 명칭, 집합투자기구의 종류에 관한 사항, 집합투자기구의 투자목적 및 운용전략에 관한 사항, 그 밖에 집합투자증권의 특성 등을 고려하여 다음과 같은 대통령령으로 정하는 사항(영60②)을 포함할 수 있고, 그 외의 사항을 투자광고에 사용하여서는 아니 된다(법57③). 여기서 "대통령령으로 정하는 사항"이란 다음의 사항을 말한다(영60②).

1. 집합투자업자, 집합투자재산을 보관·관리하는 신탁업자와 집합투자증권을 판매하는 투자매매업자·투자중개업자(일반사무관리회사가 있는 경우에는 일반사무관리회사를 포함)의 상호 등 그 업자에 관한 사항
2. 제1호의 자가 받는 보수나 수수료에 관한 사항
3. 해당 집합투자기구의 투자운용인력에 관한 사항
4. 과거의 운용실적이 있는 경우에는 그 운용실적
5. 집합투자증권의 환매에 관한 사항
6. 그 밖에 투자광고에 포함하여도 투자자 보호를 해치지 아니한다고 인정되는 사항으로서 금융위원회가 정하여 고시하는 사항[57]

(마) 기타 준수사항

금융투자업자는 투자광고를 하는 경우 다음 사항을 준수하여야 한다(영60③).

1. 수익률이나 운용실적을 표시하는 경우에는 수익률이나 운용실적이 좋은 기간의 수익률이나 운용실적만을 표시하지 아니할 것
2. 금융투자상품의 비교광고를 하는 경우에는 명확한 근거 없이 다른 금융투자상품이 열등하거나 불리한 것으로 표시하지 아니할 것

---

57) "금융위원회가 정하여 고시하는 사항"이란 다음의 사항을 말한다(금융투자업규정4-11②).
   1. 법 제47조에 따라 일반투자자가 이해할 수 있도록 설명하여야 하는 사항
   2. 집합투자재산은 신탁업자에 따라 신탁업자의 고유재산과 분리하여 안전하게 보관·관리되고 있다는 사실
   3. 신탁업자, 집합투자업자의 준법감시인 및 회계감사인이 집합투자재산을 적법하게 운용하고 있는지 여부를 감시한다는 사실
   4. 집합투자기구의 투자목적에 적합한 투자자에 관한 사항
   5. 집합투자기구의 수익구조
   6. 집합투자기구평가회사 등이 평가한 평가결과
   7. 일반적인 경제상황에 대한 정보
   8. 투자금의 한도 및 적립방법
   9. 비교광고를 하는 경우에는 비교의 대상이 되는 다른 집합투자업자 및 집합투자기구의 유형, 운용기간, 운용실적, 그 밖에 비교의 기준일자 등에 관한 사항
   10. 투자광고의 특성상 필요한 표제·부제

3. 준법감시인(준법감시인이 없는 경우에는 감사 등 이에 준하는 자)의 사전확인을 받는 등 금융위원회가 정하여 고시하는 방법58)에 따를 것

4. "독립"이라는 문자 또는 이와 같은 의미의 외국어 문자로서 "independent"라는 문자나 그와 비슷한 의미를 가지는 다른 외국어 문자(그 한글표기문자를 포함한다. 이하 "독립등"이라 한다)를 표시하려는 투자자문업자는 다음 각 목의 요건을 갖추어 금융위원회가 정하여 고시하는 절차에 따라 금융위원회의 확인을 받을 것

가. 투자일임업 외의 다른 금융투자업, 그 밖의 금융업을 겸영하지 아니할 것

나. 그 밖에 투자자와의 이해상충 방지를 위하여 금융위원회가 정하여 고시하는 요건59)을 충족할 것

(바) 위반시 제재

법 제57조 제1항부터 제4항까지를 위반하여 투자광고를 한 자는 1년 이하의 징역 또는 3천만원 이하의 벌금에 처한다(법446(8)). 법 제57조 제6항(제117조의9에서 준용하는 경우를 포함)를 위반하여 투자광고를 한 자에 대하여는 1억원 이하의 과태료를 부과한다(법449①(25의2)).

(5) 수수료규제

금융투자업자는 투자자로부터 받는 수수료의 부과기준 및 절차에 관한 사항을 정하고, 인터넷 홈페이지 등을 이용하여 공시하여야 한다(법58①). 금융투자업자는 수수료 부과기준을 정

---

58) "금융위원회가 정하여 고시하는 방법"이란 다음 절차를 따르는 것을 말한다(금융투자업규정4-12①).
   1. 광고의 제작 및 내용에 있어서 관련 법령의 준수를 위하여 내부통제기준을 수립하여 운영할 것
   2. 금융투자업자의 경영실태평가결과와 순자본비율, 영업용순자본비율, 최소영업자본액 등을 다른 금융투자업자의 그것과 비교하는 방법 등으로 광고하지 아니할 것
   3. 준법감시인의 사전 확인을 받을 것
   4. 투자광고계획신고서와 투자광고안을 협회에 제출하여 심사를 받을 것
   5. 협회의 투자광고안 심사 및 심사결과 통보
   6. 투자광고문에 협회 심사필 또는 준법감시인 심사필을 표시할 것
59) "금융위원회가 정하여 고시하는 요건"이란 다음 요건을 말한다(금융투자업규정4-12의2①).
   1. 다른 금융투자업 또는 그 밖의 금융업을 영위하는 회사("금융회사등"의 계열회사가 아닐 것
   2. 임직원이 다음 각 목의 어느 하나에 해당하지 아니할 것
      가. 다른 금융회사등의 임직원 직위를 겸직하는 자
      나. 다른 금융회사등으로부터 파견 받은 자
   3. 투자자에게 제공하는 투자자문과 관련하여 다른 금융회사등(임직원 포함)으로부터 투자자의 매매거래 규모 또는 금융회사등의 수수료 수입에 연동되는 직접 또는 간접의 대가 및 재산상 이익을 받지 아니할 것. 다만, 다음 각 목에 해당하는 경우에는 그러하지 아니하다.
      가. 금융회사등에게 투자자문을 제공하고 그 대가를 수취하는 경우
      나. 금융회사등이 투자자문수수료 등 투자자문의 대가를 투자자로부터 수취하여 전달하는 경우
      다. 그 밖에 경미한 사항으로서 재산상 이익으로 보기 어려운 경우
   4. 투자자문을 제공하는 과정에서 특정 금융회사등이 운용·판매하는 금융투자상품에 한정하여 투자자문을 하지 않을 것. 다만, 특정 금융회사등이 운용·판매하는 금융투자상품의 수수료, 보수 등이 투자자에게 유리한 경우에는 그러하지 아니하다.
   5. 그 밖에 투자자와의 이해상충 방지를 위하여 금융감독원장이 정하는 요건

함에 있어서 투자자를 정당한 사유 없이 차별하여서는 아니 된다(법58②). 금융투자업자는 수수료 부과기준 및 절차에 관한 사항을 협회에 통보하여야 한다(법58③). 협회는 통보받은 사항을 금융투자업자별로 비교하여 공시하여야 한다(법58④).

(6) 계약서류의 교부 및 계약의 해제

(가) 계약서류의 교부

금융투자업자는 투자자와 계약을 체결한 경우 그 계약서류를 투자자에게 지체 없이 교부하여야 한다(법59① 본문). 다만, 계약내용 등을 고려하여 투자자 보호를 해할 우려가 없는 경우로서 "대통령령으로 정하는 경우"에는 그 계약서류를 교부하지 아니할 수 있다(법59① 단서). 여기서 "대통령령으로 정하는 경우"란 다음의 어느 하나에 해당하는 경우를 말한다(영61①).

1. 매매거래계좌를 설정하는 등 금융투자상품을 거래하기 위한 기본계약을 체결하고 그 계약 내용에 따라 계속적·반복적으로 거래를 하는 경우
2. 투자자가 계약서류를 받기를 거부한다는 의사를 서면으로 표시한 경우
3. 투자자가 우편이나 전자우편으로 계약서류를 받을 의사를 서면으로 표시한 경우로서 투자자의 의사에 따라 우편이나 전자우편으로 계약서류를 제공하는 경우
4. 그 밖에 투자자 보호를 해칠 염려가 없는 경우로서 금융위원회가 정하여 고시하는 경우

법 제59조 제1항을 위반하여 투자자에게 계약서류를 제공하지 아니한 자에 대하여는 1억원 이하의 과태료를 부과한다(법449①(26)).

(나) 계약의 해제

금융투자업자와 계약을 체결한 투자자는 계약서류를 교부받은 날부터 7일 이내에 계약의 해제를 할 수 있다(법59②). 해제할 수 있는 계약은 해당 계약의 성질, 그 밖의 사정을 감안하여 대통령령으로 정하는 계약(영61②: 투자자문계약)에 한한다(법59②). 계약의 해제는 해당 계약의 해제를 하는 취지의 서면을 해당 금융투자업자에게 송부한 때에 그 효력이 발생한다(법59③). 금융투자업자는 계약이 해제된 경우 해당 계약의 해제까지의 기간에 상당하는 수수료, 보수, 그 밖에 해당 계약에 관하여 투자자가 지급하여야 하는 대가로서 대통령령으로 정하는 금액[60]

---

[60] "대통령령으로 정하는 금액"이란 각각 다음 각 호의 구분에 따른 금액을 말한다(영61③).
  1. 투자자문계약에 따른 자문에 응하지 아니한 경우: 투자자문계약을 체결하기 위하여 사회통념상 필요한 비용에 상당하는 금액
  2. 투자자문계약에서 수수료를 자문에 응하는 횟수에 따라 산정하는 것으로 하고 있는 경우: 계약을 해제 할 때까지 자문에 응한 횟수에 따라 산정한 수수료에 상당하는 금액(그 금액이 자문에 응한 수수료로 서 사회통념상 상당하다고 인정되는 금액을 초과하는 경우에는 그 초과한 금액을 뺀 금액)
  3. 제1호 및 제2호 외의 경우: 투자자문계약에서 정한 전체 계약기간에 대한 수수료를 그 계약기간의 총일 수로 나눈 금액에 법 제59조 제1항에 따른 계약서류를 교부받은 날부터 계약의 해제를 한 날까지의 일 수를 곱한 금액(그 금액이 자문에 응하는 수수료로서 사회통념상 상당하다고 인정되는 금액을 초과하

을 초과하여 해당 계약의 해제에 수반하는 손해배상금 또는 위약금의 지급을 청구할 수 없다
(법59④). 금융투자업자는 계약이 해제된 경우 해당 계약과 관련한 대가를 미리 지급 받은 때에
는 이를 투자자에게 반환하여야 한다. 다만, 대통령령으로 정하는 금액 이내의 경우에는 반환
하지 아니할 수 있다(법59⑤). 위의 제2항부터 제5항까지의 규정에 반하는 특약으로서 투자자
에게 불리한 것은 무효로 한다(법59⑥).

(7) 자료의 기록 · 유지

(가) 기록유지기간

금융투자업자는 금융투자업 영위와 관련한 자료를 대통령령으로 정하는 자료의 종류별로
대통령령으로 정하는 기간 동안 기록 · 유지하여야 한다(법60①). 이에 따라 금융투자업자는 다
음의 자료를 다음의 기간 동안 기록 · 유지하여야 한다(영62① 본문). 다만, 금융위원회는 투자자
보호를 해칠 염려가 없는 경우에는 그 기간을 단축하여 고시할 수 있다(영62① 단서).

1. 영업에 관한 자료
   가. 투자권유 관련 자료: 10년
   나. 주문기록, 매매명세 등 투자자의 금융투자상품의 매매, 그 밖의 거래 관련 자료 및 다자
      간매매체결회사의 다자간매매체결업무(법 제8조의2 제5항 각 호 외의 부분에 따른 다
      자간매매체결업무를 말한다. 이하 같다) 관련 자료: 10년
   다. 집합투자재산, 투자일임재산, 신탁재산 등 투자자재산의 운용 관련 자료: 10년
   라. 매매계좌 설정 · 약정 등 투자자와 체결한 계약 관련 자료: 10년
   마. 업무위탁 관련 자료: 5년
   바. 부수업무 관련 자료: 5년
   사. 그 밖의 영업 관련 자료: 5년
2. 재무에 관한 자료: 10년
3. 업무에 관한 자료
   가. 주주총회 또는 이사회 결의 관련 자료: 10년
   나. 법 제161조에 따른 주요사항보고서에 기재하여야 하는 사항에 관한 자료: 5년
   다. 고유재산 운용 관련 자료: 3년
   라. 자산구입 · 처분 등, 그 밖의 업무에 관한 자료: 3년
4. 내부통제에 관한 자료
   가. 내부통제기준, 위험관리 등 준법감시 관련 자료: 5년
   나. 임원 · 대주주 · 전문인력의 자격, 이해관계자 등과의 거래내역 관련 자료: 5년
   다. 그 밖의 내부통제 관련 자료: 3년

는 경우에는 그 초과한 금액을 뺀 금액)

5. 그 밖에 법령에서 작성·비치하도록 되어 있는 장부·서류: 해당 법령에서 정하는 기간(해당 법령에서 정한 기간이 없는 경우에는 제1호부터 제4호까지의 보존기간을 고려하여 금융위원회가 정하여 고시하는 기간61)을 말한다)

법 제60조 제1항(제255조, 제260조 또는 제265조에서 준용하는 경우를 포함)을 위반하여 자료를 기록·유지하지 아니한 자는 3년 이하의 징역 또는 1억원 이하의 벌금에 처한다(법445(11)).

(나) 대책의 수립·시행

금융투자업자는 기록·유지하여야 하는 자료가 멸실되거나 위조 또는 변조가 되지 아니하도록 적절한 대책을 수립·시행하여야 한다(법60②).

(8) 소유증권의 예탁

(가) 증권예탁의무

금융투자업자(겸영금융투자업자 제외)는 그 고유재산을 운용함에 따라 소유하게 되는 증권(대통령령으로 정하는 것을 포함)을 예탁결제원에 지체 없이 예탁하여야 한다(법61① 본문). 위에서 "대통령령으로 정하는 것"이란 그 밖에 금융위원회가 정하여 고시하는 것(영63①(2))62)을 말한다(법61① 본문).

(나) 예탁의무의 예외

해당 증권의 유통 가능성, 다른 법령에 따른 유통방법이 있는지 여부, 예탁의 실행 가능성 등을 고려하여 "대통령령으로 정하는 경우"에는 예탁결제원에 예탁하지 아니할 수 있다(법61① 단서). 여기서 "대통령령으로 정하는 경우"란 다음의 어느 하나에 해당하는 경우를 말한다(영63②).

---

61) 금융투자업규정 제4-13조(기록보관) ① 금융투자업자는 영 제62조 제1항 제5호에 따라 금융투자업 영위와 관련한 자료를 그 종류별로 별표 12에서 정한 최소보존기간 이상(계약서 등 권리·의무 및 중요한 사실관계에 관한 자료의 경우에는 당해 권리·의무 및 사실관계의 종료일로부터 기산) 서면, 전산자료, 그 밖에 마이크로 필름 등의 형태로 기록·유지하여야 한다. 다만, 다른 법령·규정 등에서 보존기간을 달리 정한 경우에는 그에 따른다.
② 금융투자업자는 제1항에 따라 보관하여야 할 기록이 사후 변조가 불가능하도록 적절한 대책을 수립하여야 하며 금융감독원의 검사·조사시 3영업일 이내에 이를 제출할 수 있어야 한다.
③ 제1항에서 정한 보존기간동안 투자자가 별표 12에서 정한 자료를 서면으로 요청하는 경우 다음 각 호의 자료를 6영업일 이내에 제공하여야 한다. 다만, 불가피한 사유 때문에 그 기간 안에 제공하지 못하는 경우에는 그 사유와 제공가능일자를 투자자에게 통지하여야 한다.
1. 당해 투자자의 거래 기록물
2. 금융투자업자가 당해 투자자에게 통지한 내용의 기록물
3. 증권 및 파생상품의 거래 업무와 관련하여 당해 투자자로부터 제출받은 의사표시자료의 사본
62) "금융위원회가 정하여 고시하는 것"이란 다음의 어느 하나에 해당하는 것을 말한다(금융투자업규정4-15①).
1. 어음(법 제4조 제3항에 따른 기업어음증권을 제외)
2. 그 밖에 증권과 유사하고 집중예탁과 계좌 간 대체에 적합한 것으로서 예탁결제원이 따로 정하는 것

1. 자본시장법 및 동법 시행령, 그 밖에 다른 법령에 따라 해당 증권을 예탁결제원에 예탁할 수 있는 증권 또는 증서로 발행할 수 없는 경우
2. 발행인이 투자자와 해당 증권을 예탁결제원에 예탁할 수 있는 증권 또는 증서로 발행하지 아니할 것을 발행조건 등에 따라 약정하는 경우
3. 외국환거래법 제3조 제1항 제8호에 따른 외화증권을 시행령 제63조 제3항에 따른 방법으로 예탁결제원에 예탁할 수 없는 경우로서 금융위원회가 정하여 고시하는 외국 보관기관[63]에 예탁하는 경우
4. 그 밖에 해당 증권의 성격이나 권리의 내용 등을 고려할 때 예탁이 부적합한 경우로서 총리령으로 정하는 경우[64]

(다) 외화증권의 예탁

금융투자업자가 외화증권[65]을 예탁결제원에 예탁하는 경우에는 금융위원회가 정하여 고시하는 외국 보관기관에 개설된 예탁결제원 계좌로 계좌대체 등을 통하여 예탁하는 방법에 따라 예탁하여야 한다(법61②, 영63③).

(9) 금융투자업 폐지 공고 등

(가) 영업폐지의 공고와 통지

금융투자업자는 금융투자업 또는 지점, 그 밖의 영업소의 영업을 폐지하고자 하는 경우에는 그 뜻을 폐지 30일 전에 전국을 보급지역으로 하는 둘 이상의 일간신문에 공고하여야 하며, 알고 있는 채권자에게는 각각 통지하여야 한다(법62①). 법 제62조 제1항을 위반하여 공고 또는

---

63) "금융위원회가 정하여 고시하는 외국 보관기관"이란 각각 다음 각 호의 어느 하나에 해당하는 기관을 말한다(금융투자업규정4-15②).
  1. 예탁결제원과 유사한 기능을 수행할 목적으로 설립된 외국의 증권예탁기관 또는 결제기관으로서 당해 외국 정부 또는 감독기관의 감독을 받는 기관
  2. 제1호에 해당하는 기관이 출자한 기관으로서 국제예탁 및 결제업무를 수행할 목적으로 특별히 설립된 기관
  3. 다음 각 목의 요건을 모두 갖춘 외국의 금융기관
    가. 보관규모가 미화 100억 달러 이상의 국제증권 전문보관기관
    나. 국제보관업무의 경험이 풍부하고 현지증권시장 사정에 정통한 기관
    다. 국제적 또는 특정권역(대륙별)에 걸쳐 보관업무를 제공할 수 있는 기관
  4. 제1호부터 제3호까지 이외의 기관으로서 특정국가에서 특화된 예탁·보관을 위하여 예탁결제원이 특별히 필요하다고 인정하는 기관
64) "총리령으로 정하는 경우"란 다음의 어느 하나에 해당하는 경우를 말한다(시행규칙7의2).
  1. 해당 증권이 투자계약증권인 경우
  2. 해당 증권이 상법에 따른 합자회사·유한책임회사·합자조합·익명조합의 출자지분이 표시된 것인 경우. 다만, 집합투자증권은 제외한다.
  3. 해당 증권이 발행일부터 만기가 3일 이내에 도래하는 어음인 경우
65) "외화증권"이란 외국통화로 표시된 증권 또는 외국에서 지급받을 수 있는 증권을 말한다(외국환거래법3① (8)).

통지를 하지 아니한 자에 대하여는 1억원 이하의 과태료를 부과한다(법449①(27)).

(나) 거래종결

금융투자업자는 다음의 어느 하나에 해당하는 경우에는 그 금융투자업자가 행한 금융투자상품의 매매, 그 밖의 거래를 종결시켜야 한다(법62② 전단). 이 경우 그 금융투자업자는 그 매매, 그 밖의 거래를 종결시키는 범위에서 금융투자업자로 본다(법62② 후단).

1. 투자매매업, 투자중개업, 집합투자업, 신탁업에 해당하는 금융투자업 전부(이에 준하는 경우 포함)의 폐지의 승인을 받은 경우
2. 투자자문업, 투자일임업에 해당하는 금융투자업 전부(이에 준하는 경우 포함)의 폐지의 승인을 받은 경우
3. 국내 금융투자업자 또는 외국 금융투자업자의 지점등의 금융투자업인가 또는 금융투자업등록이 취소된 경우

(10) 임직원의 금융투자상품 매매(자기매매)

(가) 매매제한의 내용

금융투자업자의 임직원(겸영금융투자업자 중 대통령령으로 정하는 금융투자업자[66]의 경우에는 금융투자업의 직무를 수행하는 임직원에 한한다)은 자기의 계산으로 대통령령으로 정하는 금융투자상품[67]을 매매하는 경우에는 다음 각 호의 방법에 따라야 한다(법63①).

---

[66] "대통령령으로 정하는 금융투자업자"란 다음 각 호의 어느 하나에 해당하는 금융투자업자를 말한다(영64①).
1. 법 제8조 제9항 제1호(＝은행) 및 제2호(＝보험회사)의 자
2. 제7조의2 제1호부터 제3호(＝한국산업은행, 중소기업은행, 한국수출입은행)까지 및 제5호부터 제9호(＝종합금융회사, 자금중개회사, 외국환중개회사, 한국주택금융공사, 그 밖에 금융위원회가 정하여 고시하는 금융기관 등)까지의 자

[67] 자본시장법법 제63조 제1항에 따라 다음 각 호의 어느 하나에 해당하는 금융투자상품을 매매하는 경우에는 법 제63조 제1항 각 호의 방법에 따라야 한다. 다만, 다음 각 호의 금융투자상품이 법 제9조 제4항에 따른 투자일임계약에 따라 매매되는 경우에는 법 제63조 제1항 제3호를 적용하지 아니한다(영64②).
1. 증권시장에 상장된 지분증권(장외거래 방법에 의하여 매매가 이루어지는 주권을 포함). 다만, 다음 각 목의 어느 하나에 해당하는 것은 제외한다.
   가. 법 제9조 제18항 제2호에 따른 투자회사의 주권과 투자유한회사·투자합자회사·투자유한책임회사·투자합자조합·투자익명조합의 지분증권
   나. 근로복지기본법 제33조에 따라 설립된 우리사주조합 명의로 취득하는 우리사주조합이 설립된 회사의 주식
2. 증권시장에 상장된 증권예탁증권(제1호에 따른 지분증권과 관련된 증권예탁증권만 해당)
3. 주권 관련 사채권(제68조 제4항에 따른 주권 관련 사채권)으로서 제1호에 따른 지분증권이나 제2호에 따른 증권예탁증권과 관련된 것
4. 제1호에 따른 지분증권, 제2호에 따른 증권예탁증권이나 이들을 기초로 하는 지수의 변동과 연계된 파생결합증권. 다만, 불공정행위 또는 투자자와의 이해상충 가능성이 크지 아니한 경우로서 금융위원회가 정하여 고시하는 파생결합증권은 제외한다.
5. 장내파생상품

1. 자기의 명의로 매매할 것

2. 투자중개업자 중 하나의 회사(투자중개업자의 임직원의 경우에는 그가 소속된 투자중개업자에 한하되, 그 투자중개업자가 그 임직원이 매매하려는 금융투자상품을 취급하지 아니하는 경우에는 다른 투자중개업자를 이용할 수 있다)를 선택하여 하나의 계좌를 통하여 매매할 것. 다만, 금융투자상품의 종류, 계좌의 성격 등을 고려하여 대통령령으로 정하는 경우(68)에는 둘 이상의 회사 또는 둘 이상의 계좌를 통하여 매매할 수 있다.

3. 매매명세를 분기별(투자권유자문인력, 제286조 제1항 제3호 나목의 조사분석인력 및 투자운용인력의 경우에는 월별로 한다. 이하 이 조에서 같다)로 소속 금융투자업자에게 통지할 것

4. 그 밖에 불공정행위의 방지 또는 투자자와의 이해상충의 방지를 위하여 대통령령으로 정하는 방법 및 절차를 준수할 것(69)

금융투자업자는 그 임직원의 자기계산에 의한 금융투자상품 매매와 관련하여 불공정행위

---

6. 제1호에 따른 지분증권, 제2호에 따른 증권예탁증권이나 이들을 기초로 하는 지수의 변동과 연계된 장외파생상품

위 제4호에서 "금융위원회가 정하여 고시하는 파생결합증권"이란 영 제64조 제2항 제1호 또는 제2호의 증권이 30종목 이상 편입된 지수의 변동과 연계된 파생결합증권을 말한다(금융투자업규정4－16①).

68) "대통령령으로 정하는 경우"란 다음의 어느 하나에 해당하는 경우를 말한다(영64③).
1. 둘 이상의 회사를 통하여 매매할 수 있는 경우: 다음 각 목의 어느 하나에 해당하는 경우
가. 금융투자업자의 임직원이 거래하고 있는 투자중개업자가 그 금융투자업자의 임직원이 매매하려는 금융투자상품을 취급하지 아니하는 경우
나. 모집·매출의 방법으로 발행되거나 매매되는 증권을 청약하는 경우
다. 그 밖에 금융위원회가 정하여 고시하는 경우
2. 둘 이상의 계좌를 통하여 매매할 수 있는 경우: 다음 각 목의 어느 하나에 해당하는 경우
가. 투자중개업자가 금융투자상품별로 계좌를 구분·설정하도록 함에 따라 둘 이상의 계좌를 개설하는 경우
나. 조세특례제한법에 따라 조세특례를 받기 위하여 따로 계좌를 개설하는 경우
다. 그 밖에 금융위원회가 정하여 고시하는 경우
[금융투자업규정] 제4－16조(임직원 금융투자상품 매매의 예외)
② 영 제64조 제3항 제1호 다목에서 "금융위원회가 정하여 고시하는 경우"란 다음 각 호의 어느 하나에 해당하는 경우를 말한다.
1. 상속, 증여(유증을 포함), 담보권의 행사, 그 밖에 대물변제의 수령 등으로 취득한 금융투자상품을 매도하는 경우
2. 당해 금융투자업자의 임직원이 되기 전에 취득한 금융투자상품을 매도하는 경우
③ 영 제64조 제3항 제2호 다목에서 "금융위원회가 정하여 고시하는 경우"란 제2항 제1호에 해당하는 경우를 말한다.

69) 금융투자업자의 임직원은 자기의 계산으로 제2항 각 호의 어느 하나에 해당하는 금융투자상품을 매매하는 경우에는 법 제63조 제1항 제4호에 따라 다음 각 호의 방법과 절차를 준수하여야 한다(영64④).
1. 금융투자상품을 매매하기 위한 계좌를 개설하는 경우에는 소속 금융투자업자의 준법감시인(준법감시인이 없는 경우에는 감사 등 이에 준하는 자)에게 신고할 것
2. 소속 금융투자업자의 준법감시인이 매매, 그 밖의 거래에 관한 소명을 요구하는 경우에는 이에 따를 것
3. 소속 금융투자업자의 내부통제기준으로 정하는 사항을 준수할 것
4. 그 밖에 금융위원회가 정하여 고시하는 방법과 절차를 준수할 것

의 방지 또는 투자자와의 이해상충의 방지를 위하여 그 금융투자업자의 임직원이 따라야 할 적절한 기준 및 절차를 정하여야 한다(법63②). 금융투자업자는 분기별로 임직원의 금융투자상품의 매매명세를 이러한 기준 및 절차에 따라 확인하여야 한다(법63③).

(나) 위반시 제재

법 제63조 제1항 제1호(제289조, 제304조, 제323조의17, 제328조, 제335조의14, 제367조, 제383조 제3항 또는 제441조에서 준용하는 경우를 포함)를 위반하여 같은 호에 규정된 방법에 따르지 아니하고 금융투자상품을 매매한 자는 3년 이하의 징역 또는 1억원 이하의 벌금에 처한다(법445(12)).

(11) 고객응대직원에 대한 보호조치의무

금융투자업자는 고객을 직접 응대하는 직원("고객응대직원")을 고객의 폭언이나 성희롱, 폭행 등으로부터 보호하기 위하여 다음의 조치를 하여야 한다(법63의2①).

1. 고객응대직원이 요청하는 경우 해당 고객으로부터의 분리 및 업무담당자 교체
2. 고객응대직원에 대한 치료 및 상담 지원
3. 고객응대직원을 위한 상시적 고충처리 기구 설치 또는 「근로자참여 및 협력증진에 관한 법률」 제26조에 따라 고충처리위원을 두는 경우에는 고객응대직원을 위한 고충처리위원의 선임 또는 위촉
4. 그 밖에 고객응대직원의 보호를 위하여 필요한 법적 조치 등 대통령령으로 정하는 조치70)

고객응대직원은 금융투자업자에 대하여 위와 같은 조치를 요구할 수 있다(법63의2②). 금융투자업자는 위와 같은 요구를 이유로 고객응대직원에게 불이익을 주어서는 아니 된다(법63의2③).

(12) 손해배상책임
(가) 손해배상책임의 발생

금융투자업자는 법령·약관·집합투자규약·투자설명서에 위반하는 행위를 하거나 그 업

---

70) "법적 조치 등 대통령령으로 정하는 조치"란 다음의 조치를 말한다(영64의2).
　　1. 고객의 폭언이나 성희롱, 폭행 등("폭언등")이 관계 법률의 형사처벌규정에 위반된다고 판단되고 그 행위로 피해를 입은 직원이 요청하는 경우: 관할 수사기관 등에 고발
　　2. 고객의 폭언등이 관계 법률의 형사처벌규정에 위반되지는 아니하나 그 행위로 피해를 입은 직원의 피해정도 및 그 직원과 다른 직원에 대한 장래 피해발생 가능성 등을 고려하여 필요하다고 판단되는 경우: 관할 수사기관 등에 필요한 조치 요구
　　3. 직원이 직접 폭언등의 행위를 한 고객에 대한 관할 수사기관 등에 고소, 고발, 손해배상 청구등의 조치를 하는 데 필요한 행정적, 절차적 지원
　　4. 고객의 폭언등을 예방하거나 이에 대응하기 위한 직원의 행동요령 등에 대한 교육 실시
　　5. 그 밖에 고객의 폭언등으로부터 직원을 보호하기 위하여 필요한 사항으로서 금융위원회가 정하여 고시하는 조치

무를 소홀히 하여 투자자에게 손해를 발생시킨 경우에는 그 손해를 배상할 책임이 있다(법64①
본문).

(나) 면책사유

다만, 배상의 책임을 질 금융투자업자가 제37조 제2항(투자자이익 우선의무), 제44조(이해상
충의 관리), 제45조(정보교류의 차단), 제71조(투자매매업자·투자중개업자의 불건전 영업행위의 금지)
또는 제85조(집합투자업자의 불건전 영업행위의 금지)를 위반한 경우(투자매매업 또는 투자중개업과
집합투자업을 함께 영위함에 따라 발생하는 이해상충과 관련된 경우에 한한다)로서 그 금융투자업자
가 상당한 주의를 하였음을 증명하거나 투자자가 금융투자상품의 매매, 그 밖의 거래를 할 때
에 그 사실을 안 경우에는 배상의 책임을 지지 아니한다(법64① 단서).

(다) 임원의 연대책임

금융투자업자가 손해배상책임을 지는 경우로서 관련되는 임원에게도 귀책사유가 있는 경
우에는 그 금융투자업자와 관련되는 임원이 연대하여 그 손해를 배상할 책임이 있다(법64②).

(13) 외국 금융투자업자의 특례

(가) 간주규정

외국 금융투자업자의 지점, 그 밖의 영업소("국내지점등")에 대하여 자본시장법을 적용함에
있어서 "대통령령으로 정하는 영업기금"은 이를 자본금으로 보고, 자본금·적립금 및 이월이익
잉여금의 합계액은 이를 자기자본으로 보며, 국내대표자는 임원으로 본다(법65①). 여기서 "대
통령령으로 정하는 영업기금"이란 다음의 것을 말한다(영65①).

1. 외국 금융투자업자가 지점, 그 밖의 영업소를 설치하거나 영업을 하기 위하여 그 지점, 그
   밖의 영업소에 공급한 원화자금
2. 외국 금융투자업자의 지점, 그 밖의 영업소("국내지점등")의 적립금으로부터 전입한 자금
3. 외국 금융투자업자가 지점, 그 밖의 영업소를 추가로 설치하기 위하여 이미 국내에 설치된
   지점, 그 밖의 영업소의 이월이익잉여금에서 전입한 자금

(나) 독립결산과 보전의무

국내지점등은 영업기금과 부채의 합계액에 상당하는 자산을 대통령령으로 정하는 방법[71]

---

71) 국내지점등이 국내에 자산을 두어야 하는 방법은 다음과 같다(영65②).
　　1. 현금이나 국내 금융기관에 대한 예금·적금·부금
　　2. 국내에 예탁하거나 보관된 증권
　　3. 국내에 있는 자에 대한 대여금, 그 밖의 채권
　　4. 국내에 있는 고정자산
　　5. 그 밖에 국내법에 따라 강제집행이 가능한 자산 중 금융위원회가 정하여 고시하는 자산
　　제5호에서 "금융위원회가 정하여 고시하는 자산"이란 다음의 어느 하나에 해당하는 자산을 말한다(금융투
　　자업규정4-17).

으로 국내에 두어야 한다(법65②). 국내지점등은 ⅰ) 본점과 독립하여 결산할 것(제1호), ⅱ) 결산 결과 해당 국내지점등이 제2항 각 호의 방법으로 국내에 두고 있는 자산의 합계액이 영업기금과 부채의 합계액에 미달하는 경우에는 결산이 확정된 날부터 60일 이내에 보전할 것(제2호) 등의 사항을 준수하여야 한다(영65③).

(다) 청산 및 파산

국내지점등이 청산 또는 파산하는 경우 그 국내에 두는 자산은 국내에 주소 또는 거소가 있는 자에 대한 채무의 변제에 우선 충당하여야 한다(법65③).

(라) 직무대행자

금융위원회는 다음의 요건을 모두 충족하는 국내지점등의 대표자의 직무를 일시 대행할 자("직무대행자")를 지정하여야 하며, 그 국내지점등은 그 사실을 소재지에서 등기하여야 한다. 이 경우 금융위원회는 직무대행자에게 적정한 보수를 지급할 것을 그 국내지점등에 명할 수 있다(법65④).

1. 국내지점등의 대표자가 없거나 대표자가 그 직무를 수행할 수 없음에도 불구하고 대표자를 새로 선임하지 아니하거나 직무대행자를 지정하지 아니하는 경우로서 국내지점등과 이해관계가 있는 자가 금융위원회에 직무대행자의 선임을 요구할 것
2. 금융위원회가 제1호의 요구에 따라 그 국내지점등에 대하여 10일 이내에 대표자 또는 직무대행자를 선임하거나 지정할 것을 요청할 것
3. 제2호의 요청을 받은 국내지점등이 제2호에 따른 기간 이내에 대표자 또는 직무대행자를 선임하거나 지정하지 아니할 것

(마) 위반시 제재

법 제65조 제2항을 위반하여 자산을 국내에 두지 아니한 자 또는 제65조 제3항을 위반하여 자산을 국내에 주소나 거소가 있는 자에 대한 채무의 변제에 우선 충당하지 아니한 자는 1년 이하의 징역 또는 3천만원 이하의 벌금에 처한다(법446(9)(10)).

---

1. 영 제65조 제2항 제1호에 준하는 금, 외국통화, 예치금 및 증거금
2. 제1호 외의 유동성 자산

Ⅱ. 금융투자업자별 영업행위규제

1. 투자매매·중개업자

(1) 매매관련규제
(가) 매매형태의 명시
1) 의의

투자매매업자 또는 투자중개업자는 투자자로부터 금융투자상품의 매매에 관한 청약 또는 주문을 받는 경우에는 사전에 그 투자자에게 자기가 투자매매업자인지 투자중개업자인지를 밝혀야 한다(법66). 금융투자상품은 거래상대방이 누구이냐에 따라 신용위험 등에 큰 차이가 발생할 수 있기 때문에 투자매매·중개업자를 통해 거래하는 경우에 거래상대방이 누구인지를 분명히 할 필요가 있기 때문이다.[72]

2) 위반시 제재

자본시장법 제66조를 위반하여 사전에 자기가 투자매매업자인지 투자중개업자인지를 밝히지 아니하고 금융투자상품의 매매에 관한 청약 또는 주문을 받은 자는 1년 이하의 징역 또는 3천만원 이하의 벌금에 처한다(법446(11)).

금융위원회는 자본시장법 제66조를 위반하여 사전에 자기가 투자매매업자인지 투자중개업자인지를 밝히지 아니하고 금융투자상품의 매매에 관한 청약 또는 주문을 받은 경우 금융투자업자 및 그 임직원에 대하여 일정한 조치를 취할 수 있다(법420①(6), 420③, 422①②, [별표 1] 74).

(나) 자기계약의 금지
1) 원칙적 금지

투자매매업자 또는 투자중개업자는 금융투자상품에 관한 같은 매매에 있어 자신이 본인이 됨과 동시에 상대방의 투자중개업자가 되어서는 아니 된다(법67 본문). 자기계약금지의무는 투자매매·중개업자가 투자중개업자로서 투자자로부터 금융투자상품 매매를 위탁받고 나서 타인이 아니라 자기와 직접 계약을 체결하는 경우를 금지하는 것이다. 이 경우에는 공정한 가격으로 매매가 이루어질 수 없으므로 투자중개업자에게 매매를 위탁한 투자자를 보호하기 위한 것이다.

2) 예외적 허용

ⅰ) 투자매매업자 또는 투자중개업자가 증권시장 또는 파생상품시장을 통하여 매매가 이

---

72) 이효근(2019), 130쪽.

루어지도록 한 경우(제1호), ⅱ) 그 밖에 투자자 보호 및 건전한 거래질서를 해할 우려가 없는 경우로서 대통령령으로 정하는 경우(제2호)에는 자기계약 금지 규정이 적용되지 않는다(법67 단서).

제2호에서 "대통령령으로 정하는 경우"란 다음의 어느 하나에 해당하는 경우를 말한다(영 66).

1. 투자매매업자 또는 투자중개업자가 자기가 판매하는 집합투자증권을 매수하는 경우
2. 투자매매업자 또는 투자중개업자가 다자간매매체결회사를 통하여 매매가 이루어지도록 한 경우
3. 종합금융투자사업자가 시행령 제77조의6 제1항 제1호에 따라 금융투자상품의 장외매매가 이루어지도록 한 경우
4. 그 밖에 공정한 가격 형성과 매매, 거래의 안정성과 효율성 도모 및 투자자의 보호에 우려가 없는 경우로서 금융위원회가 정하여 고시하는 경우[73]

이는 시장을 통한 거래에서는 상대방이 우연적으로 결정되므로 투자매매·중개업자가 투자자의 상대방이 된다고 하더라도 투자자의 이익을 침해할 가능성이 없기 때문이다.

3) 위반시 제재

자본시장법 제67조를 위반하여 금융투자상품을 매매한 자는 1년 이하의 징역 또는 3천만원 이하의 벌금에 처한다(법446(12)).

(다) 최선집행의무

1) 의의

최선집행의무란 금융투자상품의 매매에 관한 투자자의 청약 또는 주문을 최선의 거래조건으로 집행해야 하는 투자매매업자 또는 투자중개업자의 의무를 말한다(법68①). 최선집행의무[74]를 부담하는 주체는 금융투자업자 가운데 투자매매업자 또는 투자중개업자로 한정된다. 투자자문업자(investment advisor)도 최선집행의무를 부담하는 미국의 경우와 차이가 있다.[75]

---

73) "금융위원회가 정하여 고시하는 경우"란 다음의 어느 하나에 해당하는 경우를 말한다(금융투자업규정4-17의2).
　1. 투자매매업자 또는 투자중개업자(영 제7조 제4항 제3호 각 목의 어느 하나에 해당하는 자를 거래상대방 또는 각 당사자로 하는 환매조건부매매의 수요·공급을 조성하는 자로 한정)가 기관간 조건부매매(제5-1조 제7호에 따른 기관간조건부매매)를 중개·주선 또는 대리하면서 시장조성을 위하여 기관간조건부매매를 하는 경우
　2. 투자매매업자 또는 투자중개업자가 영 제176조의8 제4항 제2호에 따라 신주인수권증서를 매매하는 경우
74) "최선집행"이라는 용어는 "best execution"을 번역한 용어로 보인다. 집행이라는 단어는 상황에 따라 다양한 의미로 사용되는데, 최선집행에서의 집행이란 고객의 주문 내용에 따른 계약의 체결(the completion of a buy or sell order for a security)을 가리키는 것이라 할 수 있다.
75) 장근영(2013), "자본시장법상 금융투자업자의 최선집행의무", 상사법연구 제32권 제3호(2013. 11), 69-70쪽.

2) 적용대상 금융투자상품

투자매매업자 또는 투자중개업자가 모든 금융투자상품의 매매처리에 관하여 최선집행의무를 부담하는 것은 아니다. 다음과 같은 매매에 관하여는 최선집행의무가 적용되지 않는다(법 68①, 영66의2①). 즉 ⅰ) 증권시장에 상장되지 아니한 증권(제1호), ⅱ) 장외파생상품(제2호), ⅲ) 증권시장에 상장된 증권이나 장내파생상품 가운데 복수의 금융투자상품시장에서의 거래 가능성 및 투자자 보호의 필요성 등을 고려하여 시행규칙으로 정하는 금융투자상품(제3호)의 경우에는 그 매매처리 시 최선집행의무가 적용되지 않는다(영66의2①). 시행규칙은 최선집행기준이 적용되지 않는 금융투자상품으로 ⅰ) 채무증권(제1호), ⅱ) 지분증권(주권은 제외)(제2호), ⅲ) 수익증권(제3호), ⅳ) 투자계약증권(제4호), ⅴ) 파생결합증권(제5호), ⅵ) 증권예탁증권(주권과 관련된 증권예탁증권은 제외)(제6호), ⅶ) 장내파생상품(제7호)을 규정하고 있다(시행규칙7의3).

따라서 상장주권과 주권예탁증권만이 최선집행의무의 대상이 된다. 이처럼 최선집행의무의 적용대상상품을 제한하는 이유는 새로 도입된 다자간매매체결회사[76]가 취급할 수 있는 상장주권과 주권예탁증권을 우선적으로 최선집행의무의 대상으로 하기 위한 것이다.

3) 최선집행기준 작성의무

투자매매업자나 투자중개업자가 최선집행의무를 이행하는 방법은 최선의 거래조건으로 집행하기 위한 기준("최선집행기준")을 마련하고 이에 따라 금융투자상품의 매매에 관한 투자자의 청약 또는 주문을 처리하는 것이다(법68①②).

최선집행기준에는 ⅰ) 금융투자상품의 가격(제1호), ⅱ) 투자자가 매매체결과 관련하여 부담하는 수수료 및 그 밖의 비용(제2호), ⅲ) 그 밖에 청약 또는 주문의 규모 및 매매체결의 가능성 등(제3호)을 고려하여 최선의 거래조건으로 집행하기 위한 방법 및 그 이유 등이 포함되어야 한다(영66의2② 본문). 다만 투자자가 청약 또는 주문의 처리에 관하여 별도의 지시를 하였을 때에는 그에 따라 최선집행기준과 달리 처리할 수 있다(영66의2② 단서).

4) 최선집행기준 공표의무

투자매매업자 또는 투자중개업자는 최선집행기준을 공표하여야 한다(법68①). 투자매매업자 또는 투자중개업자는 3개월마다 최선집행기준의 내용을 점검하여야 한다(법68③ 전단, 영66의2⑤).

---

76) "다자간매매체결회사"란 정보통신망이나 전자정보처리장치를 이용하여 동시에 다수의 자를 거래상대방 또는 각 당사자로 하여 다음 각 호의 어느 하나에 해당하는 매매가격의 결정방법으로 증권시장에 상장된 주권, 그 밖에 대통령령으로 정하는 증권("매매체결대상상품")의 매매 또는 그 중개·주선이나 대리 업무("다자간매매체결업무")를 하는 투자매매업자 또는 투자중개업자를 말한다(법8의2⑤).
   1. 경쟁매매의 방법(매매체결대상상품의 거래량이 대통령령으로 정하는 기준을 넘지 아니하는 경우로 한정)
   2. 매매체결대상상품이 상장증권인 경우 해당 거래소가 개설하는 증권시장에서 형성된 매매가격을 이용하는 방법
   3. 그 밖에 공정한 매매가격 형성과 매매체결의 안정성 및 효율성 등을 확보할 수 있는 방법으로서 대통령령으로 정하는 방법

이 경우 최선집행기준의 내용이 청약 또는 주문을 집행하기에 적합하지 아니한 것으로 인정되는 때에는 이를 변경하고, 그 변경 사실을 공표하여야 한다(법68③ 후단).

최선집행기준의 공표 또는 그 변경 사실의 공표는 ⅰ) 투자매매업자 또는 투자중개업자의 본점과 지점, 그 밖의 영업소에 게시하거나 비치하여 열람에 제공하는 방법(제1호), ⅱ) 투자매매업자 또는 투자중개업자의 인터넷 홈페이지를 이용하여 공시하는 방법(제2호)을 포함하는 방법으로 하여야 한다. 이 경우 최선집행기준의 변경 사실을 공표할 때에는 그 이유를 포함하여야 한다(영66의2③).

5) 최선집행기준에 따른 주문의 집행의무

투자매매업자 또는 투자중개업자는 최선집행기준에 따라 금융투자상품의 매매에 관한 청약 또는 주문을 집행하여야 한다(법68②). 다만 투자자의 다양한 수요에 탄력적으로 대응하기 위해 투자자가 청약 또는 주문의 처리에 관하여 별도의 지시를 하는 경우에는 그에 따라 최선집행기준과 달리 처리할 수 있도록 하였다(영66의2② 단서).

6) 최선집행기준 설명서 교부의무

투자매매업자 또는 투자중개업자는 금융투자상품의 매매에 관한 청약 또는 주문을 받는 경우에는 미리 문서, 전자문서, 팩스의 방법으로 최선집행기준을 기재 또는 표시한 설명서를 투자자에게 교부하여야 한다(법68④ 본문, 영66의2⑥). 다만 이미 해당 설명서(최선집행기준을 변경한 경우에는 변경한 내용이 기재 또는 표시된 설명서)를 교부한 경우에는 그러하지 아니하다(법68④ 단서).

7) 최선집행보고서 교부의무

투자매매업자 또는 투자중개업자는 투자자의 청약 또는 주문을 집행한 후 해당 투자자가 그 청약 또는 주문이 최선집행기준에 따라 처리되었음을 증명하는 서면 등을 요구하는 경우에는 금융위원회가 정하여 고시하는 기준과 방법[77]에 따라 해당 투자자에게 제공하여야 한다(영66의2④).[78]

---

77) "금융위원회가 정하여 고시하는 기준과 방법"이란 다음 각 호의 요건을 모두 충족하는 것을 말한다(금융투자업규정4-17의3①).
   1. 다음 각 목의 어느 하나에 해당하는 방법("서면등")으로 투자자에게 제공할 것
     가. 서면 교부
     나. 전화, 전신 또는 모사전송, 전자우편, 그 밖에 이와 비슷한 전자통신
   2. 투자자에게 제공하는 서면등에 다음 각 목의 사항을 포함할 것
     가. 금융투자상품의 종목, 수량 및 매도·매수의 구분 등 투자자의 매매주문내역
     나. 매매주문이 체결된 시간, 장소, 그 밖에 체결내용 및 방법
     다. 매매주문이 최선집행기준에서 정한 절차에 따라 집행되었는지 여부 및 그 이유
   3. 투자자가 영 제66조의2 제4항에 따라 요구한 날로부터 1개월 이내에 제1항에 따른 서면등을 제공할 것
78) 이 규정의 취지는 투자매매업자 또는 투자중개업자가 최선집행기준에 따라 집행하였음을 투자자에 대하여 서면으로 설명하게 함으로써 투자자의 주문이 최선집행기준에 따라 집행되었음을 담보하려는 것이다.

8) 위반시 제재

최선집행의무에 관한 자본시장법 제68조 제1항부터 제5항까지의 규정을 위반하여 각 해당 조항의 의무를 이행하지 아니한 자에 대하여는 1억원 이하의 과태료를 부과한다(법449(28의 2)). 최선집행의무를 위반한 경우에는 손해배상에 관한 특칙이 없으므로, 손해를 입은 투자자는 해당 금융투자업자에 대해 금융투자업자의 주의의무 위반에 대한 증명책임전환을 규정한 자본시장법 제64조에 의한 손해배상책임을 물을 수 있다.

(라) 자기주식의 예외적 취득

투자매매업자는 투자자로부터 그 투자매매업자가 발행한 자기주식으로서 증권시장(다자간매매체결회사에서의 거래를 포함)의 매매 수량단위 미만의 주식에 대하여 매도의 청약을 받은 경우에는 이를 증권시장 밖에서 취득할 수 있다(법69 전단). 이 경우 취득한 자기주식은 취득일로부터 3개월(영67) 이내에 처분하여야 한다(법69 후단).

증권시장에서는 일정 수량 이상으로 최소 거래단위를 규정하고 있어 거래 수량 이하의 주식을 보유한 투자자의 경우에는 이를 매도하기 어려운 상황에 직면한다. 이런 점을 고려하여 자본시장법에서는 투자매매업자가 투자자로부터 그 투자매매업자가 발행한 자기주식으로서 증권시장(다자간매매체결회사에서의 거래를 포함)의 매매 수량단위 미만의 주식에 대하여 매도의 청약을 받은 경우에는 이를 증권시장 밖에서 취득할 수 있도록 허용한다. 그러나 자본시장법에서는 이러한 방법이 불공정거래에 활용될 여지가 여전이 있는 만큼 이를 통해 취득한 자기주식을 3개월 이내에 처분하도록 하고 있다.[79]

(마) 임의매매의 금지

임의매매는 투자매매·중개업자가 투자자나 그 대리인으로부터 금융투자상품의 매매의 청약 또는 주문을 받지 아니하고 투자자로부터 예탁받은 재산으로 금융투자상품의 매매를 하는 것을 말한다(법70). 임의매매는 일임매매보다 위법성이 크기 때문에 엄격히 금지된다.

법 제70조를 위반하여 투자자로부터 예탁받은 재산으로 금융투자상품의 매매를 한 자는 5년 이하의 징역 또는 2억원 이하의 벌금에 처한다(법444(7)).

자본시장법은 과거 증권거래법상 증권회사가 일임매매방식으로 일임업무를 수행할 수 있었던 것을 원칙적으로 불건전 영업행위로 규정하여 금지시키고 투자일임업 등록을 받아 투자판단을 위임받아 거래하는 것만 허용하고 있다(법71(6)). 다만 투자자가 신용공여와 관련한 담보비율 유지의무나 상환의무를 이행하지 않는 등 일정한 유형의 일임매매행위를 투자일임업의 예외로 인정하고 있다(법71(6), 법7④).

---

79) 변제호외 5인(2015),「자본시장법」, 지원출판사(2015. 6), 243-244쪽.

(바) 매매명세의 통지

1) 의의

투자매매업자 또는 투자중개업자는 금융투자상품의 매매가 체결된 경우에는 그 명세를 대통령령으로 정하는 방법에 따라 투자자에게 통지하여야 한다(법73).

2) 통지의 내용과 방법

투자매매업자 또는 투자중개업자는 통지를 하는 경우에는 다음에서 정하는 방법에 따라야 한다(영70①).

1. 다음 각 목에 따른 기한 내에 통지할 것

   가. 매매의 유형, 종목·품목, 수량, 가격, 수수료 등 모든 비용, 그 밖의 거래내용: 매매가 체결된 후 지체 없이

   나. 집합투자증권 외의 금융투자상품의 매매가 체결된 경우, 월간 매매내역·손익내역, 월말 현재 잔액현황·미결제약정현황 등의 내용: 매매가 체결된 날의 다음 달 20일까지

   다. 집합투자증권의 매매가 체결된 경우, 집합투자기구에서 발생한 모든 비용을 반영한 실질 투자 수익률, 투자원금 및 환매예상 금액, 그 밖에 금융위원회가 정하여 고시하는 사항[80]: 매월 마지막 날까지

2. 다음 각 목의 어느 하나에 해당하는 방법 중 투자매매업자 또는 투자중개업자와 투자자 간에 미리 합의된 방법(계좌부 등에 의하여 관리·기록되지 아니하는 매매거래에 대하여는 가목만 해당)으로 통지할 것. 다만, 투자자가 보유한 집합투자증권이 법 제234조에 따른 상장지수집합투자기구, 단기금융집합투자기구, 사모집합투자기구의 집합투자증권이거나 평가기준일의 평가금액이 10만원 이하인 경우(집합투자증권의 매매가 체결된 경우에 한정) 또는 투자자가 통지를 받기를 원하지 아니하는 경우에는 지점, 그 밖의 영업소에 비치하거나 인터넷 홈페이지에 접속하여 수시로 조회가 가능하게 함으로써 통지를 갈음할 수 있다.

   가. 서면 교부

   나. 전화, 전신 또는 모사전송

   다. 전자우편, 그 밖에 이와 비슷한 전자통신

   라. 그 밖에 금융위원회가 정하여 고시하는 방법[81]

---

80) "금융위원회가 정하여 고시하는 사항"이란 총 보수(투자자에게 지속적으로 제공하는 용역의 대가로 집합투자기구에서 발생하는 모든 비용을 합산한 것)와 판매수수료 각각의 요율을 말한다(금융투자업규정4-35의2).

81) "금융위원회가 정하여 고시하는 방법"이란 다음 각 호의 어느 하나에 해당하는 방법을 말한다. 다만, 투자자가 영 제70조 제1항 제2호 가목부터 다목까지의 방법으로 매매성립내용을 통지받고자 하는 경우에는 그러하지 아니하다(금융투자업규정4-36①).

   1. 예탁결제원 또는 전자등록기관의 기관결제참가자인 투자자 또는 투자일임업자(예탁결제원 또는 전자등록기관을 통하여 투자자의 매매거래내역 등을 관리하는 자에 한한다)에 대하여 예탁결제원 또는 전자등록기관의 전산망을 통하여 매매확인서 등을 교부하는 방법

통지와 관련하여 필요한 세부사항은 금융위원회가 정하여 고시한다(영70②).[82)]

3) 통지의무 위반시 제재

자본시장법 제73조를 위반하여 매매명세를 통지하지 아니하거나 거짓으로 통지한 자에 대하여는 3천만원 이하의 과태료를 부과하며(법449③(5)), 금융투자업자 및 그 임직원에 대한 처분 및 업무 위탁계약 취소·변경 명령의 사유(법420①(6)③ 및 법422①② [별표 1] 81).

(2) 불건전 영업행위의 금지

(가) 개관

투자매매업자 또는 투자중개업자의 불건전 영업행위 금지는 자본시장법 제71조, 동법 시행령 제68조 및 시행령 제68조 제5항 14호에서 금융위원회가 정하여 고시하는 행위인 금융투자업규정 제4-19조(불건전한 인수행위의 금지), 제4-20조(불건전 영업행위의 금지)에서 상세하게 규정하고 있다.

자본시장법 제71조는 다음과 같은 불건전 영업행위를 열거한 후 투자매매업자 또는 투자중개업자는 이러한 행위를 하여서는 아니 된다고 규정한다. 과태료 부과대상인 제7호를 제외하고 이러한 행위를 한 자는 5년 이하의 징역 또는 2억원 이하의 벌금에 처한다(법444(8)).

---

2. 인터넷 또는 모바일시스템을 통해 수시로 조회할 수 있도록 하는 방법
3. 투자매매업자 또는 투자중개업자가 모바일시스템을 통해 문자메시지 또는 이와 비슷한 방법으로 통지하는 방법

82) 금융투자업규정 제4-37조(월간 매매내역등의 통지 등) ① 투자매매업자 또는 투자중개업자는 월간 금융투자상품(집합투자증권은 제외)의 거래가 있는 계좌에 대하여 월간 매매내역·손익내역, 월말잔액·잔량현황, 월말 현재 파생상품의 미결제약정현황·예탁재산잔고·위탁증거금 필요액 현황 등("월간 매매내역등")을 다음 달 20일까지, 반기 동안 금융투자상품의 거래가 없는 계좌에 대하여는 반기말 잔액·잔량현황을 그 반기 종료 후 20일까지 영 제70조 제1항 제2호의 방법으로 투자자에게 통지하여야 한다. 다만, 다음 각 호의 어느 하나에 해당하는 경우에는 월간 매매내역등 또는 반기말 잔액·잔량현황을 통지한 것으로 본다.
  1. 통지한 월간 매매내역등 또는 반기말 잔액·잔량현황이 3회 이상 반송된 투자자계좌에 대하여 투자자의 요구시 즉시 통지할 수 있도록 지점, 그 밖의 영업소에 이를 비치한 경우
  2. 반기 동안 매매, 그 밖의 거래가 없는 계좌의 반기말 현재 예탁재산 평가액이 금융감독원장이 정하는 금액을 초과하지 않는 경우에 그 계좌에 대하여 투자자 요구시 즉시 통지할 수 있도록 지점, 그 밖의 영업소에 반기말 잔액·잔량현황을 비치한 경우
  3. 매매내역을 투자자가 수시로 확인할 수 있도록 통장 등으로 거래하는 경우
  4. 영 제7조 제3항 제4호에 따라 투자중개업자가 투자자로부터 일임받은 권한을 행사하여 법 제229조 제5호에 따른 단기금융집합투자기구의 집합투자증권 등을 매수 또는 매도하였거나 증권을 환매하는 조건으로 매수 또는 매도한 내역 이외에 월간 금융투자상품의 거래가 없는 계좌에 대하여 투자자의 요구시 즉시 통지할 수 있도록 지점, 그 밖의 영업소에 이를 비치한 경우
  5. 제4-77조 제7호에 따른 맞춤식 자산관리계좌(Wrap Account)에 대하여 법 제99조에 따라 투자일임보고서를 교부한 경우
② 투자매매업자 또는 투자중개업자는 거래인감변경, 증권카드재발급, 지점, 그 밖의 영업소간 이관·이수, 통합계좌에서의 해제 등이 발생한 투자자계좌에 대하여는 잔액·잔량조회를 실시하여야 한다. 이 경우 파생상품의 투자매매업자 또는 투자중개업자는 미결제약정현황 및 위탁자예탁재산내역을 투자자에게 영 제70조 제1항 제2호의 방법으로 지체 없이 통지하여야 한다.
③ 그 밖에 월간거래내역 등의 통지 등에 관한 세부사항은 금융감독원장이 정한다.

투자매매업자 또는 투자중개업자는 다음 각 호의 어느 하나에 해당하는 행위를 하여서는 아니 된다(법71 본문).

1. 투자자로부터 금융투자상품의 가격에 중대한 영향을 미칠 수 있는 매수 또는 매도의 청약이나 주문을 받거나 받게 될 가능성이 큰 경우 이를 체결시키기 전에 그 금융투자상품을 자기의 계산으로 매수 또는 매도하거나 제3자에게 매수 또는 매도를 권유하는 행위

2. 특정 금융투자상품의 가치에 대한 주장이나 예측을 담고 있는 자료("조사분석자료")를 투자자에게 공표함에 있어서 그 조사분석자료의 내용이 사실상 확정된 때부터 공표 후 24시간이 경과하기 전까지 그 조사분석자료의 대상이 된 금융투자상품을 자기의 계산으로 매매하는 행위

3. 조사분석자료 작성을 담당하는 자에 대하여 대통령령으로 정하는 기업금융업무와 연동된 성과보수를 지급하는 행위

4. 다음 각 목의 어느 하나에 해당하는 증권의 모집 또는 매출과 관련한 계약을 체결한 날부터 그 증권이 증권시장에 최초로 상장된 후 대통령령으로 정하는 기간 이내에 그 증권에 대한 조사분석자료를 공표하거나 특정인에게 제공하는 행위

   가. 주권
   나. 대통령령으로 정하는 주권 관련 사채권
   다. 가목 또는 나목과 관련된 증권예탁증권

5. 투자권유대행인 및 투자권유자문인력이 아닌 자에게 투자권유를 하게 하는 행위

6. 투자자로부터 금융투자상품에 대한 투자판단의 전부 또는 일부를 일임받아 투자자별로 구분하여 금융투자상품을 취득·처분, 그 밖의 방법으로 운용하는 행위. 다만, 투자일임업으로서 행하는 경우와 제7조 제4항에 해당하는 경우에는 이를 할 수 있다.

7. 그 밖에 투자자 보호 또는 건전한 거래질서를 해할 우려가 있는 행위로서 대통령령으로 정하는 행위

다만 투자자 보호 및 건전한 거래질서를 해할 우려가 없는 경우로서 대통령령으로 정하는 경우에는 이를 할 수 있다(법71 단서). 법 제71조 제1호, 제2호, 제3호, 제5호 등에 관하여 시행령에서 허용되는 경우는 다음과 같다(영68①).

1. 법 제71조 제1호를 적용할 때 다음 각 목의 어느 하나에 해당하는 경우
   가. 투자자의 매매에 관한 청약이나 주문에 관한 정보를 이용하지 아니하였음을 증명하는 경우
   나. 증권시장(다자간매매체결회사에서의 거래를 포함)과 파생상품시장 간의 가격 차이를 이용한 차익거래, 그 밖에 이에 준하는 거래로서 투자자의 정보를 의도적으로 이용하지 아니하였다는 사실이 객관적으로 명백한 경우

2. 법 제71조 제2호를 적용할 때 다음 각 목의 어느 하나에 해당하는 경우

　가. 조사분석자료의 내용이 직접 또는 간접으로 특정 금융투자상품의 매매를 유도하는 것
　　이 아닌 경우

　나. 조사분석자료의 공표로 인한 매매유발이나 가격변동을 의도적으로 이용하였다고 볼 수
　　없는 경우

　다. 공표된 조사분석자료의 내용을 이용하여 매매하지 아니하였음을 증명하는 경우

　라. 해당 조사분석자료가 이미 공표한 조사분석자료와 비교하여 새로운 내용을 담고 있지
　　아니한 경우

3. 법 제71조 제3호를 적용할 때 해당 조사분석자료가 투자자에게 공표되거나 제공되지 아니
하고 금융투자업자 내부에서 업무를 수행할 목적으로 작성된 경우

4. 법 제71조 제5호를 적용할 때 투자권유대행인 및 투자권유자문인력이 아닌 자에게 금적립
계좌등에 대한 투자권유를 하게 하는 경우

(나) 선행매매 금지

1) 원칙적 금지

투자매매·중개업자는 투자자로부터 금융투자상품의 가격에 중대한 영향을 미칠 수 있는 매수 또는 매도의 청약이나 주문을 받거나 받게 될 가능성이 큰 경우 이를 체결시키기 전에 그 금융투자상품을 자기의 계산으로 매수 또는 매도하거나 제3자에게 매수 또는 매도를 권유하는 행위를 하여서는 아니 된다(법71(1)). 즉 이러한 선행매매(front running)가 금지되므로 위탁매매를 자기매매보다 우선하여 행하여야 한다.

선행매매는 주로 기관투자자의 대량주문 또는 외국인의 주문동향과 관련하여 발생한다. 매매는 투자자의 주문방향과 동일한 방향으로 나타난다. 예를 들어 기관투자자가 대량의 주식을 매수하는 경우에는 대량매수주문을 처리하기 이전에 자기 등의 계산으로 미리 해당 주식등을 매수하는 것이다.

금융투자상품의 시장가격에 중대한 영향을 미칠 것으로 예상되는 투자자의 매매주문을 위탁받고 이를 시장에 공개하기 전에 당해 주문에 관한 정보를 제3자에게 제공하는 행위도 금지된다. 다만 ⅰ) 정보의 제공이 당해 매매주문의 원활한 체결을 위한 것일 것(가목), ⅱ) 정보를 제공받는 자가 예상되는 가격변동을 이용한 매매를 하지 아니하거나 주문정보를 다른 제3자에게 전달하지 아니할 것이라고 믿을 수 있는 합리적 근거가 있을 것(나목), ⅲ) 매매주문을 위탁한 투자자에 관한 일체의 정보제공이 없을 것(다목)의 요건을 모두 충족하는 정보제공행위는 제외한다(금융투자업규정4-20①(4)).

2) 예외적 허용

선행매매가 시행령에 의해 허용되는 경우는 ⅰ) 투자자의 매매에 관한 청약이나 주문에 관한 정보를 이용하지 아니하였음을 증명하는 경우(가목), ⅱ) 증권시장(다자간매매체결회사에서의 거래를 포함)과 파생상품시장 간의 가격 차이를 이용한 차익거래, 그 밖에 이에 준하는 거래로서 투자자의 정보를 의도적으로 이용하지 아니하였다는 사실이 객관적으로 명백한 경우(나목)이다(영68①(1)).

(다) 조사분석자료 공표전 매매거래 금지(스캘핑)

1) 원칙적 금지

투자매매업자·투자중개업자는 특정 금융투자상품의 가치에 대한 주장이나 예측을 담고 있는 자료("조사분석자료")를 투자자에게 공표함에 있어서 그 조사분석자료의 내용이 사실상 확정된 때부터 공표 후 24시간이 경과하기 전까지 그 조사분석자료의 대상이 된 금융투자상품을 자기의 계산으로 매매하는 행위를 하지 못한다(법71(2)). 이러한 행위를 스캘핑(scalping)이라고 한다.[83]

조사분석자료의 작성 및 공표와 관련하여 다음의 어느 하나에 해당하는 행위도 금지된다(금융투자업규정4-20(6)). 즉 ⅰ) 조사분석자료를 일반인에게 공표하기 전에 조사분석자료 또는 조사분석자료의 주된 내용을 제3자(나목의 조사분석자료 작성업무에 관여한 자를 제외한다)에게 먼저 제공한 경우 당해 조사분석자료를 일반인에게 공표할 때에는 이를 제3자에게 먼저 제공하였다는 사실과 최초의 제공시점을 함께 공표하지 않는 행위(가목), ⅱ) 조사분석자료의 작성업무에 관여한 계열회사, 계열회사의 임직원, 그 밖에 이에 준하는 자가 있는 경우 사전에 그 자에 대하여 법 제71조 제2호에 따른 매매거래를 하지 아니하도록 요구하지 아니하는 행위(나목), ⅲ) 나목의 요구를 하였으나 이에 응하지 않을 경우 조사분석자료의 작성과정에 관여하지 못하도록 하는 등 필요한 적절한 조치를 취하지 않는 행위(다목)도 금지된다.

---

83) 금융투자회사의 영업 및 업무에 관한 규정 제2-25조(용어의 정의) 이 장에서 사용하는 용어의 정의는 다음 각 호와 같다.
  1. "조사분석자료"란 금융투자회사의 명의로 공표 또는 제3자에게 제공되는 것으로 특정 금융투자상품(집합투자증권은 제외)의 가치에 대한 주장이나 예측을 담고 있는 자료를 말한다.
  2. "금융투자분석사"란 금융투자회사 임직원으로서 조사분석자료의 작성, 심사 및 승인 업무를 수행하는 자로 전문인력규정 제3-1조에 따라 협회에 등록된 금융투자전문인력을 말한다.
  3. "조사분석 담당부서"란 명칭에 관계없이 조사분석자료의 작성, 심사 및 승인 등의 업무를 수행하는 부서를 말한다.
  4. "공표"란 조사분석자료의 내용을 다수의 일반인이 인지할 수 있도록 금융투자회사 또는 조사분석 담당부서가 공식적인 내부절차를 거쳐 발표(언론기관 배포·인터넷 게재·영업점비치·영업직원에 대한 통보·전자통신수단에 의한 통지 등을 포함)하는 행위를 말한다.

2) 예외적 허용

다만 조사분석자료 공표 전 매매거래가 시행령에 의해 예외적으로 허용되는 경우는 ⅰ) 조사분석자료의 내용이 직접 또는 간접으로 특정 금융투자상품의 매매를 유도하는 것이 아닌 경우(가목), ⅱ) 조사분석자료의 공표로 인한 매매유발이나 가격변동을 의도적으로 이용하였다고 볼 수 없는 경우(나목), ⅲ) 공표된 조사분석자료의 내용을 이용하여 매매하지 아니하였음을 증명하는 경우(다목), ⅳ) 해당 조사분석자료가 이미 공표한 조사분석자료와 비교하여 새로운 내용을 담고 있지 아니한 경우(라목)이다(영68①(2)).

(라) 조사분석자료 작성 담당자에 대한 성과보수 지급 금지

1) 원칙적 금지

투자매매·중개업자는 조사분석자료 작성을 담당하는자에 대하여 "대통령령으로 정하는 기업금융업무"와 연동된 성과보수를 지급하는 행위를 하지 못한다(법71(3)). 기업금융업무는 거래 성사 여부에 따라 투자매매·중개업자의 손익이 크게 달라지므로 조사분석자료 작성자를 이러한 손익관계에 연계시킴으로써 왜곡된 자료를 작성하도록 하는 것을 방지하기 위한 목적이다.

여기서 "대통령령으로 정하는 기업금융업무"란 다음의 어느 하나에 해당하는 업무를 말한다(영68②),

1. 인수업무
2. 모집·사모·매출의 주선업무
3. 기업의 인수 및 합병의 중개·주선 또는 대리업무
4. 기업의 인수·합병에 관한 조언업무
4의2. 설비투자, 사회간접자본 시설투자, 자원개발, 그 밖에 상당한 기간과 자금이 소요되는 프로젝트를 수주(受注)한 기업을 위하여 사업화 단계부터 특수목적기구(특정 프로젝트를 사업으로 운영하고 그 수익을 주주 등에게 배분하는 목적으로 설립된 회사, 그 밖의 기구를 말한다)에 대하여 신용공여, 출자, 그 밖의 자금지원("프로젝트금융")을 하는 자금조달구조를 수립하는 등 해당 사업을 지원하는 프로젝트금융에 관한 자문업무
4의3. 프로젝트금융을 제공하려는 금융기관 등을 모아 일시적인 단체를 구성하고 자금지원조건을 협의하는 등 해당 금융기관 등을 위한 프로젝트금융의 주선업무
4의4. 제4호의2에 따른 자문업무 또는 제4호의3에 따른 주선업무에 수반하여 이루어지는 프로젝트금융
5. 경영참여형 사모집합투자기구 집합투자재산의 운용업무

2) 예외적 허용

해당 조사분석자료가 투자자에게 공표되거나 제공되지 아니하고 금융투자업자 내부에서

업무를 수행할 목적으로 작성된 경우에는 조사분석자료 작성을 담당하는자에 대하여 성과보수를 지급하는 행위를 할 수 있다(영68①(3)).

(마) 증권의 인수업무와 관련된 조사분석자료의 공표 금지

투자매매업자·투자중개업자는 ⅰ) 주권(제1호), ⅱ) 주권 관련 사채권[영68④: 전환사채권, 신주인수권부사채권, 교환사채권(주권, 전환사채권 또는 신주인수권부사채권과 교환을 청구할 수 있는 교환사채권만 해당), 전환형 조건부자본증권](제2호), ⅲ) 이와 관련된 증권예탁증권(제3호)의 모집 또는 매출과 관련한 계약을 체결한 날부터 그 증권이 증권시장에 최초로 상장된 후 40일(영68③) 이내에 그 증권에 대한 조사분석자료를 공표하거나 특정인에게 제공하는 행위는 금지된다(법71(4)). 이러한 규제를 두는 이유는 편향적일 수 있는 조사분석자료의 영향없이 시장 스스로 공정가격을 형성할 수 있도록 하기 위한 것이다.

(바) 부적격자에 의한 투자권유대행 금지

투자매매업자·투자중개업자는 투자권유대행인 및 투자권유자문인력이 아닌 자에게 투자권유를 하게 하는 행위를 하지 못한다(법71(5)). 다만 투자권유대행인 및 투자권유자문인력이 아닌 자에게 금적립계좌등에 대한 투자권유를 하게 하는 경우는 허용된다(영68①(4)).

(사) 일임매매 금지

1) 원칙적 금지

투자매매업자·투자중개업자는 투자자로부터 금융투자상품에 대한 투자판단의 전부 또는 일부를 일임받아 투자자별로 구분하여 금융투자상품을 취득·처분, 그 밖의 방법으로 운용하는 행위를 하지 못한다(법71(6) 본문).

2) 예외적 허용

다만 투자일임업으로서 행하는 경우와 자본시장법 제7조 제4항에 해당하는 경우에는 이를 할 수 있다(법71(6) 단서). 따라서 투자중개업자가 투자자의 매매주문을 받아 이를 처리하는 과정에서 금융투자상품에 대한 투자판단의 전부 또는 일부를 일임받을 필요가 있는 경우로서 대통령령으로 정하는 경우에는 투자일임업으로 보지 아니한다(법7④).

자본시장법 제7조 제4항에서 "대통령령으로 정하는 경우"란 투자중개업자가 따로 대가 없이 금융투자상품에 대한 투자판단(종류, 종목, 취득·처분, 취득·처분의 방법·수량·가격 및 시기 등에 대한 판단)의 전부나 일부를 일임받는 경우로서 다음의 어느 하나에 해당하는 경우를 말한다(영7③).

1. 투자자가 금융투자상품의 매매거래일(하루에 한정)과 그 매매거래일의 총매매수량이나 총매매금액을 지정한 경우로서 투자자로부터 그 지정 범위에서 금융투자상품의 수량·가격 및 시기에 대한 투자판단을 일임받은 경우

2. 투자자가 여행·질병 등으로 일시적으로 부재하는 중에 금융투자상품의 가격 폭락 등 불가피한 사유가 있는 경우로서 투자자로부터 약관 등에 따라 미리 금융투자상품의 매도 권한을 일임받은 경우

3. 투자자가 금융투자상품의 매매, 그 밖의 거래에 따른 결제나 증거금의 추가 예탁 또는 법 제72조에 따른 신용공여와 관련한 담보비율 유지의무나 상환의무를 이행하지 아니한 경우로서 투자자로부터 약관 등에 따라 금융투자상품의 매도권한(파생상품인 경우에는 이미 매도한 파생상품의 매수권한을 포함)을 일임받은 경우

4. 투자자가 투자중개업자가 개설한 계좌에 금전을 입금하거나 해당 계좌에서 금전을 출금하는 경우에는 따로 의사표시가 없어도 자동으로 단기금융집합투자기구의 집합투자증권 등을 매수 또는 매도하거나 증권을 환매를 조건으로 매수 또는 매도하기로 하는 약정을 미리 해당 투자중개업자와 체결한 경우로서 투자자로부터 그 약정에 따라 해당 집합투자증권 등을 매수 또는 매도하는 권한을 일임받거나 증권을 환매를 조건으로 매수 또는 매도하는 권한을 일임받은 경우

5. 그 밖에 투자자 보호 및 건전한 금융거래질서를 해칠 염려가 없는 경우로서 금융위원회가 정하여 고시하는 경우

(아) 기타 불건전 영업행위

투자매매업자·투자중개업자는 그 밖에 투자자 보호 또는 건전한 거래질서를 해할 우려가 있는 행위로서 대통령령으로 정하는 행위를 하지 못한다(법71(7)). 형사제재의 대상인 제1호부터 제6호까지의 위반행위자와 달리 제7호 위반행위는 1억원 이하의 과태료 부과대상이다(법449(29)).

자본시장법 제71조 제7호에서 "대통령령으로 정하는 행위"란 다음의 어느 하나에 해당하는 행위를 말한다(영68⑤).

1. 법 제9조 제5항 단서에 따라 일반투자자와 같은 대우를 받겠다는 전문투자자(제10조 제1항 각 호의 자는 제외)의 요구에 정당한 사유 없이 동의하지 아니하는 행위

1의2. 제10조 제3항 제17호 가목에 따른 서류를 제출한 이후에는 전문투자자와 같은 대우를 받지 않겠다는 의사를 표시하기 전까지는 전문투자자로 대우받는다는 사실을 일반투자자에게 설명하지 않고 서류를 제출받는 행위

1의3. 제10조 제3항 제17호에 따른 요건을 갖추지 못했음을 알고도 전문투자자로 대우하는 행위

2. 일반투자자의 투자목적, 재산상황 및 투자경험 등을 고려하지 아니하고 일반투자자에게 지나치게 자주 투자권유를 하는 행위

2의2. 다음 각 목의 어느 하나에 해당하는 일반투자자를 대상으로 제52조의2 제1항 제1호 또는 제3호에 따른 금융투자상품("녹취대상상품")을 판매하는 경우 판매과정을 녹취하지 아

니하거나 녹취된 파일을 해당 투자자의 요청에도 불구하고 제공하지 아니하는 행위

　　가. 법 제46조 제2항 또는 법 제46조의2 제1항에 따라 그 일반투자자의 투자목적·재산상
　　　　황 및 투자경험 등의 정보를 파악한 결과 녹취대상상품이 적합하지 아니하거나 적정하
　　　　지 아니하다고 판단되는 자

　　나. 70세 이상인 사람

3. 투자자(투자자가 법인, 그 밖의 단체인 경우에는 그 임직원을 포함) 또는 거래상대방(거래
　　상대방이 법인, 그 밖의 단체인 경우에는 그 임직원을 포함) 등에게 업무와 관련하여 금융
　　위원회가 정하여 고시하는 기준[84])을 위반하여 직접 또는 간접으로 재산상의 이익을 제공하
　　거나 이들로부터 재산상의 이익을 제공받는 행위

4. 증권의 인수업무 또는 모집·사모·매출의 주선업무와 관련하여 다음 각 목의 어느 하나에
　　해당하는 행위

　　가. 발행인이 증권신고서(정정신고서와 첨부서류를 포함)와 투자설명서(예비투자설명서 및
　　　　간이투자설명서를 포함) 중 중요사항에 관하여 거짓의 기재 또는 표시를 하거나 중요
　　　　사항을 기재 또는 표시하지 아니하는 것을 방지하는 데 필요한 적절한 주의를 기울이
　　　　지 아니하는 행위

　　나. 증권의 발행인·매출인 또는 그 특수관계인에게 증권의 인수를 대가로 모집·사모·매
　　　　출 후 그 증권을 매수할 것을 사전에 요구하거나 약속하는 행위

　　다. 인수(모집·사모·매출의 주선을 포함)하는 증권의 배정을 대가로 그 증권을 배정받은
　　　　자로부터 그 증권의 투자로 인하여 발생하는 재산상의 이익을 직접 또는 간접으로 분
　　　　배받거나 그 자에게 그 증권의 추가적인 매수를 요구하는 행위

　　라. 인수하는 증권의 청약자에게 증권을 정당한 사유 없이 차별하여 배정하는 행위

　　마. 그 밖에 투자자의 보호나 건전한 거래질서를 해칠 염려가 있는 행위로서 금융위원회가
　　　　정하여 고시하는 행위[85])

---

84) "금융위원회가 정하여 고시하는 기준"이란 투자매매업자·투자중개업자(그 임직원 포함)가 투자매매계약
　　의 체결 또는 투자중개계약의 체결과 관련하여 투자자(투자자가 법인, 그 밖의 단체인 경우 그 임직원 포
　　함) 또는 거래상대방(거래상대방이 법인, 그 밖의 단체인 경우 그 임직원 포함)등에게 제공하거나 투자자
　　또는 거래상대방으로부터 제공받는 금전·물품·편익 등의 범위가 일반인이 통상적으로 이해하는 수준에 반
　　하지 않는 것을 말한다(금융투자업규정4-18①).

85) "금융위원회가 정하여 고시하는 행위"란 다음 각 호의 어느 하나에 해당하는 행위를 말한다(금융투자업규
　　정4-19).
　　1. 증권의 인수와 관련하여 발행인 또는 청약자에 대하여 해당 인수계약에 명시되지 아니한 증권의 청약·
　　　　인수, 자금의 지원 또는 증권의 매매 등을 하는 행위
　　2. 제1호의 행위를 제의, 요구 또는 약속하는 행위
　　3. 투자자의 증권 청약증거금 관리, 반환 등의 업무에 대해 적절한 주의의무를 하지 않는 행위
　　4. 증권의 공모가격 결정 및 절차 등이 협회가 정한 기준 등 건전한 시장관행에 비추어 현저히 불공정하
　　　　게 이루어진 행위
　　5. 자신 및 이해관계인이 주식등을 보유하고 있는 회사의 기업공개 또는 장외법인공모를 위한 주관회사
　　　　업무를 수행하는 경우 상장일부터 과거 2년 이내에 취득한 동 주식등을 상장일부터 30일 이내 처분하

5. 금융투자상품의 가치에 중대한 영향을 미치는 사항을 미리 알고 있으면서 이를 투자자에게 알리지 아니하고 해당 금융투자상품의 매수나 매도를 권유하여 해당 금융투자상품을 매도하거나 매수하는 행위

6. 투자자가 자본시장법 제174조·제176조 및 제178조를 위반하여 매매, 그 밖의 거래를 하려는 것을 알고 그 매매, 그 밖의 거래를 위탁받는 행위

7. 금융투자상품의 매매, 그 밖의 거래와 관련하여 투자자의 위법한 거래를 감추어 주기 위하여 부정한 방법을 사용하는 행위

8. 금융투자상품의 매매, 그 밖의 거래와 관련하여 결제가 이행되지 아니할 것이 명백하다고 판단되는 경우임에도 정당한 사유 없이 그 매매, 그 밖의 거래를 위탁받는 행위

9. 투자자에게 해당 투자매매업자·투자중개업자가 발행한 자기주식의 매매를 권유하는 행위

10. 투자자로부터 집합투자증권(증권시장에 상장된 집합투자증권은 제외)을 매수하거나 그 중개·주선 또는 대리하는 행위. 다만, 법 제235조 제6항 단서에 따라 매수하는 경우는 제외한다.

11. 손실보전의 금지(법55) 및 불건전 영업행위의 금지(법71)에 따른 금지 또는 제한을 회피할 목적으로 하는 행위로서 장외파생상품거래, 신탁계약, 연계거래 등을 이용하는 행위

12. 채권자로서 그 권리를 담보하기 위하여 백지수표나 백지어음을 받는 행위

13. 집합투자증권의 판매업무와 집합투자증권의 판매업무 외의 업무를 연계하여 정당한 사유 없이 고객을 차별하는 행위

13의2. 종합금융투자사업자가 제77조의6 제2항을 위반하여 같은 조 제1항 제2호에 따른 단기금융업무를 하는 행위

13의3. 종합금융투자사업자가 제77조의6 제3항을 위반하여 같은 조 제1항 제3호에 따른 종합투자계좌업무를 하는 행위

13의4. 법 제117조의10 제4항 단서에 따라 온라인소액증권발행인이 정정 게재를 하는 경우 온라인소액투자중개업자가 정정 게재 전 해당 증권의 청약의 의사를 표시한 투자자에게 다음 각 목의 행위를 하지 않는 행위

    가. 정정 게재 사실의 통지

    나. 제118조의9 제1항 각 호의 어느 하나에 해당하는 방법을 통한 투자자 청약 의사의 재확인(제130조 제1항 제1호 가목에 따른 모집가액 또는 매출가액이 증액되거나 같은 호 나목에 따른 사항이 변경됨에 따라 정정 게재를 하는 경우는 제외)

거나 타인에게 양도하는 행위

6. 기업공개를 위한 대표주관회사 및 인수 회사가 협회가 정한 기준 등에 따라 인수업무조서를 작성하지 않거나, 관련 자료를 보관하지 않는 행위

7. 협회가 정하는 이해관계가 있는 자가 발행하는 주식(협회가 정하는 기업공개 또는 장외법인공모를 위하여 발행되는 주식에 한한다) 및 무보증사채권의 인수(모집의 주선을 포함)를 위하여 주관회사의 업무를 수행하거나 또는 가장 많은 수량을 인수하는 행위

13의5. 법 제117조의10 제6항 제2호에 따른 투자자가 온라인소액투자중개의 방법을 통하여 증권을 청약하려는 경우 온라인소액투자중개업자가 해당 투자자에게 투자에 따르는 위험 등에 대하여 이해했는지 여부를 질문을 통하여 확인하지 않거나, 확인한 결과 투자자에게 온라인소액투자중개의 방법을 통한 투자가 적합하지 않음에도 청약의 의사표시를 받는 행위

13의6. 청약금액이 모집예정금액에 제118조의16 제5항에 따른 비율을 곱한 금액을 초과하여 증권의 발행이 가능한 요건이 충족되었음에도 온라인소액투자중개업자가 해당 사실을 청약자에게 통지하지 않는 행위

14. 그 밖에 투자자의 보호나 건전한 거래질서를 해칠 염려가 있는 행위로서 금융위원회가 정하여 고시하는 행위[86)]

---

86) "금융위원회가 정하여 고시하는 행위"란 다음 각 호의 어느 하나에 해당하는 행위를 말한다(금융투자업규정4-20①).

  1. 경쟁을 제한할 목적으로 다른 투자매매업자 또는 투자중개업자와 사전에 협의하여 금융투자상품의 매매호가, 매매가격, 매매조건 또는 수수료 등을 정하는 행위
  2. 다른 투자매매업자 또는 투자중개업자에 대하여 금융투자상품의 매매호가, 매매가격, 매매조건 또는 수수료 등의 변경을 요구하거나 직접 또는 간접으로 이를 강요하는 행위
  3. 투자자의 거래가 탈세의 수단으로 하는 행위라는 사실을 알면서도 이를 지원하거나 알선하는 행위
  4. 금융투자상품의 시장가격에 중대한 영향을 미칠 것으로 예상되는 투자자의 매매주문을 위탁받고 이를 시장에 공개하기 전에 당해 주문에 관한 정보를 제3자에게 제공하는 행위. 다만, 다음 각 목의 요건을 모두 충족하는 정보제공행위는 제외한다.
    가. 정보의 제공이 당해 매매주문의 원활한 체결을 위한 것일 것
    나. 정보를 제공받는 자가 예상되는 가격변동을 이용한 매매를 하지 아니하거나 주문정보를 다른 제3자에게 전달하지 아니할 것이라고 믿을 수 있는 합리적 근거가 있을 것
    다. 매매주문을 위탁한 투자자에 관한 일체의 정보제공이 없을 것
  5. 투자권유와 관련하여 다음 각 목의 어느 하나에 해당하는 행위
    가. 일반투자자를 대상으로 빈번한 금융투자상품의 매매거래 또는 과도한 규모의 금융투자상품의 매매거래를 권유하는 행위. 이 경우 특정거래가 빈번한 거래인지 또는 과도한 거래인지 여부는 다음의 사항을 감안하여 판단한다.
      (1) 일반투자자가 부담하는 수수료의 총액
      (2) 일반투자자의 재산상태 및 투자목적에 적합한지 여부
      (3) 일반투자자의 투자지식이나 경험에 비추어 당해 거래에 수반되는 위험을 잘 이해하고 있는지 여부
      (4) 개별 매매거래시 권유내용의 타당성 여부
    나. 투자자를 거래상대방으로 하여 매매하는 경우 외에 금융투자상품시장에서 자기계산에 따라 금융투자상품 매매를 유리하게 또는 원활히 할 목적으로 투자자에게 특정 금융투자상품의 매매를 권유하는 행위
    다. 신뢰할 만한 정보·이론 또는 논리적인 분석·추론 및 예측 등 적절하고 합리적인 근거를 가지고 있지 아니하고 특정 금융투자상품의 매매거래나 특정한 매매전략·기법 또는 특정한 재산운용배분의 전략·기법을 채택하도록 투자자에게 권유하는 행위
    라. <삭제 2014. 11. 4.>
    마. <삭제 2014. 11. 4.>
    바. 해당 영업에서 발생하는 통상적인 이해가 아닌 다른 특별한 사유(인수계약 체결, 지급보증의 제공, 대출채권의 보유, 계열회사 관계 또는 자기가 수행 중인 기업인수 및 합병 업무대상, 발행주식총수의 1% 이상 보유 등)로 그 금융투자상품의 가격이나 매매와 중대한 이해관계를 갖게 되는 경우에 그 내용을 사전에 일반투자자에게 알리지 아니하고 특정 금융투자상품의 매매를 권유하는 행위. 다

만, 다음의 어느 하나에 해당하는 사유로 이를 알리지 아니한 경우는 제외한다.
  (1) 투자자가 매매권유 당시에 당해 이해관계를 알고 있었거나 알고 있었다고 볼 수 있는 합리적 근거가 있는 경우. 다만, 조사분석자료에 따른 매매권유의 경우는 제외한다.
  (2) 매매를 권유한 임직원이 그 이해관계를 알지 못한 경우. 다만, 투자매매업자 또는 투자중개업자가 그 이해관계를 알리지 아니하고 임직원으로 하여금 당해 금융투자상품의 매매를 권유하도록 지시하거나 유도한 경우는 제외한다.
  (3) 당해 매매권유가 투자자에 대한 최선의 이익을 위한 것으로 인정되는 경우. 다만, 조사분석자료에 따른 매매권유의 경우는 제외한다.
  사. 조사분석자료를 작성하거나 이에 영향력을 행사하는 자가 자신의 재산적 이해에 영향을 미칠 수 있는 금융투자상품의 매매를 일반투자자에게 권유하는 경우 그 재산적 이해관계를 고지하지 아니하는 행위. 이 경우 재산적 이해의 범위, 고지의 내용과 방법에 관한 사항은 협회가 정한다.
  아. 특정 금융투자상품의 매매를 권유한 대가로 권유대상 금융투자상품의 발행인 및 그의 특수관계인 등 권유대상 금융투자상품과 이해관계가 있는 자로부터 재산적 이익을 제공받는 행위
  자. 바목에 불구하고 일반투자자를 상대로 자신 또는 계열회사가 발행한 증권 중 증권의 발행인이 파산할 경우에 타 채무를 우선 변제하고 잔여재산이 있는 경우에 한하여 당해 채무를 상환한다는 조건이 있거나, 투자적격 등급에 미치지 아니하거나 또는 신용등급을 받지 아니한 사채권, 자산유동화증권, 기업어음증권 및 이에 준하는 고위험 채무증권의 매매를 권유하는 행위

6. 조사분석자료의 작성 및 공표와 관련하여 다음 각 목의 어느 하나에 해당하는 행위
  가. 조사분석자료를 일반인에게 공표하기 전에 조사분석자료 또는 조사분석자료의 주된 내용을 제3자(나목의 조사분석자료 작성업무에 관여한 자를 제외한다)에게 먼저 제공한 경우 당해 조사분석자료를 일반인에게 공표할 때에는 이를 제3자에게 먼저 제공하였다는 사실과 최초의 제공시점을 함께 공표하지 않는 행위
  나. 조사분석자료의 작성업무에 관여한 계열회사, 계열회사의 임직원, 그 밖에 이에 준하는 자가 있는 경우 사전에 그 자에 대하여 법 제71조 제2호에 따른 매매거래를 하지 아니하도록 요구하지 아니하는 행위
  다. 나목의 요구를 하였으나 이에 응하지 않을 경우 조사분석자료의 작성과정에 관여하지 못하도록 하는 등 필요한 적절한 조치를 취하지 않는 행위

7. 다음 각 목의 어느 하나에 해당하는 행위[사전에 준법감시인(준법감시인이 없는 경우에는 감사 등 이에 준하는 자)에게 보고한 경우에 한한다]를 제외하고 증권의 매매, 그 밖에 거래와 관련하여 손실을 보전하거나 이익을 보장하는 행위
  가. 투자매매업자·투자중개업자 및 그 임직원이 자신의 위법(과실로 인한 위법을 포함)행위여부가 불명확한 경우 사적 화해의 수단으로 손실을 보상하는 행위. 다만, 증권투자의 자기책임원칙에 반하는 경우에는 그러하지 아니하다.
  나. 투자매매업자 또는 투자중개업자의 위법행위로 인하여 손해를 배상하는 행위
  다. 분쟁조정 또는 재판상의 화해절차에 따라 손실을 보상하거나 손해를 배상하는 행위

8. 일중매매거래 및 시스템매매와 관련하여 다음 각 목의 어느 하나에 해당하는 행위
  가. 일중매매거래 및 시스템매매 프로그램의 투자실적에 관하여 허위의 표시를 하거나 과장 등으로 오해를 유발하는 표시를 하는 행위
  나. 일중매매거래나 시스템매매에 수반되는 위험을 일반투자자에게 고지하지 아니하는 행위. 이 경우 위험고지의 대상·시기·방법 및 내용에 대하여는 협회가 정한다.
  다. 금융투자상품 거래에 관한 경험·지식·재산상태 및 투자목적 등에 비추어 일중매매거래에 적합하다고 보기 어려운 일반투자자를 상대로 일중매매거래기법을 교육하는 등 일중매매거래를 권유하는 행위
  라. 금융투자상품 거래에 관한 경험·지식 등에 비추어 당해 투자자가 시스템매매를 바르게 이해하고 있다고 볼 수 있는 합리적 근거가 있는 경우를 제외하고는 일반투자자를 상대로 특정시스템매매 프로그램의 이용을 권유하는 행위

9. 설명의무 및 매매거래 전 정보제공과 관련하여 다음 각 목의 어느 하나에 해당하는 행위

가. 투자자의 매매거래주문을 처리하기 전에 다음의 사실을 고지하지 아니하는 행위. 다만, 투자자가 이미 이를 알고 있다고 인정할 만한 합리적 근거가 있는 경우는 제외한다.

(1) 당해 매매거래에 있어서 투자매매업자·투자중개업자가 동시에 다른 투자자의 위탁매매인, 중개인 또는 대리인의 역할을 하는 경우 그 사실

(2) 중개 또는 대리시 매매상대방이 투자자의 실명을 요구하는 때에는 이를 알릴 수 있다는 사실

(3) 매매거래의 결제를 위하여 증권의 실물을 전달하게 되는 경우 당해 증권의 하자와 관련한 책임 소재

나. 다음의 어느 하나에 해당하는 경우를 제외하고 법 제47조에 따른 설명의무를 이행하기 위한 설명서를 교부하지 아니하는 행위. 이 경우 설명서의 구체적인 내용은 협회가 정한다.

(1) 영 제132조 제2호에 따른 방법으로 설명서의 수령을 거부하는 경우

(2) 설명서에 갈음하는 투자설명서를 교부하는 경우

다. 나목에 따른 설명서를 각 영업점에서 투자자의 접근이 용이한 장소에 비치하거나 전자통신등의 방법에 따라 공시하는 등 투자자가 언제든지 열람할 수 있도록 하는 조치를 취하지 아니하는 행위

10. 집합투자증권의 판매와 관련하여 다음 각 목의 어느 하나에 해당하는 행위

가. 다음 각각의 어느 하나에 해당하는 행위

(1) 특정 집합투자증권 취급시 자기가 받는 판매보수 또는 판매수수료가 다른 집합투자증권 취급시 받는 판매보수 또는 판매수수료보다 높다는 이유로 일반투자자를 상대로 특정 집합투자증권의 판매에 차별적인 판매촉진노력(영업직원에 대한 차별적인 보상이나 성과보수의 제공 및 집중적 판매독려 등)을 하는 행위. 다만, 투자자의 이익에 부합된다고 볼 수 있는 합리적 근거가 있어 판매대상을 단일집합투자업자의 집합투자증권으로 한정하거나 차별적인 판매촉진노력을 하는 경우는 제외한다.

나. 자기가 행한 집합투자증권의 판매의 대가로 집합투자업자를 상대로 집합투자재산의 매매주문을 자기나 제3자에게 배정하도록 직접 또는 간접으로 요구하는 행위. 다만, 집합투자업자가 사전에 투자설명서에 최선의 매매조건을 제시하는 투자매매업자 또는 투자중개업자가 둘 이상 있는 때에는 판매실적을 감안하여 매매를 위탁하는 투자매매업자 또는 투자중개업자를 선정하겠다고 사전에 공시한 집합투자증권을 투자매매업자 또는 투자중개업자가 판매하는 경우 그 공시내용을 근거로 판매의 대가로 집합투자업자에 대하여 매매주문을 요구하는 경우는 제외한다.

다. 집합투자증권의 판매의 대가로 자기에게 위탁하는 집합투자재산의 매매거래에 대하여 유사한 다른 투자자의 매매거래보다 부당하게 높은 수수료를 요구하는 행위

라. 특정 집합투자증권의 판매와 관련하여 투자자를 상대로 예상수익률의 보장, 예상수익률의 확정적인 단언 또는 이를 암시하는 표현, 실적배당상품의 본질에 반하는 주장이나 설명 등을 하는 행위

마. 매 사업연도별로 집합투자증권의 총 판매금액 중 계열회사 또는 계열회사에 준하는 회사인 집합투자업자가 운용하는 집합투자기구의 집합투자증권의 판매금액의 비중(판매금액의 비중을 산정하는 구체적인 기준은 별표 12의2와 같다)이 100분의 25를 초과하도록 계열회사 또는 계열회사에 준하는 회사[자기가 해당 회사의 발행주식(의결권 없는 주식은 제외한다) 총수의 100분의 30 이상을 소유한 회사, 상호간 임원 겸임 또는 계열회사로 인정될 수 있는 영업상의 표시행위 등의 사실이 있는 회사 등을 말한다]가 운용하는 집합투자기구의 집합투자증권을 판매하는 행위

바. 법 제192조 제2항 제5호, 법 제202조 제1항 제7호(제211조 제2항, 제216조 제3항 및 제217조의6 제2항에서 준용하는 경우를 포함한다) 및 법 제221조 제1항 제4호(제227조 제3항에서 준용하는 경우를 포함한다)에 따른 해지 또는 해산을 회피할 목적으로 투자자의 수가 1인인 집합투자기구가 발행한 집합투자증권을 다음의 어느 하나에 해당하는 자에게 판매하는 행위

1) 해당 집합투자기구를 운용하는 집합투자업자

2) 해당 집합투자증권을 판매하는 투자매매업자 또는 투자중개업자

3) 해당 집합투자기구의 집합투자재산을 보관·관리하는 신탁업자

4) 1)부터 3)까지에 해당하는 자의 임직원

11. 투자자의 매매주문의 접수·집행 등과 관련하여 다음 각 목의 어느 하나에 해당하는 행위

가. 일반투자자를 거래상대방으로 하여 금융투자상품을 매매거래하는 경우 매매거래 당시의 시장상황

및 투자자의 거래탐색비용 등에 비추어 투자자에게 부당한 거래조건으로 거래하는 행위. 다만, 재고부담 등 정당한 사유로 인하여 거래시세보다 불리한 거래조건을 투자자에게 제시하고 당시의 시세를 투자자에게 사전에 고지하는 경우에는 제외한다.

나. 시장에서의 매매주문을 받은 경우 투자자가 지정한 주문 내용과 방법에 따라 즉시 주문을 당해 시장에 전달하지 아니하는 행위. 다만, 다음의 요건을 모두 충족하는 경우에는 주문방법(매매거래시장, 주문의 시장전달 시기, 호가방법 등)을 변경하거나 다른 주문과 합하여 일괄처리할 수 있다.

(1) 매매주문방법의 변경이 투자자의 당초 매매주문의 목적을 달성하는데 더 효과적이라고 볼 수 있는 합리적 근거가 있을 것

(2) 주문에 대한 최선의 매매체결을 위하여 투자매매업자 또는 투자중개업자가 주문방법의 변경이나 다른 주문과 합하여 일괄처리 할 수 있다는 것에 대하여 투자자의 서면 등에 의한 사전에 동의가 있을 것

(3) 주문방법의 변경이나 주문의 일괄처리에 대한 내부통제가 적절히 이루어지고 있을 것

다. 다음의 어느 하나에 해당하는 경우를 제외하고는 계좌명의인 이외의 자로부터 매매거래의 위탁을 받는 행위. 다만, 업무상 통상적인 노력을 기울여 이 목에 따른 정당한 매매주문자로 볼 수 있었던 자로부터 주문을 받은 경우(주문자가 정당한 매매주문자가 아니라는 사실을 알고 있었던 경우는 제외한다)는 제외한다.

(1) 계좌개설 시에 투자자가 매매주문을 대리할 수 있는 자를 서면으로 지정하고 동 대리인이 매매주문을 내는 경우

(2) 위임장 등으로 매매주문의 정당한 권한이 있음을 입증하는 자가 매매주문을 내는 경우

(3) 일임계약에 따라 일임매매관리자가 주문을 내는 경우

라. 단일계좌에서의 거래와 관련하여 계좌명의인이 계좌명의인 이외의 자를 매매주문자, 입출금(고) 청구자, 매매거래통지의 수령자 등으로 지정하는 경우 계좌명의인으로부터 위임의사를 서면으로 제출받지 아니하는 행위

마. 계좌명의인으로부터 라목에 따른 위임의사를 제출받았음에도 불구하고 단일계좌에서 계좌명의인 이외의 자가 행하는 거래에 관한 지시를 거부하는 행위. 다만, 투자매매업자 또는 투자중개업자가 계좌명의인 이외의 자에 대한 위임의 일부 또는 전부를 인정하지 아니하겠다는 의사를 사전에 계좌명의인에게 서면으로 표시한 경우는 제외한다.

바. 투자자가 매매거래의 진정한 의사가 없음이 명백함에도 주문을 수탁하는 행위. 이 경우 진정한 매매거래 의사가 있었는지 여부는 다음의 사항을 감안하여야 한다.

(1) 당해 매매주문의 대상이 되는 증권시장등에 상장된 금융투자상품의 수량 및 평균거래량

(2) 증권시장에 상장된 주권 발행기업의 지분분포

(3) 당해 투자자의 예탁재산 규모 및 거래행태

(4) 매매주문 당시의 호가상황

12. 수수료의 지급 등과 관련하여 다음 각 목의 어느 하나에 해당하는 행위

가. 국내·외에서 금융투자업을 영위하지 아니하는 자(투자권유대행인을 제외한다)에 대하여 거래대금, 거래량 등 투자자의 매매거래 규모 또는 금융투자업자의 수수료 수입에 연동하여 직접 또는 간접의 대가를 지급하는 행위. 다만, 금융투자업자와 물리적인 사무공간을 공유하면서 공동으로 영업하는 금융기관(영 제10조 제2항에 따른 금융기관을 말한다)에게 공동영업에 따른 수수료를 지급하는 경우는 제외한다.

나. 투자자로부터 성과보수(예탁자산규모에 연동하여 보수를 받는 경우는 이 절에서 성과보수로 보지 아니한다)를 받기로 하는 약정을 체결하는 행위 및 그에 따라 성과보수를 받는 행위

13. 금융투자업자 자기가 발행하였거나 발행하고자 하는 주식(전환사채 등 주식관련사채를 포함)을 일반투자자를 상대로 매수를 권유하거나 매도하는 행위. 다만, 다음 각 목의 어느 하나에 해당하는 경우는 제외한다.

가. 둘 이상의 신용평가업자로부터 모두 상위 2등급 이상에 해당하는 신용등급을 받은 경우

나. 주권상장법인인 금융투자업자가 주식을 모집 또는 매출하는 경우

14. 금융투자상품의 투자중개업자가 투자자의 주문을 다른 금융투자상품의 투자중개업자에게 중개함에

(3) 신용공여

(가) 의의

투자매매업자 또는 투자중개업자는 증권과 관련하여 금전의 융자 또는 증권의 대여의 방법으로 투자자에게 신용을 공여할 수 있다(법72① 본문). 다만, 투자매매업자는 증권의 인수일부터 3개월 이내에 투자자에게 그 증권을 매수하게 하기 위하여 그 투자자에게 금전의 융자, 그 밖의 신용공여를 하여서는 아니 된다(법72① 단서). 인수 관련 신용공여를 금지하는 이유는 증권의 인수인이 된 투자매매업자가 증권의 인수와 관련하여 신용공여의 이익을 제공함으로써 신용공여의 이익을 제공하지 않는다면 용이하게 처분할 수 없는 증권을 투자자에게 취득시키고 인수위험을 부당하게 투자자에게 전가하는 것을 방지하기 위함이다.

(나) 신용공여의 방법

1) 증권매수대금융자 및 증권대여

투자매매업자·투자중개업자는 ⅰ) 해당 투자매매업자 또는 투자중개업자에게 증권 매매거래계좌를 개설하고 있는 자에 대하여 증권의 매매를 위한 매수대금을 융자하거나 매도하려는 증권을 대여하는 방법(제1호), ⅱ) 해당 투자매매업자 또는 투자중개업자에 증권을 예탁하고 있는 자에 대하여 그 증권을 담보로 금전을 융자하는 방법(제2호)으로 투자자에게 신용을 공여할 수 있다(영69①).

그러나 투자매매·중개업자가 전담중개업무를 제공하는 경우에는 ⅰ) 증권의 매매를 위한 매수대금을 융자하거나 매도하려는 증권을 대여하는 방법(제1호), ⅱ) 전담중개업무로서 보관·관리하는 전문투자형 사모집합투자기구등의 투자자재산인 증권을 담보로 금전을 융자하는 방법(제2호)으로 그 전담중개업무를 제공받는 전문투자형 사모집합투자기구등에 대하여 신용을 공여할 수 있다(영69②).

2) 금융투자업규정

신용공여의 구체적인 기준과 담보의 비율 및 징수방법 등은 금융위원회가 정하여 고시한다(영69③). "신용공여"란 투자매매업자 또는 투자중개업자가 증권에 관련하여 ⅰ) 모집·매출, 주권상장법인의 신주발행에 따른 주식을 청약하여 취득하는데 필요한 자금의 대출(청약자금대출)(가목), ⅱ) 증권시장에서의 매매거래(다자간매매체결회사에서의 매매거래를 포함)를 위하여 투자자(개인에 한한다)에게 제공하는 매수대금의 융자(신용거래융자) 또는 매도증권의 대여(신용거래대주)(나목), ⅲ) 투자자 소유의 전자등록주식등(전자증권법에 따른 전자등록주식등) 또는 예탁증권을 담보로 하는 금전의 융자(증권담보융자). 이 경우 매도되었거나 환매 청구된 전자등록주식등 또는 예탁증권을 포함한다(다목)의 어느 하나에 해당하는 방법으로 투자자에게 금전을 대출

있어 중개수수료 이외의 투자자의 재산을 수탁받는 행위

하거나 증권을 대여하는 것을 말한다(금융투자업규정4-21(1)).

"신용거래"란 신용거래융자 또는 신용거래대주를 받아 결제하는 거래를 말한다(금융투자업규정4-21(2)). "담보"란 투자매매업자 또는 투자중개업자가 투자자에게 신용공여하면서 그 채무의 이행을 확보하기 위하여 인출제한, 질권 취득, 보관 등의 조치를 취할 수 있는 대상이 되는 증권 등을 말한다(금융투자업규정4-21(3)). "신용공여금액"이란 투자매매업자 또는 투자중개업자가 투자자에게 제공한 대출금, 신용거래융자금, 신용거래대주 시가상당액을 말한다. 이 경우 ⅰ) 매매계약의 체결에 따라 대출, 융자가 예정되거나 상환이 예정된 대출금, 융자금(가목), ⅱ) 매매계약의 체결에 따라 대여 혹은 상환이 예정된 신용거래대주 시가상당액 등을 감안하여 산출할 수 있다(금융투자업규정4-21(4)). "대용증권"이란 신용공여와 관련하여 투자매매업자 또는 투자중개업자가 투자자로부터 현금에 갈음하여 담보로 징구하는 증권으로서 법 제393조 제1항의 증권시장업무규정(거래소의 유가증권시장업무규정 88조, 코스닥시장업무규정 43조)에서 정하는 것을 말한다(금융투자업규정4-21(5)).

그 밖에 금융투자업규정은 4-22조부터 4-33조까지 신용공여계약의 체결, 신용공여의 회사별 한도, 담보의 징구, 담보비율, 담보로 제공된 증권의 평가, 담보평가의 특례, 임의상환방법, 신용거래종목, 신용공여한도 및 보고, 매매주문의 수탁 제한, 신용공여 관련조치, 자료의 제출, 제재조치 등에 관하여 상세히 규정하고 있다.

(다) 신용공여계약의 체결

투자매매업자 또는 투자중개업자가 신용공여를 하고자 하는 경우에는 투자자와 신용공여에 관한 약정을 체결하여야 한다(금융투자업규정4-22①). 투자매매업자 또는 투자중개업자는 약정을 체결하는 경우 투자자 본인(법인투자자의 경우에는 그 대리인)의 기명날인 또는 서명을 받거나 전자서명법 제18조의2[87])에 따라 본인임을 확인하여야 한다(금융투자업규정4-22②). 투자매매업자 또는 투자중개업자가 투자자로부터 신용거래를 수탁받은 때에는 신용거래계좌를 설정하여야 한다(금융투자업규정4-22③).

(라) 신용공여의 회사별 한도

투자매매업자 또는 투자중개업자의 총 신용공여 규모(이미 매도된 증권의 매도대금을 담보로 한 신용공여는 제외)는 자기자본의 범위 이내로 하되, 신용공여 종류별로 투자매매업자 또는 투자중개업자의 구체적인 한도는 금융위원회 위원장이 따로 결정할 수 있다(금융투자업규정4-23①). 자기자본은 영 제36조에 따른 분기별 업무보고서에 기재된 개별재무상태표 상의 자본총계

---

87) 제18조의2(공인인증서를 이용한 본인확인) 다른 법률에서 공인인증서를 이용하여 본인임을 확인하는 것을 제한 또는 배제하고 있지 아니한 경우에는 이 법의 규정에 따라 공인인증기관이 발급한 공인인증서에 의하여 본인임을 확인할 수 있다.

를 말한다(금융투자업규정4-23②).

(마) 담보의 징구

투자매매업자 또는 투자중개업자는 청약자금대출을 함에 있어서는 청약하여 배정받은 증권을 담보로 징구하여야 한다. 다만 당해 증권이 교부되지 아니한 때에는 당해 증권이 교부될 때까지 그 납입영수증(청약증거금영수증을 포함)으로 갈음할 수 있다(금융투자업규정4-24①). 투자매매업자 또는 투자중개업자는 신용거래융자를 함에 있어서는 매수한 주권(주권과 관련된 증권예탁증권을 포함) 또는 상장지수집합투자기구의 집합투자증권을, 신용거래대주를 함에 있어서는 매도대금을 담보로 징구하여야 한다(금융투자업규정4-24②). 투자매매업자 또는 투자중개업자가 증권담보융자를 함에 있어서는 가치산정이 곤란하거나 담보권의 행사를 통한 대출금의 회수가 곤란한 증권을 담보로 징구하여서는 아니 된다. 이 경우 협회는 그 구체적인 기준을 정할 수 있다(금융투자업규정4-24③).

(바) 담보비율

투자매매업자 또는 투자중개업자는 투자자의 신용상태 및 종목별 거래상황 등을 고려하여 신용공여금액의 140% 이상에 상당하는 담보를 징구하여야 한다. 다만 매도되었거나 환매청구된 예탁증권을 담보로 하여 매도금액 또는 환매금액 한도 내에서 융자를 하는 경우에는 그러하지 아니하다(금융투자업규정4-25①). 투자매매업자 또는 투자중개업자가 신용거래를 수탁하고자 하는 경우에는 투자자가 주문하는 매매수량에 지정가격(지정가격이 없을 때에는 상한가)을 곱하여 산출한 금액에 투자자의 신용상태 및 종목별 거래상황 등을 고려하여 정한 비율에 상당하는 금액을 보증금으로 징수하여야 한다. 이 경우 보증금은 대용증권으로 대신할 수 있다(금융투자업규정4-25②). 투자매매업자 또는 투자중개업자는 신용공여금액에 대한 담보 평가금액의 비율이 투자매매업자 또는 투자중개업자가 정한 일정비율("담보유지비율")에 미달하는 때에는 지체 없이 투자자에게 추가담보의 납부를 요구하여야 한다. 다만, 투자자와 사전에 합의한 경우에는 담보의 추가납부를 요구하지 아니하고 투자자의 계좌에 담보로 제공하지 아니한 현금 또는 증권을 추가담보로 징구할 수 있다(금융투자업규정4-25③). 제2항에 따른 비율은 40% 이상으로 한다(금융투자업규정4-25④). 제1항부터 제4항까지의 비율을 산정함에 있어 투자자의 매매거래에 따른 결제를 감안하여 계산할 수 있으며 제3항의 비율을 계산함에 있어 다수의 신용공여가 있을 때에는 이를 합산하여 계산할 수 있다(금융투자업규정4-25⑤). 투자매매업자 또는 투자중개업자가 제3항에 따라 징구하는 추가담보는 현금 또는 증권에 한하며, 추가담보를 징구함에 있어서는 가치산정이 곤란하거나 담보권의 행사가 곤란한 증권을 담보로 징구하여서는 아니 된다. 이 경우 협회는 그 구체적인 기준을 정할 수 있다(금융투자업규정4-25⑥). 투자매매업자 또는 투자중개업자는 제3항에 따라 투자자에게 추가담보를 요구하는 경우에는 내용증명 우편, 통화내용 녹취 또는 투자자와 사전에 합의한 방법 등 그 요구사실이 입증될 수 있는 방법에 따라야 한다(금융투자업규정4-25⑦).

(사) 담보로 제공된 증권의 평가

신용공여와 관련하여 담보 및 보증금으로 제공되는 증권(결제가 예정된 증권을 포함한다. 이하 이 조에서 같다)의 평가는 다음 각 호에 따른다. 다만, 다음 각 호 외의 증권의 담보사정가격은 협회가 정한다(금융투자업규정4-26①).

1. 청약하여 취득하는 주식: 취득가액. 다만, 당해 주식이 증권시장에 상장된 후에는 당일 종가 (당일 종가에 따른 평가가 불가능한 경우에는 최근일 기준가격)로 한다.
2. 상장주권(주권과 관련된 증권예탁증권을 포함) 또는 상장지수집합투자기구의 집합투자증권: 당일 종가(당일 종가에 따른 평가가 불가능한 경우에는 최근일 기준가격)로 한다. 다만, 채무자회생법에 따른 회생절차개시신청을 이유로 거래 정지된 경우에는 투자매매업자 또는 투자중개업자가 자체적으로 평가한 가격으로 한다.
3. 상장채권 및 공모파생결합증권(주가연계증권에 한한다): 2 이상의 채권평가회사가 제공하는 가격정보를 기초로 투자매매업자 또는 투자중개업자가 산정한 가격
4. 집합투자증권(제2호의 집합투자증권을 제외): 당일에 고시된 기준가격(당일에 고시된 기준가격에 따른 평가가 불가능한 경우에는 최근일에 고시된 기준가격)

매도되거나 또는 환매 신청된 증권을 담보로 하여 투자매매업자 또는 투자중개업자가 투자자에게 금전을 융자하는 경우에는 당해 증권의 매도가격 또는 융자일에 고시된 기준가격(이에 따른 평가가 불가능한 경우에는 대출일 전일에 고시된 기준가격을 말한다)을 담보 평가금액으로 한다(금융투자업규정4-26②). 투자매매업자 또는 투자중개업자는 제1항에 불구하고 당일종가 또는 최근일 기준가격에 따른 평가를 적용하지 않기로 투자자와 합의한 경우에는 당해 합의에 따라 담보증권을 평가할 수 있다(금융투자업규정4-26③).

(아) 담보평가의 특례

담보를 평가함에 있어 권리발생이 확정된 증권(배정기준일 전전일에 매수하여 결제가 도래하지 않은 주식을 포함)을 담보로 제공하고 있는 경우에는 다음 각 호의 기간 중에는 당해 권리도 담보로 본다(금융투자업규정4-27①).

1. 무상증자시 신주기준일 전날부터 증권시장 상장 전일까지
2. 유상증자시 신주인수권기준일 전날부터 유상청약 종료일까지
3. 유상증자시 청약한 신주유상 청약종료일부터 증권시장 상장 전일까지
4. 청약하여 취득하는 주식: 청약종료일 또는 배정일부터 증권시장 상장 전일까지
5. 합병, 회사분할 등에 의해 상장이 예정된 주식: 출고일부터 증권시장 상장 전일까지

이 경우 권리의 평가는 투자매매업자 또는 투자중개업자가 정하는 바에 따른다(금융투자업규정 4-27②).

(자) 임의상환방법

투자매매업자 또는 투자중개업자는 다음 각 호의 어느 하나에 해당하는 경우 그 다음 영업일에 투자자계좌에 예탁된 현금을 투자자의 채무변제에 우선 충당하고, 담보증권, 그 밖의 증권의 순서로 필요한 수량만큼 임의처분하여 투자자의 채무변제에 충당할 수 있다. 다만, 투자매매업자 또는 투자중개업자와 투자자가 사전에 합의한 경우에는 상환기일에도 투자자계좌에 예탁되어 있는 현금으로 채무변제에 충당할 수 있다(금융투자업규정4-28①).

1. 투자자가 신용공여에 따른 채무의 상환요구를 받고 상환기일 이내에 상환하지 아니하였을 때
2. 투자자가 담보의 추가납부를 요구받고 투자매매업자 또는 투자중개업자가 정한 납입기일까지 담보를 추가로 납입하지 않았을 때
3. 투자자가 신용공여와 관련한 이자·매매수수료 및 제세금 등의 납부요구를 받고 투자매매업자 또는 투자중개업자가 정한 납입기일까지 이를 납입하지 아니하였을 때

투자매매업자 또는 투자중개업자는 투자자와 사전에 합의하고 시세의 급격한 변동 등으로 인하여 채권회수가 현저히 위험하다고 판단되는 경우에는 투자자에 대하여 담보의 추가납부를 요구하지 아니하거나 추가로 담보를 징구하지 아니하고 필요한 수량의 담보증권, 그 밖에 예탁한 증권을 임의로 처분할 수 있다. 이 경우 투자매매업자 또는 투자중개업자는 처분내역을 지체 없이 투자자에게 내용증명우편, 통화내용 녹취 또는 투자자와 사전에 합의한 방법 등 그 통지사실이 입증될 수 있는 방법에 따라 통지하여야 한다(금융투자업규정4-28②). 투자매매업자 또는 투자중개업자가 증권시장에 상장된 증권을 처분하는 경우에는 투자자와 사전에 합의한 방법에 따라 호가를 제시하여야 한다(금융투자업규정4-28③). 투자매매업자 또는 투자중개업자가 비상장주권, 비상장채권, 집합투자증권, 그 밖에 투자매매업자 또는 투자중개업자가 제3항에 따라 처분할 수 없는 증권을 처분하고자 하는 경우 처분방법은 협회가 정한다(금융투자업규정4-28④). 처분대금은 처분제비용, 연체이자, 이자, 채무원금의 순서로 충당한다(금융투자업규정4-28⑤).

(차) 신용거래종목

투자매매업자 또는 투자중개업자가 신용거래에 의해 매매할 수 있는 증권은 증권시장에 상장된 주권(주권과 관련된 증권예탁증권을 포함) 및 상장지수집합투자증권으로 한다(금융투자업규정4-30①). 투자매매업자 또는 투자중개업자는 종목이 ⅰ) 거래소가 투자경고종목, 투자위험종목 또는 관리종목으로 지정한 증권(제1호), ⅱ) 거래소가 매매호가전 예납조치 또는 결제전 예

납조치를 취한 증권(제2호)의 신규의 신용거래를 하여서는 아니 된다(금융투자업규정4-30②).

(카) 신용공여한도 및 보고

투자자별 신용공여한도, 신용공여 기간, 신용공여의 이자율 및 연체이자율 등은 신용공여 방법별로 투자매매업자 또는 투자중개업자가 정한다(금융투자업규 4-31①). 투자매매업자 또는 투자중개업자는 이 절에 따른 신용공여의 이자율 및 연체이자율, 최저 담보유지비율 등을 정하거나 변경한 경우에는 지체 없이 금융감독원장에게 이를 보고하여야 한다(금융투자업규정4-31②).

(타) 매매주문의 수탁 제한

투자매매업자 또는 투자중개업자는 상환기일이 도래한 신용공여가 있는 투자자에 대하여는 신용공여금액의 상환을 위한 주문수탁 이외의 매매주문의 수탁이나 현금 또는 증권의 인출을 거부할 수 있다(금융투자업규정4-32).

(파) 신용공여 관련조치

금융위원회는 신용공여 상황의 급격한 변동, 투자자 보호 또는 건전한 거래질서유지를 위하여 필요한 경우에는 ⅰ) 투자매매업자 또는 투자중개업자별 총 신용공여한도의 변경(제1호), ⅱ) 신용공여의 방법별 또는 신용거래의 종목별 한도의 설정(제2호), ⅲ) 신용공여시 투자매매업자 또는 투자중개업자가 징구할 수 있는 담보의 제한(제3호), ⅳ) 신용거래의 중지 또는 매입증권의 종목제한(제4호) 등의 조치를 취할 수 있다(금융투자업규정4-33①). 금융위원회는 천재지변, 전시, 사변, 경제사정의 급변, 그 밖에 이에 준하는 사태가 발생하는 경우에는 투자매매업자 또는 투자중개업자에 대하여 신용공여의 일부 또는 전부를 중지하게 할 수 있다(금융투자업규정4-33②). 그 밖에 신용거래와 관련된 배당청구권, 신주인수권 등의 구체적인 처리방법은 금융감독원장이 정한다(금융투자업규 4-33③).

(하) 자료의 제출

투자매매업자 또는 투자중개업자는 협회가 정하는 바에 따라 매일 당일의 신용공여 상황 등을 협회에 제출하여야 한다(금융투자업규정4-34①). 협회는 투자매매업자 또는 투자중개업자가 제4-33조 제1항 제1호 또는 제2호에 따른 한도를 위반한 때에는 그 위반 내용을 지체 없이 금융감독원장에게 보고하여야 한다(금융투자업규정4-34②).

(거) 제재조치

금융위원회는 이 절을 위반한 투자매매업자 또는 투자중개업자에 대하여 신용공여의 일부 또는 전부를 중지시키거나, 그 밖에 필요한 조치를 취할 수 있다(금융투자업규정4-35).

(4) 투자자예탁금의 별도예치

(가) 별도예치 · 신탁

1) 투자자예탁금의 의의

투자자예탁금은 투자자로부터 금융투자상품의 매매, 그 밖의 거래와 관련하여 예탁받은 금전을 말한다(법74①).

2) 예치 · 신탁기관

투자매매업자 또는 투자중개업자는 투자자예탁금을 고유재산과 구분하여 증권금융회사에 예치 또는 신탁하여야 한다(법74①). 겸영금융투자업자 중 대통령령으로 정하는 투자매매업자 또는 투자중개업자(시행령71: 은행, 한국산업은행, 중소기업은행, 보험회사)는 투자자예탁금을 증권 금융회사에 예치 또는 신탁 외에 신탁업자에게 신탁할 수 있다(법74② 전단). 이 경우 그 투자매 매업자 또는 투자중개업자가 신탁업을 영위하는 경우에는 신탁법 제3조 제1항에 불구하고 자 기계약을 할 수 있다(법74② 후단).

증권금융회사 또는 신탁업자("예치기관")은 예치 또는 신탁받은 투자자예탁금을 자기재산 과 구분하여 신의에 따라 성실하게 관리하여야 한다(영75④).

3) 투자자예탁금의 범위

투자매매업자 또는 투자중개업자가 예치기관에 예치 또는 신탁하여야 하는 투자자예탁금 의 범위는 아래 제1호의 금액에서 제2호의 금액을 뺀 것으로 한다(영75①).

1. 다음 각 목의 금액의 합계액
   가. 투자자가 금융투자상품의 매매, 그 밖의 거래를 위하여 예탁한 금액
   나. 투자자예탁금의 이용료 등 투자매매업자 또는 투자중개업자가 투자자에게 지급한 금액
   다. 투자자가 보유하는 장내파생상품의 일일정산에 따라 발생한 이익금액
2. 다음 각 목의 금액의 합계액
   가. 투자자가 증권시장(다자간매매체결회사에서의 거래를 포함) 또는 파생상품시장에서 행하는 금융투자상품의 매매, 그 밖의 거래를 위하여 투자매매업자 또는 투자중개업자가 거래소(금융위원회가 정하여 고시하는 자[88]를 포함)와 다른 투자매매업자 또는 투자중개업자에게 예탁 중인 금액
   나. 투자자가 해외에서 행하는 금융투자상품의 매매, 그 밖의 거래를 위하여 투자매매업자 또는 투자중개업자가 해외 증권시장(그 결제기관을 포함), 외국 다자간매매체결회사(외국 법령에 따라 외국에서 다자간매매체결회사에 상당하는 업무를 하는 자를 말하며, 그 결제기관을 포함) 또는 해외 파생상품시장(법 제5조 제2항 제2호에 따른 해외 파생상 품시장을 말하며, 그 결제기관을 포함)과 외국 투자매매업자 또는 외국 투자중개업자에

---

88) "금융위원회가 정하여 고시하는 자"란 외국환은행을 말한다(금융투자업규정4-41).

게 예탁 중인 금액

다. 위탁수수료 등 투자자가 행한 금융투자상품의 매매, 그 밖의 거래와 관련된 모든 비용액

라. 예금자보호법 시행령 제3조 제3항 제1호·제2호·제3호(법 제76조 제1항에 따라 투자자가 집합투자증권의 취득을 위하여 투자매매업자 또는 투자중개업자에게 납입한 금전은 제외) 및 제4호의 금전

마. 투자자가 보유하는 장내파생상품의 일일정산에 따라 발생한 손실금액

투자매매업자 또는 투자중개업자는 시행령 제75조 제1항에 따라 산출된 금액의 100% 이상을 예치기관에 예치 또는 신탁하여야 한다(영75②). 투자자예탁금의 범위, 예치 또는 신탁의 시기·주기·비율·방법, 인출 및 관리 등을 위하여 필요한 세부사항은 금융위원회가 정하여 고시한다(영75⑤).

4) 투자자예탁금의 인출

예치금융투자업자는 다음의 기준에 따라 예치기관에 예치 또는 신탁한 투자자예탁금을 인출할 수 있다(영75③).

1. 이미 예치 또는 신탁한 투자자예탁금이 예치 또는 신탁하여야 할 투자자예탁금보다 많은 경우: 예치 또는 신탁한 투자자예탁금과 예치 또는 신탁하여야 할 투자자예탁금의 차액

2. 자본시장법 제74조 제5항 각 호에 따른 우선지급 사유가 발생한 경우: 예치 또는 신탁한 투자자예탁금

3. 투자자로부터 일시에 대량으로 투자자예탁금의 지급청구가 있는 등 금융위원회가 투자자예탁금의 인출이 필요하다고 인정하는 경우[89]: 인정받은 금액

---

[89] 금융투자업규정 제4-42조(별도예치금의 인출) ① 영 제75조 제3항 제3호에 따라 금융감독원장이 별도예치금의 인출을 인정할 수 있는 경우는 다음 각 호의 어느 하나와 같다.
1. 투자자예탁금이 대량으로 지급청구되거나 대량으로 지급청구될 것이 예상되는 경우
2. 거래소시장 또는 다자간매매체결회사를 통해서 체결된 투자자의 주문결제(장내파생상품거래의 정산을 포함)를 위하여 필요한 경우
3. 투자자 보호 및 건전한 거래질서유지를 위하여 필요한 경우
② 예치금융투자업자가 제1항에 따라 인정을 받고자 하는 경우에는 다음 각 호의 사항을 기재한 신청서를 금융감독원장에게 제출하여야 한다.
1. 인출시기
2. 인출사유 및 인출목적
3. 인출금액
4. 최근 7영업일간 투자자예탁금의 출금내역(제1항 제1호의 사유로 인정을 신청한 경우에 한한다)
5. 의무예치액에 미달하는 금액의 충당방법
③ 예치금융투자업자가 다음 각 호의 어느 하나에 해당하여 별도예치금을 인출하는 때에는 영 제75조 제3항 제3호에 따라 인정을 받은 것으로 본다.
1. 투자자예탁금 반환요구에 응하기 위하여 그 투자매매업자 또는 투자중개업자 별도예치금의 100분의 10에 해당하는 금액 중 금융감독원장이 정하는 금액과 10억원 중 큰 금액의 범위 내에서 인출하는 경우
2. 투자자의 장내파생상품거래와 관련하여 거래소에 매매증거금으로 예치하거나 결제대금, 정산차금, 손

(나) 투자자재산의 명시의무

투자매매업자 또는 투자중개업자는 제1항 또는 제2항에 따라 증권금융회사 또는 신탁업자("예치기관")에게 투자자예탁금을 예치 또는 신탁하는 경우에는 그 투자자예탁금이 투자자의 재산이라는 뜻을 밝혀야 한다(법74③).

(다) 상계 등 금지

누구든지 예치기관에 예치 또는 신탁한 투자자예탁금을 상계·압류(가압류를 포함)하지 못하며, 투자자예탁금을 예치 또는 신탁한 투자매매업자 또는 투자중개업자("예치금융투자업자")는 예치기관에 예치 또는 신탁한 투자자예탁금을 양도하거나 담보로 제공하여서는 아니 된다(법74④). 다만 다음과 같이 대통령령으로 정하는 경우에는 예외적으로 양도할 수 있다(영72).

1. 예치금융투자업자가 다른 회사에 흡수합병되거나 다른 회사와 신설합병함에 따라 그 합병에 의하여 존속되거나 신설되는 회사에 예치기관에 예치 또는 신탁한 투자자예탁금을 양도하는 경우

2. 예치금융투자업자가 금융투자업의 전부나 일부를 양도하는 경우로서 양도내용에 따라 양수회사에 예치기관에 예치 또는 신탁한 투자자예탁금을 양도하는 경우

3. 자본시장법 제40조 제4호에 따른 자금이체업무와 관련하여 금융위원회가 정하여 고시하는 한도[90] 이내에서 금융위원회가 정하여 고시하는 방법[91]에 따라 예치금융투자업자가 은행에 예치기관에 예치 또는 신탁한 투자자예탁금을 담보로 제공하는 경우

4. 그 밖에 투자자의 보호를 해칠 염려가 없는 경우로서 금융위원회가 정하여 고시하는 경우[92]

실 또는 제비용을 결제하기 위하여 해당금액을 인출하는 경우
3. 투자자의 공모주청약등과 관련하여 청약증거금으로 제4-44조 제5항에서 정하는 바에 따라 증권금융회사 또는 은행에 예치하기 위하여 해당금액을 인출하는 경우
4. 투자자의 장내파생상품거래를 위하여 제4-44조 제1항에 따른 기타예치기관에 담보로 제공하거나 예치 또는 신탁하기 위한 경우
5. 예치기관에 예치 또는 신탁하기 위하여 제4-44조 제1항에 따른 기타예치기관으로부터 인출하는 경우
6. 투자자에 대한 채권의 회수, 그 밖의 권리행사를 위하여 해당금액을 인출하는 경우. 이 경우 채권의 회수, 그 밖의 권리행사에 필요한 기간 동안 해당금액에 대하여 제4-39조 제3항을 적용하지 아니한다.
④ 예치금융투자업자가 제3항 제2호부터 제6호까지에 따라 별도예치금을 인출하고자 하는 경우에는 다음 각 호의 사항을 기재한 신청서를 예치기관에 제출하여야 한다.
1. 인출시기
2. 인출사유 및 인출목적
3. 인출금액
90) "금융위원회가 정하여 고시하는 한도"란 예치금융투자업자의 자금이체업무와 관련하여 금융통화위원회의 「지급결제제도 운영·관리규정」 제19조에 따른 순이체한도를 말한다(금융투자업규정4-38①).
91) "금융위원회가 정하여 고시하는 방법"이란 다음 각 호의 요건을 모두 충족하는 경우를 말한다(금융투자업규정4-38②).
1. 금융투자업자가 투자자예탁금을 증권금융회사에 특정금전신탁의 방법으로 신탁할 것
2. 금융투자업자가 제1호에 따른 신탁재산을 은행에 예금으로 운용토록 지시할 것
3. 금융투자업자는 제1호에 따른 신탁의 수익권을 은행에 담보로 제공할 것

(라) 예탁금의 투자자 우선지급

예치금융투자업자는 ⅰ) 인가가 취소된 경우(제1호), ⅱ) 해산의 결의를 한 경우(제2호), ⅲ) 파산선고를 받은 경우(제3호), ⅳ) 투자매매업 및 투자중개업 전부 양도가 승인된 경우(제4호), ⅴ) 투자매매업 및 투자중개업 전부 폐지가 승인된 경우(제5호), ⅵ) 투자매매업 및 투자중개업 전부의 정지명령을 받은 경우(제6호), ⅶ) 그 밖에 제1호부터 제6호까지의 사유에 준하는 사유가 발생한 경우(제7호)에는 예치기관에 예치 또는 신탁한 투자자예탁금을 인출하여 투자자에게 우선하여 지급하여야 한다(법74⑤ 전단).

이 경우 그 예치금융투자업자는 대통령령으로 정하는 기간 이내에 그 사실과 투자자예탁금의 지급시기·지급장소, 그 밖에 투자자예탁금의 지급과 관련된 사항을 둘 이상의 일간신문에 공고하고, 인터넷 홈페이지 등을 이용하여 공시하여야 한다(법74⑤ 후단). 여기서 "대통령령으로 정하는 기간"이란 위 각 호의 사유가 발생한 날부터 2개월을 말한다. 다만 불가피한 사유가 발생하여 그 기간 내에 공고와 공시를 할 수 없는 경우에는 금융위원회의 확인을 받아 1개월의 범위에서 그 기간을 연장할 수 있다(영73).

예치기관은 그 예치기관이 위 각 호의 사유 중 어느 하나에 해당하게 된 경우에는 예치금융투자업자에게 예치 또는 신탁받은 투자자예탁금을 우선하여 지급하여야 한다(법74⑥).

(마) 예탁금의 운용방법

예치기관은 ⅰ) 국채증권 또는 지방채증권의 매수(제1호), ⅱ) 정부·지방자치단체 또는 대통령령으로 정하는 금융기관이 지급을 보증한 채무증권의 매수(제2호), ⅲ) 그 밖에 투자자예탁금의 안정적 운용을 해할 우려가 없는 것으로서 대통령령으로 정하는 방법(제3호)으로 투자자예탁금을 운용하여야 한다(법74⑦).

위 제2호에서 "대통령령으로 정하는 금융기관"이란 은행, 한국산업은행, 중소기업은행, 보험회사, 투자매매업자 또는 투자중개업자, 증권금융회사, 종합금융회사, 신용보증기금, 기술보증기금 중 어느 하나에 해당하는 금융기관을 말한다(영74①).

위 제3호에서 "대통령령으로 정하는 방법"이란 다음의 어느 하나에 해당하는 방법을 말한다(영74②).

1. 증권 또는 원화로 표시된 양도성 예금증서를 담보로 한 대출

---

92) "금융위원회가 정하여 고시하는 경우"란 다음 각 호의 어느 하나에 해당하는 경우를 말한다(금융투자업규정4-38③).
   1. 예치금융투자업자 영업의 전부 또는 일부의 정지, 결제불이행, 파산, 그 밖에 이에 준하는 사유가 발생하여 금융감독원장의 동의를 얻어 양도하는 경우
   2. 투자자가 다른 예치금융투자업자로의 계좌이관을 신청하여 양도하는 경우
   3. 금융감독원장의 지시에 따라 양도하는 경우

2. 한국은행 또는 우체국예금보험법에 따른 체신관서에의 예치

3. 특수채증권의 매수

4. 그 밖에 투자자예탁금의 안전한 운용이 가능하다고 인정되는 것으로서 금융위원회가 정하
   여 고시하는 방법[93]

---

[93] 금융투자업규정 제4-40조(별도예치금의 운용) ① 영 제74조 제2항 제4호에서 "금융위원회가 정하여 고시
하는 방법"이란 다음 각 호의 어느 하나에 해당하는 방법을 말한다.
  1. 국제결제은행(BIS) 자기자본비율이 10%를 초과하는 은행이 발행한 채권 중 후순위채권 및 주식관련채
     권 이외의 채권 및 「한국주택금융공사법」에 따른 한국주택금융공사가 채권유동화 계획에 따라 발행한
     주택저당증권의 매입
  2. 조건부매수. 단 대상증권은 법, 영 및 규정에 따라 예치기관이 별도예치금으로 매입할 수 있는 채권과
     신용평가업자로부터 A등급 이상의 신용등급을 받은 채권(주식 관련 사채권을 제외)에 한한다.
  3. 예금자보호법 등 법령에 따라 원본 이상이 보호되는 예금, 그 밖의 금융상품의 가입 또는 매수
  4. 국제결제은행(BIS) 자기자본비율이 8%를 초과하는 은행예금의 가입 또는 양도성 예금증서의 매수
  5. 법 제152조 제3항에 따른 공공적 법인이 발행한 채권(주식 관련 사채권은 제외)의 매수
  6. 법령에 따라 금융위원회의 감독을 받는 금융기관 중 다음 각 목의 구분에 따른 재무건전성의 기준미달
     로 인한 적기시정조치의 대상(적기시정조치가 유예중인 금융기관을 포함)이 아닌 금융기관으로서 예치
     기관이 채무불이행의 우려가 없다고 인정하는 금융기관에 대한 단기자금의 대출(법 제83조 제4항에 따
     른 단기대출에 한한다)
     가. 은행법에 의한 은행: 국제결제은행(BIS) 자기자본비율
     나. 1종 금융투자업자: 순자본비율
     다. 2종 금융투자업자: 최소영업자본액
  7. 단기금융집합투자기구의 집합투자증권의 매수
  8. 파생상품시장에 상장된 양도성 예금증서 금리선물 및 국채선물에 대한 투자(금리변동위험을 회피하기
     위한 매도거래에 한한다). 다만, 투자에 따른 위탁증거금 합계액은 별도예치금의 100분의 5를 초과할
     수 없다.
  9. 별도 예치한 투자자예탁금의 운용결과 취득한 증권(환매조건부로 매입하거나 담보로 취득한 증권을 포
     함)의 대여(금융감독원장이 정하는 적격금융기관 중 국내금융기관에 대한 대여에 한한다)
② 제1항 제6호 및 제7호에 따른 별도예치금 운용금액의 합계액은 대출일이 속하는 주의 직전주의 별도예
치금 일평균잔액의 100분의 30을 초과하여서는 아니 된다. 다만, 제4-39조 제1항 제2호의 집합투자증권
투자자예수금의 운용에 대해서는 이를 적용하지 아니한다.
③ 예치기관이 제1항 제9호에 따라 증권을 대여하는 경우 다음 각 호의 어느 하나의 행위를 하여서는 아
니 된다.
  1. 취득한 증권 종목별로 100분의 50을 초과하여 증권을 대여하는 행위
  2. 증권 대여와 관련하여 취득한 자금으로 증권을 재매수하는 행위
  3. 담보로 취득한 증권을 담보권의 실행 등 권리행사 이외의 목적으로 매도하는 행위
④ 영 제74조 제2항 제1호에 따른 대출과 제1항 제6호에 따른 개별 투자매매업자 또는 투자중개업자에 대
한 단기대출은 그 투자매매업자 또는 투자중개업자의 별도예치금을 재원으로 하되, 단기대출 한도는 대출
일이 속하는 주의 직전주의 그 투자매매업자 또는 투자중개업자 별도예치금 일 평균잔액의 100분의 10(순
자본비율이 150% 미만인 1종 금융투자업자 또는 자기자본이 최소영업자본액의 1.5배 미만인 2종 금융투
자업자의 경우에는 100분의 5)에 해당하는 금액으로 한다.
⑤ 예치기관은 별도예치금을 운용함으로써 보유하게 되는 증권 또는 증서 등을 고유재산과 구분하여 보
관·관리하여야 한다.
⑥ 예치기관은 제4-39조 제1항 제1호의 장내파생상품거래예수금 및 제2호의 집합투자증권투자자예수금
을 다른 투자자예탁금과 구분하여 계리하여야 한다.

(바) 기타

투자매매업자 또는 투자중개업자가 예치기관에 예치 또는 신탁하여야 하는 투자자예탁금의 범위, 예치 또는 신탁의 비율, 예치 또는 신탁한 투자자예탁금의 인출, 예치기관의 투자자예탁금 관리, 그 밖에 투자자예탁금의 예치 또는 신탁에 관하여 필요한 사항은 대통령령으로 정한다(법74⑧ 전단). 이 경우 예치 또는 신탁의 비율은 투자매매업자 또는 투자중개업자의 재무상황 등을 고려하여 인가받은 투자매매업자 또는 투자중개업자별로 달리 정할 수 있다(법74⑧ 후단).

(5) 투자자 예탁증권의 예탁

(가) 예탁대상증권

투자매매업자 또는 투자중개업자는 금융투자상품의 매매, 그 밖의 거래에 따라 보관하게 되는 투자자 소유의 증권(대통령령으로 정하는 것을 포함)을 예탁결제원에 지체 없이 예탁하여야 한다(법75① 본문).[94] 여기서 "대통령령으로 정하는 것"이란 "그 밖에 금융위원회가 정하여 고시하는 것"을 말한다(영76①(2)). 또한 "금융위원회가 정하여 고시하는 것"이란 금융투자업규정 제4-15조 제1항 각 호의 어느 하나에 해당하는 것을 말하는데(금융투자업규정4-47①), 제1호는 어음(기업어음증권 제외), 제2호는 그 밖에 증권과 유사하고 집중예탁과 계좌 간 대체에 적합한 것으로서 예탁결제원이 따로 정하는 것을 규정하고 있다.

투자매매업자 또는 투자중개업자가 제75조 제1항 본문에 따라 외화증권을 예탁결제원에 예탁하는 경우에는 금융위원회가 정하여 고시하는 외국 보관기관에 개설된 예탁결제원 계좌로 계좌대체 등을 통하여 예탁하여야 한다(법75②, 영76③). 여기서 "금융위원회가 정하여 고시하는 외국 보관기관"이란 금융투자업규정 제4-15조 제2항 각 호[95]의 어느 하나에 해당하는 기관을 말한다(금융투자업규정4-47③).

---

94) 투자매매업자 또는 투자중개업자가 투자자증권등을 예탁받는 경우에는 법 제75조 제1항에 따라 그 증권등을 지체 없이 예탁결제원에 예탁하여야 한다. 다만 불가피한 사유로 투자자 예탁증권 등을 직접 보관하는 경우에는 물리적으로 안전한 장소에 회사의 증권등과 구분하여 보관하고 이에 관한 적절한 보관·관리 절차와 대책을 서면으로 마련하여 시행하여야 한다(금융투자업규정4-47②).
95) 1. 예탁결제원과 유사한 기능을 수행할 목적으로 설립된 외국의 증권예탁기관 또는 결제기관으로서 당해 외국 정부 또는 감독기관의 감독을 받는 기관
   2. 제1호에 해당하는 기관이 출자한 기관으로서 국제예탁 및 결제업무를 수행할 목적으로 특별히 설립된 기관
   3. 다음 각 목의 요건을 모두 갖춘 외국의 금융기관
      가. 보관규모가 미화 100억 달러 이상의 국제증권 전문보관기관
      나. 국제보관업무의 경험이 풍부하고 현지증권시장 사정에 정통한 기관
      다. 국제적 또는 특정권역(대륙별)에 걸쳐 보관업무를 제공할 수 있는 기관
   4. 제1호부터 제3호까지 이외의 기관으로서 특정국가에서 특화된 예탁·보관을 위하여 예탁결제원이 특별히 필요하다고 인정하는 기관

(나) 예외

해당 증권의 유통 가능성, 다른 법령에 따른 유통방법이 있는지 여부, 예탁의 실행 가능성 등을 고려하여 "대통령령으로 정하는 경우"에는 예탁결제원에 예탁하지 아니할 수 있다(법75① 단서). 여기서 "대통령령으로 정하는 경우"란 다음의 어느 하나에 해당하는 경우를 말한다(영76 ②, 영63②).

1. 자본시장법 및 동법 시행령, 그 밖에 다른 법령에 따라 해당 증권을 예탁결제원에 예탁할 수 있는 증권 또는 증서로 발행할 수 없는 경우
2. 발행인이 투자자와 해당 증권을 예탁결제원에 예탁할 수 있는 증권 또는 증서로 발행하지 아니할 것을 발행조건 등에 따라 약정하는 경우
3. 외국환거래법 제3조 제1항 제8호에 따른 외화증권을 제3항에 따른 방법으로 예탁결제원에 예탁할 수 없는 경우로서 금융위원회가 정하여 고시하는 외국 보관기관에 예탁하는 경우
4. 그 밖에 해당 증권의 성격이나 권리의 내용 등을 고려할 때 예탁이 부적합한 경우로서 총리 령으로 정하는 경우

(6) 집합투자증권 판매 등에 관한 특례
(가) 판매가격의 제한
1) 미래가격

투자매매업자 또는 투자중개업자는 집합투자증권을 판매하는 경우 투자자가 집합투자증 권의 취득을 위하여 금전등을 납입한 후 최초로 산정되는 기준가격으로 판매하여야 한다(법76 ① 본문). 여기서 기준가격이란 투자신탁이나 투자익명조합의 집합투자업자 또는 투자회사등이 집합투자재산의 평가결과에 따라 산정한 집합투자증권의 기준가격을 말한다(법238⑥).

2) 기타 기준가격

다만 투자자의 이익을 해할 우려가 없는 경우로서 "대통령령으로 정하는 경우"에는 "대통 령령으로 정하는 기준가격"으로 판매하여야 한다(법76① 단서). 여기서 "대통령령으로 정하는 경우"란 다음의 경우를 말한다(영77①).

1. 투자자가 집합투자규약으로 정한 집합투자증권의 매수청구일을 구분하기 위한 기준시점을 지나서 투자매매업자 또는 투자중개업자에게 금전등을 납입하는 경우
2. 투자매매업자 또는 투자중개업자가 단기금융집합투자기구의 집합투자증권을 판매하는 경우 로서 다음 각 목의 어느 하나에 해당하는 경우
   가. 투자자가 금융투자상품 등의 매도나 환매에 따라 수취한 결제대금으로 결제일에 단기 금융집합투자기구의 집합투자증권을 매수하기로 집합투자증권을 판매하는 투자매매업 자 또는 투자중개업자와 미리 약정한 경우

나. 투자자가 급여 등 정기적으로 받는 금전으로 수취일에 단기금융집합투자기구의 집합투자증권을 매수하기로 집합투자증권을 판매하는 투자매매업자 또는 투자중개업자와 미리 약정한 경우

다. 국가재정법 제81조에 따라 여유자금을 통합하여 운용하는 경우로서 환매청구일에 공고되는 기준가격으로 환매청구일에 환매한다는 내용이 집합투자규약에 반영된 단기금융집합투자기구의 집합투자증권을 판매하는 경우

3. 다음 각 목의 어느 하나에 해당하는 자에게 단기금융집합투자기구의 집합투자증권을 판매하는 경우

가. 외국환거래법 제13조에 따른 외국환평형기금

나. 국가재정법 제81조에 따라 여유자금을 통합하여 운용하는 단기금융집합투자기구 및 증권집합투자기구

4. 법 제76조 제1항 본문에 따른 기준가격을 적용할 경우 해당 집합투자기구의 투자자 이익 등을 침해할 우려가 있다고 제261조에 따른 집합투자재산평가위원회가 인정하는 경우

5. 투자자가 집합투자기구를 변경하지 아니하고 그 집합투자기구의 집합투자증권을 판매한 투자매매업자 또는 투자중개업자를 변경할 목적으로 집합투자증권을 환매한 후 다른 투자매매업자 또는 투자중개업자를 통하여 해당 집합투자증권을 매수하는 경우

"대통령령으로 정하는 기준가격"은 다음과 같다(영77②).

1. 제1항 제1호의 경우: 금전등의 납입일부터 기산하여 제3영업일에 공고되는 기준가격
2. 제1항 제2호 및 제3호의 경우: 금전등의 납입일에 공고되는 기준가격
3. 제1항 제4호의 경우: 금전등의 납입일부터 기산하여 제3영업일 또는 그 이후에 공고되는 기준가격
4. 제1항 제5호의 경우: 집합투자증권을 환매한 후 15일 이내에 집합투자규약에서 정하는 투자매매업자 또는 투자중개업자 변경의 효력이 발생하는 날에 공고되는 기준가격

(나) 집합투자증권의 판매 제한

투자매매업자 또는 투자중개업자는 집합투자증권의 환매를 연기한 경우 또는 집합투자기구에 대한 회계감사인의 감사의견이 적정의견이 아닌 경우(법92①)라는 통지를 받은 경우에는 해당 집합투자증권을 판매하여서는 아니 된다(법76② 본문). 다만 환매연기나 감사의견 부적정 사유가 해소되었다는 통지(법92②)를 받은 경우에는 판매를 다시 시작할 수 있다(법76② 단서).

(다) 집합투자증권의 판매광고 제한

투자매매업자 또는 투자중개업자는 집합투자기구가 등록되기 전에는 해당 집합투자증권을 판매하거나 판매를 위한 광고를 하여서는 아니 된다(법76③ 본문). 다만 투자자의 이익을 해

할 우려가 없는 경우로서 관련 법령의 개정에 따라 새로운 형태의 집합투자증권의 판매가 예정되어 있어, 그 집합투자기구의 개괄적인 내용을 광고하여도 투자자의 이익을 해칠 염려가 없는 경우에는 판매를 위한 광고를 할 수 있다. 이 경우 관련 법령의 개정이 확정되지 아니한 경우에는 광고의 내용에 관련 법령의 개정이 확정됨에 따라 그 내용이 달라질 수 있음을 표시하여야 한다(법76③ 단서, 영77③).

(라) 판매수수료 및 판매보수 규제

1) 의의

판매수수료는 집합투자증권을 판매하는 행위에 대한 대가로 투자자로부터 직접 받는 금전을 말하고, 판매보수는 집합투자증권을 판매한 투자매매업자, 투자중개업자가 투자자에게 지속적으로 제공하는 용역의 대가로 집합투자기구로부터 받는 금전을 말한다(법76④).

2) 성과보수 금지

투자매매업자 또는 투자중개업자는 집합투자증권의 판매와 관련하여 판매수수료 및 판매보수를 받는 경우 집합투자기구의 운용실적에 연동하여 판매수수료 또는 판매보수를 받아서는 아니 된다(법76④).

3) 한도

투자매매업자 또는 투자중개업자가 취득하는 판매수수료 및 판매보수는 다음의 한도를 초과하여서는 아니 된다(법76⑤, 영77④).

1. 판매수수료: 납입금액 또는 환매금액의 2%
2. 판매보수: 집합투자재산의 연평균가액의 1%. 다만, 투자자의 투자기간에 따라 판매보수율이 감소하는 경우로서 금융위원회가 정하여 고시하는 기간(금융투자업규정4-48①: 2년)을 넘는 시점에 적용되는 판매보수율이 1% 미만인 경우 그 시점까지는 100분의 1에서부터 1천분의 15까지의 범위에서 정할 수 있다.

4) 수령방법

투자매매업자 또는 투자중개업자는 집합투자규약으로 정하는 바에 따라 ⅰ) 판매수수료: 판매 또는 환매시 일시에 투자자로부터 받거나 투자기간 동안 분할하여 투자자로부터 받는 방법(제1호)으로, ⅱ) 판매보수: 매일의 집합투자재산의 규모에 비례하여 집합투자기구로부터 받는 방법(제2호)으로 판매수수료나 판매보수를 받을 수 있다(영77⑤).

5) 차등수령 허용 등

판매수수료는 집합투자규약으로 정하는 바에 따라 판매방법, 투자매매업자·투자중개업자, 판매금액, 투자기간 등을 기준으로 차등하여 받을 수 있다(영77⑥). 시행령 제77조 제1항 제

1호에 따른 기준시점 및 같은 항 제5호에 따른 투자매매업자 또는 투자중개업자의 변경에 관한 사항, 제4항 및 제5항에 따른 판매수수료와 판매보수의 구체적인 한도 산정기준, 그 밖에 필요한 세부적인 사항은 금융위원회가 정하여 고시[96]한다(영77⑦).

(마) 위반시 제재

법 제76조 제3항을 위반하여 집합투자증권을 판매하거나 판매를 위한 광고를 한 자는 3년 이하의 징역 또는 1억원 이하의 벌금에 처한다(법445(13)). 그리고 법 제76조 제4항부터 제6항까지의 규정을 위반하여 판매수수료나 판매보수를 받은 자에 대하여는 1억원 이하의 과태료를 부과한다(법449(30)).

(7) 투자성 있는 예금·보험에 대한 특례

(가) 투자매매업 인가 간주

은행이 투자성 있는 예금계약, 그 밖에 이에 준하는 것으로서 대통령령으로 정하는 계약(영77의2: 금적립계좌등의 발행을 위한 계약)을 체결하는 경우에는 투자매매업에 관한 금융투자업인가를 받은 것으로 본다(법77① 전단). 보험회사(보험업법 제2조 제8호부터 제10호까지의 자를 포함)가 투자성 있는 보험계약을 체결하거나 그 중개 또는 대리를 하는 경우에는 투자매매업 또는 투자중개업에 관한 금융투자업인가를 받은 것으로 본다(법77② 전단).

---

96) 금융투자업규정 제4-48조(집합투자증권의 판매수수료 등) ② 영 제77조 제7항 및 제255조 제5항에 따라 매수청구일 또는 환매청구일을 구분하기 위한 기준시점("판매 및 환매의 기준시점")은 다음 각 호와 같다.
  1. 집합투자규약상 허용되는 주식편입비율이 50%이상인 집합투자기구: 매입 또는 환매청구일의 증권시장 종료시점 이전으로서 집합투자규약에서 정한 시점
  2. 제1호 외의 집합투자기구: 매입 또는 환매 청구일의 17시 이전으로서 집합투자규약에서 정한 시점
  ③ 집합투자증권의 투자매매업자 또는 투자중개업자는 판매 및 환매의 기준시점 경과 후 집합투자증권의 매입 또는 환매를 청구한 투자자에게는 판매 및 환매의 기준시점 이전에 집합투자증권의 매입 또는 환매를 청구한 투자자에게 적용한 기준가격 다음에 최초로 산출되는 기준가격을 적용하여야 한다.
  ④ 집합투자증권의 투자매매업자 또는 투자중개업자는 전산시스템에 따라 매입 또는 환매업무를 처리한 경우에는 거래전표에 표시된 시점을 매입 또는 환매를 청구한 시점으로 본다. 다만, 투자자의 개별적인 매입 또는 환매청구 없이 사전약정에 따라 주기적으로 집합투자증권의 매입 또는 환매업무가 처리되는 경우에는 판매 및 환매의 기준시점 이전에 매입 또는 환매청구가 이루어진 것으로 본다.
  ⑤ 영 제77조 제7항에 따라 판매수수료 및 판매보수의 부과기준이 되는 집합투자재산의 연평균가액, 납입 금액 및 환매금액은 다음 각 호의 금액으로 한다.
  1. 집합투자재산의 연평균가액: 집합투자재산의 매일의 순자산총액을 연간 누적하여 합한 금액을 연간 일수로 나눈 금액
  2. 납입금액: 집합투자증권의 매수시 적용하는 기준가격에 매수하는 집합투자증권의 수 또는 출자지분의 수를 곱한 금액
  3. 환매금액: 집합투자증권의 환매시 적용하는 기준가격에 환매하는 집합투자증권의 수 또는 출자지분의 수를 곱한 금액. 이 경우 관련 세금은 감안하지 아니한다.
  ⑥ 집합투자증권의 투자매매업자 또는 투자중개업자는 집합투자증권의 매입 또는 환매업무 관련 자료를 5년간 보관·유지하여야 한다.

(나) 적용배제 조항

은행이 투자성 있는 예금계약을 체결하는 경우와 보험회사가 투자성 있는 보험계약을 체결하거나 그 중개 또는 대리를 하는 경우에는 제15조, 제39조부터 제45조까지, 제49조 제3호, 제56조, 제58조, 제61조부터 제65조까지 및 제2편 제2장·제3장·제4장 제2절 제1관을 적용하지 아니한다(법77① 후단, 법77② 후단)).

제3편 제1장(증권신고서)은 그 적용배제의 범위가 다르다. 은행의 경우에는 투자성 있는 외화예금계약을 체결하는 경우에 대하여는 적용하지 아니하고(법77① 후단), 보험회사의 경우에는 모든 투자성 있는 보험에 적용이 배제된다(법77② 후단). 또한 보험회사의 경우에는 제51조부터 제53조까지도 적용이 배제된다(법77② 후단).

2. 집합투자업자

(1) 선관의무 및 충실의무

집합투자업자는 투자자에 대하여 선량한 관리자의 주의로써 집합투자재산을 운용하여야 하고(법79①), 투자자의 이익을 보호하기 위하여 해당 업무를 충실하게 수행하여야 한다(법79②). 자본시장법은 금융투자업자 중 집합투자업자·투자자문업자·투자일임업자·신탁업자에게만 선관의무 및 충실의무를 직접 부여하고 있다. 이는 타인의 자산을 운용하는 업무를 수행하고 있다는 업무의 특수성에 기인하는 것으로 생각된다.

(2) 자산운용의 지시 및 실행

(가) 자산운용지시

투자신탁의 집합투자업자는 투자신탁재산을 운용함에 있어서 그 투자신탁재산을 보관·관리하는 신탁업자에 대하여 그 지시내용을 전산시스템에 의하여 객관적이고 정확하게 관리할 수 있는 방법(영79①)에 따라 투자신탁재산별로 투자대상자산의 취득·처분 등에 관하여 필요한 지시를 하여야 하며, 그 신탁업자는 집합투자업자의 지시에 따라 투자대상자산의 취득·처분 등을 하여야 한다(법80① 본문).

집합투자기구는 집합투자재산에 대한 사실상의 운용책임을 부담하는 집합투자업자와 집합투자재산을 보관·관리하는 신탁업자가 분리되어 있으며, 집합투자기구도 투자회사와 같이 별도의 법인격을 보유하고 있는 경우와 투자신탁의 경우처럼 법인격이 별도로 없는 경우가 있기 때문에 자산운용의 지시 및 실행의 주체가 누구인지가 중요하다.

(나) 직접 취득·처분

투자신탁의 경우 별도의 법인격이 없으므로 집합투자업자가 신탁업자에게 운용지시를 하고 신탁업자는 이러한 지시에 따라 신탁업자의 명의로 투자대상자산의 취득·처분 등을 하는 것이 원칙이지만, 수시로 가격이 변동하는 자산을 거래하는 경우 이와 같은 원칙에 의하면 적시에 거래하지 못하게 된다. 따라서 자본시장법은 투자신탁재산의 효율적 운용을 위하여 불가피한 경우로서 "대통령령이 정하는 경우"에는 자신의 명의로 직접 투자대상자산의 취득·처분 등을 할 수 있다(법80① 단서)고 규정한다. 여기서 "대통령령으로 정하는 경우"란 신탁계약서에 다음의 어느 하나에 해당하는 방법을 정하여 투자대상자산을 운용하는 경우를 말한다(영79②).

1. 다음의 어느 하나에 해당하는 증권의 매매
   가. 증권시장이나 해외 증권시장에 상장된 지분증권, 지분증권과 관련된 증권예탁증권, 수익증권 및 파생결합증권
   나. 거래소의 증권상장규정에 따라 상장예비심사를 청구하여 거래소로부터 그 증권이 상장기준에 적합하다는 확인을 받은 법인이 발행한 지분증권, 지분증권과 관련된 증권예탁증권, 수익증권 및 파생결합증권
1의2. 다음의 어느 하나에 해당하는 채무증권(이와 유사한 것으로서 외국에서 발행된 채무증권을 포함)의 매매
   가. 국채증권
   나. 지방채증권
   다. 특수채증권
   라. 사채권(신용평가회사로부터 신용평가를 받은 것으로 한정한다. 이 경우 신용평가 등에 필요한 사항은 금융위원회가 정하여 고시한다)
   마. 제183조 제1항 각 호[97]의 기준을 충족하는 기업어음증권 또는 단기사채(전자증권법 제59조에 따른 단기사채등 중 같은 법 제2조 제1호 나목[98]에 해당하는 것에 한정)
2. 장내파생상품의 매매
3. 자본시장법 제83조 제4항에 따른 단기대출
4. 자본시장법 제251조 제4항[99]에 따른 대출
5. 다음의 어느 하나에 해당하는 금융기관이 발행·할인·매매·중개·인수 또는 보증하는 어음의 매매
   가. 은행
   나. 한국산업은행
   다. 중소기업은행
   라. 한국수출입은행

---

97) 1. 둘 이상의 신용평가회사로부터 신용평가를 받은 기업어음증권일 것
    2. 기업어음증권에 대하여 직접 또는 간접의 지급보증을 하지 아니할 것
98) 나. 사채(신탁법에 따른 신탁사채 및 자본시장법에 따른 조건부자본증권을 포함).
99) ④ 집합투자업겸영보험회사는 제83조 제4항에 불구하고 투자신탁재산에 속하는 자산을 보험업법에서 정하는 방법에 따라 그 보험에 가입한 자에게 대출하는 방법으로 운용할 수 있다.

　　마. 투자매매업자 또는 투자중개업자

　　바. 증권금융회사

　　사. 종합금융회사

　　아. 상호저축은행

6. 양도성 예금증서의 매매

7. 외국환거래법에 따른 대외지급수단의 매매거래

8. 투자위험을 회피하기 위한 장외파생상품의 매매 또는 금융위원회가 정하여 고시하는 기준[100]에 따른 법 제5조 제1항 제3호에 따른 계약의 체결

8의2. 환매조건부매매

9. 그 밖에 투자신탁재산을 효율적으로 운용하기 위하여 불가피한 경우로서 금융위원회가 정하여 고시하는 경우

　　투자신탁의 집합투자업자(그 투자신탁재산을 보관·관리하는 신탁업자를 포함)는 투자대상자산의 취득·처분 등을 한 경우 그 투자신탁재산을 한도로 하여 그 이행 책임을 부담한다(법80②본문). 다만 그 집합투자업자가 제64조 제1항에 따라 손해배상책임을 지는 경우에는 그러하지 아니하다(법80② 단서). 집합투자업자는 투자대상자산의 취득·처분 등의 업무를 수행하는 경우에는 투자신탁재산별로 미리 정하여진 자산배분명세에 따라 취득·처분 등의 결과를 공정하게 배분하여야 한다(법80③ 전단). 이 경우 집합투자업자는 자산배분명세, 취득·처분 등의 결과, 배분결과 등에 관한 장부 및 서류를 총리령으로 정하는 방법[101]에 따라 작성하고 이를 유지·관리하여야 한다(법80③ 후단). 자산배분명세 등에 관하여 필요한 사항은 총리령으로 정한다(법80④).[102]

---

100) 영 제79조 제2항 제8호에 따라 투자신탁의 집합투자업자는 스왑거래(법 제5조 제1항 제3호에 따른 계약)를 함에 있어 거래상대방과 기본계약을 체결하고 그에 따라 계속적으로 계약을 체결하는 경우에는 자신의 명의로 직접 거래할 수 있다(금융투자업규정4-49)

101) 시행규칙 제9조(자산배분명세 등에 관한 장부 및 서류 등) ① 투자신탁의 집합투자업자는 법 제80조 제3항 후단에 따라 투자대상자산의 취득·처분 등의 업무를 수행하기 전에 취득·처분 등을 하려는 투자대상자산에 대하여 법 제9조 제18항 제1호에 따른 투자신탁의 재산("투자신탁재산")별로 주문금액, 가격, 수량 등을 기재한 취득·처분 등의 주문서와 투자신탁재산별로 배분내용을 기재한 자산배분명세서를 작성하여야 한다. 취득·처분 등의 주문 또는 배분내용을 정정하는 경우에도 같다.

102) 시행규칙 제10조(자산배분방법 등) ① 투자신탁의 집합투자업자는 법 제80조 제3항에 따라 취득·처분 등의 결과를 투자신탁재산별로 배분하는 경우에는 다음 각 호의 기준에 따라야 한다.
　1. 취득·처분 등을 한 투자대상자산을 균등한 가격으로 배분할 것
　2. 취득·처분 등을 한 투자대상자산의 수량이 취득·처분 등의 주문 수량에 미달하는 경우에는 미리 정한 자산배분명세에 따라 배분할 것
② 투자신탁의 집합투자업자는 자산배분명세에 관한 사항을 정하는 경우에는 법 제238조 제2항에 따른 평가위원회의 의결을 거쳐 다음 각 호의 기준에 따라 정하여야 한다.
　1. 특정 수익자 또는 특정 투자신탁재산에 유리하거나 불리하지 아니할 것
　2. 투자신탁재산별 취득·처분 등의 주문서와 자산배분명세가 전산으로 기록·유지될 것

(다) 집합투자기구 명의의 거래

투자신탁을 제외한 집합투자기구의 집합투자업자는 그 집합투자재산을 운용함에 있어서 집합투자기구의 명의(투자익명조합의 경우에는 그 집합투자업자의 명의)로 대통령령으로 정하는 방법에 따라 집합투자재산(투자신탁재산은 제외)별로 투자대상자산의 취득·처분 등을 하고, 그 집합투자기구의 신탁업자에게 취득·처분 등을 한 자산의 보관·관리에 필요한 지시를 하여야 하며, 그 신탁업자는 집합투자업자의 지시에 따라야 한다(법80⑤ 전단). 이 경우 집합투자업자가 투자대상자산의 취득·처분 등을 함에 있어서는 집합투자업자가 그 집합투자기구를 대표한다는 사실을 표시하여야 한다(법80⑤ 후단). 투자신탁을 제외한 집합투자기구의 집합투자업자가 그 집합투자재산을 운용하는 경우 집합투자재산별로 투자대상자산의 취득·처분 등을 하는 방법 및 그 집합투자기구의 신탁업자에게 취득·처분 등을 한 자산의 보관·관리에 필요한 지시를 하는 방법에 대해서는 시행령 제79조 제1항 및 법 제80조 제3항·제4항을 준용한다(영79③).

(라) 위반시 제재

법 제80조 제3항 전단을 위반하여 투자신탁재산별로 미리 정하여진 자산배분명세에 따라 취득·처분 등의 결과를 배분하지 아니한 자는 3년 이하의 징역 또는 1억원 이하의 벌금에 처한다(법445(14)).

(3) 자산운용의 제한

(가) 투자대상별 제한

집합투자업자는 집합투자재산을 운용함에 있어서 다음의 투자한도의 제한을 받는다(법81① 본문).

1) 증권 및 파생상품에 대한 투자한도

집합투자재산을 증권[103] 또는 파생상품에 운용함에 있어서 다음의 어느 하나에 해당하는

---

③ 투자신탁의 집합투자업자는 제2항에 따라 정한 자산배분명세에 관한 사항을 인터넷 홈페이지 등을 이용하여 공시하여야 한다.

④ 투자신탁의 집합투자업자는 법 제80조 제3항에 따른 투자대상자산의 취득·처분 등의 업무를 하는 경우에는 집합투자재산의 운용을 담당하는 직원과 투자대상자산의 취득·처분 등의 실행업무를 담당하는 직원을 구분하여야 한다. 다만, 다음 각 호의 어느 하나에 해당하는 경우는 제외한다.

1. 증권에 관하여 그 종류에 따라 다수 종목의 가격수준을 종합적으로 표시하는 지수의 변화에 연동하여 운용하는 것을 목표로 하는 집합투자기구의 집합투자재산을 취득·처분 등을 하는 경우
2. 제1호에서 규정한 사항 외에 금융위원회가 정하여 고시하는 경우

위 제2호에서 "금융위원회가 정하여 고시하는 경우"란 다음 각 호의 어느 하나에 해당하는 경우를 말한다(금융투자업규정4-55).

1. 투자신탁별로 계좌를 개설하고 계좌별로 이루어지는 매매거래의 경우
2. 거래소의 증권시장업무규정에서 정하는 프로그램매매에 해당하는 거래의 경우
3. 장내파생상품 거래의 경우

103) 이때의 증권에는 집합투자증권, 그 밖에 대통령령으로 정하는 증권을 제외하며, 대통령령으로 정하는 투자대상자산을 포함한다(법81①(1)). 여기서 "대통령령으로 정하는 증권"이란 외국 집합투자증을 말하고

행위를 하여서는 아니 된다(법81①(1)).

    가. 각 집합투자기구 자산총액의 10%(영80④)를 초과하여 동일종목의 증권에 투자하는 행위.
        이 경우 동일법인 등이 발행한 증권 중 지분증권(그 법인 등이 발행한 지분증권과 관련된
        증권예탁증권 포함)과 지분증권을 제외한 증권은 각각 동일종목으로 본다.

    나. 각 집합투자업자가 운용하는 전체 집합투자기구 자산총액으로 동일법인 등이 발행한 지분
        증권 총수의 20%를 초과하여 투자하는 행위

    다. 각 집합투자기구 자산총액으로 동일법인 등이 발행한 지분증권 총수의 10%를 초과하여 투
        자하는 행위

    라. 대통령령으로 정하는 적격 요건[104]을 갖추지 못한 자와 장외파생상품을 매매하는 행위

    마. 파생상품의 매매에 따른 위험평가액이 대통령령으로 정하는 기준[105]을 초과하여 투자하는
        행위

    바. 파생상품의 매매와 관련하여 기초자산 중 동일법인 등이 발행한 증권(그 법인 등이 발행한
        증권과 관련된 증권예탁증권을 포함)의 가격변동으로 인한 위험평가액이 각 집합투자기구
        자산총액의 10%를 초과하여 투자하는 행위

    사. 같은 거래상대방과의 장외파생상품 매매에 따른 거래상대방 위험평가액이 각 집합투자기
        구 자산총액의 10%를 초과하여 투자하는 행위

(영80②), "대통령령으로 정하는 투자대상자산"이란 다음의 어느 하나에 해당하는 투자대상자산을 말한다
(영80③).
1. 원화로 표시된 양도성 예금증서
2. 기업어음증권 외의 어음
3. 제1호 및 제2호 외에 대출채권, 예금, 그 밖의 금융위원회가 정하여 고시하는 채권(債權)
4. 사업수익권
104) "대통령령으로 정하는 적격 요건"이란 제10조 제1항 각 호의 어느 하나에 해당하는 자가 다음 각 호의 어
    느 하나에 해당하는 요건을 충족하는 것을 말한다(영80⑤).
    1. 신용평가회사(외국 법령에 따라 외국에서 신용평가업무에 상당하는 업무를 수행하는 자를 포함)에 의
        하여 투자적격 등급 이상으로 평가받은 경우
    2. 신용평가회사에 의하여 투자적격 등급 이상으로 평가받은 보증인을 둔 경우
    3. 담보물을 제공한 경우
105) "대통령령으로 정하는 기준"이란 각 집합투자기구의 자산총액에서 부채총액을 뺀 가액의 100%를 말한다.
    다만, 가격변동의 위험이 크지 아니한 경우로서 금융위원회가 정하여 고시하는 기준을 충족하는 상장지수
    집합투자기구의 경우에는 200%로 한다(영80⑥). 여기서 "금융위원회가 정하여 고시하는 기준을 충족하는
    상장지수집합투자기구 또는 법 제234조 제1항 제1호의 요건을 갖춘 집합투자기구(이하 이 조에서 "상장
    지수집합투자기구 등"이라 한다)"란 다음 각 호의 요건을 모두 충족하는 집합투자기구를 말한다(금융투자
    업규정4-52의2).
    1. 당해 상장지수집합투자기구 등이 목표로 하는 지수의 변화의 2배(음의 배율도 포함) 이내로 연동하여
        운용하는 것을 목표로 할 것
    2. 당해 상장지수집합투자기구 등의 투자대상자산이 거래되는 시장에서의 일일 가격 변동폭이 전일종가
        (해당 시장의 매매거래시간 종료시까지 형성되는 최종가격)의 일정비율 이하로 제한될 것
    3. 당해 상장지수집합투자기구 등의 집합투자재산을 법 제5조 제1항 제2호부터 제4호에 따른 파생상품이
        나 장외파생상품에 운용하지 아니할 것

법 제81조 제1항 제1호 마목의 위험평가액, 같은 항 같은 호 바목의 위험평가액 및 같은 항 같은 호 사목의 거래상대방 위험평가액의 산정방법 등에 관하여 필요한 사항은 금융위원회가 정하여 고시[106]한다(법81②).

---

106) 금융투자업규정 제4-54조(위험평가액 산정방법) ① 법 제81조 제1항 제1호 마목에 따른 파생상품의 매매에 따른 위험평가액은 장내파생상품 또는 장외파생상품의 거래에 따른 명목계약금액으로 하며, 그 명목계약금액은 다음 각 호의 방법으로 산정하되 승수효과(레버리지)가 있는 경우 이를 감안하여야 한다.
1. 법 제5조 제1항 제1호의 파생상품: 기초자산(자산의 가격이나 이를 기초로 하는 지수인 경우에는 지수)의 가격에 거래량(계약수)과 승수를 곱하여 산정한다.
2. 법 제5조 제1항 제2호의 파생상품("옵션")은 다음 각 목을 명목계약금액으로 한다.
   가. 옵션매수: 기초자산 가격에 계약수와 승수 및 델타(기초자산 가격이 1단위 변화하는 경우 옵션 가격 변화)를 각각 곱한 금액("델타위험액")
   나. 옵션매도: 델타위험액에 추가로 델타 변화에 따른 위험("감마위험액")과 기초자산 변동성 변화에 따른 위험("베가위험액")을 모두 합산한 금액. 이 경우, "감마위험액" 및 "베가위험액"은 제3-21조 제4항 및 제5항에 따라 금액을 산정한다.
3. 법 제5조 제1항 제3호의 파생상품("스왑")은 다음 각목을 명목계약금액으로 한다.
   가. 서로 다른 통화를 교환하는 거래(통화스왑): 지급하기로 한 통화의 명목원금
   나. 고정금리와 변동금리를 교환하는 거래(금리스왑): 고정금리를 지급하는 경우 만기까지 지급하기로 한 금전총액, 변동금리를 지급하는 경우 만기까지 지급할 것으로 예상되는 금전총액의 시가평가금액
   다. 준거자산의 신용사건 발생 여부에 따라 금전 등을 교환하는 거래(신용부도스왑): 보장매수자의 경우 지급하기로 한 금전총액, 보장매도자의 경우 신용사건 발생시 지급하기로 한 명목금액
   라. 준거자산의 수익을 교환하는 거래(총수익스왑): 수취하기로 한 금전총액이 부(-)의 값을 가지는 경우 지급하기로 한 금전총액과 수취하기로 한 금전총액의 절대값을 더한 금액, 수취하기로 한 금전총액이 양(+)의 값을 가지는 경우 지급하기로 한 금전총액
   마. 가목~라목 외 기초자산의 교환을 포함하는 거래: 기초자산가격에 거래상대방에게 만기까지 지급하기로 한 금전총액을 더한 금액
   바. 가목~라목 외 기초자산을 제외한 금전만 교환하기로 한 거래: 거래상대방에게 만기까지 지급하기로 한 금전총액
4. 그 밖의 거래: 제1호부터 제3호까지의 파생상품거래가 혼합된 경우에는 제1호부터 제3호까지의 방법을 준용하여 산정한다. 다만, 만기손익구조의 최대손실금액이 제한되어 있는 합성거래의 경우에는 그 최대손실금액을 명목계약금액으로 할 수 있다.
5. 제1호부터 제4호까지에 불구하고 장외파생상품 거래시 금융감독원장이 인정하는 경우 거래당사자간에 거래체결시 합의하는 명목원금으로 산정할 수 있다. 이 경우 기초자산의 가격변화를 감안하여야 한다.
② 제1항에 불구하고 집합투자업자는 다음 각 호의 어느 하나에 해당하는 방법으로 명목계약금액을 산정할 수 있다.
1. 외부감사법에 따른 회계기준상 위험회피회계의 적용대상이 되는 거래: 명목계약금액 산정대상에서 제외하는 방법
2. 파생상품 거래가 다음 각목의 요건을 충족한다고 금융감독원장이 지정한 거래: 금융감독원장이 정하는 조정값을 반영하여 위험평가액을 감액하는 방법
   가. 입증가능한 위험 감소가 있을 것
   나. 동일 기초자산군과 관련될 것
   다. 정상적이지 않은 시장 상황에서도 유효하게 적용될 것
   라. 수익창출 목적의 거래가 아닐 것
   마. 파생상품과 관련된 위험이 상쇄될 것
3. 기초자산이 동일(발행인이 동일하고 잔존만기의 차이가 1년 이내인 채무증권의 경우에는 이를 동일한 기초자산으로 본다)하고 가격의 변화방향이 반대인 파생상품 거래(거래상대방이 다른 장외파생상품 거래는 제외): 각각의 위험평가액을 기준으로 상계한 후 잔여 명목계약금액을 위험평가액으로 산정하는

법 제81조 제1항 제1호 가목 및 마목부터 사목까지와 제3호 가목·나목, 제229조 각 호에 따른 투자비율은 집합투자기구의 최초 설정일 또는 설립일부터 6개월(제229조 제2호에 따른 부동산집합투자기구의 경우 1년) 이내의 범위에서 대통령령으로 정하는 기간[107])까지는 적용하지 아니한다(법81④).

2) 부동산에 대한 투자한도

집합투자재산을 부동산에 운용함에 있어서 다음의 어느 하나에 해당하는 행위를 하여서는 아니된다(법81①(2)).

가. 부동산을 취득한 후 5년 이내의 범위에서 대통령령으로 정하는 기간[108]) 이내에 이를 처분하는 행위. 다만, 부동산개발사업(토지를 택지·공장용지 등으로 개발하거나 그 토지 위에 건축물, 그 밖의 공작물을 신축 또는 재축하는 사업)에 따라 조성하거나 설치한 토지·건축물 등을 분양하는 경우, 그 밖에 투자자 보호를 위하여 필요한 경우로서 대통령령으로 정하는 경우[109])를 제외한다.

나. 건축물, 그 밖의 공작물이 없는 토지로서 그 토지에 대하여 부동산개발사업을 시행하기 전에 이를 처분하는 행위. 다만, 집합투자기구의 합병·해지 또는 해산, 그 밖에 투자자 보호를 위하여 필요한 경우로서 대통령령으로 정하는 경우[110])를 제외한다.

방법
③ 제2항에 따라 명목계약금액을 산정한 경우에는 이를 입증할 수 있는 근거자료를 보관·유지하여야 한다.
④ 법 제81조 제1항 제1호 바목의 동일법인 등이 발행한 증권의 가격변동으로 인한 위험평가액은 제1항 및 제2항에 따라 평가한 파생상품 매매에 따른 위험평가액 중 동일법인 등이 발행한 증권의 가격변동으로 인한 파생상품 매매에 따른 위험평가액으로 한다.
⑤ 법 제81조 제1항 제1호 사목의 거래상대방 위험평가액은 동일 거래상대방 기준으로 장외파생상품 매매거래의 만기까지 거래상대방의 부도 등으로 인하여 발생할 수 있는 최대손실에 대한 추정금액(거래상대방으로부터 당해 거래와 관련하여 담보를 제공받은 경우에는 그 담보가치를 차감한 금액을 말한다)을 말한다. 이 경우 당해 거래로 인하여 지급받기로 한 금액과 지급하기로 한 금액간에 상계한다는 내용의 계약이 있는 경우에는 상계한 후 거래상대방으로부터 지급받을 것으로 평가(법 제238조에 따른 평가를 말한다)되는 총 금액으로 산정한다.
⑥ 제5항에 따라 담보가치를 차감하는 경우에는 가치산정이나 담보권 행사를 통한 채권회수가 곤란한 자산을 담보로 받아서는 아니 되며 공정가액 등을 고려하여 합리적으로 담보사정가격을 산정하여야 한다.
107) "대통령령으로 정하는 기간"이란 다음의 구분에 따른 기간을 말한다(영81④). 1. 부동산집합투자기구: 1년, 2. 특별자산집합투자기구: 6개월, 3. 그 밖의 집합투자기구: 1개월
108) "대통령령으로 정하는 기간"이란 다음의 기간을 말한다(영80⑦).
  1. 국내에 있는 부동산 중 주택법 제2조 제1호에 따른 주택: 1년. 다만, 집합투자기구가 미분양주택(주택법 제54조에 따른 사업주체가 같은 조에 따라 공급하는 주택으로서 입주자모집공고에 따른 입주자의 계약일이 지난 주택단지에서 분양계약이 체결되지 아니하여 선착순의 방법으로 공급하는 주택을 말한다)을 취득하는 경우에는 집합투자규약에서 정하는 기간으로 한다.
  1의2. 국내에 있는 부동산 중 주택법 제2조 제1호에 따른 주택에 해당하지 아니하는 부동산: 1년
  2. 국외에 있는 부동산: 집합투자규약으로 정하는 기간
109) "대통령령으로 정하는 경우"란 집합투자기구가 합병·해지 또는 해산되는 경우를 말한다(영80⑧).
110) "대통령령으로 정하는 경우"란 부동산개발사업을 하기 위하여 토지를 취득한 후 관련 법령의 제정·개정

3) 집합투자증권에 대한 투자한도

집합투자재산을 집합투자증권(제279조 제1항의 외국 집합투자증권을 포함)에 운용함에 있어서 다음의 어느 하나에 해당하는 행위를 하여서는 아니된다(법81①(3)).

가. 각 집합투자기구 자산총액의 50%를 초과하여 같은 집합투자업자(제279조 제1항의 외국 집합투자업자를 포함)가 운용하는 집합투자기구(제279조 제1항의 외국 집합투자기구를 포함)의 집합투자증권에 투자하는 행위

나. 각 집합투자기구 자산총액의 20%를 초과하여 같은 집합투자기구(제279조 제1항의 외국 집합투자기구를 포함)의 집합투자증권에 투자하는 행위

다. 집합투자증권에 자산총액의 40%를 초과하여 투자할 수 있는 집합투자기구(제279조 제1항의 외국 집합투자기구를 포함)의 집합투자증권에 투자하는 행위

라. 각 집합투자기구 자산총액의 5%(영80⑩)를 초과하여 사모집합투자기구(사모집합투자기구에 상당하는 외국 사모집합투자기구를 포함)의 집합투자증권에 투자하는 행위

마. 각 집합투자기구의 집합투자재산으로 같은 집합투자기구(제279조 제1항의 외국 집합투자기구를 포함)의 집합투자증권 총수의 20%를 초과하여 투자하는 행위. 이 경우 그 비율의 계산은 투자하는 날을 기준으로 한다.

바. 집합투자기구의 집합투자증권을 판매하는 투자매매업자 또는 투자중개업자가 받는 판매수수료 및 판매보수와 그 집합투자기구가 투자하는 다른 집합투자기구(제279조 제1항의 외국 집합투자기구를 포함)의 집합투자증권을 판매하는 투자매매업자[외국 투자매매업자(외국 법령에 따라 외국에서 투자매매업에 상당하는 영업을 영위하는 자를 말한다)를 포함] 또는 투자중개업자[외국 투자중개업자(외국 법령에 따라 외국에서 투자중개업에 상당하는 영업을 영위하는 자를 말한다)를 포함]가 받는 판매수수료 및 판매보수의 합계가 대통령령으로 정하는 기준[111]을 초과하여 집합투자증권에 투자하는 행위

4) 기타 투자한도

그 밖에 투자자 보호 또는 집합투자재산의 안정적 운용 등을 해할 우려가 있는 행위로서 "대통령령으로 정하는 행위"를 하여서는 아니된다(법81①(4). 여기서 "대통령령으로 정하는 행위"란 다음의 어느 하나에 해당하는 행위를 말한다(영81①).

또는 폐지 등으로 인하여 사업성이 뚜렷하게 떨어져서 부동산개발사업을 수행하는 것이 곤란하다고 객관적으로 증명되어 그 토지의 처분이 불가피한 경우를 말한다(영80⑨).

111) "대통령령으로 정하는 기준"이란 제77조 제4항에서 정한 한도를 말한다(영80⑪, 77④).
   1. 판매수수료: 납입금액 또는 환매금액의 2%
   2. 판매보수: 집합투자재산의 연평균가액의 1%. 다만, 투자자의 투자기간에 따라 판매보수율이 감소하는 경우로서 2년(금융투자업감독규정 4-48조①)을 넘는 시점에 적용되는 판매보수율이 1% 미만인 경우 그 시점까지는 1%에서부터 1.5%까지의 범위에서 정할 수 있다.

1. 각 집합투자기구에 속하는 증권 총액의 범위에서 50%(금융투자업규정4-53①)을 초과하여 환매조건부매도(증권을 일정기간 후에 환매수할 것을 조건으로 매도하는 경우)를 하는 행위

2. 각 집합투자기구에 속하는 증권의 범위에서 50%(금융투자업규정4-53①)을 초과하여 증권을 대여하는 행위

3. 각 집합투자기구의 자산총액 범위에서 20%(금융투자업규정4-53②)을 초과하여 증권을 차입하는 행위

(나) 적합 투자한도 간주

집합투자재산에 속하는 투자대상자산의 가격 변동 등, 즉 ⅰ) 집합투자재산에 속하는 투자대상자산의 가격 변동(제1호), ⅱ) 투자신탁의 일부해지 또는 투자회사·투자유한회사·투자합자회사·투자유한책임회사·투자합자조합 및 투자익명조합의 집합투자증권의 일부소각(제2호), ⅲ) 담보권의 실행 등 권리행사(제3호), ⅳ) 집합투자재산에 속하는 증권을 발행한 법인의 합병 또는 분할합병(제4호), ⅴ) 그 밖에 투자대상자산의 추가 취득 없이 투자한도를 초과하게 된 경우(제5호) 등 불가피하게 투자한도를 초과하게 된 경우에는 초과일부터 3개월까지(부도 등으로 처분이 불가능하거나 집합투자재산에 현저한 손실을 초래하지 아니하고는 처분이 불가능한 투자대상자산은 그 처분이 가능한 시기까지)는 그 투자한도에 적합한 것으로 본다(법81③, 영81②③)).

(다) 운용제한의 예외

다만 투자자 보호 및 집합투자재산의 안정적 운용을 해할 우려가 없는 경우로서 다음의 어느 하나에 해당하는 경우에는 예외를 허용하고 있다(법81① 단서, 영80①).

1. 법 제81조 제1항 제1호 가목을 적용할 때 다음 각 목의 어느 하나에 해당하는 투자대상자산에 각 집합투자기구[라목부터 사목까지의 경우에는 부동산집합투자기구, 아목부터 타목까지의 경우에는 특별자산집합투자기구로서 그 집합투자규약에 해당 내용을 정한 경우만 해당한다] 자산총액의 100%까지 투자하는 행위

    가. 국채증권

    나. 한국은행통화안정증권

    다. 국가나 지방자치단체가 원리금의 지급을 보증한 채권

    라. 특정한 부동산을 개발하기 위하여 존속기간을 정하여 설립된 회사("부동산개발회사")가 발행한 증권

    마. 부동산, 그 밖에 금융위원회가 정하여 고시하는 부동산 관련 자산[112]을 기초로 하여 자

---

112) "금융위원회가 정하여 고시하는 부동산 관련 자산"이란 다음의 어느 하나에 해당하는 자산을 말한다(금융투자업규정4-50①).
  1. 부동산매출채권(부동산의 매매·임대 등에 따라 발생한 매출채권)

산유동화법 제2조 제4호[113])에 따라 발행된 유동화증권으로서 그 기초자산의 합계액이 자산유동화법 제2조 제3호[114])에 따른 유동화자산 가액의 70% 이상인 유동화증권

바. 주택저당채권유동화회사법 또는 한국주택금융공사법에 따른 주택저당채권담보부채권 또는 주택저당증권(주택저당채권유동화회사법에 따른 주택저당채권유동화회사, 한국주택금융공사법에 따른 한국주택금융공사 또는 자본시장법 시행령 제79조 제2항 제5호 가목부터 사목까지의 금융기관이 지급을 보증한 주택저당증권을 말한다)

사. 다음의 요건을 모두 갖춘 회사("부동산투자목적회사")가 발행한 지분증권

　　1) 부동산(법 제229조 제2호에 따른 부동산) 또는 다른 부동산투자목적회사의 증권, 그 밖에 금융위원회가 정하여 고시하는 투자대상자산에 투자하는 것을 목적으로 설립될 것

　　2) 해당 회사와 그 종속회사(외부감사법 시행령 제3조 제1항에 따른 종속회사)가 소유하고 있는 자산을 합한 금액 중 부동산을 합한 금액이 90% 이상일 것

아. 민간투자법에 따른 사회기반시설사업의 시행을 목적으로 하는 법인이 발행한 주식 및 채권

자. 민간투자법에 따른 사회기반시설사업의 시행을 목적으로 하는 법인에 대한 대출채권

차. 민간투자법에 따라 하나의 사회기반시설사업의 시행을 목적으로 하는 법인이 발행한 주식 및 채권을 취득하거나 그 법인에 대한 대출채권을 취득하는 방식으로 투자하는 것을 목적으로 하는 법인(같은 법에 따른 사회기반시설투융자회사는 제외)의 지분증권

카. 사업수익권

타. 다음의 요건을 모두 갖춘 회사("특별자산투자목적회사")가 발행한 지분증권

　　1) 법 제229조 제3호에 따른 특별자산 또는 다른 특별자산투자목적회사의 증권, 그 밖에 금융위원회가 정하여 고시하는 투자대상자산에 투자하는 것을 목적으로 설립될 것

　　2) 해당 회사와 그 종속회사가 소유하고 있는 자산을 합한 금액 중 특별자산 관련 금액이 90% 이상일 것

2. 법 제81조 제1항 제1호 가목을 적용할 때 다음 각 목의 어느 하나에 해당하는 투자대상자산에 각 집합투자기구 자산총액의 30%까지 투자하는 행위

가. 지방채증권

나. 특수채증권(제1호 나목 및 다목은 제외한다) 및 직접 법률에 따라 설립된 법인이 발행한 어음(기업어음증권 및 제79조 제2항 제5호 각 목의 금융기관이 할인·매매·중개 또는 인수한 어음만 해당)

다. 파생결합증권

라. 제79조 제2항 제5호 가목부터 사목까지의 금융기관이 발행한 어음 또는 양도성예금증

---

2. 부동산담보부채권
113) 4. "유동화증권"이라 함은 유동화자산을 기초로 하여 제3조의 규정에 의한 자산유동화계획에 따라 발행되는 출자증권·사채·수익증권 기타의 증권 또는 증서를 말한다.
114) 3. "유동화자산"이라 함은 자산유동화의 대상이 되는 채권·부동산 기타의 재산권을 말한다.

서와 같은 호 가목, 마목부터 사목까지의 금융기관이 발행한 채권

마. 제79조 제2항 제5호 가목부터 사목까지의 금융기관이 지급을 보증한 채권(모집의 방법으로 발행한 채권만 해당한다) 또는 어음

바. 경제협력개발기구에 가입되어 있는 국가나 투자자 보호 등을 고려하여 총리령으로 정하는 국가(시행규칙10의2: 중화인민공화국)가 발행한 채권

사. 자산유동화법 제31조에 따른 사채 중 후순위 사채권 또는 같은 법 제32조에 따른 수익증권 중 후순위 수익증권(집합투자규약에서 후순위 사채권 또는 후순위 수익증권에 금융위원회가 정하여 고시하는 비율115) 이상 투자하는 것을 정한 집합투자기구만 해당)

아. 주택저당채권유동화회사법 또는 한국주택금융공사법에 따른 주택저당채권담보부채권 또는 주택저당증권(주택저당채권유동화회사법에 따른 주택저당채권유동화회사, 한국주택금융공사법에 따른 한국주택금융공사 또는 자본시장법 시행령 제79조 제2항 제5호 가목부터 사목까지의 금융기관이 지급을 보증한 주택저당증권)

자. 제79조 제2항 제5호 가목부터 사목까지의 규정에 따른 금융기관에 금전을 대여하거나 예치·예탁하여 취득한 채권

2의2. 법 제81조 제1항 제1호 가목을 적용할 때 이 항 제5호의3에 따른 부동산·특별자산투자재간접집합투자기구가 동일한 부동산투자회사(부동산투자회사법 제14조의8 제3항에 따른 부동산투자회사)가 발행한 지분증권에 부동산·특별자산투자재간접집합투자기구 자산총액의 50%까지 투자하는 행위

3. 법 제81조 제1항 제1호 가목을 적용할 때 동일법인 등이 발행한 지분증권(그 법인 등이 발행한 지분증권과 관련된 증권예탁증권을 포함)의 시가총액비중이 10%를 초과하는 경우에 그 시가총액비중까지 투자하는 행위. 이 경우 시가총액비중은 거래소가 개설하는 증권시장 또는 해외 증권시장별로 산정하며 그 산정방법, 산정기준일 및 적용기간 등에 관하여 필요한 사항은 금융위원회가 정하여 고시116)한다.

3의2. 법 제81조 제1항 제1호 가목을 적용할 때 동일법인 등이 발행한 증권(그 법인 등이 발행한 증권과 관련된 증권예탁증권을 포함)에 각 집합투자기구 자산총액의 25%까지 투자하는 행위로서 다음 각 목의 요건을 모두 충족하는 행위

---

115) "금융위원회가 정하여 고시하는 비율"이란 다음에서 정한 비율을 말한다(금융투자업규정4-50②).
  1. 자산유동화법 제31조에 따라 유동화전문회사가 특정 집합투자기구로부터 양도받은 채권 등을 기초로 하여 발행한 후순위 사채권 또는 같은 법 제32조에 따른 후순위 수익증권을 당해 집합투자기구에서 그 채권 등의 양도금액의 50% 이내에서 취득하는 경우: 10%
  2. 조세특례제한법 제91조의7에 따른 고수익고위험투자신탁 등의 경우: 10%
  3. 제1호 및 제2호 이외의 경우: 50%
116) 금융투자업규정 제4-51조(시가총액비중의 산정방법) ① 영 제80조 제1항 제3호에 따른 지분증권의 시가총액비중은 거래소가 개설하는 증권시장별로 또는 해외 증권시장별로 매일의 그 지분증권의 최종시가의 총액을 그 시장에서 거래되는 모든 종목의 최종시가의 총액을 합한 금액으로 나눈 비율을 1개월간 평균한 비율로 계산한다.
  ② 제1항의 지분증권의 시가총액비중은 매월 말일을 기준으로 산정하며, 그 다음 1개월간 적용한다.

가. 투자자 보호 및 집합투자재산의 안정적 운용의 필요성을 고려하여 금융위원회가 정하여 고시하는 법인 등이 발행한 증권에 투자하지 아니할 것

나. 해당 집합투자기구 자산총액의 50% 이상을 다른 동일법인 등이 발행한 증권에 그 집합투자기구 자산총액의 5% 이하씩 각각 나누어 투자할 것. 다만, 제1호 가목부터 다목까지의 어느 하나에 해당하는 증권의 경우에는 각각 30%까지 투자할 수 있고, 제2호 각 목의 어느 하나에 해당하는 증권의 경우에는 각각 10%까지 투자할 수 있다.

3의3. 법 제81조 제1항 제1호 가목을 적용할 때 동일종목의 증권에 법 제234조 제1항 제1호의 요건을 갖춘 각 집합투자기구 자산총액의 30%까지 투자하는 행위

4. 법 제81조 제1항 제1호 나목 또는 다목을 적용할 때 각 집합투자업자가 운용하는 전체 부동산집합투자기구의 자산총액 또는 각 부동산집합투자기구의 자산총액으로 다음 각 목의 어느 하나에 해당하는 지분증권에 그 지분증권 총수의 100%까지 투자하는 행위

가. 부동산개발회사가 발행한 지분증권

나. 부동산투자목적회사가 발행한 지분증권

4의2. 법 제81조 제1항 제1호 다목을 적용할 때 이 항 제5호의3에 따른 부동산·특별자산투자재간접집합투자기구의 자산총액으로 부동산투자회사법 제14조의8 제3항에 따른 동일한 부동산투자회사가 발행한 지분증권의 50%까지 투자하는 행위

5. 법 제81조 제1항 제1호 나목 또는 다목을 적용할 때 각 집합투자업자가 운용하는 전체 특별자산집합투자기구의 자산총액 또는 각 특별자산집합투자기구의 자산총액으로 다음 각 목의 어느 하나에 해당하는 지분증권에 그 지분증권 총수의 100%까지 투자하는 행위

가. 민간투자법에 따른 사회기반시설사업의 시행을 목적으로 하는 법인이 발행한 주식

나. 민간투자법에 따른 하나의 사회기반시설사업의 시행을 목적으로 하는 법인이 발행한 주식 또는 채권을 취득하거나 그 법인에 대한 대출채권을 취득하는 방식으로 투자하는 것을 목적으로 하는 법인(같은 법에 따른 사회기반시설투융자회사는 제외)의 지분증권

다. 다음의 어느 하나와 관련된 특별자산에 투자하는 특별자산투자목적회사가 발행한 지분증권

1) 민간투자법에 따른 사회기반시설사업

2) 선박, 항공기, 그 밖에 이와 유사한 자산으로서 금융위원회가 정하여 고시하는 특별자산

5의2. 법 제81조 제1항 제3호 가목을 적용할 때 전문투자형 사모집합투자기구(이와 유사한 집합투자기구로서 법 제279조 제1항에 따라 등록한 외국 집합투자기구를 포함)가 발행하는 집합투자증권에 자산총액의 50%를 초과하여 투자한 집합투자기구(이하 "사모투자 재간접집합투자기구"라 한다)가 같은 집합투자업자(외국 집합투자업자를 포함)가 운용하는 집합투자기구(이와 유사한 집합투자기구로서 법 제279조 제1항에 따라 등록한 외국 집합투자기

구를 포함)의 집합투자증권에 각 집합투자기구 자산총액의 100%까지 투자하는 행위

5의3. 법 제81조 제1항 제3호 가목을 적용할 때 다음 각 목의 어느 하나에 해당하는 집합투자기구의 집합투자증권에 대한 투자금액을 합산한 금액이 자산총액의 80%를 초과하는 집합투자기구(이하 "부동산·특별자산투자재간접집합투자기구"라 한다)가 같은 집합투자업자가 운용하는 집합투자기구의 집합투자증권에 각 집합투자기구 자산총액의 100%까지 투자하는 행위

  가. 부동산집합투자기구

  나. 제5호 다목 1) 및 2)에 해당하는 특별자산에 투자하는 특별자산집합투자기구

  다. 부동산 또는 나목에 따른 특별자산에 자산총액의 50%를 초과하여 투자하는 전문투자형 사모집합투자기구

  라. 부동산투자회사법 제2조 제1호에 따른 부동산투자회사

5의4. 법 제81조 제1항 제3호 가목을 적용할 때 다음 각 목의 요건을 모두 충족한 집합투자기구가 같은 집합투자업자(외국 집합투자업자를 포함)가 운용하는 집합투자기구(외국 집합투자기구를 포함)의 집합투자증권에 각 집합투자기구 자산총액의 100%까지 투자하는 행위

  가. 집합투자재산을 주된 투자대상자산·투자방침과 투자전략이 상이한 복수의 집합투자기구(외국 집합투자기구를 포함)에 투자할 것

  나. 집합투자기구가 투자한 집합투자증권의 비율을 탄력적으로 조절하는 투자전략을 활용할 것

  다. 집합투자업자가 본인이 운용하는 집합투자기구의 집합투자증권에 각 집합투자기구의 집합투자재산의 50%를 초과하여 투자하는 경우에는 일반적인 거래조건에 비추어 투자자에게 유리한 운용보수 체계를 갖출 것

6. 법 제81조 제1항 제3호 가목 또는 나목을 적용할 때 다음 각 목의 어느 하나에 해당하는 집합투자증권에 각 집합투자기구(자산총액의 40%를 초과하여 투자할 수 있는 집합투자기구만 해당하되, 나목은 자산총액의 60% 이상 채무증권에 투자할 수 있는 증권집합투자기구도 포함) 자산총액의 100%까지 투자하는 행위

  가. 집합투자업자(외국 집합투자업자를 포함)가 운용하는 집합투자기구(외국 집합투자기구의 경우에는 법 제279조 제1항에 따라 등록한 것만 해당한다. 이하 이 목 및 다목에서 같다)의 집합투자재산을 외화자산으로 70% 이상 운용하는 경우에 그 집합투자기구의 집합투자증권

  나. 금융위원회가 정하여 고시하는 상장지수집합투자기구[117](상장지수집합투자기구와 비슷

---

117) "금융위원회가 정하여 고시하는 상장지수집합투자기구"란 다음 각 호의 어느 하나에 해당하는 요건을 충족한 상장지수집합투자기구로서 당해 상장지수집합투자기구가 설정 또는 설립된 지 6개월 이상 경과하고 최근 6개월간 영 제251조 제2항에 따른 추적오차율이 연 5%를 초과하지 아니한 상장지수집합투자기구를 말한다(금융투자업규정4-52①).
  1. 당해 상장지수집합투자기구가 목표로 하는 지수의 구성종목이 영 제80조 제1항 제1호 가목부터 다목까

한 것으로서 외국 상장지수집합투자기구를 포함)의 집합투자증권(외국 집합투자증권의
경우에는 법 제279조 제1항에 따라 등록한 집합투자기구의 집합투자증권만 해당)

다. 같은 집합투자업자가 운용하는 집합투자기구의 집합투자재산을 둘 이상의 다른 집합
투자업자에게 위탁하여 운용하는 경우에 그 집합투자기구의 집합투자증권(같은 집합
투자업자가 운용하는 집합투자기구의 자산총액의 90% 이상을 외화자산에 운용하는 경
우에 한한다)

6의2. 법 제81조 제1항 제3호 가목을 적용할 때 같은 집합투자업자가 운용하는 집합투자기구
(법 제279조 제1항의 외국 집합투자기구를 포함)의 집합투자재산을 둘 이상의 다른 집합투
자업자에게 위탁하여 운용하는 경우에 그 집합투자기구의 집합투자증권(같은 집합투자업자
가 운용하는 집합투자기구의 자산총액의 90% 이상을 외화자산에 운용하는 경우만 해당)에
각 집합투자기구 자산총액의 100분의 100까지 투자하는 행위

7. 법 제81조 제1항 제3호 나목을 적용할 때 상장지수집합투자기구(투자자 보호 등을 고려하
여 금융위원회가 정하여 고시하는 상장지수집합투자기구[118]에 한정)의 집합투자증권이나
같은 집합투자업자가 운용하는 집합투자기구(외국 집합투자기구를 포함)의 집합투자재산
을 둘 이상의 다른 집합투자업자에게 위탁하여 운용하는 경우에 그 집합투자기구의 집합
투자증권(같은 집합투자업자가 운용하는 집합투자기구의 자산총액의 90% 이상을 외화자
산에 운용하는 경우만 해당)에 각 집합투자기구 자산총액의 30%까지 투자하는 행위

7의2. 법 제81조 제1항 제3호 나목을 적용할 때 부동산·특별자산투자재간접집합투자기구가
같은 집합투자기구의 집합투자증권에 각 집합투자기구 자산총액의 50%까지 투자하는 행위

8. 법 제81조 제1항 제3호 가목 또는 나목을 적용할 때 같은 집합투자기구(외국 집합투자기
구를 포함)에 법 제251조 제1항에 따라 보험회사가 설정한 각 투자신탁 자산총액의 100%
까지 투자하는 행위. 다만, 보험회사가 설정한 전체 투자신탁 자산총액의 50%를 초과하여
그의 계열회사가 운용하는 집합투자기구에 투자하여서는 아니 된다.

8의2. 법 제81조 제1항 제3호 다목을 적용할 때 제5호의4 각 목의 요건을 모두 충족하는 집
합투자기구의 재산을 다음 각 목의 어느 하나에 해당하는 집합투자기구의 집합투자증권에
투자하는 행위

가. 부동산집합투자기구(이와 유사한 집합투자기구로서 법 제279조 제1항에 따라 등록한
외국 집합투자기구를 포함)의 집합투자증권에 집합투자재산의 40%를 초과하여 투자

지의 어느 하나에 해당하는 증권일 것
2. 당해 상장지수집합투자기구가 목표로 하는 지수를 구성하는 종목의 수가 30종목 이상이고, 각 종목의
직전 3개월의 평균시가총액을 그 지수를 구성하는 종목의 직전 3개월의 평균시가총액의 합으로 나눈
값이 100분의 20을 초과하지 아니할 것
118) "금융위원회가 정하여 고시하는 상장지수집합투자기구"란 제7-26조 제4항 제1호의 방법으로 운용되는 상
장지수집합투자기구를 말한다(금융투자업규정4-52②). 여기서 제7-26조 제4항 제1호는 "상장지수집합투
자기구의 순자산가치의 변화를 가격 및 지수의 변화의 일정배율(음의 배율도 포함한다)로 연동하여 운용
하는 것을 목표로 할 것"을 말한다.

하는 집합투자기구(법 제279조 제1항에 따라 등록한 외국 집합투자기구를 포함)

나. 특별자산집합투자기구(이와 유사한 집합투자기구로서 법 제279조 제1항에 따라 등록한 외국 집합투자기구를 포함)의 집합투자증권에 집합투자재산의 40%를 초과하여 투자하는 집합투자기구(법 제279조 제1항에 따라 등록한 외국 집합투자기구를 포함)

다. 부동산투자회사법에 따른 부동산투자회사가 발행한 주식(이와 유사한 것으로서 외국 증권시장에 상장된 주식을 포함)에 집합투자재산의 40%를 초과하여 투자하는 집합투자기구(법 제279조 제1항에 따라 등록한 외국 집합투자기구를 포함)

8의3. 법 제81조 제1항 제3호 라목을 적용할 때 사모투자재간접집합투자기구가 전문투자형 사모집합투자기구(이와 유사한 집합투자기구로서 법 제279조 제1항에 따라 등록한 외국 집합투자기구를 포함)의 집합투자증권에 각 집합투자기구 자산총액의 100%까지 투자하는 행위

8의4. 법 제81조 제1항 제3호 라목을 적용할 때 부동산·특별자산투자재간접집합투자기구가 전문투자형 사모집합투자기구의 집합투자증권에 각 집합투자기구 자산총액의 100%까지 투자하는 행위

9. 법 제81조 제1항 제3호 마목을 적용할 때 법 제251조 제1항에 따라 보험회사가 설정한 투자신탁재산으로 같은 집합투자기구(외국 집합투자기구를 포함)의 집합투자증권 총수의 100%까지 투자하는 행위

9의2. 법 제81조 제1항 제3호 마목을 적용할 때 각 집합투자기구의 집합투자재산으로 법 제234조에 따른 상장지수집합투자기구의 집합투자증권 총수의 50%까지 투자하는 행위

9의3. 법 제81조 제1항 제3호 마목을 적용할 때 각 사모투자재간접집합투자기구의 집합투자재산으로 같은 집합투자기구(법 제279조 제1항에 따라 등록한 외국 집합투자기구를 포함)의 집합투자증권 총수의 50%까지 투자하는 행위

9의4. 법 제81조 제1항 제3호 마목을 적용할 때 각 부동산·특별자산투자재간접집합투자기구의 집합투자재산으로 같은 집합투자기구의 집합투자증권 총수의 50%까지 투자하는 행위

10. 법 제81조 제1항 제3호 바목을 적용할 때 법 제251조 제1항에 따라 보험회사가 설정한 투자신탁재산으로 법 제81조 제1항 제3호 바목에 따른 기준을 초과하여 투자하는 행위

11. 국가재정법 제81조에 따른 여유자금을 통합하여 운용하는 경우 법 제81조 제1항 제3호를 적용할 때 같은 호에 따른 기준을 초과하여 투자하는 행위

12. 그 밖에 투자자의 보호 및 집합투자재산의 안정적 운용을 해칠 염려가 없는 행위로서 금융위원회가 정하여 고시하는 행위

(라) 위반시 제재

법 제81조 제1항을 위반하여 집합투자재산을 운용함에 있어서 같은 항 각 호의 어느 하나에 해당하는 행위를 한 자는 5년 이하의 징역 또는 2억원 이하의 벌금에 처한다(법444(9)).

(4) 자기집합투자증권의 취득제한

투자신탁이나 투자익명조합의 집합투자업자는 집합투자기구의 계산으로 그 집합투자기구의 집합투자증권을 취득하거나 질권의 목적으로 받지 못한다(법82 본문). 다만 ⅰ) 담보권의 실행 등 권리 행사에 필요한 경우(제1호), ⅱ) 반대수익자의 수익증권매수청구권에 따라 수익증권을 매수하는 경우(제2호)에는 집합투자기구의 계산으로 그 집합투자기구의 집합투자증권을 취득할 수 있다(법82 단서). 담보권의 실행 등 권리 행사에 필요한 경우에는 취득한 집합투자증권은 취득일부터 1개월 이내에 소각 또는 투자매매업자 또는 투자중개업자를 통한 매도의 방법으로 처분하여야 한다(영82).

(5) 금전차입 등의 제한

(가) 의의

집합투자업자는 집합투자재산을 운용함에 있어서 집합투자기구의 계산으로 금전을 차입(借入)하지 못한다(법83① 본문). 그 취지는 집합투자기구의 계산으로 금전을 차입하는 경우에는 집합투자기구의 이자부담이 발생하고, 투자대상자산의 가격하락시에 투자손실이 확대되는 것을 방지하기 위함이다.

(나) 예외적 허용과 한도

다음의 어느 하나에 해당하는 경우에는 집합투자기구의 계산으로 금전을 차입할 수 있다(법83① 단서).[119)]

1. 집합투자증권의 환매청구가 대량으로 발생하여 일시적으로 환매대금의 지급이 곤란한 때
2. 반대수익자의 수익증권매수청구(법191) 및 투자회사 주주의 주식매수청구(법201④)가 대량으로 발생하여 일시적으로 매수대금의 지급이 곤란한 때
3. 그 밖에 집합투자기구의 운용 및 결제 과정에서 일시적으로 금전의 차입이 필요하고 투자자 보호 및 건전한 거래질서를 해할 우려가 없는 때로서 "대통령령으로 정하는 때"

위 제3호에서 "대통령령으로 정하는 때"란 ⅰ) 증권시장이나 해외 증권시장의 폐쇄·휴장 또는 거래정지, 그 밖에 이에 준하는 사유로 집합투자재산을 처분할 수 없는 경우(제1호), ⅱ) 거래 상대방의 결제 지연 등이 발생한 경우(제2호), ⅲ) 환율의 급격한 변동이 발생한 경우(제3호)에 해당하여 환매대금의 지급이 일시적으로 곤란한 때를 말한다(영83②).

집합투자기구의 계산으로 금전을 차입하는 경우 그 차입금의 총액은 차입 당시 집합투자

---

119) 집합투자업자는 법 제83조 제1항 단서에 따라 집합투자기구의 계산으로 금전을 차입하는 경우에는 다음 각 호의 어느 하나에 해당하는 금융기관으로부터 금전을 차입할 수 있다(영83①).
   1. 제79조 제2항 제5호 각 목의 어느 하나에 해당하는 금융기관
   2. 보험회사
   3. 제1호 또는 제2호에 준하는 외국 금융기관

기구 자산총액에서 부채총액을 뺀 가액의 10%를 초과하여서는 아니 된다(법83②). 집합투자업자는 금전을 차입한 경우에는 그 차입금 전액을 모두 갚기 전까지 투자대상자산을 추가로 매수(파생상품의 전매와 환매는 제외)하여서는 아니 된다(영83③).

(다) 금전대여 제한

집합투자업자는 집합투자재산을 운용함에 있어서 집합투자재산 중 금전을 대여하여서는 아니 된다. 다만 대통령령으로 정하는 금융기관에 대한 30일 이내의 단기대출은 할 수 있다(법83④). 여기서 "대통령령으로 정하는 금융기관"이란 제345조 제1항 각 호[120]의 어느 하나에 해당하는 금융기관을 말한다(영83④).

(라) 채무보증 · 담보제공 제한

집합투자업자는 집합투자재산을 운용함에 있어서 집합투자재산으로 해당 집합투자기구 외의 자를 위하여 채무보증 또는 담보제공을 하여서는 아니 된다(법83⑤).

(6) 이해관계인과의 거래제한 등

(가) 원칙적 금지

집합투자업자는 집합투자재산을 운용함에 있어서 다음의 이해관계인과 거래행위를 하여서는 아니 된다(법84① 본문, 영84).

1. 집합투자업자의 임직원과 그 배우자
2. 집합투자업자의 대주주와 그 배우자
3. 집합투자업자의 계열회사, 계열회사의 임직원과 그 배우자
4. 집합투자업자가 운용하는 전체 집합투자기구의 집합투자증권(국가재정법 제81조에 따라 여유자금을 통합하여 운용하는 집합투자기구가 취득하는 집합투자증권은 제외)을 30% 이상 판매·위탁판매한 투자매매업자 또는 투자중개업자("관계 투자매매업자·투자중개업자")
5. 집합투자업자가 운용하는 전체 집합투자기구의 집합투자재산의 30% 이상을 보관·관리하고 있는 신탁업자. 이 경우 집합투자재산의 비율을 계산할 때 다음 각 목의 어느 하나에 해당하는 집합투자기구의 집합투자재산은 제외한다.
    가. 국가재정법 제81조에 따라 여유자금을 통합하여 운용하는 집합투자기구
    나. 주택도시기금법 제3조 및 제10조에 따라 기금을 위탁받아 운용하는 집합투자기구
    다. 산업재해보상보험법 제95조 및 제97조에 따라 기금을 위탁받아 운용하는 집합투자기구
6. 집합투자업자가 법인이사인 투자회사의 감독이사

---

120) 1. 시행령 제10조 제2항 제1호부터 제7호까지, 제9호부터 제11호까지, 제13호·제14호·제16호 및 제17호의 자
　　　 2. 시행령 제10조 제3항 제2호 및 제4호의2의 자
　　　 3. 그 밖에 제1호 및 제2호에 준하는 자로서 금융위원회가 정하여 고시하는 자

이는 집합투자기구의 투자자와 이해관계인 사이에 이해상충을 방지하기 위한 취지이다. 예를 들어 집합투자기구에 속하는 증권을 이해관계인에게 매도하는 경우 그 매도가격을 시장가격보다 낮게 한다면 이는 집합투자업자의 이해관계인에게는 이익을 가져다 주는 반면 집합투자기구의 투자자에게는 손실이 될 수 있기 때문이다.

(나) 예외적 허용

집합투자기구와 이해가 상충될 우려가 없는 거래로서 다음의 어느 하나에 해당하는 거래의 경우에는 이를 할 수 있다(법84① 단서).

1. 이해관계인이 되기 6개월 이전에 체결한 계약에 따른 거래
2. 증권시장 등 불특정다수인이 참여하는 공개시장을 통한 거래
3. 일반적인 거래조건에 비추어 집합투자기구에 유리한 거래
4. 그 밖에 대통령령으로 정하는 거래

위 제4호에서 "대통령령으로 정하는 거래"란 다음의 어느 하나에 해당하는 거래를 말한다(영85).

1. 이해관계인의 중개·주선 또는 대리를 통하여 금융위원회가 정하여 고시하는 방법[121]에 따라 이해관계인이 아닌 자와 행하는 투자대상자산의 매매
2. 이해관계인의 매매중개(금융위원회가 정하여 고시하는 매매형식의 중개[122])를 통하여 그 이해관계인과 행하는 다음 각 목의 어느 하나에 해당하는 투자대상자산의 매매
   가. 채무증권
   나. 원화로 표시된 양도성 예금증서
   다. 어음(기업어음증권은 제외)
3. 각 집합투자기구 자산총액의 10% 이내에서 이해관계인(집합투자업자의 대주주나 계열회사는 제외)과 집합투자재산을 다음 각 목의 어느 하나에 해당하는 방법으로 운용하는 거래
   가. 법 제83조 제4항에 따른 단기대출
   나. 환매조건부매수(증권을 일정기간 후에 환매도할 것을 조건으로 매수하는 경우)
4. 이해관계인인 금융기관(제83조 제1항 제1호에 따른 금융기관과 이에 준하는 외국 금융기관만 해당)에의 예치. 이 경우 집합투자업자가 운용하는 전체 집합투자재산 중 이해관계인

---

121) "금융위원회가 정하여 고시하는 방법"이란 이해관계인이 일정 수수료만을 받고 집합투자업자와 이해관계인이 아닌 자 간의 투자대상자산의 매매를 연결시켜 주는 방법을 말한다(금융투자업규정4-56①).
122) "금융위원회가 정하여 고시하는 매매형식의 중개"란 집합투자업자가 같은 호 각 목의 투자대상자산을 이해관계인과 거래하는 경우 이해관계인에게 지급한 중개수수료(명목에 불구하고 이해관계인이 매매의 중개를 행한 대가로 취득하는 이익)를 감안할 때 거래의 실질이 중개의 위탁으로 볼 수 있고, 이해관계인이 집합투자업자로부터 매매 또는 중개의 위탁을 받아 집합투자업자 또는 제3자로부터 매입한 투자대상자산을 지체 없이 제3자 또는 집합투자업자에 매도하는 경우를 말한다(금융투자업규정4-56②).

인 금융기관에 예치한 금액은 전체 금융기관에 예치한 금액의 10%를 초과하여서는 아니
된다.

5. 이해관계인인 신탁업자와의 거래로서 다음 각 목의 어느 하나에 해당하는 거래

    가. 외국환거래법에 따른 외국통화의 매매(환위험을 회피하기 위한 선물환거래를 포함)

    나. 환위험을 회피하기 위한 장외파생상품의 매매로서 법 제5조 제1항 제3호에 따른 계약
       의 체결(그 기초자산이 외국통화인 경우로 한정)

    다. 법 제83조 제1항 단서에 따른 금전차입의 거래. 이 경우 신탁업자의 고유재산과의 거래
       로 한정한다.

5의2. 이해관계인(전담중개업무를 제공하는 제84조 제4호 및 제5호에 따른 이해관계인인 경
     우만 해당)과 전담중개업무로서 하는 거래

5의3. 환매기간을 금융위원회가 정하여 고시하는 기간(금융투자업규정4-56: 30일 이내의 기
     간)으로 하여 이해관계인(제7조 제4항 제3호 각 목의 어느 하나에 해당하는 자를 거래 상
     대방 또는 각 당사자로 하는 환매조건부매매의 수요·공급을 조성하는 자로 한정)과 환매조
     건부매매를 하거나 그 이해관계인이 환매조건부매매를 중개·주선 또는 대리하는 거래

6. 그 밖에 거래의 형태, 조건, 방법 등을 고려하여 집합투자기구와 이해가 상충될 염려가 없
    다고 금융위원회의 확인을 받은 거래

(다) 이해관계인과의 거래내용 통보

집합투자업자는 예외적 허용되는 이해관계인과의 거래가 있는 경우 또는 이해관계인의 변
경이 있는 경우에는 그 내용을 해당 집합투자재산을 보관·관리하는 신탁업자에게 즉시 통보하
여야 한다(법84②). 이는 신탁업자가 해당거래의 적법 여부를 다시 확인하도록 2중의 안전장치
이다.

(라) 자기 발행 증권의 취득제한

집합투자업자는 집합투자재산을 운용함에 있어서 집합투자기구의 계산으로 그 집합투자
업자가 발행한 증권을 취득하여서는 아니 된다. 다만 투자신탁의 수익증권은 취득할 수 있다
(법84③).

(마) 계열회사 증권의 취득제한

1) 취득한도

집합투자업자는 집합투자재산을 운용함에 있어서 대통령령으로 정하는 한도를 초과하여
그 집합투자업자의 계열회사가 발행한 증권을 취득하여서는 아니 된다(법84④). 이는 집합투자
기구가 계열회사의 경영권을 유지하는 도구가 되어 일종의 사금고화되는 것을 방지하고 집합
투자재산의 건전성을 유지하기 위한 것이다.

위 제4항에서 "대통령령으로 정하는 한도"란 다음의 한도를 말한다(영86①).

1. 집합투자업자가 운용하는 전체 집합투자기구의 집합투자재산으로 계열회사가 발행한 지분증권(그 지분증권과 관련된 증권예탁증권을 포함)을 취득하는 경우에 계열회사가 발행한 전체 지분증권에 대한 취득금액은 집합투자업자가 운용하는 전체 집합투자기구 자산총액 중 지분증권에 투자 가능한 금액의 5%와 집합투자업자가 운용하는 각 집합투자기구 자산총액의 25%. 다만, 다음 각 목의 어느 하나에 해당하는 경우는 제외한다.

   가. 계열회사가 발행한 전체 지분증권의 시가총액비중(제80조 제1항 제3호 후단에 따라 산정한 시가총액비중)의 합이 집합투자업자가 운용하는 전체 집합투자기구 자산총액 중 지분증권에 투자 가능한 금액의 5%를 초과하는 경우로서 그 계열회사가 발행한 전체 지분증권을 그 시가총액비중까지 취득하는 경우

   나. 계열회사가 발행한 전체 지분증권의 시가총액비중의 합이 25%를 초과하는 경우로서 집합투자업자가 운용하는 각 집합투자기구에서 그 계열회사가 발행한 전체 지분증권을 그 시가총액비중까지 취득하는 경우

   다. 다수 종목의 가격수준을 종합적으로 표시하는 지수 중 금융위원회가 정하여 고시하는 지수[123]의 변화에 연동하여 운용하는 것을 목표로 하는 집합투자기구의 집합투자재산으로 그 계열회사가 발행한 전체 지분증권을 해당 지수에서 차지하는 비중까지 취득하는 경우

2. 각 집합투자업자가 운용하는 전체 집합투자기구의 집합투자재산으로 계열회사(법률에 따라 직접 설립된 법인은 제외)가 발행한 증권(법 제84조 제4항에 따른 증권 중 지분증권을 제외한 증권)에 투자하는 경우에는 계열회사 전체가 그 집합투자업자에 대하여 출자한 비율에 해당하는 금액. 이 경우 계열회사 전체가 그 집합투자업자에 대하여 출자한 비율에 해당하는 금액은 계열회사 전체가 소유하는 그 집합투자업자의 의결권 있는 주식수를 그 집합투자업자의 의결권 있는 발행주식 총수로 나눈 비율에 그 집합투자업자의 자기자본(자기자본이 자본금 이하인 경우에는 자본금)을 곱한 금액으로 한다.

취득이 제한되는 계열회사가 발행한 증권에는 투자신탁의 수익증권, "집합투자증권 및 외국 집합투자증권, 파생결합증권, 신탁업자의 금전신탁계약에 의한 수익증권"(영86②)을 제외하며, 계열회사가 발행한 지분증권과 관련한 증권예탁증권 및 "원화로 표시된 양도성 예금증서, 기업어음증권 외의 어음, 이 외에 대출채권, 예금, 그 밖에 금융위원회가 정하여 고시하는 채권

---

123) "금융위원회가 정하여 고시하는 지수"란 다음의 요건을 모두 충족하는 지수를 말한다(금융투자업규정 4-57).
   1. 지수의 구성종목수가 10종목 이상일 것
   2. 지수를 구성하는 하나의 종목이 그 지수에서 차지하는 비중(그 종목의 직전 3개월의 평균시가총액을 그 지수를 구성하는 종목의 직전 3개월의 평균시가총액의 합으로 나눈 값을 말한다)이 30%를 초과하지 아니할 것
   3. 지수를 구성하는 종목 중 시가총액 순으로 85%에 해당하는 종목은 시가총액(직전 3개월간 시가총액의 평균)이 150억원 이상이고 거래대금(직전 3개월간 거래대금평균)이 1억원 이상일 것

(債權) 등의 투자대상자산"(영86③)을 포함한다(법84④).

2) 의결권행사제한

집합투자업자가 자신이 운용하는 집합투자기구를 통해 계열회사의 주식을 취득한 후 해당 주식의 의결권 행사를 통해 경영권 방어 수단 등으로 활용하는 문제를 방지하기 위해 자본시장법은 의결권행사방법을 제한하고 있다.

집합투자업자는 계열회사의 전체 주식을 각 집합투자기구 자산총액의 5%를 초과하여 취득하는 경우에는 집합투자기구 자산총액의 5%를 기준으로 집합투자재산에 속하는 각 계열회사별 주식의 비중을 초과하는 계열회사의 주식에 대하여는 집합투자재산에 속하는 주식을 발행한 법인의 주주총회에 참석한 주주가 소유하는 주식수에서 집합투자재산에 속하는 주식수를 뺀 주식수의 결의내용에 영향을 미치지 아니하도록(법87②) 의결권을 행사하여야 한다(영86④).

3) 취득한도 초과 인정사유

집합투자업자는 계열회사가 발행한 증권을 추가적으로 취득하지 아니하였음에도 불구하고 금융위원회가 정하여 고시하는 사유[124]로 인하여 한도를 초과하게 된 때에는 그 사유가 발생한 날부터 3개월 이내에 그 한도에 적합하도록 운용하여야 한다(영86⑤).

(바) 위반시 제재

법 제84조 제1항을 위반하여 집합투자재산을 운용함에 있어서 이해관계인과 거래행위를 한 자는 5년 이하의 징역 또는 2억원 이하의 벌금에 처한다(법444(10).

(7) 불건전 영업행위의 금지

(가) 원칙적 금지

집합투자업자는 타인으로부터 자금을 모아 투자대상자산에 투자하여 그 수익을 배분하는 것을 영업으로 한다는 특징이 있다. 따라서 자본시장법은 이해상충 등이 발생할 수 있는 다음과 같은 행위를 불건전 영업행위로 금지하고 있다(법85 본문).

1. 집합투자재산을 운용함에 있어서 금융투자상품, 그 밖의 투자대상자산의 가격에 중대한 영향을 미칠 수 있는 매수 또는 매도 의사를 결정한 후 이를 실행하기 전에 그 금융투자상품, 그 밖의 투자대상자산을 집합투자업자 자기의 계산으로 매수 또는 매도하거나 제3자에게 매수 또는 매도를 권유하는 행위

2. 자기 또는 대통령령으로 정하는 관계인수인[125]이 인수한 증권을 집합투자재산으로 매수하

---

124) "금융위원회가 정하여 고시하는 사유"란 다음 각 호의 어느 하나에 해당하는 사유를 말한다(금융투자업규정4-58).
   1. 영 제81조 제2항 각 호의 어느 하나에 해당하는 경우
   2. 집합투자업자의 자기자본의 감소
   3. 집합투자업자의 합병, 분할, 분할합병 또는 영업의 양도·양수

는 행위

3. 자기 또는 관계인수인이 발행인 또는 매출인으로부터 직접 증권의 인수를 의뢰받아 인수
조건 등을 정하는 업무(영87③)를 담당한 법인의 특정증권등(제172조 제1항의 특정증권
등)에 대하여 인위적인 시세(제176조 제2항 제1호의 시세)를 형성하기 위하여 집합투자재
산으로 그 특정증권등을 매매하는 행위

4. 특정 집합투자기구의 이익을 해하면서 자기 또는 제3자의 이익을 도모하는 행위

5. 특정 집합투자재산을 집합투자업자의 고유재산 또는 그 집합투자업자가 운용하는 다른 집
합투자재산, 투자일임재산(투자자로부터 투자판단을 일임받아 운용하는 재산) 또는 신탁재
산과 거래하는 행위

6. 제3자와의 계약 또는 담합 등에 의하여 집합투자재산으로 특정 자산에 교차하여 투자하는
행위

7. 투자운용인력이 아닌 자에게 집합투자재산을 운용하게 하는 행위

8. 그 밖에 투자자 보호 또는 건전한 거래질서를 해할 우려가 있는 행위로서 대통령령으로 정
하는 행위

위 제8호에서 "대통령령으로 정하는 행위"란 다음의 어느 하나에 해당하는 행위를 말한다
(영87④).

1. 집합투자규약이나 투자설명서를 위반하여 집합투자재산을 운용하는 행위

2. 집합투자기구의 운용방침이나 운용전략 등을 고려하지 아니하고 집합투자재산으로 금융투
자상품을 지나치게 자주 매매하는 행위

3. 집합투자업자가 운용하는 집합투자기구의 집합투자증권을 판매하는 투자매매업자 또는 투
자중개업자(그 임직원과 투자권유대행인을 포함)에게 업무와 관련하여 금융위원회가 정하
여 고시하는 기준[126]을 위반하여 직접 또는 간접으로 재산상의 이익을 제공하는 행위

---

125) "대통령령으로 정하는 관계인수인"이란 다음의 어느 하나에 해당하는 인수인을 말한다(영87②).
 1. 집합투자업자와 같은 기업집단(공정거래법 제2조 제2호에 따른 기업집단)에 속하는 인수인
 2. 집합투자업자가 운용하는 전체 집합투자기구의 집합투자증권(국가재정법 제81조에 따라 여유자금을 통
  합하여 운용하는 집합투자기구가 취득하는 집합투자증권은 제외)을 금융위원회가 정하여 고시하는 비
  율(금융투자업규정4-60②: 30%) 이상 판매한 인수인
126) 금융투자업규정 제4-61조(집합투자업자의 이익제공 기준) ① 영 제87조 제4항 제3호에서 "금융위원회가
 정하여 고시하는 기준"이란 집합투자업자(그 임직원을 포함)가 집합투자증권의 판매와 관련하여 판매수수
 료·판매보수 외에 투자매매업자 또는 투자중개업자(그 임직원 및 투자권유대행인을 포함)에 제공할 수
 있는 금전·물품·편익 등의 범위가 다음의 어느 하나에 해당하는 것으로서 일반인이 통상적으로 이해하
 는 수준에 반하지 않는 것을 말한다.
 1. 집합투자증권에 대한 설명·교육 또는 판매촉진을 위하여 제공되는 것
 2. 집합투자증권 판매와 관련된 투자매매업자·투자중개업자의 광고·인쇄비의 일부를 부담하는 것
 ② 집합투자업자가 제1항에 따른 금전·물품·편익 등을 10억원을 초과하여 특정 투자매매업자·투자중개
 업자에게 제공한 경우 그 내용을 인터넷 홈페이지등을 통하여 공시하여야 한다.
 ③ 집합투자업자는 제1항에 따른 금전·물품·편익 등을 투자매매업자·투자중개업자에 제공하는 경우 제

4. 투자매매업자 또는 투자중개업자(그 임직원을 포함) 등으로부터 업무와 관련하여 금융위원회가 정하여 고시하는 기준[127)]을 위반하여 직접 또는 간접으로 재산상의 이익을 제공받는 행위

5. 투자자와의 이면계약 등에 따라 그 투자자로부터 일상적으로 명령·지시·요청 등을 받아 집합투자재산을 운용하는 행위

6. 집합투자업자가 운용하는 집합투자기구의 집합투자증권을 판매하는 투자매매업자 또는 투자중개업자와의 이면계약 등에 따라 그 투자매매업자 또는 투자중개업자로부터 명령·지시·요청 등을 받아 집합투자재산을 운용하는 행위

7. 법 제55조, 제81조, 제84조 및 제85조에 따른 금지 또는 제한을 회피할 목적으로 하는 행위로서 장외파생상품거래, 신탁계약, 연계거래 등을 이용하는 행위

8. 채권자로서 그 권리를 담보하기 위하여 백지수표나 백지어음을 받는 행위

8의2. 단기금융집합투자기구의 집합투자재산을 제241조 제1항 각 호[128)] 외의 자산에 투자하거나 같은 조 제2항[129)]에서 정하는 방법 외의 방법으로 운용하는 행위

공목적, 제공내용, 제공일자 및 제공받는 자 등에 대한 기록을 유지해야 한다.
④ 협회는 제1항부터 제3항까지의 시행을 위하여 필요한 구체적 기준을 정할 수 있다

127) 금융투자업규정 제4-62조(집합투자업자의 이익수령 기준) ① 영 제87조 제4항 제4호에서 "금융위원회가 정하여 고시하는 기준"이란 집합투자업자(그 임직원을 포함)가 집합투자재산의 운용과 관련하여 투자매매업자·투자중개업자(그 임직원 및 투자권유대행인을 포함)로부터 제공받는 금전·물품·편익 등의 범위가 일반인이 통상적으로 이해하는 수준에 반하지 않는 것을 말한다.
② 집합투자업자가 제1항에 따른 금전·물품·편익 등을 10억원을 초과하여 특정 투자매매업자·투자중개업자로부터 제공받은 경우 그 내용을 인터넷 홈페이지등을 통하여 공시하여야 한다.
③ 집합투자업자는 제1항에 따른 금전·물품·편익 등을 투자매매업자·투자중개업자로부터 제공받는 경우 제공목적, 제공내용, 제공일자 및 제공받는 자 등에 대한 기록을 유지해야 한다.
④ 협회는 제1항부터 제3항까지의 시행을 위하여 필요한 구체적 기준을 정할 수 있다.

128) 1. 남은 만기가 6개월 이내인 양도성 예금증서
2. 남은 만기가 5년 이내인 국채증권, 남은 만기가 1년 이내인 지방채증권·특수채증권·사채권(주권 관련 사채권 및 사모의 방법으로 발행된 사채권은 제외)·기업어음증권. 다만, 환매조건부매수의 경우에는 남은 만기의 제한을 받지 아니한다.
3. 남은 만기가 1년 이내인 제79조 제2항 제5호에 따른 어음(기업어음증권은 제외)
4. 법 제83조 제4항에 따른 단기대출
5. 만기가 6개월 이내인 제79조 제2항 제5호 각 목의 금융기관 또는 우체국예금보험법에 따른 체신관서에의 예치
6. 다른 단기금융집합투자기구의 집합투자증권
7. 단기사채등

129) ② 법 제229조 제5호에서 "대통령령으로 정하는 방법"이란 다음 각 호의 어느 하나에 해당하는 방법을 말한다.
1. 증권을 대여하거나 차입하는 방법으로 운용하지 아니할 것
1의2. 남은 만기가 1년 이상인 국채증권에 집합투자재산의 5% 이내에서 금융위원회가 정하여 고시하는 범위에서 운용할 것
2. 환매조건부매도는 금융위원회가 정하여 고시하는 범위 이내일 것
3. 각 단기금융집합투자기구 집합투자재산의 남은 만기의 가중평균된 기간이 금융위원회가 정하여 고시하는 범위 이내일 것

9. 그 밖에 투자자의 보호와 건전한 거래질서를 해칠 염려가 있는 행위로서 금융위원회가 정하여 고시하는 행위[130][131]

---

4. 각 단기금융집합투자기구(법 제76조 제2항에 따라 판매가 제한되거나 법 제237조에 따라 환매가 연기된 단기금융집합투자기구는 제외한다)의 집합투자재산이 다음 각 목의 기준을 충족하지 못하는 경우에는 다른 단기금융집합투자기구를 설정·설립하거나 다른 단기금융집합투자기구로부터 그 운용업무의 위탁을 받지 아니할 것. 다만, 국가재정법 제81조에 따른 여유자금을 통합하여 운용하는 단기금융집합투자기구 및 그 단기금융집합투자기구가 투자하는 단기금융집합투자기구를 설정·설립하거나 그 운용업무의 위탁을 받는 경우에는 다음 각 목의 기준을 적용하지 않으며, 나목의 단기금융집합투자기구에 대해서는 금융위원회가 법 제238조 제1항 단서의 집합투자재산 평가방법에 따라 그 기준을 달리 정할 수 있다.
   가. 투자자가 개인으로만 이루어진 단기금융집합투자기구인 경우: 3천억원 이상
   나. 투자자가 법인으로만 이루어진 단기금융집합투자기구인 경우: 5천억원 이상
5. 투자대상자산의 신용등급 및 신용등급별 투자한도, 남은 만기의 가중평균 계산방법, 그 밖에 자산운용의 안정성 유지에 관하여 금융위원회가 정하여 고시하는 내용을 준수할 것

130) 금융투자업규정 제4-63조(불건전 영업행위의 금지) 영 제87조 제4항 제9호에 따라 집합투자업자는 다음의 어느 하나에 해당하는 행위를 하여서는 아니 된다.
   1. 자신 또는 관계인수인, 관계 투자중개업자의 매매수수료를 증가시킬 목적으로 증권을 단기매매하게 하는 행위
   2. 집합투자재산을 일정기간동안 월 또는 일단위로 계속하여 매수하는 조건이나 위약금 지급 조건 등의 별도약정이 있는 증권에 운용하는 행위
   3. 합리적인 기준 없이 집합투자재산에 대한 매매주문을 처리할 투자중개업자를 선정하거나 정당한 근거 없이 투자중개업자간 수수료를 차별하는 행위
   3의2. 집합투자재산을 금융투자상품에 운용하는 경우에 매 사업연도별로 총 거래대금 중 계열회사인 투자중개업자의 중개를 통하여 거래한 금액의 비중이 50%를 초과하도록 계열회사인 투자중개업자와 거래하는 행위
   4. 집합투자업자가 공모집합투자기구의 집합투자재산으로 국내에서 발행된 무보증사채를 편입함에 있어 2 이상(제8-19조의14 제2항에 따라 금융감독원장이 선정하여 통보한 신용평가회사로부터 평가를 받은 경우 또는 신용평가회사의 업무정지 등 부득이한 사유가 있는 경우에는 1 이상)의 신용평가회사로부터 신용평가를 받지 아니한 무보증사채를 편입하는 행위. 다만, 다음 각 목의 어느 하나에 해당하는 경우에는 그러하지 아니하다.
      가. 발행일부터 소급하여 3개월 이내에 신용평가를 받은 사실이 있는 무보증사채를 집합투자재산으로 편입하는 경우
      나. 「증권의 발행 및 공시 등에 관한 규정」 제2-2조 제2항 제4호에 해당하는 무보증사채를 조세특례제한법」 제16조 제1항 제2호에 따른 벤처기업투자신탁의 집합투자재산으로 편입하는 경우
   5. 제3자로부터 집합투자재산의 운용과 관련하여 자문을 받은 집합투자업자가 법 제79조의 선관의무 및 충실의무에 위반하여 내부적인 투자판단 과정없이 집합투자재산을 운용하는 행위
   6. 집합투자재산을 집합투자업자의 계열회사가 발행한 고위험 채무증권 등에 운용하는 행위
   7. 법 제251조 제1항에 따른 집합투자업겸영보험회사가 투자신탁재산을 영 제273조 제1항 제1호·제2호에 해당하는 방법으로 운용하는 경우에 전체 투자신탁재산의 50%를 초과하여 계열회사에 위탁 또는 투자일임하는 행위
   8. 집합투자업자가 영 제373조 제4항 제1호에 따른 인가취소의 처분을 회피할 목적으로 그 집합투자업자의 고유재산, 특수관계인(영 제2조 제4호의 특수관계인을 말한다. 이하 제4-77조 제17호에서 같다) 또는 이해관계인(영 제84조의 이해관계인을 말한다. 이하 제4-77조 제17호에서 같다)의 재산만으로 집합투자재산을 운용하거나 또는 허위·이면계약 등을 체결하는 행위
   9. 집합투자증권을 판매하는 투자매매업자 또는 투자중개업자가 제4-20조 제1항 제10호 바목에 따른 행위를 하였다는 사실을 알면서도 해당 집합투자기구를 계속하여 운용하는 행위

(나) 예외적 허용

다만 투자자 보호 및 건전한 거래질서를 해할 우려가 없는 경우로서 대통령령으로 정하는 경우에는 이를 할 수 있다(법85 단서). 여기서 "대통령령으로 정하는 경우"란 다음의 어느 하나에 해당하는 경우를 말한다(영87①).

1. 법 제85조 제1호를 적용할 때 다음 각 목의 어느 하나에 해당하는 경우
   가. 집합투자재산의 운용과 관련한 정보를 이용하지 아니하였음을 증명하는 경우
   나. 증권시장(다자간매매체결회사에서의 거래를 포함)과 파생상품시장 간의 가격 차이를 이용한 차익거래, 그 밖에 이에 준하는 거래로서 집합투자재산의 운용과 관련한 정보를 의도적으로 이용하지 아니하였다는 사실이 객관적으로 명백한 경우
2. 법 제85조 제2호를 적용할 때 인수일부터 3개월이 지난 후 매수하는 경우
2의2. 법 제85조 제2호를 적용할 때 인수한 증권이 국채증권, 지방채증권, 한국은행통화안정증권, 특수채증권 또는 사채권(주권 관련 사채권 및 제176조의13 제1항에 따른 상각형 조건부자본증권은 제외) 중 어느 하나에 해당하는 경우. 다만, 사채권의 경우에는 투자자 보호 및 건전한 거래질서를 위하여 금융위원회가 정하여 고시하는 발행조건, 거래절차 등의 기준[132]을 충족하는 채권으로 한정한다.

---

10. 집합투자재산의 원본을 초과하는 손실이 발생하는 경우에 투자자가 해당 집합투자기구의 집합투자증권을 추가로 매입하도록 사전에 약정하는 행위
131) 금융투자업규정 제4-64조(운용인력에 대한 행위 제한) 영 제87조 제4항 제9호에 따라 집합투자재산의 운용업무를 담당하는 자는 다음의 어느 하나에 해당하는 행위를 하여서는 아니 된다. 다만, 전문투자형 사모집합투자기구의 운용업무에 대해서는 제2호, 제3호 및 제4호를 적용하지 아니한다.
   1. 규칙 제10조 제4항 및 제4-55조에 해당하는 경우를 제외하고는 집합투자재산의 운용을 담당하는 업무와 직접 자산의 취득·매각 등의 실행을 담당하는 업무를 겸직하는 행위
   2. 별표 2의 증권운용전문인력이 아닌 자가 금융투자상품의 운용업무를 하는 행위
   3. 별표 2의 부동산운용전문인력이 아닌 자가 부동산의 운용업무(부동산개발과 관련되는 사업을 영위하는 법인에 대한 대출채권의 신탁에 따른 수익권의 매입, 부동산개발과 관련되는 사업을 영위하기 위하여 설립된 법인이 발행한 증권의 매입 및 그 증권의 신탁에 따른 수익권의 매입에 집합투자재산의 40%를 초과하여 투자하는 경우를 포함)를 하는 행위
   3의2. 별표 2의 전문투자형 사모집합투자기구 운용전문인력(법 제286조 제1항 제3호 다목에 따라 협회에 등록한 투자운용인력을 포함)이 아닌 자가 전문투자형 사모집합투자기구의 운용업무를 하는 행위
   4. 별표 13의 사회기반시설운용전문인력이 아닌 자가 사회기반시설의 운용업무(사회기반시설과 관련되는 법인에 대한 대출채권의 신탁에 따른 수익권의 매입, 사회기반시설과 관련되는 법인이 발행한 증권의 매입 및 그 증권의 신탁에 따른 수익권의 매입에 집합투자재산의 40%를 초과하여 투자하는 경우를 포함)를 하는 행위
132) "금융위원회가 정하여 고시하는 발행조건, 거래절차 등의 기준"이란 다음 각 호에 모두 해당하는 경우를 말한다(금융투자업규정4-60①).
   1. 집합투자업자가 모집의 방법으로 발행되는 채권을 청약을 통하여 매수하며, 그 매수금액이 발행금액의 30%를 초과하지 아니할 것
   2. 거래시점을 기준으로 신용평가업자로부터 최상위등급 또는 최상위등급의 차하위등급 이내의 신용등급을 받은 채권일 것
   3. 제1호의 거래를 수행한 경우에는 그 사항에 대하여 준법감시인의 확인을 받을 것

2의3. 법 제85조 제2호를 적용할 때 인수한 증권이 증권시장에 상장된 주권인 경우로서 그 주권을 증권시장에서 매수하는 경우

2의4. 법 제85조 제2호를 적용할 때 일반적인 거래조건에 비추어 집합투자기구에 유리한 거래

3. 법 제85조 제5호를 적용할 때 집합투자업자가 운용하는 집합투자기구 상호 간에 자산(제224조 제4항에 따른 미지급금 채무를 포함)을 동시에 한쪽이 매도하고 다른 한쪽이 매수하는 거래로서 다음 각 목의 어느 하나에 해당하는 경우. 이 경우 집합투자업자는 매매가격, 매매거래절차 및 방법, 그 밖에 투자자 보호를 위하여 금융위원회가 정하여 고시하는 기준133)을 준수하여야 한다.

　　가. 자본시장법, 동법 시행령 및 집합투자기구의 집합투자규약상의 투자한도를 준수하기 위한 경우

　　나. 집합투자증권의 환매에 응하기 위한 경우

　　다. 집합투자기구의 해지 또는 해산에 따른 해지금액 등을 지급하기 위한 경우

　　라. 그 밖에 금융위원회가 투자자의 이익을 해칠 염려가 없다고 인정한 경우

4. 법 제85조 제5호를 적용할 때 특정 집합투자재산을 그 집합투자업자의 고유재산과 제85조 제2호에 따른 매매중개를 통하여 같은 호 각 목의 투자대상자산을 매매하는 경우

5. 법 제85조 제7호를 적용할 때 전자적 투자조언장치134)를 활용하여 집합투자재산을 운용하

---

4. 관계인수인으로부터 매수한 채권의 종목, 수량 등 거래내역을 협회가 정하는 방법과 절차에 따라 매분기별로 공시할 것

133) 금융투자업규정 제4-59조(집합투자기구간 거래 등) ① 집합투자업자가 영 제87조 제1항 제3호에 따라 자기가 운용하는 집합투자기구 상호 간에 같은 자산을 같은 수량으로 같은 시기에 일방이 매도하고 다른 일방이 매수 하는 거래(이하 이 조에서 "자전거래"라 한다)를 하는 경우에는 다음 각 호의 요건을 모두 충족하여야 한다.
1. <삭제 2015.10.21.>
2. 제7-35조 제2항에 따른 부도채권 등 부실화된 자산이 아닐 것
3. 당해 집합투자기구의 투자자의 이익에 반하지 않는 거래일 것
4. 당해 집합투자기구의 집합투자규약 및 투자설명서의 투자목적 및 방침에 부합하는 거래일 것
② 제1항 제2호에 불구하고 부도채권 등 부실화된 자산에 주로 투자하는 것을 집합투자규약에 정한 집합투자기구에 대하여는 부도채권 등 부실화된 자산을 자전거래를 통하여 매도할 수 있다.
③ 집합투자업자가 자전거래를 하는 경우 그 가격은 영 제260조에 따라 평가한 가액으로 한다. 다만, 시장상황의 변동 등으로 인하여 영 제260조에 따라 평가한 가액으로 자전거래를 하는 것이 투자자의 이익에 반한다고 준법감시인이 판단하는 경우에는 집합투자재산평가위원회가 시장상황 등을 감안하여 평가한 가액으로 한다.
④ 집합투자업자는 자기가 운용하는 사모집합투자기구 및 공모집합투자기구간에 자전거래를 할 수 없다. 다만, 집합투자자의 이익을 해할 우려가 없다고 집합투자업자의 준법감시인 및 신탁업자의 확인을 받은 경우에는 그러하지 아니하다.
⑤ 집합투자업자는 신탁업자의 확인을 받아 자전거래와 관련하여 필요한 절차·방법 등 세부기준을 마련하여야 한다.
⑥ 집합투자업자는 자전거래와 관련하여 제1항에서 정한 요건의 충족여부를 확인할 수 있는 자료를 5년간 보관·유지하여야 한다.
134) "전자적 투자조언장치"란 다음 각 목의 요건을 모두 갖춘 자동화된 전산정보처리장치를 말한다(영2(6)).
　가. 활용하는 업무의 종류에 따라 다음의 요건을 갖출 것

는 경우

(다) 위반시 제재

법 제85조(제8호 제외)를 위반하여 각 해당 조항 각 호의 어느 하나에 해당하는 행위를 한 자는 5년 이하의 징역 또는 2억원 이하의 벌금에 처한다(법444(8)). 그리고 제85조 제8호를 위반하여 각 해당 조항의 해당 호에 해당하는 행위를 한 자에 대하여는 1억원 이하의 과태료를 부과한다(법449①(29)).

(8) 성과보수의 제한

(가) 원칙적 금지

집합투자업자는 집합투자기구의 운용실적에 연동하여 미리 정하여진 산정방식에 따른 보수("성과보수")를 받아서는 아니 된다(법86① 본문). 이는 운용실적에 따른 성과보수를 받기 위해 무리한 투자를 할 경우 기본적인 운용보수는 집합투자업자가 가져가게 되고 그 손실은 투자자가 부담하는 문제를 막기 위한 것이다.

(나) 예외적 허용

다음의 어느 하나에 해당하는 경우에는 성과보수를 받을 수 있다(법86① 단서).

1. 집합투자기구가 사모집합투자기구인 경우

1) 집합투자재산을 운용하는 경우: 집합투자기구의 투자목적·투자방침과 투자전략에 맞게 운용할 것
2) 투자자문업 또는 투자일임업을 수행하는 경우: 투자자의 투자목적·재산상황·투자경험 등을 고려하여 투자자의 투자성향을 분석할 것
나. 정보통신망법 제2조 제7호에 따른 침해사고 및 재해 등을 예방하기 위한 체계 및 침해사고 또는 재해가 발생했을 때 피해 확산·재발방지와 신속한 복구를 위한 체계를 갖출 것
다. 그 밖에 투자자 보호와 건전한 거래질서 유지를 위해 금융위원회가 정하여 고시하는 요건을 갖출 것
위 제6호 다목에서 "금융위원회가 정하여 고시하는 요건"이란 다음 각 호의 요건을 말한다(금융투자업규정1-2의2).
1. 전자적 투자조언장치를 활용하는 업무의 종류에 따라 다음 각 목의 요건을 갖출 것
가. 집합투자재산을 운용하는 경우: 전자적 투자조언장치의 활용이 집합투자규약등에 명기된 투자목적·투자방침과 투자전략 등에 부합하는지 주기적으로 점검할 것
나. 투자자문업 또는 투자일임업을 수행하는 경우: 다음의 요건을 갖출 것
1) 투자자문의 내용 또는 투자일임재산에 포함된 투자대상자산이 하나의 종류·종목에 집중되지 아니할 것
2) 매 분기별로 1회 이상 다음의 사항을 평가하여 투자자문의 내용 또는 투자일임재산의 운용방법의 변경이 필요하다고 인정되는 경우 그 투자자문의 내용 또는 투자일임재산의 운용방법을 변경할 것
가) 투자자문 내용 또는 투자일임재산의 안전성 및 수익성
나) 영 제2조 제6호 가목2)에 따른 투자자의 투자성향 분석을 고려하여 투자자문의 내용 또는 투자일임재산에 포함된 투자대상자산의 종목·수량 등이 적합한지 여부
2. 전자적 투자조언장치를 유지·보수하기 위하여 별표 29의 요건을 갖춘 전문인력을 1인 이상 둘 것
3. 영 제2조 제6호 가목부터 다목까지의 요건을 충족하는지를 확인하기 위하여 ㈜코스콤의 지원을 받아 외부전문가로 구성된 심의위원회가 수행하는 요건 심사 절차를 거칠 것

2. 사모집합투자기구 외의 집합투자기구 중 운용보수의 산정방식, 투자자의 구성 등을 고려하여 투자자 보호 및 건전한 거래질서를 해할 우려가 없는 경우로서 "대통령령으로 정하는 경우"

여기서 "대통령령으로 정하는 경우"란 다음 각 호의 요건을 모두 충족하는 경우를 말한다(영88① 전단). 이 경우 성과보수의 산정방식, 지급시기 등에 대하여 필요한 사항은 금융위원회가 정하여 고시한다(영88① 후단).[135]

1. 집합투자업자가 임의로 변경할 수 없는 객관적 지표 또는 수치("기준지표등")를 기준으로 성과보수를 산정할 것
2. 집합투자기구의 운용성과가 기준지표등의 성과보다 낮은 경우에는 성과보수를 적용하지 아니하는 경우보다 적은 운용보수를 받게 되는 보수체계를 갖출 것
3. 집합투자기구의 운용성과가 기준지표등의 성과를 초과하더라도 해당 운용성과가 부(負)의 수익률을 나타내거나 일정 성과가 금융위원회가 정하여 고시하는 기준에 미달하는 경우에는 성과보수를 받지 아니하도록 할 것
4. 삭제 [2017. 5. 8.]
5. 집합투자기구의 형태별로 다음 각 목의 구분에 따른 요건을 충족할 것
   가. 법 제230조에 따른 환매금지형집합투자기구인 경우: 최소 존속기한을 1년 이상으로 설정·설립할 것
   나. 가목에 해당하지 아니하는 집합투자기구인 경우: 존속기한 없이 설정·설립할 것
6. 성과보수의 상한을 정할 것

(다) 성과보수의 산정방식 기재

집합투자업자는 성과보수를 받고자 하는 경우에는 그 성과보수의 산정방식, 그 밖에 "대통령령으로 정하는 사항"을 해당 투자설명서 및 집합투자규약에 기재하여야 한다(법86②). 여기서 "대통령령으로 정하는 사항"이란 다음의 사항을 말한다(영88②).

---

135) 제4-65조(성과보수의 제한) ① ＜삭제 2017. 5. 8.＞
② 집합투자업자는 성과보수 상한, 성과보수 지급시기, 영 제88조 제1항 제1호의 기준지표등을 변경하고자 하는 경우에는 집합투자자총회의 결의(법 제237조 제1항 후단의 결의를 말한다)를 거쳐야 한다.
③ 영 제88조 제1항 제3호에서 "금융위원회가 정하여 고시하는 기준에 미달하는 경우"라 함은 성과보수를 지급하게 됨으로써 당해 집합투자기구의 운용성과가 부의 수익률을 나타내게 되는 경우를 말한다.
④ 집합투자업자는 집합투자기구의 형태별로 다음 각 호의 구분에 따라 성과보수를 지급 받는다.
1. 법 제230조에 따른 환매금지형집합투자기구: 6개월 이상의 기간으로서 연 2회 이내에서 집합투자규약에서 정하는 시기
2. 제1호에 해당하지 아니하는 집합투자기구(상장지수집합투자기구는 제외): 투자자가 집합투자증권을 환매하는 시점

1. 성과보수가 지급된다는 뜻과 그 한도
2. 성과보수를 지급하지 아니하는 집합투자기구보다 높은 투자위험에 노출될 수 있다는 사실
3. 성과보수를 포함한 보수 전체에 관한 사항
4. 기준지표등 및 성과보수의 상한(법 제86조 제1항 제2호의 경우로 한정)
5. 성과보수의 지급시기
6. 성과보수가 지급되지 아니하는 경우에 관한 사항
7. 그 밖에 투자자를 보호하기 위하여 필요한 사항으로서 금융위원회가 정하여 고시하는 사항136)

(라) 위반시 제재

법 제86조를 위반하여 성과보수를 받은 자에 대하여는 1억원 이하의 과태료를 부과한다(법449①(31)).

(9) 의결권행사 및 공시

(가) 의결권행사의 원칙

집합투자업자 중 투자신탁이나 투자익명조합의 집합투자업자의 경우에는 투자자의 이익을 보호하기 위하여 집합투자업자가 집합투자재산에 속하는 주식의 의결권을 충실하게 행사하여야 한다(법87①). 이는 투자신탁이나 투자익명조합의 경우 독립된 법인격이 없기 때문에 집합투자업자로 하여금 주식의 의결권을 행사하도록 허용한 것이다.

(나) 의결권행사방법의 제한

집합투자업자는 다음의 어느 하나에 해당하는 경우에는 집합투자재산에 속하는 주식을 발행한 법인의 주주총회에 참석한 주주가 소유하는 주식수에서 집합투자재산에 속하는 주식수를 뺀 주식수의 결의내용에 영향을 미치지 아니하도록 의결권을 행사하여야 한다(법87②).137)

1. 다음의 어느 하나에 해당하는 자가 그 집합투자재산에 속하는 주식을 발행한 법인을 계열회사로 편입하기 위한 경우
   가. 그 집합투자업자 및 그와 대통령령으로 정하는 이해관계가 있는 자138)

---

136) "금융위원회가 정하여 고시하는 사항"이란 다음의 사항을 말한다(금융투자업규정4-65⑥).
   1. 집합투자기구의 운용을 담당하는 투자운용인력의 경력
   2. 집합투자기구의 운용을 담당하는 투자운용인력의 운용성과
137) 2013년 자본시장법이 개정되기 이전까지는 집합투자업자의 의결권행사는 중립투표(shadow voting)를 원칙으로 하면서 펀드의 이해관계에 중요한 사항에 대하여는 선관주의의무에 따라 의결권을 행사할 수 있도록 하였고, 주권상장법인에 대해 의결권을 행사하는 경우에도 그 행사내용(찬성, 반대, 중립)만 공시하면 되고 그 사유는 미공시하였다. 그러나 2013년 개정된 자본시장법은 제87조 제1항에서 원칙적으로 충실의무를 명시하면서 예외적인 경우에만 의무적으로 중립투표(shadow voting)를 하도록 하고 있다(법87②).
138) "대통령령으로 정하는 이해관계가 있는 자"란 특수관계인 및 제141조 제2항에 따른 공동보유자를 말한다(영89①).

나. 그 집합투자업자에 대하여 사실상의 지배력을 행사하는 자로서 대통령령으로 정하는
자139)

2. 그 집합투자재산에 속하는 주식을 발행한 법인이 그 집합투자업자와 다음 각 목의 어느 하
나에 해당하는 관계가 있는 경우

가. 계열회사의 관계가 있는 경우

나. 그 집합투자업자에 대하여 사실상의 지배력을 행사하는 관계로서 대통령령으로 정하는
관계가 있는 경우140)

3. 그 밖에 투자자 보호 또는 집합투자재산의 적정한 운용을 해할 우려가 있는 경우로서 대통
령령으로 정하는 경우

(다) 의결권행사방법의 제한의 범위

그러나 의결권을 행사하는 경우에도 집합투자업자는 법인의 합병, 영업의 양도·양수, 임
원의 임면, 정관변경, 그 밖에 이에 준하는 사항으로서 투자자의 이익에 명백한 영향을 미치는
사항("주요의결사항")에 대하여 제2항의 방법에 따라 의결권을 행사하는 경우 집합투자재산에
손실을 초래할 것이 명백하게 예상되는 때에는 제1항에 따라 의결권을 행사할 수 있다(법87③
본문).

다만 공정거래법 제9조 제1항에 따른 상호출자제한기업집단에 속하는 집합투자업자는 집
합투자재산으로 그와 계열회사의 관계에 있는 주권상장법인이 발행한 주식을 소유하고 있는
경우에는 다음의 요건을 모두 충족하는 방법으로만 의결권을 행사할 수 있다(법87③ 단서).

1. 그 주권상장법인의 특수관계인(공정거래법 제7조 제1항 제5호 가목에 따른 특수관계인)이
의결권을 행사할 수 있는 주식의 수를 합하여 그 법인의 발행주식총수의 15%를 초과하지
아니하도록 의결권을 행사할 것

2. 집합투자업자가 제81조 제1항 각 호 외의 부분 단서에 따라 같은 항 제1호 가목의 투자한
도를 초과하여 취득한 주식은 그 주식을 발행한 법인의 주주총회에 참석한 주주가 소유한
주식수에서 집합투자재산인 주식수를 뺀 주식수의 결의내용에 영향을 미치지 아니하도록
의결권을 행사할 것

(라) 의결권행사제한과 처분명령

집합투자업자는 제81조 제1항(자산운용 제한) 및 제84조 제4항(계열회사가 발행한 증권의 취

---

139) "대통령령으로 정하는 자"란 다음의 어느 하나에 해당하는 자를 말한다(영89②).
　　1. 관계 투자매매업자·투자중개업자와 및 그 계열회사
　　2. 집합투자업자(투자신탁이나 투자익명조합의 집합투자업자에 한한다)의 대주주(최대주주의 특수관계인
　　　인 주주를 포함)
140) "대통령령으로 정하는 관계"란 시행령 제89조 제2항 각 호의 어느 하나에 해당하는 자가 되는 관계를 말
　　한다(영89③).

득)에 따른 투자한도를 초과하여 취득한 주식에 대하여는 그 주식의 의결권을 행사할 수 없다 (법87④). 집합투자업자는 제3자와의 계약에 의하여 의결권을 교차하여 행사하는 등 제87조 제 2항부터 제4항까지의 규정의 적용을 면하기 위한 행위를 하여서는 아니 된다(법87⑤). 금융위 원회는 집합투자업자가 제2항부터 제5항까지의 규정을 위반하여 집합투자재산에 속하는 주식 의 의결권을 행사한 경우에는 6개월 이내의 기간을 정하여 그 주식의 처분을 명할 수 있다(법 87⑥).

(마) 의결권행사의 공시

집합투자업자는 의결권공시대상법인에 대한 의결권 행사 여부 및 그 내용(의결권을 행사하 지 아니한 경우에는 그 사유)을 영업보고서에 기재하는 방법(영90②)에 따라 기록·유지하여야 한 다(법87조⑦). 여기서 의결권공시대상법인은 각 집합투자재산에서 각 집합투자기구 자산총액의 5% 또는 100억원(영90①) 이상을 소유하는 주식을 발행한 법인이다.

집합투자업자는 집합투자재산에 속하는 주식 중 주권상장법인이 발행한 주식(주식과 관련 된 증권예탁증권을 포함)의 의결권 행사 내용 등과 관련하여 ⅰ) 제87조 제2항 및 제3항에 따라 주 요의결사항에 대하여 의결권을 행사하는 경우: 의결권의 구체적인 행사내용 및 그 사유(제1호), ⅱ) 의결권공시대상법인에 대하여 의결권을 행사하는 경우: 제7항에 따른 의결권의 구체적인 행사내용 및 그 사유(제2호), ⅲ) 의결권공시대상법인에 대하여 의결권을 행사하지 아니한 경우: 제7항에 따른 의결권을 행사하지 아니한 구체적인 사유(제3호)를 공시하여야 한다(법87⑧).

집합투자업자는 매년 4월 30일까지 직전 연도 4월 1일부터 1년간 행사한 의결권 행사 내 용 등을 증권시장을 통하여 공시하여야 하고(영91②), 투자자가 그 의결권 행사 여부의 적정성 등을 파악하는 데에 필요한 자료로서 ⅰ) 의결권 행사와 관련된 집합투자업자의 내부지침(제1 호), ⅱ) 집합투자업자가 의결권 행사와 관련하여 집합투자기구별로 소유하고 있는 주식 수 및 증권예탁증권 수(제2호), ⅲ) 집합투자업자와 의결권 행사 대상 법인의 관계가 특수관계인 및 공동보유자, 관계 투자매매·중개업자 및 그 계열회사, 집합투자업자의 대주주에 해당하는지 여부(제3호)를 함께 공시하여야 한다(법87⑨, 영91④).

(바) 위반시 제재

법 제87조 제7항(제186조 제2항에서 준용하는 경우를 포함)을 위반하여 기록·유지하지 아니 한 자 또는 제87조 제8항(제186조 제2항에서 준용하는 경우를 포함)을 위반하여 공시를 하지 아니 하거나 거짓으로 공시한 자에 대하여는 1억원 이하의 과태료를 부과한다(법449①(32)(33)).

(10) 자산운용보고서의 교부

(가) 원칙적 교부

자산운용보고서는 투자자들이 자기가 투자하고 있는 펀드의 수익률과 펀드 내 보유하고

있는 포트폴리오 구성 등에 대한 평가를 통해 펀드의 계속 보유 여부를 결정하는 중요한 자료
이다. 집합투자업자는 자산운용보고서를 작성하여 해당 집합투자재산을 보관·관리하는 신탁
업자의 확인을 받아 3개월마다 1회 이상 해당 집합투자기구의 투자자에게 교부하여야 한다(법
88① 본문).

(나) 예외적 미교부

다만 투자자가 수시로 변동되는 등 투자자의 이익을 해할 우려가 없는 경우로서 "대통령
령으로 정하는 경우"에는 자산운용보고서를 투자자에게 교부하지 아니할 수 있다(법88① 단서).
여기서 "대통령령으로 정하는 경우"란 다음의 어느 하나에 해당하는 경우를 말한다(영92①).

1. 투자자가 자산운용보고서의 수령을 거부한다는 의사를 서면, 전화·전신·팩스, 전자우편 또
   는 이와 비슷한 전자통신의 방법으로 표시한 경우
2. 집합투자업자가 단기금융집합투자기구를 설정 또는 설립하여 운용하는 경우로서 매월 1회
   이상 금융위원회가 정하여 고시하는 방법[141]으로 자산운용보고서를 공시하는 경우
3. 집합투자업자가 환매금지형집합투자기구를 설정 또는 설립하여 운용하는 경우(법 제230조
   제3항에 따라 그 집합투자증권이 상장된 경우만 해당)로서 3개월마다 1회 이상 금융위원회
   가 정하여 고시하는 방법으로 자산운용보고서를 공시하는 경우
4. 투자자가 소유하고 있는 집합투자증권의 평가금액이 10만원 이하인 경우로서 집합투자규
   약에 자산운용보고서를 교부하지 아니한다고 정하고 있는 경우

(다) 기재사항

집합투자업자는 자산운용보고서에 다음의 사항을 기재하여야 한다(법88②).

1. 다음 각 목의 어느 하나에 해당하는 날("기준일") 현재의 해당 집합투자기구의 자산·부채
   및 집합투자증권의 기준가격
   가. 회계기간의 개시일부터 3개월이 종료되는 날
   나. 회계기간의 말일
   다. 계약기간의 종료일 또는 존속기간의 만료일
   라. 해지일 또는 해산일
2. 직전의 기준일(직전의 기준일이 없는 경우에는 해당 집합투자기구의 최초 설정일 또는 성
   립일)부터 해당 기준일까지의 기간("해당 운용기간") 중 운용경과의 개요 및 해당 운용기
   간 중의 손익 사항
3. 기준일 현재 집합투자재산에 속하는 자산의 종류별 평가액과 집합투자재산 총액에 대한 각

---

141) 영 제92조 제1항 제2호 및 제3호에서 "금융위원회가 정하여 고시하는 방법"이란 각각 단기금융집합투자기
    구 또는 환매금지형집합투자기구의 자산운용보고서를 집합투자업자, 투자매매업자·투자중개업자 및 협회
    의 인터넷 홈페이지를 이용하여 공시하는 방법을 말한다(금융투자업규정4-66①).

각의 비율

4. 해당 운용기간 중 매매한 주식의 총수, 매매금액 및 매매회전율(영92②: 해당 운용기간 중 매도한 주식가액의 총액을 그 해당 운용기간 중 보유한 주식의 평균가액으로 나눈 비율)

5. 그 밖에 대통령령으로 정하는 사항

위 제5호에서 "대통령령으로 정하는 사항"이란 다음과 같다(영92③ 본문). 다만, 회계기간 개시일로부터 3개월, 6개월, 9개월이 종료되는 날을 기준일로 하여 작성하는 자산운용보고서에는 제2호 및 제7호의 사항을 기재하지 않을 수 있다(영92③ 단서).

1. 기준일 현재 집합투자재산에 속하는 투자대상자산의 내용
2. 집합투자기구의 투자운용인력에 관한 사항
3. 집합투자기구의 투자환경 및 운용계획
4. 집합투자기구의 업종별·국가별 투자내역
5. 집합투자기구의 결산 시 분배금 내역(결산 후 최초로 작성하는 자산운용보고서로 한정)
6. 집합투자기구의 투자대상 범위 상위 10개 종목
7. 집합투자기구의 구조
8. 집합투자기구가 환위험을 회피할 목적으로 파생상품을 거래하는 경우 그 거래에 관한 사항
9. 그 밖에 투자자를 보호하기 위하여 필요한 사항으로서 금융위원회가 정하여 고시하는 사항142)

(라) 교부시기 및 교부방법

집합투자업자는 투자자에게 자산운용보고서를 교부하는 경우에는 집합투자증권을 판매한 투자매매업자·투자중개업자 또는 전자등록기관을 통하여 기준일부터 2개월 이내에 직접, 전자 우편 또는 이와 비슷한 전자통신의 방법으로 교부하여야 한다(영92④ 본문). 다만, 투자자가 해당 집합투자기구에 투자한 금액이 100만원 이하이거나 투자자에게 전자우편 주소가 없는 등의 경우에는 자본시장법 제89조 제2항 제1호의 방법에 따라 공시하는 것으로 갈음할 수 있으며, 투자자가 우편발송을 원하는 경우에는 그에 따라야 한다(영92④ 단서).143) 자산운용보고서를 작

---

142) "금융위원회가 정하여 고시하는 사항"이란 다음의 사항을 말한다(금융투자업규정4-66②).
  1. 집합투자기구의 집합투자업자, 집합투자증권을 판매한 투자매매업자·투자중개업자, 신탁업자 등에게 지급한 보수, 그 밖의 수수료 금액(투자중개업자에게 지급한 매매수수료 중 투자중개업자로부터 제공받는 조사분석업무 등의 서비스와 관련한 수수료에 대해서는 이를 구분하여야 한다)
  2. 집합투자업자가 고유재산으로 자기가 운용하는 집합투자기구가 발행하는 집합투자증권에 투자한 경우 투자한 집합투자증권의 명칭, 투자 금액 및 수익률. 다만, 해당 집합투자기구에 대한 투자금액이 1억원 미만인 경우에는 그러지 아니하다.
143) 집합투자업자가 영 제92조 제4항에 따라 전자등록기관을 통하여 자산운용보고서를 교부하려는 경우에는 집합투자증권을 판매한 투자매매업자·투자중개업자는 투자자의 성명 및 주소 등 자산운용보고서의 교부에 필요한 정보를 전자등록기관에 제공하여야 한다(금융투자업규정4-66④).

성·교부하는 데에 드는 비용은 집합투자업자가 부담한다(영92⑤).

(마) 위반시 제재

법 제88조를 위반하여 자산운용보고서를 제공하지 아니한 자 또는 거짓으로 작성하거나 그 기재사항을 누락하고 작성하여 제공한 자는 1년 이하의 징역 또는 3천만원 이하의 벌금에 처한다(법446(14)).

(11) 자산운용에 관한 수시공시

(가) 공시사항

투자신탁이나 투자익명조합의 집합투자업자는 다음의 어느 하나에 해당하는 사항이 발생한 경우 이를 지체 없이 공시하여야 한다(법89①).

1. 투자운용인력의 변경이 있는 경우 그 사실과 변경된 투자운용인력의 운용경력(운용한 집합투자기구의 명칭, 집합투자재산의 규모와 수익률)[144]

2. 환매연기 또는 환매재개의 결정 및 그 사유

3. 발행인의 부도, 채무자회생법에 따른 회생절차개시의 신청 등의 사유로 인하여 금융위원회가 부실자산으로 정하여 고시하는 자산[145](영93②)이 발생한 경우 그 명세 및 상각률

4. 집합투자자총회의 결의내용

5. 그 밖에 투자자 보호를 위하여 필요한 사항으로서 대통령령으로 정하는 사항[146]

---

144) 투자신탁이나 투자익명조합의 집합투자업자가 공시하여야 하는 투자운용인력의 운용경력은 투자운용인력을 변경한 날부터 최근 3년 이내의 운용경력으로 한다(영93①).

145) "금융위원회가 부실자산으로 정하여 고시하는 자산"이란 제7-35조 제2항에 따른 부도채권 등 부실화된 자산을 말한다(금융투자업규정4-67). 여기서 "부도채권 등 부실화된 자산"이란 발행인 또는 거래상대방의 부도, 회생절차개시신청 또는 파산절차의 진행 등으로 인하여 원리금의 전부 또는 일부의 회수가 곤란할 것이 명백히 예상되는 자산을 말한다(금융투자업규정7-35②).

146) "대통령령으로 정하는 사항"이란 다음의 어느 하나에 해당하는 사항을 말한다(영93③).
    1. 투자설명서의 변경. 다만, 다음 각 목의 어느 하나에 해당하는 경우는 제외한다.
       가. 법 및 이 영의 개정 또는 금융위원회의 명령에 따라 투자설명서를 변경하는 경우
       나. 집합투자규약의 변경에 따라 투자설명서를 변경하는 경우
       다. 투자설명서의 단순한 자구수정 등 경미한 사항을 변경하는 경우
       라. 투자운용인력의 변경이 있는 경우로서 법 제123조 제3항 제2호에 따라 투자설명서를 변경하는 경우
    2. 집합투자업자의 합병, 분할, 분할합병 또는 영업의 양도·양수
    3. 집합투자업자 또는 일반사무관리회사가 기준가격을 잘못 산정하여 이를 변경하는 경우에는 그 내용(제262조 제1항 후단에 따라 공고·게시하는 경우에 한한다)
    4. 사모집합투자기구가 아닌 집합투자기구(존속하는 동안 투자금을 추가로 모집할 수 있는 집합투자기구로 한정)로서 설정 및 설립 이후 1년이 되는 날에 원본액이 50억원 미만인 경우 그 사실과 해당 집합투자기구가 법 제192조 제1항 단서에 따라 해지될 수 있다는 사실
    5. 사모집합투자기구가 아닌 집합투자기구가 설정 및 설립되고 1년이 지난 후 1개월간 계속하여 원본액이 50억원 미만인 경우 그 사실과 해당 집합투자기구가 법 제192조 제1항 단서에 따라 해지될 수 있다는 사실
    6. 부동산집합투자기구 또는 특별자산집합투자기구(부동산·특별자산투자재간접집합투자기구를 포함)인 경우 다음 각 목의 어느 하나에 해당하는 사항

공시와 관련하여 그 서식과 작성방법, 기재사항 등에 관한 구체적인 기준은 금융위원회가 정하여 고시[147]한다(영93④).

(나) 공시방법

수시공시는 다음의 방법으로 한다(법89②).

1. 집합투자업자, 집합투자증권을 판매한 투자매매업자 또는 투자중개업자 및 협회의 인터넷 홈페이지를 이용하여 공시하는 방법
2. 집합투자증권을 판매한 투자매매업자 또는 투자중개업자로 하여금 전자우편을 이용하여 투자자에게 알리는 방법
3. 집합투자업자, 집합투자증권을 판매한 투자매매업자 또는 투자중개업자의 본점과 지점, 그 밖의 영업소에 게시하는 방법

(다) 위반시 제재

법 제89조(제186조 제2항에서 준용하는 경우를 포함)를 위반하여 공시를 하지 아니하거나 거짓으로 공시한 자는 1년 이하의 징역 또는 3천만원 이하의 벌금에 처한다(법446(15)).

(12) 집합투자재산에 관한 보고

(가) 분기영업보고서

집합투자업자(투자신탁이나 투자익명조합의 집합투자업자에 한한다)는 대통령령으로 정하는 방법에 따라 집합투자재산에 관한 매 분기의 영업보고서를 작성하여 매 분기 종료 후 2개월 이내에 금융위원회 및 협회에 제출하여야 한다(법90①).[148]

가. 제242조 제2항 각 호 외의 부분 단서에 따른 시장성 없는 자산의 취득 또는 처분
나. 부동산집합투자기구 또는 특별자산집합투자기구의 집합투자증권의 취득 또는 처분. 다만, 이미 취득한 것과 같은 집합투자증권을 추가로 취득하거나 일부를 처분하는 경우는 제외한다.
다. 지상권·지역권 등 부동산 관련 권리 및 사업수익권·시설관리운영권 등 특별자산 관련 중요한 권리의 발생·변경
라. 금전의 차입 또는 금전의 대여
7. 그 밖에 투자자의 투자판단에 중대한 영향을 미치는 사항으로서 금융위원회가 정하여 고시하는 사항
147) 영 제93조 제4항에 따라 같은 조 제3항 제4호·제5호에 해당하는 사항의 경우 그 사항이 발생하는 날이 속하는 월말의 다음 영업일에 이를 일괄하여 공시할 수 있다(금융투자업규정4-67의2).
148) 집합투자업자(투자신탁이나 투자익명조합의 집합투자업자)는 집합투자재산(투자신탁재산 및 투자익명조합재산만 해당)에 관한 영업보고서를 금융위원회가 정하여 고시하는 기준에 따라 다음 각 호의 서류로 구분하여 작성하여야 한다(영94①).
1. 투자신탁의 설정 현황 또는 투자익명조합의 출자금 변동 상황
2. 집합투자재산의 운용 현황과 집합투자증권(투자신탁 수익증권과 투자익명조합 지분증권만 해당)의 기준가격표
3. 법 제87조 제8항 제1호·제2호에 따른 의결권의 구체적인 행사내용 및 그 사유를 적은 서류
4. 집합투자재산에 속하는 자산 중 주식의 매매회전율(법 제88조 제2항 제4호에 따른 매매회전율)과 자산의 위탁매매에 따른 투자중개업자별 거래금액·수수료와 그 비중

(나) 결산서류

집합투자업자는 집합투자기구에 대하여 ⅰ) 집합투자기구의 회계기간 종료(제1호), ⅱ) 집합투자기구의 계약기간 또는 존속기간의 종료(제2호), ⅲ) 집합투자기구의 해지 또는 해산(제3호) 중 어느 하나에 해당하는 사유가 발생한 경우 그 사유가 발생한 날부터 2개월 이내에 제239조에 따른 결산서류(대차대조표·손익계산서·자산운용보고서)를 금융위원회 및 협회에 제출하여야 한다(법90②).

(다) 공시방법

금융위원회 및 협회는 제출받은 서류를 인터넷 홈페이지 등을 이용하여 공시하여야 한다(법90③). 협회는 각 집합투자재산의 순자산가치의 변동명세가 포함된 운용실적을 비교하여 그 결과를 인터넷 홈페이지 등을 이용하여 공시하여야 한다(법90④).

협회는 각 집합투자재산의 운용실적을 비교·공시하는 경우에는 다음의 항목별로 구분하여 금융위원회가 정하여 고시하는 기준에 따라 비교·공시하여야 한다(영94②).[149)]

1. 집합투자업자
2. 투자매매업자·투자중개업자
3. 집합투자기구의 종류
4. 금융위원회가 정하여 고시하는 주된 투자대상자산[150)]
5. 운용보수
6. 판매수수료·판매보수
7. 수익률. 이 경우 사모집합투자기구가 아닌 집합투자기구(존속하는 동안 투자금을 추가로 모집할 수 있는 집합투자기구로 한정)로서 원본액 50억원 미만과 50억원 이상의 집합투 자기구의 수익률은 별도로 비교·공시하여야 한다.
8. 그 밖에 금융위원회가 정하여 고시하는 것

---

149) 금융투자업규정 제4-69조(협회의 운용실적의 비교 공시) ① 협회가 영 제94조 제2항 각 호 외의 부분에 따라 각 집합투자재산의 운용실적을 비교·공시하는 경우에는 다음 각 호의 내용을 포함하여야 한다.
 1. 집합투자기구의 명칭
 2. 투자운용인력
 3. 보유하고 있는 자산의 유형별 금액 및 비중
 4. 자산규모 및 기준가격
 5. 기준가격의 변동에 관한 사항
 6. 수익률 및 분배율
 ③ 협회는 집합투자기구의 분류, 공시주기, 비교방법, 공시기준 및 투자신탁이나 투자익명조합의 집합투자업자 또는 투자회사등으로부터의 자료수령방법, 그 밖에 운용실적의 비교 공시업무에 관하여 필요한 세부기준을 정할 수 있다.
150) "금융위원회가 정하여 고시하는 주된 투자대상자산"이란 당해 집합투자규약의 투자목적에 당해 집합투자기구가 주로 투자하는 자산으로 명시되어 있는 자산을 말한다(금융투자업규정4-69②).

협회는 집합투자기구의 운용실적을 비교·공시하기 위하여 필요한 범위에서 각 집합투자기구의 집합투자규약, 투자설명서 및 기준가격 등에 관한 자료의 제출을 투자신탁이나 투자익명조합의 집합투자업자 또는 법 제182조 제1항(투자회사·투자유한회사·투자합자회사·투자유한책임회사 및 투자합자조합)에 따른 투자회사등에 요청할 수 있다(영94③).

(라) 위반시 제재

법 제90조 제1항(제186조 제2항에서 준용하는 경우를 포함) 또는 제2항(제186조 제2항에서 준용하는 경우를 포함)을 위반하여 영업보고서나 결산서류를 제출하지 아니하거나 거짓으로 작성하여 제출한 자에 대하여는 1억원 이하의 과태료를 부과한다(법449①(34)).

(13) 장부·서류의 열람 및 공시

(가) 투자자의 열람권

투자자는 집합투자업자(투자신탁이나 투자익명조합의 집합투자업자에 한하며, 해당 집합투자증권을 판매한 투자매매업자 및 투자중개업자를 포함)에게 영업시간 중에 이유를 기재한 서면으로 그 투자자에 관련된 집합투자재산에 관한 장부·서류의 열람이나 등본 또는 초본의 교부를 청구할 수 있다(법91① 전단). 이 경우 그 집합투자업자는 대통령령으로 정하는 정당한 사유가 없는 한 이를 거절하여서는 아니 된다(법91① 후단). 여기서 "대통령령으로 정하는 정당한 사유"란 다음의 어느 하나에 해당하는 경우를 말한다(영95① 전단). 이 경우 집합투자업자(법 제91조 제1항에 따른 집합투자업자)는 열람이나 교부가 불가능하다는 뜻과 그 사유가 기재된 서면을 투자자에게 내주어야 한다(영95① 후단).

1. 집합투자재산의 매매주문내역 등이 포함된 장부·서류를 제공함으로써 제공받은 자가 그 정보를 거래 또는 업무에 이용하거나 타인에게 제공할 것이 뚜렷하게 염려되는 경우
2. 집합투자재산의 매매주문내역 등이 포함된 장부·서류를 제공함으로써 다른 투자자에게 손해를 입힐 것이 명백히 인정되는 경우
3. 해지 또는 해산된 집합투자기구에 관한 장부·서류로서 제62조 제1항에 따른 보존기한이 지나는 등의 사유로 인하여 투자자의 열람제공 요청에 응하는 것이 불가능한 경우

투자자가 열람이나 등본 또는 초본의 교부를 청구할 수 있는 장부·서류는 ⅰ) 집합투자재산 명세서(제1호), ⅱ) 집합투자증권 기준가격대장(제2호), ⅲ) 재무제표 및 그 부속명세서(3호), ⅳ) 집합투자재산 운용내역서(제4호) 등이다(영95②).

(나) 집합투자규약의 공시

집합투자업자는 집합투자규약을 인터넷 홈페이지 등을 이용하여 공시하여야 한다(법91③).

(다) 위반시 제재

법 제91조 제1항(제186조 제2항에서 준용하는 경우를 포함)을 위반하여 열람이나 교부 청구를 거절한 자는 1년 이하의 징역 또는 3천만원 이하의 벌금에 처한다(법446(16)).

(14) 환매연기 등의 통지

투자신탁·투자익명조합의 집합투자업자는 ⅰ) 집합투자증권의 환매를 연기한 경우(제1호), ⅱ) 집합투자기구에 대한 회계감사인의 감사의견이 적정의견이 아닌 경우(제2호) 해당 집합투자증권을 판매한 투자매매업자 또는 투자중개업자에게 이를 즉시 통지하여야 한다(법92①). 이러한 사유가 해소된 경우에는 해당 집합투자증권을 판매한 투자매매업자 또는 투자중개업자에게 이를 즉시 통지하여야 한다(법92②).

(15) 파생상품 및 부동산의 운용 특례

(가) 파생상품의 운용 특례

1) 파생상품 매매에 따른 위험평가액 특례

집합투자업자는 파생상품 매매에 따른 위험평가액(제81조 제1항 제1호 마목의 위험평가액)이 대통령령으로 정하는 기준(영96①: 집합투자기구 자산총액의 10%)을 초과하여 투자할 수 있는 집합투자기구의 집합투자재산을 파생상품에 운용하는 경우에는 계약금액, 그 밖에 대통령령으로 정하는 위험에 관한 지표를 인터넷 홈페이지 등을 이용하여 공시하여야 한다(법93① 전단).[151] 이 경우 그 집합투자기구의 투자설명서에 해당 위험에 관한 지표의 개요 및 위험에 관한 지표

---

151) 집합투자업자가 법 제93조 제1항 전단에 따른 집합투자기구의 집합투자재산을 파생상품에 운용하는 경우 투자자에게 공시하여야 하는 위험지표는 영 제96조 제3항에 따라 다음 각 호의 방법으로 산정·작성한다(금융투자업규정4-71①).
  1. 계약금액: 파생상품거래의 유형별로 매수, 매도 및 순포지션(매수-매도)으로 나누어 제4-54조 제1항 각 호의 방법으로 산정된 명목계약금액의 총액을 기재하며, 그 구체적인 내용은 별표 14와 같다.
  2. 파생상품 거래에 따른 만기시점의 손익구조: 당해 파생상품의 기초자산의 가격변동에 따라 집합투자기구의 이익이 발생하는 구간과 손익이 없는 구간 및 손실이 발생하는 구간으로 구분하여 투자자가 이해하기 쉽도록 도표 등으로 나타내고 이를 서술식으로 요약하여 기재한다.
  3. 시장상황변동에 따른 집합투자재산의 손익구조변동은 시나리오법에 따라 산정하며, 그 구체적인 내용은 금융감독원장이 정한다.
  4. 일정한 보유기간에 일정한 신뢰구간 범위 안에서 시장가격이 집합투자기구에 대하여 불리하게 변동될 경우 파생상품 거래에서 발생할 수 있는 최대손실예상금액("VaR"):
    가. 최대손실예상금액(VaR)은 10영업일의 보유기간 및 99%의 단측 신뢰구간을 적용하여 일일 단위로 측정되어야 한다. 다만, 10영업일보다 짧은 보유기간을 사용하여 최대손실예상금액(VaR)을 산정한 후 이를 10영업일에 상당하는 수치로 전환시켜 산정할 수 있으며,
    나. 최대손실예상금액(VaR)은 1년 이상의 자료관측기간을 기초로 하여 측정되어야 하며, 시장상황에 따라 최소한 3개월에 1회 이상 자료구성을 수정·보완시키되, 시장가격의 중대한 변동이 있는 경우에는 수정·보완기간을 단축하여야 한다.
    다. 옵션포지션에 대한 최대손실예상금액(VaR)은 간편법 또는 델타플러스법에 따라 산정하며, 그 구체적인 내용은 금융감독원장이 정한다.

가 공시된다는 사실을 기재하여야 한다(법93① 후단).

　위에서 "대통령령으로 정하는 위험에 관한 지표"란 다음의 지표를 말한다(영96② 본문). 다만 위험에 관한 지표 산출을 위한 자료가 부족하여 지표의 산출이 불가능한 경우 등 금융위원회가 정하여 고시하는 파생상품[152]인 경우에는 제2호를 적용하지 아니한다(영96② 단서).

　1. 파생상품 매매에 따른 만기시점의 손익구조
　2. 시장상황의 변동에 따른 집합투자재산의 손익구조의 변동 또는 일정한 보유기간에 일정한 신뢰구간 범위에서 시장가격이 집합투자기구에 대하여 불리하게 변동될 경우에 파생상품거래에서 발생할 수 있는 최대손실예상금액
　3. 그 밖에 투자자의 투자판단에 중요한 기준이 되는 지표로서 금융위원회가 정하여 고시하는 위험에 관한 지표

2) 장외파생상품 매매에 따른 위험평가액 특례

　집합투자업자는 장외파생상품 매매에 따른 위험평가액이 대통령령으로 정하는 기준(영96④: 집합투자기구 자산총액의 10%)을 초과하여 투자할 수 있는 집합투자기구의 집합투자재산을 장외파생상품에 운용하는 경우에는 장외파생상품 운용에 따른 위험관리방법을 작성하여 그 집합투자재산을 보관·관리하는 신탁업자의 확인을 받아 금융위원회에 신고하여야 한다(법93②).

(나) 부동산의 운용 특례

1) 금전차입의 특례

　집합투자업자는 원칙적으로 집합투자기구의 계산으로 금전을 차용하지 못하지만(법83①), 집합투자재산으로 부동산을 취득하는 경우(제229조 제2호에 따른 부동산집합투자기구는 운용하는 경우를 포함)에는 "대통령령으로 정하는 방법"에 따라 집합투자기구의 계산으로 금전을 차입할 수 있다(법94①).

　여기서 "대통령령으로 정하는 방법"이란 집합투자업자가 ⅰ) 은행, 한국산업은행, 중소기업은행, 한국수출입은행, 투자매매업자 또는 투자중개업자, 증권금융회사, 종합금융회사, 상호저축은행(제1호), ⅱ) 보험회사(제2호), ⅲ) 국가재정법에 따른 기금(제3호), ⅳ) 다른 부동산집합투자기구(제4호), ⅴ) 위의 제1호부터 제4호까지에 준하는 외국 금융기관 등(제5호)에게 부동산을 담보로 제공하거나 금융위원회가 정하여 고시하는 방법으로 금전을 차입하는 것을 말한다(영97① 본문). 다만, 집합투자자총회에서 달리 의결한 경우에는 그 의결에 따라 금전을 차입할

---

152) "금융위원회가 정하여 고시하는 파생상품"이란 다음의 어느 하나에 해당하는 파생상품을 말한다(금융투자업규정4-70).
　1. 위험에 관한 지표 산출을 위한 자료가 부족하여 지표의 산출이 불가능한 파생상품
　2. 제1호 외의 사유로 지표의 산출이 불가능한 파생상품으로서 금융감독원장의 확인을 받은 파생상품

수 있다(영97① 단서).

집합투자업자는 차입한 금전을 부동산에 운용하는 방법 외의 방법으로 운용하여서는 아니 된다(영97⑧ 본문). 다만, 집합투자기구의 종류 등을 고려하여 금융위원회가 정하여 고시하는 경우153)에는 부동산에 운용하는 방법 외의 방법으로 운용할 수 있다(영97⑧ 단서).

집합투자업자가 법 제94조 제1항에 따라 금전을 차입하는 경우에 그 차입금 한도는 ⅰ) 부동산집합투자기구의 계산으로 차입하는 경우: 그 부동산집합투자기구의 자산총액에서 부채 총액을 뺀 가액의 200%. 다만, 집합투자자총회에서 달리 의결한 경우에는 그 의결한 한도(제1 호), ⅱ) 부동산집합투자기구가 아닌 집합투자기구의 계산으로 차입하는 경우: 그 집합투자기 구에 속하는 부동산 가액의 100%의 범위에서 금융위원회가 정하여 고시하는 비율(금융투자업규 정4-72조②: 70%). 이 경우 부동산 가액의 평가는 집합투자재산평가위원회가 제94조 제3항에 따른 집합투자재산평가기준에 따라 정한 가액으로 한다(제2호)(영97⑦).

2) 금전대여의 특례

집합투자업자는 30일 이내의 단기대출을 제외하고는 원칙적으로 금전을 대여할 수 없지 만(법 83④), ⅰ) 집합투자규약에서 금전의 대여에 관한 사항을 정하고 있고(제1호), ⅱ) 집합투 자업자가 부동산에 대하여 담보권을 설정하거나 시공사 등으로부터 지급보증을 받는 등 대여 금을 회수하기 위한 적절한 수단을 확보(제2호)한 경우에는(영97③) 집합투자재산으로 부동산개 발사업을 영위하는 법인(부동산신탁업자, 부동산투자회사법에 따른 부동산투자회사 또는 다른 집합투 자기구)에 대하여, 해당 집합투자기구의 자산총액에서 부채총액을 뺀 가액의 100%를 한도(법94 ⑥, 영97④)로 금전을 대여할 수 있다(법94②).

3) 실사보고서와 사업계획서

집합투자업자는 집합투자재산으로 부동산을 취득하거나 처분하는 경우에는 그 부동산의 현황, 거래가격, 그 밖에 대통령령으로 정하는 사항이 기재된 실사보고서를 작성·비치하여야 한다(법94③). 여기서 "대통령령으로 정하는 사항"이란 다음의 사항을 말한다(영97⑤).

1. 부동산의 거래비용
2. 부동산과 관련된 재무자료
3. 부동산의 수익에 영향을 미치는 요소
4. 그 밖에 부동산의 거래 여부를 결정함에 있어 필요한 사항으로서 금융위원회가 정하여 고 시하는 사항154)

---

153) "금융위원회가 정하여 고시하는 경우"란 차입한 금전으로 부동산에 투자할 수 없는 불가피한 사유가 발생 하여 일시적으로 현금성 자산에 투자하는 경우를 말한다(금융투자업규정4-72③).
154) "금융위원회가 정하여 고시하는 사항"이란 다음 각 호의 사항을 말한다(금융투자업규정4-72①).

집합투자업자는 집합투자재산으로 부동산개발사업에 투자하고자 하는 경우에는 추진일정·추진방법, 그 밖에 "대통령령으로 정하는 사항"이 기재된 사업계획서를 작성하여 감정평가법에 따른 감정평가법인등으로부터 그 사업계획서가 적정한지의 여부에 대하여 확인을 받아야 하며, 이를 인터넷 홈페이지 등을 이용하여 공시하여야 한다(법94④). 여기서 "대통령령으로 정하는 사항"이란 다음호의 사항을 말한다(영97⑥).

1. 건축계획 등이 포함된 사업계획에 관한 사항
2. 자금의 조달·투자 및 회수에 관한 사항
3. 추정손익에 관한 사항
4. 사업의 위험에 관한 사항
5. 공사시공 등 외부용역에 관한 사항
6. 그 밖에 투자자를 보호하기 위하여 필요한 사항으로서 금융위원회가 정하여 고시하는 사항

4) 부동산 등기의 특례

투자신탁재산으로 부동산을 취득하는 경우 부동산등기법 제81조(신탁등기의 등기사항)를 적용할 때에는 그 신탁원부에 수익자를 기록하지 아니할 수 있다(법94⑤).

3. 투자자문·일임업자

(1) 선관의무 및 충실의무

투자자문업자는 투자자에 대하여 선량한 관리자의 주의로써 투자자문에 응하여야 하며, 투자일임업자는 투자자에 대하여 선량한 관리자의 주의로써 투자일임재산을 운용하여야 한다(법96①). 투자자문업자 및 투자일임업자는 투자자의 이익을 보호하기 위하여 해당 업무를 충실하게 수행하여야 한다(법96②). 투자자문업자 및 투자일임업자에게는 아래와 같이 보다 강화된 규제가 적용된다.

(2) 계약의 체결

(가) 계약체결 전 서면자료의 교부

투자자문업자 또는 투자일임업자는 일반투자자와 투자자문계약 또는 투자일임계약을 체결하고자 하는 경우에는 다음의 사항을 기재한 서면자료를 미리 일반투자자에게 교부하여야 한다(법97①).

1. 투자자문의 범위 및 제공방법 또는 투자일임의 범위 및 투자대상 금융투자상품등

---

1. 담보권 설정 등 부동산과 관련한 권리의무관계에 관한 사항
2. 실사자에 관한 사항

2. 투자자문업 또는 투자일임업의 수행에 관하여 투자자문업자 또는 투자일임업자가 정하고 있는 일반적인 기준 및 절차

3. 투자자문업 또는 투자일임업을 실제로 수행하는 임직원의 성명 및 주요경력

4. 투자자와의 이해상충방지를 위하여 투자자문업자 또는 투자일임업자가 정한 기준 및 절차

5. 투자자문계약 또는 투자일임계약과 관련하여 투자결과가 투자자에게 귀속된다는 사실 및 투자자가 부담하는 책임에 관한 사항

6. 수수료에 관한 사항

7. 투자실적의 평가 및 투자결과를 투자자에게 통보하는 방법(투자일임계약의 경우에 한한다)

7의2. 투자자는 투자일임재산의 운용방법을 변경하거나 계약의 해지를 요구할 수 있다는 사실

8. 그 밖에 투자자가 계약체결 여부를 결정하는 데에 중요한 판단기준이 되는 사항으로서 대통령령으로 정하는 사항

위 제8호에서 "대통령령으로 정하는 사항"이란 다음의 사항을 말한다(영98①).

1. 임원 및 대주주에 관한 사항

2. 투자일임계약인 경우에는 투자자가 계약개시 시점에서 소유할 투자일임재산의 형태와 계약 종료 시점에서 소유하게 되는 투자일임재산의 형태

3. 투자일임재산을 운용할 때 적용하는 투자방법에 관한 사항

4. 투자일임보고서(법99①)의 작성대상 기간

4의2. 자산구성형 개인종합자산관리계약[155]의 경우에는 제2항 제2호 전단에 따라 투자자에게

---

155) 영 제98조 제1항에 따른 자산구성형 개인종합자산관리계약은 조세특례제한법 제91조의18 제1항에 따른 개인종합자산관리계좌(같은 조 제3항 제2호에 따라 신탁업자와 특정금전신탁계약을 체결하여 개인종합자산관리계좌의 명칭으로 개설한 계좌는 제외)에 관한 투자일임계약으로서 다음 각 호의 요건을 모두 갖춘 투자일임계약으로 한다(영98②).
1. 삭제 [2019.3.12]
2. 투자일임업자는 투자일임계약을 체결하기 전에 투자대상자산의 종류·비중·위험도 등의 내용이 포함된 운용방법을 투자자에게 제시할 것. 이 경우 투자자의 투자목적·재산상황·투자경험·위험감수능력 등을 고려하여 둘 이상의 운용방법을 마련하여 제시하여야 한다.
3. 투자일임업자는 다음 각 목의 내용이 포함된 투자일임계약을 투자자와 체결할 것
   가. 투자자로부터 투자대상자산에 대한 투자판단의 전부를 일임받지 아니한다는 내용
   나. 제2호 전단에 따라 투자자에게 제시하여 투자자가 선택한 운용방법의 내용
   다. 투자일임업자는 나목에 따른 운용방법으로 투자일임재산을 운용한다는 내용
   라. 제4호부터 제7호까지의 규정에 따른 내용
4. 해당 투자자가 제3호 나목에 따라 투자일임계약의 내용으로 정한 운용방법의 변경을 요구하는 경우 투자일임업자는 그 요구에 따를 것
5. 투자일임업자가 제3호 나목에 따라 투자일임계약의 내용으로 정한 운용방법에 따라 투자일임재산을 운용할 때 취득·처분하려는 투자대상자산의 종목·수량 및 취득·처분의 방법 등을 취득·처분하기 전에 해당 투자자에게 통지할 것
6. 해당 투자자가 제5호에 따른 통지를 받은 후 그 취득·처분을 하지 아니할 것을 요구하거나 취득·처분한 투자대상자산의 종목·수량 및 취득·처분의 방법 등의 변경을 요구하는 경우 투자일임업자는 그 요

제시되는 운용방법의 내용 및 같은 호 후단에 따라 둘 이상으로 마련되는 운용방법 간 내용상의 차이에 관한 사항

5. 그 밖에 투자자가 계약체결 여부를 결정하는 데에 중요한 판단기준이 되는 사항으로서 금융위원회가 정하여 고시하는 사항156)

(나) 계약서류의 기재사항

투자자문업자 또는 투자일임업자는 일반투자자와 투자자문계약 또는 투자일임계약을 체결하는 경우 자본시장법 제59조 제1항에 따라 일반투자자에게 교부하는 계약서류에 ⅰ) 제1항 각 호의 사항(제1호), ⅱ) 계약당사자에 관한 사항(제2호), ⅲ) 계약기간 및 계약일자(제3호), ⅳ) 계약변경 및 계약해지에 관한 사항(제4호), ⅴ) 투자일임재산이 예탁된 투자매매업자·투자중개

구에 따를 것

7. 투자일임업자는 제4호에 따른 투자자의 요구가 없더라도 매 분기별로 1회 이상 다음 각 목의 사항을 평가하여 제3호 나목에 따라 투자일임계약의 내용으로 정한 운용방법을 변경할지 여부를 검토한 후 그 변경이 필요하다고 인정되는 경우 그 운용방법을 변경할 것
　　가. 제3호 나목에 따라 투자일임계약의 내용으로 정한 운용방법으로 투자대상자산을 취득·처분한 결과에 따른 투자일임재산의 안전성 및 수익성
　　나. 해당 투자자의 투자목적·재산상황·투자경험·위험감수능력 등을 고려하여 그 투자일임재산으로 운용한 투자대상자산의 종목·수량 등이 적합한지 여부
　　다. 투자자 보호 및 건전한 거래질서의 유지를 위하여 필요한 사항으로서 금융위원회가 정하여 고시하는 사항

156) "금융위원회가 정하여 고시하는 사항"이란 다음 각 호의 사항을 말한다(금융투자업규정4-73).
　1. 투자자는 투자일임재산의 운용에 대하여 합리적인 제한(투자일임계약에서 정한 바에 따라 운용조건 등을 변경하는 것을 말한다)을 두거나 특정증권 등의 취득·처분 및 계약의 해지를 요구할 수 있으며, 투자일임업자는 투자일임계약에서 정한 특별한 사유가 없는 한 투자자의 합리적인 제한 또는 특정증권 등의 취득·처분 및 계약의 해지 요구에 대하여 응할 의무가 있다는 사항
　2. 일반투자자의 경우 다음 각 목의 사항
　　가. 연 1회 이상 투자자의 재무상태, 투자목적 등의 변경여부를 확인한다는 사항
　　나. 매 분기 1회 이상 투자자의 재무상태, 투자목적 등의 변경이 있는 경우 회신해 줄 것을 투자자에게 통지하고, 투자자는 변경된 내용을 회신할 수 있다는 사항
　　다. 투자자의 재무상태, 투자목적 등의 변경을 확인하거나 투자자로부터 변경된 내용을 회신받은 경우 변경된 내용에 부합하도록 투자일임재산을 운용한다는 사항
　　라. 투자자가 가목에 따른 확인에 연 4회 이상 회신하지 아니하고, 나목에 따른 회신도 없는 경우에는 투자일임계약을 해지할 수 있다는 사항
　3. 투자일임계약을 체결한 투자자는 자기의 재무상태, 투자목적 등에 대하여 투자일임업자의 임·직원에게 상담을 요청할 수 있으며, 투자일임업자의 임·직원은 그 상담요구에 대하여 응한다는 사항
　4. 투자일임업자와 주로 거래하는 투자매매업자·투자중개업자가 있는 경우 그 명칭 및 이해관계의 내용에 관한 사항
　5. 당해 임직원이 과거에 내부자 거래, 시세조종, 부정거래행위 등 위법행위로 형사제재를 받았거나 금융위원회로부터 법 제422조 제1항 제1호부터 제5호까지 또는 같은 조 제2항 제1호부터 제6호까지의 조치를 받은 사실이 있는 경우 그 사항
　6. 법 제98조 및 영 제99조에서 정하고 있는 투자자문업자 또는 투자일임업자의 금지행위에 관한 사항
　7. 성과보수는 기준지표(제4-65조 제1항에 따른 요건을 충족하는 기준지표)에 연동하여 산정한다는 사실. 단 투자일임업자와 투자자의 합의에 의해 달리 정할 수 있다.

업자, 그 밖의 금융기관의 명칭 및 영업소명(제5호)을 기재하여야 한다(법97②전단). 이 경우 그 기재내용은 교부한 서면자료에 기재된 내용과 달라서는 아니 된다(법97②후단).

(3) 불건전 영업행위의 금지

(가) 투자자문업자 · 투자일임업자

1) 원칙적 금지

투자자문업자 또는 투자일임업자는 다음의 어느 하나에 해당하는 행위를 하여서는 아니 된다(법98①본문).

1. 투자자로부터 금전·증권, 그 밖의 재산의 보관·예탁을 받는 행위
2. 투자자에게 금전·증권, 그 밖의 재산을 대여하거나 투자자에 대한 제3자의 금전·증권, 그 밖의 재산의 대여를 중개·주선 또는 대리하는 행위
3. 투자권유자문인력 또는 투자운용인력이 아닌 자에게 투자자문업 또는 투자일임업을 수행하게 하는 행위
4. 계약으로 정한 수수료 외의 대가를 추가로 받는 행위
5. 투자자문에 응하거나 투자일임재산을 운용하는 경우 금융투자상품등의 가격에 중대한 영향을 미칠 수 있는 투자판단에 관한 자문 또는 매매 의사를 결정한 후 이를 실행하기 전에 그 금융투자상품등을 자기의 계산으로 매매하거나 제3자에게 매매를 권유하는 행위

2) 예외적 허용

다만 투자자 보호 및 건전한 거래질서를 해할 우려가 없는 경우로서 "대통령령으로 정하는 경우"에는 이를 할 수 있다(법98①단서). 여기서 "대통령령으로 정하는 경우"란 다음의 경우를 말한다(영99①).

1. 법 제98조 제1항 제1호 및 제2호를 적용할 때 투자자문업자 또는 투자일임업자가 다른 금융투자업, 그 밖의 금융업을 겸영하는 경우로서 그 겸영과 관련된 해당 법령에서 법 제98조 제1항 제1호 및 제2호에 따른 행위를 금지하지 아니하는 경우
1의2. 법 제98조 제1항 제3호를 적용할 때 전자적 투자조언장치를 활용하여 일반투자자를 대상으로 투자자문업 또는 투자일임업을 수행하는 경우
2. 법 제98조 제1항 제5호를 적용할 때 다음 각 목의 어느 하나에 해당하는 경우
   가. 투자자문 또는 투자일임재산의 운용과 관련한 정보를 이용하지 아니하였음을 증명하는 경우
   나. 차익거래 등 투자자문 또는 투자일임재산의 운용과 관련한 정보를 의도적으로 이용하지 아니하였다는 사실이 객관적으로 명백한 경우

(나) 투자일임업자

1) 원칙적 금지

투자일임업자는 투자일임재산을 운용함에 있어서 다음의 어느 하나에 해당하는 행위를 하여서는 아니 된다(법98② 본문).

1. 정당한 사유 없이 투자자의 운용방법의 변경 또는 계약의 해지 요구에 응하지 아니하는 행위
2. 자기 또는 관계인수인이 인수한 증권을 투자일임재산으로 매수하는 행위
3. 자기 또는 관계인수인이 대통령령으로 정하는 인수업무[157]를 담당한 법인의 특정증권등(제172조 제1항의 특정증권등을 말한다)에 대하여 인위적인 시세(제176조 제2항 제1호의 시세를 말한다)를 형성하기 위하여 투자일임재산으로 그 특정증권등을 매매하는 행위
4. 특정 투자자의 이익을 해하면서 자기 또는 제3자의 이익을 도모하는 행위
5. 투자일임재산으로 자기가 운용하는 다른 투자일임재산, 집합투자재산 또는 신탁재산과 거래하는 행위
6. 투자일임재산으로 투자일임업자 또는 그 이해관계인의 고유재산과 거래하는 행위
7. 투자자의 동의 없이 투자일임재산으로 투자일임업자 또는 그 이해관계인이 발행한 증권에 투자하는 행위
8. 투자일임재산을 각각의 투자자별로 운용하지 아니하고 여러 투자자의 자산을 집합하여 운용하는 행위
9. 투자자로부터 다음 각 목의 행위를 위임받는 행위
    가. 투자일임재산을 예탁하는 투자매매업자·투자중개업자, 그 밖의 금융기관을 지정하거나 변경하는 행위
    나. 투자일임재산을 예탁하거나 인출하는 행위
    다. 투자일임재산에 속하는 증권의 의결권, 그 밖의 권리를 행사하는 행위
10. 그 밖에 투자자 보호 또는 건전한 거래질서를 해할 우려가 있는 행위로서 "대통령령으로 정하는 행위"

위 제10호에서 "대통령령으로 정하는 행위"란 다음의 어느 하나에 해당하는 행위를 말한다(영99④).

1. 법 제9조 제5항 단서에 따라 일반투자자와 같은 대우를 받겠다는 전문투자자(제10조 제1항 각 호의 자는 제외)의 요구에 정당한 사유 없이 동의하지 아니하는 행위
2. 투자일임계약을 위반하여 투자일임재산을 운용하는 행위
2의2. 제98조 제2항에 따른 자산구성형 개인종합자산관리계약을 체결한 투자일임업자의 경우

---

157) "대통령령으로 정하는 인수업무"란 발행인이나 매출인으로부터 직접 증권의 인수를 의뢰받아 인수조건 등을 정하는 업무를 말한다(영99③).

같은 항 각 호의 요건에 따르지 아니하는 행위

3. 투자일임의 범위, 투자목적 등을 고려하지 아니하고 투자일임재산으로 금융투자상품을 지나치게 자주 매매하는 행위

4. 투자자(투자자가 법인, 그 밖의 단체인 경우에는 그 임직원을 포함) 또는 거래상대방(거래상대방이 법인, 그 밖의 단체인 경우에는 그 임직원을 포함) 등에게 업무와 관련하여 금융위원회가 정하여 고시하는 기준158)을 위반하여 직접 또는 간접으로 재산상의 이익을 제공하거나 이들로부터 제공받는 행위

5. 법 제55조(손실보전 등의 금지) 및 제98조(불건전 영업행위의 금지)에 따른 금지 또는 제한을 회피할 목적으로 하는 행위로서 장외파생상품거래, 신탁계약, 연계거래 등을 이용하는 행위

6. 채권자로서 그 권리를 담보하기 위하여 백지수표나 백지어음을 받은 행위

7. 그 밖에 투자자 보호 또는 건전한 거래질서를 해칠 염려가 있는 행위로서 금융위원회가 정하여 고시하는 행위159)

---

158) 금융투자업규정 제4-76조(투자일임업자의 이익제공·수령기준) ① 영 제99조 제4항 제4호에서 "금융위원회가 정하여 고시하는 기준"이란 투자일임업자(그 임직원을 포함)가 투자일임계약의 체결 또는 투자일임재산의 운용과 관련하여 투자자(투자자가 법인, 그 밖의 단체인 경우 그 임직원을 포함) 또는 거래상대방(거래상대방이 법인, 그 밖의 단체인 경우 그 임직원을 포함)등에게 제공하거나 투자자 또는 거래상대방으로부터 제공받는 금전·물품·편익 등의 범위가 일반인이 통상적으로 이해하는 수준에 반하지 않는 것을 말한다.
② 투자일임업자가 제1항에 따른 금전·물품·편익 등을 10억원을 초과하여 특정 투자자 또는 거래상대방에게 제공하거나 특정 투자자 또는 거래상대방으로부터 제공받은 경우 그 내용을 인터넷 홈페이지등을 통하여 공시하여야 한다.
③ 투자일임업자가 제1항에 따른 금전·물품·편익 등을 제공하거나 제공받는 경우 제공목적, 제공내용, 제공일자 및 제공받는 자 등에 대한 기록을 유지해야 한다.
④ 협회는 제1항부터 제3항까지의 시행을 위하여 필요한 구체적 기준을 정할 수 있다.
159) "금융위원회가 정하여 고시하는 행위"란 다음의 어느 하나에 해당하는 행위를 말한다(금융투자업규정 4-77).
1. 불특정다수의 투자일임재산을 통합하여 운용할 목적으로 설계된 상품을 불특정다수의 투자자에게 제공하는 행위
2. 투자자의 동의를 얻지 아니하고 투자운용인력을 교체하는 행위. 다만, 투자일임계약에서 부득이하다고 기재한 경우를 제외한다.
3. 투자일임재산의 운용내역 및 자산의 평가가액에 대한 투자자의 조회를 거부하거나 방해하는 행위
4. 특정 증권 등의 취득과 처분을 각 계좌재산의 일정비율로 정한 후 여러 계좌의 주문을 집합하는 행위. 다만, 제5호에 따라 투자자를 유형화한 경우 각 유형에 적합한 방식으로 투자일임재산을 운용하는 경우에는 그러하지 아니하다.
5. 투자자의 연령·투자위험 감수능력·투자목적·소득수준·금융자산의 비중 등 재산운용을 위해 고려 가능한 요소를 조사하여 투자자를 유형화하고 각 유형에 적합한 방식으로 투자일임재산을 운용하지 않는 행위. 다만, 전문투자자가 투자자를 유형화하기 위한 조사를 원하지 아니할 경우에는 조사를 생략할 수 있으며, 이 경우 전문투자자는 자기의 투자 유형을 선택할 수 있다.
6. 제4-73조 제2호 가목 및 나목에 따라 일반투자자의 재무상태, 투자목적 등의 변경여부를 확인한 후 변경상황을 재산운용에 반영하지 아니하는 행위
7. 투자일임업을 경영하는 투자중개업자가 투자중개업무와 투자일임업무를 결합한 자산관리계좌(이하 "맞

춤식 자산관리계좌(Wrap Account)"라 한다)를 운용함에 있어 투자일임재산에 비례하여 산정하는 투자일임수수료 외에 위탁매매수수료 등 다른 수수료를 부과하는 행위. 다만, 투자자의 주식에 대한 매매지시 횟수가 투자일임계약시 일임업자와 투자자간 합의된 기준을 초과하는 경우 투자일임 수수료를 초과하여 발생한 위탁매매 비용은 실비의 범위 이내에서 투자자에게 청구할 수 있다.

8. 성과보수를 수취하는 경우 기준지표(제4-77조의2 제1항에 따른 요건을 충족하는 기준지표)에 연동하여 산정하지 않는 행위. 단 투자일임업자와 투자자간 합의에 의해 달리 정한 경우에는 그러하지 아니하다.

9. 투자일임재산을 운용하지 않는 임직원이 투자일임재산에 편입된 금융투자상품의 취득·처분 등 투자일임재산의 운용에 관하여 투자자에게 상담하는 행위. 다만 투자일임재산을 운용하는 자가 상담일로부터 2주전에 투자일임재산에 편입된 금융투자상품에 대하여 작성한 자료에 근거할 경우에는 그러하지 아니하다.

10. 고유재산운용업무와 투자일임재산간 법 제45조 제1항 제1호에 해당하는 행위

11. 투자광고의 내용에 특정 투자일임계좌의 수익률 또는 여러 투자일임계좌의 평균수익률을 제시하는 행위

12. 투자권유시 제5호에 따라 투자자를 유형화한 경우 월별, 분기별 등 일정기간동안의 각 유형별 가중평균수익률과 최고·최저수익률을 같이 제시하는 행위 이외의 방법으로 수익률을 제시하는 행위

13. 투자자문업자로부터 투자자문을 받은 투자일임업자는 법 제96조의 선관의무 및 충실의무에 위반하여 내부적인 투자판단 과정없이 투자일임재산을 운용하는 행위

14. 수시입출방식으로 투자일임 계약을 체결하고 투자일임재산을 운용하면서 다음 각 목의 사항을 준수하지 아니하는 행위
　가. 투자일임재산을 거래일과 결제일이 동일한 자산으로 운용할 것
　나. 투자일임재산으로 운용할 수 있는 채무증권(금융기관이 발행·매출·중개한 어음을 포함)은 취득시점을 기준으로 신용평가업자의 신용평가등급(둘 이상의 신용평가업자로부터 신용평가등급을 받은 경우에는 그중 낮은 신용평가등급이고, 세분류하지 않은 신용평가등급을 말한다)이 최상위등급 또는 최상위등급의 차하위등급 이내일 것.
　다. 투자일임재산의 남은 만기의 가중평균된 기간이 90일 이내일 것
　라. 투자일임재산을 잔존만기별로 구분하여 관리하고 다음에 해당하는 비율을 유지할 것(이 경우 제7-16조 제5항을 준용한다)
　　(1) 제7-16조 제3항 각 호에 해당하는 자산의 비율: 10% 이상
　　(2) 제7-16조 제4항 각 호에 해당하는 자산의 비율: 30% 이상

15. 투자일임재산으로 투자일임업자 또는 그 계열회사가 발행한 증권에 다음 각 목의 어느 하나에 해당하는 기준을 초과하여 투자하는 행위
　가. 지분증권의 경우: 각 투자일임재산 총액을 기준으로 50%
　나. 지분증권을 제외한 증권(집합투자증권, 파생결합증권 및 법 제110조에 따른 수익증권은 제외)의 경우: 전체 투자일임재산을 기준으로 계열회사 전체가 그 투자일임업자에 대하여 출자한 비율에 해당하는 금액[계열회사 전체가 소유하는 그 투자일임업자의 의결권 있는 주식수를 그 투자일임업자의 의결권 있는 발행주식 총수로 나눈 비율에 그 투자일임업자의 자기자본(자기자본이 자본금 이하인 경우에는 자본금을 말한다)을 곱한 금액을 말한다]

16. 제15호에 불구하고 투자일임재산을 투자일임업자 또는 그 계열회사가 발행한 고위험 채무증권등 운용하는 행위

17. 투자자문·일임업자가 영 제373조 제4항 제1호에 따른 등록취소를 회피할 목적으로 고유재산, 이해관계인 또는 특수관계인의 재산만을 이용하거나, 허위 또는 이면계약 체결 등을 하는 행위

18. 투자일임계약시 대면으로 법 제47조에 따른 설명의무를 이행하지 아니하는 경우. 다만, 다음 각 목의 어느 하나에 해당하는 경우에는 그러하지 아니하다.
　가. 투자일임업자가 투자자와 영 제98조 제2항에 따른 자산구성형 개인종합자산관리계약을 체결하는 경우
　나. 법 제100조 제1항에 따른 역외투자일임업자가 투자자와 투자일임계약을 체결하는 경우
　다. 영상통화로 법 제47조에 따른 설명의무를 이행하는 경우

2) 예외적 허용

다만, 투자자 보호 및 건전한 거래질서를 해할 우려가 없는 경우로서 "대통령령으로 정하는 경우"에는 이를 할 수 있다(법98② 단서).

여기서 "대통령령으로 정하는 경우"란 다음의 경우를 말한다(영99②).

1. 삭제 [2013. 8. 27]

2. 법 제98조 제2항 제2호를 적용할 때 인수일부터 3개월이 지난 후 매수하는 경우

2의2. 법 제98조 제2항 제2호를 적용할 때 인수한 증권이 국채증권, 지방채증권, 한국은행통화안정증권, 특수채증권 또는 사채권(주권 관련 사채권 및 제176조의13 제1항에 따른 상각형 조건부자본증권은 제외) 중 어느 하나에 해당하는 경우. 다만, 사채권의 경우에는 투자자 보호 및 건전한 거래질서를 위하여 금융위원회가 정하여 고시하는 발행조건, 거래절차 등의 기준[160]을 충족하는 채권으로 한정한다.

2의3. 법 제98조 제2항 제2호를 적용할 때 인수한 증권이 증권시장에 상장된 주권인 경우로서 그 주권을 증권시장에서 매수하는 경우

2의4. 법 제98조 제2항 제2호를 적용할 때 일반적인 거래조건에 비추어 투자일임재산에 유리한 거래인 경우

2의5. 법 제98조 제2항 제5호를 적용할 때 투자자의 요구에 따라 동일한 투자자의 투자일임재산 간에 거래하는 경우

3. 법 제98조 제2항 제6호를 적용할 때 다음 각 목의 어느 하나에 해당하는 경우

　가. 이해관계인이 되기 6개월 이전에 체결한 계약에 따른 거래인 경우

　나. 증권시장 등 불특정 다수인이 참여하는 공개시장을 통한 거래인 경우

　다. 일반적인 거래조건에 비추어 투자일임재산에 유리한 거래인 경우

　라. 투자일임업자와 투자자가 최근 1년 6개월 이상 ㈜코스콤 홈페이지에 운용성과, 위험지표등 주요사항을 매일 공시하고 있는 전자적 투자조언장치를 활용하는 투자일임계약을 체결하는 경우

19. 영 제99조 제1항 제1호의2에 따른 전자적 투자조언장치를 활용하여 투자일임업을 수행하는 경우 투자일임재산을 실제로 운용하는 전자적 투자조언장치를 투자자의 동의를 얻지 아니하고 교체하는 행위. 다만, 기존 전자적 투자조언장치와 동일성이 유지되는 범위 내에서 전자적 투자조언장치를 단순 수정, 개선하는 등의 경우를 제외한다.

160) "금융위원회가 정하여 고시하는 발행조건, 거래절차 등의 기준"이란 다음에 모두 해당하는 경우를 말한다(금융투자업규정4-73의3).
　1. 투자일임업자가 모집의 방법으로 발행되는 채권을 청약을 통하여 매수하며, 그 매수금액이 발행금액의 30%를 초과하지 아니할 것
　2. 거래시점을 기준으로 신용평가업자로부터 최상위등급 또는 최상위등급의 차하위등급 이내의 신용등급을 받은 채권일 것
　3. 제1호의 거래를 수행한 경우에는 그 사항에 대하여 준법감시인(준법감시인이 없는 경우에는 감사 등 이에 준하는 자)의 확인을 받을 것
　4. 관계인수인으로부터 매수한 채권의 종목, 수량 등 거래내역을 협회가 정하는 방법과 절차에 따라 매분기별로 공시할 것

　　라. 환매조건부매매

　　마. 투자일임업자 또는 이해관계인의 중개·주선 또는 대리를 통하여 금융위원회가 정하여 고시하는 방법[161]에 따라 투자일임업자 또는 이해관계인이 아닌 자와 행하는 투자일임 재산의 매매

　　바. 이해관계인이 매매중개(금융위원회가 정하여 고시하는 매매형식의 중개[162])를 통하여 채무증권, 원화로 표시된 양도성 예금증서 또는 어음(기업어음증권은 제외)을 그 이해관계인과 매매하는 경우

　　사. 투자에 따르는 위험을 회피하기 위하여 투자일임재산으로 상장지수집합투자기구의 집합투자증권을 차입하여 매도하는 거래인 경우

　　아. 그 밖에 금융위원회가 투자자의 이익을 해칠 염려가 없다고 인정하는 경우

3의2. 법 제98조 제2항 제6호 및 같은 항 제9호 나목을 적용할 때 증권에 관한 투자매매업자 또는 투자중개업자인 투자일임업자가 제182조 제2항에 따라 증권의 대차거래 또는 그 중개·주선이나 대리 업무를 하기 위하여 투자자로부터 동의를 받아 투자일임재산(증권인투자일임재산으로 한정)으로 해당 투자일임업자의 고유재산과 거래하거나 투자자로부터 투자일임재산의 인출을 위임받는 경우. 이 경우 해당 업무를 하기 전에 다음 각 목의 사항에 관하여 준법감시인의 확인을 받아야 한다.

　　가. 해당 투자일임재산이 제182조 제2항에 따른 대차거래의 중개의 목적으로만 활용되는지 여부

　　나. 그 대차거래의 중개로 해당 투자일임재산과 고유재산이 혼화(混和)됨에 따라 투자자 보호와 건전한 거래질서를 저해할 우려가 없는지 여부

　　다. 그 밖에 금융위원회가 정하여 고시하는 사항

4. 법 제98조 제2항 제8호를 적용할 때 개별 투자일임재산을 효율적으로 운용하기 위하여 투자대상자산의 매매주문을 집합하여 처리하고, 그 처리 결과를 투자일임재산별로 미리 정하여진 자산배분명세에 따라 공정하게 배분하는 경우

5. 법 제98조 제2항 제9호 다목을 적용할 때 다음 각 목의 어느 하나에 해당하는 경우

　　가. 주식매수청구권의 행사

　　나. 공개매수에 대한 응모

　　다. 유상증자의 청약

---

161) "금융위원회가 정하여 고시하는 방법"이란 투자일임업자 또는 이해관계인이 일정 수수료만을 받고 투자일임재산과 제3자간의 투자대상자산의 매매를 연결시켜 주는 방법을 말한다(금융투자업규정4-74).

162) "금융위원회가 정하여 고시하는 매매형식의 중개"란 투자일임업자가 채무증권, 원화로 표시된 양도성예금증서 또는 어음(기업어음증권을 제외)을 이해관계인과 거래하는 경우 이해관계인에게 지급한 중개수수료(명목에 불구하고 이해관계인이 매매의 중개를 행한 대가로 취득하는 이익)를 감안할 때 거래의 실질이 중개의 위탁으로 볼 수 있고, 이해관계인이 투자일임업자로부터 매매 또는 중개의 위탁을 받아 투자일임업자 또는 제3자로부터 매입한 채권 등을 지체 없이 제3자 또는 투자일임업자에 매도하는 경우를 말한다(금융투자업규정4-75).

　　라. 전환사채권의 전환권의 행사

　　마. 신주인수권부사채권의 신주인수권의 행사

　　바. 교환사채권의 교환청구

　　사. 파생결합증권의 권리의 행사

　　아. 법 제5조 제1항 제2호에 따른 권리의 행사

　　자. 투자자의 이익을 보호하기 위하여 금융위원회가 정하여 고시하는 요건을 갖춘 투자일 임업자[163]가 제10조 제3항 제12호에 따른 기금(이에 준하는 외국인을 포함) 또는 같은 항 제13호에 따른 법인(이에 준하는 외국인을 포함)으로부터 위임받은 의결권의 행사. 이 경우 의결권 행사의 제한에 관하여는 법 제112조 제2항부터 제4항까지의 규정을 준 용하며, "신탁업자"는 "투자일임업자"로, "신탁재산"은 "투자일임재산"으로, "신탁계약" 은 "투자일임계약"으로 본다.

(다) 위반시 제재

　　법 제98조 제1항(제101조 제4항에서 준용하는 경우를 포함)·제2항(제10호를 제외)을 위반하여 각 해당 조항 각 호의 어느 하나에 해당하는 행위를 한 자는 5년 이하의 징역 또는 2억원 이하 의 벌금에 처한다(법444(8)). 그리고 제98조 제2항(제10호에 한한다)을 위반하여 각 해당 조항의 해당 호에 해당하는 행위를 한 자에 대하여는 1억원 이하의 과태료를 부과한다(법449①(29)).

(4) 성과보수의 제한

(가) 원칙적 금지

　　투자자문업자 또는 투자일임업자는 투자자문과 관련한 투자결과 또는 투자일임재산의 운 용실적과 연동된 성과보수를 받아서는 아니 된다(법98의2① 본문).

(나) 예외적 허용

　　다만 투자자 보호 및 건전한 거래질서를 해할 우려가 없는 경우로서 "대통령령으로 정하 는 경우"에는 성과보수를 받을 수 있다(법98의2① 단서). 여기서 "대통령령으로 정하는 경우"란 다음의 어느 하나에 해당하는 경우를 말한다(영99의2①).

　　1. 투자자가 전문투자자인 경우

　　2. 투자자가 일반투자자인 경우에는 다음 각 목의 요건을 모두 충족하는 경우

　　　가. 성과보수가 금융위원회가 정하여 고시하는 요건을 갖춘 기준지표[164] 또는 투자자와 합

---

163) "금융위원회가 정하여 고시하는 요건을 갖춘 투자일임업자"란 투자자의 이익을 보호하기 위하여 투자일임 재산에 속하는 주식의 의결권을 충실하게 행사할 수 있도록 의결권 행사의 원칙 및 세부기준, 담당조직 및 조직체계, 이해상충 방지 정책, 투자자에 대한 사후통지 절차 등 의결권 행사와 관련한 사항을 투자일 임업자 및 협회의 인터넷 홈페이지를 이용하여 공시한 투자일임업자를 말한다(금융투자업규정4-75의2).

164) "금융위원회가 정하여 고시하는 요건을 갖춘 기준지표"란 다음의 요건을 모두 충족하는 지표를 말한다(금 융투자업규정4-77의2①).

의에 의하여 정한 기준수익률("기준지표등")에 연동하여 산정될 것

　나. 운용성과(투자자문과 관련한 투자결과 또는 투자일임재산의 운용실적)가 기준지표등의
　　　성과보다 낮은 경우에는 성과보수를 적용하지 아니하는 경우보다 적은 운용보수를 받
　　　게 되는 보수체계를 갖출 것

　다. 운용성과가 기준지표등의 성과를 초과하더라도 그 운용성과가 부(負)의 수익률을 나타
　　　내거나 또는 금융위원회가 정하여 고시하는 기준165)에 미달하는 경우에는 성과보수를
　　　받지 아니하도록 할 것

　라. 그 밖에 성과보수의 산정방식, 지급시기 등에 관하여 금융위원회가 정하여 고시하는 요
　　　건166)을 충족할 것

(다) 계약서류 기재

　투자자문업자 또는 투자일임업자가 제1항 단서에 따라 성과보수를 받고자 하는 경우에는
그 성과보수의 산정방식, 그 밖에 "대통령령으로 정하는 사항"을 해당 투자자문 또는 투자일임
의 계약서류에 기재하여야 한다(법98의2②). 여기서 "대통령령으로 정하는 사항"이란 다음을 말
한다(영99의2②).

　1. 성과보수가 지급된다는 뜻과 그 한도
　2. 성과보수를 지급하지 아니하는 경우보다 높은 투자위험에 노출될 수 있다는 사실
　3. 성과보수를 포함한 보수 전체에 관한 사항
　4. 기준지표등
　5. 성과보수의 지급시기
　6. 성과보수가 지급되지 아니하는 경우에 관한 사항
　7. 그 밖에 투자자를 보호하기 위하여 필요한 사항으로서 금융위원회가 정하여 고시하는 사항

(5) 투자일임보고서 교부
(가) 교부의무

　투자일임업자는 투자일임보고서를 작성하여 3개월마다 1회 이상 투자일임계약을 체결한
일반투자자에게 교부하여야 한다. 투자일임보고서에는 ⅰ) 투자일임재산의 운용현황(제1호),

---

1. 증권시장 또는 파생상품시장에서 널리 사용되는 공인된 지수를 사용할 것
2. 투자일임재산의 운용성과(투자자문업의 경우 투자자가 투자자문에 따라 투자한 성과를 포함)를 공정하
　고 명확하게 보여줄 수 있는 지수를 사용할 것
3. 검증가능하고 조작할 수 없을 것

165) "금융위원회가 정하여 고시하는 기준에 미달하는 경우"란 성과보수를 지급할 경우 당해 투자일임재산의
　운용성과가 부(負)의 수익률을 나타내게 되는 경우를 말한다(금융투자업규정4-77의2②).
166) 영 제99조의2 제1항 라목에 따른 지급주기 및 지급시기는 연 1회로서 투자일임업자와 투자자간 합의한 시
　기로 한다. 다만, 투자일임업자와 투자자간 합의한 경우에는 지급 주기를 달리 정할 수 있다(금융투자업규
　정4-77의2③).

ⅱ) 투자일임재산 중 특정 자산을 그 투자일임업자의 고유재산과 거래한 실적이 있는 경우 그 거래시기·거래실적 및 잔액(제2호)이 포함되어야 한다(법99①).

(나) 기재사항

투자일임보고서에는 해당 투자일임보고서 작성대상 기간에 대하여 ⅰ) 운용경과의 개요 및 손익 현황(제1호), ⅱ) 투자일임재산의 매매일자, 매매가격, 위탁수수료 및 각종 세금 등 운용현황(제2호), ⅲ) 투자일임재산에 속하는 자산의 종류별 잔액현황, 취득가액, 시가 및 평가손익(제3호), ⅳ) 투자일임수수료를 부과하는 경우에는 그 시기 및 금액(제4호), ⅴ) 그 밖에 투자자를 보호하기 위하여 필요한 사항으로서 금융위원회가 정하여 고시하는 사항(제5호)[167]을 기재하여야 한다(영100①).

(다) 교부방법

투자일임업자는 투자자에게 투자일임보고서를 내주는 경우에는 투자일임보고서 작성대상 기간이 지난 후 2개월 이내에 직접 또는 우편발송 등의 방법으로 내주어야 한다(영100② 본문). 다만, 일반투자자가 전자우편 또는 이와 비슷한 전자통신의 방법을 통하여 투자일임보고서를 받는다는 의사표시를 한 경우 또는 제99조 제1항 제1호의2에 따른 전자적 투자조언장치를 활용하여 투자일임업을 수행하는 경우에는 전자우편 또는 이와 비슷한 전자통신의 방법을 통하여 보낼 수 있다(영100② 단서). 투자일임업자는 제2항 본문에 따라 우편발송 등의 방법으로 내준 투자일임보고서가 3회 이상 반송된 경우 투자자가 요구할 때 즉시 내줄 수 있도록 지점이나 그 밖의 영업소에 투자일임보고서를 비치하는 것으로 그에 갈음할 수 있다(영100③).

(6) 역외투자자문업자 · 역외투자일임업자

(가) 의의

외국 투자자문업자(외국 법령에 따라 외국에서 투자자문업에 상당하는 영업을 영위하는 자) 또는 외국 투자일임업자(외국 법령에 따라 외국에서 투자일임업에 상당하는 영업을 영위하는 자)가 외국에

---

167) "금융위원회가 정하여 고시하는 사항"이란 다음의 사항을 말한다(금융투자업규정4-78①).
    1. 투자일임재산을 실제로 운용한 투자운용인력에 관한 사항
    2. 성과보수에 관한 약정이 있을 경우 기준지표의 성과와 성과보수 지급내역
    3. 투자자의 투자성향개요
    4. 투자자가 부여한 각종 투자제한사항
    5. 실제 적용된 투자전략과 시장상황분석
    6. 운용과정에서 발생한 위험요소 분석
    7. 투자일임수수료, 증권거래세 등 총 발생비용 및 세부내역
    8. 매매회전율
    9. 성과보수 수취시 성과보수 부과기준 및 충족여부
    10. 영 제99조 제1항 제1호의2에 따른 전자적 투자조언장치를 활용하여 투자일임업을 수행하는 경우 투자일임재산을 실제로 운용하는 전자적 투자조언장치에 관한 사항 및 해당 전자적 투자조언장치를 유지·보수하는 전문인력에 관한 사항

서 국내 거주자를 상대로 직접 영업을 하거나 통신수단을 이용하여 투자자문업 또는 투자일임업을 영위하는 자로서 금융위원회에 등록한 자를 말한다(법18②(1)).

(나) 적용배제 규정

자본시장법상 파생상품업무책임자, 경영건전성 감독, 대주주와의 거래제한 등, 상호, 금융투자업자의 다른 금융업무 영위, 금융투자업자의 부수업무 영위, 이해상충의 관리, 정보교류의 차단, 투자권유준칙, 투자권유대행인의 등록 등, 투자권유대행인의 금지행위 등, 약관 및 소유증권의 예탁, 금융투자업 폐지 공고 등, 임직원의 금융투자상품 매매 등에 관한 규정은 역외투자자문업자 또는 역외투자일임업자에게는 적용하지 아니한다(법100①).

(다) 연락책임자

역외투자자문업자 또는 역외투자일임업자는 투자자 보호를 위하여 총리령으로 정하는 요건에 해당하는 연락책임자[168]를 국내에 두어야 한다(법100②).

(라) 관할합의

역외투자자문업자 또는 역외투자일임업자는 국내 거주자와 체결하는 투자자문계약 또는 투자일임계약 내용에 그 계약에 대하여 국내법이 적용되고 그 계약에 관한 소송은 국내법원이 관할한다는 내용을 포함하여야 한다(법100③).

(마) 불건전 영업행위 점검

역외투자자문업자 또는 역외투자일임업자는 제98조(불건전 영업행위의 금지)에서 정한 사항의 준수 여부 점검 등을 위하여 임직원이 그 직무를 수행함에 있어서 따라야 할 적절한 기준 및 절차를 마련하고, 그 운영실태를 정기적으로 점검하여야 한다(법100④).

(바) 업무보고서

역외투자자문업자 또는 역외투자일임업자는 매 사업연도 개시일부터 3개월간·6개월간·9개월간 및 12개월간의 업무보고서를 금융위원회가 정하여 고시하는 기준[169]에 따라 작성하여

---

168) "총리령으로 정하는 요건에 해당하는 연락책임자"란 법 제100조 제1항에 따른 역외투자자문업자 또는 역외투자일임업자의 대리인으로서 다음의 어느 하나에 해당하는 자를 말한다(시행규칙11).
  1. 다음 각 목의 어느 하나에 해당하는 금융기관 가. 은행, 나. 한국산업은행, 다. 한국수출입은행, 라. 중소기업은행, 마. 금융투자업자(겸영금융투자업자는 제외), 바. 증권금융회사, 사. 종합금융회사, 아. 상호저축은행
  2. 다음 각 목의 어느 하나에 해당하는 자 가. 법무법인, 나. 법무법인(유한). 다. 법무조합, 라. 법무법인으로서 소득세법에 따라 공동사업장으로 등록된 경우에는 그 공동사업장에 소속된 변호사
  3. 회계법인
169) 금융투자업규정 제4-79조(역외투자자문·일임업자의 업무보고서) ① 영 제101조 제1항에 따른 역외투자자문업자 또는 역외투자일임업자의 업무보고서에는 다음의 사항이 포함되어야 한다.
  1. 회사의 개황 등에 관한 사항: 회사의 개황, 연혁, 영업의 개요, 재무현황, 주요주주, 임원, 전문인력 및 영업소 현황 등
  2. 영업에 관한 사항: 투자자문·일임업무 담당자, 투자자문·일임계약 현황 등

그 기간이 지난 후 1개월 이내에 금융위원회에 제출하여야 한다(법100⑤, 영101①).

(사) 역외투자일임업자의 영업제한

역외투자일임업자는 전문투자자 중 대통령령으로 정하는 자[170] 외의 자를 대상으로 투자일임업을 영위하여서는 아니 된다(법100⑥).

(아) 외화증권의 보관

역외투자일임업자는 투자일임재산으로 취득한 외화증권을 대통령령으로 정하는 외국 보관기관에 보관하여야 한다(법100⑦). "대통령령으로 정하는 외국 보관기관"이란 시행령 제63조 제3항에 따른 외국 보관기관을 말한다(영101③).

(자) 기타

역외투자일임업자는 금융위원회가 정하여 고시하는 기준에 따라 작성한 투자일임보고서를 월 1회 이상 투자자에게 직접 또는 우편발송 등의 방법으로 내주어야 한다(영101④ 본문). 다만, 투자자가 전자우편을 통하여 해당 투자일임보고서를 받는다는 의사표시를 한 경우에는 전자우편을 통하여 보낼 수 있다(영101④ 단서).

(7) 유사투자자문업

(가) 유사투자자문업의 의의

유사투자자문업이란 불특정 다수인을 대상으로 하여 발행되는 간행물, 전자우편 등에 의하여 금융투자상품에 대한 투자판단 또는 금융투자상품의 가치에 관한 조언으로서, 불특정 다수인을 대상으로 발행 또는 송신되고, 불특정 다수인이 수시로 구입 또는 수신할 수 있는 간행물·출판물·통신물 또는 방송 등을 통하여 투자자문업자 외의 자가 일정한 대가를 받고 행하는 투자조언을 하는 것을 말한다(법101①, 영102①).

(나) 신고 및 보고

유사투자자문업을 영위하고자 하는 자는 금융위원회가 정하여 고시하는 서식[171]에 따라

---

　② 역외투자일임업자는 투자자와 투자일임계약을 체결하는 경우 영 제101조 제5항에 따라 그 계약의 내용에 투자원칙, 투자대상의 종류별·지역별 구성비율, 위험수준, 비교지표(벤치마크), 투자일임자산의 평가방법 등을 정하여야 하며 투자자의 서면 동의 없이 이를 변경하여서는 아니 된다.

　③ 역외투자자문업자 또는 역외투자일임업자의 업무보고서 서식 및 작성방법 등에 관하여 필요한 사항은 금융감독원장이 정한다.

170) "대통령령으로 정하는 자"란 다음의 어느 하나에 해당하는 자를 말한다(영101②).
　　1. 국가
　　2. 한국은행
　　3. 제10조 제2항 제1호부터 제17호까지의 어느 하나에 해당하는 자
　　4. 제10조 제3항 제1호부터 제14호까지의 어느 하나에 해당하는 자
171) 유사투자자문업을 영위하고자 하는 자가 법 제101조 제1항에 따라 신고하거나, 유사투자자문업을 영위하는 자가 같은 조 제2항 각 호 외의 부분에 따라 보고하는 경우 그 서식 및 작성방법 등에 관하여 필요한 사항은 금융감독원장이 정한다(금융투자업규정4-80).

금융위원회에 신고하여야 하고(법101①), 유사투자자문업을 영위하는 자는 ⅰ) 유사투자자문업을 폐지한 경우(제1호), ⅱ) 명칭 또는 소재지를 변경한 경우(제2호), ⅲ) 대표자를 변경한 경우(제3호)에 2주 이내에 이를 금융위원회에 보고하여야 한다(법101②).

신고의 유효기간은 신고를 수리한 날부터 5년으로 한다(법101⑥). 신고를 하려는 자는 투자자 보호를 위하여 유사투자자문업의 영위에 필요한 교육을 받아야 한다(법101⑦).[172] 교육의 실시기관, 대상, 내용, 방법 및 절차 등에 관하여 필요한 사항은 금융위원회가 정하여 고시한다(법101⑧).

(다) 자료제출요구

금융위원회는 유사투자자문업의 질서유지 및 고객보호 등을 위하여 필요하다고 인정되는 경우에는 유사투자자문업을 영위하는 자에 대하여 영업내용 및 업무방법 등에 관한 자료의 제출을 요구할 수 있다(법101③ 전단). 이 경우 자료의 제출을 요구받은 자는 정당한 사유가 없으면 그 요구에 따라야 한다(법101③ 후단).

(라) 불건전 영업행위의 금지

투자자문업자 또는 투자일임업자의 불건전 영업행위의 금지에 관한 법 제98조 제1항(제3호 제외)은 유사투자자문업신고를 하여야 하는 자에게 준용한다(법101④). 따라서 유사투자자문업자는 ⅰ) 투자자로부터 금전·증권, 그 밖의 재산의 보관·예탁을 받는 행위, ⅱ) 투자자에게 금전·증권, 그 밖의 재산을 대여하거나 투자자에 대한 제3자의 금전·증권, 그 밖의 재산의 대여를 중개·주선 또는 대리하는 행위, ⅲ) 계약으로 정한 수수료 외의 대가를 추가로 받는 행위, 그리고 ⅳ) 투자자문에 응하거나 투자일임재산을 운용하는 경우 금융투자상품등의 가격에 중대한 영향을 미칠 수 있는 투자판단에 관한 자문 또는 매매 의사를 결정한 후 이를 실행하기 전에 그 금융투자상품등을 자기의 계산으로 매매하거나 제3자에게 매매를 권유하는 행위를 할 수 없다.

(마) 수리거부사유와 직권말소사유

금융위원회는 다음의 어느 하나에 해당하는 자에 대하여 유사투자자문업 신고를 수리하지 아니할 수 있다(법101⑤).

---

[172] 금융투자업규정 제4-80조의2(유사투자자문업 교육) ① 법 제101조 제7항에 따른 교육은 유사투자자문업을 하려는 자 또는 법인의 대표자를 대상으로 협회가 다음의 사항을 내용으로 실시하는 집합교육을 말한다.
1. 유사투자자문업 신고, 유사투자자문업자의 불건전 영업행위, 유사투자자문업자의 보고 및 자료제출 의무 등 법 제101조에 따른 사항
2. 그 밖에 유사투자자문업의 질서유지 및 고객보호 등을 위하여 협회가 정하는 사항
② 제1항에 따른 교육은 유사투자자문업을 신고하려는 날 전 1년 이내의 기간 중에 이수하여야 한다.
③ 협회는 제1항에 따른 교육을 받은 자에게 이수일이 기재된 교육이수증을 교부하여야 한다.

1. 자본시장법이나 금융관련법령을 위반하여 벌금 이상의 형을 선고받고 그 집행이 끝나거나 (집행이 끝난 것으로 보는 경우를 포함) 면제된 날부터 5년이 지나지 아니한 자(법인인 경우 임원을 포함)
2. 제2항에 따라 유사투자자문업의 폐지를 보고하고 1년이 지나지 아니한 자
3. 제7항에 따른 교육을 받지 아니한 자
4. 제9항에 따라 신고가 말소되고 5년이 지나지 아니한 자
5. 그 밖에 제1호부터 제4호까지에 준하는 경우로서 투자자 보호의 필요성 등을 고려하여 대통령령으로 정하는 자

금융위원회는 다음의 어느 하나에 해당하는 자에 대한 신고사항을 직권으로 말소할 수 있다(법101⑨).

1. 유사투자자문업자가 부가가치세법 제8조에 따라 관할 세무서장에게 폐업신고를 하거나 관할 세무서장이 사업자등록을 말소한 자
2. 제2항 또는 제3항 후단을 위반하여 제449조에 따른 과태료를 연속하여 3회 이상 받은 자
3. 제5항 각 호의 어느 하나에 해당하는 자

금융위원회는 제9항 제1호의 말소를 위하여 필요한 경우 관할 세무서장에게 영업자의 폐업 여부에 관한 정보제공을 요청할 수 있다(법101⑩ 전단). 이 경우 요청을 받은 관할 세무서장은 전자정부법 제39조에 따라 영업자의 폐업 여부에 관한 정보를 제공한다(법101⑩ 후단).

(바) 금융감독원장의 검사

금융감독원장은 다음의 경우 그 업무와 재산상황에 관하여 검사를 할 수 있고, 검사에 관하여는 제419조를 준용한다(법101⑪).

1. 유사투자자문업을 영위하는 자가 제2항에 따른 보고를 하지 않거나 거짓으로 보고한 경우
2. 유사투자자문업을 영위하는 자가 제3항 후단에 따른 정당한 사유 없이 자료제출을 하지 않거나 거짓으로 제출한 경우

(사) 위반시 제재

법 제101조 제1항에 따른 신고를 하지 아니하고 유사투자자문업을 영위한 자는 1년 이하의 징역 또는 3천만원 이하의 벌금에 처한다(법446(17의2)). 정당한 사유 없이 제101조 제2항에 따른 보고를 하지 않거나 거짓으로 보고한 자에 대하여는 3천만원 이하의 과태료를 부과한다(법449③(5의2)).

4. 신탁업자

(1) 선관의무 및 충실의무

신탁업자는 수익자에 대하여 선량한 관리자의 주의로써 신탁재산을 운용하여야 한다(법 102①). 신탁법 32조(수탁자의 선관의무)도 "수탁자는 선량한 관리자의 주의로 신탁사무를 처리하여야 한다. 다만, 신탁행위로 달리 정한 경우에는 그에 따른다"고 규정한다.

신탁업자는 수익자의 이익을 보호하기 위하여 해당 업무를 충실하게 수행하여야 한다(법 102②). 신탁법 33조(충실의무)도 "수탁자는 수익자의 이익을 위하여 신탁사무를 처리하여야 한다"고 규정한다.

(2) 신탁업무의 방법

신탁업자는 수탁한 재산에 대하여 손실의 보전이나 이익의 보장을 하여서는 아니 된다(영 104① 본문). 다만, 연금이나 퇴직금의 지급을 목적으로 하는 신탁으로서 금융위원회가 정하여 고시하는 경우에는 손실의 보전이나 이익의 보장을 할 수 있다(영104① 단서). 신탁업자는 손실의 보전이나 이익의 보장을 한 신탁재산의 운용실적이 신탁계약으로 정한 것에 미달하는 경우에는 특별유보금(손실의 보전이나 이익의 보장 계약이 있는 신탁의 보전 또는 보장을 위하여 적립하는 금액), 신탁보수, 고유재산의 순으로 충당하여야 한다(영104②).

신탁업자는 신탁계약기간이 끝난 경우에는 손실의 보전이나 이익의 보장을 한 경우를 제외하고는 신탁재산의 운용실적에 따라 반환하여야 한다(영104③). 신탁업자는 위탁자가 신탁계약기간이 종료되기 전에 신탁계약을 해지하는 경우에는 신탁재산의 운용실적에서 신탁계약에서 정하고 있는 중도해지수수료를 빼고 반환하여야 한다(영104④ 본문). 다만, 금융위원회가 정하여 고시하는 사유[173]에 해당하는 경우에는 이를 빼지 아니한다(영104④단서). 신탁업자는 신탁계약이 정하는 바에 따라 신탁보수를 받을 수 있다(영104⑤).

신탁업자는 특정금전신탁 계약을 체결(갱신을 포함)하거나 금전의 운용방법을 변경할 때에는 다음의 구분에 따른 사항을 준수하여야 한다(영104⑥ 본문). 다만, 수익자 보호 및 건전한 거래질서를 해칠 우려가 없는 경우로서 계약의 특성 등을 고려하여 금융위원회가 정하여 고시하는 특정금전신탁의 경우[174]는 제외한다(영104⑥ 단서).

---

173) "금융위원회가 정하여 고시하는 사유"란 다음의 어느 하나에 해당하는 경우를 말한다(금융투자업규정 4-82②).
 1. 조세특례제한법, 그 밖의 조세관계법령에서 소득세 납부의무가 면제되는 신탁으로서 중도해지하는 경우에도 세제혜택이 부여되는 일정한 사유의 발생으로 신탁계약을 해지하는 경우
 2. 신탁업자가 합병하거나 경영합리화 등을 위해 영업점을 통·폐합 또는 이전함에 따라 수익자가 거래불편 등을 이유로 신탁계약을 중도해지하는 경우
 3. 제4-93조 제1호의 불건전 영업행위를 시정하기 위하여 신탁계약을 중도해지하는 경우

1. 계약을 체결할 때: 위탁자로 하여금 신탁재산인 금전의 운용방법으로서 운용대상의 종류·
   비중·위험도, 그 밖에 위탁자가 지정하는 내용을 계약서에 자필로 적도록 할 것
2. 제1호에서 정한 금전의 운용방법을 변경할 때: 위탁자로 하여금 그 변경내용을 계약서에 자필
   로 적도록 하거나 다음 각 목의 어느 하나에 해당하는 방법으로 확인받도록 할 것. 다만, 운용
   대상의 위험도를 변경하는 경우에는 그 변경내용을 계약서에 자필로 적도록 하여야 한다.
   가. 서명(전자서명법 제2조 제2호에 따른 전자서명을 포함)
   나. 기명날인
   다. 녹취

(3) 신탁재산과 고유재산의 구분
(가) 신탁법 규정

수탁자는 신탁재산을 수탁자의 고유재산과 분별하여 관리하고 신탁재산임을 표시하여야
하고(신탁법37①), 여러 개의 신탁을 인수한 수탁자는 각 신탁재산을 분별하여 관리하고 서로
다른 신탁재산임을 표시하여야 하며(신탁법37②), 신탁재산이 금전이나 그 밖의 대체물인 경우
에는 그 계산을 명확히 하는 방법으로 분별하여 관리할 수 있다(신탁법37③).

또한 수탁자는 누구의 명의로도 ⅰ) 신탁재산을 고유재산으로 하거나 신탁재산에 관한 권
리를 고유재산에 귀속시키는 행위(제1호), ⅱ) 고유재산을 신탁재산으로 하거나 고유재산에 관
한 권리를 신탁재산에 귀속시키는 행위(제2호), ⅲ) 여러 개의 신탁을 인수한 경우 하나의 신탁
재산 또는 그에 관한 권리를 다른 신탁의 신탁재산에 귀속시키는 행위(제3호), ⅳ) 제3자의 신
탁재산에 대한 행위에서 제3자를 대리하는 행위(제4호), ⅴ) 그 밖에 수익자의 이익에 반하는
행위(제5호)를 하지 못한다(신탁법34①). 그러나 수탁자는 ⅰ) 신탁행위로 허용한 경우(제1호),
ⅱ) 수익자에게 그 행위에 관련된 사실을 고지하고 수익자의 승인을 받은 경우(제2호), ⅲ) 법
원의 허가를 받은 경우(제3호)에는 신탁재산을 고유재산으로 하는 행위를 예외적으로 할 수 있
다(신탁법34②).

---

174) "금융위원회가 정하여 고시하는 특정금전신탁의 경우"란 다음의 어느 하나에 해당하는 경우를 말한다.
1. 퇴직급여법에 따라 신탁재산으로 퇴직연금 적립금을 운용하는 경우
2. 영상통화로 법 제47조에 따른 설명의무를 이행하는 경우로서 다음 각 목 중 어느 하나에 해당하는
   경우
   가. 특정금전신탁 계약을 체결하는 경우: 위탁자로 하여금 신탁재산인 금전의 운용방법으로서 운용대상
       의 종류비중위험도, 그 밖에 위탁자가 지정하는 내용을 전자적 방식을 통해 계약서에 직접 적도록
       하는 경우
   나. 가목에서 정한 금전의 운용방법을 변경할 때: 위탁자로 하여금 그 변경내용을 계약서에 전자적 방
       식을 통해 직접 적도록 하거나, 영 제104조 제6항 제2호 각 목의 어느 하나에 해당하는 방법으로
       확인받는 경우. 다만, 운용대상의 위험도를 변경하는 경우에는 그 변경내용을 전자적 방식을 통해
       직접 적도록 하는 경우로 제한한다.

(나) 자본시장법 규정

신탁법 제34조(이익에 반하는 행위의 금지) 제2항은 신탁업자에게는 적용하지 아니한다(법 104①).

신탁업자는 다음의 어느 하나에 해당하는 경우 신탁계약이 정하는 바에 따라 신탁재산을 고유재산으로 취득할 수 있다(법104②).

1. 신탁행위에 따라 수익자에 대하여 부담하는 채무를 이행하기 위하여 필요한 경우[금전신탁 재산의 운용으로 취득한 자산이 거래소시장(다자간매매체결회사에서의 거래를 포함) 또는 이와 유사한 시장으로서 해외에 있는 시장에서 시세(제176조 제2항 제1호의 시세)가 있는 경우에 한한다][175]
2. 신탁계약의 해지, 그 밖에 수익자 보호를 위하여 불가피한 경우로서 대통령령으로 정하는 경우(제103조 제3항에 따라 손실이 보전되거나 이익이 보장되는 신탁계약에 한한다)[176]

위 제2호에서 "대통령령으로 정하는 경우"란 다음의 요건을 모두 충족하는 경우로서 금융 위원회가 인정하는 경우를 말한다(영105).

1. 신탁계약기간이 종료되기까지의 남은 기간이 3개월 이내일 것
2. 신탁재산을 고유재산으로 취득하는 방법 외에 신탁재산의 처분이 곤란할 경우일 것
3. 취득가액이 공정할 것

(다) 위반시 제재

법 제104조 제2항을 위반하여 신탁재산을 고유재산으로 취득한 자는 3년 이하의 징역 또는 1억원 이하의 벌금에 처한다(법445(16)).

(4) 신탁재산의 운용

(가) 신탁재산에 속하는 금전의 운용방법

신탁업자는 신탁재산에 속하는 금전을 ⅰ) 증권(투자계약증권을 제외한 나머지 유형의 증권) 의 매수(제1호), ⅱ) 장내파생상품 또는 장외파생상품의 매수(제2호), ⅲ) 대통령령으로 정하는 금융기관[177]에의 예치(제3호), ⅳ) 금전채권의 매수(제4호), ⅴ) 대출(제5호), ⅵ) 어음의 매수(제

---

175) 이는 시장가격에 따라 거래가 이루어질 경우 이해상충이나 투자자 보호에 문제가 없다는 전제 아래 시장을 통해 신탁재산과 고유재산의 거래를 허용하는 것이다.

176) 이는 이해상충이나 투자자 보호 측면뿐만 아니라 거래의 신속성과 불가피성을 고려하여 신탁재산과 고유재산의 거래를 허용한 것으로 생각된다.

177) "대통령령으로 정하는 금융기관"이란 다음의 어느 하나에 해당하는 금융기관을 말한다(영106②).
1. 은행, 2. 한국산업은행, 3. 중소기업은행, 4. 증권금융회사, 5. 종합금융회사, 6. 상호저축은행, 7. 농업협 동조합, 8. 수산업협동조합, 9. 신용협동조합, 9의2. 산림조합, 10. 체신관서, 11. 제1호부터 제10호까지의 기관에 준하는 외국 금융기관

6호), vii) 실물자산의 매수(제7호), viii) 무체재산권의 매수(제8호), ix) 부동산의 매수 또는 개발 (제9호), ⅹ) 그 밖에 신탁재산의 안전성·수익성 등을 고려하여 대통령령으로 정하는 방법(제10 호)[178])으로 운용하여야 한다(법105①).

신탁업자가 신탁재산에 속하는 금전을 운용하는 경우에는 다음의 기준을 지켜야 한다(영 106⑤).

1. 특정금전신탁인 경우(그 신탁재산으로 법 제165조의3 제3항에 따라 주권상장법인이 발행 하는 자기주식을 취득·처분하는 경우만 해당)

   가. 법 제165조의3 제1항 제1호[179])의 방법으로 취득할 것

   나. 자기주식을 취득한 후 1개월 이내에 처분하거나 처분한 후 1개월 이내에 취득하지 아 니할 것

   다. 자기주식을 취득하고 남은 여유자금을 금융위원회가 정하여 고시하는 방법[180]) 외의 방 법으로 운용하지 아니할 것

   라. 제176조의2 제2항 제1호부터 제5호까지의 어느 하나에 해당하는 기간 동안에 자기주식 을 취득하거나 처분하지 아니할 것

2. 불특정금전신탁인 경우

   가. 사모사채(금융위원회가 정하여 고시하는 자[181])가 원리금의 지급을 보증한 사모사채와 담보부사채는 제외)에 운용하는 경우에는 각 신탁재산의 3%를 초과하지 아니할 것

   나. 지분증권(그 지분증권과 관련된 증권예탁증권을 포함) 및 장내파생상품에 운용하는 경 우에는 각 신탁재산의 50%를 초과하지 아니할 것. 이 경우 장내파생상품에 운용하는 때에는 그 매매에 따른 위험평가액(법 제81조 제2항에 따른 위험평가액)을 기준으로

---

178) "대통령령으로 정하는 방법"이란 다음의 어느 하나에 해당하는 방법을 말한다(영106③).
    1. 원화로 표시된 양도성 예금증서의 매수
    2. 지상권, 전세권, 부동산임차권, 부동산소유권 이전등기청구권, 그 밖의 부동산 관련 권리에의 운용
    3. 환매조건부매수
    4. 증권의 대여 또는 차입
    5. 퇴직급여법 제29조 제2항에 따른 신탁계약으로 퇴직연금 적립금을 운용하는 경우에는 같은 법 시행령 제26조 제1항 제1호 나목에 따른 보험계약의 보험금 지급청구권에의 운용
    6. 그 밖에 신탁재산의 안정성·수익성 등을 고려하여 금융위원회가 정하여 고시하는 방법
179) 1. 상법 제341조 제1항에 따른 방법
180) "금융위원회가 정하여 고시하는 방법"이란 다음의 어느 하나에 해당하는 방법을 말한다(금융투자업규정 4-83).
    1. 제4-87조 제1항 제1호 또는 제2호에 따른 운용
    2. 영 제106조 제2항 각 호의 금융기관에 대한 예치
181) "금융위원회가 정하여 고시하는 자"란 다음의 어느 하나에 해당하는 자를 말한다(금융투자업규정4-84①).
    1. 제4-87조 제1항 제5호 가목부터 다목까지의 자
    2. 투자매매업자·투자중개업자
    3. 여신전문금융회사

산정한다.

다. 장외파생상품에 운용하는 경우에는 그 매매에 따른 위험평가액이 각 신탁재산의 10%를 초과하지 아니할 것

라. 동일 법인 등이 발행한 지분증권(그 지분증권과 관련된 증권예탁증권을 포함)에 운용하는 경우에는 그 지분증권 발행총수의 15%를 초과하지 아니할 것

마. 그 밖에 금융위원회가 정하여 고시하는 신탁재산의 운용방법[182]에 따를 것

3. 제1호 및 제2호 외의 신탁인 경우 수익자 보호 또는 건전거래질서를 유지하기 위하여 금융위원회가 정하여 고시하는 기준[183][184]을 따를 것[185]

---

[182] 신탁업자는 제2호 마목에 따라 불특정금전신탁의 신탁재산을 운용함에 있어 다음의 기준을 따라야 한다 (금융투자업규정4-84②).
  1. 신탁재산을 대출로 운용함에 있어 다음 각목의 어느 하나에 해당하는 경우를 제외하고는 동일한 개인 또는 법인에 대한 대출은 전 회계연도말 불특정금전신탁 수탁고 잔액의 5%를 초과하지 아니할 것
    가. 당해 신탁업자의 고유계정(신탁업자의 고유재산을 관리하는 계정)에 대한 일시적인 자금의 대여. 다만, 금액의 규모 또는 시간의 제약으로 인하여 다른 방법으로 운용할 수 없는 경우에 한한다.
    나. 전 회계연도말 불특정금전신탁 수탁고 잔액의 10% 이내에서 자금중개회사의 중개를 거쳐 행하는 단기자금의 대여
  2. 신탁재산에 속하는 증권을 대여하는 방법으로 운용하는 경우 그 대여거래 총액은 각 불특정금전신탁상 품별로 신탁재산의 50%를 초과하지 아니할 것
  3. 대여자산의 중도상환 요청기간 중 결제를 목적으로 하는 경우 이외에는 신탁재산으로 증권을 차입하지 아니할 것

[183] 금융투자업규정 제4-85조(특정금전신탁의 자금운용기준) ① 신탁업자는 영 제106조 제5항 제3호에 따라 특정금전신탁의 자금을 위탁자가 지정한 방법에 따라 운용하여야 한다.
  ② 신탁업자는 제1항에 따른 위탁자로부터 신탁자금 운용방법을 지정받는 경우 법령에서 정하고 있는 범위에서 지정받아야 하며, 신탁자금 운용방법을 신탁계약서에 명시하여야 한다.
  ③ 신탁업자는 제1항에 불구하고 위탁자가 지정한 운용방법대로 운용할 수 없는 신탁재산이 있는 경우에는 제4-87조 제1항 제1호 또는 제2호에서 정하는 방법으로 운용할 수 있다.

[184] 부동산신탁업자는 부동산신탁사업을 영위함에 있어서 부동산신탁재산으로 자금을 차입하는 경우에는 해당 사업 소요자금의 100% 이내에서 자금을 차입할 수 있다. 다만, 법 제103조 제4항에 따라 금전을 수탁한 경우에는 그 수탁금액과 자금차입 금액을 합산한 금액이 사업 소요자금의 100% 이내여야 한다(금융투자업규정4-86).

[185] 금융투자업규정 제4-87조(신탁재산의 운용방법) ① 신탁업자가 영 제106조 제5항 제3호에 따라 대출의 방법으로 신탁재산을 운용하는 경우 해당 대출의 범위는 다음의 것으로 한다. 다만, 제1호에 따른 대출은 투자매매업자 또는 투자중개업자로서 신탁업을 영위하는 자와 신탁업을 겸영하는 은행, 증권금융회사 또는 보험회사에 한한다.
  1. 당해 신탁업자의 고유계정에 대한 일시적인 자금의 대여. 다만, 금액의 규모 또는 시간의 제약으로 인하여 다른 방법으로 운용할 수 없는 경우에 한한다.
  2. 자금중개회사의 중개를 거쳐 행하는 단기자금의 대여. 이 경우 한도는 전 회계연도말 신탁수탁고 잔액의 "100분의 10"이내로 한다.
  3. 신용대출
  4. 저당권 또는 질권에 따라 담보되는 대출
  5. 다음 각 목의 어느 하나에 해당하는 자가 원리금의 지급을 보증하는 대출
    가. 은행
    나. 영 제7조의2 제1호부터 제5호까지의 금융기관
    다. 보증보험회사, 신용보증기금, 기술신용보증기금 또는 주택금융신용보증기금

(나) 고유재산으로부터의 차입

신탁업자는 제103조 제1항 제5호(부동산) 및 제6호(지상권, 전세권, 부동산임차권, 부동산소유권 이전등기청구권, 그 밖의 부동산 관련 권리)의 재산만을 신탁받는 경우, 그 밖에 "대통령령으로 정하는 경우"를 제외하고는 신탁의 계산으로 그 신탁업자의 고유재산으로부터 금전을 차입할 수 없다(법105②). 여기서 "대통령령으로 정하는 경우"란 다음의 어느 하나에 해당하는 경우를 말한다(영106④).

1. 법 제103조 제4항에 따라 부동산개발사업을 목적으로 하는 신탁계약을 체결한 경우로서 그 신탁계약에 의한 부동산개발사업별로 사업비(제104조 제7항에 따른 사업비)의 15% 이내에서 금전을 신탁받는 경우
2. 다음 각 목의 요건을 모두 충족하는 경우로서 금융위원회의 인정을 받은 경우
   가. 신탁계약의 일부해지 청구가 있는 경우에 신탁재산을 분할하여 처분하는 것이 곤란할 것
   나. 차입금리가 공정할 것

(다) 위반시 제재

법 제105조 제1항부터 제3항까지의 규정을 위반하여 신탁재산을 운용한 자는 1년 이하의 징역 또는 3천만원 이하의 벌금에 처한다(법446(19)).

라. 건설산업기본법 제54조에 따른 공제조합
6. 사모사채의 매수. 다만, 다음 각 목의 어느 하나에 해당하는 경우는 제외한다.
  가. 투자매매업자 또는 투자중개업자로서 신탁업을 영위하는 자가 단기사채를 매수하는 경우
  나. 투자매매업자가 사업자금조달 목적이 아닌 금융투자상품판매 목적으로 발행하는 상법 제469조 제2항 제3호에 따른 사채의 경우로서 법 제4조 제7항 제1호에 해당하는 사채권을 신탁업을 영위하는 자가 매수하는 경우
② 신탁업자가 영 제106조 제5항 제3호에 따라 어음을 매수하는 방법으로 신탁재산을 운용하는 경우 해당 어음은 다음의 어느 하나에 해당하여야 한다.
1. 다음 각 목의 금융기관이 발행·매출·중개한 어음 가. 신탁업자, 나. 은행, 다. 한국산업은행, 라. 중소기업은행, 마. 종합금융회사, 바. 상호저축은행, 사. 한국수출입은행, 아. 투자매매업자 또는 투자중개업자, 자. 증권금융회사, 차. 보험회사, 카. 여신전문금융회사
2. 다음 각 목의 어느 하나에 해당하는 법인이 발행한 어음
  가. 상장법인
  나. 법률에 따라 직접 설립된 법인
③ 영 제106조 제5항 제2호 마목 및 같은 조 같은 항 제3호에 따라 신탁업자는 시장성 없는 증권 등을 공정하게 분류·평가하기 위하여 증권 등 시가평가위원회를 설치·운영할 수 있다.
④ 제3항의 시가평가위원회는 다음 각 호의 업무를 수행한다.
1. 평가대상채권의 매도실현위험에 대한 가산금리의 결정
2. 법 제263조의 채권평가회사가 제시하는 채권가격정보가 적용되지 아니하는 채권의 평가
3. 그 밖에 신탁재산의 평가에 관한 사항의 결정 등
⑤ 신탁업자는 시가평가위원회의 운용 등에 관한 세부기준을 정할 수 있다.

(5) 여유자금의 운용

신탁업자는 제103조 제1항 제5호(부동산) 및 제6호(지상권, 전세권, 부동산임차권, 부동산소유권 이전등기청구권, 그 밖의 부동산 관련 권리)의 재산만을 신탁받는 경우 그 신탁재산을 운용함에 따라 발생한 여유자금을 다음 각 호의 방법으로 운용하여야 한다(법106).

1. 대통령령으로 정하는 금융기관[186]에의 예치
2. 국채증권, 지방채증권 또는 특수채증권의 매수
3. 정부 또는 대통령령으로 정하는 금융기관이 지급을 보증한 증권의 매수
4. 그 밖에 제103조 제1항 제5호 및 제6호에 따른 신탁재산의 안정성·수익성 등을 저해하지 아니하는 방법으로서 대통령령으로 정하는 방법

위 제4호에서 "대통령령으로 정하는 방법"이란 다음의 어느 하나에 해당하는 방법을 말한다(영107②).

1. 법 제83조 제4항에 따른 단기대출
2. 영 제106조 제2항 각 호의 금융기관이 발행한 채권(특수채증권은 제외)의 매수
3. 그 밖에 신탁재산의 안정성·수익성 등을 해치지 아니하는 방법으로서 금융위원회가 정하여 고시하는 방법[187]

(6) 불건전 영업행위의 금지

(가) 원칙적 금지

신탁업자는 다음의 어느 하나에 해당하는 행위를 하여서는 아니 된다(법108 본문).

1. 신탁재산을 운용함에 있어서 금융투자상품, 그 밖의 투자대상자산의 가격에 중대한 영향을 미칠 수 있는 매수 또는 매도 의사를 결정한 후 이를 실행하기 전에 그 금융투자상품, 그 밖의 투자대상자산을 자기의 계산으로 매수 또는 매도하거나 제3자에게 매수 또는 매도를 권유하는 행위

---

186) 제1호 및 제3호에서 "대통령령으로 정하는 금융기관"이란 각각 시행령 제106조 제2항 각 호의 금융기관을 말한다(영107①). 여기서 시행령 제106조 제2항 각 호의 금융기관은 다음과 같다.
   1. 은행, 2. 한국산업은행, 3. 중소기업은행, 4. 증권금융회사, 5. 종합금융회사, 6. 상호저축은행, 7. 농업협동조합, 8. 수산업협동조합, 9. 신용협동조합, 9의2. 산림조합, 10. 체신관서, 11. 제1호부터 제10호까지의 기관에 준하는 외국 금융기관
187) "금융위원회가 정하여 고시하는 방법"이란 다음의 어느 하나에 해당하는 신탁업자가 금액의 규모 또는 시간의 제약으로 인하여 다른 방법으로 운용할 수 없는 경우에 한하여 당해 신탁업자의 고유계정에 일시적으로 자금을 대여하는 방법으로 운용하는 것을 말한다(금융투자업규정4-88).
   1. 투자매매업자 또는 투자중개업을 겸영하는 신탁업자
   2. 신탁업을 겸영하는 은행, 증권금융회사 또는 보험회사

2. 자기 또는 관계인수인이 인수한 증권을 신탁재산으로 매수하는 행위

3. 자기 또는 관계인수인이 대통령령으로 정하는 인수업무[188]를 담당한 법인의 특정증권등(제 172조 제1항의 특정증권등)에 대하여 인위적인 시세(제176조 제2항 제1호의 시세)를 형성 시키기 위하여 신탁재산으로 그 특정증권등을 매매하는 행위

4. 특정 신탁재산의 이익을 해하면서 자기 또는 제3자의 이익을 도모하는 행위

5. 신탁재산으로 그 신탁업자가 운용하는 다른 신탁재산, 집합투자재산 또는 투자일임재산과 거래하는 행위

6. 신탁재산으로 신탁업자 또는 그 이해관계인의 고유재산과 거래하는 행위

7. 수익자의 동의 없이 신탁재산으로 신탁업자 또는 그 이해관계인이 발행한 증권에 투자하는 행위

8. 투자운용인력이 아닌 자에게 신탁재산을 운용하게 하는 행위

9. 그 밖에 수익자 보호 또는 건전한 거래질서를 해할 우려가 있는 행위로서 대통령령으로 정 하는 행위

위 제9호에서 "대통령령으로 정하는 행위"란 다음의 어느 하나에 해당하는 행위를 말한다 (영109③).

1. 법 제9조 제5항 단서에 따라 일반투자자와 같은 대우를 받겠다는 전문투자자(제10조 제1항 각 호의 자는 제외)의 요구에 정당한 사유 없이 동의하지 아니하는 행위

1의2. 제68조 제5항 제2호의2 각 목의 어느 하나에 해당하는 일반투자자와 신탁계약(신탁재산 을 녹취대상상품에 운용하는 경우에 한정)을 체결하는 경우 해당 신탁계약 체결과정을 녹취 하지 아니하거나 녹취된 파일을 해당 투자자의 요청에도 불구하고 제공하지 아니하는 행위

2. 신탁계약을 위반하여 신탁재산을 운용하는 행위

3. 신탁계약의 운용방침이나 운용전략 등을 고려하지 아니하고 신탁재산으로 금융투자상품을 지나치게 자주 매매하는 행위

4. 수익자(수익자가 법인, 그 밖의 단체인 경우에는 그 임직원을 포함) 또는 거래상대방(거래 상대방이 법인, 그 밖의 단체인 경우에는 그 임직원을 포함) 등에게 업무와 관련하여 금융 위원회가 정하여 고시하는 기준[189]을 위반하여 직접 또는 간접으로 재산상의 이익을 제공

---

188) "대통령령으로 정하는 인수업무"란 발행인 또는 매출인으로부터 직접 증권의 인수를 의뢰받아 인수조건 등을 정하는 업무를 말한다(영109②).

189) 금융투자업규정 제4-92조(신탁업자의 이익제공·수령 기준) ① 영 제109조 제3항 제4호에서 "금융위원회 가 정하여 고시하는 기준"이란 신탁업자(그 임직원을 포함)가 신탁계약의 체결 또는 신탁재산의 운용과 관련하여 수익자(수익자가 법인, 그 밖의 단체인 경우 그 임직원을 포함) 또는 거래상대방(거래상대방이 법인, 그 밖의 단체인 경우 그 임직원을 포함)등에게 제공하거나 수익자 또는 거래상대방으로부터 제공받는 금전·물품·편익 등의 범위가 일반인이 통상적으로 이해하는 수준에 반하지 않는 것을 말한다.
② 신탁업자가 제1항에 따른 금전·물품·편익 등을 10억원을 초과하여 특정 수익자 또는 거래상대방에게 제공하거나 특정 수익자 또는 거래상대방으로부터 제공받은 경우 그 내용을 인터넷 홈페이지등을 통하여

하거나 이들로부터 재산상의 이익을 제공받는 행위

5. 신탁재산을 각각의 신탁계약에 따른 신탁재산별로 운용하지 아니하고 여러 신탁계약의 신탁재산을 집합하여 운용하는 행위. 다만, 다음 각 목의 어느 하나에 해당하는 경우에는 이를 할 수 있다.

　가. 제6조 제4항 제2호에 해당하는 경우

　나. 다른 투자매매업자 또는 투자중개업자와 합병하는 등 금융위원회가 정하여 고시하는 요건을 갖춘 신탁업자[190]가 제104조 제1항 단서에 따라 손실의 보전이나 이익의 보장을 한 신탁재산(그 요건을 갖춘 날부터 3년 이내에 설정한 신탁의 신탁재산으로 한정)을 운용하는 경우

6. 여러 신탁재산을 집합하여 운용한다는 내용을 밝히고 신탁계약의 체결에 대한 투자권유를 하거나 투자광고를 하는 행위

7. 제3자와의 계약 또는 담합 등에 의하여 신탁재산으로 특정 자산에 교차하여 투자하는 행위

8. 법 제55조·제105조·제106조·제108조 및 이 영 제104조 제1항에 따른 금지 또는 제한을 회피할 목적으로 하는 행위로서 장외파생상품거래, 신탁계약, 연계거래 등을 이용하는 행위

9. 채권자로서 그 권리를 담보하기 위하여 백지수표나 백지어음을 받는 행위

10. 그 밖에 수익자의 보호 또는 건전한 거래질서를 해칠 염려가 있는 행위로서 금융위원회가 정하여 고시하는 행위[191]

공시하여야 한다.

③ 신탁업자가 제1항에 따른 금전·물품·편익 등을 제공하거나 제공받는 경우 제공목적, 제공내용, 제공일자 및 제공받는 자 등에 대한 기록을 유지해야 한다.

④ 협회는 제1항부터 제3항까지의 시행을 위하여 필요한 구체적 기준을 정할 수 있다.

190) "금융위원회가 정하여 고시하는 요건을 갖춘 신탁업자"란 국내에서 투자매매업 또는 투자중개업을 영위하는 자(집합투자증권에 대한 투자매매업 또는 투자중개업만을 영위하는 자는 제외)로서 다음의 어느 하나에 해당하는 신탁업자를 말한다(금융투자업규정4-92의2).

　1. 2018년 3월 31일까지 국내에서 영업하는 다른 투자매매업자 또는 투자중개업자(집합투자증권에 대한 투자매매업 또는 투자중개업만을 영위하는 자는 제외)를 합병하거나 합병할 목적으로 인수한 자. 다만 당해 인수·합병이 다음 각 목의 어느 하나에 해당하는 경우에 한한다.

　　가. 존속법인의 자기자본(인수의 경우에는 인수법인과 피인수법인 자기자본의 합계액)에서 인수·합병 전의 자기자본(인수·합병에 참여한 법인 중 자기자본 규모가 가장 큰 법인의 자기자본)을 차감한 금액이 1천억원 이상이면서 존속법인의 자기자본이 인수·합병 전의 자기자본의 120% 이상인 경우

　　나. 존속법인의 자기자본에서 인수·합병 전의 자기자본을 차감한 금액이 3천억원 이상인 경우

　2. 2018년 3월 31일까지 신탁업자의 최대주주가 신탁업자와 합병시킬 목적으로 국내에서 영업하는 다른 투자매매업자 또는 투자중개업자를 인수하고, 당해 인수가 다음 각 목의 어느 하나에 해당하는 경우 그 신탁업자

　　가. 최대주주가 인수한 투자매매업자 또는 투자중개업자의 자기자본이 1천억원 이상이면서 최대주주가 당초 소유하고 있던 신탁업자의 자기자본의 20% 이상인 경우

　　나. 최대주주가 인수한 투자매매업자 또는 투자중개업자의 자기자본이 3천억원 이상인 경우

191) "금융위원회가 정하여 고시하는 행위"란 다음의 어느 하나에 해당하는 행위를 말한다(금융투자업규정 4-93).

　1. 신탁대출, 증권의 매입 등 신탁자금의 운용과 관련하여 신탁, 예·적금, 집합투자증권, 보험 등 고유부문 취급 금융상품 판매 또는 가입을 강요함으로써 차주 등의 자금사용을 제한하거나 금융비용을 가중

시키는 행위
2. 특정금전신탁에 속하는 금전으로 당해 신탁에 가입한 위탁자 또는 그 계열회사 발행주식, 어음, 회사채를 취득하거나 위탁자 또는 그 계열회사에 대출하는 행위(영 제106조 제5항 제1호에 따른 특정금전신탁재산으로 해당 위탁자가 발행하는 자기주식을 취득하는 경우를 제외)
3. 신탁자금의 운용과 관련하여 일정기간 동안 기업어음을 월 또는 일 단위로 계속하여 발행·중개·매수하는 조건, 위약금 지급 조건 등의 별도약정이 부수된 기업어음을 위탁자의 운용지시 없이 취득하는 행위
4. 영 제109조 제1항 제4호 아목의 예금의 금리 등을 고유계정의 예금과 불합리하게 차등하는 행위
5. 합리적인 기준 없이 신탁재산에 대한 매매주문을 처리할 투자중개업자를 선정하거나 정당한 근거 없이 투자중개업자간 수수료를 차별하는 행위
6. 신탁재산으로 신탁업자 또는 그 계열회사가 발행한 증권에 다음 각 목의 어느 하나에 해당하는 기준을 초과하여 투자하는 행위. 다만, 영 제106조 제5항 제1호에 따라 신탁재산으로 자기주식을 취득하는 경우는 제외한다.
   가. 지분증권의 경우: 각 신탁재산 총액을 기준으로 50%
   나. 지분증권을 제외한 증권(집합투자증권, 파생결합증권 및 법 제110조에 따른 수익증권은 제외)의 경우: 전체 신탁재산을 기준으로 계열회사 전체가 그 신탁업자에 대하여 출자한 비율에 해당하는 금액[계열회사 전체가 소유하는 그 신탁업자의 의결권 있는 주식수를 그 신탁업자의 의결권 있는 발행주식 총수로 나눈 비율에 그 신탁업자의 자기자본(자기자본이 자본금 이하인 경우에는 자본금)을 곱한 금액]
6의2. 제6호에 불구하고 신탁재산을 신탁업자 또는 그 계열회사가 발행한 고위험 채무증권 등에 운용하는 행위
7. 신탁업자가 별표 13에서 정하는 전문인력을 갖추지 아니하고 「민간투자법」에 따른 사회기반시설에 투자하는 신탁계약(사회기반시설과 관련되는 법인에 대한 대출채권의 신탁에 따른 수익권의 매입, 사회기반시설과 관련되는 법인이 발행한 증권의 매입 및 그 증권의 신탁에 따른 수익권의 매입에 집합투자재산의 40%를 초과하여 투자하는 집합투자기구를 포함)을 체결하는 행위
8. 증권운용전문인력이 아닌 자가 금융투자상품의 운용업무를 하거나 부동산운용전문인력이 아닌 자가 부동산의 운용업무를 하는 행위
9. 별표 13에서 정하는 준법감시전문인력 및 집합투자재산 계산전문인력을 각각 2인 이상 갖추지 아니하고 집합투자재산의 보관·관리 업무를 하는 행위
10. 특정금전신탁의 특정한 상품(신탁업자가 신탁재산의 구체적인 운용방법을 미리 정하여 위탁자의 신탁재산에 대한 운용방법 지정이 사실상 곤란한 상품)에 대해서 정보통신망을 이용하거나 안내 설명서를 비치하거나 배포하는 등의 방법으로 불특정다수의 투자자에게 홍보하는 행위
11. 금전신탁계약(투자자가 운용대상을 특정종목과 비중 등 구체적으로 지정하는 특정금전신탁의 경우에는 제외)을 체결한 투자자에 대하여 매 분기별 1회 이상 신탁재산의 운용내역(신탁운용보고서의 기재사항 등은 제4-78조를 준용한다)을 신탁계약에서 정한 바에 따라 투자자에게 통지하지 아니하는 행위. 다만, 다음 각 목의 어느 하나에 해당하는 경우는 제외한다.
   가. 투자자가 서면으로 수령을 거절하는 의사표시를 한 경우
   나. 수탁고 잔액이 10만원 이하인 경우. 다만, 투자자가 신탁운용보고서의 통지를 요청하거나 직전 신탁운용보고서의 통지일로부터 3년 이내에 금전의 수탁 또는 인출이 있는 경우에는 그러하지 아니하다.
12. 신탁재산으로 증권을 매매할 경우 매매계약의 본인이 됨과 동시에 상대방의 위탁매매인·중개인 또는 대리인이 되는 행위. 다만, 다음 각 목의 어느 하나에 해당하는 특정금전신탁은 제외한다.
   가. 수탁액이 3억원 이상인 경우
   나. 증권시장을 통하여 거래되는 증권으로 운용하는 경우
13. 신탁 계약조건 등을 정확하게 공시하지 아니하는 행위
14. 신탁 계약조건 등의 공시와 관련하여 다음 각 목의 어느 하나에 해당하는 행위
   가. 신탁거래와 관련하여 확정되지 않은 사항을 확정적으로 표시하거나 포괄적으로 나타내는 행위

나. 구체적인 근거와 내용을 제시하지 아니하면서 현혹적이거나 타 신탁상품보다 비교우위가 있음을 막연하게 나타내는 행위

다. 특정 또는 불특정 다수에 대하여 정보통신망을 이용하거나 상품안내장 등을 배포하여 명시적으로 나 암시적으로 예정수익률을 제시하는 행위

라. 오해 또는 분쟁의 소지가 있는 표현을 사용하는 행위

15. 원본의 보전계약을 할 수 없는 상품에 대하여는 신탁통장 등에 신탁재산의 운용실적에 따라 원본의 손실이 발생할 수 있다는 내용을 기재하지 아니하는 행위

16. 실적배당 신탁상품의 수익률의 공시와 관련하여 다음 각 목의 사항을 준수하지 아니하는 행위

가. 실적배당 신탁상품에 대하여 매일의 배당률 또는 기준가격을 영업장에 비치하는 등 게시할 것

나. 배당률 또는 기준가격을 참고로 표시하는 경우에는 장래의 금리변동 또는 운영실적에 따라 배당률 또는 기준가격이 변동될 수 있다는 사실을 기재할 것

다. 수익률을 적용하는 상품에 대하여 하나의 배당률로 표시하는 경우에는 전월 평균배당률로 기재하되, 하나 이상의 배당률로 표시하는 경우에는 최근 배당률부터 순차적으로 기재할 것

17. 고유재산·다른 신탁상품의 이익 또는 손실회피를 주된 목적으로 하는 행위로서 다음 각 목의 어느 하나에 해당하는 행위

가. 신탁재산을 고유재산·다른 신탁상품으로부터 신용공여를 받은 자가 발행한 증권·어음 등으로 운용하는 행위

나. 신탁재산을 고유재산·다른 신탁상품으로부터 신용공여를 받은 자에 대한 대출로 운용하는 행위

18. 특정금전신탁계약의 체결을 권유함에 있어 제4-94조 각 호의 사실을 사전에 알리지 아니하는 행위

19. 투자자문업자로부터 투자자문을 받은 신탁업자는 법 제102조의 선관의무 및 충실의무에 위반하여 내부적인 투자판단 과정없이 신탁재산을 운용하는 행위

20. 수시입출방식으로 신탁계약을 체결하고 신탁재산을 운용하면서 다음 각 목의 사항을 준수하지 아니하는 행위

가. 신탁재산을 거래일과 결제일이 동일한 자산으로 운용할 것

나. 신탁재산으로 운용할 수 있는 채무증권(금융기관이 발행·매출·중개한 어음을 포함)은 취득시점을 기준으로 신용평가업자의 신용평가등급(둘 이상의 신용평가업자로부터 신용평가등급을 받은 경우에는 그 중 낮은 신용평가등급이고, 세분류하지 않은 신용평가등급을 말한다)이 최상위등급 또는 최상위등급의 차하위등급 이내일 것.

다. 신탁재산의 남은 만기의 가중평균된 기간이 90일 이내일 것

라. 신탁재산을 잔존만기별로 구분하여 관리하고 다음에 해당하는 비율을 유지할 것(이 경우 제7-16조 제5항을 준용한다)

(1) 제7-16조 제3항 각 호에 해당하는 자산의 비율: 10% 이상

(2) 제7-16조 제4항 각 호에 해당하는 자산의 비율: 30% 이상

21. 특정 증권 등의 취득과 처분을 각 계좌재산의 일정비율로 정한 후 여러 계좌의 주문을 집합하는 행위. 다만 제26호에 따라 투자자를 유형화한 경우 각 유형에 적합한 방식으로 신탁재산을 운용하는 경우에는 그러하지 아니하다.

22. 연 1회 이상 일반투자자의 재무상태 등 변경여부를 확인하고 변경상황을 재산운용에 반영하지 아니하는 행위. 다만 투자자가 운용대상을 특정종목과 비중 등 구체적으로 지정하는 특정금전신탁은 제외한다.

22의2. 매 분기 1회 이상 일반투자자의 재무상태, 투자목적 등의 변경이 있는 경우 회신해 줄 것을 투자자에게 통지하지 아니하는 행위. 다만, 투자자가 특정종목과 비중 등 운용대상을 구체적으로 지정하는 특정금전신탁은 제외한다.

23. 투자광고의 내용에 특정 신탁계좌의 수익률 또는 여러 신탁계좌의 평균수익률을 제시하는 행위

24. 투자권유시 제26호에 따라 투자자를 유형화한 경우 월별, 분기별 등 일정기간 동안의 각 유형별 가중평균수익률과 최고·최저수익률을 같이 제시하는 행위 이외의 방법으로 수익률을 제시하는 행위

25. 성과보수를 수취하는 경우기준지표(제4-65조 제1항에 따른 요건을 충족하는 기준지표)에 연동하여 산정하지 않는 행위. 단 신탁업자와 투자자간 합의에 의해 달리 정한 경우에는 그러하지 아니하다.

(나) 예외적 허용

다만 수익자 보호 및 건전한 거래질서를 해할 우려가 없는 경우로서 "대통령령으로 정하는 경우"에는 이를 할 수 있다(법108 단서). 여기서 "대통령령으로 정하는 경우"란 다음의 어느 하나에 해당하는 경우를 말한다(영109①).

1. 법 제108조 제1호를 적용할 때 다음 각 목의 어느 하나에 해당하는 경우
   가. 신탁재산의 운용과 관련한 정보를 이용하지 아니하였음을 증명하는 경우
   나. 증권시장(다자간매매체결회사에서의 거래를 포함)과 파생상품시장 간의 가격 차이를 이용한 차익거래, 그 밖에 이에 준하는 거래로서 신탁재산의 운용과 관련한 정보를 의도적으로 이용하지 아니하였다는 사실이 객관적으로 명백한 경우
2. 법 제108조 제2호를 적용할 때 인수일부터 3개월이 지난 후 매수하는 경우
2의2. 법 제108조 제2호를 적용할 때 인수한 증권이 국채증권, 지방채증권, 한국은행통화안정증권, 특수채증권 또는 사채권(주권 관련 사채권 및 제176조의13 제1항에 따른 상각형 조

---

26. 금전신탁(투자자가 운용대상을 특정종목과 비중 등 구체적으로 지정하는 특정금전신탁은 제외)의 경우 투자자의 연령·투자위험 감수능력·투자목적·소득수준·금융자산의 비중 등 재산운용을 위해 고려 가능한 요소를 반영하여 투자자를 유형화하고 각 유형에 적합한 방식으로 신탁재산을 운용하지 않는 행위. 다만, 전문투자자가 투자자를 유형화하기 위한 조사를 원하지 아니할 경우에는 조사를 생략할 수 있으며, 이 경우 전문투자자는 자기의 투자 유형을 선택할 수 있다.
27. 신탁업을 경영하는 투자중개업자가 신탁업무와 투자중개업무를 결합한 자산관리계좌를 운용함에 있어 신탁재산에 비례하여 산정하는 신탁보수 외에 위탁매매수수료 등 다른 수수료를 부과하는 행위. 다만, 투자자의 주식에 대한 매매 지시 횟수가 신탁계약시 신탁업자와 투자자간 합의된 기준을 초과하는 경우 신탁보수를 초과하여 발생한 위탁매매 비용은 실비의 범위 이내에서 투자자에게 청구할 수 있다.
28. 투자권유자문인력이 아닌 자(투자권유대행인을 포함)에게 파생상품등에 투자하는 특정금전신탁계약의 투자권유를 하게 하는 행위
29. 특정금전신탁계약(퇴직급여법에 따라 퇴직연금의 자산관리업무를 수행하기 위한 특정금전신탁 및 제20호에 따라 신탁재산을 수시입출방식으로 운용하는 특정금전신탁은 제외)을 체결하는 개인투자자에 대하여 다음 각 목의 어느 하나에 해당하는 경우를 제외하고 법 제47조에 따른 설명의무를 이행하기 위한 설명서를 교부하지 아니하는 행위. 이 경우 설명서의 구체적인 내용은 협회가 정한다.
    가. 서명 또는 기명날인으로 설명서의 수령을 거부하는 경우
    나. 설명서에 갈음하여 신탁재산으로 운용하는 자산에 대한 투자설명서(집합투자증권의 경우 투자자가 투자설명서의 교부를 별도로 요청하지 아니하는 경우에는 간이투자설명서를 말한다)를 교부하는 경우
30. 제4-90조 제1항에 따른 자전거래 요건을 회피할 목적으로 신탁업자의 중개·주선 또는 대리를 통해 특정금전신탁의 수익권을 양도하거나 특정금전신탁계약을 포괄적으로 계약이전하는 행위
31. 신탁업자의 대주주(그의 특수관계인을 포함)를 신탁사업과 관련한 공사계약 또는 용역계약의 상대방으로 선정하는 행위(제3자 또는 하도급 등을 통하여 우회하여 참여하게 하는 행위를 포함). 다만, 다음 각 목의 어느 하나에 해당하는 경우에는 그러하지 아니하다.
    가. 경쟁입찰(5인 이상의 지명경쟁입찰을 포함)을 통하여 대주주가 시공사 또는 용역업체로 선정된 경우
    나. 경쟁입찰을 통하여 대주주가 하수급인으로 선정된 경우
32. 건설업종을 영위하거나 영위할 가능성이 있는 대주주의 임원 또는 직원(임원 또는 직원이 퇴임 또는 퇴직한 때로부터 2년 이내인 경우를 포함)을 임원(상법 제401조의2 제1항 각 호의 자를 포함)으로 선임 또는 겸직하게 하거나 파견 받아 근무하게 하는 행위

건부자본증권은 제외) 중 어느 하나에 해당하는 경우. 다만, 사채권의 경우에는 투자자 보호 및 건전한 거래질서를 위하여 금융위원회가 정하여 고시하는 발행조건, 거래절차 등의 기준[192]을 충족하는 채권으로 한정한다.

2의3. 법 제108조 제2호를 적용할 때 인수한 증권이 증권시장에 상장된 주권인 경우로서 그 주권을 증권시장에서 매수하는 경우

2의4. 법 제108조 제2호를 적용할 때 일반적인 거래조건에 비추어 신탁재산에 유리한 거래인 경우

3. 법 제108조 제5호를 적용할 때 같은 신탁업자가 운용하는 신탁재산 상호 간에 자산을 동시에 한쪽이 매도하고 다른 한쪽이 매수하는 거래로서 다음 각 목의 어느 하나에 해당하는 경우. 이 경우 매매가격, 매매거래 절차 및 방법, 그 밖에 필요한 사항은 금융위원회가 정하여 고시[193]한다.

　가. 신탁계약의 해지(일부해지를 포함)에 따른 해지금액 등을 지급하기 위하여 불가피한 경우

　나. 그 밖에 금융위원회가 수익자의 이익을 해칠 염려가 없다고 인정하는 경우

4. 법 제108조 제6호를 적용할 때 다음 각 목의 어느 하나에 해당하는 경우. 다만, 퇴직급여법에 따른 특정금전신탁의 경우에는 다음 각 목(라목은 제외)의 어느 하나에 해당하는 경우 중 신

---

192) "금융위원회가 정하여 고시하는 발행조건, 거래절차 등의 기준"이란 다음에 모두 해당하는 경우를 말한다(금융투자업규정4-89의2).
　1. 신탁업자가 모집의 방법으로 발행되는 채권을 청약을 통하여 매수하며, 그 매수금액이 발행금액의 30%를 초과하지 아니할 것
　2. 거래시점을 기준으로 신용평가업자로부터 최상위등급 또는 최상위등급의 차하위등급 이내의 신용등급을 받은 채권일 것
　3. 제1호의 거래를 수행한 경우에는 그 사항에 대하여 준법감시인의 확인을 받을 것
　4. 관계인수인으로부터 매수한 채권의 종목, 수량 등 거래내역을 협회가 정하는 방법과 절차에 따라 매분기별로 공시할 것

193) 금융투자업규정 제4-90조(신탁재산 상호간의 거래) ① 영 제109조 제1항 제3호에 따라 같은 신탁업자가 운용하는 신탁재산 상호 간에 자산을 동시에 한쪽이 매도하고 다른 한쪽이 매수하는 거래("자전거래")를 하는 경우에는 다음의 요건을 모두 충족하여야 한다.
　1. 증권시장 등을 통한 처분(다자간매매체결회사를 통한 처분을 포함)이 곤란한 경우 등 그 불가피성이 인정되는 경우일 것
　2. 제7-35조 제2항에 따른 부도채권 등 부실화된 자산이 아닐 것
　3. 당해 신탁의 수익자의 이익에 반하지 않는 거래일 것
　4. 당해 신탁약관의 투자목적 및 방침에 부합하는 거래일 것
　② 신탁업자가 다음 각 호의 어느 하나에 해당하는 사유로 인하여 운용자산의 처분이 필요하나 시장매각이 곤란하다고 인정되는 경우에는 그 소요금액의 범위 내에서 시장가격을 적용하여 운용자산을 자전거래하는 경우 영 제109조 제1항 제3호 나목에 따라 금융위원회로부터 인정받은 것으로 본다. 다만, 시장성 없는 자산의 경우에는 채권평가충당금 등을 감안하여 시장가격에 준하는 적정한 가격을 적용하여야 한다.
　1. 이자, 조세공과금 또는 신탁보수의 지급
　2. 신탁약관 등에서 정한 각종 한도의 준수
　③ 신탁업자는 자전거래와 관련하여 필요한 절차·방법 등 세부기준을 마련하고 자전거래 관련 자료를 5년간 보관·유지하여야 한다.

탁재산으로 신탁업자의 원리금 지급을 보장하는 고유재산과 거래하는 경우는 제외한다.

    가. 이해관계인이 되기 6개월 이전에 체결한 계약에 따른 거래

    나. 증권시장 등 불특정다수인이 참여하는 공개시장을 통한 거래

    다. 일반적인 거래조건에 비추어 신탁재산에 유리한 거래

    라. 환매조건부매매

    마. 신탁업자 또는 이해관계인의 중개·주선 또는 대리를 통하여 금융위원회가 정하여 고시하는 방법[194])에 따라 신탁업자 및 이해관계인이 아닌 자와 행하는 투자대상자산의 매매

    바. 신탁업자나 이해관계인의 매매중개(금융위원회가 정하여 고시하는 매매형식의 중개[195]))를 통하여 그 신탁업자 또는 이해관계인과 행하는 채무증권, 원화로 표신된 양도성 예금증서 또는 어음(기업어음증권은 제외)의 매매

    사. 법 제104조 제2항 또는 법 제105조 제2항에 따른 거래

    아. 예금거래(수탁액이 3억원 이상인 특정금전신탁 또는 자산유동화법 제3조에 따른 자산유동화계획에 의한 여유자금운용)

    자. 금액의 규모 또는 시간의 제약으로 인하여 다른 방법으로 운용할 수 없는 경우로서 일시적인 자금의 대여(그 신탁재산을 운용하는 신탁업자에게 대여하는 경우만 해당)

    차. 그 밖에 거래의 형태, 조건, 방법 등을 고려하여 신탁재산과 이해가 상충될 염려가 없는 경우로서 금융위원회가 정하여 고시하는 거래

5. 제3항 제5호를 적용할 때 개별 신탁재산을 효율적으로 운용하기 위하여 투자대상자산의 매매주문을 집합하여 처리하고, 그 처리 결과를 신탁재산별로 미리 정하여진 자산배분명세에 따라 공정하게 배분하는 경우

(다) 위반시 제재

    법 제108조(제9호를 제외)를 위반하여 각 호의 어느 하나에 해당하는 행위를 한 자는 5년 이하의 징역 또는 2억원 이하의 벌금에 처한다(법444(8)). 법 제108조 제9호를 위반하여 해당 호에 해당하는 행위를 한 자에 대하여는 1억원 이하의 과태료를 부과한다(법449①(29)).

(7) 신탁계약

    신탁업자는 위탁자와 신탁계약을 체결하는 경우 위탁자에게 교부하는 계약서류에 ⅰ) 위탁자, 수익자 및 신탁업자의 성명 또는 명칭(제1호), ⅱ) 수익자의 지정 및 변경에 관한 사항(제

---

194) "금융위원회가 정하여 고시하는 방법"이란 이해관계인이 일정수수료만을 받고 신탁업자와 이해관계인이 아닌 자 간의 투자대상자산의 매매를 연결시켜 주는 방법을 말한다(금융투자업규정4-91①).

195) "금융위원회가 정하여 고시하는 매매형식의 중개"란 신탁업자가 채무증권, 원화로 표시된 양도성 예금증서 또는 어음(기업어음증권을 제외)을 이해관계인과 거래하는 경우 이해관계인에게 지급한 중개수수료(명목에 불구하고 이해관계인이 매매의 중개를 행한 대가로 취득하는 이익)를 감안할 때 거래의 실질이 중개의 위탁으로 볼 수 있고, 이해관계인이 신탁업자로부터 매매 또는 중개의 위탁을 받아 신탁업자 또는 제3자로부터 매입한 채권 등을 지체 없이 제3자 또는 신탁업자에 매도하는 경우를 말한다(금융투자업규정4-91②).

2호), iii) 신탁재산의 종류·수량과 가격(제3호), iv) 신탁의 목적(제4호), ⅴ) 계약기간(제5호), vi) 신탁재산의 운용에 의하여 취득할 재산을 특정한 경우에는 그 내용(제6호), vii) 손실의 보전 또는 이익의 보장을 하는 경우 그 보전·보장 비율 등에 관한 사항(제7호), viii) 신탁업자가 받을 보수에 관한 사항(제8호), ix) 신탁계약의 해지에 관한 사항(제9호), ⅹ) 그 밖에 수익자 보호 또는 건전한 거래질서를 위하여 필요한 사항으로서 대통령령으로 정하는 사항(제10호)을 기재하여야 한다(법109).

위 제10호에서 "대통령령으로 정하는 사항"이란 다음의 사항을 말한다(영110).

1. 수익자가 확정되지 아니한 경우에는 수익자가 될 자의 범위·자격, 그 밖에 수익자를 확정하기 위하여 필요한 사항
2. 수익자가 신탁의 이익을 받을 의사를 표시할 것을 요건으로 하는 경우에는 그 내용
3. 신탁법 제4조 제1항에 따른 등기·등록 또는 같은 조 제2항에 따른 신탁재산의 표시와 기재에 관한 사항
4. 수익자에게 교부할 신탁재산의 종류 및 교부방법·시기
5. 신탁재산의 관리에 필요한 공과금·수선비, 그 밖의 비용에 관한 사항
6. 신탁계약 종료 시의 최종계산에 관한 사항
7. 그 밖에 건전한 거래질서를 유지하기 위하여 필요한 사항으로서 금융위원회가 정하여 고시하는 사항[196]

(8) 수익증권의 발행

(가) 신탁법에 의한 수익증권 발행

신탁법은 "수익증권발행신탁"을 규정하고 있다. 신탁행위로 수익권을 표시하는 수익증권을 발행하는 뜻을 정할 수 있다(신탁법78① 전단). 이 경우 각 수익권의 내용이 동일하지 아니할 때에는 특정 내용의 수익권에 대하여 수익증권을 발행하지 아니한다는 뜻을 정할 수 있다(신탁법78① 후단). 수익증권발행신탁의 수탁자는 신탁행위로 정한 바에 따라 지체 없이 해당 수익권

---

196) "금융위원회가 정하여 고시하는 사항"이란 특정금전신탁계약서의 경우 다음의 사항을 말한다(금융투자업규정4-94).
  1. 위탁자가 신탁재산인 금전의 운용방법을 지정하고 수탁자는 지정된 운용방법에 따라 신탁재산을 운용한다는 사실
  2. 특정금전신탁계약을 체결한 투자자는 신탁계약에서 정한 바에 따라 특정금전신탁재산의 운용방법을 변경지정하거나 계약의 해지를 요구할 수 있으며, 신탁회사는 특별한 사유가 없는 한 투자자의 운용방법 변경지정 또는 계약의 해지 요구에 대하여 응할 의무가 있다는 사실
  3. 특정금전신탁계약을 체결한 투자자는 자기의 재무상태, 투자목적 등에 대하여 신탁회사의 임·직원에게 상담을 요청할 수 있으며, 신탁업자의 임직원은 그 상담요구에 대하여 응할 준비가 되어 있다는 사실
  4. 특정금전신탁재산의 운용내역 및 자산의 평가가액을 투자자가 조회할 수 있다는 사실

에 관한 수익증권을 발행하여야 한다(신탁법78②). 수익증권은 기명식 또는 무기명식으로 한다. 다만, 담보권을 신탁재산으로 하여 설정된 신탁의 경우에는 기명식으로만 하여야 한다(신탁법 78③). 신탁행위로 달리 정한 바가 없으면 수익증권이 발행된 수익권의 수익자는 수탁자에게 기명수익증권을 무기명식으로 하거나 무기명수익증권을 기명식으로 할 것을 청구할 수 있다 (신탁법78④). 또한 신탁법은 수익증권의 기재사항, 수익자명부제도, 수익증권의 불소지 제도와 기준일 제도, 수익증권의 양도방법 및 대항요건 등에 대하여 상법의 주권에 준하여 상세히 규 정하고 있다. 수익증권발행신탁제도는 신탁을 활성화함으로써 이를 이용한 기업의 자금조달 등을 보다 원활하게 하고자 하는 취지이다.

(나) 자본시장법상 수익증권

1) 수익증권의 범위

자본시장법상 수익증권이란 제110조의 수익증권(금전신탁의 수익증권), 제189조의 수익증권 (투자신탁의 수익증권), 그 밖에 이와 유사한 것으로서 신탁의 수익권이 표시된 것을 말한다(법4 조⑤). 이에 따르면 부동산신탁의 수익권증서도 수익증권의 범주 안에 포함될 수 있다. 뿐만 아 니라 자본시장법은 "수익증권에 표시될 수 있거나 표시되어야 할 권리는 그 증권이 발행되지 아니한 경우에도 그 증권으로 본다"고 규정함으로써 수익증권의 범위를 넓히고 있다(법4⑨).

2) 금전신탁 수익증권의 특칙

자본시장법 제110조는 금전신탁계약에 의한 수익권이 표시된 수익증권에 관한 특칙이다. 신탁업자는 금전신탁계약에 의한 수익권이 표시된 수익증권을 발행할 수 있다(법110①). 신탁 업자는 금전신탁계약에 의한 수익증권을 발행하고자 하는 경우에는 ⅰ) 수익증권 발행계획서, ⅱ) 자금운용계획서, ⅲ) 신탁약관이나 신탁계약서 등을 첨부하여 금융위원회에 미리 신고하여 야 한다(법110②, 영111①). 수익증권은 무기명식으로 한다(법110③ 본문). 다만, 수익자의 청구가 있는 경우에는 기명식으로 할 수 있다(법110③ 단서). 기명식 수익증권은 수익자의 청구에 의하 여 무기명식으로 할 수 있다.(법 110조④).

수익증권에는 ⅰ) 신탁업자의 상호(제1호), ⅱ) 기명식의 경우에는 수익자의 성명 또는 명 칭(제2호), ⅲ) 액면액(제3호), ⅳ) 운용방법을 정한 경우 그 내용(제4호), ⅴ) 손실의 보전 또는 이익의 보장에 관한 계약을 체결한 경우에는 그 내용(제5호), ⅵ) 신탁계약기간(제6호), ⅶ) 신 탁의 원금의 상환과 수익분배의 기간 및 장소(제7호), ⅷ) 신탁보수의 계산방법(제8호), ⅸ) 수 익증권의 발행일, 수익증권의 기호 및 번호(제9호, 영111②)를 기재하고 신탁업자의 대표자가 이 에 기명날인 또는 서명하여야 한다(법110⑤). 수익증권이 발행된 경우에는 해당 신탁계약에 의 한 수익권의 양도 및 행사는 그 수익증권으로 하여야 한다(법110⑥ 본문). 다만, 기명식 수익증 권의 경우에는 수익증권으로 하지 아니할 수 있다(법110⑥ 단서).

(9) 수익증권의 매수

신탁법 제36조는 "수탁자는 누구의 명의로도 신탁의 이익을 누리지 못한다. 다만, 수탁자가 공동수익자의 1인인 경우에는 그러하지 아니하다"라고 규정한다. 이는 신탁이익의 주체는 수익자이고 수탁자는 수익자를 겸할 수 없다는 것을 의미한다. 그러나 자본시장법은 신탁업자가 수익증권을 그 고유재산으로 매수하는 경우에는 신탁재산의 운용실적에서 신탁계약에서 정하고 있는 중도해지수수료를 뺀 가액으로 매수할 수 있고, 신탁법 제36조를 적용하지 아니한다(법111, 영112).

(10) 의결권의 행사

(가) 의결권행사와 충실의무

신탁재산으로 취득한 주식에 대한 권리는 신탁업자가 행사한다(법112① 전단). 이 경우 신탁업자는 수익자의 이익을 보호하기 위하여 신탁재산에 속하는 주식의 의결권을 충실하게 행사하여야 한다(법112① 후단).

(나) 의결권행사방법 제한

신탁업자는 신탁재산에 속하는 주식의 의결권을 행사함에 있어서 다음의 어느 하나에 해당하는 경우에는 신탁재산에 속하는 주식을 발행한 법인의 주주총회의 참석 주식수에서 신탁재산에 속하는 주식수를 뺀 주식수의 결의내용에 영향을 미치지 아니하도록 의결권을 행사하여야 한다(법112② 본문).

1. 다음의 어느 하나에 해당하는 자가 그 신탁재산에 속하는 주식을 발행한 법인을 계열회사로 편입하기 위한 경우
   가. 신탁업자 또는 그와 대통령령으로 정하는 특수관계에 있는 자197)
   나. 신탁업자에 대하여 사실상의 지배력을 행사하는 자로서 대통령령으로 정하는 자198)
2. 신탁재산에 속하는 주식을 발행한 법인이 그 신탁업자와 다음 각 목의 어느 하나에 해당하는 관계에 있는 경우
   가. 계열회사의 관계에 있는 경우
   나. 신탁업자에 대하여 사실상의 지배력을 행사하는 관계로서 대통령령으로 정하는 관계199)에 있는 경우
3. 그 밖에 수익자의 보호 또는 신탁재산의 적정한 운용을 해할 우려가 있는 경우로서 대통령령으로 정하는 경우

---

197) "대통령령으로 정하는 특수관계가 있는 자"란 특수관계인 및 제141조 제2항에 따른 공동보유자를 말한다(영113①).
198) "대통령령으로 정하는 자"란 신탁업자의 대주주(최대주주의 특수관계인인 주주를 포함)를 말한다(영113②).
199) "대통령령으로 정하는 관계"란 신탁업자의 대주주가 되는 관계를 말한다(영113③).

(다) 의결권행사방법 제한의 범위

신탁재산에 속하는 주식을 발행한 법인의 합병, 영업의 양도·양수, 임원의 선임, 그 밖에 이에 준하는 사항으로서 신탁재산에 손실을 초래할 것이 명백하게 예상되는 경우에는 그러하지 아니하다(법112② 단서). 그러나 이 규정은 상호출자제한기업집단에 속하는 신탁업자에게는 적용하지 아니한다(법112⑤).

(라) 의결권 제한

신탁업자는 신탁재산에 속하는 주식이 다음의 어느 하나에 해당하는 경우에는 그 주식의 의결권을 행사할 수 없다(법112③).

1. 동일법인이 발행한 주식 총수의 15%를 초과하여 주식을 취득한 경우 그 초과하는 주식
2. 신탁재산에 속하는 주식을 발행한 법인이 자기주식을 확보하기 위하여 신탁계약에 따라 신탁업자에게 취득하게 한 그 법인의 주식

신탁업자는 제3자와의 계약 등에 의하여 의결권을 교차하여 행사하는 등 제2항 및 제3항의 적용을 면하기 위한 행위를 하여서는 아니 된다(법112④).

(마) 금융위원회의 처분명령

금융위원회는 신탁업자가 제2항부터 제5항까지의 규정을 위반하여 신탁재산에 속하는 주식의 의결권을 행사한 경우에는 6개월 이내의 기간을 정하여 그 주식의 처분을 명할 수 있다(법112⑥).

(바) 의결권행사의 공시

신탁업자는 합병, 영업의 양도·양수, 임원의 선임 등 경영권의 변경과 관련된 사항에 대하여 제2항에 따라 의결권을 행사하는 경우에는 다음과 같은 방법에 따라 인터넷 홈페이지 등을 이용하여 공시하여야 한다(법112⑦, 영114).

1. 의결권을 행사하려는 주식을 발행한 법인이 주권상장법인인 경우: 주주총회일부터 5일 이내에 증권시장을 통하여 의결권 행사 내용 등을 공시할 것
2. 의결권을 행사하려는 주식을 발행한 법인이 주권상장법인이 아닌 경우: 법 제89조 제2항 제1호의 방법에 따라 공시하여 일반인이 열람할 수 있도록 할 것

(사) 위반시 제재

법 제112조 제2항부터 제5항까지의 규정을 위반하여 의결권을 행사한 자는 5년 이하의 징역 또는 2억원 이하의 벌금에 처한다(법444(11)). 법 제112조 제7항을 위반하여 공시를 하지 아니하거나 거짓으로 공시한 자에 대하여는 1억원 이하의 과태료를 부과한다(법449①(33)).

(11) 장부·서류의 열람 및 공시

(가) 열람청구권

수익자는 신탁업자에게 영업시간 중에 이유를 기재한 서면으로 그 수익자에 관련된 신탁재산에 관한 장부·서류의 열람이나 등본 또는 초본의 교부를 청구할 수 있다. 이 경우 그 신탁업자는 "대통령령으로 정하는 정당한 사유"가 없는 한 이를 거절하여서는 아니 된다(법113①). 여기서 "대통령령으로 정하는 정당한 사유"란 다음의 어느 하나에 해당하는 경우를 말한다. 이 경우 신탁업자는 열람이나 교부가 불가능하다는 뜻과 그 사유가 기재된 서면을 수익자에게 내주어야 한다(영115①).

1. 신탁재산의 운용내역 등이 포함된 장부·서류를 제공함으로써 제공받은 자가 그 정보를 거래 또는 업무에 이용하거나 타인에게 제공할 것이 뚜렷하게 염려되는 경우
2. 신탁재산의 운용내역 등이 포함된 장부·서류를 제공함으로써 다른 수익자에게 손해를 입힐 것이 명백히 인정되는 경우
3. 신탁계약이 해지된 신탁재산에 관한 장부·서류로서 제62조 제1항에 따른 보존기한이 지나는 등의 사유로 인하여 수익자의 열람제공 요청에 응하는 것이 불가능한 경우

(나) 열람청구의 대상

수익자가 열람이나 등본 또는 초본의 교부를 청구할 수 있는 장부·서류는 ⅰ) 신탁재산명세서(제1호), ⅱ) 재무제표 및 그 부속명세서(제2호), ⅲ) 신탁재산 운용내역서(제3호)이다(영115②).

(다) 위반시 제재

법 제113조 제1항을 위반하여 열람이나 교부 청구를 거절한 자는 1년 이하의 징역 또는 3천만원 이하의 벌금에 처한다(법446(16)).

(12) 신탁재산의 회계처리

(가) 회계처리기준

신탁업자는 신탁재산에 관하여 회계처리를 하는 경우 금융위원회가 증권선물위원회의 심의를 거쳐 정하여 고시한 회계처리기준에 따라야 한다(법114①). 금융위원회는 회계처리기준의 제정 또는 개정을 한국회계기준원(영116)에게 위탁할 수 있다(법114② 전단). 이 경우 한국회계기준원은 회계처리기준을 제정 또는 개정한 때에는 이를 금융위원회에 지체 없이 보고하여야 한다(법114② 후단).

(나) 회계감사

신탁업자는 신탁재산에 대하여 그 신탁업자의 매 회계연도 종료 후 2개월 이내에 외부감

사법 제2조 제7호에 따른 감사인("회계감사인")의 회계감사를 받아야 한다(법114③ 본문). 다만, 수익자의 이익을 해할 우려가 없는 경우로서 다음의 어느 하나에 해당하는 경우에는 회계감사를 받지 아니할 수 있다(법114③ 단서, 영117)).

> 1. 다음 각 목의 어느 하나에 해당하는 금전신탁인 경우
>   가. 특정금전신탁
>   나. 이익의 보장을 하는 금전신탁(손실만을 보전하는 금전신탁은 제외)
>   다. 회계감사 기준일 현재 수탁원본이 300억원 미만인 금전신탁
> 2. 법 제103조 제1항 제2호부터 제7호(금전 외의 재산)까지의 재산의 신탁인 경우

신탁업자는 신탁재산의 회계감사인을 선임하거나 교체하는 경우에는 그 선임일 또는 교체일부터 1주 이내에 금융위원회에 그 사실을 보고하여야 한다(법114④). 신탁업자는 회계감사인을 선임하거나 교체하려는 경우에는 감사의 동의(감사위원회가 설치된 경우에는 감사위원회의 의결을 말한다)를 받아야 한다(영118①).

(다) 회계감사인의 지위

회계감사인은 신탁업자가 행하는 수익증권의 기준가격 산정업무 및 신탁재산의 회계처리업무를 감사할 때 관련 법령을 준수하였는지 여부를 감사하고 그 결과를 신탁업자의 감사(감사위원회가 설치된 경우에는 감사위원회를 말한다)에게 통보하여야 한다(법114⑤). 회계감사인은 감사기준 및 회계감사기준에 따라 회계감사를 실시하여야 한다(법114⑥).

회계감사인은 신탁업자에게 신탁재산의 회계장부 등 관계 자료의 열람·복사를 요청하거나 회계감사에 필요한 자료의 제출을 요구할 수 있다(법114⑦ 전단). 이 경우 신탁업자는 지체 없이 이에 응하여야 한다(법114⑦ 후단). 회계감사인의 비밀엄수에 관한 외부감사법 제20조는 신탁재산의 회계감사에 관하여 준용한다(법114⑧).

신탁재산에 대한 회계감사와 관련하여 회계감사인의 권한은 법 및 외부감사법에서 정하는 바에 따른다(영118③).

(라) 회계감사보고서의 작성 및 제출

회계감사인은 신탁재산에 대한 회계감사를 마친 때에는 ⅰ) 신탁재산의 대차대조표(제1호), ⅱ) 신탁재산의 손익계산서(제2호), ⅲ) 신탁재산의 수익률계산서(제3호), ⅳ) 신탁업자와 그 특수관계인과의 거래내역(제4호)이 기재된 회계감사보고서를 작성하여 신탁업자에게 지체 없이 제출하여야 한다(영118④).

신탁업자는 회계감사인으로부터 회계감사보고서를 제출받은 경우에는 이를 지체 없이 금융위원회에 제출하여야 한다(영118⑤). 신탁업자는 금융위원회가 정하여 고시하는 방법에 따라

해당 수익자가 회계감사보고서를 열람할 수 있도록 하여야 한다(영118⑥).[200] 회계감사에 따른 비용은 그 회계감사의 대상인 신탁재산에서 부담한다(영118⑦).

(마) 위반시 제재

법 제114조 제3항을 위반하여 회계감사를 받지 아니한 자는 3년 이하의 징역 또는 1억원 이하의 벌금에 처한다(법445(18)). 법 제114조 제1항을 위반하여 회계처리를 한 자에 대하여는 1억원 이하의 과태료를 부과한다(법449①(35)).

(13) 회계감사인의 손해배상책임

(가) 회계감사인의 책임

회계감사인은 신탁재산(법114③)에 대한 회계감사의 결과 회계감사보고서 중 중요사항에 관하여 거짓의 기재 또는 표시가 있거나 중요사항이 기재 또는 표시되지 아니함으로써 이를 이용한 수익자에게 손해를 끼친 경우에는 그 수익자에 대하여 손해를 배상할 책임을 진다(법115① 전단). 이 경우 외부감사법 제2조 제7호 나목에 따른 감사반이 회계감사인인 때에는 그 신탁재산에 대한 감사에 참여한 자가 연대하여 손해를 배상할 책임을 진다(법115① 후단).

(나) 연대책임과 비례책임

회계감사인이 수익자에 대하여 손해를 배상할 책임이 있는 경우로서 그 신탁업자의 이사·감사(감사위원회가 설치된 경우에는 감사위원회의 위원)에게도 귀책사유가 있는 경우에는 그 회계감사인과 신탁업자의 이사·감사는 연대하여 손해를 배상할 책임을 진다(법115② 본문). 다만, 손해를 배상할 책임이 있는 자가 고의가 없는 경우에 그 자는 법원이 귀책사유에 따라 정하는 책임비율에 따라 손해를 배상할 책임이 있다(법115② 단서). 그러나 손해배상을 청구하는 자의 소득인정액(국민기초생활 보장법 제2조 제8호에 따른 소득인정액)이 대통령령으로 정하는 금액 이하[201])에 해당되는 경우에는 회계감사인과 신탁업자의 이사·감사는 연대하여 손해를 배상할 책임이 있다(법115③).

손해를 배상할 책임이 있는 자가 고의가 없는 경우에 그 자는 법원이 귀책사유에 따라 정하는 책임비율에 따라 손해를 배상할 책임이 있다(외부감사법31④ 단서). 외부감사법 제4항 단서에 따라 손해를 배상할 책임이 있는 자 중 배상능력이 없는 자가 있어 손해액의 일부를 배상하지 못하는 경우에는 같은 항 단서에 따라 정해진 각자 책임비율의 50% 범위에서 대통령령으로 정하는 바에 따라 손해액을 추가로 배상할 책임을 진다(법115④, 외부감사법31⑥).

---

200) 신탁업자는 회계감사보고서를 수익자가 열람할 수 있도록 해당 신탁업자의 본점 및 지점, 그 밖의 영업소에 2년간 비치하여야 한다(금융투자업규정4-95).
201) 자본시장법 법 제115조 제3항에 따라 회계감사인과 신탁업자의 이사·감사가 연대하여 손해를 배상할 책임이 있는 경우는 손해배상을 청구하는 자의 그 손해배상 청구일이 속하는 달의 직전 12개월 간의 소득인정액 합산금액이 1억5천만원 이하인 경우로 한다(영118의2).

(다) 준용규정

외부감사법 제31조 제7항부터 제9항까지의 규정은 제1항 및 제2항의 경우에 준용한다(법 115④).

(14) 관리형신탁에 관한 특례

자본시장법은 수익증권발행신탁 또는 금전신탁이 아닌 신탁으로서 신탁업자가 ⅰ) 위탁자 (신탁계약에 따라 처분권한을 가지고 있는 수익자를 포함)의 지시에 따라서만 신탁재산의 처분이 이루어지는 수동적인 신탁, ⅱ) 신탁계약에 따라 신탁재산에 대하여 보존행위 또는 그 신탁재산의 성질을 변경하지 아니하는 범위에서 이용·개량 행위만을 하는 부동산신탁 등을 관리형신탁으로 정의하고, 그 수익권을 금융투자상품에서 명시적으로 배제하고 있다(법3①(2)). 이는 관리형신탁의 경우 재산의 보관·관리가 주된 업무이므로 투자권유 등 투자자 보호 장치를 적용할 필요가 낮다는 측면을 고려한 것이다.

이와 함께 자본시장법은 관리형신탁의 특성을 고려하여 금전채권의 수탁에 관한 특례를 별도로 규정하고 있다. 구체적으로 동산, 부동산, 지상권·전세권·부동산임차권·부동산소유권 이전등기청구권과 그 밖의 부동산 관련 권리 중 어느 하나에 규정된 재산만을 수탁받는 신탁업자가 관리형신탁계약을 체결하는 경우 그 신탁재산에 수반되는 금전채권을 수탁할 수 있다(법117의2①). 이는 부동산신탁업자가 부동산 저당권을 수탁하였으나, 금전신탁의 인가를 받지 않아 그 저당권에 수반되는 금전채권을 함께 수탁할 수 없는 실무적인 어려움 등을 개선하기 위한 것으로 보인다.[202)]

다만 신탁업자가 금전채권을 수탁한 경우 그 금전채권에서 발생한 과실인 금전은 다음의 어느 하나에 해당하는 방법으로 운용하여야 한다(영118의3①).

1. 제106조 제2항 각 호의 금융기관에의 예치
2. 국채증권, 지방채증권 또는 특수채증권의 매수
3. 국가 또는 제106조 제2항 각 호의 금융기관이 지급을 보증한 증권의 매수
4. 그 밖에 신탁재산의 안정성 및 수익성 등을 고려하여 총리령으로 정하는 방법

---

202) 변제호(2015), 354쪽.

제4절 보험업

Ⅰ. 보험회사 영업행위규제 현황

1. 영업행위규제의 의의

보험회사의 영업행위규제는 보험거래 시 합리적이고 적절한 기준을 제시하여 부적절한 업무행위에 의한 손해나 손실의 발생 가능성을 사전에 방지하기 위한 것으로, 우리나라 보험회사에 대한 영업행위규제로는 설명의무, 적합성원칙, 보험상품 모집관련 준수사항, 중복계약 체결확인의무, 특별이익제공 금지, 부당한 수수료지급 등의 금지 등이 있다. 2010년 보험업법 개정을 통하여 보험회사의 영업행위규제를 대폭 강화하는 입법조치를 하였는데, 설명의무와 적합성의 원칙과 같이 보험계약자에 대한 정보제공의무와 보험상품 모집관련 불공정거래행위 금지가 대폭 강화되었다.[203]

2. 보험회사의 영업행위규제 체계

보험회사의 영업행위규제 체계는 상법 제4편 보험편과 보험업법 중심으로 이루어지고 있는데, 상법은 보험계약과 관련된 계약당사자의 권리와 의무를 중심으로 규정하고 있을 뿐이며, 보험업법에서 보험업규제를 통하여 보험업자의 건전한 경영에 관한 내용뿐만 아니라 보험계약자, 피보험자, 그 밖의 이해관계인의 권익을 보호하는 것에 관한 규정을 두고 있는 점에서 보험회사의 영업행위규제는 주로 보험업법을 통해서 이루어진다. 다만 개별 영업행위 중 약관, 광고, 불공정거래행위 등과 같이 공정거래 이슈에 해당되는 것은 약관규제법, 표시광고법, 공정거래법도 적용받는다.

Ⅱ. 보험안내자료

1. 의의

보험안내자료는 보험상품을 소개하고 가입을 권유하는 내용이 담긴 보험상품의 판매를 위한 보조자료를 말한다. 보험계약의 내용이 되는 보험약관은 그 내용이 방대하고 법률용어나 의학용어 등 전문적인 용어 등이 다수 포함되어 있으므로 보험에 가입하고자 하는 보험소비자로서는 이를 쉽게 이해할 수 없다. 따라서 그림이나 도표 등을 활용하여 보험계약의 내용을 쉽게

---

203) 이효근(2019), 175쪽.

표현하여 보험소비자의 보험상품 이해에 도움을 줄 수 있는 자료가 필요하다. 실무상 가입 권유 단계에서 보험가입설계서, 보험상품설명서 등의 이름으로 팸플릿이나 안내장 형태로 보험소비자들에게 보험상품의 주요 정보를 제공하는 역할을 하고 있다.[204]

보험업법("법")은 모집을 위하여 사용하는 보험안내자료라고 표현하고 있을 뿐이다(법95①).

2. 보험안내자료의 작성

(1) 기재사항

보험안내자료의 필수적 기재사항은 ⅰ) 보험회사의 상호나 명칭 또는 보험설계사·보험대리점 또는 보험중개사의 이름·상호나 명칭(제1호), ⅱ) 보험 가입에 따른 권리·의무에 관한 주요 사항(제2호), ⅲ) 보험약관으로 정하는 보장에 관한 사항(제3호), ⅳ) 보험금 지급제한 조건에 관한 사항(제3의2호), ⅴ) 해약환급금에 관한 사항(제4호), ⅵ) 예금자보호법에 따른 예금자보호와 관련된 사항(제5호), ⅶ) 그 밖에 보험계약자를 보호하기 위하여 대통령령으로 정하는 사항(제6호)을 명백하고 알기 쉽게 적어야 한다(법95①).[205]

위 제2호에 따른 보험 가입에 따른 권리·의무에 관한 사항에는 변액보험계약(법108①(3))의 경우 다음의 사항이 포함된다(영42①).

1. 변액보험자산의 운용성과에 따라 납입한 보험료의 원금에 손실이 발생할 수 있으며 그 손실은 보험계약자에게 귀속된다는 사실
2. 최저로 보장되는 보험금이 설정되어 있는 경우에는 그 내용

위 제6호에서 "대통령령으로 정하는 사항"이란 다음 사항을 말한다(영42③).

1. 보험금이 금리에 연동되는 보험상품의 경우 적용금리 및 보험금 변동에 관한 사항
2. 보험금 지급제한 조건의 예시
3. 보험안내자료의 제작자·제작일, 보험안내자료에 대한 보험회사의 심사 또는 관리번호

---

204) 김주석(2016), "보험소비자 보호를 위한 정보제공의무와 분쟁처리 법제도 연구", 고려대학교 박사학위 논문)2016. 12), 19쪽.
205) 보험회사는 보험안내자료를 작성함에 있어 다음 각호의 사항을 명료하고 알기쉽게 기재하여야 한다(보험업감독규정4-34①).
   1. 법 제95조 제1항 각호에서 정하는 사항
   2. 영 제42조 제3항 각호에서 정하는 사항
   3. 변액보험(퇴직연금실적배당보험 포함)계약의 경우 영 제42조 제1항 각호에서 정하는 사항
   4. 화재보험계약의 경우 보험료와 보험가입금액 감액청구 방법·절차 및 재조달가액담보특별약관의 내용, 보험가입금액 및 보험가액에 따라 보험금이 다르게 결정된다는 내용
   5. 그 밖에 감독원장이 보험계약자 등의 보호를 위하여 필요하다고 인정하는 내용

4. 보험 상담 및 분쟁의 해결에 관한 사항

(2) 기재금지사항

보험안내자료에 보험회사의 자산과 부채에 관한 사항을 적는 경우에는 제118조(재무제표 등의 제출)에 따라 금융위원회에 제출한 서류에 적힌 사항과 다른 내용의 것을 적지 못한다(법 95②).[206]

보험안내자료에는 보험회사의 장래의 이익 배당 또는 잉여금 분배에 대한 예상에 관한 사항을 적지 못한다(법95③ 본문). 다만, 보험계약자의 이해를 돕기 위하여 금융위원회가 필요하다고 인정하여 정하는 경우[207]에는 그러하지 아니하다(법95③ 단서).

방송·인터넷 홈페이지 등 그 밖의 방법으로 모집을 위하여 보험회사의 자산 및 부채에 관한 사항과 장래의 이익 배당 또는 잉여금 분배에 대한 예상에 관한 사항을 불특정다수인에게 알리는 경우에는 제2항 및 제3항을 준용한다(법95④).

보험안내자료에는 다음의 사항을 적어서는 아니 된다(영42②).

1. 공정거래법 제23조에 따른 사항
2. 보험계약의 내용과 다른 사항
3. 보험계약자에게 유리한 내용만을 골라 안내하거나 다른 보험회사 상품과 비교한 사항
4. 확정되지 아니한 사항이나 사실에 근거하지 아니한 사항을 기초로 다른 보험회사 상품에 비하여 유리하게 비교한 사항

3. 보험안내자료의 관리

보험회사는 보험안내자료의 관리를 전담하는 부서를 지정하고 자체 제작한 보험안내자료 및 보험계약의 체결 또는 모집에 종사하는 자가 제작한 보험안내자료를 심사하여 관리번호를 부여한 후 사용하도록 하여야 하며, 보험중개사외의 자는 보험회사의 심사를 받지 아니한 보험안내자료를 사용할 수 없다(보험업감독규정4-35①). 보험회사는 보험안내자료를 심사함에 있어 보험계리사 또는 상품계리부서를 참여시켜야 한다(보험업감독규정4-35②). 감독원장은 보험회사 등이 작성한 보험안내자료가 부적정한 경우에는 해당 보험안내자료의 수정, 폐기, 정정보도

---

206) 보험회사는 보험안내자료를 작성함에 있어 다음 각호의 사항등 정보취득자의 오해를 유발할 수 있는 사항을 기재하여서는 아니된다(보험업감독규정4-34②).
   1. 영 제42조 제2항 각호에서 정하는 사항
   2. 특정 보험계약자에게만 혜택을 준다는 내용
   3. 그 밖에 감독원장이 보험계약자등의 보호를 위하여 필요하다고 인정하는 내용
207) "금융위원회가 필요하다고 인정하여 정하는 경우"란 계약자 배당이 있는 연금보험을 말하며 직전 5개년도 실적을 근거로 장래의 계약자배당을 예시할 수 있다. 이 경우 장래의 계약자배당금액은 예상금액이므로 실제금액과 차이가 있을 수 있음을 명시하여야 한다(보험업감독규정4-34③).

요구 등 적절한 조치를 취할 수 있다(보험업감독규정4-35③).

4. 위반시 제재

법 제95조를 위반한 경우에는 1억원 이하의 과태료를 부과한다(법209①(2)).

Ⅲ. 설명의무

1. 중요사항 설명의무

　보험회사 또는 보험의 모집에 종사하는 자는 일반보험계약자[208])에게 보험계약 체결을 권유하는 경우에는 보험료, 보장범위, 보험금 지급제한 사유 등 대통령령으로 정하는 보험계약의 중요사항을 일반보험계약자가 이해할 수 있도록 설명하여야 한다(법95의2①).[209])

---

[208]) "일반보험계약자"란 전문보험계약자가 아닌 보험계약자를 말한다(법2(20)). "전문보험계약자"란 보험계약에 관한 전문성, 자산규모 등에 비추어 보험계약의 내용을 이해하고 이행할 능력이 있는 자로서 국가, 한국은행, 시행령으로 정하는 금융기관(영6의2②), 주권상장법인, 그 밖에 대통령령으로 정하는 자(영6의2③)를 말한다(법2(19) 본문). 다만, 전문보험계약자 중 시행령으로 정하는 자(영6의2①)가 일반보험계약자와 같은 대우를 받겠다는 의사를 보험회사에 서면으로 통지하는 경우 보험회사는 정당한 사유가 없으면 이에 동의하여야 하며, 보험회사가 동의한 경우에는 해당 보험계약자는 일반보험계약자로 본다(법2(19) 단서).

[209]) 보험업감독규정 제4-35조의2(보험계약 중요사항의 설명의무) ② 보험회사는 법 제95조의2 제1항에 따른 보험계약의 중요사항을 제4-36조 제6항에 따른 표준상품설명대본 및 제7-45조 제2항 제1호 나목에 따른 상품설명서에 반영하여야 한다. 다만, 개인 또는 가계의 일상생활 중 발생하는 위험을 보장하고 해당 개인 또는 가계가 보험료를 전부 부담하는 보험계약으로서 다음의 어느 하나에 해당하는 보험계약의 경우에는 통합청약서에 반영할 수 있다.
1. 보험기간이 1년 초과 3년 이하인 보험계약으로서 월보험료가 5만원 이하 또는 연간보험료가 60만원 이하인 보험계약 또는 보험기간이 1년 이하인 보험계약. 다만, 자동차보험계약은 제외한다.
2. 여행 중 발생한 위험을 보장하는 보험계약
③ 보험회사 또는 모집종사자는 제2항에 따른 상품설명서 2부에 보험계약자가 보험계약의 중요사항, 해당 모집종사자의 소속·지위 및 이와 관련하여 보험료·고지의무사항을 수령할 수 있는지 여부("보험계약의 중요사항 등")에 대해 설명받아 이해하였음을 확인받아야 하며, 1부는 모집종사자가 서명(전자서명법 제2조 제2호에 따른 전자서명 및 그 밖에 전자금융거래법 제21조 제2항에 따르는 기준을 준수하는 안정성과 신뢰성이 확보될 수 있는 수단을 활용하여 하는 서명을 포함)한 후에 보험계약자에게 교부하고 다른 1부는 보험회사가 보관하여야 한다. 다만, 다음의 어느 하나에 해당하는 경우에는 그러하지 아니하다.
1. 전화 등 통신수단을 이용하여 보험을 모집하는 경우로서 제2항에 따른 표준상품설명대본을 통해 보험계약의 중요사항을 설명하고 녹취를 통해 보험계약자가 이해하였음을 확인받는 경우
2. 제2항 단서에 해당하는 보험계약의 경우
3. 영 제42조의2 제2항 제1호의 방법("전자서명")으로 보험계약자로부터 보험계약의 중요사항 등에 대해 설명받아 이해하였음을 상품설명서에 확인받는 경우로서 다음 각목의 사항을 모두 충족한 경우
　가. 모집종사자는 보험계약자와 직접 대면하여 보험계약의 중요사항 등을 설명하고, 보험계약자에게 전자적 방법으로 상품설명서를 제공할 것
　나. 보험계약자는 가목의 상품설명서에 전자서명하여 확인할 것
　다. 모집종사자는 보험계약의 중요사항 등을 충실히 설명하였고, 가목에 따라 보험계약자에 제공되는

여기서 "보험료, 보장범위, 보험금 지급제한 사유 등 대통령령으로 정하는 보험계약의 중요 사항"이란 다음의 사항을 말한다(영42의2①).

1. 주계약 및 특약별 보험료
2. 주계약 및 특약별로 보장하는 사망, 질병, 상해 등 주요 위험 및 보험금
3. 보험료 납입기간 및 보험기간
4. 보험회사의 명칭, 보험상품의 종목 및 명칭
5. 청약의 철회에 관한 사항
6. 지급한도, 면책사항, 감액지급 사항 등 보험금 지급제한 조건
7. 고지의무 및 통지의무 위반의 효과
8. 계약의 취소 및 무효에 관한 사항
9. 해약환급금에 관한 사항
10. 분쟁조정절차에 관한 사항
11. 간단손해보험대리점의 경우 제33조의2 제4항 제2호에 따른 소비자에게 보장되는 기회에 관한 사항

상품설명서의 내용과 모집종사자가 보험계약자에게 설명한 내용이 동일하며, 이와 관련한 모든 책임을 부담한다는 취지의 확인서에 전자서명하여 나목의 보험계약자가 전자서명한 상품설명서와 함께 보험계약자에게 교부할 것

라. 보험회사는 나목의 전자서명된 상품설명서를 보관할 것
④ 보험회사 또는 모집종사자가 다음의 어느 하나에 해당하는 보험계약 체결을 권유하는 경우에는 최초 계약 체결시 중요사항을 설명하면 이후 계약 체결시에도 법 제95조의2 제1항 및 영 제42조의2 제3항 1호에 따른 설명의무를 이행한 것으로 본다.
1. 이미 가입되어 있는 보험계약과 동일한 조건으로 갱신되는 보험계약
2. 보험회사와 피보험자 또는 보험계약자간에 거래의 종류, 기간, 금액 등 가입조건을 미리 정하고 그 범위 내에서 계속적으로 체결되는 보험계약
3. 영 제1조의2 제3항 제2호에 따른 해상보험계약으로서 동일한 보험상품을 계속적으로 체결하는 경우
4. 영 제1조의2 제3항 제3호에 따른 자동차보험계약으로서 다음 각 목의 어느 하나에 해당하는 자가 동일한 보험상품을 계속적으로 체결하는 경우
　　가. 여객자동차 운수사업법 제4조 제1항에 따라 면허를 받거나 등록한 여객자동차 운송사업자
　　나. 여객자동차 운수사업법 제28조 제1항에 따라 등록한 자동차대여사업자
　　다. 화물자동차 운수사업법 제3조 및 제29조에 따라 허가를 받은 화물자동차운송사업자 및 화물자동차 운송가맹사업자
　　라. 건설기계관리법 제21조 제1항에 따라 등록한 건설기계대여업자
⑤ 외국인근로자의 고용 등에 관한 법률에 따라 운영되며 보험상품의 내용과 보험료, 보험금액 등이 모든 보험계약자에게 동일한 출국만기보험계약, 귀국비용보험계약, 보증보험계약, 상해보험계약의 경우에는 고용노동부가 해당 보험계약에 관한 교육 등을 실시하면 법 제95조의2 제1항에 따른 설명의무를 이행한 것으로 본다.
⑥ 다음의 어느 하나에 해당하는 보험계약의 경우에는 해당 각 호의 구분에 따른 자에게 중요사항을 설명하면 법 제95조의2 제1항에 따른 설명의무를 이행한 것으로 본다.
1. 영 제42조의5 제1항 제2호에 따른 보험계약: 여행업자
2. 제7-49조 제2호 가목1)에 해당하는 단체 또는 단체의 대표자가 그 단체 구성원을 계약자로 일괄 가입하는 영 제15조 제1항 제1호의 보험계약: 단체 또는 단체의 대표자

12. 그 밖에 보험계약자 보호를 위하여 금융위원회가 정하여 고시하는 사항210)

2. 확인의무

보험회사 또는 보험의 모집에 종사하는 자는 설명한 내용을 일반보험계약자가 이해하였음을 서명, 기명날인, 녹취, 그 밖에 "대통령령으로 정하는 방법"으로 확인을 받아야 한다(법95의2②). 여기서 "대통령령으로 정하는 방법"이란 다음의 어느 하나에 해당하는 방법을 말한다(영42의2②).

1. 전자서명법 제2조 제2호에 따른 전자서명
2. 그 밖에 금융위원회가 정하는 기준211)을 준수하는 안전성과 신뢰성이 확보될 수 있는 수단을 활용하여 법 제95조의2 제1항에 따라 설명한 내용을 일반보험계약자가 이해하였음을 확인하는 방법

3. 단계별 설명의무

(1) 의의

보험회사는 보험계약의 체결 시부터 보험금 지급 시까지의 주요 과정을 대통령령으로 정하는 바에 따라 일반보험계약자에게 설명하여야 한다(법95의2③ 본문). 다만, 일반보험계약자가 설명을 거부하는 경우에는 그러하지 아니하다(법95의2③ 단서).212)

---

210) "금융위원회가 정하여 고시하는 사항"이란 다음의 사항을 말한다(보험업감독규정4-35의2①).
  1. 변액보험계약의 투자형태 및 구조
  2. 최저보증 기능이 있는 변액보험계약의 경우에도 중도해지시에는 최저보증이 되지 않는다는 내용
  3. 보험기간 종료이후 청약을 인수하는데 필요한 계약 전 알릴 의무 사항을 적용하지 않고 다시 가입할 수 있는 보험계약의 경우 가입조건 및 보장내용 등의 변경에 관한 사항
  4. 저축성 보험계약의 적용 이율
  5. 유배당 보험계약의 계약자 배당에 관한 사항
  6. 해약환급금이 지급되지 않는 상품의 경우 해약시 해약환급금이 지급되지 않는다는 사실 및 동일한 보장내용으로 해약환급금을 지급하는 상품에 관한 사항
  7. 저축성보험(금리확정형보험은 제외) 계약의 경우 납입보험료중 사업비 등이 차감된 일부 금액만 특별계정에 투입되어 운용되거나 적용이율로 부리된다는 내용과 사업비 수준
  8. 삭제 <2019. 12. 18.>
  9. 65세 이상을 보장하는 실손의료보험을 가입하는 경우 65세 시점의 예상보험료 및 보험료의 지속납입에 관한 사항
  10. 제9-4조의2 각 호의 보험설계사 등의 모집에 관한 경력 중 제1호, 제3호의 정보 및 보험설계사·개인보험대리점이 동의한 경우 제7호의 정보를 협회에서 조회할 수 있다는 사실 및 그 방법
211) 보험업감독규정 제4-35조의2(보험계약 중요사항의 설명의무) ⑦ 영 제42조의2 제2항 제2호, 제43조 제4항 제2호 나목, 같은 조 제6항 제2호 및 제9항 제1호 나목, 제43조의2 제2항 제4호에서 "금융위원회가 정하는 기준"이란 전자금융거래법 제21조 제2항에 따른 기준을 말한다.
212) 보험회사는 법 제95조의2 제3항 및 영 제42조의2 제3항 제1호 바목·사목에 따라 보험계약 체결 단계에서 일반보험계약자에게 중요 사항을 설명할 때에는 다음의 사항을 준수하여야 한다(보험업감독규정4-35의2

보험회사는 법 제95조의2 제3항 본문 및 제4항에 따라 다음의 단계에서 중요 사항을 항목별로 일반보험계약자에게 설명하여야 한다(영42의2③ 본문). 다만, 제1호에 따른 보험계약 체결 단계(마목에 따른 보험계약 승낙 거절 시 거절사유로 한정한다), 제2호에 따른 보험금 청구 단계 또는 제3호에 따른 보험금 심사·지급 단계의 경우 일반보험계약자가 계약 체결 전에 또는 보험금 청구권자가 보험금 청구 단계에서 동의한 경우에 한정하여 서면, 문자메시지, 전자우편 또는 모사전송 등으로 중요 사항을 통보하는 것으로 이를 대신할 수 있다(영42의2③ 단서).

(2) 보험계약 체결 단계(1호)

가. 보험의 모집에 종사하는 자의 성명, 연락처 및 소속

나. 보험의 모집에 종사하는 자가 보험회사를 위하여 보험계약의 체결을 대리할 수 있는지 여부

다. 보험의 모집에 종사하는 자가 보험료나 고지의무사항을 보험회사를 대신하여 수령할 수 있는지 여부

라. 보험계약의 승낙절차

마. 보험계약 승낙거절 시 거절 사유

바. 상법 제638조의3 제2항에 따라 3개월 이내에 해당 보험계약을 취소할 수 있다는 사실 및

---

⑧).

1. 다음 각 목의 보험계약에 대하여 설명할 것. 다만, 보험계약자가 법인인 보험계약은 제외한다.
   가. 변액보험계약
   나. 저축성보험계약
   다. 장기보장성보험계약
2. 청약 후 법 제102조의4 제1항에 따라 청약철회가 가능한 기간 이내에 설명할 것
3. 다음 각 목의 사항을 설명할 것
   가. 보험계약의 청약 시 보험약관을 교부받고 보험계약의 중요 사항을 설명받아야 한다는 사실
   나. 보험계약의 청약 시 보험계약자가 청약서에 자필서명을 하여야 한다는 사실
   다. 보험계약의 청약 시 청약서 부본을 교부받아야 한다는 사실
   라. 가목부터 다목까지의 사항이 이행되지 않은 경우 청약일로부터 3개월 이내에 해당 보험계약을 취소할 수 있다는 사실 및 그 취소 절차·방법
   마. 저축성보험계약 또는 변액보험계약의 경우 납입보험료중 사업비 등이 차감된 일부 금액이 특별계정에 투입되어 운용되거나 적용이율로 부리된다는 사실
   바. 저축성보험계약(금리확정형보험은 제외)의 경우 다음 각 세목의 사항
      1) 사업비 수준
      2) 해약환급금
   사. 변액보험계약의 경우 다음 각 세목의 사항
      1) 투자에 따르는 위험
      2) 예금자보호 대상이 되지 않는다는 사실
   아. 만기시 자동갱신되는 보험계약의 경우 보험료가 인상될 수 있다는 사실
   자. 그 밖에 가목부터 아목까지에 준하는 사항으로서 감독원장이 정하는 사항
4. 그 밖에 다음 각 목을 준수할 것
   가. 설명하기 전에 보험계약자 본인인지 여부를 확인할 것
   나. 보험계약 중요사항의 설명 확인 항목에 대한 충분한 이해시간을 확보할 것
   다. 기타 감독원장이 정하는 방법을 사용하여 설명하는 등 감독원장이 정하는 사항을 준수할 것

그 취소 절차·방법

사. 그 밖에 일반보험계약자가 보험계약 체결 단계에서 설명받아야 하는 사항으로서 금융위원회가 정하여 고시하는 사항

(3) 보험금 청구 단계(2호)

가. 담당 부서, 연락처 및 보험금 청구에 필요한 서류

나. 보험금 심사 절차, 예상 심사기간 및 예상 지급일

다. 일반보험계약자가 보험사고 조사 및 손해사정에 관하여 설명받아야 하는 사항으로서 금융위원회가 정하여 고시하는 사항213)

라. 그 밖에 일반보험계약자가 보험금 청구 단계에서 설명받아야 하는 사항으로서 금융위원회가 정하여 고시하는 사항214)

(4) 보험금 심사·지급 단계(3호)

가. 보험금 지급일 등 지급절차

나. 보험금 지급 내역

다. 보험금 심사 지연 시 지연 사유 및 예상 지급일

라. 보험금을 감액하여 지급하거나 지급하지 아니하는 경우에는 그 사유

마. 그 밖에 일반보험계약자가 보험금 심사·지급 단계에서 설명받아야 하는 사항으로서 금융위원회가 정하여 고시하는 사항215)

---

213) "조사 및 손해사정에 관하여 설명받아야 하는 사항으로서 금융위원회가 정하여 고시하는 사항"이란 다음의 사항을 말한다(보험업감독규정4-35의2⑨).
 1. 해당 보험사고 및 보험금 청구가 법 제185조 및 영 제96조의2에 따른 손해사정 대상인지 여부
 2. 제1호에 따른 손해사정 대상인 경우 보험계약자 등은 법 제185조 단서 및 제9-16조 제2항에 따라 따로 손해사정사를 선임할 수 있다는 사실 및 제9-16조 제3항에 따른 손해사정 비용 부담에 관한 사항
 3. 보험계약자 등이 따로 손해사정사를 선임하지 않은 경우 보험회사에 소속된 손해사정사 또는 보험회사와 위탁계약이 체결된 손해사정업자가 손해사정을 하게 된다는 사실
214) "그 밖에 일반보험계약자가 보험금 청구 단계에서 설명받아야 하는 사항으로서 금융위원회가 정하여 고시하는 사항"이란 다음의 사항을 말한다(보험업감독규정4-35의2⑩).
 1. 보험금 지급심사 현황 결과 문의 및 조회 방법
 2. 보험약관에 따른 보험금 지급기한 및 보험금 지급지연시 지연이자 가산 등 보험회사의 조치사항
 3. 그 밖에 제1호 및 제2호에 준하는 사항으로서 감독원장이 정하는 사항
215) "그 밖에 일반보험계약자가 보험금 심사·지급 단계에서 설명받아야 하는 사항으로서 금융위원회가 정하여 고시하는 사항"이란 다음의 사항을 말한다(보험업감독규정4-35의2⑪).
 1. 보험회사가 손해사정 또는 보험금 심사에 참고하기 위하여 의료자문을 의뢰하는 경우, 의뢰 사유, 의뢰 내용 및 자문을 의뢰할 때 제공하는 자료의 내역
 2. 보험회사가 보험금을 감액 또는 부지급하는 경우, 제1호에 따른 의료자문을 의뢰하였다면 자문을 의뢰한 기관과 자문 의견
 3. 그 밖에 제1호 및 제2호에 준하는 사항으로서 감독원장이 정하는 사항

(5) 지급절차 및 지급내역 설명의무

보험회사는 일반보험계약자가 보험금 지급을 요청한 경우에는 대통령령으로 정하는 바에 따라 보험금의 지급절차 및 지급내역 등을 설명하여야 하며, 보험금을 감액하여 지급하거나 지급하지 아니하는 경우에는 그 사유를 설명하여야 한다(법95의2④).

4. 위반시 제재

금융위원회는 보험회사의 소속 임직원 또는 소속 보험설계사가 제95조의2를 위반한 경우에는 그 보험회사에 대하여 해당 보험계약의 수입보험료의 50% 이하의 범위에서 과징금을 부과할 수 있다(법196② 본문). 다만, 보험회사가 그 위반행위를 막기 위하여 해당 업무에 관하여 상당한 주의와 감독을 게을리하지 아니한 경우에는 그러하지 아니하다(법196② 단서).

법 제95조의2를 위반한 자에게는 1천만원 이하의 과태료를 부과한다(법209⑤(6)). 또한 보험대리점·보험중개사 소속 보험설계사가 제95조의2를 위반한 경우 해당 보험대리점·보험중개사에게도 1천만원 이하의 과태료를 부과한다(법209⑤(7)). 다만, 보험대리점·보험중개사가 그 위반행위를 방지하기 위하여 해당 업무에 관하여 상당한 주의와 감독을 게을리하지 아니한 경우는 제외한다(법209⑤(7)).

Ⅳ. 적합성의 원칙

1. 고객파악의무

보험회사 또는 보험의 모집종사자는 일반보험계약자가 보험계약을 체결하기 전에 면담 또는 질문을 통하여 ⅰ) 보험계약자의 연령(제1호), ⅱ) 월 소득 및 월 소득에서 보험료 지출이 차지하는 비중(제2호), ⅲ) 보험가입의 목적(제3호), ⅳ) 변액보험계약 및 집합투자증권의 가입 여부(제4호), ⅴ) 그 밖에 보험계약자에게 적합한 보험계약의 체결을 권유하기 위하여 필요하다고 인정되는 사항으로서 금융위원회가 정하여 고시하는 사항(제5호)을 파악하고 일반보험계약자의 서명(전자서명법에 따른 전자서명을 포함), 기명날인, 녹취, 그 밖의 방법으로 확인을 받아 유지·관리하여야 하며, 확인받은 내용은 일반보험계약자에게 지체 없이 제공하여야 한다(법95의3①, 영42의3①). 보험회사 및 보험의 모집종사자는 확인받은 내용을 보험계약 체결 이후 종료일부터 2년간 유지·관리하여야 한다(영42의3③).

2. 적합성 판단의무

보험회사 또는 보험의 모집에 종사하는 자는 일반보험계약자의 연령, 재산상황, 보험가입의 목적 등에 비추어 그 일반보험계약자에게 적합하지 아니하다고 인정되는 보험계약의 체결을 권유하여서는 아니 된다(법95의3②). 이러한 의무를 적합성원칙이라고 한다. 이러한 적합성원칙은 모든 보험상품에 대해서 적용되는 것이 아니라, 보험금이 자산운용의 성과에 따라 변동하는 보험계약인 투자성이 없는 변액보험에만 적용된다(영42의3② 본문). 다만, 자본시장법 제46조의 적합성원칙이 적용되는 보험상품은 보험업법상의 적합성원칙이 적용되지 않는다(영42의3② 단서). 적합성원칙의 적용에 필요한 세부 사항은 금융위원회가 정하여 고시216)한다(영42의3④).

이와 같이 변액보험의 경우에만 일반보험계약자에게 적합성원칙을 적용하는 것은 변액보험의 경우 자산운용의 성과에 따라 보험금이 변동하기 때문에 투자위험이 상대적으로 높아 손실이 발생할 여지가 상대적으로 높기 때문에 이러한 투자위험이 높은 투자성 금융상품의 경우에는 보험계약자 보호의 필요성이 강하게 요구되기 때문이다.

Ⅴ. 보험광고

1. 보험광고의 의의 및 규제 현황

광고란 사업자(사업자단체 포함)등이 상품 또는 용역에 관한 자기 또는 다른 사업자에 관한 사항 또는 그의 상품 또는 내용, 거래조건, 그 밖에 그 거래에 관한 사항을 신문·인터넷신문, 정기간행물, 방송, 전기통신, 그 밖에 대통령령으로 정하는 방법으로 소비자에게 널리 알리거나 제시하는 것을 말한다(표시광고법2(2)). 따라서 보험광고란 보험상품에 관한 사항을 소비자에게 널리 알리거나 제시하는 것이라고 할 수 있다. 이러한 보험상품에 대한 광고규제는 표시광고법에 근거하여 공정거래위원회, 보험업법에 근거하여 금융위원회 및 금융감독원이 담당하고 있으며, 자율규제기관으로는 관련 보험협회(생명보험협회와 손해보험협회)가 광고물에 대한 광고기준 준수 여부를 확인하고 있다.

표시광고법에 의하면, 거짓·과장의 광고, 기만적인 광고, 부당하게 비교하는 광고, 비방적인 광고 등을 금지하고 있다(표시광고법3①). 공정거래위원회는 보험 사업자가 표시광고법 제3조 제1항을 위반하였다고 인정하여 직권으로 조사할 사유가 있는 경우에는 이를 조사하지 아니하고 금융위원회에 통보하여 금융위원회에서 처리하도록 하여야 한다(표시광고법15④). 이 통보를 받은 금융위원회는 보험관계 법령에서 정하는 바에 따라 이를 성실히 처리하여 그 결과

---

216) 보험업감독규정 제4-35조의3(적합성원칙의 확인내용 등) ① 보험회사는 변액보험계약의 체결을 권유함에 있어 모집종사자가 준수하여야 할 구체적인 기준 및 절차("권유준칙")를 정하여야 한다.
② 협회는 권유준칙과 관련하여 보험회사가 공통으로 사용할 수 있는 표준권유준칙을 제정할 수 있다.

를 공정거래위원회에 통보하여야 한다(표시광고법15⑤). 공정거래위원회는 사업자가 부당한 광고 행위를 하는 경우에는 그 사업자에 대하여 그 시정조치를 명할 수 있다(표시광고법7①). 이는 금융위원회가 보험분야의 전문규제기관으로서 부당한 광고에 대한 조사를 하고, 일반규제기관인 공정거래위원회가 시정명령을 명하도록 역할을 분담시킨 것이다.

보험업법에 의하면 보험회사 또는 보험의 모집에 종사하는 자가 광고를 할 때 표시광고법 제4조 제1항에 따른 표시·광고사항이 있는 경우에는 표시광고법에서 정하는 바에 따른다(법95의4⑤). 표시광고법 제4조 제1항에 따른 광고사항은 소비자보호 등을 위해서 광고에 반드시 포함시켜야 하는 사항으로서 일종의 필수적 광고사항에 해당한다.

2. 일반원칙

보험회사 또는 보험의 모집에 종사하는 자가 보험상품에 관하여 광고를 하는 경우에는 보험계약자가 보험상품의 내용을 오해하지 아니하도록 명확하고 공정하게 전달하여야 한다(법95의4①).

3. 필수적 광고사항

보험회사 또는 보험의 모집에 종사하는 자가 보험상품에 관하여 광고를 하는 경우에는 다음의 내용이 포함되어야 한다(법95의4②).

1. 보험계약 체결 전에 상품설명서 및 약관을 읽어 볼 것을 권유하는 내용
2. 보험계약자가 기존에 체결했던 보험계약을 해지하고 다른 보험계약을 체결하면 보험인수가 거절되거나 보험료가 인상되거나 보장내용이 달라질 수 있다는 내용
3. 변액보험 계약과 관련하여 자산운용의 성과에 따라 보험금이 변동될 수 있다는 내용 및 예금자보호법이 적용되는 보험금의 범위(영42의4①).
4. 그 밖에 "대통령령으로 정하는 내용"

제4호에서 "대통령령으로 정하는 내용"이란 다음의 사항을 말한다(영42의4② 본문). 다만, 보험료·보험금에 대한 구체적인 예시 없이 보험상품의 이미지만을 노출하는 등 금융위원회가 정하여 고시하는 요건[217]에 부합하는 광고의 경우에는 제1호·제5호 및 제6호의 사항으로 한

---

[217] 보험업감독규정 제4-35조의4(모집광고 관련 준수사항 등) ③ 영 제42조의4 제2항 단서에서 "금융위원회가 정하여 고시하는 요건"이란 다음의 요건을 말한다.
　　1. 다음 각 목의 전부 또는 일부 사항에 대해 개괄적인 내용만을 설명할 것
　　　가. 보험상품의 필요성 환기
　　　나. 보험상품의 주요 목표 고객층 및 가입요건
　　　다. 보험상품의 가격 특성 및 보상 품질

정한다(영42의4② 단서).218)

1. 보험회사 및 보험상품의 명칭
2. 주계약 및 특약별 보험료 예시
3. 주계약 및 특약별로 보장하는 사망, 질병, 상해 등 주요 위험 및 보험금 예시
4. 해약환급금 예시
5. 지급한도, 면책사항, 감액지급 사항 등 보험금 지급제한 조건
6. 금리연동형 상품인 경우 적용이율에 관한 사항

필수적 광고사항을 통해 보험계약자는 보험상품의 핵심사항을 제대로 파악할 수 있게 되고 그 결과 정보가 부족한 보험광고 때문에 발생할 수 있는 보험상품의 내용에 대한 오인가능성을 차단 또는 감소시켜서 합리적 의사결정을 할 수 있게 된다.219)

4. 광고 시의 금지행위

보험회사 또는 보험의 모집에 종사하는 자가 보험상품에 대하여 광고를 하는 경우에는 다음의 행위를 하여서는 아니 된다(법95의4③).

1. 보험금 지급한도, 지급제한 조건, 면책사항, 감액지급 사항 등을 누락하거나 충분히 고지하지 아니하여 제한 없이 보험금을 수령할 수 있는 것으로 오인하게 하는 행위
2. 보장금액이 큰 특정 내용만을 강조하거나 고액 보험금 수령 사례 등을 소개하여 보험금을 많이 지급하는 것으로 오인하게 하는 행위
3. 보험료를 일할로 분할하여 표시하거나 보험료 산출기준(보험가입금액, 보험료 납입기간,

라. 보험상품 보장내용의 특징
마. 보험상품 판매채널의 특징 및 상담연락처
2. 영상·음성 광고의 경우 2분 이내일 것
④ 보험광고가 다음의 어느 하나에 해당하는 경우에는 영 제42조의4 제2항 단서 규정에 따른 광고로 보지 아니한다.
1. 보험상품의 가격 특성, 보장내용 및 만기환급금 등에 대한 특징을 음성 및 자막 등의 방법으로 안내하면서 해당 사항의 이행조건을 같은 방법으로 안내하지 않는 경우
2. 보험상품의 주요 특징을 유사 단어로 3회 이상 연속 또는 반복하여 음성으로 안내하는 경우
218) 보험업감독규정 제4-35조의4(모집광고 관련 준수사항 등) ① 보험회사 또는 모집종사자가 보험상품에 관하여 광고를 하는 경우에는 영 제42조의4 제2항에 따라 다음의 사항을 준수하여야 한다.
1. 주계약 및 특약별 보험료의 납입기간, 보험기간이 다를 경우 이를 구분할 것
2. 해약환급금이 이미 납입한 보험료보다 적거나 없을 수 있다는 내용을 포함할 것
3. 보험계약 체결 후 1년, 3년, 5년별로 납입한 보험료 및 해약환급금을 예시할 것
② 보험회사 또는 보험의 모집에 종사하는 자가 보험상품에 대하여 광고를 하는 경우 영 제46조에서 정한 금액을 초과하는 금품을 제공하여 건전한 보험거래 질서를 저해하는 행위를 하여서는 아니된다.
219) 한기정(2019), 566쪽.

보험기간, 성별, 연령 등)을 불충분하게 설명하여 보험료가 저렴한 것으로 오인하게 하는 행위

4. 만기 시 자동갱신되는 보험상품의 경우 갱신 시 보험료가 인상될 수 있음을 보험계약자가 인지할 수 있도록 충분히 고지하지 아니하는 행위

5. 금리 및 투자실적에 따라 만기환급금이 변동이 될 수 있는 보험상품의 경우 만기환급금이 보험만기일에 확정적으로 지급되는 것으로 오인하게 하는 행위

6. 그 밖에 보험계약자 보호를 위하여 "대통령령으로 정하는 행위"

제6호에서 "대통령령으로 정하는 행위"란 다음의 행위를 말한다(영42의4③).

1. 지급사유 또는 지급시점이 다른 두 개 이상의 보험금을 더하여 하나의 보험사고 발생 시에 지급될 수 있는 것으로 오인하게 하는 행위

2. 방송법 제9조 제5항 단서에 따라 방송채널사용사업자로 승인된 보험대리점이 법 제83조에 따른 모집을 할 수 있는 자가 아닌 자로 하여금 보험상품을 설명하게 하는 행위

5. 광고의 방법과 절차

보험회사 또는 보험의 모집에 종사하는 자는 보험상품에 관하여 광고를 할 때에 다음에 따른 방법 및 절차를 지켜야 한다(법95의4④, 영42의4④).

1. 보장 내용을 표시하는 글씨의 크기와 보험금 지급제한 조건을 표시하는 글씨의 크기가 비슷할 것

2. 만기 시 자동갱신되는 보험상품의 경우 갱신 시 보험료가 인상될 수 있음을 안내하는 글씨의 크기와 보험료를 예시하는 글씨의 크기가 비슷할 것

3. 보장 내용을 설명하는 음성의 강도·속도와 법 제95조의4 제2항 제1호부터 제3호까지 및 이 조 제2항 제5호의 내용을 설명하는 음성의 강도·속도가 비슷할 것

4. 보험회사 또는 방송법 제9조 제5항 단서에 따라 방송채널사용사업자로 승인된 보험대리점이 같은 법 제2조 제1호에 따른 방송으로 광고를 한 경우에는 그 광고를 한 날부터 15영업일 이내에 광고한 매체 및 기간을 명시하여 해당 보험회사 또는 보험대리점의 인터넷홈페이지에 그 광고를 게재할 것

5. 광고를 할 때에 지켜야 할 사항을 해당 보험회사의 금융회사지배구조법 제24조 제1항에 따른 내부통제기준에 반영할 것

6. 보험상품 광고에 대하여 사전에 해당 보험회사의 준법감시인의 확인을 받을 것[220]

---

220) 방송법 제9조 제5항에 따른 방송채널사업자로 승인된 보험대리점이 생방송으로 보험상품을 설명하는 경우에는 협회가 방송내용을 사후에 제출받아 심사하는 것으로 영 제42조의4 제4항 제6호의 확인을 갈음할 수 있다(보험업감독규정4-35의4⑦).

6. 보험협회의 확인

보험협회는 필요하면 보험회사 또는 보험의 모집에 종사하는 자로부터 광고물을 미리 제출받아 보험회사등의 광고가 이 법이 정한 광고기준을 지키는지를 확인할 수 있다(법95의4 ⑥).221)

7. 위반시 제재

금융위원회는 보험회사가 제95조의4 제1항부터 제3항까지를 위반하여 광고하는 경우에는 해당 보험계약의 연간 수입보험료의 50% 이하의 범위에서 과징금을 부과할 수 있다(법196① (1)).

보험회사의 임직원이 제95조의4를 위반한 경우에는 2천만원 이하의 과태료를 부과한다(법 209④(18)). 보험대리점·보험중개사 소속 보험설계사가 제95조의4를 위반한 경우 해당 보험대리점·보험중개사(제7호 본문)에게 1천만원 이하의 과태료를 부과한다(법209⑤(7)). 다만, 보험대리점·보험중개사가 그 위반행위를 방지하기 위하여 해당 업무에 관하여 상당한 주의와 감독을 게을리하지 아니한 경우는 제외한다(제7호 단서). 또한 제95조의4를 위반한 자에게는 1천만원 이하의 과태료를 부과한다(법209⑤(8)).

Ⅵ. 중복계약체결 확인의무

1. 중복확인의무

(1) 일정한 손해보험계약

보험회사 또는 보험의 모집에 종사하는 자는 실제 부담한 의료비만 지급하는 제3보험상품계약("실손의료보험계약")과 실제 부담한 손해액만을 지급하는 것으로서 금융감독원장이 정하는 보험상품계약("기타손해보험계약")을 모집하기 전에 보험계약자가 되려는 자의 동의를 얻어 모집하고자 하는 보험계약과 동일한 위험을 보장하는 보험계약을 체결하고 있는지를 확인하여야 하며 확인한 내용을 보험계약자가 되려는 자에게 즉시 알려야 한다(법95의5①, 영42의5① 본문).

---

221) 보험업감독규정 제4-35조의4(모집광고 관련 준수사항 등) ⑤ 보험협회는 법 제95조의4 제6항에 따라 보험회사 또는 보험의 모집에 종사하는 자의 광고기준 준수여부 확인을 위한 세부기준 및 절차, 필요한 조치 등을 정할 수 있다.
　⑥ 보험협회가 법 제95조의4 제6항에 따라 보험회사 또는 보험의 모집에 종사하는 자의 광고기준 준수여부를 확인한 경우에는 그 내용, 결과 및 조치 현황을 매반기 종료후 1월 이내에 감독원장에게 보고하여야 한다.

이러한 의무 규정을 두게 된 이유는 현실적으로 보험계약자가 실손의료보험계약의 체결 상황을 제대로 알지 못하거나 비례보상의 원칙을 충분히 인지하지 못하여 보험계약자가 유사한 실손의료보험계약을 다시 가입하는 경우도 있으며, 보험회사로서는 이러한 의료 실손 보험계약의 중복적 가입으로 인하여 보험료는 중복적으로 수취하고 있으나, 보험금의 지급은 비례보상을 하고 있어 부당한 수입을 올리고 있기 때문에 이를 방지하기 위하여 보험회사나 보험모집종사자로 하여금 중복계약의 체결 여부를 보험계약자에게 알려주도록 한 것이다.

(2) 제외되는 보험계약

다만, ⅰ) 여행 중 발생한 위험을 보장하는 보험계약으로서 관광진흥법 제4조에 따라 등록한 여행업자가 여행자를 위하여 일괄 체결하는 보험계약 및 특정 단체가 그 단체의 구성원을 위하여 일괄 체결하는 보험계약, ⅱ) 국외여행, 연수 또는 유학 등 국외체류 중 발생한 위험을 보장하는 보험계약은 제외한다(영42의5① 단서). 위 ⅰ)의 보험계약은 보험회사가 여행업자 또는 단체와 일괄적으로 체결하기 때문에 개별 피보험자별로 중복보험을 확인하기 곤란하고, ⅱ)의 보험계약은 중복보험 사례가 사실상 없기 때문에 예외로 인정한 것이다.

2. 중복가입 확인 방법 및 절차

보험회사 또는 보험의 모집에 종사하는 자가 실손의료보험계약 또는 기타손해보험계약을 모집하는 경우에는 법 제95조의5 제1항에 따라 피보험자가 되려는 자가 이미 다른 실손의료보험계약 또는 보장내용이 동일한 기타손해보험계약의 피보험자로 되어 있는지를 확인하여야 한다(영42의5②).[222] 확인 결과, 피보험자가 되려는 자가 다른 실손의료보험계약 또는 보장내용이 동일한 기타손해보험계약의 피보험자로 되어 있는 경우에는 보험금 비례분담 등 보장금 지급에 관한 세부 사항을 안내하여야 한다(영42의5③).[223]

---

[222] 보험업감독규정 제4-35조의5(실손의료보험계약 등의 중복가입 확인 방법 및 절차 등) ① 보험회사 또는 모집종사자는 영 제42조의5 제2항에 따라 신용정보법 제25조 제2항 제1호에 따른 종합신용정보집중기관("집중기관")이 보유한 계약정보를 통해 피보험자가 되려는 자가 이미 다른 실손의료보험계약 또는 보장내용이 동일한 기타손해보험계약의 피보험자로 되어 있는지를 확인하여야 한다.
② 실손의료보험계약 또는 기타손해보험계약을 체결한 보험회사는 제1항에 따른 확인을 위해 해당 보험계약 체결 다음날까지 계약내용을 집중기관에 제공하여야 한다.
③ 집중기관은 제1항에 따른 확인을 위하여 보유한 계약정보가 실제 계약내용과 일치하는지를 매 분기 확인하여야 한다.
[223] 보험업감독규정 제4-35조의5(실손의료보험계약 등의 중복가입 확인 방법 및 절차 등) ④ 보험회사 또는 모집종사자는 영 제42조의5 제3항에 따른 세부사항을 안내하고 보험계약자가 되는 자가 이를 이해하였음을 서명(전자서명법 제2조 제2호에 따른 전자서명을 포함), 기명날인, 녹취 및 그 밖에 보험계약자 본인의 의사 전달의 안전성과 신뢰성이 확보될 수 있는 수단을 활용하여 해당 보험계약자에게 본인 의사표시를 확인하여 입증하는 방법 등의 방법으로 확인 받아야 한다.

Ⅶ. 통신수단을 이용한 보험모집 등

1. 규제의 필요성

전화·우편·사이버몰 등 통신수단을 이용하여 보험계약 체결을 모집하는 경우가 증가하고 있다. 여기서 사이버몰은 인터넷 홈페이지, 컴퓨터통신이라고도 한다. 통신수단을 이용한 모집의 증가 현상은 통신수단의 발달에 기인한다. 통신수단을 이용한 보험모집은 기존의 대면 방식의 모집과 달리 비대면성을 그 특징으로 한다. 비대면성에 따른 편의성과 신속성 등은 통신수단을 이용한 보험모집의 장점이다. 그런데 비대면성을 요소로 하는 통신수단의 특수성을 고려하여 통신수단을 이용한 보험모집에 대한 법적 규율을 새로이 마련할 필요성이 인정된다. 이에 따라 보험업법 제96조 제1항이 통신수단을 이용한 모집을 규율하고 있다.

통신수단의 이용 필요성은 보험의 모집에만 한정되지 않는다. 보험계약을 청약한 이후에도 보험계약자는 통신수단을 이용할 필요성이 적지 않다. 즉 청약의 확인·정정 및 철회, 계약 내용의 확인, 계약의 해지 등에서도 통신수단을 이용할 수 있다면 보험계약자의 편의성은 높아진다. 이런 방식으로 보험계약자의 편의성을 도모하기 위해 보험업법 제96조 제2항은 통신수단을 이용한 보험계약의 철회, 해지 등에 대해서 규정한다.[224]

2. 통신수단을 이용한 보험모집

(1) 모집의 주체와 상대방

전화·우편·컴퓨터통신 등 통신수단을 이용하여 모집을 하는 자는 보험업법 제83조에 따라 모집을 할 수 있는 자이어야 하며, 다른 사람의 평온한 생활을 침해하는 방법으로 모집을 하여서는 아니 된다(법96①).[225] 통신수단을 이용한 모집은 통신수단을 이용한 모집에 대하여 동의를 한 자를 대상으로 하여야 한다(영43①).

(2) 모집의 방법

(가) 전화를 이용하여 모집하는 자

통신수단 중 전화를 이용하여 모집하는 자는 보험계약의 청약이 있는 경우 보험계약자의 동의를 받아 청약 내용, 보험료의 납입, 보험기간, 고지의무, 약관의 주요 내용 등 보험계약 체

---

224) 한기정(2019), 580-581쪽.
225) 보험업감독규정 제4-36조(통신판매시 준수사항) ① 전화·우편·컴퓨터 등의 통신매체를 이용한 보험상품 판매("통신판매")에 종사하는 자("통신판매종사자")는 법 제83조에 의한 모집을 할 수 있는 자이어야 한다. ② 통신판매에 관한 업무를 영위하는 자는 개인정보의 수집·활용·제공에 있어 관계법령을 준수하여야 하며, 개인정보가 유출되어 고객에게 피해를 주지 않도록 통신판매종사자에 대한 교육 및 보안에 만전을 기하여야 한다.

결을 위하여 필요한 사항을 질문 또는 설명하고 그에 대한 보험계약자의 답변 및 확인 내용을 음성녹음하는 등 증거자료를 확보·유지하여야 하며, 우편이나 팩스 등을 통하여 지체 없이 보험계약자로부터 청약서에 자필서명을 받아야 한다(영43②).[226)]

[226)] 보험업감독규정 제4-36조(통신판매시 준수사항) ③ 보험회사 또는 모집종사자는 전화를 이용한 보험모집시 고객 접촉단계에서 보험계약자에게 통신판매종사자의 소속, 성명을 정확히 안내하여야 한다.

④ 보험회사 또는 모집종사자는 전화를 이용한 보험모집시 고객이 본인의 개인정보에 대한 취득경로를 질의할 경우 이를 정확히 안내하여야 한다.

⑤ 보험회사 또는 모집종사자는 전화를 이용한 보험모집시 보험계약의 청약이 종료되기 전에 다음의 사항 중 보험계약자에게 불이익이 될 수 있는 보험약관의 중요 내용을 선정하여 보험계약자에게 질의하고, 상품설명 내용에 대한 보험계약자의 이해여부를 확인하여야 한다.

1. 지급한도, 면책사항, 감액지급사항 등 보험금 지급제한 조건
2. 만기 시 자동갱신되는 보험상품의 경우 자동갱신의 조건(갱신보험료 예시를 포함)
3. 실손의료보험의 경우 중복가입 시 비례보상된다는 사실
4. 그 밖에 보험계약자에게 불이익이 될 수 있는 사항

⑥ 보험회사는 전화를 이용한 보험모집시 준수해야 할 상품별 표준상품설명대본을 작성하고 모집종사자가 표준상품설명대본에 따라 통신판매가 이루어지도록 하여야 한다. 다만, 보험계약자의 동의를 얻은 경우에는 다음의 사항에 대하여 전자문서, 문자메시지 등 전자적 방법으로 알리고 보험계약 체결 이전에 다음의 사항에 대하여 안내를 받았다는 사실을 확인하는 방법으로 표준상품설명대본을 통한 설명을 대신할 수 있다.

1. 제4-35조의2 제1항 제10호의 보험설계사 등의 모집에 관한 경력 및 그 조회에 관한 사항
2. 영 제42조의2 제1항 제10호의 분쟁조정절차에 관한 사항
3. 기존보험계약이 소멸된 날부터 6개월 이내에 새로운 보험계약을 청약하게 하거나 새로운 보험계약을 청약하게 한 날부터 6개월 이내에 기존보험계약을 소멸하게 하는 경우 영 제44조 제1항 각 호에 따라 기존보험계약과 새로운 보험계약 비교하여 안내하는 사항

⑦ 제6항에 따른 표준상품설명대본의 제작, 심사 등 관리절차 및 방법은 제4-35조를 준용한다.

⑧ 보험회사 및 모집종사자는 전화를 이용하여 보험을 모집하는 경우에 보험계약자와 최초 통화내용부터 청약이 완료될 때까지 모든 과정을 음성녹음하고 이를 보관하여야 한다.

⑨ 보험회사 또는 보험의 모집에 종사하는 자가 제4-35조의2 제3항에 따라 표준상품설명대본을 통해 보험계약의 중요사항을 설명한 경우에는 청약한 날부터 5영업일 이내에 상품설명서를 서면으로 발송하여야 한다. 다만, 보험회사 또는 보험의 모집에 종사하는 자가 제7-45조의2 제1항에 따른 동의를 얻은 경우에는 광기록매체, 전자우편 등 전자적 방법으로 교부할 수 있다.

⑩ 보험회사는 전화를 이용하여 보험계약을 체결한 경우에는 시행령 제43조 제2항의 음성녹음 내용을 제4-37조 제3호 각 목의 방법에 의해 보험계약자 또는 피보험자가 확인할 수 있도록 하여야 하며, 청약서 부본, 보험증권 또는 별도의 안내문을 통하여 당해 보험계약이 음성녹음에 의해 체결되었다는 사실과 음성내용 확인방법을 보험계약자에게 알려야 한다.

⑪ 보험회사는 매월 전화를 이용하여 체결한 보험계약의 20% 이상에 대하여 제6항의 음성녹음 내용을 점검하여 모집종사자가 보험계약자에게 표준상품설명대본에 따라 보험계약의 내용을 제대로 설명하였는지 여부 등을 확인하여야 한다.

⑫ 보험회사는 보험모집과정에서 다음의 어느 하나에 해당하는 사유가 발생한 경우로서 보험약관에 따라 보험계약자가 보험계약을 취소할 수 있는 경우에는 보험계약을 취소할 수 있다는 사실과 관련 절차 등을 보험계약자에게 안내하여야 한다.

1. 보험 광고시 보험약관의 중요 내용을 설명하지 않거나, 사실과 다르게 설명한 것으로 판단될 경우(다만, 음성녹음 과정에서 불충분한 설명 내용을 정정·보완한 경우는 제외)
2. 제11항 및 제4-35조의2 제7항의 확인 결과 보험약관의 중요 내용을 설명하지 않거나, 사실과 다르게 설명한 것으로 판단될 경우

⑬ 보험회사는 방송법 제9조 제5항에 따른 방송채널사용사업자로 승인된 보험대리점의 판매방송에 대한

다만 청약자의 신원을 확인할 수 있는 증명자료가 있는 등 금융위원회가 정하여 고시하는 경우227)에는 자필서명을 받지 아니할 수 있다(영43③).

(나) 사이버몰을 이용하여 모집하는 자

사이버몰을 이용하여 모집하는 자는 다음의 사항을 준수하여야 한다(영43④).228)

1. 삭제 [2016. 4. 1.]
2. 사이버몰에는 보험약관의 주요 내용을 표시하여야 하며 보험계약자의 청약 내용에 대해서는 다음 각 목의 어느 하나에 해당하는 경우 외에는 보험계약자로부터 자필서명을 받을 것
   가. 전자서명법 제2조 제3호229)에 따른 공인전자서명을 받은 경우

대가를 모집수수료 형태로 지급하여야 하며, 광고비 형태의 수수료로 지급하여서는 아니 된다.
227) "금융위원회가 정하여 고시하는 경우"란 다음의 사항이 충족되는 경우를 말한다(보험업감독규정4-37).
   1. 다음 각목의 1에 해당하는 보험계약
   가. 사망 또는 장해를 보장하지 아니하는 보험계약
   나. 사망 또는 장해를 보장하는 보험계약으로서 보험계약자, 피보험자 및 보험수익자가 동일하거나 보험계약자와 피보험자가 동일하고 보험수익자가 법정상속인인 보험계약
   다. 사망을 보장하는 보험계약으로서 상법 시행령 제44조의2 각 호의 요건을 충족하는 전자서명을 받은 보험계약 및 장해를 보장하는 보험계약으로서 상법 시행령 제44조의2 제1호, 제3호 및 제4호의 요건을 충족하는 전자서명을 받은 보험계약
   라. 신용생명보험계약 또는 신용손해보험계약
   마. 보험계약자와 피보험자가 동일하고 보험금이 비영리법인에게 기부되는 보험계약
   2. 본인확인내용, 보험청약내용, 보험료납입, 보험기간, 고지의무, 보험약관의 주요내용 등 보험계약체결을 위하여 필요한 사항을 질문 또는 설명하고 그에 대한 보험계약자의 답변, 확인내용을 음성녹음하는 등 그 증거자료를 확보, 유지하는 시스템을 갖출 것
   3. 제2호에 따른 음성녹음 내용을 다음 각 목의 방법에 의해 보험계약자 및 피보험자가 확인할 수 있을 것
   가. 전화
   나. 인터넷 홈페이지
   다. 문서화된 확인서(보험계약자 및 피보험자가 요청한 경우에 한하며, 모집에 종사하는 자는 보험계약자 또는 피보험자에게 문서화된 확인서를 요청할 수 있음을 보험계약 체결전에 알려야 한다)
228) 보험업감독규정 제4-38조(사이버몰의 설치·운영기준) ① 모집을 위한 사이버몰에는 다음의 사항을 이용자가 쉽게 알 수 있도록 표시하여야 한다.
   1. 사이버몰을 설치한 자의 성명 또는 상호나 명칭, 전화번호, 주소 및 위탁 보험회사의 상호나 명칭
   2. 자필(전자)서명, 고지의무 위반시 불이익 등 보험계약청약시 유의사항
   3. 청약철회, 보험료 미납시 계약해지, 보험료납입 유예 및 계약부활, 통지의무 등 계약변동에 관한 사항
   4. 예금자보호제도, 보험상담 및 분쟁조정 등 보험계약자 보호에 관한 사항
   5. 해약환급금이 적은 이유 등 보험료 환급에 관한 사항
   6. 보장내용, 가입자격의 범위 및 보상하지 아니하는 손해의 내용 등 보험상품의 중요사항
   ② 컴퓨터 등 전자적 수단으로 보험계약의 체결 및 대출 등을 하고자 하는 보험회사는 그 거래의 안정성과 보험서비스 이용자의 보호를 위하여 보험회사와 보험서비스 이용자간의 권리와 의무를 정한 약관을 마련하여 사용하여야 한다.
229) 3. "공인전자서명"이라 함은 다음 각목의 요건을 갖추고 공인인증서에 기초한 전자서명을 말한다.
   가. 전자서명생성정보가 가입자에게 유일하게 속할 것
   나. 서명 당시 가입자가 전자서명생성정보를 지배·관리하고 있을 것
   다. 전자서명이 있은 후에 해당 전자서명에 대한 변경여부를 확인할 수 있을 것

나. 그 밖에 금융위원회가 정하는 기준을 준수하는 안전성과 신뢰성이 확보될 수 있는 수단
을 활용하여 청약 내용에 대하여 보험계약자의 확인을 받은 경우

3. 보험약관 또는 보험증권을 전자문서로 발급하는 경우에는 보험계약자가 해당 문서를 수령
하였는지를 확인하여야 하며 보험계약자가 서면으로 발급해 줄 것을 요청하는 경우에는 서
면으로 발급할 것

3. 통신수단 이용기회를 제공할 의무

(1) 의의

보험회사는 일정한 경우 보험계약의 청약자, 보험계약자 등이 통신수단을 이용할 수 있도
록 하여야 한다(법96②). 이를 통해 보험계약의 청약자 또는 보험계약자가 청약의 철회 등 필요
한 사항을 편리하고 신속하게 확인하는 등의 행위를 할 수 있게 하기 위함이다.[230]

(2) 보험청약의 확인·정정 또는 철회

보험회사는 보험계약을 청약한 자가 청약의 내용을 확인·정정 요청하거나 청약을 철회하
고자 하는 경우 통신수단을 이용할 수 있도록 하여야 한다(법96②(1)).

보험회사는 보험계약을 청약한 자가 전화를 이용하여 청약의 내용을 확인·정정 요청하거
나 청약을 철회하려는 경우에는 상대방의 동의를 받아 청약 내용, 청약자 본인인지를 확인하고
그 내용을 음성녹음하는 등 증거자료를 확보·유지하여야 한다(영43⑤).

보험회사는 보험계약을 청약한 자가 컴퓨터통신을 이용하여 청약의 내용을 확인·정정 요
청하거나 청약을 철회하려는 경우에는 다음 각 호의 어느 하나에 해당하는 방법을 이용하여
청약자 본인인지를 확인하여야 한다(영43⑥).

1. 전자서명법 제2조 제3호에 따른 공인전자서명
2. 그 밖에 금융위원회가 정하는 기준을 준수하는 안전성과 신뢰성이 확보될 수 있는 수단을
활용하여 청약자 본인인지를 확인하는 방법

(3) 보험계약 내용의 확인

보험회사는 보험계약자가 체결한 계약의 내용을 확인하고자 하는 경우 통신수단을 이용할
수 있도록 하여야 한다(법96②(2)). 보험회사는 보험계약자가 전화를 이용하여 체결한 계약의
내용을 확인하려는 경우에는 상대방의 동의를 받아 보험계약자 본인인지를 확인하고 그 내용
을 음성녹음하는 등 증거자료를 확보·유지하여야 한다(영43⑦).

라. 전자서명이 있은 후에 해당 전자문서의 변경여부를 확인할 수 있을 것
230) 한기정(2019), 591쪽.

(4) 보험계약의 해지

보험회사는 보험계약자가 체결한 계약을 해지하고자 하는 경우(보험계약자가 계약을 체결하기 전에 통신수단을 이용한 계약해지에 동의한 경우에 한한다) 통신수단을 이용할 수 있도록 하여야 한다(법96②(3)).

보험회사는 보험계약자가 전화를 이용하여 체결한 계약을 해지하려는 경우에는 상대방의 동의를 받아 보험계약자 본인인지 여부 및 계약체결 전에 통신수단을 이용한 계약해지에 동의하였는지 여부를 확인하고 그 내용을 음성녹음하는 등 증거자료를 확보·유지하여야 한다(영43⑧).

보험회사는 보험계약자가 컴퓨터통신을 이용하여 체결한 계약을 해지하려는 경우에는 다음의 내용을 확인하여야 한다(영43⑨).

1. 보험계약자 본인인지 여부. 이 경우 본인 확인은 다음 각 목의 어느 하나에 해당하는 방법으로 하여야 한다.
   가. 전자서명법 제2조 제3호에 따른 공인전자서명
   나. 그 밖에 금융위원회가 정하는 기준을 준수하는 안전성과 신뢰성이 확보될 수 있는 수단을 활용하여 보험계약자 본인인지 여부를 확인하는 방법
2. 계약체결 전에 통신수단을 이용한 계약해지에 동의하였는지 여부

4. 금융위원회 고시

금융위원회는 사이버몰의 표시사항, 통신수단을 이용한 모집, 청약 내용의 확인, 청약의 철회, 계약 내용의 확인 및 계약의 해지에 필요한 세부 사항을 정하여 고시할 수 있다(영43⑩ 본문). 다만, 전자상거래법 등 소비자 관련 법령에서 규율하고 있는 사항에 대해서는 그러하지 아니하다(영43⑩ 단서).[231]

---

231) 보험회사 및 모집종사자는 통신판매 과정에서 다음의 행위를 하여서는 아니된다(보험업감독규정4-36의2).
　　1. 통화 또는 청약의 의사가 없음을 명백히 밝히는 고객, 통화를 중단하고 상품설명서 등 보험안내자료를 우선 확인하고자 하는 고객 등에게 상품 소개, 계약체결 권유 등을 지속하는 행위
　　2. 보험계약 체결을 유도하기 위해 해당 상품이 이벤트 당첨고객 등 특정 고객에게만 제공된다거나, 특정 일자까지만 가입 가능하다고 안내하는 등 사실과 다르게 설명하는 행위
　　3. 제4-36조 제6항에 따라 보험회사가 작성·마련한 표준상품설명대본을 오인 가능성이 있는 내용으로 임의로 수정하여 사용하는 행위
　　4. 보험계약자에게 음성녹음에 의해 청약이 완료된다는 사실과 보험료 결제 시기, 방법 등을 충분히 안내하지 않는 행위

5. 위반시 제재

금융위원회는 보험회사의 소속 임직원 또는 소속 보험설계사가 법 제96조 제1항을 위반한 경우에는 그 보험회사에 대하여 해당 보험계약의 수입보험료의 50% 이하의 범위에서 과징금을 부과할 수 있다. 다만, 보험회사가 그 위반행위를 막기 위하여 해당 업무에 관하여 상당한 주의와 감독을 게을리하지 아니한 경우에는 그러하지 아니하다(법96②).

보험회사가 법 제96조를 위반한 경우에는 1억원 이하의 과태료를 부과한다(법209①(3)).

보험대리점·보험중개사 소속 보험설계사가 법 제96조 제1항을 위반한 경우 해당 보험대리점·보험중개사(제7호)에게는 1천만원 이하의 과태료를 부과한다(법209⑤). 다만, 보험대리점·보험중개사가 그 위반행위를 방지하기 위하여 해당 업무에 관하여 상당한 주의와 감독을 게을리하지 아니한 경우는 제외한다(제7호 단서). 법 제96조 제1항을 위반한 자(제9호)에게는 1천만원 이하의 과태료를 부과한다(법209⑤).

Ⅷ. 보험계약의 체결 또는 모집에 관한 금지행위

1. 의의

보험계약의 체결 또는 모집에 종사하는 자는 그 체결 또는 모집에 관하여 다음의 어느 하나에 해당하는 행위를 하여서는 아니 된다(법97①).

1. 보험계약자나 피보험자에게 보험상품의 내용을 사실과 다르게 알리거나 그 내용의 중요한 사항을 알리지 아니하는 행위
2. 보험계약자나 피보험자에게 보험상품의 내용의 일부에 대하여 비교의 대상 및 기준을 분명하게 밝히지 아니하거나 객관적인 근거 없이 다른 보험상품과 비교하여 그 보험상품이 우수하거나 유리하다고 알리는 행위
3. 보험계약자나 피보험자가 중요한 사항을 보험회사에 알리는 것을 방해하거나 알리지 아니할 것을 권유하는 행위
4. 보험계약자나 피보험자가 중요한 사항에 대하여 부실한 사항을 보험회사에 알릴 것을 권유하는 행위
5. 보험계약자 또는 피보험자로 하여금 이미 성립된 보험계약("기존보험계약")을 부당하게 소멸시킴으로써 새로운 보험계약(대통령령으로 정하는 바에 따라 기존보험계약과 보장 내용 등이 비슷한 경우만 해당)을 청약하게 하거나 새로운 보험계약을 청약하게 함으로써 기존보험계약을 부당하게 소멸시키거나 그 밖에 부당하게 보험계약을 청약하게 하거나 이러한 것을 권유하는 행위

6. 실제 명의인이 아닌 자의 보험계약을 모집하거나 실제 명의인의 동의가 없는 보험계약을 모집하는 행위

7. 보험계약자 또는 피보험자의 자필서명이 필요한 경우에 보험계약자 또는 피보험자로부터 자필서명을 받지 아니하고 서명을 대신하거나 다른 사람으로 하여금 서명하게 하는 행위

8. 다른 모집 종사자의 명의를 이용하여 보험계약을 모집하는 행위

9. 보험계약자 또는 피보험자와의 금전대차의 관계를 이용하여 보험계약자 또는 피보험자로 하여금 보험계약을 청약하게 하거나 이러한 것을 요구하는 행위

10. 정당한 이유 없이 「장애인차별금지 및 권리구제 등에 관한 법률」 제2조에 따른 장애인의 보험가입을 거부하는 행위

11. 보험계약의 청약철회 또는 계약 해지를 방해하는 행위

2. 보험상품에 대한 부실고지 또는 불고지

보험계약자나 피보험자에게 보험상품의 내용을 사실과 다르게 알리거나 그 내용의 중요한 사항을 알리지 아니하는 행위는 금지된다(법97①(1)). 이는 설명의무의 일종이다.

3. 보험상품의 위법한 비교

(1) 원칙적 금지

보험계약자나 피보험자에게 보험상품의 내용의 일부에 대하여 비교의 대상 및 기준을 분명하게 밝히지 아니하거나 객관적인 근거 없이 다른 보험상품과 비교하여 그 보험상품이 우수하거나 유리하다고 알리는 행위는 금지된다(법97①(2)). 보험상품 사이의 부당한 비교행위가 보험계약의 체결 여부 등에 대한 보험계약자의 합리적 의사결정을 방해하기 때문에 금지하는 것이다. 비교대상인 보험상품은 동일한 보험회사에 속한 것인지 상이한 보험회사에 속한 것인지 묻지 않는다.

(2) 예외적 허용

보험상품의 내용의 일부에 대한 비교 금지규정은 다음의 어느 하나에 해당하는 자가 보험계약자의 합리적인 보험상품 선택을 위하여 비교하는 경우에는 적용하지 아니한다(법97②).

1. 교차모집에 관한 제85조 제3항에 따라 다른 보험회사를 위하여 모집을 하는 보험설계사

2. 보험대리점 중 각각 2 이상의 생명보험업을 경영하는 보험회사·손해보험업을 경영하는 보험회사(보증보험업만을 경영하는 보험회사는 제외) 또는 제3보험업을 경영하는 보험회사와 모집에 관한 위탁계약을 체결한 보험대리점

3. 보험중개사

이와 같이 보험설계사 등 모집종사자에게 일부에 대한 비교행위가 허용되는 것은, 이들이 두 개 이상의 보험회사의 보험상품을 모집하면서 보험상품 사이의 비교행위가 불가피한 면이 있다는 점을 고려한 것이다. 그러나 이 경우 비교의 대상 및 기준이 명확하고 비교의 근거가 있어야 한다.

4. 중요사항에 대한 고지의무 방해 등

보험계약자나 피보험자가 중요한 사항을 보험회사에 알리는 것을 방해하거나 알리지 아니할 것을 권유하거나, 중요한 사항에 대하여 부실한 사항을 보험회사에 알릴 것을 권유하는 행위는 금지된다(법97①(3)(4)). 이는 주로 고지의무(상법651)의 이행과 관련된다. 즉 상법상 고지의무에 따르면 보험계약자 또는 피보험자는 보험계약의 체결 당시에 중요한 사항에 대한 고지의무를 이행해야 하는데, 이는 보험회사가 고지내용에 기초해서 위험을 평가하고 이를 통해 보험계약의 체결 여부나 계약조건을 정하게 된다는 점에서 보험제도의 기초에 해당하는 의무이다.

5. 보험계약의 부당한 권유행위

(1) 의의

보험계약자 또는 피보험자로 하여금 이미 성립된 보험계약("기존보험계약")을 부당하게 소멸시킴으로써 새로운 보험계약(대통령령으로 정하는 바에 따라 기존보험계약과 보장 내용 등이 비슷한 경우만 해당)을 청약하게 하거나 새로운 보험계약을 청약하게 함으로써 기존보험계약을 부당하게 소멸시키거나 그 밖에 부당하게 보험계약을 청약하게 하거나 이러한 것을 권유하는 행위는 금지된다(법97①(5)). 부당한 계약전환 등을 포함하여 부당하게 보험계약의 청약을 하게 하는 행위는 보험계약자에게 손해를 끼치기 때문에 금지하는 것이다.

(2) 전환계약 사이의 유사성

새로운 보험계약은 기존보험계약과 보장내용 등이 비슷한 경우만 해당한다. 즉 기존보험계약과 보장 내용 등이 비슷한 새로운 보험계약은, ⅰ) 기존보험계약과 새로운 보험계약의 피보험자가 같고, ⅱ) 기존보험계약과 새로운 보험계약의 위험보장의 범위가 생명보험상품, 손해보험상품, 제3보험상품의 구분에 따라 비슷하여야 한다(영43의2① 본문). 다만 기존보험계약 또는 새로운 보험계약의 보험기간이 1년 이하인 경우 또는 컴퓨터통신을 이용하여 새로운 보험계약을 체결하는 경우에는 그러하지 아니하다(영43의2① 단서).

(3) 전환계약의 부당성 의제

(가) 의의

일정한 경우에는 계약전환이 부당한 것으로 간주한다. 즉 일정한 유형의 행위를 한 경우에는 기존보험계약을 부당하게 소멸시키거나 소멸하게 하는 행위를 한 것으로 본다(법97③). 간주규정을 둔 취지는 이러한 유형의 전환행위의 경우 부당성이 농후하다는 점을 고려하여 입증의 편의를 도모하려는 것이다.[232]

(나) 1개월 이내의 전환행위

기존보험계약이 소멸된 날부터 1개월 이내에 새로운 보험계약을 청약하게 하거나 새로운 보험계약을 청약하게 한 날부터 1개월 이내에 기존보험계약을 소멸하게 하는 행위는 부당한 전환계약으로 간주된다(법97③(1) 본문).

다만, 보험계약자가 기존 보험계약 소멸 후 새로운 보험계약 체결 시 손해가 발생할 가능성이 있다는 사실을 알고 있음을 자필로 서명하는 등 대통령령으로 정하는 바에 따라 본인의 의사에 따른 행위임이 명백히 증명되는 경우에는 부당한 전환계약으로 간주되지 않는다(법97③(1) 단서).

여기서 본인 의사의 증명은 다음의 어느 하나에 해당하는 방법으로 한다(영43의2②).

1. 서명(전자서명법 제2조 제2호에 따른 전자서명을 포함)
2. 기명날인
3. 녹취
4. 그 밖에 금융위원회가 정하는 기준을 준수하는 안전성과 신뢰성이 확보될 수 있는 수단을 활용하여 보험계약자 본인의 의사에 따른 행위임을 명백히 증명하는 방법

보험회사는 위의 어느 하나에 해당하는 방법에 의한 본인 의사 증명 사실을 확인할 수 있는 서류 등을 금융위원회가 정하여 고시하는 방법에 따라 보관·관리하여야 한다(영43의2③).

(다) 6개월 이내의 전환행위

기존보험계약이 소멸된 날부터 6개월 이내에 새로운 보험계약을 청약하게 하거나 새로운 보험계약을 청약하게 한 날부터 6개월 이내에 기존보험계약을 소멸하게 하는 경우로서 해당 보험계약자 또는 피보험자에게 기존보험계약과 새로운 보험계약의 보험기간 및 예정 이자율 등 대통령령으로 정하는 중요한 사항을 비교하여 알리지 아니하는 행위는 부당 전환으로 간주된다(법97③(2)). 이는 부당성이 상당하므로 보험계약자에게 중요사항에 대한 비교·고지를 통한 객관적 판단 기회를 제공한 경우가 아니라면 부당성을 간주한다는 취지이다.

여기서 비교하여 알려야 할 사항으로 "대통령령으로 정하는 중요한 사항"이란 다음의 사항을 말한다(영44①).

1. 보험료, 보험기간, 보험료 납입주기 및 납입기간

232) 한기정(2019), 606쪽.

2. 보험가입금액 및 주요 보장 내용

3. 보험금액 및 환급금액

4. 예정 이자율 중 공시이율

5. 보험 목적

6. 보험회사의 면책사유 및 면책사항

보험회사는 위 중요사항을 비교하여 알린 사실을 확인할 수 있는 서류 등을 금융위원회가 정하여 고시하는 방법에 따라 보관·관리하여야 한다(영44②).

(4) 보험계약의 부활청구 및 취소

부당한 계약전환이 이루어진 경우 보험계약자는 소멸된 보험계약에 대한 부활청구권과 새로운 보험계약에 대한 취소권을 갖는다. 즉 보험계약자는 보험계약의 체결종사자 또는 모집종사자(보험중개사는 제외)가 부당하게 기존보험계약을 소멸시키거나 소멸하게 하였을 때에는, 그 보험계약의 체결종사자 또는 모집종사가 속하거나 모집을 위탁한 보험회사에 대하여, 그 보험계약이 소멸한 날부터 6개월 이내에 소멸된 보험계약의 부활을 청구하고 새로운 보험계약은 취소할 수 있다(법97④). 보험계약의 부활의 청구를 받은 보험회사는 특별한 사유가 없으면 소멸된 보험계약의 부활을 승낙하여야 한다((법97⑤).

6. 허위·가공계약 및 무단차명계약 모집금지

실제 명의인이 아닌 자의 보험계약을 모집하거나 실제 명의인의 동의가 없는 보험계약을 모집하는 행위는 금지된다(법97①(6)). 이는 보험계약자의 이익을 해치고 보험업에 대한 신뢰를 훼손하는 행위이므로 금지하는 것이다.

7. 자필서명의 대행행위 금지

보험계약자 또는 피보험자의 자필서명이 필요한 경우에 보험계약자 또는 피보험자로부터 자필서명을 받지 아니하고 서명을 대신하거나 다른 사람으로 하여금 서명하게 하는 행위는 금지된다(법97①(7)). 보험계약자 또는 피보험자에게 자필서명을 요구하는 것은 계약의 청약 등에서 본인의 의사 또는 이해 등을 명확하게 확인하기 위한 것이다.

8. 다른 모집종사자 명의이용 금지

다른 모집종사자의 명의를 이용하여 보험계약을 모집하는 행위는 금지된다(법97①(8)). 다른 모집종사자의 명의를 이용하게 되면 보험계약자 모집의 책임관계가 불분명해지고 모집제한에 관한 규정들이 잠탈될 가능성 등의 문제가 생기므로, 이를 방지하기 위한 것이다.

9. 금전대차 이용 모집금지

보험계약자 또는 피보험자와의 금전대차의 관계를 이용하여 보험계약자 또는 피보험자로 하여금 보험계약을 청약하게 하거나 이러한 것을 요구하는 행위는 금지된다(법97①(9)). 금전대차로 인한 우월적 지위를 이용하여 보험계약자 또는 피보험자에게 보험계약의 청약을 하게 하거나 요구하는 것을 금지하는 데 그 취지가 있다.

10. 장애인 보험가입 거부금지

정당한 이유 없이 장애인의 보험가입을 거부하는 행위는 금지된다(법97①(10)). 여기서 장애인은 신체적·정신적 손상 또는 기능상실이 장기간에 걸쳐 개인의 일상 또는 사회생활에 상당한 제약을 초래하는 상태의 장애가 있는 사람을 말한다(장애인차별금지 및 권리구제 등에 관한 법률2). 장애인에 대한 보험가입 거절이 문제되는 것은 주로 장애인이 생명보험 또는 제3보험의 피보험자가 되는 경우이다.

11. 청약철회 또는 계약해지의 방해금지

보험계약의 청약철회 또는 계약 해지를 방해하는 행위는 금지된다(법97①(11)). 이는 보험계약자의 이익을 해치고 보험업에 대한 신뢰를 훼손하는 행위이므로 금지되는 것이다.

12. 위반시 제재

금융위원회는 보험회사의 소속 임직원 또는 소속 보험설계사가 법 제97조 제1항을 위반한 경우에는 그 보험회사에 대하여 해당 보험계약의 수입보험료의 50% 이하의 범위에서 과징금을 부과할 수 있다. 다만, 보험회사가 그 위반행위를 막기 위하여 해당 업무에 관하여 상당한 주의와 감독을 게을리하지 아니한 경우에는 그러하지 아니하다(법196②).

보험대리점·보험중개사 소속 보험설계사가 법 제97조 제1항을 위반한 경우 해당 보험대리점·보험중개사(7호 본문)에게는 1천만원 이하의 과태료를 부과한다(법209⑤). 다만, 보험대리점·보험중개사가 그 위반행위를 방지하기 위하여 해당 업무에 관하여 상당한 주의와 감독을 게을리하지 아니한 경우는 제외한다(7호 단서). 법 제97조 제1항을 위반한 자에게는 1천만원 이하의 과태료를 부과한다(법209⑤(10)).

Ⅸ. 특별이익 제공금지

1. 특별이익의 유형

보험계약의 체결 또는 모집에 종사하는 자는 그 체결 또는 모집과 관련하여 보험계약자나 피보험자에게 다음의 어느 하나에 해당하는 특별이익을 제공하거나 제공하기로 약속하여서는 아니 된다(법98).

1. 금품
2. 기초서류에서 정한 사유에 근거하지 아니한 보험료의 할인 또는 수수료의 지급
3. 기초서류에서 정한 보험금액보다 많은 보험금액의 지급 약속
4. 보험계약자나 피보험자를 위한 보험료의 대납
5. 보험계약자나 피보험자가 해당 보험회사로부터 받은 대출금에 대한 이자의 대납
6. 보험료로 받은 수표 또는 어음에 대한 이자 상당액의 대납
7. 상법 제682조에 따른 제3자에 대한 청구권 대위행사의 포기

위 제1호에서 보험계약 체결 시부터 최초 1년간 납입되는 보험료의 100분의 10과 3만원 중 적은 금액을 초과하지 아니하는 금품은 제외한다(법98(1), 영46).

2. 위반시 제재

법 제98조에서 규정한 금품 등을 제공(같은 조 제3호의 경우에는 보험금액 지급의 약속)한 자 또는 이를 요구하여 수수한 보험계약자 또는 피보험자는 3년 이하의 징역 또는 3천만원 이하의 벌금에 처한다(법202(3)). 금융위원회는 보험회사가 제98조를 위반하여 특별이익을 제공하거나 제공하기로 약속하는 경우 특별이익의 제공 대상이 된 해당 보험계약의 연간 수입보험료 이하의 범위에서 과징금을 부과할 수 있다(법196①(2)).

Ⅹ. 수수료 지급 등의 금지

1. 보험회사의 금지행위

보험회사는 모집할 수 있는 자 이외의 자에게 모집을 위탁하거나 모집에 관하여 수수료, 보수, 그 밖의 대가를 지급하지 못한다(법99① 본문). 다만, ⅰ) 기초서류에서 정하는 방법에 따른 경우, 또는 ⅱ) 보험회사가 대한민국 밖에서 외국보험사와 공동으로 원보험계약을 인수하거

나 대한민국 밖에서 외국의 모집조직(외국의 법령에 따라 모집을 할 수 있도록 허용된 경우만 해당한다)을 이용하여 원보험계약 또는 재보험계약을 인수하는 경우에는 보험회사가 모집할 수 있는 자 이외의 자에게도 모집을 위탁하거나 모집에 관하여, 수수료, 보수, 그 밖의 대가를 지급할 수 있다(법99① 단서).

2. 모집종사자의 금지행위

모집종사자는 원칙적으로 타인에게 모집을 하게 하거나 그 위탁을 하거나, 모집에 관하여 수수료·보수나 그 밖의 대가를 지급하지 못한다(법99②). 그러나 다음의 경우에는 모집을 하게 하거나 그 위탁을 하거나, 모집에 관하여 수수료·보수나 그 밖의 대가를 지급할 수 있다(법99②).

ⅰ) 보험설계사 경우, 같은 보험회사, 보험대리점, 보험중개사에 소속된 다른 보험설계사에 대한 경우(1호)이다. 이는 보험설계사가 일정한 보험회사, 보험대리점 또는 보험중개사를 위해서 위임계약 아래 보험모집을 하는 자이므로 자신이 속한 보험회사 등이 아닌 자에 소속된 보험설계사에게 모집위탁 등을 하는 것은 수임인의 선관주의에 반한다는 점을 고려한 것이다.[233]

ⅱ) 보험대리점의 경우, 같은 보험회사와 모집에 관한 위탁계약이 체결된 다른 보험대리점이나 소속 보험설계사에 대한 경우(2호)이다. 이는 보험대리점도 일정한 보험회사를 위해서 위임계약 아래 보험모집을 하는 자이므로 그 보험회사와 위임계약이 체결되지 않은 보험대리점 또는 그 소속 보험설계사에 대해서 모집위탁 등을 하는 것은 수임인의 선관주의에 반한다는 점을 고려한 것이다.

ⅲ) 보험중개사의 경우, 다른 보험중개사나 소속 보험설계사에 대한 경우(3호)이다. 이는 보험중개사는 보험회사로부터 독립하여 보험모집을 하는 자라는 점을 고려하여 다른 보험중개사나 그 소속 보험설계사에게 모집위탁 등을 하더라도 수임인의 선관주의에 반하는 문제가 생기지 않는다는 점을 고려한 것이다.

3. 보험중개사의 수수료 특칙

보험중개사는 보험계약 체결의 중개와 관련한 수수료나 그 밖의 대가를 보험계약자에게 청구할 수 없다(법99③). 그러나 보험계약 체결의 중개와는 별도로 보험계약자에게 특별히 제공한 서비스에 대하여 일정 금액으로 표시되는 보수나 그 밖의 대가를 지급할 것을 미리 보험계약자와 합의한 서면약정서에 의하여 청구하는 경우에는 보험중개사는 보험계약 체결의 중개와

---

233) 한기정(2019), 627쪽.

관련한 수수료나 그 밖의 대가를 보험계약자에게 청구할 수 있다(법99③, 영47①). 보험중개사는 보수나 그 밖의 대가를 청구하려는 경우에는 해당 서비스를 제공하기 전에 제공할 서비스별 내용이 표시된 보수명세표를 보험계약자에게 알려야 한다(영47②).

4. 위반시 제재

금융위원회는 보험회사가 법 제99조 제1항을 위반하여 모집을 할 수 있는 자 이외의 자에게 모집을 위탁한 경우 해당 보험계약의 수입보험료의 50% 이하의 범위에서 과징금을 부과할 수 있다(법196①(3)).

보험회사 소속 임직원 또는 보험설계사가 제99조 제2항을 위반한 경우 해당 보험회사에게는 1억원 이하의 과태료를 부과한다(법209①(4) 본문). 다만, 보험회사가 그 위반행위를 방지하기 위하여 해당 업무에 관하여 상당한 주의와 감독을 게을리하지 아니한 경우는 제외한다(법209①(4) 단서).

보험대리점·보험중개사 소속 보험설계사가 제99조 제2항 및 제3항을 위반한 경우 해당 보험대리점·보험중개사(7호 본문)에게는 1천만원 이하의 과태료를 부과한다(법209⑤(7)(11)). 다만, 보험대리점·보험중개사가 그 위반행위를 방지하기 위하여 해당 업무에 관하여 상당한 주의와 감독을 게을리하지 아니한 경우는 제외한다(7호 단서). 법 제99조 제2항 및 제3항을 위반한 자(11호)에게는 1천만원 이하의 과태료를 부과한다(법209⑤(7)(11)).

XI. 금융기관보험대리점등의 금지행위 등

1. 의의

금융기관보험대리점등에게 특별히 적용되는 모집관련 의무사항(법100)이 있다. 이는 금융기관보험대리점등에게 적용되는 특유의 의무사항으로 금융기관보험대리점등 때문에 기존의 보험 판매채널이 약화될 우려, 은행이 우월적 지위를 이용하여 보험계약자 또는 보험회사에 대해 불공정한 행위를 할 우려 등을 고려하여 금융기관보험대리점등을 특별히 규제하기 위한 것이다.

2. 대출등과 모집의 연계행위 금지 등

금융기관보험대리점등은 모집을 할 때 다음의 어느 하나에 해당하는 행위를 하여서는 아니 된다(법100①).

1. 대출 등 해당 금융기관이 제공하는 용역("대출등")을 제공하는 조건으로 대출등을 받는 자에게 그 금융기관이 대리 또는 중개하는 보험계약을 체결할 것을 요구하거나 특정한 보험회사와 보험계약을 체결할 것을 요구하는 행위
2. 대출등을 받는 자의 동의를 미리 받지 아니하고 보험료를 대출등의 거래에 포함시키는 행위
3. 해당 금융기관의 임직원(제83조에 따라 모집할 수 있는 자는 제외)에게 모집을 하도록 하거나 이를 용인하는 행위
4. 해당 금융기관의 점포 외의 장소에서 모집을 하는 행위
5. 모집과 관련이 없는 금융거래를 통하여 취득한 개인정보를 미리 그 개인의 동의를 받지 아니하고 모집에 이용하는 행위
6. 그 밖에 제1호부터 제5호까지의 행위와 비슷한 행위로서 "대통령령으로 정하는 행위"

제6호에서 "대통령령으로 정하는 행위"란 다음의 어느 하나에 해당하는 행위를 말한다(영 48①).

1. 시행령 제40조 제4항에 따라 모집에 종사하는 자 외에 소속 임직원으로 하여금 보험상품의 구입에 대한 상담 또는 소개를 하게 하거나 상담 또는 소개의 대가를 지불하는 행위
2. 대출을 조건으로 차주의 의사에 반하여 보험가입을 강요하는 행위
3. 대출과 관련하여 중소기업(중소기업기본법 제2조에 따른 중소기업 중 금융위원회가 정하여 고시하는 중소기업)의 대표자·임원 등 금융위원회가 정하여 고시하는 차주의 관계인의 의사에 반하여 보험가입을 강요하는 행위
4. 대출과 관련하여 차주인 중소기업, 그 밖에 금융위원회가 정하여 고시하는 차주 및 차주의 관계인에게 대출실행일 전후 1개월 이내에 보험상품을 판매하는 행위로서 해당 차주 및 차주의 관계인을 보호하기 위한 목적으로 보험상품의 특성·판매금액 등을 고려하여 금융위원회가 정하여 고시하는 요건에 해당하는 행위
5. 그 밖에 건전한 거래질서를 해칠 우려가 있는 행위로서 금융위원회가 정하여 고시하는 행위[234]

3. 준수사항

금융기관보험대리점등은 모집을 할 때 다음의 사항을 지켜야 한다(법100②).

1. 해당 금융기관이 대출등을 받는 자에게 보험계약의 청약을 권유하는 경우 대출등을 받는 자가 그 금융기관이 대리하거나 중개하는 보험계약을 체결하지 아니하더라도 대출등을 받는 데 영향이 없음을 알릴 것

---

[234] "금융위원회가 정하여 고시하는 행위"란 제5-15조 제1항 및 제2항에 따른 행위를 말한다(보험업감독규정 4-39①).

2. 해당 금융기관이 보험회사가 아니라 보험대리점 또는 보험중개사라는 사실과 보험계약의
   이행에 따른 지급책임은 보험회사에 있음을 보험계약을 청약하는 자에게 알릴 것
3. 보험을 모집하는 장소와 대출등을 취급하는 장소를 보험계약을 청약하는 자가 쉽게 알 수
   있을 정도로 분리할 것
4. 제1호부터 제3호까지의 사항과 비슷한 사항으로서 "대통령령으로 정하는 사항"

위 제4호에서 "대통령령으로 정하는 사항"이란 보험계약자 등의 보험민원을 접수하여 처리할 전담창구를 해당 금융기관의 본점에 설치·운영하는 것을 말한다(영48②).[235]

4. 보험회사에 대한 우월적 지위의 이용행위 금지

(1) 금지행위의 유형

금융기관보험대리점등이나 금융기관보험대리점등이 되려는 자는 보험계약 체결을 대리하거나 중개하는 조건으로 보험회사에 대하여 다음의 어느 하나의 행위를 하여서는 아니 된다(법 100③).

1. 해당 금융기관을 계약자로 하는 보험계약의 할인을 요구하거나 그 금융기관에 대한 신용공
   여, 자금지원 및 보험료 등의 예탁을 요구하는 행위
2. 보험계약 체결을 대리하거나 중개하면서 발생하는 비용 또는 손실을 보험회사에 부당하게
   떠넘기는 행위
3. 그 밖에 금융기관의 우월적 지위를 이용하여 부당한 요구 등을 하는 행위로서 "대통령령으
   로 정하는 행위"

위 제3호에서 "대통령령으로 정하는 행위"란 모집수수료 외에 금융기관보험대리점등이 모집한 보험계약에서 발생한 이익의 배분을 요구하는 행위를 말하며, 금융위원회가 정하여 고시하는 기준[236]에 따라 이익의 배분을 요구하는 경우는 제외한다(영48③).

(2) 금지행위의 기준

금융기관보험대리점등 또는 금융기관보험대리점등이 되려는 자의 금지행위 기준은 다음과 같다(영48④).

---

235) 법률 제10522호 농업협동조합법에 따라 설립된 농업협동조합중앙회는 영 제40조 제1항 제4호에 따른 조
   합을 위하여 영 제48조 제2항에서 정한 보험민원을 접수하여 처리할 전담창구를 운영할 수 있다(보험업감
   독규정4-39②).
236) "금융위원회가 정하는 기준"이란 당해 금융기관 보험대리점 등이 모집한 계약에서 위험률차 이익의 발생
   에 기여한 사실이 객관적으로 입증되는 경우를 말한다. 다만, 금융기관 보험대리점 등이 모집한 계약에서
   위험률차 손실이 발생한 경우에는 모집수수료를 삭감할 수 있다(보험업감독규정4-39③).

1. 금융기관보험대리점등이 요구하는 행위가 일반적인 거래조건에 비추어 명백히 보험회사의 이익에 반하는 것으로 인정될 수 있을 것
2. 해당 행위가 보험회사의 경영건전성이나 보험계약자의 이익, 그 밖에 건전한 모집질서를 명백히 해치는 것으로 인정될 수 있을 것

5. 금융위원회 고시

금융기관보험대리점등의 금지행위 기준 및 우월적 지위 남용 방지를 위한 기준 등에 관하여 필요한 사항은 금융위원회가 정하여 고시[237]한다(영48⑤).

---

237) 법 제100조 제4항, 영 제40조 제9항 및 제10항, 제48조 제5항에서 금융위원회가 정하는 사항은 다음과 같다(보험업감독규정4-39④).
　1. 금지행위
　　가. 당해 금융기관 보험대리점 등의 본점, 지점 등 점포 내에 보험회사 임직원, 보험설계사 또는 다른 보험대리점, 보험중개사를 입주시켜 모집("금융기관 내 입점방식에 의한 모집")을 하게 하는 행위
　　나. 보험회사 경영에 부당한 영향력을 행사하는 것으로 인정되는 다음 각 세목의 행위
　　　(1) 당해 금융기관 대리점 등 또는 제3자의 용역·물품 등의 구입을 요구하는 행위
　　　(2) 적법한 절차없이 보험계약자 등 제3자의 개인정보를 요구하는 행위
　　　(4) 일방적으로 전산시스템의 변경을 요구하는 행위
　　　(6) 모집한 보험계약을 통해 형성된 보험회사의 자산에 일정한 제한을 요구하는 행위
　2. 준수사항
　　가. 법 제100조 제2항 제3호의 규정에 의한 모집장소는 안내판을 설치하는 등의 방법으로 청약자가 쉽게 식별할 수 있도록 할 것
　　나. 보험계약을 청약하는 자가 영 제40조 제3항의 규정에 의한 모집에 종사할 수 있는 임원 또는 직원을 쉽게 알 수 있도록 할 것
　　다. 보험계약 체결의 대리 또는 중개와 관련하여 직접 또는 간접적으로 발생한 수익·비용과 금융기관보험대리점 등과 보험회사간의 채권·채무관계를 반영하여 구분되게 회계처리할 것
　　라. 법 제100조 제1항, 제2항의 규정에 의한 사항을 보험상품을 판매하기 전에 구두, 서면 또는 전자방식으로 알릴 것
　　마. 보험계약자 등이 금융기관 보험대리점 등에서 판매하는 보험상품을 당해 금융기관 보험대리점 등의 상품으로 오인되지 않도록 할 것
　　바. 영 제40조 제9항 본문에서 "금융위원회가 정하는 바"라 함은 금융기관보험대리점등이 대리 또는 중개 계약을 체결한 보험회사의 동종 또는 유사한 보험상품 중 3개 이상(비교 가능한 상품이 3개 이상일 경우에는 3개 이상, 3개 미만일 경우에는 전 상품을 말하며, 비교대상 상품은 다른 보험회사의 상품)을 비교·설명하고 설명내용에 대한 확인서를 받도록 하는 것을 말한다. 다만, 금융기관보험대리점등이 인터넷 홈페이지를 이용하여 모집하는 경우는 그러하지 아니하다.
　　사. 영 제40조 제9항 제3호에서 "금융위원회가 정하는 사항"이란 다음 세목과 같다.
　　　(1) 보험금의 종류 및 지급사유
　　　(2) 보험금을 지급하지 아니하는 보험사고의 종류 및 내용
　　　(3) 청약철회 및 계약취소에 관한 사항
　　　(4) 대출 등과 보험계약의 체결은 관계가 없다는 사항
　　아. 영 제48조 제5항에서 "우월적 지위 남용방지를 위한 기준 등"이란 별표 7-2와 같다.

6. 위반시 제재

법 제100조를 위반한 경우에는 1억원 이하의 과태료를 부과한다(법209②).

XII. 자기계약의 금지

보험대리점 또는 보험중개사는 자기 또는 자기를 고용하고 있는 자를 보험계약자 또는 피보험자로 하는 보험을 모집하는 것을 주된 목적으로 하지 못한다(법101①). 보험대리점 또는 보험중개사가 모집한 자기 또는 자기를 고용하고 있는 자를 보험계약자나 피보험자로 하는 보험의 보험료 누계액(累計額)이 그 보험대리점 또는 보험중개사가 모집한 보험의 보험료의 50%을 초과하게 된 경우에는 그 보험대리점 또는 보험중개사는 제1항을 적용할 때 자기 또는 자기를 고용하고 있는 자를 보험계약자 또는 피보험자로 하는 보험을 모집하는 것을 그 주된 목적으로 한 것으로 본다(법101②).

XIII. 자산운용

1. 자산운용의 원칙

보험회사는 그 자산을 운용할 때 안정성·유동성·수익성 및 공익성이 확보되도록 하여야 한다(법104①). 보험회사는 선량한 관리자의 주의로써 그 자산을 운용하여야 한다(법104②).

2. 금지 또는 제한되는 자산운용

(1) 의의

보험회사는 그 자산을 다음 각 호의 어느 하나에 해당하는 방법으로 운용하여서는 아니 된다(법105).

1. 대통령령으로 정하는 업무용 부동산이 아닌 부동산(저당권 등 담보권의 실행으로 취득하는 부동산은 제외)의 소유
2. 제108조 제1항 제2호에 따라 설정된 특별계정을 통한 부동산의 소유
3. 상품이나 유가증권에 대한 투기를 목적으로 하는 자금의 대출
4. 직접·간접을 불문하고 해당 보험회사의 주식을 사도록 하기 위한 대출
5. 직접·간접을 불문하고 정치자금의 대출
6. 해당 보험회사의 임직원에 대한 대출(보험약관에 따른 대출 및 금융위원회가 정하는 소액

대출은 제외)

7. 자산운용의 안정성을 크게 해칠 우려가 있는 행위로서 대통령령으로 정하는 행위

(2) 부동산

(가) 비업무용 부동산(제1호)

보험회사는 "대통령령으로 정하는 업무용 부동산"이 아닌 부동산(저당권 등 담보권의 실행으로 취득하는 부동산은 제외)을 소유할 수 없다(제1호). 여기서 "대통령령으로 정하는 업무용 부동산"이란 법인세법 시행령 제49조 제1항 제1호[238])에 해당하지 아니하는 부동산으로서 다음 각 호의 어느 하나에 해당하는 것을 말한다(영49①).

1. 업무시설용 부동산[239]): 영업장(연면적의 10% 이상을 보험회사가 직접 사용하고 있는 것만 해당), 연수시설, 임원 또는 직원의 복리후생시설 및 이에 준하는 용도로 사용하고 있거나 사용할 토지·건물과 그 부대시설. 다만, 영업장은 원칙적으로 단일 소유권의 객체가 되는 동산이어야 하며, 단일 건물에 구분소유되어 있는 경우에는 다음 각 목의 요건을 모두 충족하여야 한다.

   가. 구분소유권의 객체인 여러 개의 층이 연접해 있거나 물리적으로 하나의 부동산으로 인정할 수 있을 것

   나. 부동산의 소유 목적, 경제적 효용 및 거래관행에 비추어 복수 부동산 취득의 불가피성이 인정될 것

2. 투자사업용 부동산: 주택사업, 부동산임대사업, 장묘사업 등 사회복지사업, 도시재개발사업, 사회기반시설사업 등 공공성 사업과 해외부동산업을 위한 토지·건물 및 그 부대시설

(나) 특별계정을 통한 소유(제2호)

보험회사는 보험업법 제108조 제1항 제2호[240])에 따라 설정된 특별계정을 통한 부동산의 소유가 금지된다(제2호).

---

238) 1. 다음 각목의 1에 해당하는 부동산. 다만, 법령에 의하여 사용이 금지되거나 제한된 부동산, 자산유동화법에 의한 유동화전문회사가 동법 제3조의 규정에 의하여 등록한 자산유동화계획에 따라 양도하는 부동산 등 기획재정부령이 정하는 부득이한 사유가 있는 부동산을 제외한다.
    가. 법인의 업무에 직접 사용하지 아니하는 부동산. 다만, 기획재정부령이 정하는 기간("유예기간")이 경과하기 전까지의 기간 중에 있는 부동산을 제외한다.
    나. 유예기간 중에 당해 법인의 업무에 직접 사용하지 아니하고 양도하는 부동산. 다만, 기획재정부령이 정하는 부동산매매업을 주업으로 영위하는 법인의 경우를 제외한다.
239) 보험회사가 문화·예술진흥에 기여할 수 있는 사업으로서 다음 각 호의 어느 하나에 해당하는 사업에 사용하는 부동산은 영 제49조 제1항 제1호에서 정하는 업무시설용 부동산으로 본다(보험업감독규정5-1). 1. 상설전시관 사업, 2. 공연행사장 사업, 3. 그 밖에 감독원장이 필요하다고 인정하는 사업
240) 2. 「퇴직급여법」 제16조 제2항에 따른 보험계약 및 법률 제7379호 퇴직급여법 부칙 제2조 제1항에 따른 퇴직보험계약

(3) 대출

(가) 투기를 목적으로 하는 자금의 대출(제3호)

보험회사는 상품이나 유가증권에 대한 투기를 목적으로 하는 자금의 대출을 할 수 없다 (제3호).

(나) 해당 보험회사의 주식을 사도록 하기 위한 대출(제4호)

보험회사는 직접·간접을 불문하고 해당 보험회사의 주식을 사도록 하기 위한 대출을 할 수 없다(제4호).

(다) 정치자금의 대출(제5호)

보험회사는 직접·간접을 불문하고 정치자금의 대출을 할 수 없다(제5호).

(라) 임직원에 대한 대출(제6호)

해당 보험회사의 임직원에 대한 대출을 금지되지만, 보험약관에 따른 대출 및 금융위원회가 정하는 소액대출은 허용된다(제6호). 여기서 "금융위원회가 정하는 소액대출"이란 다음 각호에서 정하는 대출을 말한다(보험업감독규정5-8① 본문).

1. 일반자금대출: 20백만원 이내
2. 주택자금대출(일반자금대출 포함): 50백만원 이내
3. 사고금정리대출(일반자금 및 주택자금대출 포함): 60백만원 이내

다만, 소액대출을 하는 경우 책임준비금(영63①)을 재원으로 대출하는 경우 대출조건은 일반고객과 동일하여야 한다(보험업감독규정5-8① 단서).

(4) 외국환거래 및 파생금융거래(제7호)

자산운용의 안정성을 크게 해칠 우려가 있는 행위로서 대통령령으로 정하는 행위는 금지된다(제7호). 여기서 "대통령령으로 정하는 행위"란 다음 각 호의 어느 하나에 해당하는 행위를 말한다(영49②).

1. 금융위원회가 정하는 기준[241]을 충족하지 아니하는 외국환(외국환거래법 제3조 제13호[242]에 따른 외국환 중 대외지급수단, 외화증권, 외화채권만 해당) 및 파생금융거래(외국환거래법 제3조 제9호[243]에 따른 파생상품에 관한 거래로서 채무불이행, 신용등급 하락 등 계약당사자 간의 약정된 조건에 의한 신용사건 발생 시 신용위험을 거래당사자 한쪽에게 전가

---

241) "금융위원회가 정하는 기준"이란 [별표 8] 및 [별표 9]에 따른 기준을 말한다(보험업감독규정5-2②). [별표 8]은 보험회사의 외국환거래기준(제5-2조 관련)이고, [별표 9]는 보험회사의 파생금융 거래기준(제5-2조 관련)이다.
242) 13. "외국환"이란 대외지급수단, 외화증권, 외화파생상품 및 외화채권을 말한다.
243) 9. "파생상품"이란 자본시장법 제5조에 따른 파생상품과 그 밖에 대통령령으로 정하는 것을 말한다.

(轉嫁)하는 거래 또는 이와 유사한 거래를 포함)

2. 삭제 [2011.12.31]

3. 그 밖에 자산운용의 안정성을 크게 해칠 우려가 있는 행위로서 금융위원회가 정하여 고시하는 행위

(5) 위반시 제재

법 제105조 제1호를 위반하여 업무용 부동산이 아닌 부동산(저당권 등 담보권의 실행으로 취득하는 부동산은 제외)을 소유하는 경우: 업무용이 아닌 부동산 취득가액의 30% 이하의 과징금을 부과할 수 있다(법196①(3의2)).

3. 자산운용의 비율

(1) 의의

보험회사는 일반계정(제108조 제1항 제1호[244] 및 제4호[245]의 특별계정을 포함)에 속하는 자산과 제108조 제1항 제2호[246]에 따른 특별계정(이하 이 조에서 특별계정이라 한다)에 속하는 자산을 운용할 때 아래서 살펴볼 자산운용비율의 한도를 초과할 수 없다(법106①).

(2) 자산운용비율 한도

(가) 신용공여, 채권, 주식의 비율 한도

1) 동일한 개인 또는 법인에 대한 신용공여

동일한 개인 또는 법인에 대한 신용공여의 비율 한도는 다음과 같다(법106①(1)).

가. 일반계정: 총자산의 100분의 3

나. 특별계정: 각 특별계정 자산의 100분의 5

2) 동일한 법인이 발행한 채권 및 주식 소유의 합계액

동일한 법인이 발행한 채권 및 주식 소유하는 경우 채권 및 주식의 합계액의 비율 한도는 다음과 같다(법106①(2)).

가. 일반계정: 총자산의 100분의 7

나. 특별계정: 각 특별계정 자산의 100분의 10

---

244) 1. 조세특례제한법 제86조의2에 따른 연금저축계약
245) 4. 그 밖에 금융위원회가 필요하다고 인정하는 보험계약
246) 2. 퇴직급여법 제16조 제2항에 따른 보험계약 및 법률 제7379호 퇴직급여법 부칙 제2조 제1항에 따른 퇴직보험계약

3) 동일차주에 대한 신용공여 또는 그 동일차주가 발행한 채권 및 주식 소유

동일차주에 대한 신용공여를 하거나 또는 그 동일차주가 발행한 채권 및 주식을 소유하는 경우 신용공여, 채권, 주식의 합계액의 비율 한도는 다음과 같다(법106①(3)).

　가. 일반계정: 총자산의 100분의 12
　나. 특별계정: 각 특별계정 자산의 100분의 15

"동일차주"란 동일한 개인 또는 법인 및 이와 신용위험을 공유하는 자로서 "대통령령으로 정하는 자"를 말한다(법2(16). 여기서 "대통령령으로 정하는 자"란 공정거래법 제2조 제2호에 따른 기업집단에 속하는 회사를 말한다(영5).

4) 동일한 개인·법인, 동일차주 또는 대주주에 대한 거액 신용공여

동일한 개인·법인, 동일차주 또는 대주주(그의 특수관계인을 포함)에 대한 총자산의 100분의 1을 초과하는 거액 신용공여의 합계액의 비율 한도는 다음과 같다(법106①(4)).

　가. 일반계정: 총자산의 100분의 20
　나. 특별계정: 각 특별계정 자산의 100분의 20

5) 대주주 및 자회사에 대한 신용공여

대주주 및 "대통령령으로 정하는 자회사"에 대한 신용공여를 하는 경우 비율 한도는 다음과 같다(법106①(5)).

　가. 일반계정: 자기자본의 100분의 40(자기자본의 100분의 40에 해당하는 금액이 총자산의 100분의 2에 해당하는 금액보다 큰 경우에는 총자산의 100분의 2)
　나. 특별계정: 각 특별계정 자산의 100분의 2

여기서 "대통령령으로 정하는 자회사"란 다음 각 호의 어느 하나에 해당하지 아니하는 자회사를 말한다(영50①).

　1. 영 제59조 제1항 제1호부터 제13호[247]까지에 해당하는 업무를 수행하는 회사로서 보험회

---

247)　1. 보험회사의 사옥관리업무
　　　2. 보험수리업무
　　　3. 손해사정업무
　　　4. 보험대리업무
　　　5. 보험사고 및 보험계약 조사업무
　　　6. 보험에 관한 교육·연수·도서출판·금융리서치·경영컨설팅 업무
　　　7. 보험업과 관련된 전산시스템·소프트웨어 등의 대여·판매 및 컨설팅 업무
　　　8. 보험계약 및 대출 등과 관련된 상담업무

사가 해당 회사의 의결권 있는 발행주식(출자지분을 포함)의 전부를 소유하는 회사

1의2. 중소기업창업 지원법에 따른 중소기업창업투자회사 또는 중소기업창업투자조합

2. 자본시장법에 따른 집합투자기구

3. 부동산투자회사법에 따른 부동산투자회사

4. 선박투자회사법에 따른 선박투자회사

4의2. 벤처기업육성에 관한 특별조치법에 따른 한국벤처투자조합

4의3. 여신전문금융업법에 따른 신기술사업투자조합

5. 외국에서 하는 보험업, 보험수리업무, 손해사정업무, 보험대리업무, 보험에 관한 금융리서치
   업무, 투자자문업, 투자일임업, 집합투자업 또는 부동산업(법59①(14))을 수행하는 회사

5의2. 민간투자법에 따른 사회기반시설사업 및 사회기반시설사업에 대한 투융자사업(법59①
   (15))을 수행하는 회사

6. 외국에서 하는 사업(위 5호는 제외)(영59②(1))을 수행하는 회사

6) 대주주 및 자회사가 발행한 채권 및 주식 소유

대주주 및 대통령령으로 정하는 자회사가 발행한 채권 및 주식을 소유하는 경우 채권 및
주식의 합계액의 비율 한도는 다음과 같다(법106①(6)).

가. 일반계정: 자기자본의 100분의 60(자기자본의 100분의 60에 해당하는 금액이 총자산의
   100분의 3에 해당하는 금액보다 큰 경우에는 총자산의 100분의 3)

나. 특별계정: 각 특별계정 자산의 100분의 3

7) 동일한 자회사에 대한 신용공여

동일한 자회사에 대한 신용공여의 비율 한도는 다음과 같다(법106①(7)).

가. 일반계정: 자기자본의 100분의 10

나. 특별계정: 각 특별계정 자산의 100분의 4

(나) 부동산 소유의 비율 한도

부동산의 소유의 비율 한도는 다음과 같다(법106①(8)).

가. 일반계정: 총자산의 100분의 25

---

9. 보험에 관한 인터넷 정보서비스의 제공업무
10. 자동차와 관련된 긴급출동·차량관리·운행정보 등 부가서비스 업무
11. 보험계약자 등에 대한 위험관리 업무
12. 건강·장묘·장기간병·신체장애 등의 사회복지사업 및 이와 관련된 조사·분석·조언 업무
13. 노인복지법 제31조에 따른 노인복지시설의 설치·운영에 관한 업무 및 이와 관련된 조사·분석·조언
    업무

나. 특별계정: 각 특별계정 자산의 100분의 15

(다) 외국환 또는 외국 부동산 소유의 비율 한도

외국환거래법에 따른 외국환이나 외국 부동산의 소유에 대한 비율 한도는 다음과 같다(법 106①(9)).

가. 일반계정: 총자산의 100분의 50
나. 특별계정: 각 특별계정 자산의 100분의 50

그러나 외화표시 보험에 대하여 지급보험금과 같은 외화로 보유하는 자산의 경우에는 금융위원회가 정하는 바에 따라 책임준비금을 한도로 자산운용비율의 산정 대상에 포함하지 아니한다(법106①(9)). 이는 환리스크가 없기 때문이다.

(라) 파생상품거래를 위한 위탁증거금의 비율 한도

자본시장법에 따른 파생상품거래(금융위원회가 정하는 바에 따른 위험회피 수단 요건에 해당하는 경우는 제외)를 위한 대통령령으로 정하는 바에 따른 위탁증거금(장외파생상품거래의 경우에는 약정금액)의 합계액에 대한 비율 한도는 다음과 같다(법106①(10).

가. 일반계정: 총자산의 100분의 6(장외파생상품거래에 관하여는 총자산의 100분의 3 미만)
나. 특별계정: 각 특별계정 자산의 100분의 6(장외파생상품거래에 관하여는 각 특별계정 자산의 100분의 3 미만)

여기서 위탁증거금(장외파생상품거래의 경우에는 약정금액)은 다음 각 호의 구분에 따른 금액으로 한다(영50②).

1. 장내파생상품거래: 자본시장법에 거래소의 파생상품시장업무규정에서 정하는 위탁증거금
2. 장외파생상품거래: 장외파생상품의 거래구조 등을 반영하여 금융위원회가 정하여 고시하는 기준[248]에 따라 산정한 약정금액

(3) 자산운용비율 한도 조정

위 법 제106조 제1항 각 호에 따른 자산운용비율은 자산운용의 건전성 향상 또는 보험계약자 보호에 필요한 경우에는 대통령령으로 정하는 바에 따라 그 비율의 100분의 50의 범위에서 인하하거나, 발행주체 및 투자수단 등을 구분하여 별도로 정할 수 있다(법106②). 보험업법에 따르면 일반계정을 통한 부동산의 소유는 총자산의 100분의 25를 초과할 수 없지만(법106①(8)), 보험업법 시행령은 부동산 소유에 대한 자산운용비율을 총자산의 100분의 15로 인하한다

[248] "금융위원회가 정하여 고시하는 기준"이란 [별표 9] 제3호에 따른 기준을 말한다(보험업감독규정5-2②).

(영50③).

(4) 자산운용비율 한도의 적용면제

다음 각 호의 어느 하나에 해당하는 경우에는 제106조를 적용하지 아니한다(법107 본문).

1. 보험회사의 자산가격의 변동, 담보권의 실행, 그 밖에 보험회사의 의사와 관계없는 사유로 자산상태가 변동된 경우
2. 다음 각 목의 어느 하나에 해당하는 경우로서 금융위원회의 승인을 받은 경우
   가. 보험회사가 제123조(재무건전성의 유지)에 따라 재무건전성 기준을 지키기 위하여 필요한 경우
   나. 기업구조조정 촉진법에 따른 출자전환 또는 채무재조정 등 기업의 구조조정을 지원하기 위하여 필요한 경우
   다. 그 밖에 보험계약자의 이익을 보호하기 위하여 필수적인 경우

다만, 제1호의 사유로 자산운용비율을 초과하게 된 경우에는 해당 보험회사는 그 비율을 초과하게 된 날부터 1년 이내에 제106조에 적합하도록 하여야 하는데(법107 단서), "대통령령으로 정하는 사유"에 해당하는 경우에는 금융위원회가 정하는 바에 따라 그 기간을 연장할 수 있다(법107 단서). 여기서 "대통령령으로 정하는 사유"란 보험회사가 자산운용비율의 한도를 초과하게 된 날부터 1년 이내에 한도를 초과하는 자산을 처분하는 것이 일반적인 경우에 비추어 해당 보험회사에 현저한 재산상의 손실이나 재무건전성의 악화를 초래할 것이 명백하다고 금융위원회가 인정하는 경우[249)]를 말한다(영51).

(5) 자료제출요구권

금융위원회는 보험회사 또는 그 대주주가 법 제106조를 위반한 혐의가 있다고 인정되는 경우에는 보험회사 또는 그 대주주에 대하여 필요한 자료의 제출을 요구할 수 있다(법112).

(6) 위반시 제재

법 제106조 제1항 제1호부터 제3호까지의 규정에 따른 신용공여 등의 한도를 초과한 경우: 초과한 신용공여액 등의 100분의 30 이하(제4호), 법 제106조 제1항 제5호에 따른 신용공여의 한도를 초과한 경우: 초과한 신용공여액 이하(제5호), 법 제106조 제1항 제6호에 따른 채권

---

249) "금융위원회가 인정하는 경우"라 함은 다음 각호의 1을 말한다(보험업감독규정5-12③).
   1. 이미 취급한 자산운용의 기한이 도래하지 아니하여 기간내 회수가 곤란하거나 시장상황 등으로 보아 해당 자산을 기간내에 처분하는 것이 보험회사의 자산건전성에 현저히 불리한 경우
   2. 보험회사의 의사에 기인하지 않은 사유가 장기간 지속되고 당해 자산을 계속해서 운용하더라도 보험회사의 자산건전성을 저해하지는 않으나 중단할 경우에는 거래 상대방의 경영안정성이 크게 저해될 우려가 있는 경우
   3. 그 밖에 제1호 및 제2호에 준하는 경우로서 자산운용의 비율에 적합하지 아니하게 되는 상태가 일정기간 지속되더라도 당해 보험회사의 자산건전성이 크게 저해되지 아니하는 경우

또는 주식의 소유한도를 초과한 경우: 초과 소유한 채권 또는 주식의 장부가액 합계액 이하(제6호)의 범위에서 과징금을 부과할 수 있다(법196①).

법 제106조 제1항제 4호 및 제5호를 위반하여 신용공여를 한 자(제2호), 법 제106조 제1항 제6호를 위반하여 채권 및 주식을 소유한 자(제3호)는 5년 이하의 징역 또는 5천만원 이하의 벌금에 처한다(법200).

법 제106조 제1항 제7호부터 제10호까지의 규정을 위반한 경우(제5호)에는 1억원 이하의 과태료를 부과한다(법209①).

4. 특별계정

(1) 특별계정의 설정·운용

보험회사는 연금저축계약 등 일정한 계약에 대하여는 대통령령으로 정하는 바에 따라 그 준비금에 상당하는 자산의 전부 또는 일부를 그 밖의 자산과 구별하여 이용하기 위한 계정(이하 "특별계정"이라 한다)을 각각 설정하여 운용할 수 있다(법108①). 따라서 특별계정을 설정·운용하는 보험회사는 보험계약별로 별도의 특별계정을 설정·운용하여야 한다(영52①).

보험회사는 법 제108조 제1항 및 영 제52조의 규정에 따라 다음 각 호의 1에 해당하는 보험계약을 특별계정으로 설정·운용하여야 한다(보험업감독규정5-6①).[250]

1. 조세특례제한법 제86조의2의 규정에 의한 연금저축생명보험계약, 연금저축손해보험계약
2. 퇴직급여법 제16조 제2항의 규정에 따른 보험계약(퇴직연금실적배당보험계약 제외) 및 동 법 부칙 제2조 제1항의 규정에 따른 퇴직보험계약
3. 생명보험회사가 판매하는 변액보험계약 및 퇴직급여법 제16조 제2항의 규정에 따라 보험회

---

250) 보험업감독규정 제5-6조(특별계정의 설정·운용) ② 특별계정(제1항 제3호의 계약에 의한 특별계정은 제외)은 제1항의 규정에서 정한 보험계약별로 설정·운용하여야 하며 계약자배당 유무에 따라 구분하여야 한다.
③ 제1항 제3호의 생명보험회사가 판매하는 변액보험계약은 둘 이상의 집합투자기구(자본시장법 제9조 제18항에 따른 집합투자기구로서 같은 조 제19항 제1호에 따른 경영참여형 사모집합투자기구는 제외한다. 이하 이 조에서 "집합투자기구"라 한다)를 특별계정으로 설정·운용할 수 있다.
④ 제1항 제3호의 퇴직급여법 제16조 제2항의 규정에 따라 보험회사가 판매하는 퇴직연금실적배당 보험계약은 둘 이상의 집합투자기구를 특별계정으로 설정·운용할 수 있다.
⑤ 특별계정의 운용대상은 영업보험료에서 위험보장에 필요한 부분과 사업비 등 기초서류에서 정한 사항을 차감한 금액("적립보험료")과 그 운용수익으로 한다.
⑥ 제1항 제1호 및 제5호에 의해 특별계정으로 운용되는 보험계약의 적용이율은 제6-12조 제3항 내지 제4항 및 제7-66조 제3항을 준용한다.
⑦ 제1항 제2호에 의해 특별계정으로 운용되는 보험계약의 적용이율은 해당계정의 운용자산이익률 또는 객관적인 외부지표금리를 감안하여 합리적으로 결정하며, 산출방식을 기초서류에 기재하여야 한다.
⑧ 제1항 제6호에 의해 특별계정으로 운용되는 보험계약의 적용이율은 특정자산의 수익률 또는 객관적인 외부지표금리에 일정이율을 미리 가감하여 결정하며, 산출방식을 기초서류에 기재하여야 한다.

사가 판매하는 퇴직연금실적배당보험계약

4. 조세특례제한법 제86조의 규정에 의한 세제지원개인연금손해보험계약
5. 손해보험회사가 판매하는 장기손해보험계약
6. 자산연계형보험계약(제6-12조 제3항에 의한 공시이율을 적용하는 보험계약은 제외)

보험회사는 특별계정의 효율적인 운용을 위하여 금융위원회가 필요하다고 인정하는 경우에는 법 제108조 제1항 각 호의 구분에 따른 보험계약별로 둘 이상의 특별계정을 설정·운용할 수 있다(영52②).

(2) 특별계정 자산에 관한 금지행위

(가) 의결권 행사

보험회사는 특별계정(변액보험계약 특별계정은 제외)의 자산으로 취득한 주식에 대하여 의결권을 행사할 수 없다(영53① 본문). 다만, 주식을 발행한 회사의 합병, 영업의 양도·양수, 임원의 선임, 그 밖에 이에 준하는 사항으로서 특별계정의 자산에 손실을 초래할 것이 명백하게 예상되는 사항에 관하여는 그러하지 아니하다(영53① 단서).

(나) 차입

보험회사는 퇴직보험계약에 대하여 설정된 특별계정의 부담으로 차입할 수 없다(영53② 본문). 다만, 각 특별계정별로 자산의 10%의 범위에서 다음 각 호의 어느 하나에 해당하는 방법으로 차입하는 경우에는 그러하지 아니하다(영53② 단서).

1. 은행으로부터의 당좌차월
2. 금융기관으로부터의 만기 1개월 이내의 단기자금 차입
3. 일반계정(특별계정에 속하는 보험계약을 제외한 보험계약이 속하는 계정)으로부터의 만기 1개월 이내의 단기자금 차입. 이 경우 금리는 금융위원회가 정하여 고시하는 기준에 따른다.
4. 제1호부터 제3호까지에 준하는 방법으로서 금융위원회가 정하여 고시하는 방법

(다) 기타 금지행위

보험회사는 특별계정의 자산을 운용할 때 다음 각 호의 어느 하나에 해당하는 행위를 하여서는 아니 된다(영53③).

1. 보험계약자의 지시에 따라 자산을 운용하는 행위
2. 변액보험계약에 대하여 사전수익률을 보장하는 행위
3. 특별계정에 속하는 자산을 일반계정 또는 다른 특별계정에 편입하거나 일반계정의 자산을 특별계정에 편입하는 행위. 다만, 다음 각 목의 어느 하나에 해당하는 행위는 제외한다.
   가. 특별계정의 원활한 운영을 위하여 금융위원회가 정하여 고시하는 바에 따라 초기투자

자금을 일반계정에서 편입받는 행위

  나. 특별계정이 일반계정으로부터 만기 1개월 이내의 단기자금을 금융위원회가 정하여 고시하는 금리 기준[251]에 따라 차입받는 행위

  다. 법률 제7379호 퇴직급여법 부칙 제2조 제1항에 따른 퇴직보험계약을 같은 법 제16조 제2항에 따른 보험계약으로 전환하면서 자산을 이전하는 행위

  라. 법 제108조 제1항 제3호의 계약에 따라 설정된 특별계정을 자본시장법 제233조에 따른 모자형집합투자기구로 전환하면서 모집합투자기구로 자집합투자기구의 자산을 이전하는 행위

  마. 그 밖에 가목부터 라목까지에 준하는 행위로서 금융위원회가 정하여 고시하는 행위[252]

4. 보험료를 어음으로 수납하는 행위

5. 특정한 특별계정 자산으로 제3자의 이익을 꾀하는 행위

(3) 특별계정 자산의 평가 및 손익배분

특별계정(변액보험계약에 따라 설정된 특별계정은 제외)에 속하는 자산은 금융위원회가 정하는 방법[253]으로 평가한다(영54①). 보험회사는 변액보험 특별계정의 운용수익에서 해당 특별계정의 운용에 대한 보수 및 그 밖의 수수료를 뺀 수익을 해당 특별계정 보험계약자의 몫으로 처리하여야 한다(영54②).

(4) 특별계정 운용실적의 공시

보험회사는 특별계정(변액보험계약에 따라 설정된 특별계정은 제외)의 자산운용에 관한 다음 각 호의 사항을 공시하여야 한다(영55①). 변액보험계약에 따라 설정된 특별계정 공시는 자본시

---

251) 금융위원회가 정하는 기준이란 차입일에 자본시장법 제355조에 따른 자금중개회사를 경유한 동일 만기 자금거래의 중개금리(종가)를 말한다(보험업감독규정5-7③(3)).

252) "금융위원회가 정하여 고시하는 행위"란 제5-6조 제1항 제6호의 특별계정이 일반계정의 유가증권 등을 담보로 제공받는 행위로서 다음 각 호의 요건을 모두 충족하는 경우를 말한다(보험업감독규정5-7⑥).
  1. 통화스왑 등의 파생금융거래와 관련하여 거래상대방 또는 결제기관에 증거금 등의 담보로 제공하는 경우일 것
  2. 일반계정이 각 특별계정에 담보로 제공하는 유가증권 등의 합계액이 보험회사 자기자본의 40% 이내일 것
  3. 신규 또는 추가 담보제공을 하는 경우에는 전분기말 보험회사의 지급여력비율이 200% 이상일 것

253) 보험업감독규정 제6-25조(특별계정 자산·부채의 평가) ① 영 제54조의 규정에 의한 특별계정 자산의 평가는 개별 특별계정별로 적용하여야 한다.
  ② 특별계정에 속하는 자산은 다음 각 호의 구분에 의한 방법으로 이를 평가한다.
  1. 변액보험(퇴직연금실적배당보험 포함) 특별계정에 속하는 유가증권의 경우에는 자본시장법 제239조 제1항 본문의 규정에 의한 방법
  2. 제1호외의 자산의 경우에는 한국채택국제회계기준에서 규정한 방법
  ③ <삭제 2005. 12. 29.>
  ④ <삭제 2005. 12. 29.>
  ⑤ 특별계정 자산평가와 관련하여 이 규정에서 정하지 않은 사항은 일반계정의 회계처리방법을 준용한다.

장법에 의한다.

1. 매월 말 현재의 특별계정별 자산·부채 및 자산구성 내용
2. 자산운용에 대한 보수 및 수수료
3. 그 밖에 보험계약자의 보호를 위하여 공시가 필요하다고 인정되는 사항으로서 금융위원회가 정하여 고시하는 사항

보험협회는 보험회사별로 보험회사가 설정하고 있는 특별계정별 자산의 기준가격 및 수익률 등 자산운용실적을 비교·공시할 수 있다(영55②). 보험회사는 특별계정(변액보험계약에 따라 설정된 특별계정은 제외)으로 설정·운용되는 보험계약의 관리 내용을 매년 1회 이상 보험계약자에게 제공하여야 한다(영55③).

(5) 특별계정의 운용전문인력 확보의무

특별계정(변액보험계약에 따라 설정된 특별계정은 제외)을 설정·운용하는 보험회사는 특별계정의 공정한 관리를 위하여 특별계정의 관리 및 운용을 전담하는 조직과 인력을 갖추어야 한다(영56① 본문). 다만, 특별계정을 통한 대출업무의 경우에는 내부통제기준의 준수 여부에 대한 준법감시인의 확인을 거쳐 일반계정의 운용인력 및 조직을 이용할 수 있다(영56① 단서). 보험을 모집할 수 있는 자(법83①)가 변액보험계약을 모집하려는 경우에는 금융위원회가 정하여 고시하는 바에 따라 변액보험계약의 모집에 관한 연수과정을 이수하여야 한다(영56②).

5. 다른 회사에 대한 출자제한

(1) 내용

보험회사는 다른 회사의 의결권 있는 발행주식(출자지분을 포함) 총수의 15%를 초과하는 주식을 소유할 수 없다(법109 본문). 다만, 제115조(자회사의 소유)에 따라 금융위원회의 승인(신고로써 갈음하는 경우를 포함한다)을 받은 자회사의 주식은 그러하지 아니하다(법109 단서).

(2) 위반시 제재

법 제109조를 위반하여 다른 회사의 주식을 소유한 경우(제6호)에는 1억원 이하의 과태료를 부과한다(법209①).

6. 자금지원 관련 금지행위

(1) 내용

보험회사는 다른 금융기관(금융산업구조개선법 제2조 제1호[254]에 따른 금융기관) 또는 회사와

---

254) 은행, 중소기업은행, 투자매매업자·투자중개업자, 집합투자업자, 투자자문업자 또는 투자일임업자, 보험회

다음 각 호의 행위를 하여서는 아니 된다(법110①).

1. 제106조와 제108조에 따른 자산운용한도의 제한을 피하기 위하여 다른 금융기관 또는 회사의 의결권 있는 주식을 서로 교차하여 보유하거나 신용공여를 하는 행위
2. 상법 제341조와 자본시장법 제165조의3에 따른 자기주식 취득의 제한을 피하기 위한 목적으로 서로 교차하여 주식을 취득하는 행위
3. 그 밖에 보험계약자의 이익을 크게 해칠 우려가 있는 행위로서 대통령령으로 정하는 행위

보험회사는 제1항을 위반하여 취득한 주식에 대하여는 의결권을 행사할 수 없다(법110②). 금융위원회는 제1항을 위반하여 주식을 취득하거나 신용공여를 한 보험회사에 대하여 그 주식의 처분 또는 공여한 신용의 회수를 명하는 등 필요한 조치를 할 수 있다(법110③).

(2) 위반시 제재

보험회사의 발기인·설립위원·이사·감사·검사인·청산인, 「상법」 제386조 제2항 및 제407조 제1항에 따른 직무대행자(제59조 및 제73조에서 준용하는 경우를 포함) 또는 지배인이 법 제110조를 위반한 경우(제22호)에는 2천만원 이하의 과태료를 부과한다(법209④).

법 제110조 제1항을 위반하여 자금지원 관련 금지행위를 하는 경우에는 해당 신용공여액 또는 주식의 장부가액 합계액의 100분의 30 이하(제6의2호)의 범위에서 과징을 부과할 수 있다(법196①).

7. 불공정한 대출의 금지

보험회사는 다음 각 호의 어느 하나에 해당하는 불공정한 대출을 하여서는 아니 된다(법110의2①).

1. 대출을 조건으로 차주의 의사에 반하여 보험가입을 강요하는 행위
2. 부당하게 담보를 요구하거나 연대보증을 요구하는 행위
3. 보험회사 또는 그 임직원이 대출업무와 관련하여 부당한 편익을 제공받는 행위
4. 보험회사가 우월적 지위를 이용하여 보험회사 이용자의 권익을 부당하게 침해하는 행위

금융위원회는 제1항의 위반행위가 있는 경우에는 해당 보험회사에 대하여 불공정한 대출의 중지 또는 시정조치를 명할 수 있다(법110의2③).

8. 금리인하 요구

보험회사와 신용공여 계약을 체결한 자는 다음 각 호의 어느 하나에 해당하는 경우 보험

사, 상호저축은행, 신탁업자, 종합금융회사, 금융지주회사, 여신전문금융회사이다.

회사에 금리인하를 요구할 수 있다(법110의3①, 영56의3①). 보험회사는 신용공여 계약을 체결하려는 자에게 제1항에 따라 금리인하를 요구할 수 있음을 알려야 한다(법110의3②).

1. 개인이 신용공여 계약을 체결한 경우: 취업, 승진, 재산 증가 또는 신용평가등급 상승 등 신용상태의 개선이 나타났다고 인정되는 경우
2. 개인이 아닌 자(개인사업자를 포함)가 신용공여 계약을 체결한 경우: 재무상태 개선 또는 신용평가등급 상승 등 신용상태의 개선이 나타났다고 인정되는 경우

금리인하 요구를 받은 보험회사는 해당 요구의 수용 여부를 판단할 때 신용상태의 개선이 금리 산정에 영향을 미치는지 여부 등 금융위원회가 정하여 고시하는 사항을 고려할 수 있다(영56의3②). 보험회사는 금리인하 요구를 받은 날부터 10영업일 이내(금리인하 요구자에게 자료의 보완을 요구하는 날부터 자료가 제출되는 날까지의 기간은 포함하지 않는다)에 해당 요구의 수용여부 및 그 사유를 금리인하 요구자에게 전화, 서면, 문자메시지, 전자우편, 팩스 또는 그 밖에 이와 유사한 방법으로 알려야 한다(영56의3③).

9. 대주주와의 거래제한 등

대주주란 금융회사지배구조법 제2조 제6호에 따른 주주를 말한다(법2(17)).

(1) 보험회사의 의무

보험회사는 직접 또는 간접으로 그 보험회사의 대주주(그의 특수관계인인 보험회사의 자회사는 제외)와 다음 각 호의 행위를 하여서는 아니 된다(법111①).

1. 대주주가 다른 회사에 출자하는 것을 지원하기 위한 신용공여
2. 자산을 대통령령으로 정하는 바에 따라 무상으로 양도하거나 일반적인 거래 조건에 비추어 해당 보험회사에 뚜렷하게 불리한 조건으로 자산에 대하여 매매·교환·신용공여 또는 재보험계약을 하는 행위

위 제2호에 따라 보험회사는 직접 또는 간접으로 그 보험회사의 대주주와 다음 각 호의 행위를 하여서는 아니 된다(영57①).

1. 증권, 부동산, 무체재산권 등 경제적 가치가 있는 유형·무형의 자산을 무상으로 제공하는 행위
2. 제1호의 자산을 정상가격(일반적인 거래에서 적용되거나 적용될 것으로 판단되는 가격)에 비하여 뚜렷하게 낮거나 높은 가격으로 매매하는 행위
3. 제1호의 자산을 정상가격에 비하여 뚜렷하게 낮은 가격의 자산과 교환하는 행위

4. 정상가격에 비하여 뚜렷하게 낮은 가격의 자산을 대가로 신용공여를 하는 행위

5. 정상가격에 비하여 뚜렷하게 낮거나 높은 보험료를 지급받거나 지급하고 재보험계약을 체결하는 행위

법 제111조 제1항 제2호를 적용할 때 같은 항 각 호 외의 부분에 따른 대주주에는 그와 금융회사지배구조법 시행령 제3조 제1항 각 호의 어느 하나에 해당하는 특수한 관계가 있는 자("특수관계인") 중 상속세 및 증여세법 제16조 제1항에 따른 공익법인등에 해당하는 비영리법인 또는 단체("공익법인등")는 포함되지 아니한다(영57②).[255]

(2) 보험회사 대주주의 의무

보험회사의 대주주는 해당 보험회사의 이익에 반하여 대주주 개인의 이익을 위하여 다음 각 호의 어느 하나에 해당하는 행위를 하여서는 아니 된다(법111⑤).

1. 부당한 영향력을 행사하기 위하여 해당 보험회사에 대하여 외부에 공개되지 아니한 자료 또는 정보의 제공을 요구하는 행위. 다만, 금융회사지배구조법 제33조 제7항[256](제58조에 따라 준용되는 경우를 포함)에 해당하는 경우는 제외한다.

2. 경제적 이익 등 반대급부를 제공하는 조건으로 다른 주주 또는 출자자와 담합(談合)하여 해당 보험회사의 인사 또는 경영에 부당한 영향력을 행사하는 행위

3. 제106조 제1항 제4호 및 제5호에서 정한 비율을 초과하여 보험회사로부터 신용공여를 받는 행위

4. 제106조 제1항 제6호에서 정한 비율을 초과하여 보험회사에게 대주주의 채권 및 주식을 소유하게 하는 행위

5. 그 밖에 보험회사의 이익에 반하여 대주주 개인의 이익을 위한 행위로서 대통령령으로 정하는 행위

---

255) 보험회사는 영 제57조 제2항에 따라 대주주의 특수관계인에서 제외되는 자("공익법인등")에게 자산을 무상으로 양도하거나 일반적인 거래 조건에 비추어 그 보험회사에게 뚜렷하게 불리한 조건으로 자산에 대하여 매매·교환·신용공여 또는 재보험계약("자산의 무상양도등")을 하는 경우 다음 각 호를 준수하여야 한다(보험업감독규정7-13의2①).
  1. 자산의 무상양도등을 하기 전에 이사회 의결을 거칠 것
  2. 자산의 무상양도등을 한 경우 지체없이 인터넷 홈페이지 등을 이용하여 공시할 것
  3. 자산의 무상양도등에 대한 적정성 점검 및 평가 절차 등을 포함한 내부통제기준을 운영할 것
  4. 매년 자산의 무상양도등에 대한 현황, 적정성 점검 및 평가결과 등을 이사회에 보고할 것
  5. 공익법인등의 설립근거 법률에 따른 목적사업에 사용하는 조건부로 자산의 무상양도등을 하고 공익법인 등의 사업이 설립 근거법률에서 정하는 사업에 적합하지 않는 경우 자산의 무상양도등을 중단할 것
  6. 공익법인등의 사업으로부터 보험회사(보험회사, 보험회사의 계열회사 및 그 임직원을 포함한다)가 우대를 받는 등 대가성이 있어서는 아니 되며, 대가성이 있는 경우 자산의 무상양도등을 중단할 것
256) ⑦ 제5항의 주주가 상법 제403조(같은 법 제324조, 제415조, 제424조의2, 제467조의2 및 제542조에서 준용하는 경우를 포함)에 따른 소송을 제기하여 승소한 경우에는 금융회사에 소송비용, 그 밖에 소송으로 인한 모든 비용의 지급을 청구할 수 있다.

위 제5호에서 "대통령령으로 정하는 행위"란 다음 각 호의 어느 하나에 해당하는 행위를 말한다(영57⑤).

1. 대주주의 경쟁사업자에 대하여 신용공여를 할 때 정당한 이유 없이 금리, 담보 등 계약조건을 불리하게 하도록 요구하는 행위
2. 보험회사로 하여금 제2항에 따른 공익법인등에게 자산을 무상으로 양도하게 하거나 일반적인 거래 조건에 비추어 해당 보험회사에게 뚜렷하게 불리한 조건으로 매매·교환·신용공여 또는 재보험계약을 하게 하는 행위

(3) 이사회 의결을 요하는 경우

보험회사는 그 보험회사의 대주주에 대하여 "대통령령으로 정하는 금액" 이상의 신용공여를 하거나 그 보험회사의 대주주가 발행한 채권 또는 주식을 "대통령령으로 정하는 금액" 이상으로 취득하려는 경우에는 미리 이사회의 의결을 거쳐야 한다(법111② 전단). 이 경우 이사회는 재적이사 전원의 찬성으로 의결하여야 한다(법111② 후단).

위에서 "대통령령으로 정하는 금액"이란 단일거래금액(법 제111조 제2항 및 같은 조 제3항 제2호에 따른 대주주가 발행한 주식을 취득하는 경우에는 증권시장·다자간매매체결회사 또는 이와 유사한 시장으로서 외국에 있는 시장에서 취득하는 금액은 제외)이 자기자본의 1천분의 1에 해당하는 금액 또는 10억원 중 적은 금액을 말한다(영57③ 전단). 이 경우 단일거래금액의 구체적인 산정기준은 금융위원회가 정하여 고시한다(영57③ 후단).

(4) 보고 및 공시의무
(가) 수시 보고 및 공시

보험회사는 그 보험회사의 대주주와 다음 각 호의 어느 하나에 해당하는 행위를 하였을 때에는 7일 이내에 그 사실을 금융위원회에 보고하고 인터넷 홈페이지 등을 이용하여 공시하여야 한다(법111③).

1. "대통령령으로 정하는 금액" 이상의 신용공여
2. 해당 보험회사의 대주주가 발행한 채권 또는 주식을 대통령령으로 정하는 금액 이상으로 취득하는 행위
3. 해당 보험회사의 대주주가 발행한 주식에 대한 의결권을 행사하는 행위

제1호에서 "대통령령으로 정하는 금액"은 위 영 제57조 제3항의 "대통령령으로 정하는 금액"과 같다.

(나) 정기 보고 및 공시

보험회사는 매 분기 말 현재 대주주에 대한 신용공여 규모, 분기 중 신용공여의 증감액, 신용공여의 거래조건, 해당 보험회사의 대주주가 발행한 채권 또는 주식의 취득 규모, 그 밖에 금융위원회가 정하여 고시하는 사항을 매 분기 말이 지난 후 1개월 이내에 금융위원회에 보고하고, 인터넷 홈페이지 등을 이용하여 공시하여야 한다(법111④, 영57④).

(5) 부실 대주주에 대한 지원 제한 명령

금융위원회는 보험회사의 대주주(회사만 해당)의 부채가 자산을 초과하는 등 재무구조가 부실하여 보험회사의 경영건전성을 뚜렷하게 해칠 우려가 있는 경우로서 "대통령령으로 정하는 경우"에는 그 보험회사에 대하여 다음 각 호의 조치를 할 수 있다(법111⑥).

1. 대주주에 대한 신규 신용공여 금지
2. 대주주가 발행한 유가증권의 신규 취득 금지
3. 그 밖에 대주주에 대한 자금지원 성격의 거래제한 등 대통령령으로 정하는 조치

위에서 "대통령령으로 정하는 경우"란 대주주가 다음 각 호의 어느 하나에 해당하는 경우를 말한다(영57⑥).

1. 대주주(회사만 해당하며, 회사인 특수관계인을 포함)의 부채가 자산을 초과하는 경우
2. 대주주가 자본시장법에 따른 신용평가회사 중 둘 이상의 신용평가회사에 의하여 투자부적격 등급으로 평가받은 경우

(6) 자료제출요구

금융위원회는 보험회사 또는 그 대주주가 제111조를 위반한 혐의가 있다고 인정되는 경우에는 보험회사 또는 그 대주주에 대하여 필요한 자료의 제출을 요구할 수 있다(법112).

(7) 위반시 제재

법 제111조 제1항을 위반하여 같은 항 각 호의 어느 하나에 해당하는 행위를 한 자(제4호), 법 제111조 제5항을 위반하여 같은 항 각 호의 어느 하나에 해당하는 행위를 한 대주주 또는 그의 특수관계인(제5호)은 5년 이하의 징역 또는 5천만원 이하의 벌금에 처한다(법200).

보험회사가 법 제111조 제2항을 위반하여 이사회의 의결을 거치지 아니한 경우(제7의3호), 법 제111조 제3항 또는 제4항에 따른 보고 또는 공시를 하지 아니하거나 거짓으로 보고 또는 공시한 경우(제7의4호)에는 1억원 이하의 과태료를 부과한다(법209①).

보험회사가 법 제111조 제1항을 위반하여 신용공여를 하거나 자산의 매매 또는 교환 등을 한 경우에는 해당 신용공여액 또는 해당 자산의 장부가액 이하(제7호)의 범위에서 과징금을 부

과할 수 있다(법196①).

10. 타인을 위한 채무보증의 금지

(1) 원칙적 금지

보험회사는 타인을 위하여 그 소유자산을 담보로 제공하거나 채무보증을 할 수 없다(법 113 본문).

(2) 예외적 허용

보험업 및 대통령령으로 정하는 바에 따라 채무보증을 할 수 있는 경우에는 예외적으로 타인을 위하여 그 소유자산을 담보로 제공하거나 채무보증을 할 수 있다(법113 단서).

(가) 신용연계증권 등

보험회사는 법 제113조 단서에 따라 신용위험을 이전하려는 자가 신용위험을 인수한 자에게 금전 등의 대가를 지급하고, 신용사건이 발생하면 신용위험을 인수한 자가 신용위험을 이전한 자에게 손실을 보전해 주기로 하는 계약에 기초한 증권(자본시장법에 따른 증권) 또는 예금을 매수하거나 가입할 수 있다(영57의2①).

(나) 외국소재 자회사를 위한 보증

보험회사는 법 제113조 단서에 따라 법 제115조 제1항에 따른 자회사(외국에서 보험업을 경영하는 자회사)를 위한 채무보증을 할 수 있다(영57의2② 전단). 이 경우 다음 각 호의 요건을 모두 갖추어야 한다(영57의2② 후단).

1. 채무보증 한도액이 보험회사 총자산의 100분의 3 이내일 것
2. 보험회사의 직전 분기 말 지급여력비율이 100분의 200 이상일 것
3. 보험금 지급 채무에 대한 채무보증일 것
4. 보험회사가 채무보증을 하려는 자회사의 의결권 있는 발행주식(출자지분을 포함) 총수의 100분의 50을 초과하여 소유할 것(외국 정부에서 최대 소유 한도를 정하는 경우 그 한도까지 소유하는 것을 말한다)

금융위원회는 제2항 각 호의 요건을 갖추었는지를 확인하기 위하여 보험회사에 필요한 자료의 제출을 요청할 수 있다(영57의2③).

(3) 위반시 제재

보험회사가 법 제113조를 위반한 경우(제8호)에는 1억원 이하의 과태료를 부과한다(법209①).

11. 자금의 차입

(1) 원칙적 금지

보험회사가 취득·처분하는 자산의 평가방법, 채권 발행 또는 자금차입의 제한 등에 관하여 필요한 사항은 대통령령으로 정한다(법114). 보험업법 시행령 제58조 제2항은 예외적으로만 자금차입을 허용하고 있다. 따라서 원칙적으로 자금차입은 금지된다.

(2) 예외적 허용

(가) 허용 유형

1) 보험업법 시행령

보험회사는 재무건전성 기준을 충족시키기 위한 경우 또는 적정한 유동성을 유지하기 위한 경우에만 다음 각 호의 어느 하나에 해당하는 방법으로 자금을 차입할 수 있다(영58②).

1. 은행으로부터의 당좌차월
2. 사채 또는 어음의 발행
3. 환매조건부채권의 매도
4. 후순위차입
4의2. 신종자본증권(만기의 영구성, 배당지급의 임의성, 채무변제의 후순위성 등의 특성을 갖는 자본증권)의 발행
5. 그 밖에 보험회사의 경영건전성을 해칠 우려가 없는 자금 차입 방법으로서 금융위원회가 정하여 고시하는 방법

사채 및 신종자본증권의 총 발행한도는 직전 분기 말 현재 자기자본의 범위 내로 한다(영58③). 금융위원회는 사채 또는 어음의 발행조건 등 제2항 각 호에 따른 자금차입 방법에 관하여 필요한 세부 사항을 정하여 고시할 수 있다(영58④).

2) 보험업감독규정

보험업법 시행령 제58조 제2항 및 제4항의 규정에 의하여 보험회사는 재무건전성 기준을 충족시키기 위한 경우 또는 적정한 유동성을 유지하기 위한 경우 다음 각호의 1에 해당하는 방법에 한하여 차입할 수 있다(보험업감독규정7-9).

1. 은행으로부터의 당좌차월
2. 환매조건부채권의 매도
3. <삭제 2014. 12. 31.>
4. 정부로부터의 국채인수 지원자금 차입

5. 후순위차입 또한 후순위채권 발행("후순위채무")

6. 본점으로부터의 차입(외국보험회사의 국내지점에 한한다)

7. 채권의 발행

8. 기업어음의 발행

9. 만기의 영구성, 배당지급의 임의성, 기한부후순위채무보다 후순위인 특성을 갖는 자본증권 ("신종자본증권")

10. 한국은행법 제80조(영리기업에 대한 여신)에 따른 한국은행으로부터의 차입

(나) 후순위채무의 특칙

1) 발행요건

후순위채무는 다음 각호의 요건을 충족하여야 한다(보험업감독규정7-10①).

1. 차입기간 또는 만기가 5년 이상일 것

2. 기한이 도래하기 이전에는 상환할 수 없을 것

3. 무담보 및 후순위특약(파산 등의 사태가 발생할 경우 선순위채권자가 전액을 지급받은 후에야 후순위채권자의 지급청구권 효력이 발생함을 정한 특약)조건일 것

4. 파산 등의 사태가 발생할 경우 선순위채권자가 전액을 지급받을 때까지 후순위채권자의 상계권이 허용되지 않는 조건일 것

감독원장은 제1항 각 호에 따른 후순위채권의 세부 발행요건을 정할 수 있다(보험업감독규정7-10②).

2) 사전신고

후순위채무를 통한 자금조달을 하고자 하는 보험회사는 후순위채무에 관한 다음 각호의 사항이 포함된 서류를 첨부하여 감독원장에게 미리 신고하여야 한다(보험업감독규정7-10③).

1. 자금조달금액

2. 자금공여자

3. 자금조달금리

4. 그 밖에 감독원장이 정한 신고서 및 신고내용과 관련 요건이 충족됨을 증명하는 자료

3) 금지행위

보험회사는 후순위자금 공여자에 대한 대출 등을 통하여 후순위채무와 관련하여 직·간접적으로 지원할 수 없다(보험업감독규정7-10④).

4) 상환

다음 각호의 요건을 모두 충족하거나 후순위채무를 상환한 후의 지급여력비율이 150%이상인 경우에 보험회사는 감독원장의 승인을 받아 당해 후순위채무를 기한이 도래하기 전에 상환할 수 있다(보험업감독규정7-10⑤).

1. 지급여력비율이 100% 이상일 것
2. 상환전까지 당해 후순위채무에 비해 유상증자 등 자본적 성격이 강한 자본조달로 상환될 후순위채무와의 대체가 명확히 입증되고 그 금액이 당해 후순위채무의 상환예정액이상일 것. 기한이 도래하기 전에 상환하고자 하는 후순위채무의 잔존만기보다 원만기가 길고 금리 등 자금조달 조건 등이 유리한 후순위채무는 자본적 성격이 강한 자본조달수단으로 본다.
3. 후순위채무 계약서상 감독원장의 사전승인시 기한이 도래하기 전에 채무자의 임의상환이 가능하다는 조항이 명시되어 있거나 당사자간에 합의가 있을 것
4. 금융시장의 여건변화에 따라 당해 후순위채무의 금리조건이 현저히 불리하다고 인정될 것

위의 요건을 모두 충족하여 후순위채무를 기한이 도래하기 전에 상환하고자 하는 보험회사는 요건의 충족여부를 입증하는 자료 및 대체 자금조달계획을 첨부하여 감독원장에게 사전에 승인을 요청하여야 한다(보험업감독규정7-10⑥). 요건을 모두 충족하여 감독원장의 승인을 받은 보험회사는 대체자금조달이 완료된 후에 당해 후순위채무를 상환하여야 한다(보험업감독규정7-10⑦).

(다) 채권 및 기업어음 발행의 특칙

채권발행은 자산·부채의 만기불일치 등에 의한 손실을 회피하거나 재무건전성기준을 충족하기 위해 필요한 경우에 한한다(보험업감독규정7-11①). 기업어음 발행은 금융기관(금융산업구조개선법 제2조 제1항의 규정에 의한 금융기관)의 인수, 할인 및 중개를 통하지 않고는 이를 발행할 수 없다(보험업감독규정7-11②).

(라) 신종자본증권의 특칙

보험회사가 신종자본증권을 중도상환하려는 경우에는 감독원장의 승인을 받아야 한다(보험업감독규정7-11의2①). 신종자본증권의 세부요건, 조기상환 요건, 신고절차 등 그 밖에 필요한 사항은 감독원장이 정한다(보험업감독규정7-11의2②). 보험회사가 영 제65조 제2항 제3호 및 보험업감독규정 제7-5조에 따른 위험관리를 위하여 신종자본증권의 방법으로 자금을 차입하는 경우에는 제7-9조의 재무건전성 기준을 충족시키기 위한 경우에 해당하는 것으로 본다(보험업감독규정7-11의2③).

제5절 여신전문금융업

Ⅰ. 신용카드의 발급

1. 미성년자 등에 대한 신용카드발급 금지

여신전문금융업법("법")에 따르면 신용카드업자는 일정한 요건을 갖춘 자에게 신용카드를 발급할 수 있다(법14③). 그 요건 중 하나는 신용카드의 발급신청일 현재 민법 제4조(사람은 19세로 성년에 이르게 된다)에 따른 성년 연령 이상인 자이어야 한다(법14③(2), 영6의7② 본문).

다만 다음 각 호의 어느 하나에 해당하는 경우에는 성년 연령 미만인 사람에게도 발급할 수 있는데, 제2호의 경우에는 18세 이상인 사람을 말하고 제3호의 경우에는 12세 이상인 사람을 말한다(영6의7② 단서).

1. 아동복지법 제38조[257)]에 따른 자립지원 등 국가 또는 지방자치단체의 정책적 필요에 따라 불가피하게 신용카드를 발급하여야 하는 경우
2. 발급신청일 현재 재직을 증명할 수 있는 경우
3. 신용카드로서 「대중교통의 육성 및 이용촉진에 관한 법률」 제2조 제6호[258)]에 따른 교통카드 기능을 이용할 목적으로 발급하는 경우

2. 신용카드한도액 준수의무

신용카드업자는 신용카드 한도액이 신용카드업자가 정하는 다음의 신용한도 산정기준에 따른 개인신용한도를 넘지 않도록 하여야 한다(법14②(2)).

가. 소득과 재산에 관한 사항
나. 타인에 대한 지급 보증에 관한 사항

---

257) 제38조(자립지원) ① 국가와 지방자치단체는 보호대상아동의 위탁보호 종료 또는 아동복지시설 퇴소 이후의 자립을 지원하기 위하여 다음 각 호에 해당하는 조치를 시행하여야 한다.
  1. 자립에 필요한 주거·생활·교육·취업 등의 지원
  2. 자립에 필요한 자산의 형성 및 관리 지원("자산형성지원")
  3. 자립에 관한 실태조사 및 연구
  4. 사후관리체계 구축 및 운영
  5. 그 밖에 자립지원에 필요하다고 대통령령으로 정하는 사항
  ② 제1항에 따른 자립지원의 절차와 방법, 지원이 필요한 아동의 범위 등에 필요한 사항은 대통령령으로 정한다
258) 6. "교통카드"란 교통요금을 전자적으로 지급·결제하는 카드나 그 밖의 매체를 말한다.

다. 신용카드이용대금을 결제할 수 있는 능력에 관한 사항

라. 신청인이 신용카드 발급 당시 다른 금융기관으로부터 받은 신용공여액에 관한 사항

마. 그 밖에 신용한도 산정에 중요한 사항으로서 "대통령령으로 정하는 사항"

위 마목에서 "대통령령으로 정하는 사항"이란 다음의 사항을 말한다(영6의7①).

1. 신용카드의 발급신청인이 그 신용카드업자나 다른 금융기관(금융산업구조개선법 제2조에 따른 금융기관)에 상환 기일 내에 상환하지 못한 채무("연체채무")의 존재 여부
2. 채무가 상환되거나 변제된 경우에는 그 상환방법이나 변제방법

3. 부당한 경제적 이익제공 금지

신용카드업자는 신용카드 발급과 관련하여 그 신용카드 연회비(연회비가 주요 신용카드의 평균연회비 미만인 경우에는 해당 평균연회비)의 10%를 초과하는 경제적 이익을 제공하거나 제공할 것을 조건으로 하는 모집행위를 할 수 없다. 다만 컴퓨터통신을 이용하여 스스로 신용카드 회원이 되는 경우에는 그 신용카드 연회비의 100% 이하의 범위에서 경제적 이익을 제공하거나 제공할 것을 조건으로 하여 모집할 수 있다(법14④(3), 영6의7⑤(1)).

4. 길거리모집 금지

신용카드업자는 도로 및 사도(私道) 등 길거리에서 하는 신용카드회원을 모집해서는 아니 된다(법14④(3), 영6의7⑤(2)). 여기서 도로란 차도, 보도, 자전거도로, 측도(側道), 터널, 교량, 육교 등을 말하며, 도로의 부속물을 포함한다(도로법2(1)). 사도란 도로가 아닌 것으로서 그 도로에 연결되는 길을 말한다(사도법2). 또한 공원, 역, 여객자동차터미널, 놀이동산, 상가, 전시관, 운동장, 학교 등 공공의 시설 또는 장소 내에서 다수인이 통행하는 통로도 길거리에 해당한다(여신전문금융업감독규정24의3).

5. 방문모집 금지

신용카드업자는 방문판매법 제2조 제5호[259]에 따른 다단계판매를 통해 신용카드회원을

---

[259] 5. "다단계판매"란 다음 각 목의 요건을 모두 충족하는 판매조직("다단계판매조직")을 통하여 재화 등을 판매하는 것을 말한다.
가. 판매업자에 속한 판매원이 특정인을 해당 판매원의 하위 판매원으로 가입하도록 권유하는 모집방식이 있을 것
나. 가목에 따른 판매원의 가입이 3단계(다른 판매원의 권유를 통하지 아니하고 가입한 판매원을 1단계 판매원으로 한다. 이하 같다) 이상 단계적으로 이루어질 것. 다만, 판매원의 단계가 2단계 이하라고 하더라도 사실상 3단계 이상으로 관리·운영되는 경우로서 대통령령으로 정하는 경우를 포함한다.
다. 판매업자가 판매원에게 제9호 나목 또는 다목에 해당하는 후원수당을 지급하는 방식을 가지고 있을 것

모집하여서는 아니 된다(법14④(1)). 또한 신용카드업자는 방문을 통해 신용카드회원을 모집할 수도 없다. 다만 미리 동의를 받은 후 방문하거나 사업장을 방문하는 경우는 제외한다(법14④(3), 영6의7⑤(3)).

Ⅱ. 신용카드회원의 모집

1. 신용카드모집을 할 수 있는 자의 제한

신용카드회원을 모집할 수 있는 자는 다음의 어느 하나에 해당하는 자이어야 한다(법14의2①).

1. 해당 신용카드업자의 임직원
2. 신용카드업자를 위하여 신용카드 발급계약의 체결을 중개하는 자("모집인")
3. 신용카드업자와 신용카드회원의 모집에 관하여 업무 제휴 계약을 체결한 자(신용카드회원의 모집을 주된 업으로 하는 자는 제외) 및 그 임직원

2. 모집자의 준수사항

여신전문금융업법은 "모집자"란 용어와 "모집인"이라는 용어를 구별하여 사용하고 있다. "모집인"이란 신용카드업자를 위하여 신용카드 발급계약의 체결을 중개하는 자를 말하고, "모집자"는 이러한 모집인 이외에 해당 신용카드업자의 임직원과 신용카드업자와 신용카드회원의 모집에 관하여 업무제휴 계약을 체결한 자(신용카드회원의 모집을 주된 업으로 하는 자는 제외) 및 그 임직원을 포괄하는 의미라고 생각된다.

신용카드회원을 모집하는 자("모집자")는 신용카드회원을 모집할 때 다음의 사항을 지켜야 한다(영6의8①).

1. 신청인에게 자신이 신용카드회원을 모집할 수 있는 사람임을 알릴 것
2. 신청인에게 신용카드에 대한 약관과 연회비 등 신용카드의 거래조건 및 제6조의7 제7항 제4호의 사항(= 연회비 반환사유, 연회비 반환금액 산정방식 및 연회비 반환금액의 반환기한)을 설명할 것
3. 신청인이 본인임을 확인하고, 신청인이 직접 신청서(전자문서로 된 신청서를 포함) 및 신용카드 발급에 따른 관련 서류(전자문서로 된 서류를 포함) 등을 작성하도록 할 것. 이 경우 다음 각 목의 사항을 지켜야 한다.
   가. 「장애인차별금지 및 권리구제 등에 관한 법률」 제2조에 따른 장애인에 대한 본인 확인 및 신용카드 발급신청 서류(전자문서로 된 서류를 포함) 등의 작성을 할 때에는 같은

법 제4조 제2항에 따른 정당한 편의를 제공할 것

　　나. 전자문서로 된 신청서 및 서류 등을 작성하는 경우 신청인이 작성하는 정보는 암호화
　　　　되어 신용카드업자에게 전달되도록 할 것

4. 신청인이 작성한 신용카드 발급신청서에 모집자의 성명과 등록번호(모집자임을 표시하는
　　다른 징표를 포함)를 적을 것

5. 신용카드업자 외의 자를 위하여 신용카드 발급계약의 체결을 중개하지 아니할 것

6. 신용카드회원을 모집할 때 법 제14조 제4항 및 이 영 제6조의7 제5항에 따른 방법으로 할 것

7. 신용카드회원을 모집할 때 알게 된 신청인의 신용정보(신용정보법 제2조 제1호에 따른 신
　　용정보) 및 사생활 등 개인적 비밀을 업무 목적 외의 목적으로 누설하거나 이용하지 아니
　　할 것

8. 신용카드회원을 모집할 때 자금의 융통(법13①(1))을 권유하는 경우에는 대출금리, 연체료율
　　및 취급수수료 등의 거래조건을 감추거나 왜곡하지 아니하고, 이해할 수 있도록 설명할 것

3. 위반시 제재

법 제14조의2 제1항 각 호의 어느 하나에 해당하지 아니한 자로서 신용카드회원을 모집한
자는 1년 이하의 징역 또는 1천만원 이하의 벌금에 처한다(법70④(2의2)).

Ⅲ. 모집인의 등록

신용카드업자는 소속 모집인이 되고자 하는 자를 금융위원회에 등록하여야 한다(법14의3
①). 다음의 어느 하나에 해당하는 자는 모집인이 될 수 없다(법14의3②).

1. 피성년후견인 또는 피한정후견인

2. 파산선고를 받고 복권되지 아니한 자

3. 여신전문금융업법에 따라 벌금 이상의 실형을 선고받고 그 집행이 끝나거나(집행이 끝난
　　것으로 보는 경우를 포함) 집행이 면제된 날부터 2년이 지나지 아니한 자

4. 모집인의 등록이 취소(이 항 제1호 또는 제2호에 해당하여 등록이 취소된 경우는 제외)된
　　후 2년이 지나지 아니한 자

5. 영업에 관하여 성년자와 같은 능력을 가지지 아니한 미성년자로서 그 법정대리인이 제1호
　　부터 제4호까지의 어느 하나에 해당하는 자

6. 법인 또는 법인이 아닌 사단이나 재단으로서 그 임원이나 관리인 가운데 제1호부터 제4호
　　까지의 어느 하나에 해당하는 자가 있는 자

금융위원회는 모집인의 등록에 관한 업무를 여신전문금융업협회의 장에게 위탁한다(법14

의3③).

Ⅳ. 모집질서 유지

1. 신용카드업자의 금지행위

신용카드업자는 신용카드를 모집할 수 있는 자[해당 신용카드업자의 임직원, 신용카드업자를 위하여 신용카드 발급계약의 체결을 중개하는 자("모집인"), 그리고 신용카드업자와 신용카드회원의 모집에 관하여 업무제휴계약을 체결한 자(신용카드회원의 모집을 주된 업으로 하는 자는 제외) 및 그 임직원]의 어느 하나에 해당하는 자 외의 자에게 신용카드회원의 모집을 하게 하거나 모집에 관하여 수수료·보수, 그 밖의 대가를 지급하지 못한다(법14의5①).

2. 모집인의 금지행위

모집인은 다음의 행위를 하지 못한다(법14의5②).

1. 자신이 소속된 신용카드업자 외의 자를 위하여 신용카드회원을 모집하는 행위
2. 타인에게 신용카드회원의 모집을 하게 하거나 그 위탁을 하는 행위
3. 모집에 관하여 수수료·보수, 그 밖의 대가를 지급하는 행위
4. 신용카드회원을 모집할 때 알게 된 발급신청인의 개인식별정보(신용정보법 제34조에 따른 정보) 또는 신용정보(같은 법 제2조 제1호에 따른 신용정보) 및 사생활 등 개인적 비밀을 업무 목적 외의 목적으로 누설하거나 이용하는 행위
5. 거짓이나 그 밖의 부정한 수단 또는 방법으로 취득하거나 제공받은 개인식별정보 또는 신용정보를 모집에 이용하는 행위

3. 모집자(신용카드회원을 모집하는 자)의 금지행위

신용카드회원을 모집하는 자("모집자")는 제14조 제4항 각 호의 행위 및 제24조의2(신용카드회원 모집행위와 관련된 행위에 한한다)에 따른 금지행위를 하여서는 아니 된다(법14의5③).

(1) 다단계판매를 통한 모집

모집자는 방문판매법 제2조 제5호에 따른 다단계판매를 통해 신용카드회원을 모집하여서는 아니 된다(법14④(1)).

(2) 인터넷을 통한 모집방법으로서 대통령령으로 정하는 모집

모집자는 인터넷을 통한 모집방법으로서 "대통령령으로 정하는 모집" 방법으로 신용카드회원을 모집하여서는 아니 된다(법14④(2)). 여기서 "대통령령으로 정하는 모집"이란 신용카드

업자가 전자서명법 제2조 제3호에 따른 공인전자서명을 통하여 본인 여부를 확인하지 아니한 신용카드회원 모집을 말한다(영6의7④ 본문). 다만, 신청인의 신분증 발급기관·발급일 등 본인임을 식별할 수 있는 정보와 본인의 서명을 받는 방법 등으로 본인이 신청하였음을 확인할 수 있는 경우는 제외한다(영6의7④ 단서).

(3) 그 밖에 대통령령으로 정하는 모집

모집자는 다음의 방법으로 신용카드회원을 모집하여서는 아니 된다(법14④(3), 영6의7⑤).

1. 신용카드 발급과 관련하여 그 신용카드 연회비(연회비가 주요 신용카드의 평균연회비 미만인 경우에는 해당 평균연회비)의 10%를 초과하는 경제적 이익을 제공하거나 제공할 것을 조건으로 하는 모집. 다만, 컴퓨터통신을 이용하여 스스로 신용카드회원이 되는 경우에는 그 신용카드 연회비의 100% 이하의 범위에서 경제적 이익을 제공하거나 제공할 것을 조건으로 하여 모집할 수 있다.
2. 도로법 제2조 및 사도법 제2조에 따른 도로 및 사도(私道) 등 길거리에서 하는 모집
3. 방문을 통한 모집. 다만, 미리 동의를 받은 후 방문하거나 사업장을 방문하는 경우는 제외한다.

(4) 신용카드업자 등의 금지행위

모집자는 제24조의2(신용카드회원 모집행위와 관련된 행위에 한한다)에 따른 금지행위를 하여서는 아니 된다(법14의5③). 이에 관하여는 후술하기로 한다.

4. 금융위원회의 조사

금융위원회는 건전한 모집질서의 확립을 위하여 필요하다고 인정되는 경우에는 신용카드회원을 모집하는 자에 대하여 대통령령으로 정하는 바에 따라 조사를 할 수 있다(법14의5④).

5. 금융위원회에의 신고

신용카드업자는 모집인의 행위가 여신전문금융업법 또는 여신전문금융업법에 따른 명령이나 조치에 위반된 사실을 알게 된 경우에는 이를 금융위원회에 신고하여야 한다(법14의5⑤).

6. 모집인 교육

신용카드업자는 모집인에게 모집인이 신용카드회원을 모집할 때 지켜야 하는 사항을 교육하여야 한다(법14의5⑥). 교육 내용 및 방법에 관하여 필요한 사항은 금융위원회가 정하여 고시260)한다(법14의5⑦).

7. 위반시 제재

법 제14조의5 제1항부터 제3항까지의 규정을 위반한 자, 법 제14조의5 제4항에 따른 조사를 거부한 자, 법 제14조의5 제5항을 위반하여 모집인의 불법행위 신고를 하지 아니한 자에게는 5천만원 이하의 과태료를 부과한다(법72①(1)(2)(3)). 법 제14조의5 제6항을 위반하여 모집인에 대한 교육을 하지 아니한 자에게는 1천만원 이하의 과태료를 부과한다(법72④(1)).

Ⅴ. 신용카드의 양도 등의 금지

1. 의의

신용카드는 양도·양수하거나 질권을 설정(設定)할 수 없다(법15).

2. 위반시 제재

법 제15조를 위반하여 신용카드에 질권을 설정하는 행위를 통하여 자금을 융통하여 준 자 또는 이를 중개·알선한 자는 3년 이하의 징역 또는 2천만원 이하의 벌금에 처한다(법70③(2)(다목)). 법 제15조를 위반하여 신용카드를 양도·양수한 자는 1년 이하의 징역 또는 1천만원 이하의 벌금에 처한다(법70④(3)).

Ⅵ. 신용카드회원등에 대한 책임

1. 분실·도난 시의 책임

(1) 의의

신용카드업자는 신용카드회원이나 직불카드회원으로부터 그 카드의 분실·도난 등의 통지를 받은 때부터 그 회원에 대하여 그 카드의 사용에 따른 책임을 진다(법16①). 신용카드업자는 통지를 받은 경우에는 즉시 통지의 접수자, 접수번호, 그 밖에 접수사실을 확인할 수 있는 사항을 그 통지인에게 알려야 한다(법16④).

---

260) 여신전문금융업감독규정 제25조의2(모집인 교육) ① 신용카드업자는 법 제14조의3에 따라 등록한 모집인에 대해 법 제14조의5 제6항에 따른 교육을 해당 모집인의 등록 시점 직전 1개월 동안 10시간 이상 실시하여야 한다. 다만 신용카드 모집경력이 1년 이상인 모집인의 경우 해당 모집인에 대한 교육은 등록 시점 전·후 1개월 이내에 10시간 이상 실시하여야 한다.
② 신용카드업자는 제1항에 따른 모집인 교육시 여신전문금융업협회의 표준강의교재를 활용하여야 한다.
③ 여신전문금융업협회는 제2항에 따른 표준강의교재 제·개정시 그 사실과 내용을 감독원장에게 보고하여야 한다.

(2) 통지 전 사용과 책임 제한

신용카드업자는 통지 전에 생긴 신용카드의 사용에 대하여 분실·도난 등의 통지를 받은 날부터 60일 전까지의 기간의 범위에서 책임을 진다(법16②, 영6의9①).

(3) 계약내용에 따른 책임

그러나 신용카드업자는 신용카드의 분실·도난 등에 대하여 그 책임의 전부 또는 일부를 신용카드회원이 지도록 할 수 있다는 취지의 계약을 체결한 경우에는 그 신용카드회원에 대하여 그 계약내용에 따른 책임을 지도록 할 수 있다(법16③ 본문). 다만, 저항할 수 없는 폭력이나 자기 또는 친족의 생명·신체에 대한 위해 때문에 비밀번호를 누설한 경우 등 신용카드회원의 고의 또는 과실이 없는 경우에는 그러하지 아니하다(법16③ 단서). 여기서 계약은 서면으로 한 경우에만 효력이 있으며, 신용카드회원등의 중대한 과실은 계약서에 적혀 있는 것만 해당한다(법16⑦).

2. 위조·변조된 신용카드등의 사용책임 등

(1) 유형

신용카드업자는 신용카드회원등에 대하여 다음에 따른 신용카드등의 사용으로 생기는 책임을 진다(법16⑤).

1. 위조되거나 변조된 신용카드등의 사용
2. 해킹, 전산장애, 내부자정보유출 등 부정한 방법으로 얻은 신용카드등의 정보를 이용한 신용카드등의 사용
3. 다른 사람의 명의를 도용하여 발급받은 신용카드등의 사용(신용카드회원등의 고의 또는 중대한 과실이 있는 경우는 제외)

(2) 계약내용에 따른 책임

다만 신용카드업자가 법 제5항 제1호 및 제2호에 따른 신용카드등의 사용에 대하여 그 신용카드회원등의 고의 또는 중대한 과실을 증명하면 그 책임의 전부 또는 일부를 신용카드회원등이 지도록 할 수 있다는 취지의 계약을 신용카드회원등과 체결한 경우에는 그 신용카드회원등이 그 계약내용에 따른 책임을 지도록 할 수 있다(법16⑥). 여기서 계약은 서면으로 한 경우에만 효력이 있으며, 신용카드회원등의 중대한 과실은 계약서에 적혀 있는 것만 해당한다(법16⑦).

3. 보험가입 등

신용카드업자는 제1항·제2항·제5항 및 제17조(가맹점에 대한 책임)에 따른 책임을 이행하

기 위하여 보험이나 공제(共濟)에 가입하거나 준비금을 적립하는 등 필요한 조치를 하여야 한다(법16⑧).

4. 고의 또는 중대한 과실의 범위

법 제5항 제3호, 제6항 및 제7항에 따른 신용카드회원등의 고의 또는 중대한 과실의 범위는 대통령령으로 정한다(법16⑨). 여기서 "대통령령이 정하는" 고의 또는 중대한 과실의 범위는 다음과 같다(영6의9②).

1. 고의 또는 중대한 과실로 비밀번호를 누설하는 경우
2. 신용카드나 직불카드를 양도 또는 담보의 목적으로 제공하는 경우
3. 전자금융거래법 제9조 제2항 제1호[261] 및 같은 법 시행령 제8조 각 호[262]의 어느 하나에 해당하는 경우. 이 경우 "금융회사 또는 전자금융업자"는 "신용카드업자"로, "이용자"는 "신용카드회원등"으로 본다.

5. 이용금액에 대한 이의 제기

신용카드회원이 서면으로 신용카드의 이용금액에 대하여 이의를 제기할 경우 신용카드업자는 이에 대한 조사를 마칠 때까지 그 신용카드회원으로부터 그 금액을 받을 수 없다(법16⑩).

Ⅶ. 가맹점의 모집 등

1. 신용카드가맹점을 모집할 수 있는 자

신용카드가맹점이란 다음의 자를 말한다(법2(5)).

---

261) 1. 사고 발생에 있어서 이용자의 고의나 중대한 과실이 있는 경우로서 그 책임의 전부 또는 일부를 이용자의 부담으로 할 수 있다는 취지의 약정을 미리 이용자와 체결한 경우
262) 1. 이용자가 접근매체를 제3자에게 대여하거나 그 사용을 위임한 경우 또는 양도나 담보의 목적으로 제공한 경우(법 제18조에 따라 선불전자지급수단이나 전자화폐를 양도하거나 담보로 제공한 경우를 제외한다)
　　2. 제3자가 권한 없이 이용자의 접근매체를 이용하여 전자금융거래를 할 수 있음을 알았거나 쉽게 알 수 있었음에도 불구하고 접근매체를 누설하거나 노출 또는 방치한 경우
　　3. 금융회사 또는 전자금융업자가 법 제6조 제1항에 따른 확인 외에 보안강화를 위하여 전자금융거래 시 요구하는 추가적인 보안조치를 이용자가 정당한 사유 없이 거부하여 법 제9조 제1항 제3호에 따른 사고가 발생한 경우
　　4. 이용자가 제3호에 따른 추가적인 보안조치에 사용되는 매체·수단 또는 정보에 대하여 다음 각 목의 어느 하나에 해당하는 행위를 하여 법 제9조 제1항 제3호에 따른 사고가 발생한 경우
　　　가. 누설·노출 또는 방치한 행위
　　　나. 제3자에게 대여하거나 그 사용을 위임한 행위 또는 양도나 담보의 목적으로 제공한 행위

가. 신용카드업자와의 계약에 따라 신용카드회원·직불카드회원 또는 선불카드소지자("신용카드회원등")에게 신용카드·직불카드 또는 선불카드("신용카드등")를 사용한 거래에 의하여 물품의 판매 또는 용역의 제공 등을 하는 자

나. 신용카드업자와의 계약에 따라 신용카드회원등에게 물품의 판매 또는 용역의 제공 등을 하는 자를 위하여 신용카드등에 의한 거래를 대행하는 자("결제대행업체")

신용카드가맹점을 모집할 수 있는 자는 ⅰ) 해당 신용카드업자의 임직원(제1호), ⅱ) 가맹점모집인(제2호)²⁶³⁾이다(법16의2①).

2. 가맹점모집인의 준수사항

신용카드가맹점을 모집하는 자는 신용카드가맹점을 모집할 때 다음의 사항을 지켜야 한다(법16의2②, 영6의10①).

1. 신용카드가맹점이 되려는 자에게 자신이 신용카드가맹점을 모집할 수 있는 사람임을 알릴 것
2. 신용카드가맹점이 되려는 자의 사업장을 방문하여 영업 여부 등을 확인할 것
3. 신용카드가맹점이 되려는 자에게 다음 각 목의 사항을 설명할 것
   가. 신용카드가맹점에 대한 약관
   나. 법 제18조 제4²⁶⁴⁾호에서 정하는 사항
4. 다른 사람으로 하여금 신용카드가맹점의 모집을 대신하게 하거나 다른 사람에게 그 모집을 위탁하지 아니할 것
5. 대형신용카드가맹점(법 제18조의3 제4항 각 호 외의 부분에 따른 대형신용카드가맹점)이 되려는 자에게 자기와 거래하도록 부당하게 보상금등(법 제18조의3 제4항 제2호에 따른 보상금등)을 제공(제공하겠다는 약속을 포함)하지 아니할 것
6. 그 밖에 건전한 가맹점 모집질서의 확립을 위하여 필요하다고 인정하는 사항으로서 금융위원회가 정하여 고시하는 사항

3. 금융위원회의 조사

금융위원회는 건전한 가맹점모집질서의 확립을 위하여 필요하다고 인정하는 경우에는 신용카드가맹점을 모집하는 자에 대하여 대통령령으로 정하는 바에 따라 조사를 할 수 있다(법16의2③). 금융위원회는 조사를 위하여 필요하다고 인정되는 경우에는 신용카드가맹점을 모집하

---

263) "가맹점모집인"이란 신용카드업자를 위하여 가맹점계약의 체결을 중개 또는 대리하고 부가통신업자를 위하여 신용카드 단말기를 설치하는 자로서 제16조의3에 따라 금융위원회에 등록을 한 자를 말한다(법2(5의3)).
264) 4. 제17조와 제19조에 따른 신용카드가맹점에 대한 책임과 신용카드가맹점의 준수 사항

는 자에 대하여 ⅰ) 조사사항에 대한 사실과 상황에 대한 진술서의 제출(제1호), ⅱ) 조사에 필
요한 장부·서류와 그 밖의 물건의 제출(제2호)을 요구할 수 있다(영6의10②). 조사를 하는 사람
은 그 권한을 표시하는 증표를 지니고 관계인에게 보여 주어야 한다(영6의10③).

4. 위반시 제재

법 제16조의2 제3항에 따른 조사를 거부한 자에게는 5천만원 이하의 과태료를 부과한다
(법72①(4)).

Ⅷ. 가맹점의 준수사항

1. 신용카드가맹점의 준수사항

신용카드가맹점은 신용카드로 거래한다는 이유로 신용카드 결제를 거절하거나 신용카드
회원을 불리하게 대우하지 못한다(법19①). 신용카드가맹점은 신용카드로 거래를 할 때마다 그
신용카드를 본인이 정당하게 사용하고 있는지를 확인하여야 한다(법19②). 신용카드가맹점은
신용카드회원의 정보보호를 위하여 금융위원회에 등록된 신용카드 단말기를 설치·이용하여야
한다(법19③). 신용카드가맹점은 가맹점수수료를 신용카드회원이 부담하게 하여서는 아니 된다
(법19④).

신용카드가맹점은 다음의 어느 하나에 해당하는 행위를 하여서는 아니 된다(법19⑤ 본문).
다만, 결제대행업체의 경우에는 제1호·제4호 및 제5호를 적용하지 아니하고, 수납대행가맹
점265)의 경우에는 제3호·제5호(제2조 제5호의2에 따라 대행하는 행위에 한한다)를 적용하지 아니
한다(법19⑤ 단서).

1. 물품의 판매 또는 용역의 제공 등이 없이 신용카드로 거래한 것처럼 꾸미는 행위
2. 신용카드로 실제 매출금액 이상의 거래를 하는 행위
3. 다른 신용카드가맹점의 명의를 사용하여 신용카드로 거래하는 행위
4. 신용카드가맹점의 명의를 타인에게 빌려주는 행위
5. 신용카드에 의한 거래를 대행하는 행위

---

265) "수납대행가맹점"이란 신용카드업자와의 별도의 계약에 따라 다른 신용카드가맹점을 위하여 신용카드등
에 의한 거래에 필요한 행위로서 대통령령으로 정하는 사항을 대행하는 신용카드가맹점을 말한다(법2(5
의2)).

2. 대형신용카드가맹점 및 특수관계인

대형신용카드가맹점 및 그와 "대통령령으로 정하는 특수한 관계에 있는 자"("특수관계인")는 신용카드부가통신서비스 이용을 이유로 부가통신업자에게 부당하게 보상금등을 요구하거나 받아서는 아니 된다(법19⑥). 여기서 "대통령령으로 정하는 특수한 관계에 있는 자"란 다음의 어느 하나에 해당하는 사람을 말한다(영6의15).

1. 대형신용카드가맹점이 개인인 경우: 대표자의 배우자(사실상의 혼인관계에 있는 사람을 포함)
2. 대형신용카드가맹점이 법인인 경우: 다음 각 목의 어느 하나에 해당하는 자
   가. 대주주 또는 임원
   나. 계열회사(공정거래법 제2조 제3호에 따른 계열회사)와 계열회사의 대주주 또는 임원
3. 그 밖에 대형신용카드가맹점에 대하여 사실상의 영향력을 행사하고 있는 자로서 금융위원회가 정하여 고시하는 자

3. 결제대행업체의 준수사항

결제대행업체는 다음의 사항을 지켜야 한다(법19⑦).

1. 물품의 판매 또는 용역의 제공 등을 하는 자의 신용정보 및 신용카드등에 따른 거래를 대행한 내용을 신용카드업자에게 제공할 것
2. 물품의 판매 또는 용역의 제공 등을 하는 자의 상호 및 주소를 신용카드회원등이 알 수 있도록 할 것
3. 신용카드회원등이 거래 취소 또는 환불 등을 요구하는 경우 이에 따를 것
4. 그 밖에 신용카드회원등의 신용정보보호 및 건전한 신용카드거래를 위하여 대통령령으로 정하는 사항

4. 위반시 제재

법 제19조 제5항 제3호를 위반하여 다른 신용카드가맹점의 명의를 사용하여 신용카드로 거래한 자(3호), 제19조 제5항 제5호를 위반하여 신용카드에 의한 거래를 대행한 자(4호)는 3년 이하의 징역 또는 2천만원 이하의 벌금에 처한다(법70③).

법 제19조 제1항을 위반하여 신용카드로 거래한다는 이유로 물품의 판매 또는 용역의 제공 등을 거절하거나 신용카드회원을 불리하게 대우한 자(4호), 제19조 제4항을 위반하여 가맹점수수료를 신용카드회원이 부담하게 한 자(5호), 제19조 제5항 제4호를 위반하여 신용카드가

맹점의 명의를 타인에게 빌려준 자(6호)는 1년 이하의 징역 또는 1천만원 이하의 벌금에 처한다(법70④).

법 제19조 제3항·제7항을 위반한 자에게는 5천만원 이하의 과태료를 부과한다(법72①(5)).

Ⅸ. 수납대행가맹점의 준수사항

1. 내용

수납대행가맹점은 다음의 사항을 준수하여야 한다(법19의2).

1. 신용카드회원등의 신용정보 등이 업무 외의 목적에 사용되거나 외부에 유출되게 하지 아니할 것
2. 신용카드를 본인이 정당하게 사용하고 있는지를 확인할 것
3. 그 밖에 신용카드회원등의 신용정보보호 및 건전한 신용카드거래를 위하여 대통령령으로 정하는 사항

제3호에서 "대통령령으로 정하는 사항"이란 다음의 사항을 말한다(영6의16).

1. 시행령 제1조의2 제3항 각 호의 어느 하나에 해당하는 사항("수납")을 대행한 내역 및 수납을 위탁한 신용카드가맹점의 신용정보를 신용카드업자에게 제출할 것
2. 수납을 위탁한 신용카드가맹점의 상호 및 주소를 신용카드회원등(법 제2조 제5호 가목의 신용카드회원등)이 알 수 있도록 할 것
3. 신용카드회원등이 거래 취소 또는 환불 등을 요구할 경우 이에 따를 것
4. 수납대행가맹점, 신용카드업자 및 수납을 위탁한 신용카드가맹점 상호간에 신용카드회원등의 신용정보 전송·처리를 위하여 이용되는 정보통신망 및 제1조의2 제3항 제2호에 따른 전자적 장치의 안전성과 신뢰성을 확보하기 위하여 금융위원회가 정하여 고시하는 사항

2. 위반시 제재

법 제19조의2를 위반한 자에게는 5천만원 이하의 과태료를 부과한다(법72①(5)).

Ⅹ. 신용카드업자 등의 금지행위

1. 금지행위

신용카드업자는 소비자 보호 목적과 건전한 영업질서를 해칠 우려가 있는 다음의 행위

("금지행위")를 하여서는 아니 된다(법24의2①).

    1. 신용카드 상품에 관한 충분한 정보를 제공하지 아니하거나, 과장되거나 거짓된 설명 등으로 신용카드회원등의 권익을 부당하게 침해하는 행위
    2. 신용카드업자의 경영상태를 부실하게 할 수 있는 모집행위 또는 서비스 제공 등으로 신용카드등의 건전한 영업질서를 해치는 행위

2. 세부적인 유형과 기준

    금지행위의 세부적인 유형과 기준은 [별표 1의3][266]과 같다(법24의2②, 영7의3①). 금융위원회는 위 금지행위 중 특정한 금지행위에 적용하기 위하여 필요하다고 인정하는 경우에는 금지행위의 유형과 기준에 대한 세부적인 기준을 정하여 고시[267]할 수 있다(영7의3②).

---

[266] 신용카드업자의 금지행위의 세부적인 유형과 기준(시행령 제7조의3 관련)
  1. 신용카드회원등의 권익을 부당하게 침해하는 행위
    법 제24조의2 제1항 제1호에 따른 금지행위는 다음 각 목의 어느 하나에 해당하는 행위로 한다.
    가. 신용카드회원등에 대하여 연회비, 이자율, 수수료, 이용한도 등 신용카드등의 거래조건 및 그 밖에 신용카드회원등의 신용카드등 이용 시 제공되는 추가적인 혜택과 관련된 사항("신용카드등이용조건")과 그 변경에 관련된 사항을 사실과 다르게 설명하거나 지나치게 부풀려서 설명하는 행위
    나. 신용카드등이용조건을 감추거나 축소하는 등의 방법으로 설명하는 행위
    다. 신용카드등이용조건의 비교대상 및 기준을 명확하게 설명하지 않거나 객관적인 근거 없이 다른 회사의 것보다 유리하다고 설명하는 행위
    라. 다른 회사의 신용카드등이용조건을 객관적인 근거가 없는 내용으로 비방하거나 불리한 사실만을 설명하는 행위
    마. 신용카드등의 이용 시 제공되는 추가적인 혜택을 부당하게 변경하는 행위
    바. 신용카드회원등의 계약해지 신청 및 그 처리를 정당한 이유 없이 거절하거나 지연하는 행위
    사. 신용카드회원등의 사전 동의 없이 신용카드의 이용 또는 자금의 융통을 권유하는 행위
  2. 신용카드등의 건전한 영업질서를 해치는 행위
    법 제24조의2 제1항 제2호에 따른 금지행위는 다음 각 목의 어느 하나에 해당하는 행위로 한다.
    가. 신용카드업자의 비영업직 임직원에 대하여 과도한 성과금을 지급하는 등의 방법으로 신용카드회원등을 모집하는 행위
    나. 신용카드회원등에게 신용카드등의 이용 시 추가적인 혜택을 주기 위하여 신용카드가맹점과 신용카드업자가 법 제19조 제4항에 따른 가맹점수수료 외에 별도의 비용을 부담하는 계약을 체결하는 경우 해당 계약 체결과 관련된 사항("신용카드가맹점제휴조건")과 그 변경에 관련된 사항을 사실과 다르게 설명하거나 지나치게 부풀려서 설명하는 행위
    다. 신용카드가맹점제휴조건을 감추거나 축소하는 방법으로 설명하는 행위
    라. 신용카드가맹점제휴조건의 비교대상 및 기준을 명확하게 설명하지 않거나 객관적인 근거 없이 다른 회사의 것보다 유리하다고 설명하는 행위
    마. 다른 회사의 신용카드가맹점제휴조건을 객관적인 근거가 없는 내용으로 비방하거나 불리한 사실만을 설명하는 행위
[267] 여신전문금융업감독규정 제25조(신용카드업자의 금지행위 세부유형) ① 다음의 어느 하나에 해당하는 경우에는 시행령 <별표 1의3> 제1호 나목에 따른 금지행위에 해당한다.
  1. 신용카드회원등을 대상으로 하는 이용명세서, 상품안내 자료 등에 부가서비스 제공내용은 크게 표기하고 부가서비스 제공대상에서 제외되는 신용카드등의 이용실적 등 부가서비스를 제공받기 위하여 회원등이 충족해야 하는 조건을 작게 표기하거나 표기하지 않은 경우

3. 부당한 보상금등 제공금지

신용카드업자와 부가통신업자는 대형신용카드가맹점이 자기와 거래하도록 대형신용카드 가맹점 및 특수관계인에게 부당하게 보상금등을 제공하여서는 아니 된다(법24의2③).

4. 위반시 제재

법 제24조의2 제3항을 위반한 자는 5년 이하의 징역 또는 3천만원 이하의 벌금에 처한다 (법70②).

---

2. 이자율, 수수료 등을 광고하거나 신용카드회원등에게 안내하면서 최저 수준만을 크게 표기하고 최고 수준은 작게 표기하거나 안내하지 않은 경우
② 다음의 어느 하나에 해당하지 않는 부가서비스 변경(단, 소비자의 권익을 증진하거나 부담을 완화하는 경우는 제외)은 시행령 <별표 1의3> 제1호 마목에 따른 금지행위에 해당한다.
1. 신용카드 이용시 제공되는 추가적인 혜택("부가서비스")과 관련된 제휴업체 또는 신용카드업자의 휴업·도산·경영위기, 천재지변, 금융환경의 급변, 또는 그 밖에 이에 준하는 사유에 따른 불가피한 변경
2. 신용카드업자가 부가서비스 유지를 위해 노력했음에도 불구하고 제휴업체가 일방적으로 부가서비스 변경을 통보함에 따른 불가피한 변경. 다만, 다른 제휴업체를 통해 동종의 유사한 부가서비스 제공이 가능한 경우는 제외한다.
3. 신용카드등의 신규 출시 이후 출시 당시의 부가서비스를 축소변경하지 않고 3년 이상 경과하였고, 현재의 부가서비스를 유지할 경우 해당 상품의 수익성 유지가 어려운 경우의 변경
③ 신용카드업자가 다음의 사항을 홈페이지, 모집인, 상품설명서 등을 통해 신용카드 발급 신청인에게 알리지 않을 경우 시행령 <별표 1의3> 제1호 나목에 따른 금지행위에 해당한다.
1. 해당 신용카드가 출시된 시기
2. 제2항에 따라 부가서비스가 변경될 수 있는 각각의 경우
④ 신용카드업자가 부가서비스를 변경하는 경우 변경사유, 변경 내용 등을 다음 각호에서 정하는 기간에 따라 해당 신용카드업자의 인터넷 홈페이지, 신용카드등의 대금청구서, 우편서신, 이메일, 문자메시지 (SMS, MMS) 중 2가지 이상의 방법으로 고지하여야 한다. 다만, 제2항 제3호의 경우 부가서비스 변경일 6개월 이전부터는 신용카드등의 대금청구서, 우편서신, 이메일, 문자메시지(SMS, MMS) 중 어느 하나의 방법으로 매월 고지하여야 한다.
1. 제2항 제1호, 제2호의 경우: 사유 발생 즉시
2. 제2항 제3호의 경우: 부가서비스 변경일 6개월 이전
⑤ 다음의 어느 하나에 해당하는 경우에는 시행령 <별표 1의3> 제1호 바목에 따른 금지행위에 해당한다.
1. 회원의 계약 해지 신청시(계약 해지 관련 문의시를 포함) 부가서비스 등 경제적 이익의 제공 또는 제공을 약속하는 행위
2. 회원의 계약 해지 신청시 다른 상품에 대해 설명하거나 다른 상품으로의 전환을 권유하는 행위. 다만 사전에 회원의 동의를 받은 경우에는 그러하지 아니하다.
3. 회원의 계약 해지 신청시 해지할 경우의 불이익을 과장하여 설명하는 행위
4. 회원의 계약 해지 신청시 신용카드업자의 인터넷 홈페이지, 자동응답전화 등을 통한 해지신청의 편의를 제공하지 않거나 복잡한 해지절차 운영 등으로 부당하게 해지업무를 지체하여 처리하는 행위
⑥ 시행령 <별표 1의3> 제2호 가목에서 "과도한 성과금"이란 신용카드 연회비(연회비가 평균연회비 미만인 경우에는 평균연회비)의 100%를 초과하는 성과금을 말한다.

XI. 자금조달방법

1. 자금조달방법의 제한

여신전문금융회사는 다음의 방법으로만 자금을 조달할 수 있다(법47①).

1. 다른 법률에 따라 설립되거나, 금융위원회의 인가 또는 허가를 받거나, 금융위원회에 등록한 금융기관으로부터의 차입
2. 사채(社債)나 어음의 발행
3. 보유하고 있는 유가증권의 매출
4. 보유하고 있는 대출채권의 양도
5. 그 밖에 대통령령으로 정하는 방법

제5호에서 "대통령령으로 정하는 방법"이란 다음의 방법을 말한다(영18①).

1. 외국환거래법 제8조에 따라 외국환업무취급기관으로 등록하여 행하는 차입 및 외화증권의 발행
2. 법 제46조 제1항 제1호부터 제4호[268]까지의 업무와 관련하여 보유한 채권의 양도
3. 법 제46조 제1항 제1호부터 제4호까지의 업무와 관련하여 보유한 채권을 근거로 한 유가증권의 발행

여신전문금융회사가 시행령 제1항 제3호의 방법으로 자금을 조달하는 경우에는 제19조 제1항을 준용한다(영18②).

2. 사채 또는 어음발행등의 제한

여신전문금융회사는 다음의 방법으로 사채나 어음을 발행(법47①(2))하거나 보유하고 있는 유가증권을 매출(법47①(3))해서는 아니 된다((법47②, 영19①).

1. 개인에 대한 발행 또는 매출
2. 공모, 창구매출, 그 밖의 이와 유사한 방법에 의한 불특정 다수의 법인에 대한 발행 또는 매출

---

[268] 1. 제3조에 따라 허가를 받거나 등록을 한 여신전문금융업(시설대여업의 등록을 한 경우에는 연불판매업무를 포함)
2. 기업이 물품과 용역을 제공함으로써 취득한 매출채권(어음을 포함)의 양수·관리·회수 업무
3. 대출(어음할인을 포함)업무
4. 제13조 제1항 제2호 및 제3호에 따른 신용카드업자의 부대업무(신용카드업의 허가를 받은 경우만 해당)

다만 다음의 방법에 따른 사채 또는 어음의 발행에 대해서는 위 제1항을 적용하지 아니한다(영19②).

1. 투자매매업의 인가를 받은 자의 인수에 의한 사채의 발행
2. 종합금융회사 또는 투자매매업자·투자중개업자의 인수, 할인 또는 중개를 통한 어음의 발행

3. 위반시 제재

금융위원회는 여신전문금융회사가 법 제47조를 위반하여 자금을 조달한 경우 조달한 자금의 30% 이하의 범위에서 과징금을 부과할 수 있다(법58④(1)).

XII. 외형확대 위주의 경영제한

1. 자기자본 대비 총자산 한도

여신전문금융회사는 총자산이 자기자본의 10배의 범위에서 금융위원회가 정하는 배수("자기자본 대비 총자산 한도")[269]에 해당하는 금액을 초과하여서는 아니 된다(법48①). 금융위원회는 자기자본 대비 총자산 한도를 정함에 있어 여신전문금융업별 자산의 성격 및 건전성 등을 감안하여 신용카드업을 영위하는 여신전문금융회사와 신용카드업을 영위하지 아니하는 여신전문금융회사에 적용되는 한도를 달리 정할 수 있다(법48②).

2. 총자산

총자산은 다음과 같다. 다만, 중소기업기본법에 따른 중소기업 또는 중견기업 성장촉진 및 경쟁력 강화에 관한 특별법에 따른 중견기업에 대해 한국산업은행으로부터 차입한 자금을 이용한 대출은 제외한다(여신전문금융업감독규정7의3②).

1. 외부감사법 시행령 제1조의3 제1항 후단에 따른 한국채택국제회계기준을 적용하는 여신전문금융회사의 경우: 대차대조표상 자산
2. 외부감사법 시행령 제1조의3 제1항 후단에 따른 한국채택국제회계기준을 적용하지 아니하

---

269) "금융위원회가 정하는 배수"라 함은 다음의 어느 하나를 말한다. 다만, 법인 회원에 한하여 신용카드업을 영위하는 여신전문금융회사에 대해서는 신용카드업을 영위하지 않는 여신전문금융회사의 배수를 적용한다(여신전문금융업감독규정7의3①).
　1. 신용카드업을 영위하는 여신전문금융회사: 6배. 다만, 국내외 금융시장의 급격한 변동 등 부득이한 사유로 자기자본 대비 총자산 한도를 준수하기가 어려울 것으로 예상되는 경우 금융위 의결로 일정 기간 동안 배수를 달리 정할 수 있다.
　2. 신용카드업을 영위하지 아니하는 여신전문금융회사: 10배

는 여신전문금융회사의 경우: 대차대조표상 자산과 자산유동화법 및 상법에 의해 유동화
된 자산 중 자산교체의무, 신용보강 등 실질적 신용위험이 있는 대차대조표 외의 자산의 합
계액

3. 위반시 제재

금융위원회는 여신전문금융회사가 법 제48조를 위반하여 자기자본 대비 총자산 한도를
초과한 경우 초과액의 30% 이하의 범위에서 과징금을 부과할 수 있다(법48④(2)).

XIII. 부동산의 취득제한

1. 취득가능 업무용 부동산

여신전문금융회사가 취득할 수 있는 업무용 부동산은 다음의 어느 하나에 해당하는 것으
로 제한한다(법49①).

    1. 본점·지점, 그 밖의 사무소
    2. 임직원용 사택, 합숙소 및 직원 연수원
    3. 그 밖에 업무에 직접 필요한 부동산으로서 총리령으로 정하는 것

제3호에서 "총리령으로 정하는 것"이란 시설대여업자의 시설대여용 자산을 보관하기 위한
창고 및 그 부지로서 법인세법 시행령 제49조 제1항 제1호 각 목의 어느 하나에 해당되지 아니
하는 것을 말한다(시행규칙10).

2. 취득가능 업무용 부동산 총액 제한

금융위원회는 여신전문금융회사가 너무 많은 부동산을 보유하는 것을 제한할 필요가 있다
고 인정하면 여신전문금융회사가 취득할 수 있는 업무용 부동산의 총액을 자기자본의 100% 이
상 일정 비율 이내로 제한할 수 있다(법49②).[270] 업무용 부동산의 총액은 장부가액을 기준으로
산출한다(법49③).

3. 업무용 부동산 외의 취득가능 부동산

여신전문금융회사는 다음의 어느 하나에 해당하는 경우에만 업무용 부동산 외의 부동산을
취득할 수 있다(법49④).

---

270) 법 제49조 제2항의 규정에 의하여 여신전문금융회사가 취득할 수 있는 업무용부동산의 총액은 자기자본
    의 100%로 한다(여신전문금융업감독규정7의4).

1. 해당 부동산이 시설대여나 연불판매의 목적물인 경우
2. 담보권을 실행하여 부동산을 취득하는 경우

4. 위반시 제재

금융위원회는 여신전문금융회사가 법 제49조 제1항·제4항을 위반하여 부동산을 취득한 경우 취득한 부동산 취득가액의 30% 이하(3호)의 범위에서, 제49조 제2항에 따른 금융위원회의 명령을 위반한 경우 초과 취득한 부동산 취득가액의 30% 이하(4호)의 범위에서 과징금을 부과할 수 있다(법58④(3)(4)).

XIV. 대주주에 대한 신용공여한도 등

1. 신용공여총액한도

여신전문금융회사가 그의 대주주에게 제공할 수 있는 신용공여의 합계액은 그 여신전문금융회사의 자기자본의 50%를 넘을 수 없으며, 대주주는 그 여신전문금융회사로부터 그 한도를 넘겨 신용공여를 받아서는 아니 된다(법49의2①). 대주주에는 "대통령령으로 정하는 대주주의 특수관계인"을 포함한다(법49의2①). "대통령령으로 정하는 대주주의 특수관계인"이란 최대주주의 특수관계인을 말한다(영19의2① 본문). 다만, 여신전문금융회사가 합병을 목적으로 계열회사가 아닌 다른 회사의 주식을 취득하여 새롭게 계열회사가 된 경우로서 금융위원회가 정하여 고시하는 기준을 충족하는 계열회사[271]는 제외한다(영19의2① 단서).

2. 이사회 의결

(1) 의의

여신전문금융회사는 그의 대주주에게 신용공여총액한도의 범위에서 "대통령령으로 정하는 금액" 이상의 신용공여를 하려는 경우에는 미리 이사회의 결의를 거쳐야 한다(법49의2② 전단). 이 경우 이사회는 재적이사 전원의 찬성으로 의결한다(법49의2② 후단). 신용공여에는 "대통령령으로 정하는 거래"를 포함한다(법49의2②).

---

[271] "금융위원회가 정하여 고시하는 기준을 충족하는 계열회사"란 다음을 모두 충족하는 계열회사를 말한다(여신전문금융업감독규정5의9).
1. 해당 계열회사가 법 제2조 제15호에 따른 여신전문금융회사일 것
2. 해당 계열회사의 발행 주식을 여신전문금융회사가 취득한 날로부터 1년이 경과하지 아니할 것
3. 해당 계열회사와 여신전문금융회사가 합병하는 것을 가정할 경우 주식 취득일 현재를 기준으로 법 제50조 제1항에서 정하는 비율을 준수하고 있을 것

(2) 대통령령으로 정하는 금액

"대통령령으로 정하는 금액"이란 금융위원회가 정하여 고시하는 단일거래금액("단일거래금액")272)이 자기자본의 1만분의 10에 해당하는 금액과 10억원 중 적은 금액을 말한다(영19의3① 본문). 다만, 주식 취득의 경우에는 증권시장, 다자간매매체결회사 또는 이와 비슷한 시장으로서 외국에 있는 시장에서 취득하는 금액은 단일거래금액에서 제외한다(영19의3① 단서).

(3) 대통령령으로 정하는 거래

"대통령령으로 정하는 거래"란 모집 또는 매출의 방법으로 발행되는 사채권을 취득하는 거래를 말한다(영19의3②).

3. 금융위원회 보고 및 공시

여신전문금융회사는 그의 대주주에게 대통령령으로 정하는 금액 이상의 신용공여를 한 경우에는 그 사실을 금융위원회에 지체 없이 보고하고, 인터넷 홈페이지 등을 이용하여 공시하여야 한다(법49의2③).273)

여신전문금융회사는 보고사항 중 "대통령령으로 정하는 사항"을 종합하여 분기별로 금융위원회에 보고하고, 인터넷 홈페이지 등을 이용하여 공시하여야 한다(법49의2④). 여기서 "대통령령으로 정하는 사항"이란 다음과 같다(영19의4①).

1. 분기 말 현재 대주주에 대한 신용공여의 규모
2. 분기 중 신용공여의 증감액 및 신용공여의 거래조건
3. 분기 말 현재 대주주가 발행한 주식을 취득한 규모
4. 분기 중 보유주식의 증감액 및 보유주식의 취득가격
5. 그 밖에 금융위원회가 정하는 사항274)

---

272) "금융위원회가 정하여 고시하는 단일거래금액"은 신용공여의 경우에는 동일한 개인 또는 법인 각각에 대한 개별 신용공여약정(기존의 신용공여약정을 갱신·대환·연장하는 경우를 포함)상의 약정금액(시행령 제19조의3 제2항에서 정하는 사채권 취득의 경우에는 단일한 매매계약에 의한 취득금액)을 기준으로 산정하되, 동일한 개인 또는 법인에 대하여 같은 날에 다수의 약정이 체결되는 경우에는 개별 약정금액의 합계액을 기준으로 산정하며, 주식 취득의 경우에는 단일한 매매계약에 의한 취득금액을 기준으로 산정하되, 같은 날에 다수의 매매계약이 체결되는 경우에는 그 합계액을 기준으로 산정한다(여신전문금융업감독규정5의7①).
273) 여신전문금융회사는 법 제49조의2 제3항에 따른 대주주에 대한 신용공여현황을 감독원장이 정하는 바에 따라 감독원장에게 보고하여야 한다(여신전문금융업감독규정5의7②).
274) "금융위원회가 정하는 사항"이라 함은 대주주에 대한 신용공여의 경우 신용공여 형태별로 자금용도, 신용공여기간·적용금리 등 거래조건, 담보의 종류 및 평가액, 주요 특별약정내용을 말하며, 대주주 발행 주식 취득의 경우 다음의 사항을 말한다(여신전문금융업감독규정5의7③).
   1. 취득목적
   2. 분기말 현재 보유주식의 지분율
   3. 분기말 현재 보유주식의 시가

여신전문금융회사는 위의 사항을 매 분기 말일부터 1개월 이내에 보고·공시하여야 한다(영19의4②).[275]

4. 신용공여 한도초과 유예기간

여신전문금융회사는 추가적인 신용공여를 하지 아니하였음에도 불구하고 자기자본의 변동, 대주주의 변경 등으로 한도를 넘게 되는 경우에는 1년 내에 한도에 적합하도록 하여야 한다(법49의2⑤, 영19의5). 다만 여신전문금융회사는 신용공여의 기한 및 규모 등에 따른 부득이한 사유가 있으면 금융위원회의 승인을 받아 그 기간을 연장할 수 있다(법49의2⑥).

금융위원회의 승인을 받으려는 여신전문금융회사는 1년의 기간이 만료되기 3개월 전까지 신용공여한도에 적합하도록 하기 위한 세부계획서를 금융위원회에 제출하여야 하고, 금융위원회는 세부계획서를 제출받은 날부터 1개월 내에 승인 여부를 결정·통보하여야 한다(법49의2⑦).

5. 신용공여 대상의 제한

여신전문금융회사는 그의 대주주의 다른 회사에 대한 출자를 지원하기 위한 목적으로 신용공여를 하여서는 아니 된다(법49의2⑧).

6. 위반시 제재

법 제49조의2 제1항 또는 제8항을 위반하여 대주주에게 신용공여를 한 여신전문금융회사와 그로부터 신용공여를 받은 대주주 또는 대주주의 특수관계인은 7년 이하의 징역 또는 5천만원 이하의 벌금에 처한다(법70①(9)).

금융위원회는 여신전문금융회사가 제49조의2 제1항에 따른 신용공여한도를 초과하여 신용공여를 한 경우 초과한 신용공여액 이하(5호)의 범위에서, 제49조의2 제8항을 위반하여 신용공여를 한 경우 신용공여액 이하(6호)의 범위에서 과징금을 부과할 수 있다(법58④(5)(6)).

법 제49조의2 제2항을 위반하여 이사회의 결의를 거치지 아니한 자(6호), 제49조의2 제3항·제4항을 위반하여 보고 또는 공시를 하지 아니한 자(7호)에게는 5천만원 이하의 과태료를 부과한다(법72①(6)(7)).

---

4. 당해분기중 보유주식을 처분한 경우 처분주식수, 처분가격 및 동 처분에 따른 손익현황

275) 여신전문금융회사는 시행령 제19조의4 제2항에 따른 대주주와의 거래 현황을 감독원장이 정하는 바에 따라 분기별로 감독원장에게 보고하여야 하며, 동항에 따라 공시하는 경우 대주주 전체에 대한 신용공여현황은 동일한 개인 및 법인 각각에 대한 신용공여현황을 포함하여 공시하여야 하며, 대주주 발행주식 취득현황은 발행회사별로 구분하여 공시하여야 한다(여신전문금융업감독규정5의7④).

XV. 대주주가 발행한 주식의 소유한도 등

1. 주식소유총액한도

여신전문금융회사는 자기자본의 150%(영19의2②)를 초과하여 그 여신전문금융회사의 대주주가 발행한 주식을 소유하여서는 아니 된다(법50①). 대주주에는 대통령령으로 정하는 대주주의 특수관계인을 포함한다(법50①). "대통령령으로 정하는 대주주의 특수관계인"이란 최대주주의 특수관계인을 말한다(영19의2① 본문). 다만, 여신전문금융회사가 합병을 목적으로 계열회사가 아닌 다른 회사의 주식을 취득하여 새롭게 계열회사가 된 경우로서 금융위원회가 정하여 고시하는 기준을 충족하는 계열회사[276)는 제외한다(영19의2① 단서).

2. 이사회 의결

여신전문금융회사는 그의 대주주가 발행한 주식을 소유한도의 범위에서 "대통령령으로 정하는 금액" 이상으로 취득하려는 경우에는 미리 이사회의 결의를 거쳐야 한다(법50② 전단). 이 경우 이사회는 재적이사 전원의 찬성으로 의결한다(법50② 후단). 여기서 "대통령령으로 정하는 금액"이란 금융위원회가 정하여 고시하는 단일거래금액("단일거래금액")[277)이 자기자본의 1만분의 10에 해당하는 금액과 10억원 중 적은 금액을 말한다(영19의3① 본문). 다만, 주식 취득의 경우에는 증권시장, 다자간매매체결회사 또는 이와 비슷한 시장으로서 외국에 있는 시장에서 취득하는 금액은 단일거래금액에서 제외한다(영19의3① 단서).

3. 금융위원회 보고 및 공시

여신전문금융회사는 그의 대주주가 발행한 주식을 대통령령으로 정하는 금액 이상으로 취

---

276) "금융위원회가 정하여 고시하는 기준을 충족하는 계열회사"란 다음을 모두 충족하는 계열회사를 말한다(여신전문금융업감독규정5의9).
   1. 해당 계열회사가 법 제2조 제15호에 따른 여신전문금융회사일 것
   2. 해당 계열회사의 발행 주식을 여신전문금융회사가 취득한 날로부터 1년이 경과하지 아니할 것
   3. 해당 계열회사와 여신전문금융회사가 합병하는 것을 가정할 경우 주식 취득일 현재를 기준으로 법 제50조 제1항에서 정하는 비율을 준수하고 있을 것

277) "금융위원회가 정하여 고시하는 단일거래금액"은 신용공여의 경우에는 동일한 개인 또는 법인 각각에 대한 개별 신용공여약정(기존의 신용공여약정을 갱신·대환·연장하는 경우를 포함)상의 약정금액(시행령 제19조의3 제2항에서 정하는 사채권 취득의 경우에는 단일한 매매계약에 의한 취득금액)을 기준으로 산정하되, 동일한 개인 또는 법인에 대하여 같은 날에 다수의 약정이 체결되는 경우에는 개별 약정금액의 합계액을 기준으로 산정하며, 주식 취득의 경우에는 단일한 매매계약에 의한 취득금액을 기준으로 산정하되, 같은 날에 다수의 매매계약이 체결되는 경우에는 그 합계액을 기준으로 산정한다(여신전문금융업감독규정5의7①).

득한 경우에는 그 사실을 금융위원회에 지체 없이 보고하고, 인터넷 홈페이지 등을 이용하여 공시하여야 한다(법50③).278)

여신전문금융회사는 위의 보고사항 중 대통령령으로 정하는 사항을 종합하여 분기별로 금융위원회에 보고하고, 인터넷 홈페이지 등을 이용하여 공시하여야 한다(법50④). 여기서 "대통령령으로 정하는 사항"이란 다음과 같다(영19의4①).

1. 분기 말 현재 대주주에 대한 신용공여의 규모
2. 분기 중 신용공여의 증감액 및 신용공여의 거래조건
3. 분기 말 현재 대주주가 발행한 주식을 취득한 규모
4. 분기 중 보유주식의 증감액 및 보유주식의 취득가격
5. 그 밖에 금융위원회가 정하는 사항279)

4. 한도초과 주식처분

여신전문금융회사의 대주주가 아닌 자가 새로 대주주가 됨에 따라 여신전문금융회사가 한도를 초과하게 되는 경우 그 여신전문금융회사는 1년 내에 그 한도를 초과한 주식을 처분하여야 한다(법50⑤, 영19의5). 다만 여신전문금융회사는 소유한 대주주 주식의 규모 등에 따른 부득이한 사유가 있으면 금융위원회의 승인을 받아 그 기간을 연장할 수 있다(법50⑥).

금융위원회의 승인을 받으려는 여신전문금융회사는 위의 1년의 기간이 만료되기 3개월 전까지 주식 소유 한도에 적합하도록 하기 위한 세부계획서를 금융위원회에 제출하여야 하고, 금융위원회는 세부계획서를 제출받은 날부터 1개월 내에 승인 여부를 결정·통보하여야 한다(법50⑦).

5. 위반시 제재

법 제50조 제1항을 위반하여 대주주가 발행한 주식을 소유한 여신전문금융회사는 7년 이하의 징역 또는 5천만원 이하의 벌금에 처한다(법70①(9의2)).

---

278) 여신전문금융회사는 법 제50조 제3항에 따른 대주주 발행주식 취득현황을 감독원장이 정하는 바에 따라 감독원장에게 보고하여야 한다(여신전문금융업감독규정5의7②).
279) "금융위원회가 정하는 사항"이라 함은 대주주에 대한 신용공여의 경우 신용공여 형태별로 자금용도, 신용공여기간·적용금리 등 거래조건, 담보의 종류 및 평가액, 주요 특별약정내용을 말하며, 대주주 발행 주식 취득의 경우 다음의 사항을 말한다(여신전문금융업감독규정5의7③).
   1. 취득목적
   2. 분기말 현재 보유주식의 지분율
   3. 분기말 현재 보유주식의 시가
   4. 당해분기중 보유주식을 처분한 경우 처분주식수, 처분가격 및 동 처분에 따른 손익현황

금융위원회는 여신전문금융회사가 제50조 제1항에 따른 주식의 소유한도를 초과하여 대주주가 발행한 주식을 소유한 경우 초과 소유한 주식 장부가액 합계액 이하의 범위에서 과징금을 부과할 수 있다(법58④(7)).

법 제50조 제2항을 위반하여 이사회의 결의를 거치지 아니한 자(6호), 제50조 제3항·제4항을 위반하여 보고 또는 공시를 하지 아니한 자(7호)에게는 5천만원 이하의 과태료를 부과한다(법72①(6)(7)).

XVI. 자금지원 관련 금지행위 등

1. 자금지원 관련 금지행위

여신전문금융회사는 다른 금융기관(금융산업구조개선법 제2조 제1호에 따른 금융기관) 또는 다른 회사와 다음의 행위를 하여서는 아니 된다(법50의2①).

1. 여신전문금융업법 제49조의2 제1항에 따른 신용공여한도의 제한을 피하기 위하여 의결권 있는 주식을 서로 교차하여 보유하거나 신용공여를 하는 행위
2. 상법 제341조 또는 자본시장법 제165조의3에 따른 자기주식 취득의 제한을 피하기 위하여 주식을 서로 교차하여 취득하는 행위
3. 그 밖에 거래자의 이익을 크게 해칠 우려가 있는 행위로서 대통령령으로 정하는 행위

제1항을 위반하여 취득한 주식에 대하여는 의결권을 행사할 수 없다(법50의2②). 여신전문금융회사는 해당 여신전문금융회사의 주식을 매입하도록 하기 위한 여신이나 제49조의2 제1항에 따른 신용공여한도의 제한을 피하기 위한 자금중개 등의 행위를 하여서는 아니 된다(법50의2③).

2. 금융위원회의 조치

금융위원회는 여신전문금융업법 제50조의2 제1항이나 제3항을 위반하여 주식을 취득하거나 신용공여를 한 여신전문금융회사에 대하여 그 주식의 처분 또는 신용공여액의 회수를 명하는 등 필요한 조치를 할 수 있다(법50의2④).

3. 대주주의 부당한 영향력 행사 금지

여신전문금융회사의 대주주(그의 특수관계인을 포함)는 회사의 이익에 반하여 대주주 자신의 이익을 목적으로 다음의 어느 하나에 해당하는 행위를 하여서는 아니 된다(법50의2⑤).

1. 부당한 영향력을 행사하기 위하여 여신전문금융회사에 대하여 외부에 공개되지 아니한 자료나 정보의 제공을 요구하는 행위. 다만, 금융회사지배구조법 제33조 제6항[280])에 따라 주주의 권리를 행사하는 경우는 제외한다.
2. 경제적 이익 등 반대급부의 제공을 조건으로 다른 주주와 담합하여 여신전문금융회사의 인사 또는 경영에 부당한 영향력을 행사하는 행위
3. 그 밖에 제1호 및 제2호에 준하는 행위로서 대통령령으로 정하는 행위

위 제3호에서 "대통령령으로 정하는 행위"란 다음의 어느 하나에 해당하는 행위를 말한다 (영19의6).

1. 여신전문금융회사로 하여금 위법행위를 하도록 요구하는 행위
2. 금리, 수수료, 담보에 관하여 통상적인 거래조건과 다른 조건으로 대주주 자신 또는 제3자와 거래를 하도록 요구하는 행위

4. 위반시 제재

법 제50조의2 제5항을 위반하여 같은 항 각 호의 어느 하나에 해당하는 행위를 한 대주주 또는 대주주의 특수관계인은 7년 이하의 징역 또는 5천만원 이하의 벌금에 처한다(법70①(10)). 법 제50조의2 제1항·제3항을 위반한 자는 1년 이하의 징역 또는 1천만원 이하의 벌금에 처한다(법70④(7)).

XVII. 여신전문금융회사 등에 대한 자료제출요구 등

1. 금융위원회의 자료제출요구

금융위원회는 여신전문금융회사 또는 그의 대주주가 제49조의2 제1항부터 제5항까지, 제50조 제1항부터 제5항까지 및 제50조의2 제1항부터 제3항까지와 제5항을 위반한 혐의가 있다고 인정되면 여신전문금융회사 또는 그의 대주주에게 필요한 자료의 제출을 요구할 수 있다(법50의8①).

2. 금융위원회의 대주주와의 거래제한 조치

금융위원회는 여신전문금융회사의 대주주(회사만 해당)의 부채가 자산을 넘는 등 재무구

---

280) ⑥ 6개월 전부터 계속하여 금융회사의 발행주식 총수의 10만분의 50 이상(대통령령으로 정하는 금융회사의 경우에는 10만분의 25 이상)에 해당하는 주식을 대통령령으로 정하는 바에 따라 보유한 자는 상법 제466조에 따른 주주의 권리를 행사할 수 있다.

조의 부실로 그 여신전문금융회사의 경영 건전성을 뚜렷이 해칠 우려가 있는 경우로서 "대통령령으로 정하는 경우"에는 그 여신전문금융회사에 대하여 다음의 조치를 할 수 있다(법50의8②).

1. 그 대주주에 대한 신규 신용공여의 금지
2. 그 대주주가 발행한 유가증권의 신규 취득 금지
3. 그 밖에 그 대주주에 대한 자금지원 성격의 거래제한 등 대통령령으로 정하는 조치

위에서 "대통령령으로 정하는 경우"란 대주주가 다음의 어느 하나에 해당하는 경우를 말한다(영19의13).

1. 대주주(회사만 해당하며, 회사인 특수관계인을 포함)의 부채가 자산을 초과하는 경우
2. 대주주에 대한 신용공여가 가장 많은 금융기관(해당 대주주가 대주주인 금융기관은 제외)이 금융위원회가 정하는 자산건전성 분류기준에 따라 해당 대주주의 신용위험을 평가한 결과 금융위원회가 정하는 기준 이하로 분류된 경우[281]
3. 대주주가 신용평가회사 중 둘 이상의 신용평가회사에 의하여 투자부적격 등급으로 평가받은 경우

3. 위반시 제재

법 제50조의8 제1항에 따른 자료제출요구에 따르지 아니한 자에게는 5천만원 이하의 과태료를 부과한다(법72①(10)).

XVIII. 광고

1. 여신금융상품의 정의

여신금융상품이란 여신전문금융업법 제13조 제1항 제1호, 제46조 제1항 제1호·제3호, 그 밖에 대통령령으로 정하는 업무와 관련하여 취급하는 금융상품을 말한다(법50의9①).

즉 신용카드회원에 대한 자금의 융통 업무와 관련하여 취급하는 금융상품(법13①(1)), 허가를 받거나 등록을 한 여신전문금융업(시설대여업의 등록을 한 경우에는 연불판매업무를 포함) 및 대

---

281) 여신전문금융업감독규정 제5조의8(대주주와의 거래제한 등) ① 시행령 제19조의13 제2호에서 "금융위원회가 정하는 자산건전성 분류기준에 따라 해당 대주주의 신용위험을 평가한 결과 금융위원회가 정하는 기준 이하로 분류된 경우"라 함은 신용공여가 가장 많은 금융기관이 당해 금융기관에 적용되는 자산건전성 분류 기준에 따라 분류한 결과 "고정" 이하로 분류된 경우를 말한다.
② 여신전문금융회사는 그 대주주가 시행령 제19조의13 각 호의 어느 하나에 해당하게 된 때에는 그 사실을 지체없이 감독원장에게 보고하여야 한다.

출 업무와 관련하여 취급하는 금융상품(법46①(1)(3)), 신용카드업자의 부대업무(신용카드업의 허가를 받은 경우만 해당(영19의14①(1)), 여신전문금융업에 부수하는 업무로서 소유하고 있는 인력·자산 또는 설비를 활용하는 업무(법46①(7))에 따른 부수업무 중 금융위원회가 정하여 고시하는 업무[282](영19의14①(2))와 관련하여 취급하는 금융상품을 말한다(법50의9①).

2. 광고포함사항

여신전문금융회사와 겸영여신업자("여신전문금융회사등")는 제13조 제1항 제1호, 제46조 제1항 제1호·제3호, 그 밖에 대통령령으로 정하는 업무와 관련하여 취급하는 금융상품("여신금융상품")을 광고하는 경우 다음의 사항이 포함되도록 하여야 한다(법50의9①).

1. 여신전문금융회사등의 명칭
2. 이자율 등 상품의 주요 내용
3. 과도한 채무 또는 신용카드 남용의 위험성 및 여신금융상품 이용에 따른 신용등급 또는 개인신용평점의 하락 가능성을 알리는 경고문구(개인을 대상으로 하는 상품에 한정)
4. 그 밖에 대통령령으로 정하는 사항

위 제4호에서 "대통령령으로 정하는 사항"이란 위 제1항 각 호 외의 부분에 따른 여신금융상품 계약을 체결하기 전에 금융이용자에게 상품설명서와 약관을 읽어보도록 안내하는 사항을 말한다(영19의14②).

3. 광고금지사항

여신전문금융회사등은 여신금융상품을 광고하는 경우 다음의 어느 하나에 해당하는 행위를 하여서는 아니 된다(법50의9②).

1. 사실과 다르게 광고하거나 사실을 지나치게 부풀리는 방법으로 광고하는 행위
2. 사실을 숨기거나 축소하는 방법으로 광고하는 행위
3. 구체적인 근거와 내용을 제시하지 아니하고 다른 금융회사의 금융상품보다 우위에 있음을 표시하여 광고하는 행위
4. 그 밖에 금융이용자를 보호하기 위하여 "대통령령으로 정하는 광고 행위"

---

282) 여신전문금융업감독규정 제26조의5(광고 등) 시행령 제19조의14 제1항 제2호 및 제19조의15 제3호에 따라 금융위원회가 정하는 업무는 신용카드회원으로부터 수수료를 받고 동 회원에게 사망, 질병, 실업, 자연재해 등 특정사고 발생시 회원의 채무(법 제2조 제2호 나목과 관련한 채무에 한함)를 면제하거나 유예하는 업무를 말한다.

위 제4호에서 "대통령령으로 정하는 광고 행위"란 다음의 어느 하나에 해당하는 행위를 말한다(영19의14③).

1. 거래상대방 등에 따라 거래조건이 달리 적용될 수 있음에도 불구하고 확정적인 것으로 표시하거나 누구에게나 적용되는 것으로 오해하게 하는 표현을 사용하여 광고하는 행위
2. 여신금융상품 이용자에게 불리한 내용을 누락 또는 축소하거나 편익만을 강조하는 등 이용자를 속이거나 잘못 알게 할 우려가 있는 표현을 사용하여 광고하는 행위
3. 그 밖에 해당 여신금융상품의 내용상 금융이용자의 권리와 의무에 중대한 영향을 미치는 사항을 왜곡·과장·누락하거나 모호하게 나타내는 표현을 사용하여 광고하는 행위

4. 표시광고법상 광고사항

여신전문금융회사등이 여신금융상품을 광고할 때 표시광고법 제4조 제1항에 따른 표시·광고 사항이 있는 경우에는 표시광고법에서 정하는 바에 따른다(법50의9③).

5. 광고의 방법 및 절차에 관한 기준

여신금융상품의 주요 내용, 광고의 방법 및 절차 등에 필요한 사항은 대통령령으로 정한다(법50의9④). 여신전문금융회사와 겸영여신업자("여신전문금융회사등")는 여신금융상품에 관한 광고를 하는 경우 [별표 1의5][283]에 따른 광고의 방법 및 절차에 관한 기준을 준수하여야 한다

---

283) 시행령 [별표 1의5] 광고의 방법 및 절차에 관한 기준(제19조의14 제4항 관련)
  1. 광고에 포함되어야 할 내용
    가. 신용카드업과 관련된 여신금융상품
      1) 여신전문금융회사등의 명칭 및 상품명
      2) 제2호에 따른 경고문구
      3) 연회비, 연체료율
      4) 신용카드 등 이용 시 제공되는 추가적인 혜택의 주요 내용 및 이용 조건. 다만, 광고게재면적 또는 광고시간 등의 제약으로 표시할 수 없을 때에는 일부를 생략할 수 있다.
    나. 시설대여업·할부금융업·신기술사업금융업과 관련된 여신금융상품
      1) 여신전문금융회사등의 명칭 및 상품명
      2) 제2호에 따른 경고문구
      3) 대출의 최고금리, 연체료율 및 취급수수료 등 각종 요율
      4) 중도상환 조건
    다. 신용카드회원에 대한 자금의 융통 및 대출업무와 관련된 여신금융상품
      1) 여신전문금융회사등의 명칭 및 상품명
      2) 제2호에 따른 경고문구
      3) 대출의 최고금리, 연체료율, 취급수수료 등 각종 요율
      4) 그 밖에 금융이용자의 권리와 의무에 중대한 영향을 미치는 사항으로서 금융위원회가 정하여 고시하는 사항. 다만, 광고게재면적 또는 광고시간 등의 제약으로 표시할 수 없을 때에는 생략할 수 있다.
    라. 여신금융상품계약을 체결하기 전에 금융이용자에게 상품설명서와 약관을 읽어보도록 안내하는 사항

(영19의14④).284) 광고 표시의 세부기준은 금융위원회가 정하여 고시한다(영19의14⑤).

6. 위반시 제재

법 제50조의9 제1항·제2항을 위반한 자에게는 5천만원 이하의 과태료를 부과한다(법72①
(10의2)).

마. 준법감시인(금융회사지배구조법 제25조 제1항에 따른 준법감시인) 또는 여신전문금융업협회로부터
심의를 받았다는 표시. 다만, 라디오 방송 등 준법감시인 또는 여신전문금융업협회의 확인을 받았
다는 표시를 하는 것이 어려운 경우에는 그 표시를 생략할 수 있다.
바. 그 밖에 금융이용자의 권리와 의무에 중대한 영향을 미치는 사항으로서 금융위원회가 정하여 고시
하는 사항
2. 경고문구 표시기준
가. 과도한 채무의 위험성을 알리는 경고문구는 다음 중 어느 하나로 한다.
1) "과도한 빚, 고통의 시작입니다."
2) "과도한 빚, 파산으로 가는 지름길입니다."
나. 신용카드 남용의 위험성을 알리는 경고문구는 다음 중 어느 하나로 한다.
1) "신용카드 남용은 가계경제에 위협이 됩니다."
2) "신용카드 사용, 갚아야 할 빚입니다."
다. 여신금융상품 이용에 따른 신용등급의 하락 가능성을 알리는 경고문구는 다음 중 어느 하나로 한다.
1) "여신금융상품 이용 시 귀하의 신용등급이 하락할 수 있습니다."
2) "여신금융상품 이용 시 신용등급 하락으로 다른 금융거래가 제약받을 수 있습니다."
라. 경고문구는 광고에 사용된 배경과 명확하게 구분되어 이용자가 쉽게 알아볼 수 있어야 한다.
3. 광고의 표시방법
가. 지면, 옥외간판, 현수막 또는 인터넷을 통한 광고의 경우 대출의 최고금리, 연체료율 및 취급수수료
등 각종 요율과 경고문구의 글자를 해당 광고에 표시된 최대 글자의 3분의 1 이상의 크기로 한다.
나. 방송(라디오방송은 제외)을 통한 광고의 경우 대출의 최고금리, 연체료율 및 취급수수료 등 각종
요율과 경고문구에 관한 내용이 전체 광고시간의 5분의 1 이상 자막으로 표시되어야 한다.
4. 광고에 관한 자체 확인절차
여신금융상품 광고는 사전에 준법감시인(준법감시인이 없는 경우에는 감사 또는 감사위원회)으로부터
법 제50조의9 제1항 및 제2항, 이 표 제1호부터 제3호까지에 적합한지를 확인받아야 한다.
284) 법 제50조의9 제4항 및 시행령 제19조의14 제4항에 따라 여신전문금융회사등이 금융상품을 광고하는 경
우에는 다음의 사항을 준수하여야 한다(여신전문금융업감독규정7의5).
1. 광고의 유효기간을 표시할 것(다만, 유효기간 표시가 곤란한 경우 유효한 현재 시점으로 표시가 가능
하다)
2. 여신금융상품의 광고내용 등 관련 기록을 해당 여신금융상품의 계약 종료 후 5년 이상 보관하고 금융
이용자가 요구할 경우 제시할 것
3. 다음 각 목의 구분에 따른 날까지 회수 가능한 광고물을 수거할 것
가. 광고의 유효기간이 있는 경우에는 해당 유효기간의 종료일
나. 기존 여신금융상품의 거래조건을 변경한 경우에는 변경된 거래조건 시행일의 전일

XIX. 설명의무 등

1. 설명의무

여신전문금융회사등과 신용카드업자를 위하여 신용카드 발급계약의 체결을 중개하는 자("모집인")(법14의2①(2)), 또는 신용카드업자와 신용카드회원의 모집에 관하여 업무제휴계약을 체결한 자(신용카드회원의 모집을 주된 업으로 하는 자는 제외) 및 그 임직원(법14의2①(3))은 여신금융상품의 신청인, 신용카드회원, 직불카드회원 또는 선불카드소지자("신청인등")에게 여신금융상품에 관한 계약의 체결을 권유할 때 이자율 등 상품의 내용, 그 밖에 "대통령령으로 정하는 중요사항"을 이해할 수 있도록 설명하여야 한다(법50의11①, 영19의16①(1)).

여기서 "대통령령으로 정하는 중요사항"이란 다음의 사항을 말한다(영19의16②).
1. 연회비 및 부가서비스
2. 이용한도
3. 대출기간
4. 상환방법에 따른 상환금액
5. 각종 수수료, 수수료율 및 부대비용
6. 상품의 계약해제·해지에 관한 사항
7. 그 밖에 금융이용자의 합리적인 판단 또는 해당 금융상품의 가치에 중대한 영향을 미칠 수 있는 사항으로서 금융위원회가 정하여 고시하는 사항

2. 확인의무

여신전문금융회사등과 신용카드업자를 위하여 신용카드 발급계약의 체결을 중개하는 자("모집인"), 또는 신용카드업자와 신용카드회원의 모집에 관하여 업무제휴계약을 체결한 자(신용카드회원의 모집을 주된 업으로 하는 자는 제외) 및 그 임직원은 설명한 내용을 신청인등이 이해하였음을 서명(전자서명법 제2조 제2호에 따른 전자서명을 포함), 기명날인, 녹취, 전자우편, 그 밖에 이와 비슷한 전자통신, 우편, 전화자동응답시스템으로 확인하여야 한다(법50의11②, 영19의16③).

3. 위반시 제재

법 제50조의11 제2항을 위반하여 확인을 하지 아니한 자에게는 1천만원 이하의 과태료를 부과한다(법72④(2)).

XX. 고객응대직원에 대한 보호조치의무

1. 보호조치의무

여신전문금융회사는 고객을 직접 응대하는 직원을 고객의 폭언이나 성희롱, 폭행 등으로부터 보호하기 위하여 다음의 조치를 하여야 한다(법50의12①).

1. 직원이 요청하는 경우 해당 고객으로부터의 분리 및 업무담당자 교체
2. 직원에 대한 치료 및 상담 지원
3. 고객을 직접 응대하는 직원을 위한 상시적 고충처리 기구 마련. 다만, 「근로자참여 및 협력 증진에 관한 법률」 제26조에 따라 고충처리위원을 두는 경우에는 고객을 직접 응대하는 직원을 위한 고충처리위원의 선임 또는 위촉
4. 그 밖에 직원의 보호를 위하여 필요한 법적 조치 등 대통령령으로 정하는 조치

제4호에서 "법적 조치 등 대통령령으로 정하는 조치"란 다음의 조치를 말한다(영19의17).

1. 고객의 폭언이나 성희롱, 폭행 등("폭언등")이 관계 법률의 형사처벌규정에 위반된다고 판단되고, 그 행위로 피해를 입은 직원이 요청하는 경우: 관할 수사기관 등에 고발
2. 고객의 폭언등이 관계 법률의 형사처벌규정에 위반되지는 아니하나 그 행위로 피해를 입은 직원의 피해정도 및 그 직원과 다른 직원에 대한 장래 피해발생 가능성 등을 고려하여 필요하다고 판단되는 경우: 관할 수사기관 등에 필요한 조치 요구
3. 직원이 직접 폭언등의 행위를 한 고객에 대한 관할 수사기관 등에 고소, 고발, 손해배상청구 등의 조치를 하는 데 필요한 행정적, 절차적 지원
4. 고객의 폭언등을 예방하거나 이에 대응하기 위한 직원의 행동요령 등에 대한 교육 실시
5. 그 밖에 고객의 폭언등으로부터 직원을 보호하기 위하여 필요한 사항으로서 금융위원회가 정하여 고시하는 조치

직원은 여신전문금융회사에 대하여 위 각 호의 조치를 요구할 수 있다(법50의12②).

2. 위반시 제재

법 제50조의12를 위반하여 직원의 보호를 위한 조치를 하지 아니하거나 직원에게 불이익을 준 자에게는 3천만원 이하의 과태료를 부과한다(법72②).

XXI. 금리인하 요구

　여신전문금융회사와 신용공여 계약을 체결한 자는 법 제50조의13 제1항에 따라 다음 각 호의 어느 하나에 해당하는 경우 여신전문금융회사에 금리인하를 요구할 수 있다(법50의13①, 영19의18①). 여신전문금융회사는 신용공여 계약을 체결하려는 자에게 제1항에 따라 금리인하를 요구할 수 있음을 알려야 한다(법50의13②).

　1. 개인이 신용공여 계약을 체결한 경우: 취업, 승진, 재산 증가 또는 신용평가등급 상승 등 신용상태의 개선이 나타났다고 인정되는 경우
　2. 개인이 아닌 자(개인사업자를 포함한다)가 신용공여 계약을 체결한 경우: 재무상태 개선 또는 신용평가등급 상승 등 신용상태의 개선이 나타났다고 인정되는 경우

　금리인하 요구를 받은 여신전문금융회사는 해당 요구의 수용 여부를 판단할 때 신용상태의 개선이 금리 산정에 영향을 미치는지 여부 등 금융위원회가 정하여 고시하는 사항을 고려할 수 있다(영19의18②). 여신전문금융회사는 금리인하 요구를 받은 날부터 10영업일 이내(금리인하 요구자에게 자료의 보완을 요구하는 날부터 자료가 제출되는 날까지의 기간은 포함하지 않는다)에 해당 요구의 수용 여부 및 그 사유를 금리인하 요구자에게 전화, 서면, 문자메시지, 전자우편, 팩스 또는 그 밖에 이와 유사한 방법으로 알려야 한다(영19의18③).

XXII. 약관규제

1. 약관 제정·변경의 보고와 신고

　여신전문금융회사등은 금융이용자의 권익을 보호하여야 하며, 금융거래와 관련된 약관("금융약관")을 제정하거나 개정하는 경우에는 금융약관의 제정 또는 개정 후 10일 이내에 금융위원회에 보고하여야 한다(법54의3① 본문). 다만, 금융이용자의 권리나 의무에 중대한 영향을 미칠 우려가 있는 경우로서 대통령령으로 정하는 경우에는 금융약관의 제정 또는 개정 전에 미리 금융위원회에 신고하여야 한다(법54의3① 단서).

　법 제54조의3 제1항 단서에서 "대통령령으로 정하는 경우"란 다음의 어느 하나에 해당하는 경우를 말한다(영19의22①).

　1. 금융거래와 관련된 약관("금융약관")의 제정으로서 기존 금융서비스의 제공 내용·방식·형태 등과 차별성이 있는 내용을 포함하는 경우. 다만, 신용카드포인트 등 신용카드 이용 시 제공되는 경제적 이익과 관련된 내용을 포함하는 경우는 제외한다.

2. 금융이용자의 권리를 축소하거나 의무를 확대하기 위한 금융약관의 개정으로서 다음 각 목의 어느 하나에 해당하는 경우

　　가. 개정 전 금융약관을 적용받는 기존 금융이용자에게 개정된 금융약관을 적용하는 경우

　　나. 기존 금융서비스의 제공 내용·방식·형태 등과 차별성이 있는 내용을 포함하는 경우

3. 그 밖에 금융이용자 보호 등을 위하여 금융위원회가 정하여 고시하는 경우

그러나 다음의 어느 하나에 해당하는 경우는 법 제54조의3 제1항 단서에 따라 사전신고하는 경우에 해당하지 않는다(영19의22②).

1. 보고 또는 신고된 금융약관과 동일하거나 유사한 내용으로 금융약관을 제정하거나 개정하는 경우

2. 표준약관의 제정 또는 개정에 따라 금융약관을 제정하거나 개정하는 경우

3. 변경명령에 따라 금융약관을 제정하거나 개정하는 경우

4. 법령의 제정 또는 개정에 따라 금융약관을 제정하거나 개정하는 경우

5. 그 밖에 금융이용자의 권리나 의무에 중대한 영향을 미칠 우려가 없다고 인정하는 경우로서 금융위원회가 정하여 고시하는 경우[285]

여신전문금융회사등은 금융약관을 제정하거나 개정한 경우에는 인터넷 홈페이지 등을 이용하여 공시하여야 한다(법54의3②).

2. 표준약관의 제정과 변경

여신전문금융업협회는 건전한 거래질서를 확립하고 불공정한 내용의 금융약관이 통용되는 것을 막기 위하여 여신전문금융업 금융거래와 관련하여 표준이 되는 약관("표준약관")을 제정하거나 개정할 수 있다(법54의3③). 여신전문금융업협회는 표준약관을 제정하거나 개정하려는 경우에는 금융위원회에 미리 신고하여야 한다(법54의3④).

3. 공정거래위원회에의 통보

금융약관의 신고 또는 보고를 받거나 제4항에 따라 표준약관을 신고받은 금융위원회는 그

---

285) "금융위원회가 정하여 고시하는 경우"란 다음의 어느 하나에 해당하는 경우를 말한다(여신전문금융업감독규정26의2①).
　1. 부가서비스 내용의 동일성을 유지하면서 부가서비스를 제공하는 제휴업체의 폐업·휴업·부도·파산 등으로 제휴업체를 변경하기 위해 금융약관을 개정하는 경우
　2. 고시의 제정 또는 개정에 따라 금융약관을 제정하거나 개정하는 경우
　3. 정부 또는 지방자치단체와의 협약 등을 통해 공공의 목적만을 위해 부가서비스가 없는 상품의 약관을 제정 또는 개정하는 경우

금융약관 또는 표준약관의 내용을 공정거래위원회에 통보하여야 한다(법54의3⑤). 공정거래위원회는 통보받은 금융약관 또는 표준약관의 내용이 약관규제법 제6조부터 제14조까지의 규정에 위반된다고 인정하면 금융위원회에 그 사실을 통보하고 그 시정에 필요한 조치를 하도록 요청할 수 있으며, 금융위원회는 특별한 사유가 없으면 이에 따라야 한다(법54의3⑥).

4. 약관변경명령

금융위원회는 금융약관 또는 표준약관이 여신전문금융업법 또는 금융관련법령에 위반되거나 그 밖에 금융이용자의 이익을 해칠 우려가 있다고 인정하면 여신전문금융회사등 또는 여신전문금융업협회에 그 내용을 구체적으로 적은 서면으로 금융약관 또는 표준약관을 변경할 것을 명령할 수 있다(법54의3⑦ 전단). 금융위원회는 이 변경명령을 하기 전에 공정거래위원회와 협의하여야 한다(법54의3⑦ 후단).

5. 위반시 제재

법 제54조의3을 위반하여 금융위원회에 신고하거나 보고하지 아니하고 금융약관 또는 표준약관을 제정하거나 개정한 자에게는 5천만원 이하의 과태료를 부과한다(법72①(12)).

제6절 상호저축은행업

Ⅰ. 업무수행 시 준수사항(취급업무 관련 특수한 영업행위규제)

상호저축은행법("법")에 따라 상호저축은행은 업무를 할 때 신용공여 총액에 대한 영업구역 내의 개인과 중소기업에 대한 신용공여 합계액의 최소 유지 비율, 그 밖에 상호저축은행이 지켜야 할 구체적인 사항은 대통령령으로 정한다(법11②).

1. 영업구역내 신용공여한도

상호저축은행법 제11조 제2항에 따라 상호저축은행은 영업구역 내의 금융위원회가 정하여 고시하는 개인과 중소기업에 대한 신용공여[286]의 합계액을 다음의 구분에 따라 유지하여야

---

[286] 상호저축은행업감독규정 제22조의2(영업구역내 신용공여한도) ① 시행령 제8조의2 제1호 각 목 외의 부분 본문에서 "금융위원회가 정하여 고시하는 개인과 중소기업에 대한 신용공여"란 다음의 어느 하나에 해당하는 신용공여를 말한다.
1. 다음 각 목의 어느 하나에 해당하는 개인에 대한 신용공여

한다(영8의2(1) 본문). 다만, 금융위원회가 정하여 고시하는 신용공여[287])는 유지비율 산정 시 신용공여에서 제외한다(영8의2(1) 단서).

　가. 영업구역이 법 제4조 제1항 제1호·제2호의 구역[288])인 상호저축은행: 신용공여 총액의 50% 이상
　나. 영업구역이 법 제4조 제1항 제1호·제2호의 구역 외의 구역[289])인 상호저축은행: 신용공여 총액의 40% 이상
　다. 다음의 어느 하나에 해당하는 상호저축은행: 신용공여 총액의 30% 이상
　　1) 최대주주변경상호저축은행
　　2) 신규로 설립된 상호저축은행으로서 계약이전에 따라 최대주주변경상호저축은행의 본점 및 지점등만을 승계한 상호저축은행
　　3) 1) 또는 2)에 따른 상호저축은행으로서 계약이전·합병 등에 따라 다른 1) 또는 2)에

　가. 신용공여 당시 신용공여 받는 자의 주민등록지가 영업구역내인 자
　나. 신용공여 당시 신용공여 받는 자의 실제 근무지가 영업구역내인 자
2. 다음 각 목의 어느 하나에 해당하는 중소기업에 대한 신용공여
　가. 신용공여 당시 신용공여 받는 자의 본점·주사무소·지점의 등기부상 소재지가 영업구역내인 자
　나. 신용공여 당시 신용공여 받는 자의 부가가치세법상 사업장 소재지가 영업구역내인 자
　다. 감독원장이 신용공여 받는 자의 사업·생산과 직접 관련이 있다고 인정하는 부동산 담보물의 소재지가 영업구역 내에 있는 자. 다만, 부동산 프로젝트파이낸싱, 부동산임대업을 영위하기 위한 대출은 제외한다.
3. 그 밖에 신용공여 당시 신용공여 받는 자의 경제활동이 영업구역내에서 이루어지는 경우로서 감독원장이 영업구역내 신용공여로 인정하는 신용공여
② 다음의 어느 하나에 해당하는 신용공여로서, 전항에 따른 개인과 중소기업에 대한 신용공여는 그 신용공여의 150%에 해당하는 금액을 영업구역내의 신용공여로 본다.
1. 금융위로부터 보험업법 제4조 제1항 제2호 라목의 보증보험 경영을 허가 받은 자가 발급한 개인에 대한 재무신용 보증증권부 대출
2. 분기 단위로 다음 각 목의 요건을 모두 충족하는 개인에 대한 신용대출상품의 해당분기 대출. 다만, 종료되지 않은 분기 중에 취급한 대출의 경우 해당 분기 종료까지는 다음 각 목의 요건을 충족하지 않은 것으로 본다.
　가. 신용등급(신용정보법 제4조에 따라 신용조회업을 허가받은 자로부터 제공받은 신용등급)이 4등급 이하인 차주에 대한 대출취급액 또는 대출취급건수가 해당 상품 전체 취급액 또는 취급건수의 70% 이상인 경우
　나. 가중평균금리가 16% 이하인 경우
　다. 최고금리가 19.5% 미만인 경우
　라. 분기 시작 3영업일 전 중앙회의 인터넷 홈페이지에 가목 내지 다목의 요건을 모두 충족시키는 방향으로 운용되는 상품임을 공시한 경우
287) "금융위원회가 정하여 고시하는 신용공여"란 금융기관에 대한 신용공여를 말한다(상호저축은행업감독규정22의2③).
288) 1. 서울특별시, 2. 인천광역시·경기도를 포함하는 구역
289) 3. 부산광역시·울산광역시·경상남도를 포함하는 구역
　4. 대구광역시·경상북도·강원도를 포함하는 구역
　5. 광주광역시·전라남도·전라북도·제주특별자치도를 포함하는 구역
　6. 대전광역시·세종특별자치시·충청남도·충청북도를 포함하는 구역

따른 상호저축은행의 본점 및 지점등만을 승계한 상호저축은행

라. 가목부터 다목까지 어느 하나에 해당하지 아니하는 상호저축은행: 신용공여 총액의 30% 이상 50% 이하의 범위에서 금융위원회가 정하는 기준[290) 이상

2. 업종별 신용공여한도 등

법 제11조 제2항에 따라 상호저축은행은 금융위원회가 정하여 고시하는 업종 및 부문에 대한 신용공여의 합계액은 신용공여 총액의 70%를 초과하지 않고 해당 업종 및 부문별 신용공여는 금융위원회가 정하여 고시하는 비율이나 금액[291)을 초과하지 않아야 한다(법11②, 영8의2(2)).

3. 대출채권 매매기준 등

법 제11조 제2항에 따라 상호저축은행은 대출채권을 매입하거나 매도하는 경우에는 거래상대방, 매매가격 등에 관하여 금융위원회가 정하여 고시하는 기준[292)에 맞도록 하여야 한다

---

290) "금융위원회가 정하는 기준"이란 다음의 어느 하나를 말한다. 다만, 금융위는 금융산업구조개선법 및 예금보험공사가 자금을 지원하는 상호저축은행에 대하여 예금보험기금의 손실 절감 등의 사유가 있다고 인정되어 예금보험공사 사장이 요청하는 경우 또는 상호저축은행의 계약이전·합병과 관련하여 해당 상호저축은행의 영업구역 현황·분포 및 영업구역 외의 지점등의 현황·분포 등을 고려하여 타당하다고 인정되는 경우 그 기준을 따로 정할 수 있다(상호저축은행업감독규정22의2④).
  1. 계약이전·합병 등에 따라 시행령 제8조의2 제1호 나목 및 다목에 해당하는 상호저축은행의 본점 및 지점등만을 승계하는 경우에는 40%
  2. 제1호에 해당하지 아니하는 상호저축은행의 경우에는 50%
291) 상호저축은행업감독규정 제22조의3(업종별 신용공여한도 등) ① 시행령 제8조의2 제2호에서 "금융위원회가 정하여 고시하는 업종 및 부문"과 "금융위원회가 정하여 고시하는 비율이나 금액"이란 다음과 같다.
  1. 부동산 프로젝트파이낸싱대출(특정 부동산 프로젝트의 사업성을 평가하여 그 사업에서 발생할 미래 현금흐름을 차입원리금의 주된 상환재원으로 하는 신용공여): 신용공여 총액의 20%
  2. 한국표준산업분류(통계청 고시 2017-13호) 중 대분류 기준에 따른 업종 중 다음 각 목의 어느 하나에 해당하는 업종: 각 목의 업종별 신용공여액이 신용공여 총액의 30%
    가. 건설업
    나. 부동산업
  3. 제1호의 신용공여와 제2호 각 목의 업종에 대한 신용공여의 합계액: 신용공여 총액의 50%
  4. 대부업법 제3조에 따라 등록한 대부업자에 대한 신용공여 합계액: 신용공여 총액의 15%
    가. 금전대부업자와 대부중개업자에 대한 신용공여 합계액: 신용공여 총액의 5% 또는 300억(자기자본이 1,000억원 이상인 상호저축은행은 500억원) 중 적은 금액
    나. 대부채권매입추심업자에 대한 신용공여한도는 신용공여 총액의 15%에서 금전대부업자와 대부중개업자에 대한 신용공여 합계액을 제외한 나머지 금액
  ② 제1항 각 호의 비율을 산출함에 있어 부동산 프로젝트파이낸싱대출이 제1항 제2호 각 목의 어느 하나에 해당하는 경우에는 제1항 제1호의 신용공여로 구분하여 비율을 산출한다.
292) "금융위원회가 정하여 고시하는 기준"이란 다음을 말한다(상호저축은행업감독규정22의4).
  1. 대출채권 매입거래의 상대방이 다음 각 목의 어느 하나에 해당하는 기관일 것
    가. 금융기관. 다만, 대부업법에 따른 대부업자로부터의 매입 거래는 저축은행과 해당 대부업체가 합병을 하거나, 대출채권을 모두 양수받는 경우(다만, 부실채권은 제외할 수 있다.)에 한하여 허용한다.

(법11②, 영8의2(3)).

4. 기타 영업행위규제

법 제11조 제2항에 따라 상호저축은행은 다음의 사항을 지켜야 한다(법11②, 영8의2(5)(6)(7)(8)(9)(10)).

5. 부채성 자본 조달을 위하여 신용공여를 하지 아니할 것
6. 자기 주식(출자증권을 포함)을 담보로 신용공여를 하지 아니할 것
7. 대주주등(법 제37조 제1항 각 호 외의 부분 본문에 따른 대주주등을 말한다)과 부동산 양도·양수계약을 체결하려는 경우에는 금융위원회의 승인을 받을 것
8. 대주주가 발행·배서한 상업어음을 대주주가 아닌 자로부터 매입하는 경우에는 자기자본[293]의 20% 이내에서 매입할 것
9. 할부금융은 상호저축은행 신용공여 총액의 25%를 초과하지 아니할 것
10. 상호저축은행 이용자의 권익을 보호하기 위하여 다음 각 목의 어느 하나에 해당하는 행위를 하지 아니할 것
    가. 여신거래[294]와 관련하여 차주의 의사에 반하여 예금, 적금 등 상호저축은행상품의 가입 또는 매입을 강요하는 행위
    나. 여신거래와 관련하여 차주의 의사에 반하여 예금, 적금 등 상호저축은행상품의 해약 또는 인출을 제한하는 행위[295]

    나. 예금자보호법에 의한 정리금융기관
  2. 대출채권 매도거래의 상대방이 다음 각 목의 어느 하나에 해당하는 기관일 것
    가. 금융기관 또는 예금자보호법에 의한 정리금융기관
    나. 감독원장이 정하는 법인
    다. 대출채권의 담보물건에 대한 공동소유권자 등 실질적 이해관계가 있는 자일 것
  3. 매입대상 대출채권이 법, 시행령 및 이 규정에서 정한 신용공여와 관련한 규정에 위반되지 않을 것
  4. 대출채권의 매매시 그 사실을 지체 없이 채무자에게 알릴 것
  5. 매매당사자가 그 상호저축은행의 대주주가 아닐 것
  6. 대출채권에 대해 회계법인 및 이에 준하는 외부평가기관의 평가를 받을 것. 다만, 대출잔액 이상의 가격으로 매도하는 경우에는 그러하지 아니한다.
293) "자기자본"이란 국제결제은행의 기준에 따른 기본자본과 보완자본의 합계액으로서 대통령령으로 정하는 기준에 따라 금융위원회가 정하는 금액을 말한다(법2(4)).
294) "여신거래"는 다음의 어느 하나를 말한다(상호저축은행업감독규정35의5①).
  1. 대출
  2. 영 제11조의2 제1항에 따른 지급보증
  3. 특정기업에 대한 여신에 갈음하는 유가증권의 매입 중 사모사채 인수, 보증어음 매입
295) 영 제8조의2 제10호 나목에 따른 차주의 의사에 반하여 상호저축은행상품(영 제8조의2 제10호 가목의 상호저축은행상품)의 해약 또는 인출을 제한하는 행위는 차주의 동의 없이 담보권을 설정하거나 정당한 사유 없이 주의 또는 사고계좌로 전산등록을 하는 방법으로 상호저축은행상품의 해약 또는 인출을 제한하는 행위를 말한다(상호저축은행업감독규정35의5②).

다. 여신거래와 관련하여 중소기업296)의 대표자·임원 등 금융위원회가 정하여 고시하는 차주의 관계인297)의 의사에 반하여 상호저축은행상품의 가입 또는 매입을 강요하는 행위

라. 여신거래와 관련하여 차주인 중소기업, 그 밖에 금융위원회가 정하여 고시하는 차주 및 차주의 관계인298)에게 여신실행일 전후 1개월 이내에 상호저축은행상품을 판매하는 행위로서 해당 차주 및 차주의 관계인을 보호하기 위한 목적으로 상호저축은행상품의 특성·판매금액 등을 고려하여 금융위원회가 정하여 고시하는 요건에 해당하는 행위299)

마. 그 밖에 가목부터 라목까지의 규정에 준하는 행위로서 상호저축은행 이용자의 권익을 보호하기 위하여 금융위원회가 정하여 고시하는 행위300)

---

296) 영 제8조의2 제10호 다목에서 "금융위원회가 정하여 고시하는 중소기업"이란 중소기업기본법 제2조 제1항에 따른 중소기업 중 통계법에 따른 한국표준산업분류상 금융업, 보험 및 연금업, 금융 및 보험 관련 서비스업을 영위하는 중소기업과 주채무계열에 소속된 중소기업은 제외한 중소기업을 말한다(상호저축은행업감독규정35의5③).

297) 영 제8조의2 제10호 다목에서 "금융위원회가 정하여 고시하는 차주의 관계인"이란 제3항에 따른 중소기업의 대표자·임원·직원 및 그 가족(민법 제779조 제1항 제1호 중 배우자 및 직계혈족)을 말한다(상호저축은행업감독규정35의5④).

298) 영 제8조의2 제10호 라목에서 "차주인 중소기업, 그 밖에 금융위원회가 정하여 고시하는 차주 및 차주의 관계인"이란 차주인 중소기업, 차주인 신용등급이 낮은 개인(신용정보법 제4조 제1항 제1호에 따른 신용조회회사가 산정한 신용등급상 7등급 이하의 신용등급에 해당하는 자)과 차주의 관계인 중 중소기업의 대표자를 말한다(상호저축은행업감독규정35의5⑤).

299) 영 제8조의2 제10호 라목에서 "금융위원회가 정하여 고시하는 요건에 해당하는 행위"이란 다음의 행위를 말한다. 다만, 해당 차주에 대한 보호에 문제가 발생할 우려가 적다고 판단되어 감독원장이 정하는 기준에 해당하는 행위라는 사실이 객관적으로 인정되는 경우는 제외한다(상호저축은행업감독규정35의5⑥).

1. 여신실행일 전후 1월 이내에 감독원장이 정하는 방법으로 산출된 월수입금액이 여신금액의 100분의 1을 초과하는 계금·부금·예금·적금, 금융투자업규정 제4-82조 제1항 각 호에 어느 하나에 해당하는 금전신탁, 중소기업협동조합법 제115조에 따른 소기업·소상공인공제 및 상법 제65조에 따른 유가증권(금융채, 환매조건부채권, 전자금융거래법에 따른 선불전자지급수단, 상품권 등을 포함하며,「전통시장 및 상점가 육성을 위한 특별법」제2조 제12호에 따른 온누리상품권 및 지방자치단체가 발행한 상품권을 제외한다. 이하 이 조에서 "유가증권"이라 한다)을 판매하는 행위

2. 여신실행일 전후 1월 이내에 제1호에 해당하지 않는 금전신탁, 보험, 집합투자증권 및 상호저축은행법 제14조 제1항에 따른 후순위채권을 판매하는 행위

300) 상호저축은행업감독규정 제35조의5(구속행위 금지) ⑦ 영 제8조의2 제10호 마목에서 "금융위원회가 정하여 고시하는 행위"란 다음의 어느 하나에 해당하는 행위를 말한다.

1. 여신거래와 관련하여 제3자 명의를 이용하거나 여신거래영업소 이외의 다른 영업소 또는 다른 금융회사를 이용하여 이루어지는 거래를 통해 실질적으로 차주의 자금사용을 제한하는 행위

2. 상호저축은행이 상법 제344조의3 제1항에 따른 의결권이 없는 종류주식이나 의결권이 제한되는 종류주식으로서 같은 법 제345조 제1항에 따른 회사의 이익으로써 소각할 수 있는 종류주식이거나 같은 법 제345조 제3항에 따른 주주가 회사에 대하여 상환을 청구할 수 있는 종류주식("상환우선주")을 같은 법 제418조 제2항의 방법에 따라 배정받은 거래와 관련하여 다음 각 목의 어느 하나에 해당하는 자의 의사에 반하여 상호저축은행상품의 가입 또는 매입을 강요하는 행위

가. 상환우선주를 발행한 회사("발행회사")

나. 발행회사가 중소기업인 경우 발행회사의 대표자·임원·직원 및 그 가족

⑧ 영 제8조의2 제10호 각 목의 규정과 관련하여 상호저축은행은 차주의 여신규모 및 신용도 등을 감안하여 구속행위에 해당되는지 여부를 정기적으로 점검하는 등 구속행위를 방지할 수 있는 내부통제절차를 마련·운영하여야 한다.

Ⅱ. 개별차주 등에 대한 신용공여한도

1. 개별차주 신용공여한도 및 거액신용공여한도

상호저축은행은 개별차주에게 해당 상호저축은행 자기자본의 20% 이내의 금액으로서 다음의 구분에 따른 금액을 초과하는 신용공여를 할 수 없다(법12①, 영9①).

1. 법인(제2호에 따른 법인은 제외)에 대한 신용공여: 100억원
1의2. 법인이 아닌 사업자(제2호에 따른 법인이 아닌 사업자는 제외)에 대한 신용공여: 50억원
2. 지역개발사업이나 그 밖의 공공적 사업을 하는 자에 대한 신용공여: 해당 사업에 직접 드는 금액
3. 제1호, 제1호의2 및 제2호에 해당하지 아니하는 자에 대한 신용공여: 8억원

연결재무제표를 작성하여야 하는 계열관계에 있는 상호저축은행("동일계열상호저축은행")의 개별차주에 대한 신용공여 합계액은 연결 재무제표에 따른 자기자본의 20%을 초과할 수 없다(법12①, 영9②, 상호저축은행감독규정22의6).

개별차주에 대한 거액신용공여의 합계액은 상호저축은행의 자기자본의 5배를 초과하여서는 아니 된다(법12②). 다만 개별차주 중 위 제1항 2호 및 3호에 따라 신용공여를 받는 자는 제외한다(법12②, 영9③). 거액신용공여란 개별차주에 대한 신용공여로서 상호저축은행 자기자본의 10%를 초과하는 신용공여를 말한다(법2(7)).

2. 동일차주에 대한 신용공여한도

상호저축은행은 동일차주(개별차주와 신용위험을 공유하는 자)에게 해당 상호저축은행의 자기자본의 25%를 초과하는 신용공여를 할 수 없다(법12③, 영9④). 또한 동일계열상호저축은행의 동일차주에 대한 신용공여의 합계액은 연결재무제표에 따른 자기자본의 25%를 초과할 수 없다(법12③, 영9⑤). 기업집단에 속하는 회사는 동일차주에 해당한다(법2(8)(나), 영3의3). 기업집단이란 ⅰ) 동일인이 회사인 경우 그 동일인과 그 동일인이 지배하는 하나 이상의 회사의 집단, ⅱ) 동일인이 회사가 아닌 경우 그 동일인이 지배하는 2 이상의 회사의 집단으로 일정한 기준에 의하여 사실상 그 사업내용을 지배하는 회사의 집단을 말한다(공정거래법2(2)).

3. 개별차주 및 동일차주에 대한 신용공여한도 산정

개별차주와 동일차주에 대한 신용공여한도는 개별차주 또는 동일차주에 대한 신용공여의

총액에서 다음의 금액을 빼고 산정한다(영9⑥).

1. 해당 상호저축은행에 대한 개별차주 명의의 예금등(수시 입출금이 가능하거나 양도가 자유로운 것과 제3자를 위하여 담보로 제공된 것은 제외)에 해당하는 금액
2. 정부, 한국은행 또는 은행이 지급을 보증한 금액
3. 정부, 한국은행 또는 은행이 발행하거나 보증한 증권에 의하여 담보된 금액
4. 그 밖에 지방자치단체가 발행한 채권에 의하여 담보된 금액 등 채권 회수에 위험이 없는 것으로서 금융위원회가 정하는 것[301]

4. 개별차주 및 동일차주에 대한 신용공여한도규제의 예외

다음의 경우에는 개별차주 및 동일차주에 대하여 한도를 초과하여 신용공여를 할 수 있다(법12④).

(1) 채권 확보의 실효성을 높이기 위하여 필요한 경우 등

국민경제를 위하거나 상호저축은행 또는 동일계열상호저축은행의 채권 확보의 실효성을 높이기 위하여 필요한 경우이다(법12④(1)). 따라서 상호저축은행이 개별차주 및 동일차주에 대하여 법 제12조 제1항부터 제3항까지에 규정된 한도를 초과하여 신용공여를 할 수 있는 경우는 다음과 같다(영9의2①).

1. 채무자회생법에 따른 회생절차가 진행 중이거나 기업구조조정 등을 위하여 금융기관 공동으로 경영정상화를 추진 중인 회사에 대하여 추가로 신용공여를 하는 경우
2. 제1호에 해당하는 회사를 인수한 자에 대하여 인수계약에서 정하는 바에 따라 추가로 신용공여를 하는 경우
3. 사회기반시설사업의 추진 등 산업발전 또는 국민생활 안정을 위하여 불가피하다고 금융위원회가 인정하는 경우[302]

---

301) "금융위원회가 정하는 것"이란 제44조 제1항 제1호에 따른 자기자본 산출시 위험가중치가 20 이하에 해당하는 자산에 의하여 담보된 금액. 이 경우 은행의 범위는 은행법에 따른 은행에 한한다(상호저축은행업감독규정22의7).

302) 상호저축은행업감독규정 제23조(신용공여한도 초과사유의 인정 등) ① 시행령 제9조의2 제1항 제3호 및 동조 제2항 제4호의 규정에 의한 신용공여한도 초과사유 또는 시행령 제9조의3 제3호의 규정에 의한 신용공여한도 초과기간의 연장사유의 인정 또는 승인을 받고자 하는 상호저축은행은 금융위에 그 인정 또는 승인을 신청하여야 한다.
② 상호저축은행은 시행령 제9조의2에서 정하는 사유로 인하여 법 제12조 제1항에서 제3항까지의 규정에 의한 한도를 초과하거나 시행령 제9조의3의 규정에 따라 한도의 초과기간을 연장하는 경우에는 한도초과일 또는 한도초과기간 연장일로부터 15일 이내에 감독원장에게 보고하여야 한다.
③ 제1항 및 제2항에서 정하는 사항 이외에 인정신청 절차, 한도초과보고 절차 기타 필요한 사항은 감독원장이 정한다.

(2) 자기자본의 변동 등으로 인하여 한도를 초과하게 되는 경우

상호저축은행 또는 동일계열상호저축은행이 추가로 신용공여를 하지 아니하였음에도 불구하고 자기자본의 변동, 동일차주 구성의 변동 등으로 인하여 한도를 초과하게 되는 경우이다(법12④(2)). 따라서 상호저축은행의 개별차주 또는 동일차주에 대한 신용공여가 법 제12조 제1항부터 제3항까지의 규정에서 정한 한도를 초과할 수 있는 경우는 다음과 같다(영9의2②).

1. 상호저축은행의 자기자본이 줄어든 경우
2. 삭제 [2011.11.1]
3. 신용공여를 받은 기업 간의 합병 또는 영업의 양도·양수 등의 사유로 개별차주 또는 동일차주의 구성 및 신용공여 금액이 변동된 경우
3의2. 금융산업구조개선법 제2조 제1호에서 정한 금융기관과의 합병 또는 영업의 양도·양수로 인한 경우
4. 그 밖에 급격한 경제 여건의 변화 등 불가피한 사유로 상호저축은행의 귀책사유 없이 신용공여한도를 초과하였다고 금융위원회가 인정하는 경우

(3) 지역개발사업 등을 할 때 직접 필요한 금액을 신용공여하는 경우

국가, 지방자치단체, 공공기관운영법에 따른 공공기관 및 지방공기업법에 따른 지방직영기업, 지방공사 및 지방공단이 수도사업, 공업용 수도사업, 궤도사업(도시철도사업을 포함), 공공운송사업, 가스사업, 지방도로사업, 하수도사업, 청소·위생사업, 주택사업, 의료사업, 매장 및 묘지사업, 주차장사업, 토지개발사업, 시장사업, 관광사업 등을 할 때 직접 필요한 금액을 신용공여하는 경우이다(법12④(3), 영9의2③④).

5. 한도초과

상호저축은행 및 동일계열상호저축은행이 법 제12조 제4항 제2호에 따라 제1항부터 제3항까지의 규정에 따른 한도를 초과하게 된 경우에는 그 한도를 초과하게 된 날부터 1년 이내에 그 한도에 적합하도록 하여야 한다(법12⑤). 다만 상호저축은행 및 동일계열상호저축은행은 신용공여의 기한 및 규모 등에 따른 부득이한 사유가 있으면 금융위원회의 승인을 받아 그 기간을 연장할 수 있다(법12⑥).[303] 승인을 받으려는 상호저축은행 및 동일계열상호저축은행은

---

303) 다음의 어느 하나에 해당하는 경우에는 법 제12조 제6항에 따라 금융위원회의 승인을 받아 같은 조 제5항에 따른 기간을 연장할 수 있다(영9의3).
  1. 이미 제공한 신용공여의 기한이 되지 아니하여 기간 내에 회수하기 곤란한 경우
  2. 제9조의2 제2항 제1호에 따른 사유가 오랫동안 지속되고 그 신용공여를 회수할 경우 신용공여를 받은 자의 경영안정을 크게 해칠 우려가 있는 경우
  3. 제1호 및 제2호에 준하는 경우로서 한도초과 상태가 일정 기간 계속되어도 그 상호저축은행의 자산건전성을 크게 해치지 아니한다고 금융위원회가 인정하는 경우

1년의 기간이 끝나기 3개월 전까지 한도에 적합하도록 하기 위한 세부 계획서를 금융위원회에 제출하여야 하고, 금융위원회는 세부 계획서를 제출받은 날부터 1개월 이내에 승인 여부를 결정·통보하여야 한다(법12⑦).

6. 동일계열상호저축은행의 신용공여한도 관리

동일계열상호저축은행의 신용공여한도는 연결재무제표를 작성하여야 하는 상호저축은행("모상호저축은행")이 관리하며, 모상호저축은행은 신용공여한도 관리 목적 범위에서 동일계열상호저축은행의 신용공여 현황에 관한 자료를 요구할 수 있다(법12⑧).

7. 위반시 제재

법 제12조 제1항부터 제3항까지 또는 제5항을 위반한 자는 1년 이하의 징역 또는 1천만원 이하의 벌금에 처한다(법39⑤(6)).

금융위원회는 상호저축은행이 제12조 제1항부터 제3항까지의 규정에 따른 신용공여의 한도를 초과하여 신용공여를 한 경우 초과한 신용공여 금액의 30% 이하(1호 가목)의 범위에서, 동일계열상호저축은행이 제12조 제1항 또는 제3항에 따른 신용공여의 한도를 초과하여 신용공여를 한 경우 초과한 신용공여 금액의 30% 이하(2호)의 범위에서 과징금을 부과할 수 있다(법38의2(1)(2))

Ⅲ. 대주주가 발행한 주식의 취득요건 등

1. 상호저축은행의 대주주

상호저축은행의 "대주주"란 다음 각 목의 어느 하나에 해당하는 주주를 말한다(법2(11)).

가. 최대주주: 상호저축은행의 의결권 있는 발행주식 총수를 기준으로 본인 및 그와 대통령령으로 정하는 특수한 관계에 있는 자("특수관계인")[304]가 누구의 명의로 하든지 자기의 계산으로 소유하는 주식을 합하여 그 수가 가장 많은 경우의 그 본인

나. 주요주주: 누구의 명의로 하든지 자기의 계산으로 상호저축은행의 의결권 있는 발행주식 총수의 10% 이상의 주식을 소유하는 자 또는 임원의 임면 등의 방법으로 상호저축은행의 주요 경영사항에 대하여 사실상의 영향력을 행사하는 주주로서 대통령령으로 정하는 자[305]

---

[304] 금융회사지배구조법 시행령 제3조 제1항 각 호의 어느 하나에 해당하는 자를 말한다(영4의2①).
[305] "대통령령으로 정하는 자"란 다음 각 호의 어느 하나에 해당하는 자를 말한다(영4의2①).

2. 취득요건

상호저축은행은 그의 대주주(그의 특수관계인을 포함)가 발행한 주식을 금융위원회가 정하여 고시하는 단일거래 금액306)(증권시장·다자간매매체결회사 또는 이와 비슷한 시장으로서 외국에 있는 시장에서 취득하는 금액은 제외)이 상호저축은행 자기자본의 1만분의 10에 해당하는 금액과 10억원 중 적은 금액 이상으로 취득하려는 경우에는 미리 이사회의 결의를 거쳐야 한다. 이 경우 이사회는 재적이사 전원의 찬성으로 의결한다(법12의2①, 영9의4①).

그 취득 사실을 금융위원회에 지체 없이 보고하고, 인터넷 홈페이지 등을 이용하여 공시하여야 한다(법12의2②). 보고사항 중 ⅰ) 분기 말 현재 대주주가 발행한 주식을 취득한 규모(제1호), ⅱ) 분기 중 보유주식의 증감액(제2호), ⅲ) 분기 중 보유주식의 취득가격(제3호), ⅳ) 그 밖에 금융위원회가 정하여 고시하는 사항(제4호)307)을 종합하여 분기별로 금융위원회에 보고하고, 인터넷 홈페이지 등을 이용하여 공시하여야 한다(법12의2③, 영9의4②).

3. 위반시 제재

법 제12조의2 제1항을 위반하여 이사회의 결의를 거치지 아니하고 대주주의 발행주식을 취득한 상호저축은행(제2호), 제12조의2 제2항 또는 제3항을 위반하여 금융위원회에 보고를 하지 아니하거나 공시를 하지 아니한 상호저축은행(제3호)에게는 5천만원 이하의 과태료를 부과한다(법40①(2)(3)).

Ⅳ. 대주주의 부당한 영향력 행사의 금지

1. 금지행위

상호저축은행의 대주주(그의 특수관계인을 포함)는 상호저축은행의 이익에 반하여 대주주

---

1. 단독으로 또는 다른 주주와의 합의·계약 등에 따라 대표이사 또는 이사의 과반수를 선임한 주주
2. 경영전략, 조직 변경 등 주요 의사결정이나 업무집행에 지배적인 영향력을 행사한다고 인정되는 자로서 금융위원회가 정하는 주주
306) "금융위원회가 정하여 고시하는 단일거래금액"은 단일한 매매계약에 의한 취득금액을 기준으로 산정한다. 다만, 같은 날에 다수의 매매계약이 체결되는 경우에는 그 합계액을 기준으로 산정한다(상호저축은행업감독규정23의3①).
307) "금융위원회가 정하여 고시하는 사항"이라 함은 다음의 사항을 말하며, 대주주 발행주식 취득현황을 발행회사별로 구분하여 공시하여야 한다(상호저축은행업감독규정23의3③).
    1. 취득목적
    2. 분기말 현재 보유주식의 지분율
    3. 분기말 현재 보유주식의 시가
    4. 당해분기중 보유주식을 처분한 경우 처분가격 및 동 처분에 따른 손익현황

자신의 이익을 목적으로 다음의 어느 하나에 해당하는 행위를 하여서는 아니 된다(법12의3).

1. 부당한 영향력을 행사하기 위하여 상호저축은행에 대하여 외부에 공개되지 아니한 자료 또는 정보의 제공을 요구하는 행위. 다만, 금융회사지배구조법 제33조 제6항[308]에 해당하는 경우는 제외한다.
2. 경제적 이익 등 반대급부의 제공을 조건으로 다른 주주와 담합하여 상호저축은행의 인사 또는 경영에 부당한 영향력을 행사하는 행위
3. 그 밖에 제1호 및 제2호에 준하는 행위로서 "대통령령으로 정하는 행위"

제3호에서 "대통령령으로 정하는 행위"란 다음의 어느 하나에 해당하는 행위를 말한다(영 9의5).

1. 상호저축은행으로 하여금 위법행위를 하도록 요구하는 행위
2. 금리, 수수료, 담보 등에 있어서 통상적인 거래조건과 다른 조건으로 대주주 자신 또는 제3자와의 거래를 요구하는 행위

2. 위반시 제재

법 제12조의3을 위반하여 같은 조 각 호의 어느 하나에 해당하는 행위를 한 대주주 또는 대주주의 특수관계인은 10년 이하의 징역 또는 5억원 이하의 벌금에 처한다(법39①(1)).

Ⅴ. 후순위채권 등 권유 시 설명의무

1. 설명의무의 내용

상호저축은행은 예금등, 후순위채권(다른 채무보다 변제순위에서 후순위인 채권) 및 대통령령으로 정하는 금융거래에 대한 계약체결을 권유하는 경우에는 ⅰ) 예금자보호법에 따른 보험관계 성립 여부(제1호), ⅱ) 예금자보호법에 따른 보험금의 한도(제2호), ⅲ) 그 밖에 거래자 보호, 신용질서의 유지 등을 위하여 대통령령으로 정하는 사항(제3호)을 거래자가 이해할 수 있도록 설명하여야 한다(법14①).

제3호에서 "대통령령으로 정하는 사항"이란 다음의 구분에 따른 사항을 말한다(영10의2①).

1. 예금등의 계약체결을 권유하는 경우: 이자지급에 관한 사항

---

308) 6개월 전부터 계속하여 금융회사의 발행주식 총수의 10만분의 50 이상(대통령령으로 정하는 금융회사의 경우에는 10만분의 25 이상)에 해당하는 주식을 대통령령으로 정하는 바에 따라 보유한 자는 상법 제466조에 따른 주주의 권리를 행사할 수 있다(금융회사지배구조법33⑥).

2. 후순위채권을 권유하는 경우

　　가. 이자지급에 관한 사항

　　나. 특별약관의 내용을 포함한 상품의 주요내용

　　다. 원리금 손실 등 투자에 따른 위험에 관한 사항

　　라. 해당 상호저축은행의 최근 2년간 반기별 경영건전성에 관한 사항으로서 금융위원회가
　　　　정하여 고시하는 사항[309]

2. 설명의 방법

상호저축은행은 설명한 내용을 거래자가 이해하였음을 서명, 기명날인, 녹취, 전자우편, 그 밖에 이와 비슷한 전자통신, 우편, 전화자동응답시스템, 또는 전자서명법에 따른 공인전자 서명을 한 전자문서의 방법 중 하나 이상의 방법으로 확인을 받아야 한다(법14②, 영10의2②).

3. 위반시 제재

법 제14조를 위반하여 거래자가 이해할 수 있도록 설명하지 아니하거나 내용에 대하여 확인을 받지 아니한 상호저축은행에게는 5천만원 이하의 과태료를 부과한다(법40①(4)).

VI. 금리인하 요구

상호저축은행과 신용공여 계약을 체결한 자는 다음 각 호의 어느 하나에 해당하는 경우 상호저축은행에 금리인하를 요구할 수 있다(법14의2①, 영10의3①). 상호저축은행은 신용공여 계약을 체결하려는 자에게 제1항에 따라 금리인하를 요구할 수 있음을 알려야 한다(법14의2①).

1. 개인이 신용공여 계약을 체결한 경우: 취업, 승진, 재산 증가 또는 신용평가등급 상승 등 신용상태의 개선이 나타났다고 인정되는 경우
2. 개인이 아닌 자(개인사업자를 포함한다)가 신용공여 계약을 체결한 경우: 재무상태 개선 또는 신용평가등급 상승 등 신용상태의 개선이 나타났다고 인정되는 경우

금리인하 요구를 받은 상호저축은행은 해당 요구의 수용 여부를 판단할 때 신용상태의 개

---

309) "금융위원회가 정하는 사항"이란 다음의 지표를 말한다(상호저축은행업감독규정23의5①).
　　1. 국제결제은행의 위험가중자산에 대한 자기자본비율
　　2. 고정이하여신비율 및 연체율
　　3. 유동성비율
　　4. 당기순이익
　　5. 대차대조표상 총자산 및 자기자본

선이 금리 산정에 영향을 미치는지 여부 등 금융위원회가 정하여 고시하는 사항을 고려할 수 있다(영10의3②). 상호저축은행은 금리인하 요구를 받은 날부터 10영업일 이내(금리인하 요구자에게 자료의 보완을 요구하는 날부터 자료가 제출되는 날까지의 기간은 포함하지 않는다)에 해당 요구의 수용 여부 및 그 사유를 금리인하 요구자에게 전화, 서면, 문자메시지, 전자우편, 팩스 또는 그 밖에 이와 유사한 방법으로 알려야 한다(영10의3③).

Ⅶ. 지급준비자산의 보유

1. 지급준비자산

상호저축은행은 수입한 부금·예금 및 적금 총액의 50% 이내에서 ⅰ) 부금·적금은 수입부금(급부구부금을 제외)·적금 총액의 10% 이상, ⅱ) 위 ⅰ) 이외의 예금은 수입예금 총액에서 분기말 자기자본을 차감한 금액의 5% 이상을 지급준비자산으로 현금, 금융기관에의 예금, 상호저축은행중앙회에의 예탁금 또는 국채 및 지방채, 재정증권, 한국은행통화안정증권, 공기업 및 준정부기관이 발행하는 채권, 한국산업은행이 발행하는 채권, 중소기업은행이 발행하는 채권. 한국수출입은행이 발행하는 채권, 예금보험공사가 발행하는 채권, 한국자산관리공사가 발행하는 채권, 대한민국 정부가 보증한 채권을 보유하여야 한다(법15, 상호저축은행업감독규정24①, 영11②, 상호저축은행업감독규정25).

2. 지급준비율 등

금융위원회는 ⅰ) 지급준비율(상호저축은행이 수입한 부금·예금 및 적금총액에 대한 지급준비자산의 비율), ⅱ) 지급준비율의 범위에서 지급준비자산인 현금·예금·예탁금 및 유가증권 간의 비율과 보유방법을 정할 수 있다(영11①). 지급준비자산의 보유 비율 및 방법은 ⅰ) 지급준비자산은 중앙회에의 예탁금 및 유가증권으로 보유한다. ⅱ) 중앙회에의 예탁금은 지급준비자산의 합계액 중 80% 이상으로 보유한다. 지급준비자산은 본·지점을 종합한 매일의 수입부금, 적금 및 예금잔액의 월간평균금액을 기초로 하여 산출하며, 익월 10일까지 예치하여야 한다(상호저축은행업감독규정24②③).

3. 위반시 제재

법 제15조를 위반하여 지급준비자산을 보유하지 아니한 자에게는 2천만원 이하의 과태료를 부과한다(법40③(2)).

Ⅷ. 차입의 제한

1. 차입한도

상호저축은행은 자기자본을 초과하여 차입을 할 수 없다(법17 본문). 다만, 금융위원회의 승인310)을 받은 경우에는 그러하지 아니하다(법17 단서).

2. 위반시 제재

법 제17조를 위반하여 차입한 자는 6개월 이하의 징역 또는 500만원 이하의 벌금에 처한다(법39①(2)).

Ⅸ. 여유금의 운용 방법

상호저축은행은 여유금이 있는 경우에는 다음의 방법으로 운용하여야 한다(법18).

1. 금융위원회가 정하여 고시하는 금융기관311)에의 예치
2. 금융위원회가 정하는 유가증권312)의 매입
3. 상호저축은행중앙회에의 예탁
4. 그 밖에 금융위원회가 정하는 방법313)

---

310) 상호저축은행업감독규정 제26조(차입한도 등) ① 법 제17조의 규정에 의한 차입은 금융기관, 예금보험공사 또는 상호저축은행중앙회("중앙회")로부터의 차입과 사채발행에 의한 차입에 한한다.
　② 제1항의 규정에 의하여 자기자본의 3배 이내의 차입은 법 제17조에 의한 승인을 받은 것으로 본다.
　③ 법 제22조 제2항 및 시행령 제26조 제1항 제4호의 규정에 의하여 감독원장으로부터 업무에 관하여 감독상 필요한 명령을 받은 상호저축은행이 이를 이행하지 아니한 경우에는 다음 사업연도부터 명령을 이행하는 때까지 제2항의 규정을 적용하지 아니한다.
　④ 상호저축은행이 이미 발행한 사채의 상환을 위하여 새로 사채를 발행하는 경우에는 그 사채의 발행금액은 제1항의 규정에 의한 차입으로 보지 아니한다. 이 경우 상환하기로 한 사채는 새로 사채를 발행한 후 1월 이내에 상환하여야 한다.
　⑤ 제1항의 사채발행에 관하여 이 규정과 감독원장이 따로 정한 사항을 제외하고는 상법 기타 관계법규에 의한다.
311) "금융위원회가 정하여 고시하는 금융기관"이라 함은 예금자보호법 제2조 제1호 각목의 1에 해당하는 금융기관을 말한다(상호저축은행업감독규정27). 예금자보호법 제2조 제1호 각목의 1에 해당하는 금융기관은 은행, 한국산업은행, 중소기업은행, 농협은행, 수협은행, 외국은행의 국내 지점 및 대리점(대통령령으로 정하는 외국은행의 국내 지점 및 대리점은 제외), 투자매매업자·투자중개업자(다자간매매체결회사와 예금 등이 없는 투자매매업자·투자중개업자로서 대통령령으로 정하는 자는 제외), 증권금융회사, 보험회사(재보험 또는 보증보험을 주로 하는 보험회사로서 대통령령으로 정하는 보험회사는 제외), 종합금융회사, 상호저축은행 및 상호저축은행중앙회이다.
312) "금융위원회가 정하는 유가증권"이란 다음의 어느 하나에 해당하는 것을 말한다. 1. 채무증권, 2. 지분증권, 3. 수익증권, 4. 파생결합증권, 5. 증권예탁증권(예탁대상 증권이 제1호부터 제4호까지에 해당하는 것에 한한다)(상호저축은행업감독규정28①).
313) "그 밖에 금융위원회가 정하는 방법"이란 다음의 어느 하나를 말한다(상호저축은행업감독규정28②).

X. 금지행위

1. 상호저축은행의 금지행위

상호저축은행법 제18조의2 제1항은 다음과 같은 금지행위를 열거하고, 상호저축은행은 이러한 행위를 하지 못한다고 규정한다.

1. 자기자본을 초과하는 유가증권(담보권 실행으로 취득한 유가증권과 투자의 안정성, 단기간 내 유동화 가능성 및 신용회복·구조조정 지원의 필요성 등을 고려하여 금융위원회가 정하는 것은 제외)에 대한 투자. 이 경우 금융위원회는 상호저축은행의 건전한 경영을 위하여 자기자본 규모 등을 고려하여 유가증권의 종류별로 투자한도를 따로 정할 수 있다.

2. 업무용부동산 외의 부동산의 소유. 다만, 담보권의 실행으로 취득하는 경우는 제외한다.

3. 채무의 보증이나 담보의 제공(보증이나 담보의 제공에 따른 신용위험이 현저하게 낮은 경우로서 대통령령으로 정하는 보증이나 담보의 제공은 제외)

4. 직접·간접을 불문하고 그 상호저축은행의 주식을 매입하도록 하기 위한 신용공여 또는 그 상호저축은행의 주식을 담보로 하는 신용공여

5. 상품 또는 유가증권에 대한 투기를 목적으로 하는 신용공여

6. 타인의 명의를 이용한 신용공여

7. 정당한 이유 없이 제37조 제1항에 따른 대주주등에게 금전, 서비스, 그 밖의 재산상 이익을 제공하는 행위. 다만, 대주주등에 대한 신용공여 금지 및 가지급금 지급금지에 관하여는 제37조에 따른다.

8. 동일한 부동산 개발·공급 사업에 참여하는 대통령령으로 정하는 자에 대한 신용공여로서 해당 부동산 개발·공급 사업에서 발생하는 수입을 그 주된 상환재원으로 하는 대통령령으로 정하는 신용공여의 합계가 자기자본의 25% 이내에서 대통령령으로 정하는 한도를 초과하는 행위

9. 후순위채권의 모집 또는 매출. 다만, 재무건전성 등 대통령령으로 정하는 요건을 충족하는 상호저축은행이 자본시장법 제12조에 따라 채무증권의 투자중개업 인가를 받은 금융투자업

---

1. 장내파생상품으로서 국내 파생상품시장에서 거래되는 것과 거래 상대방이 국내 은행인 장외파생상품으로서, 다음 각 목의 요건을 충족하는 것을 말한다.
   가. 기초자산이 제1항의 유가증권, 금리 또는 통화(외국통화를 포함)일 것
   나. 자산운용에 따른 투자위험을 회피하기 위한 거래일 것. 투자위험을 회피하기 위한 거래란 위험회피 대상 자산을 보유하고 있거나 보유하려는 경우 미래에 발생할 수 있는 경제적 손실을 부분적 또는 전체적으로 줄이기 위한 거래로서 계약체결 당시 다음 각 목의 요건을 충족하는 거래
      1) 위험회피대상을 보유하고 있거나 보유할 예정일 것
      2) 파생거래 계약기간 중 파생거래 포지션이 위험회피대상 자산규모를 초과하지 아니할 것
2. 우체국예금보험법에 의한 체신관서에 대한 예치(30일 이상 예치한 경우에 한한다)

자에게 모집·매출의 주선을 위탁하여 후순위채권을 모집하거나 매출하는 행위는 제외한다.

10. 자본시장법 제9조 제6항에 따른 일반투자자(대통령령으로 정하는 대주주는 제외)를 대상으로 사모의 방법으로 후순위채권을 발행하는 행위

11. 다음 각 목의 어느 하나에 해당하지 아니하는 사유로 영업의 전부 또는 일부를 정지하는 행위

가. 본점 및 지점등의 이전 또는 폐쇄

나. 이 법 또는 금융관련법령에 따른 영업의 전부 또는 일부의 정지

다. 천재지변·전시·사변, 그 밖에 이에 준하는 사태의 발생

(1) 유가증권 투자규제

(가) 유가증권 투자제한

상호저축은행은 자기자본을 초과하는 유가증권에 대한 투자를 할 수 없다. 다만 담보권 실행으로 취득한 유가증권과 투자의 안정성, 단기간 내 유동화 가능성 및 신용회복·구조조정 지원의 필요성 등을 고려하여 "금융위원회가 정하는 것"은 제외한다(법18의2①(1)).

여기서 "금융위원회가 정하는 것"이라 함은 다음의 어느 하나에 해당하는 유가증권을 말한다(상호저축은행업감독규정29①).

1. 시행령 제11조 제2항 각호의 유가증권

2. 예금자보호법 제2조 제2호의 규정에 의한 예금 등에 해당되는 유가증권

3. 자본시장법에 따른 단기금융집합투자기구의 집합투자증권

3의2. 자본시장법에 따른 증권집합투자기구의 집합투자증권으로서 약관에서 정한 운용방법이 시행령 제11조 제2항 각 호의 어느 하나에 해당하는 유가증권, 신용평가등급이 A-등급 이상인 회사채 및 그 밖에 이에 준하는 유가증권에 집합투자재산의 60% 이상을 투자하고 중도환매를 요청하는 경우 5영업일 이내 환매할 수 있는 집합투자증권

4. 담보권의 실행으로 인하여 취득한 유가증권

5. 다음 각 목의 요건을 모두 충족하는 경우로서 시행령 제6조의3 제4항에 따라 취득한 다른 상호저축은행 주식 및 해당 상호저축은행의 증자에 따라 추가적으로 취득한 주식

가. 대주주가 상호저축은행인 상호저축은행이 다른 상호저축은행의 주식을 취득하는 경우가 아닐 것

나. 최초 주식 취득 후 2년 이내에 합병할 것. 다만, 불가피한 사유가 있는 경우 감독원장의 승인을 받아 합병 기한을 연장할 수 있다.

6. 자산유동화법에 따라 상호저축은행이 자신의 자산을 유동화할 목적으로 설립한 특수목적회사의 지분증권 및 인수한 후순위자산유동화채권

7. 채무자회생법에 의한 회생절차의 개시결정을 받은 기업, 기업구조조정촉진법에 의한 공동

관리절차가 진행중인 기업, 조세특례제한법에 의한 산업합리화 지정기업 또는 기타 금융기관 공동으로 정상화를 추진 중인 기업에 대한 신용공여를 출자금으로 전환함에 따라 취득하게 된 주식 또는 출자증권(전환사채 포함)

8. 법 제2조 제6호에 따른 신용공여에 해당하는 유가증권

9. 금융거래 등 상거래에 있어서 약정한 기일내에 채무를 변제하지 아니한 자의 신용회복 지원을 위해 설립된 법인 등과의 협약에 따라 대출채권을 출자금으로 전환하여 취득하게 된 주식 또는 출자증권

10. 부동산 프로젝트파이낸싱 대출채권을 정리하기 위하여 간접투자자산운용업법에 의한 간접투자기구에 동 대출채권을 매각하고, 동 간접투자기구의 수익증권을 취득하게 된 경우 그 수익증권 및 법인세법 제51조의2 제1항 제6호의 규정에 의한 법인에 출자한 경우 그 주식 또는 출자증권

(나) 유가증권의 종류별 투자한도

금융위원회는 상호저축은행의 건전한 경영을 위하여 자기자본 규모 등을 고려하여 유가증권의 종류별로 투자한도를 따로 정할 수 있다(법18의2①(1)). 유가증권의 종류별 투자한도는 다음과 같다. 상호저축은행(동일계열상호저축은행을 포함)은 유가증권(상호저축은행법감독규정 제29조 제1항 각 호의 어느 하나에 해당하는 유가증권은 제외)을 매입·보유하는 경우 다음에 따른 한도를 준수하여야 한다(상호저축은행업감독규정30①).

1. 주식(신주인수권을 제외한 지분증권)의 합계액은 상호저축은행 자기자본(동일계열상호저축은행의 경우 연결 재무제표에 따른 자기자본)의 50% 이내

2. 동일회사의 주식과 회사채의 합계액은 상호저축은행 자기자본의 20% 이내

3. 동일회사의 주식은 해당 회사 발행주식 총수의 15% 이내

4. 비상장(한국거래소에 상장되지 아니한 것) 주식과 비상장 회사채의 합계액은 상호저축은행 자기자본의 10% 이내

5. 동일한 비상장회사의 주식은 해당 회사 발행주식총수의 10% 이내

6. 상호저축은행의 동일계열기업 의 주식 및 회사채의 합계액은 자기자본의 5% 이내

7. 파생결합증권의 합계액은 상호저축은행 자기자본의 10% 이내

8. 집합투자기구(부동산, 특별자산, 혼합자산)의 집합투자증권의 합계액은 상호저축은행 자기자본의 20% 이내

9. 해외 증권(유가증권으로서 대한민국 이외의 국가에서 발행된 것)의 합계액은 상호저축은행 자기자본의 5% 이내

(2) 업무용부동산 외의 부동산 소유규제

상호저축은행은 업무용부동산[314] 외의 부동산의 소유을 소유할 수 없다. 다만, 담보권의

실행으로 취득하는 경우는 제외한다(법18의2①(2)).

(3) 채무의 보증이나 담보의 제공규제

상호저축은행은 채무의 보증이나 담보의 제공을 할 수 없다. 다만 보증이나 담보의 제공에 따른 신용위험이 현저하게 낮은 경우로서 "대통령령으로 정하는 보증이나 담보의 제공"은 제외한다(법18의2①(3)). 여기서 "대통령령으로 정하는 보증이나 담보의 제공"이란 다음의 것을 말한다(영11의2①).

1. 예금등의 금액의 범위에서 담보권을 설정한 후 해당 예금자를 위하여 하는 보증
2. 다른 상호저축은행이 중앙회, 예금보험공사 또는 금융기관으로부터 차입을 하는 경우 그에 대한 보증 또는 담보의 제공

(4) 주식을 담보로 하는 신용공여등규제

상호저축은행은 직접·간접을 불문하고 그 상호저축은행의 주식을 매입하도록 하기 위한 신용공여 또는 그 상호저축은행의 주식을 담보로 하는 신용공여를 할 수 없다(법18의2①(4)).

(5) 상품 등에 대한 투기를 목적으로 하는 신용공여규제

상호저축은행은 상품 또는 유가증권에 대한 투기를 목적으로 하는 신용공여를 할 수 없다(법18의2①(5)).

(6) 타인의 명의를 이용한 신용공여규제

상호저축은행은 타인의 명의를 이용한 신용공여를 할 수 없다(법18의2①(6)).

(7) 대주주등에게 금전, 서비스, 그 밖의 재산상 이익을 제공하는 행위

상호저축은행은 정당한 이유 없이 제37조 제1항에 따른 대주주등에게 금전, 서비스, 그 밖의 재산상 이익을 제공하는 행위를 할 수 없다. 다만, 대주주등에 대한 신용공여 금지 및 가지급금 지급 금지에 관하여는 제37조에 따른다(법18의2①(7)).

(8) 동일한 부동산 개발·공급 사업에 참여하는 자에 대한 신용공여규제

상호저축은행은 동일한 부동산 개발·공급 사업장에서 공동으로 사업을 수행하는 자에 대한 신용공여로서 해당 부동산 개발·공급 사업에서 발생하는 수입을 그 주된 상환재원으로 하는 해당 부동산 개발·공급사업의 사업성을 평가하여 그 사업에서 발생할 미래 현금흐름을 차입원리금의 주된 상환재원으로 하는 신용공여의 합계가 자기자본의 25%를 초과하는 행위를 할 수 없다(법18의2①(8), 영11의2②③④). 이 경우 사업장의 구체적인 범위는 금융위원회가 정하여 고시한다(영11의2②).[315]

---

314) 업무용 부동산이라 함은 다음 각호의 1을 말한다(상호저축은행업감독규정35①).
  1. 영업소(건물 연면적의 10% 이상을 업무에 직접 공여하는 경우)
  2. 사택·기숙사·합숙소·연수원 등의 용도로 직접 사용하는 부동산

(9) 후순위채권의 모집 또는 매출규제

상호저축은행은 후순위채권의 모집 또는 매출을 할 수 없다. 다만, "재무건전성 등 대통령령으로 정하는 요건"을 충족하는 상호저축은행이 채무증권의 투자중개업 인가를 받은 금융투자업자에게 모집·매출의 주선을 위탁하여 후순위채권을 모집하거나 매출하는 행위는 제외한다(법18의2①(9)). 여기서 "재무건전성 등 대통령령으로 정하는 요건"이란 다음의 요건을 말한다(영11의2⑤).

1. 시행령 제11조의7 제1항 제1호에 따른 위험 가중 자산에 대한 자기자본비율 등이 금융위원회가 정하여 고시하는 비율 이상일 것[316]
2. 해당 상호저축은행이 발행하는 후순위채권이 신용평가회사에 의하여 투자적격 이상으로 평가받았을 것

(10) 일반투자자를 대상으로 사모의 방법으로 후순위채권을 발행하는 행위규제

상호저축은행은 자본시장법 제9조 제6항에 따른 일반투자자를 대상으로 사모의 방법으로 후순위채권을 발행하는 행위를 할 수 없다. 다만 최대주주 및 주요주주는 제외한다(법18의2①(10), 영11의2⑥).

(11) 기타 금지행위

상호저축은행은 다음의 어느 하나에 해당하지 아니하는 사유로 영업의 전부 또는 일부를 정지하는 행위를 할 수 없다(법11의2①(11)).

가. 본점 및 지점등의 이전 또는 폐쇄
나. 상호저축은행법 또는 금융관련법령에 따른 영업의 전부 또는 일부의 정지
다. 천재지변·전시·사변, 그 밖에 이에 준하는 사태의 발생

2. 동일계열상호저축은행의 금지행위

동일계열상호저축은행은 다음의 어느 하나에 해당하는 행위를 하여서는 아니 된다(법18의2②).

---

315) 영 제11조의2 제2항에 의한 동일 부동산 개발·공급 사업장은 다음의 어느 하나에 해당하는 것을 말한다(상호저축은행업감독규정35의2).
  1. 건축법, 도시개발법 등 관련 법령에 따라 동일한 인허가를 취득한 부동산 개발·공급 사업장
  2. 상호저축은행이 신용공여를 하기 전에 해당 부동산 개발·공급 사업을 평가하기 위해 작성하는 서류상 동일한 인허가를 취득할 예정인 부동산 개발·공급 사업장
316) "금융위원회가 정하는 비율 이상일 것"이란 다음을 말한다(상호저축은행업감독규정35의3).
  1. 영 제11조의6 제1항 제1호에 따른 위험 가중 자산에 대한 자기자본비율이 10% 이상일 것
  2. 국제결제은행의 기준에 따른 위험 가중 자산에 대한 기본자본 비율이 8% 이상일 것

1. 연결재무제표에 따른 자기자본을 초과하는 유가증권(담보권 실행으로 취득한 유가증권과 투자의 안정성, 단기간 내 유동화 가능성 및 신용회복·구조조정 지원의 필요성 등을 고려하여 금융위원회가 정하는 것은 제외)에 대한 투자. 이 경우 금융위원회는 상호저축은행의 건전한 경영을 위하여 연결 재무제표에 따른 자기자본 규모 등을 고려하여 유가증권의 종류별로 투자한도를 따로 정할 수 있다.

2. 동일한 부동산 개발·공급 사업장에서 공동으로 사업을 수행하는 자에 대한 신용공여로서 해당 부동산 개발·공급 사업에서 발생하는 수입을 그 주된 상환재원으로 하는 해당 부동산 개발·공급사업의 사업성을 평가하여 그 사업에서 발생할 미래 현금흐름을 차입원리금의 주된 상환재원으로 하는 신용공여의 합계가 연결재무제표에 따른 자기자본의 25%를 초과하는 행위(영11의2②③⑦). 이 경우 사업장의 구체적인 범위는 금융위원회가 정하여 고시한다(영11의2②).[317]

3. 한도초과

상호저축은행 및 동일계열상호저축은행은 "자기자본의 변동 등 대통령령으로 정하는 사유"로 제1항 및 제2항에 따른 한도를 초과하게 된 경우에는 그 한도를 초과하게 된 날부터 1년 이내에 그 한도에 적합하도록 하여야 한다(법18의2③ 본문). 다만, 유가증권 규모, 투자 기간 등을 고려하여 부득이한 사유가 있는 경우에는 금융위원회의 승인을 받아 그 기간을 연장할 수 있다(법18의2③ 단서).

여기서 "자기자본의 변동 등 대통령령으로 정하는 사유"란 다음의 어느 하나에 해당하는 사유를 말한다(영11의2⑧).

1. 자기자본의 감소
2. 다른 금융기관과의 계약이전, 영업 또는 주식의 양도·양수, 합병
3. 상호저축은행 또는 동일계열상호저축은행이 소유한 유가증권을 발행한 기업 간의 영업 또는 주식의 양도·양수, 합병
4. 그 밖에 제1호부터 제3호까지의 규정에 준하는 사유로서 상호저축은행 또는 동일계열상호저축은행의 귀책사유 없이 법 제18조의2 제1항 또는 제2항에 따른 한도를 초과하였다고 금융위원회가 인정하는 경우

---

[317] 시행령 제11조의2 제2항에 의한 동일 부동산 개발·공급 사업장은 다음의 어느 하나에 해당하는 것을 말한다(상호저축은행업감독규정35의2).
 1. 건축법, 도시개발법 등 관련 법령에 따라 동일한 인허가를 취득한 부동산 개발·공급 사업장
 2. 상호저축은행이 신용공여를 하기 전에 해당 부동산 개발·공급 사업을 평가하기 위해 작성하는 서류상 동일한 인허가를 취득할 예정인 부동산 개발·공급 사업장

4. 위반시 제재

법 제18조의2 제1항 제11호를 위반하여 영업의 전부 또는 일부를 정지한 자는 10년 이하의 징역 또는 5억원 이하의 벌금에 처한다(법39①(2)). 법 제18조의2 제1항 또는 제2항을 위반하여 각각 같은 항 각 호의 어느 하나에 해당하는 행위를 하거나 같은 조 제3항을 위반한 자(제18조의2 제1항 제2호 또는 제11호를 위반한 자는 제외)는 1년 이하의 징역 또는 1천만원 이하의 벌금에 처한다(법39⑤(7)).

금융위원회는 상호저축은행이 제18조의2 제1항 제8호에 따른 신용공여의 한도를 초과하여 신용공여를 한 경우 초과한 신용공여 금액의 30% 이하(가목)의 범위에서, 상호저축은행이 제18조의2 제1항 제2호를 위반하여 부동산을 소유한 경우 소유한 부동산 취득가액의 100분의 30 이하(나목)의 범위에서 과징금을 부과할 수 있다(법38의2(1)).

XI. 약관규제

1. 약관 제정 · 변경의 보고와 신고

상호저축은행은 금융이용자의 권익을 보호하여야 하며, 금융거래와 관련된 약관("약관"다)을 제정하거나 개정하는 경우에는 약관의 제정 또는 개정 후 10일 이내에 금융위원회에 보고하여야 한다(법18의3① 본문). 다만, 금융이용자의 권리나 의무에 중대한 영향을 미칠 우려가 있는 경우로서 "대통령령으로 정하는 경우"에는 약관의 제정 또는 개정 전에 미리 금융위원회에 신고하여야 한다(법18의3① 단서).

여기서 "대통령령으로 정하는 경우"란 다음의 어느 하나에 해당하는 경우를 말한다(영11의3①).

1. 금융거래와 관련된 약관의 제정으로서 기존 금융서비스의 제공 내용·방식·형태 등과 차별성이 있는 내용을 포함하는 경우
2. 금융이용자의 권리를 축소하거나 의무를 확대하기 위한 약관의 개정으로서 다음의 어느 하나에 해당하는 경우
가. 개정 전 약관을 적용받는 기존 이용자에게 개정된 약관을 적용하는 경우
나. 기존 금융서비스의 제공 내용 · 방식표태 등과 차별성이 있는 내용을 포함하는 경우
3. 그 밖에 금융이용자 보호 등을 위하여 금융위원회가 정하여 고시하는 경우

그러나 다음의 어느 하나에 해당하는 경우는 사전신고하는 경우에 해당하지 않는다(영11

의3②).

1. 보고 또는 신고된 약관과 동일하거나 유사한 내용으로 약관을 제정하거나 개정하는 경우
2. 표준약관의 제정 또는 개정에 따라 약관을 제정하거나 개정하는 경우
3. 변경명령에 따라 약관을 제정하거나 개정하는 경우
4. 법령의 제정 또는 개정에 따라 약관을 제정하거나 개정하는 경우
5. 그 밖에 금융이용자의 권리나 의무에 중대한 영향을 미칠 우려가 없다고 인정하는 경우로 서 금융위원회가 정하여 고시하는 경우

상호저축은행은 약관을 제정하거나 개정한 경우에는 인터넷 홈페이지 등을 이용하여 공시 하여야 한다(법18의3②).

2. 표준약관의 제정과 변경

상호저축은행중앙회("중앙회") 회장은 건전한 거래질서를 확립하고 불공정한 내용의 약관 이 통용되는 것을 막기 위하여 상호저축은행업 금융거래와 관련하여 표준이 되는 약관("표준약 관")을 제정하거나 개정할 수 있다(법18의3③). 중앙회 회장은 표준약관을 제정하거나 개정하려 는 경우에는 금융위원회에 미리 신고하여야 한다(법18의3④).

3. 공정거래위원회에의 통보

금융위원회는 신고 또는 보고받은 약관 또는 표준약관을 공정거래위원회에 통보하여야 한 다. 이 경우 공정거래위원회는 통보받은 약관 또는 표준약관이 약관규제법 제6조부터 제14조 까지의 규정에 위반되는 사실이 있다고 인정되면 금융위원회에 그 사실을 통보하고 그 시정에 필요한 조치를 하도록 요청할 수 있으며, 금융위원회는 특별한 사유가 없으면 요청에 따라야 한다(법18의3⑤).

4. 약관변경명령

금융위원회는 약관 또는 표준약관이 이 법 또는 금융관련법령에 위반되거나 그 밖에 금융 이용자의 이익을 해칠 우려가 있다고 인정하면 상호저축은행 또는 중앙회 회장에 대하여 그 내용을 구체적으로 적은 서면으로 약관 또는 표준약관을 변경할 것을 명할 수 있다(법18의3⑥ 본문). 이 경우 금융위원회는 변경명령을 하기 전에 공정거래위원회와 협의하여야 한다(법18의3 ⑥ 단서).

5. 위반시 제재

법 제18조의3 제1항 또는 제4항을 위반하여 금융위원회에 신고하거나 보고하지 아니하고 약관 또는 표준약관을 제정하거나 개정한 자 및 같은 조 제6항에 따른 변경명령을 이행하지 아니한 자에게는 5천만원 이하의 과태료를 부과한다(법40①(5)).

XII. 집합투자재산 운용 기준 등

1. 자산운용방법 준수의무

상호저축은행은 자산을 운용할 때 다음의 어느 하나에 해당하는 경우에는 건전한 자산운용에 필요한 자산운용방법 등 대통령령으로 정하는 기준[318]을 준수하여야 한다(법18의4①).

1. 자본시장법 제9조 제19항에 따른 사모집합투자기구의 수익자·주주·조합원·사원 등이 해당 상호저축은행과 그 특수관계인으로만 구성되어 있는 경우
2. 사모집합투자기구가 발행한 집합투자증권 중 상호저축은행이 보유한 집합투자증권의 비율("투자비율")이 50% 이상인 경우
3. 상호저축은행이 운용방법을 지정하는 금전신탁계약을 통하여 자산을 운용하는 경우
4. 제1호부터 제3호까지의 경우에 준하는 것으로서 대통령령으로 정하는 경우[319]

---

[318] "건전한 자산운용에 필요한 자산운용방법 등 대통령령으로 정하는 기준"이란 다음의 기준을 말한다(영11의4①).
  1. 다른 투자자 등에게 원금 또는 일정한 이익의 보장을 부당하게 약속하거나 신용공여 등을 하는 행위를 하지 아니할 것
  2. 내부통제기준(금융회사지배구조법 제24조 제1항에 따른 내부통제기준)에 다음의 사항을 포함할 것
    가. 금융투자업자의 선정·해임 기준 및 절차에 관한 사항
    나. 금융투자업자의 자산운용실적 평가에 관한 사항
    다. 금융투자업자의 자산운용 적정성 여부 감시에 관한 사항
    라. 자산의 통합관리시스템 구축에 관한 사항
    마. 그 밖에 상호저축은행의 건전한 자산운용을 위하여 필요한 사항
[319] "대통령령으로 정하는 경우"란 다음의 어느 하나에 해당하는 경우를 말한다(영11의4②).
  1. 상호저축은행이 자본시장법 제214조 또는 제249조의14에 따른 업무집행사원인 경우
  2. 자본시장법 제9조 제22항에 따른 집합투자규약에 따라 사모집합투자기구(같은 법 제9조 제19항에 따른 사모집합투자기구)의 수익의 50% 이상이 상호저축은행 및 그 특수관계인에게 배분되는 경우
  3. 상호저축은행이 사모집합투자기구를 통하여 투자하는 회사(자산유동화법 제2조 제5호에 따른 유동화전문회사 및 상법 제170조에 따른 회사)의 정관 등에 따라 해당 회사의 수익의 50% 이상이 상호저축은행 및 그 특수관계인에게 배분되는 경우
  4. 제1호부터 제3호까지의 규정에 준하는 경우로서 상호저축은행이 특수관계인 등을 통하여 사실상 자산을 운용하고 있다고 금융위원회가 인정하는 경우

2. 상호저축은행 보유자산 의제

다음 각 호를 적용할 때 제1항 각 호에 따른 사모집합투자기구의 재산, 신탁재산 등은 해당 사모집합투자기구의 재산, 신탁재산 등에 대한 상호저축은행의 투자비율 등에 따라 해당 상호저축은행 또는 해당 상호저축은행이 속한 동일계열상호저축은행이 보유한 자산으로 본다(법18의4②). 상호저축은행 또는 동일계열상호저축은행이 보유한 것으로 보는 자산의 범위·규모는 같은 조 제1항 각 호에 따라 운용되는 사모집합투자기구 등이 보유한 같은 조 제2항에 따른 신용공여 등에 해당 상호저축은행 또는 동일계열상호저축은행의 투자비율을 곱한 금액으로 한다(영11의4④).

1. 제12조 제1항부터 제3항까지의 규정에 따른 신용공여한도
2. 제18조의2 제1항 제1호 및 제2항 제1호에 따른 유가증권 투자한도
3. 그 밖에 상호저축은행의 자산운용, 경영건전성 등과 관련된 것으로서 대통령령으로 정하는 사항320)

XIII. 상호저축은행상품 광고

1. 광고포함사항

상호저축은행은 예금등, 대출, 후순위채권 등 자신이 취급하는 상품("상호저축은행상품")에 관하여 광고를 하는 경우에는 자신의 명칭, 상호저축은행상품의 내용, 거래 조건 등이 포함되도록 하여야 한다(법18의5①). 상호저축은행은 상호저축은행상품에 대한 거래자의 합리적 의사결정을 위하여 예금자보호법에 따른 보험관계 성립 여부, 이자의 지급 및 부과 시기 등을 광고에 명확히 표시하여 거래자가 오해하지 아니하도록 하여야 한다(법18의5②). 거래 조건에는 해당 상호저축은행상품의 이자율의 범위, 이자의 지급 시기와 지급 제한, 이자의 부과 시기 및 부대비용 등에 관한 사항이 포함되어야 한다(영11의5①).

2. 광고방법

상호저축은행은 상호저축은행상품을 광고하는 경우 다음의 사항을 준수하는 방법으로 하여야 한다(영11의5②).

---

320) "대통령령으로 정하는 사항"이란 다음의 사항을 말한다(영11의4③).
  1. 법 제18조의2 제1항 제2호에 따른 업무용부동산 외의 부동산 소유의 금지
  2. 법 제37조에 따른 대주주등에 대한 신용공여, 예금등 및 가지급금 지급의 금지
  3. 제8조의2 제2호, 제4호, 제8호 및 제9호에 따른 업무 수행 시 준수사항

1. 이자율의 범위 및 산정방법, 이자의 지급 및 부과 시기, 부수적 혜택 및 비용과 관련하여 확정되지 아니한 사항을 확정적으로 표시하는 행위를 하지 아니할 것
2. 이자율의 범위 및 산정방법, 이자의 지급 및 부과 시기, 부수적 혜택 및 비용과 관련하여 구체적인 근거와 내용을 제시하지 아니하면서 다른 금융상품보다 비교우위에 있음을 나타내는 행위를 하지 아니할 것

3. 내부통제기준과 준법감시인

상호저축은행은 상호저축은행상품을 광고하기 전에 광고의 제작 및 내용에 관하여 지켜야 할 사항을 내부통제기준에 반영하고, 그 준수여부에 대하여 준법감시인(금융회사지배구조법 제25조 제1항에 따른 준법감시인)의 확인을 받아야 한다(영11의5③).

4. 광고내용 및 관련 기록 보존

상호저축은행은 상호저축은행상품을 광고한 경우 그 광고내용 및 관련 기록을 그 상호저축은행상품의 계약이 만료될 때까지 보존하여야 한다(영11의5④).

5. 대출광고의 경우

상호저축은행은 상호저축은행상품 중 대출에 관하여 광고를 하는 경우에는 "대출과 관련된 신용등급 또는 개인신용평점의 하락 가능성을 알리는 경고문구 등 거래자를 보호하기 위하여 대통령령으로 정하는 사항"이 포함되도록 하여야 한다(법18의5③). 여기서 "대출과 관련된 신용등급의 하락 가능성을 알리는 경고문구 등 거래자를 보호하기 위하여 대통령령으로 정하는 사항"이란 다음의 사항을 말한다(영11의5⑤).

1. 상호저축은행상품 중 대출의 이용과 관련된 신용등급의 하락 가능성을 알리는 경고문구. 이 경우 경고문구의 구체적인 내용은 금융위원회가 정하여 고시[321]한다.
2. 신용등급 하락 시 금융거래와 관련된 불이익 발생 가능성을 알리는 경고문구. 이 경우 경고문구의 구체적인 내용은 금융위원회가 정하여 고시한다.

---

321) 상호저축은행업감독규정 제35조의4(광고사항 등) ① 영 제11조의5 제5항 제1호 및 제2호에 따른 경고 문구는 다음과 같다.
   1. 영 제11조의5 제5항 제1호에 따른 경고문구: "대출상품 이용 시 귀하의 신용등급이 하락할 수 있습니다."
   2. 영 제11조의5 제5항 제2호에 따른 경고문구: "신용등급이 하락하면 추가 대출이 제한되거나, 대출금리 상승, 대출한도 감소 등 불이익이 발생할 수 있습니다." 또는 "신용등급 하락으로 금융거래가 제약될 수 있습니다."
② 제1항에 따른 광고문구를 표기하는 경우 제1항 각 호의 내용이 모두 포함되는 경우에는 하나의 문구로 표시할 수 있다.

3. 그 밖에 상호저축은행상품 중 대출에 관하여 광고하는 경우 거래자를 보호하기 위하여 포
   함하여야 하는 사항으로서 금융위원회가 정하여 고시하는 사항

6. 표시광고법상 광고사항

상호저축은행이 상호저축은행상품에 관한 광고를 할 때 표시광고법 제4조 제1항에 따른
표시·광고 사항이 있는 경우에는 같은 법에서 정하는 바에 따른다(법18의5④).

7. 광고의 방법 및 절차에 관한 기준

광고의 방법 및 절차 등에 관하여 필요한 사항은 금융위원회가 정하여 고시한다(영11의5
⑥).322)

8. 위반시 제재

법 제18조의5 제1항 또는 제2항을 위반하여 광고한 자는 3년 이하의 징역 또는 3천만원
이하의 벌금에 처한다(법39④(1)). 법 제18조의5 제3항을 위반하여 대출과 관련된 신용등급의
하락 가능성을 알리는 경고문구 등 거래자를 보호하기 위한 사항을 광고에 포함하지 아니한
상호저축은행(5의2호), 제18조의5 제5항에 따른 광고의 방법 및 절차를 위반한 상호저축은행(6
호)에게는 5천만원 이하의 과태료를 부과한다(법40①(5의2)(6)).

XIV. 고객응대직원에 대한 보호조치의무

1. 보호조치의무

상호저축은행은 고객을 직접 응대하는 직원을 고객의 폭언이나 성희롱, 폭행 등으로부터
보호하기 위하여 다음의 조치를 하여야 한다(법18의7①).

1. 직원이 요청하는 경우 해당 고객으로부터의 분리 및 업무담당자 교체
2. 직원에 대한 치료 및 상담 지원
3. 고객을 직접 응대하는 직원을 위한 상시적 고충처리 기구 마련. 다만, 「근로자참여 및 협력
   증진에 관한 법률」 제26조에 따라 고충처리위원을 두는 경우에는 고객을 직접 응대하는 직

---

322) 금융위원회가 정하는 광고의 방법 및 절차 등에 관하여 필요한 사항은 다음과 같다(상호저축은행업감독규
   정35의4③).
   1. 객관적이고 구체적인 근거 없는 최고, 최상, 최저, 최초 등의 표현을 사용하지 않을 것
   2. 거래 상대방에 따라 달라질 수 있는 거래조건이 누구에게나 적용되는 것으로 오해를 유발하는 표현을
      사용하지 않을 것

원을 위한 고충처리위원의 선임 또는 위촉

4. 그 밖에 직원의 보호를 위하여 필요한 법적 조치 등 대통령령으로 정하는 조치[323]

직원은 상호저축은행에 대하여 위 각 호의 조치를 요구할 수 있다(법18의7②). 상호저축은 행은 직원의 요구를 이유로 직원에게 불이익을 주어서는 아니 된다(법18의7③).

2. 위반시 제재

법 제18조의7을 위반하여 직원의 보호를 위한 조치를 하지 아니하거나 직원에게 불이익을 준 자에게는 1천만원 이하의 과태료를 부과한다(법40④(1의2)).

XV. 이익금의 처리

상호저축은행은 자본금의 총액이 될 때까지 매 사업연도의 이익금의 10% 이상을 적립금 으로 적립하여야 하고, 이 적립금은 손실금의 보전과 자본전입의 경우 외에는 사용할 수 없다 (법19①②).

법 제19조 제1항 또는 제2항을 위반하여 적립금을 적립하지 아니하거나 적립금을 사용한 자는 6개월 이하의 징역 또는 500만원 이하의 벌금에 처한다(법39⑥(3)).

XVI. 상호저축은행 등에 대한 자료제출요구 등

1. 자료제출요구

금융위원회는 상호저축은행 또는 제37조 제1항에 따른 대주주등이 제12조의2(대주주가 발 행한 주식의 취득요건 등)·제12조의3(대주주의 부당한 영향력 행사의 금지) 또는 제37조(대주주등에 대한 신용공여 등의 금지)를 위반한 혐의가 있다고 인정하는 경우에는 상호저축은행 또는 제37조

---

323) "법적 조치 등 대통령령으로 정하는 조치"란 다음의 조치를 말한다(영11의6).
  1. 고객의 폭언이나 성희롱, 폭행 등("폭언등")이 관계 법률의 형사처벌규정에 위반된다고 판단되고 그 행 위로 피해를 입은 직원이 요청하는 경우: 관할 수사기관 등에 고발
  2. 고객의 폭언등이 관계 법률의 형사처벌규정에 위반되지는 아니하나 그 행위로 피해를 입은 직원의 피 해정도 및 그 직원과 다른 직원에 대한 장래 피해발생 가능성 등을 고려하여 필요하다고 판단되는 경 우: 관할 수사기관 등에 필요한 조치 요구
  3. 직원이 직접 폭언등의 행위를 한 고객에 대한 관할 수사기관 등에 고소, 고발, 손해배상 청구등의 조치 를 하는 데 필요한 행정적, 절차적 지원
  4. 고객의 폭언등을 예방하거나 이에 대응하기 위한 직원의 행동요령 등에 대한 교육 실시
  5. 그 밖에 고객의 폭언등으로부터 직원을 보호하기 위하여 필요한 사항으로서 금융위원회가 정하여 고시 하는 조치

제1항에 따른 대주주등에게 필요한 자료의 제출을 요구할 수 있다(법22의4①).

2. 대주주와의 거래제한 등

금융위원회는 상호저축은행의 대주주(회사만 해당)의 부채가 자산을 초과하는 등 재무구조의 부실로 그 상호저축은행의 경영건전성을 현저하게 해칠 우려가 있는 경우로서 "대통령령으로 정하는 경우"에는 그 상호저축은행에 대하여 다음의 조치를 할 수 있다(법22의4②).

1. 대주주가 발행한 유가증권의 신규 취득 금지
2. 그 밖에 대주주에 대한 자금지원 성격의 거래제한 등 대통령령으로 정하는 조치

위에서 "대통령령으로 정하는 경우"란 대주주가 다음의 어느 하나에 해당하는 경우를 말한다(영12의3).

1. 대주주(회사만 해당하며, 회사인 특수관계인을 포함)의 부채가 자산을 초과하는 경우
2. 대주주에 대한 신용공여가 가장 많은 금융기관(신용공여를 한 금융기관의 대주주가 해당 상호저축은행의 대주주인 경우는 제외)이 법 제22조의2 제1항 제2호에 따라 금융위원회가 정하는 자산건전성 분류 기준에 따라 그 대주주의 신용위험을 평가한 결과 금융위원회가 정하는 기준 이하로 분류된 경우[324]
3. 대주주가 신용평가회사 중 둘 이상의 신용평가회사에 의하여 투자부적격 등급으로 평가받은 경우

3. 위반시 제재

법 제22조의4 제2항에 따른 조치를 위반한 자에게는 5천만원 이하의 과태료를 부과한다(법40①(7)).

XVII. 대주주등에 대한 신용공여 등의 금지

1. 원칙적 금지

(1) 의의

상호저축은행은 다음의 어느 하나에 해당하는 자("대주주등")에 대하여 신용공여 및 예금

---

324) "금융위원회가 정하는 자산건전성 분류기준에 따라 그 대주주의 신용위험을 평가한 결과 금융위원회가 정하는 기준 이하로 분류된 경우"라 함은 신용공여가 가장 많은 금융기관이 당해 금융기관에 적용되는 자산건전성 분류기준에 따라 분류한 결과 "고정" 이하로 분류된 경우를 말한다(상호저축은행업감독규정23의7①).

등을 하거나 가지급금을 지급하지 못하며, 대주주등은 상호저축은행으로부터 신용공여 및 예금등을 받거나 가지급금을 받지 못한다(법37① 본문).

1. 대주주("대통령령으로 정하는 주주"를 포함)
2. 상호저축은행의 임직원
3. 제1호와 제2호의 자 또는 상호저축은행과 "대통령령으로 정하는 친족 또는 특수한 관계에 있는 자"
4. 제1호부터 제3호까지의 어느 하나에 해당하지 아니하는 자로서 대주주의 특수관계인

(2) 대주주 등의 범위
(가) 대통령령으로 정하는 주주

위 제1호에서 "대통령령으로 정하는 주주"란 상호저축은행의 의결권 있는 발행주식 총수의 2% 이상을 보유한 주주를 말한다(영30①).

(나) 대통령령으로 정하는 친족 또는 특수한 관계에 있는 자

위 제3호에서 "대통령령으로 정하는 친족 또는 특수한 관계에 있는 자"란 다음의 어느 하나에 해당하는 자를 말한다(영30②).

1. 법 제37조 제1항 제1호에 따른 대주주가 개인인 경우에는 대주주의 직계 존속·비속 및 배우자, 대주주 배우자의 부모, 대주주의 형제자매와 그 배우자, 대주주 직계비속의 배우자
2. 법 제37조 제1항 제1호에 따른 대주주가 법인등인 경우에는 다음 각 목의 어느 하나에 해당하는 자
    가. 해당 법인등의 임원, 임원의 직계 존속·비속 및 배우자, 임원 배우자의 부모, 임원 직계비속의 배우자
    나. 해당 법인등의 발행주식 총수 또는 출자총액의 30% 이상을 소유하거나 출자한 자
3. 임원(상호저축은행의 임원)의 직계 존속·비속 및 배우자, 임원 배우자의 부모, 임원 직계비속의 배우자
4. 상호저축은행 직원의 배우자
5. 상호저축은행의 발행주식 총수(의결권 있는 주식으로 한정) 또는 출자총액의 30% 이상을 소유하거나 출자한 자가 발행주식 총수 또는 출자총액의 30% 이상을 소유하거나 출자한 법인등 및 그 법인등이 발행주식 총수 또는 출자총액의 30% 이상을 소유하거나 출자한 법인등
6. 상호저축은행의 발행주식 총수 또는 출자총액의 30% 이상을 소유하거나 출자한 사람이 임원으로 재직하고 있는 법인등
7. 제5호 및 제6호에 해당하는 법인등의 발행주식 총수 또는 출자총액의 30% 이상을 소유하

거나 출자한 법인등

8. 다음 각 목의 어느 하나에 해당하는 자가 사실상 그 경영을 지배하고 있다고 인정되는 법
   인등으로서 금융감독원장이 금융위원회의 승인을 받아 정하는 기준에 해당하는 법인등
   가. 법 제37조 제1항 제1호에 따른 대주주
   나. 상호저축은행의 임원
   다. 상호저축은행

2. 예외적 허용

(1) 의의

대주주등에 대한 자금지원의 목적이 없는 것으로서 "대통령령으로 정하는 예금등"과 채권
의 회수에 위험이 없거나 직원의 복리후생을 위한 것으로서 "대통령령으로 정하는 신용공여"
의 경우는 제외한다(법37① 단서).

(2) 대통령령으로 정하는 예금등

"대통령령으로 정하는 예금등"이란 다음의 어느 하나에 해당하는 것을 말한다(영29①).

1. 제6조의3 제4항에 따라 중앙회가 상호저축은행의 대주주가 된 경우에 그 상호저축은행이
   중앙회에 예치하는 예치금
2. 상호저축은행이 그 상호저축은행의 대주주인 금융기관에 개설한 계좌에 대출원리금 등의
   납입을 위하여 입금한 금액으로서 입금일부터 3영업일이 지나지 아니한 금액
3. 상호저축은행이 그 상호저축은행의 대주주인 금융기관에 예치한 주식 증거금 및 유가증권
   의 거래를 목적으로 증권예탁계좌 등에 예치한 금액

(3) 대통령령으로 정하는 신용공여

"대통령령으로 정하는 신용공여"란 다음의 어느 하나에 해당하는 것을 말한다(영29②).

1. 법 제37조 제1항 제1호부터 제3호까지의 자에 대하여 그 자신의 해당 상호저축은행에 대
   한 예금등을 담보로 하는 신용공여
2. 법 제37조 제1항 제1호의 대주주와 제30조 제2항 제5호부터 제8호까지의 규정에 따른 특
   수한 관계에 있는 자의 해당 상호저축은행에 대한 예금등을 담보로 하는 신용공여
3. 복리후생을 위하여 상호저축은행 직원에게 하는 다음 각 목의 신용공여. 다만, 상호저축은
   행 자기자본의 15%를 한도로 하며 개별차주에 대한 가목부터 다목까지의 신용공여 합계
   액은 5천만원을 초과할 수 없다.
   가. 2천만원 이내의 일반자금대출
   나. 5천만원 이내의 주택자금대출

다. 해당 직원의 행위로 상호저축은행이 입은 손해를 보전하기 위한 5천만원 이내의 대출

3. 교차 신용공여의 금지

상호저축은행은 신용공여 및 예금등의 금지 또는 가지급금의 지급 금지를 피할 목적으로 다른 상호저축은행과 서로 교차하여 다른 상호저축은행의 대주주등에게 신용공여 및 예금등을 하거나 가지급금을 지급하여서는 아니 된다(법37②). 상호저축은행의 대주주등은 해당 상호저축은행으로 하여금 이에 위반하게 하여 다른 상호저축은행으로부터 신용공여 및 예금등을 받거나 가지급금을 받아서는 아니 된다(법37③).

4. 위반시 제재

금융위원회는 상호저축은행이 제37조 제1항 또는 제2항을 위반하여 신용공여 및 예금등을 하거나 가지급금을 지급한 경우 신용공여 및 예금등을 하거나 가지급한 금액 이하(1호 다목)의 범위에서, 대주주등이 제37조 제1항 또는 제3항을 위반하여 신용공여 및 예금등을 받거나 가지급금을 받은 경우 신용공여 및 예금등을 받거나 가지급금으로 받은 금액 이하(3호)의 범위에서 과징금을 부과할 수 있다(법38의2(1)(3)).

제7절 상호금융기관

Ⅰ. 신용협동조합

1. 비조합원 대출한도

신용협동조합법("법")에 의하면 신용협동조합("조합")은 조합원의 이용에 지장이 없는 범위에서 대통령령으로 정하는 바에 따라 비조합원(조합원이 아닌 자)에게 조합의 사업을 이용하게 할 수 있다(법40① 전단). 이 경우 "조합원"은 "비조합원"으로 본다(법40① 후단). 조합원과 동일한 세대에 속하는 사람과 다른 조합 및 다른 조합의 조합원이 이를 이용하는 경우에는 조합원이 이용한 것으로 본다(법40②).

그러나 당해 신용협동조합의 비조합원(다른 조합의 조합원인 경우 포함)에게 사업을 이용하게 하는 경우 그에 대한 대출 및 어음할인("대출등")은 다음 금액의 합계액의 3분의 1을 초과할 수 없다(영16의2).

1. 조합이 해당 사업연도에 새로이 취급하는 대출등 중 조합원(다른 조합의 조합원은 제외)에 대한 것으로서 금리 등을 고려하여 금융위원회가 정하는 대출등[325]의 150%에 해당하는 금액
2. 조합이 해당 사업연도에 새로이 취급하는 대출등 중 제1호에 따른 대출등을 제외한 금액

2. 자금의 차입

(1) 원칙적 제한

신용협동조합이 사업을 수행하기 위하여 차입할 수 있는 자금의 한도는 직전 사업연도말 자산총액의 5%와 자기자본 중 큰 금액으로 한다(법41①, 영16의3).

(2) 예외적 허용

금융위원회가 정하는 기준[326]에 따라 중앙회장의 승인을 받은 경우에는 자산총액의 5% 또는 자기자본 중 큰 금액의 범위를 초과하여 자금을 차입할 수 있다(법41②).

3. 동일인에 대한 대출등의 한도

(1) 원칙적 제한

신용협동조합은 동일인에 대하여 원칙적으로 조합의 직전 사업연도말 자기자본의 20% 또

---

[325] "금융위원회가 정하는 대출등"이란 다음의 어느 하나에 해당하는 대출을 말한다(상호금융업감독규정4의6).
  1. 금융위로부터 보험업법 제4조 제1항 제2호 라목의 보증보험 경영을 허가받은 자가 발급한 개인에 대한 재무 신용 보증증권부 대출
  2. 분기 단위로 다음 각 목의 요건을 모두 충족하는 개인에 대한 신용대출상품의 해당분기 대출. 다만, 종료되지 않은 분기 중에 취급한 대출의 경우 해당 분기 종료까지는 다음 각 목의 요건을 충족하지 않은 것으로 본다.
    가. 신용등급(신용정보법 제4조에 따라 신용조회업을 허가받은 자로부터 제공받은 신용등급)이 4등급 이하인 차주에 대한 대출취급액 또는 대출취급건수가 해당 상품 전체 취급액 또는 취급건수의 70% 이상인 경우
    나. 가중평균금리가 8.5% 이하인 경우
    다. 최고금리가 12% 미만인 경우
    라. 분기 시작 3영업일 전 중앙회의 인터넷 홈페이지에 가목부터 다목까지의 요건을 모두 충족시키는 방향으로 운용되는 상품임을 공시한 경우
[326] 상호금융업감독규정 제5조(자금의 초과차입) ① 법 제41조 제2항의 규정에 의하여 금융위가 정하는 기준은 다음과 같다.
  1. 직전 사업년도말 자기자본의 2배와 자산총액의 10% 중 큰 금액의 범위내에서 시행령 제17조의2 제1항의 규정에 의한 금융기관으로부터의 차입
  2. 직전 사업년도말 자기자본의 3배와 자산총액의 15% 중 큰 금액의 범위내에서 중앙회 신용사업회계로부터의 차입(조합이 중앙회에 예치한 신용예탁금 범위내에서 실행되는 중앙회의 대출 또는 법 제55조 제2항의 규정에 의한 합병지원자금대출을 제외)
  3. 감독원장이 정하는 후순위 차입
  4. 법 제80조의2의 규정에 의한 기금으로부터의 차입
  ② 조합은 제1항 제3호에서 정하는 후순위차입금의 자금공여자에 대한 대출, 지급보증 등을 통하여 관련 자금을 직·간접적으로 지원할 수 없다.

는 자산총액의 1% 중 큰 금액을 초과하는 대출등을 할 수 없다(법42 본문). 이 경우 본인의 계산으로 다른 사람의 명의에 의하여 하는 대출등은 그 본인의 대출등으로 본다(법42 단서, 영16의4① 전단). 이 경우 금융위원회는 자기자본의 20%에 해당하는 금액과 자산총액의 1%에 해당하는 금액에 대하여 각각 최고한도를 설정할 수 있다(영16의4① 후단).[327)]

(2) 대출액 산정시 제외사항

위의 제한에도 불구하고 다음에 해당하는 대출은 동일인에 대한 대출액 산정시 이를 포함하지 아니한다(영16의4②).

1. 당해 조합에 대한 예탁금 및 적금을 담보로 하는 대출
2. 당해 조합과의 공제계약에 의하여 납입한 공제료를 담보로 하는 대출
3. 정부·한국은행 또는 은행이 보증하거나 동 기관이 발행 또는 보증한 증권을 담보로 하는 대출
4. 그 밖에 금융위원회가 정하는 대출[328)]

(3) 중앙회장의 초과 승인(예외적 허용)

신용협동조합은 동일인에 대하여 금융위원회가 정하는 기준에 따라 중앙회장의 승인을 받은 경우에는 예외적으로 한도를 초과하는 대출등을 할 수 있다(법42).[329)]

(4) 위반시 제재

신용협동조합 또는 중앙회의 임직원 또는 청산인이 법 제42조를 위반하여 동일인에 대한 대출등의 한도를 초과한 경우에는 2년 이하의 징역 또는 2천만원 이하의 벌금에 처한다(법99②

---

327) 상호금융업감독규정 제6조(동일인대출한도 등) ⑥ 시행령 제16조의4 제1항의 규정에 의하여 금융위가 자산총액의 1%에 해당하는 금액에 대하여 설정하는 최고한도는 7억원으로 한다.
　⑦ 시행령 제16조의4 제1항의 규정에 의하여 금융위가 자기자본의 20%에 해당하는 금액에 대하여 설정하는 최고한도는 50억원으로 한다. 다만, 직전 사업연도말 자기자본이 500억원 이상인 조합이 법인인 조합원에 대한 대출을 하는 경우에는 최고한도를 100억원으로 한다.
328) "금융위가 정하는 대출"이라 함은 다음과 같다(상호금융업감독규정6①).
　1. 농림수산업자신용보증기금이 보증하거나 농림수산정책자금대손보전기금 등에 의하여 대손보전이 이루어지는 대출
　2. 별표 1에 의한 총자본비율 산출시 위험가중치가 20% 이하인 대출. 이 경우 설립근거법이 동일한 조합에 대한 대출 또는 그에 의해 보증된 대출은 제외한다.
　3. 지역신용보증재단에 의하여 대손보증이 이루어지는 대출금
329) 중앙회장은 다음에 해당하는 경우에는 동일인대출한도를 초과하여 승인할 수 있다(상호금융업감독규정6②).
　1. 채무인수·상속·합병 및 영업양수 등에 의하여 대출채권을 불가피하게 양수한 경우
　2. 조합의 합병 또는 영업양수로 동일인대출한도를 초과하게 되는 경우
　3. 사고금의 보전목적 등 채권보전 조치를 위하여 필요한 경우
　4. 법률 제6345호 농어업인 부채경감에 관한 특별조치법에 의거 농어업인에 대해 부채경감 목적으로 대출을 취급함으로써 동일인대출한도를 초과하는 경우(신협은 제외)

(2)).

4. 상환준비금

(1) 상환준비금 보유

신용협동조합은 전월 말일 현재의 예탁금 및 적금 잔액의 10% 이상을 상환준비금으로 보유하여야 한다(법43①). 조합이 현재 상환준비금으로 보유하여야 하는 금액은 전월말일 현재의 예탁금 및 적금잔액의 10%로 한다(영17①).

(2) 상환준비금 예치

신용협동조합은 대통령령으로 정한 비율과 방법에 따라 상환준비금의 일부를 중앙회에 예치하여야 한다(법43①). 이에 따라 신용협동조합은 다음달 5일까지 보유한 상환준비금 중 50%에 상당하는 금액 이상을 중앙회에 예치하여야 한다(영17② 본문). 그러나 지역농업협동조합과 지역축산업협동조합(신용사업을 하는 품목조합을 포함), 지구별 수산업협동조합(수산업협동조합법 중개정법률 부칙 제5조에 따라 신용사업을 하는 조합을 포함), 산림조합의 경우에는 100%에 상당하는 금액 이상을 중앙회에 예치하여야 한다(영17② 본문).

다만 금융위원회는 중앙회 또는 조합의 건전한 운영을 위하여 필요하다고 인정하는 경우에는 지역농업협동조합과 지역축산업협동조합(신용사업을 하는 품목조합을 포함), 지구별 수산업협동조합(수산업협동조합법중개정법률 부칙 제5조에 따라 신용사업을 하는 조합을 포함), 그리고 산림조합 외의 조합에 대하여 상환준비금의 중앙회 예치비율을 상향조정할 수 있다(영17② 단서).

신용협동조합은 중앙회에 예치한 금액외의 상환준비금을 현금 또는 법 제44조 제2호(대통령령으로 정하는 금융기관에 예치)의 규정에 의한 방법으로 보유하여야 한다(영17③).

(3) 상환준비금의 운용수익 처분 순서

중앙회에 예치된 상환준비금의 운용수익은 다음의 순서에 의하여 처분한다(영17④).

1. 상환준비금의 운영 및 관리 등에 필요한 비용의 지급
2. 상환준비금에 대한 이자의 지급
3. 중앙회 결손금의 보전 [[2020. 12. 31까지 유효, 2003. 11. 4 제18113호 부칙 제2조]]
4. 그 밖에 금융위원회의 승인을 얻어 중앙회장이 정하는 방법

(4) 상환준비금의 운용방법

중앙회에 예치된 상환준비금의 운용은 ⅰ) 조합에 대한 대출, ⅱ) 예금자보호법에 따른 부보금융기관 및 우체국예금법에 따른 체신관서에의 예치, ⅲ) 조합에 대한 어음할인, ⅳ) 중앙회안의 예금자보호기금에 대한 대출, ⅴ) 안정성이 인정되는 유가증권[국채·지방채·특수채, 금

융위원회가 신용도 또는 신용평가등급 등을 고려하여 고시하는 회사채, 증권집합투자기구의 집합투자증권 또는 같은 법에 따른 신탁업자가 발행하는 수익증권으로서 상장주식등의 편입비율이 30% 이하인 것(매입한도는 전월말 상환준비금 운용자금의 10% 이내), 단기금융집합투자기구의 집합투자증권 등]의 매입으로 운용한다(상호금융업감독규정6의3①).

(5) 위반시 제재

조합 또는 중앙회가 법 제43조 제1항을 위반하여 상환준비금을 보유하지 아니하거나 중앙회에 예치하지 아니한 경우에는 2천만원 이하의 과태료를 부과한다(법101①(1의2)).

5. 여유자금의 운용

(1) 의의

신용협동조합은 다음의 어느 하나에 해당하는 방법으로 여유자금을 운용하여야 한다(법44).

1. 중앙회에 예치
2. 대통령령으로 정하는 금융기관에 예치
3. 국채·공채의 매입 또는 대통령령으로 정하는 종류 및 한도에서의 유가증권 매입

(2) 대통령령으로 정하는 금융기관에 예치

신용협동조합은 여유자금을 대통령령으로 정하는 금융기관에 예치할 수 있다(법44(2)). 여기서 "대통령령이 정하는 금융기관"이라 함은 예금자보호법 제2조 제1호의 규정에 의한 부보금융회사[330] 및 우체국예금보험법에 의한 체신관서를 말한다(영17의2①).

(3) 대통령령으로 정하는 종류 및 한도에서의 유가증권 매입

신용협동조합은 여유자금을 국채·공채의 매입 또는 대통령령으로 정하는 종류 및 한도에서의 유가증권 매입에 운용할 수 있다(법44(3)). 여기서 조합이 국채·공채 외에 매입할 수 있는 유가증권의 종류는 다음과 같다(영17의2②).

1. 금융위원회가 신용도 또는 신용평가등급 등을 고려하여 고시하는 회사채[331]

---

330) "부보금융회사"(附保金融會社)란 예금자보호에 따른 예금보험의 적용을 받는 자로서 다음의 어느 하나에 해당하는 금융회사를 말한다. 가. 은행, 나. 한국산업은행, 다. 중소기업은행, 라. 농협은행, 마. 수협은행, 바. 외국은행의 국내 지점 및 대리점(대통령령으로 정하는 외국은행의 국내 지점 및 대리점은 제외), 사. 투자매매업자·투자중개업자(다자간매매체결회사와 예금등이 없는 투자매매업자·투자중개업자로서 대통령령으로 정하는 자는 제외), 아. 증권금융회사, 자. 보험회사(재보험 또는 보증보험을 주로 하는 보험회사로서 대통령령으로 정하는 보험회사는 제외), 차. 종합금융회사, 카. 상호저축은행 및 상호저축은행중앙회
331) 조합이 여유자금으로 매입할 수 있는 회사채는 다음의 회사채를 말한다(상호금융업감독규정6의2②).
1. 시행령 제17조의2 제1항의 규정에 의한 부보금융기관 또는 체신관서가 지급보증한 회사채

2. 증권집합투자기구의 집합투자증권 또는 신탁업자가 발행하는 수익증권으로서 상장주식등 (증권시장 또는 이와 유사한 시장으로서 외국에 있는 시장에서 취득하는 주식과 장내파생 상품 및 장외파생상품으로서 위험회피 목적 외의 파생상품)의 편입비율이 30% 이하인 것

3. 단기금융집합투자기구의 집합투자증권

4. 그 밖에 조합의 여유자금 운용을 위하여 필요하다고 인정되는 것으로서 금융위원회가 정하 여 고시하는 유가증권[332]

(4) 매입 금지 유가증권

신용협동조합은 직전 사업연도 말 현재 자기자본의 100%을 초과하여 증권집합투자기구의 집합투자증권 또는 신탁업자가 발행하는 수익증권으로서 상장주식등(증권시장 또는 이와 유사한 시장으로서 외국에 있는 시장에서 취득하는 주식과 장내파생상품 및 장외파생상품으로서 위험회피 목적 외의 파생상품)의 편입비율이 30% 이하인 것과 그 밖에 조합의 여유자금 운용을 위하여 필요하 다고 인정되는 것으로서 금융위원회가 정하여 고시하는 유가증권을 매입하여서는 아니 된다 (영17의2③).

(5) 유가증권 매입한도

금융위원회는 조합의 건전한 여유자금 운용 등을 위하여 필요한 경우에는 유가증권의 신 용평가등급, 동일회사가 발행한 유가증권의 과다 매입에 따른 투자위험 등을 고려하여 그 매입 한도를 정하여 고시할 수 있다(영17의2④).[333][334]

---

2. 자본시장법 제335조의3에 따른 신용평가업인가를 받은 자("신용평가전문기관") 중에서 2(신용평가전문 기관의 업무정지등 부득이한 사유가 있는 경우에는 1) 이상의 자로부터 BBB+ 이상의 평가등급을 받 은 회사채. 다만 사모사채의 경우에는 신용평가전문기관으로부터 BBB+ 이상의 평가등급을 받은 경우 에도 이를 매입할 수 없다.

332) "금융위가 정하여 고시하는 유가증권"이라 함은 시행령 제17조의2 제1항의 부보금융기관이 지급을 보증하 거나 발행한 어음을 말한다(상호금융업감독규정6의2④).

333) 시행령 제17조의2 제4항의 규정에서 조합의 건전한 여유자금 운용 등을 위하여 금융위가 정하는 매입한도 는 다음과 같다(상호금융업감독규정6의2⑤).
   1. 시행령 제17조의2 제2항 제1호의 회사채의 경우 직전 사업연도말 자산총액의 30%와 여유자금[중앙회 와 시행령 제17조의2 제1항의 금융기관에 예치한 금액(상환준비금은 제외) 및 유가증권 매입액의 합계 액]의 60% 중 작은 금액
   2. 동일회사 발행 유가증권의 경우 직전 사업연도말 자기자본의 20%와 여유자금의 20% 중 큰 금액. 이 경우 여유자금의 20%에 해당하는 금액은 20억원을 초과할 수 없다.

334) 상호금융업감독규정 제7조(여유자금운용의 특례) ① 조합은 집합투자업자에 자산의 운용을 위탁할 목적으 로 집합투자증권을 취득하고자 하는 경우에는 다음의 기준을 준수하여야 한다.
   1. 사모집합투자기구로서 그 수익자 또는 주주가 각각 조합 1인인 투자신탁 또는 투자회사("사모단독집합 투자기구")일 것
   2. 자산운용의 목적, 주요투자대상 등 운용전략, 투자제한, 성과측정, 계약취소에 관한 사항 등을 기재한 자산운용지침서에 의할 것
   3. 제16조의3의 규정에 의한 내부규정 또는 지침에 다음 각목의 사항을 포함할 것
      가. 집합투자업자의 선정·해임 기준 및 절차에 관한 사항

6. 부동산의 소유제한

(1) 업무용 부동산의 범위

신용협동조합은 업무상 필요하거나 채무를 변제받기 위하여 부득이한 경우를 제외하고는 부동산을 소유할 수 없다(법45). 이에 따라 조합 또는 중앙회가 취득할 수 있는 업무용 부동산의 범위는 첫째, 영업장(건물 연면적의 10% 이상을 업무에 직접 사용하는 경우에 한하며, 조합원 또는 회원의 이용에 지장이 없는 범위안에서 영업장의 일부를 타인에게 임대할 수 있다), 둘째, 사택·기숙사·연수원 등의 용도로 직접 사용하는 부동산, 셋째, 복지사업에 직접 사용하는 부동산이다. 여기서 복지사업의 범위는 ⅰ) 사회복지사업: 어린이집, 노인 및 장애인 복지시설을 설치·운영하는 사업 기타 이에 준하는 사업, ⅱ) 문화후생사업: 주부대학 및 취미교실 등 사회교육시설을 설치·운영하는 사업, 탁구장·테니스장 및 체력단련장 등 생활체육시설을 설치·운영하는 사업, 예식장·독서실·식당 및 목욕탕 등 생활편의시설을 설치·운영하는 사업, 장학사업, ⅲ) 지역사회개발사업: 공동구매·판매사업, 창고업 및 장의업 기타 이에 준하는 사업이다(영18①②, 영16①).

(2) 비업무용 부동산의 매각

채무를 변제받기 위하여 부동산을 소유한 조합은 금융위원회가 정하여 고시하는 방법 및 절차에 따라 그 부동산을 처분하여야 한다(영18③).[335]

7. 고객응대직원에 대한 보호조치의무

조합은 신용협동조합에 따른 업무를 운영할 때 고객을 직접 응대하는 직원을 고객의 폭언이나 성희롱, 폭행 등으로부터 보호하기 위하여 다음의 조치를 하여야 한다(법45의2①).

나. 집합투자업자의 자산운용실적 평가에 관한 사항

다. 기타 여유자금 운용과 관련한 조직, 시스템 구축 등에 필요한 사항

② 조합이 "사모단독집합투자기구의 수익증권 또는 주식"을 보유하는 경우 법 제44조 및 시행령 제17조의 2의 규정을 적용함에 있어서는 당해 사모단독집합투자기구의 자산을 기준으로 한다.

③ 사모단독집합투자기구가 아닌 투자신탁 또는 투자회사로서 그 수익자 또는 주주가 조합 1인인 투자신탁 또는 투자회사("공모단독집합투자기구")에 대하여는 제1항 제2호·제3호 및 제2항의 규정을 준용한다.

335) 상호금융업감독규정 제10조(비업무용 부동산의 매각) ① 조합이 법 제45조의 규정에 따라 채무를 변제받기 위하여 부득이하게 취득한 비업무용부동산은 한국자산관리공사에 매각을 위탁하거나 1년 이내에 공개경쟁입찰 방법에 의하여 매각하여야 한다.

② 1항에서 규정한 공개경쟁입찰을 1회 이상 실시하여도 매각되지 아니하거나 이해관계자가 매각을 요구하는 경우에는 중앙회장이 정한 절차에 따라 수의계약으로 매각할 수 있다.

③ 제1항의 규정에 따른 공개경쟁입찰이 유찰 또는 보류되거나 제2항의 규정에 따른 수의계약 방식으로 1년 이내에 매각할 수 없는 경우에는 조합은 매각기한을 1년에 한하여 연장할 수 있다. 이 경우 조합은 최초 1년의 매각기한이 종료되기 전에 중앙회장에게 매각연기에 관한 사항을 보고하여야 한다.

1. 직원이 요청하는 경우 해당 고객으로부터의 분리 및 업무담당자 교체
2. 직원에 대한 치료 및 상담 지원
3. 고객을 직접 응대하는 직원을 위한 상시적 고충처리 기구 마련. 다만,「근로자참여 및 협력 증진에 관한 법률」제26조에 따라 고충처리위원을 두는 경우에는 고객을 직접 응대하는 직원을 위한 고충처리위원의 선임 또는 위촉
4. 그 밖에 직원의 보호를 위하여 필요한 법적 조치 등 "대통령령으로 정하는 조치"

제4호에서 "그 밖에 직원의 보호를 위하여 필요한 법적조치 등 대통령령으로 정하는 조치"란 다음의 조치를 말한다(영18의2).

1. 고객의 폭언이나 성희롱, 폭행 등("폭언등")이 관계 법률의 형사처벌규정에 해당된다고 판단되고 그 행위로 피해를 입은 직원이 요청하는 경우: 관할 수사기관 등에 고발
2. 고객의 폭언등이 관계 법률의 형사처벌규정에 해당되지는 아니하나 그 행위로 피해를 입은 직원의 피해정도 및 그 직원과 다른 직원에 대한 장래 피해발생 가능성 등을 고려하여 조치가 필요하다고 판단되는 경우: 관할 수사기관 등에 필요한 조치 요구
3. 직원이 직접 관할 수사기관 등에 폭언등의 행위를 한 고객에 대한 고소, 고발, 손해배상청구 등의 조치를 하는 데 필요한 행정적, 절차적 지원
4. 고객의 폭언등을 예방하거나 이에 대응하기 위한 직원의 행동요령 등에 대한 교육 실시
5. 그 밖에 고객의 폭언등으로부터 직원을 보호하기 위하여 필요한 사항으로서 금융위원회가 정하여 고시하는 조치

직원은 조합에 대하여 위의 조치를 요구할 수 있다(법45의2②). 조합은 직원의 요구를 이유로 직원에게 불이익을 주어서는 아니 된다(법45의2③).

제45조의2를 위반하여 직원의 보호를 위한 조치를 하지 아니하거나 직원에게 불이익을 준 조합에는 1천만원 이하의 과태료를 부과한다(법101②).

8. 법정적립금과 손익처분규제

신용협동조합은 매 사업연도 이익금의 10% 이상을 납입출자금 총액의 2배가 될 때까지 법정적립금으로 적립하여야 하며, 분할 또는 해산의 경우 외에는 법정적립금을 사용하거나 배당에 충당할 수 없다(법49①②).

신용협동조합의 사업연도 중에 생긴 손실금은 미처분잉여금, 특별적립금, 임의적립금의 순으로 보전하되, 잔여손실금이 있으면 다음 사업연도로 이월하여야 하고, 조합이 여러 사업연도에 걸쳐 계속하여 손실이 있고, 이를 보전할 적립금이 없을 때에는 총회에서 출석조합원 3분의 2 이상의 찬성에 의한 결의를 거쳐 중앙회장의 승인을 받아 자본금을 감소하여 각 조합원의

납입출자액이 감소된 것으로 할 수 있다(법52①②). 또한 조합은 손실금을 보전한 후가 아니면 이익금을 처분할 수 없으며, 조합이 법정적립금, 임의적립금, 그리고 특별적립금을 공제한 잔여이익금은 총회의 결의를 거쳐 납입출자금에 비례하여 조합원에게 배당한다. 이 경우 정관에서 정하는 바에 따라 이용실적에 비례한 배당을 병행할 수 있다(법53①②).

Ⅱ. 새마을금고

1. 자금의 차입한도 등

새마을금고법("법")에 의하면 새마을금고("금고")는 새마을금고중앙회("중앙회"), 국가, 공공단체 또는 금융기관으로부터 정관으로 정하는 바에 따라 소요 자금을 차입할 수 있다(법28③, 영14①). 금고의 차입금은 그 금고의 출자금 총액과 적립금의 합계액을 초과할 수 없다(영14② 본문). 다만, 중앙회로부터의 차입은 해당 금고의 총자산 범위를 초과할 수 없다(영14② 단서).

2. 여유자금의 운용

새마을금고의 여유자금은 ⅰ) 중앙회에의 예탁(제1호), ⅱ) 금융기관에의 예탁이나 신탁업자에의 금전신탁(제2호), ⅲ) 국채, 지방채 및 중앙회 회장이 정하는 유가증권의 매입(제3호) 등의 방법으로 운용할 수 있다(법28③, 영15).

3. 상환준비금

새마을금고는 전월 말일 현재의 예탁금 및 적금 잔액의 10% 이상을 상환준비금으로 보유하여야 하며, 상환준비금 중 2분의 1 이상을 중앙회에 예치하여야 한다(법28⑤). 따라서 새마을금고는 매월 말일 현재 보유하여야 하는 상환준비금 중 2분의 1 이상을 다음 달 5일까지 중앙회에 예탁하여야 하며, 나머지의 상환준비금은 특별한 사정이 없으면 시행령 제15조에 따른 방법으로 보유하여야 한다(영16①). 상환준비금의 예탁·보유에 필요한 사항은 회장이 정한다(영16②).

4. 불공정한 거래행위의 금지 등

(1) 의의

새마을금고는 다음의 어느 하나에 해당하는 행위("불공정거래행위")를 하여서는 아니 된다(법28의2①).

1. 여신거래와 관련하여 차용인의 의사에 반하여 예탁금, 적금 등 금고가 취급하는 상품의 가입 또는 매입을 강요하는 행위
2. 금고의 우월적 지위를 이용하여 차용인의 권익을 부당하게 침해하는 행위

(2) 불공정거래행위의 유형 및 기준

불공정거래행위의 구체적인 유형 및 기준은 다음과 같다(영16의2).

1. 여신거래와 관련하여 차용인의 의사에 반하여 예탁금, 적금 등 금고가 취급하는 상품의 해약 또는 인출을 제한하는 행위[336]
2. 여신거래와 관련하여 차용인 또는 제3자로부터 담보 또는 보증을 취득할 때 정당한 사유 없이 포괄근담보(현재 발생하였거나 장래에 발생할 다수의 채무 또는 불확정 채무를 일정한 한도에서 담보하기 위한 물건 또는 권리를 제공하는 것) 또는 포괄근보증(현재 발생하였거나 장래에 발생할 다수의 채무 또는 불확정 채무를 일정한 한도에서 보증하는 것)을 요구하는 행위[337]
3. 여신거래와 관련하여 제3자인 담보제공자에게 연대보증을 추가적으로 요구하는 행위[338]
4. 여신거래와 관련하여 차용인인 중소기업(중소기업기본법 제2조에 따른 중소기업 중 행정안전부장관이 정하여 고시하는 중소기업[339])의 대표자·임원 등 행정안전부장관이 정하여 고시하는 차용인의 관계인[340])의 의사에 반하여 금고가 취급하는 상품의 가입 또는 매입을 강

---

336) 차용인의 의사에 반하여 예금, 적금 등 금고가 취급하는 금융상품(시행령 제16조의2 제1호의 상품)의 해약 또는 인출을 제한하는 행위는 차용인의 동의 없이 담보권을 설정하거나 정당한 사유 없이 사고계좌 등으로 전산등록을 하는 방법으로 금융상품의 해약 또는 인출을 제한하는 행위를 말한다(새마을금고 감독기준4의2①).
337) 정당한 사유 없이 포괄근담보 또는 포괄근보증을 요구하는 행위는 다음의 어느 하나에 해당하는 행위를 말한다(새마을금고 감독기준4의3①).
　1. 차용인 또는 제3자로부터 담보를 취득할 경우 포괄근담보를 요구하는 행위. 다만, 다음 각 목의 요건을 모두 갖춘 경우에 한하여 포괄근담보로 운용할 수 있다.
　　가. 차용인이 해당 금고와 장기적으로 지속적인 거래관계가 있는 기업(개인기업을 포함)일 것
　　나. 금고가 포괄근담보의 설정효과에 대해 담보제공자에게 충분히 설명하고 담보제공자가 포괄근담보의 설정에 동의할 것
　　다. 금고가 포괄근담보가 담보제공자에게 객관적으로 편리하다는 사실을 구체적으로 입증할 수 있는 자료를 작성하여 보관할 것
　2. 차용인 또는 제3자로부터 담보를 취득하면서 담보되는 채무의 종류와 범위를 포괄적으로 정하여 사실상 포괄근담보를 요구하는 행위
　3. 차용인 또는 제3자로부터 보증을 취득할 경우 포괄근보증을 요구하는 행위. 다만, 기업의 실질적 소유주(과점주주를 포함)라고 판단되는 경우에 한하여 포괄근보증으로 운용할 수 있다.
338) 제3호와 관련하여 제3자가 해당 금고에 예치되어 있는 예탁금, 적금 등을 담보로 제공하고, 연대보증의 책임을 담보제공 범위 내로 제한하는 경우에는 불공정거래행위로 보지 아니한다(새마을금고 감독기준4의3②).
339) "행정안전부장관이 정하여 고시하는 중소기업"이란 중소기업기본법 제2조 제1항에 따른 중소기업 중 통계법에 따른 한국표준산업분류상 금융업, 보험 및 연금업, 금융 및 보험 관련 서비스업을 영위하는 중소기업과 주채무계열에 소속된 중소기업은 제외한 중소기업을 말한다(새마을금고 감독기준4의2②).

요하는 행위

5. 여신거래와 관련하여 차용인인 중소기업, 그 밖에 행정안전부장관이 정하여 고시하는 차용 인 및 차용인의 관계인[341])에게 여신실행일 전후 1개월 이내에 금고가 취급하는 상품을 판매하는 행위로서 금고가 취급하는 상품의 특성·판매금액 등을 고려하여 행정안전부장관이 정하여 고시하는 요건에 해당하는 행위[342])

6. 그 밖에 제1호부터 제5호까지의 규정에 준하는 행위로서 차용인의 권익을 보호하기 위하여 행정안전부장관이 정하여 고시하는 행위[343)344])

---

340) "행정안전부장관이 정하여 고시하는 차용인의 관계인"이란 제2항에 따른 중소기업의 대표자·임원·직원 및 그 가족(민법 제779조 제1항 제1호 중 배우자 및 직계혈족)을 말한다(새마을금고 감독기준4의2③).

341) "차용인인 중소기업, 그 밖에 행정안전부장관이 정하여 고시하는 차용인 및 차용인의 관계인"이란 차용인인 중소기업, 차용인인 신용등급이 낮은 개인(금고의 신용평가 결과 신용평가회사의 신용등급 기준 7등급 이하의 신용등급에 해당하는 자)과 차용인의 관계인 중 중소기업의 대표자를 말한다(새마을금고 감독기준 4의2④).

342) 새마을금고 감독기준 제4조의2(구속행위 금지) ⑤ 시행령 제16조의2 제5호에서 "행정안전부장관이 정하여 고시하는 요건에 해당하는 행위"란 다음의 행위를 말한다.
  1. 여신실행일 전후 1월 이내에 다음 각 목의 어느 하나를 중앙회장이 정하는 방법으로 산출된 월수입금액이 여신금액의 1%를 초과하여 판매하는 행위
    가. 법 제28조 제1항 1호에 따른 예탁금, 적금
    나. 중소기업협동조합법 제115조에 따른 소기업·소상공인공제
    다. 전자금융거래법에 따른 선불전자지급수단, 상품권 등을 포함하며, 「전통시장 및 상점가 육성을 위한 특별법」 제2조 제12호에 따른 온누리상품권 및 지방자치단체가 발행한 상품권을 제외한다.
  2. 여신실행일 전후 1월 이내에 제1호 나목에 해당하지 아니하는 공제를 판매하는 행위
  ⑥ 제5항의 규정에도 불구하고 다음 각 호와 같이 해당 차용인에 대한 보호에 문제가 발생할 우려가 적다고 판단되는 경우는 제외한다. 다만 제3호 및 제4호는 제5항 제2호에 규정된 금융상품에 대하여는 적용하지 아니한다.
  1. 법령에 따라 차용인이 금융상품을 해당 금고에 가입하는 것이 불가피한 경우
  2. 입출금이 자유로운 예금상품으로서 전액인출이 가능한 금융상품에 가입하거나, 상품권·선불카드를 기업의 내부수요 목적(직원복지용, 거래업체 선물용 등 기업 경영을 위해 필요한 경우)으로 구입하는 경우 또는 영업활동을 위한 대금 결제 또는 담보물 교체를 위해 금융상품에 가입하는 등 금융거래상 차용인에게 필요한 경우
  3. 여신실행일 전에 판매된 금융상품으로서 동 금융상품을 담보로 하고 그 담보가능금액 범위 내에서 대출을 취급하는 경우
  4. 월수입금액이 10만원 이하이고, 일시에 수취하는 금액이 100만원 이하인 소액상품 등 차용인의 여유자금 운용을 위해 필요한 금융상품을 판매하는 경우
  5. 금융상품을 만기해지 또는 중도해지한 후 해지금액 범위 내에서 재예치하는 경우
  6. 담보물의 보존을 위해 화재보험 등이 필요하여 차용인의 의사에 따라 여신실행 금고의 화재공제에 가입하는 경우

343) 새마을금고 감독기준 제4조의2(구속행위 금지) ⑦ 시행령 제16조의2 제6호에서 "행정안전부장관이 정하여 고시하는 행위"란 다음의 어느 하나에 해당하는 행위를 말한다.
  1. 여신거래와 관련하여 제3자 명의를 이용하거나 여신거래사무소 이외의 다른 사무소 또는 다른 금고를 이용하여 이루어지는 거래를 통해 실질적으로 차용인의 자금사용을 제한하는 행위
  2. 여신실행일 전후 1월 이내에 법 제9조에 따른 출자금의 납입(회원가입 및 유지를 위한 출자금은 제외)을 차용인의 의사에 반하여 강요하는 행위
  ⑧ 중앙회장은 금고 또는 그 임직원이 시행령 제16조의2 제1호·제4호·제5호·제6호의 규정을 위반하여

(3) 위반시 제재

법 제28조의2를 위반하여 불공정거래행위를 한 새마을금고에는 5천만원 이하의 과태료를 부과하고(법88①), 제28조의2를 위반한 새마을금고의 임직원에게는 1천만원 이하의 과태료를 부과한다(법88②).

5. 동일인 대출한도

(1) 원칙적 제한

새마을금고의 동일인에 대한 대출은 제35조 제1항에 따른 자기자본의 20% 또는 총자산의 1% 중 큰 금액의 범위에서 "대통령령으로 정하는 한도"를 초과하지 못한다(법29① 본문). 이 경우 본인의 계산으로 다른 사람의 명의에 의하여 행하는 대출은 그 본인의 대출로 본다(법29②). 여기서 "대통령령이 정하는 한도"란 다음의 금액 중 큰 금액을 말한다(영16의3①).

1. 직전 사업연도말 자기자본의 20%에 해당하는 금액. 이 경우 행정안전부장관은 그 금액의 최고한도를 정하여 고시할 수 있다.[345]
2. 직전 사업연도말 자산총액의 1%에 해당하는 금액. 이 경우 행정안전부장관은 그 금액의 최고한도를 정하여 고시할 수 있다.[346]

(2) 대출액 산정시 제외사항

동일인에 대한 대출한도를 산정하는 경우 행정안전부장관이 정하여 고시하는 대출[347]은

과태료의 부과를 행정안전부에 건의하는 경우에는 <별표 10>을 따라야 한다.
[344] 다음의 어느 하나에 해당하는 행위는 시행령 제16조의2 제6호에 따른 불공정거래행위로 본다(새마을금고 감독기준4의3③).
   1. 통상적인 대출담보비율을 초과하여 담보와 계열회사의 채무보증을 이중으로 요구하거나 계열회사의 중복채무보증을 요구하는 행위
   2. 여신취급과 관련하여 백지수표를 받거나 담보용 백지어음의 보충권을 남용하는 행위
   3. 여신거래처 고용임원에 대하여 연대입보를 요구하는 행위
   4. 신용보증기금의 신용보증서 등 공신력 있는 금융기관의 지급보증서를 담보로 하는 여신에 대하여 연대보증인의 보증을 요구하는 행위. 다만, 부득이하여 보증하는 경우에도 연대보증인의 보증채무는 동 지급보증서에 의하여 담보되지 아니하는 부분에 한한다는 것을 명확하게 하여야 한다.
   5. 금고 또는 그 임직원이 업무와 관련하여 직접 또는 간접적으로 금고이용자 또는 이해관계자로부터 금전, 물품, 편익 등을 부당하게 요구하거나 제공받는 행위로써 다음 각 목의 어느 하나에 해당하는 것을 말한다.
      가. 금고가 제공받은 금전 등의 이익이 사회적 상규에 반하거나 공정한 업무수행을 저해하는 경우
      나. 거래상대방과 비정상적인 금융상품 거래계약체결 등을 통해 이루어지는 경우
[345] 영 제16조의3 제1항의 규정에 의하여 장관이 자기자본의 20%에 해당하는 금액에 대하여 설정하는 최고한도는 50억원으로 한다. 다만, 직전사업연도말 자기자본이 500억원 이상인 금고가 법인인 회원에 대한 대출을 하는 경우에는 최고한도를 100억원으로 한다(새마을금고 감독기준5⑤).
[346] 영 제16조의3 제1항의 규정에 의하여 장관이 자산총액의 1%에 해당하는 금액에 대하여 설정하는 최고한도는 7억원으로 한다(새마을금고 감독기준5④).

대출액 산정에 포함하지 아니할 수 있다(영16의3②).

(3) 중앙회장의 초과 승인(예외적 허용)

주무부장관이 정하는 기준에 따라 회장의 승인을 받은 경우에는 동일인 대출한도를 초과한 대출을 할 수 있다(법29① 단서).[348]

(4) 위반시 제재

새마을금고나 중앙회의 임직원 또는 청산인이 법 제29조(제67조 제4항에서 준용하는 경우를 포함)를 위반한 경우에는 3년 이하의 징역이나 3천만원 이하의 벌금에 처한다(법85②(5)).

6. 비회원의 사업 이용

새마을금고는 회원의 이용에 지장이 없는 범위에서 비회원에게 사업을 이용하게 할 수 있다(법30).

7. 부동산 등의 소유제한

새마을금고는 사업상 필요하거나 채무를 변제받기 위하여 부득이한 경우 외에는 동산이나 부동산을 소유할 수 없다(법31). 새마을금고나 중앙회의 임직원 또는 청산인이 법 제31조(제70조 제4항에서 준용하는 경우를 포함)를 위반하여 금고나 중앙회로 하여금 동산이나 부동산을 소유하게 한 경우에는 3년 이하의 징역이나 3천만원 이하의 벌금에 처한다(법85②(7)).

---

347) 새마을금고 감독기준 제5조(동일인 대출한도 등) ② 시행령 제16조의3 제2항의 규정에서 "행정안전부장관이 정하는 대출"이라 함은 다음과 같다.
  1. 금고에 대한 예탁금 및 적금을 담보로 하는 대출
  2. 금고와의 공제계약에 의하여 납입한 공제료를 담보로 하는 대출
  3. 다음의 어느 하나에 해당하는 기관이 보증하거나 동 기관이 발행 또는 보증한 증권을 담보로 하는 대출
    가. 정부 또는 지방자치단체
    나. 한국은행 또는 은행
    다. 지역신용보증재단법에 의한 신용보증재단
    라. 한국자산관리공사 또는 예금보험공사
  4. 위험가중자산대비 자기자본비율 산출 시 위험가중치가 20% 이하인 대출. 다만, 다른 금고에 대한 대출 또는 그에 의해 보증된 대출은 제외한다.
  ③ 금고의 출자금 환급, 결손금 발생 등으로 자기자본 또는 자산총액이 감소하여 동일인 대출한도 범위를 초과하지 아니하던 대출금이 동일인 대출한도를 초과하게 된 경우에는 그 한도가 초과한 날로부터 만기일 이내에 한도에 적합하도록 하여야 한다.
348) 회장은 다음의 어느 하나에 해당하는 경우에는 법 제29조 제1항의 규정에 의한 동일인 대출한도를 초과한 대출을 승인할 수 있다(새마을금고 감독기준5①).
  1. 채무자가 채무인수·상속·합병 및 영업양수 등에 의하여 대출채권을 불가피하게 양수한 경우
  2. 금고간의 합병·영업양수 또는 계약이전이 이루어지는 경우
  3. 사고금의 보전목적 등 채권보전 조치를 위하여 필요한 경우
  4. 농어업재해대책법 및 자연재해대책법에 의거 재해대책 목적으로 대출을 취급하는 경우

제8절 대부업

Ⅰ. 대부계약의 체결

1. 대부계약서 교부 및 설명의무

대부업법에 따른 대부업자가 그의 거래상대방과 대부계약을 체결하는 경우에는 거래상대 방이 본인임을 확인하고 다음의 사항이 적힌 대부계약서를 거래상대방에게 교부하여야 한다 (대부업법6①).

1. 대부업자(그 영업소를 포함) 및 거래상대방의 명칭 또는 성명 및 주소 또는 소재지
2. 계약일자
3. 대부금액
3의2. 제8조 제1항에 따른 최고이자율
4. 대부이자율(제8조 제2항에 따른 이자율의 세부내역 및 연 이자율로 환산한 것을 포함)
5. 변제기간 및 변제방법
6. 제5호의 변제방법이 계좌이체 방식인 경우에는 변제를 받기 위한 대부업자 명의의 계좌번호
7. 해당 거래에 관한 모든 부대비용
8. 손해배상액 또는 강제집행에 관한 약정이 있는 경우에는 그 내용
9. 보증계약을 체결한 경우에는 그 내용
10. 채무의 조기상환수수료율 등 조기상환조건
11. 연체이자율
12. 그 밖에 대부업자의 거래상대방을 보호하기 위하여 필요한 사항으로서 대통령령으로 정하 는 사항349)

대부업자는 대부계약을 체결하는 경우에는 거래상대방에게 위의 사항을 모두 설명하여야 한다(법6②).

---

349) "대통령령으로 정하는 사항"이란 다음의 사항을 말한다(영4①).
　　1. 대부업등 등록번호
　　2. 삭제[2010. 4. 20.]
　　3. 기한의 이익 상실에 관한 약정이 있는 경우에는 그 내용
　　4. 대부원리금의 변제 순서에 관한 약정이 있는 경우에는 그 내용
　　5. 채무 및 보증채무와 관련된 증명서의 발급비용과 발급기한

2. 보증계약서 교부 및 설명의무

대부업자가 대부계약과 관련하여 보증계약을 체결하는 경우에는 다음의 사항이 적힌 보증
계약서 및 대부계약서 사본을 보증인에게 교부하여야 한다(법6③).

1. 대부업자(그 영업소를 포함)·주채무자 및 보증인의 명칭 또는 성명 및 주소 또는 소재지
2. 계약일자
3. 보증기간
4. 피보증채무의 금액
5. 보증의 범위
6. 보증인이 주채무자와 연대하여 채무를 부담하는 경우에는 그 내용
7. 그 밖에 보증인을 보호하기 위하여 필요한 사항으로서 대통령령으로 정하는 사항[350]

대부업자는 대부계약과 관련하여 보증계약을 체결하는 경우에는 보증인에게 위의 사항을
모두 설명하여야 한다(법6④).

3. 계약서 등 보관의무

대부업자는 대부계약을 체결하거나 보증계약을 체결한 경우에는 그 계약서와 "대통령령으
로 정하는 계약관계서류"(대부업자의 거래상대방 또는 보증인이 채무를 변제하고 계약서 및 계약관계
서류의 반환을 서면으로 요구함에 따라 이를 반환한 경우에는 그 사본 및 반환요구서)를 대부계약 또는
보증계약을 체결한 날부터 채무변제일 이후 2년이 되는 날까지 보관하여야 한다(법6⑤). 여기
서 "대통령령으로 정하는 계약관계서류"란 다음의 서류를 말한다(영4②).

1. 대부계약대장
2. 채무자와 날짜별로 원리금 및 부대비용을 주고 받은 내역
3. 담보 관련 서류 등 거래상대방(보증인을 포함)이 대부계약 또는 그와 관련된 보증계약의 체
   결과 관련하여 제출한 서류(채무자가 채무를 변제하고 관련 서류의 반환을 서면으로 요구
   하여 반환한 경우에는 그 반환요구서)

---

350) "대통령령으로 정하는 사항"이란 다음의 사항을 말한다(영4①).
　　1. 대부업등 등록번호
　　2. 삭제[2010. 4. 20]
　　3. 기한의 이익 상실에 관한 약정이 있는 경우에는 그 내용
　　4. 대부원리금의 변제 순서에 관한 약정이 있는 경우에는 그 내용
　　5. 채무 및 보증채무와 관련된 증명서의 발급비용과 발급기한

4. 계약서 등 열람요구

대부계약 또는 그와 관련된 보증계약을 체결한 자 또는 그 대리인은 대부업자에게 그 계약서와 대통령령으로 정하는 계약관계서류의 열람을 요구하거나 채무 및 보증채무와 관련된 증명서의 발급을 요구할 수 있다. 이 경우 대부업자는 정당한 사유 없이 이를 거부하여서는 아니 된다(법6⑥).

5. 위반시 제재

법 제6조 제2항 또는 제4항을 위반하여 설명을 하지 아니한 자에게는 5천만원 이하의 과태료를 부과한다(법21(4)).

Ⅱ. 중요사항의 자필 기재

1. 거래상대방의 자필 기재

대부업자는 그의 거래상대방과 대부계약을 체결하는 경우에는 대부금액, 대부이자율, 변제기간, 연체이자율 등을 자필로 기재하게 하여야 한다(법6의2①, 영4의2①).

2. 보증인의 자필 기재

대부업자는 대부계약과 관련하여 보증계약을 체결하는 경우에는 보증기간, 피보증채무의 금액, 보증의 범위, 연체이자율 등을 그 보증인이 자필로 기재하게 하여야 한다(법6의2②, 영4의2①).

3. 자필 기재 간주

대부계약 또는 이와 관련된 보증계약을 체결할 때 다음의 어느 하나에 해당하는 경우에는 대부업자는 제1항의 사항 또는 제2항의 사항을 거래상대방 또는 보증인이 자필로 기재하게 한 것으로 본다(법6의2③).

1. 전자서명법 제2조 제8호에 따른 공인인증서를 이용하여 거래상대방 또는 보증인이 본인인지 여부를 확인하고, 인터넷을 이용하여 제1항의 사항 또는 제2항의 사항을 거래상대방 또는 보증인이 직접 입력하게 하는 경우
2. 그 밖에 거래상대방 또는 보증인이 본인인지 여부 및 제1항의 사항 또는 제2항의 사항에 대한 거래상대방 또는 보증인의 동의 의사를 음성 녹음 등 대통령령으로 정하는 방법351)으로

---

351) "음성 녹음 등 대통령령으로 정하는 방법"이란 다음의 사항을 모두 충족하는 방법을 말한다(영4의2②).

확인하는 경우

Ⅲ. 과잉 대부의 금지

1. 변제능력 파악의무가 필요한 경우

대부업자는 대부계약을 체결하려는 경우에는 미리 거래상대방으로부터 그 소득·재산 및 부채상황에 관한 것으로서 "대통령령으로 정하는 증명서류"를 제출받아 그 거래상대방의 소득·재산 및 부채상황을 파악하여야 한다(법7① 본문).

여기서 "대통령령으로 정하는 증명서류"란 다음의 구분에 따른 서류를 말한다(영4의3①).

1. 거래상대방이 개인인 경우
    가. 소득세법 제143조에 따른 근로소득 원천징수영수증, 같은 법 제144조에 따른 사업소득 원천징수영수증, 소득금액증명원, 급여통장 사본, 연금증서 중 어느 하나의 소득증명서류
    나. 법 제6조 제6항 전단에 따른 증명서로서 부채 잔액 증명서[신용정보법에 따른 신용조회업을 하는 회사 또는 종합신용정보집중기관을 통한 신용정보조회("신용정보조회") 결과를 제출하지 아니하는 경우만 해당]
    다. 부동산 등기권리증, 부동산 임대차계약서 등 재산상 권리관계를 증명할 수 있는 서류 (담보대출인 경우만 해당)
    라. 신용정보조회 결과(등록한 대부업자가 대부계약을 체결하려는 경우만 해당)
    마. 그 밖에 소득, 재산 및 부채상황을 파악할 수 있는 서류
2. 거래상대방이 법인인 경우
    가. 감사보고서(외부감사법에 따른 외부감사의 대상인 법인만 해당)
    나. 부가가치세법시행령」 제11조 제5항에 따른 사업자등록증, 지방세 세목별 과세증명서 및 지방세 납세증명서
    다. 제1호 나목, 다목 및 마목의 서류

대부업자는 위 증명서류를 거래상대방의 소득·재산 및 부채상황을 파악하기 위한 용도 외의 목적으로 사용하여서는 아니 된다(법7③).

---

1. 유무선 통신을 이용하여 거래상대방이 본인인지 여부와 법 제6조의2 제1항 각 호의 사항에 관하여 질문 또는 설명하고 그에 대한 거래상대방의 답변 또는 확인내용을 음성 녹음할 것
2. 제1호에 따른 음성 녹음 내용을 다음 각 목의 방법 중 거래상대방이 요청하는 방법으로 확인할 수 있도록 할 것. 이 경우 대부업자는 거래상대방에게 서면확인서를 요청할 수 있음을 대부계약 체결 전에 알려야 한다.
    가. 전화
    나. 인터넷 홈페이지
    다. 서면확인서

2. 변제능력 파악의무가 불필요한 경우

대부금액이 "대통령령으로 정하는 금액" 이하인 경우에는 그 거래상대방의 소득·재산 및 부채상황을 파악할 필요가 없다(법7① 단서). 여기서 "대통령령으로 정하는 금액"이란 다음의 금액을 말한다(영4의3② 전단). 이 경우 금액은 해당 대부업자가 대부계약을 체결하려는 거래상 대방에게 이미 대부한 금액의 잔액과 새로 대부계약을 체결하려는 금액을 합하여 산정한다(영4 의3② 후단).

1. 거래상대방이 29세 이하이거나 70세 이상인 경우: 100만원
2. 제1호 외의 거래상대방인 경우: 300만원

3. 변제능력 초과 대부 계약체결 금지

대부업자는 거래상대방의 소득·재산·부채상황·신용 및 변제계획 등을 고려하여 객관적 인 변제능력을 초과하는 대부계약을 체결하여서는 아니 된다(법7②).

4. 위반시 제재

법 제7조 제3항을 위반하여 서류를 해당 용도 외의 목적으로 사용한 자는 5년 이하의 징 역 또는 5천만원 이하의 벌금에 처한다(법19①(2)).

Ⅳ. 대부업자의 이자율 제한

1. 이자율 제한

대부업자가 개인이나 중소기업기본법 제2조 제2항에 따른 소기업(小企業)에 해당하는 법 인에 대부를 하는 경우 그 이자율은 연 27.9% 이하의 범위에서 연 24%를 초과할 수 없다(법8 ①, 영5②). 대부업자가 이를 위반하여 대부계약을 체결한 경우 초과하는 부분에 대한 이자계약 은 무효로 한다(법8④). 대부업자가 선이자를 사전에 공제하는 경우에는 그 공제액을 제외하고 채무자가 실제로 받은 금액을 원본으로 하여 이자율을 산정한다(법8⑥).

이자율을 산정할 때 사례금, 할인금, 수수료, 공제금, 연체이자, 체당금(替當金) 등 그 명칭 이 무엇이든 대부와 관련하여 대부업자가 받는 것은 모두 이자로 본다(법8② 본문). 다만, 해당 거래의 체결과 변제에 관한 부대비용으로서 담보권 설정비용 및 신용조회비용(신용정보법 제4조 제1항 제1호의 업무를 허가받은 자에게 거래상대방의 신용을 조회하는 경우만 해당)의 경우는 이자로

보지 않는다(법8② 단서, 영5④).

2. 연체이자율 제한

대부업자가 개인이나 중소기업기본법 제2조 제2항에 따른 소기업(小企業)에 해당하는 법인에 대부를 하는 경우 대통령령으로 정하는 율[352]을 초과하여 대부금에 대한 연체이자를 받을 수 없다(법8③).

3. 초과이자 충당 순서

채무자가 대부업자에게 이자율을 초과하는 이자를 지급한 경우 그 초과 지급된 이자 상당 금액은 원본(元本)에 충당되고, 원본에 충당되고 남은 금액이 있으면 그 반환을 청구할 수 있다(법8⑤).

4. 위반시 제재

법 제8조에 따른 이자율을 초과하여 이자를 받은 자는 5년 이하의 징역 또는 5천만원 이하의 벌금에 처한다(법19①(3)).

5. 미등록대부업자의 이자율 제한

미등록대부업자가 대부를 하는 경우의 이자율에 관하여는 이자제한법 제2조 제1항 및 대부업법 제8조 제2항부터 제6항까지의 규정을 준용한다(법11①).

이자제한법 제2조 제1항은 "금전대차에 관한 계약상의 최고이자율은 연 25% 초과하지 아니하는 범위 안에서 대통령령으로 정한다"고 규정하고, 대통령령인 "이자제한법 제2조 제1항의 최고이자율에 관한 규정"은 금전대차에 관한 계약상의 최고이자율을 연 24%로 정하고 있다.

법 제11조 제1항에 따른 이자율을 초과하여 이자를 받은 자는 5년 이하의 징역 또는 5천만원 이하의 벌금에 처한다(법19①(3)).

6. 여신금융기관의 이자율 제한

(1) 개요

대부업자를 제외한 여신금융기관도 대부업자와 동일하게 연 27.9%의 범위에서 연 24%를 초과할 수 없다(법15①, 영9①). 여기서 "여신금융기관"이란 대통령령으로 정하는 법령[353]에 따

---

352) "대통령령으로 정하는 율"이란 금융위원회가 대부자금의 조달비용, 연체금의 관리비용, 연체금액, 연체기간, 대부계약의 특성 등을 고려하여 정하는 연체이자율을 말한다. 이 경우 연 24%를 초과할 수 없다(영5⑤).

라 인가 또는 허가 등을 받아 대부업을 하는 금융기관을 말한다(법2(4)). 이자율을 산정할 때에는 대부업법 제8조 제2항을 준용한다(법15②).

　여신금융기관은 대부자금의 조달비용, 연체금의 관리비용, 연체금액, 연체기간, 금융업의 특성 등을 고려하여 대통령령으로 정하는 율을 초과하여 대부금에 대한 연체이자를 받을 수 없다(법15③). 여신금융기관이 기준을 초과하여 이자 또는 연체이자를 받은 경우 그 이자계약의 효력 등에 관하여는 대부업법 제8조 제4항부터 제6항까지의 규정을 준용한다(법15⑤).

(2) 시정명령과 제재

　금융위원회는 법 제15조 제1항 및 제3항을 위반하여 이자 및 연체이자를 받는 여신금융기관에 대하여 그 시정을 명할 수 있다(법15④). 이 시정명령을 이행하지 아니한 자는 3년 이하의 징역 또는 3천만원 이하의 벌금에 처한다(법19②(10)).

V. 대부조건의 게시와 광고

1. 대부조건 게시의무

　대부업자는 등록증, 대부이자율, 이자계산방법, 변제방법, 연체이자율, 대부업 등록번호, 대부계약과 관련한 부대비용의 내용 등을 일반인이 알 수 있도록 영업소마다 게시하여야 한다(법9①, 영6①).

2. 대부업자의 광고포함사항

　대부업자가 대부조건 등에 관하여 표시 또는 광고(표시광고법에 따른 표시 또는 광고를 말한다. 이하 "광고"라 한다)를 하는 경우에는 다음의 사항을 포함하여야 한다(법9②).

1. 명칭 또는 대표자 성명
2. 대부업 등록번호
3. 대부이자율(연 이자율로 환산한 것을 포함) 및 연체이자율
4. 이자 외에 추가비용이 있는 경우 그 내용
5. 채무의 조기상환수수료율 등 조기상환조건
6. 과도한 채무의 위험성 및 대부계약과 관련된 신용등급의 하락 가능성을 알리는 경고문구

---

353) "대통령령으로 정하는 법령"이란 다음의 법률을 말한다(영2의2). 1. 은행법, 2. 중소기업은행법, 3. 한국산업은행법, 4. 한국수출입은행법, 5. 한국은행법, 6. 자본시장법, 7. 상호저축은행법, 8. 농업협동조합법, 9. 수산업협동조합법, 10. 신용협동조합법, 11. 산림조합법, 12. 새마을금고법, 13. 보험업법, 14. 여신전문금융업법, 15. 자산유동화법, 16. 우체국 예금보험법, 17. 중소기업창업 지원법, 18. 그 밖에 금융위원회가 정하여 고시하는 법률

및 그 밖에 대부업자의 거래상대방을 보호하기 위하여 필요한 사항으로서 대통령령으로 정하는 사항354)

3. 대부중개업자의 광고포함사항

대부중개업자가 대부조건 등에 관하여 광고를 하는 경우에는 다음의 사항을 포함하여야 한다(법9③).

1. 명칭 또는 대표자 성명
2. 대부중개업 등록번호
3. 중개를 통하여 대부를 받을 경우 그 대부이자율(연 이자율로 환산한 것을 포함) 및 연체 이자율
4. 이자 외에 추가비용이 있는 경우 그 내용
5. 채무의 조기상환수수료율 등 조기상환조건
6. 과도한 채무의 위험성 및 대부계약과 관련된 신용등급의 하락 가능성을 알리는 경고문구 및 그 밖에 대부중개업자의 거래상대방을 보호하기 위하여 필요한 사항으로서 대통령령으로 정하는 사항355)

4. 대부업자 · 대부중개업자의 광고방식

대부업자 · 대부중개업자(대부업자등)은 광고를 하는 경우에는 일반인이 광고포함사항을 쉽게 알 수 있도록 다음의 방식에 따라 광고의 문안과 표기를 하여야 한다(법9④, 영6의2)).

1. 대부업자등의 상호의 글자는 상표의 글자보다 크게 하고, 쉽게 알아볼 수 있도록 할 것

---

354) "대통령령으로 정하는 사항"이란 다음 사항을 말한다(영6②).
  1. 영업소의 주소와 법 제3조 제3항 제6호에 따라 등록된 표시 또는 광고("광고")에 사용되는 전화번호[2 이상의 특별시 · 광역시 · 특별자치시 · 도 또는 특별자치도("시 · 도")에 영업소를 설치한 대부업자인 경우에는 본점의 주소와 광고에 사용되는 전화번호]
  2. 현재 등록되어 있는 시 · 도 또는 금융위원회("시 · 도등")의 명칭과 등록정보를 확인할 수 있는 시 · 도등의 전화번호
  3. 과도한 채무의 위험성 및 대부계약과 관련된 신용등급의 하락 가능성을 알리는 별표 1 제2호 가목에 따른 경고문구
355) "대통령령으로 정하는 사항"이란 다음 사항을 말한다(영6③).
  1. 영업소의 주소와 법 제3조 제3항 제6호에 따라 등록된 표시 또는 광고("광고")에 사용되는 전화번호[2 이상의 특별시 · 광역시 · 특별자치시 · 도 또는 특별자치도("시 · 도")에 영업소를 설치한 대부업자인 경우에는 본점의 주소와 광고에 사용되는 전화번호]
  2. 현재 등록되어 있는 시 · 도 또는 금융위원회("시 · 도등")의 명칭과 등록정보를 확인할 수 있는 시 · 도등의 전화번호
  3. 과도한 채무의 위험성 및 대부계약과 관련된 신용등급의 하락 가능성을 알리는 별표 1 제2호 가목에 따른 경고문구

2. 등록번호, 전화번호, 대부이자율, 대부계약과 관련된 부대비용, 제6조 제2항 제3호(과도한 채무의 위험성 및 대부계약과 관련된 신용등급의 하락 가능성을 알리는 별표 1 제2호 가목에 따른 경고문구) 및 제3항 제3호·제4호(중개수수료를 요구하거나 받는 것은 불법이라는 문구와 과도한 채무의 위험성 및 대부계약과 관련된 신용등급의 하락 가능성을 알리는 별표 1 제2호 가목에 따른 경고문구)의 문구는 상호의 글자와 글자 크기를 같거나 크게 하고, 그 밖의 광고사항과 쉽게 구별할 수 있도록 할 것

3. 별표 1에 따른 대부업자등의 광고 표시기준을 준수할 것

5. 대부업자·대부중개업자의 광고시간

대부업자등은 다음의 시간에는 방송법 제2조 제1호[356])에 따른 방송을 이용한 광고를 하여서는 아니 된다(법9⑥).

1. 평일: 오전 7시부터 오전 9시까지 및 오후 1시부터 오후 10시까지
2. 토요일과 공휴일: 오전 7시부터 오후 10시까지

6. 위반시 제재

법 제9조 제1항을 위반하여 중요사항을 게시하지 아니한 자 및 법 제9조 제2항, 제3항 또는 제5항을 위반하여 광고를 한 자에게는 5천만원 이하의 과태료를 부과한다(법21①(7)(9)).

Ⅵ. 대부업등에 관한 광고 금지

대부업자 또는 여신금융기관이 아니면 대부업에 관한 광고를 하여서는 아니 된다(법9의2 ①). 대부중개업자 또는 대출모집인이 아니면 대부중개업에 관한 광고를 하여서는 아니 된다 (법9의2②). 대출모집인은 여신금융기관과 위탁계약 등을 맺고 대부중개업을 하는 자(그 대부중개업을 하는 자가 법인인 경우 그 법인과 직접 위탁계약 등을 맺고 대부를 받으려는 자를 모집하는 개인

---

356) 1. "방송"이라 함은 방송프로그램을 기획·편성 또는 제작하여 이를 공중(개별계약에 의한 수신자를 포함하며, 이하 "시청자"라 한다)에게 전기통신설비에 의하여 송신하는 것으로서 다음 각목의 것을 말한다.
  가. 텔레비전방송: 정지 또는 이동하는 사물의 순간적 영상과 이에 따르는 음성·음향 등으로 이루어진 방송프로그램을 송신하는 방송
  나. 라디오방송: 음성·음향 등으로 이루어진 방송프로그램을 송신하는 방송
  다. 데이터방송: 방송사업자의 채널을 이용하여 데이터(문자·숫자·도형·도표·이미지 그 밖의 정보체계)를 위주로 하여 이에 따르는 영상·음성·음향 및 이들의 조합으로 이루어진 방송프로그램을 송신하는 방송(인터넷 등 통신망을 통하여 제공하거나 매개하는 경우를 제외)
  라. 이동멀티미디어방송: 이동중 수신을 주목적으로 다채널을 이용하여 텔레비전방송·라디오방송 및 데이터방송을 복합적으로 송신하는 방송

을 포함)를 말한다(법3①).

Ⅶ. 허위·과장 광고의 금지 등

1. 금지행위

대부업자등은 다음의 행위를 하여서는 아니 된다(법9의3①).

1. 대부이자율, 대부 또는 대부중개를 받을 수 있는 거래상대방, 대부중개를 통하여 대부할 대부업자, 그 밖에 대부 또는 대부중개의 내용에 관하여 다음 각 목의 방법으로 광고하는 행위
   가. 사실과 다르게 광고하거나 사실을 지나치게 부풀리는 방법
   나. 사실을 숨기거나 축소하는 방법
   다. 비교의 대상 및 기준을 명시하지 아니하거나, 객관적인 근거 없이 자기의 대부 또는 대부중개가 다른 대부업자등의 대부 또는 대부중개보다 유리하다고 주장하는 방법
2. 대부 또는 대부중개를 받을 수 있는 것으로 오인하게 하거나 유인하여 다음 각 목의 방법으로 광고하는 행위
   가. 이 법 또는 다른 법률을 위반하는 방법
   나. 타인의 재산권을 침해하는 방법
3. 그 밖에 대부업자등의 거래상대방을 보호하거나 불법 거래를 방지하기 위하여 필요한 경우로서 "대통령령으로 정하는 광고행위"

제3호에서 "대통령령으로 정하는 광고행위"란 다음과 같은 광고행위를 말한다(영6의3).

1. 다른 법률에 따라 허가·인가·등록 등을 받은 금융기관으로 오인될 수 있는 표현 등을 사용하는 광고 행위
2. 서민금융상품(서민 등 금융소외계층을 지원하기 위한 상품으로서 금융위원회가 정하여 고시하는 상품[357])으로 오인될 수 있는 표현 등을 사용하는 광고 행위

2. 공정거래위원회에의 통보

시·도지사는 위 금지사항을 위반한 대부업자등에게 과태료(법21)를 부과한 경우에는 지체 없이 그 내용을 공정거래위원회에 알려야 한다(법9의3②).

---

357) "금융위원회가 정하여 고시하는 상품"이란 다음의 용어가 포함된 상품을 말한다(대부업등 감독규정11). 1. 새희망홀씨, 2. 미소금융, 3. 햇살론, 4. 바꿔드림론, 5. 디딤돌대출, 6. 보금자리론, 7. 새희망힐링론, 8. 징검다리론

Ⅷ. 미등록대부업자로부터의 채권양수 · 추심 금지 등

대부업자는 대부업의 등록 또는 등록갱신을 하지 아니하고 사실상 대부업을 하는 자("미등록대부업자")로부터 대부계약에 따른 채권을 양도받아 이를 추심하는 행위를 하여서는 아니 된다(법9의4①). 대부업자는 대부중개업의 등록 또는 등록갱신을 하지 아니하고 사실상 대부중개업을 하는 자("미등록대부중개업자")로부터 대부중개를 받은 거래상대방에게 대부하여서는 아니 된다(법9의4②).

대부업자 또는 여신금융기관은 ⅰ) 대부채권매입추심을 업으로 하려는 자(법 제3조 제2항 제2호에 따라 등록한 대부업자)(제1호), ⅱ) 여신금융기관(제2호), ⅲ) 예금보험공사 및 정리금융회사(제3호), ⅳ) 한국자산관리공사(제4호), ⅴ) 한국주택금융공사(제5호), ⅵ) 그 밖에 제1호부터 제5호까지에 준하는 자로서 금융위원회가 정하여 고시하는 자(제6호)[358]가 아닌 자에게 대부계약에 따른 채권을 양도해서는 아니 된다(법9의4③, 영6의4)).

Ⅸ. 고용제한 등

대부업자등은 다음과 같은 사람을 고용하여서는 아니 된다(법9의5①).

1. 폭력행위처벌법 제4조에 따라 금고 이상의 형을 선고받고 그 집행이 끝나거나(집행이 끝난 것으로 보는 경우를 포함) 면제된 날부터 5년이 지나지 아니한 사람
2. 제4조 제1항 제6호각 목의 어느 하나에 해당하는 규정을 위반하여 다음 각 목의 어느 하나에 해당하는 사람
   가. 금고 이상의 실형을 선고받고 그 집행이 끝나거나(집행이 끝난 것으로 보는 경우를 포함) 면제된 날부터 2년이 지나지 아니한 사람
   나. 금고 이상의 형의 집행유예 또는 선고유예를 선고받고 그 유예기간 중에 있는 사람
   다. 벌금형을 선고받고 2년이 지나지 아니한 사람

대부업자등은 위의 고용 제한을 받는 사람에게 대부업등의 업무를 위임하거나 대리하게 하여서는 아니 된다(법9의5②).

---

358) "금융위원회가 정하여 고시하는 자"란 「농업협동조합의 구조개선에 관한 법률」에 따른 농업협동조합자산관리회사를 말한다(대부업등 감독규정12).

X. 불법 대부광고에 사용된 전화번호의 이용중지 등

1. 전화번호의 이용중지 요청

시·도지사, 검찰총장, 경찰청장, 그리고 금융감독원장은 대부업법 제9조의2(대부업등에 관한 광고 금지) 제1항 및 제2항을 위반한 광고를 발견한 때에는 과학기술정보통신부장관에게 해당 광고에 사용된 전화번호에 대한 전기통신역무 제공의 중지를 요청할 수 있다(법9의6①, 영6의5①).

2. 광고중단명령과 전화번호의 이용중지 요청

시·도지사등은 제9조 제2항부터 제4항까지 또는 제9조의3 제1항을 위반한 광고를 발견한 경우 광고를 한 자에게 기한을 정하여 해당 광고의 중단을 명할 수 있으며, 그 명을 따르지 아니하는 경우에는 과학기술정보통신부장관에게 광고에 사용된 전화번호에 대한 전기통신역무 제공의 중지를 요청할 수 있다(법9의6②).

3. 이의신청

불법 대부광고에 사용된 전화번호의 이용중지 요청으로 전기통신역무 제공이 중지된 이용자는 전기통신역무 제공의 중지를 요청한 기관에 이의신청을 할 수 있다(법9의6③). 불법 대부광고에 사용된 전화번호의 이용중지 요청으로 전기통신역무 제공이 중지된 이용자가 이의신청을 하려면 전기통신역무 제공이 중지된 날부터 30일 이내에 ⅰ) 이의신청인의 명칭 또는 성명과 주소 및 연락처(제1호), ⅱ) 이의신청의 사유(제2호), ⅲ) 전기통신역무 제공이 중지된 날(제3호) 등을 적은 문서를 전기통신역무 제공의 중지를 요청한 기관("제공중지요청기관")에 제출하여야 한다(영6의5②).

제공중지요청기관은 이의신청을 받은 날부터 15일 이내에 그 이의신청에 대하여 결정을 하고 그 결과를 이의신청인에게 문서로 통지하여야 한다. 다만, 부득이한 사유로 그 기간 이내에 결정을 할 수 없을 때에는 15일의 범위에서 그 기간을 연장할 수 있으며, 연장사유와 연장기간을 이의신청인에게 통지하여야 한다(영6의5③). 제공중지요청기관은 제출된 문서에 흠결이 있거나 추가적인 사실 확인이 필요한 경우 보완을 요청할 수 있다. 이 경우 그 보완에 소요된 기간은 처리기간인 15일의 기간에 산입되지 아니한다(영6의5④). 제공중지요청기관은 이의신청이 이유가 있다고 인정할 때에는 지체 없이 과학기술정보통신부장관에게 해당 전기통신역무 제공의 중지를 해제하도록 요청하여야 한다(영6의5⑤).

XI. 대부업 이용자 보호기준

1. 보호기준의 의의

보호기준이란 법령을 지키고 거래상대방을 보호하기 위하여 임직원이 그 직무를 수행할 때 따라야 할 기본적인 절차와 기준으로 금융위원회에 등록한 대부업자등으로서 일정한 자가 제정한 기준을 말한다(법9의7①).

2. 보호기준 제정과 변경

금융위원회에 등록한 대부업자등으로서 ⅰ) 등록하여 대부채권매입추심을 업으로 하려는 대부업자는 직전 사업연도말 기준으로 10억원 이상(제1호), ⅱ) 그 밖의 대부업자등은 직전 사업연도말 기준으로 500억원 이상(제2호)인 자는 보호기준을 제정하여야 한다(법9의7①, 영6의6①).

보호기준에는 다음 사항이 포함되어야 한다(영6의6②).

1. 업무의 분장 및 조직구조에 관한 사항
2. 임직원이 업무를 수행할 때 준수하여야 하는 절차에 관한 사항
3. 임직원의 보호기준 준수 여부를 확인하는 절차 및 방법과 보호기준을 위반한 임직원의 처리에 관한 사항
4. 보호기준의 제정 또는 변경 절차에 관한 사항
5. 보호감시인의 임면절차에 관한 사항
6. 대부채권 추심 관련 불법행위를 방지하기 위한 채권의 추심·관리·매매 등에 대한 절차나 기준에 관한 사항
7. 채무자 보호를 위한 대출채권의 소멸시효 관리 등에 관한 사항
8. 그 밖에 대부업 이용자 보호를 위하여 필요한 사항으로서 금융위원회가 정하여 고시하는 사항[359]

대부업자등이 보호기준을 제정하거나 변경하려는 경우에는 이사회의 결의를 거쳐야 한다(영6의6③ 본문). 다만, 이사회가 없는 경우에는 그러하지 아니하다(영6의6③ 단서). 금융위원회는

---

[359] "금융위원회가 정하여 고시하는 사항"이란 다음 각 호의 사항을 말한다(대부업등 감독규정13①).
  1. 고객의 신용에 관한 자료 또는 제반 정보가 업무 외의 목적에 사용되거나 외부에 유출되지 않도록 하기 위해 필요한 조치에 관한 사항
  2. 법 제9조, 제9조의2 또는 제9조의3에 따른 광고의 주체·형식·내용 또는 광고시간 등에 관하여 준수하여야 할 사항

검사 결과 법령을 위반한 사실이 드러난 대부업자등에 대해서는 법령 위반행위의 재발 방지를 위하여 보호기준의 변경을 권고할 수 있다(영6의6④).

3. 보호감시인의 임면

보호기준을 정하는 대부업자등은 보호감시인을 1명 이상 두어야 하는데, 보호감시인은 보호기준을 지키는지를 점검하고, 보호기준을 위반하는 경우 이를 조사하여 감사(監査)하는 자를 말한다(법9의7②). 보호감시인을 임면하려면 이사회의 결의를 거쳐야 한다(법9의7③).

4. 보호감시인의 자격

보호감시인은 다음 요건을 충족한 자이어야 하며, 보호감시인이 된 후 제2호 또는 제3호의 요건을 충족하지 못한 경우에는 그 직을 상실한다(법9의7④)

1. 다음 각 목의 어느 하나에 해당하는 경력이 있는 자일 것
   가. 한국은행 또는 금융위원회법 제38조에 따른 검사 대상 기관(이에 상당하는 외국금융 기관을 포함)에서 10년 이상 근무한 경력이 있는 자
   나. 금융 또는 법학 분야의 석사 이상의 학위소지자로서 연구기관 또는 대학에서 연구원 또는 전임강사 이상의 직에서 5년 이상 근무한 경력이 있는 자
   다. 변호사 자격을 가진 자로서 해당 자격과 관련된 업무를 합산하여 5년 이상 종사한 경력이 있는 자
   라. 기획재정부, 금융위원회, 금융감독원 또는 증권선물위원회에서 5년 이상 근무한 경력이 있는 자로서 그 기관에서 퇴임하거나 퇴직한 후 5년이 지난 자
   마. 그 밖에 대부업 이용자 보호를 위하여 대통령령으로 정하는 자
2. 제4조 제2항 각 호의 어느 하나에 해당되지 아니하는 자일 것
3. 최근 5년간 이 법, 금융관련법령을 위반하여 금융위원회 또는 금융감독원 원장으로부터 주의·경고의 요구 이상에 해당하는 조치를 받은 사실이 없는 자일 것

5. 보호감시인의 업무

보호감시인은 다음 업무를 수행한다(영6의6⑤).

1. 대부업 이용자 보호를 위한 계획의 수립
2. 법령 준수 여부와 관련한 영업실태와 관행에 대한 정기적인 점검 및 개선
3. 임직원에 대한 교육 계획의 수립
4. 그 밖에 대부업 이용자 보호를 위하여 금융위원회가 정하여 고시하는 사항[360]

보호감시인은 다른 영리법인의 상시적인 업무에 종사할 수 없다(영6의6⑥). 보호감시인은 선량한 관리자의 주의로 그 직무를 수행하여야 하며, 다음의 어느 하나에 해당하는 업무를 수행하는 직무를 담당해서는 아니 된다(영6의6⑦ 본문). 다만, 직전 사업연도 말 기준으로 대부거래자 수가 1천 명 미만인 대부업자등에 두는 보호감시인은 다음의 어느 하나에 해당하는 업무를 수행하는 직무를 담당할 수 있다(영6의6⑦ 단서).

1. 자산운용에 관한 업무
2. 법 제2조 제1호 또는 제2호에 따라 대부업자등이 수행하는 업무 및 그 부수업무

XII. 차별금지

대부업자는 대부계약을 체결하는 경우에 정당한 사유 없이 성별·학력·장애·사회적 신분 등을 이유로 계약조건에 관하여 거래상대방을 부당하게 차별해서는 아니 된다(법9의8).[361]

XIII. 대주주와의 거래제한 등

1. 개념

(1) 대주주의 의의

대주주란 다음의 어느 하나에 해당하는 주주를 말한다(법2(5)).

---

360) 대부업등 감독규정 제13조(대부이용자 보호기준 등) ① 시행령 제6조의6 제5항 제4호의 "금융위원회가 정하여 고시하는 사항"이란 다음의 사항을 말한다.
  1. 보호기준 준수 여부 등에 대한 정기 또는 수시 점검
  2. 업무 전반에 관한 접근 및 임직원에 대한 각종 자료나 정보제출 요구
  3. 보호기준 위반자에 대한 조사
  4. 보호기준 준수 관련 문제점이나 미비사항에 대한 경영진 또는 유관부서에 시정 건의
  5. 중대한 위법·부당행위 발견 등 필요시 제재의견 표명
  6. 위법사항 등에 대한 업무정지요구
  7. 필요시 이사회를 포함한 모든 업무회의 참여 및 적법성 등에 대한 의견 진술
  8. 기타 이사회가 필요하다고 인정하는 사항
  ② 대부업자등은 법 제9조의7 제2항에 따라 보호감시인을 임면한 때에는 감독원장이 정하는 바에 의하여 그 사실을 감독원장에게 통보하여야 한다.
  ③ 대부업자등은 보호감시인이 그 직무를 수행할 때 자료나 정보의 제출을 임직원에게 요구하면 그 임직원으로 하여금 이에 성실히 협조하도록 하여야 한다.
  ④ 대부업자등은 보호감시인이었던 사람에 대하여 해당 직무수행과 관련한 사유로 인사상의 부당한 불이익을 주어서는 아니 된다.
361) 시행일 2021. 3. 25.

　가. 최대주주: 대부업자 또는 대부중개업자("대부업자등")의 의결권 있는 발행주식 총수 또는 출자지분을 기준으로 본인 및 그와 대통령령으로 정하는 특수한 관계에 있는 자("특수관계인")[362]가 누구의 명의로 하든지 자기의 계산으로 소유하는 주식 또는 출자지분을 합하여 그 수가 가장 많은 경우의 그 본인

　나. 주요주주: 다음의 어느 하나에 해당하는 자

　　1) 누구의 명의로 하든지 자기의 계산으로 대부업자등의 의결권 있는 발행주식 총수 또는 출자지분의 10% 이상의 주식 또는 출자지분을 소유하는 자

　　2) 임원의 임면 등의 방법으로 대부업자등의 주요 경영사항에 대하여 사실상의 영향력을 행사하는 주주 또는 출자자로서 대통령령으로 정하는 자[363]

---

362) "대통령령으로 정하는 특수한 관계에 있는 자"란 다음 각 호의 어느 하나에 해당하는 자("특수관계인")를 말한다(영2의3①).
1. 본인이 개인인 경우: 다음 각 목의 어느 하나에 해당하는 자
　가. 배우자(사실상의 혼인관계에 있는 사람을 포함)
　나. 6촌 이내의 부계혈족 및 4촌 이내의 부계혈족의 처
　다. 3촌 이내의 부계혈족의 남편 및 자녀
　라. 3촌 이내의 모계혈족과 그 배우자 및 자녀
　마. 배우자의 2촌 이내의 부계혈족과 그 배우자
　바. 입양자 생가(生家)의 직계존속
　사. 출양자 및 그 배우자와 출양자 양가(養家)의 직계비속
　아. 혼인 외 출생자의 생모
　자. 본인의 금전이나 그 밖의 재산으로 생계를 유지하는 사람 및 생계를 함께 하는 사람
　차. 본인이 혼자서 또는 본인과 가목부터 자목까지의 관계에 있는 사람과 합하여 30% 이상을 출자하거나 그 밖에 임원의 임면(任免) 등 법인 또는 단체("법인등")의 주요 경영사항에 대하여 사실상 영향력을 행사하고 있는 경우에는 해당 법인등과 그 임원
　카. 본인이 혼자서 또는 본인과 가목부터 차목까지의 관계에 있는 자와 합하여 30% 이상을 출자하거나 그 밖에 임원의 임면 등 법인등의 주요 경영사항에 대하여 사실상 영향력을 행사하고 있는 경우에는 해당 법인등과 그 임원
2. 본인이 법인등인 경우: 다음 각 목의 어느 하나에 해당하는 자
　가. 임원
　나. 공정거래법 제2조 제3호에 따른 계열회사 및 그 임원
　다. 혼자서 또는 제1호 각 목의 관계에 있는 자와 합하여 본인에게 30% 이상을 출자하거나 그 밖에 임원의 임면 등 본인의 주요 경영사항에 대하여 사실상 영향력을 행사하고 있는 개인(그와 제1호 각 목의 관계에 있는 자를 포함) 또는 법인(계열회사는 제외)·단체와 그 임원
　라. 본인이 혼자서 또는 본인과 가목부터 다목까지의 관계에 있는 자와 합하여 30% 이상을 출자하는 경우나 그 밖에 임원의 임면 등 법인 또는 단체의 주요 경영사항에 대하여 사실상 영향력을 행사하고 있는 경우에는 해당 법인·단체와 그 임원
363) "대통령령으로 정하는 자"란 다음 각 호의 어느 하나에 해당하는 자를 말한다(영2의3②).
1. 혼자서 또는 다른 주주(출자자를 포함)와의 합의·계약 등에 따라 대표이사 또는 이사의 과반수를 선임한 주주
2. 경영전략, 조직 변경 등 주요 의사결정이나 업무집행에 지배적인 영향력을 행사한다고 인정되는 자로서 금융위원회가 정하는 주주

(2) 상호출자제한기업집단 대부업자

상호출자제한기업집단 대부업자란 제3조 제2항 제3호(공정거래법 제14조에 따라 지정된 상호출자제한기업집단에 속하는 자)에 따라 등록한 대부업자를 말한다(법10①).

(3) 신용공여의 의의

대부업법상 신용공여란 대부, 지급보증 또는 자금 지원적 성격의 유가증권의 매입, 그 밖에 금융거래상의 신용위험이 따르는 대부업자의 직접적·간접적 거래로서 "대통령령으로 정하는 것"을 말한다(법10①). 여기서 "대통령령으로 정하는 것"이란 다음과 같다(영6의7①).

1. 대주주(그의 특수관계인을 포함)를 위하여 담보를 제공하는 거래
2. 대주주를 위하여 어음을 배서(어음법 제15조 제1항에 따른 담보적 효력이 없는 배서는 제외)하는 거래
3. 대주주에 대하여 출자의 이행을 약정하는 거래
4. 부동산, 증권 등 경제적 가치가 있는 재산의 대여
5. 대부, 지급보증, 자금 지원적 성격의 유가증권의 매입
6. 제1호부터 제5호까지의 어느 하나에 해당하는 거래의 제한을 회피할 목적으로 하는 거래로서 다음 각 목의 어느 하나에 해당하는 거래
   가. 제3자와의 계약 또는 담합 등에 의하여 서로 교차하는 방법으로 하는 거래
   나. 장외파생상품거래, 신탁계약 또는 연계거래 등을 이용하는 거래
7. 대부업자가 직접적으로 제1호부터 제6호까지에 해당하는 거래를 한 것은 아니나 실질적으로 그에 해당하는 결과를 가져올 수 있는 거래

2. 신용공여한도

상호출자제한기업집단 대부업자가 그 대주주(최대주주의 특수관계인을 포함)에게 제공할 수 있는 신용공여의 합계액은 그 대부업자의 자기자본의 100%를 넘을 수 없으며, 대주주는 그 대부업자로부터 그 한도를 넘겨 신용공여를 받아서는 아니 된다(법10①).

3. 신용공여한도의 예외

금융위원회는 다음의 어느 하나에 해당하는 거래에 대해서는 신용공여의 한도에도 불구하고 이를 신용공여의 범위에 포함시키지 아니할 수 있다(영6의7②).

1. 대부업자에게 손실을 끼칠 가능성이 매우 적은 것으로 판단되는 거래
2. 금융시장에 미치는 영향 등 해당 거래의 상황에 비추어 신용공여의 범위에 포함시키지 아니하는 것이 타당하다고 판단되는 거래

4. 신용공여와 금융위원회 보고

상호출자제한기업집단 대부업자는 그 대주주에게 금융위원회가 정하는 기준에 따른 단일 거래금액364)이 자기자본의 1만분의 10에 해당하는 금액 또는 10억원 중 적은 금액 이상으로 신용공여를 하려는 경우에는 그 사실을 금융위원회에 지체 없이 보고하고, 인터넷 홈페이지 등을 이용하여 공시하여야 한다(법10②, 영6의7③).

5. 한도초과 신용공여의 경우

상호출자제한기업집단 대부업자는 추가적인 신용공여를 하지 아니하였음에도 불구하고 자기자본의 변동, 대주주의 변경 등으로 신용공여한도를 넘게 되는 경우에는 1년 이내에 한도에 적합하도록 하여야 한다(법10③, 영6의7④). 그러나 신용공여의 기한 및 규모 등에 따른 부득이한 사유가 있으면 금융위원회의 승인을 받아 그 기간을 연장할 수 있다(법10④). 금융위원회의 승인을 받으려는 상호출자제한기업집단 대부업자는 1년의 기간이 만료되기 3개월 전까지 신용공여한도에 적합하도록 하기 위한 세부계획서를 금융위원회에 제출하여야 한다(법10⑤). 금융위원회는 세부계획서를 제출받은 날부터 1개월 이내에 승인 여부를 결정·통보하여야 한다. 다만, 자료보완 등 필요한 경우에는 그 기간을 연장할 수 있다(법10⑥).

6. 여신금융기관이 최대주주인 대부업자

여신금융기관이 최대주주인 대부업자는 제1항에도 불구하고 그 대주주에게 신용공여를 할 수 없으며, 대주주는 그 대부업자로부터 신용공여를 받아서는 아니 된다(법10⑦).

7. 자료제출명령

금융위원회는 대부업자 또는 그 대주주가 위의 제1항부터 제7항까지의 규정을 위반한 혐의가 있다고 인정되는 경우에는 대부업자 또는 그 대주주에게 필요한 자료의 제출을 명할 수 있다(법10⑧).

8. 위반시 제재

법 제10조 제1항 또는 제7항을 위반하여 신용공여를 한 자 및 법 제10조 제1항 또는 제7

---

364) 단일거래금액은 동일한 개인 또는 법인 각각에 대한 개별 신용공여약정(기존의 신용공여약정을 갱신·대환·연장하는 경우를 포함한다)상의 약정금액을 기준으로 산정한다. 다만, 동일한 법인 또는 개인에 대하여 같은 날에 다수의 약정이 체결되는 경우에는 개별 약정금액의 합계액을 기준으로 산정한다(대부업등감독규정14①).

항을 위반하여 신용공여를 받은 자는 5년 이하의 징역 또는 5천만원 이하의 벌금에 처한다(법 19①(4)(5)). 법 제10조 제2항을 위반하여 보고 또는 공시를 하지 아니한 자에게는 5천만원 이하의 과태료를 부과한다(법21①(10의2)).

금융위원회는 대부업자 또는 그 대주주(최대주주의 특수관계인을 포함)가 다음의 어느 하나에 해당할 때에는 다음의 구분에 따라 과징금을 부과할 수 있다(법14의2①).

1. 대부업자
   가. 상호출자제한기업집단 대부업자가 제10조 제1항에 따른 신용공여의 한도를 초과하여 신용공여를 한 경우: 초과한 신용공여 금액 이하
   나. 여신금융기관이 최대주주인 대부업자가 제10조 제7항을 위반하여 신용공여를 한 경우: 신용공여 금액 이하
2. 대주주
   가. 상호출자제한기업집단에 속하는 대주주가 제10조 제1항에 따른 신용공여의 한도를 초과하여 신용공여를 받은 경우: 초과한 신용공여 금액 이하
   나. 대부업자의 최대주주인 여신금융기관이 제10조 제7항을 위반하여 신용공여를 받은 경우: 신용공여 금액 이하

XIV. 중개의 제한 등

대부중개업자는 미등록대부업자에게 대부중개를 하여서는 아니 된다(법11의2①). 대부중개업자 및 대출모집인("대부중개업자등")과 미등록대부중개업자는 수수료, 사례금, 착수금 등 그 명칭이 무엇이든 대부중개와 관련하여 받는 대가("중개수수료")를 대부를 받는 거래상대방으로부터 받아서는 아니 된다(법11의2②).

대부업자가 개인이나 중소기업기본법 제2조 제2항에 따른 소기업에 대부하는 경우 대부중개업자등에게 지급하는 중개수수료는 해당 대부금액의 5%의 범위에서 대통령령으로 정하는 율에 해당하는 금액을 초과할 수 없다(법11의2③, 영6의8①). 여기서 "대통령령으로 정하는 율에 해당하는 금액"이란 ⅰ) 대부금액이 5백만원 이하인 경우에는 중개수수료 금액 4%, ⅱ) 대부금액이 5백만원 초과의 경우에는 중개수수료 금액 20만원+5백만원을 초과하는 금액의 3%를 말한다(영6의8②).

여신금융기관이 대부중개업자등에게 중개수수료를 지급하는 경우의 중개수수료 상한에 관하여는 위 제3항을 준용한다(법11의2④). 금융위원회는 제4항을 위반하여 중개수수료를 지급한 여신금융기관에 대하여 그 시정을 명할 수 있다(법11의2⑤). 대부중개업자등은 대부업자 또

는 여신금융기관으로부터 제3항 및 제4항에 따른 금액을 초과하는 중개수수료를 지급받아서는 아니 된다(법11의2⑥).

제9절 온라인투자연계금융업자

I. 신의성실의무

온라인투자연계금융업법("법")에 따른 온라인투자연계금융업자는 선량한 관리자의 주의로써 온라인투자연계금융업을 영위하여야 하며, 이용자의 이익을 보호하여야 한다(법9①). 온라인투자연계금융업자는 온라인투자연계금융업을 영위할 때 정당한 사유 없이 이용자의 이익을 해하면서 자기가 이익을 얻거나 제3자가 이익을 얻도록 하여서는 아니 된다(법9②).

II. 온라인투자연계금융업자의 정보공시

온라인투자연계금융업자는 이용자가 온라인투자연계금융업자의 영업건전성 및 온라인투자연계금융 이용방법 등을 쉽게 이해할 수 있도록 ⅰ) 온라인투자연계금융업의 거래구조 및 영업방식(제1호), ⅱ) 온라인투자연계금융업자의 재무 및 경영현황(제2호), ⅲ) 누적 연계대출 금액 및 연계대출 잔액(제3호), ⅳ) 차입자의 상환능력평가 체계(제4호), ⅴ) 연체율 등 연체에 관한 사항(제5호), ⅵ) 대출이자에 관한 사항(제6호), ⅶ) 수수료 등 부대비용에 관한 사항(제7호), ⅷ) 상환방식에 관한 사항(제8호), ⅸ) 채무불이행 시 채권추심 등 원리금 회수 방식에 관한 사항(제9호), ⅹ) 제26조의 투자금등의 예치기관에 관한 사항(제10호), ⅺ) 온라인투자연계금융업자의 등록취소, 해산결의, 파산선고 등 영업 중단 시 업무처리절차(제11호), ⅻ) 온라인투자연계금융 이용에 도움을 줄 수 있는 사항으로 대통령령으로 정하는 사항(제12호)의 정보를 자신의 온라인플랫폼을 통하여 공시하여야 한다(법10①).

III. 수수료규제

온라인투자연계금융업자가 온라인투자연계금융업과 관련하여 이용자로부터 수수료를 수취하는 경우에는 대통령령으로 정하는 사항을 준수하여야 한다(법11①). 온라인투자연계금융업자는 대부업법 제15조 제1항³⁶⁵)에서 정하는 율을 초과하여 차입자로부터 연계대출에 대한 이자를 받을 수 없다(법11② 전단). 이 경우 이자율 산정 시 수수료 중에서 차입자로부터 수취하는 수수료(해당 거래의 체결과 변제 등에 관한 부대비용으로서 대통령령으로 정한 사항은 제외)를 포함한다(법11② 후단).

온라인투자연계금융업자는 이용자로부터 받는 수수료의 부과기준에 관한 사항을 정하고, 온라인플랫폼에 이를 공시하여야 한다(법11③). 온라인투자연계금융업자는 수수료의 부과기준을 정할 때 이용자들을 정당한 사유 없이 차별하여서는 아니 된다(법11④).

Ⅳ. 온라인투자연계금융업 관련 준수사항

온라인투자연계금융업자는 자신 또는 자신의 대주주 및 임직원에게 연계대출을 하여서는 아니 된다(법12①). 온라인투자연계금융업자는 차입자가 요청한 연계대출 금액에 상응하는 투자금의 모집이 완료되지 않은 경우에는 연계대출을 실행하여서는 아니 된다(법12②). 그러나 차입자가 연계대출 금액의 변경을 요청한 경우에는 연계투자계약을 신청한 투자자들에게 투자의사를 재확인한 후 연계대출을 실행할 수 있다(법12③).

온라인투자연계금융업자는 자기가 실행할 연계대출에 자기의 계산으로 연계투자를 할 수 없다(법12④ 본문). 다만, 다음 각 호의 요건을 모두 갖춘 경우에는 연계대출 모집 미달 금액의 범위 내에서 자기의 계산으로 연계투자를 할 수 있다(법12④ 단서). 제4항 각 호의 구체적인 산정방식과 세부기준 등은 대통령령으로 정한다(법12⑤).

1. 차입자가 신청한 연계대출 금액의 80% 이하의 범위에서 대통령령으로 정하는 비율 이상 모집될 것
2. 자기의 계산으로 한 연계투자 잔액이 자기자본의 100% 이하일 것
3. 온라인투자연계금융업자의 건전성 유지와 이용자 보호 등을 위하여 대통령령으로 정하는 사항을 준수할 것

제4항 각 호 외의 부분 단서에 따라 자기의 계산으로 연계투자를 한 온라인투자연계금융업자는 제4항 각 호 외의 부분 단서에 따른 누적 연계투자 금액, 연계투자 잔액, 연계투자의 투자금으로 실행한 연계대출의 연체율 등 연체에 관한 사항 및 자기자본 대비 연계투자 금액 등을 대통령령으로 정하는 방법에 따라 온라인플랫폼에 공시하여야 한다(법12⑥).

온라인투자연계금융업자는 연계투자와 해당 연계투자의 투자금으로 실행하는 연계대출의

---

365) ① 여신금융기관은 연 27.9% 이하의 범위에서 대통령령으로 정하는 율을 초과하여 대부금에 대한 이자를 받을 수 없다

만기, 금리 및 금액(동일한 연계대출에 연계투자한 투자자들의 투자금을 합산한 금액)을 다르게 하여서는 아니 된다(법12⑦ 본문). 다만, 이용자 보호 및 건전한 거래질서를 해할 우려가 없는 경우로서 대통령령으로 정하는 경우에는 그러하지 아니하다(법12⑦ 단서).

온라인투자연계금융업자는 차입자에 관한 정보의 제공, 투자자 모집 및 원리금의 상환 등 업무수행을 할 때 특정한 이용자를 부당하게 우대하거나 차별하여서는 아니 된다(법12⑧).

V. 내부통제기준

온라인투자연계금융업자는 법령을 준수하고, 경영을 건전하게 하며, 이용자를 보호하기 위하여 온라인투자연계금융업자의 임직원이 직무를 수행할 때 준수하여야 할 기준 및 절차("내부통제기준")를 마련하여야 한다(법17①). 온라인투자연계금융업자는 금융회사지배구조법 제26조 제1항 각 호의 요건을 갖춘 준법감시인을 1명 이상 두어야 하며, 준법감시인은 내부통제기준의 준수여부를 점검하고 내부통제기준을 위반한 사실을 발견하는 경우에는 이를 감사 또는 감사위원회에 보고하여야 한다(법17②). 온라인투자연계금융업자의 내부통제기준과 준법감시인에 관하여 필요한 사항은 대통령령으로 정한다(법17③).

VI. 이해상충의 관리

온라인투자연계금융업자는 온라인투자연계금융업자와 이용자 간, 특정 이용자와 다른 이용자 간의 이해상충을 방지하기 위하여 이해상충이 발생할 가능성을 파악·평가하고, 내부통제기준으로 정하는 방법 및 절차에 따라 이를 적절히 관리하여야 한다(법18①). 온라인투자연계금융업자는 이해상충이 발생할 가능성을 파악·평가한 결과 이해상충이 발생할 가능성이 있다고 인정되는 경우에는 그 사실을 미리 해당 이용자에게 알려야 하며, 그 이해상충이 발생할 가능성을 내부통제기준으로 정하는 방법 및 절차에 따라 이용자 보호에 문제가 없는 수준으로 낮춘 후 해당 이용자들의 연계투자를 받거나 연계대출을 실행하여야 한다(법18②). 온라인투자연계금융업자는 그 이해상충이 발생할 가능성을 낮추는 것이 곤란하다고 판단되는 경우에는 해당 이용자들의 연계투자를 받거나 연계대출을 실행하여서는 아니 된다(법18③).

Ⅶ. 광고규제

1. 금지행위

온라인투자연계금융업자가 표시광고법에 따른 표시 또는 광고("광고")를 하는 경우에는 다음 각 호의 어느 하나에 해당하는 행위를 하여서는 아니 된다(법19①).

1. 사실과 다르게 광고하거나 사실을 지나치게 부풀려 광고하는 행위
2. 사실을 은폐하거나 축소하는 방법으로 광고하는 행위
3. 비교대상 및 기준을 분명하게 밝히지 아니하거나 객관적인 근거 없이 유리하다고 광고하는 행위
4. 다른 온라인투자연계금융업자에 관하여 객관적인 근거가 없는 내용으로 광고하여 비방하거나 불리한 사실만을 광고하여 다른 온라인투자연계금융업자를 비방하는 광고행위
5. 원금보장, 확정수익 등 투자자들이 투자원금 및 수익이 보장된다고 오인할 소지가 있는 내용으로 광고하는 행위
6. 그 밖에 건전한 거래질서를 위하여 필요한 경우로서 대통령령으로 정하는 광고행위

온라인투자연계금융업자는 명시적으로 사전 동의를 하지 않은 고객에게 방문, 전화, 이메일 전송 등의 방법을 통하여 연계투자 및 연계대출을 광고하여서는 아니 된다(법19②). 온라인투자연계금융업자는 연계투자 및 연계대출 광고를 받은 고객이 이를 거부하는 취지의 의사를 표시하였음에도 불구하고 해당 광고를 계속하는 행위를 하여서는 아니 된다(법19③ 본문). 다만, 이용자 보호 및 건전한 거래질서를 해할 우려가 없는 행위로서 대통령령으로 정하는 행위는 제외한다(법19③ 단서).

2. 광고사항

온라인투자연계금융업자는 특정 연계투자 상품 또는 연계투자 조건에 관한 광고를 하는 경우에는 자신의 명칭, 연계투자 상품의 내용, 연계투자에 따른 위험, 그 밖에 대통령령으로 정하는 사항이 포함되도록 하여야 한다(법19④ 본문). 다만, 다른 매체를 이용하여 광고하는 경우에는 해당 연계투자 상품을 해당 매체의 운영자가 제공하는 것으로 오인하지 않도록 대통령령으로 정하는 사항을 준수하여야 한다(법19④ 단서).

온라인투자연계금융업자는 특정 연계대출 상품 또는 연계대출 조건에 관한 광고를 하는 경우에는 자신의 명칭, 이자율 등 상품의 주요 내용, 과도한 채무의 위험성, 연계대출 이용에 따른 신용등급의 하락 가능성을 알리는 경고문구 및 그 밖에 차입자를 보호하기 위하여 필요

한 사항으로서 대통령령으로 정하는 사항이 포함되도록 하여야 한다(법19⑤).

3. 광고의 방법 및 절차

광고의 방법 및 절차 등에 관하여 필요한 사항은 대통령령으로 정한다(법19⑥).

Ⅷ. 차입자 및 투자자 보호 등과 관련한 규제

1. 차입자 및 투자자에 대한 정보확인과 투자자에게 대한 정보제공의무

(1) 차입자에 대한 정보확인

온라인투자연계금융업자는 차입자의 연계대출 정보를 온라인플랫폼에 게시하기 전에 차입자의 소득·재산 및 부채상황 등에 관한 것으로서 대통령령으로 정하는 증명서류 등을 제출받아 그 차입자의 소득·재산 및 부채상황 등 대통령령으로 정하는 내용에 관한 사항을 확인하여야 한다(법20①). 온라인투자연계금융업자는 제1항에 따른 서류 및 정보 등을 차입자의 소득·재산 및 부채상황 등을 확인하기 위한 용도 외의 목적으로 사용하여서는 아니 된다(법20④).

차입자는 온라인투자연계금융업자에게 정보를 제공하거나 증명서류를 제출하는 경우에는 허위의 정보를 제공하거나 허위의 증명서류를 제출하여서는 아니 된다(법20②). 온라인투자연계금융업자는 차입자의 소득·재산·부채상황·신용·변제계획 및 담보물건 등을 고려하여 객관적인 변제능력을 초과하는 연계대출을 실행하여서는 아니 된다(법20③).

(2) 투자자에 대한 정보확인

온라인투자연계금융업자는 투자자가 연계투자를 하려는 경우에는 투자자의 본인 확인을 시행하여야 한다(법21①). 온라인투자연계금융업자는 온라인투자연계금융 이용계약에 따라 투자자의 소득·재산 및 투자경험 등과 관련된 정보의 제공을 투자자에게 요구할 수 있다(법21②). 투자자는 온라인투자연계금융업자에게 제1항 및 제2항에 따라 진실한 정보를 제공하여야 한다(법21③). 온라인투자연계금융업자는 제2항에 따른 정보를 투자자의 소득·재산 및 투자경험 등을 확인하기 위한 용도 외의 목적으로 사용하여서는 아니 된다(법21④).

(3) 투자자에게 대한 정보제공의무

온라인투자연계금융업자는 투자자에게 다음 각 호에 해당하는 정보를 투자자가 쉽게 이해할 수 있도록 온라인플랫폼을 통하여 제공하여야 한다(법22①).

1. 대출예정금액, 대출기간, 대출금리, 상환 일자·일정·금액 등 연계대출의 내용

2. 제20조 제1항에 따라 확인한 차입자에 관한 사항

3. 연계투자에 따른 위험

4. 수수료·수수료율

5. 이자소득에 대한 세금·세율

6. 연계투자 수익률·순수익률

7. 투자자가 수취할 수 있는 예상 수익률

8. 담보가 있는 경우에는 담보가치, 담보가치의 평가방법, 담보설정의 방법 등에 관한 사항

9. 채무불이행 시 추심, 채권매각 등 원리금상환 절차 및 채권추심수수료 등 관련비용에 관한 사항

10. 연계대출채권 및 차입자 등에 대한 사항에 변경이 있는 경우에는 그 변경된 내용

11. 그 밖에 투자자 보호를 위하여 필요한 정보로서 금융위원회가 정하여 고시하는 사항

온라인투자연계금융업자가 대통령령으로 정하는 연계투자 상품에 대하여 정보를 제공하려는 경우에는 투자금을 모집하기 전에 대통령령으로 정하는 기간 동안 온라인플랫폼을 통하여 제공하여야 한다(법22②).

온라인투자연계금융업자는 투자자가 연계투자의 의사를 표시한 경우에는 제1항에 따라 게시한 내용을 투자자가 이해하였음을 서명(전자서명법 제2조에 따른 전자서명 포함), 기명날인, 녹취, 전자우편, 그 밖의 대통령령으로 정하는 방법으로 확인받아야 한다(법22③).

온라인투자연계금융업자는 연계투자에 관한 정보를 제공하는 경우에는 투자자의 합리적인 투자판단 또는 해당 상품의 가치에 중대한 영향을 미칠 수 있는 사항을 누락하거나 거짓 또는 왜곡된 정보를 제공하여서는 아니 된다(법22④).

온라인투자연계금융업자는 연계대출의 연체가 발생하는 경우에는 대통령령으로 정하는 기간 안에 그 사유를 확인하여 연체 사실과 그 사유를 투자자에게 통지하고 자신의 온라인플랫폼에 게시하여야 한다(법22⑤).

2. 연계투자계약 및 연계대출계약의 체결 등

(1) 연계투자계약의 체결

온라인투자연계금융업자는 투자자와 연계투자계약을 체결하는 경우에는 계약의 상대방임을 확인하고 제22조 제1항 각 호의 정보가 포함된 연계투자설명서, 연계투자약관 등 계약서류를 투자자에게 교부하여야 한다(법23①). 그러나 계약내용 등을 고려하여 투자자 보호를 해할 우려가 없는 경우로서 다음 각 호의 어느 하나에 해당하는 경우에는 그 계약서류를 교부하지 아니할 수 있다(법23②).

1. 투자자가 대통령령으로 정하는 금액 이하의 계속적·반복적인 연계투자를 하기 위하여 기본 계약(대통령령으로 정하는 사항을 포함하여 연계투자와 관련하여 필요한 사항을 약정한 계 약)을 체결하고 그 계약내용에 따라 계속적·반복적으로 거래를 하는 경우
2. 투자자가 계약서류를 받기를 거부한다는 의사를 표시한 경우
3. 그 밖에 투자자 보호를 해할 우려가 없는 경우로서 금융위원회가 정하여 고시하는 경우

투자자는 투자금 모집이 완료되기 전까지 대통령령으로 정하는 바에 따라 연계투자계약 신청을 철회할 수 있다(법23③ 전단). 이 경우 온라인투자연계금융업자는 그 투자자의 투자금을 지체 없이 반환하여야 한다(법23③ 후단).

온라인투자연계금융업자는 투자자와의 연계투자계약과 관련된 자료(전자문서 및 전자거래 기본법에 따른 전자문서 또는 전자화문서를 포함)를 계약 체결일부터 채무 변제일 이후 5년이 되는 날까지 보관하여야 한다(법23④).

(2) 연계대출계약의 체결

온라인투자연계금융업자는 차입자와 연계대출계약을 체결하는 경우에는 ⅰ) 온라인투자 연계금융업자 및 차입자의 명칭 또는 성명 및 주소 또는 소재지(제1호), ⅱ) 계약일자(제2호), ⅲ) 대출금액(제3호), ⅳ) 대출이자율 및 연체이자율(제4호), ⅴ) 수수료 등 부대비용(제5호), ⅵ) 변제기간 및 변제방법(제6호), ⅶ) 손해배상액 또는 강제집행에 관한 약정이 있는 경우에는 그 내용(제7호), ⅷ) 채무의 조기상환 조건(제8호), ⅸ) 그 밖에 차입자를 보호하기 위하여 필요한 사항으로서 대통령령으로 정하는 사항(제9호)이 포함된 계약서를 차입자에게 교부하여야 한다 (법24①).

온라인투자연계금융업자는 연계대출계약을 체결하는 경우에는 제1항 각 호의 사항을 모 두 설명하여야 하며, 해당 내용을 차입자가 이해하였음을 서명(전자서명법 제2조에 따른 전자서명 을 포함), 기명날인, 녹취, 전자우편 또는 그 밖의 대통령령으로 정하는 방법으로 확인받아야 한 다(법24②).

온라인투자연계금융업자는 연계대출계약을 체결한 경우에는 그 계약서와 대통령령으로 정하는 계약관계서류에 대한 자료(전자문서 및 전자거래 기본법에 따른 전자문서 또는 전자화문서를 포함)를 연계대출계약을 체결한 날부터 채무변제일 이후 5년이 되는 날까지 보관하여야 한다 (법24③).

연계대출계약을 체결한 자 또는 그 대리인은 온라인투자연계금융업자에게 그 계약서와 대 통령령으로 정하는 계약관계서류에 대한 자료의 열람을 요구하거나 채무와 관련된 증명서의 발급을 요구할 수 있다. 이 경우 온라인투자연계금융업자는 정당한 사유 없이 이를 거부하여서 는 아니 된다(법24④).

3. 연계대출한도 및 연계투자한도규제

(1) 대출한도 및 투자한도

온라인투자연계금융업자는 동일한 차입자에 대하여 자신이 보유하고 있는 총 연계대출채권 잔액의 10% 이내에서 대통령령으로 정하는 한도를 초과하는 연계대출을 할 수 없다(법32① 본문). 다만, 다음 각 호의 어느 하나에 해당하는 경우에는 그러하지 아니하다(법32① 단서).

1. 온라인투자연계금융업자가 보유하고 있는 총 연계대출채권 잔액 및 시행하려는 연계대출의 규모가 대통령령으로 정하는 금액 이하인 경우
2. 온라인투자연계금융업자가 국가, 지방자치단체 및 대통령령으로 정하는 공공기관 등이 대통령령으로 정하는 지역개발사업, 사회기반시설사업 등을 할 때 직접 필요한 금액을 연계대출하는 경우
3. 그 밖에 국민생활 안정 등을 위하여 불가피한 경우로서 대통령령으로 정하는 경우

투자자가 온라인투자연계금융업자를 통하여 연계투자를 할 수 있는 금액은 투자자의 투자목적, 재산상황, 투자경험, 연계투자 상품의 종류 및 차입자의 특성 등을 고려하여 대통령령으로 구분하여 정한다(법32② 본문). 다만, 법인투자자 및 금융상품에 관한 전문성 구비 여부, 소유자산규모 등에 비추어 투자에 따른 위험감수능력이 있는 투자자로서 대통령령으로 정하는 개인전문투자자("전문투자자")에 대하여는 이를 적용하지 아니한다(법32② 단서).

온라인투자연계금융업자는 차입자의 연계대출한도와 투자자의 연계투자한도가 준수될 수 있도록 대통령령으로 정하는 필요한 조치를 취하여야 한다(법32③).

(2) 여신금융기관등의 연계투자 특례

대부업법 제2조 제4호의 여신금융기관과 그 밖에 대통령령으로 정하는 자(온라인투자연계금융업자는 제외한다. 이하 "여신금융기관등")는 연계대출 모집 금액의 40% 이내에서 대통령령으로 정하는 한도를 초과하지 않는 범위 내에서 연계투자를 할 수 있다(법35①).

온라인투자연계금융업자는 여신금융기관등의 연계투자한도가 준수될 수 있도록 대통령령으로 정하는 필요한 조치를 취하여야 한다(법35②).

연계투자하는 여신금융기관등은 연계투자를 함에 있어서 그 인가 또는 허가 등을 받은 법령을 준수하여야 한다(법35③ 전단). 이 경우 여신금융기관등의 연계투자는 그 인가 또는 허가 등을 받은 법령에서 별도로 정하지 않는 경우에 한정하여 차입자에 대한 대출 또는 신용공여로 본다(법35③ 후단).

여신금융기관등이 연계투자할 수 있는 연계대출의 유형별 한도 등 세부사항과 그 밖에 여

신금융기관등의 연계투자에 관하여 필요한 사항은 대통령령으로 정한다(법35④).

4. 원리금수취권의 양도와 그 방법

투자자는 보유하고 있는 원리금수취권을 양도할 수 없다(법34① 본문). 다만, 다음 각 호의 어느 하나에 해당하는 경우에는 원리금수취권을 양도할 수 있다(법34① 후단).

1. 전문투자자에게 양도하는 경우
2. 해당 원리금수취권의 투자 손실가능성 및 낮은 유통 가능성 등을 인지하고 있는 자로서 대통령령으로 정하는 자에게 양도하는 경우

투자자가 제1항 각 호 외의 부분 단서에 따라 원리금수취권을 양도하거나 양수하는 경우에는 해당 원리금수취권을 제공한 온라인투자연계금융업자의 중개를 통하여야 한다(법34②).

제10절   신용정보회사

Ⅰ. 신용정보의 수집 및 처리

1. 수집 및 처리의 원칙

(1) 내용

신용정보법("법")에 따른 신용정보회사, 본인신용정보관리회사, 채권추심회사, 신용정보집중기관 및 신용정보제공·이용자("신용정보회사등")는 신용정보를 수집하고 이를 처리할 수 있다(법15① 전단). 이 경우 신용정보법 또는 정관으로 정한 업무 범위에서 수집 및 처리의 목적을 명확히 하여야 하며, 신용정보법 및 개인정보 보호법 제3조 제1항 및 제2항에 따라 그 목적 달성에 필요한 최소한의 범위에서 합리적이고 공정한 수단을 사용하여 신용정보를 수집 및 처리하여야 한다(법15① 후단).

신용정보회사등이 개인신용정보를 수집하는 때에는 해당 신용정보주체의 동의를 받아야 한다. 다만, 다음의 어느 하나에 해당하는 경우에는 그러하지 아니하다(법15②).

1. 개인정보 보호법 제15조 제1항 제2호부터 제6호366)까지의 어느 하나에 해당하는 경우

---

366) 2. 법률에 특별한 규정이 있거나 법령상 의무를 준수하기 위하여 불가피한 경우
   3. 공공기관이 법령 등에서 정하는 소관 업무의 수행을 위하여 불가피한 경우
   4. 정보주체와의 계약의 체결 및 이행을 위하여 불가피하게 필요한 경우

2. 다음 각 목의 어느 하나에 해당하는 정보를 수집하는 경우

　　가. 법령에 따라 공시되거나 공개된 정보

　　나. 출판물이나 방송매체 또는 정보공개법 제2조 제3호367)에 따른 공공기관의 인터넷 홈페이지 등의 매체를 통하여 공시 또는 공개된 정보

　　다. 신용정보주체가 스스로 사회관계망서비스 등에 직접 또는 제3자를 통하여 공개한 정보. 이 경우 대통령령으로 정하는 바에 따라 해당 신용정보주체의 동의가 있었다고 객관적으로 인정되는 범위 내로 한정한다.

3. 제1호 및 제2호에 준하는 경우로서 대통령령으로 정하는 경우

(2) 위반시 제재

법 제15조 제2항을 위반한 자에게는 5천만원 이하의 과태료를 부과한다(법52①(2)).

2. 처리의 위탁

(1) 내용

신용정보회사등은 제3자에게 신용정보의 처리 업무를 위탁할 수 있다(법17① 전단). 이 경우 개인신용정보의 처리 위탁에 대해서는 개인정보 보호법 제26조 제1항부터 제3항368)까지의

---

5. 정보주체 또는 그 법정대리인이 의사표시를 할 수 없는 상태에 있거나 주소불명 등으로 사전 동의를 받을 수 없는 경우로서 명백히 정보주체 또는 제3자의 급박한 생명, 신체, 재산의 이익을 위하여 필요하다고 인정되는 경우

6. 개인정보처리자의 정당한 이익을 달성하기 위하여 필요한 경우로서 명백하게 정보주체의 권리보다 우선하는 경우. 이 경우 개인정보처리자의 정당한 이익과 상당한 관련이 있고 합리적인 범위를 초과하지 아니하는 경우에 한한다.

367) 3. "공공기관"이란 다음 각 목의 기관을 말한다.
　　가. 국가기관
　　　1) 국회, 법원, 헌법재판소, 중앙선거관리위원회
　　　2) 중앙행정기관(대통령 소속 기관과 국무총리 소속 기관을 포함한다) 및 그 소속 기관
　　　3) 「행정기관 소속 위원회의 설치·운영에 관한 법률」에 따른 위원회
　　나. 지방자치단체
　　다. 공공기관운영법 제2조에 따른 공공기관
　　라. 그 밖에 대통령령으로 정하는 기관

368) ① 개인정보처리자가 제3자에게 개인정보의 처리 업무를 위탁하는 경우에는 다음 각 호의 내용이 포함된 문서에 의하여야 한다.
1. 위탁업무 수행 목적 외 개인정보의 처리 금지에 관한 사항
2. 개인정보의 기술적·관리적 보호조치에 관한 사항
3. 그 밖에 개인정보의 안전한 관리를 위하여 대통령령으로 정한 사항
② 제1항에 따라 개인정보의 처리 업무를 위탁하는 개인정보처리자("위탁자")는 위탁하는 업무의 내용과 개인정보 처리 업무를 위탁받아 처리하는 자("수탁자")를 정보주체가 언제든지 쉽게 확인할 수 있도록 대통령령으로 정하는 방법에 따라 공개하여야 한다.
③ 위탁자가 재화 또는 서비스를 홍보하거나 판매를 권유하는 업무를 위탁하는 경우에는 대통령령으로 정하는 방법에 따라 위탁하는 업무의 내용과 수탁자를 정보주체에게 알려야 한다. 위탁하는 업무의 내용이

규정을 준용한다(법17① 후단).

신용정보회사등은 신용정보의 처리를 위탁할 수 있으며 이에 따라 위탁을 받은 자("수탁자")의 위탁받은 업무의 처리에 관하여는 제19조부터 제21조까지, 제22조의4부터 제22조의7까지, 제22조의9, 제40조, 제43조, 제43조의2, 제45조, 제45조의2 및 제45조의3(해당 조문에 대한 벌칙 및 과태료 규정을 포함)을 준용한다(법17②). 신용정보의 처리를 위탁하려는 신용정보회사등으로서 대통령령으로 정하는 자는 제공하는 신용정보의 범위 등을 대통령령으로 정하는 바에 따라 금융위원회에 알려야 한다(법17③). 신용정보회사등은 신용정보의 처리를 위탁하기 위하여 수탁자에게 개인신용정보를 제공하는 경우 특정 신용정보주체를 식별할 수 있는 정보는 대통령령으로 정하는 바에 따라 암호화 등의 보호 조치를 하여야 한다(법17④). 수탁자는 제2항에 따라 위탁받은 업무를 제3자에게 재위탁하여서는 아니 된다. 다만, 신용정보의 보호 및 안전한 처리를 저해하지 아니하는 범위에서 금융위원회가 인정하는 경우에는 그러하지 아니하다(법17⑦).

신용정보회사등은 수탁자에게 신용정보를 제공한 경우 신용정보를 분실·도난·유출·위조·변조 또는 훼손당하지 아니하도록 대통령령으로 정하는 바에 따라 수탁자를 교육하여야 하고 수탁자의 안전한 신용정보 처리에 관한 사항을 위탁계약에 반영하여야 한다(법17⑤). 수탁자가 개인신용정보를 이용하거나 제3자에게 제공하는 경우에는 개인정보 보호법 제26조 제5항[369]에 따른다(법17⑥).

(2) 위반시 제재

법 제17조 제6항을 위반한 자는 5년 이하의 징역 또는 5천만원 이하의 벌금에 처한다(법50②(4)). 법 제17조 제4항을 위반한 자에게는 3천만원 이하의 과태료를 부과한다(법52③(1)). 법 제17조 제7항을 위반한 자에게는 2천만원 이하의 과태료를 부과한다(법52④). 법 제17조 제5항을 위반한 자에게는 1천만원 이하의 과태료를 부과한다(법52⑤(4)).

3. 정보집합물의 결합 등

신용정보회사등(대통령령으로 정하는 자는 제외한다. 이하 이 조 및 제40조의2에서 같다)은 자기가 보유한 정보집합물을 제3자가 보유한 정보집합물과 결합하려는 경우에는 제26조의4에 따라 지정된 데이터전문기관을 통하여 결합하여야 한다(법17의2①). 법 제26조의4에 따라 지정된 데이터전문기관이 결합된 정보집합물을 해당 신용정보회사등 또는 그 제3자에게 전달하는 경우

나 수탁자가 변경된 경우에도 또한 같다.

369) ⑤ 수탁자는 개인정보처리자로부터 위탁받은 해당 업무 범위를 초과하여 개인정보를 이용하거나 제3자에게 제공하여서는 아니 된다.

에는 가명처리 또는 익명처리가 된 상태로 전달하여야 한다(법17의2②). 제1항 및 제2항에서 규정한 사항 외에 정보집합물의 결합·제공·보관의 절차 및 방법에 대해서는 대통령령으로 정한다(법17의2③).

Ⅱ. 신용정보의 유통 및 관리

1. 신용정보의 정확성 및 최신성의 유지

(1) 내용

신용정보회사등은 신용정보의 정확성과 최신성이 유지될 수 있도록 대통령령으로 정하는 바에 따라 신용정보의 등록·변경 및 관리 등을 하여야 한다(법18①). 신용정보회사등은 신용정보주체에게 불이익을 줄 수 있는 신용정보를 그 불이익을 초래하게 된 사유가 해소된 날부터 최장 5년 이내에 등록·관리 대상에서 삭제하여야 한다(법18② 본문). 다만, 다음의 어느 하나에 해당하는 경우에는 그러하지 아니하다(법18② 단서).

1. 제25조의2 제1호의3에 따른 업무를 수행하기 위한 경우
2. 그 밖에 신용정보주체의 보호 및 건전한 신용질서를 저해할 우려가 없는 경우로서 대통령령으로 정하는 경우

해당 신용정보의 구체적인 종류, 기록보존 및 활용기간 등은 대통령령으로 정한다(법18③).

(2) 위반시 제재

법 제18조 제2항을 위반한 자는 1년 이하의 징역 또는 1천만원 이하의 벌금에 처한다(법50④(4)). 법 제18조 제1항을 위반한 자에게는 1천만원 이하의 과태료를 부과한다(법52⑤(5)).

2. 신용정보전산시스템의 안전보호

(1) 내용

신용정보회사등은 신용정보전산시스템(제25조 제6항에 따른 신용정보공동전산망을 포함)에 대한 제3자의 불법적인 접근, 입력된 정보의 변경·훼손 및 파괴, 그 밖의 위험에 대하여 대통령령으로 정하는 바에 따라 기술적·물리적·관리적 보안대책을 수립·시행하여야 한다(법19①). 신용정보제공·이용자가 다른 신용정보제공·이용자 또는 개인신용평가회사, 개인사업자신용평가회사, 기업신용조회회사와 서로 신용정보법에 따라 신용정보를 제공하는 경우에는 금융위원회가 정하여 고시하는 바에 따라 신용정보 보안관리 대책을 포함한 계약을 체결하여야 한다(법

19②).

(2) 위반시 제재

권한 없이 법 제19조 제1항에 따른 신용정보전산시스템의 정보를 변경·삭제하거나 그 밖의 방법으로 이용할 수 없게 한 자 또는 권한 없이 신용정보를 검색·복제하거나 그 밖의 방법으로 이용한 자는 5년 이하의 징역 또는 5천만원 이하의 벌금에 처한다(법50②(5)). 법 제19조를 위반한 자에게는 5천만원 이하의 과태료를 부과한다(법52②

3. 신용정보 관리책임의 명확화 및 업무처리기록의 보존

(1) 신용정보 관리기준 준수의무

신용정보회사등은 신용정보의 수집·처리·이용 및 보호 등에 대하여 금융위원회가 정하는 신용정보 관리기준을 준수하여야 한다(법20①).

(2) 신용정보관리·보호인의 지정

신용정보회사, 본인신용정보관리회사, 채권추심회사, 신용정보집중기관 및 대통령령으로 정하는 신용정보제공·이용자는 업무를 하는 신용정보관리·보호인을 1명 이상 지정하여야 한다. 다만, 총자산, 종업원 수 등을 감안하여 대통령령으로 정하는 자는 신용정보관리·보호인을 임원(신용정보의 관리·보호 등을 총괄하는 지위에 있는 사람으로서 대통령령으로 정하는 사람을 포함)으로 하여야 한다(법20③).

(3) 신용정보관리·보호인의 업무

신용정보관리·보호인은 다음의 업무를 수행한다(법20④).

1. 개인신용정보의 경우에는 다음의 업무
   가. 개인정보 보호법 제31조 제2항 제1호부터 제5호까지의 업무[370)]
   나. 임직원 및 전속 모집인 등의 신용정보보호 관련 법령 및 규정 준수 여부 점검
   다. 그 밖에 신용정보의 관리 및 보호를 위하여 대통령령으로 정하는 업무
2. 기업신용정보의 경우 다음의 업무
   가. 신용정보의 수집·보유·제공·삭제 등 관리 및 보호 계획의 수립 및 시행
   나. 신용정보의 수집·보유·제공·삭제 등 관리 및 보호 실태와 관행에 대한 정기적인 조사 및 개선

---

370) 1. 개인정보 보호 계획의 수립 및 시행
2. 개인정보 처리 실태 및 관행의 정기적인 조사 및 개선
3. 개인정보 처리와 관련한 불만의 처리 및 피해 구제
4. 개인정보 유출 및 오용·남용 방지를 위한 내부통제시스템의 구축
5. 개인정보 보호 교육 계획의 수립 및 시행

　　다. 신용정보 열람 및 정정청구 등 신용정보주체의 권리행사 및 피해구제

　　라. 신용정보 유출 등을 방지하기 위한 내부통제시스템의 구축 및 운영

　　마. 임직원 및 전속 모집인 등에 대한 신용정보보호 교육계획의 수립 및 시행

　　바. 임직원 및 전속 모집인 등의 신용정보보호 관련 법령 및 규정 준수 여부 점검

　　사. 그 밖에 신용정보의 관리 및 보호를 위하여 대통령령으로 정하는 업무

　신용정보관리·보호인의 업무수행에 관하여는 개인정보 보호법 제31조 제3항 및 제5항의 규정[371]을 준용한다(법20⑤).

　대통령령으로 정하는 신용정보회사등의 신용정보관리·보호인은 처리하는 개인신용정보의 관리 및 보호 실태를 대통령령으로 정하는 절차와 방법에 따라 정기적으로 점검하고, 그 결과를 금융위원회에 제출하여야 한다(법20⑥).

(4) 신용정보관리·보호인의 자격요건

　신용정보관리·보호인의 자격요건과 그 밖에 지정에 필요한 사항, 제6항에 따른 제출 방법에 대해서는 대통령령으로 정한다(법20⑦).

(5) 신용정보관리·보호인 간주

　금융지주회사법 제48조의2 제6항[372]에 따라 선임된 고객정보관리인이 신용정보법 제20조 제6항의 자격요건에 해당하면 지정된 신용정보관리·보호인으로 본다(법20⑧).

(6) 업무처리기록 보존

　신용정보회사등은 다음의 구분에 따라 개인신용정보의 처리에 대한 기록을 3년간 보존하여야 한다(법20②).

　1. 개인신용정보를 수집·이용한 경우

　　가. 수집·이용한 날짜

　　나. 수집·이용한 정보의 항목

　　다. 수집·이용한 사유와 근거

　2. 개인신용정보를 제공하거나 제공받은 경우

　　가. 제공하거나 제공받은 날짜

　　나. 제공하거나 제공받은 정보의 항목

　　다. 제공하거나 제공받은 사유와 근거

---

371) ③ 개인정보 보호책임자는 제2항 각 호의 업무를 수행함에 있어서 필요한 경우 개인정보의 처리 현황, 처리 체계 등에 대하여 수시로 조사하거나 관계 당사자로부터 보고를 받을 수 있다.
　⑤ 개인정보처리자는 개인정보 보호책임자가 제2항 각 호의 업무를 수행함에 있어서 정당한 이유 없이 불이익을 주거나 받게 하여서는 아니 된다.

372) ⑥ 금융지주회사등은 고객정보의 엄격한 관리를 위하여 그 임원 중에 1인 이상을 고객정보를 관리할 자("고객정보관리인")로 선임하여야 한다.

3. 개인신용정보를 폐기한 경우

　　가. 폐기한 날짜

　　나. 폐기한 정보의 항목

　　다. 폐기한 사유와 근거

4. 그 밖에 대통령령으로 정하는 사항

(7) 위반시 제재

법 제20조 제2항을 위반한 자는 1년 이하의 징역 또는 1천만원 이하의 벌금에 처한다(법 50④(5)). 법 제20조 제6항을 위반한 자에게는 5천만원 이하의 과태료를 부과한다(법52②(4)). 법 제20조 제1항 또는 제3항을 위반한 자(2호) 및 제20조 제3항 및 제4항을 위반하여 신용정보 관리·보호인을 지정하지 아니한 자(2의2호)에게는 3천만원 이하의 과태료를 부과한다(법52③).

4. 개인신용정보의 보유기간 등

(1) 개인신용정보의 관리의무

신용정보제공·이용자는 금융거래 등 상거래관계(고용관계는 제외)가 종료된 날부터 금융위 원회가 정하여 고시하는 기한까지 해당 신용정보주체의 개인신용정보가 안전하게 보호될 수 있도록 접근권한을 강화하는 등 대통령령으로 정하는 바에 따라 관리하여야 한다(법20의2①).

(2) 개인신용정보의 삭제와 보존

개인정보 보호법 제21조 제1항[373]에도 불구하고 신용정보제공·이용자는 금융거래 등 상 거래관계가 종료된 날부터 최장 5년 이내(해당 기간 이전에 정보 수집·제공 등의 목적이 달성된 경 우에는 그 목적이 달성된 날부터 3개월 이내)에 해당 신용정보주체의 개인신용정보를 관리대상에 서 삭제하여야 한다. 다만, 다음의 경우에는 그러하지 아니하다(법20의2②).

1. 신용정보법 또는 다른 법률에 따른 의무를 이행하기 위하여 불가피한 경우
2. 개인의 급박한 생명·신체·재산의 이익을 위하여 필요하다고 인정되는 경우
2의2. 가명정보를 이용하는 경우로서 그 이용 목적, 가명처리의 기술적 특성, 정보의 속성 등 을 고려하여 대통령령으로 정하는 기간 동안 보존하는 경우
3. 그 밖에 다음 각 목의 어느 하나에 해당하는 경우로서 대통령령으로 정하는 경우
가. 예금·보험금의 지급을 위한 경우
나. 보험사기자의 재가입 방지를 위한 경우
다. 개인신용정보를 처리하는 기술의 특성 등으로 개인신용정보를 보존할 필요가 있는 경우

---

[373] ① 개인정보처리자는 보유기간의 경과, 개인정보의 처리 목적 달성 등 그 개인정보가 불필요하게 되었을 때에는 지체 없이 그 개인정보를 파기하여야 한다. 다만, 다른 법령에 따라 보존하여야 하는 경우에는 그 러하지 아니하다.

라. 가목부터 다목까지와 유사한 경우로서 개인신용정보를 보존할 필요가 있는 경우

신용정보제공·이용자가 제2항 단서에 따라 개인신용정보를 삭제하지 아니하고 보존하는 경우에는 현재 거래 중인 신용정보주체의 개인신용정보와 분리하는 등 대통령령으로 정하는 바에 따라 관리하여야 한다(법20의2③). 신용정보제공·이용자가 제3항에 따라 분리하여 보존하는 개인신용정보를 활용하는 경우에는 신용정보주체에게 통지하여야 한다(법20의2④).

개인신용정보의 종류, 관리기간, 삭제의 방법·절차 및 금융거래 등 상거래관계가 종료된 날의 기준 등은 대통령령으로 정한다(법20의2⑤).

(3) 위반시 제재

법 제20조의2 제2항을 위반한 자에게는 3천만원 이하의 과태료를 부과한다(법52③(3)). 법 제20조의2 제1항·제3항 또는 제4항을 위반한 자에게는 1천만원 이하의 과태료를 부과한다(법52⑤(6)).

5. 폐업 시 보유정보의 처리

신용정보회사등(신용정보제공·이용자는 제외)이 폐업하려는 경우에는 금융위원회가 정하여 고시하는 바에 따라 보유정보를 처분하거나 폐기하여야 한다(법21). 법 제21조를 위반한 자에게는 3천만원 이하의 과태료를 부과한다(법52③(4)).

Ⅲ. 신용정보 관련 산업

1. 신용정보업

(1) 개인신용평가회사의 행위규칙
(가) 신용상태평가

개인신용평가회사가 개인인 신용정보주체의 신용상태를 평가할 경우 그 신용정보주체에게 개인신용평가에 불이익이 발생할 수 있는 정보 외에 개인신용평가에 혜택을 줄 수 있는 정보도 함께 고려하여야 한다(법22의4①).

(나) 금지행위

개인신용평가회사가 개인신용평가를 할 때에는 다음의 행위를 하여서는 아니 된다(법22의4②).

1. 성별, 출신지역, 국적 등으로 합리적 이유 없이 차별하는 행위
2. 개인신용평가 모형을 만들 때 특정한 평가항목을 합리적 이유 없이 유리하게 또는 불리하

게 반영하는 행위

3. 그 밖에 신용정보주체 보호 또는 건전한 신용질서를 저해할 우려가 있는 행위로서 대통령령으로 정하는 행위

(다) 불공정행위 금지

전문개인신용평가업을 하는 개인신용평가회사는 계열회사(「독점규제 및 공정거래에 관한 법률」 제2조 제3호에 따른 계열회사)로부터 상품 또는 서비스를 제공받는 개인인 신용정보주체의 개인신용평점을 높이는 등 대통령령으로 정하는 불공정행위를 하여서는 아니 된다(법22의4③).

(라) 위반시 제재

법 제22조의4 제1항 및 제2항을 위반하여 신용상태를 평가한 자(제4의2호) 및 제22조의4 제3항을 위반하여 불공정행위를 한 자(제4의3호)에게는 3천만원 이하의 과태료를 부과한다(법52③).

(2) 개인사업자신용평가회사의 행위규칙

(가) 신용상태평가

개인사업자신용평가회사가 개인사업자의 신용상태를 평가할 경우에는 다음의 사항을 따라야 한다(법22의5①).

1. 해당 개인사업자에게 평가에 불이익이 발생할 수 있는 정보 외에 평가에 혜택을 줄 수 있는 정보도 함께 고려할 것
2. 개인사업자신용평가회사와 금융거래 등 상거래 관계가 있는 자와 그 외의 자를 합리적 이유 없이 차별하지 아니할 것

(나) 금지행위

개인사업자신용평가회사는 다음의 어느 하나에 해당하는 행위를 하여서는 아니 된다(법22의5②).

1. 개인사업자의 신용상태를 평가하는 과정에서 개인사업자신용평가회사 또는 그 계열회사의 상품이나 서비스를 구매하거나 이용하도록 강요하는 행위
2. 그 밖에 신용정보주체 보호 또는 건전한 신용질서를 저해할 우려가 있는 행위로서 대통령령으로 정하는 행위

(다) 내부통제기준 제정

개인사업자신용평가회사는 그 임직원이 직무를 수행할 때 지켜야 할 적절한 기준 및 절차로서 다음의 사항을 포함하는 내부통제기준을 정하여야 한다(법22의5③ 본문). 다만, 개인신용평가회사가 제11조 제2항에 따라 개인사업자신용평가업을 하는 경우로서 자동화평가의 방법으로

개인사업자의 신용상태를 평가하는 경우에는 제1호를 포함하지 아니할 수 있다(법22의5③ 단서).

1. 평가조직과 영업조직의 분리에 관한 사항
2. 이해상충 방지에 관한 사항
3. 불공정행위의 금지에 관한 사항
4. 개인사업자의 특성에 적합한 신용상태의 평가기준에 관한 사항
5. 그 밖에 내부통제기준에 관하여 필요한 사항으로서 대통령령으로 정하는 사항

(라) 위반시 제재

법 제22조의5 제1항을 위반하여 신용상태를 평가한 자(제4의4호), 제22조의5 제2항을 위반한 자(제4의5호), 제22조의5 제3항을 위반한 자(제4의6호)에게는 3천만원 이하의 과태료를 부과한다(법52③).

(3) 기업신용조회회사의 행위규칙

(가) 신용상태평가

기업신용조회회사(기업정보조회업무만 하는 기업신용조회회사는 제외)가 기업 및 법인의 신용상태를 평가할 경우에는 해당 기업 및 법인에게 평가에 불이익이 발생할 수 있는 정보 외에 평가에 혜택을 줄 수 있는 정보도 함께 고려하여야 한다(법22의6①).

(나) 금지행위

기업신용조회회사는 다음의 어느 하나에 해당하는 행위를 하여서는 아니 된다(법22의6②).

1. 기업신용조회회사와 일정한 비율 이상의 출자관계에 있는 등 특수한 관계에 있는 자로서 대통령령으로 정하는 자와 관련된 기업신용등급 및 기술신용정보를 생성하는 행위
2. 기업신용등급 및 기술신용정보의 생성 과정에서 기업신용조회회사 또는 그 계열회사의 상품이나 서비스를 구매하거나 이용하도록 강요하는 행위
3. 그 밖에 신용정보주체 보호 또는 건전한 신용질서를 저해할 우려가 있는 행위로서 대통령령으로 정하는 행위

(다) 내부통제기준 제정

기업신용조회회사는 그 임직원이 직무를 수행할 때 지켜야 할 적절한 기준 및 절차로서 다음의 사항을 포함하는 내부통제기준을 정하여야 한다(법22의6③).

1. 평가조직과 영업조직의 분리에 관한 사항
2. 이해상충 방지에 관한 사항
3. 불공정행위의 금지에 관한 사항

4. 기업 및 법인의 특성에 적합한 기업신용등급의 생성기준 또는 기술신용평가의 기준에 관한 사항

5. 그 밖에 내부통제기준에 관하여 필요한 사항으로서 대통령령으로 정하는 사항

(라) 이용자관리규정 제정

기업정보조회업무를 하는 기업신용조회회사는 신용정보의 이용자 관리를 위하여 대통령령으로 정하는 바에 따라 이용자관리규정을 정하여야 한다(법22의6④).

(마) 위반시 제재

법 제22조의6 제1항을 위반하여 신용상태를 평가한 자(4의4호), 제22조의6 제2항을 위반한 자(4의7호), 제22조의6 제3항을 위반한 자(4의8호)에게는 3천만원 이하의 과태료를 부과한다(법52③). 법 제22조의6 제4항을 위반하여 이용자관리규정을 정하지 아니한 자에게는 1천만원 이하의 과태료를 부과한다(법52⑤(7의2)).

(4) 신용조사회사의 행위규칙

(가) 금지행위

신용조사회사는 다음의 어느 하나에 해당하는 행위를 하여서는 아니 된다(법22의7①).

1. 의뢰인에게 허위 사실을 알리는 행위
2. 신용정보에 관한 조사 의뢰를 강요하는 행위
3. 신용정보 조사 대상자에게 조사자료의 제공과 답변을 강요하는 행위
4. 금융거래 등 상거래관계 외의 사생활 등을 조사하는 행위

(나) 증표제시

신용조사업에 종사하는 임직원이 신용정보를 조사하는 경우에는 신용조사업에 종사하고 있음을 나타내는 증표를 지니고 이를 상대방에게 내보여야 한다(법22의7②).

(다) 위반시 제재

법 제22조의7 제1항 제1호를 위반하여 의뢰인에게 허위 사실을 알린 자(1의2호), 제22조의7 제1항 제2호를 위반하여 신용정보에 관한 조사 의뢰를 강요한 자(1의3호), 제22조의7 제1항 제3호를 위반하여 신용정보 조사 대상자에게 조사자료 제공과 답변을 강요한 자(1의4호), 제22조의7 제1항 제4호를 위반하여 금융거래 등 상거래관계 외의 사생활 등을 조사한 자(1의5호)는 3년 이하의 징역 또는 3천만원 이하의 벌금에 처한다(법50③).

2. 본인신용정보관리업: 본인신용정보관리회사의 행위규칙

(1) 금지행위

본인신용정보관리회사는 다음의 어느 하나에 해당하는 행위를 하여서는 아니 된다(법22의9①).

1. 개인인 신용정보주체에게 개인신용정보의 전송요구를 강요하거나 부당하게 유도하는 행위
2. 그 밖에 신용정보주체 보호 또는 건전한 신용질서를 저해할 우려가 있는 행위로서 대통령 령으로 정하는 행위

(2) 내부관리규정 제정

본인신용정보관리회사는 제11조 제6항에 따른 업무 및 제11조의2 제6항 제3호에 따른 업 무를 수행하는 과정에서 개인인 신용정보주체와 본인신용정보관리회사 사이에 발생할 수 있는 이해상충을 방지하기 위한 내부관리규정을 마련하여야 한다(법22의9②).

(3) 금지되는 신용정보 수집 방식

본인신용정보관리회사는 다음의 수단을 대통령령으로 정하는 방식으로 사용·보관함으로 써 신용정보주체에게 교부할 신용정보를 수집하여서는 아니 된다(법22의9③).

1. 대통령령으로 정하는 신용정보제공·이용자나 개인정보 보호법에 따른 공공기관으로서 대 통령령으로 정하는 공공기관 또는 본인신용정보관리회사(이하 이 조 및 제33조의2에서 "신 용정보제공·이용자등")가 선정하여 사용·관리하는 신용정보주체 본인에 관한 수단으로서 전자금융거래법 제2조 제10호[374])에 따른 접근매체
2. 본인임을 확인 받는 수단으로서 본인의 신분을 나타내는 증표 제시 또는 전화, 인터넷 홈 페이지의 이용 등 대통령령으로 정하는 방법

(4) 전송 방식

신용정보제공·이용자등은 개인인 신용정보주체가 본인신용정보관리회사에 본인에 관한 개인신용정보의 전송을 요구하는 경우에는 정보제공의 안전성과 신뢰성이 보장될 수 있는 방 식으로서 대통령령으로 정하는 방식으로 해당 개인인 신용정보주체의 개인신용정보를 그 본인

---

374) 10. "접근매체"라 함은 전자금융거래에 있어서 거래지시를 하거나 이용자 및 거래내용의 진실성과 정확성 을 확보하기 위하여 사용되는 다음 각 목의 어느 하나에 해당하는 수단 또는 정보를 말한다.
　　가. 전자식 카드 및 이에 준하는 전자적 정보
　　나. 전자서명법 제2조 제4호의 전자서명생성정보 및 같은 조 제7호의 인증서
　　다. 금융회사 또는 전자금융업자에 등록된 이용자번호
　　라. 이용자의 생체정보
　　마. 가목 또는 나목의 수단이나 정보를 사용하는데 필요한 비밀번호

신용정보관리회사에 직접 전송하여야 한다(법22의9④). 제4항에도 불구하고 신용정보제공·이용자등의 규모, 금융거래 등 상거래의 빈도 등을 고려하여 대통령령으로 정하는 경우에 해당 신용정보제공·이용자등은 대통령령으로 정하는 중계기관을 통하여 본인신용정보관리회사에 개인신용정보를 전송할 수 있다(법22의9⑤).

(5) 비용부담

신용정보제공·이용자등은 제33조의2 제4항에 따라 개인신용정보를 정기적으로 전송할 경우에는 필요한 범위에서 최소한의 비용을 본인신용정보관리회사가 부담하도록 할 수 있다(법22의9⑥).

제4항 및 제5항의 전송의 절차·방법, 제6항에 따른 비용의 산정기준 등에 대해서는 대통령령으로 정한다(법22의9⑦).

(6) 위반시 제재

법 제22조의9 제3항을 위반하여 신용정보를 수집한 자(제4의2호), 제22조의9 제4항 및 제5항을 위반하여 개인신용정보를 전송한 자(제4의3호)에게는 5천만원 이하의 과태료를 부과한다(법52②). 법 제22조의9 제1항을 위반한 자(4의9호), 제22조의9 제2항을 위반한 자(4의10호)에게는 3천만원 이하의 과태료를 부과한다(법52③).

3. 공공정보의 이용·제공

(1) 공공기관에 대한 신용정보의 제공 요청 등
(가) 신용정보의 제공 요청

신용정보집중기관이 국가·지방자치단체 또는 대통령령으로 정하는 공공단체("공공기관")의 장에게 신용정보주체의 신용도·신용거래능력 등의 판단에 필요한 신용정보로서 대통령령으로 정하는 신용정보의 제공을 요청하면 그 요청을 받은 공공기관의 장은 정보공개법, 개인정보 보호법, 국민건강보험법, 국민연금법, 한국전력공사법. 주민등록법에도 불구하고 해당 신용정보집중기관에 정보를 제공할 수 있다(법23② 본문). 이 경우 정보를 제공하는 기준과 절차 등은 대통령령으로 정한다(법23② 단서).

신용정보의 제공을 요청하는 자는 관계 법령에 따라 열람료 또는 수수료 등을 내야 한다(법23⑥).

(나) 신용정보의 이용자에게 제공

신용정보집중기관은 공공기관으로부터 제공받은 신용정보를 대통령령으로 정하는 신용정보의 이용자에게 제공할 수 있다(법23③).

(다) 해당 개인의 동의 여부 확인

신용정보집중기관 또는 신용정보의 이용자가 공공기관으로부터 제공받은 개인신용정보를 제공하는 경우에는 제32조 제3항에서 정하는 바에 따라 제공받으려는 자가 해당 개인으로부터 신용정보 제공·이용에 대한 동의를 받았는지를 확인하여야 한다(법23④ 본문). 다만, 제32조 제6항 각 호의 어느 하나에 해당하는 경우에는 그러하지 아니하다(법23④ 단서).

(라) 제공받은 정보의 제3자 제공 금지

제4항에 따라 개인신용정보를 제공받은 자는 그 정보를 제3자에게 제공하여서는 아니 된다(법23⑤).

(마) 공공기관의 신용정보 제공 요청

신용정보회사등은 공공기관의 장이 관계 법령에서 정하는 공무상 목적으로 이용하기 위하여 신용정보의 제공을 문서로 요청한 경우에는 그 신용정보를 제공할 수 있다(법23⑦).

(바) 위반시 제재

법 제23조 제5항을 위반한 자에게는 3천만원 이하의 과태료를 부과한다(법52③(5)).

(2) 주민등록전산정보자료의 이용

신용정보집중기관 및 대통령령으로 정하는 신용정보제공·이용자는 다음의 어느 하나에 해당하는 경우에는 행정안전부장관에게 주민등록법 제30조 제1항에 따른 주민등록전산정보자료의 제공을 요청할 수 있다. 이 경우 요청을 받은 행정안전부장관은 특별한 사유가 없으면 그 요청에 따라야 한다(법24①).

1. 상법 제64조 등 다른 법률에 따라 소멸시효가 완성된 예금 및 보험금 등의 지급을 위한 경우로서 해당 예금 및 보험금 등의 원권리자에게 관련 사항을 알리기 위한 경우
2. 금융거래계약의 만기 도래, 실효, 해지 등 계약의 변경사유 발생 등 거래 상대방의 권리·의무에 영향을 미치는 사항을 알리기 위한 경우

제1항에 따라 주민등록전산정보자료를 요청하는 경우에는 금융위원회위원장의 심사를 받아야 한다(법24②). 제2항에 따라 금융위원회위원장의 심사를 받은 경우에는 주민등록법 제30조 제1항에 따른 관계 중앙행정기관의 장의 심사를 거친 것으로 본다. 처리절차, 사용료 또는 수수료 등에 관한 사항은 주민등록법에 따른다(법24③).

4. 채권추심업

(1) 채권추심업 종사자 및 위임직채권추심인 등

(가) 채권추심업 종사자

채권추심회사는 다음의 어느 하나에 해당하는 자를 통하여 추심업무를 하여야 한다(법27②).

1. 채권추심회사의 임직원
2. 채권추심회사가 위임 또는 그에 준하는 방법으로 채권추심업무를 하도록 한 자("위임직채권추심인")

채권추심회사는 그 소속 위임직채권추심인이 되려는 자를 금융위원회에 등록하여야 한다(법27③). 위임직채권추심인은 소속 채권추심회사 외의 자를 위하여 채권추심업무를 할 수 없다(법27④).

(나) 무자격 위임직채권추심인

채권추심회사는 추심채권이 아닌 채권을 추심할 수 없으며 다음의 어느 하나에 해당하는 위임직채권추심인을 통하여 채권추심업무를 하여서는 아니 된다(법27⑤).

1. 제3항에 따라 등록되지 아니한 위임직채권추심인
2. 다른 채권추심회사의 소속으로 등록된 위임직채권추심인
3. 제7항에 따라 업무정지 중에 있는 위임직채권추심인

(다) 위임직채권추심인의 등록취소

금융위원회는 위임직채권추심인이 다음의 어느 하나에 해당하면 그 등록을 취소할 수 있다(법27⑥).

1. 거짓이나 그 밖의 부정한 방법으로 제3항에 따른 등록을 한 경우
2. 제7항에 따른 업무정지명령을 위반하거나 업무정지에 해당하는 행위를 한 자가 그 사유발생일 전 1년 이내에 업무정지처분을 받은 사실이 있는 경우
3. 삭제 [2020.2.4] [[시행일 2020.8.5]]
4. 채권추심법 제9조 각 호의 어느 하나를 위반하여 채권추심행위를 한 경우
5. 등록의 내용이나 조건을 위반한 경우
6. 정당한 사유 없이 1년 이상 계속하여 등록한 영업을 하지 아니한 경우

(라) 업무정지명령

금융위원회는 위임직채권추심인이 다음의 어느 하나에 해당하면 6개월의 범위에서 기간을 정하여 그 업무의 전부 또는 일부의 정지를 명할 수 있다(법27⑦).

1. 제4항을 위반한 경우
2. 삭제 [2020. 2. 4.][시행일 2020. 8. 5.]
3. 제40조 제1항 제5호375)를 위반한 경우
4. 채권추심법 제12조 제2호·제5호를 위반한 경우
5. 그 밖에 법령 또는 소속 채권추심회사의 정관을 위반하여 공익을 심각하게 해치거나 해칠 우려가 있는 경우

(마) 증표제시의무

채권추심업에 종사하는 임직원이나 위임직채권추심인이 채권추심업무를 하려는 경우에는 채권추심업에 종사함을 나타내는 증표를 지니고 이를 채권추심법률에 따른 채무자 또는 관계인에게 내보여야 한다(법27⑧).

(바) 채권추심회사의 소속 위임직채권추심인 관리

채권추심회사는 그 소속 위임직채권추심인이 채권추심업무를 함에 있어 법령을 준수하고 건전한 거래질서를 해하는 일이 없도록 성실히 관리하여야 한다(법27⑨ 전단). 이 경우 그 소속 위임직채권추심인이 다음 각 호의 구분에 따른 위반행위를 하지 아니하도록 하여야 한다(법27⑨ 후단).

1. 채권추심법 제8조의3 제1항,376) 제9조(폭행·협박 등의 금지), 제10조 제1항,377) 제11조 제1호 또는 제2호378)를 위반하는 행위
2. 채권추심법 제8조의3 제2항,379) 제11조 제3호부터 제5호380)까지, 제12조(불공정한 행위의

---

375) 5. 정보원, 탐정, 그 밖에 이와 비슷한 명칭을 사용하는 일
376) ① 채권추심자는 채권추심을 위하여 채무자의 소재, 연락처 또는 소재를 알 수 있는 방법 등을 문의하는 경우를 제외하고는 채무와 관련하여 관계인을 방문하거나 관계인에게 말·글·음향·영상 또는 물건을 도달하게 하여서는 아니 된다.
377) ① 채권추심자는 채권발생이나 채권추심과 관련하여 알게 된 채무자 또는 관계인의 신용정보나 개인정보를 누설하거나 채권추심의 목적 외로 이용하여서는 아니 된다.
378) 1. 무효이거나 존재하지 아니한 채권을 추심하는 의사를 표시하는 행위
   2. 법원, 검찰청, 그 밖의 국가기관에 의한 행위로 오인할 수 있는 말·글·음향·영상·물건, 그 밖의 표지를 사용하는 행위
379) ② 채권추심자는 제1항에 따라 관계인을 방문하거나 관계인에게 말·글·음향·영상 또는 물건을 도달하게 하는 경우 다음 각 호에 해당하는 사항을 관계인에게 밝혀야 하며, 관계인이 채무자의 채무 내용 또는 신용에 관한 사실을 알게 하여서는 아니 된다.
   1. 채권추심자의 성명·명칭 및 연락처(채권추심자가 법인인 경우에는 업무담당자의 성명 및 연락처를 포함)

금지), 제13조(부당한 비용 청구 금지) 또는 제13조의2 제2항[381])을 위반하는 행위

(사) 위임직채권추심인의 자격요건 및 등록절차

위임직채권추심인의 자격요건 및 등록절차는 대통령령으로 정한다(법27⑩). 위임직채권추심인이 되고자 하는 자가 등록을 신청한 때에는 총리령으로 정하는 바에 따라 수수료를 내야 한다(법27⑪).

(아) 위반시 제재

법 제27조 제3항을 위반하여 위임직채권추심인으로 금융위원회에 등록하지 아니하고 채권추심업무를 한 자(제6호), 제27조 제4항을 위반한 자(제7호), 제27조 제5항을 위반하여 추심채권이 아닌 채권을 추심하거나 등록되지 아니한 위임직채권추심인, 다른 채권추심회사의 소속으로 등록된 위임직채권추심인 또는 업무정지 중인 위임직채권추심인을 통하여 채권추심업무를 한 자(제8호), 제27조 제7항에 따른 업무정지 중에 채권추심업무를 한 자(9호)는 1년 이하의 징역 또는 1천만원 이하의 벌금에 처한다(법50④). 법 제27조 제8항을 위반하여 채권추심업무를 할 때 증표를 내보이지 아니한 자(8호)에게는 1천만원 이하의 과태료를 부과한다(법52⑤).

(2) 무허가 채권추심업자에 대한 업무위탁의 금지

대통령령으로 정하는 여신금융기관, 대부업자 등 신용정보제공·이용자는 채권추심회사 외의 자에게 채권추심업무를 위탁하여서는 아니 된다(법27의2). 법 제27조의2를 위반하여 채권추심회사 외의 자에게 채권추심업무를 위탁한 자는 5년 이하의 징역 또는 5천만원 이하의 벌금에 처한다(법50②).

---

2. 채권자의 성명·명칭
3. 방문 또는 말·글·음향·영상·물건을 도달하게 하는 목적
380) 3. 채권추심에 관한 법률적 권한이나 지위를 거짓으로 표시하는 행위
   4. 채권추심에 관한 민사상 또는 형사상 법적인 절차가 진행되고 있지 아니함에도 그러한 절차가 진행되고 있다고 거짓으로 표시하는 행위
   5. 채권추심을 위하여 다른 사람이나 단체의 명칭을 무단으로 사용하는 행위
381) ② 제1항에 따라 비용명세서의 교부를 요청받은 채권추심자는 정당한 사유가 없으면 지체 없이 이를 교부하여야 하고, 채무자 또는 관계인에게 그 교부에 따른 비용을 청구해서는 아니 된다.

참고문헌

금융위원회·미래창조과학부·문화체육관광부·중소기업청·민관합동창조경제추진단·금융감독원, "크라우드펀딩 활성화 방안"(2016. 1. 19).

금융위원회 보도자료, "초대형 투자은행 육성을 위한 종합금융투자사업자 제도 개선방안"(2016. 8. 2).

금융위원회, "크라우드펀딩 현황(100번째 성공 기업 탄생) 및 크라우드펀딩 발전방안(11. 7) 후속조치 진행상황", 보도자료(2016. 12. 12).

김연미(2016), "금융회사 지배구조법에 따른 대주주 건전성 및 소수주주권", 금융법연구 제13권 제3호(2016. 12).

김주석(2016), "보험소비자 보호를 위한 정보제공의무와 분쟁처리 법제도 연구", 고려대학교 박사학위 논문(2016. 12).

김태진(2016), "금융회사의 지배구조에 관한 법률에서의 주주통제", 서울대학교 금융법센터 BFL 제79호(2016. 9).

노태석(2012), "금융기관의 부실에 대한 임원의 법적 책임에 관한 연구", 성균관대학교 대학원 박사학위논문(2012. 6).

박원주·정운영(2019), "소비자관점에서 본 할부금융의 문제점 및 개선방향", 소비자정책동향 제98호(2019. 6).

박준·한민(2019), 「금융거래와 법」, 박영사(2019. 8).

변제호외 5인(2015), 「자본시장법」, 지원출판사(2015. 6).

석일홍(2018), "신용카드가맹점의 법적 쟁점에 관한 연구: 결제대행가맹점을 포함하여", 고려대학교 대학원 박사학위논문(2018. 6).

손상호(2016), 「서민금융의 시장기능 활성화 방안」, 한국금융연구원 KIF 정책보고서(2016. 8).

손영화(2018), "증권형 크라우드펀딩 제도의 개선방안에 대한 연구", 증권법연구 제19권 제3호(2018. 12).

신현탁(2016), "자본시장법상 온라인소액투자중개업자의 법적 지위에 관한 해석론상 문제점", 증권법연구 제17권 제2호(2016. 8).

심영(2005), "은행의 건전성규제 제도", 중앙법학 제7권 제2호(2005. 7).

은봉희(2015), "서민금융기관으로서 신용협동조합의 문제점과 발전방안", 전남대학교 행정대학교 석사학위논문(2015. 8).

이경미(2018) "금적립계좌(이른바, 골드뱅킹)와 자본시장법상 금융투자상품의 분류: 대법원 2016. 10. 27. 선고 2015두1212 판결의 사안을 중심으로", 이화로리뷰 제8권(2018. 12).

이용찬(2009), "상호금융기관별 설립근거법상 건전성 규제제도 개선방안에 관한 연구", 금융법연구 제6권 제1호(2009. 9).

이효근(2019) "금융법상 규제 및 제재의 개선에 관한 연구: 실효적 제재수단의 모색을 중심으로", 아주대학교 대학원 박사학위논문(2019. 2).

자본시장연구원, 「국내 투자은행 활성화 방안」, 자본시장 제도개선 민관합동위원회 제4차회의(2011. 6. 1).

장근영(2013), "자본시장법상 금융투자업자의 최선집행의무", 상사법연구 제32권 제3호(2013. 11).

정순섭(2017), 「은행법」, 지원출판사(2017. 8).

정영주(2018), "서민금융기관의 활성화 방안에 관한 연구: 광주전남지역을 중심으로", 목포대학교 대학원 석사학위논문(2018. 2).

정은길(2014), "글로벌 금융위기 이후 우리나라 보험회사의 자기자본규제에 관한 법적 연구", 연세대학교 대학원 박사학위논문(2014. 2).

정찬형·최동준·김용재(2009), 「로스쿨 금융법」, 박영사(2009. 9).

조대형(2018), "종합금융투자사업자 제도의 입법영향에 대한 연구", 은행법연구 제11권 제1호(2018. 5).

천창민(2020), "P2P대출법의 주요 내용과 법적 쟁점에 관한 연구" 상사법연구 제39권 제1호(2020. 5).

최영주(2012), 저축은행 부실화에 있어 대주주의 영향과 법적 규제, 법학연구 제53권 제3호(2012. 8).

한기정(2019), 「보험업법」, 박영사(2019. 4).

한국은행(2018), 「한국의 금융제도」 한국은행(2018. 12).

한재준·이민환(2013), "한일 대부업시장의 형성과정과 향후 정책적 과제", 경영사학 제28집 제1호(2013. 3).

황성상(2015), "새마을금고의 서민금융 활성화 방안 연구", 고려대학교 정책대학원 석사학위논문(2015, 12).

찾아보기

저자소개

이상복

서강대학교 법학전문대학원 교수. 연세대학교 경제학과를 졸업하고, 고려대학교에서 법학 석사와 박사학위를 받았다. 사법연수원 28기로 변호사 일을 하기도 했다. 미국 스탠퍼드 로스쿨 방문학자, 숭실대학교 법과대학 교수를 거쳐 서강대학교에 자리 잡았다. 서강대학교 금융법센터장, 서강대학교 법학부 학장 및 법학전문대학원 원장을 역임하고, 재정경제부 금융발전심의회 위원, 기획재정부 국유재산정책 심의위원, 관세청 정부업무 자체평가위원, 한국공항공사 비상임이사, 금융감독원 분쟁조정위원, 한국거래소 시장감시위원회 비상임위원, 한국증권법학회 부회장, 한국법학교수회 부회장으로 활동했다. 현재 금융위원회 증권선물위원회 비상임위원으로 활동하고 있다.

저서로는 〈경제민주주의, 책임자본주의〉(2019), 〈기업공시〉(2012), 〈내부자거래〉(2010), 〈헤지펀드와 프라임 브로커: 역서〉(2009), 〈기업범죄와 내부통제〉(2005), 〈증권범죄와 집단소송〉(2004), 〈증권집단소송론〉(2004) 등 법학 관련 저술과 철학에 관심을 갖고 쓴 〈행복을 지키는 法〉(2017), 〈자유·평등·정의〉(2013)가 있다. 연구 논문으로는 '기업의 컴플라이언스와 책임에 관한 미국의 논의와 법적 시사점'(2017), '외국의 공매도규제와 법적시사점'(2009), '기업지배구조와 기관투자자의 역할'(2008) 등이 있다. 문학에도 관심이 많아 장편소설 〈모래무지와 두우쟁이〉(2005)와 에세이 〈방황도 힘이 된다〉(2014)를 쓰기도 했다.

금융법 강의 3
금융기관

초판발행	2020년 9월 10일
지은이	이상복
펴낸이	안종만·안상준
편 집	심성보
기획/마케팅	장규식
표지디자인	조아라
제 작	우인도·고철민·조영환
펴낸곳	(주)**박영사**
	서울특별시 종로구 새문안로3길 36, 1601
	등록 1959. 3. 11. 제300-1959-1호(倫)
전 화	02)733-6771
f a x	02)736-4818
e-mail	pys@pybook.co.kr
homepage	www.pybook.co.kr
ISBN	979-11-303-3686-2 93360

정 가   45,000원